無錫文庫

第一輯

[光緒]江陰縣志

鳳凰出版傳媒集團
鳳凰出版社

ISBN 978-7-5506-0291-5

圖書在版編目（CIP）數據

（光緒）江陰縣志 /（清）盧思誠修；（清）沈偉田，（清）馮壽鏡續修；（清）季念貽纂；（清）夏煒如續纂. -- 南京：鳳凰出版社，2011.2
（無錫文庫. 第1輯）
ISBN 978-7-5506-0291-5

Ⅰ. ①光… Ⅱ. ①盧… ②沈… ③馮… ④季… ⑤夏… Ⅲ. ①江陰市－地方志－清代 Ⅳ. ①K295.33

中國版本圖書館CIP數據核字(2011)第036116號

責任編輯　王　劍
裝幀設計　姜　嵩
出版發行　鳳凰出版傳媒集團
　　　　　鳳凰出版社(原江蘇古籍出版社)
　　　　　南京市中央路165號　郵編 210009
　　　　　發行部電話 025－83223462
集團網址　鳳凰出版傳媒網　http://www.ppm.cn
印　　刷　無錫市證券印刷有限公司
　　　　　無錫市揚名高新技術産業園B區75號　郵編 214024
開　　本　889×1194毫米　1/16
印　　張　53.5
版　　次　2011年2月第1版　2011年2月第1次印刷
標準書號　ISBN 978-7-5506-0291-5
定　　價　690.00圓
　　　　　(本書凡印裝錯誤可向承印廠調換，電話：0510－85435666)

無錫文庫編輯委員會

主　編
王立人

副主編
須　儉　姜小青

編　委（按姓氏筆畫排列）
王進雄　王賡唐　卞惠興　全　勤　吴　迪　沙無垢
金其楨　夏剛草　倪培翔　徐志鈞　浦學坤　陳文源
過旭明　過耀華　許墨林　張志清　程勉中　湯可可
蔡家彬　劉桂秋　錢建中　錢菲菲　顧文璧

執行編委
王華寶　王　劍　薛　飛　陳紅彦　林世田　謝冬榮　徐憶農

編務人員
顧志堅　李躍光

無錫文庫學術顧問

（按姓氏筆畫排列）

朱玉麒　朱維錚　江慶柏　李文海
沈衛榮　武秀成　金良年　胡福明
莫礪鋒　徐中玉　陳熙中　許倬雲
張仲禮　張廷銀　彭　林　程章燦
馮　遠　馮其庸　楊天石　趙生群
劉玉才　錢　遜　錢中文　錢文忠

總序

七千年文明史，三千年建城史，江南名城無錫，襟長江依太湖，自古以來就是魚米之鄉，禮儀之邦。無錫文化自泰伯南奔以來，騰蛟起鳳，尚德崇文，在數千年的傳承發展中，教化常持，經世務實，人杰輩出，大家林立，文藻絢麗，錯彩鏤金。舍南舍北皆春水，欲與湖山作主人，數千年的人文傳統，賦予了風光秀美的無錫以獨特的文化魅力，鑄就了城市剛柔相濟、秀逸清麗的的文化品格。

無錫是中國吴文化的發源地。早在商代晚期，周太王古公亶父的長子泰伯三讓王位，携其弟仲雍奔吴，定居無錫梅里，建『勾吴國』，『端委以治周禮』，施以禮儀教化；興修水利，授以農桑，不數年而『民人殷富』。泰伯帶來的中原文化與無錫本地土著文明相結合，吴文化以及作爲其重要組成部分的無錫文化就此發端。晉室南渡，北方人群大量南遷，帶來了中原的文化技術，促進了無錫農業、水利、手工業和商業的發展，中原文明再度與吴文化進行融合互滲。在本土文化與异地文化的碰撞和交融中，不斷推動着無錫這座城市的文明進步。

無錫歷史文化『追歷七千餘載歲月滌蕩，遂經四大轉折而成其廣大深厚』：泰伯西來，吴文化成焉；永嘉南渡，江左文脉振焉；宋室波遷，江南文風始焉；歐風東漸，錫邑占風氣之先，民族工商文化始焉。數百代鄉彦賢達智慧與創造累積，文獻足徵，無慮百千』（《錫山先哲叢刊》重版弁言）。無錫文化以兼容并蓄多樣化的形態不斷發展。

崇文尚教，以教促文。北宋嘉祐三年（一〇五八），無錫始設縣學；北宋政和元年（一一一一），理學傳人楊時在無錫創建東林書院，此後無錫出現了喻樗、尤袤、李祥、蔣重珍等一批知名的教育家。至明代，顧憲成、高攀龍等在東林書院講學，此後又有許多書院相繼而起。古代無錫對教育的重視，促進了『崇文』和『尚教』的風氣，也造就了大量的人才。自隋朝開創科舉取士到清末廢除科舉，無錫共出了五名狀元、三名榜眼、六名探花和三名傳臚，并有五百四十名進士，一千二百多名舉人；『一榜九進士』、『六科三解元』，自古傳爲佳話。近代以來，經濟的繁榮進一步帶動了教育的興盛。無錫籍國學大師錢穆曾説：『晚清以下，群呼教育救國，無錫一縣最先起。』此後無錫的實業家紛紛出資興辦文化教育事業。教育的繁興，在極大程度上促進了無錫的文化發展，出現了空前的文化人才崛起的高峰。

文脉綿延，後出轉强。歷來『文化』的概念有廣義和狹義之分，這裏的『文脉』之『文』，用的是狹義的概念，即指經史、文學、藝術等人類所創造的精神財富的總和。在無錫的歷史文化傳統中，自古及今，悠悠文脉，如瓜瓞之綿綿。必須指出的是，從文化發生學的角度來看，早期中華文化的中心是在黄河流域的中原地區，無錫在宋元以前，雖有像顧愷之、李紳、尤袤、蔣捷、倪瓚等一批人文英才，但在整體上，無錫的文氣是自明清以迄近現代達到巔峰。在整個江南地區文教昌明和無錫經濟繁盛、教育勃興的大背景下，無錫地區在經史、文學、繪畫、音樂等諸多領域中，建樹卓越，俊才雲蒸，真正呈現出『人文之盛，冠於南國；碩彦輩出，著述繁實』的局面。

求實務本、重工崇商。無錫自古爲江南富庶之地、魚米之鄉。明代東林講學者將士商并列爲『本行』，講求經世致用；近代早期維新的思想家、實踐家薛福成提出『黜浮靡，崇實學』，大力倡揚『工商爲先，耕戰植其基，工商擴其用』的觀念，這些都成了近代以來無錫人求實務本、重工崇商的重要的思想根源；兼以明清時期，封建自然經濟解體，資本主義開始萌芽，無錫經濟日趨繁盛。鴉片戰争以後，上海開埠，由於商品經濟的發展和商業資本積累的增加，逐步形成了一個以上海爲中心的，北接江陰、靖江，西連蘇州、無錫、常州的經濟區域。有布、米、絲、錢『四大碼頭』的無錫，被譽爲『小上海』。到了十九世紀末、二十世紀初，無錫許多有識之士積極引進西方生産技術，大力興辦工廠，形成了近代六大資本系統，無錫成了近代中國民族工商業的發祥地和蘇南經濟中心。經濟的繁盛，不僅爲無錫文化的不斷發展提供了堅實的物質基礎，而且也形成了無錫文化的主流形態之一的，具有鮮明特色和豐富内涵的『工商文化』。

文化源長，文獻宏大。在歷史上，無錫有過兩次較大規模的文化整理。一八九九年，《常州先哲遺書》是包涵無錫城市在内的第一次區域性文化整理集成。一九二二年，《錫山先哲叢刊》是無錫真正意義上從城市角度進行的一次文化整理。當時，國家積貧積弱，社會動蕩離亂，身處亂世的有識之士高擎文化的旗幟，以縱覽千古的魄力和毅力致力於城市文化傳統的繼承與弘揚，爲無錫地方人文教育提供了文化楷模，對增强無錫崇文興教氛圍發揮了重要的作用，爲無錫躋身江南名城提供了文化動力，其意義至今爲後人感念。

滄桑巨變，天上人間。經過近一個世紀的奮鬥探索，特别是改革開放三十多年來的迅猛發展，中華民族强勢崛起。國運昌隆，盛世修典。中共無錫市委、市政府高度重視地方傳統文化的整理弘揚工作。自二〇〇七年提出『建設文明無錫，打造文化名城』以來，無錫全面深入開展歷史文化遺産的挖掘、清理、保護和修復工作，傳承弘揚優秀傳統文化，彰顯城市人文歷史底藴，掀起歷史文化名城建設新高潮。此後，市委、市政府在《無錫市文化大發展大繁榮行動綱要》中明確要求全面整理出版地方歷史文獻，市委、市政府在《關於深化文化體制改革加快文化强市建設的決定》中再次明確要求編纂《無錫文庫》，正式啓動迄今爲止無錫地區規模最大、綜合性鄉邦文獻集成的修編工作。爲確保《無錫文庫》的編纂工作順利進行，市委、市政府專門成立了『無錫文庫工作委員會』，由市委宣傳部牽頭，設立了『無錫文庫編輯委員會』，計劃用三年時間完成編纂出版工作。《無錫文庫》的編纂，將以嶄新的學術角度和現代學科框架對城市歷史文化進行全面梳理和弘揚，站在時代的高度，充分展示城市深厚的歷史底藴，彰顯先賢哲人的智慧創造，解讀無錫文化的獨特個性，提煉升華無錫的人文精神，光前裕後，古爲今用，以文化人，由人化文，以史爲鑒，開啓未來。

《無錫文庫》的編纂出版必將發揮重要的文化功能：首先是搶救文獻。無錫自古即有豐富的地方文獻，無論經史子集，都有重要著作流傳於世。然而無錫近代歷經戰亂，一些重要典籍已毁佚，僅有書名存留；還有一些珍貴的明清地方史籍，也以孤本存世，處於若存若亡之間。由於各種原因，一些代表無錫文化的典籍保存於國内外各大圖書館中，在無錫不易見到。從清末到民國期間，在文化上有不少重要成果，而這部分書籍因長期被忽視而處於毁佚的邊緣。《無錫文庫》的編纂就是爲了搶救文獻，保存文脉。其次是古籍整理。無錫先賢留下的載籍很多，但現存書籍，版本雜亂，良莠不齊，整體而言没有經過系統編排梳理，使用不便。《無錫文庫》的編纂，就是從版本目録學的角度加以梳理，每書皆撰提要，鈎玄指要，便於閱讀使用。第三是服務大衆。《無錫文庫》所收皆爲地方古史遺文，是研究無錫歷史沿革和文化傳承的必讀書目。《無錫文庫》的編纂出版，使這些書籍的使用更加便捷和廣泛，對無錫的文化建設、城市規劃、古迹保護、名勝開發都具有很高的學術價值和實用價值。

歷史唯物主義觀是《無錫文庫》編纂出版工作的重要指導思想。《無錫文庫》是一部具有社會主義新時代特點的典籍集成，編纂理念和選編觀念更加科學，注重學術性、實用性和經典性相結合，并且儘量收入古籍版本研究的新成果，廣泛收集流散在國内外的珍貴典籍。編纂工作中，始終堅持『尊重歷史、尊重科學、尊重規律、尊重專家』的原則，堅持『雙百』方針，對傳統文化中重要的不同學派、不同觀點的資料兼收并蓄，力求客觀、完整和全面。當然，《無錫文庫》不可能包羅萬象，而以文史哲爲主要内容，兼顧其他類別著述，整體呈現出無錫歷史文化的發展脉絡。强化編纂工作的學術規範，提倡實事求是的良好學風，對文庫的整體規模、體例框架、所收書目、版式裝幀等進行反復論證，反復比較，多方聽取意見，慎之又慎，力争使《無錫文庫》成爲一部真正代表無錫文化的綜合性鄉邦文獻集成。

編纂出版《無錫文庫》的盛舉，得到了海内外衆多著名的文史專家、學者教授的熱烈響應。許倬雲、馮其庸、楊天石、李文海、徐中玉、馮遠、胡福明等無錫籍文化名人和劉玉才、程章燦、江慶柏、張廷銀、金良年等專家學者應邀擔任《無錫文庫》的學術顧問，他們扎實的學術功底、嚴謹的治學風範、卓越的學術見識，爲《無錫文庫》提供了有力的支撑。

千年吴地文明，百年工商繁華，賦予無錫人聰慧和靈秀，創造了具有獨特品質的城市文化和城市精神。當我們手捧先哲留下的珍貴文化遺産，不僅滿懷感恩、敬畏之心，更涌動着不負前賢、勵志圖新的激情，去努力創造城市文化嶄新的輝煌，讓無錫文化大發展大繁榮的春天更加姹紫嫣紅、繽紛燦爛！

無錫文庫編輯委員會

二〇一一年一月

凡例

一、《文庫》所收爲無錫籍作家的著述和與無錫相關的歷代文獻，分爲《官修舊志》、《地方史料專著》、《年譜家乘》、《無錫文存》和《近現代名家名著存目》五輯。

二、無錫地域範圍以現行行政轄區爲準。《文庫》立足無錫市區，兼顧江陰、宜興，適當選收江陰、宜興具有代表性的著作。

三、《文庫》所收著作，以史料價值高、使用價值大爲原則，適當兼顧其版本價值。

四、《文庫》主要采用影印方式出版，《近現代名家名著存目》收入作家小傳和主要著述目録。

五、《文庫》所收著作，其編纂年代下限爲一九四九年；《近現代名家名著存目》則不受此限。

六、《文庫》所收著作，原書如有蠹損、殘缺、漫漶不清處，原則上以相同版本予以換頁、補頁，使全書清晰、整齊。

七、《文庫》對所收每種圖書，均撰寫提要，置於每種書扉頁之背面；每册均新編頁碼，自爲起訖。

八、《文庫》編制書名索引和著者索引，以方便讀者使用。

第一輯編輯説明

本輯爲《無錫文庫》之第一辑《官修舊志》。

無錫自古爲文化昌盛之地，修志傳統源遠流長，延綿不斷。歷代纂修的地方志卷帙浩繁，内容豐富。其特點是修志年代早，數量多，品種齊，質量上乘，在全國方志中占有一席之地。

中國最早的風土記——晋代《陽羡風土記》發源于宜興。清代嚴可均認爲『古地説《山海經》、《水經》外，此爲最舊』。無錫修志事業發達，無錫、江陰、宜興三縣歷代纂修志書五十四部。特别到了明清時期，較他縣猶盛。明代纂修縣志十四部，清代修了十七部。無錫舊志的種類繁多，除了風土記、地記、圖經外，還有軍志、郡志、州志、縣志、合志。從記事的上下限看，有通合古今的方志，亦有斷代的續志，形式多樣。在修志過程中，李兆洛、嚴繩孫、繆荃孫等一些名人親自制定凡例，廣搜資料，考證史實，講求章法，成就了一批名志佳作。在晋代有『文言美詞列於章句，委曲敘事存於細書』（章宗源《隋書經籍志考證》）的《陽羡風土記》；元代有『詞簡而事該，亦地志之善本』（《四庫全書總目》）的《［至正］無錫志》。《［萬曆］宜興縣志》『引史證志，爲修志創一新例』（《稀見地方志提要》）。清《［康熙］無錫縣志》因『秦、嚴并名流，精史法，故其書完美。所爲凡例，尤多名論，誠佳構也』（《續修四庫全書提要》）。《［乾隆］江陰縣志》以其『文亦詳密贍雅』（《續修四庫全書提要》）受到史學家好評。《［道光］江陰縣志》被贊譽爲『體例精嚴、裁制有法，在當時推爲佳志』（《續修四庫全書提要》）。《［光緒］宜興荆溪縣新志》『其文字之雅，搜輯之宏，誠爲後來居上』（《方志考稿》）。繆荃孫主纂的《江陰縣志》因『石刻及藝文孜孜彌詳，至有價值』（《江陰志略》）。

無錫縣先後修志十三部，散佚四部。宋代和宋代以前修有舊經、圖經、無錫志三部，均散佚；元代凡一修，明代有景泰（散佚）、弘治、萬曆三志；清修康熙、乾隆（二部）、道光、嘉慶、光緒志六部。從晋代到民國，宜興編修志書二十二部，散佚十四部；宋代以前（含宋代）修的九部志書均佚；明代修五部，僅存萬曆志一部；清代至民國修志八次，散佚一部。從宋代到民國，江陰纂修志書十八部，散佚十部。宋代和宋代以前修的五部均佚；明代修八部，存弘治、嘉靖和崇禎三部；清代修志五次。

本輯收録了民國以前無錫現存的二十六部舊方志（本輯之末附宋代的常州府志——《［咸淳］毗陵志》）。從時期上分，宋代一部，元代一部，明代七部，清代至民國十八部。按行政區劃分，無錫九部，宜興、江陰各八部。另附府志一部，其緣由是無錫、江陰、宜興的宋代方志均散佚無存，而常州府的《［咸淳］毗陵志》保存了所轄區内各地修志上繳的史料。

本輯影印的這些志書，有稀見的珍本、孤本，也有名構佳作。原書如有殘缺、漫漶不清處，以相同版本予以換頁、補頁，儘量系統而完整地整理影印出版，以起到資治、存史、教化的作用。

本輯排列順序，無錫、江陰、宜興，後附《『咸淳』毗陵志》。各縣之下以志書出版年代先後爲序。每部志書前冠以提要。

目録

〔光緒〕江陰縣志

（清）盧思誠 修
（清）沈偉田 續修
（清）馮壽鏡 續修
（清）季念詒 纂
（清）夏煒如 續纂

本書三十卷首一卷，據清光緒四年（一八七八）刻本影印。

盧思誠，字直夫，福建侯官人，光緒二年代理江陰知縣。沈偉田，字義明，浙江歸安人，清同治十三年（一八七四）任江陰知縣，後又於光緒元年、二年兩次回任。馮壽鏡，字已亭，浙江德清人，光緒三年任江陰知縣。季念詒（一八一三—？），字鈞謀，又字芑伯，晚號頤叟，江陰人，官至翰林院編修，曾修《通州志》，輯咸豐十年以來江陰死難者爲《忠義錄》。夏煒如（一七九七—一八七六），字永曦，又字怡雲，江陰人，直隸州州判，被聘修志，未竟而卒。清光緒二年，盧思誠奉命始修，以備『省志權輿』，延季念詒總纂。旋因盧思誠調離，光緒三年由繼任知縣沈偉田續修，最終由再任知縣馮壽鏡在光緒四年八月修成付印。下限爲光緒四年。卷首舊序、修輯姓氏、凡例、江陰縣志全圖、馬家圩圖説。書中篇目設置基本同於道光志，唯增《冢墓》、《忠義總綱》各一卷，所附『寇變紀略』，記述太平軍庚申年四月十三日（一八六〇年六月二日）攻陷江陰城的經過。在内容記述上『皆援述而不作之例，不能輒有所增損』（《續修四庫全書提要》）。新增道光二十年以後三十八年事，如减民賦、廣學額、設水師等『維新之治』，以及治河成績與疏浚年份，沙洲漲坍升豁等，皆備載詳悉。

重修江陰縣志序

光緒丙子秋重膺
簡命視學江蘇江陰固使者駐
節地也越明年馮君壽鏡
以名進士来攝邑篆甫下

序　一

車即謁予曰曩上憲檄所
屬修郡邑志以為通志權
輿是邑志乘盧令思誠經
始於前沈令偉田踵武於
後令詮訂將竣乞序以弁

其簡端適將按臨蘇郡行
有日矣不暇披覽詢梗概
焉馮曰志乘失修垂四十
年矣雖山川風物無異昔
時而

序　二

聖主政垂寬大有若減賦役以
甦民困廣學額以植人才
設水師以固江防而安勁
旅皆邇来維新之治邑雖
小詎可略而勿志歟予曰

此仁政大綱也馮又曰此邦素名忠義庚申之變爰舉義旗以翦梟獍慷慨捐軀者有之從容赴義者有之若男懷屈子之誠女抱

序 三

蟂姬之烈者更不勝屈指殉難之多甲於通省既沐恩綸之旌卹詎堪姓氏之缺傳予曰此不朽盛事也馮又曰山川鍾毓賢哲挺生或

以經濟顯名於當時或以文行見稱於鄉里下逮人情風土軼事微言都人士之儀型守土者之考鏡均於是乎在苟不網羅焉以

序 四

筆之於書後之人何所攷證乎予應之曰唯唯竊以秉筆之難也非史氏則體例不嚴非土著則見聞不確史氏矣土著矣非鑒空

衡平則品題不當有是三
者又得賢令尹集思廣益
與邑之士大夫徵文考獻
參訂於其間則是書之成
竊為斯邑幸要不獨為斯

邑幸也若夫蒐羅之宏富
體例之謹嚴固無俟予之
贅筆云爾
賜進士出身翰林院侍讀
學士

日講起居注官
弘德殿行走江蘇督學使
者長樂林天齡序

重修江陰縣志序

有邑必有志自昔皆然舉千百年來民生利病風俗臧否與夫制度之沿革損益文獻之消長盛衰無不考核明紀載備一經歷覽約次了然如指得懲勉之

序　一

資舍是無從考鏡志之有關治理也重矣光緒丙子秋余奉檄庀代江邑抵任後即觀邑志自疆域山川田賦學校以及忠孝節義文章經濟原原本本燦若列眉余不出戶庭數日間即周

知源委問津有自藉爲奉爲師資也不覺竊然喜第續修斯志自前縣陳君延恩輯於道光乙亥年迄今倏忽又三十餘載矣江邑文物繁盛名賢繼起在不乏人今不及時增修年久防將

序　二

湮沒後之官斯土生斯土者縱欲求沿譜牒前徵其奈殘多缺憾何興念及茲不覺惕然慮時適吾邑紳告余曰夏間已奉郡尊飭修邑志並承諸紳會商籌款舉辦余曰善於是詳報設

局延李君梅太史總司纂輯學優行卓者分司其事焉籌議成余即瓜期已届戊寅歲余署潼陽任內接邑紳陳君榮邦信示及志事指日告成促余為序欲辭亦自維謭陋又不覺赧然慚

序　三

矣以延陵讓德之區地靈人傑綿綿延延景象之休明名哲序述詳矣余惡乎言是役羣賢薈萃殫心經畫旁搜博採網不遺珠洵游夏不能贊一詞也余又惡乎言雖然余曾蒞茲土與

士民共休戚澄江事敢不預聞況是志也成所紀皆民生風俗制度文獻以體徵閱余得考鏡有資安可默而無語也志事博洽兼廣見聞遺韻流風可法可戒後之覽斯編者尚其知所懲

序　四

勉毋負修纂苦心焉爰識數言附以為序時戊寅孟冬望日補用同知直隸州候補知縣前代理江陰縣事署沭陽縣事侯官盧思誠撰

重修江陰縣志序

居百里之地而不能周知其山川形勢物產民風洎一邑之掌故者不足以為治況南北所沖之鉅邑哉

縣舊志創自宋歷代輯纂至我

朝乾隆九年蔡君雨亭以名進士來宰是邑百廢俱舉出其緒餘以修邑志美矣備矣雖其後者不過各舉數十年之事鈎元提要筆之於書期於信今傳後而已夫沿革建置歷代縱有損益要未嘗大異也惟

人物之出與時運為轉移其間英賢迭起固自不乏獨至忠臣義士節烈婦女則非遭遇變故或未足以伸其志伸矣而又限於見

聞致幽光潛德匿而不耀不幾令江山減色乎昔賢謂修輯之功人物爲重詎不信哉江陰固所稱忠義邦也當粤逆竄踞時邑人

張空拳冒白刃忼慨捐軀闔門自盡者不可勝紀夫以彈丸黑子不數年間而得十餘萬之毅魄忠魂爭光日月非邑之光歟歲丙

子偉田奉檄調赴文闈撤棘校任前尹竇甫盧君已與都人士籌經費定章程徧告上游遂禮君棋太史與永曦司馬主其事而能

文之士分任採輯其中條目義例間參管見草創未就會受代去於今又數年矣而其書始成邑之士大夫不嫌謭陋以稿見示受

而讀之嘆其詳審精密史
筆凜然而向之爲國捐軀
者搜羅殆遍罔有遺佚不
覺釐然有當於心也儻所
謂修輯之功人物爲重者

此物此志也夫
補用知府即補直隸州特
授江陰縣知縣書溪沈偉
田序

重修江陰縣志序
郡縣之志原於史由來遠矣凡
山川形勢風俗利病與夫物產
盈虛人文隆替悉於是乎具而
官斯土者恃爲攷鏡之資蓋所
繫爲至重也溯自夏書禹貢周

官職方實地志之權輿厥後班
固志地理司馬彪志郡國凡在
史家代勤纂述唐宋以降迺有
專書元和郡縣太平寰宇最爲
顯著
皇朝文軌大同載籍極博自行

省以及府州縣靡不有志炳炳乎其尤盛已江陰設邑肇自晉代志書屢經修輯顧自道光二十年邑宰陳君延恩續修以後又歷三十餘載人事日增風會遞進加以中遭兵燹因時建置

頓改舊觀如築礮臺更營制以及減田賦廣學額恩威並至其盛事亦卓有可傳後之視今猶今之視昔不有纂修何所徵信大中丞吳公涖吳之次年政通人和百廢具舉檄下前任沈君偉田籌款興修與邑中人士設法鳩資聘季太史念詒主其事而以夏司馬煒如副之嗣司馬物故分纂諸君采訪蒐輯洊更寒暑功未竟而沈君謝事以去余適承乏是邦因與朝夕參稽

黽勉從事期年而書告成蓋經始於光緒丙子之冬竣事於戊寅秋八月其間闕者補之軼者增之舉所為山川風俗物產人文元元本本咸萃斯編下以備一邑之掌故即上以資　國史

之采擇此皆由　中丞綜理之
密沈君創始之艱秉筆與咨訪
諸君任事之勤急公之切而余
因得以不才樂觀厥成也爰欣
喜而為之序
賜進士出身補用知府即補直
隸州江蘇丹徒縣知縣調署江
陰縣知縣餘不馮壽鏡撰

序　四

重修江陰縣志序

江陰之有縣志剏於宋補於元備於
明
國初康熙中前知縣沈清世續修之
乾隆中前知縣蔡澍又續修之至後
牛公兆奎修而未竟舊志遂多散
佚道光庚子歲前知縣陳君延恩
大加纂輯時稱善本距今卅餘年
宜補載者甚夥光緒丙子歲
上憲檄所屬修郡邑志以為省志
權輿所邑志乘盧君思誠經始於
前沈君偉田及馮君壽鏡譚君

序　一

泰來相繼於後總司纂緝者爲李君栻太史分任採輯者亦皆文行素優之士己卯秋余蒙大府題補兹邑奉檄之初大中丞吳公又諄諄以邑志未竣功勿虧於一簣爲囑下車後披襟雒

序　二

誦見其網羅之閎富體例之謹嚴宏綱細目燦然大備心折者久之惟是中有商榷未定者復屬校刊之士詳加考訂闕者補之訛者改之迨庚辰秋告成則余已奉文卸篆矣夫以諸君子之鴻才椽

筆彰文表書已足潤色休明恢宏政治余才淺學疏何敢復贅一詞幸馬首載途之際樂觀厥成得綴名於諸君子之後附驥尾而垂久遠是亦私衷所竊願耳他日不遺在遠惠賜一函展披

序　三

其圖記如履其山川考其風俗如見其人民讀其鴻篇鉅製又不啻與此邦之賢士大夫揖讓論文有奇共賞也美之啟後有功於吾邑敢

賜進士出身同知銜特授江陰縣

知縣孝感李文燿撰幷書

江陰縣志目錄

江陰縣志卷首

舊序

施志序 宋紹熙五年邑有志自此始 簽判 俞巨源

大江自京口委折而南浩渺澎湃勢益壯越數百里聚爲澄江之匯其山川甚秀其生齒甚繁其風物甚雅而名公賢士大夫落落繼出如騎星辰通德之門與焉相接也自縣升軍額不惟其地望更重而其去行在所不信宿亦獲附畿甸五等侯之列故守將爲時高選雖在江一隅商舶輻至然夙號淸簡少事有枚數當今樂州者必屈指焉郡各有志澄江獨未之作也吳興施公太博知軍事慨然以

爲缺典首命郡博士鄭君邑大夫徐君相與蒐獵以編爲書庶幾來者有考鄭君於是質之古驗之今採其土地所有記聞所傳科條所當登載者分爲三十二門計一十卷其文直其事核其目井井也書成而施公以請祠去巨源嘗以幕僚攝承泮宮諸生僉以鋟木爲鄭君請因贊其成且巨源嘗爲施公屬載其作書之自及識其日月敬不敢辭然鄭君爲是書也亦勤矣先賢讀詩之綠竹猗猗知衛地淇澳之產在其板屋知秦野西戎之居隻字片辭坐致千里古人發興於詠歌且爾况紀事之書乎鄭君誠有倣乎此

主修知軍施邁　纂修教授鄭應申　知縣徐綱

顏志序（紹定三年）　教授　郭庭堅

江陰舊志前廣文鄭應申所編時紹熙甲寅歲也間有考之未詳畧而弗備者况歷三紀之餘時異事殊溶有增益盍廣前聞庶免疎缺顏侯奏院一寓目而深有志焉庭堅以文學掾承侯命偕前國學進士蔣汝通纂修之迺審訂是非搜訪遺逸因其編目隨類附入昕前志為稍詳若曰全備則非庭堅敢知也

主修知軍顏耆仲　纂修教授郭庭堅　進士蔣汝通

重刊顏志題識（元至元二十三年）　教授　朱子昌

江陰舊有郡志遺闕泯漫至元丙戌分教於茲重加校正命工鋟梓始為全書蓋存古也

主修教授朱子昌

重刊顏志序（明洪武九年）　知縣　饒元德

予觀宋江陰志作於紹定實起自太平興國以來三百年事畧可尋覽大要所詳載者三江防民政學事也其於營屯之設置攻守之備具七百里江面歷歷掌握中無尺地非其所經理民間閘堰之起築租課之耗益二百里郊圻物物在胸臆下無一夫非其所料理以至學校之事皆然眞可見古人為政之用心矣皇明龍集丙辰春朝廷注意於天下典故大加訪求用深考究以備觀覽惜乎本境兵燹焚蕩之餘架閣無文廳壁無記於是招集遺老延致儒流胥會於學宮搜蒐散亡掇拾殘斷舊書前後續編總一十三卷求之數家晚得張彥翔所藏本讐校始克稍完謄錄鋟刻猶慮中間魯魚亥豕訛舛尚多哲匠藻鑑儻改而正諸不亦宜乎

主修知縣饒元德　纂修庠生張彥翔

賀志序（洪武二十四年）　縣丞　賀子徽

按舊志江陰為揚州之域斗牛之墟自梁唐宋元而其間或為郡為州為軍為縣陞降不同而風土未嘗異也昔吳

公子札讓國來耕號延陵季子楚封黃歇為春申君我朝混一以來則改為連洋州又封都督吳公為江陰侯未幾復改江陰縣洪武二十四年春予來貳令到任兩月獨員署事自卯而出終酉而退屈力殫慮思圖補報何暇覽是邑山川之形勝論當時人品之賢否一日有耆士謁予而言曰江陰歷代事蹟備載舊志降自前元迄於今猶有所缺言之若有意於續志焉吁予倥偬中何能與翰墨相接而談及斯文哉然是邑居江之南海之北山明水秀人傑地靈藹然文物之區蔚然詩書之藪蜚英翰苑馳名縉紳皆表表令聞所謂江陰續志奚可不贊襄之遂命邑庠訓

士賀賢校正此書俾鋟諸梓以永其傳儻後之人展斯集而知江陰之源委觀民情而知政教之得失是有補於將來者也

主修縣丞賀子徽　纂修訓導賀　賢

陳志序永樂十六年　訓導陳　贇

江陰志自宋紹熙甲寅歲郡守施公邁命教授鄭應申編集成書至紹定庚寅郡守顏公耆仲命學錄郭庭堅偕進士蔣汝通纂修之其視前爲詳元至元丙戌教授朱子昌慮其遺闕重加校正命工鋟梓以永其傳國朝洪武辛未二尹賀公子徽命訓士賀賢編續志畧而不詳永樂戊戌

秋奉旨纂修志書與邑之文士許用升輩乃審其是非採其遺逸修之然其間損益自媿學識荒疎於古今事蹟恐未詳載尚冀後之君子慨其闕畧而增飾之斯具美矣

主修訓導陳　贇　纂修庠生許用升

顏志序天順中逸

主修進士顏　瑄

羅志序宏治七年逸

主修羅　輔

黃志序宏治十一年　邑人高　賓

江陰縣志一十四卷總若干萬言故監察御史蘭谿黃公俾令是邑時所作也宏綱巨領羅絡無遺細目苛條搜剔罔漏可謂盡心焉爾矣去今二十六年歷三四賢令佐未有能板之者乃今大令古磁王侯泮視篆之始首謀及之而適奉明旨遍徵於天下郡邑侯若有先知焉者亦此志之奇遇也刻既成侯乃以敘命賓賓何言哉夫郡邑之必有志也所以物土方存故實觀治忽寓警勉也何以言之昔者先王疆理宇內大邦小邑棊布星羅知夫風以方殊俗以習異不能相一也於是設官分職俾均其政於天下使夫風之澆者於是而同其淳俗之陋者於是而同其雅然職有修否政有疎密而功化之效亦因之有淺深矣故

必志以志之以備一方之故實使後之君子於是而有考焉則夫警勉之意亦行乎其間矣江陰以宇宙彈丸之地遠自商周之際已爲泰伯至德之鄉又數百年而爲季子遜耕之國自是以來雖經歷代判合無常而土物人文日進嘉美故前人謂人秀而文良有以也迨我皇明啟運奄有萬方太祖高皇帝定鼎金陵而江陰實維南服近郊首被皇仁之地況承列聖熙洽之化百五十餘年於此是以土俗人風益躋淳美人皆以奮爭爲恥忍讓爲賢雖或其間不能無少低昂亦以時政有激失其常性焉爾蓋嘗因志求之君子之宦遊於此若千人矣而我士庶或則神明

之父母之在而戴之去而思之追以餞之碑以頌之及其歿也俎豆而尸祝之者有焉或則讐敵以疾之鴟梟以惡之令而抗之呼而逃之羣而譟之聚而訟之及其行也扼吭而哇之者有焉夫由前言之孝弟之道也由後言之亂賊之風也是豈斯土斯人之性朝陵暮谷遷變無常爲醉爲狂是非無準如此哉其必有取之矣且極敝大壞未有甚於今數年者而我王侯之來曾未數月人已欣欣動色相賀孝弟之心油然而生矣豈又一江陰也邪孔子曰上好禮則民莫敢不敬上好義則民莫敢不服上好信則民莫敢不用情又曰苟子之不欲雖賞之不竊則夫風俗美

惡斷係一人而國家所以法古建官授事責成之意亦斷乎其可識矣惟昔黃公之來適承其敝而深有慨焉是以洗垢吹毛盡發其隱巖辭正色直抵其罪蓋惟其憂之也深故其言之也切其愛之也篤故其誨之也詳甚知其非得已也志自宋紹定後無續之者國初賀丞子徽嘗一續之而失之淺天順中邑人顔瑄氏又嘗一續而失之駁且復半爲襲美於人於是黃始大刊其舊而極其辯焉或曰黃則辯矣然攻或過激求或過深頌或過譽取或過隘亦盡予之乎賓曰雖然亦有說焉孔子作春秋以寓王法而曰吾志在春秋江陰之志固亦黃公之寓志爾豈獨爲江陰發哉讀者不可不知是爲序

主修知縣黃傅　纂修貢生方謨　進士張簡　庠生蘇鑾

庠生顧康

續志序 正德十五年

邑人方謨

侍御蘭谿黃公傅先宏治癸丑令江陰慨邑中文獻莫徵以志殘缺謂事無所稽民無所勸乃徧索宋紹熙創志紹定續志國朝洪武續修永樂重修志天順顔志宏治羅志彙而繹之得肯綮揭綱領者十累條目者八十有九集諸生蘇鑾顧康張簡及謨給事蒐討曰制治曰人物屬謨曰疆土曰風俗屬簡曰名宦曰宦達屬康曰雜傳曰異端曰

物產屬鑾曰括志而疆土中如分野星占則公自專之又兼總各所屬焉次第爲卷者凡一十有四題曰江陰縣志書成迄今塵封者二十三年矣我新令上黨王公泮來甫閱月孚憲舊章適徵志之命申自我天皇而奉行督莅者則巡撫少司徒李都憲遂以筆研屬謨收諸生蔣舜文花實相之起自黃公絕筆之年宏治戊午止今正德庚辰俾嗣采編用開後始謨悚慄承之遡惟先志備諸家史體而成謨親在弟子之列曷敢自用以別開戶牖哉綱領條目大小悉如其故間小有出入者存道德存名節存隱逸待其人也去將官去特奏去題宦去方技無是名也進歲貢

於諸科之前與進士鄉舉隨比其類也謹錄制誥敕命之詞而封贈系之昭恩典也入貲項下標題某職分註某名籌他日書者尚多也職官年表罷蒐討之詳表近年官也大事記止書大事殺記字以避嫌春秋綱目不敢擬也虛雜辯之篇有辯則各註於本目之下也帙非如先志之繁約之而爲卷九也所謂續志者如此而已也若夫梓而行之使黃公一家之文章一代之令典不至泯其光精又使一邑之風土物情禮樂政教之美惡污隆得失首自商周中及秦漢晉齊梁隋唐宋而終之入我國朝凡數千百年人莫知所之者於是乎有可稽與可勸者在而我王公力任之功則非謨所能模述其偉云

主修知縣王　泮　纂修貢生方　謨　庠生蔣舜文　庠生花　實

趙志序 嘉靖二十七年　郡人唐順之

有家者隨其家之所有而籍記之其常也凡其田畮租甔錢貫絲縷豉合醬罌僮指之數此織勤治生者之所詳而游閒華飾者之所畧也凡其池館花樹狗馬圖畫古物珍器之數此游閒華飾者之所詳而織勤治生者之所畧也二者則更相笑矣而家之所以爲家者則固在此而不在彼也歟郡國州邑之有志自古而已然亦所謂隨其郡國州邑之所有而籍記之其常也禹貢周職方豈非志國邑之所權輿也哉然自後世觀之則見其有瑣細而俚俗者矣夫其田賦高下之異等墳壚黎赤之異壤九鎮九澤之異名而五戎八蠻之異服其列而載之可也至於篠簜箘簵淮蠙江黿海錯之纖細則類於草木蟲魚之書而多男少女多女少男之紀則近於閭井郵俗之談古人何若是之瑣瑣也蓋苟有切於利器用而阜民生辨陰陽而蕃孳息則固不得以其穢雜而畧之而況其大且重者乎其所載而詳者固然則其所以不載者亦可知矣後之所謂地志者則異是矣其敘山川也既無關於險夷瀦洩之用而其載風俗也亦無與於觀民省方之實至於壞則賦額民數一切不紀而仙佛之廬臺榭之廢址達官貴人之墟墓詞人流連光景之作滿紙而是嗚呼此何異於家之籍專記圖畫狗馬玩具爲粃綴而租甔錢貫所以需衣食之急者漫不足徵也其亦何取於爲家也歟知家之有籍本以治生而非以觀美國邑之有志本以經世而不以博物則得之矣竊聞國朝集諸儒臣修一統志時兩人相詰其一人欲載科目之數則曰此非進士錄也其一人欲載戶口田賦之數則曰此非黃白冊也科目則別有錄矣不載宜也戶口田畝固天下之大命而經國者所必稽也且若彼之說則禹貢周職方其亦黃白冊也哉彼固以是爲瑣細

俚俗焉而不載也江陰於常州爲屬邑而枕江之衝爲蘇常諸郡北門以故視他邑獨重舊雖有志而宜書不書不宜書而書大率如所論諸志之弊無足徵者至今令餘姚趙君始更修之趙君爲政潔己愛民才敏而慮周凡志中所載田賦徭役戶口食貨謠俗水利防江治盜之源委本末節錯絲棼蓋皆君之所嘗蚤夜盡心焉者其於浮文羨費則盡屏去不事譬如辛苦起家之人斥絕耳目之玩而畢力於家人生事之間一錢粟之盈縮一臧獲之奸良與夫鎡錀門戶之守雖其錙銖隱賾而聰明智算舉無遺者於是一切以其精神思慮之所及而登之於籍至其纂緝

成編則以屬之學士張先生先生以其國史之餘才而推之以成一邑之史故其所載繁簡刪存能得趙君所用心而著之以爲後來治邑者之所據準又如計然任公之徒精於治生而太史公萃之爲傳凡其仰俯拾取廢居棄與之法與夫卮茜荻漆之細莫不具載能得諸人所用心而著之以爲治生家者所必資蓋爲邑之與治生意嚮或異家籍之與邑志體裁亦殊至其的然當於實用而不取辦於具文焉則一也夫前人以其所用心而著之籍記後人因其所籍記而得前人所用心而守之是以家道能常興而不墜予欲使後之爲江陰者因趙君之所爲志而知其所用心而守之也爲之書其端

邑人 張袞

邑志之修也予安能爲是役也宋有刻本凡十卷教授鄭應申郭庭堅爲之是時江陰爲軍元至元間嘗一翻刻皆仍故也其後入我國朝繼軌而修有若賀子徽氏顏瑄氏種種而出乃稱縣志焉因革之初多資事實多出章父里魁之言文或不副大抵然矣宏治癸丑蘭溪黃君爲令思皇作者羅絡希闓剖析疑義雄辭瓌辯自成一家言是可不謂傑然已乎後若干年宗黃而續志凡得九卷曰方談氏合前後觀之或謂黃之志縟也多取而寡要奇搜而眩

實君子思見其初焉夫初者宋人也畧也由畧而詳可矣比其詳也不勝其文是故志之難也予安能爲是役也嘉靖丙午巡按御史王公言來按茲土詢志考俗乃以掌故屬之邑令趙君錦俾予詮次爲役予懼焉而不敢當又踰歲巡撫都御史歐陽公必進巡按御史陳公九德相繼督之趙君乃闢延陵書院爲館簡諸生才者五人佐予以從事未幾而劉珪林文煥病亡乃與蔣龍徐鳴玉吳允稍議討之緝其舊文若干萬言凡二十三卷補其遺事凡二十六載有奇門分類別事各有歸而不相殽其綱領可尋也先爲發凡舉例示準繩在茲其去其取非敢私爲異同也

予之少獲自盡者塗轍若此而已至謂得損益之宜適文質之中則先王疆理之故推其精神之運播告於冊以一民志於無窮謂爲有補邦君之治非予所知也始事於丁未春二月越是冬十二月告訖中間予以病廢者若干旬刻既成趙君將正諸有道謁其文冠諸篇端予不佞謹次其槩以見予之懼焉而不敢當者報焉而有餘媿也

書志後

知縣 趙錦

郡縣分土而治其政若易也而川谷異制民生異習則其所以爲休戚者亦因以異而施之於政緩急亦不能以皆同以不能皆同之政而雜然施之此郡縣之治所以未易

言也江陰素稱殷富爲國家財賦之區而地多高卬民嘗苦旱昔人並開諸渠皆自江以達於運河議者因謂以洩震澤之水使入於江而不知其正欲引江之流以便乎農也惟其潮汐往來沙泥易積疏濬未幾而湮淤如故言水利者莫急於江陰而言治水之難者亦惟江陰爲甚其東私港谷瀆之間接乎常熟之慶安去縣九十里而遥其地枕江以爲險其民負鹽以爲利法制既疎習染遂惡小者揭竿黨聚肆行邨井而大者治舟航挺矛刃公肆抄掠於洪濤巨浪之中至抗衡官兵而莫之懼吏捕者少則不能得多則遂遁而入於海故江陰素稱多盜賊之擾而言弭

盜者亦卒無良策夫其急與擾也則政莫有先焉者而其難與無良策則亦以因循曠廢之餘而欲得夫久安永逸之道爾蓋爲政之道猶之治心治心者日省察之而後私僞無所容而本體長明爲政者日飭治之而後孽孽無所萌而民生長安今或積數年不濬而一旦欲諸渠之並通居常無以稽察其出入先事不能逆折其萌芽而欲寇竊之不作此雖下濕素安之地尚亦不可而况欲以是得之江陰乎故爲政者誠加之意時而考之毋忽其安歲而計之毋畏其難則施之有序事固無不可爲者故治水難矣而計畝以授功分年以治事所謂導河夫鍬者又爲之歲

畜以待需則官府爲歲舉之常而無幷集之擾百姓以彌月之勞而獲十年之利即諸渠亦未嘗不可通也至於盜賊之變雖無常形而先事立防則若保甲之法編集提督之有方會哨之舟彼我往來之無間則亦可以消其未形之惡褫其不肖之心而即不幸有變亦不至於滋蔓而難圖矣蓋崇本以清源因時以制變賢哲之士自有良圖而天下之事未有無序而可行懈弛而可幸於無禍者也此其大端也予之始從政於此也睹民物則惻然視案牘而茫然徒切焦勞罔裨治理今而後知江陰之政其先且大者實在於是則又以積廢之餘未能兼舉而且自惟鰥曠

罪深莫克是終之爲懼於是丁未十有二月江陰縣志成
邑之事巨細既有載矣而於斯二者則予不能不深致意
焉以俟後之君子也邑故有志今志作於大司成水南張
公其遺文故實多採諸舊志而提綱以示之準糾謬以協
於貞芟蕪以歸於核蒐逸以入於詳使燦然足以信今而
傳後從政者有所於稽則公所自得者居多其共繕之費
取諸歲會之餘而公自授館迄於告成盡謝廩庖之餽省
金凡若干兩同修邑志者五人亦多所謝卻而劉生珪林
生文煥中以病亡蔣生龍復與計偕孜孜夙夜克相厥成
者則多徐生鳴玉吳生允之功焉皆讀志者之所不可不
知也

主修知縣趙　錦　纂修進士張　袞　庠生林文煥　庠生徐鳴玉
庠生劉　珪　庠生蔣　龍　庠生吳　允

重刻趙志序萬曆四十七年　知縣　宋光蘭

江陰故有志而重緝纂修大司成水南張公司簡焉公以
經世文章讀中秘書鏤金鐫玉之編靡烺烺炳天壤何有
於一邑之史哉於是應兩臺請執牛耳而校讐之蒐核詮
訂實殫窮年之力予得命而涖茲土津津喜曰延陵讓德
之區也山水清越篤生顯人遜禪而興熹光彝鼎者節概
凜於嶙峋丰標昂於山斗奕奕載籍詳哉其言之矣甫下
車搜所藏板而彙修之迺知殘落者過半爲之扼腕曰國
有史郡有乘邑有志家有譜以紀不磨也是可令其自遺
自佚於若存若滅之間乎爰見全書於張氏挈原本而付
之梓八今缺者悉補之刻成繙閱再四人物俗尙田賦徭
役食貨風謠犂然若曙眞不刊之巨典也是舉也雖不敢
藉有成編貪天功爲己力第天眷休明卜年未艾俾斯籍
與之並傳不朽司成公七十年來之英爽不至悵往牒於
淪湮者意在斯乎意在斯乎聊序數言以既厥心司成公
之文孫曰嘉孺者隸名成均能董其事者也

馮志序崇禎十三年　知縣　馮士仁

憶筮仕江邑詢掌故以志事以架閣所庋者進乃嘉靖丁
未大司成張公所裁定也閱之恍與百年前人晤對父老
子弟遺聞半在寒煙蔓草中過此又何知焉因有意於徵
文考獻五年鞅掌攢眉未皇及也今歲計還之午日賢士
大夫始以公牒見屬因推擇史材親爲除舍奉几秉直之
董狐則徐徵士遵湯博物之子產則周文學高起僉謀正
字各舉所知卜吉授簡與士大夫束牲載書盟曰志非以
謏聞以昭鑑也天塹地維金湯玉壘之形勝可畧而滄桑
陵谷之觀宜綜鼎革太平賜酺安阜鼓腹之熙景可畧而
儉侈湻漓之俗宜紀風移牛車擔負櫝佩成羣之順治可

畧而椎車算緡之苦宜繪時艱麟游麥歧草妖木怪之祲祥可畧而蟚蟦碩鼠之殃宜資省驗摘發如神剖決如流之奇績可畧而戴星齒雪之勞宜垂峴首一門五貴一歲九遷之寵遇可畧而攖鋒觸燄之丹宜標碧血名布通都交連守相之英風可畧而白駒空谷之遺宜發幽芳五釜酬恩三窟市義之榮名可畧而履霜貫日之誠宜開生面富衰懷清貴傳綈曳之賢媛可畧而殉節全孤之貞宜晉彤管頌傳譜載觴詠遊觀之文詞可畧而陳謨佐史之編宜勒汗青如是者日有折衷百日而草創具余迺然喜復喟然嘆或曰於前數者有未盡愜耶曰愜矣盡矣不能易

矣但初與百年前人晤對如談羲皇時事神飄飄遠也今與百年中人晤對如談天寶時事淚涔涔下也緬惟五年來跋履到矣疆界能理乎版築勞矣河湟能濬乎拮据瘁矣職業能修乎田功卽矣民物能康乎三壤則矣貢賦能平乎賓興舉矣文教能振乎簡練勤矣武衛能奮乎彰癉分矣風俗能湻乎見之紙上則燦若分犀反之心中則芒如負刺正欲商未了事適以召命行以寸晷披牘與數百年名喆晤對喟然嘆者復迺然喜焉夫千古表江邑者延陵春申而已國風十五遂銷文身斷髮之蠻風珠履三千因成鬭雞走狗之吳俗顧自漢迄唐人物不少槩見豈皆爲晉陵所收耶卽葛文康邱文定勛閥爛漫宋史今亦何蕭瑟也然今亦何必借才異代無論駿業鴻文代興不乏卽正德天啟之季固乾坤一大闔闢也三虎據於蒺藜雙鳳塡於鴟鴞當年生死不同同之不死旣以輝煌俎豆茲復炤燿簡編恐他邑志乘所罕覯浮名易謝眞氣不磨持此可以正告中外矣闡微舒鬱志中第一義也特表出之若取材之富持論之公覽者自見余又何贅焉

主修　知縣馮士仁　纂修　貢生徐遵湯　庠生周高起

沈志序　國朝康熙二十二年　本府同知危際泰

國家疆圉錯繡提封萬里幅員之盛亙古未有也邇者滇

黔小醜解甲就縛閩海逋鯨望風納款武功赫濯文德優崇

皇上坐明堂朝羣辟撫茲輿圖遠過歷代而通志一書未經編纂何以垂永久以揚鴻休是以徧

命天下守臣詳參舊志增益成書付之冊府彙爲

國史甚盛典也江南素稱浩壤在勝國則爲留都山川人物甲於天下制軍于公撫軍余公暨藩臬各憲躬勤夙夜博覽羣搜省有局府有局又令各守土之臣皆以志獻於時江右沈君宰常之暨陽尤以茲事爲重延請鄉先生暨邑庠淹博之士本之舊乘加以新參自神熹以來數十年

凡疆里因革賦役戶口懿行藝林存信者十之七質疑者十之三燦若列眉洞若觀火逾月而志已成予以練兵來茲禦侮江上暮春抵任入其郛見士民麗秀秩秩彬彬則知沈君之政化有成也履其畝見野無惰農田無奧草則知沈君之教養兼至也無暮夜之呼無犬吠之警則知沈君之綢繆克固也且徵令期會諸大役莫不抵掌立辦下不擾而上以安沈君何宏才肆應如此哉志成予適有荊溪之行簿書怱劇不獲効編摹之助而沈君不我遐棄走使相聞欲予一言附之簡首予不敏竊喜以微名側諸長者之後敢以傖僿謝乎嘗聞疆圉廣於漢戶口盛於隋然

漢武用兵而海內虛耗隋文操切而元氣彫殘我
國家幅員之遠既邁周接虞而
皇上天縱神武齊聖廣淵削平諸逆悉奉
廟謨萬幾之餘發為
睿藻天章煥爛震古爍今無疆維休亦無疆維恤郯鄅之鼎豈止卜世三十卜年八百哉江陰在唐宋為暨陽軍在明為巖邑賦役繁重江海輿區名雖一縣而棘手嘔心幾與刺史等今文武諸上憲精明慈厚風厲庶司無有媮於官怠於位者於斯志也竊有感焉矣至沿革建置前志已詳碩作名流今志復備又豈俟予為嘆美也夫是為序

知縣　沈清世

縣曷有志乎周官以職方掌四方之志而太史陳風十五國之貞淫治亂爰載於詩其郡邑志之肇乎而麟經一書記載二百四十二年之事獨宗邦百里記載尤詳迄今燦若列眉皆藉尼山之筆削以不朽厥後漢制郡國上計簿唐初作十道圖元和作郡縣志宋明有寰宇志一統志此皆蘭臺鐵軸博採成編蓋志事之與史事相表裏也久矣顧不重哉我
國家誕膺歷服率土車書壬子之歲
上俞廷臣請徵天下通志維時蕞邑斗城咸載筆從事獨

江邑之志剝跡半糊尚係故明萬歷間所遺舊梓近數十年之人物科名缺焉未載其不委之荒煙蔓草者幾希其故何歟令甫下車攬其風土考其文獻不禁愕然久之爰詢之父老云續志之缺也崇禎之季輯而中綴及
國朝奉檄重修前令脫稿垂成旋以罷官而止噫令固一官為傳舍哉側維江邑春申故里季子遺風水帶山環代多名彥一秋雙解之佳話猶傳一科十五之餘音未熄而顧茲邑乘曠缺年久杞宋無徵烏乎可乎令也不才濫竽斯邑修舉廢墜實繄予心獨是閭閻凋瘵積逋難清既拙催科又慚撫字令之面目日憔悴於簿書錢穀中不遑寧

暇且蕭然垂橐剞劂無資惴惴乎如白鳥負嶽竊有志焉
而未逮也比者赫濯
皇威來王萬國
聖天子特命史臣纂修鴻集黼黻太平爰令天下郡邑輯
修舊志令因拜手奉命不敢後期乃禮邑之薦紳及博宿
弟子員分科採校蒐軼訂訛列卷二十有二較之舊志爲
加詳一切梓費令勉力倡捐用藉邑之紳士共勸是舉浹
九旬而告成事焉噫令何幸而慰此夙願哉公餘蓺燭按
帙分披別類起凡秩然有次思夫江邑之繡壤蓉城疆域
如昨樸耕秀讀禮讓弗衰繼此之鉅卿學士孝子忠臣與

夫貞夫節婦品行文章當必雲蒸霞起垂帛千秋此皆邑
之慶也而令膺民社所宜師慕流徽者惟此名宦一端來
暮興歌去思成誦古人所以重樹立也追溯前賢諸君子
何如人哉苟不然而貪墨玷箴驚殘失德邑之人唾之罵
之抑相與訐而斥之一旦身名俱敗遺臭難湔以視光簡
策而傳尸祝者何啻塗炭之與霄漢絜短長哉是志也所
以昭勸懲鑑淑慝令甲可畏直道猶存桐鄉之民豈有今
昔歟令二載居官心勞政拙錄無寸長惟此邑志一書得
際此盛會以報竣豈非厚幸然而履薄臨淵苦海無畔不
禁讀循吏一傳而惘然自失也

邑人 朱廷鉉

今天下固文教昌明之日也
聖天子以聰明睿哲之才著作一時進退百代將六合之
大九州之遠括囊而羅列之奚獨一方一邑之兢兢然
郡邑者天下之分也況吾邑之文獻湮沒急待修明者久
矣考舊志自宋以來諸本俱亡失不可問所存者惟黃志
方志張志馮志四書鼎革後燬於兵燹惟張志板尚貯架
閣庫亦殘缺失次且其書所載止於前朝嘉靖嗣後百餘
年星移物換典籍淪亡舉沿革興廢盛衰得失之故悉委
於草莽而莫之問果誰之責乎

本朝四十年來宰是邑者惟澧州龔公有志修舉屬余業
師文學陳芝英編次成集遠稽近考芟蕪補遺庶幾存什
一於千百值軍興旁午未獲卒業蹔事者執掌簿書總恐
不給至於咨訪掌故則遜謝未遑矣南昌沈公下車之日
毅然以纂修爲己任具請上憲獲報可乃訪求遺書徵藻
師所撰舊稿將付剞劂會
當宁以四海蕩平車書一統命儒臣重輯通志
詔下督撫檄行各郡縣徵取成書刻期稟進公乃喟然曰
修廢舉墜者宰之職也述往示來者宰之志也況重以
天子命將閭胥族師黨正鄉大夫皆有所書以登於王宰

敢以蒐討之難玩忽不報耶迺設局於學舍召集博士弟子員陳其難劉匪居殷祁雷薛日宣陳玫共羅舊聞互相參考而公與郡司馬危公學博陳公更詳加刪定閱三月書成因屬余述其事今惟四海一家萬里袵席幅員之廣於今爲最江邑雖僻小凡山川土田學校防禦吏治民風皆

今天子之德教所存也況地爲延陵故墟禮樂文章忠孝廉節代有傳人而此百餘年中滄桑更易奇烈偉行尤指不勝屈至若抗聲藻於藝林播謳吟於委巷單詞隻字使後之人可以因言知世論世知人者亦爲太史采風所必

及今是書成而前志所已及與前志所未及無不綜古今該名實舉類別義皎若列眉而徵信昭勸卽偏長小美緦恐遺善焉於以備一代之網羅而俟千秋之論定公之功豈淺鮮哉余生長於斯既幸一隅之書得會際昌隆及時編集且喜公之能力任修明不畏難不慢忽有以答

聖天子之休命也至前令之詔意遺文余業師之苦志編摩與邑諸君子之同心討論余雖不文敢不援筆而並識於簡端

原修知縣龔之怡　原纂庠生陳芝英

續修知縣沈清世　續纂進士朱廷鋐　貢生薛日宣　貢生劉匪居

貢生殷祁雷　庠生陳其難　庠生陳玫

蔡志序乾隆九年

學政開泰

蔡君涖治江陰凡九易草木人安事理以有餘暇於是屬其人士謀纂邑乘余惟乘志之因革損益每數十百年而一變諸所載城郭宮室山川溝洫與古今忠孝節廉文人畸士之可法而傳者待有心人稽核補葺以詔來茲明不忘也蔡君有歸休之志當事者勉留之不果去而君之治大成頌聲愈益著江人曰微君孰與成是役也越明年君以年將七十一朝辭位去而書適告成予謂爲賢吏者誠宜一日而有百年之心不傳舍其官以秦越其人也故所

至民樂所去民思否則心搖搖恐夕不逮朝而況能久乎況知其未久而思所以傳諸又久而愈久而愈不忘乎何君之汲汲於是役也君治江陰久矣風檐星軺所見聞婦人孺子所告語遺民故老文學掌故所留傳苟可利江人者靡不周知而以誠行得一一筆之於書有以信今而垂後無疑也君將去而汲汲是役爲不忘也蓋江人不忘蔡君銘心版勒口碑矣謂觀是書者亦得見君之心與其所以爲是可以爲君壽蔡君方欲涖茲土者開卷而獲治術凡因革損益復如君之所以爲則不獨一日之利已也亦永不忘乎江人今蔡君行有日矣觀是書觀君與江人之

相不忘孰能忘吾蔡君哉是可誌也

本府同知 祖世德

今上御極之七年余膺
簡命佐典毘陵郡署故在郡屬之江陰江海之險資彈壓焉嘗以公餘縱覽山川風土之勝心竊樂之及與士大夫相接則尤恂恂彬彬有延陵君子風既而徵考邑乘所得日益詳然自前令沈君增修以來不舉者且六十餘稔不殖將落非長吏之憂乎長樂蔡君吳中循吏也治江日最久邑所廢墜整理畧盡癸亥之夏始以輯志事謀於余余力贊成之爰集邑中碩士適館分纂不鄙疎畧推任監修

自惟不文然公事不敢辭也稍與校讐之末剞劂方半蔡君賦遂初去而雄山王東莞羅兩賢令先後接武羅君尤殫心經理克底於成惟志乘爲政教大端俗吏以筐篋置之惟賢者爲能網羅提挈維文獻於不墜今澄江以風雅奧區得蔡君經始於前羅君善成於後俾千百年之往蹟延於有永厥功豈不偉哉余忝佐郡於郡事無不當問而澄江其尤親也乃喜而誌其事如此

知縣 蔡澍

天下創始之易毎不如圖終之難然苟其才與力足以擔荷厥事而心又克副之則始事之竭蹶而未有已者一振作間馴至於成功而甚易此余於邑志之竣而不勝厚幸也先是余莅江邑泛覽舊志卷帙殘缺甚夥重以六十年來蔑有增輯文獻寖湮將謀續修之而政務碌碌未克舉癸亥之夏迫於章縫之固請始集學行兼擅之文士數人假館東隱山房分編合纂而余以荒陋謬推領袖竊於簿領之暇親鉛槧繼晷日濡月染不敢言勞雖諸君銜華佩實各盡所長而余以井觀蠡測之見調劑於堅白同異之間用心亦太自苦矣背秋涉冬成竹畧就好義賢紳協謀醵金就梓鏤版未幾余齒邁懸車得請受代歲發春雄縣王君實來公事旁午靡暇及此緩圖而余亦緣瓜期

倥偬兼代嬗有序無能力爲提倡比者事竟將歸重念垂成之功將就廢墜毎一動慮輒忘寢食林鍾上浣粤東羅君以賢能膺大府推轂題署茲土甫視篆問政所先有以修志事告者則躍然起詣館檢視集同事諸君獎借慰勉之未就稿本如千卷則口諷手披秉經酌雅一歸於正視余前乘之筆削加詳焉其他經費之出納工次之遲速罔不登高而呼山鳴谷應而邑人之趨事者奔走恐後不啻屋之建瓴水之東注惟意所之而無所於格也蓋至余驪駒在門而斯志已駸駸乎告成功矣余於是重有感也夫古今來宏鉅不朽之業類多人爲爲之然才與力之不逮

有委蔥退沮己耳卽才擅矣力僥矣而心所不屬謂是非我業及之也騎牆而視之中道而畫之壁上坐觀庸詎愈於才力之俱遜者乎今羅君南海逸才擧歷江左寖積年祀邑人拭目新政而先出其餘技彰文表獻其才比於駕輕就熟而倡導振刷風流令行力更足以濟之且又知輕重識大體不挾人我去就之見爲町畦務殫厥心底厥績而後已宜其余之經年拮据而尚有待者君以數月觀成而晏然也當明中葉蘭溪黃公傅修志書成旋奉徵拜侍御卷帙塵封者幾二十載迄上黨王公泮爲邑始舉而鋟行之邑人侈爲盛事奠爲之後雖盛不傳矧余之譾陋

雅於蘭溪無似而藉手於羅君以無負兹役者其捷速較倍於上黨哉余行矣蓬窗煙水馬首雲山惟此志中風土山川歷歷相爲映發耳他日彙成全璧伻來惠我一函則臨風眺望宛在一方諸君子尚爲我三拜羅君之嘉貺乎是爲序

知縣 羅士瓚

自昔循良之吏多用經術粉飾治具非好爲迂也凡獎厲名節揚扢風雅網羅文獻漸幾化行俗美匪是莫由焉故入境問俗觀風考乘採諸輶軒被諸國史用爲潤色休明之具則志乘實爲治法之先資也俗吏困於簿領風微人往莫知所之有來丐索者蟲蠹穿嚙之故簡自在仕學之相左所關豈細故哉暨陽屏山枕江夙稱三吳壯縣聶子宣力水利浚海閘窗通封壤略覽江山形勝及人文士俗之美今甲子夏仲需次吳會側聞前尹蔡君方續纂邑志竊以蔡君之才久任名邦躬操筆削高文壯采必有冠冕吳中爲志乘出一頭地者予將訪讀瑶篇用作他日型式旋邀上臺剡薦來宰是邑值蔡君百廢具興之後政平事理深愧嗣音辱承分纂諸君子惠致全書細雨檐花披襟雒誦於獎厲揚扢網羅諸典本經術而恢治者靡不淋漓曲暢彬彬乎質有其文聶所服膺於蔡君者益信爲不

虛而諸君子閎覽博物之長亦於片羽間窺見一斑矣緣卷帙浩繁倍於前乘自客冬剞劂寖淫半稔尚虧一簣而原稿中間有商榷未定者蔡君馬首載途囑予點勘自揆末學疎淺氣折大巫何敢謬贊一詞惟是蔡君鴻文椽筆已具滄溟喬嶽之觀予僅以尺梯寸綆緣上下卽覩高深全體以附驥尾而垂久遠是則蔡君之愛予特甚予亦有藉以報諸君子之嘉也暨之末貂之續特以免買生簏篋之譏曩昔蟲蠹穿嚙之故簡得分蔡君之餘光以覘全豹耳諸君子尚以予反之殿爲不佞之功哉聊以釋予愧而已是爲序

縣丞俞鐙

古者列國有史掌書國中之事以達於王而天子有小史
大史以掌邦國四方之志今縣郡省各有志積之至於天
下衰為一代之全史皆是物也則縣志之作不綦重哉唐
荆川先生序江陰舊志云譬諸有家者之籍記凡田疇租
甑錢貫絲縷鼓合醬罌僮指之數一切有益於家道者雖
纖悉不可遺至池館花樹狗馬圖畫古物珍玩徒以供玩
好侈觀美一切無益於家道者槩從其畧焉蓋以國邑之
有志本以經世不以博物斯言誠得之矣第志之始作常
病其簡而不該迨屢經修葺未免過為粃綴如山川之麗

臺榭之觀仙佛之異及達官貴人詞客流連風景之作紛
紜滿紙而吏治民生所攸關者反缺焉不詳其不蹈荆川
先生所譏者鮮矣澄江邑志自康熙某年後歷久不修幾
於無徵前任古青蔡明府蒞江八載政務整肅諸廢具興
於乾隆癸亥夏延邑中紳士開館修葺分類若干為卷若
干堪稱美備或謂山川圖繪歌什辭章得毋失之繁余曰
江邑之志由宋歷明及我
朝康熙年間修續不啻再四則踵事增華不能槩為刪薙
亦時勢使然當為秉筆者諒也况其有關於吏治民生之
處原委本末洞洞悉悉展卷瞭然又豈有家者專務遊閒

華飾之物反畧纖勤治生之具所可同日語哉是雖方隅
之記載實為全史之準據蔡君亦幾費苦心矣甲子春蔡
君懸車告去梓未克竣賴雄縣王君東莞羅君兩明府後
先繼美又得右丞西江季君暨纂輯諸君子踴躍從事始
克成書余初夏莅左丞任得步趨於諸君子之後贊襄盛
舉爰不揣譾陋用書數語以記事非敢云序也

主修知縣蔡澍　接修知縣羅士瓚

陳志序道光二十年　學政祁寯藻

道光丁酉秋寯藻承
天子簡命視學江蘇江蘇使署舊設江陰明年三月江右

陳君以司馬來攝斯邑篆余方按臨蘇州及歸試常郡闔
邑人士頌署令賢能下車數月百弛具張適郡士以考棚
隘陋呈請更新余檄郡守通飭八邑捐修而郡守委司馬
總理其事事頗難集時復甚促迨逾年科試時輒能委曲
求濟刻期竣功改作增建悉中機宜余以知司馬果賢且
能也既而謁余曰江邑志書失修者將百年矣邑之人以
是役相屬望甚殷近延紳士商修之已有緒畧書成將乞
鑒定焉余喜券其必成而諾之歲杪旋署間嘗以所擬志
稾見示全稾都若干卷勞若干門綱舉目張條析貫串每
門之首冠以小敘皆司馬所自為舉此邦興革纖悉入情

風俗簡括以數語而臚弗兼賅其全書則就諸志之繁簡異同參攷互訂折其中求其是雖一人一事必再三詳審凡與志館諸君往復辯論決擇者塗乙滿紙丹黃斕然並出司馬一人之手非如他郡邑之輔志乘守令或僅署名校訂已也江陰素稱繁劇司馬治簿書餘猶能從容泚筆蓋司馬以篤學久困場屋今本才學識三長勒成一書藉以展其素所蘊蓄而余於平日稔知司馬之理庶政頗有志於古循良之風茲觀是書其設施經濟已可概見而於士習民風之要愛民教士之誠隨在流露是卽以此爲司馬治譜可也夫人情風俗數十年而一轉移者也其轉移

而善者令之所宜獎勸鼓舞也其轉移而不善者令之所宜防微杜漸也然以千百里外之人驟涖一邑其人情風俗非所習也勢又不能戶察而家咨也非有考鏡之資烏能洞悉興利除弊之原哉斯志也成後令覽之可藉手以奏治績邑人士覽之可景行以跂前徽關係詎淺尟也竊

藻蒙

恩命內召兼奉八閩之役不及候書成與爲商榷以踐前諾惟考棚之成也余既礲石記之矣於司馬斯志實不能無言也爰識此畱以弁諸簡端

知縣陳延恩

烏乎知縣而同父母之稱哉父母之於子也笑則以喜啼則以戚枵腹而哺其子不顧己之飢與否盛怒而撻其子旋問子之食與否無一念不愛無一子不愛子而才詩書之訓衣食之源可無慮矣又必爲之防閑越焉討長久焉子而不才詩書之訓衣食之源幾無望矣亦必爲之反覆冀其悟焉稱貸謀其生焉拮据未嘗言勞恩勤未嘗望報出乎天理人情之至無一毫矯强於其間生我劬勞所由昊天罔極也烏乎知縣而同父母之稱哉延恩自幼卽奉先大夫玉方府君庭訓立身首重忠孝稍長示民生疾苦稼穡艱難延恩謹識之不敢忘歲戊戌承乏江陰江陰爲

先仲父雪香府君昔嘗駐節地甫下車覲民風問民俗竊不自量惟以正人心厚風俗爲亟念志載一邑之事邑志續修於乾隆九年前縣令蔡君澍迄今倏將百年倘再不修匪特文獻無徵且無以攷鑑政治得失民生利弊之助逾年甫集議會郡尊飭修郡志促縣先呈新志延恩德薄能鮮懼弗勝任迺萃邑中之有學行者分司纂輯敦延山長李申耆先生總持大綱邑人楊備凡司馬周水雲明經統理局事延恩念志載一邑之事知縣當知一縣之事謹守昔賢志以經世非以博物之說參攷舊志條定凡例局每脫一稾送閱雖公事旁午必勉爲斟其本稽其實求其

安目覽手答歷盛暑嚴寒不敢倖北於綱常名教之大風俗人心所繫垂涕而道焉始己亥四月及今歲八月告成凡爲類二十爲子目八十有四都爲二十八卷剞劂將竣邑人士乞一言以弁卷端延恩區區求治之誠已散見諸志中復何言哉延恩惟念志載一邑之事知縣當知一邑之事即當行一邑應行之事自戊戌履任夙夜恐懼兢兢力求教養兩大端願於茲三載民之顚連無告者未各遂其生鄉曲自閭者未盡啟其悟重維爲民父母之名不禁汗顏有餘媿捫心有餘疚也

知縣金咸

澄江爲吳中人文淵藪山水清越代多賢俊邑志自蔡羅兩君纂修後百餘年來散佚過半陳君雲乃以司馬攝是邑下車以來亟亟以正人心端風俗爲急務三年治理百廢具興當世士大夫罔不交相引重庚子秋司馬以縣志年久失修採訪蒐羅輯成二十八卷其於山川名物風土人情均各條分縷析後之來者展卷之餘瞭如指掌惟鄉賢一門尚有候定適卸篆他遷咸奉檄來蒞茲土從士民請備文申詳壬寅冬奉　部覆准諲以鄉賢一則增修成帙從茲英奇碩彥永奉馨香以垂不朽是亦成司馬未竟之事耳爰贅數語以弁簡端

江陰縣志修輯姓氏

主修

補用同知直隸州候補知縣代理江陰縣知縣署沭陽縣知縣盧思誠

補用直隸州江陰縣知縣沈偉田

補用知府即補直隸州丹徒縣知縣調署江陰縣知縣馮壽鏡

協修

署江陰縣教諭傅介福

署江陰縣教諭張錫組

江陰縣訓導吳應生

總纂

四品銜翰林院編修季念詒

同知銜就職直隸州州判恩貢生夏煒如

分纂

舉人向高

五品銜揀選知縣舉人祝譽彬

恩貢生夏子重

五品銜前通州訓導廩貢生謝高育

孝廉方正六品頂戴前署鎮江府學教授廩貢生章仁基

直隸候補知州舉人章成義

四品封職候選縣丞附貢生金國瑛

試用訓導歲貢生薛心梅
舉人費葆和
吏部驗封司兼考功司主事徐士佳
分校
廩貢生許繩恩
廩生裴庸熙
候選州同附貢生蘇恩沛
廩生吳銘育
採訪
知府用內閣中書副貢生陳榮邦

運同銜候選通判附貢生鄭惇五
同知銜試用訓導拔貢生季榮恩
光祿寺署正銜就職訓導歲貢生朱龤
候選布政司理問尤翼堂
孝廉方正就職教諭副貢生吳鳳韶
監生韓焯
廩貢生徐瑛
武生邢宗洛
生員沙棠
五品封職錢蔭生

監生陳鴻采
廩貢生周燮
生員張允燕
就職直隸州州判恩貢生吳璋
附貢生孫寶銘
候選州同曹炯
監生鄒慶宜
候選鹽大使夏于鎣
廩生黃仁燾
廩貢生承彪雲

歲貢生蘇汝保
歲貢生柳寶詒
四品封職附貢生徐炳照
候選光祿寺署正貢監生徐文濂
附貢生程際昌
六品封職附貢生張官枚
附貢生許午
候選兵馬司副指揮吳焯
廩生吳賡陛
廩生方仁楷

生　員吳乃新
舉　人王燦如
廩貢生包　註
候選兵馬司副指揮張寶儉
生　員曾汝昌
增　生王藻林
候選從九包程萬
增　生黃熙典
候選布政司理問徐　鏞
試用訓導恩貢生任敦愛

監　生任敬曾
生　員張葆眞
監　生焦文貴
童　生梅斐成
候選從九唐理培
候選州同吳學仁
監　生譚詒謀
廩貢生朱　鑑
生　員徐光治
兵部候選主事蔣　燕

生　員蔣樹勳
監　生蘇致棠
生　員嚴　錦
廩貢生蔣　蕤
五品銜候選縣丞莊　善
監　生顧梓堂
湖南候補縣丞淇昌期
候選州同陳瑞元
生　員汪壽康
生　員莊　俊

歲貢生沈寶相
監　生顧玉衡
生　員奚光斗
候選從九石介貞
廩貢生黃以翼
廩　生薛恩綬
生　員吳　鍾
監　生朱　湘
廩貢生卞乃鈺
恩貢生倪葆光

監生吳　達
監生趙　璡
候選布政司理問孫國輝
童生曹筮謙
監生張恩廷
監生繆葆中
監生金廷瑛
監生戴　英
監生梅　泰
監生吳　俊
生員梅占魁
監生殷　洪
監生許潤泉
監生呂士銓
浙江候補通判葉佩萱
廣東候補從九附貢生董　澂
廩生楊敦詩
候選同知胡　堡
生員胡　錕
生員謝申保

五品頂戴附貢生吳森桂
候選州同黃廷瑞
廩生吳景星
候選光祿寺署正陳祖厚
歲貢生葉長齡
廩生郭鶯飛
內閣中書銜候選訓導歲貢生郭漊桂
監生陳芝馨
七品封職王與曾

收掌

六品銜候選縣丞章　墉

繪圖

候選從九章　錄

江陰縣志凡例

一江陰於宋爲軍紹熙五年知軍施適創爲志紹定三年知軍顔耆仲繼之明復爲縣洪武二十四年縣丞賀子徵始纂縣志永樂六年訓導陳贇繼之宏治十一年知縣黄傅修邑人方誌佐成之嘉靖二十七年知縣趙錦修崇禎十三年知縣馮士仁修入 國朝康熙二十二年知縣牛兆奎修而未竟乾隆九年知縣蔡澍修道光二十年知縣陳延恩修惟鄉賢一門未經 部議覆準因是中止知縣金咸續成之今所存者陳金兩志蔡志間有全帙其餘均已散佚卷首錄其舊序循流溯源意也

一目錄爲全書絜領前志已定者可無容變易曰建置曰疆域曰山川曰民賦曰學校曰武備曰秩祀曰祥異曰風俗曰物產曰職官曰選舉曰名宦曰人物曰列女曰方外曰古蹟曰冢墓曰寺觀曰藝文首冠以圖末綴以識餘此全書之序也增入者忠義總綱暨寇變紀略

一圖爲考鏡之助故冠簡首金志各圖計里開方繪畫精密今仍其舊而損益之一邑形勝披閱瞭然

一建置以歷代沿革爲要斯邑秦漢爲鄉晉始立縣說本黄志其源出於宋代志書今悉從之并臚列歷代修城治水成績留心政要者庶有所考焉

一紀星野蔡志遵時憲書推步較舊志爲詳茲從之道里計其遠近坊鄉鎮保郵鋪橋梁咸槩今名以原名附註庶賓主犂然

一敘山川當分四境以距縣遠近爲序河港賴江潮灌注爲農田水利之資然潮挾泥沙易形壅塞趙志以開通河港爲是邑急務今將治河成法及疏濬年分詳悉備載

一民賦科則條款恪遵同治五年賦役全書其從前舊

額亦著於篇沙洲漲坍升豁隱係民瘼尤不容略陳志以濱江腹裏分之迄今又有變遷故照現在實數臚列

一學校爲一邑風化所先廟制學制敬謹備載其從祀賢儒姓氏金志略焉今照蔡志敬錄祭樂器數僎重記載藉資觀化書院義學與學校相表裏故附之並及經費所自出焉

一武備不容稍弛斯邑江海門戶歷留重兵戍守區陸軍水師爲二今更倎重江防布置周密茲照現在營制敘述歷來營制臚列於前察車白輪從所始也

一秩祀以列祀典者先之廟食民間者次之名專祠附載

一祥異舊志以豐年爲瑞以水旱蝗蝻爲異今宗其意而以禨祥之顯見者附之若虛誕無稽者概不闌入

一風俗昉自南陽體裁自昔然矣辨厚薄覘好惡移易之權寓焉

一物產爲民生所賴亦貢賦所出禹貢厥貢厥篚職方氏其利其穀其畜卽物產之祖昔人謂食貨之於戶口土產詳而勿略合而勿離旨哉斯言

一職官姓氏暨履任年分前後多所考正惟道光庚子以後至同治癸亥中經兵燹殘缺無稽等諸闕文之史

一選舉不遺雜流應例仍前志也

一名宦皆昔之號循良稱慈惠者功德在民故永薦馨香不容擅爲區別列傳尤不宜擅爲點竄今悉仍其舊

一人物首列鄉賢斯邑自季子讓國以來流風餘韻代起人文其名節卓越文行優長及泉石鳴高才能拔萃者前志均已列傳固不敢遺漏一人以貽蔑古之譏卽有所增入亦循名核實遍采鄉評不敢曲徇人情之請至庚申寇變殉難之多甲於通省疊邀
旌卹男女至十餘萬人之夥限於篇幅另刊忠義錄以表揚之

一列女昉自劉向原不專指節烈今但紀節孝貞烈餘不備載蓋以
恩綸渥沛綽楔褒揚潛德幽光藉此益形闡發

一方外前志紀彼教之卓卓可傳者今無所增續

一名區勝蹟靈秀所鍾古人釣耕所留山水生色志之一邑名勝皆可指識

一寺觀前志所載註明廢興同治間御史王書瑞奏準已燬不列祀典菴廟不準建復故無所增續

一藝文志昉自班書前志既錄疏議記序詩賦諸作今仍其舊而增之若登山涉水留連光景之作不敢濫收

一識餘綴於末志之無可屬者屬之事涉怪誕語近荒唐者概屏勿錄

一是書雖詳加考訂而卷帙繁多兢期蕆事魯魚亥豕仍恐不免博雅君子諒之正之

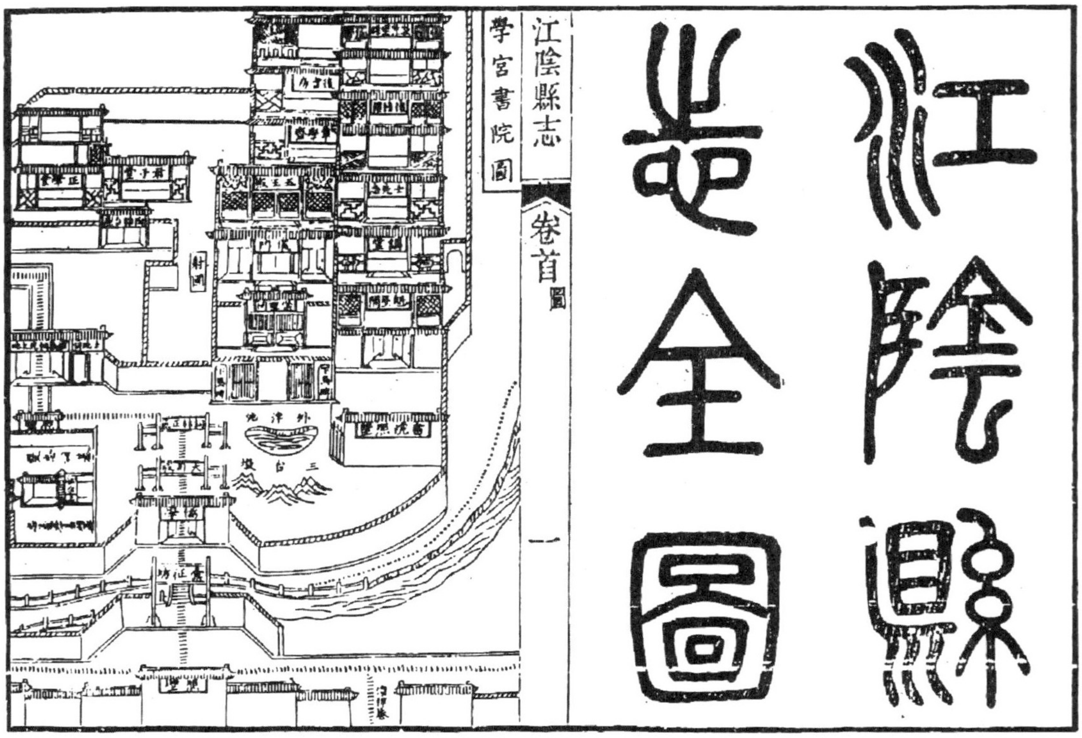
江陰縣全圖
江陰縣志
學宮書院圖
卷首 圖
一

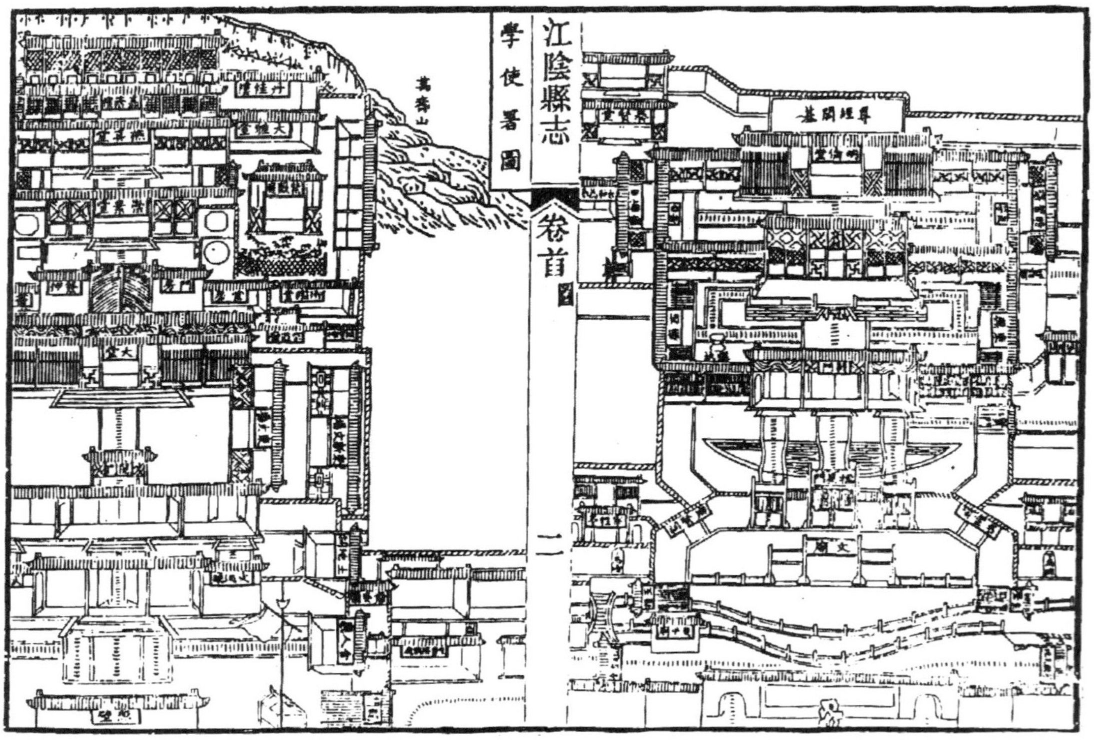
江陰縣志
學使署圖
卷首 圖
二
尊經閣
文廟

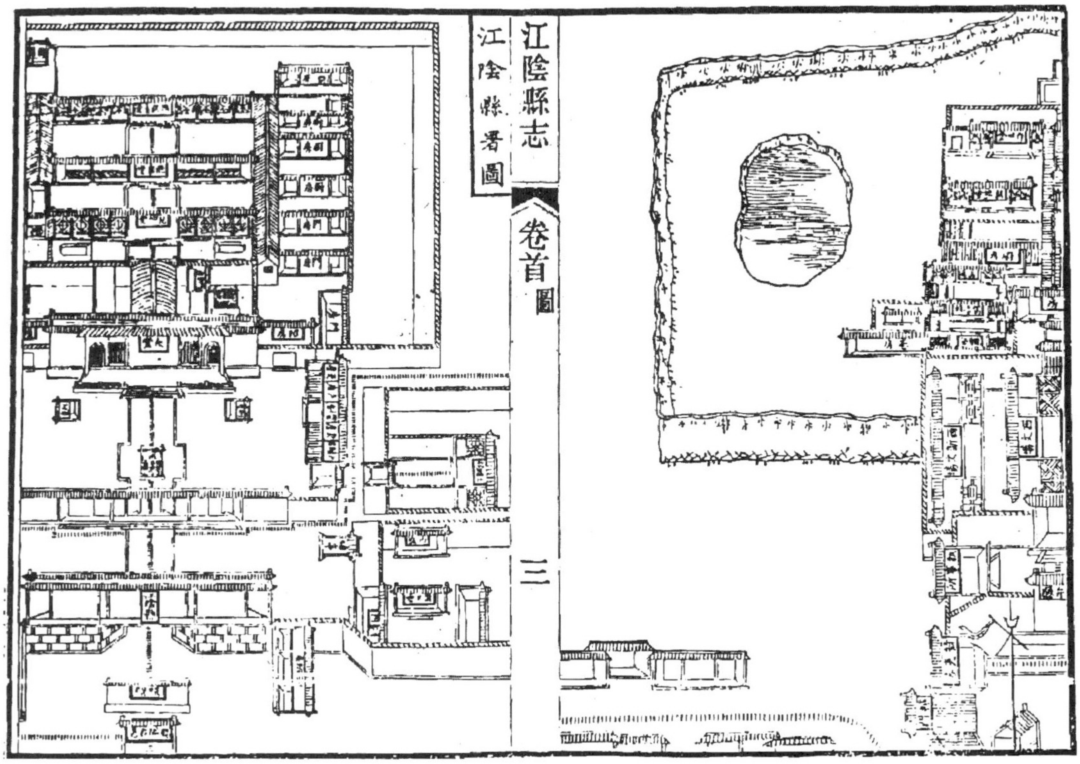
江陰縣志
江陰縣署圖
卷首
圖
三

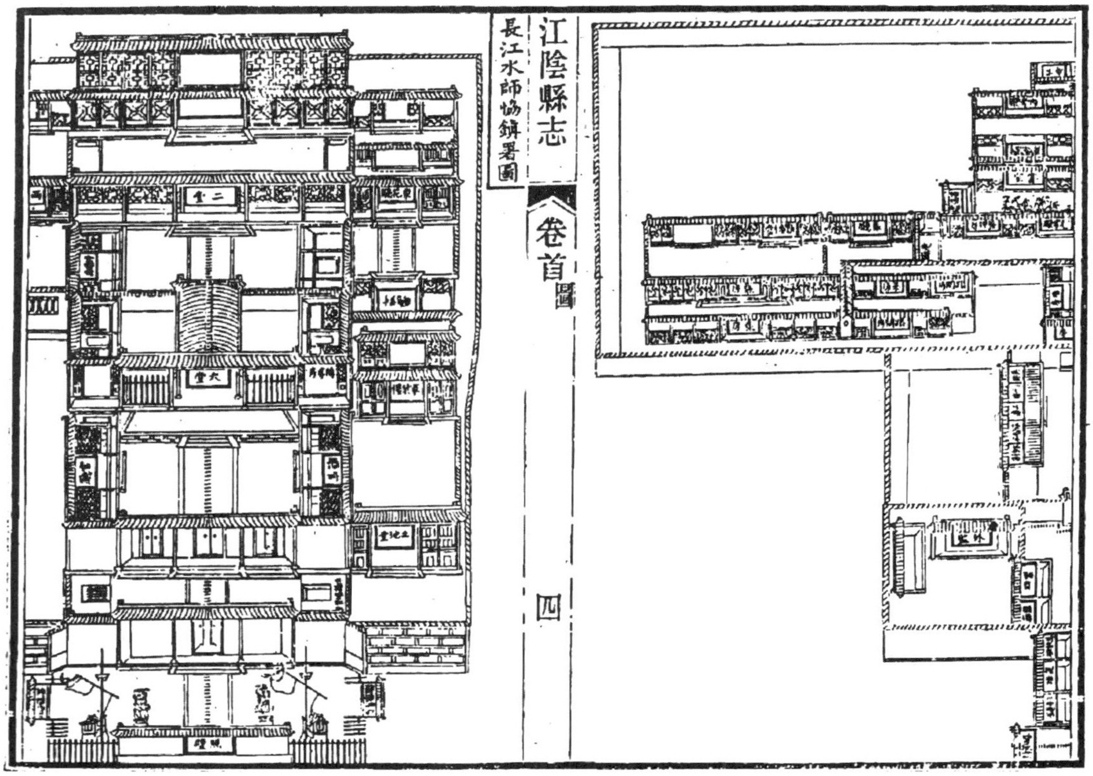
江陰縣志
長江水師協鎮署圖
卷首
圖
四

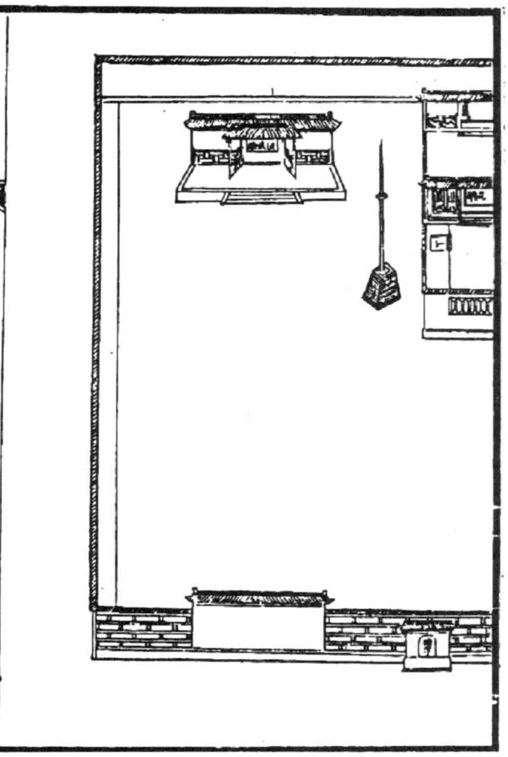

江陰縣志 卷首 圖 五

江陰縣城隍圖

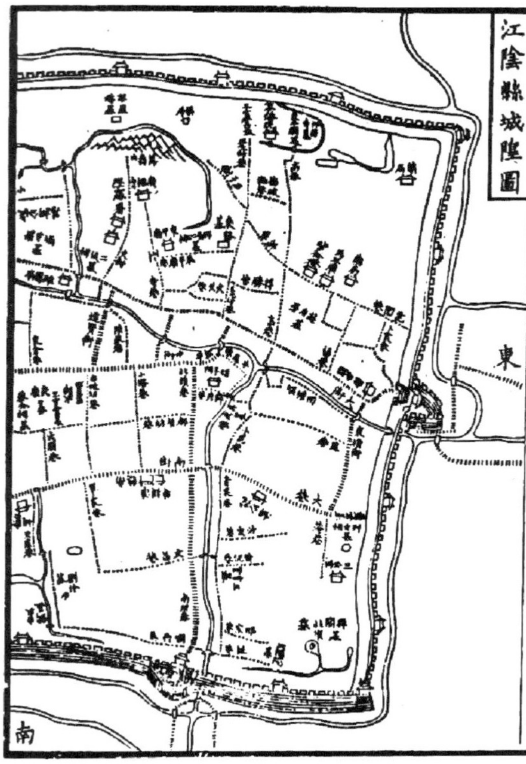

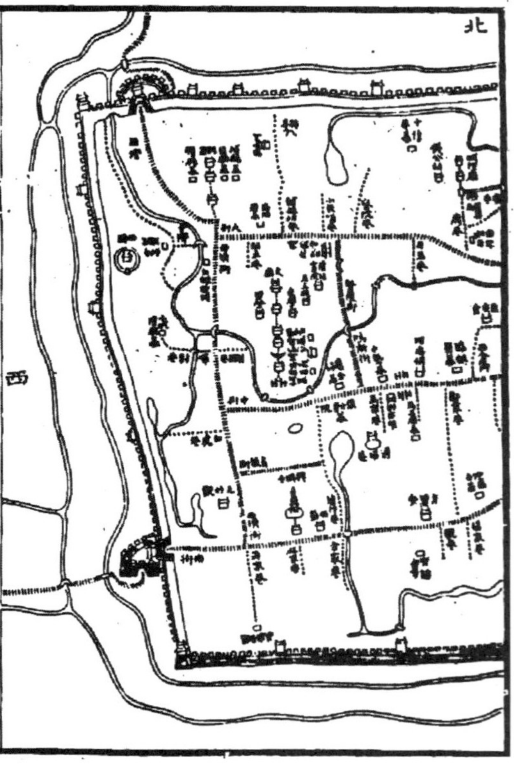

江陰縣志 卷首 圖 六

楊舍堡城圖

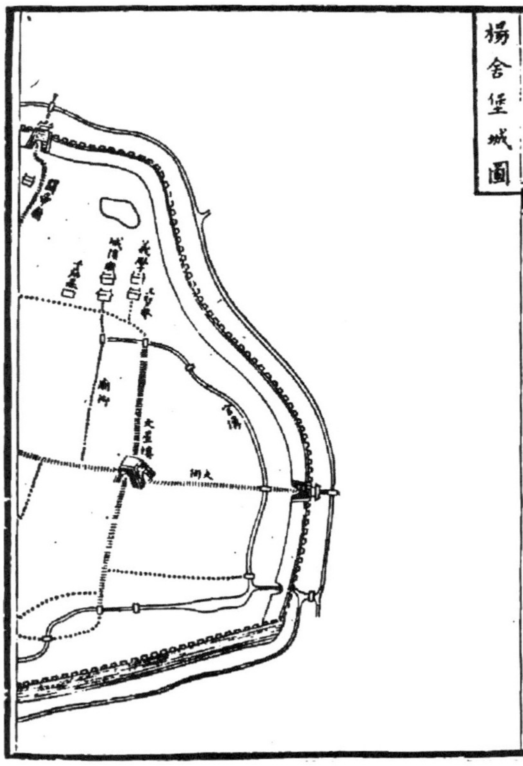

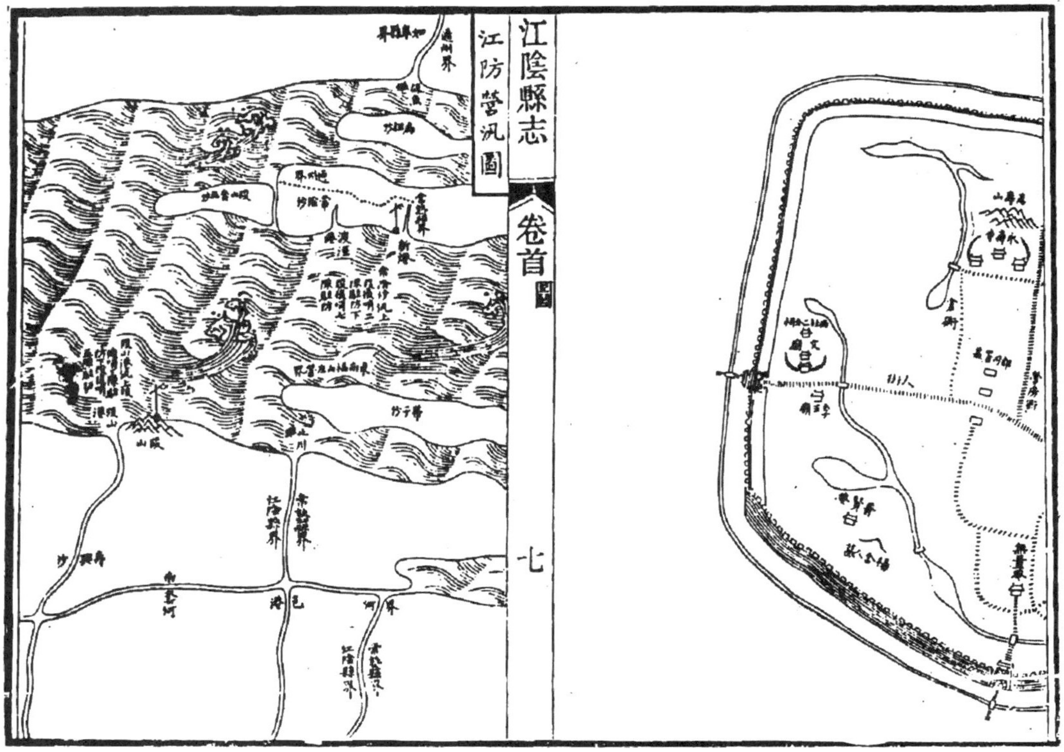

江陰縣志
江防營汛圖
卷首
圖
七

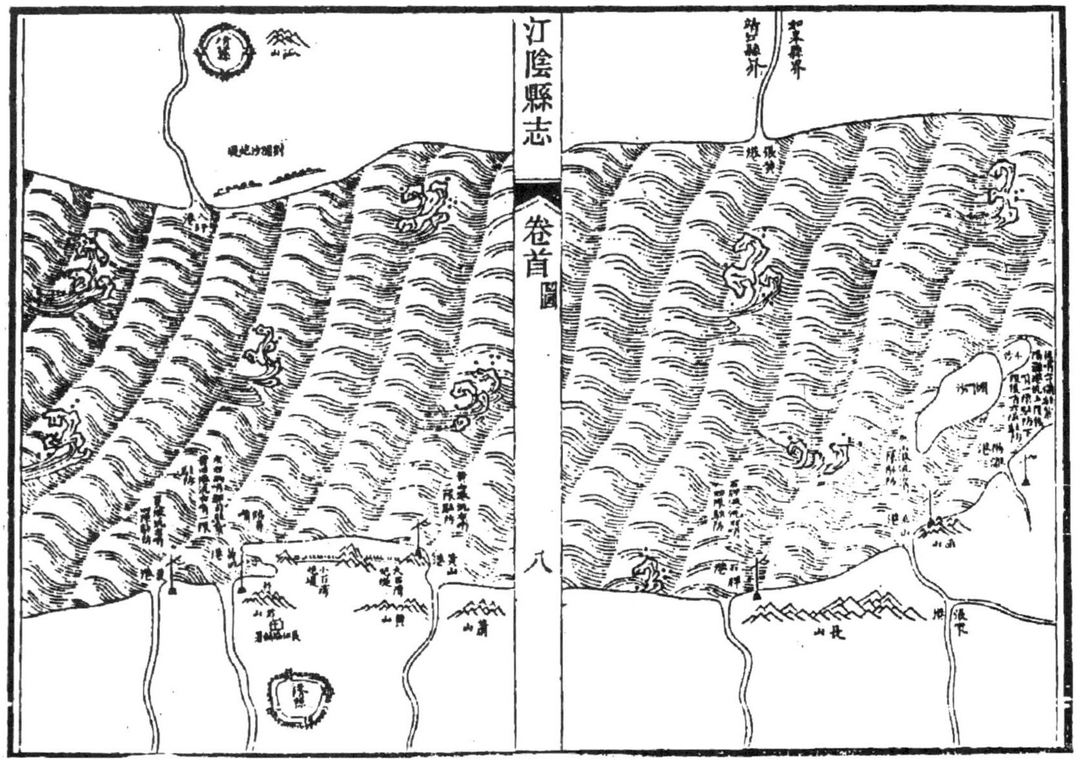

江陰縣志
卷首
圖
八

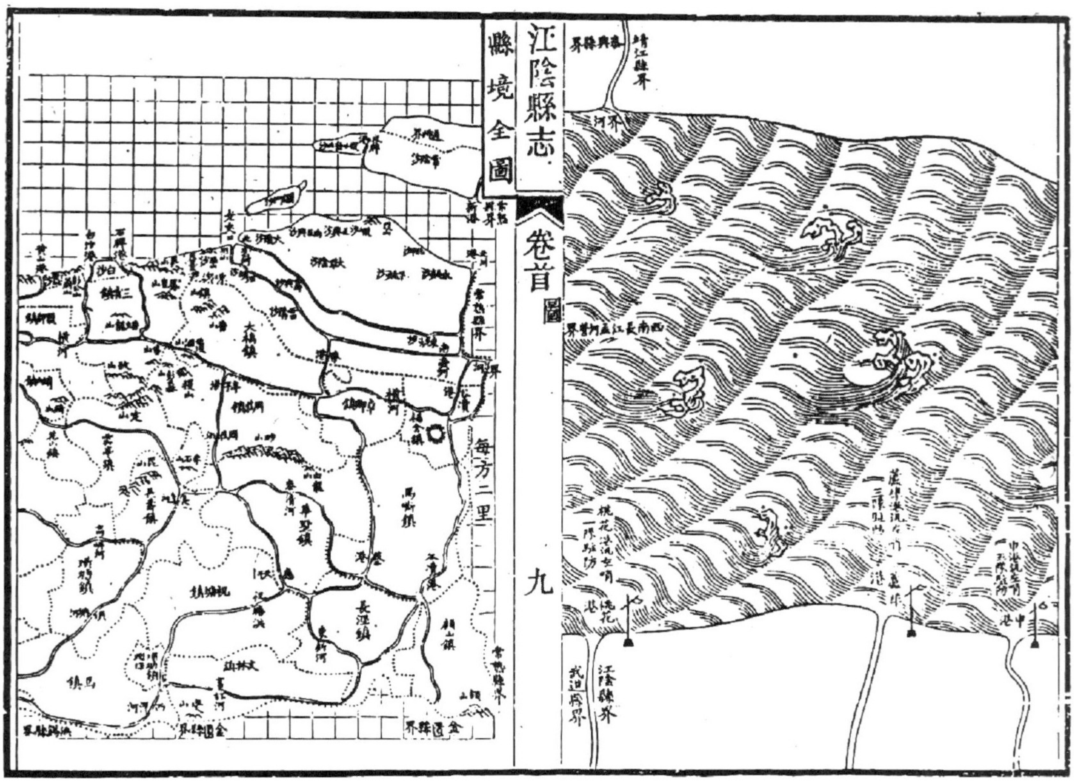
江陰縣志
縣境全圖
卷首
圖
九
每方二里

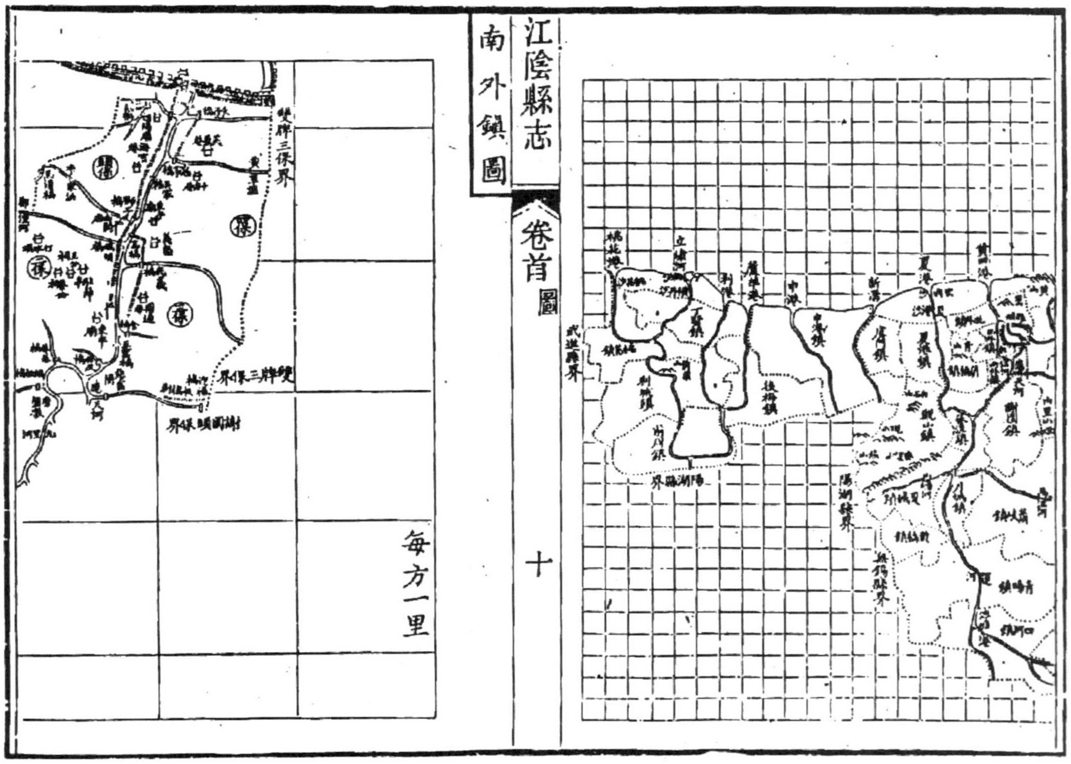
江陰縣志
南外鎮圖
卷首
圖
十
每方一里

江陰縣志 西外鎮圖

卷首 圖 十一

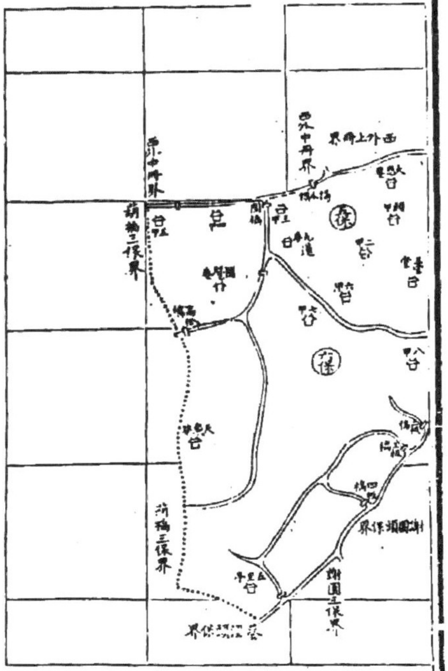

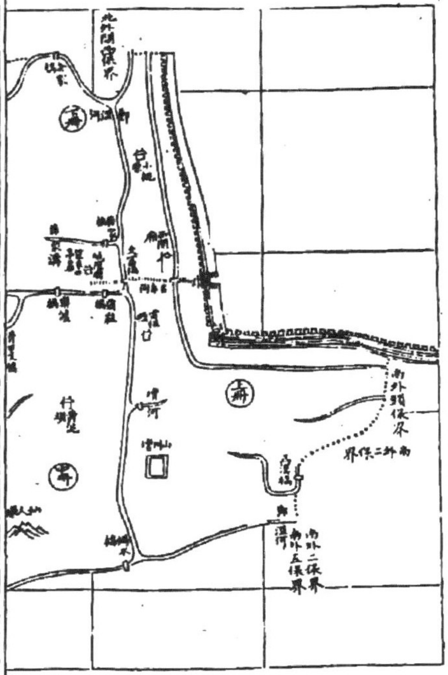

江陰縣志 北外鎮圖

卷首 圖 十二

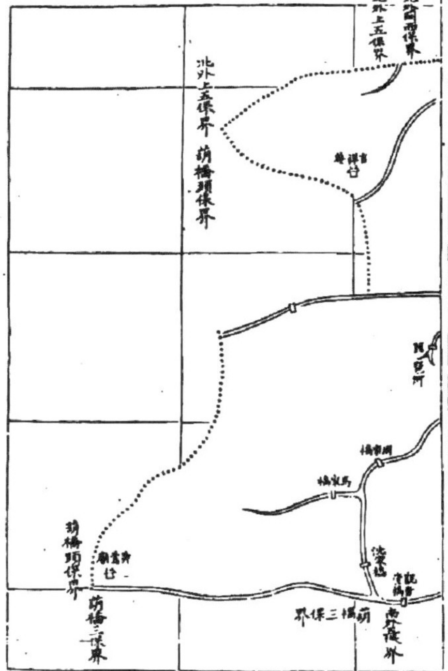

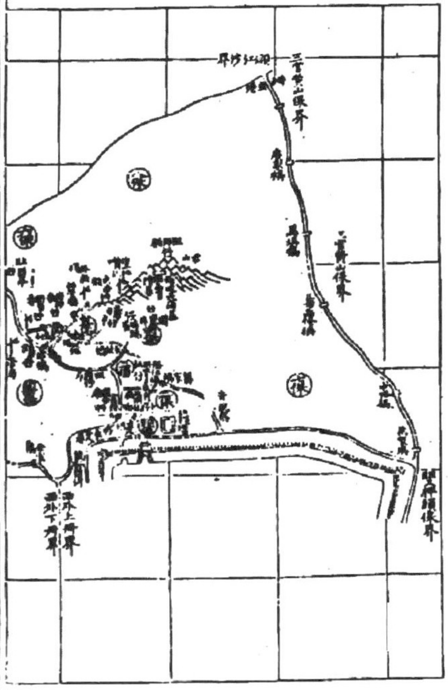

江陰縣志 雙牌鎮圖

卷首 圖

十三

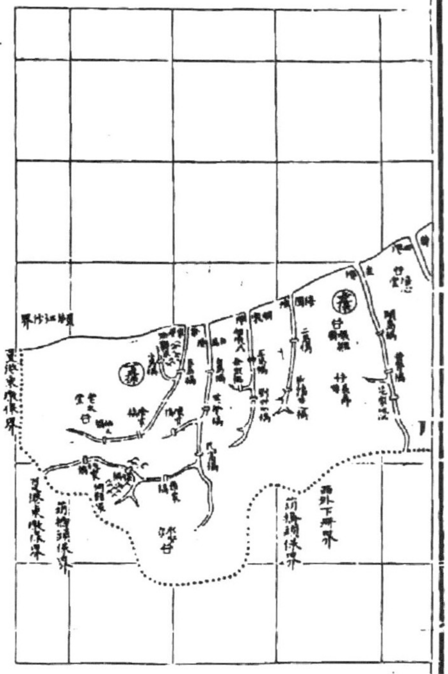

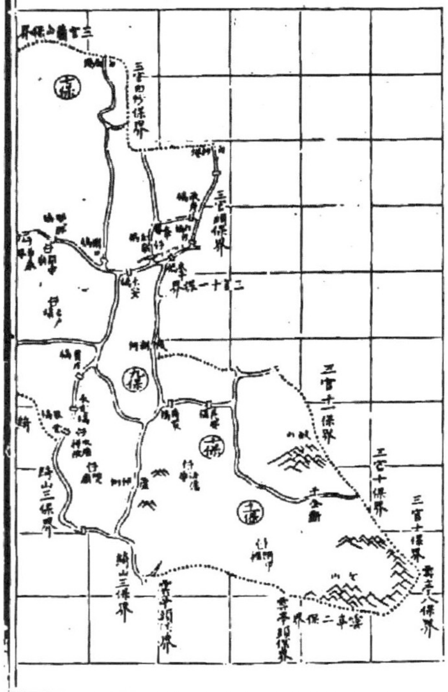

江陰縣志 綺山鎮圖

卷首 圖

十四

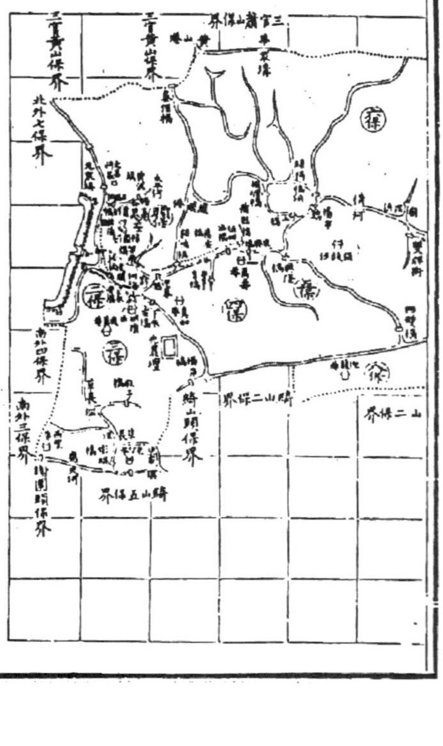

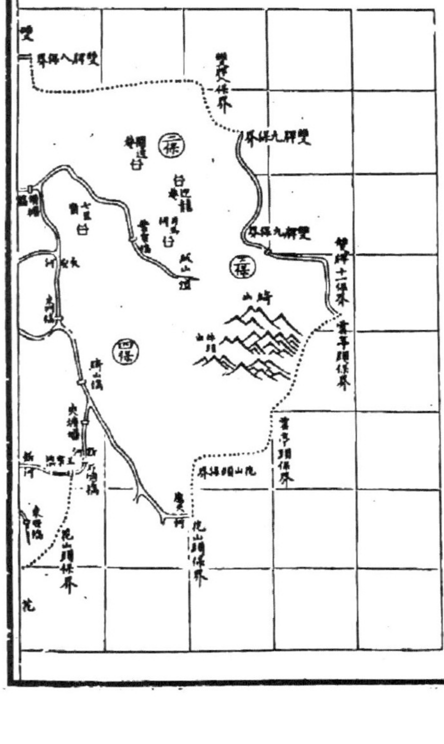

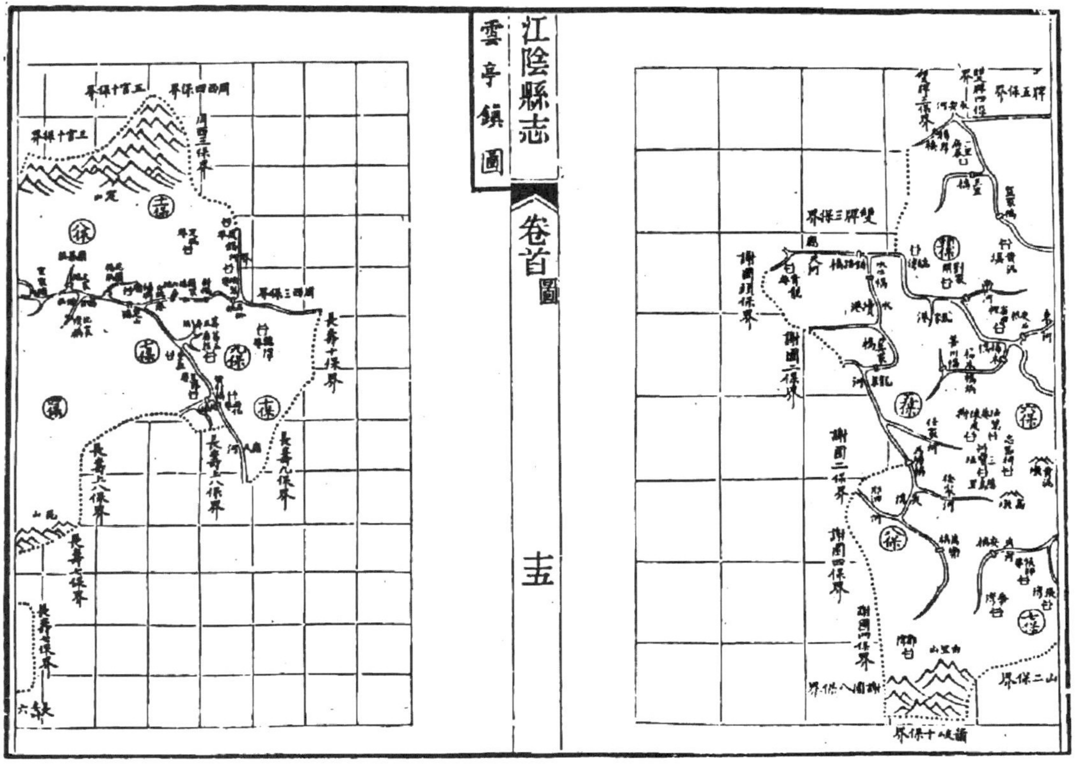
江陰縣志
雲亭鎮圖
卷首 圖
十五

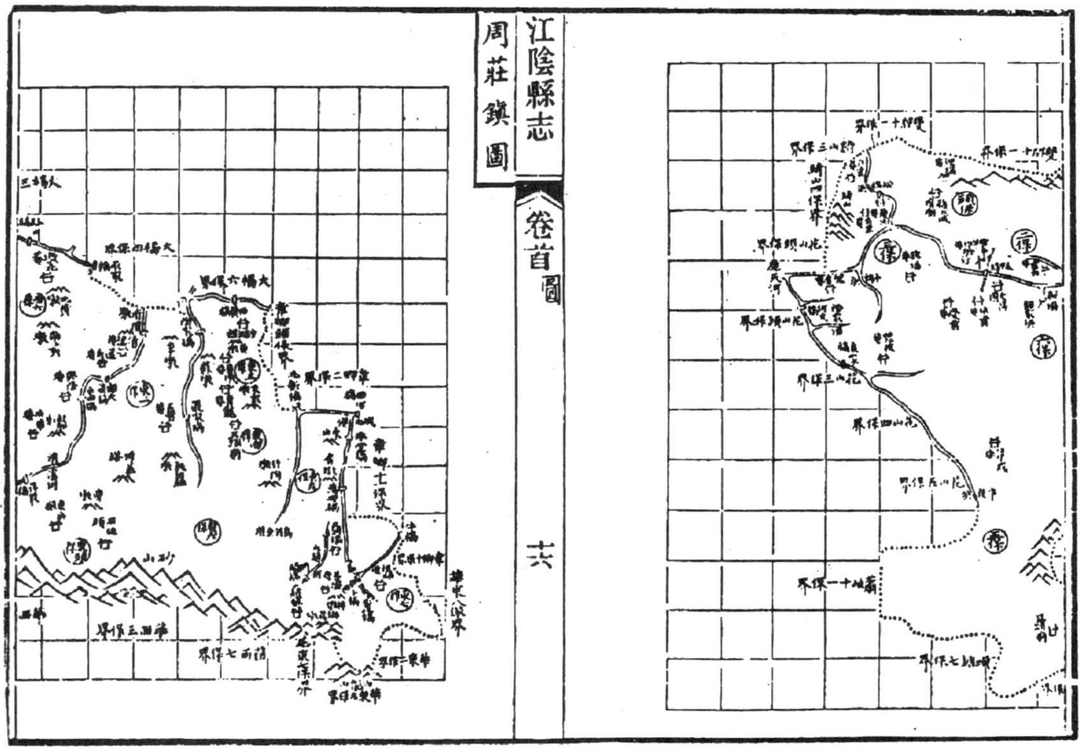
江陰縣志
周莊鎮圖
卷首 圖
十六

江陰縣志 華墅鎮圖

卷首 圖

七

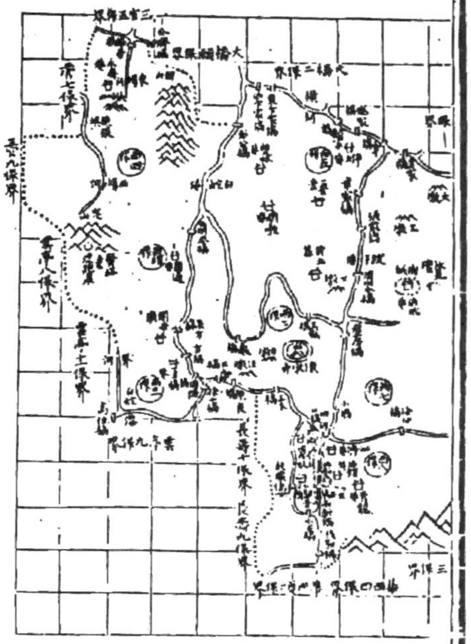

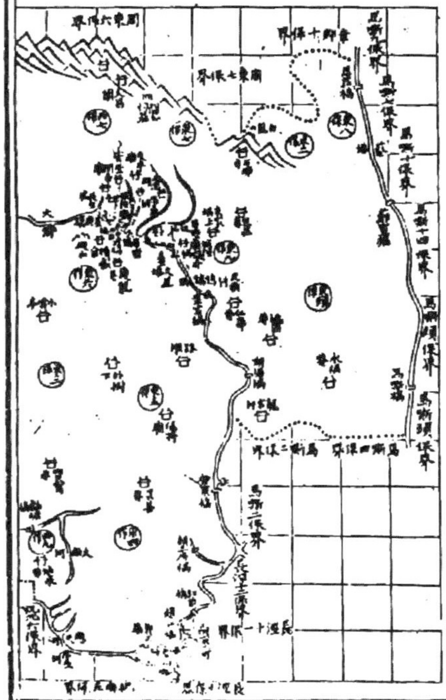

江陰縣志 馬斯鎮圖

卷首 圖

六

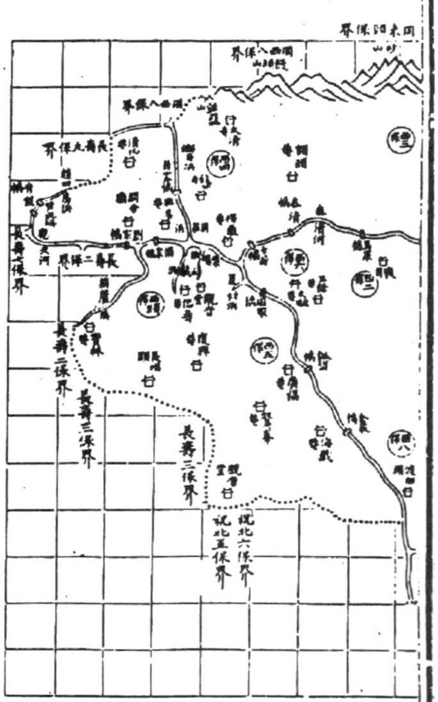

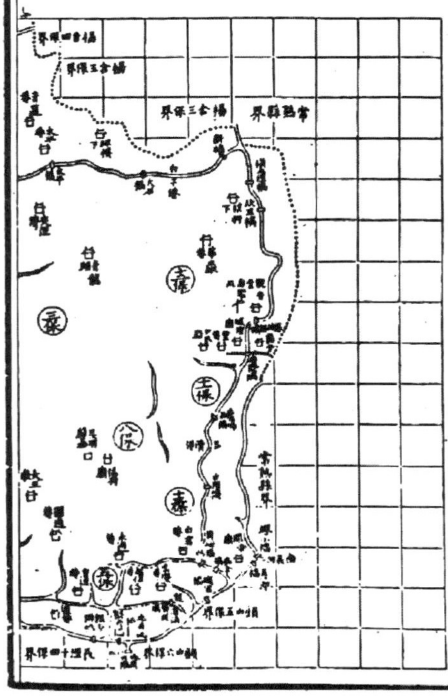

江陰縣志

長壽鎮圖

卷首 圖

十九

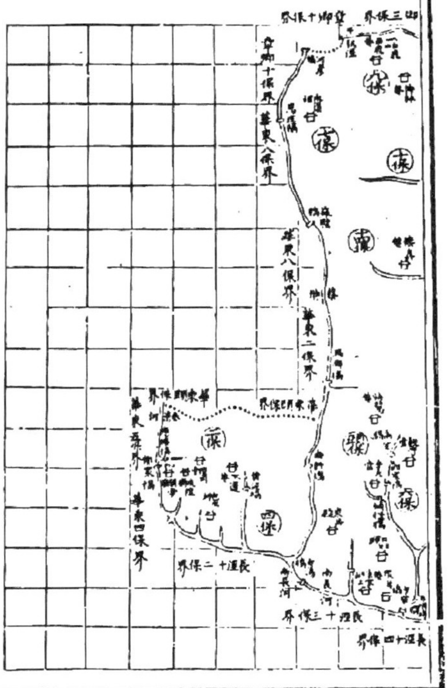

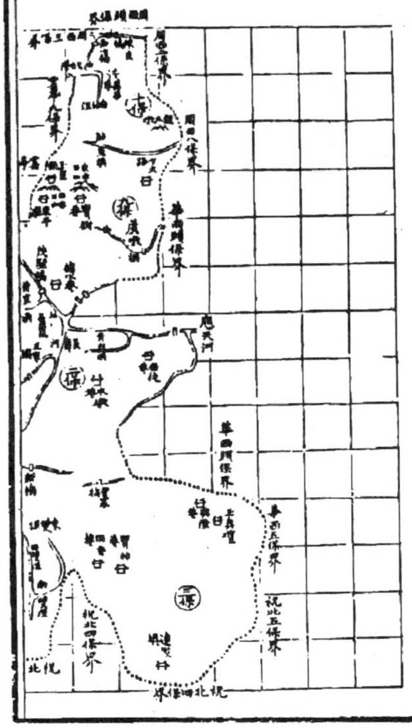

江陰縣志

祝塘鎮圖

卷首 圖

二十

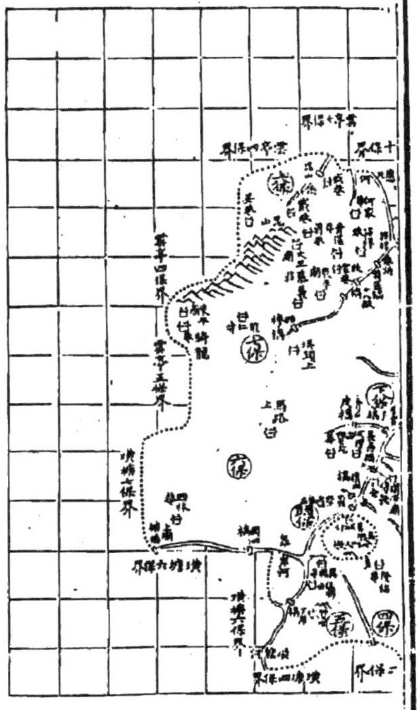

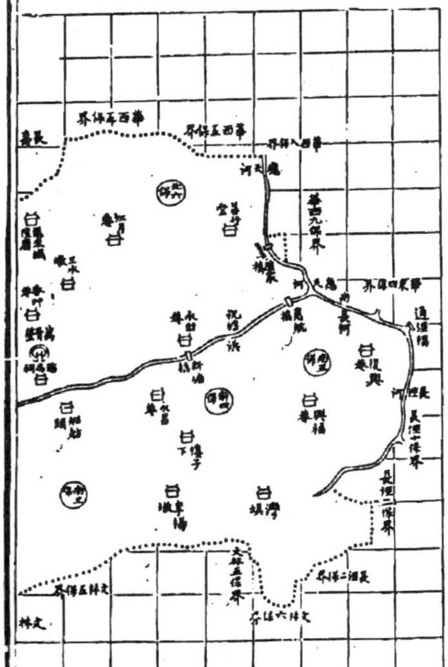

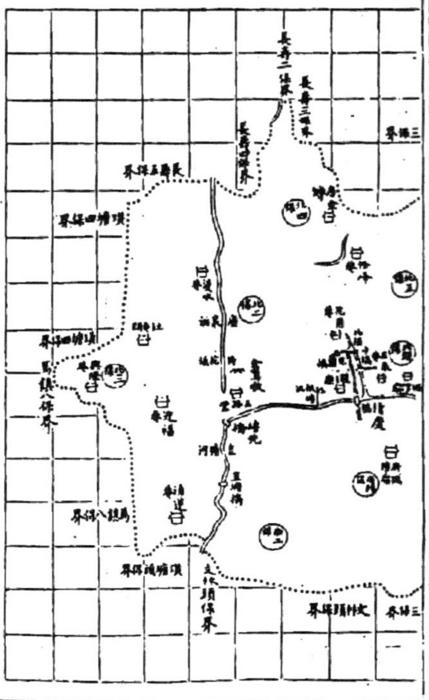

江陰縣志 卷首 圖 三十二

文林鎮圖

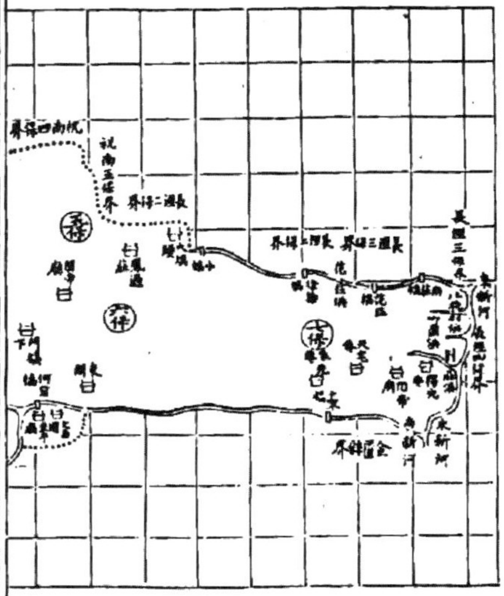

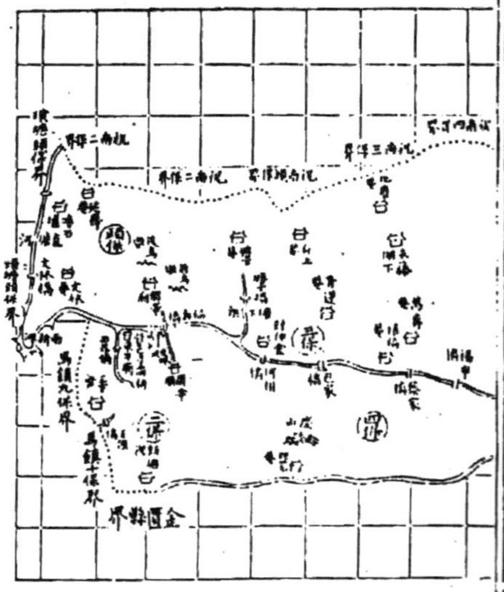

江陰縣志 卷首 圖 三十三

長涇鎮圖

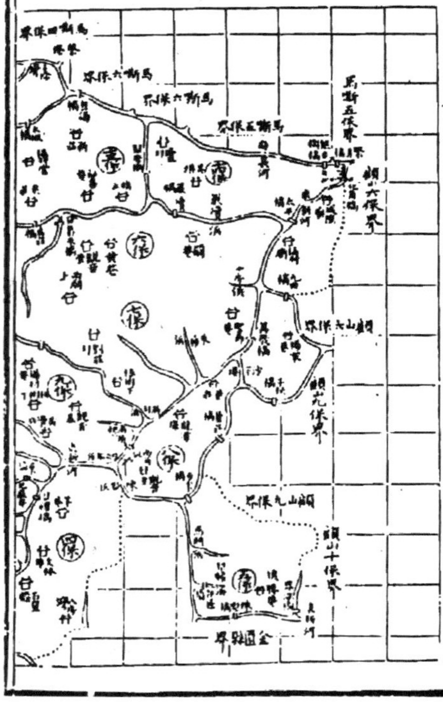

江陰縣志 卷首 圖

顧山鎮圖

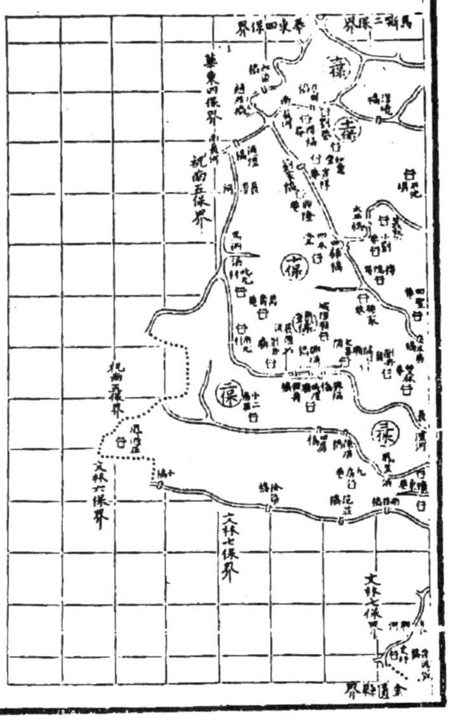

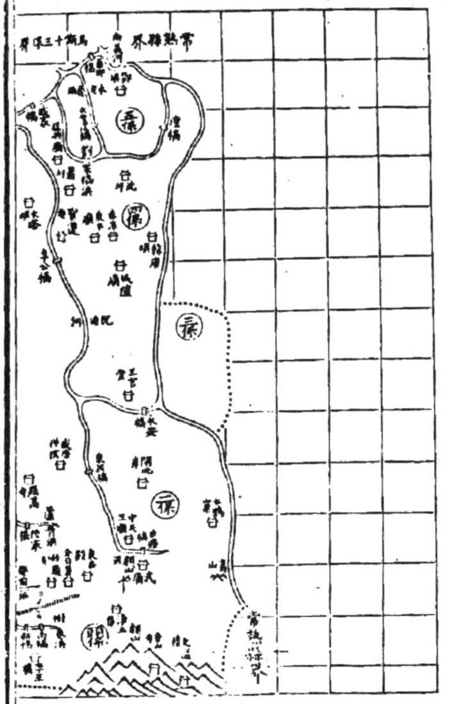

三三

江陰縣志 卷首 圖

楊舍鎮圖

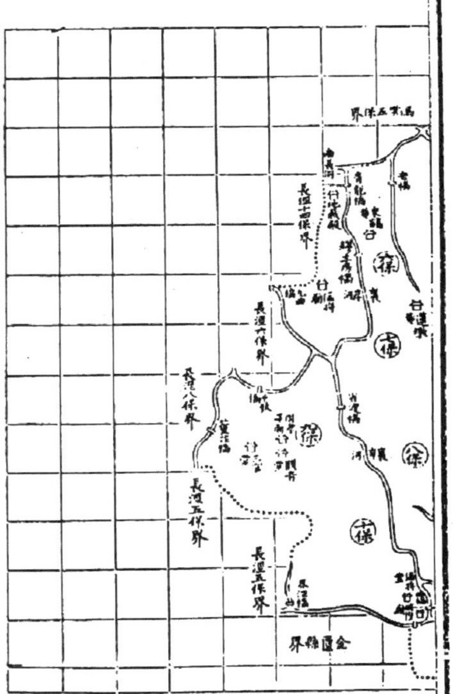

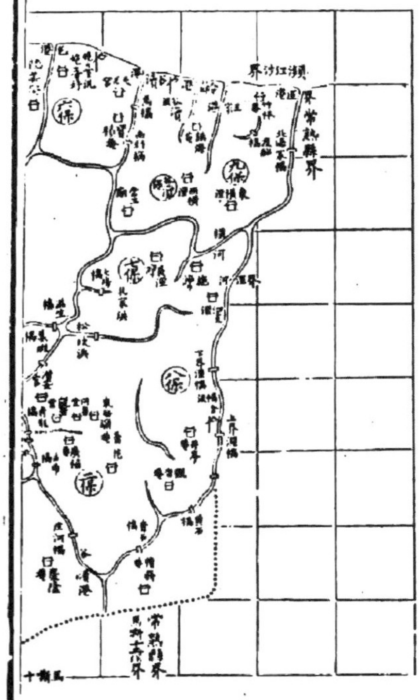

三四

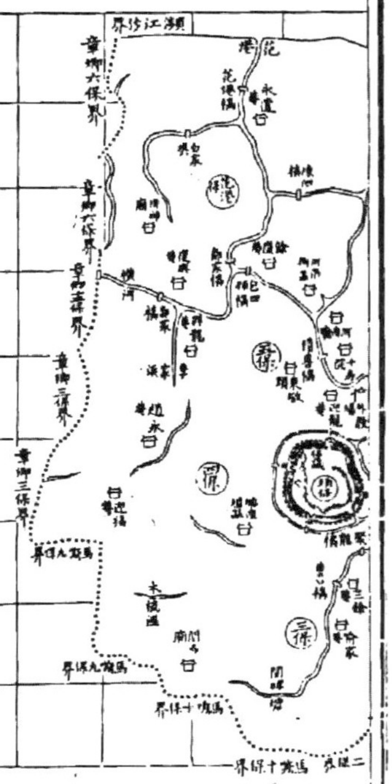

江陰縣志

章卿鎮圖

卷首 圖

三五

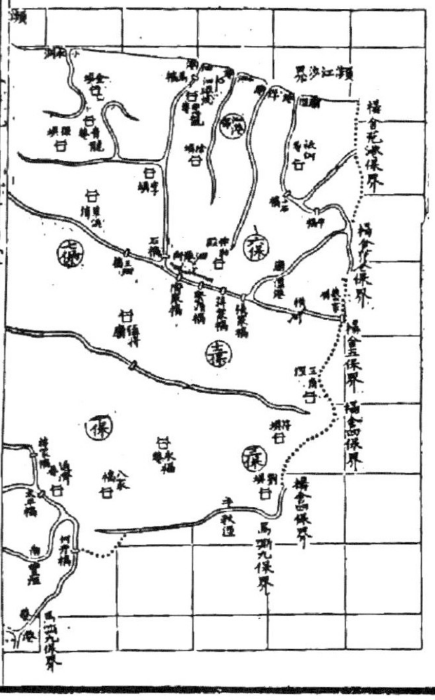

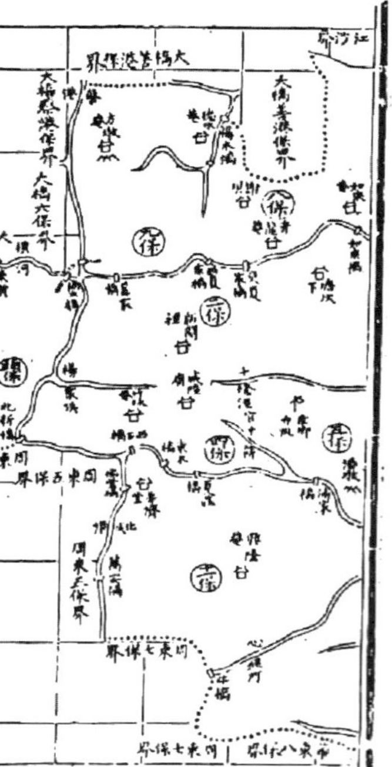

江陰縣志

大橋鎮圖

卷首 圖

三六

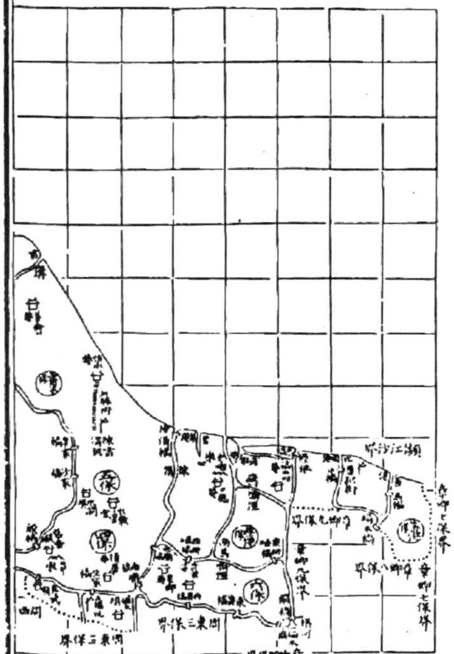

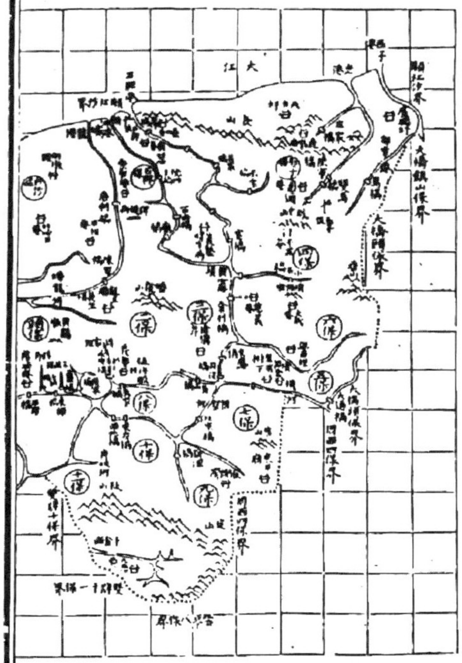

江陰縣志

三官鎮圖

卷首 圖

三七

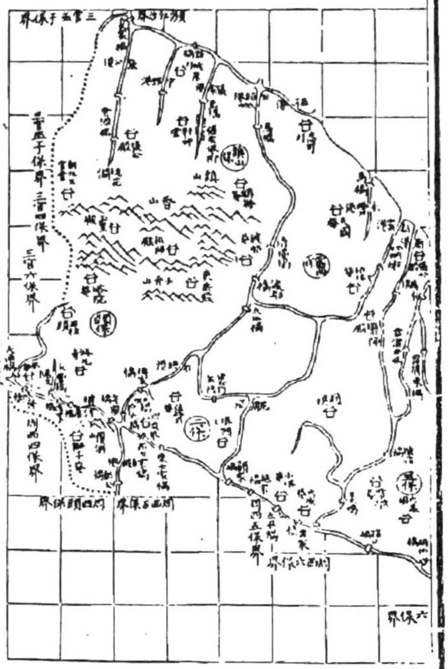

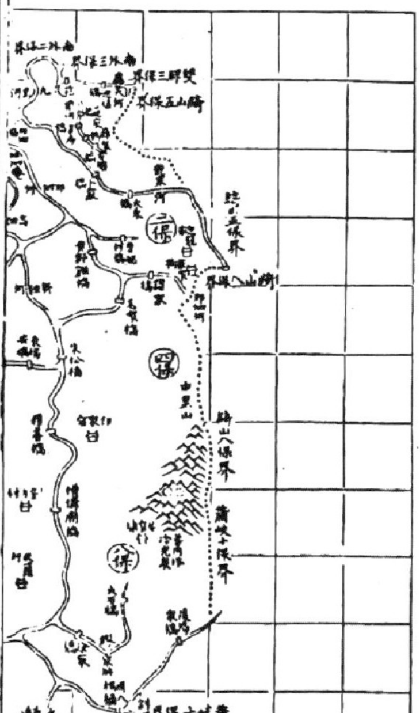

江陰縣志

謝園鎮圖

卷首 圖

三八

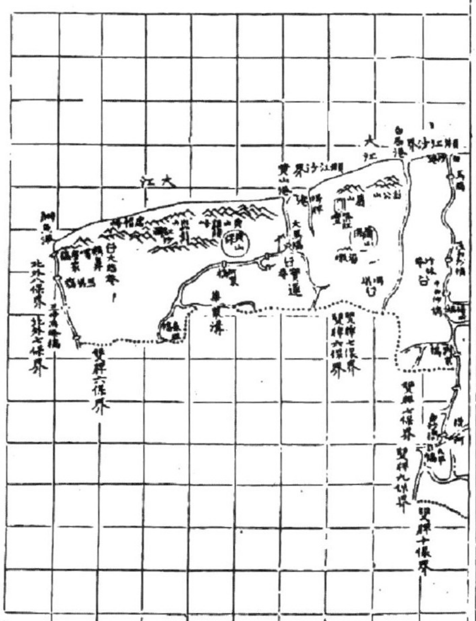

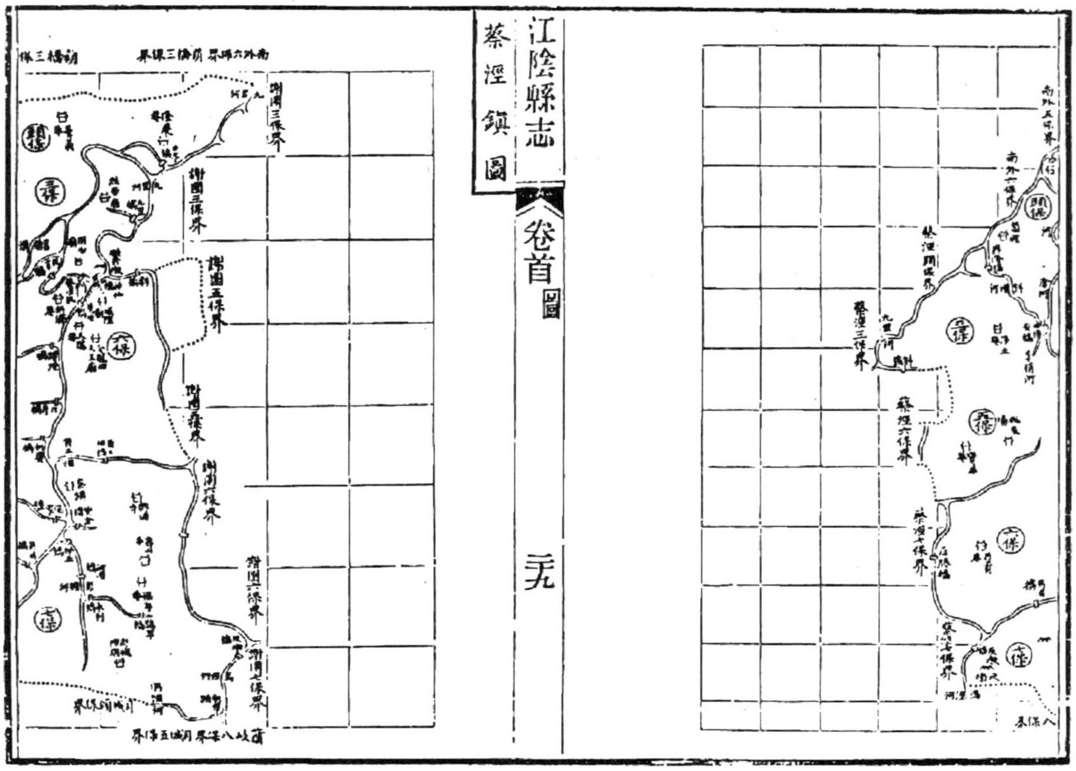
江陰縣志
蔡涇鎮圖
卷首 圖

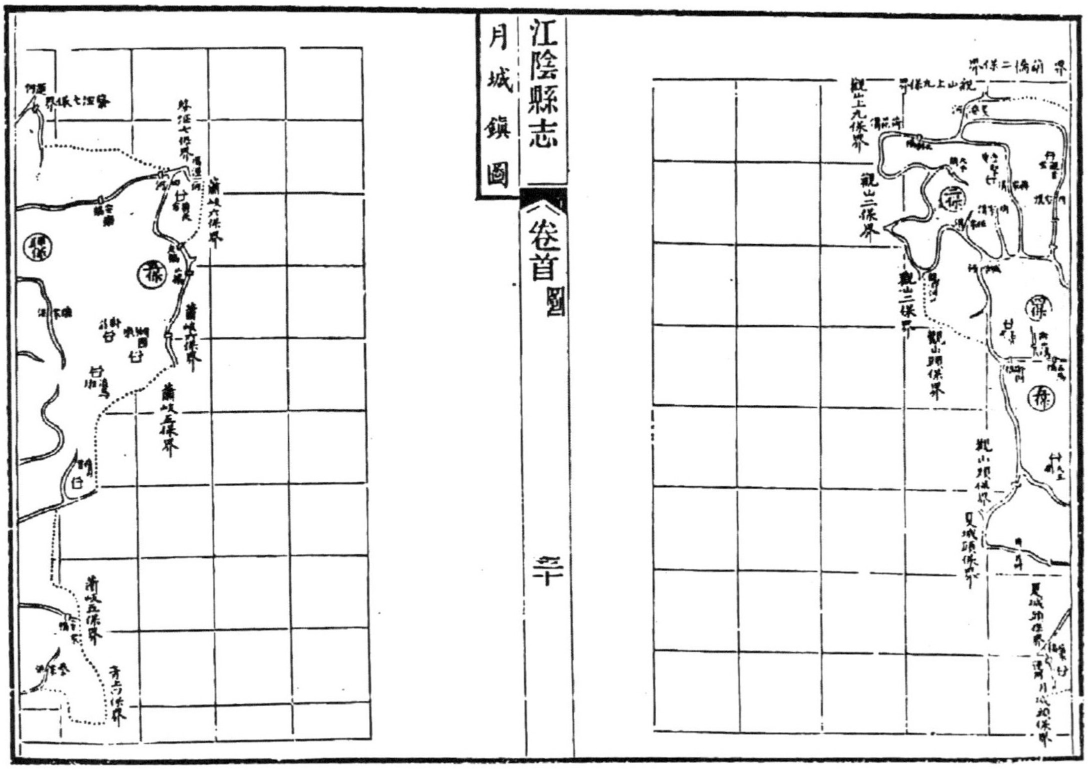
江陰縣志
月城鎮圖
卷首 圖

江陰縣志 夏城鎮圖 卷首圖 圭

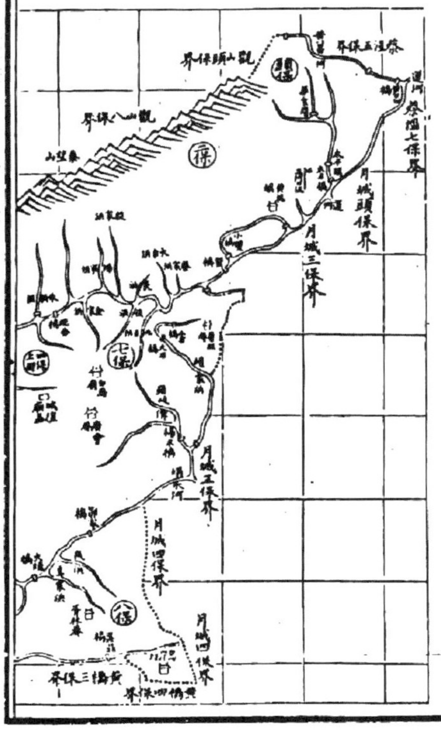

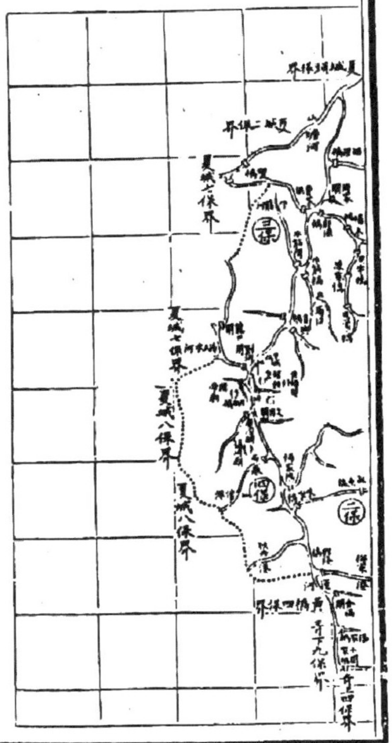

江陰縣志 黃橋鎮圖 卷首圖 圭

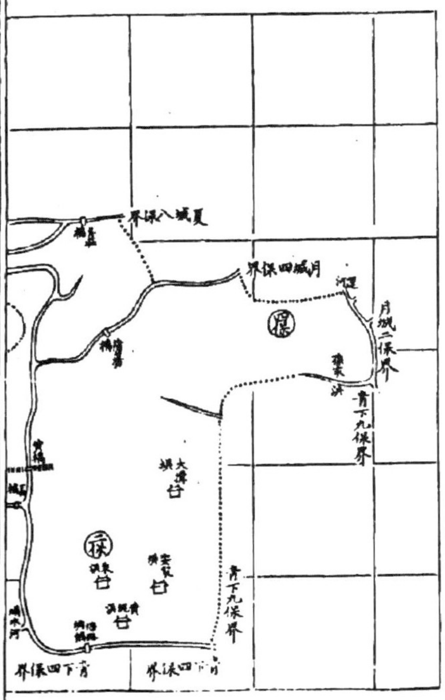

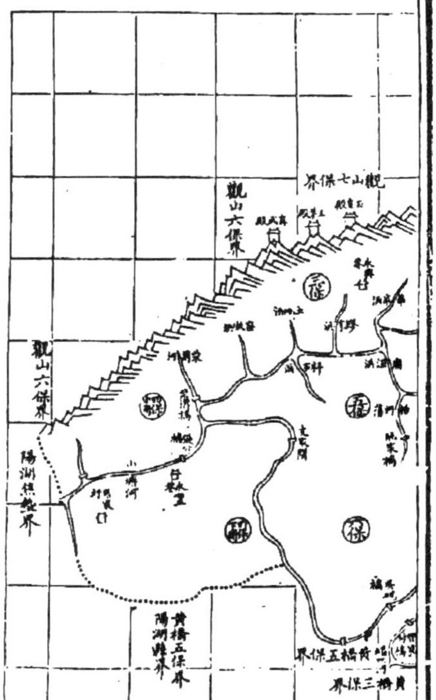

江陰縣志 青暘鎮圖

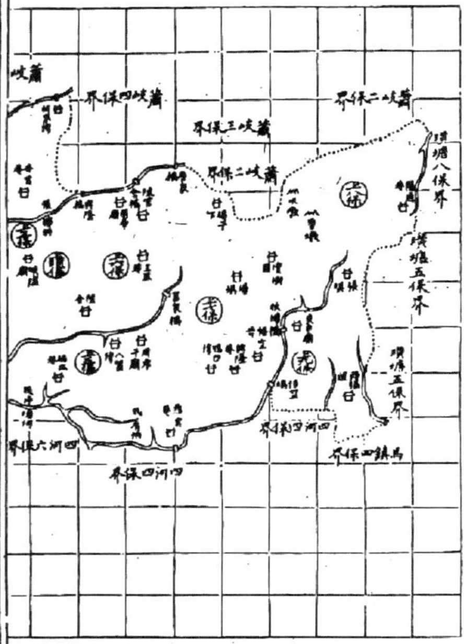

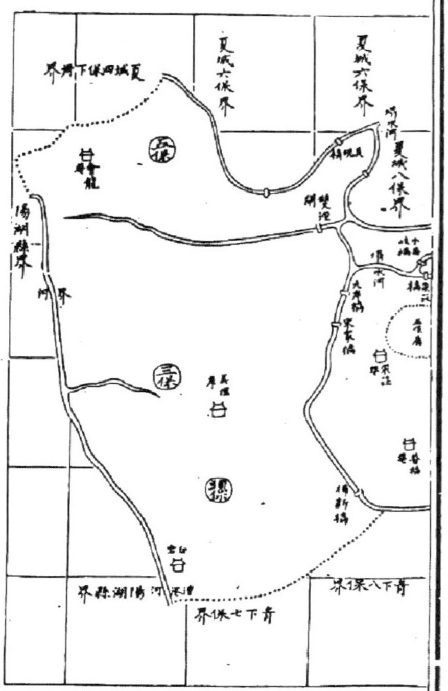

卷首 圖

三三

江陰縣志 四河鎮圖

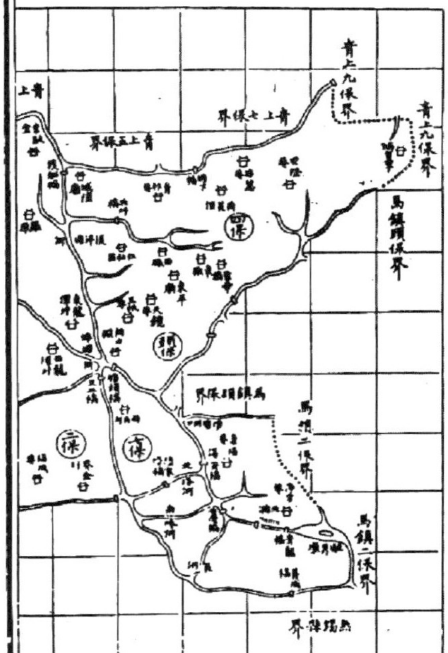

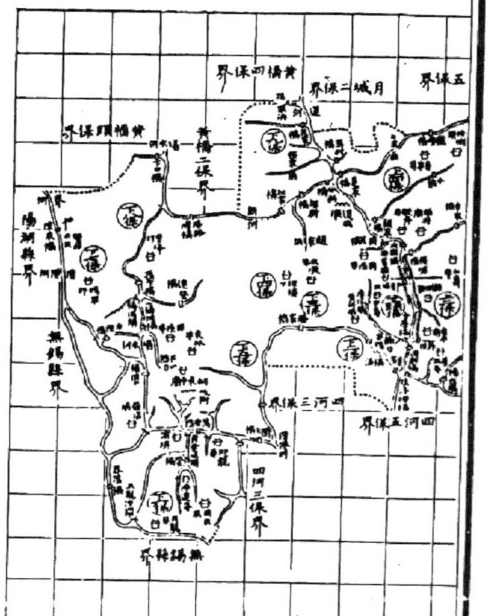

卷首 圖

三四

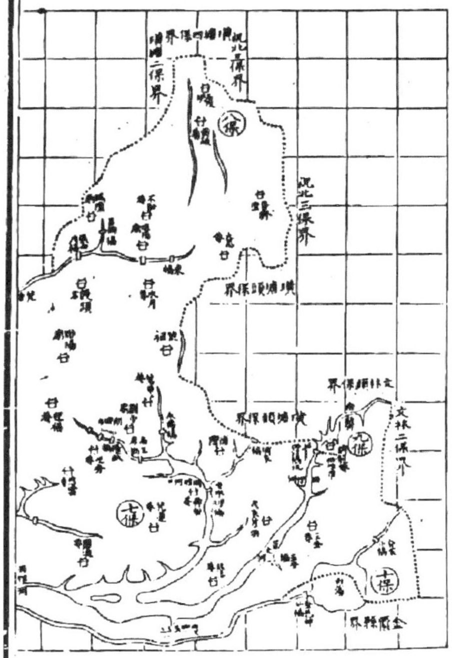

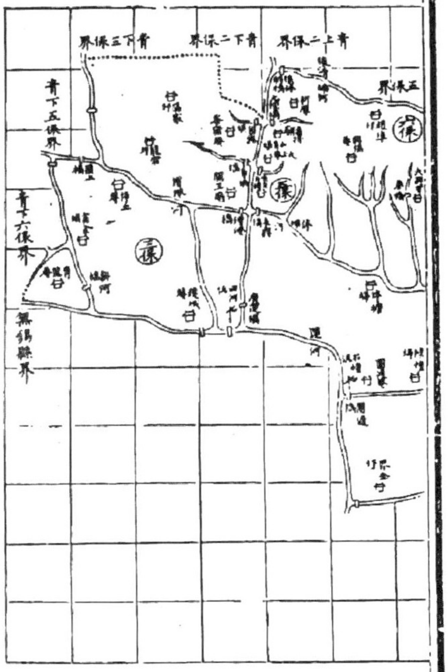

江陰縣志　馬鎮圖　卷首　圖　三五

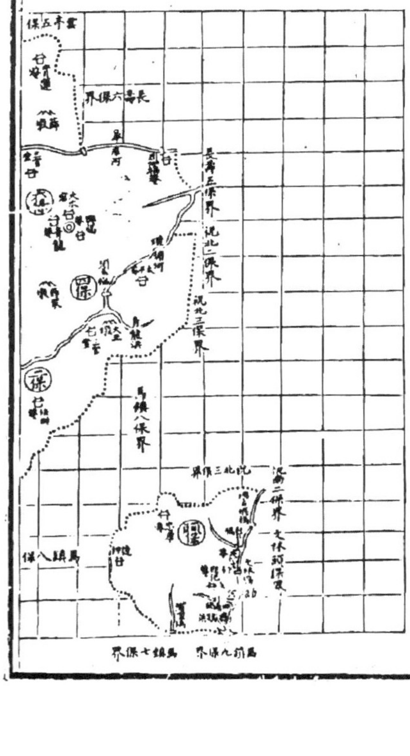

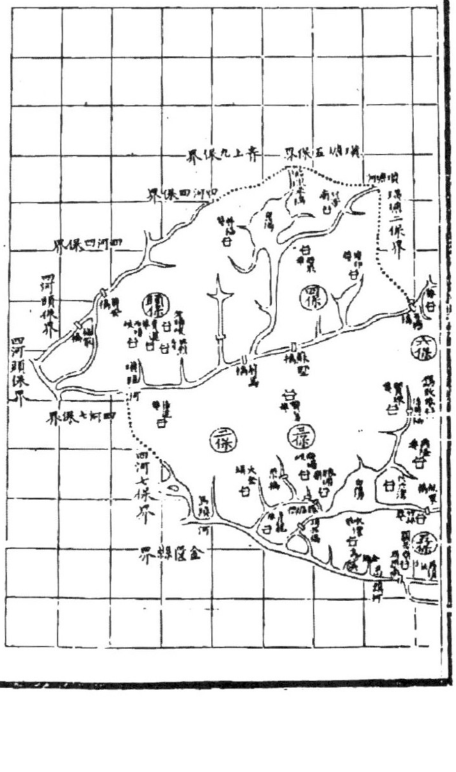

江陰縣志　璜塘鎮圖　卷首　圖　三六

江陰縣志 花山鎮圖

卷首 圖

三七

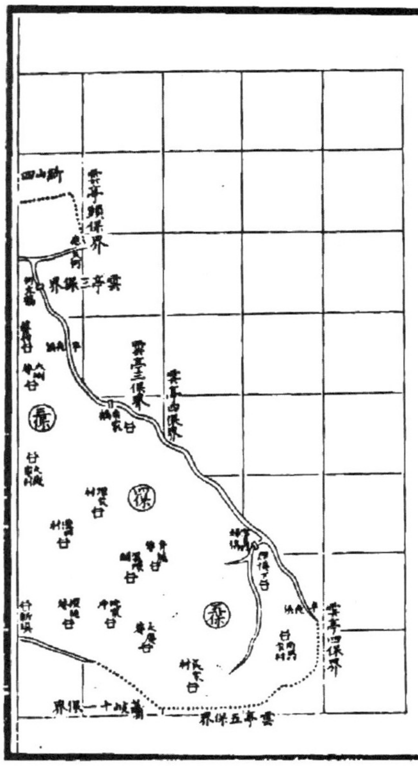

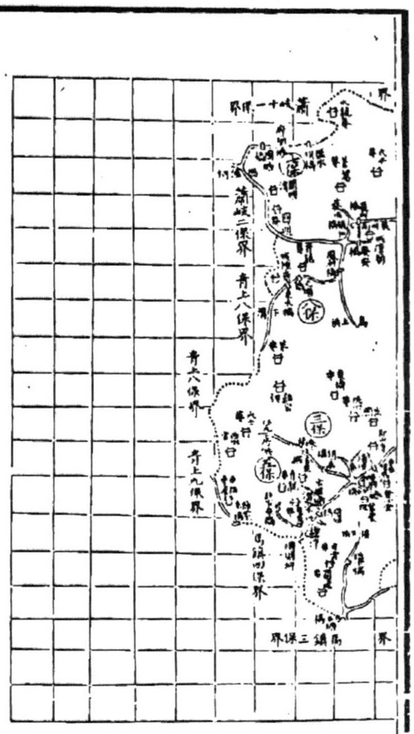

江陰縣志 蕭岐鎮圖

卷首 圖

三八

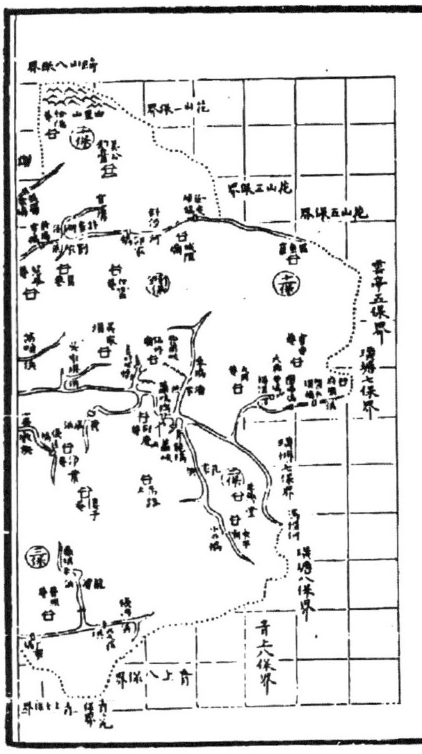

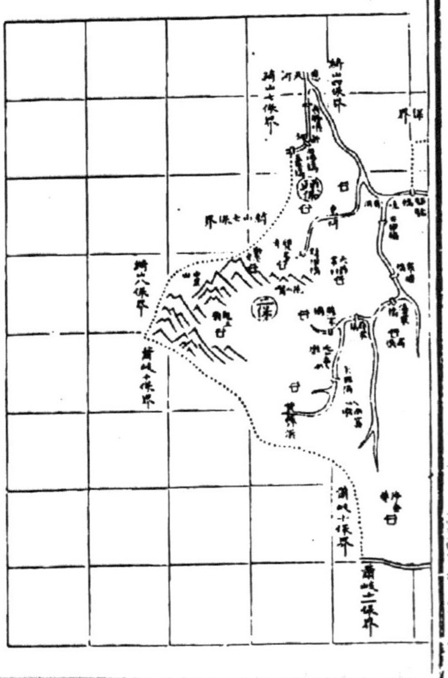

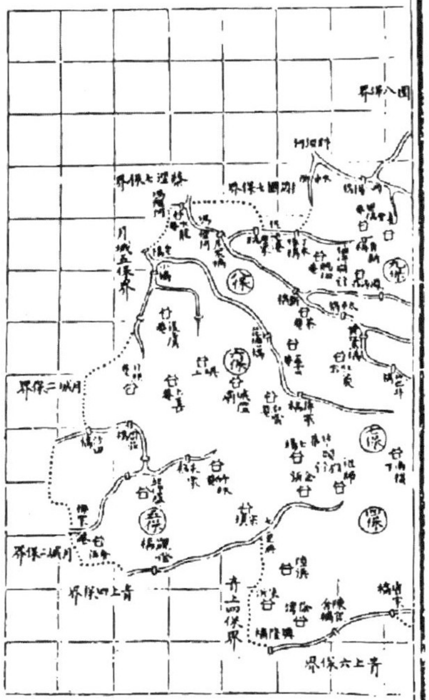

江陰縣志 葫橋鎮圖 卷首 圖 卅九

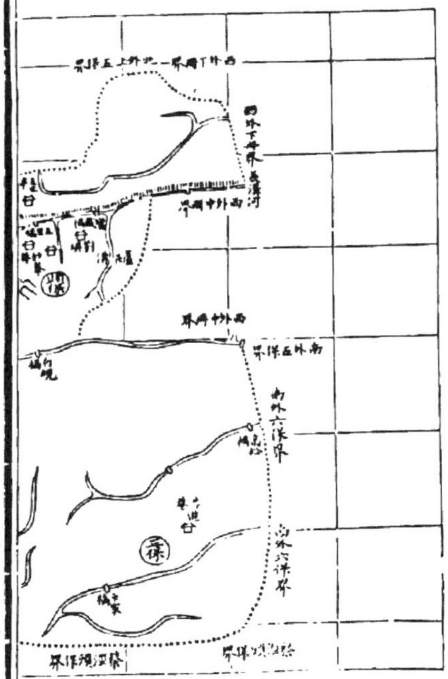

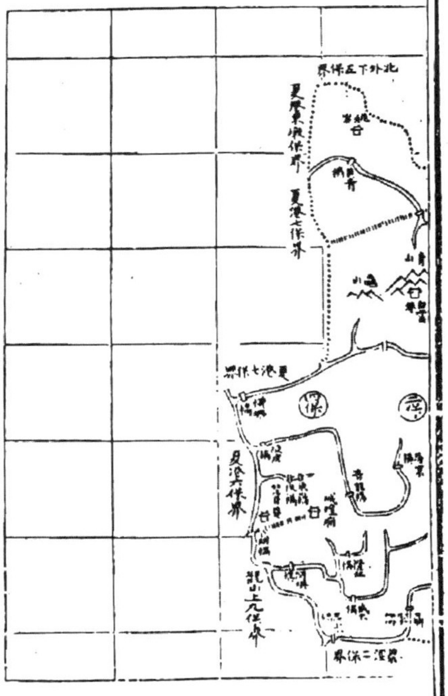

江陰縣志 覲山鎮圖 卷首 圖 卌

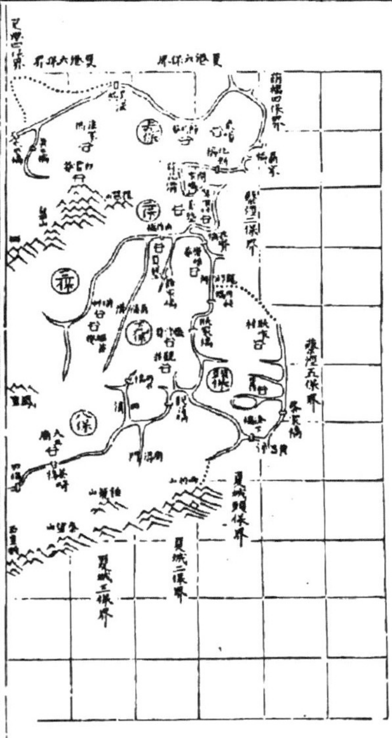

江陰縣志 卷首 圖

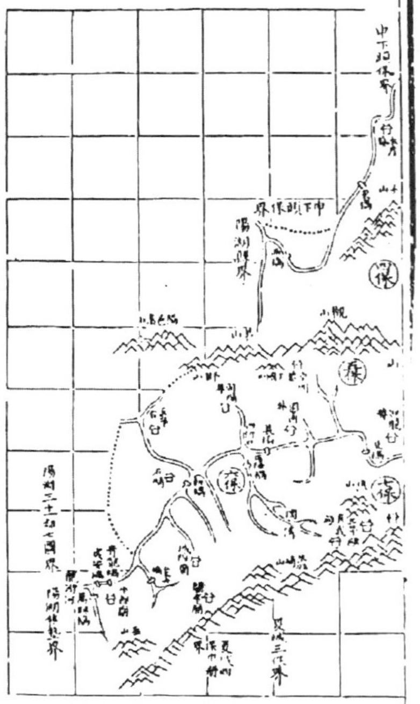

利城鎮圖

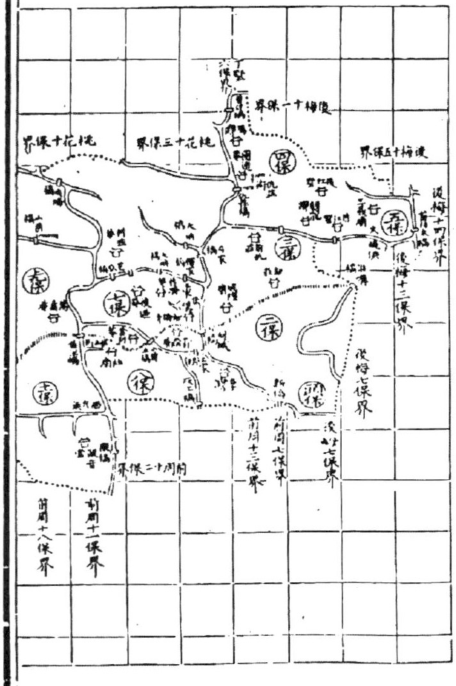

四一

江陰縣志 卷首 圖

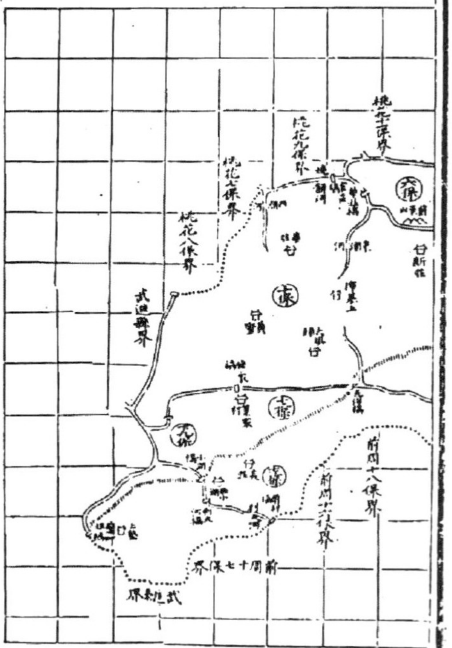

前周鎮圖

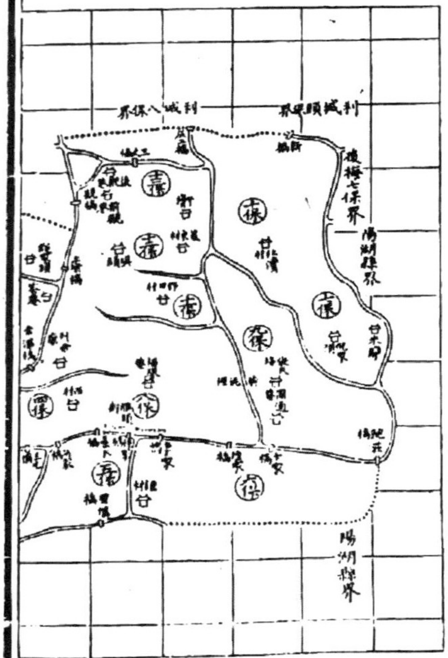

四二

後梅鎮圖

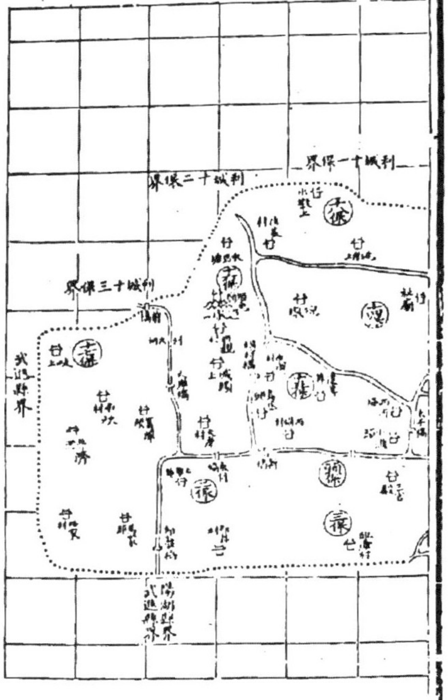

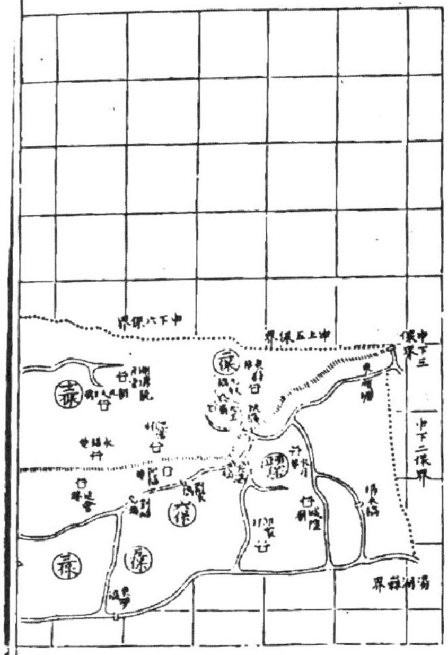

丁墅鎮圖

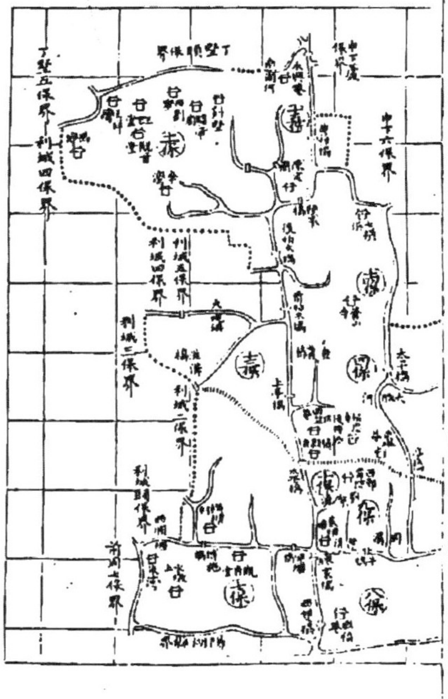

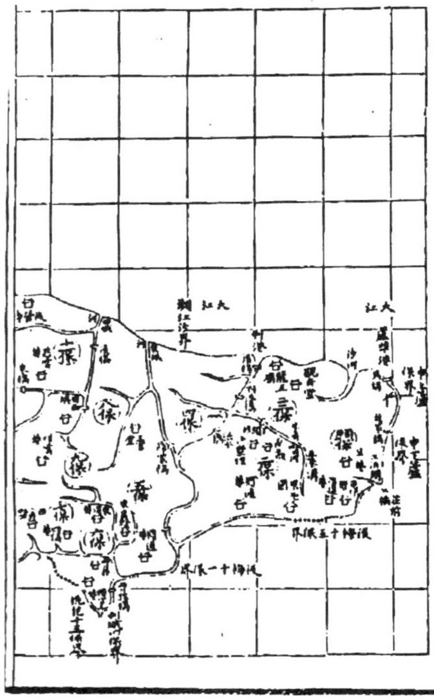

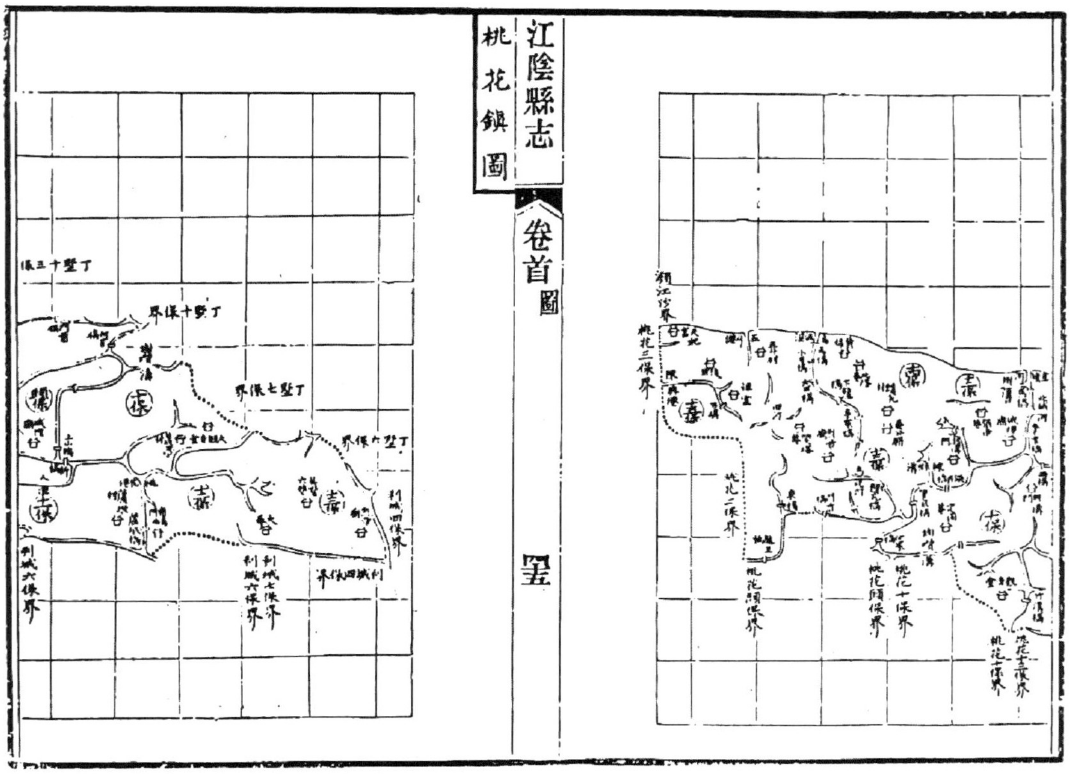
江陰縣志
桃花鎮圖
卷首 圖

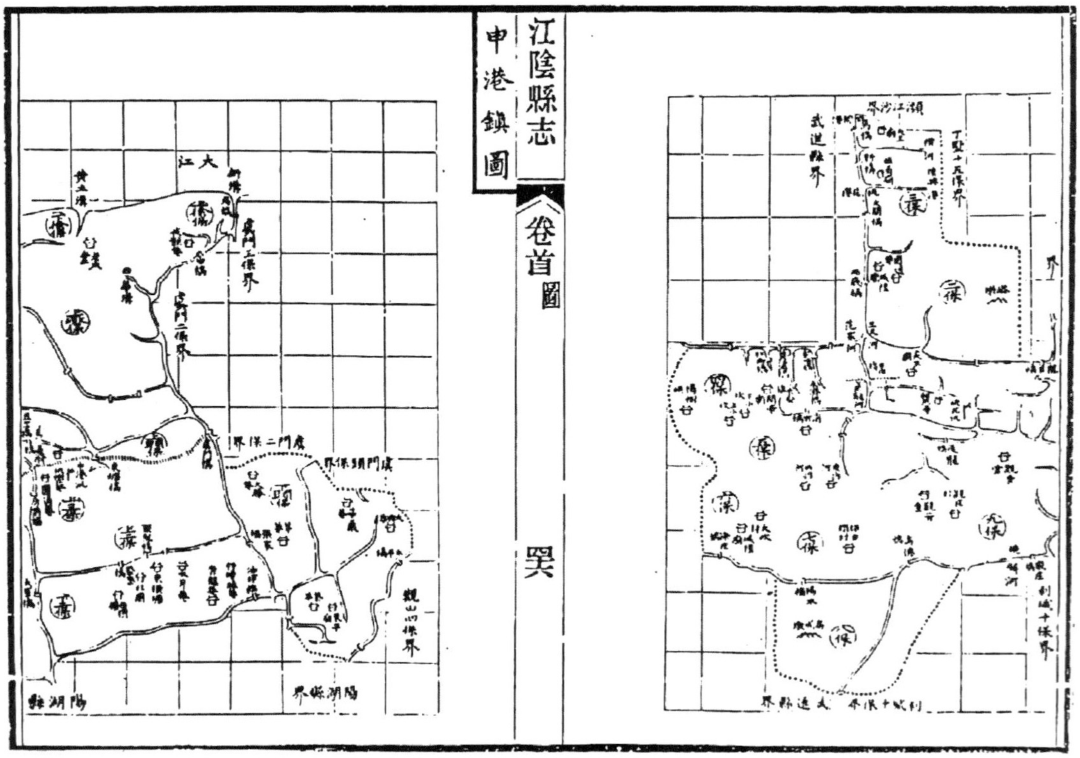
江陰縣志
申港鎮圖
卷首 圖
大江
武進縣界

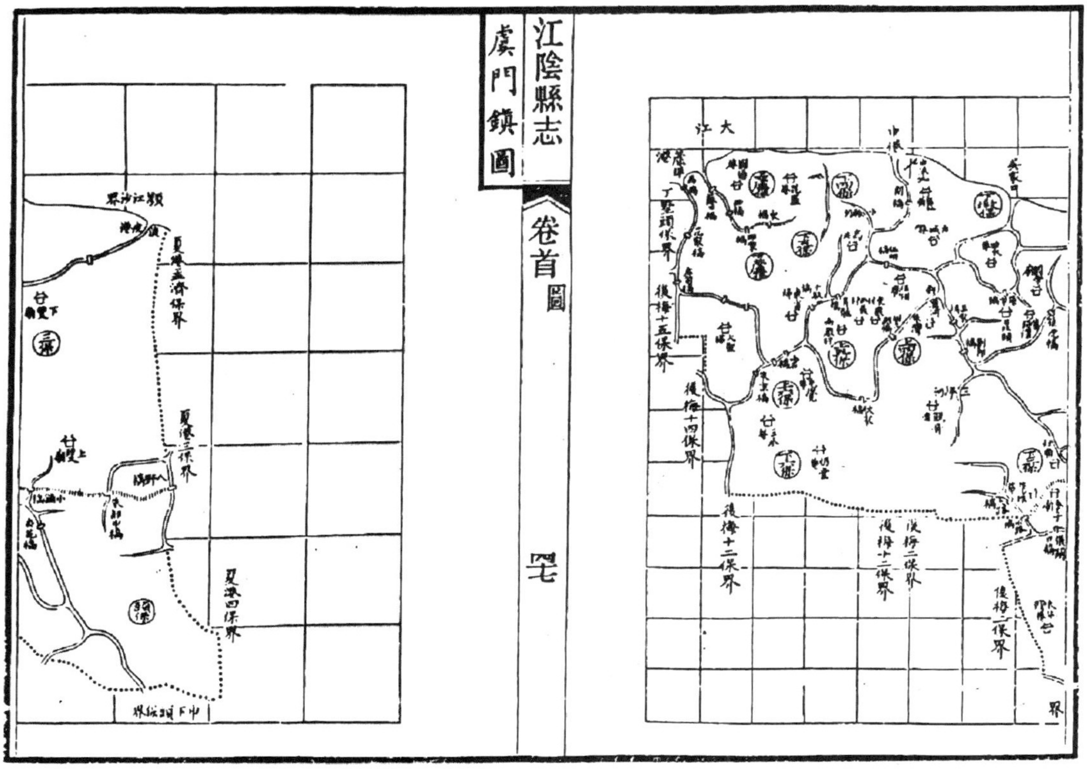
江陰縣志
虞門鎮圖
卷首
圖

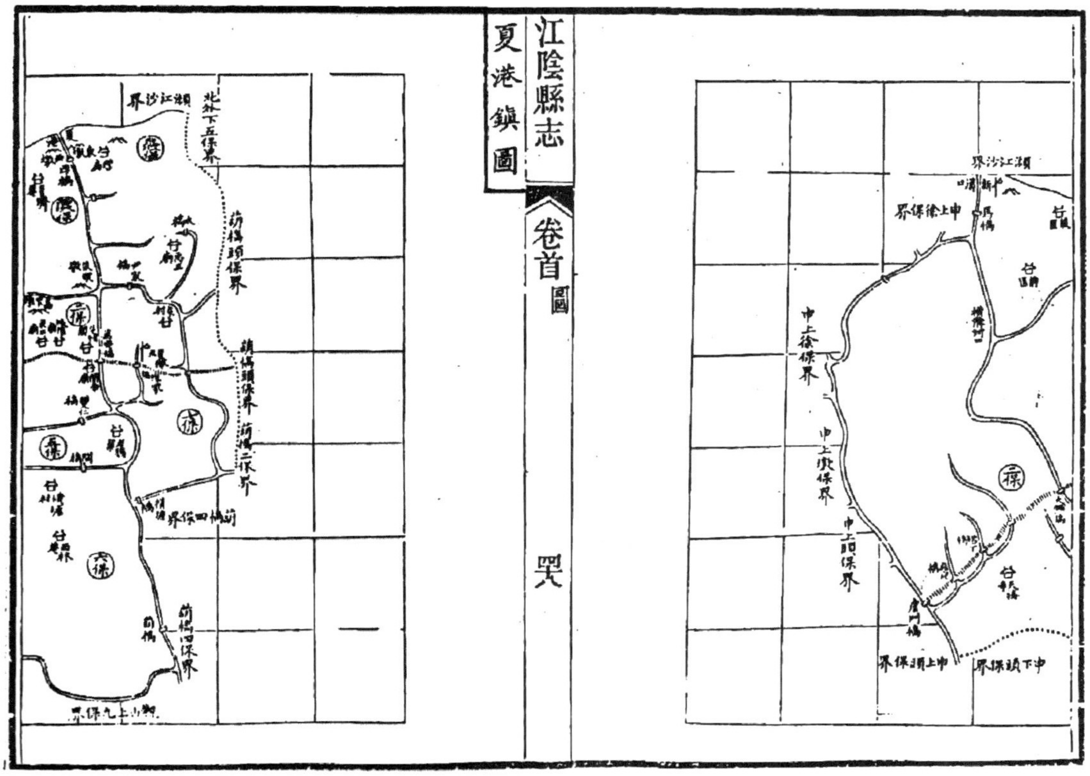
江陰縣志
夏港鎮圖
卷首
圖

沙洲各鎮圖

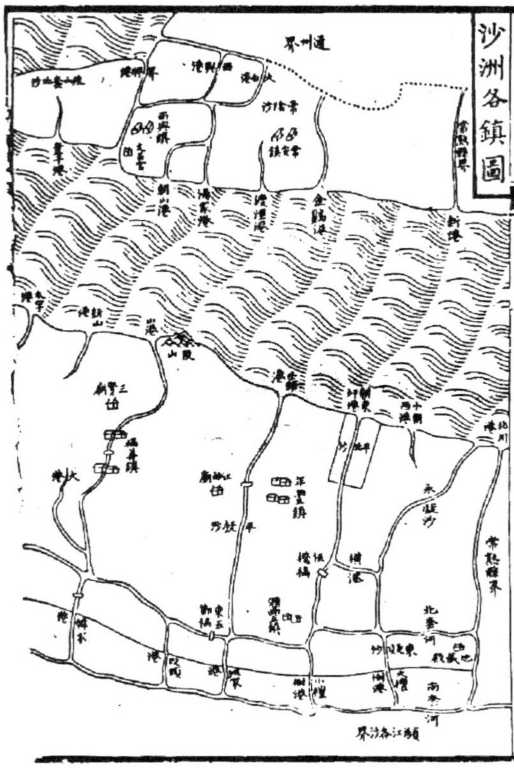

江陰縣志

卷首 圖

卌九

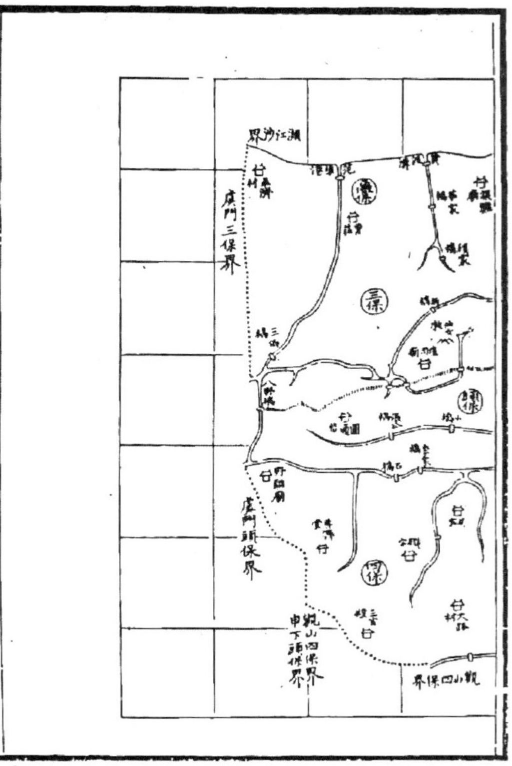

瀕江各沙圖

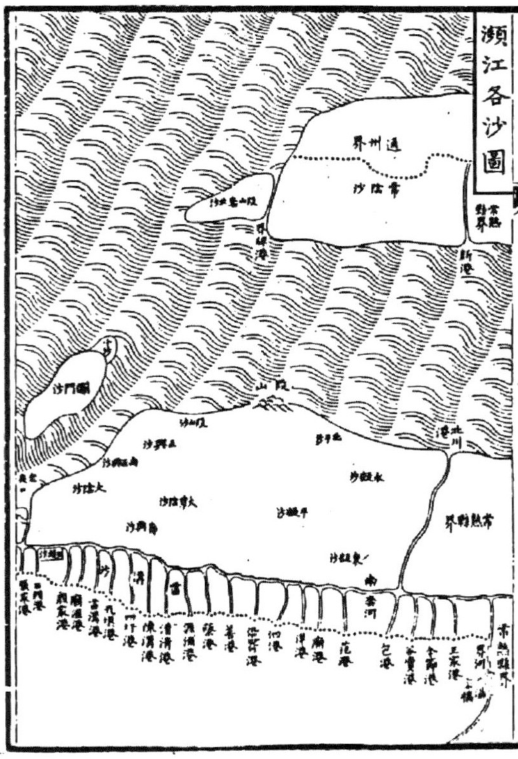

江陰縣志

卷首 圖

五十

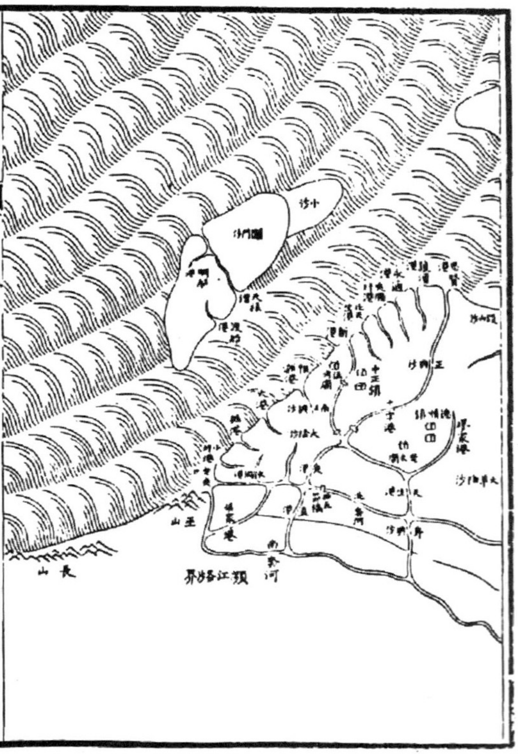

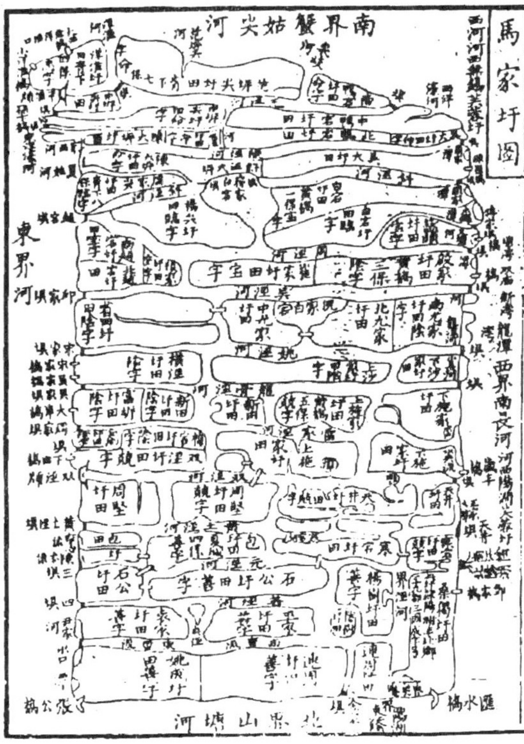

馬家圩圖說

知縣金　咸

按志載民賦附編圩坦而圩之大者首馬家其地本馬家湖即芙蓉湖之支湖也府志云芙蓉湖自晉張闓（闓疑即名宦晉毘陵內史張闓）基其中洩湖水令入五瀉河注於具區欲以爲田盛冬著䄡衣令百姓負土值天寒凝沍施功不成（至今圩民肖張公像虔祀之）至宋元祐間居民因其舊堤岸堰水塞湖爲田歲久湮廢明宣德初巡撫周文襄築壩捍江水上流復成圩田界以大河河西以芙蓉湖爲芙蓉圩隸陽湖無錫二縣河東以馬家湖爲馬家圩隸江陰之夏城四保黃橋一三五保青下四七八保（前有以馬圩隸及四河鎮者誤）西北隅則又隸陽湖之豐北鄉通圍南北約長十里東西約廣五里圍外四面河流環繞圍內畫爲通塘巨河九曰善涇曰元涇曰雙涇曰龍骨涇曰姚涇曰吳涇曰周涇曰斜涇（斜涇之南地高於北每遇水災北忠尤甚公議將岸加築高廣東西築壩大塘因此截斷）曰陳涇分爲石牐二曰雙涇曰洋淮析爲支圩五十七曰連周者二曰姚成曰楊樹者二曰巫家曰袁家曰石公者二曰包家者二（已上隸夏城四保）曰寒蕩者二曰天井者二曰周堅者二曰上下施家者各二曰雙涇（已上隸黃橋五保）曰梅蕩曰上舍曰新田者二曰富岸曰上下沙家曰橫涇曰南北中尤家曰省田曰殷家（已上隸黃橋三保）曰崔

家曰顧家曰南北趙蕩曰鰷頭（已上隸黃橋一保）曰白蕩者二（一隸黃橋一保一隸青下八保）曰楊尖曰周家尖（已上隸青下八保）曰吳大岸者二曰陳大岸者二曰毛涇曰南中北鴨蕩曰中岸尖者二曰范岸尖（已上隸青下七保）曰洋淮（隸青下四保）西北隅隸陽湖者曰桑獨統成田七千三百畝其間港汊紛錯橋壩層排不可勝紀田塍圩列村墟碁布制本古井田惜後人不能守昔賢成法惰於歲修岸隄日毀易遭水患入

國朝則雍正十三年道光二十年爲尤甚咸於二十一年四月來視縣事適前署尹新城陳君延恩於災賑後倡捐修築甫經始而遷任以去咸爲踵其役六閱月而工成

後爲之準酌法程以善其後自今以往孔固孔安水潦足備庶幾爲吾民之慶焉是役之始有繪圩圖來者與志稽覈或昔所名而今已易之或今所有而昔尚無之滄桑之變不可泥古以論今而綜貫之法莫若以馬家圩爲之綱以所麗各支圩爲目詳列其地址並注明今所隸鎮保庶使閱者瞭然且以補證圩岨門之所未備陳君去任日諄諄以立說繪圖爲囑爰爲之詳考辨正附刊於後其他若同時捐修圍岸之十七圩漕港圩界涇圩以及各鄉圩坦均未及考故不贅

江陰縣志卷之首終

江陰縣志卷之一

建置

班固論都以浚城隍修宮室爲備制度豈一邑而獨不然哉江陰自秦漢以來郡國縣鄉軍州路望歷代沿革不同蔡志以年表例列之即禮經所謂建國置都也而前志合城垣署宇爲一亦事增文省之裁筆乎嗟乎數年兵燹滿目荊榛凡由舊之規模實從新之圖度後之溯創始者不啻草昧經綸焉然則宰斯邑者當何如次第修舉也志建置

沿革

夏　屬揚州

商　屬揚州吳泰伯立隸句吳（史記吳世家泰伯弟仲雍皆周太王之子而季歷之兄也季歷賢而有聖子昌太王欲立季歷以及昌於是泰伯仲雍乃奔荊蠻以避季歷自號句吳荊蠻義之立爲吳泰伯注引吳地記曰泰伯居梅里在闔閭城北五十里吳越春秋云泰伯當商之末恐中國兵及其境築城周三里二百步外郭三百餘里郡志云泰伯城在無錫縣東南四十里梅里鄉黃志云無錫正與江陰接壤吳越春秋又謂其外郭三百餘里則江陰在其封域無疑）

周　隸揚州之句吳是爲延陵以封季札（史記吳世家泰伯十九世至壽夢立而稱王子四人長諸樊次餘祭次餘昧次季札季札賢而壽夢欲立之季札讓不可棄其室而耕乃舍之後餘祭立封季札於延陵號曰延陵季子宋志云江陰古延陵境也自吳季札避位而耕封於延陵遂爲季子所居之地延陵今統屬之常州而札之墓在申浦）越滅吳延陵屬越（元王四年吳王夫差爲越

句踐所滅延陵屬焉楚滅越延陵屬楚以為春申邑顯王三十六年楚威王大敗越殺王無疆盡取吳故地至考烈時封其相黃歇為春申君後徙封江東城故吳墟以為都邑延陵亦在封內

秦　滅楚置會稽郡以延陵為鄉

漢　平秦取會稽郡改延陵鄉為毗陵縣析延陵之地為鄉屬之是為暨陽鄉前漢地里志毗陵注季札所居師古曰舊延陵漢改之羅志云縣有暨陽湖因以名鄉則鄉境在湖以西申浦以東及三山石墩芙蓉繖墩等處宋志云秦漢以來郡則會稽縣則毗陵茲以鄉屬是名暨陽注云按魏文帝皇覽云季子冢在毗陵縣暨陽鄉而李吉甫元和郡國志亦云江陰本漢毗陵之暨陽鄉封劉賈為荊王縣屬荊國暨陽以鄉附前漢地里志會稽郡注高帝六年為荊國荊國除封劉濞為吳王縣屬吳國鄉附漢志

會稽郡注高帝十二年更名吳吳國除徙劉非為江都王縣屬江都國鄉附漢志會稽郡注景帝四年屬江都江都國除封劉胥為廣陵王縣屬廣陵國鄉附廣陵策文云大江之南五湖之間廣陵國除縣以鄉復屬會稽郡王胥立六十四年詛咒事覺自殺國除復置會稽郡新莽篡漢改縣為毗壇

東漢　誅莽復縣為毗陵隸屬如故分會稽置吳郡縣屬吳郡鄉附永建四年始分會稽為二郡浙以東為會稽郡浙以西為吳郡毗陵仍屬焉暨陽以鄉隨

後漢　孫權據江東國號吳吳郡以縣屬吳鄉附

晉　太康元年平吳二年分吳郡置毗陵郡縣屬之鄉附始析毗陵縣之暨陽鄉并分無錫縣地置暨陽縣建治東土仍隸毗陵郡永嘉五年改毗陵郡為晉陵郡縣屬避東海王世子諱改毗陵為晉陵咸康七年罷暨陽鹽署立南沙縣

宋齊　俱仍晉舊

梁　廢暨陽縣置江陰郡徙治君山之陽分蘭陵縣地置江陰縣割蘭陵郡之利城縣并置梁豐縣於暨陽之墟以屬之初晉元帝渡江僑立郡縣以處淮北流徙之衆邑有利城郡有南蘭陵皆隸南徐州咸康以後暨陽分為南沙今常熟縣是也而利城舊在吳郡海虞北境至宋元嘉八年遷於利浦乃屬南蘭陵及蕭梁置郡而江陰利城梁豐三縣皆屬焉江陰之名始於此按自晉置暨陽縣建治楊舍鎮梁廢之置江陰郡改築君山之陽而建治焉蓋即所謂古城者是也於是分蘭陵縣地及暨陽西境故地為江陰縣又割蘭陵郡之利城縣并創梁豐縣於暨陽之墟凡三縣屬焉曰梁豐者示梁土之豐大也舊志建置初不詳其歲月僅據沈文阿傳云

侯景平文阿監江陰郡景平在承聖元年則梁之置郡當在承聖之前矣而江陰縣之置或云在敬帝太平年間者非也夫郡不自治既立郡必有附城之縣利城梁豐既非附城則江陰縣之置豈容在立郡後乎考梁紀及通鑑於天監十年云是歲梁之境內有州二十三郡三百五十縣千二十二是後廢置離合不可勝紀

陳　永定元年廢梁主方智為江陰王以郡為江陰國二年王薨於外邸以武林侯蕭咨子季卿嗣太建三年季卿以罪免封蕭彝為江陰王至德元年徙郡治於夏浦寰宇記倪敞為郡守徙江陰治夏浦按陳廢梁主於江陰雖建國以奉梁祀而實置郡統縣以伺察防守之梁帝但食其所入如山陽公以來之制而已初未嘗有其土地人民也故郡治徙於夏浦而梁氏主自居君山故城或竟以江陰為梁國疑當時未必有郡守者誤矣

隋　平陳國除開皇九年省江陰郡併利城梁豐入江陰縣仍徙治於君山之陽隸常州是時罷晉陵郡置常州大業三年復改為毗陵郡唐

興仍改爲常州

唐武德三年以江陰縣置暨州復分江陰縣置暨陽利城二縣以屬之九年省暨州復併暨陽利城爲江陰隸常州天寶元年改常州爲晉陵郡至德二年復改爲常州會昌四年升縣爲望唐制縣有赤畿望緊上中下之差滿四千戶爲望時天下望縣六十八常州居四晉陵武進無錫江陰也

南唐以縣置江陰軍續通典江陰縣僞唐昇元中建爲軍馬令南唐書建國譜亦書以江陰縣別置軍年不著

宋淳化元年軍廢三年復置之熙甯四年軍復廢建炎二年復爲軍紹興二十七年軍復廢三十一年復置之江陰於開寶八年歸宋版圖至太平興國二年乃錫軍額淳化元年廢爲縣三年從縣人司諫張觀之請復爲軍至熙甯四年又廢爲縣建炎中興沿江守禦從父老胡崇等請復縣爲軍紹興二十七年因浙西安撫榮薿言江陰財賦本出一縣乃供一州之費遂致徭役科率倍於他州復廢爲縣三十一年講修江防之策又復之其廢也則縣屬於常州其復也則縣統於軍治至德祐元年元取江陰軍以爲本軍行安撫司事而江陰遂非宋有矣

元至元十三年升軍爲路總管府二十八年降路爲州隸常州路尋以州爲上州隸江浙行中書省元之廢路爲州也州民不堪煩擾於是州達魯花赤兀魯失不花等言於省憲請於朝爲上州隸江浙行中書省

明取江陰州改爲連洋州洪武元年復改爲江陰州二年改州爲縣以揚州泰興縣之馬駄沙來屬仍隸常州府沙在縣北揚子江心孤山凝閑衝流之利土也孤山卓立波濤中四面潮泥日以附益浸成平壤東西七十里

南北二十里宋元半隸泰興半隸江陰明初乃全以來屬成化七年析縣之馬駄沙置靖江縣沙屬江陰時立巡檢司鎭之成化三年僉都御史高明以江盜弗靖請於朝增設縣丞分莅其地七年巡撫滕昭奏立靖江縣屬本府

國朝爲縣如故仍以常州府領之江陰向係中缺歸部銓選自乾隆三十三年改爲要缺在外調補

城池

梁古城置江陰郡縣時刱築也跨乾明演教二寺故址陳隋唐因之

南唐改縣爲軍曰軍城徙而稍西約一里許祥符圖經云周十三里唐天祐十年築建門四東延慶西欽明北通津南朝宗按唐亡於天祐四年此稱十年者蓋唐亡吳王楊行密仍稱天祐之號然則此城吳所改築也

宋增子城門四東曰新津南曰觀風西曰望京北曰澄江外城門五東曰春暉西曰天慶南曰朝宗北曰愛日東北曰建寅新津慶元五年知軍葉篔修紹定二年知軍顔耆仲重修觀風望京澄江三門並知軍史彌之修

元定江南盡廢城郭至正十一年兵起始詔天下復繕治焉時州人黃傅攝州事率鄉民畚土築之制度減舊矣

明龍鳳三年增築土城甃磚石加女牆周九里三十步高一丈五尺四門仍舊名曰春暉天慶朝宗愛日門皆有

樓歲久夷如平地正德元年知縣劉紘始修西南二門六年知縣王鉼復哀民築之城還其舊東南北各爲水關悉甃以石明年流賊薄城居民賴以保障十年知縣萬玘修北水關十四年推官王鈞架屏木覆簷瓦以避霪雨嘉靖十二年知縣李元陽增城樓八座各當空缺瞭望相屬二十二年巡江御史馮璋得贖鍰若干疊石培址甃磚爲面幾三之一二十八年知縣毛鵬始改磚城三十一年知縣錢錞聞倭寇浙中亟甃城完北隅之缺義士黃鑾輸銀六千造城三百餘丈倭至民得無患三十三年知縣金枝合四城而甓之高二丈二尺四周

長一千三百九十六丈一尺計九里十三步改北門爲澄江門增子城四黃鑾任其三徐治許登等各捐貲佐役又設城鋪三座敵樓窩鋪二十二座三十五年倭至薄城四十日堅不可破嗣是屢有增修崇禎八年知縣馮士仁修城樓馬道十一年復修南北水關

國朝順治二年

大兵南下東南北各傾圮數十丈縣丞卞化龍修之雍正十三年知縣蔡澍請發帑重葺城高二丈五尺寬五尺城頂四尺周九里十三步計一千六百八十七丈三尺城樓四座角樓四座窩鋪十六座水關三座大城門四座小城門四座乾隆五十四年知縣牛兆奎修澄江門城樓嘉慶五年知縣常濹通葺道光二十五年知縣金咸大修咸豐十年粵匪竄踞至同治二年淮湘水陸軍克復江陰縣礮燬東北隅城垣數十丈署縣事沈方煦繼修費由善後局籌支光緒二年知縣沈偉田修水關水柵城門城樓堞樓窩鋪等處其費每畝隨漕收一文半共計一千二百六十一千有奇

外城河自南外陳家橋過永安橋循城西流歷天慶門轉而北至龍骨河口曰南轉河自南外米行橋循城東流轉而北歷春暉門又折而西至澄江門曰東轉河兩轉

河長二千二百九十二丈七尺江潮自黃田港進者由永定壩西分派一遶城濠入北水關一循北城入鄭涇河由西南入南水關江潮自黃山港進者由秦涇橋歷土橋入東水關（東南北三門舊有閘明嘉靖間置今皆爲水關）湖水內達爲內城河長八百四十八丈三尺分流散繞貫徹全城其自南關入者歷杜康橋至聖母橋抵周橋之北與東關之自堰橋來者合流西行北關水歷倉橋善政橋右折爲二支南流入學宮之玉帶河北流自學埄後度文亨橋道光元年學使姚文田相度學宮形勢命衆學捀後河其自南流入玉帶河者歷棗征橋屈曲至鴻漸橋歷龍

頭橋東至進賢橋與東南之合流者匯焉外河形勢稍闊雖有停滯疏洩尚易惟內城地隘人稠積投瓦礫浮沙停淖動輒填淤無論舟楫鮮通重念人民待汲以炊朝夕饔飧既艱於取水尤恐祝融肆虐當江潮縮涸之日冬令更爲可慮故斯邑城河宜濬急於他邑明崇禎六年學使甘學闊捐濬并濬玉帶河嗣是不治者三十年

國朝康熙二年知縣何爾彬倡疏六年署縣鄭重十三年知縣龔之怡繼濬然舊制通邑一十八區分工應役在城力役嵩責西鄉一二三區西民苦其偏累往往塗飾卒事雍正七年署縣張經始合通邑丁夫計土分段合內外河疏之乾隆四年知縣蔡澍復以河身淤淺詳請大濬民樂趨事閱七日而工竣二十五年知縣汪邦憲三十一年知縣何奏成四十六年知縣吳瓚五十二年知縣牛兆奎五十九年知縣楊世綬嘉慶十六年知縣張南圭道光六年知縣王澐相繼疏濬咸豐八年知縣何煥組濬同治五年邑紳以經兵燹城河愈加填淤稟請知縣顏榮階開濬計分十段河身長九百七十七丈十一年署縣林逵泉濬此次開挑捐廉倡率內城河照章分段其南外高橋河三門水關外河計三百四十五丈四尺亦一律通濬

楊舍堡城在縣治東七十里介江海之濱最爲要害舊無城明嘉靖間累被倭患且爲鹽盜出沒藪三十七年巡按御史尙維持特疏請建檄知縣杜華趨受事華以兵燹後頗難之里民許蓉出爲規畫得四府協解銀一萬四千兩且出家財佐之不八十日而工竣周圍凡六百餘丈高二丈三尺門四東曰控海西曰通江南曰暨陽北曰翊京水關一引流東注內外河隍畢具崇禎十二年知縣馮士仁增修敵臺窩鋪九十六座嗣後遇有破缺均係楊舍馬嘶顧山華墅章卿周莊六鎮承修於城牆上刻明六鎮界段嘉慶五年知縣單澐飭修道光二十二年知縣金咸飭修同治二年夏淮揚各軍收復城堡仍飭六鎮分葺

重修城垣記

國朝知縣 蔡澍

暨陽瀕江而城自京口抵海洋水道數百里爲扼塞鍵鑰處當明中葉倭寇陸梁攻圍者數矣乙酉革運邑人堅壁抗

大兵閱八十日而後登陴邑雖小百雉之繫較他郡縣爲重余以乙卯冬莅任甫視事卽周歷垣塹相度其修廢見夫雉堞圮壞樓櫓欹側馬道夷卸殆盡而城西南隅圻裂十餘丈磚礫下墜積成邱陵門扃後潛而登者若履康衢雖置戍守之而不逞者自若也明年夏五霖潦洊臻東南兩橋門傾其一角壞及民舍敵樓及四城角樓皆先後圮塌兩水門橋牆亦全毀其他殘缺摧損之處互九里中相屬不絕也余以衞民首城郭不敢視爲緩務臚列其情形請於上官凡三反而始得題達邀給帑銀及萬金資繕治焉承命日齎厥緊次而先後之凡購料簡工按籤董成之役躬親擘畫炎風暑雨不敢言勞

計自十月肇始至庚申五月觀成凡重建四門城樓暨角樓共十數楹東南北水門三南水關橋二拆修東南月城各一修砌城牆緊工三百六十八丈馬道如之堵砌城垛三百六十疏建水洞一既報竣奉大部准崇明縣例核減工匠口糧銀四百兩爲捐俸償之蓋斯城燬然改觀而予之心力亦用是告瘁矣爰誌其端委如此匪敢云序績也

原報緊工項下城牆一百五十五丈七尺城垛一百五十一個馬道一百四十一丈五尺南城大城門圈牆東城水洞東南北三門水關四城大小城門共用料銀四千六百二十八兩九錢九分有奇共給匠夫銀七百十一兩九分有奇

續報緊工項下城牆一百十一丈三尺城垛一百十二個馬道一百六丈三尺東城大城門圈牆四城坍凸上半截城牆七段三十六丈九尺南城水關橋兩座共用料銀三千六百八十九兩一錢八分有奇共給匠夫銀五百四十九兩六錢八分有奇

二次水衖銀三百三十六兩九錢六分有奇

通共用銀九千九百十五兩九錢三分有奇

奉部核減實准銷銀九千一百九十二兩六錢三分有奇

計用物料檣木每根長一丈五尺圓一尺二寸蓋檣石每塊寬二尺厚四寸青方石每塊寬一尺厚一尺城磚每塊長七寸七分寬五寸厚二寸匠每名每日工錢五分夫每名每日工銀四分

新修江陰縣城垣記

邑人 季芝昌

道光二十五年乙巳秋七月二十九日新修江陰城垣工竣其高二丈五尺周九里十三步城門四城樓四月城四月城門四角樓四水關三窩鋪十六小鋪二水洞一悉仍其舊而缺者補庳者增薄者培坍者築規模加整肅焉至垛口女牆城欄馬道一律皆新蓋也發慮於二十一年辛丑二月設局於壬寅五月十一日開工於是年九月初五日閱三載而告成最其費爲錢七萬六千六百九十緡有奇官捐十之一民捐十之九工與料皆照民價實給主持其柄暨分理其事者皆廉謹紳衿故無有方體郎罔解故役久而勞怨不興按志所載江陰有城始於蕭梁至元初而廢明初復築嗣是屢有增修迨季年邑紳黃毓祺出家貲大修而規制漸備

國朝順治二年

大兵南下城之東南北三面傾圮各數十丈縣丞卞化龍修之雍正十三年知縣蔡澍請發帑金萬兩通行修葺蔡君治江陰有聲能用民力百廢具舉故城亦得以繕完乾嘉之間知縣牛兆奎單還復加修理然小小補綴於事無濟日久遂殘缺不堪存者亦鼓裂敧側無可憑恃辛丑春夷警及浙省瀕海城邑無不震竦時攝令江陰者爲新城陳君延恩以茲邑江海門戶關係重大建議修城選邑人張君錫齡督匠確估纔悉需照勸輸得錢二千緡方圖興作旋卸篆去接任者爲錢唐金君咸銳然引爲己責捐廉倡導決計大修請於大府舉董集費經始有日矣會夷艇游弋艕過境遂停工防範中秋後英夷就撫金君亟諭各董先將東門城樓撤舊重造餘以次繕修制府之蒞江勘視大小石灣礟隄工程者均以茲城通近大江力加獎督邑人翁蹕躍輸將而署常州府事張君復檄署司馬楊君鳳翽覆勘監督因協力

共濟焉茲役也未雨綢繆先眾創議爲董退告剖示機宜且擘畫楎概使事有端緒可引伸而不紊遲者陳君功也均節財用通融參酌勤之以誠懇濟之以慈和卒令悍者馴伏慳者忼慨不偏聽以挈掣事之肘不膠執以阻獻謀之心者金君功也若夫籌項計工句稽攷覈剖量緊慢潔己恤人昕夕忘倦謗讟不生則總董王君寶琏馮君治抄君淮章君樹棠實始終之至於定存攷講瓴甓遴匠作護程式察勤惰俾有料必實有工必堅緊惟張君錫齡之力蚤作晏休總司出納煦煦嫗嫗撙在事者有長必見有匠必伸齟齬之心胥焉自化則及旋人忻之勞勩亦有足稱者矣工既成備文申報署郡事李隨制府鹽督同邑令金詣工驗收郡彔入江防善後事宜入

告明年丙午四月十六日

欽派戶部尚書賽刑部左侍郎周覆勘

奏上得

旨凡捐資出力人員均獎敘如例茲不具書書其事之節次以備法式抑更有說焉城所以保民而保城者仍在民今之屹然環衛洵足蓄此慮并矣第不知自茲以往莅茲土者果常有如前之蔡君後之陳君金君其人者乎苟

能有之則撫綏畜養以阜蕃其生齒訓誨激勵以敦厚其風俗斯兢懷敵愾之忱群議親上之誼家城郭而戶樓櫓其無形之鞏固又烏可量哉余於茲郡雖器綿薄而趨事赴功終有媿於諸君故附以保城之說後之覽者儻亦有感於此云

濬江陰縣城河記

署縣 林達泉

濬城河自北外龍變河口起至北水關爲河一百五丈入城抵花橋東至東水關南至南水關城中之河九百九十丈出城自南水關至南端明橋爲河二百六十丈估工河面寬五丈四丈三丈以至二丈五尺不等河底寬一丈五尺或一丈七尺或二丈至三尺較現河深三尺有奇土方一萬二千有奇築大小壩七座僱夫一千一十名自正月初三日築壩越二十八日而畢濬勘工與西城河及運河河底平居民云自道光六年王大令濬大濬後此亦其深通者也用錢三千五百緡章合與捐款六百其二千九百則由縣捐廉湊濟當河未濬夏秋之交潮勢甚猛僅容輕舠冬春之間潮小河涸涓滴不留善堂築壩蓄汲停水積濁不可食須赴城外遠汲

水價昂貴挑水有至四五十文者予住倉中用水夫一人及冬增至三人猶缺於水居民之艱汲可知及河既濬活活汍汍紓徐澹灩重載之舟往來通利冬月潮小舴艋亦可由水關入昔人詩云江上城隍古鏡中於此猶可彷彿當年也夫水利農田相爲表裏城河雖無與農田然舟楫資挽運饔飧資炊汲風高日燥以禦火災乾旱水溢以便蓄洩而形家者之言且以鍾美流惡爲蔚起人物況江陰城河據邑治上游爲咽喉要地通則合邑均利塞亦交病故濬之不可不急尤不可塗飾耳目而必以寬且深克盡河之利吳諺有云潮來一箭積簿成寸積寸成尺更十年後又將漸淤惟願官斯土者與邑之賢士大夫數年之間一爲開濬則功費較輕是則予之所厚望城河之濬邑志與運河同派合邑民夫兵燹之後民力可念故由縣捐辦然舊章宜循未可以此而輕爲變易也是爲記

新築楊舍城記

明邑人 薛甲

島夷不靖歲擾江南聖天子赫然震怒爰啟睿謨命將出師折其渠魁既受俘於明堂天子曰咨爾蒸黎亦既弈止如水云潰曷崇其防於時臣監察御史尚公維持贊命而來按治茲土既飭憲度聿宣皇仁相地所宜築五城於江海之上崇雉千雲翳醜覘見迄公莅任不敵犯其境而吾邑楊舍新城則所築之一也其地聯界三方控轄吳會前此當事者以其闊遠聲致嘯聚逋逃每爲奸宄之所窟宅負販之所往來思欲題請建立縣治而群議紛然未有成績嘉靖乙卯川沙柘林之寇盤據踰年習知險阻遂分其從爲三一從吳淞趨嘉湖一經孟瀆趨揚鎮其一從茲地入圖江陰攻無錫大肆焚戮民靡安居者三年而禍猶未弭論者益思前議之當行而終未有任其事者至是公所經畧適與議符群情咸服然猶私相謂曰茲兵火之餘府庫竭矣財將安出流移多矣力將安庸且有城而無兵以守猶無城也公意雖美將有終之難乎既而公移文所屬會計贖金之餘均給諸城而吾邑得一萬四千餘兩財用充矣常鎮應募之兵二千餘人公於僱直之外人日給米二升銀二分使供畚鍤之用徒庸具矣參將把總之官奉旨添設而未有定所公日以茲城居之所以遵明旨也規畫既周綜理有條乃授事於吾邑尹杜侯華俾遵行之先築參府以昭具瞻次築軍營以處執役之士其次爲游

兵把總司又其次爲巡檢司以處范港之遷入者兵民不擾萬杵齊聲甫五閱月而工用告成公署之外凡爲門四爲營房三百間城以丈計凡六百有奇昔之曠莽鬱爲偉觀民願數年慰於一旦望之者疑若天造地設忧不知其所自來也邑之父老咸今念往樂公之仁圖報無所而公以期滿將代於是相率請於杜侯願託金石以永公德於無窮而俟以其文委之於甲甲惟志切者無淺圖謀遠者無近慮公秉監軍之任當羽檄紛馳之日豈不知委任責成聽其所爲分別功罪以道一時之責而顧身履艱大爲此勞且費之圖者何哉其志誠切而其慮誠遠也且夫東南之倭懸隔巨海乘風而來剽掠而去非有攻城畧地之志也待之者譬若穿窬然但高吾垣墉謹備之而已承平日久生齒蕃瀕海育腴悉爲村鎮高甍大棟彌望無涯加以勾引之人日競月何而吾無城郭以保障之無兵卒以捍衛之此爲誨盜慢藏安得而不啟戎心也司國計者鑒其所以失而圖其所以得則當如國初湯公和故事據險築城以壯其猷豈宜列戍徵兵待若嚴敵未見寇而先困吾民也哉皇上之德同符高皇而所委任之臣亦於湯公無忝用能發獨見於群議之中樹宏規於恆情之外保障有

所捍禦有人而民得免於流離失業之患則斯築也將東南之人世世子孫尸祝於公豈一隅之父老則可得而私也然吾聞之彤管之章君子取節則父老之情亦自有不容已者茲賢侯之所爲厲而甲雖不文亦有所不容辭者乎是役也兵憲熊公勉學與有勞焉而成公之志者侯也董役而佐資者列之碑陰既記其事系之詩曰惟明受命萬方畢臣孰句島夷逞利逋民干里海壖其塗設脛孰是徵兵而以力逞以我所短攻彼所長疥癬不理浸成巨瘡憲臣南來獨排羣議據險扼衝屯堡棋置乃築川沙乃營柘林爰及茲土連絡高深先聲所加羣醜斂息謀遠萬年匡我王國我有蟊賊憲臣驅之我有瘡痍憲臣噓之屹屹垣墉惟憲之猷芃芃黍苗惟憲之休最爾江鄉憲車戾止覩洛興思懷仁不已皇有天險海無驚濤我詩我歌以比嵩高

官署

學使署在大街虹橋東舊爲巡撫行臺明萬歷間學使者王以甯移文邑令許達道創新之始移駐焉崇禎間學使倪元珙以轅門偪於通衢試患擁擠價撤民居大之

國朝康熙十五年廨宇傾圮學使邵嘉檄知縣何且純次第修整乾隆五十年知縣蔡澍增設未備後規模踵加爲江南官署之冠嘉慶二十五年學使姚文田檄知縣蕭瑾修葺通署龍門增高二尺道光十九年學使祁寯藻檄署縣陳延恩增建新東新西文場共二十二楹改置石腳几坐凡爲號二千有奇費由常屬八邑通捐咸豐十年毀於匪屏牆外椽瓦無存同治三年克復後邑紳繪圖由縣詳憲分飭各屬重建四年興工七年告竣其制前爲屏牆東西植木爲轅門內建鼓亭旗杆各二左右爲班房各三間東舍人廳五間西號吏房五間又東爲賓奏廳四間中間爲頭門左右爲巡捕廳及巡兵駐宿處五間門內東土地祠西執事房各三間進爲儀門左右兩角門共三間其後架木爲表榜曰龍門兩旁爲文場各十二間中爲甬道北接月臺又北爲堂前泊水三間進爲大堂五間東岱道廳五間西吏廳三間廳北關帝殿三間堂之後爲川堂東爲堂房二間西爲卷房二間及旁屋九間進爲宅門左門房右簽押房各三間內爲崇素堂三間堂東紫薇庭三間前爲衡鑒堂五間旁屋二間折東而南城隍司一間庭後爲丹桂樓樓下爲

大雅堂上下共六間庭東從屋六間崇素堂後爲燕喜堂五間堂後爲佳蔭樓上下共十間崇素堂西爲薪槱堂三間前大廚房二間北爲存心堂三間以上新建台計工料錢三萬五千六百串通省均派內考棚工程三千八百七十餘串常屬八邑通派　陳志載存心堂之西北爲知聖道齋齋之西爲列岫亭面亭爲池池北有亭曰存雪亭之南臨水爲榭曰香巖榭其旁又有亭曰知樂亭乾隆五十二年又拓存雪亭之旁曰平底書船如北建小樓曰觀稼樓均未建復先是學使稍行歲科兩試皆於郡治龍城書院而駐節猶在泰州道節署落成仍舊移駐嗣因應試人數較多坐號擁擠遂於光緒元年就舊址建復新東西文場學使林天齡捐廉倡率常屬官紳捐資合辦計工料錢五千餘串官任其四紳任其六椅桌木面石腳

悉如舊制

學使題名

學使者巡部校士舊帷無定舍職也而節駐亦有常所江陰之有試院蓋舊制江南分巡下江而設入

國初仍厥舊後合江上下爲一官江陰句容駐節常所不之改凡莅斯任者例得題名刻石焉此係學使邵嘉碑載原文自雍正三年分設江蘇學政以上江各屬隸安徽學政考校以下江各屬隸江蘇學政考校而使節遂專駐江陰惟學使爲

朝臣特膺

簡命之官且按轄通省不得與職官合表故於邵公所紀題名後續載各學使履任年月附於使署之後云

明 萬歷四十二年始駐江邑

王以甯 字成所浙江山陰人萬歷四十二年任

駱駸曾 字象先浙江武康人四十六年任

毛一鷺 字儒初浙江遂安人泰昌元年任

孫之益 四川邛州人天啟三年任

周邦基 湖北麻城人五年任

陳保泰 福建惠安人七年任

李懋芳 浙江上虞人崇禎三年任

甘學闊 字元宏四川綿水人四年任

倪元珙 浙江上虞人七年任

亓　煒 字選浦山東濰縣人十年任有傳

張鳳翮 陝西城固人十年任

宗敦一 四川宜賓人十四年任

朱國昌 十七年任

國朝

陳昌言 字道莊山西澤州人前甲戌進士順治二年任

蘇　銓 字次公直隸交河人前丁丑進士四年任

李允昌 字義居河南永城人順治丙戌進士六年任八年上下江合併回京

李嵩陽 字弦佩河南豊邱人前庚午舉人八年上下江合併任

石　申 字仲玉順天灤州人順治丙戌進士翰林院侍講十年任以後復分差

張能鱗 字玉甲順天大興人順治丁亥進士十二年任是年奉旨以按察僉事提督學政改爲督學道

胡在恪 字念嵩湖廣江陵人順治乙未進士十六年任

孫允驥 字淵溪福建南安人順治乙未進士康熙元年任以後上下江復合併

梁　儒 字宗洙漢軍鑲白旗人順治乙未進士四年任

簡　上 字謙居四川巴縣人順治辛卯舉人七年任

虞二球 字天玉浙江定海人順治戊戌進士十二年任

解幾貞 字藺石陝西韓城人順治壬辰進士十三年任

邵　嘉 字令儒浙江富陽人順治乙未進士十五年任有傳

劉　果 字木齋山東諸城人順治己亥進士十八年任
田　雯 字綸霞山東德州人康熙甲辰進士按察司僉事十九年任
趙　崙 字閬仙山東萊陽人順治戊戌進士按察司僉事二十一年任
李振裕 字醒齋江西吉水人康熙庚戌進士翰林院侍講二十四年任
高　裔 字素侯順天宛平人康熙丙辰進士翰林院侍講二十七年任
許汝霖 字時庵浙江海寧人康熙壬戌進士左春坊左贊善三十年任
邵嗣堯 字九峩山西猗氏人康熙庚戌進士直隸參議道三十三年任有傳
張鵬翮 字運青四川遂寧人康熙庚戌進士兵部侍郎三十三年任
張榕端 字子大河南磁州人康熙丙辰進士內閣學士三十六年任
張泰交 字公孚山西陽城人康熙壬戌進士太僕寺少卿三十九年任有傳

張廷樞 字景峯陝西韓城人康熙壬戌進士翰林院侍講四十二年任
魏學誠 字無偽直隸蔚州人康熙壬戌進士左春坊左諭德四十五年任
楊中訥 字端木浙江海寧人康熙辛未進士左春坊左諭德四十八年任
張元臣 字懋齋貴州銅仁人康熙丁丑進士左春坊左諭德五十年任
胡　潤 字河九湖廣江夏人康熙辛未進士左春坊左庶子五十一年任
余正健 字乾行福建古田人康熙丁丑進士國子監祭酒五十三年任有傳
林之濬 字巨川福建建安人康熙丙戌進士左春坊左中允五十五年任
謝履厚 字坤侯雲南昆明人康熙己丑進士翰林院檢討五十六年任
鄭任鑰 字魚門福建侯官人康熙丙戌進士翰林院侍講六十年任
佟法海 滿洲鑲黃旗人康熙甲戌進士右都御史雍正二年任

俞兆晟 字穎園浙江海寧人康熙丙戌進士翰林院侍讀三年任以後下江復分差
鄧鍾岳 字東長山東東昌人康熙辛丑狀元詹事府詹事五年任
張廷璐 字寶臣安徽桐城人康熙戊戌進士禮部侍郎自雍正八年至乾隆三年凡三任有傳
劉吳龍 字紹聞江西南昌人雍正癸卯進士左都御史乾隆四年任
張廷瑑 字桓臣安徽桐城人雍正癸卯進士工部侍郎六年任
劉　藻 字濊海山東菏澤人乾隆丙辰宏博內閣學士七年任
開　泰 字靜庵滿洲正黃旗人雍正甲辰進士兵部侍郎八年任
崔　紀 字南有山西蒲州人康熙戊戌進士國子監祭酒十年任
尹會一 字元孚直隸博野人雍正甲辰進士工部侍郎十年任
莊有恭 字滋圃廣東番禺人乾隆己未狀元兵部侍郎十三年任

崔　紀 副都御史十五年四月再任
莊有恭 戶部侍郎十五年九月再任
雷　鋐 字翠庭福建寧化人雍正癸丑進士通政司通政十六年任
夢　麟 字午塘蒙古正白旗人乾隆乙丑進士內閣學士十八年任
李因培 字其材雲南晉寧州人乾隆乙丑進士光祿寺卿二十年任
劉　墉 字石庵山東諸城人乾隆辛未進士翰林院編修二十四年任
李因培 兵部侍郎二十七年再任
梁國治 字階平浙江山陰人乾隆戊辰狀元吏部侍郎三十年任
曹秀先 字地山江西新建人乾隆丙辰進士國子監祭酒三十年任
景　福 字介之滿洲鑲白旗人乾隆壬申進士副都御史三十三年任有傳

彭元瑞　字雲楣江西南昌人乾隆丁丑進士詹事府少詹三十六年任
謝　墉　字金圃浙江嘉善人乾隆壬申進士工部侍郎三十九年任
劉　墉　內閣學士四十二年再任
彭元瑞　戶部侍郎四十五年再任
謝　墉　吏部侍郎四十八年再任
沈　初　字雲椒浙江平湖人乾隆癸未進士兵部侍郎五十一年任
胡高望　字豫堂浙江仁和人乾隆辛巳進士兵部侍郎五十四年任有傳
劉權之　字德輿湖南長沙人乾隆庚辰進士禮部侍郎六十年任
平　恕　字寬夫浙江山陰人乾隆壬辰傳臚內閣學士嘉慶三年任
錢　樾　字黼堂浙江嘉善人乾隆壬辰進士禮部侍郎四年任

平　恕　兵部侍郎六年再任
劉鐶之　字信芳山東諸城人乾隆己酉進士兵部侍郎九年任
莫　晉　字錫三浙江會稽人乾隆乙卯榜眼太常寺卿十年任有傳
萬承風　字和圃江西義寧州人乾隆辛丑進士禮部侍郎十二年任
玉　麟　字研農滿洲正黃旗人乾隆乙卯進士吏部侍郎十四年任
劉鐶之　戶部侍郎十五年再任
文　幹　字遠皋滿洲正紅旗人乾隆甲辰進士內閣學士十六年任
陳希曾　字鍾溪江西新城人乾隆癸丑探花兵部侍郎十八年任
王以銜　字勿庵浙江歸安人乾隆乙卯狀元詹事府詹事十九年任
湯金釗　字敦甫浙江蕭山人嘉慶己未進士內閣學士二十一年任

姚文田　字秋農浙江歸安人嘉慶己未狀元戶部侍郎二十四年任
周系英　字石芳湖南湘潭人乾隆癸丑進士戶部侍郎道光二年任有傳
辛從益　字謙受江西萬載人乾隆庚戌傳臚工部侍郎五年任有傳
朱方增　字虹舫浙江海鹽人嘉慶辛酉進士內閣學士八年任
申啟賢　字鏡汀河南延津人嘉慶壬戌進士工部侍郎八年任
白　鎔　字篠山直隸通州人嘉慶己未進士吏部侍郎十年任
汪守和　字巽泉江西樂平人嘉慶丙辰榜眼戶部侍郎十一年任
廖鴻荃　字鈺夫福建侯官人嘉慶己巳榜眼內閣學士十二年任
龔守正　字季思浙江仁和人嘉慶壬戌進士兵部侍郎十四年任
祁寯藻　字春浦山西壽陽人嘉慶甲戌進士戶部侍郎十七年任

毛式郇　字伯雨山東歷城人嘉慶己未進士禮部侍郎二十年任
張　芾　字小浦陝西涇陽人道光乙未傳臚詹事府少詹歷工部侍郎二十四年任
李　煌　字楨堂雲南昆明人嘉慶丁丑進士署吏部侍郎二十六年任
青　麐　字墨卿滿洲正白旗人道光己丑進士光祿寺卿二十八年任
何桂清　字根雲雲南昆明人道光乙未進士戶部侍郎咸豐二年任
奎　章　字雲臺蒙古鑲藍旗人道光乙巳進士詹事府詹事四年任
李聯琇　字小湖江西臨川人道光乙巳進士大理寺卿六年任
孫葆元　字蓮塘直隸鹽山人道光己丑進士禮部侍郎八年任
梁　瀚　字海樓陝西鄠縣人道光丙申進士戶部侍郎十一年任
孫如僅　字松坪山東濟甯人咸豐癸丑狀元侍講學士同治元年任

宜　振　字春雨漢軍內務府人道光乙巳進士工部侍郎三年任

鮑源深　字花潭安徽和州人道光丁未進士左副都御史五年任

童　華　字星衡浙江鄞縣人道光戊戌進士吏部左侍郎七年任

彭久餘　字味之湖北江夏人道光丙申進士吏部左侍郎九年任

馬恩溥　字雨農雲南太和人咸豐癸丑進士閣學兼禮部侍郎十二年任

林天齡　字錫三福建長樂人咸豐庚申進士翰林院侍講十三年任

新建督學察院記　明　郡人　孫慎行

在昔大雅歌武王作鎬始辟雍教化東西南北無思不服而終以豐水之芑長育人才至翼子貽孫賴其用夫于重嘉歎以爲數世之仁蓋人才之關世道學校之關人才若是重也夫南都固國家豐鎬地也跨江南北數千里遼闊學使者巡行或不徧輒他遷去又人文彬盛域中雖推焉即巡行更患疲閱日不暇給至今皇上御

宇十數年間廟堂累籌畫計增學臣或江北則按臣兼督迄無成議蓋至大比歲學使者缺江南北盡按臣攝者時有之歲癸丑南都若湖廣諸搢紳益嘖嘖議臺省上章請愼行時署禮官乃集議條上以爲南都乃高皇帝肇造之所湖湘又肅皇帝湯沐之所兩地宜隆重同而其地遼闊又同應如羣議各增設一員分董之俄而旨下報可通官議紛如諸事多欲減省是獨議增且諸奏請多寢留中久不報是獨隨請隨下蓋我聖天子之顧瞻舊邦加意人才深矣於是王公欽承新命來督學其地若蘇若松若常若鎮若淮揚徐其巡行隨各郡便無常居所設爲院則常之江陰以爲地僻且道理均也其校吾常及大比後造才則皆於是院未浹歲諸郡業巡行徧公肅風聲嚴衆魏所緩急俱中七習竅要廟堂高其聲隨以晉大理丞請昔者魯作泮宮詩人頌焉其教士以色笑其屈羣醜以順長道可謂周詳宛至矣而卒也思及淑問之臯陶豈非明刑弼教有相佐者耶國家設學臣兩畿獨用臺長彈壓是將以明刑者弼教其治行高等則多異而擢之晉爲理丞是又將以弼教者明刑殆非無以日來士行不順道頗甚往時三吳俗華地浮卽廟堂崇重憲臣歲歲以功令勸飭猶虞騶馭不易

公固名御史問大雍容色笑可親也家自越嘗令義興用高行選夫以其鍾於越者教吳則繩衛易淸又以其習於吳者督吳則法程難犯是宜旌別章癉稍試其淑問之餘而發明倍己而理丞命尙需未即下衆想聞者且謂我聖天子嘉惠豐鎬舊邦無已時而俾王公尙留弼教以覲雅化之成蓋德意良盛夫天下事初未嘗不振勵後乃漸渝學校諸司望也三吳賢天下望今日學臣初增又爲後來學臣望然則斯院之設豈惟王公弼教之精神於是乎新即聖天子廣勵學宮創法更制豐芑長育之精神實於是永永敢因記院而特先之王公名以甯戊戌進士以廣東道御史任今差院始甲寅九月成乙卯五月因東察院舊所拓新之庀材蒇役則觀察使俞公維宇郡守陳公幼學令尹許侯達道金侯廷璧例應書而以王公命來趣余記者則司理何公薦可也因得並書

增修江陰考棚記　國朝　學政　祁雋藻

國家培養人才超軼前古士之應科歲試者大縣多至四五百人小縣不下二三百人而秀民之應童子試者

更倍蓰焉江蘇爲人文淵藪各屬試院皆漸次增廣而常郡猶仍舊制東西兩文場僅容千四百人而武陽宜荆應試文童每場率二千以外使者聽事及平時吏役治事之所皆編列坐號華離紛糅巡儆難周苦號亦多頹圮且簷宇卑庳晝景如晦几坐皆用木脆弱易搖又有古樹穿出簷棟之間每當風雨驟至滲漏者十居其半蓋院外隙地率高院內數尺開拓爲難而舊例修葺經費皆支官項動撥尤不易以故東文場於丙申歲大風毀後雖經更建而規制狹隘西文場之圮敝出棟如故也戊戌夏余校試常郡目覩生童跼蹐之狀出入嚴步左右崩圮心甚憂之適九學廩生稟請勸捐增修郡允其請捐廉爲倡八邑咸踴躍從事遂於歲杪鳩工庀材明年春余將按部淮徐凡調集捐貲選舉紳董則屬之江陰令陳君延恩及廣文顧君翔雲劉君銘夏五月余自淮上歸而工已告竣監者廣高者平晦者明擴者固新檐古木兩不相侵計人列號適逾其數階除溝廁位置秩如陳君語余曰舊文場東院內隙地甚廣其西則鄰近前明功臣二吳侯祠雖經祠裔捐隙地覩東猶監故東西各增建文場十一間東每間十架而西減其二舊有城隍祠內班房在今西新文場地今移建於東

因地勢也新舊之間庭各廣丈六尺新文場外夾道各八尺繚以磚牆高丈六尺厚尺六寸其外復以牆磚之重關防也其坐號每人占地廣尺八寸深四尺東西舊文場容七百五十人新文場容千二百五十四人堂上泊水設堂號容二百四十四人八坐俱以厚木為面青石為足防抵觸與動搖也四圍溝渠曲達於外簷水涼也凡用錢約八千緡而平地購石居其半焉是役也經始於戊戌十二月落成於己亥五月為時甚促幸范日告成規模式廓不可無文以示後來余惟事有宜急者不可緩義所當為者不容辭此舉當籌議時其中委曲繁重之故有非一二言所能殫述者賴陳君主其成請邑令長師生襄其事士民輸其力江陰職員張世爭生員沙淮世承之子監生錫齡董其役雖集貲有難易初議有異同毅然作之及覩厥成而人心畏如也余餘成視學湖南增修岳州號舍工竣示諸生曰善教者廣其居善學者廣其儲廣則不孤陋則無餘請以斯言與多士交勗焉至陳君以一邑任闔郡之勞以數月建百年之功受士之誠出乎天性此多士所共鑒而無待余言者也

重建江蘇學政節署記

學政 童華

江蘇學政按試八郡三直隸州南北亙二千餘里江署於江陰地適中也咸豐庚申署燬學使者留住淮安試院後就泰州民舍以居同治甲子江甯告捷
朝廷即命舉行江南鄉試總督曾公國藩巡撫李公鴻章承
聖上德意檄江陰令顏君榮階建復學政署屬四品卿銜滿修江陰季君念詒董之豈非以庠序之政不可緩故雖百役待舉必先汲汲於是哉署始建於前明萬歷甲寅乙卯間因巡撫行臺改作之基宇寬廣然其中臺榭池沼非公署所必需可任其廢圮者蓋過半焉署舊設東西文場為調考常州八縣人士之所道光己亥復於其隙地增號舍曰新文場今則就試之士數猶未復於其舊也顏君季君度地計工集眾議上于大府若悉如舊制則所費較鉅若取舊制損益之則工省而事易集首公李公從其後議興工於同治丙寅六月告成於戊辰四月門庭堂皇楝宇輪奐凡吏役所棲止及安度卷牘之室皆依舊制無闕文場之舊設于東西者容七百五十人今廓數尺容七百八十四人新文場之地則平治而蠲之以備異日之漸為增也署後為內宅三重其左右各有室三區庖廚井湢具備繚以別垣垣以外東西北三面隙地數十畝復以重垣環之而署之故址悉復矣是署之資三萬一千八百緡八郡三直隸州分任之建文場之資三千九百緡常州專任之顏君以工未竣受代以去代者汪君坤厚踵之以底於成其佐季君以終始厥事者候補同知陳君式金試用訓導沙君淮暨君宗瑋候補縣丞沙君適楨皆江陰人也華以丁卯拜視學之
命受任於泰州戊辰閏月乃移駐茲署覩其經營位置凡費節而實事有加是可嘉已抑念閩附草創官府猶日不暇給而猶汲汲於是舉得亦無謂
國家大有需于多士而學官弟子益當與學使者交相激勵乎哉季君來告曰是宜有記華不文然職所在弗可辭爰書其梗概如右

增建江陰考棚記

學政 林天齡

江陰有試院仿於明萬歷年間
國初仍之而學使者專駐江陰則自雍正十三年始道考每常郡八邑之士咸集焉舊制東西文場容七百五十人道光十九年祁文端公視學屬邑令陳君修葺因拓地增建新文場十一間容千二百五十四人規制宏廓文端公有文記之咸豐庚申燬於粵匪之亂城復後閱四年而試院始建文場之制僅沿其舊余於同治十三年莅任先按常郡過兩邑合試數逾千人增堂號仍不能容郡守譚君詣曰新文場之基址尚在也盍復之爰捐廉為之倡估工須錢五千緡官任其十之四餘以屬八邑之紳士僉議允諧踴躍襄事署邑侯金君沈君先後營度計就東西隙地各增九間可編坐五百六十號所購厚木堅石有逾舊觀階除闌楯周環相屬距絕號尚有餘地以峻關防便巡閱也堂號尚卓亦以餘貲添置煥然一新凡八閱月工告成邑紳陳舍人榮邦經紀其事生員沙淮仍前記董役之人也稱雜事之廢興視夫人新文場之建距今五十餘年前人遑事之經營亦說於久大而己矣語曰莫為之前雖盛不彰非文識公之籌議開於先後之興復者亦無可憑藉而增其式廓宏規之度若茲其不易也方今學額日增青衿溢於庠序與秀民之選者務益培其根柢廣其器識毋安小成毋徵凡近以希古賢人所謂久大之業者則使者之厲望庸有既乎余嘉郡守之勤事而樂觀厥成也因詳其咨議之功以驗後之來者共集捐之數另刊於碑陰云

晉暨陽縣署在今楊厙鎮蓋置縣而建治於此非復秦漢以來舊鄉境矣宋齊皆因之暨陽舊治黃志謂在楊厙蔡志謂在莫城未知孰是然黃志在蔡志前二百五十餘年較爲近古今從之

梁江陰郡治在今縣治東即所謂古城者領縣三曰江陰在郡治內曰梁豐即晉之暨陽曰利城在縣西五十里利港

陳即梁郡治爲江陰國其江陰郡治則徙建於夏浦在縣西十八里是爲艦浦城江陰縣治附之梁豐利城從梁舊按夏浦在縣西十里云十八里者舊志據寰宇記文也城之所在或小遠歟

隋江陰縣治即陳江陰國蓋蕭社既除陳郡又廢乃自夏

浦復遷於此也

唐暨州治即隋縣治按州制與郡治不同州自治一方而兼領諸縣郡直領縣而已不自治也史謂唐以江陰縣置暨州又分江陰縣置暨陽利城二縣屬之則是既建暨州據江陰之舊治自治江陰一方又復利城之故地還利城而治其西復梁豐之故地還暨陽而治其東而暨州兼領之也厥後省州爲縣復即此爲縣治焉

南唐江陰軍治在城西北隅即今之縣治也自楊吳改築江陰城南唐因徙治於此

宋江陰軍治仍南唐之舊天聖初知軍范宗古搠建鼓角門治平元年知軍徐師閔增置銅壺漏刻既久而廢紹定間知軍史嵩之撤而新之鼓門外爲亭四東宣詔其南東新西頒春其南西新儀門在軍門之次列戟十二內有甲仗架閣二庫對峙於東西廡儀門直北爲設廳其後雙檜堂設廳而外以廳名者二曰常廳簽廳雙檜堂而外以堂名者三曰清白三清愛山其以閣名者蓮風朝陽以齋名者尊美舊名克齋知軍嚴煥所建寒碧以亭名者射亭梅亭百草清婉芳渚練江其外若漾花池若雪窗若浙西道院尤最著者其江陰縣治則在太平塔之南自熙甯廢軍以軍廨爲縣治者四十六年舊宇日以頽毀建炎復軍乃徙寓於僧舍紹興二十一年知縣趙燠之即舊治更新搠建凡爲屋一百三十楹規模之偉加於

前矣歲辛巳節使李寶以水軍分屯於此遂以縣治爲節堂縣令及簿權寓廣福寺暨李寶還屯許浦乃復紹定二年知縣林庚重修內外一新改築敬簡堂先春堂增葺拙堂搠建冰玉堂及四亭曰見山曰兩山雲曰雨亦奇曰兼淨

元江陰路治即宋軍治至元十六年建總管府歲久圮壞總管李思恭重建至元二十八年降路爲州官署不易後至元五年知州盧允恭增建儀門正廳前後共十間至正十二年燬於兵僅存廳事

明江陰州治仍元舊洪武二年改州爲縣知縣吳志遠修

之二十四年縣丞賀子徵增修宣德五年知縣朱應祖
建譙樓天順五年知縣周斌更造堂舍宏治八年知縣
黃傅合內外通葺其莅政之堂曰治廳前為飛軒甃以
露臺中有甬路立戒石亭兩旁夾以廊舍其前儀門東
西各為榜廊東盡為獄外鼓角樓其下累石為址中為
正門門外左旌善亭右申明亭治廳之後為川堂為兩
廂房川堂之後為便堂堂左室為書房右室為庫房西
北隅為儀仗庫便堂之後為正衙有燕廳川堂寢室燕
廳之東達觀樓樓下省吾軒西為西齋又西客廚廚前
有井由井北入迴廊四五步折而西為鎮踩園園西半

為澄心池池中為寄傲臺臺西為富春洲池東隙地為
蔬畦舊有筠軒（洪武初知縣范質所作）琴月堂（永樂中知縣蔣宥所作）俱廢
治廳之東舊列三丞之衙一衙有雪巖堂（洪武中縣丞李鳳所作）
後裁勸農巡捕二丞止存水利丞廨而巡捕丞廨則典
史居之治廳之西主簿衙其內玩芳堂（宏治十年主簿劉道所作）其
已廢之雙鶴軒亦莫詳其所在也合計縣址東西得五
十二丈南北得六十六丈嘉靖十一年知縣李元陽傚
古設銅壺滴漏尋廢萬歷二十九年知縣郝敬改縣治
於治廳後撤去川堂廂房別為考室三楹坐西向東顏
曰見節以庭前古柏故也儀門外西上為倒廳堂以肅

賓客
國朝縣治仍明舊康熙三年知縣何爾彬重修五年知縣龔
爾公建荷亭三楹十一年知縣龔之怡建燕喜堂五楹
二十二年知縣沈清世重修大堂乾隆二年知縣蔡澍
重建大堂五間左右廊舍各十二楹（東為吏戶禮倉册房西為兵刑工承
發水利房）捌建刑阜班房各三楹又葺川堂架閣庫向日堂
（舊為節堂）見桐蔭堂書舍桂室乾隆四十二年大堂滲漏知
縣彭維熙重建道光十四年知縣陳希敬修鼕鼓角樓
重建儀門十九年署縣陳延恩於聽事之堂顏曰見心
堂西廳事顏曰勤補前置花石後臨小池面池建室三

楹曰省過處池中甃石為臺方廣等丈架木於中楹之
後以接之上覆以屋名曰心香曲彔武進李兆洛記之
復即池西隙地建屋三楹為諸生月課所旁闢射圃與
武士習射其中燕喜堂後本建有樓年久就圮因其故
址建樓五楹左右繞以迴廊落成之日有燕來巢因顏
之曰後燕喜樓咸豐十年粵逆竄擾椽瓦無存同治二
年克復邑城歷任知縣或借寓民房或寄居公所而考
試則在邑廟牢獄則在大街張氏曠宅同治十三年知
縣沈偉田始議就合邑畝徵田畝分年帶捐詳請次第
建造以復舊貫光緒二年興工越明年而竣事其制前

爲照牆南西二面各有牌坊南額曰暨陽古邑西額曰春申舊封兩旁班房各九間進爲頭門上建鼓樓三間中爲甬道東爲內監提牢三間及碑亭一座又東爲土地祠三間路西爲掣串房六間外監房八間中爲儀門三間翼以耳房兩間庭之中列戒石亭進爲露臺臺之下東西刑皁班房各三間兩廊科房各十二間由露臺進爲泊水三間再進爲大堂三間左右副房各一間又左招右簡二房各三間大堂後爲川堂五間東爲架閣庫一間及門皁房二間西爲庫房三間中爲宅門內爲見心堂五間迤西爲花廳三間簽押房三間見心堂後

爲燕喜堂五間又後爲後燕喜堂五間宅門迤東爲門房六間北爲廚房柴房等共十二間西爲幕廳三間爲勤補堂六間南爲幕賓房十四間暨從屋五間廳之後爲省過處三間北爲內書房三間後爲對照廳六間計用工科錢三萬二千五百餘緡

浙西道院記　元　邑人　陸文圭

暨居大江之陰東西南百里之近所統狹無監臨隸屬之煩所處僻無將迎傳送之勞所治簡無爭鬪獄訟之囂古稱浙西道院名者謂其淸靜簡易無爲而化如眞仙隱士之居窮林絕島迥隔塵凡不知其爲官府之處也江南道院十有餘所淮東南則如皐崇川江東則當塗高安湖南北則臨武長林閩之臨漳廣之蒼梧皆是也而暨獨稱於浙右浙水至錢塘分流左右其間列郡十有五六唯暨最微眾大不如杭奢麗不如蘇富庶不如湖秀然暨獨被善名者則以暨之俗非蘇之俗暨之民非湖秀之民也昔者延陵公子崇退讓之節於爭奪之吳春秋嘉之實啓封於茲土而衣冠之藪隸刻循行香火之祠綿歷不廢溯源漸被有自來矣入其境農樸而當力耕而奉公百工之器質而不窳拙而不華商賈裁通有無而無高貲厚殖之家士大夫居處循禮好學而不弃競入其官府官吏畏法而不私守職而能勤平旦視事日晡而散庭寂如水旁有老檜雙立淸風肅然令人心醒道院之名不虛得矣匾亭故有匾後遷之廳西已丑張溫夫書又七十有七年而郡人陸文圭爲之記

改縣治記　明　知縣　郝敬

先君子爲令明作每事獨任而最不喜堪輿言有以術見者輒嫚罵之山中誅茅一畝率意規畫所稱八卦五行方位生剋之忌置不問也先君子五十考終母氏每泣而語諸孤曰是宅相之咎也且戒之曰汝作人不若父端居官不若父廉徒效汝父滅裂陰陽是自求禍耳不孝孜淚而書諸紳萬歷庚寅捧檄縉雲縉雲官舍舊

稱不吉以初任未遑改作無何喪一妾殤一子明年調永嘉官舍又稱不吉乃稍稍易其方向甲午內召人謂宅相之應也逾年放逐奉老母餬口四方庚子還江陰江陰負君山而城大江之支滙爲黃田繞乾歷巽逶迤東折秦望由里諸山羅立如護衛然可謂名勝之區顧其官舍年久傾圮地復沮洳行其庭晦昧黯慘白日無光先子令者客死左遷內外艱去十餘年間六七人矣卜地地勝卜人人賢論者歸咎於宅謂更之當得吉也嗟夫予三仕爲令矣三易地而皆不吉焉往而得吉哉且予白首播遷十四年老邑宰誠枵散無所用之已則不吉而欲移禍於數椽之屋無當也無何果殤一于位僕病夜見鬼物母氏惡之攜婦子西歸資行屬之日室更吾來不更吾不來矣汝其歸乎不孝乃移文乞休而當事者勉留不得已始爲改作會歲大水用詘且作且輟辛丑工半壬寅落成計前後爲屋四十間樓棟稱是爲戶九十所窗牖稱是爲牆百堵軒巷稱是爲費四百八十金樓櫳稱是夏五月二十有二日老母率婦子來居之邑父老相與觴予而祝之曰地得其良日協其祥華屋堂堂我侯戾止旣壽且康再祝曰黃山崔崔黃水瀰瀰退食委蛇壽母令妻我侯樂胥老母率婦子停觴

而聽之樂也會直指課吏往江陰閱葺考下下毋氏懋然舉酒酹先君於座進孺子而數之曰吾疇昔之訓汝忘之乎汝父薄冥冥之數而修繳繳之行汝習指据之勤而忘靖共之節凡事忽於細者嘗精於大修飾於未者反闕葺於身二者於名孰重夫宅兆可以徵吉人居而非以庇凶士卜筮所以相君子而不以告匪彝使象居舜宮其能吉乎幽厲宅瀍洛其弗凶乎茲邑之有官舍舊矣昔人不加飾而令閭不損汝早暮僕僕而所就日卑餘此論之室耶人耶小子慎之爾其勿忘闕葺之戒孰吾爲爾訂戶牖之銘維南有堂銘曰明作爾升斯堂孰事有恪維北有樓銘曰風力爾陟斯樓派襟獨立不廟不精毋忝所生顧諟前軒銘曰廨精不抖不擻亦孔之醜瞻彼中堂銘曰抖擻闕之不類是曰罷輒銘爾東房支闕之館葺爲亂草厥象榭塗銘爾西舍薅葺之居烏乎小子棄爾擁腫勉自逢迎庶勿闔葺敬拜稽首敢忘慈教沐猴而冠從古所謂記之貞珉以告同調我言維服勿以爲矣

心香曲彔記

國朝郡人李兆洛

江陰縣廨廳事之西有閒館前置花石後臨池池廣如館池中央甃臺廣如一楹草宅之不可登也雲乃先生架木於中楹之後而接之施屋其上從旁而視比舍如跌所構架然如花心入其中屏欄折旋八窗洞達于因署之曰心香曲彔蓋先生盡心於民隱曲畢達凝香燕寢此焉存錄取適異乎小眠起草同乎精思不可以無述也

重建江陰縣署碑記

知縣沈偉田

光緒丁丑夏五月江陰縣署落成邑紳陳君榮邦等來謁予曰自公之莅吾邑也政通人和百廢具舉凡修城隍輯志乘等皆將以次蕆事而重建縣署爲工尤鉅是不可無文紀之于維江陰環山枕江素稱殷阜兵燹後民力凋敝元氣未蘇予莅任以來不能興養立教以撫綏吾民而復屢興徭役俾斯民重困將惻惡之不暇何敢自張其能鑴碑以示後哉顧念是役之成予與陳君等夙夜經營心力俱瘁竊恐後之來者忘創始之艱而樂觀成之易也是不可以不書攷之邑志江陰縣署在城西北隅南唐時徙治於此宋元明因之

國朝二百餘年雖屢有增修俱仍舊貫自粵匪之變城中廨宇俱毀於賊厥後文廟試院及書院忠義祠等皆次第興修而縣治舊址尚鞠爲茂草宰斯邑者或歛民廬或假公廨因經費支絀卒未暇議也甲戌冬予捧檄是邦下車時寄居邑之盈安倉比年來年豐歲稔民力稍裕因與邑中諸君子共謀興作諸君咸踴躍從事遂於光緒二年五月鳩工庀材閱十二月而工畢凡門序堂室廨廡庖湢之所以次相屬計屋二百五十三楹統費錢三萬二千餘緡民錢不足益以官墊度地擇日者爲邑紳沙君淮籌畫贊理者爲邑紳夏君煒如而予與陳君總其成江蘇候補縣趙君景熙監其役工堅料緻較舊治有加焉今歲春予移居是間覩基局之固護則思民力之普存念締構之艱難則思民勞之宜恤瞻門庭之洞達則思民隱之難周歷房宇之深窅則思民情之易壅然則是役之興豈第侈廣袤崇輪奐哉後之坐堂皇莅民事者庶幾興養立教以輔予之不逮則非獨予之幸抑亦江邑士民之幸也夫

縣丞署在縣堂之東順治六年重建歷久圮壞乾隆六年

縣丞陳逢霖莅任出己資次第修整前爲屏牆進爲頭門次爲儀門中爲治堂堂後爲宅門門後爲便堂堂後爲燕廳由治堂東爲鳳來書屋書屋之後爲內房其側爲廂房通寢室並內房而西爲荷廳咸豐十年燬

重葺衙署記

國朝縣丞陳逢霖

官有常而守官者無常凡升沈遷徙各隨時異故視所居廨舍若郵傳者古今往往然也況丞之爲職昔人所云鴈行署牘終日哦松撫石者其以郵傳視廨也更無足怪余始筮仕而授丞蘇郡之吳縣再從崑山値所居湫隘間嘗修飭之矣三從而來澄莅廳事一望堂垣欹圮庭廡榛蕪就壓以居詢掾吏曰前任何以處此廨耶掾曰擇未圮室居之逮其將圮則又徙之他室予憮然曰此署之所以全圮也物衰則復致至則變其在此時乎爰謀撤內外而新之計工酌費爲金四百餘傾囊贍之不足長官蔡公鑒予之忱而欣助焉爲治堂爲便堂爲

燕廳爲書屋爲內室廂房爲荷廳及門序廊廡庖湢以次相屬各若干楹經始於乾隆七年四月落成是年九月而予之心力如田間主伯驅荆拾礫以畢造其室家旁人或咥然而笑呀然而怪謂予計之左者揣其意不過曰一官如寄曷爲逆旅而爲經久之圖耶顧予惟鄭傳硯廨者之多而必崇其堂寢固其藩翰使旦晚問事退食委蛇不至有屢遷其室與僦寓民廬之患則及署之成而肅觀瞻裏政理無不在是焉豈敢自張其勞哉而創始之心有如是者爰書而志之是爲記

教諭訓導署在學宮東西詳見學校

巡檢司署舊設巡檢司四員申港石頭馬䭾長壽也自成化靖江分縣馬䭾一司屬靖轄其申港易爲利港長壽易爲范港與石頭而三至萬歷七年省范港止存石利兩司俱有署一在丁墅利港一在大橋石頭港其後兵

燬無專署雍正五年又省利港併石頭爲一司亦無定署僦居民舍而已乾隆二十三年改爲顧山司建署顧山鎮咸豐十年傾圮克復後歷任巡檢修葺

典史署在縣丞署之左其儀門治堂均如丞制堂前兩旁爲吏書房由堂左折而入爲宅門宅門之後爲中堂堂左書舍堂後寢室咸豐十年燬

長江水師協鎮署在北外澄江橋西北同治十二年金陵工程局委員監造其制前爲屏牆周環牙柵東西翼以轅門東額曰海疊鎖鑰西曰澤國干城內鼓亭對峙左右列石獅中爲頭門兩旁耳房進爲儀門兩旁耳房迤東爲土地祠更進爲大堂東西兩旁爲官廳前爲抱廈堂之旁爲耳房其東爲軍裝樓堂之後爲川堂爲宅門爲二堂堂之前列廊房西爲伴儅房左右爲花廳東廳之前爲對廳後爲廚房二堂後爲樓房爲寢室附以從屋西爲教場繚以垣墉中爲演武廳

遊擊署在大街高巷東本黃氏民房改爲署前爲屏牆東西翼以轅門門內鼓亭二中爲頭門左右爲班房迤門而西爲官廳進爲儀門更進大堂左右列以廊房堂西雙桂廳更西卷房大堂後爲二堂堂後宅門門東住房門西廚房門後寢室室後射圃咸豐十年燬

守備署在大街虹橋西本戚氏民房改爲署前爲屏牆東西列栅內爲頭門左右爲班房迤東土地祠進爲儀門更進大堂堂之旁卷房大堂之後爲二堂堂內左書房堂後寢室室旁廚房室後後屋屋後軍裝庫咸豐十年燬

倉庫

盈安倉舊名永利倉在中街協鎮署東初爲濟農倉明正統元年知縣王子倫建歲積起運餘米以備凶歉者也而永利倉故基則正統二年巡撫周忱以舊倉散置各鄉事夥而弊多因併建於朝宗門外一里許宏治九年

巡撫朱瑄又爲撤舊更作嘉靖間毀於倭乃即濟農倉改建之崇禎初移倉青暘民苦不便知縣馮士仁申請復舊其制周垣延繞前大門中廳事旁燕室東西廒房前後各數重其屋一百四十五間傍河爲後倉門

國朝道光間知縣葉維庚易今名咸豐十年燬同治七年重建房屋一百間（計支工料錢七千五百五十餘串由縣籌撥公款）

屢豐倉道光十七年知縣蕭蔭恩以舊倉不敷貯米詳請於舊倉之西建屋五十一間咸豐十年燬今未建

和豐倉在縣治西南即宋之都倉也至元間改建易今名其後遞有增修今爲春辦白糧所前爲頭門次爲二門

旁爲燕室室之後廳五間廒房十間臼房六間咸豐十年燬今未建

常平倉在縣署西爲積貯存留米石所

國朝雍正七年知縣魏化麟建廒四十間九年知縣蕭廷瑞增三十五間俱領帑建乾隆初知縣蔡澍添建倉廳三間牆門一座東西屋各三間廚房二間咸豐十年燬

架閣庫在縣宅門東宋在儀門內之西明在東曹諸曹案牘在焉

國朝順治間移建今所四圍甃石堅整

刑獄

縣獄在鼓角樓內儀門外東偏周牆四周外爲監門門屋一間西蕭王堂女棚屋二間吏房三厦東刑吏駐宿房三厦中爲二監門門屋一間重囚監屋二間一厦東廚房一間俱康熙四十五年奉文遵造乾隆五年立木榜於堂左（禁卒八名作額設二名學習二名囚糧每閏名給米一升燈油柴薪鹽菜錢五文永爲例）牆外向有禁卒班房年久傾圮乾隆六年知縣蔡澍重建守獄卒房三間營兵駐宿房一間咸豐十年燬同治七年署縣汪坤厚重建房屋十九間（計支錢一千七百串由縣籌撥公款）光緒三年知縣沈偉田添建蕭王堂三間（工料由建縣署分撥）

自新所在大街文亨橋北堍本社倉廢址道光十八年署

縣陳延恩建咸豐十年燬今仍建積穀倉（見積貯）

官宇

駐節亭在朝宗門外端明橋南舊在宋五里亭故址明洪武中知縣王衡建宏治中典史黃泰修天啟六年知縣岑之豹移建今所

國朝乾隆初知縣蔡澍重建咸豐十年燬

添設北外駐節亭在黃田港東房屋三間鼓亭二牌坊一同治十二年由長江營建造

駐節亭記 明知縣 黃傅

宏治癸丑夏六月朝廷以傅知江陰事而以南昌黃泰爲典史冬十月朔同蒞而至適承窮敝之會舉目入望

罔匪捌缺稍稍補飾且三匪星紀工不告訖維是南城之南水步代換之文舊有門曰迎恩兩柱樹罌戴莽衙菑窺甑雨日中爲客惡厥爲居人恐畏有亭無名爲賓旅至止主人將迎候息之所白屋三楹楹間土牆圍之北榮朽壓如鳥斯翼敗瓦擁戶蔓草入牖伊威蠨蛸網撲咀面漏水滴地爲蹄涔爲蟺穴履之者跛焉予甚蕣之未有以爲也一日泰請曰盍新之予漫應之曰豈不可哉居無何告材具矣卜得日矣匠工集矣越兩月有門弈然有亭赫然煥然棘然若天墜而地出然究其故則門易以新名仍其舊曰迎恩亭增其舊名掷以新日駐節旣壯而華又整以潔以饗以堊以碧以穫不不呈腐牆不露污地不獻塗有曠可鞏有窗可休有涵有庖可燕以游總其費蓋百數十金不誅於民不丏於公不知其所自來也噫亦才矣落成之日題其額之左方曰年月日知縣縣丞主簿典史某某建嗚呼是誠何心哉夫典史之於縣官末也百廢并而罰不及焉百爲舉而褻不加焉者也泰也無上官之命無寮友之託無下民之請特以一方睍瞻之故與往來賓旅之計不聚於其心倪焉孳孳忘其責不在己而惟力之圖不施勞不矜能不衒名侵尋乎君子者爲己之事求之於今之世此豈可多得哉予尸焉而享其成私竊愧之故爲之書鐫諸碑以志其善以著吾愧若夫亭一門之政二三十年物耳何足以累金石哉

迎春館在春暉門外一里許舊在章橋南名起春處明宏治十年知縣黃傅更今名正德八年知縣萬玘以春當迎於東郊改建今所每歲班春先一日祀句芒神於其中咸豐十年燬

汪公亭在雙牌一保鳴鳳橋西同治七年署縣汪坤厚濬東橫河七十里灌溉田畝數千頃士民德之建亭以誌有公建碑文見河港

養濟院在東城內祥符寺西養民之窮而無歸者明洪武七年知縣饒元德重修宏治十年知縣黃傅重建其制周垣延袤南嚮爲門橫門爲溝溝上爲橋度橋入門爲官廳廳左右及倚牆四周皆居廬其屋一百十五間續增至一百四十一間咸豐十年燬同治八年署縣汪坤厚捐廉重建計房屋三十六間一列冊食糧者三百二十一口均編柴布銀四百十五兩一錢八分九釐遇閏加銀十兩四分四釐口糧米九百十八石七斗二合遇閏加米七十六石五斗五升八合五勺另於同治五年知縣顏榮階捐給棉衣各一件七年署縣汪坤厚每名折給錢三百文以後照給

已廢各宇 附

申明亭 旌善亭俱在縣治鼓角樓外

光華館舊爲使星館在善政橋西北宋建

行衙亭在聖母橋南宋建

公使庫在縣治設廳之東宋命諸州置黃志云宋法猶有古人之遺風焉有周之制三十里有宿宿有委五十里有市市有積牢米薪芻瓜瓠葵芋館舍飲食莫不備具以待四方之賓客羈旅使天下之人走天涯如遊里巷所以懷柔遠人宣暢王風以成禮俗也宋命諸州置公使庫過客必館寓下逮吏卒亦給口券嗚呼君子哉法歟何其忠厚似周公也堂堂諸侯七邦衣冠之類相遇一揖而別勺水不以入焉豈人理哉

熙春樓在古城巷宋建

翠光亭在光華館之北宋建

市舶務在光孝寺西其內有寬民堂宋知軍顏耆仲建

多是堂在市舶務西宋建

養貧院初名漏澤園宋崇甯間置紹定元年知縣林庚
增廣舍宇環植以松以處流移貧窶之民死得瘞其地
惠民藥局在城隍廟西備畜藥餌設官掌之療貧民之
病元建
察院爲監察御史莅政之所在縣治東明洪武初知縣
吳志遠建
都察院爲巡撫莅政之所明宣德初建今爲督學署
道署舊在中街儒學東明萬歷初建
國朝康熙元年省道缺十一年以京口水師總兵官移駐三
十六年改設副將署仍之旋廢道光二十三年重建爲

副將署並於署左建遊擊署咸豐十年燬同治七年改
爲內河水師淞北營移駐常昭邑城
海防廳署在縣治東其初爲府館明萬歷間移海防同
知分駐江邑遂以爲專署
國朝乾隆二十七年移駐六塘
主簿署在縣署西咸豐二年奉裁十年署燬
水師守備署在中街布政坊巷西咸豐十年署燬同治
七年改內河水師淞北營移駐常昭邑城
楊舍都司署在楊舍堡明爲參將署
國朝爲守備署後改都司署咸豐十年署燬同治九年江蘇

裁改水師案內奉文專管陸路移駐常昭邑城
御膳廠初名醃鯗所在衙所巷西歲進子鱭魚於此醃
曬明宣德七年建正德九年重修有坊四柱臨市河顏
曰方貢天啟元年投括無礙空地易價充餉止存廠基
五分有奇
望節亭在蔡涇閘西爲上官行部吏卒候息之所明宏
治十年建
望來亭在天慶門外明萬歷中知縣郝敬建
國朝乾隆初知縣蔡澍重建咸豐十年燬
五里亭二一在朝宗門外去縣治五里臨九里河明嘉

靖間邑人陳力石建一在天慶門外
禪鄉館在利城禪鄉寺爲官司路餼之所明萬歷中建
公所 附
八邑候點公所在學轅東咸豐七年合屬公建知府平翰禁示勒碑咸豐十年燬同治八年知府扎克丹通飭各屬集資重建
禁示碑文 知府 平翰
署常州府平爲勒石永禁事案據常屬武陽紳士翰林院侍讀詹事府左春坊贊善趙振祚翰林院編修道曾向錫金紳士前臺灣淡水同知杜紹祁候選直隸州州判賫承焯江陰紳士內閣侍讀前貴州廣順州知州章詒燕戶部主事陳榮紹宜荆紳士翰林院庶吉士任傳綸知州銜陝西韓城縣知縣沈雲驤靖江紳士就職教諭朱學灝試用訓導孫贍洛稟稱常郡士子衆多每屆院試點名互相擁擠以致點名遲滯道光戊申年另設

截牌庶得從容挨次又慮陰雨泥濘站立雨中前於與戊年九學廩生鄒魷彪杜友房左昭暘日新趙受恒承越薛沆錢勛鄒光鑑顧潮周璥蘇逢盛任昕潘兆甲李嗣公談汝翡瞿鉞鄭庭棨等呈請學憲青於院署東轅門外隙地建造房屋爲八邑生童臨點挨次守候之所業奉批准飭行並由各學舉董承辦前二進俱係新進其第三進係責奏廳舊屋另建第四進彼此互換屋宇煥然裝修全備工竣之日由江邑驗明詳報在案近年歲科試遵行極爲安善所慮日久月長居民佔住以致仍蹈擁擠故轍爲此呈求出示勒石曉諭前三進永遠作生童臨點守候之所不宜別作公用致礙考試庶得協力遵行以圖久遠從此黌飛永固合郡仰荷憲慷無貫齊聯儒林共沾樂利人皆戴德士各銘恩等情到府據此查試院爲掄才之地宜肅觀瞻士子當入場之時每慮擁擠該廩生鄒魷彪等於學憲東轅門外隙地建房屋三進俾生童點名時得在此守候即遇陰雨無患泥塗更不致互相擁擠實爲一勞永逸起見事屬可嘉特恐民居稠密蹂躪固在意中時代云遷侵佔亦所不免仍致囂塵湫隘多士仍無休息之區上漏旁穿臨試仍之雨風之敝本府實所深慮茲據該紳士具稟前來

除批示外合亟出示永遵爲此示仰闔屬廩保生童以及附近居民人等知悉嗣後學轅外房屋前三進永遠作生童臨點守候之所不准任意蹂躪侵佔別作公用致礙考試倘置若罔聞輒敢仍蹈前項諸弊許廩保生童等赴地方官衙門指名稟究以憑盡法懲辦庶幾班聯鷺序預爲未雨綢繆喜洽鸞旂從此干霄直上各宜稟遵毋違特示

東南鄉試館在北城內大街司馬坊西律字號丈基七畝三分有奇同治六年撥清糧節省經費建另報買谷瀆港東灘地佚丈定陞科採息以爲歲修添建等費

西鄉試館在西城內布政坊巷同治六年撥清糧節省經費購屋一所計十二間完糧秋字號丈基七分四釐有奇

義局

育嬰堂在南街迎福寺西

國朝康熙間知縣陶彝捐置田四十五畝將以營建堂宇尋擢去繼任黃和中於西內青龍街捐買民房八間欲爲堂而未果雍正十一年知縣郭純奉文舉行從諸生夏宗洛陳大受等議集捐購買民房十四間撤前令黃所買屋材以充修繕自後屢事增拓大門三間東旁屋二間庭中爲涼棚以達廳事左右爲掌會計議公之所各二間廳事三間東爲貯米薪所二間中門內居嬰孩乳婦室三重重各三間東西爲乳婦炊爨所共四間咸豐

十年被燬大門三間存廳屋殘破同治間陸續建復房屋十一間光緒三年重建廳屋三間及從屋五間內堂乳婦原額十口嘉慶八年增四口外堂乳婦無定額現在管業不等漕田一千三十六畝五分有奇陳志載漕田九百三十六畝七分三釐歷增漕田九十九畝七分有奇沙田一千七百六畝有奇陳志載二百九畝八分從前坍沒田畝道光十九年前董張世承呈請勘詳復業後又陸續承買山八十二畝蕩九畝二分有奇陳志載十四畝九分灘一百十八畝另置義塚陳志載田埣五畝五分一釐兵燹冊失今列現編字號西外基字二百三十八號丈田一畝二分二釐有奇二百三十九號田九分一釐有奇二百五十五號埣三分七釐有奇二百六十二號田五分二百六十七號田一畝六分一釐有奇二百七十五號埣一畝一分三釐有奇三百三十六號田六釐有奇三百三十七號田一分四釐有奇三百三十八號田二分一釐有奇

三百四十二號田一畝一分三釐有奇三百四十四號田一分七釐黃山保大鮮字六百六十八號埄五分七釐有奇七百二十五號埄七分七百三十七號埄八分五釐七百三十八號埄四分五釐有奇雙牌二保羔字埄六分市屋一所即蔡志施棺局今廢江海關月捐錢二千四百文

普濟堂

國朝雍正五年奉文建知縣祁文瀚將邑之章卿華墅馬鎮夏港前周養老堂五處詳改爲之章卿二保屋三十四間田五十五畝有奇順治間民人錢鳳春等捐建華墅四保屋二十八間田四十一畝有奇康熙間民人朱應章捐建馬鎮八保屋四十一間田八十九畝有奇康熙間民人孔漢昭捐建夏港四保屋二十六間田四十七畝有奇康熙間民人朱安龍捐建前周三保屋二十四間田一百五十二畝有奇康熙間民人呂見聞捐建乾隆八年知縣蔡澍將周莊璜塘養老堂二處亦詳改爲普濟堂

奉行未久旋即廢弛周東六保復於乾隆十八年公建房屋三十九間置田四十畝有奇仍以普濟名堂自後屋產各有增添咸豐十年邑遭兵燹堂宇毀傷今漸次興復玆列現管房產於後馬鎮存屋三十四間田九十二畝九分有奇周莊存屋十五間田五十三畝九分有奇章卿存屋十四間田五十二畝九分有奇夏港存屋十五間田六十一畝九分有奇華墅新建草屋十間田五十四畝九分有奇又陳志漏載峭岐一處房屋三十間今存十三間田二十六畝七分有奇同治十一年綺山民人劉邦彥等捐建房屋正側八間置田八畝四分有奇稟請立爲普濟堂光緒三年增建正側屋五間

公善堂在廣福寺西偏水月菴故地

國朝嘉慶十五年邑人公建中爲呂祖堂東嚮其外左右爲兩朝房中爲外堂共屋兩進十有五間二十四年邑紳汪道平等呈請咨部舉行贈材惜字扶病敬節卹嫠掩骼蓄汲七事邑人孫兆鯨倡捐千緡及衆姓慇捐置田五百十一畝有奇沙田四百二十畝有奇又衆捐田一百二十四畝有奇周姓捐北內五保原典趙姓屋一所各典每年捐錢共三百九十四千文庫房四十千文花戶票捐一百千文海關五千六百文各槽不等置有義冢田埄山地共十九畝七分有奇設立碑石禁止樵牧咸豐十年堂宇被燬同治九年邑紳呈請權設懸忠祠照舊舉行七事明年春就祠西隙地建殿三楹倉廒一

間後廂四間殿奉 呂祖栗主光緒元年學使林天齡捐廉塑像文以記之其經費現管漕田一千三百十四畝有奇沙田七百畝有奇知縣歲捐廉錢二百二十千城內兩典歲捐錢二百十六千江海關歲捐錢二十八千八百文估衣行歲捐錢三十千城廂各行鋪約捐錢二百四十餘千此項捐錢無定數就現年登錄現管義冢雙牌羔字二百五號埄三分九釐有奇二百九十五號田二分六釐五百八號田八分九釐有奇朝陽關外文呂寺前共田六畝一分有奇南外雜字七十二號埄三分四釐九十九號墩七分六釐有奇一百四十八號埄一分七釐有奇一百五十一號墩二分七釐有奇二百十三號埄三畝二分六釐有奇二百四十三號埄一畝九釐有奇二百四十五號埄二畝二分五釐有奇二百四十六號埄一畝八分二釐有奇克字六十號埄二畝四分六釐有奇新增城基

二畝西外基字二百六十九號垾九分八釐有奇新增三百五號垾六分北外面字六十四號垾二釐七十四號垾九分六釐有奇八十二號垾五分淨字一百十二號田二分一百十三號田五分五釐有奇一百十九號田一畝五分八釐有奇渭字九十一號山三分九十五號山二分三釐九十六號山四分九十號山一畝七釐有奇宮字號田十一畝有奇垾七畝三分有奇山六畝一分有奇新增宮字一百九十五號田五分蔣德明捐

公善堂呂祖殿記　學政林天齡

仙而祀於神者惟
呂祖靈蹟最著道家所尊爲
玉清內相孚佑帝君位與文昌埒其香火盛於京師遣於寰宇有方藥百籤病者禱輒應尤便於貧無力延醫者蓋能以仁育之心普道濟之量固宜肸蠁昭明洋洋乎如在其上也江陰舊無專祠附祀於坦琳菴道光年間邑人沙瀾在公善堂後建殿五楹虔奉
神像庚申燬於兵火迄同治九年善堂始復擇城北隱忠錢公祠葺而新之其旁有屋基因復以建
神祠舉孝廉方正章仁基等董其事夫行道有福神所

佑也邑之人以公善爲心樂施濟而不勸書曰惠迪吉又曰作善降之百祥則
神之日監在茲有不馨其明德而樂與憑依者乎余以光緒建元來謁祠捐金重爲肖像並廣抄藥籤以便祈請因誌祠祀之緣起勸石俾垂永久云

儒嫠局附　同治八年奉文舉行查城鄉已故生員之妻貧苦不能度日者每口日給米半升分端午中秋年節三次照時價折錢周郵殁後給棺殮費錢十二千文著縣汪坤厚撥捐常陰沙榷租田三十畝生員夏翼南捐壽興沙板租田七十畝同治十二年署縣金吳瀾詳定按年在於條銀平餘項下每兩撥捐錢二文

同善堂在楊厙堡城東門外大生菴西

國朝道光十六年里人周浩捐錢二千緡建屋三重四側每重各五間與舊設惜字局樓房十間相連葉廷策郭鴻飛呈請通詳舉行惜字贈材義學邮寒掩骼蓄汲六事置田充費周浩獨捐常熟田一百五十一畝三分張文灝捐錢五百六十千及衆姓樂助節次增置田畝道光二十九年添建園後平屋五間并互換大生菴後息園一區以作炎暑施醫之所遂增舉扶疾一事文社附堂辦理咸豐七年呈請咨部隨議舉敬節恤嫛二事咸豐十年堂宇被燬克復後暫設堡城內文昌宮光緒元年於原基重建正側房屋十二間現在管業本邑不等田

四百十一畝有奇熟邑不等田一千四十畝有奇江常沙田四百八十五畝有奇堡城東外水關街市房一間東街市房五間義塾屋一間潛安宮一間俱被燬重建東巷門舊管基地一所新置基地一所堡城內舊管基地一所新置基地一所北門外捐入基地一所現行惜字文社義學扶疾邮寒贈材掩骼蓄汲敬節九事置有義塚楊舍惟字號十九畝有奇鞠字號八畝有奇養字號五畝有奇豈字號八畝有奇毀字號二畝有奇盛字號一畝有奇鬱字號一畝有奇章鄉效字號二畝才字號七分得字號一畝有奇常熟豐一場十五都七半圖四字號三畝五分設立石碑禁止樵牧

同善堂記　武進李兆洛

陽舍江陰之附廓也濱江與常熟縣鄰明嘉靖時倭患偏江海江濱尺寸罔戍楊舍亦要區築堡城置參戎領兵宿之閱二百餘年天地清泰生聚日蕃郁然有紘歌之風焉堡中人曰附貢葉君廷甲庚申恩科舉人內閣中書葉君廷策貢以好義樂善倡其鄉道光二年附貢君之子州同銜葉朝慶及庠生丁季堂監生馮翼范循浩擧惜字會於堡城東門外大生庵魁星閣置局焉八年堡人監生周浩捐江陰田四畝以助經費十一年捐常熟田一百五十一畝三分始議增行善事十六年又捐制錢二千緡創建同善堂房屋一所郎將所捐江陰田四畝換大生菴西首餘地以拓基址至十七年秋落成邑中故有公善堂因仿其規模於堂中奉呂祖像又有堡十八千總銜張文灝先後捐錢五百六十千常熟沙田四十七畝以贊成事合堡士商陸續捐銀錢田畝以襄之所爲善事曰惜字曰義學曰施棺曰䘏嫠曰掩骼曰蓄波凡六條已稟請邑侯詳各大憲批准立案日積月累貲有所餘將舉善事之宜行者悉舉行之庶幸其有基而弗壞也請爲記以諗予後予曰善者性之謂由人已之所同也故君子成不獨成善不獨善與人同由茲爲大舜故曰好善優于天下大同之世不獨親其親不獨子其子謂此也三代以下以爲小康而周禮六行敎于鄉必曰孝友睦婣任䘏睦婣任䘏者同人己也猶是貨不必藏于己力不必爲己之意也　皇朝寬大湛恩時下家給人足淡髓淪肌而天患民病偶有小疹正賴此相周相救之誼以彌之不特溥天地之憾推其
帝之仁所以使人知人己同源道皆一貫以自復其性而歸於醇古之化也諸君乃將悉舉其善事而力行之其志願豈不大哉是堂也葉廷甲延策兩君創議之周君浩實成之張君文灝實輔之同志諸君交助之其竭力勸捐俾成善舉者武舉邵承烈職員郭鎏庠生丁玉堂其董理堂務自矢勿怠者則葉朝慶馮翼暨丁卯科舉人太平縣學訓導顧師竹貢生試用訓導郭鴻飛布政使理問銜
葉天慶也

培心堂在北外黃田港口居遭風舟覆無可棲者海甯陳道修請建道光二十年署縣陳延恩諭董李忻先倡鑽浪船於風濤洶湧時出江救護稟奉巡撫學使府廳捐

廉爲倡及士商集資建造紅船舢板咸豐十年燬於兵燹嗣後借與釐局就基建屋同治八年邑人謝瓊等呈請興復就原址北首建屋三楹側屋一間先設舢板船兩隻撈救遭風溺水人船十二年奉藩憲撥銀六百兩購造紅船兩號署縣馬鴻翔詳定於每年冬漕公腳費內每石撥捐錢五文又撥城內濟美典月捐每年一百二十千知縣沈偉田撥濟善典月捐每年九十六千貲田港進出屯載每船捐錢十四文由江海關帶收以充經費原置頭圩沙田十六畝每畝收樵租錢一千八百文局外餘地每年收地租錢五十餘千董事李榮恩鄭惇五等捐資報買巫山沙灘地二百五十畝尙未圍築成田

重建培心堂題額　國朝知縣馬鴻翔

余自山左來南見京口下關等處設有救生局深以此事爲濱江地方要務迨己巳秋由錫山奉檄來權斯邑閱志載道光間前縣陳君於北外江口設有培心堂以居遭風無可棲止者並撥船於江干遇有行舟遭風滑溺出爲撈救全活甚衆後復集捐歸入登仁堂紳董經理自兵燹後船屋均燬經費無出善舉幾廢極思興復而不可得正切隱憂適謝廣文與原董李廣文暨章鄭朱向諸君子來縣以興復救生善舉爲請余欣然樂從勉湊廉銀以助一面查照舊章出示勸諭所幸好善有同心罔不慨然樂輸襄成其事現在規模粗定已據諸同志會議章程由縣通詳各憲聲請核示在案惟望在事諸公實心辦理勿始勤終怠俾善事永垂勿替則造福實無窮矣

登仁堂在廣福寺幻居房道光二十二年知縣金咸諭董季忻等舉辦咸豐十年燬僅存管業壽興沙田二百八十餘畝長涇璜塘峭岐等鎮漕田三十六畝有奇以租息所入舉行恤嫠惜字及給發年終貧米

同善堂在華墅鎮護龍菴咸豐十年燬現設鄉約所西嘉慶八年里人章秉鍾創捐錢八百千文章濟陶春煦各助田數十畝以充經費前後積置田三百畝道光十九年里人呈請具詳增設義塾卹貧施藥掩骼等項迨遭兵燹田據遺失現存田一百九十餘畝

同善堂記　梁溪　薛玉堂

江邑之華墅里夙敦古處其中仁人君子篤於任卹咸醵金歲施寒衣義棺名曰同善歷有年所第以經費未設作輟靡常賴有章君洪九立志行善疾革時命子姪出制錢八百千屬同人貯典收息卽於里中三教菴設局施送俾存歿均沾實惠陳明邑令備案註冊夫人之生斯世也在上者宣布德業膏澤下於民豐功駿烈銘之旂常在下者惟視其力之所能及而於州閭鄉黨間務有以分災救患若章君者庶幾可以死而祭於鄉矣今章君卽世已數載其嗣百川及其同人恐日久廢弛欲勒之石因屬序言於余余於是益信善者之有後而又嘉諸同人之克相教勉者徇不負所託也雖然余竊更有望焉聞惡言而蹙然不安見善行而勃然思奮者人心大抵然也苟能體章君之意而推廣之則積少成多由近及遠又安止爲一鄉之善事也哉余旣應諸君子之請而并言此以爲諸子勸也是爲記

同善堂記　武進　李兆洛

周官重任恤睦婣之行閭胥族師歲時讀法必書之以示勸其不率者以刑糾之又比共吉凶二服閭共祭器族共喪器上爲之經畫以利其用而阜其求是故老有所終幼有所長貧寡不相軋而饑寒無由至此民生日以茂而風俗所以醕也至於後世法制不立而民氣日澆廢賴好行其德者時時慕義强仁推其心而致其力以補經制之闕以彌生成之憾焉江陰華墅鎮章君洪九勇於義者也捐錢八百緡貯典收息歲時施衣施棺名曰同善會其子百川其姪植勤行不怠狀其事上之邑令俾立案得永久遵守司其事者曰吳補堂繼之者周建英皆敦實綜練發領有方動用有節自嘉慶八年至道光六年復餘息錢五百餘緡以其錢買田四十畝有奇收租以補經費之不逮其始設局三教菴苦隘適護龍菴修葺未竣工而匱於財乃捐貲合成之而移局於護龍菴之左廂於是貯棺製衣各有其地而司事者亦有憩息之所焉旣成請爲記予惟章君之世濟其美吳周兩君之與人爲善皆合周官之六行而可爲鄙吝澆薄者勸故效閭胥族師之法而書之

樂善堂在馬蜥鎮南新橋兵燹後存正側房屋二十九間其經費有管業馬蜥長涇章卿華墅等鎮漕田六百四

十八畝有奇

寶善堂在壽興沙年豐鎮同治三年邑人鄭經呈請設立其舉辦善事仿照城中公善堂章程經費所入有管業沙田一千二百二十七畝有奇

清節堂二一在申港鎮街西孀婦劉彭氏等捐建房屋四間一在綺山鎮三保光緒三年節婦馮王氏等捐建房屋八間續建四間管業漕田十六畝有奇五年署縣譚泰來詳準每年於冬漕公費項下提錢四百千文以充經費

樂善堂在青暘鎮錦樹觀北道光年間青上各保捐田七

十四畝有奇同治十三年經董購買沈姓基地集貲重建原名㝡善堂計正從屋十間舉行惜字義材二事

保嬰局在大街小廟巷同治十二年署縣金吳瀾奉文捐廉舉行邑人鄭經等募捐定章遵辦貧民生產報局先給衣褶錢四百文仍按月給錢四百文半年爲止遺腹者加給一年寄乳者每月七百文一年半爲止先借設城中湧塔菴祠於光緒三年呈請撥已廢菴基建造正從房屋六間其經費由官紳商富集成外局棧典關及各鋪戶按年月資助鹽局每月捐錢二千文鹽棧每年捐錢七千二百文稅關每年捐錢七千二百文濟善典每月捐錢四千文庫書每年捐錢二十千文魚行每籌捐錢一文城廂鋪戶每年約捐錢二百餘千文衆姓捐田六畝沙田一畝五年署縣譚泰來詳準於地蘆錢糧公

費項下每年每忙提錢二百千文以充經費

三官保嬰局在三官二保義塾內同治十二年署縣金吳瀾諭辦經董楊敦詩徐存性等邀請舉人鄭經募捐興辦悉照城中章程經費衆姓捐貲存典生息錢二百千文另置漕田二十二畝有奇

培善堂在三官鎮二保義塾內光緒四年里人楊敦詩等稟縣立案舉行扶老憐殘矜孤敬節四事衆姓集貲錢一千串存鋪生息又捐置三官雙牌等鎮漕田七十一畝有奇租息充費

附

陳氏義莊在南街剪金橋西貢生陳善欲建義莊未逮而殁子宏碁承父遺志捐置義田一千四十五畝有奇以祖贍族又祭田一百四十六畝有奇嘉慶八年具題奉

建坊旌表仍仿蘇郡范氏之法具立規條以昭世守

章氏義莊在東大街楊巷州同銜章衡南有志未逮孫士杰等恪承祖志公捐義田一千二畝有奇以祖贍族又祭田一百畝五分咸豐八年奉

建坊旌表仍仿蘇郡范氏之法具立規條以昭世守

吳氏義莊在顧山鎮監生吳溶有志未逮而殁子友堂恪承先志捐置祭義田一千二百五十六畝有奇以祖贍

族咸豐九年奉

建坊旌表仍仿蘇郡范氏之法具立規條以昭世守

孫氏義莊在祝塘鎮陸家橋西孫殿魁置田三百餘畝屋一所族衆捐田六百畝有奇以祖贍族又祭田五十六畝咸豐十年奉

建坊旌表仍仿蘇郡范氏之法具立規條以昭世守

趙氏義莊監生趙仁基有志未逮子銘普恪承先志積置沙田二千三百八畝有奇以祖贍族同治十一年奉

建坊旌表仍仿蘇郡范氏之法具立規條以昭世守

江陰縣志卷之一終

江陰縣志卷之二

疆域

地輿以星度分野班志言之詳矣江陰入斗宿六度北極出地三十二度弱　國朝推步較前代爲尤密豈惟詳測量之謂謂於難察者猶當察之剏題而易明如道里郵鋪橋梁守土者可不一一瞭如指掌哉君子入里必式附及坊表見地靈之由人傑焉志疆域

星野

星紀維揚州斗爲吳分江陰入斗六度漢書天文志云吳楚之疆候熒惑占鳥衡緯書荆揚屬上台之下級開陽北斗之第六星也星經云斗之第六星主揚州按星紀之次費直謂起斗十度至女五度蔡邕謂起斗六度至女一度皇甫謐謂起斗十一度至女七度焉志據顧文熊之說以大統歷推之謂起斗二度盡斗二十二度歷牛六度抵女一度是爲星紀之次其下分野爲揚州吳越爲揚州之南境江陰爲吳越之上流以星紀中天之象言之織女在西北牽牛在東南江陰枕江負海正當兩漢分岐之界蓋去極六十度入斗十六度也左轄天津右替天市後湧漸臺前列旗鼓天開巖邑有自來矣然而大統歷法至明季推算已疎況日有歲差星有移度從來十二次皆漸移而東矣敬考　國朝時憲全書星紀自箕四度十七分至牛一度六分測蘇州常州鎮江三府所屬邑皆斗六度綫析至精推步極密矣至如五緯之熒惑南宫之鳥衡謂之總司非分野也三台之分職開陽之互掌抑又遠焉前志備著占驗疏證周詳然天道遠而人道邇非特百里之地未足以當列郡之應也故不備録

道里

宋軍境東西一百三十五里南北七十二里

元州境東西一百四十里南北一百里

明初改州爲縣以泰興之馬䭾沙來屬東西一百七十里南北一百四十四里東西南皆壤地北踰大江中包馬䭾浮山諸沙後分馬䭾爲靖江遂以江爲界

國朝界仍明舊東西一百四十里南北五十九里東七十里至馬嘶抵常熟境西七十里至前周抵武進境南五十四里至石幢抵無錫境北五里至江界四正東南八十里至顧山抵金匱常熟境西南三十里至夏城抵陽湖境東北八十里至楊舍堡江岸抵常熟境西北六十里至桃花抵武進境四隅自邑至京師水路三千二百七十七里陸路二千九百七十里江甯水陸路並四百五十里徑路自丹陽句容三百六十里蘇州水路一百八十里陸路一百四十五里府城水陸路並九十里

坊鄉

國朝日鎮保見後

宋以附治地爲南北廂統坊九善政永安二坊隸北廂大街爲界由軍治至建寅門凡街北皆是曰北廂升俊北布政南布政欽賢聽和北能仁南能仁七坊隸南廂大街以南至朝宗門東西各附城皆是曰南廂郭以外爲十七鄉統里五十有五順化鄉里二遷鶯千秋來春鄉里四懷仁守節遵大青山昭聞鄉里五析山慈烏興業招賓金玉太凝鄉里三崇教招賢就日

寶池鄉里三甘露祥雲白豊鳳戈鄉里四執笋武興義成安福永陵鄉里三西昌永泰安仁艮信鄉里三安化目清宣就金鳳鄉里三崇驤儀鳳鳳巢靑陽鄉里五上臉常熟黃城依仁修義長壽鄉里五玉臉夜虞善常永康西兼化成鄉里二薦福支信崇仁鄉里三白雪石塘缺一白鹿鄉里三散明常鳳注汝淸化鄉里三豐財明遠鳳皇東舜鄉里二東坡缺一西舜鄉里二慶雲缺一

元兩廂內增建湻和太平耆德三坊蓋改建舊坊而易其名餘坊鄉仍宋舊

明更南北兩廂爲三坊坊各統圖順化坊以市河爲界凡河以北皆是圖四順一順二順三順四太凝坊南自朝宗門至北鎖巷又自聖母橋至天慶門圖三泰一泰二泰三來昭坊出章橋以南直附南城其西南亦以市河爲界又由周橋西出中街直抵西城圖二來一來二鄉仍宋舊爲十七鄉鄉統都都凡五十都統圖圖凡三百六十五永陵鄉東界去縣三十里西六十里統都三圖十四一都圖四地名陳墅徐墅繆莊丁墅曹莊東奚墅西奚墅朱莊二都圖四地名黃擔村鍾究村石莊支區村三都圖六地名蘆墩村五斗村後栗村吳墅官莊大坎小坎艮信鄉東界去縣三十里西六十里統都四圖三十四都圖七地名劉墅常塾村江墅仇莊韓家匯後邑村前栗村北湖黃墅炎莊西小湖村五都圖九地名鮑莊墓東村常澤村前楊村觀巷南秋村郭莊西觀村六都圖十地名沙田岸後梅村肥常村雙橋村橫塘七都圖四地名譚莊辛莊扈莊來春鄉東界去縣一十里西三十五里統都三圖十九八都圖六地名高莊殿村張家村曹家村西寨朱家灣東寨塘頭村蕩里樒頭村牌頭村虞門村曹家大九都圖七地名邵家圩橫塘史巷何巷繆莊橋李莊黃村道士

江陰縣志 卷二 疆域 坊鄉 三

灣觀山門十都圖六地名盧崎村陶灣村焦山村觀莊夏店村茶埼村鮑莊邵莊黃莊蔣家村高灣村順化鄉界縣東隅北隅西隅延遴以附郭統都四圖二十四十一都圖十地名徐村顏村後花村孟濟村曹家大袁村十二都圖五地名新村姚家蕩佘家橋望火墩村任家橋十三都圖六地名古鎮尖家橋馬墅鮒魚港上大寨里薛家大王橋村伍相廟橋陸家大雙牌村西黃岐繆家東里果園里十四都圖三地名秦涇橋白沙里張家蕩孫保村昭聞鄉西界附東郭東界去縣三十五里統都三圖二十四十五都圖十地名女山灣東黃岐唐村九家大扈岐里觀莊北湖里黃家村惠家村河亭街周家場曹家村尼港十六都圖六地名丨家橋趙村石塘橋朱村蔡村鄭家寨十七都圖八地名崇橋村駱駐橋陳莊查墓村胡家巷毛莊黃村季莊定山灣東莊高宗唐橋鳳戈鄉北界去縣二十里南三十五里統都三圖十五十八都圖六地名龔家浜李莊黃士村戴莊顧村焦家村輝墩權墩橋十九都圖四地名花塘村上村新橋村諸城塘梧空村莒蒲濂二十都圖五地名吳鈞塘蕭陂塘釣臺村圖埧村廖莊新村義城村太凝鄉北界去縣一里南三十里統都四圖二十七二十一都圖六地名雙橋村連州村山下村善村趙村二十二都圖四地名馬涇村謝圖月城橋東二十三都圖十二地名馬涇村橫塘涇後城村淨寺莊顧家大後舍村三里店磨盤墩靑山村胡橋村二十四都圖五地名白岸里曹橋村九里村靑陽鄉北界去縣二十里南四十五里統都四圖三十二二十五都圖十三地名善林黃橋村毛莊同岐胥林蔡涇卜兆村鴨蕩莊連墩十七圩後塘村小兆村二十六都圖六地名漕裏村半墩村梅家村道成村新橋村二十七都圖七地名居墅九頭圩楊莊邵繆村二十八都圖六地名邵陽村路岐村蘆塘村陳舍莊包墅坊前鄭莊孔墅周村金鳳鄉北界去縣三十里南五十里統都三圖二十二二十九都圖五地名姚舍村黃塘皐岸丁岸薛埼村前陳村許莊七瀆村西埼村三十都圖六地名靑墩埧蘇墅前馬村後馬村楊岐黃莊新莊吳莊上廟塘三十一都圖十一地名百丈村竹村孫墅流黃東常村繆莊博瀦村須毛村長壽鄉西界去縣三十里東五十里統都二

江陰縣志 卷二 疆域 坊鄉 四

圖八三十二都圖四地名八丈村黃墅西莊莫城村清三十三都圖四地名徐村馬墅繆墅羅墩村

化鄉西界去縣四十五里東五十里統都二圖十一三十四都圖六地名陳墅張墅唐墅鄒墅侯墅嚴墅三十五都圖五地名祉頭村北劉莊湖塘殷墅蘇墅西順鄉西界去縣三十六里東五十里統都二圖十八三十六都圖十地名文林謝墅桂林梧塍富林村劉莊范莊留羅墅塘石堰裒貞里邵莊三十七都圖八地名蘇李墅李莊新塘馮塘東順鄉西界去縣七十里東九十里

統都二圖二十六三十八都圖十二地名習禮村旌節里袁莊陳墅湯村羅莊嚴瀆橋三十九都圖十四地名顧山古塘斥岸任墅曹莊盧墅黃墅歸莊夏莊白鹿鄉西界去縣四十里東九十里

統都三圖二十四四十都圖十地名葛墅胡墅婁墅東興村水南村四十一都圖十地名唐墅袁墅袁塘中村秦巷羅莊四十二都圖四地名包巷劉巷景巷長巷塘下村崇仁鄉西界去縣五十里東七十里統都二圖十二四十三都圖五地名章卿夏莊橋曹巷斜塘夏家大四十

四都圖七地名水跑村韋巷太平村恩莊坊前化成鄉西界去縣四十五里東六十里統都三圖十五四十五都圖四地名馬巷黃橋村蔡港口四十六都圖五地名彭蒿村于莊沙湖莊石虎門殷巷四十七都圖六地名史村下墅尚村盧巷辛莊陶城高莊李家灣姜家匯寶池鄉西界去縣二十里東四十里統都三圖十三四十八都圖三地名石頭港西雷溝錢墅青圩蕩四十九都圖五地名織墩前白豐後白豐公明巷張岐村王灣村夏場村五十都圖五地名石牌村雷嘴村宦橋村售山村

按前志俱稱總四境三百七十四里里為圖統於鄉都者三百六十有五在城者九今合十七鄉之圖僅三百三十四計數少三十有一而三百七十四乃通邑絲賦之額無可疑者因考蔡志每圖分十甲每甲實田二百七十畝則一圖得田二千七百畝以三百七十四圖核之通邑實田一百一萬之數本無不合又考前志稱區圖為區扇或一圖田多區為兩扇而各鄉未分別註明遂至數有參錯耳

國朝坊鄉仍明舊康熙三年清丈田畝分十七鄉為三十六

鎮鎮各領保統鄉城為保四百四十有四至徵賦均役則仍循都圖舊制雍正十一年通行順莊法以清丈時之鎮保為序而都圖遂廢邑中經界宋以來始可考志乘於宋也自行順莊法改設鎮保迄今事越百年尚存坊鄉之名而畛域則茫然莫辨今以現行之鎮保為據仍備載宋以來廂坊鄉都圖里諸名於前次列鎮保詳其四至仍參考舊為何坊何鄉俾今與昔之分合覽之瞭如焉

鎮保市街巷附

東城內十保欽第四保東南北三面俱至城垣西至萬壽坊俗名寺巷過堰橋至南城以河為界舊為順化之一坊二坊及來昭之一坊

南城內五保東以市河為界南至城垣西由劉伶巷之雙

魚橋白衣閣東隅單家街布政坊巷北中街至牛尾巷舊為太凝之一坊

西城內九保東至布政坊巷由單家街迤至雙魚橋與南內接界其中街則東至東倉街之東與北內接界南及西俱至城垣北自善政橋循河而東至小虹橋即雎陽廟橋以河為界舊為來昭之二坊中街及太凝之二坊三坊南街

北城內十保東至萬壽坊南自善政橋市河迤東至安利橋又東倉街之東及中街至安利橋亦為北內西北俱至城垣舊為順化之三坊四坊其坊橋南為來昭之二坊一隅

城內之市東在寺巷口迄坊橋北堍南在聖母橋（俗名市橋）西堍（今名市口）接運北鎖巷北在縣治前其西城蔣家巷口地雖四達岑寂無市居人朝夕之求非東走市口則西出天慶門

縣前街　西橫街縣治鼓樓南爲曁陽古邑坊自坊南出至善政橋曰縣前街過橋而南達南街曰西橫街（街西曰倉橋巷自倉橋西堍北轉曰倉灣曰暉對巷白虎巷街東曰學西巷射圃巷青龍街）

縣灣街縣治春申舊封坊西北轉至澄江門曰縣灣街

大街曁陽古邑坊左轉而東爲延陵故里坊（今廢）坊東直達春暉門曰大街（街南曰鮎魚衖司馬巷街北曰輔德坊巷西察院巷東察院巷城隍廟巷廟巷內曰尚家巷廟巷外向東曰虹橋河沿火衖陳家衖觀音寺巷三元坊巷高巷楊巷花園巷又三元坊巷內之東曰得勝巷斜巷薛破靴巷其西曰火又巷東平廟巷石子街高巷之東曰火神廟巷）

中街西橫街中折而東至花橋南堍曰中街（街北曰賢俊街西倉衖東倉衖考棚街陳家衖衖南曰桐梓巷楊家巷鄒家巷布政坊巷小塔巷凡中街南出之巷即南街街北之巷惟楊家巷不達南街又布政坊巷內之西曰關帝廟巷）

南街西橫街南盡處西折至天慶門東折至市口曰南街（街南曰蔣家巷施家巷奈家巷天壽觀巷史家巷單家衖天壽觀巷北又有沈家巷）

東橫街進春暉門數十步折而南至財帛司廟之故址曰東橫街（街西曰河南巷俗稱毘巷蔡志稱東橫街南至南城陳志稱財帛司廟而南兩旁尼庵道院三四區過此至巽閒則皆田陌無居民）

賢俊街即鴻漸街俗名新街由中街學宮之東而北折過鴻漸橋（俗名新橋）又過文亨橋達大街曰賢俊街（宏治十年里人徐鼎讓田通路凡八十三丈五尺鼎弟豫撤屋讓基建文亨橋明按使行臺在文亨橋北學校師生晉謁使院卒由學西過善政橋至縣署前折而東始得達路甚紆建橋通道由學東出路始徑便行臺久廢後又塞學後河而文亨橋下之河亦湮沒矣）

南鎖巷進朝宗門北行至市口曰南鎖巷前明歲貢子鑛（以勞民故久停止）有醃曬所（文昌巷北）故又稱南所巷（巷東過杜康橋曰杜橋巷曰火衖通中市橋巷西曰劉伶巷文昌巷由劉伶巷過雙魚橋西接蔣家巷有街衢舊形今皆阡陌蓋其西即古水軍寨之地）

北鎖巷自市口北至中街曰北鎖巷巷北口有古井相傳井中有鐵索上有鐵鎖因名（巷東曰周橋巷巷西曰都督坊巷）

大巷市橋東至財帛司廟故址曰大巷（巷南自市橋堍而南曰書巢巷巷內曰沙家巷黃泥衖邢家衖自橋堍沿河而北曰眞武廟巷又名小毘巷過廟而北至堰橋曰回塘堰）

東城外雙牌十一保內之一二三保隸東外別爲附郭之保東至四保薛家橋南至綺山謝園西至城濠（城外四至前志於南外則云北至城門西北外則云東至城牆南至城牆獨於雙牌則云西至東關廂去城稍遠矣今查城牆外濠以內之地俱納城租課不隸鄉鎮其居民則附於城內之保以編戶故改稱至城濠南西北外倣此）北至雙六及三官之黃山墩保舊爲順化鄉

市在弔橋下三叉路口（汛兵所駐）自路口而東出米牙布會居肆聯接至高家跳止長二里許

街自路口直東至迎春館（今廢）曰東門街亦稱河北街爲東北鄉陸行孔道（兵燹後房屋尚存居民於此貿易）自路口迤南曰青龍街過上永安橋（卽上蕭橋）達河南街出春暉門卽南折過樓下橋折而東至下永安橋（卽下蕭橋）曰河南街爲東南鄉孔道自弔橋直北出朝陽關至貢鮮橋曰貢鮮街

南城外六保東至雙牌南至蔡涇西至葫橋北至城濠舊爲太凝鄉其附城一里舊爲太凝坊

市在高橋（卽陳家橋）迤至石子街布氶萃焉自端明橋南至駐節亭臨河數十家舟航相屬雖非大市水程所必經也距石子街東南里許跨應天河曰迎福橋（俗名板橋）木筏

布氶面河鱗次河以南爲謝園鎮而市集處猶隸南外

街自朝宗門南出過永安橋（俗名瓶罐橋）而南至高橋堍曰河西街自高橋東堍南轉至倉基曰石子街其自朝宗門外東過水關橋折南過米行橋臨河有路直至石子街曰船幫自端明橋南循河至五雲橋曰埠下街

西城外一保東至城濠南至南外西至葫橋北至北外西外僅一保而縱廣四五里分上中下三冊論鎮則狹論保則寬舊爲太凝鄉其鄭涇河以內舊爲太凝坊（弔橋外循河北轉向稱小桃源）

市在弔橋外至新橋（卽文明橋名文富橋）又過橋至望來亭八九月間棉花市頗盛布氶僅小販無大賈

街前志稱長樂街今名西門街長里許爲西鄉陸行孔道

北城外八保（附墩保二闕西五堡）南至城濠東至雙牌及黃山墩保西至夏港北至江舊爲順化鄉（舊志是鄉界縣東隅北隅西隅延繞以附郭則東外北外俱爲鄉之地而非坊所隸矣）

市在黃田閘迄浮橋下舊志稱江下市者也宋時海舶畢至王安石詩有珠犀入市之句今惟春初至夏仲有魚市沿港居民以船爲業船小者曰網船入江擊鮮大者曰商船次曰漁船於清明後入南北洋採捕夏至畢

歸而魚市止邇來江口淤漲迴洑改流網船漸移而東入常熟界矣又有豆餅新豆來自靖泰諸邑其崇明通州之木棉川途過載而已北市向無米近年港西江心新漲成洲頗有沙米入市

街自弔橋直北行（在黃田港東岸）至江口三里餘皆曰北門街（東爲壇巷丁家衖光孝寺巷君山巷閘西曰小街）迤北舊有橫街同治閒闢民基爲新橫街浮橋東海關分稅處在焉橋西稍有市集又西曰水營房

綺山鎮八保縣東八里東至雲亭南至花山西北皆至雙牌倚山爲鎮長河帶之舊合雲亭花山同爲昭聞鄉

市於明季爲倭毁街形尚存東南諸鎭陸行孔道

雲亭鎭十一保縣東十五里東至周莊南至長壽西至綺山北至三官定山峙其北毘山界其南中貫應天河舊合綺山花山同爲昭聞鄉

市跨應天河南曰南雲亭北曰北雲亭街各里許南市較盛

周莊鎭十五保今徵冊分周東西縣東三十里東至華墅章卿南至長壽西至雲亭北至大橋三官爲東南巨鎭其地南距砂山西抵定山北帶横河亭子白蛇兩港貫之又自繖墩外小阜頗多不知始築緣起舊合三官鎭之東界

同爲寶池鄉

市在砂山西北周數里市西巷門外即長壽界

華墅鎭十八保今徵冊分華東西縣東四十五里東至馬嘶南至長涇西至周莊北至章卿砂山障其北長河繞其西南面泰清河俗名華墅浜貫其中爲市河地極遼廓舊爲淸化鄉

市北枕砂山南俯市河東西相距三里南北二里餘邑中市鎭之大者稱華墅青暘列肆繁盛百貨皆備瀕江各鄉買布者向以午夜牽明燈列市今則改易鎭西南瓠岱橋陸家橋東郁家橋俱有小集陸家橋頗盛

馬嘶鎭十四保縣東六十里東至常熟南至顧山西至華墅北至楊舍其境東帶谷瀆西環蔡港舊合楊舍同爲白鹿鄉

市有二南在北角北在唐墅唐墅街與常熟共之中以巷門爲界

長壽鎭十保縣東南三十里東至華墅南至祝塘西至雲亭北至周莊地稍高田頗瘠磽舊爲長壽鄉

市跨河東西各里許舊志稱長壽爲大鎭考元時有長壽稅務蓋今昔異形矣

祝塘鎭十一保今徵冊分祝南北縣東南五十里東至長涇南至文林西至長壽北至華墅舊合文林同爲西順鄉

市跨直塘河廛肆殽列頗稱繁庶

文林鎭七保縣東南五十五里東至長涇南至無錫西至璜塘北至祝塘地俱高阜霪雨不能爲災遇旱輒困舊合祝塘同爲西順鄉

市有門村小集地僻無大賈又有河塘橋市

長涇鎭十四保縣東六十里東至顧山南至無錫西至祝塘北至華墅水道往常熟所必經舊合顧山同爲東順鄉

市瀕河南北俱有街河北較盛又東有南角及陳墅北有劉家橋小集南角及劉家橋兩集俱廢

顧山鎮十保縣東八十里東至常熟南至金匱西至長涇北至馬嘶顧山當三邑之交故亦稱三界山鎮處邑之東南陲距縣甚遠巡檢分防地也舊合長涇同爲東順鄉

市在顧山之西北隅市之南有裏岸河發源於此匯顧山之水爲來源分二支一西南行至陳墅一北行迤東至北角其東南絕不與金常二邑通流乃知江邑東盡之界即一水而劃然可覩也

楊舍鎮九保附敦保二范港谷瀆縣東七十里東至常熟南至馬嘶西至章卿北至江地當白龍山之東北瀕大江明嘉靖

時建堡城舊合馬嘶同爲白鹿鄉

市向在城東青龍橋至城內之鐘鼓樓及北門內都司署前俱繁盛樓署俱廢

章卿鎮十二保附敦保一泗港縣東北四十五里東至楊舍南至華墅西至大橋北至江及沙洲東與楊舍接界至江西與大橋接界至復善善港等沙其圩曰蔡港圩鎮當砂山之北帶以橫河蔡港自西北而東繞龍砂南出地極平曠舊爲崇仁鄉

市有小集二西曰閘上在蔡港口東曰泗港在泗港東俱瀕橫河之北爲市

大橋鎮六保附敦保五雷西雷東鎮山蔡港善港縣東北三十里東至章卿南至周莊西至三官北至沙洲橫河界其南香鎮諸山峙於西北石頭港人橫河處有大橋爲陸行孔道舊爲化成鄉寶池鄉地名有石頭港西雷溝則爲今之大橋鎮化成鄉地名有沙湖陶城則爲今之周莊鎮是昔之分鄉今之分鎮均有犬牙相錯處

市二南瀕橫河爲詹文橋北接沙洲爲后塍康熙至乾隆間后塍以北接漲沙洲十餘里咸豐間又接漲十餘里直達壽興沙西北有三甲裏小集

三官鎮十一保附敦保五黃山白沙蕭山石牌巫子縣東十五里東至大橋南至雲亭雙牌西至雙牌北至江黃山墩保爲鎮之西界直接城闉其東則巫子保抵香山之北瀕江迤二十

餘里鳳凰蟠龍長山紛羅其間舊合周莊同爲寶池鄉

自白沙保以西又係順化鄉

市傍倉利橋王家埭有小集或走詹文橋

雙牌鎮十一保東盡界去縣十五里東至三官南至謝園西至東城北至黃山上三保隸東外下八保皆莊村阡陌交通橫河繞之舊合北外之半鎮同爲順化鄉順化鄉界縣東隅及北西隅延繞以附郭則北外近城里許爲順化坊其餘皆隸順化鄉矣又是鄉孟涛墩及徐村今附夏港申港

市在上三保即東城外之市金童橋亦有小集

謝園鎮八保南盡界去縣十五里北界距朝宗門三里東

至綺山南至蕭岐西至南外北至雙牌由里山峙於東
九里河繞於西北北址一角則與應天河相毗春時田
多藝菜舊合南外之半鎮及蔡涇月城夏城葫橋同為
太凝鄉
市在迎福橋者與鎮地隔一河尚隸南外通鎮無市其
南界或走蔡涇
蔡涇鎮七保縣南十里東至謝園南至夏城西至觀山葫
橋北至南外地當南行水陸之會宋明以來夏港深通
置閘於此故稱南閘今九里河深通而夏港湮名雖存
而閘廢矣舊合南外之半鎮及謝園月城夏城葫橋同

為太凝鄉
市臨運河兩橋環峙河之東岸較盛
月城鎮五保縣南二十里東至蕭岐南至青暘西至夏城
北至蔡涇運河出其間傍河崖岸多種竹寒冬水落運
河淤淺之處多在其地舊合南外之半鎮及蔡涇謝園
夏城葫橋同為太凝鄉
市瀕河數十家小集
夏城鎮八保縣西南二十里東至月城南至黃橋青暘西
至陽湖北至觀山以艦浦城故址得名秦望三山聯峙
西北山塘河縈繞之南接馬家湖港汊紛錯居民挐舟
往來地勢窪下苦澇舊為太凝鄉之極南界
市走旁鎮
黃橋鎮五保縣西南二十五里東至青暘南至陽湖西北
至夏城地向為馬家湖西南接芙蓉湖水鄉卑下舊合
青暘四河同為青暘鄉
市傍黃橋有小集
青暘鎮十八保（今徵冊分青上下）縣南三十里東至璜塘南至四
河及無錫西至黃橋及陽湖北至月城蕭岐運河貫之
舟行至無錫此為中道舊合黃橋四河同為青暘鄉
市廛繁密大橋跨運河居市之中自北新橋至南新橋

街長三里餘土名東西南北四衖及上下兩塘北來棉
花皆聚鬻於此
四河鎮七保縣南四十五里東至馬鎮南至無錫西北至
青暘為水鄉勝地舊合青暘黃橋同為青暘鄉
市走青暘東有博渚小集
馬鎮十保縣東南四十五里東至文林南至無錫西至四
河北至璜塘長河遶其南西洋百丈河道寬廣曠野阻
僻夜行宜慎舊合璜塘同為金鳳鄉（黃志稱青暘金鳳等鄉皆東南產米之區）
市舊傍橋瀕河明時毀於倭今西洋橋及湖塘有小集

二處
璜塘鎮八保縣東南三十五里東南至馬鎮西至蕭岐北至長壽地高平不畏澇舊合馬鎮同爲金鳳鄉
市瀕大河當鎮之中北有臯岸市
花山鎮五保縣東南十里東至雲亭南至蕭岐西北至謝園綺山環山爲鎮舊合雲亭綺山同爲昭聞鄉
市走蕭岐或南外
蕭岐鎮十一保縣東南二十里東至璜塘南至靑暘西至月城北至花山村居聯屬田疇沃衍舊爲鳳戈鄉
市在參橋

葫橋鎮四保縣西十里東至西外南至蔡涇西至觀山北至夏港境最褊小各鎮惟葫橋虞門田不滿萬舊合南外之半鎮及謝園蔡涇月城夏城同爲太凝鄉而鎮係太凝之西北隅
市廢柴葫橋下街址僅存橋跨夏港爲往郡陸行要途
觀山鎮九保縣西十五里東至蔡涇葫橋南至夏城西至夏城及陽湖焦墊市北至夏港嵌衆山之中山田犖确舊合夏港虞門同爲來春鄉
市走蔡涇或焦墊本鎮之夏墊村肆畧具
利城鎮十三保縣西五十里東至後梅南至前周西至武進西北至桃花北至丁墅古利城縣建治地前設利港巡檢今裁土宜藝棉舊合後梅申港同爲艮信鄉而鎮係艮信鄉之西南半隅
市廢仇莊黃土街僅有村店
前周鎮十八保縣西六十里東至後梅南至陽湖西至武進北至利城舊合桃花丁墅同爲永陵鄉
市在大岸之東西横村無大集
後梅鎮十五保縣西四十里東至申港南至武進西至利城北至丁墅地近大江申利諸港貫之宜藝棉並產蒲舊合申港利城同爲艮信鄉

市傍西石橋繁庶與申港埒
丁墅鎮十六保縣西五十里東至申港後梅南至利城西至桃花北至江瀕江平曠似沙洲舊合前周桃花同爲永陵鄉
市無大集
桃花鎮十三保縣西六十里東至丁墅南至利城西至武進北至江地處邑之極西舊合前周丁墅同爲永陵鄉
市集石莊港其西卽武進界馬卩村有小集
申港鎮十八保今徵冊分申上下又附墩保一徐村縣西三十里東至虞門南至觀山及武進西至後梅丁墅利城北至江舊合利

城後梅同爲艮信鄉
市跨港肆廛比密
虞門鎮三保縣西二十里東至夏港南至觀山西至申港
北至江舊合夏港觀山同爲來春鄉
市走旁鎮
夏港鎮七保附墩保三東墩西墩孟濟縣西十里東至西外南至蔡涇
葫橋西至虞門北至江舊合觀山虞門同爲來春鄉
市跨港東西向爲渡江舟航所集今稍落寞矣
壽興沙各鎮
中正鎮俗稱猛將堂縣東北三十五里東至德順南至南套西

北俱至江
市在東三圩南岸
德順鎮俗稱德積街縣東北四十里東至福善南至南套西至
中正北至江
市在和字五圩西壁岸
福善鎮俗稱橋頭縣東北四十五里東至年豐南至南套西至
德順北至江
市在陳德前圩北興原項新圩之間
年豐鎮俗稱年旺街縣東北五十里東至川港與常熟接界南
至南套西至福善北至江

市在殿明圩周泉圩之間其小檀樹港亦聚有市集名
日滙豐迤東濱穿港北新街亦有小集
常陰沙各鎮
西興鎮縣東北五十里與壽興沙之福善鎮夾江對峙東
至常安南至江西至段山套北沙俗名紫氣沙北至大白港
與通州接界
市在十七分圩西岸
常安鎮縣東北五十五里與壽興沙之年豐鎮夾江對峙
東至新港與常熟接界南至江西至西興北至大白港
與通州接界

市在義勝圩東北兩岸

郵鋪

宋澄江驛在新津門內知軍王枏建東路爲春暉後黃豬陂塘孔市後馬杜店諸鋪西路爲城下望京杜村申港後梅黃土小湖諸鋪

元澄江驛仍宋舊增建光陽樓東路爲後黃蕭岐後馬寺莊諸鋪西路爲在城夏港祁圩申港後梅黃土炎莊諸鋪

明改舊驛爲都察院并省東路四鋪置縣前總鋪及夏港祁圩申港後梅黃土炎莊凡七鋪俱西通武進嘉靖中毀於倭萬歷四十三年增設南閘月城青暘石幢四鋪俱南通無錫各建房舍三間

國朝雍正十年增設黃田鋪房舍一間在澄江門外浮橋側今江邑不置驛鋪舍遂久曠不修凡遞公文責成鋪兵縣給工食其總鋪舍在縣署前春申坊下　同治五年復設總鋪在城內西在夏港祁圩申港後梅利城炎莊六處南在蔡涇月城青暘石幢四處額設鋪兵三十七名又無錫縣高橋起至本邑止鋪兵六名每名工食銀七兩二錢統計每年支銷銀三百九兩六錢遇閏加增銀二十五兩八錢又添設黃田港一鋪鋪兵三名工食在額設四十三名內抽給歸冬漕項下支銷　七年巡撫丁日昌飭將通如泰海各州縣公文由江靖兩邑接遞所需跑夫及各項經費由縣通融酌給經署縣汪坤厚詳明將鹽快節省工食及民壯器械閘夫工食銀兩撥給俟河運復行驛快足額仍照原編撥還

橋梁

和豐橋縣治西南數十步宋名潤豐俗名倉橋本係石址同治五年傾圯里人鄭惇五經建易木梁　普政橋縣治南宋名驛橋以使星館在其側也元改今名明初改善教後仍名善政　學西橋學宮玉振坊外道光六年知縣王漋倡同邑人創建櫺星門外向有二石梁迨加濬玉帶河盡撤橋趾獨建學西橋　彙征橋學署門外橋南爲彙征坊道光六年知縣王漋倡同邑人改建　鴻漸橋鴻漸街北俗名新橋方譔續志云正德二年知縣劉紘鑿學前河建趙志云正德十年知縣萬玘建　龍頭橋文亭橋東馮志始載此橋當是明季建向爲平梁道光元年塞學後河六年知縣王漋勸捐改建以通舟行　司馬橋又名解元俗名馬嘶道光六年易木以石　小虹橋以近虹橋得名又名雖陽廟橋崇禎中建乾隆四年修　坊橋學院署東賀志云州人周森重修康熙十八年錢璞等重建改名進賢乾隆二年知縣蔡澍重捐建　安利橋萬壽坊南宋名永興道光七年修　花橋安利橋東宏治元年張晌倡修道光

七年重修　堰橋高巷南以跨回塘堰故名　章橋東水關內宋志云知軍顏耆仲重建舊係磚甃萬歷中里人易石崇禎九年易大石爲平梁嘉慶間修　周橋回塘堰南嘉祐二年任允恭楊仁旺同修後廢宣德間張彥恭重建成化間修舊係磚甃康熙五十年朱福成易石乾隆六年知縣蔡澍增橋欄道光七年知縣葉維庚勸捐修　聖母橋市口東橋側舊有聖母廟久廢俗名市橋嘉慶十年重建　中市橋市橋南木建咸豐十年賊燬　杜康橋宋志云舊廢明橋南水關內東出爲杜康巷道光七年重修

右跨城內經河橋十有七經河向自善政橋東郎北折繞學後由文亭橋而東道光元年塞學後河開深玉帶河故今以跨玉帶河者列入經河而文亭橋之下河已湮廢橋另列後

虹橋學院署西跨暨陽河舊名賓鴻　青龍橋虹橋北跨暨陽河康熙五十四年季聘倡閭谷重建　白虎橋城隍廟東跨暨陽河　玉海橋養濟院東　廟橋城隍廟鎮臺前　文亭橋鴻漸橋北徐薄撤屋所建詳街巷條今石級隆然橋下河塞　觀橋天壽觀東跨雙魚溝　太平橋太平興國

寺東其下有溝洩中街以南之水入關河

翦金橋 迎福寺東又名太凝前志橋跨雙魚溝今橋北溝已埜惟南街東段之水猶自橋南之溝稍洩云

魚躍橋 南城下白衣閣東隅亦名雙魚

右跨城內支河溝橋十 馮志童謠云水沒暨陽橋舉子衆登朝以爲邑中科名之驗也考黃志暨陽河下流穿城出橋在北城門下方諛積志云正德六年築城建門去其遺石則暨陽河下流之廢當在此時今橋久廢無蹟惟北城門中大石邑人猶指爲暨陽橋各志俱載附見於此

定波橋 北門外跨黃田閘崇禎八年趙誥論訥詔兄弟捐建十二年知縣馮士仁設牐板啟閉蓄洩雍正十年江潮衝圮巡撫高其倬委員督縣築閘重建自乾隆元年春至二年秋竣工

浮橋 黃田港口順治十六年緣防海口於沿江各港築路架橋是橋架木十三節咸豐十年毀同治五年集貲重建每年海關貼歲修錢七十二千文

北弔橋 北門外天啟四年兵使周須檄知縣岑之豹建石趾架木甃磚同治八年署縣汪坤厚重建光緒二年駐防礮臺營唐總統復修橋梁

澄江橋 北門外社稷壇西跨壇溝天順四年建雍正十三年修光緒四年易木以石

永凝橋 澄江橋北跨君山溝正德元年建

東弔橋 東門外正德十年知縣萬玘建石趾架木甃磚按黃志有東橋宏治七年張紀薛珉木建方諛積志云因城缺而通路正德六年築城環圍路阻乃廢則非弔橋可知馮志以東橋爲東弔橋禁志因之遂與趙沈兩志互異今考正咸豐十年燬同治三年署縣沈方煦諭三官橋荷山雲亭雙牌五鎮公捐飭經董尤翼堂重建石趾架木設欄光緒二年知縣沈偉田倡修甃磚增麻石車路

樓下橋 東門外數步南轉至河南街所經康熙三十八年江附募重建易木以石雍正十二年圮乾隆四年知縣蔡澍倡同吳淵張源章郁天陳昭等重建增設石欄咸豐十年燬同治八年署縣汪坤厚捐廉重建架石設欄光緒二年知縣沈偉田增修踏步

上永安橋 河南街至路口所經又名上蕭紹熙四年孫琳倡衆易木以石宣德間葛德海重建道光十四年里人重建咸豐十年圮同治八年里人尤翼堂倡修設石欄

下永安橋 上永安橋東又名下蕭正德間陳譜建

劉河橋 河南街跨劉河溝道光間重建

迎春橋 跨橫河名高家跳道光間易木以石改今名同治十年圮署縣馬鴻翔諭里人韓鑑集資重建

劉采橋 跨春暉溝

鳴鳳橋 跨趙婆港口舊名雞鳴乾隆八年高時貴重捐建

太平橋 朝陽關北跨太平河嘉靖十一年重建以貢鮮經此改名貢鮮今復舊名

永安橋 南門外俗名甑鏽成化十六年徐頤建石趾架木甃磚崇禎十三年署縣阮曾亨捐修乾隆三年知縣蔡澍重建道光八年里人重修同治八年署縣汪坤厚飭里人沈永昌集貲重修

米行橋 與永安橋皆南門之弔橋也舊甃磚康熙四十八年僧木梓倡里人捐產易石乾隆七年知縣蔡澍修道光八年里人重修今石趾架木甃磚同治八年署縣汪坤厚捐廉增高重修

水關橋 南水關外康熙五十六年僧木梓倡里人捐修道光八年重修

吳家橋 水關橋南跨南外經河成化六年吳漾建崇禎間知縣馮士仁修康熙六十一年僧木梓偕王鍾岱岳楊元宗等易木以石咸豐十年橋面燬同治八年署縣汪坤厚捐廉重修

陳家橋 吳家橋南舊名阜安俗名高橋宣德間陳寅建天順間寅弟子乾修萬歷三十六年韓姓重修乾隆五年知縣蔡澍重修

獅子橋 跨季家浜

寇家橋 吳家橋北跨黃草涇康熙五十九年僧木梓重建

端明橋 跨鄒涇河口萬歷三十六年兵使蔡獻臣建嘉慶間重建同治十年里人集資重建

五雲橋 駐節亭南跨運河之第一橋萬歷間商人王璽購石兵使蔡獻臣以開河餘銀助建康熙二十二年知縣沈清世因圮倡捐僧子立募建乾隆五年知縣蔡澍捐修嘉慶初重建道光四年八年兩修橋下之水北受黃田港灌輸運河及應天河潮汐水勢洶湧搗工非堅整不足以當震撼也同治十年里人集貲重修加砌東西兩塊

長樂橋 西門弔橋因南有長樂庵故名天順間知縣周咸建宏治間知縣任良才修正德二年知縣劉紘易木以石今石趾架木甃磚同治七年署縣汪坤厚修光緒三年知縣沈偉田重修

文富橋 西門外跨鄒涇河原名文明俗名新橋萬歷三十六年兵使蔡獻臣建道光十三年重建知縣陳希敬文以記之改今名

右四城外附近橋二十有五 北五東九南九西二

神仙橋 蔡涇市景泰間蕭姓建黃志名蕭恩孫橋俗名陳鐵又名集善正德二年重建崇禎五年知縣吳鼎

泰修同治八年里人重修

萬安橋 蔡涇市南亦名新橋乾隆間建嘉慶間重建同治八年里人重修

月城橋 月城鎮舊名臥龍至正間石工鮑姓建正統間徐思順等易木以石光緒元年里人集貲重修

迎秀橋 青暘市北亦名北新嘉靖六年知縣張集建萬歷四十七年焦徵重建

青暘橋 青暘市中俗名大橋天順中袁得誠易木以石宣德間沈薇陸濟馮禮等重建康熙十五年杜君美翟產捐修乾隆初知縣蔡澍捐廉修並清出沿橋水衖四條

南新橋 青暘市南嘉靖六年知縣張集建康熙間馬子虬陶禹賢捐修

四河閘橋 一名廣運小青暘南蔡志載請移建四河閘始末而閘未成乾隆二十七年知縣汪邦憲重修碑記係南十鎮兩次公捐錢二千餘緡閘始成今穹梁聳峙蓋與閘同建也

右跨運河橋七 前志有潤福橋即九里橋宋知軍顏耆仲建在蔡涇市北里許今廢市南三里有龍津橋即祭鎮橋乾隆嘉慶間圮復以石礎舟行盡撤其趾二橋圮廢無蹟附此備考

新橋 南外應天河口舊名慈雲萬歷間兵使蕭丁泰助建崇禎四年兵使胡麟瑞知縣吳鼎泰修康熙間僧麟

鑒募修乾隆間知縣蔡澍修道光元年邑人呈請知縣蕭瓏重修橋下建閘

迎福橋 新橋東俗名板橋又名廣濟嘉靖間建毀於倭易木乾隆四年邢大來等易石道光八年修

鋪路橋 迎福橋東舊名東望正統間徐南建嘉靖間重建雍正間易木以石同治九年署縣汪坤厚撥公款及里人集貲重建

綺山橋 鋪路橋東成化間夏希明建萬歷間夏樹芳修乾隆五年知縣蔡澍重修道光元年邑人重捐建

駱駝橋 綺山橋東宣德間夏裳建夏樹芳修道光十八年知縣陳延恩濬應天河并重建

雲亭橋 雲亭市北萬歷間建天啟間修乾隆間重建嘉慶五年里人重建改名太平橋

定山橋 三河口宏治間葛德海建

黃村橋 三河口東嘉靖二十二年曹沂建

茂墅橋 黃村橋東一名景家嘉靖間徐南建萬歷間陳大智易木以石雍正六年李子安等重建

劉家橋 茂墅橋東舊名大水嘉靖元年建崇禎初趙遴捐建易木以石嘉慶間里人重建又河南支河有阿奶橋嘉靖間乳媼徐氏捐建今圮

楊家橋 劉家橋東一名鄧莊木建

周家橋 楊家橋東萬歷間蔣啟芳建

瓠岱橋 周家橋南萬歷間李善祥建

金家橋 瓠岱橋南乾隆間建

陸家橋 八字河口金家橋南又名陸觀舍橋天順間趙民贍建天啟間陸瑱易木以石雍正元年王子文陸觀侯修

右跨應天河橋十有五 黃志有吳家橋宦家橋已廢前志載跨塘夏何洋鏡白蕩銀杏樹五橋並非跨應天河今更正歸入東橫河

萬安橋 迎春橋東舊名進同治十年圮里人韓焯等集貲重設木欄俗名蔣家橋

伍相廟橋 萬安橋東以近伍子胥廟得名宏治間湯楧倡建黃志二志俱稱石建今高家跳之東跨橫河者係有木杠近亦圮廢

東濟橋 俗名蒲鞋乾隆八年節婦李仲英妻捐修道光十一年邑人重修

楊市橋 東濟橋東舊木建同治八年署縣汪坤厚捐廉重修

雙牌橋 楊市橋東天啟間陳大智建道光間里人金民集貲重建同治九年署縣汪坤厚捐廉及撥公款重修

永安橋 雙牌橋東同治八年署縣汪坤厚捐廉重修

老橋 永安橋東同治八年里人周耀青等集貲重建

太平橋 老橋東架木甃磚同治八

年圮光緒元年里人周耀青等集貲重建

西謝家橋 太平橋東舊木建同治八年署縣汪坤厚捐廉重建

東謝家橋 舊木建王逢曾居此地同治八年署縣汪坤厚捐廉重建

馬家橋 在三官殿舊木建同治八年署縣汪坤厚捐廉重修

吳山橋 馬家橋東舊木建同治八年署縣汪坤厚捐廉重修

西興橋 俗名皁莢樹橋吳山橋東舊木建同治八年署縣汪坤厚捐廉重修

公濟橋 舊石建同治八年署縣汪坤厚捐廉重修

興隆橋 俗名馬家橋舊木建同治八年署縣汪坤厚捐廉重修

詹文橋 大橋鎮詹文市舊石建同治九年署縣汪坤厚捐廉及撥公款重修

青龍橋 詹文橋東舊木建同治八年署縣汪坤厚捐廉重修

西卞家橋 舊木建同治八年署縣汪坤厚捐廉重修俗名小馬家橋

東卞家橋 舊木建同治八年署縣汪坤厚捐廉重修

顧家橋 舊石建同治八年署縣汪坤厚捐廉重修

太平橋 舊木建同治八年署縣汪坤厚捐廉重修

袁家橋 太平橋東舊石建同治九年署縣汪坤厚捐廉及撥公款重修

路口橋 袁家橋東舊木建同治八年署縣汪坤厚捐廉重建

承家橋路口橋東承選修舊木建同治八年署縣汪坤厚捐廉重修朱家橋承家橋東天啟間陳大智建同治九年署縣汪坤厚捐廉及撥公款重修西黃橋朱家橋東舊木建同治八年署縣汪坤厚捐廉重修東黃橋又名橫橋舊石建同治九年署縣汪坤厚捐廉及撥公款重修楠木橋東黃橋東舊木建同治八年署縣汪坤厚捐廉重修汪度橋楠木橋東俗名西夏家橋舊木建同治八年署縣汪坤厚捐廉重修鍾秀橋汪度橋東俗名東夏家橋舊木建同治八年署縣汪坤厚捐廉重修如來橋鍾秀橋東舊石建同治九年署縣汪坤厚捐廉及撥公款重修亨濟橋如來橋東即王洄橋舊木建同治八年署縣汪坤厚捐廉重修陶家橋亨濟橋東舊木建同治八年署縣汪坤厚捐廉重修聚源橋陶家橋東舊木建同治八年署縣汪坤厚捐廉重修豐積橋聚源橋東舊木建俗名蔣家橋同治八年署縣汪坤厚捐廉重修清和橋豐積橋東舊木建俗名張家橋同治八年署縣汪坤厚捐廉重修蔡家橋清和橋東舊木建同治八年署縣汪坤厚捐廉重修代航橋蔡家橋東舊名郭家橋木建咸豐初里人易石重建改今名承明經培元有記同治八年署縣汪坤厚捐廉重修十二年脊河橋圯里人重修包四顧橋又名餘慶橋俗名包家橋舊木建同治八年里人重建積善橋包四顧橋東舊木建同治初里人重建永豐橋積善橋東舊木建同治八年署縣汪坤厚捐廉重修滋生橋在堡城北里許舊石建俗名子孫橋同治八年署縣汪坤厚捐廉重修

右跨東橫河橋四十一按趙沈二志載跨橫河橋皆自城內堰橋至雙牌橋其東尚數十里缺而不詳蔡志始增補之前志有金竜橋閘橋泗港橋橫河橋並非跨橫河今則之自東外萬安橋起至楊厙滋生橋止有前志未備者今補之均以現在橋梁爲準

唐家橋鰣魚港口馬壩橋唐家橋南三步兩條橋馬壩橋南

右跨鰣魚港橋三此皆邑東瀕江各港之橋

何家橋黃山港口秦涇橋何家橋南璜塘橋秦涇橋東南土橋入橫河處

右跨黃山港橋四

後白沙橋白沙港口中白沙橋後白沙橋南又名湯家橋劉家橋中白沙橋南六房橋劉家橋南石建又名方家橋白沙橋白沙村

右跨白沙港橋五

塘李橋在牌樓頭陳家橋塘李橋南朱家橋陳家橋南楊木橋朱家橋南黃家橋楊木橋南

右跨蟠龍港橋五

石牌橋石筏山南吳家橋長山南宦家橋鳳凰山南土名灣橋倉利橋蟠龍山東有小集來鳳橋倉利橋南司徒橋石牌港入橫河口

右跨石牌港橋六

清福橋石頭港口渡船橋清福橋南太平橋渡船橋南侯家橋太平橋南大橋石頭港入橫河北口正德間陳誕陳譜重建乾隆二年知縣蔡澍重建

右跨石頭港橋五前志有薛山橋公明巷橋言橋高宗塘橋並非跨石頭港應歸入白蛇港

六房橋三河口東北石建新橋木建高宗塘橋新橋東一里木建徐卞橋錢家灣西北木建三房橋徐卞橋東北木建陳梁橋三房橋東南木建王木橋湖南村前木建四河口橋周莊市北爲亭子港荷溪河白蛇港三水交會之處石建興隆橋張家灣北爲白蛇港分支北行之處石建言橋以先賢子游裔寓居得名木建朱方橋言橋北一里木建公明巷橋朱方橋北二里石建彭公橋即薛山橋宋時名永濟在公明巷橋北二里石建

右跨白蛇港橋十有三

萬象橋雷溝口向南分東西支 雷溝西橋萬象橋南 陳莊橋西橋南 王木橋雷溝西支入橫河口 雷溝東橋萬象橋南 李家橋東橋南 沙家橋李家橋南 段橋沙家橋南 胡仙橋雷溝東支入橫河口

右跨雷溝橋九

陳溝橋后塍市東里許 北廟橋陳溝橋南 南廟橋陳溝入橫河口

右跨陳溝橋三

閘橋蔡港口即宋縣丞楚執柔築馬驛閘故址今稱閘上 北新橋閘橋南 西石橋北新橋東南 東木橋西石橋南 夏莊橋東木橋東南 浦家橋夏莊橋東 蔣家橋浦家橋南 太平橋蔣家橋南正統間唐幼重建 何彥橋 恩莊橋何彥橋南景泰間趙以源重建同治九年署縣汪坤厚捐廉及撥公款重修 蘇墅橋白龍山南萬歷間土坼得碣篤東坡別業故名順治五年陶甸虞及子孚尹重建橋成遂作粥賑饑時呼活人橋 馬嘶橋蘇墅橋南吳姓建陶孚尹修 南新橋馬嘶橋南

右跨蔡港橋十有三前志有青來橋俗名陶家橋陶孚尹建通濟橋陶近山學山建二橋均無考邑東沿江諸港其流亦入橫河而北惟石頭港穿橫河橫河之南名白蛇港蔡港亦穿橫河南出而蔡港之下流四五十里所稱南蔡港者也其谷瀆港則當橫河盡處南出與南長河會其橋梁亦較詳焉

西石橋泗港街西

右跨泗港橋一

小石橋廟涇港口 牛橋小石橋東南

右跨廟涇港橋二

范港橋在港口 鄒家橋范港入橫河口

右跨范港橋二

蔣橋谷瀆港口宋崇德殿講書許政德本河南靈寶縣蔣草橋人遷居楊庫橋因以名永樂元年許仲美重建萬歷間許欽重修 橫河橋蔣橋南木建 蟇蝦橋橫河橋南俗名馬家橋 青龍橋楊庫東城外舊名楊庫橋嘉靖間郭彥榮重建易今名乾隆二年郭元顯樹勳修、 古稀橋青龍橋南丁國治木建道光六年復易石 莊河橋古稀橋南木建 橫土涇橋莊河橋南 坎莊橋橫土涇橋南 羅莊橋羅莊村 唐墅橋唐墅市南舊有閘後廢 蘆涇浜橋唐墅橋南 古涇橋蘆涇浜橋南 黃崎橋古涇橋南又名永興同治九年署縣汪坤厚捐廉及撥公款重修 扁金橋黃崎橋東南

右跨谷瀆港橋十有四

令節橋楊庫城東北宋溫州同知許鳳明妻葛氏死寇難旌節港與橋俱以此名今港塞

右跨令節港橋一

黃香橋直港口 花家橋黃香橋南

右跨直港橋二此下皆邑西瀕江各港之橋

白馬橋在港口 劉家橋白馬橋南 媒人橋劉家橋西南 姚家橋媒人橋西

右跨白馬港橋四

徐家橋徐家港口 柏木橋徐家橋西

右跨徐家港橋二

浮橋在夏港口 萬安橋即夏港橋亦名延陵夏港市紹定間知縣林庚因瀕江沙岸善傾移稍南長三十五丈永樂初周道通架木又廢順治十四年繆宏倡捐易石道光二十八年里人吳陵雲朱勛揚倡捐修葺易橋面石欄 柴葫橋葫橋鎮亦名吳橋以二侯莊田所在也萬歷間徐應科高宏祖倡捐建今港雖

涇而石梁數十丈環洞二十壯麗宏鉅規模儼在濟川橋祭涇市即廢閘故址又名北新橋俗名南閘橋乾隆四年知縣蔡樹重建同治十二年里人集貲重修曹橋康熙間里人木建同治四年重建

右跨夏港橋五

三浜橋范港口八野橋三浜橋南

右跨范埠港橋二

馬舍橋虞門鎮鋪路所經正德十六年建咸豐五年里人曹裕川等集貲重建易名履祥橋

右跨流皮港橋一

世安橋新溝口向西分支舊名田橋成化九年推官柳濵移建改名虞門橋鎮西舊名新溝萬歷中曹一魁臧格重建康熙五十年繆烇修張家橋虞門橋南邵家圩橋向東分支舊名鋪橋同治七年里人曹耀文等集貲重修杏花橋邵家圩橋南木建

右跨新溝橋五

申港橋申港口康熙間繆烇易木以石又名閘橋乾隆三年烇子民瑱修伍相橋申港橋南同治十三年里人捐修孟家橋伍相橋東南劉郎橋孟家橋南通濟橋申港市舊名申港橋後港口另建申港橋此橋遂專名通濟洪武間徐道通建成化初知縣龐永澄重建宏治間復建乾隆五年繆姓修方前橋通濟橋南大單橋方前橋南徐繆二姓木建咸豐七年里人捐資石建易名戴君橋

右跨申港橋七

花家橋蘆埠港口張全橋申港丁墅二鎮之處乾隆間吳文稱易木以石又名莊前橋曹祥橋張全橋南顧家橋曹祥橋南同治十一年張廷藩修普善橋顧家橋南即後柏木橋萬歷間鍾子和建普濟橋普善橋南即前柏木橋萬歷間鍾子和建同治十一年梅秉衡江義和翟廷益

梅王明等重修上亭橋後梅市北太平橋後梅市萬歷間梅懷樓夏愛山建道光十八年重建俗名西石橋繆家橋太平橋南一作牟家橋西雙橋繆家橋南

右跨蘆埠港橋十

利港橋利港口雍正四年繆駿發朱于雲重捐建江家橋利港橋南曹莊橋曹莊村前仇莊橋仇莊村西崇禎間錢丁化捐建同治九年里人俞益文等重修居家橋仇莊橋南利城橋仇莊村南咸豐十年燬同治九年署縣汪坤厚撥款飭董董徵等集貲重建里人金國瑛記之新橋利城橋南同治九年署縣汪坤厚捐廉及撥公款重建鮑莊橋新橋南鮑莊村前卞家橋鮑莊橋西陸家橋卞家橋西李家橋陸家橋西匯頭街南孫家橋李家橋西匯頭街南居家橋孫家橋西胡家橋居家橋西三元橋胡家橋西三官殿橋三元橋西新橋三官殿橋西永利橋新橋西郭莊橋永利橋西南咸豐十年圯同治六年里人

戴齡等重建

右跨利港橋十有九

新橋桃花港口石建大閘橋新橋南乾隆間修咸豐十一年石梁燬今易以木西底橋大閘橋南乾隆二十九年建石莊橋石莊市又名聚隆乾隆三十四年祁希源高學周吳乾道等建新橋石莊橋東南蘆墩橋新橋東南華莊橋蘆墩橋東南山前橋前茉山東一名德安芝蘇橋黃土市北道光間建咸豐十年燬光緒三年里人程文集貲重建黃土橋黃土市中即萬安橋咸豐十年圯同治八年里人程栩集貲重修觀橋黃土橋南陸埭橋又名立埭觀橋南常澤橋陸埭橋南太平橋常澤橋南

右跨桃花港橋十有四

薛家橋周莊浜口向北後郭橋雞籠山西俗訛後谷郁廷芝陳大智建咸豐二年里人方幹募捐易

石南新橋周莊市南又名通濟橋石建同治十一年圯朱公橋周莊市又名至公橋北新橋周莊市北舊木建同治六年里人蘇福林集捐易石北小橋新橋北徐仲橋清溪河東轉之處又名虞仲俗名坍洞蔣家橋徐仲橋東承西橋蔣家橋東北石建今易木顧大符橋承西橋東北名顧大婆橋又清溪橋顧大符橋東北石建

右跨清溪河橋十有一此下皆各鎮大河舟楫通行之孔道自東南鄉至南鄉西鄉以次爲序其各鎮支河小水之橋則分鎮另敘

七房橋秦清河口楊家橋東同治九年署縣汪坤厚捐廉及撥公款重修泰清橋砂山西南舊名坍石嘉慶間石圯易木十五年僧達如捐募重建馬家橋泰清橋東六房橋華墅鎮西又名長庚橋西石橋六房橋東舊名華墅橋嘉靖間重建中渡橋華墅市中蕭道育建崇禎間貢

修齡重建雍正十二年陶士廉修喜鵲橋華墅鎮東俗名蘿蔔嘉靖三年貢斌建青龍橋又名疑秀橋喜鵲橋東孫榮之馬君蘭募建榮于朝珍修望湖橋華墅鎮東二里俗名章家橋嘉靖間徐應昫建今易木湖塘橋望湖橋東宣德間徐繼美建順湖橋湖塘橋東南嘉靖間郁芹郁藻建俗名郁家橋乾隆間孫士成修

右跨泰清河橋十有一

長壽橋長壽市景泰間徐高重建崇禎間知縣馮士仁徵李問政捐修乾隆間重修嘉慶間李正己重建咸黃墅橋長壽橋南正統間徐南建已毀丁岸橋黃墅橋南嘉靖間建咸豐十年燬同治四年重建須茅橋璜塘須茅村道光間石建咸豐十年燬今易木面朱港塘橋西北市舊名迎遠嘉靖間夏謹建同治三年燬六年重建易名同福橋璜塘橋璜塘市嘉靖間夏謹建咸豐十年燬同治八年署縣汪坤厚捐廉木建前馬橋馬鎮市嘉靖十八年徐治重建

右跨長壽至璜塘河橋七

慈航橋祝塘鎮應天河口同治四年里人重修新塘橋祝塘鎮東永樂間陸姓建王世亦修雍正間華舜儀徐聲聞重修同治三年燬去橋面里人易以木祝塘橋祝塘市又名發慶橋天順間徐渡建嘉靖間徐洽重建萬歷四十年孔井改建石圈乾隆九年知縣王企堂倡同孔傳球孔繼聖姚景文華鳳翼等重建培先橋祝塘市西俗名新橋康熙間孔興經捐建同治九年署縣汪坤厚捐廉及撥公款重修直塘橋祝塘市西又名顧家橋徐南孔尙存重建雍正十年里人重修同治六年里人重建塘石堰橋塘石堰村天順間龔敏龔毓重建繆墅橋塘石堰橋西一名包家橋文林橋塘石堰橋南西洋橋西洋市咸豐十年燬同治十一年里人集資重建

右跨直塘河橋九前志有馬鞍橋景泰間徐州重建王公橋西洋市北天順間朱武建二橋均無考

興壽橋長涇市俗名虹橋同治三年里人重修興順橋長涇市夏希明建興福橋長涇市東舊名東大橋乾隆四十三年張彥果易木以石

右跨長涇河橋三

跨塘橋應天河東轉處舊名八字正統間徐州建乾隆三十三年張彥果修道光十六年修改名通涇同治三年圯八年修夏甸橋跨塘橋東乾隆三十五年包錫嗣倡捐修洋境橋洋境村木建木板橋洋境橋東白蕩橋木板橋東道光十一年易石以木銀杏樹橋北角市西北咸豐十一年燬同治四年里人重建戚家橋銀杏樹橋東五節橋向東常熟界

右跨南長河橋八

北角橋北角市地屬長涇馬䟫顧山三鎮之處順治初徵人江國詒建乾隆十五年繆氏重建今名太平太平橋北角橋南萬歲橋太平橋南朱建乾隆十五年僧大鑑重捐建並築隄嘉慶間王君佐

雲開徐棠重董建咸豐十一年燬同治八年重建南角橋南角村顧言助建乾隆五十三年重建咸
豐十年燬同治三年里人重修習禮橋習禮村東舊名北里橋夏時重建嘉慶元年夏文祿倡購石眾
助成同治二年燬六年里人重建

右跨東新河橋五

南橋顧山市南跨裏岸河發源之水新橋南橋西顧山西橋顧山市西周氏建省度
橋顧山鎮北乾隆二十年李周氏重建

右跨裏岸河橋四

古塘橋顧山市東武廟前東莊橋在古塘橋北李公橋赤岸崇禎間李鵬翀建

右跨倪塘河橋三

萬安橋章卿十一周東五保界乾隆五十五年王君聲建萬福橋萬安橋北又名佛堂橋乾隆五

江陰縣志　卷二　疆域　橋梁　三十五

十年節婦王倪氏周費氏楊毛氏貞女王五姐協建

右跨化成港橋二

福壽橋文林門村市何相橋福壽橋東包家橋何相橋東蔡家橋包家橋東楊
市橋蔡家橋東何岩橋一名何塘橋楊市橋東卞家橋何岩橋東

右跨南新河又名孟河富橋七前志載倪塘新橋進澤劉家永安等橋無考或與今載橋
同名異附志於此

百丈橋郎王母橋西洋汎西南咸豐十年燬十一年里人王炳煜重建馬鎮大橋馬鎮市景泰間
徐泰建青龍橋大橋西北博諸橋西河博諸市乾隆間里人重建安慶橋博諸橋西
北湯安橋安慶橋北咸豐十年燬同治五年里人石介貞等稟請署縣汪坤厚捐廉倡建塘頭
橋四河塘頭村正統間薛守道建乾隆五十五年薛信成等修咸豐六年里人重修前渟塘橋

四河閘東岸即東對洞橋道光間重建改名永興漕港橋四河閘西岸即西對洞橋園上橋
漕港橋西黃塗壩橋園上橋西蟹姑尖東又名萬安橋

右跨渟塘漕港河橋十有一

馮涇橋馮涇河口月城橋北安樂橋馮涇橋東是家橋唐家跳東玉蟾橋蕭岐市西
舊名新橋崇禎間繆玉蟾重建康熙間孫佳修太平橋新橋東蕭岐橋蕭岐市張仙
橋璜塘皋岸市東皋岸橋又名通利橋皋岸街雍正八年里人捐資易木以石乾隆初知縣蔡澍倡
捐修同治八年重修周泗橋長壽市南兵燹毀同治十年里人重建

右跨馮涇皋岸河橋九

黃昌橋黃昌河口舊木建咸豐二年里人蔣昇捐貲易木以石雙橋南三河口西二里燒香
橋泰望山南康熙間司子修薛人英顧爾儀丁正甫等易木以石張公橋燒香橋西乾隆初易木以

江陰縣志　卷二　疆域　橋梁　三十六

石

右跨山塘河橋四

進賢橋龍游河口同治七年署縣汪坤厚倡捐檄里人吳達集貲新建俗名厚堂橋司徒橋進賢
橋南一名獅駝俗名師古萬歷三十三年知縣余士奇檄華袁王戴耿五姓建耿家橋司徒橋南舊石
圯道光間許沈兩姓重建石圯架木咸豐十年圯同治四年修觀莊橋鮑莊橋南同治五年重以木建
茶崎橋觀莊橋西南又名西橋田橋茶崎橋西殳橋田橋西長橋在四河口俗名
大橋新橋長橋西南石畸里舊木建咸豐十年燬光緒元年重建青龍橋本名汪家橋石建跨
陽湖界

右跨龍游河橋十

金童橋金童橋街跨過水溝石建蒲鞋橋跨過水溝俗名小蒲鞋橋石建三人橋金童橋西

跨過水溝俗名刹人橋石杠康熙間僧人建 蟛蜞橋跨草長涇石梁 麻子橋跨草長涇 蔣
家橋貫莊橋南康熙間寶蒼庵僧省宗修石杠又名思親橋 長安橋蔣家橋東石建 蘇家
橋北通東橫河 十畝橋西接綺山界又名十美橋 貫莊橋跨貫莊河 永定橋貫莊
橋南跨貫莊河 庵堂橋永定橋南跨貫莊河又名湯家橋 曹吉橋北通東橫河 東石
橋東濟橋東 龍埈橋北通東橫河 興隆橋北通東橫河下有閘 玉海橋跨繆家涇
兜 小石橋洋牌港口下有閘 路楊橋石建在菜園裏 永利橋永利河口順治間徐
姓建 楊橋跨楊橋河殷夏兩杜公建 李家橋跨華家浜 承彥橋白沙落向西支河木建
楊木橋跨白屈港 閘口橋跨白屈港下有閘 大橋土名泥橋石建蔣家橋西 龍家
橋跨後湖河石建 曹家大橋跨北湖河石建 沙條橋跨興隆河石建 西雙橋一跨
興隆河一跨湖西河石建 刁家橋跨興隆河 南閘橋跨水洞河石建 水洞橋跨水洞河

石建 湧渟橋跨蘆涇河石建 疏家橋跨湖東河石建 南小橋跨南小河石建 馬家
前橋南通黃崎石建 錢家橋南通黃崎木建 磨坑橋南達應天河石建 張家橋
跨千金斷石建以上四十一橋雙牌鎮 民義橋 倉橋 麻皮橋 庵基
橋 頭板橋 二板橋 三板橋 四板橋 五里亭
橋以上九橋均跨運河支河 馬漢橋跨李家浜 楊木橋跨鄭涇河 關橋跨鄭涇河 觀
音堂橋跨鄭涇河以上十三橋南外 蒲鞋橋文富橋西南跨長溝河口同治八年橋下設閘
樂渡橋蒲鞋橋西 薛家橋跨鄭涇支河 壇河橋跨鄭涇支河 沈家橋跨鄭
涇支河 馬家橋跨鄭涇支河 周家橋跨鄭涇支河 青石皮橋跨琵琶河以上
八橋西外 青龍橋青龍庵前 佘家橋 龔家橋 雙池壩橋 陳
家橋以上五橋俱跨北外支河 璜塘橋七里廟西跨永安河正統間葛佾霖重建光緒二年里人

蘇鳳池等集資重修 河東橋璜塘橋東光緒二年里人蘇鳳池等集資重修 東門橋跨永安河
之入應天河處 楊岸橋三里廟前 萬樂橋跨邯泗河 楊木橋跨楊木橋浜 善川
橋跨楊木橋浜 馬塘橋跨龍家河 水牛橋跨水貴港以上北橋綺山鎮 松橋跨松
橋浜正統間葛伯渭重建同治十二年里人重修 何文橋跨半夜浜 袁家橋跨半夜浜 沈
家灣橋跨鴨舌頭浜 新橋跨顧家浜以上五橋雲亭鎮 小橋周莊市北一里木建 老
二房橋小橋北一里道光十五年石建 周家橋徐家谷西木建 張家橋張家港西木建
章家橋亭子港北口木建以上跨亭子港 王裁橋 薛家橋 鼓腹橋
以上三橋跨亭子港支河 三眼橋跨白蛇港支港 五洞橋 關頭橋二橋跨大潮河
以上十一橋周莊鎮 青龍橋 黃泥壩橋二橋跨四房浜 趙顧三房橋
紅染橋 趙莊橋 郭莊橋四橋跨南長河支河 長生橋跨泰清河支河

鸕塘橋跨大斷河 薛家橋跨周莊浜以上九橋華墅鎮 新橋 大石橋
太平橋三橋跨白子港 黃泥壩橋 橫埭橋二橋跨龍潭浜 李家橋
矮欖橋 郁家橋 高家橋 黃泥橋五橋跨長河支 應塘橋
跨泰清支河以上十一橋馬嘶鎮 十八畝橋長壽鎮北 符匠浜橋茂市橋東南今稱符
祥浜 西參橋三橋跨符祥巷浜 徐村橋長壽鎮東 陳良橋跨白蛇港支 王家
橋 李羅子橋 青石皮橋 光嚴橋 康西橋五橋跨長
壽河支以上十橋長壽鎮 北橋 中橋 聚寶橋 花園橋以上四橋祝塘
鎮均跨支河 小橋在文林鎮大壩頭同治十年里人集資木建 九曲橋跨九曲塘嘉慶間王
姓重修同治元年燬四年重建易木 千秋橋跨沙子港同治元年燬三年重修 旺隆橋同治
元年燬四年重建易木 惠濟橋中驂駕木 李家橋同治六年廢 陳墅大橋江陰

全圖界光緒三年重建又名中興橋聚奎橋舊石杠同治元年燬四年重建易木潮湖橋六保十四保界嚴讀橋跨嚴讀浜至正間建成化間吳世完重建同治元年燬四年駕木為橋三房橋跨湯村浜乾隆二十九年僧正宗募捐易木以石同治十年里人重修湯村橋跨湯村浜乾隆間易木以石同治十年里人重修劉家橋跨劉巷河俗名東劉家橋乾隆間重建咸豐十年燬同治三年里人駕木以渡舊莊橋跨舊莊河乾隆四十八年劉姓公建咸豐十年燬薛家橋為劉家橋到鎮必經之路袁莊橋劉家橋東康熙間易木以石同治十三年重修馮塘橋馬塘村徐復重建陳店橋習禮村范莊橋習禮村南正統間何仲熹建邵莊橋范莊橋西以上二十橋長涇鎮烏鵲渡橋咸豐十年燬永安橋重修二橋三保錢撐橋重修古洞橋重修過牽橋重修三橋四保木老虎橋跨木老虎浜劉家小橋重修洞橋重修三橋五保清水洞橋重修老橋重修小橋重修三橋六保董莊

橋舊石建今改木九保以上十二橋顧山鎮萬安橋堡城南內石橋堡城內賢庵南普蓥安橋堡城西內大街倉橋堡城永壽寺西永樂橋堡城內廟衢北口文亭橋堡城東水關外名護龍橋同治初重修易今名石建永濟橋堡城南外聚寶橋堡城西外明天啟中重建易石雍正四年重修通濟橋堡城北外明天啟五年里人沈通裕重建易石同治初燬易木重建以上四橋跨堡城外城河青石橋堡城東南積薪菴北黃石橋青石橋北上界涇橋黃石橋北下界涇橋上界涇橋北湯家橋下界涇橋北以上五橋跨界涇河聚龍橋堡城東南道光八年里人重修曹口橋澱龍橋南二橋跨閘碑塘以上十六橋楊匯鎮西研硾橋跨南馬斷涇會源橋跨張公港以上二橋大橋鎮永安橋跨周家涇同治九年署縣汪坤厚捐廉及撥公款重修馮家橋跨白屈港沈四丁橋中祥圩後單面橋范家村側廟橋龍鳳庵側三橋跨新河港得勝橋八房村後跨石牌港支河女仙橋跨斜

角涇孟家橋跨三畝涇張家橋土名潭長橋跨西灣涇大通橋界大橋鎮黃埼橋跨黃埼河橫河南出之支流也蔣王橋跨黃崎河西池橋黃崎河東分支東安橋黃埼河東分支新涇橋跨雅頸河以上十五橋三官鎮橫溝橋跨斜涇河沈龍祥建光緒三年里人梅雪香經捐重修東楊岸橋跨斜涇河俗名楊安橋光緒二年里人熊文貴梅雪香集捐重建西楊岸橋跨斜涇河乾隆初知縣蔡澍重建同治十年里人集資修積善橋跨斜涇河俗名印家橋嘉慶間里人印泗建光緒二年邱科文修馬涇橋跨馬涇河本名萬祿又名多祿萬歷間僧悟空建康熙十三年里人修道光間徐嚴氏捐資重修光緒二年里人梅雪香等勸捐重建後塍橋跨馬涇支河徐明欽建光緒元年徐裔重修梵音橋新橋南里許俗名邗泗橋跨邗泗河康熙三年僧梵音建光緒二年里人熊文貴等重建曹飽村橋跨邗泗河大東橋跨龍家河卜家橋跨龍家河亦名入家橋范家橋書房橋薛家橋石塘

橋四橋均跨范家河譚家橋毛家橋黃野雞橋三橋跨新涇河支大石橋跨繆家浜徐家橋跨繆家浜灰墩橋灰墩前以上二十橋謝園鎮井亭橋九里橋斜橋花家橋譚涇橋六彥橋奶婆橋施家橋紫金橋白玉橋永利橋鵲竿橋五馬橋御史橋偷狗橋以上十五橋均跨九里支河蔡涇鎮塌水港橋跨塌水港光緒三年里人重修安樂橋牛筋橋青興橋朱家橋鮎魚橋興隆橋小閔家橋郝涇橋楊木橋周家橋陳家橋馬家橋楊家橋十三橋跨運河支河以上十四橋月城鎮東河橋跨趙家浜楊木橋跨羅岐溝鄒家橋火燒橋吳硯橋吳莊橋管家村橋五橋跨塌水河柴溝橋

跨柴溝河以上八橋夏城鎮 黃橋跨塌水港天順間楊以清重建康熙間薛高進修道光八年里人顧文奎文淵薛鳳苞集貲重修 采莊橋黃橋西雍正間薛士漢建咸豐十年燬 小馬岐橋

下田橋 楊新橋 朱家橋 大岸橋均跨塌水河以上七橋黃橋鎮

張塘橋青暘市北 胥林橋胥林村 雙廟橋跨五滆河 後渟塘橋跨後渟塘河

塘下橋鄧暘村北 悟空橋 狄塘橋二橋在悟空村 毛莊橋灣港橋西

茂安橋橋埼村 楊莊橋 富家橋二橋跨後渟塘支河 顧家橋 潘

家橋 奚家橋三橋跨奚家浜 觀燈橋 是家橋二橋跨七里浜 花家

橋 馮村橋 荷花橋 金帶橋四橋跨運河支河 潘路塘橋

江家橋 裏新橋 外新橋四橋跨新河 孫卞橋 小楊淮

橋二橋跨塅水河 方便橋 石橋 連登橋三橋跨塌水支河 陳采橋

江陰縣志　卷二　疆域　橋梁　四十一

界溪橋二橋跨界河以上三十一橋青暘鎮 孫公渡橋跨後渟塘河俗名渡船橋薛文理建

嘉慶間修同治九年署縣汪坤厚捐廉及撥公款重修 王二橋塘頭橋南咸豐十年燬同治四年里

人重建 義成橋跨博瀆河向為渡雍正七年建嘉慶間修咸豐十年燬同治九年重建 北圩

橋仁社莊西北 元涇橋小青暘北以上五橋泗河鎮 安樂塘橋跨湖塘河口崇禎間

尼常廣募建乾隆八年唐舜哲修同治九年署縣汪坤厚捐廉及撥公款重修 隆盛橋湖塘市 永

壽橋 南三房橋三橋跨湖塘河 勝塘橋馬鎮橋北崇禎間徐宏祚建 祝家

橋 冶坊橋 胡莊橋 西小橋四橋跨白蕩支 前馬橋 蘇

墅橋 石塘橋 張四房橋 東橋五橋跨璜塘河 呂洞橋

施家橋 黃安橋三橋跨璜塘支河以上十七橋馬鎮鎮 趙墊橋跨大士庵浜同

治十三年木建 鳳村橋木建同治九年修 元塘橋石建 東木橋三橋跨元塘浜 團

塘橋木建 盤水壩橋石建二橋跨府廟浜 四房小橋石建 包家橋木建二橋

跨直塘支河以上八橋璜塘鎮 石塘橋界花山綺山兩鎮間在應天河南橫水交匯中亘石塘乾隆初

知縣蔡澍激湯元臣等重建并修石塘 寶媳婦橋跨牛夜浜 安樂橋 寒塘橋

花山東徐南建 湯家橋 薛家橋 蘇家橋 永興橋六橋跨焚香浜

以上八橋花山鎮 參橋蕭岐市跨潘家浜 鳴江橋蕭岐市東南跨馮涇 董家橋馬涇

橋東 朱家橋 花塘橋 蔣家橋 周莊橋 沙田橋五橋

跨焉涇支河 張匠橋 笆斗橋 黃鶯橋三橋跨窰墩浜 丁家橋

唐家橋 陳官舍橋 興隆橋四橋跨張塘浜 周八楊橋 前

湯家橋 鄧家橋三橋跨斜涇 後湯家橋跨斜涇支河以上十九橋蕭岐鎮

寶藏橋 五里橋 黃青橋三橋跨長溝河 聶家橋跨聶家溝 臼蜆

江陰縣志　卷二　疆域　橋梁　四十二

橋 陳皮橋 青龍橋 居家橋四橋跨支河以上八橋葫橋鎮 壩填

橋鮑莊橋南乾隆間建同治四年修 齊夏橋觀莊橋東又名徐下橋同治四年重建 吳涇

橋跨吳涇河孫家衖後明建 太平橋吳涇橋西明建同治十三年重建 由作橋跨凌蕩河

乾隆間建橋下有閘今廢尚存寺閘工食田二畝 步瀛橋一名步雲石建 正隆橋又名南城

墅橋石建 劉岸橋三橋跨龍游支河以上八橋觀山鎮 利大河橋西小湖橋萬曆間建乾

隆元年知縣蔡澍修咸豐六年里人董甕等集資重建 徐家橋跨利大河在徐家村同治十二年里

人葉佩萱徐永三等集資重建 小黃土橋郎萬安橋利城市同治九年里人程併等集資重修 官

莊橋界利城姚花兩鎮 大藏家橋在大璜墅村一里界江陰武進兩邑 瓦沿橋

葉家橋二橋跨西尖浜以上七橋利城鎮 大岸橋跨利大河 東昇橋跨利大河支流

嘉慶二十三年建 燹龍橋跨虎塘涇口北逵 碧溪橋跨網頭河與暘湖接界 灰

工橋跨黃泥涇以上五橋前周鎮 城河橋跨東城河嘉慶間單應璠捐建 蔡公橋跨排港河乾隆七年知縣蔡澍建因名 亭橋跨大脈河 青龍橋跨東順塘河俗名牛橋 劉師橋跨東順塘河 劉家橋跨東順塘河 順塘橋跨西順塘河 博施橋跨西順塘河在七保觀音堂西北 東雙橋五保跨界河以上九橋後梅鎮 鐘究橋跨烏泥沙 龍王橋 東橋二橋跨三叉河 小石橋 大石橋 下龍橋 李家橋四橋跨烏泥涇 後橋 周西壩橋二橋跨西城河 薛家橋跨東城河以上十橋丁墅鎮 韶功橋 永濟橋 黃墊橋 永安橋 和尚橋五橋跨花家河 後龍橋 消宕橋二橋跨穿龍河 高德橋跨燒餅河以上八橋桃花鎮 豆字橋 聚龍橋 聚泰橋 大路橋 小路橋

孫虎橋 孫家橋 胡三殿橋 狄家橋 十畝橋

北石橋 朱家橋以上十二橋申港鎮均跨申港支河 麻皮橋 塔下橋

小鋪橋 朱郎中橋以上四橋虞門鎮均向西孔道 小橋 茶庵橋道光二十八年吳凌雲重修 治平橋道光二十八年吳凌雲重修三橋向東孔道 福祿橋

善慶橋 油榨橋 青石橋四橋向西孔道 欄杆橋 下避世橋 璜塘橋 雙行橋又名雙仁橋四橋向南孔道 對家橋 俞增橋，袁家橋三橋向北孔道 新橋在二保 興隆橋 王世昌橋二橋在三保 張公橋 繆莊橋 大段橋 姚溝橋四橋在四保 陳思橋在七保 鄭涇橋 小橋二橋在東墩保 朱家橋在西墩保 太平橋 尹范村橋 三浜橋四橋在孟濟保以上二十八橋夏港鎮

右跨各鎮支河橋四百四十二雙牌四十一南外十三西外八北外五綺山九雲亭五周莊十一華墅九馬嘶十一長壽十祝塘西長涇二十顧山十二楊厙十六大橋二三官十五謝園二十蔡涇十五月城十四夏城八黃橋七青暘三十一泗河五馬鎮十七璜塘八花山八峭岐十九葫橋八觀山八利城七前周五後梅九丁墅十桃花八申港十二虞門四夏港二十八 舊志所載橋梁間有脫漏倒置之處此次依河順序載明興廢其支河小港悉照採訪統附於後至無名各橋及一木一石之微概不瑣載

下新橋 武廟橋 嚴橋 便民橋 西三節橋 東三節橋 通興橋 文星橋 徐家橋

右跨南橫套河橋九

往吉橋在年豐鎮前小圩東岸傍穿港 來安橋在年豐鎮大檀樹港西岸 利通橋在年豐鎮

小檀樹港西岸 與進橋在福善鎮姚家港西岸 名貴橋在福善鎮段頭港西岸 富安橋在福善街中跨韓港 兩順橋在福善鎮薛家港西岸 途安橋在德順鎮天生港西岸

同善橋在中正鎮夾港東岸 壹是橋在中正鎮直港西岸 道平橋在中正鎮奎字圩南照字圩北 鎮安橋在中正街西市猛將廟東跨陽離港 長壽石橋在大圩埭西跨小檀樹港光緒二年重修 周家橋在年豐街東梢跨朝東圩港周姓捐造故名爲往東要道 通濟橋在周泉圩埭西跨凝頭港爲往西要道

右壽興沙橋十有五

鳳凰橋在常陰沙錢福圩東南岸跨金雞港 南萬安橋 北萬安橋二橋俱在萬年圩西岸跨界牌港

右常陰沙橋三

重建文明橋改名文富橋記

知縣 陳希敬

出縣西門半里許曰鄭涇河有橋絕東西之口曰文明橋鄭涇河原名季港久湮明神廟三十六年邑人尹嘉賓始倡疏之兵使蔡獻臣建是橋

國朝順治十六年復修吾縣濱江爲治承陽湖無錫諸湖蕩之委流自中年夏港久不濬灘則大半由鄭涇河以達江而商帆賈舶越江海趨蘇常者遂往往踰集於此縣北阻江故南北狹而東西侈西門七十里始接陽湖界其間鄉鎮十里落百數其民出入負販委輸往來入城者皆出是橋水陸衝係於民生甚切橋久不治將圮邑人士集貲而新之以道光十三年十月初三日經始逾年四月初六日落成環請於余曰形家言邑向時潮汐之入也率由夏港出蔡涇折而東經九曲河抵城南水關而入城出北關以輸於江形勢蜿蜒回合故其時科第鼎盛民居殷富甲於旁邑其後夏港漸淤而潮汐直趨北關氣勢促迫震撼以有鼎革兵燹康熙二年邑侯何公築永定壩以護北關使江潮不得直射而旁闢龍鬚河引江潮達鄭涇河環城而南注然後風氣稍得完固今夏港舊流勢不能復理則愼保永定壩同江潮於鄭涇河可永永不替庶幾文章之美民物之阜漸追躡日之盛乎顧易橋名曰文富以爲他日諗余曰徒杠輿梁王政所急邑有司事也諸君予不煩董勸趨之如不及誼甚美博稽故事考覽地勢以求勿敷慮甚周加意桑梓偏福閭黨不私一已惠甚溥推諸君子之風薰染一邑則人人有士君子之行風俗日想紹休聖精多文爲富以成康樂和親之治盖無惑也形家之言又奚足云因欣然書之使後來者有考所費緡錢及捐貲在事諸姓氏則列之碑陰

重建利城橋記

邑人 金國瑛

暨陽西匯爲古利城江常往來橋因鎮名石破柱欹夷丁寇兵版架木支施行恐驚我侯汪君莅守斯土惠政在民百廢具舉廉俸分甘倡彼捐戸慨依襲傾踴躍趨赴日經日營估工計程材必擇精不勞使令市浹三旬事已蒇成垂如虹長卧若龍伏永固平康利溥獲福董君秋江實董其役德善稱揚與石不朽穹植道旁姓氏書左

重建代航橋記

邑人 承培元

吾邑東北濱江引江水以資灌溉者曰橫河河起邑城東門外節節有港引水至楊舍谷瀆港而止谷瀆之西曰范港河與港相值者爲楊舍五保有木橋以絡南北實惟楊舍至城至章卿至大橋之孔道也舊名郭家橋與郭家觀音堂相近是否郭姓刱始年遠無可徵前年橋圮行旅頗有顛躓之患郭君承啟陳君祖厚相與集衆修復焉時值粵楚匪滋事木價翔湧因議以石代木可逮久遠衆齊費集陳君慨然於捐數外不給者獨任之遂諏日庀材鳩工經始於某月某日至某月某日而工竣橋長凡若干尺寬若干尺高若干尺用木石若干夫役若干其費得於衆捐者若干出於陳君者若干程敏工固往來者成便之郭君鳩飛過余屬爲之記大成杠成梁司土者之責也諸君子不煩董戒而興舊舉廢樂事勸功陳君復見義勇爲樂成人善抑何詎之美而惠之溥也郭君又不欲橋之虛襲舊名以近觀音堂易其名曰代航然則斯橋之濟人也其即大士之慈航賦余故樂爲之記以諗來者顧吾更有進者橫河之壅於迄今已二十餘年待濬甚汲汲矣儻有聞陳君之風而興起者是又余所延企欣俟者也

坊表

暨陽古邑坊縣治前舊日司牧保障咸豐十年燬光緒元年重建春申舊封坊縣治前西轉縣署街口乾隆初知縣蔡澍建道光初知縣蕭瑾重建咸豐十年燬光緒元年重建德配天地坊道冠古今坊學宮左右咸豐十年燬同治十年重建金聲坊玉振坊舊跨中街後移玉帶河北咸豐十年燬同治十年重建稟征坊學署門外乾隆四十六年圮五十三年重建萬壽坊廣福寺巷龍飛駐蹕坊君山東嶽殿外以明太祖登此山故名迎恩坊舊在南外高橋堍北轉街口後移駐節亭前咸豐十年燬同治五年重建榮戟遙臨坊在黃田港口駐節亭前同治十三年長江營建節孝總坊節孝祠東道光十一年稟旌節孝公建節烈公坊節孝總坊北道光十三年稟旌乙酉殉難節烈婦女公建

右官坊現存者其已廢衙署及各神廟表額廢興由於廟與署弗係乎坊也不備載

大司馬坊城隍廟西爲徐晞立同治八年後裔重修三典秩宗兩飭兵憲坊大司馬坊東爲袁禹臣袁一驥立三世問卿父子侍御坊學院署東爲李杲李鵬翀李應昇立少宰司空坊太宰都憲坊高巷口及楊巷口俱爲劉光濟立詞林正氣坊學宮內爲繆昌期立大司成坊學宮內爲張袞立趙氏世科坊學宮東俗名鼎魁同治年間後裔重修侍御坊南鎮巷爲范鳴謙立天官坊南鎮巷爲劉光濟立孝子坊四一在城中劉伶巷爲陳其忠立一在璜塘頭保爲黃文羲立一在青暘鎮河西爲增生葛漁辰立一在夏港延陵橋東堍爲吳鳳立

右科名官閥名德坊表現存者

傳臚坊爲卞思敏立進士坊爲陳憲立解元坊爲徐泰立喬梓傳芳坊爲許鳳翔許芳立文定坊[illegible]宗立持平三輔觀風兩浙坊爲范鳴謙立少司寇坊爲何遷立進士坊爲王詔立清要坊爲王詔立以上九坊大街父子同榮坊爲合邑父子登第者題名兄弟聯芳坊爲兄弟登第者題名同年十五舉子坊爲宏治乙卯科黃昭等立一秋兩京解元坊爲景泰丙子科徐泰吳啟立世沐恩榮坊爲華旭立進士坊爲林鶚立進士坊爲顏暄立恩榮弈世坊爲徐晞祖父及子孫立以上八坊中街繡衣坊爲李璟立春官進士坊爲劉綸武立鴻臚坊光祿坊爲劉乾立以上四坊南街繡衣坊爲曹忠曹宏立進士坊爲卞榮立進士坊爲杜宥立以上三坊西横街進士坊五備載甲科諸人鄉進士坊五備載鄉貢諸人以上十坊鴻漸街諭德坊學士坊司成坊爲張袞立宗恩坊爲張詰立雙鳳坊爲任蓉任漢立四牌坊聖母橋西堍通衢四達四面爲坊万貢

坊醃曬所臨河以上七坊鎮巷職方坊樞要坊爲張簡立世科坊爲湯銘湯沐湯明善立方伯坊廷尉坊都憲坊爲湯沐立以上六坊大巷解元坊爲吳啟立繡衣坊爲嚴萱立以上二坊南外

右廢坊詳其地存其名或石礎可辨或遺址莫尋蔡志有梧塍古塘赤岸三坊鄉鎮寥廓恐涉挂漏不盡識也

紀綱法度禮樂文章坊學院署左右延陵故里坊縣治前轉大街口宋元曰近民明曰悅來雍正間燬重建嘉慶初復廢道光二十年署縣陳延恩重建進士坊學院署東爲陳詞立貢士坊學院署東爲陳鳳立

右坊均於咸豐十年燬

江陰縣志卷之二終

江陰縣志卷之三

山川

江陰瀕江而多山山不種植民不獲山之利城鄉河港賴江潮以資灌溉低鄉遇盛漲無所宣洩其畏潦甚於他邑而潮挾泥沙易致淤塞潮不內入則灌溉無資故畏旱尤甚於他邑宰斯土者勸種植以興地利亟開濬以重農功能一日去諸懷哉若延陵申浦由季子春申以得名雖考證者所必及而非斯邑民生之急務也志山川

山

君山在澄江門外二里縣治直北以春申君得名舊名嶓江山俯臨大江北眺維揚南挹姑蘇東望海虞西眄京口洵一邑之雄勝也由西麓而上爲東嶽廟殿前有坊曰龍飛駐蹕明太祖曾登此殿下爲春申君墓循廟而上曰元天門其上有松風亭廢址趙志云宋志山巔故有松風亭後易名心遠山巔爲眞武廟俗稱無梁殿今廢廟西南宋時有浮圖基尚存明邑人尹嘉賓議重建累石築基而未成山之北有樓面江曰望江樓宋浮遠堂故址在其上浮遠堂宋紹興間知軍趙禥之創建取東坡江遠欲浮天之句江都仲并作記司法李珏柱聯云此水自當兵十萬昔人曾有客三千舊有翠煙廳時雨堂如斯亭處江亭潮音閣洗心亭沈志作堂蔣靜學易處後易名澄江江樹亭皆廢不可識別矣其自東嶽廟左而上有三元殿今廢三元殿之東北有石方廣數丈曰盤陀石蔡志載盤石流泉旱則竭雨則流蓋石隙積雨所注有似泉耳其下爲留月嶺蜿蜒坡陂嘉慶間於盤陀石左重建梅花書院詳書院條今廢地當張逌二公祠之後非故址也院左闢磴道數百級植梅千本繚以周垣上建石亭遊覽者得憑眺焉

鵞鼻山在縣北四里山勢高斜如鵞鼻俗呼鵞嵋嘴江自金焦而下大潮直衝磯頭水湍激深不可測今潮漸移而東磯下稍淺矣

黃山在縣東北六里西自鵞鼻連岡而東爲琵琶峽過峽四五里望若臥龍曰黃山相傳以春申君姓得名上有

數峯中峯名席帽亂石散布吳時烽火之所其巔元邑人王逢所隱居也其東山隴中凹爲馬鞍山南爲龍頭岡其北巉巖峭壁有山嘴入江曰雞頭灣明邑人方謨鑿石得二島建淩波閣植桃石隙稱小桃源與雞頭灣東西相接者曰大石灣小石灣兩灣各有巨石或臥或立激湍飛濤嗽齧其下如橋如洞奇險清絶爲邑人勝遊地

蕭山在縣東北十五里本以蕭姓所居名之俗譌爲小山上有祭江臺前代以子鱭入貢漁人羣集所也

彭公山在蕭山東舊傳彭越東征爲營處

蟠龍山在蕭山東南一名蛟山唐垂拱中有黃龍蟠其上
三日故名
鳳凰山與蟠龍山相接昔傳有鑿石得玉鳳凰於此故名
香山在縣東北三十里十國紀年吳越攻常州張可琮以
江陰兵從陳璋敗吳越於香灣此其處也歷石虎門有
小峯特出曰小香山有菴曰梅花堂其額爲東坡書由
麓而上曰采香徑上有祖師殿繞而東爲兜率院又有
最勝塔土名壓斷窟越嶺而北有澗數十丈夾澗植桃名桃
花澗
浮山在香山北又名巫山孑立江湍爲江海門戶故曰巫

子門舊時江濤旋繞其趾今山之北石壁稜稜而洲漲
沙聯竟成平陸煙火相望矣
長山一名眞山舊傳梁武時有女於此得仙建至眞觀故
名祥符圖經作甄山東距香山二里許西麓有巨石飛
跨入江面平如筏故前志亦稱石筏山今呼石牌筏之
出没視潮汐長落江邊大石方丈許爲漁人舉網地循
麓而上有斥堠礮臺江防烽火在焉東北麓臨江峭壁
中空下垂爲大小天臺石其下有石室空洞杳冥人跡
罕至
鎭山在香山東北舊志謂昔有虹蜺出此山爲鎭星所隕

化者其說荒唐不可信蔡志移貪山之解祟泉謂出此
山未審何據今沒榛莽中莫能識也其北有石獨立如
老僧曰和尙石土人以石頂液出爲雨兆東有平岡明
時石頭港巡檢教士兵馳射處
段山在縣東北七十里大江中與楊舍堡相望傍山沙渚
曰段山沙
綺山在縣東十里昔吳王泛舟其下見野花錯繡如綺故
名山有虎礪石斕斑如虎隱踞巖壁間東有善利泉味
甘美泉流分注曰兩水灣俗謂冷水灣陸文圭墓也
敔山在縣東十五里山脊形如鉏鋙故以敔名俗名耙齒

山一名貪山梁大同中有樵夫識金銀氣掘之爲石所
壓故名貪
定山在縣東二十里雄峻磅礴爲邑諸山之冠山勢岡巒
迴合面各異形舊傳有定光佛示現故名又以山之西
阿有女仙臺太守女於此修仙得道亦名女山其西曰
娥墓嶺南俯應天河東至三河口又東三里有兩坡夾
出崖谷砉然溯澗道紆折而入高峯如屏泉石綺麗則
覺塔灣也明時葛氏別業有三十一景今廢下爲飛錫
菴唐法響駐錫處菴又有玉乳泉俗名虎跑瑩白甘腴
循灣北上爲千僧基前代故叢林地毀廢已久今仍建

僧廬焉
彭墓山本定山支隴在張岐村亦名張岐山
售山在縣東二十五里梁天監中劉售嘯聚於此自名爲
售山
稷山在縣東三十里唐薛稷有別業於此亦曰薛山下有
長洲翰林顧淞墓
覆酒山在稷山東山極低小形如覆舟曰覆酒者音之譌
也
赤石山在縣東三十里高僅數丈俗呼繆墅墩上有周穆
王廟遊仙塘赤石亭俱廢山下產紅石郭璞云赤石山

下有朱砂是也
砂山在定山東南十里爲華墅鎮之屏障其西支嶺曰雞
籠山迤東有泰清寺又東爲牛嶺山頂有五峯曰五峯
頂（上有石方廣不盈丈曰金鼇石）登山四望具區揚子隱約可見東峯
建文昌閣山頂砂磧隱隱如列堠昔楊吳武義間敗吳
越兵於砂山豈其地歟東北麓爲趙孝子墓
白龍山在砂山東二里舊傳有白龍遊其上今龍洞在焉
一名龜山北數里有小阜曰白鹿山吳王獵得白鹿之
所故名
顧山在縣東九十里舊名香山以界於江陰無錫常熟三
縣故名三界山半麓爲香山寺建自梁大同中寺有山
茶樹相傳爲昭明太子手植寺左有文選樓
由里山在縣南十五里郭璞條山記云由里山前瓠子岡
山之得名以此或曰山四面皆九里譌九爲由或曰兩
峯相倚如妯娌名妯娌或又曰山有石磧作鯉形名游
鯉西曰楊梅隖其南葛文康墓在焉由墓而下爲冷光
亭爲九蓮菴其西爲山居菴山人李寄棲隱處折而東
爲松蔭菴上有白龍洞山巔作雲邦人以爲雨候其旁
小峯北落者前志分此爲華山
毘山在縣南三十里俗名時山以有時姓居此也有寺曰

能仁亦名中山寺
慶山在縣東南五十里富杯河之南以慶雲里得名一名
盤石山界屬江陰金匱間
青山在縣西五里形甚卑小寰宇記云上有干將鑄劒鑪
九所又名九鑪山
秦望山在縣西南三十里南徐州記暨陽縣西有秦履山
是也其峯有三曰頭茅峯二茅峯三茅峯皆建元帝殿
其頂二曰烏塔曰箬帽武陽諸峯環列左右東曰雙奶
山兩峯並立西曰仙人墩俗呼蘆岐山墩下蘆岐菴烏
窠禪師放螺異跡在此其東支曰雞籠山（與砂山雞籠名同地異）

焦山在秦望山北舊志云樵山之譌

觀山在焦山北山頂如屏東西分峙諺稱觀山頂上玉屏風者也其前兩峯矗立一道中通曰觀山門其西南支曰丁國山

高山在觀山西俗稱舜過山北岫爲唐人魏璞隱居處今其地尙名魏村山南有野山嘴入陽湖界

白石山在觀山北岫如伏獅又名獅子山山産白土如石可磁可罐陶者取焉

前栗山在縣西六十里山不甚高而卑椒獨秀山旁多種瓜味甘美今稱前栗瓜是也

萬壽山在城內學使署後舊志不載蔡志謂諸山歸宿處未習形家言不能定其說也附識於末

江

揚子江在縣北二里西接武進達京口北越靖江抵通泰東達常熟又東流入海中有段山巫山石釘三角等沙

江湖一日夜再至呼吸萬里吐納百川旁灌諸港

湖

芙蓉湖距邑南境三十里以湖水繞三山下名三山湖又名射貴湖地隸無錫陽湖兩邑其東壤屬江陰者則馬家湖也隸於青暘夏城黃橋三鎮之間與芙蓉湖接壤中界一塍前代時瀲波千頃葭菼叢生固汪洋一大藪澤也明宣德時巡撫周文襄塞湖爲田築土爲隄凡闢芙蓉湖田三萬六千畝屬陽錫兩邑馬家湖田七千三百畝屬江陰四圍長河繞之所築隄廣數丈各圩田塍鄣列村落碁布芙蓉湖境稍低湖心尙有方沼數十畝爲當日遺蹟馬家湖則皆膏腴沃壤非復舊觀惟淫霖水溢墟落浸漫居民挐小舟出入有浮家泛宅之慮焉

前湖在縣東南隅南唐時何氏女避亂遇賊不屈自投於湖卽其處也舊爲巨浸築城後盡塞爲田僅存小沼人猶指爲湖云

胥湖在縣東四十五里相傳伍子胥入吳過此擊劍而歌因名胥歌村湖在村側

織墩湖在縣東三十五里宋紹興間詔爲放生池湖中土阜傳爲吳王第八子墓宋志云其地四十七畝有奇今四周水僅尋丈寖非舊矣

曁陽湖宋志云舊經在縣東十五里又有螺州並莫詳其所在

河港

內城河

南轉河

東轉河以上詳見城池

鄭涇河在朝宗門外自高橋分流入端明橋西行二里許至龍鬚河口合南轉河北入江萬歷三十六年兵備道蔡獻臣以諸生尹嘉賓請檄里民開濬

龍鬚河一名新河在澄江門外自永定壩繞西而南接鄭涇河向因殺江潮水勢疏之今爲兩轉河通黃田港之道

黃田港在澄江門外春申君開以溉田故名爲江潮出入之總匯前志俱以貫城闉南出而與九里河接者爲舊渠今築永定壩港水西轉而入鄭涇河出端明橋南與

運河及應天河會

澄江河一名壇河在澄江門外引東轉河水北行而西繞邑厲壇由澄江橋口入黃田港

鰣魚港在君山東引外城東轉河入江今久淤

右近城河港

夏港在縣西十里傳爲夏禹所鑿故名黃志云南引五瀉堰過青暘北至山塘河口折而東過㭬鎮出蔡涇閘北入江迤邐七十五里介縣境而中分之蓋江陰百瀆之宗經浙西列郡之喉舌洪荒以來禹跡所及固已有之非若申蔡諸港智謀而力爲是故志河渠者必於是乎先焉今自運河西岸蔡涇廢閘爲入口處西行折北十餘里入江其支河西行者北爲蔡宕溝又北曰吳涇河在葫橋鎮東出者曰聶家溝北曰南溝又北曰郭家瀆曰陳皮溝曰橫塘溝分支南行者爲崇溝河一名龍游河長十六里繞雞籠秦望蘆岐等山之陰向南行至焦墊接三山石堰之水又分支東通運河者爲龍章河俗呼黃昌河

國朝康熙四十三年及四十七年雍正十三年相繼濬乾隆四年知縣蔡澍重濬自蔡涇閘至港口馬橋內小石橋長三千八百四十丈八尺夏港葫橋觀山蔡涇四鎮業佃協濬並濬龍游河自夏港河口至汪家橋陽湖界長二千六百六十六丈一尺觀山近河各一村莊濬又疏通高家善岸聖斯三溝善岸高家東西對直中隔一田長九十步高家聖斯亦東西近接中隔田塍長二百二十步三溝相望阡陌間之不相甡貫善岸由大河進潮向無旱涸之患而高家聖斯水出橫塘河紆迴而入潮汐難達且南近鳳凰白石諸山時遇淫雨山水泛溢旱澇交病乾隆七年知縣蔡澍相度形勢令買田二畝餘開通三溝大河之水輾轉貫輸遇有漲溢亦宣洩通暢矣向例夏港河本夏港葫橋觀山蔡涇西鎮分開惟觀山上四保與下五保以不肯協開許訟不已

雍正五年知府包括勘令下五保協挑三百十七弓後知府梁敦書飭照前議乾隆三十八年知府費淯仍照例協挑惟龍章龍游二河不在此例各保應挑段落悉照舊規勒石永遵十三年署縣祖也德濬十七年知縣張季賢濬五十一年署縣吳煥濬五十七年知縣張曾枚濬嘉慶十一年知縣黃鶴濬二十四年知縣蕭瑾濬道光十二年知縣陳希敬濬十八年署縣陳延恩濬咸豐七年署縣何煥組濬同治十年署縣周鼎濬

夏港支河原名都涇又名街河河身穿民房而居民覆橋亭其上兵燹後頹垣破瓦充牣其中同治五年里人吳璋朱寶等稟請挖都涇河集資買田十餘畝引葛家河

港水開通至姚溝河直達三保西接范埠溝首尾造閘以時啟閉三保農田藉資宣洩

龍章河　龍游河

國朝乾隆二十八年五十年觀山下五保民合濬夏城一保附近田畝循例協濬

流皮港在縣西二十里分新溝水北行入江

新溝港在縣西二十二里自三山石堰北行三十五里入江 其支河曰黃溝長二十餘里南通陽湖又南曰橫溝流注西南為申港東北溉田所資又有大路溝及小支河七又有橫塘河界溝河東至觀山門西達陽湖界 明天順三年知縣周斌濬七年主簿劉道濬萬歷間里民曹魁倡濬

國朝康熙三十八年知縣黃和中濬乾隆四年知縣蔡澍濬 自港口武廟至陽湖界長二千七十九丈五尺虞門申港二鎮沾水利者業佃協濬 並濬橫溝河 自新溝至陽湖界長一千二百二十二丈夏港鎮三四六保申港鎮一保虞門鎮一二三保業佃協濬 同治八年署縣汪坤厚濬並濬橫溝河

申港在縣西三十里傳為春申君所開故名自陽湖界西三河口北行至大軍橋又北過申港鎮之通濟橋迤而東又北過劉郎橋西行過五相橋折而北過閘口長三十餘里入江 西面支河四順塘河通蘆埠港及利港西界溝大脈河斜溝河俱通蘆埠港東面支河五北橫溝西橫溝橫塘河東界溝范埠瀆俱通新溝港 宋大觀間縣丞于溥濬乾道間運漕姜詵知軍徐蒇大濬明洪武二十四年濬天順四年知縣周斌濬宏治七年嘉靖元年俱濬崇禎間里民繆應魁倡捐三百金濬港三十餘里知縣馮士仁旌之

國朝乾隆四年知縣蔡澍濬 自閘口至陽湖梅家瀆長三千二百六十九丈例於中港後梅兩鎮沾水利田畝開挑 並濬范埠溝 長九百六十二丈五尺夏港鎮三保虞門鎮一三保業佃協濬 十九年四十二年重濬同治十年署縣馬鴻翔濬

利港在縣西五十里自陽湖界塘河入前周大小鬼涇西北入南橫河經利城約二十餘里至丁墅入江 支港曰、羊角澇薛家浜奚溝門 宋大觀間縣丞于溥濬隆興二年知府劉唐稽濬乾道二年運漕姜詵濬明嘉靖間頻濬

國朝乾隆四年知縣蔡澍濬 自上東瀰溝至陽湖界長五千四百三十三丈五尺面闊十二丈底闊四丈後梅前周利城桃花丁墅諸鎮沾水利者分段開挑 四十二年知縣趙源治濬同治十一年署縣周鼎濬 照業佃協濬舊章

立埭河在利港西五里一名橫丹河自武進界東北行至丁墅入江 東曰西城河亦名找溝更東曰東城河亦名質港 明永樂嘉靖間濬

蘆埠港在縣西五十里深廣與申利二港等南自陽湖網頭河入北行逾順塘河西繞後梅轉北過普善橋東折轉北過張全橋又過馬橋入江 其西面支港曰西瀰溝西瀰河稍南曰下閘口又南曰橫溝河排溝河其東面曰後溝順涇溝大脈河西由西順塘入東由東順塘入 明成化間僉事伍性濬宏治九年縣丞張銘濬嘉靖二年重濬

國朝康熙二十二年四十七年俱濬乾隆四年知縣蔡澍濬自陽湖界至馬橋長三千十二丈五尺丁墅申港後梅三鎮沾水利田畝派夫挑濬並濬排滸河長七百六十弓後梅利城兩鎮沾水利者挑濬三十一年四十二年復濬道光十五年二十三年俱濬咸豐七年署縣何煥組濬同治十二年署縣金吳瀾復濬

桃花港在縣西六十里前明爲海運故道南自陽湖界入前周經利城丁墅至桃花入江支流爲小橫河萬家河小三义河川龍河小桃花河明洪武二十八年濬正統四年巡撫周文襄濬天順三年知縣周斌濬宏治十八年通判姚文灝大濬並疏申利立埭三港嘉靖元年濬並濬申利二港二十四年

知府符驗濬

國朝康熙三十六年知縣耿慶濬乾隆三年知縣蔡澍濬長四千七百九十四丈八尺內武江兩邑公開一千五十五丈八尺江邑全開三千七百三十九丈例於丁墅利城桃花前周四鎮沾水利田畝業佃協濬十八年重濬兩邑分挑段落有冊存縣永遵三十一年四十一年繼濬

五斗港在桃花港東一名小利港今淤又東曰烏泥涇亦淤

利大河桃花港西面支流也自桃花蘆墩橋南入口西南入利城又南至前周達南橫河北合桃花港入江明洪武二十八年及天順三年濬

南橫河自前周利大河口過永利橋東行北自靑魚口入桃花港又東過桃花港口又東則南有虎塘涇通陽湖界又東曰鬼涇口又東曰小鬼涇口亦南通陽湖又東有黃泥涇又東過利港口至後梅又東至西闈爲蘆埠港口港之南通網頭河達陽湖界蘆埠之東又有小橫河

順塘河橫亘利港蘆埠港申港之中自利港東入口過順塘橋貫蘆埠港又東達申港自蘆埠而西曰西順塘分支入排溝河其東曰東順塘分支入大脈河明宏治九年縣丞張銘濬

國朝乾隆四年知縣蔡澍濬自申港大河口至順塘橋長二千四百十四丈申港利城後梅三鎮沾水利田畝派夫協濬

右西境河港

黃山港在黃山東環山而西南爲趙婆港其南流至土橋入橫河西行由支河至鷄鳴橋引城外東轉河入江明洪武十七年濬萬歷十五年知府譚桂濬

白屈港在蕭山東南引橫河水歷雙牌橋之東小石橋經馮家壩朱家埭入江同治十二年署縣金吳瀾濬河身自橫河起至海口長二千五百五十二弓雙牌七保三官蕭山保業佃協濬

白沙港在三官鎮南引橫河水過白沙橋入江明洪武十

八年濬
國朝乾隆三年知縣蔡澍濬雙牌鎮七保開三百七十五弓三官鎮一保開七百五十弓自
沙墩保開一千四百八十弓蕭山墩保開一百九十五弓同治五年知縣顏榮階濬
仍照向章
石牌港自司徒橋西引橫河過官橋西北行入江
石頭港在縣東三十里自大橋南引橫河經鎮山東嘴至
橫套入江支港在橫河南者西有南橫涇北橫涇東有旱塘涇在橫河北者西有張公港官路港東有永豐港新富港廟港
國朝乾隆三年知縣蔡澍濬大橋鎮一保二保井兩墩保開二千四百五十七弓石頭港沙各圩開八百三十五弓同治六年署縣汪坤厚濬

白蛇港在橫河南自雲亭三河口引應天河水東北行至
周莊北四河口與清溪河亭子港合其分支者由張家
灣北行經稷山東麓入橫河接石頭港入江
國朝乾隆三年知縣蔡澍濬長六千二百十弓大橋周莊長壽雲亭沾水利者均開同
治十一年濬照四鎮業佃協濬舊章
雷溝港在縣東三十五里有東西二港西自三保橋引橫
河水北過陳莊橋西雷溝橋與東港合東自胡仙橋過
段橋何彥橋東雷溝橋與西港合北行至橫套入江東有
曹埒港楊港明洪武二十五年濬
國朝乾隆五十七年濬大橋鎮三保雷東墩保業佃協濬並濬陳溝港

陳溝港在縣東三十七里南引橫河過北廟橋又北行歸
橫套入江東面分支為南馬嘶涇東行達蔡港又北分支東行轉北為曹青港又南馬嘶涇分支北
行為蕭墅港明洪武二十五年濬
國朝乾隆四年知縣蔡澍濬自橫河口至港口長一千九百二十一丈二尺大橋鎮五保業
佃協濬同治九年署縣馬鴻翔濬光緒元年知縣沈偉田
續濬自南套河至朱家橋南達橫河曲折繞大橋鎮五保四保丈見二千九十五弓大橋鎮四五六保業
佃協濬內沿橫河之三百六十弓俗曰公河除周莊鎮協濬外向係后塍街市當商鋪戶捐挑
南北蔡港在縣東四十五里自閘橋東北引橫河過興隆
橋北行過沈家橋歸橫套入江橫河南面為南蔡港自
閘橋東南行過北新橋又南行分支為化成港其東行者過濟凝橋南過太平橋思莊
橋分支南通谷瀆港又南過通濟橋馬嘶橋南新橋至蔡港口與長河東新河合而東流明洪武二

十五年濬
國朝乾隆四年知縣蔡澍濬南蔡港自章卿閘至馬嘶何彥墹基長三千八百二十四丈八尺章卿潔效必改四字號應開一千四百二十九丈三尺八寸內有才良知過得樓六字號向例止開
橫河不開蔡港者亦認協開五百三十弓俟開橫河時潔效必改四字號亦協開五百三十弓彼此均濟具詳
立案其餘慕貞男三字號應開六百八十三丈四尺二寸又莘東鱗潛帝三字號馬嘶衣位有陶唐罪六字號
共應開一千七百十二丈並濬北蔡港自章卿閘至北墹基長一千九十丈大橋鎮彼飛兩字號
開六百六十九丈章卿知過兩字號開四百二十一丈同治七年署縣汪坤厚先
濬南蔡港南段自馬嘶南房巷起至何彥墹止河長二千二十三丈五尺九年署縣
馬鴻翔繼濬北段自何彥橋起至章卿閘止河長二千一百二丈五尺並濬北蔡

港自闊口起至北壩基止河長八百三十丈均循照舊章業佃協濬

泗港俗名私港在蔡港東三里久淤

國朝乾隆四年知縣蔡澍濬長二千餘弓章卿才良得樓四字號業佃協濬

范港在泗港東三里屬楊舍鎮南流入橫河明洪武二十五年濬

國朝乾嘉間節次疏濬光緒二年知縣沈傑田濬港東爲包港今已塞

谷瀆港在縣東六十四里其南自北角引長河及東新河水北行東過黃崎橋迆北過唐墅又北過黃土橋迆西北至陶家灣過楊舍堡城東又北行橫河自西來會又北過斜橋至馬橋北衺延三十里入江明洪武二十五

年濬天順二年知縣周斌濬萬歷四十四年縣丞余茂先濬

國朝嘉慶二年二十四年道光十六年馬嘶楊舍兩鎮呈請挑濬楊舍在縣境之極東清水南來者至北角而止楊舍遠隔二十餘里不能挹其餘潤所恃以入河達港者惟江潮今令節港范港包港俱阻抑不通引納江湖者惟谷瀆港及橫河引各港之潮耳然濬橫河者諸段不能實力開挑泗港一帶尤爲狹淺濬谷瀆則馬嘶諸保阻撓苟且牽責致坎莊一帶尤爲纏塞谷瀆淤則早潦交受其病向例自窰墩溝迆南至黃崎橋係馬嘶弔民伐罪四字號照田開挑自窰墩溝迆北至子孫橋東面長一千八百十三弓係楊舍恭維鞠傷四字號沾水利者開濬自子孫橋至斜橋長一千四百八十五弓係楊舍毀女盤三字號沾水利者開濬惟斜橋至江口長四百三弓合恭惟鞠傷女毀盤七字號平田均攤公挑同治六年署縣汪坤厚濬河身自令節港起至窯墩溝止丈見長一千九百十三丈七尺挑土八萬五千九百三十方七釐均楊舍鎮沾水利者承挑自窯墩溝起至黃崎橋觀音堂止丈見二千五百二十八丈九尺挑土六萬八千四百三十八方四分六釐昀馬嘶鎮沾水利者承挑循照舊章業佃協濬同治十一年署縣林達泉再濬

令節港在谷瀆港東二里宋政和間縣丞楚執柔濬並濬

市墩河今淤蔡志云港形已失

界涇河在谷瀆港東三里東爲常熟界

橫河在縣治之東橫亘邑境東西凡七十里東抵常熟界西自東關永安河入口轉北經土橋分支北行由黃山港入江司徒橋分支北行由石牌港入江大橋分支北行由石頭港入江南行入白蛇港通應天河又東過顧家橋橋西分支北行入大頭楊家許家等涇及下浜又北至旱塘涇通石頭港歷袁家橋

清溪河來會南面支流爲嚴松涇嚴家涇北面爲小涇河家東涇又過東陳溝口南面支港爲陳三涇黃泥涇蔡家涇北面爲張家涇朱家涇南過橫橋又東過護龍橋土名閘上蔡港貫焉北行由橫套入爲北蔡港南行經馬嘶入南長河爲南蔡港又十餘里接楊舍城凡經雙牌三官大橋周莊章卿楊舍等鎮聯絡諸港吐納江潮灌溉東境田疇數千頃宋天禧間知軍崔立創開嘉祐間縣丞楊士彥濬政和四年知縣王有濬明天順五年知縣周斌濬正德九年知縣萬玘濬嘉靖元年知縣王泮濬萬歷十年又濬

國朝康熙四十八年五十年雍正四年俱濬乾隆五年知縣蔡澍濬八年復濬自東關永安河至楊舍接常熟界計七十餘里長一萬二千四百四十七

丈四尺雙牌一保濬橫河一百五十三弓四五六七八九十十一共八保濬橫河二千二百十五弓一保又濬永安河一百八十二弓二保三保濬永安河一百八十二弓三官一二三四五保濬橫河二千三百三十二弓大橋一二三四六保濬橫河三千三百七十六弓三尺五寸周東一二三保濬橫河五百八十四弓周西一二三四五保濬橫河一千七百二十五弓章鄉一保至十一保并泗港墩保濬橫河二千四百九十七弓五尺又趙氏認開公河四十弓楊舍四五六保并范港墩保濬橫河二千三百二十弓二尺五寸一二三八保及馬嘶十一十二十三十四保濬谷瀆港十八年二十五年三十二年四十八年俱濬嘉慶二十四年道光十五年又濬同治七年署縣汪坤厚濬通河酌分五十四段每鎮每保應濬段落確照舊章惟雙牌鎮界內永安河三百十六弓逼近街衢向歸頭二兩保按戶捐錢僱夫供役卽諺稱排門河者此次畧變向章蓋以房屋旣經燹廢無戶可捐由雙牌耆董呈明在本鎮四保至十一保田畝內協濬一次通計河身用戶部弓丈見九千三百五十

四丈七尺核挑土方九萬一千一百十二方九分支用經費錢七千四百二十三千一百十六文　按斯河失濬已百有餘年其中雖經疏瀹終未深通致大橋迤東至楊舍三十餘里幾同平地蓄洩失宜農民病焉適山陰汪坤厚來攝邑篆毅然以深濬爲任集眾議率舊章就雙牌三官大橋周莊楊舍章鄉六鎮得沾水利民田按畝起夫業佃協濬以是冬興工閱三月蕆事河面有五丈至七丈之闊河底有二丈至二丈五尺之寬河岸有一丈四尺至二丈八尺之高尤時時親至河干在十泥淖中奔走督責民亦忘勞穹碑屹立誌勿諼焉一年署縣林達泉續濬自朱家橋至楊舍二十餘里本如平地雖經七年開濬深淺尚屬懸殊因再濬焉此次永安河雖有鋪戶可捐然終形不足仍循上屆章程以後永照舊章矣

觀莊河在縣東十里由雞婆墩分支東流入千金斷又分支南流過松橋浜與應天河合

市墩河在縣東四十五里沈志引宋政和治河記云市墩承蔡港之下流疑卽蔡港之南蔡志云今塞

右東境河港

運河一名經河南自四河口引五瀉河水過渟塘河漕港河口北至青暘月城塌水港自西來會又北過馮涇河至三河口山塘河亦自西來會更北過崇溝河[illegible]鎮橋蔡涇鎮其支流爲蔡涇河北流入於夏港舊有閘今廢再北爲九里河經五里亭支流爲高泗河新涇河歷五雲橋支流爲鄭涇河其直達城濠者曰南潮河自錫邑至此長四十五里爲漕船來往之經途通邑河渠此爲要匯宋皇祐間知軍葛閎集粟二萬斛給民濬之後知軍邢燾知縣張宗濤繼濬明宏治間水利

主事姚文灝議大恢拓恐妨民田且資力不給遂止正嘉間知縣萬玘孫應奎趙錦嗣濬萬歷末同知萬進侯濬崇禎間知縣馮士仁濬

國朝康熙三十七年知縣耿慶濬是時并開內城河通縣均派城河長九百四十五丈五尺每丈用夫二名共派一千八百九十一夫運河自南外三叉河至蔡涇石牌此段因兩岸高聳起土艱難每丈用夫三名共派四千六百三十夫五分自蔡涇石牌南至月城小青暘庵此段平坦每丈用夫二名共派八千九百二十夫以上九里河計一千五百四十三丈五尺經河四千四百六十丈又城河運河大小壩二十座派夫填築用一千四百八十夫通縣共派一萬六千九百二十一夫四十二年知縣陶錸濬五十二年知縣陳協哲濬乾隆二年知縣蔡澍領帑募夫挑濬河分十六段第一段自南外三叉河至庵基長三十七丈五尺原估面寬六丈底寬

三丈開深四尺每丈計土十八方舊河形面寬四丈深一尺五寸斜坡折深七寸五分應除舊土三方實挑新土十五方共挑土五百六十二方五分第二段自菴基至十二板橋長二百四十二丈五尺共挑土三千六百三十七方五分第三段自二板橋至五里亭長三百四十丈原估開深五尺每丈計土二十二方五分舊河形深一尺斜坡折深五寸應除舊土二方實挑新土二十方五分共挑土六千九百七十方第四段自五里亭至斜涇河長一百十丈共挑土三千二百五十五方第五段自斜涇河至井亭橋長二百七十七丈原估開深五尺五寸每丈計土二十四方七分五釐舊河形深五寸斜坡折深二寸五分應除舊土一方實挑新土二十三方七分五釐共挑土六千五百七十八方七分五釐第六段自井亭橋至張涇橋長七十七丈七尺原估開深四尺每丈計土十八方舊河形深二尺斜坡折深一尺應除舊土四方實挑新土十四方共挑土一千八十七方八分第七段自張涇橋至蔡涇長四百二十六丈五尺原估開深五尺每丈計土二十二方五分舊河形深一尺斜坡折深五寸應除舊土二方實挑新土二十方五分共挑土八千七百四十三方二分

五釐以上七段俱有高岡第八段自蔡涇至譚涇橋長一百九十三丈五尺亦每丈實挑新土二十方五分共挑土三千九百六十六方七分五釐第九段自譚涇橋至黃昌溝長六百四十二丈五尺原估開深四尺每丈計土十八方舊河形深二尺斜坡折深一尺應除舊土四方實挑新土十四方共挑土八千九百九十五方第十段自黃昌溝至山塘河長三百三十二丈五尺亦每丈實挑新土十四方共挑土四千六百五十五方第十一段自山塘河至馮涇河長二百六丈原估開深五尺每丈計土二十二方五分舊河形深一尺斜坡折深五寸應除舊土二方實挑新土二十方五分共挑土四千二百二十三方第十二段自馮涇河至月城橋長六百六十丈亦每丈實挑新土二十方五分共挑土一萬三千五百三十方第十三段自月城橋至閔家橋長七百二十丈原估開深四尺五寸每丈計土二十方二分五釐舊河形深一尺五寸斜坡折深七寸五分應除舊土三方實挑新土十七方二分五釐共挑土一萬二千一百九方五分第十四段自閔家橋至章家浜長四百八十四丈五尺原估開深三尺五寸每丈計土十五方七分五釐舊河形深二尺五寸斜坡折深一尺二寸五分應除舊土五方實挑新土十方七分五釐共挑土五千二百八方三分七釐五毫第十五段自章家浜至南新橋長五百八十三丈原估開深三尺每丈計土十三方五分舊河形深三尺斜坡折深一尺五寸應除舊土六方實挑新土七方五分共挑土四千三百七十二方五分第十六段自南新橋至大士菴基長四百二十六丈亦每丈實挑新土七方五分共挑土三千一百二十方以上九段俱平坦通計土九萬十四方九分二釐五毫每方請給銀八分該七千二百一兩一錢九分四釐內除南外三叉河至蔡涇共土方二萬九千八百三十四方八分因岸高難於起土每方請增給銀四分該一千一百九十三兩三錢九分二釐共計銀八千三百九十四兩五錢八分六釐連築壩戽水通共估銀九千三十一兩五錢四分六釐除椿木變抵銀四十五兩一錢八分實用銀八千九百八十六兩三錢六分六釐工竣冊報奉部駁減土方銀四百五十三兩二錢六分二釐又緣陰雨連綿加增車戽添給夫工并督工官薪水書役地保飯食紙張等項蔡澍捐廉賠補

三十三年總督尹繼善巡撫陳宏謀奏請開挑運河

嗣役可用民力免動公項嗣於三十八年五十二年嘉慶八年二十年道光六年十六年民力開濬通縣均役起夫分段細冊縣吏掌之築壩戽水通河各事宜簽董經理並派佐貳官分段督工咸豐八年署縣何燦組重濬仍照向章同治十二年攝縣事金吳瀾稟請檄前署縣林達泉會濬歷屆開挑按畝起夫兵燹後田畝尚有拋荒未能均役因變通舊章就啟征田數按畝隨漕忙分捐錢三十六文僱夫挑濬通河酌分八段遵用省垣水利局弓竇丈見五千六百七十五丈一尺挑土六萬三千八百九十七方八分三釐每方給錢二百四十四文加以壩座椿木戽水撈洗雜各項經費共支錢二萬六千九百九十千九百四十二文除錢二千一百九十千九百五十文呈請撥入賓興生息

高泗新涇河在五里亭對岸運河支流也

國朝乾隆四年知縣蔡澍濬（自運河口至謝園長三百四十一丈爲高泗河自高泗河口至謝園高頭田畔長二百十丈爲新涇河並係謝園一二三四保業佃協濬）

斜涇河在縣南八里自運河五里亭分九里河水經由里山南歷謝園花山蕭岐三鎮長十五里（支河東南與馬涇河合亦通馮涇）

國朝乾隆四十三年五十一年濬（謝園蕭岐兩鎮業佃協濬）

馮涇河在縣南二十里自月城橋北分運河水東行至蕭岐（分支北出者爲馬涇河）歷皐岸北過周泗橋與長壽河匯南行過丁岸橋與璜塘河匯

國朝乾隆三年知縣蔡澍濬（自運河口至蕭岐長九百五十九丈一尺月城蔡涇謝園蕭岐四鎮沾水利者業佃協濬）三十二年四十一年五十一年濬同治十

一年署縣周鼎濬（照業佃協濬舊章）

馬涇河東連斜涇西接馮涇北通黃土溝引運河潮水嘉慶初年陳姓捐貲開濬後久經淤塞光緒二年知縣沇偉田重濬（河身一千三百二十弓謝園六七兩保蔡涇七一保蕭岐九一保業佃協濬）

山塘河在縣西南二十里自武邑匯水橋引三山石堰水繞秦望白石諸山東北流經張公橋燒香橋雙橋出三河口達於運河

國朝乾隆三年知縣蔡澍濬（自運河口至匯水橋長三千六百八十二弓夏城各保業佃協濬）同治十二年署縣金吳瀾濬（照業佃協濬舊章）

漕港河在縣西南二十五里自四河口分流西行折北與山塘河匯

塌水港在山塘河南自楊准口東北流出月城北達於運河

渟塘河在縣南四十里其河有二曰前後渟塘河（一自對洞橋至塘頭橋一自青暘市南東岸分流經渡船橋與前渟塘河匯）

南長河自匯水橋西東南行過蟹姑尖黃塗壩對洞橋（運河）（西郎漕港河）穿運河而東過塘頭橋（自對洞橋而東即渟塘河）再過璜塘河口經北漍達馬鎮（五瀉河水分支自燕橋來會即馬鎮河）歷西洋白蕩（五瀉河水分支自崇村橋來會即西洋百丈河）又東北至西洋橋（自馬鎮至此爲西洋河）

過富杯河口至塘石堰繞祝塘鎮（自西洋橋至此即直塘河）又東北過新塘橋達八字河口過跨塘橋（長涇河自南來會此下即東長河之尾與常熟通流者）又東泰淸河及蔡港來會又東過白蕩橋谷瀆港來會又東過北角東新河顧山河自南來會又東北過永安橋入常熟界（按各志俱不載此河蔡志始立此名蓋自郡至常熟道也今仍其舊而注明即某河港庶不至殽混云）

右南境河港

應天河一名長河自八字河口引南長河水北行過周家橋（北面支流爲泰淸河通華墅）西歷劉家橋（北面支流爲周莊河）茂墅橋（南面支流爲長壽河）西北至三河口（北面支流爲白蛇港通大橋周莊鎮）歷雲亭橋（北面爲松

橋浜南面爲㕔香浜繞定綺諸山出迎福橋西入運河明嘉靖七
年知縣張集濬
國朝乾隆四年知縣蔡澍濬自南外三叉河口至茂墅橋長四千九百十二丈九尺南外
保謝閏一二保雙牌三保綺山花山雲亭長壽周莊个鎮華東四九保華西一四六七八九保馬鎮二三五六
八保業佃協濬嘉慶十五年道光元年俱濬十八年署縣陳延
恩咸豐七年署縣何煥紐俱濬
長壽璜塘河在縣東南三十里自馬鎮璜塘河口北行歷
前馬橋經璜塘北過須茅又北會馮涇河經長壽鎮至
四河口入應天河
清溪河自周莊浜口分應天河水北行經後過橋亦名後郭至

周莊市接亭子港白蛇港口轉東向北歷承西橋清溪
橋入橫河
國朝乾隆四年知縣蔡澍濬自後過橋南至亭子港口長二千四百三十一丈周西鹹河淡
三字號周東稱亨號業佃協濬同治十二年署縣金吳瀾濬自南河口向北抵橫
河共三千三百七十一弓歸周東稱夜光周西鹹河淡
大橋岡字共七保沾水利者業佃協濬自四河口向南
至北新橋歸沿河沾水利者按畝派工自北新橋至朱
公橋爲市河爲大橋迤北一帶船隻往來要道向歸后
塍出資開浚此
屆仍照向章
亭子港一名錠子港自周莊鎮北之四河口西會白蛇港與清
溪河接而北入橫河
國朝乾隆四年知縣蔡澍濬自四河口至橫河長二千三百六十丈七尺周西海鹹河重四

字號業佃協濬同治十二年署縣金吳瀾濬
泰清河自應天河桑家浜入繞砂山而東過湖塘橋南出
馬崎浜仍會於應天河自湖塘橋南行至犂頭尖分二支東行者至三條港東南屈曲
出南長河南行者入紅染浜轉西亦入南長河
國朝乾隆四年知縣蔡澍濬自河口至華墅青龍橋長一千三百五丈四尺華西二三五保
華東一三五六七保業佃協濬
南新河一名富杯河在縣東南六十里自西洋橋北分支
東行過文林富杯西有西莊浜門村浜東有孔涇浜塘下浜又東過何相橋
經河塘橋入東新河明天順二年知縣周斌濬
東新河在縣東南八十里引錫邑五瀉河水東北行過習

禮橋東行至南角橋南過陳墅至黃莊入常熟界其自
南角北行者過萬歲橋至北角達南長河支流爲湯村河西行過長
涇之北宋政和間縣丞楚執柔濬明洪武二十五年重濬
長涇河自東新河入口迤西過長涇鎮又西北行出南長
河
裏岸河自顧山發源西過新橋分爲二支一向西南行至
陳墅東與東新河合一向北行過省度橋又北至北角
入南長河
倪塘河在縣東九十里由谷瀆港而東南至顧山入無錫
界

便民河在縣東南六十里由長河轉東南而入新河今塞

右東南境河港

新南套河在后滕之北壽興沙之南陳志載橫套河在蔡港石頭諸港之北道光年間坍沒惟距巫山港二三里尚有舊址近亦淤淺東北接新套西由巫山港入江咸豐年間沿江復漲南北毘連各港水道不通同治四年董事曹毓琇等於新沙中間韓家港對峙疏鑿是套迤西十有餘里分爲二支一折北穿海壩達江口與北套合流入江一繞西南循故套舊址達巫山港入江同治十二年復於韓家港對峙迤東接鑿十有餘里西引江潮東距熟界川港里許蓋東西合計二十餘里矣爲南北各港

總滙水道所需挑工經費概歸得沾水利農田按畝均役

北套河在壽興沙距南套三四里東自熟邑川港起過南北各港二十餘條西盡老夾口綿亙二十餘里與新開南套合流入江自咸豐年間南北增漲離江寖遠淫雨則水無所洩旱則潮不內達疊遭歉歲沙董徐正育吳之屏等於同治三年募捐鉅款買田疏鑿六年十二年董事鄭經兩次募捐疏濬光緒二年知縣沈偉田重濬詳請以得沾水利農田每畝捐錢十四文分忙帶收以充車壩辦公經費仍按畝均役計是套長三千六百餘丈面寬八丈底寬四丈挑深六尺爲各港水道總滙之區潮沙易於停淤時有壅塞之虞而歲收之豐歉視此每以工多費鉅疏濬爲難光緒三年沙民集貲報買該沙北面新灘二千畝詳請撥歸寶善堂經理俟成田收息以充水利公用

穿港自南至北計二千二十九丈江常兩邑各半派夫開挑

大檀樹港南通北橫套北至明溝港計七百二十二丈

明溝港自東至西計三百丈

小檀樹港南通南套北至明溝港計一千九十丈

姚家港南通南套北接凝頭港計一千三百三十丈

段頭港南至北橫套計五百丈

韓家港南通南套北接山港計二千一百十四丈

渡港橫通韓家港計五百五十丈

天生港南通南套北接繆家港計一千二百六十三丈

繆家港南接天生港北至和字圩計一千七百五十丈

新橫港東通繆家港西通十字港計五百五十丈

夾港南通北套北接思賢港計八百七十五丈

直港自南套至北套計三百四十二丈

水洞港南通橫套北至官工計八百四十二丈

六成圩港北通穿港計五百二十五丈

天字黃字圩港北通穿港計八百四十一丈

朝東圩港南接明溝港北達大江計一千三十四丈

凝頭港南接姚家港北達大江計一千九十丈

山港南接韓家港北達大江計九百五十三丈

泰字圩港南至官工北達大江計七百丈

思賢港南接夾港北通大江計二千七百八十六丈

護漕港北達大江計四百六十七丈

永通港北達大江計二百二十四丈

廣昌圩港北達大江計四百五十丈

夾廂圩港西通陽灘港計三百七十丈

北天生港西通陽灘港計二百二十丈

陽灘港北達大江南至十字港屬計一千丈

掘港北通套口計三百五丈

木排港在南北套中間

龍泉港在南北套中間

右瀕江各沙河港

附

白茆塘在常熟境

國朝康熙二十年巡撫慕天顏疏請開濬以塘為蘇常兩郡要津邑之東境水利資其蓄洩檄令協夫助濬雍正五年山東巡撫陳世琯按臨督濬知縣陳陛誠奉文襄事夫數以十分計派常熟當其四太倉當其二長洲崑山無錫江陰各當其一乾隆三十五年借帑協開限以三年攤徵歸款按白茆塘係常熟洩水要道前因江邑留協濬而附載此今又數經大濬役不及江陰蓋江邑東鄉地高水利所不及也同治八年借藩庫銀協濬限以三年攤徵歸款奉撥派定工役仍以十分計常昭當其五崑山長洲元和無錫江陰各當其一徵銀七千兩續加修築石閘工費銀一千九百兩復加不敷工費銀六百兩在閤邑啟徵田畝內隨漕糧分收按是河本隸常熟乾隆三十五年後數經大濬役不及江邑此次大憲撥飭查照江南水利全書酌派一成經費雖疊經呈請優免終未邀准也

徐六涇在昭文縣境同治十一年借省垣水利局銀協濬工役素未及江邑此次仿照白茆河成案均作十分江陰協一分在合邑啟征田畝內隨收銀一千三百八十九兩一錢七分歸一款

與知軍徐宗丞論水利劄子　宋邑人　曹宏

竊見江陰地勢在浙西最為卑小當運河下流與常州地界參錯其水自常州經由中港利港以入於江逐時潮汐卷帶沙土壅塞港道至春夏之交雨水無從發洩或已布種而淹沒或水不退而失時況丹陽練湖白鶴

諸溪之水西自常州黃汀堰來每上水大必決而入於江陰其南太湖震澤吳淞梁谿一帶水大又皆溢於運河皆自五瀉堰奔衝而下申港利港出江之口不快其水聚而不出不知江陰疆界多少而能受諸處有入無出之水乎其害惟江陰尤甚今幸有出江之口不能疏鑿而使之通宜乎無豐歲公利所失益多民亦漸皆流徙若非大府矜憐哀憫特為申明則二港之河終不能開鄉民無從得食矣

乾道申利治水記　宋教授　章洽

上即位之二年歲在丙戌詔遣轉運副使姜公詵按視浙西四郡水利與守臣條具以聞遂以八月來於江陰知軍徐公蒇相與研究利病延見父老審訂其說曰江陰北臨大江地勢旁下潮汐往來浮沙停淖港瀆善淤夏秋淫雨浙西數郡百川並委瀕港七鄉並湖三山低昂之田混為一區尋丈而增膚寸而落十年之間淹沒者一百六十七萬餘畝歲蠲秋苗以一二萬計公私病焉故申港利港皆宜治蔡涇之脈西通夏港大江之潮由之以上下東連漕渠五瀉之水因之以盈縮擁塞既久亦宜治上乃並銜上奏有旨以丁亥歲興申港之役已

丑歲濬利港輟爲御之資以充經費越孟春正日鳩徒鑱工兩役並舉帑車隼旗聯轡於道撫勉存問衆說忘勞迨仲春二十三日迄工起三河口以西折北抵江地與毘陵犬牙相錯分治其在吾境者二十九里深九尺廣六丈下流之廣幾倍焉用工三十六萬有奇隨之故址距河若遠兩翼迫隄波流悍急易以頹壞乃移基並東直抵漕渠一拓而大之易木以石屹然對峙長各若十三丈四尺高一丈八尺之土水鐵石工萬有九百貫錢以緡計者三萬二千三百有奇米以石計者一萬一千四百有奇而二利與焉出陂澤爲平畸變沮洳爲膏腴七鄉歲入增十餘萬石毘陵諸邑固當倍蓰凡浙西之田陰獲利者又不知其幾千萬頃也蓋自嘉祐六年朝廷遣都水監簿相視河渠郡守都官郎中楊士彥建議開導槺柱等六河不及中利二港厥後水利不講且踰百禩而蔡涇牐壞已二十年矣至是工役游興徐公曰動大衆建大利幸聖君矜吾民財用許出於官而部止一邑調度不支且奈何重費大農吾再歲於此擿姦斯汰浮冗銖積寸累凡得緡錢一十萬非以備乏絕將焉用建牐濬港既以是充且謂利港在毘陵之利多宜以屬之而江陰所宜增濬漕渠下通黃田以防汛濫絕壅滯預請於朝儲所贏錢六萬八千六百緡命郡從事王宗掌之以備他日工役之費報可聞者太息咸謂上不耗國下不斂民則是舉也善之善矣始敘顛末俾來者有考云

嘉定開運河記

宋 簽判 蔣惟曉

古暨爲今偏壘實楚春申君封邑食客侈於四公子至我朝而珠璣魚蟹之富尚見於詩人之詠歌比年以來乾溢相仍民貧而郡亦凋敝夷考其故蓋地勢中窮旁仰所恃以爲利者遠湖近江達於潮海導河自城闉南出黃田西距五瀉最大曰漕渠其播爲支派貫若瓜蔓蚿足可瀦可洩不獨資農田灌溉之用而江淮川廣風檣水花皆於此焉寄徑其利實徧於東南今也歲久不治積沙反壤綫流如陸農桑商販官運家供往來交滯於是畎畝川澤之息疑若地愛其寶鱗次尾銜之舟或不顧出於其塗守地者非恝然不以動心錮於力之弗逮則勇爲之志沮矣嘉定己卯春邢侯壽以卮丞出守政足以召和而年屢豐才足以行志而事易舉越明年乃濬九里河以疏游土曾水澤腴堅雨不時若而漕河亦病於膠舟旅於艤船者萃謁臺使而河議興焉乃經乃度乃宣乃理爰郎其所酌從其宜命縣令張君宗濤董其役起自崇鎮之橡橋極於靑暘之居墅地以里計者倍十而遙役以鄉受者纔四而足面之濶爲丈者八底則五之深如其底十之一時也風林霜皦壽景滔如澀不濡足稟不粟膚天從民欲萬函歡趨太守率屬行視目注指顧舒疾遞勤驟然掌見徹懲有差一出而集縈紆回折若螭蟠蛟旋夷曠淵渟若縠縐練曳征帆交錯如飛如馳人心樂成地勢改辟並河之民爭請於部斷港絕潢交流旁注因其餘力又自榛橋而上逆於朝宗門陸續鳩工城外內之河渠頓還舊觀夫豈於至而倦於去此人情也舊於有餘而尼於不足此事勢也今部使者趨還於前郡太守報政於後乃能以人情之怠者爲勤事勢之難者爲易茲一役也而二美具焉然而侯之心方癒乎潮汐變輸易積難散目前之利不越數年力役數興利反爲病乃括戶籍之沒於官者尊置可存掌其歲入弗以他用每於農隙歲一舉行不以濬治費民期爲永久之利民德侯之深而惜其歸之不可留也乞鑱諸石以垂不朽觀侯之爲郡化獨爲饒閒山蹊以通道植橋梁以利涉治舍館以逆賓下而園池器物之飾亦煥然一新蓋百廢具舉而此其尤也是役也爲丁夫九千三百二十有七始事於仲冬之晦歲除而工畢惟曉獲從寮吏目覩盛舉故樂慰邦人之意姑志其歲月云

九里河議

明 通判 姚文灝

東南諸河惟此易壅推原其故蓋有三端一是黃田湖來自東而西蔡涇潮來自西而東交衝互激會趨斜涇湧滾泥沙積聚腹一是濬起浮土堆積兩岸風雨淋洗旋復入河且河形出隘崖勢高陡疏鑿既深闊阜壁立積水之後遇沒輒崩少剝一隅便壅數丈一是中央地勢沿江有山爲之包防近山土壤迤邐隆起山脈引帶生氣流通日漸增長如古書傳所謂息壤造化之里則然不足爲怪坐此三故人不察除以致此河最易壅廢今欲開挑務圖遠利毋規近功必先鑿去兩岸積土使與裏田相平卻又鑿去兩岸本身各一二丈坡陁其勢以漸人河如馬槽狀期兩年功程成就此事先年止是修岸次年方可開河但農民孱弱力不任事官府拘役人不樂趨久勞無功志又怠懈合無量介議役人夫出辦食費錢物官爲收貯雇倩靖江等處專業土工包

旋開挑取其所必費而免其所不欲爲還其土夫自作本業官省程督民不失農兩皆便益再有不敷查支在官鈔錢犒助其議如此使得隨行必有明效但酌遷土田過多或致貧民失業惟有才良長吏爲政久而得民深積累經書購買諸田財力充餘調度整暇徐依原議以漸爲之而又相度形便改鑿河口別出蔡涇之南拒郤蔡涇潮流不使東行以相衝闕則百數十年流通必可坐策而江陰之民或少息肩矣漫志之以備後之君子講焉

開申利桃花三港記

明 知縣 黃傳

國朝宏治辛亥以來三吳災沴頻仍而壬子尤甚自冬十一月至明年春二月恆雨既入夏猶斷續不休積潦騰湧匯爲巨浸魚鼈且入市巡撫都御史何公鑑大擢驛書以聞詔工部侍郎徐公貫來視便宜處治之於是訪異能詢黃髮考故事采衆說而本府通判姚公文顯以其習察熟圖之策獻爲於是建議以爲三吳地形東北傾蘇松常三府東北屬縣百川之所取道以入江海而顯江並海之逕岐流支浦探剤內地鈎絡漕渠者

是謂斗門斗門閉關水無所歸故妄逆行而爲災不急決去斗門壅則愈益彭亨怒齧橫奔禍適烈矣乃發丁男二十萬以十五萬東治吳淞七浦白茆於蘇松以五萬北治申港利港桃花於江陰武進之交月給丁夫人米五斗放散儲廪若干萬武進縣丞閻勝主桃花江陰典史黃泰主利港無錫典史劉寰主申港而姚公實撫摩督察之蓋奔走暴露於冰霜草莽者六十晝夜壬子甲寅冬春之接也三河之役利港爲最力赤岸黃茅崔辨形跡曾無霈澤之潤鑿平陸而窪之丈有半面廣九十尺底減三之一長三千五百三十丈有奇有事之初姚公爲壇告神畢卸衣冠操畚鍤塗手雨汗負土登陸躬其勞以倡之於是長吏效法衆夫駭悅囑呼趨事不淹時而就功者悅以先之誠以動之也大臣報命上其功天子錄之擢爲水部郎總三吳水利公事出是洪流決駛如趨沃焦化蒞澤爲桑麻更波濤爲衽席云

論本邑水利二則

明 知縣 趙錦

江陰南抱太湖北繞揚子江太湖之水自無錫入於運河運河之水自五瀉堰入者達於經河自夏港而入江

其東自高六堰轉水河入者達於東境之河港而入江其西自洛社橫林戚墅堰丁堰黃汀堰入者達於西境之河港而入江顧地形東西北三境高西南一隅下高田十之九低田十之一故水患所及者少而旱災之所及者廣也低田沿於經河漕港而水勢達於夏港新滓隄防固厚非久潦未足深患高山則瀆於合節桃花諸港東新利大諸河其在瀆地者雖有港塘車屏易竭今以諸河港之不通而自鹿東順承陵良信等十錢鄉之田望大江於數里之外而不能挖其一勺之餘波一遇旱災坐視其苗之槁而莫之救也哀亦甚矣江陰之水有二北自黃田港流注諸河達於境謂之江潮南則太湖梁溪之水溢於無錫之運河自五瀉諸堰而來西則丹陽練湖白鶴諸溪之水溢於武進之運河自黃汀諸堰而來達於境謂之河水夫水之來也有所受而後水能爲利其溢也有所洩而後水不爲害是故四境之內其在東也凡爲浦港涇者十三鰣魚港趙婆港白沙港石牌港石頭港西雷溝東雷溝蔡港私港花港谷瀆港令節港界涇惟谷瀆港蔡港石頭港爲大其港身袤四十餘里有奇北通大江腹裏南通應天等河跨崇仁實港清化化成白鹿五鄉資濟民田最博橫河

貫其中今既塡淤水絕壅斷諸港不通雖有江流之入中過而不逝歲受旱患者也其在西也凡爲河港有九夏港流皮港新溝河申港蘆埠港利港立埃港五斗港桃花港惟申港蘆埠港利港爲大其港身袤三十餘里有奇南通武進網頭河北通大江跨永陵良信來春三鄉民田多賴爲利中有順塘河橫互其間梗塞不通成旱益甚其崇溝河長十六里隸來春鄉沿黍望山下通南山塘河河濶水濫山水進發田沒無救旱時又以田高於河竭盡人力穀不易熟此則水旱並患者也桃花港近利大河與武進半之通則分受其利塞則均害焉其在西南則青暘一鄉有前浮塊兒頭圩後浮塊三尖圩謝莊村等處最爲窪下多破水災其次塌水港河口後隘中流微細遇旱稍患之餘壤沃肥種秔稻歲入畝可一鍾旱患不及其在東南是爲東順西順長壽鳳戈金鳳五鄉田多高卬湯村東新南新李岸官祿況塘清溪泰濟長壽直塘諸河聯絡其中疏之則治其馮涇河約袤十里界薦岐花塊高岸上廟堂四處河身狹小西通經河東通長壽河流波俱不能納此則水旱俱患者也旁有黃天蕩地形較下土性疏惡水至瀰漫其害尤劇凡高卬者利江潮之灌注低窪者苦潮水之泛濫江

潮由諸港以入而眾河爲之接引湖水由諸港以出而眾河爲之受瀉此其大較也支分而委治之則港存乎其人前輩鑿河穿渠縱橫曲直灌注輻湊各存條理廢一不治則害生盡廢不治則害成不可圖也漢人有言通溝瀆畜陂澤所以備旱也觀地形令水工準高下開大河洩暴水築田閘所以防澇也江陰河港潮沙易淤勢不能久近者一二年遠者四五年開通治之勞民不可彈紀凡沿江去處宜設閘座以時啟閉每春撈淺民理其閘外功減數倍矣其橫河往嘗設閘力不能守終至於廢又擾勞民數年而不一濬棄地爲河棄河爲草莽其利害大小何如也潮沙之淤以漸而積疏濬之功當有次第如某河某港淤淺宜五年而一開某河某港淤稍深三年而一開計用夫力若干工食若干每歲徵收導河夫銀兩不得別項支用畫以一定之數立爲循環之法而官所不足者臨時復責之近便得利人戶則開濬之役歲有而不爲勞民饒而少害豈非興利除害皆可豫爲定計者乎

上御史俞公請濬橫河書

明邑人方謨

江陰之有封域卑下瀕江其江之原諸港者西有黃田桃花申利諸港東有石牌雷溝令節諸港自南亙北皆洩水於江竟無瀦水以分流溝澮爲灌溉者利朱知軍崔公立溯其源流擬其逆順東從令節西至趙婆平地鑿河四十九里爲堰於城之建寅門名曰橫河蓋以諸港爲縱而界此河於諸港故曰橫也既廣且深亦通而暢計累工四十萬有奇散緡斛二萬二千三百縣志可稽也江之潮自趙婆港入橫河者分下蕭橋丞安河曹家村黃家巷綺山東西及土橋沿北諸涇至蕭山而截又分盧涇觀莊北湖蔣家橋女山灣松橋雲亭至兩水灣與長河會湖自雷溝石頭入橫河者分黃岐蟠龍香山灣橋售山白豐纖墩陶城而青溪迤邐周莊史村石橋皆此水也湖自令節入橫河者分黃橋章卿楊舍南逵赤岸與長涇計農田之沾其沃潤者四千餘頃宋史崔立列諸循吏者以閘是河爲民利故也緣潮汐往來甕帶至易嘉祐中楊士彥濬之入國朝來洪武天順間相繼疏濬卒無成效宏治間水利主事姚公文顯與知縣黃公傳有開河駮議黃公每言是河未復故宋爲缺政正德初僉憲高公聿興大利於趙婆雷溝石頭花港分節五港擬建五閘旋以經費不支輒罷惟橫河屢湮

履高而凡支涇旁滄聯於是河者外之潮汐無所通內之淫霖無出洩以致南畝萊蕪農業日廢皆由於水利之不興也然此河之頻作頻輟終不能底績者其故何哉如縣治南有九里河者亦潮衝而易壅上官入於斯出於斯故三年一濬或五年一濬未嘗民告勞而官病之惟是河去縣治稍遠上官見聞所不逮講水利者僅爲塗澤耳目計誰克爲此用心哉謨每歎橫河所處之不幸也況又公私不同愛憎亦異局於見者爲泥時之說利於侵之者爲僞之說狃於近者爲靳費之說此又與於不興之甚者也惟臺衙衙擇相度獨斷而行之造福於江民脈鮮矣

重濬申利桃花三港記

明邑人張簡

江陰在常郡地最下鄰封武進無錫之水必趨若震澤之水溢晉陵則由戚墅過石堰入申港溢梁溪則由五瀉河趨漕港會於石堰其溧陽荊溪滆湖之水自晉陵網頭河經利港以達於江而孟瀆壅而不流則丹陽練湖之水溢而合趨江陰此則桃花港及申利二港之原委也故近江港浦數十工鉅而易堙者莫如茲三港末乾道間轉運使姜公說知軍徐公藏稔其利害故疏鑿三港以便民入我國朝夏忠靖周文襄二公以時濬治功德在人嗣後游沙積葑河漸反壞公私固竭巡撫都御史何公以事聞詔以工部侍郎徐公提督水利事尚民以三港並壅事請公可之事下知府華侯仲賢侯度三港受旁縣之水乃議武進治桃花港無錫治申港江陰治利港主之者縣令呂侯鐘徐侯鉞黃侯溥董其役者武進丞閭勝無錫尉劉綮江陰尉黃恭而府倅姚文顯並督之功成民悅時宏治甲寅春也迄今二十餘稔泥積沙壅莫辨故道江潮旣遏湖水時溢正德庚午戊寅己卯間三遭水災辛巳旋廷臣始以三吳水利建白今上方嗣寶位治化一新乃命大司空李公總督水利事仍理巡撫是歲秋行部姑蘇以江南患多工大請官分理復遣水部郎中林君文沛員外郎嚴君某任其事時大分王侯泮方以興修水利爲心乃以三港民情事請並報可下知府王侯敎發其實循例徵武進濬桃花江陰濬利港惟申港則去春濬而未竟復檄無錫令畢其工而府倅王侯獄兼三港之役勞勸靡憚守令星輯絡繹相忘勞苦始事於春正月告成於三月三港中利港爲艱鑿平壤而窪之廣九仞深二尋計五千七百六

十三丈有奇二港深廣如之鄉之士大夫謂不可無文以紀休美某從大夫後乃擬次其事以俟後之君子採擇焉

重濬橫河記

明　邑人　張簡

江右上高傳侯先以與化節推有聲擢今官履任以來廉以律己勤以莅政會連歲三吳水災公私大窘歲蠲民租什之三正德辛巳廷臣以三吳水利告今上方踐寶位廑念民生乃俞廷議以都憲李公拜大司空總督江南水利事仍理巡撫是歲秋按臨所部偏咨疾苦以橫河爲邑水利最要乃倡議疏濬於壬午首春以督濬事屬之侯既事事萬夫超役畚鍤如雲侯乃止宿河濬往來勞徠自忘其疲縣令佐王侯泮毛侯銳趨事祗謹侯慰懌之語益溫河東蔬絕蔡港梁迴可半里侯詞其迂曲日非故道也乃命董役義民趙梅經理之梅日河直疏鑿工甚省田多某業願斥以佐官侯可之非海業者則又捐貲若干緡購之河既鑿果故道也工省事集丁夫懽踴號其河曰傳公河蓋加以美名意也非侯愛民得民烏能致是哉是河之役自宋濯侯創建繼爲知軍楊屯田士彥濬之在宋率五十年一濬入我國朝洪武甲戌重濬天順辛巳再濬至於今壬午更六十年一濬然非得人如傳侯則大令言不行而大司空任不事烏能成足功耶嗚呼西門豹不能引漳水而民歌四起邦人之歌其能忘情於我侯耶余目覩茲盛膚書以記之

開濬事宜

國朝知縣　蔡澍

予自令江後博稽邑內水利見各河港多壅滯未濬者大爲農田累乃先後徼里民竭力濬之於政稍暇躬親按視炎風暑雨勿敢避也數年以來頗見成效乃舉開濬時已試之法夾爲數則并採昔賢賊稿陳瑚諸議詳悉酌定後賢審擇而行之或不無一得云

一測量　凡驗河淺深以水不以岸蓋岸有高低水無不平也當於未戽水先刻水痕於岸上就兩岸痕以篋搜之量其闊狹乃立一碑寫某處某號比老岸淺若干老岸闊若干水岸闊若干河底應開深若干闊若干至開畢驗河底信樁試仰月弓更以水線通之則淺深闊狹無遁情矣

一下樁　凡量度河身先於兩岸立樁循岸以弓量之至若干丈立一樁木由此每里立幾樁其河身長幾里

幾丈瞭然可知其兩岸闊狹亦於兩樁搜篋量其若干丈尺則逐段闊狹不等亦瞭然矣又從兩岸中間立一長樁釘於河心土內刻水痕於樁上與兩岸所刻痕齊可以互相考覈就此樁繫線與兩岸樁縱橫斜互牽搜即爲算土方之準欲測水深若干則繫線此樁之頂懸碇沉入水底即知深淺若干應開深幾何可從此算矣迨岸水已乾河底既出乃下信樁假如某段應開深五尺用木一截二三尺許烙印編號名爲信樁先釘在河底再用長木一根名爲送樁送信樁入地五尺而後止將來挑土露出樁頂則知河已開深五尺矣

一算土方　凡工段勿計丈尺止算土方蓋同此一丈河也河面有闊狹河底有淺深則工力之多寡不等若第以丈計則狹而淺者工力多闊而深者工力少派役不齊胥吏從而作弊故必算準土方公平分派至挑濬之時每面十方留一土柱印官親臨查勘以驗淺深闊狹積至千萬方獨照無遺又工部尺較今量田弓丈小什之一算方必依部尺畫一裁量嚴禁陰增弓步濫派鎮保以致妨工累民

一分段　假如河長五十里當分十段每段築壩併工先開一段爲標河次岸第二段水以次而開蓄防驟雨淫溢致重岸五十里之水也

一遶工　每方一丈深亦一丈須用十人挑土三人掘土裝担一人爲炊認定土方聽其糾夥力作每人担土百尺每担可挑土四尺計土二十五担則此一方土淨矣至於從卑至高用力爲難尤須更換接替若淺灘多生蘆根鍬鋤費力用牛耕之可代五人之力每日黎明鳴鑼夫頭率衆赴工踴躍効力督工官止監督一處察其土方至某時挑盡即以爲例他處止須勘驗土方便知勤惰不必時時點夫處處巡工也

一編號　凡河夫不編名次常有移夫之弊隨督工官所至移易點名其間隱匿人數無從考驗應編定字號某鎮某保豎一小旗再立一木牌上書每鎮應開河幾十丈實土方幾百幾十幾方夫牌幾百幾十名其夫役花名統列於冊有病逃代替者亦註之每夫給一腰牌書其姓名年貌驗牌點名則彼此移易之弊除矣

一堆土　凡河中起土役夫偷力即於沿河堆土一經霖雨土隨水卸仍復淤塞必離岸數丈立標爲準挑泥由遠及近或補岸或壅出勿令雨淋下河而後可若兩岸田低應築圍岸捍水者則以濬河之泥培築隄岸別令種田居民隨濬隨築河深而隄益高此兩利策也

一量弓　河既開畢當以弓量之以徑量深以弦量闊假如河面闊五尺深一丈即以毛竹接長

作弓其弦五丈自弦至背徑一丈謂河之後以輪推弓而行弓弦向上形如仰月以準岸上水痕弦出痕上則深不及一丈而河淺岸礙弓梢則闊不及五丈而河狹責令如式但須兩岸水痕皆準則淺深闊狹不差分寸

一水線土方既盡必於河底當心深開一線導水流行如水不到處知河底倘高再加挖深必至順流無礙而止水線須令底平方有準又河中騰壩之基悉爲劃盡使一線通流方得淺深如一否則諸壩攔截每段之水線雖通而全河之水線不貫河內淺深仍復不等不可謂工已完也

一開壩河工既畢開壩放水若留壩基在下不惟妨運且使泥沙停蓄須先在壩下掘挖壩潭其深闊與壩之高厚相等然後疏嚮土入潭庶河底無留滯之患

一派夫照田役夫厥例甚古然規避夤射役點每易疏漏浮派統括良善多苦重科而僉點夫頭差委書役尤滋勒索派斂諸弊必於舉行之始密爲應役區圖總冊數明各業戶認管畝數然後通融算派毋任胥役擅權盈縮至夫頭約束衆夫祗於下宕時看驗點充切勿先期僉派致啟倚囑移換之弊其監工書役官給飯食派斂必懲則錙累永除公事易竣矣

一普濟河有幹支均係水利先後疏濬固有次第而灌溉所藉不僅幹支兩河支河之中更有偏渠汊港雖屬滄附近之田待澤至亟若祗濬支河不治小滄則內地反高外河雖通終成阻滯宜於濬河既畢凡通小滄之處俱令隨時一律開挑務使內外大小脈絡節節深通則灌溉之利普矣

一撈洗濬河之期不一或數年或數十年事雖善舉而勞民費財不可以爲常也江邑瀕臨大江潮汐出納壅塞至易數歲不濬瀕成陵陸計惟於開濬之後相視各河形勢按年遞加撈洗使泥沙不至於積則大役不至數興而民無重困矣

開濬通邑河渠記

國朝邑人　蘇濱

古來以人事濟天工者惟水事爲大故建都立邑必相其邱陵原隰以利其水泉之道使足以灌溉而衣食其民其在詩之詠公劉也以相陰陽而觀流泉爲建邦之始專其詠召伯也以原隰平而泉流清爲營邑之成功則水之利於民誠大矣我

國朝弈葉太平德澤所敷重熙累洽宇內蚑行喙息之物靡不各得其所乃猶上廑

宸衷特命總理巡方大臣宣示守宰親民之官履行畎澮凡勞

聖心之予愛元元至矣三吳澤國厥土塗泥而本邑襟帶江海河田畝需水利者悉令酌量疏通南來山脈蟠結起伏跬步異形藝田者兼山農澤農平地農待水浸灌者尤亟邑中內水則震澤梁溪丹陽白鶴諸派合流以浸於江外水則早潮晚汐驚濤怒濤噴薄以達於河澮內外交迸泥沙易淀壅致淤之故雖通消肯運河橫亙南北境者有橫河應天河爲水之經江潮之由東西境入者有夏港申港利港桃花順塘爲阜范阜新溝橫溝蔡港石頭白沙石莜陳溝諸港爲水之綠其他山姚尚泗龍游龍章新涇菱塘朴涇馮涇白蛇清溪泰清亭子等河縱橫鄒葛既多且備無如因循日久淺者絕流成陸深者汩御壅隔頃遇災旱父老相顧傍皆無策豈多歧之亡羊亦積弊之難起也夫成大功者不謀衆興大利者不諸俗此獨斷決行之說也而悅兒以和民重巽以申命則從容綏圖之說也然非牧宰之才與識實能灼見事先且非其人之德性有以主其才識則雖興事任功亦無能不疾而速也善乎自吾江建邑以來未觀賢侯如蔡公者公以名進士宰江陰西稔於茲廉以率屬勤以厲己風移俗易善不勝書而爲德於江民之最遠大者莫如河渠之成濬也先丁巳冬

底漕渠水涸往例祗下閘蓄水撈淺遇發公帑然請帑首濬運河既有成績將舉邑河盡濬之特念民力未易輕舉當因勢利導焉去秋熯乾民始嗷思甘澤公曰機可用矣會父老來以濬渠告公嘉獎之於是告者日益衆利弊日益晰己未春農隙鳩工合耦鼓舞而速應之邑中諸渠凡經緯支幹有利於農疇者共三十有六處無不一時俱濬廣長深入比舊有加兆民感德謳謠事萬鍤皆興蓋惟公之才識有以終始其事而德性復有以堅定之也問考古來水利鄭國鑿渠中八渠而秦地益饒西門豹之穿鄴也日今日父老厭苦倚令父老巽日思我言然此猶淺近之功效踏駭之霸圖豈如我公實心實政眞能以人事贊天工者哉宜其與召伯同功克繼公劉之成績而斯民飲德遙望隰原流泉問民不勝洞酌之意然則公雖欲辭頌禱而民其曷已哉頌曰兮淮我公神君慈母克剛克柔撫莅茲土粒我蒸民大利在水滌源澤畋堙賦是起

帝曰念哉咨汝良宰疏之鑿之吸江飲海千耦來同畚鍤赳丁公曰弗亟民集雨區擬我邦族康我婦子我公精神識演此水麥隴陰陰驅難朝確人恬物熙以娛老壽天隨地生益道大光夬以健決坎以順毓賢勞有成永綏邦

境於鑠斯年
受天之慶

開挑城運兩河碑示

國朝知縣葉維庚

爲勒石遵守以垂久遠事案奉本府程批前縣王呈詳城運兩河三十六鎭通派開挑緣由卷查該馬家湖田畝係塞湖爲田四圍隄岸皆附近夏城等四鎭居民修築康熙閒呈准優免該四鎭一切差徭至嘉慶十五年開挑運河該四鎭呈請援照陽錫二邑芙蓉圩之例連挑河亦並優免該前縣張南圭據情詳奉前撫憲批准免派道光元年又值開河該縣將四鎭應出夫役瀝派三十二鎭旋據合縣紳耆呈稱城運兩河分年挑濬素係通邑按田出夫從無除免一鎭一保之事仍照向例通邑派挑前縣王克勤以輿情未協詳請凡遇挑河年分若水大則該四鎭修築圩岸勢難兼顧河工應免派夫倘遇旱年並無圩岸可築即同通縣各鎭派挑以昭公允等情前來本府復確加查核康熙三十年碑示只有優免差徭並無挑河字樣該縣城運兩河自康熙至今挑河次數不知凡幾皆係三十六鎭公派誠以該四鎭捍禦隄防不無勞苦因免差徭以示體恤而挑河

係地方公務不得謂之差徭設開河亦在差徭之內前人之智未必不若後人當初派夫必早有人控告何須百餘年後必待謝陵等出控耶至一縣有一縣之情形彼此不同謝陵等以江邑之人而援外縣之例何以服合縣之心況馬家湖與芙蓉湖難以並論芙蓉湖成田三萬六千餘畝地勢低窪隄身廣闊圍岸綿長修築不易馬家湖志載田畝皆膏腴祇壞且僅七千三百餘畝應修圍岸較芙蓉圩不過五分之一何能援以爲例況該四鎭現在隱射詭寄免差之田已有二萬八千餘畝之多此時復欲以應出之夫派諸三十二鎭無怪合縣紳耆之不服也仰即再行確核悉心妥議詳並具詳撫藩二憲察辦嗣奉府憲程札內開奉布政司貨札奉蘇撫部院陶批江陰縣城運兩河爲合邑居民所刊賴向來三十六鎭通派開挑所有馬家湖等四鎭於康熙年間呈請優免差徭碑示並無挑河字樣歷屆開浚皆係通邑均派從無異議維嘉慶十七年經謝陵出控更立新碑遂致紳士等控告紛紛輿情不協現據該府縣確加體察議請仍循舊章通縣派夫實屬允當嗣後凡遇挑河之年該四鎭一律派夫以昭公允而杜並諉等因由司轉府下縣飭遵在案合行給示勒石以垂永久嗣後凡遇開挑城運兩河仍照嘉慶十五年以前舊章通縣三十六鎭按照業食佃力計畝派夫以昭公允所有四河靑下黃橋夏城等四鎭應遵各憲批示永遠遵照辦理勿再藉詞推諉致干重咎

汪公亭記

國朝邑人徐炳光

斯亭何爲而作也邑侯汪公自同治丁卯履任以來廉以律己勤以聽政振興善舉美不勝書而德徧羣黎恩同再造貽數百年樂利之庥者尤莫如重濬橫河之役橫河由邑城以東直達谷瀆亙長七十里跨七鎭抵邑東鄙爲諸港之徑流南通湖水北引江潮資灌農田數千頃宋知軍崔公立平地疏鑿史因其有功德於民列循吏傳然各港潮汐挾沙往來交匯于河淀淤甚速易壅難濬閱前明黃志所載即以未復舊爲缺政人

國朝屢濬屢壅漸壅漸高今則大橋以東數十里盡爲平壤水道失宣樹藝不熟他鄉屢慶豐年而橫河處所災荒迭見民不聊生公蒿目怵心于戊辰冬彙集紳耆議大濬皆感謝尋以工鉅費艱遂巡莫敢任事公日此河不濬是無民也倡捐廉俸千緡以鼓民氣循按畝出夫法具牒請於大憲尅期徵會萬鍤如雲公晝夜巡督雖

嚴寒積凍往來河滑不少倦迄歲杪成有日矣會霪霖不止積水成渠有竊議者謂藉是可告竣工公曰此時而不大濬猶弗濬也元旦之明日公一馳赴河干徵夫復丈面不加闊底加深必以復舊河身爲一勞永逸計時將東作役有難色公慰諭甚溫督隄甚峻而民知公之令不可違且心折其以佚道使也兼程力作鍬深籫堅見古河形底色靑黝平如砥兩岸積土如山阜臨瞰險怖負擔蛇行而下上者且數萬計自冬徂春閱十有五旬而後舉百年之積壅疏滌如洗實爲自有橫河以來未有之鉅工工甫竣湖潮之水汩汩交會舟楫暢行出時廣溉歲以大稔而公猶慮岸峻而傾塞也勸諭偶栘岸土築田防以兩蓋其利猶慮河之廣而病涉也傾貲出貲二千餘緡獨建橋梁二十八座以普濟其衆頓使週轄化爲濠梁石田盡成沃壤於是白叟黃童耕夫饁婦謳歌巷舞蹈德詠仁不知所報相與負土累石建亭於東外鷄鳴橋西之河干羅拜而呼之曰汪公亭謂世世子孫無忘公德也余與陳君祖厚尤君翼堂沙君迺楨等從公于役深悉其難非公獨斷不撓力勝艱鉅勘克有濟者宜乎民之感極而有是舉也用敢敬記其事而鐫諸石以誌弗諼焉公名坤厚字漁坨浙江蕭山人

也同治八年歲次己巳
仲秋七鎭士民公建

重濬東橫河記　國朝知縣林達泉

自邑城東水關而東有河綿亙於雙牌三官周莊大橋章卿楊舍六鎭之間志載七十餘里按之今圖實五十餘里所謂橫河者是也是河北引江潮黃山石牌白沙石頭陳溝雷溝北蔡泗港范港斜橋十港之水從此而吐納南通湖水羅涇白蚯亭子清溪南蔡谷瀆六港之水從此而貫注蓋以南北諸港爲縱而是河橫亙其間故曰橫河也邑中之水自運河應天兩河而外農田之灌溉舟楫之往來實以東橫河爲最通則邑東諸鎭受其利塞亦均病是以宋知軍事崔公立㧞開以來吏斯土者往往興大役集大衆蓋亦既屢淤屢濬矣惟是河潮汐往還沙泥易壅加以河長役鉅當事者多苟簡從事河之濬雖頻河之淤亦日甚溯自乾隆初年蔡大令澍兩次大濬後及於嘉道百數十年間雙牌三官周莊大橋四鎭猶能浮送輕舠其自章卿楊舍二十餘里淤成平陸居民或構屋其上楊舍尚有谷瀆可通章卿一鎭則旱潦莫由蓄洩亦且汲飲莫由挹注尤以橫河不濬爲病同治七年前令汪君坤厚軫念民艱與諸董諸議循業佃力例興工大濬法嚴令行畚鍤齊興其礙於橫河者至於伐木發屋自冬及春淫霖水漲雙牌三官周莊大橋之河已如式開挑而章卿楊舍土厚工重河通而未暢卒以役夫告病而罷是時汪君督役峻急紛騰怨讟其後居民得沾水利章卿之田至畝收數倍亦無不頌汪君之德也予繼汪君後於去年攝篆是邦居民以東橫河關係六鎭而章卿楊舍冬月淺涸可涉未竟其利汪君之功有如一簣之虧乃捐廉二百千設局重濬並延舊董沙二尹迺楨陳著正祖厚尤理問異堂及章孝廉成義郭廣生鷟飛駐局督理縣尉姚君紹生及予往來巡視孟冬築壩臘月雪阻春融復挑於今年正月三十告竣較汪君時所濬增至尺或至四尺有奇黑壤青泥積堆兩岸父老以爲前次歷開未有深於此者而東橫河之利已盡惟茲河繼汪君重濬然汪君於章卿楊舍之河無異平地生開實肩其難予則因其下而下之且諸董皆汪君所倚任能不避勞怨予因而延之循照七年舊章實較汪君爲易記之以志橫河爲六鎭大利且以見汪君及諸董之勞不可沒非敢曰莫爲之役雖盛弗傳而嬺迹於鄭國在前白渠在役也

閘堰

黃田閘在黃田港江潮由此入灌諸河舊有上閘址在今閘之南百步莫詳㧞始宋大觀間縣丞于溥改建今地元明因之洪武三年置閘官以司啟閉正統元年重建并建石橋知府莫愚請於巡撫周文襄凡役夫二千五百名用石四萬五千丈木二萬一百棵磚二千萬一千方灰四萬觔鐵一萬一千觔米二千九百石
國朝康熙二十一年知縣沈清世重設閘版雍正十二年知縣郭純詳請重建檄委原任保甯府知府陸錦董理更建閘橋名定波加築永定壩知縣蔡澍監修同治六年石岸傾圮邑人稟請興修十一年大憲勘估築壩尚未興修

蔡涇閘在九里河西節制夏港潮水舊名下閘亦名南閘宋開禧間知軍葉廷年重建元明因之洪武三年設閘官正統元年知軍王子倫重建亦知府莫愚請於周文襄凡用石四千五百丈木二萬二千棵磚二千萬二千方鐵一萬觔有奇役夫二千五百人米二千九百餘石嘉靖八年知縣劉欽順重修今廢

四河閘在縣南四十里鈐束運河北障江潮南節五瀉溪湖諸水糧艘往來資其濟運爲通邑水利之要區康熙三十六年知縣耿慶詳建歲久塌圮乾隆三年知縣蔡澍詳請移建於舊閘北里許奉憲檄勘估而絀費未就

九年知縣劉新翰以沿塘十鎮士民請計畝公捐閘移
建始成二十三年復圮二十六年知縣汪邦憲援十鎮
公捐例重建完固嗣後每屆受兌設版啟閉焉
新涇閘在新涇河口宋知軍施邁建以節漕河之水旋廢
五斗港閘在丁墅鎮亦名找溝閘久廢
國朝乾隆七年知縣蔡澍檄里民重建
申港閘在本鎮港口康熙三十八年邑紳繆燧捐建
桃花閘在桃花港口久廢
分水閘在小桃花港口乾隆四年知縣蔡澍檄里民建
馬嘶閘在橫河蔡港之交宋政和間縣丞楚執柔建久廢

今石址猶在土名閘上
唐墅閘在橫河谷瀆之交亦楚執柔建久廢
令節閘在楊舍堡城北令節港口今廢
黃山閘在趙婆港口明萬歷間知府譚桂創建今廢
三關淺水閘按此於水關爲二尺堰以蓄水即今公善堂寒冬蓄汲之法也第昔用閘而今築土壩耳
西長涇閘在顧山東莊盛堂廟前同治間建
停水閘在西外長溝河口同治八年建
大路溝閘在虎門鎮咸豐二年建
萬隆閘　正隆閘二閘在觀山鎮盆塘圩南岸今重修
鄭經閘同治四年建

戴家橋閘同治十一年建
范準溝閘同治十二年建
利濟閘同治十二年建
佘溝閘同治十三年建
俞增橋閘光緒三年建
雙仁橋閘同治八年重修以上均在夏港鎮
雙涇閘又名澗安青龍閘在馬家圩東堤
同塘堰在東城內沿濠今址尚存
利楚堰在東城內宋縣丞楚執柔建久廢
永定壩在澄江門外土名魚行壩明宣德間築後爲奸民盜決

邑多災眚
國朝康熙三年知縣何爾彬力主堵塞遂甃龍灣河以殺水
勢并建禪院鎮之院今毁

政和河港堰閘記　宋　邑人　蔣靜

惟江陰地廣民稠爲毘陵五邑之冠壤四高中下而旱乾水溢比旁縣爲鮮嘗竊怪之已而披按地圖大江橫其北太湖處其東南而扼北江之潮汐釃具區之泛濫爲河港以十數派而爲溝洫分之而爲畎遂若身之血脈失其節宣則病或乘之此天禧之催屯田立嘉祐之楊都官士彥所以汲汲於橫河市墩令節築港以爲下車政治之先而書請圖史形諸褒詔記之楊蟠之文民到於今備焉蓋導江水而南被其最巨者由黃田港閘距五瀉堰爲漕渠而漕渠之東有河曰市墩又其東曰新河新河受令節港之水市墩承蔡港之流皆北引大江南匯代湛港而農澤之餘波豬焉猶或滯而不周崔乃西起漕渠東至令節盤河以貫之於是縱橫絡繹與百

濆相爲經緯而田窪者仰旱者澤瘠者腴介於江湖之間暨陽獨爲沃野北士彥所以一理前人之迹而百姓重饗其利也迄今五十餘年橫河故道堙沒略莽市墩新河代洪港悉又反壤而具區之水由無錫而人者既不得浚北江之湖由諸港黃田膌而注者又遏而不逝於是白陂化成等數鄉之瀕苦旱澇而比歲六年之閘仳賦之捐者丘朝廷信賞必罰於民功北重以承流宜化之官苟凡歲月雖欲賦議而部使者沮不得爲所以不能仰副朝廷寄委之意者郡邑外蒐之非也政和甲午縣丞楚通仕欲柔患之乃行視水道謂利害之當興者莫先崔侯之所鼇與楊守之所濬當潮隨焉躁唐墅二橋之旁而萊堙邑東門之外以南浚震澤北節大江疏二水之盈虛而爲啟閉則善無以加乃度地計工因農隙貸常平錢穀集夫萬四千七百有奇延袤深廣計夫授步二河一港同日皆作丞躬察勤惰激賞勸工而食利之家爭出私錢佐費於是三河新流遂迤兩臨宏壯作始乙未冬十一月辛巳畢工十二月庚戌以明年三月已已將濬橫河會知縣王承奉有來遂相與戮力自邑之同塘堰出建寅門東至石牌港皆令所董由石辟以達令節則丞之所部不逾月工就而東門之堰亦完積工四十萬而民不以多辭散緡餘二萬二千三百而官不以費嗇乃知令丞此舉不爲小補與夫職爲民官而恬不以民爲念者不可同日而語矣始丞之議是役或謂歲方歉民未可以輕擾而丞以歲歉之患政由水利之不脩苟佚道使民其將勞而不怨至是邑人果以令丞功利之實相與礱石以待書予謂十目所視不待記而可知而崔楊偉績不致蕪沒而無考則或在於是乃濡筆識之俾鑱石以示遠云

重建黃田閘記

宋　邑人　蔣靜

暨陽城北一里許有港曰黃田世傳以爲楚黃歇開以溉田而後人以是名之者也北引大江橫貫城中南出於郭逶迤曼衍截蔡涇過崇鎮至五瀉堰凡七十五里而距二浙之漕渠其播爲支派若瓜蔓蛇足東暨無錫西交晉陵緯繞縱橫又不知其幾里而溉田頃以萬計皆資潮汐爲膏腴莫測其盈虛則作滿作除雖有饑歲不能運之於無所渟蓄故昔即港口灌上閘以啟北江之潮又接蔡涇爲下閘以節制旁浦之水於是而不時至無涸絕焦枯之憂霖淫弗節無羨溢漂墊之患而昔之茭牧其中或終古瀉鹵者皆稻粱沃野而富商大賈長椒巨艦夷蟦海錯魚鹽果布之屬輻湊於城中故居民富饒井邑繁盛臺門雉堞與列郡等而今之縣令蓄嘗守以二千石矣其流詠詩人見於荊國王文公與宋明之昌叔賡唱頗以春申溝港爲可疏而大夸珠犀魚蟹之富乃知黃田港爲要津而閘之創置則歲久失傳不可考而知己比年以來港淺反壞而隨亦破毀如漏卮故旱乾水溢農人疲於畎畝商旅困於舟航而粟帛之奉例延稍賦之輸州縣者往往終日不行尋常郡縣之吏多苛且歲月無貲爲民之心而監司復斯一時疏導繕完之費而不知財賦之所由出故雖功利炳乎日前猶持議數年不決可爲長太息也大觀戊子徐侯中來守毘陵會令尹徐君充邑丞于君瀕主簿徐君震縣尉韓君立之涖至訪知縣民之瘼無大港隨者而水利賓丞之職丞乃詳究籌畫之雖已取成於心而有俟時者會歲事稍登人樂自効得錢三百萬以市材命工遂以庚寅季冬卜上牓之員址於舊基之北百步外爲之而成於明年政和改元之正月人人知暫勞之爲永逸皆樂事而勸功增卑而倍薄其版築剛實規制宏壯反觀舊址若坐巍阜視培塿焉乃作亭平其左以謹司閘駕之節立廟乎其右以妥安神祇之靈且使出沒於鶩

瀾怒濤之間而望吾牐而濟焉者得亭以少休而收去幹之魂得廟以恭謁而申更生之禱也三者備矣乃更溶上下流之積沙去支港之游土復以餘材作新下牐昔人之所經營於是乎盡而閭境之民可知數十年食魚與稻亡凶歲憂漕輸者亦省卒而功倍矣郡侯題之焉大書其防且酌酒勞丞而謂之曰利源之出管乎是矣不可使鄰邑弗獲其施俾復西導申利二港注之營陵武進而兩邑之人因相與戮力接疏下流以達州城之北使灌浸周於郡境而風檣萬里順流而縱者朝江海而夕毘陵也於是商賈歌於川塗居民賀於里巷而耕夫耘叟歡欣鼓舞願置刻於康衢屬予以記且欲後之爲政者知港之惠如此無荒忽前人之功而爲行道之所笑是亦古人所以不用財賄而爲德於無窮也

浚水閘記

明　邑人　張袞

江陰四門南北東三門皆設水關潮汐患至未有閘也北倚大江直受江水之激射朝浮暮涸比及冬寒城中無勺水自潤況舟楫乎嘉靖丙午連遭旱歲人情洶洶城內外居人願出私錢自效邑大尹麟陽趙君聽民之

請復令公舉耆民三人領之成蠻既定趙君入覲推府剡溪裘君來署縣事乃布令國中指揮各役隳北闗東則陳鶴徐治圭之關以南廚之黃蠻變願獨力是究水利丞王南山總其事其爲制也壘石爲防中横以檻去河底二尺有餘潮至則舟從以入退則積水平盈於監沄沄渠渠蔚有嘉利惟北築高三倍以禦湍急東稍次之令江水從外濠逆運而東又南轉以人於關之河此其大較也趙君旣礱石道旁俾予書之以永憲於來者

永定菴長生書院記

國朝邑人 曹禾

江陰古暨陽地也其城後枕君阜前瞰馬鞍東南諸山屏帶拱揖長江浩森經流其北邑中水道皆吸引江湖閘堰啟閉得其要領故紆流回抱經帶有情此其得水之利也勝國之初民殷物阜交風甲第爲四邑冠二百年來法弛民怠水利不講諸港堙塞古人遺制什失其九寖至崇禎末季驟開此壩江潮北來激射如箭作盈作洄衝奕異常青烏家皆謂此爲元武水不特病民抑且病吏已而劫灰遍邑占者之言始驗先戶部每談及茲役常欲偕始興復未副此志康熙改元於潛何公來治此邦下車之始問民疾苦周覽城郭山川熟悉利害

穀然欲復舊觀會政事伊始未暇也於三年之春募民墳塞不閱月壩成廣若干丈袤若干丈費若干工於四年之冬處壩成復毀圖建菴其上以永其業禾亦參末議焉先是癸卯之春公捐俸濬治內外城濠秋閘南北舉於鄉者四人禾遂得由胄監登賢書成進士則人文風水說公之洞鑒已信於前事矣今茲壩工落成公得內召擢禮曹主客司極清華之選二尹芳咸馬公亦同時擢令建陽則壩之役已利於官茲土者矣昔范希文知饒州見饒土人文之寥落爲相山水形勢移學宮對敝文筆一峯已而彭汝礪遂大魁天下希文亦由潤州轉越州內擢政府饒之人士祠公者迄千百年而未絕何公德於吾鄉大庭斯士使有汝礪其人者出焉則公旣以功名顯吾鄉之祠公者不且與希文比隆哉茲壩之成禾實始終其事竊謂知公之深遂不揣僭筆而爲之記

四河閘記

國朝知縣 汪邦憲

江邑舊於黃田港四河口並建閘座資蓄洩利濟運其後四河閘先廢黃田亦就傾每冬月濬運閘兒北用黃田閘南則四河口及滿港悉築壩蓄水漕艘發乃決而通之商農兼病者數十年矣前令蔡君澍詳請籌撥移建不克歲甲子沿塘十鎮士民願計畝公捐請於前令劉君新翰轉報上官闢始成歲戊寅闢復圮士民援前例請因授董經理務爲完固經始辛巳十月至壬午十月告成蔡劉兩君之用心與十鎮士民之好義皆不可泯設爰書其始末使後之修舉者有所稽焉

潮汐附

潮信每月初二初三初四及十七十八十九共六日謂之大信外口水痕增高四五尺漸入漸減至末流僅尺許然沙之積此處尤劇以其強弩之末僅能送之入不能挾之歸也初五以後二十以後潮痕日縮謂之小信漲不過二三尺遠者竟不至矣若嚴冬沍寒名東殺潮故土人以十月潮進港

爲創見也

潮候初一十六並寅初申初平初四十九並卯初酉初平初六廿一並辰初戌初平初九廿四並巳初亥初平十一廿六並子初午初平十四廿九並丑初未初平大抵潮水入內來三時去三時去之時稍有餘而潮自海門長起由東泝西以遠近爲遲速焉黃田港與上海黃浦江相去三百餘里黃浦江潮落時即黃田港潮長時泥時言潮者非

潮風西風名退潮風雖大信不盛西北風次之南風雖至而平東風稍盛北風大盛東北兼作名曰風潮大信潮入內地或一二十里若七八月間颶風陡發潮入洶

洊百倍尋常不特田禾淹沒廬舍人民亦多漂溺謂之

海漫

潮時早春初起背春涉夏漸盛夏秋之際極滿盈矣八月十八日俗謂潮頭生日視常加倍過此漸減及冬而平惟處暑白露之交稻初花豆始實木棉結果時颶潮一至百昌皆敗而瀕江及沙洲被患尤甚

國朝雍正間知縣郭純於江心東永平凝等沙建築土墩四座（高二丈面寬七十弓底寬一百十弓）堅固高壯爲沙民秋季避潮之所焉

江陰縣志卷之三終

江陰縣志卷之四

民賦

國家休養生息二百餘年矣斯民優游隴畝正供之外無他所以戶口繁而田疇闢也庚申兵燹後斯邑遺黎不敷任土而田之荒蕪者暫邀復免復以民困未甦減科則以垂定制則

皇仁之涵育何如哉牧夢維魚兼占旐旟庶幾豐年慶而室家溱溱以成富教之治云志民賦

戶口

（宋）祥符閒稅戶一萬二千二百七十五口一萬三千二百

二十八客戶一萬七千六十四口一萬七千六百二十七

紹興五年主客戶共三萬三千三百三十九口共約十餘萬

乾道六年稅客戶共三萬三百有二

紹熙五年大甲五百一十一小甲六千七百八十三

紹定三年戶六萬四千三十五口一十萬五千八百一十二

（元）戶五萬四千一百二十五口三十萬四千六百七十二

（明）洪武十年戶二萬九千一百二十八口一十三萬三千

六百四十五
二十四年戶三萬六千一百五十二口二十一萬二千八
百二十六
永樂十年戶四萬五千五百六十七口二十七萬七千九
十四
宣德十年戶五萬二千九百六十一口二十五萬二千九
百九十二
正統七年戶五萬三千五百六十二口二十五萬七千二
百一十三
景泰三年戶五萬六千四百一十九口二十六萬六千四

百五十九
天順七年戶五萬六千五百一十一口二十六萬六千六
百六十九
成化十八年戶五萬九十一口二十二萬七千八百四十
一馬馱沙置靖江縣開除戶七千七百二十一口三萬九千九百三十一
宏治五年戶五萬一百二十一口二十二萬八千三百六
十三
十五年戶五萬一百二十一口二十四萬五千二百七十
正德七年戶五萬一百六十四口二十五萬二千六百七
十八

嘉靖元年戶五萬一千一百一十七口二十二萬九千二
百六十五
十一年戶五萬一千一百四十五口二十二萬九千六百
七十四
二十一年戶五萬一千一百三十四口二十二萬九千七
百七十九
三十一年戶五萬一千一百五十二口二十二萬九千六
百四十八
四十一年戶五萬一千一百八十六口二十二萬九千六
百七十五

隆慶六年戶五萬一千一百二口二十二萬九千五百九
十七
萬歷十一年戶五萬一千一百三十五口二十二萬九千
八百二十五
三十一年戶五萬一千一百一十三口二十二萬九千七
百八十五
四十一年戶五萬一千一十三口二十五萬六千九百七
十四
天啟二年戶五萬二千五十四口二十八萬五千一百二
十四

崇禎六年戶五萬一千四百七口二十三萬五千四百六十沈志云明初戶給一帖備開籍貫丁田產業於上俾民執照軍匠籍例不分戶每十年一造黃冊成宏以後例無增減且有增無減浸成粉飾之具國朝康熙間懲其弊遂廢當差之丁明季失於歷除有生伯亞旅累十盈百而披籍無名者有子遺而完丁動至數十者後編審之令下貧民始免賠丁之苦矣

國朝康熙十一年戶五萬一千一百四十五丁口三十九萬九千六百七十四蔡志編審之例始於順治初年沈志遂從康熙十一年爲始闕畧殊甚蔡特著其失核之故復以前志旣闕重補恐涉傅會今仍之

原額當差人丁一十三萬五千四百六十蔡志云自差丁廢而此例不復書紀國恩也

編審加增人丁五百四十蔡志云編審定於五年其戶口以初編爲額自後第著增丁數紀實而文從省也

續加增人丁三百九十一

十一年編審增丁六十九

十五年編審增丁六千一百七十六

二十年編審增丁五百八十六

二十五年編審增丁三千一百二十二

三十年編審增丁二千一十三

三十五年編審增丁一千二十五

四十年編審增丁一千七

四十五年編審增丁五百三十三

五十年編審增丁五百四十七五十二年奉文嗣後編審之期輪丁賦額止據五十年丁冊爲定以後增益口數爲盛世滋生黃口中丁祇列黃冊以彰盛治永不加賦

五十五年編審滋生人丁三百二十七

六十年編審滋生人丁三百一十五

雍正四年編審滋生人丁三百四十六六年部議丁隨田辦案內奉文將原編丁糧攤入田畝徵輸

九年編審滋生人丁三百五十一

乾隆元年編審滋生人丁三百四十七

六年編審共戶四萬二千八百八十二丁口一十五萬五千九百九十六

十年編審滋生人丁二萬三千八百八十八

十五年編審滋生人丁三萬三千九百四十五

二十年編審滋生人丁五萬六千一百八十四

二十五年編審滋生人丁六萬八千七百六十三

三十年編審滋生人丁五萬一千四百四十九

三十五年編審滋生人丁四萬三千一百八

四十年編審滋生人丁九萬二千六百六十四

四十五年編審滋生人丁一萬二百八十

五十年編審滋生人丁四千七十五

五十五年編審滋生人丁八千三百六十六

六十年編審滋生人丁二萬三千九百一十三
嘉慶五年編審滋生人丁三萬四千五百
十年編審滋生人丁七萬一千八百五十七
十五年編審滋生人丁八萬七千五百三十九
二十年編審滋生人丁一十四萬七千五百一十六
二十五年編審滋生人丁二萬二百一十二
道光五年編審滋生人丁一萬八百九十四
十年編審滋生人丁一萬六千七百五
十五年編審滋生人丁九千八百八十五
十九年編審滋生人丁六千七百二十一實在共戸八萬

九千三百六十五丁口九十七萬八千四百六十一男五十六萬四千六百三丁婦女四十一萬三千八百五十八口庚申以前卷宗盡行燬廢以後無從查考故編民數自甲子年始
同治三年編查戸三萬二千五百二十八口十萬一千六百四十九
四年增編人丁四萬四千七百五十一
五年增編人丁七萬一千二百七十四
六年增編人丁一萬九千八百八十六
七年增編人丁一萬二千八百十九
八年增編人丁七千五百七十三
九年增編人丁一萬八百四
十年增編人丁一萬三千三百八十八
十一年編審滋生人丁七千九百三十二
十二年編審滋生人丁九百九十九
十三年編審滋生人丁一萬一千四百七十一
光緒元年編審滋生人丁三千二百十五
二年編審滋生人丁實在共三十萬九千四百四十一口男十七萬六千六百三丁婦女十三萬二千八百三十八口

保甲 附

保甲之法前志未詳考

國朝乾隆七年部文內開據江蘇巡撫陳宏謀題內稱竊照保甲為弭盜之法人皆知之而各屬未盡奉行蓋保甲之根在於淸查烟戸一戸親丁男婦若干名僮僕若干口作何生理有無執業田地必一一詳查開載給以門牌照造冊底存案無籍流匪雖於混入十戸立一甲首九家之孰邪孰正孰貧孰富無不周知則烟戸查淸不特互相稽察匪類不能托足即地方偶遇災歉應賑戸口極次貧民亦可按冊查考不致混冒則保甲之法並於查賑有益矣
嘉慶十九年奉文通行保甲法

道光二年奉文在京各衙門及直省各督撫嚴飭所屬認真稽查並於巡歷之便親加抽對務令簡要周詳實力奉行

四年奉文通行保甲法

十九年由縣行保甲法署縣陳延恩參用古法兼採成規委員分查保甲一切悉由捐廉所定詳細章程有刊行條約

同治十二年由縣行保甲法

光緒元年行保甲法

實行保甲說　國朝署縣陳延恩

知縣爲親民之官教養其大端也然欲踵門而提命之比戶而周恤之非惟力有不逮亦勢有不能蚤作夜思惟卽本地之良民以化本地之愚民心所素服者其啟導爲易入卽本地之富民以濟本地之窮民目所親覩者其憐憫爲最真此延恩無窮之厚望欲於保甲中一一行之者也前人行保甲多爲清盜賊淵藪兼爲荒賑查貧戶而設固已延恩竊不自量謂保甲卽周禮五家爲鄰五鄰爲里之義而相救相保相周相恤之義無不備具其中果以實心良法行之實於風俗人心大有裨益如曰稽核戶口而已則有烟戶冊在稽核田畝而已則有糧賦簿在又奚必貧吏增數千金鉅費之債券勞神苦思爲此虛糜無益之舉哉除將刊行查辦總悉章程存案外茲將查竣現行須示規條摘錄如左

一朔望宣講祗及城廂在遠鄉約或恐奉行不力今飭各甲各牌中公舉高年碩德一二人於公所宣講外并講古來孝子悌弟事實俾知觀感　一自鄉舉里選之法廢士人惟以弋獲科第爲榮以能作詩文爲不廢本業於倫常實行或恐不講今飭首董就各甲各牌中不論士農工賈有能孝順父母友愛兄弟者書其姓名事實報縣侯采訪確實出縣嘉獎以昭激勸其家道殷實能力行善事者亦准報縣出縣訪查得實給以匾額并爲維持善舉永杜優害　一城鄉貧民卽不讀書應試亦當教以識字城鄉富民設遇荒年歉歲豈能坐擁倉箱與其貽悔於後何若籌慮於先屢經諭勸興舉義學義倉尚未普律遵辦今飭各就牌甲中實力勸捐報縣立案立予優獎　一鰥寡孤獨廢疾貧苦無依者皆爲發政所宜先而敬老慈幼爲尤急前經諄諭勸捐敬老會恤孤會尚未普律遵辦今飭甲首牌首月造一冊一并細登記敦勸十家百家中議定或按日或按月或許一人或濟數人或公濟一人量力佽助就近施予既無冒濫之虞零星集捐復免煩難之慮辦成一冊准卽報縣請賞　一乘喪蠶食因而破家致使朝死夕埋最爲盜邑鄉村惡俗今由縣刊刷大書永禁乘喪蠶食如違許喪家及保鄰協同扭送告條發交各牌甲實貼日久風雨損壞准再請領以挽澆風以輿孝治　一逼醮搶醮爲斯邑鄉俗恬不爲怪之事喪良敗化莫此爲甚今由縣刊刷大書永禁逼醮搶醮如違許被害之婦及親屬保鄰立行鳴究告條發交各牌甲實貼日久并准再領以懲刁風以維苦節　一淫戲娼妓賭博賊匪最爲地方之害失于厲禁現雖節經嚴行整飭稍知斂跡然鄉鎮窵遠或當暮夜或匿僻區查訪需時差拏慮擾語云官禁不如私禁今飭甲首牌首卽一甲一保中公議禁止一切違者議罰若干重則立時送究具結報縣存案庶不待禁而自除如不遵奉僞別經發覺甲首牌首一併究辦　一鴉片流毒害不勝言現在功令森嚴久經告誡殷勤實已唇焦頹禿近來拏辦亦極不遺餘力再不悛改死期將至每念及此且憤且憐是欲救轉瞬之死斷難寬今日之刑今飭甲首牌首先就每甲每牌中查明如有仍前吸食販賣之人立卽稟縣研鞫得實定加獎賞如知情徇隱一經破案并提牌甲究問

田壤

宋紹熙五年田一百二十五萬餘畝

紹定三年田一百二十五萬三千六百二畝零

元無考

明洪武二十四年官民田地山灘九千九百一十一頃三

十畝五釐二毫
永樂十年一萬二千八百五十九頃三十五畝二分二釐
一毫
宣德七年一萬三千九百八十六頃八畝四釐二毫
正統七年一萬四千一百頃三十畝五分四釐
景泰三年一萬四千六十七頃一十畝一分五釐一毫
天順六年一萬四千五十六頃四十一畝八分九釐五毫
成化十八年一萬一千四百一十五頃五畝三分九釐五
毫
宏治十五年一萬一千二百一十一頃五十八畝二分三

釐一毫
正德七年一萬一千四百一十五頃五畝三分九釐五毫
嘉靖二十一年一萬一千四百一十六頃二十一畝二分
萬歷十年一萬一千八百七十二頃七十一畝八釐六毫
崇禎十二年會計通縣平圩低沙田塝豆地灘山塘蕩民
山共一萬一千六百二十一頃三十七畝七分九釐二
毫五絲六忽
國朝順治十七年平圩低沙田塝灘蕩民山共一百一十一
萬五千八百八十六畝五分七釐七絲四忽一微
十八年陞增平圩低田塝蕩共三百七十八畝九分六
釐一毫二絲六忽七微二纖三沙三塵七渺四漠一埃

勘減缺額塝蕩共一百七十五畝九分一釐一毫七絲
六忽
康熙元年陞增平圩低田塝民山共一百三十九畝四
分一絲一忽九微四纖二沙二塵一渺三漠六埃
勘減缺額塝蕩共一百八畝四釐二絲九忽
二年陞增平圩低田塝蕩共五百二十二畝七分五釐
五毫五絲八忽一微三纖一沙二塵六渺七漠六埃
勘減缺額塝蕩民山共三百九十七畝四分五釐七毫
五絲一忽
康熙三年平圩低沙田塝蕩民山共一百一十一萬六千
二百四十六畝二分七釐六毫九忽六微九纖六沙八
塵五渺二漠三埃
五年陞增平圩低田共三百三十五畝五分四毫三絲
二忽二微
勘減缺額低田塝蕩共二百七十五畝四分一釐一毫
一絲四忽三微

又丈增平圩沙田塝蕩共二萬七百八十一畝六分六
釐九毫二絲五忽八微二纖三沙一塵四渺七漠七埃
勘減缺額低田民山共二千六十四畝三釐二毫二絲
九微四纖
六年平圩低沙田塝灘蕩民山共一百一十三萬五千一
百四十四畝五分六釐八毫五絲四微八纖
十六年陞增平圩低田塝蕩民山共七百九十六畝九
分六釐二絲二微三纖
勘減缺額塝蕩民山共四百六十二畝四分七釐八毫
五絲一忽三微
二十二年平圩低沙田塝灘蕩民山共一百一十三萬五
千四百三十九畝五釐一絲九忽四微一纖
三十一年起至五十年止轉則平圩低田塝共七百二
十五畝六分六釐九毫一忽二微七纖
新陞平圩低沙田塝灘蕩民山共七百八十七畝三分
八釐四絲九忽三微四纖

勘減低坍灘蕩民山共七百二十五畝六分六釐九毫一忽二微七纖

以陞抵減外實陞折實平田六百五十一畝九分六釐五絲九忽四纖二沙五塵四渺五漠六埃

乾隆七年起至四十年止轉則平低沙坍共一千七百三十一畝七分七釐六毫九絲二忽六纖四沙

新陞平低坍灘蕩民山共一千七百三十四畝六分八絲八忽九微三纖

勘減低坍蕩民山共一千七百三十一畝七分七釐六毫九絲二忽六纖四沙

以陞抵減外實陞折實平田一千一百六十六畝六分一毫二絲八忽三微七纖九沙五塵二渺九埃五逡七須

四十五年起至四十九年止轉則平低沙坍共三百五十五畝八釐

新陞平低坍灘蕩民山共一百一十畝一分八釐五毫五絲二忽一微

勘減坍灘蕩民山共三百五十五畝八釐

以陞抵減外實陞折實平田二百九十四畝七分四釐

蔡志云本邑田壤於順治五年重行釐正將瀕江沙田歸入蘆政辦課又以明季多荒廢溢額之田大爲民累特行清丈豁除康熙三年通行履畝改定各種科則民間執產之戶給有由單以杜重複欺隱槧縣照原編均爲三百七十四里統以五十都以一十八區定之每圖分爲十甲甲領田二百六十九畝五分一釐有奇各則不等以折實平田爲度四十六年知縣陶彝改行順莊其法以鎮統戶以戶統田事未通行旋舉即罷雍正十一年布政使白鍾山革除區扇通行順莊永爲定例綜計邑內城鄉鎮保共字號四百四十有四分鎮領之各鎮田數分晰備載復以從前都圖舊目注明於鎮保之下以便參考至鄉統都圖以地形序故自西起鎮統各保以字號序故從東始事各有宜其爲清田便民之義則一今仍之惟自乾隆四十九年以後停止陞坍減因查核嘉慶十六年清釐各鎮所管各則田數縷晰於後咸豐十年經冊被燬同治五年重經清丈互有增減其民山包檔光緒元年遵辦合額案內詳請豁免今悉照現在實數開列

東城內　舊爲來昭坊統圖二今以鎮領保編字號九　天　地　元　宇　宙　洪　荒　日　月

現管各則田六百五十六畝一分五釐二毫一絲九忽四微　照陳志丈減二畝八分三釐三毫三絲一忽三微

南城內　舊爲太疑坊統圖三今以鎮領保編字號五　盈　昃　辰　宿　列

現管各則田一百九十一畝九分五釐七毫二絲七忽六微　照陳志丈減四分四釐七毫八絲三忽五微

西城內　舊與南內同隸太疑坊今以鎮領保編字號九　張　寒　來　暑　往　秋　收　冬　藏

現管各則田七百十一畝四分一釐四毫四絲二忽三微　照陳志丈增二十五畝九分五釐三毫五絲四忽三微

北城內　舊爲順化坊統圖四今以鎮領保編字號十　閏　餘　成　歲　律　呂　調　陽　雲　騰

現管各則田五百五十畝五分四釐六毫五絲三微五纖　照陳志丈減九畝五分八釐四毫九絲八忽二纖

綺山鎮　舊爲昭聞鄉統都三圖二十四今以鎮領保編字號八　致　雨　露　結　爲　霜　金　生

現管各則田一萬七千二百七十九畝八分七釐六絲一忽九微　內已除包山九百七十九畝一分三釐六毫九絲八微九纖照陳志丈增三畝五釐七毫一絲二忽四微

雲亭鎮　舊與綺山同隸昭聞鄉今以鎮領保編字號十一　麗　水　玉　出　崑　岡　劍　號　巨　闕　珠

現管各則田二萬八千九百九十四畝九分四釐七毫五絲四微　內已除包山六百七十四畝六分七釐二絲一微五纖照陳志丈減七十八畝六分六釐六毫九絲二忽三微七纖

周莊鎮舊爲寶池鄉統都三圖十三今以鎮領保編字號十五稱夜光果珍李柰菜重芥薑海鹹河淡

現管各則田五萬二千七百四十八畝九分七釐九毫八絲四忽八微七纖內已除包山二千二百三十一畝五分八釐三毫一絲二忽七微八纖照陳志丈增六畝八釐七毫三微

華墅鎮舊爲清化鄉統都二圖十一今以鎮領保編字號十八驎潛羽翔龍師火帝鳥官人皇始制文字乃服

現管各則田五萬五千三百八十四畝二釐六毫四絲二微內已除包山八百六十四畝七分八釐二毫八絲四忽七微六纖照陳志丈增六分三釐五毫四絲九忽六微五纖

馬蟖鎮舊爲白鹿鄉統都三圖二十四今以鎮領保編字號十四衣裳推位讓國有虞陶唐弔民伐罪

現管各則田四萬七千二百六十二畝八分三釐九毫八絲二忽二纖內已除包山六釐一絲五忽七微照陳志丈減二畝五分九釐八毫九絲一忽四微八纖

長壽鎮舊爲長壽鄉統都二圖八今以鎮領保編字號十周發商湯坐朝問道垂拱

現管各則田三萬九千六百六十四畝五分四釐四毫九絲九忽四微三纖內已除包山一百八十六畝七分三釐一毫九絲五忽七微照陳志丈減七畝四分二釐一毫三絲七忽三微一纖

祝塘鎮舊爲西順鄉統都二圖十八今以鎮領保編字號十一平章愛育黎首臣伏戎羌遐

現管各則田四萬六千四百六十三畝七分九釐五毫二忽七微照陳志丈增二十畝五分四釐三毫七絲一忽三微

文林鎮舊與祝塘同隸西順鄉今以鎮領保編字號七邇壹體率賓歸王

現管各則田三萬八千九十一畝三分九釐九毫五絲九忽內已除包山二十五畝八分四釐七毫九絲七忽一微照陳志丈減二十九畝二分七釐四絲五忽五微

長涇鎮舊爲東順鄉統都二圖二十六今以鎮領保編字號十四鳴鳳在竹白駒食場化被草木賴及

現管各則田四萬七千一百十畝二分二釐六毫四絲九忽八微照陳志丈增三畝一分一釐八毫八絲三忽七纖

顧山鎮舊與長涇同隸東順鄉今以鎮領保編字號十萬方蓋此身髮四大五常

現管各則田三萬三千三百八十九畝八分七釐三毫五絲七忽一微內已除包山六十七畝一分九毫四絲三忽六微一纖照陳志丈增二分五釐三毫五絲六忽

楊舍鎮舊與馬蟖同隸白鹿鄉今以鎮領保編字號九恭惟鞠養豈敢毀傷女另墩保二谷瀆盤字范港鬱字

現管各則田二萬三千一百七十四畝五分三釐五毫一絲七忽七微三纖照陳志丈增十三畝一分六釐五毫七忽一微三纖墩保田數詳後

章卿鎮舊爲崇仁鄉統都二圖十二今以鎮領保編字號十二慕貞潔男效才良知過必改得另墩保一泗港樓字

現管各則田二萬四千五百十二畝六分二釐二毫三絲九忽九微四纖照陳志丈增三畝四分二釐四毫三忽八微五纖墩保田數詳後

大橋鎮舊爲化成鄉統都三圖十五今以鎮領保編字號六能莫忘罔談彼另墩保五善港觀字蔡港飛字雷東驚字雷西圖字正山寫字

現管各則田一萬九千二百五十九畝六分八釐七毫五絲四忽四微九纖內已除包山四百六十七畝一分七釐八毫六絲五微二纖照陳志丈增二畝三分五釐二毫一絲二微九纖墩保田數詳後

三官鎮舊與周莊同隸寶池鄉今以鎮領保編字號十一短靡恃己長信使可覆器欲另墩保五巫子禽字石牌獸字白沙畫字蕭山彩字黃山鮮字

江陰縣志 卷四 民賦 田壤 廿六

現管各則田二萬八千五百四十五畝三分三釐八毫二絲四忽二纖內已除包山一千八百五十六畝六分一釐三毫五絲二忽二微四纖照陳志丈增十三畝四分九釐四毫一絲六忽七微六纖墩保田數詳後

雙牌鎮舊爲順化鄉統都四圖二十四今以鎮領保編字號十一羔羊景行維賢克念作聖德

現管各則田二萬七千七百四十四畝四分八釐二毫八絲七忽九微二纖內已除包山五百四十二畝五分二釐六毫二絲八忽九微三纖照陳志丈減六十一畝六分八釐八絲六忽八微

謝園鎮舊爲太寧鄉統都四圖二十七今以鎮領保編字號八聖德建名立形端表

現管各則田二萬三千二百七十畝九分五釐二毫四絲四忽三微一纖內已除包山七百九十一畝五分七釐六毫六絲九忽八微二纖照陳志丈增九畝八分四釐八毫二絲一忽三微八纖

蔡涇鎮舊與謝園同隸太寧鄉今以鎮領保編字號七正空谷傳聲虛堂

現管各則田一萬四千五百六十九畝六分二釐八毫八絲四忽五微照陳志丈增四畝五分七釐四毫三忽二微

月城鎮舊與蔡涇同隸太寧鄉今以鎮領保編字號五習聽禍因惡

現管各則田一萬二千二百八十八畝三分四釐八毫五絲五忽六微照陳志丈減六畝六分一釐八毫九絲五微一纖

皇城鎮舊與月城同隸太寧鄉今以鎮領保編字號八積福緣善慶尺璧非

江陰縣志 卷四 民賦 田壤 廿七

現管各則田一萬九千九百九十一畝一分八毫九絲六忽一微內已除包山六百七十二畝九分九釐八絲七忽六微照陳志丈增二畝一分五釐九毫二絲二忽七微二纖

黃橋鎮舊爲青暘鄉統都四圖三十二今以鎮領保編字號五寶寸陰是競

現管各則田一萬三千九十五畝九分五釐六毫八絲一忽九微四纖照陳志丈增十一畝七分五釐六毫一絲八忽一微四纖

青暘鎮舊原隸青暘鄉今以鎮領保編字號十八資父事君日嚴與敬孝當竭力忠則盡命臨深

現管各則田四萬五千一百八十五畝三分四釐三毫八絲七微五纖照陳志丈增二十六畝八分九釐九毫三絲三微五纖

四河鎮舊與青暘同隸青暘鄉今以鎮領保編字號七 履薄夙興夜凊似
現管各則田二萬九千四百九十畝三分三釐五毫六絲七忽七微照陳志丈減三畝四分八毫九絲七忽五微
馬鎮舊爲金鳳鄉統都三圖二十二今以鎮領保編字號十 蘭斯馨如松之盛川流不
現管各則田四萬二千六百二十三畝六分六釐九絲四忽八微照陳志丈增五畝二分四釐七毫七絲七忽五微三纖八沙
璜塘鎮舊與馬鎮同隸金鳳鄉今以鎮領保編字號八 息淵澄取映容止若
現管各則田三萬七千七百三十一畝一分四釐八毫一忽九微六纖照陳志丈增六畝六分一釐一毫八絲八忽六微

花山鎮舊與雲亭綺山同隸昭聞鄉今以鎮領保編字號五 思言辭安定
現管各則田一萬四千二百二十二畝七分一釐六毫二絲八忽三微四纖內已除包山四百七十六畝九分五釐六毫五忽二微三纖照陳志丈增三畝三分三釐八毫五絲四忽七微四纖六沙
蕭岐鎮舊爲鳳過鄉統都三圖十五今以鎮領保編字號十一 篤初誠美愼終宜令榮業所
現管各則田五萬八百十五畝一分五釐一毫一絲八忽八微內已除包山一百十五畝八分九釐一毫一忽四微七纖照陳志丈減六分六釐三毫八絲二忽八微
葫橋鎮舊與蔡涇謝園夏珑月城同隸太寧鄉今以鎮領保編字號四 藉甚無竟

現管各則田八千七十畝一分五釐六毫一絲六忽九微內已除包山七十四畝九分三毫四絲五忽八微六纖照陳志丈減三畝八分六釐六毫七絲六忽一微
觀山鎮舊爲來春鄉統都三圖十九今以鎮領保編字號九 學優登仕攝職從政存
現管各則田三萬二十六畝五分八毫一絲五忽六微二纖內已除包山二千二百七十五畝一分一釐四毫四忽四微一纖照陳志丈增二畝一分四釐四毫六絲七忽四微
利城鎮舊爲良信鄉統都四圖三十今以鎮領保編字號十三 以甘棠去而益詠樂殊貴賤禮尊
現管各則田二萬九千二百六十五畝七分四釐八毫九絲三忽二微四纖照陳志丈增七分八釐四毫一絲四忽三微

前周鎮舊爲永陵鄉統都三圖十四今以鎮領保編字號十八 卑上和下睦夫唱婦隨外受傅訓入奉母儀諸
現管各則田二萬四千二百七十四畝二分七釐五絲八忽四微五纖照陳志丈增三畝三分三釐八毫九絲八忽三微七纖
後梅鎮舊與利城同隸良信鄉今以鎮領保編字號十五 姑伯叔猶子比兒孔懷兄弟同氣連枝
現管各則田二萬六千八百七十七畝九分三釐八毫七絲八忽四微照陳志丈減十三畝九分五釐八毫四絲四忽六微
丁墅鎮舊與前周同隸永陵鄉今以鎮領保編字號十六 交友投分切磨箴規仁慈隱惻造次弗離

現管各則田二萬六百十八畝五分三釐二毫九微五
纖四沙 照陳志丈減三畝三分三釐二毫七絲七忽
桃花鎮 舊與丁墅前周同隸永陵鄉今以鎮領保編字號十三 節 義 廉 退 顛 沛 匪 虧
性 靜 情 逸 心
現管各則田一萬九千二百六十八畝八釐一毫六絲
五忽一微四沙 照陳志丈減四畝五分三釐二毫三絲二忽五微九纖六沙
申港鎮 舊與利城後梅同隸良信鄉今以鎮領保編字號十八 動 神 疲 守 貞 志 滿 逐
物 意 移 堅 持 雅 操 好 爵 自 另墩保一 徐村小守字
現管各則田三萬七千九百三畝八分六釐六毫三絲
七忽七微八纖 照陳志丈減三百三十七畝八分三釐三毫六忽一微七纖墩保田數詳後

江陰縣志 卷四 民賦 田壤 二十

虞門鎮 舊與觀山同隸來春鄉今以鎮領保編字號三邑 大華 小華
現管各則田八千四百五十四畝三分九釐五毫二絲
三忽八微五纖 照陳志丈增二十一畝九分六釐二毫三絲一忽八微五纖
夏港鎮 舊與觀山虞門同隸來春鄉今以鎮領保編字號七 夏東 西二 京背 切 另墩保
三 東墩丙字 西墩納字 孟濟字字
現管各則田一萬二千九百三十七畝六分六釐七毫
四忽九微七纖 照陳志丈增二畝七分五釐七毫三絲八忽二微七纖墩保田數詳後
南城外 舊與南內同屬太疑坊今以鎮領保編字號六 行 維 賢 克 念 作
現管各則田六千七百五十五畝八分三釐六毫二絲
八忽四微五纖 照陳志丈減八畝一分六釐九毫三絲一微五纖

西城外 舊與西內同屬太疑坊今以鎮領保編字號一基
現管各則田四千四百三十畝三分五釐六毫三絲七
微 照陳志丈增十二畝二分八釐一毫八絲一忽
北城外 舊與北內同屬順化坊今以鎮領保編字號八 面 洛 浮 渭 據 涇 宮 殿 另墩保
二 附西仙字 五堡靈字
現管各則田二千九百九十七畝五分二釐四毫七絲
二忽五微 內已除包山九十九畝一分六釐六毫四絲六忽九微二纖照陳志丈增一百三畝八分六釐三毫四絲一忽二微四纖墩保田數詳後
各墩保 北外二 申港一 楊舍二 夏港三 章卿一 大橋五 三官五
一 現管各則田五萬六千五百五十三畝四分二釐七絲

江陰縣志 卷四 民賦 田壤 二十一

三忽六微八纖 內已除包山二千四十七畝一分三毫九絲八微五纖照陳志丈減二十四畝九分一釐二毫五絲二忽一微五纖
以上通共平田及不等田一百十二萬二千五百五十
五畝八分九釐五毫六忽五微六纖八沙
凡爲平田九十一萬五千五百九十畝七分八釐九毫
四忽六微四纖四沙 圩田一萬七千六十五畝一分
三釐三毫六絲九忽四微 每畝折實平田九分七釐二絲七忽三微一纖三沙七塵
六渺一漠六埃 該折實平田一萬六千五百五十七畝八分四
釐八絲一忽三微一纖一沙 低田四萬二千九百五
十五畝三釐五毫八絲四忽六纖 每畝折實平田八分三釐六毫七絲二微

三纖二沙九渺六漠四埃該折實平田三萬五千九百四十畝五分七釐八毫一絲八忽四微九纖二沙　沙田三百三十二畝四分四釐五毫一絲九纖每畝折實平田五分二釐一毫三纖一沙七塵四渺六漠三埃該折實平田一百七十三畝二分四毫三微一纖　墩埒六萬一千五百六十八畝二分五釐四毫一絲三忽七微八纖每畝折實平田五分七釐八毫八絲八忽九微二纖四沙二塵九渺二漠該折實平田三萬五千六百四十一畝二分二忽五微七纖三沙　灘蕩三萬五千七百五十畝九分九毫三絲二忽一微三纖四沙每畝折實平田一分六釐二毫八忽八微九纖八沙七塵一渺七漠五埃該折實平田五千七百九十四畝八分二釐八毫

六絲八忽二微四纖八沙　民山四萬九千二百九十三畝三分二釐七毫九絲二忽四微六纖每畝折實平田五釐七毫八絲八忽八微八纖二沙三塵七渺九漠三埃該折實平田二千八百五十三畝五分三釐二毫七絲七忽四微三纖九沙

通共折實平田一百一萬二千五百五十一畝九分七釐三毫五絲三忽一纖七沙

圩垻附東南水鄉最低窪處爲圩垻有岸者曰圩無岸者曰垻

來春鄉十都四圖圩一十二垻一十二　岔塘圩田七頃八畝一分六釐　高灣圩田七頃三分　湯古岸圩田八十四畝七分　小黃岸圩田八十畝　施家圩田八十三畝　鴨蕩圩田一頃六畝五分　楊家圩田九十七畝　黃满圩田一頃二十一畝　中岸圩田一頃五十四畝五分　大黃岸圩田七十畝六分　大蔡尖圩田一頃二十一畝　小蔡尖圩田二十九畝　邵家五頃垻田八頃七十三畝　趙岸垻田一頃五畝　焦許岸垻田五十畝七分　劉家岸垻田五十畝七分　西湖岸垻田七十一畝　蔡岸垻田九十三畝　窗塔垻田四十五畝　蒔蕩垻田一頃五十畝　義岸垻田八十三畝　張岸垻田四十五畝　北楊岸垻田一頃六十七畝　翁岸垻田四十五畝

戛信鄉五都五圖圩三垻八　满岸圩田五頃一十八畝八分　毛岸圩田八頃三十五畝八釐　大岸圩田二頃八十畝四分　賴岸垻田八頃八十畝　陳满東垻田三頃三十九畝九分　烏嘴岸垻田八頃一十三畝五分　黃洋岸垻田三頃一十七畝七分　黃天蕩涇西垻田四頃四十四畝一分　後满栲栳蕩垻田一頃六十四畝八釐　石塘洋西垻田一頃五十四畝六分　夏莊白岸垻田一頃八十七畝三分

八圖圩三垻　五章满圩田一十四頃五十五畝六分五釐　賴岸西圩田七頃四十三畝八分八釐　蔡岸圩田七十畝七分　火燒垻田六十三畝八分　劉岸垻田二頃五十畝四分　蔡岸垻田五十畝　郭满垻田八十畝　趙婆蕩垻田四十畝

六都二圖垻一十一　蒲埂岸垻田六頃一十九畝三分　夏家垻田八頃三十五畝七分　夏家岸西垻田五頃六十一畝四分二釐　張满垻

田五頃二十六畝八分牛塘坦田一頃一十二畝五分排底岸坦田八十畝坵家坦田五頃三十五畝五分四保岸坦田二頃四十七畝李家岸坦田七十四畝石溝岸坦田八十二畝三分毛都岸坦田三頃三十三畝新增擱岸圩道光十一年築田蕩三十七頃

昭閭鄉十五都六圖坦五吳家坦田一頃陶家坦田一頃張家坦田六十一畝菖蒲大小三坦田二頃三十畝伏字坦田九十畝十七都二圖坦二十二包車圩坦田八頃一十二畝五分韓塘圩坦田二頃九十二畝八分黃市村坦田二頃三十九畝高宗塘橋坦田二頃九十九畝四河口坦田一十頃六十二畝五分白蛇港坦田一十五畝十八畝坦田五頃六十五畝河流塘坦田四十畝池坦田一頃二十五畝四分楊家村坦田四

頃五十四畝駱駝橋坦田一頃六十畝七分張岸村坦田三頃二十三畝徐家坦田五頃二十四畝坵家村坦田三頃七十九畝潘家坦田五頃一十畝潘家蕩坦田九十四畝二分蘇家洞坦田八十九畝九分石塘橋坦田二頃九畝九分百家橋坦田八十九畝四分省田圩坦田一頃三十一畝九分省岸圩坦田二頃五十六畝祝家坦田三頃四十畝九分

太凝鄉二十三都一圖圩一十六坦一十一北盆塘圩田六頃三十九畝八釐前蕩圩田三頃五畝四分長岸圩田一頃五十七畝長茭圩田二頃九十七畝七分四十畝圩田四十畝後蕩圩田五十四畝前曲灣圩田四十四畝東山圩田一頃九十五畝一分三釐二毫流岸圩田一頃一十二畝蒲字圩田二頃六十八畝九分五釐白水圩田三頃四十二畝四分一釐郝涇圩

田六頃七十五畝三分四釐六毫上中九十畝圩田一頃五十畝灰塘圩田四頃六十八畝五分馮涇圩田九頃七十畝後裏圩田二十七畝北白蕩坦田三頃三十畝夏城村坦田四頃一十五畝東山落岸坦田二頃二畝崩涇坦田一頃七十畝前蕩村坦田一頃二畝蔡家坦田一頃五十畝北白蕩尖坦田二頃三十六畝南尖白蕩坦田四頃四十畝謝園公岸坦田一頃八十畝東山中坦田一頃六十八畝九分徐家村坦田二頃一十七畝一分五釐

青暘鄉二十五都一圖圩四坦一十二南新塘圩田一十頃六十一畝三分八釐東西菱尖圩田二頃二畝九分六釐南狄尖圩田二頃二十一畝八分東狄尖圩田二頃三十二畝南狄尖坦田三頃五十畝東狄尖坦田一頃七十五畝歧岸坦田二頃二十畝梅家坦田八十七畝蒲字坦田一頃七

十六畝山尖坦田一頃三十七畝五分蓮洲坦田二頃四十一畝八分一百四十畝坦田一頃四十畝羅洋坦田二頃一畝二分西塘涇坦田一頃一十畝八釐一鬲蕩坦田二頃一十畝七分三釐梅岸坦田二頃四十八畝七分二圖坦一十六楊家口坦田二頃一十七畝五分蘇家岸坦田四十六畝七分宋家岸坦田四十三畝九分五釐吳蕩坦田八十一畝八分五釐木梳坦田七畝四分季家坦田六十八畝蘆涇坦田一頃一十七畝八分東坊坦田六十四畝中坊坦田三十六畝四分西坊坦田一頃六十八畝七分新岸坦田一頃六十畝八分孟家北坦田七十四畝八分孟家東坦田七十畝一分孟家西坦田二十三畝五分陸家蕩坦田一頃三十二畝九分塘下村坦田八十六畝三圖圩五上漕蕩圩田一頃九十六畝五分下漕蕩圩田一頃七畝猪圈圩田一

頃二十六畝陳大岸圩田四頃二十五畝三分七釐瓦古岸圩田五頃一十八畝五分六圖圩一十七馬家湖上中下九家圩田四頃七十二畝三分省田圩田二頃七十一畝黃涇岸圩田二頃一十畝五分上沙家圩田一頃九十二畝中沙家圩田二頃一十六畝下沙家圩田二頃一畝八分上中下葑岸圩田三頃八十六畝三分五釐上中下舍梅蕩圩田四頃六十畝六分生岸圩田三十四畝四分菱岸圩田四十四畝馬家蕩圩田七十五畝一分張涇圩田一頃三十五畝蒲蕩圩田一頃八十九畝五分湯家圩田一頃七十二畝東後塘圩田六十九畝八分八釐西後塘圩田一頃六畝六分劉莊圩田五頃八十三畝一分一釐一毫八圖圩二馬家湖南圩田一十九頃八十畝六分九釐北鴨蕩圩田四頃三十九畝六分五釐九圖圩十南鴨蕩圩田四頃七十六

畝九分四釐蟹屖尖圩田八十畝范岸尖圩田一頃一十一畝五分趙家底圩田二頃一十一畝五分西塘圩田一頃七十三畝三分東塘圩田二頃二十一畝烏地大岸圩田五頃九十九畝八分下尖圩田四頃七十八畝楊滙圩田四頃五十畝七分毛涇圩田四頃五十九畝八釐一圖圩七馬家湖北圩田五十頃九十二畝二分八釐六毫山塘圩田三頃五十四畝五分八釐廟堂圩田二頃八十四畝黃岸圩田一頃三十五畝東蕩圩田九十三畝五頃嚴家圩田一十一頃一十九畝七分三釐五毫長嶺圩田五頃五畝四分十二圖圩一十七圩田七十三頃四十八畝九分一釐八毫十三圖圩二十一沒稻岸圩田三頃四十三畝一分八釐繆家圩田四頃三十五畝二分西盆塘圩田三頃九十四畝六分東盆塘圩田四頃八十九畝四分十一頃三十畝圩田一頃九十六畝北

狄尖圩田一頃一十一畝六分六釐中蒲圩田六頃八十七畝九分三釐雙涇圩田二頃七十三畝四分周堅圩田七頃八十七畝四分一釐九毫上施家圩田三頃八十二畝八分八釐下施家圩田三頃八十五畝三分五釐唐家底圩田三頃一十九畝九分鄒家圩田一頃七十五畝於家圩田九十一畝曹岸圩田一頃五十八畝六分五釐張家圩田二頃一分五釐庶家圩田一頃六十五畝崔岸圩田一頃七十二畝七分葵岸圩田三頃七十畝五分顧家圩田二頃一十三畝馬奇圩田三頃四畝一分二釐二十六都一圖圩三漕港東圩田九頃八十畝六釐六毫漕港中圩田九頃八十一畝九分八釐三毫漕港西圩田一十二頃五十二畝八分七釐二圖圩六九頃圩田七頃九十七畝二分繆涇圩田四頃五十五畝屠涇圩田三頃九十五畝五釐毛程圩田五頃九十七畝四分一釐下圩田八頃一

十四畝五分五釐五毫盛家尖圩田二頃九十七畝九分九釐三毫三圖圩九八十畝岸坊圩田六頃三十八畝九分一釐五毫梅家蕩圩田六頃一十四畝四釐五毫西港圩田五頃八十一畝五釐新河圩田六十九畝八分九釐東塘圩田七十五畝後塘圩田一頃五十畝後塘北圩田七十九畝六分柏岸圩田一頃九十畝下魚蕩圩田九十一畝四圖圩六南北六頃圩田八頃四十三畝五分六釐牛車圩田五頃一十八畝八分五釐四毫萬家圩田三頃三十九畝四分六釐七毫上龍蕩圩田三頃一十畝五分七釐六毫謝家圩田一頃二十六畝九釐八毫港涇圩田一頃一畝七分九毫五圖坦四塘下橋坦田七十八畝渡船坦田一頃三十六畝八分三釐苛港坦田六十三畝八分陳村坦田八十二畝一分二十七都三圖圩一十五徐家圩田三頃二十五畝三分五釐時家圩

田三頃一十四畝六分六釐　上圩田六頃一十七畝八分九釐七毫　屠家尖圩田四頃一十六畝七分三釐五毫　南圩田一頃六十八畝三分九釐一毫　側田圩田八頃一十二畝九分八釐七毫　王岸圩田一頃二畝二分一釐　碓杵圩田一頃五十五畝　北圩田一頃三十畝　後裏東尖圩田三頃三十畝六分三釐四毫　後裏西尖圩田三頃七十畝一分四毫　浮樂圩田三頃八十七畝四分四釐　鯉魚蕩圩田一頃三十八畝六分八釐　古蕩圩田三頃一十二畝一釐　孔家圩田三十二頃五十二畝一分七釐二毫　五圖坦四　布秋底坦田三十八畝二分九釐　菩提蕩坦田一頃九十四畝五分　西路村坦田一頃二十八畝六分　廟墩港坦田二頃四十五畝一分九釐　二十八都二圖圩一十二坦八　省岸圩田三頃九十五畝　鷺鷥圩田六十三畝九分六釐　趙婆圩田五十六畝二分五釐　黑稻圩田一頃六十三畝一分　楊莊

圩田一頃五十二畝七分　楊莊東圩田八十一畝四分　窰下圩田六十九畝一分八釐　張塘北圩田五十九畝一分　楊莊後圩田一頃二十畝五分　丁家圩田五十二畝　張塘東圩田七十九畝二分　張塘西圩田七十九畝五分　蘆塘坦田一頃一十四畝　廟堂坦田四十四畝二分　郭莊坦田六十八畝六分　楊莊坦田九十畝九分七釐五毫　謝莊坦田二頃三十九畝八釐八毫　鄧陽坦田四頃七十九畝一分九釐一毫　北淄坦田二頃四十五畝八分　小省岸坦田一頃一十六畝五分　鳳過鄉十八都一圖圩一十三　三頃圩田二頃五十四畝六分三釐　虞場圩田二頃二十五畝　大岸圩田一頃二十二畝　大岸西圩田二頃一十一畝八分　毛岸圩田九十七畝　窰下圩田九十五畝　大岸南圩田八十五畝　張蕩圩田一十五畝　省岸圩田七十四畝六分　蕭字圩田三十畝　長岸東

圩田一頃四十二畝八分　長岸西圩田三頃二十畝六分　獾墩圩田四十八畝　二圖圩二十八　灰岸圩田三十三畝　黃天西蕩圩田二十二頃三十七畝三分四釐六毫　尖岸圩田一頃三十四畝三分　龍蕩南圩田四十畝　龍蕩北圩田二十九畝　黃天東蕩圩田四頃九十二畝二分　華岸西圩田五頃三畝二分　華岸東圩田二頃二十一畝五分　鯉魚蕩圩田一十三頃七十五畝六分五釐　宋家圩田九十畝　長岸北圩田七十畝六分　嚴岸圩田六十六畝六分　灰羅圩田三十六畝　黃岸圩田三十畝　黃涇圩田八十九畝八分　計南圩田三十五畝　窰岸南圩田一頃　窰岸北圩田八十四畝五分　沙草西圩田二頃八十五畝　沙草東圩田一頃一畝一分　張塘圩田一頃二十畝二分　窰岸東圩田六十畝九分　薛歧北圩田一頃四十八畝　薛歧南圩田五十八畝　龍蕩東圩

田三十九畝四分　後蕩圩田四十畝　任岸圩田四十二畝　姚舍圩田六十畝　三圖坦一十七　獾墩橋東坦田一頃五十四畝　龔家橋東坦田一頃七十畝　獾墩橋西坦田一頃二十畝　張塘東坦田五十畝七分　南斜港東坦田一頃六十畝　南斜港西坦田二頃五十畝　徐皮塘橋東坦田一頃三十六畝八分　鄧陽橋南坦田一頃九十六畝八分四釐　吳家橋東坦田二頃二十九畝　鄧陽橋北坦田一頃一十五畝五分　孫家西圩坦田一頃二十三畝七分　洪塘橋坦田二頃二十五畝　黃鷺涇坦田七十五畝　袁家坦田五頃三十八畝九分　薛歧南坦田三頃五畝　龍蕩坦田四頃一十畝五分　薛歧東坦田一頃一十五畝八分　四圖坦一十七　花塘坦田七頃七十五畝　窰岸北坦田一頃二十畝　葛家坦田五十三畝　蒲莊村坦田一頃一十三畝　孫家坦田二頃三

十畝釣臺村坦田二頃五十畝石墩坦田三頃華岸東坦田六十一畝新橋坦田二頃五十畝虞滿塘坦田二頃三十畝石塘橋坦田七十畝蔣堰坦田七頃一十畝薛歧北坦田四頃八十畝六分一釐鉛塘坦田一頃六十八畝前馬橋坦田五十五畝蘺歧坦田六頃窰岸坦田一頃四十一畝

金鳳鄉三十都二圖圩二十五黃家東圩田二頃八十六畝三分六釐道士圩田九十六畝大岸圩田一十八畝三分莊家圩田四十六畝彭家圩田一十五畝北黃涇圩田二十八畝李家圩田二十六畝唐家圩田二十三畝楊涇圩田四十畝花家圩田九畝柳家圩田二十七畝九分姚歧圩田二十九畝四分尖場圩田四十七畝黃岸圩田一頃三十六畝二分碓杵圩田七十三畝周岸圩田三十七畝黃家中圩田七十二畝黃家西

圩田二頃八十六畝三分六釐張岸西圩田四十畝八分五釐張岸東圩田四十二畝八分野岸圩田二十畝一分陳家圩田三十二畝七分夏家圩田二十五畝四分嚴涇圩田一十五畝五分南黃泥涇圩田一十八畝十二圖圩一十五火燒圩田七十畝奚家圩田二十四畝孫家圩田六十五畝斷岸圩田四十五畝石塘圩田九十六畝懷岸圩田四十畝黃岸東圩田九十畝螺螄圩田一頃六十五畝宋家圩田四十五畝黃岸西圩田二十五畝五分姜岸圩田六十畝萬岸圩田八十三畝七分周岸圩田五十一畝家西圩田四十畝邵岸圩田一頃八十七畝四分七釐三十一都七圖圩八葵場圩田九頃九十三畝九分四釐岳圩田八頃九十畝一分大岸圩田一頃七十畝四分盛家圩田一頃六十三畝三分二釐湯家圩田二頃七十畝四分一釐潘家圩田八頃八十一畝三分七釐積田圩田三頃八十七畝二分孫家圩田五頃九十七畝一分八釐五毫十圖圩一十三唐岸尖圩田五十二畝西大岸圩田三十八畝七分西朱圩田九十八畝七分五釐孔岸圩田九十六畝蘆岸圩田七十八畝任岸圩田六十八畝二分南彭圩田一十四畝七分北彭圩田一十四畝四分六十畝圩田五十四畝二分陶家圩田四十六畝五分橋頭圩田三十三畝排下圩田二十九畝二分花家圩田三十六畝五分

修圩議　明通判姚文灝

一圩田內外所作橫塘直浦大岸小塍亦是古人井田之遺法古之井田賴溝洫封畛以備旱澇今之圩田賴塘浦岸塍以備旱澇但井田之溝洫封畛多且闊圩田之塘浦岸塍少且狹所以古之水旱易備今之水旱難防然嘗考其故蹟又知塘浦岸塍初作之時亦多且濶所以狹少者乃後人偷於修濬而壞之嘗思百姓不欲飽食則已若欲飽食必須盡力於塘浦岸塍之役官府

不欲足民則已若欲足民必須盡心於塘浦岸塍之事大抵不論低田高田俱以十分為率低田以一分為隄岸高田以一分為溝洫則餘九分可以永無旱澇

一五等圩岸一式田低於水者底闊一丈二尺田高於水二尺五者底闊一丈田高於水三尺者底闊九尺面闊比底各減半高亦以水為準外面各離水八尺若溪湖衝激去處願增者聽

一各圖圩岸俱著排年分管若本圖原有十圩則每甲一圩若不及十圩則將大圩分轄之若十圩以上則併小圩兼管之分管既定然後立封牌為誌

一封牌以石為之長五尺闊四方各一尺五寸皆豎於圩南上二尺五寸四面刻字前云某字圩後云某縣幾都圖幾甲排年某人左云官民田若干右云糧若干下二尺五寸培築之

一應修圩岸該管排年量田高下照依五等岸式督率圩戶各就田頭修築不論有田多寡但以田頭闊狹為則假如田頭闊五丈者即修岸五丈闊十丈者即修岸十丈或有逃戶田頭及溝頭岸則眾共修築其圩心田戶若有徑塍者自修徑塍無徑塍者與眾同一修逃戶及溝頭岸排年則管督修一圖圩岸糧者則管修一區圩岸各縣治農官則提督一

縣各府治農官則提督一府若一圖圩岸不修罪坐排年一區圩岸不修罪坐糧者等而上之一縣一府責各有歸一法不論田頭濶狹但論有田多寡照田出入照人分岸一總修築亦可　一有等極低圩岸又係貧難及逃絶戶田產者治農官務要督令該管糧者將築都或築圖有圩人戶照田起倩借力倂工修築　一高鄉溝渠亦須倂工開濬其法亦合檄着將築區人戶照田起倩通作一處會同里老相勘本區該開河渠幾處某渠爲急某渠又次之議定依式倂工開濬周而復始工程小者或今年開幾渠明年開幾渠工程大者或今年開半段明年開半段　一低鄉有等大圩一遇雨水花然無救該管人員務要督率圩戶於其中多作徑塍分爲小圩大約頻濟去處一圩不過三百畝間濟去處一圩不過五百畝　一圩田外有等坦田往往被災而不敢報災深可閔惜今後俱要築爲圩岸　一低圩岸內再幫子岸一條高及一半如階級之狀老農謂之抵水岸　一圩岸上俱要砌內外車場高低水洞不得因車水放水輒便掘岸　一凡邊臨湖蕩圩岸外須種茭蘆以禦風浪其狹河宣洩去處却不許一槩侵種以遏水勢　一高鄉田畝去水窵遠無從車灌者令田戶於田

內開塘蓄水備旱或所開之塘滲漏不蓄水者於他處挑取黏土和灰築底自然蓄水　一近山高田無水車灌者令得利戶於山坳田尾共買地開塘以收蓄泉源及雨水亦可備旱　一高鄉河埠臨水二三丈間不許人翻耕種蒔以致浮土下河止許栽芋茅桑棗等項　一近時水道大半築塞官府俾於修橋則築塞沿塘河口百姓懶於修圩則築塞通水溝頭小利大害上下不知必須斬夬開通若是洩水隘口雖盜椿魚簖亦不宜槩釘　一凡緊要洩水河內但依古人建造木橋宣洩快便不得輒造石橋遏束水勢

沙田

蘆田之名宋嘉熙間始見於籍元浙江行中書省屬有蘆洲田而邑志莫考舊志所載俱以爲自明萬曆間始漲或附老岸或界江心陂葦叢生故名蘆洲然陞課者僅田六萬餘畝至　國朝增漲數倍其地南連漕地濱江百有餘里俱有接漲陳志載自雷陳等溝迤北有水套長二十餘里其舊址與今之南套相接套南曰南沙套北曰壽興沙即陳志載江心各沙是蓋合平凝等沙而一之統名北沙今已毘連腹裏矣至咸豐間江心增漲各沙另列新增各沙項下而以已廢各沙附焉

老額各沙

雷溝沙　一冊至六冊　東至雷東南至大橋鎮西至雷東
保北至新承買　孫本圩　徐察圩　蔡港圩
李家圩　李溪圩　李圩　曹梅圩　吳成圩　任成
范匠圩　王冒圩　黄魁圩　孫本基圩　朱各
川圩　周仲圩　李三大圩

腹裏沙田一千七十五畝一分一釐九毫五忽

東江灣沙　一冊至十冊　東至石頭沙南至三官鎮西至
天臺沙北至巫山沙　太平圩　安樂圩　朱
七圩　葛家圩　嚴橋圩　徐相圩　陳倪小圩　官
路圩　匠港圩

腹裏沙田四千七百七畝四分九釐六絲

瀕江沙田二百一十三畝八分五釐七毫

石頭港沙　一冊至四冊　東至大橋鎮南至大橋西至東
江沙北至套　復修圩　縮腳圩　北新圩

新興圩　蘆場圩　孫奉圩　桃源圩　徐泗圩　小
灣圩　金山圩　高可圩　劉明圩　唐嚐圩　周仁
圩　劉鎮圩　張家圩　陳高圩　周柏圩　盧明圩
潘學圩　周海圩　王木劉松圩　馬二圩　金山
錢葵圩　李喬圩　史三圩　西破圩　司前圩　王
青圩　廂子圩　嚴兵圩　西大圩　山腳圩　唐葵
馬二圩　港內圩

腹裏沙田三千七十五畝六分六釐

天臺灣沙　一冊至二冊　東至東江沙南至三官巫子保
西至長山北至新灘　獅子圩　朝東圩　補
額圩　山腳小圩　東二圩　東三圩

瀕江沙田七百七十七畝四分四釐一毫七絲九忽五
微

瀕江草灘一百五十八畝三分七釐九毫

白沙灣沙統一冊東至新灘南至白沙保西至白沙港北至新灘 上頭圩 上二圩 中三圩 上四圩

瀕江沙田一百八十畝六分六釐二毫七絲

瀕江草灘二十一畝九釐七毫九絲八忽

瀕江水灘三十一畝二分五釐七毫四忽

黃山沙統一冊東至白沙港南至蕭山保西至蕭山保北至新灘 與字圩 花家圩 下新圩 馬家圩 上小圩

瀕江沙田一百三十一畝四分四釐三毫

夏港沙與宏興沙合一冊東至六圩港南至東坍保西至佘溝北至宏興沙 東墩圩 西墩圩

瀕江沙田二百七十畝六分一釐

宏興沙與夏港沙合一冊東至六圩港南至夏港沙西至佘溝北至江 東墩七八九圩 西墩頭二三圩

瀕江沙田四百四十九畝九分七釐

瀕江草灘一百五十畝三釐

橫丹墩沙統一冊東至橫丹南至桃花鎮西至丁桃沙北至丁桃沙 一圩

瀕江沙田三十三畝九分七釐六毫二絲九忽一微

桃花港沙統一冊東至五斗港南至桃花鎮西至桃花港北至丁桃沙 一圩

瀕江沙田一百四十七畝五分五毫三絲七忽

巫山沙一冊至五冊東至套南至東江天臺沙西至巫子港北至巫山新沙 東掛耳圩 山北圩 東文昌圩 西文昌圩 廣德圩 山前圩 山南大圩 西隆圩 山東圩 勝興圩 楚山東小二圩

腹裏沙田一千一百五十三畝七分五釐五毫

瀕江沙田二千四百九十四畝六分四釐八毫五絲六忽

瀕江草灘二百二畝四分三釐

南正興沙一冊至二冊東至新港南至大陰壽興等沙西至壽興沙北至新灘 東二圩 東南圩 老三圩 北頂圩

腹裏沙田一千五百七十三畝四釐三毫五絲

東凝沙一冊至四冊東至常熟川港南至新灘西至小檀樹港北至永凝沙 東尖圩 中大南新圩 邵字淤洲圩 黃德基圩 姜吾圩

瀕江沙田七千九百四十六畝四分三釐五毫四絲七

忽

永凝沙一冊至五冊東至常熟川港南至東凝沙西至平凝平北等沙北至新灘 元字圩 洪字圩 日字圩 天字圩 黃字圩 六成圩 地字圩 月字圩 三圩 永年圩 書院圩

瀕江沙田七千八百九十畝三分四釐四毫

瀕江草灘一千四百三十一畝五分

瀕江水灘一千二百六十九畝四分一釐九毫

平凝沙一冊至十八冊東至永凝沙南至書院新灘西至大港并正興沙北至平北段山等沙 西興圩 西安圩 東新圩 萬年圩 宗山圩 朝東圩 南新圩 陳德全圩 北新圩 元鼎新圩 北興圩 興圩 基前腳圩 殷明圩 復興圩 套南小圩 南土圩 西圩 東圩 北圩 興字圩 朝東北興圩 東字圩 天壽圩 周泉南頂新圩 東興圩 南新順字圩 棟字圩

瀕江沙田三萬三百九十五畝二分七釐二毫八絲三忽

正興沙一冊至十九冊東至平凝沙南至大陰沙西至南正興大陰等沙北至段山大草陰等沙 永盛圩 茂字圩 盛字圩 泰字圩 和字圩 添祿圩 罰字圩 復興圩 合字中南圩 合字西南圩 合字東南圩 迤西圩 西興大圩 西大圩 夾廟圩 合界圩 西興補額圩 伏興中圩

瀕江沙田二萬五千一百八畝三分八釐一毫五絲八忽六微

平北沙東一冊至二冊西一冊至二冊東至永凝沙南至平凝沙西至平凝沙北至永凝沙新灘合界 西新圩 合界東新圩

瀕江沙田二千二百四十三畝三分六釐五毫二絲

段山沙統一冊東至平凝沙南至套平凝正興等沙西至新港北至新灘 套北圩 萬安馬全圩 萬順圩 合界東半圩 合界西半圩 萬豐圩 萬盛圩 永盛合界圩 南頂圩 西嘴等圩 永茂圩 山港西四圩

瀕江沙田八千三十二畝二分四釐

大陰沙一冊至二冊東至夾港南至壽興沙西至小洞港北至正興沙 永豐頭圩 二圩 三圩 四圩 五圩

瀕江沙田二千四百十六畝三分四釐四毫一忽五微

大草陰沙舊名善港沙統一冊東至韓家港南至北套西至壽興沙北至南正興平凝正興等沙 李六圩 江策圩 朱潮圩 曲尺圩 東轉學圩 西轉學圩 東一圩 北頂圩 東三圩 東四圩 新興圩 西南圩 補額圩 朝南口圩 西段老頭圩

瀕江沙田三千五百五十六畝九釐

新增各沙已陞科入額

壽興沙東一冊至十四冊南一冊至四冊西一冊至六冊北一冊至十六冊中一冊至六冊東至平凝正興等沙南至新灘西至套北至平凝正興大陰南正興等沙 復興八圩 永興圩 德順圩 順字圩 套邊圩 朝東口圩 南老圩 出口圩 蔚頭灘圩 龍字圩 雲字圩 祥陳圩 世字圩 恩三圩 閘字圩 吉慶圩 興字圩 套邊圩 南新圩 三角灘大圩 大圩 西小圩 中圩 淇字圩 義字圩 敘字圩 耀字小圩 小圩 北掛耳圩 北大圩 復興大圩 定字圩 志高圩 歸補圩 魏云丈圩 合興圩 蘆云金圩 和字圩 正字圩 萬字圩 朝西頭圩 照字圩 汪字圩 富字圩 同字圩 定興圩 永興大圩 永興圩 合頂圩 安字圩 慶字圩 安純圩 北套圩 永豐圩 景字圩 有字圩 昂字圩 渭字圩 長字圩 東新圩 林字圩 崧字圩 奎字圩 鶴字圩 棟

字圩 三埏圩 舉字圩 李字圩 浩字圩 學字圩 梧字圩 季字圩 成字圩 惟字圩 合字圩 中大南新圩 套南沿邊圩 楊樹灘圩 海壩小圩 朝南大圩 朝西圩

瀕江沙田二萬七千六百五十九畝九分九釐八毫五絲八忽

常陰沙一冊至四冊東至常熟新港南至新灘西至新灘北至通州地 東興圩 中興圩 福興圩 西興圩 和豐圩 和茂圩 正陽圩 向陽圩 保安圩 保全圩 保豐圩 義勝圩 尖豐圩 萬興圩 瑞豐圩 萬茂圩 更新圩 新豐圩 安樂圩 得勝圩 安豐圩 祥豐圩 忠義圩 鼎豐圩 慶豐圩 萬豐圩 慶福圩 義豐圩 崗壽圩 廣福圩 永順圩 全福圩 更豐圩 東新圩 永豐圩

瀕江沙田一萬六千六百三十八畝二分八釐五絲

澒江草灘二百二十一畝七分八釐三毫五絲

巫山沙下一册至下三册　東至套南至巫山沙西至天壹沙北至新灘　土信成圩　山東社耳圩　永字圩　加字圩　正字圩　東永字圩　陸勝圩　萬字圩　四伯茂圩　中延圩　立字圩　從奚圩

澒江沙田一千七百八十七畝五分五釐一毫

丁桃沙一册至六册　東至延陵新灘南至陰字漕田西至桃花港北至新灘　景字圩　隴興圩　吉家圩　惠字圩　裕興圩　連字圩　定心圩

澒江沙田四千三十四畝六分六釐八絲五忽三微

以上腹裏沙田科則分四等七分科則六分科則五分六釐科則三分八釐科則澒江沙田概三分八釐科則各沙草灘一分二釐四毫四絲科則水灘六釐二毫二絲科則

以上通共沙洲各則田灘共一十五萬七千一百十畝

四釐三毫四絲二忽

凡七分科則田七千六百四十二畝四分九釐六毫五忽

凡六分科則田九百二十四畝四分八釐四毫六絲

凡五分六釐科則田一千二百八十畝四釐二毫五絲

凡三分八釐科則田一十四萬三千七百七十七畝一分二釐三毫七絲五忽

凡一分二釐四毫四絲科則草灘二千一百八十五畝二分二釐四絲八忽

凡六釐二毫二絲科則水灘一千三百畝六分七釐六毫四忽

按陳志載通縣沙洲各則田灘共一十五萬九千六百畝七分五釐內有全行坍沒者有坍沒未盡者今悉照同治六年清釐案內現存田畝開載其全行坍沒者列入已廢各沙項下坍沒未盡者照現在啟徵實數開列至道光八年起至咸豐七年止所有官田啟歸承買已經啟徵各沙亦列入老額內

新增承買各沙

澒江接漲沙　套南接漲沙

套北接漲沙　平凝接漲沙

正興接漲沙　段山接漲沙

永凝接漲沙　段山套北接漲沙

常陰沙接漲沙　江心叚漲攔門沙

江心叚漲小沙

以上接漲叚漲各沙均經報買有案或係報充公產或係民間買業約共五萬餘畝俱未陞咨起課

按蘆洲田畝定例五年一丈坍者免課漲者陞科以杜隱匿賠累之弊又以腹地離江較遠漲坍不及每届丈量時恐滋紛擾祇將澒江漲坍之處照舊列入丈冊便民之意至周也至新漲沙田嘉慶十七年議準每灘一畝繳銀八錢歸民陞科執業道光八年巡撫陶澍奏明凡有新漲沙地官爲召佃徵租解司撥充通省水利公用旋經御史許於十九年奏準將八年以前繳價有案者準作民業八年以後加有新漲官爲召佃輸租咸豐七年巡撫趙德轍奏明將道光八年以後新漲充公官田一律改爲承買着原佃每畝繳價八錢以充軍餉入冊詳咨作爲民業未經咨　部省垣淪陷同治六年巡撫丁日昌委員清釐凡前項未經咨達承買之地及新漲報繳有案者着令每畝繳補課銀四錢准予陞科入額起課嗣後每届十年一丈自此沙民攘奪之端稍息

矣

已廢各沙附

鶴洲沙　北城外君山之西北順治間坍没
黄鶯沙　平凝南順治間坍没
永興沙　永凝北康熙二十三年業戶趙玆報陞後緣常熟人告爭詳定勘分兩執其業旋報坍没
鐵牌沙　復善北康熙四十年坍没
三角沙　段山南康熙五十年坍没
平北沙　段山南康熙五十三年坍没
谷瀆沙　雷溝東以下沙九處均道光間坍没
徐村墩沙　沿江永盛圩

新興沙　后塍西北
常凝沙　新興西
新凝沙　常凝北
徐泗沙　新興東
善港沙　徐泗東
復善沙　善港東北
東興沙　平北東

賦額

（宋）夏稅本色綿三萬二千一百二十九兩五錢紬四千九十七疋七寸六分五釐大麥一萬四千二百二十石四升小麥二千二百八石八斗七升折帛錢八萬九千四百五十五貫八百八十七文秋租苗米四萬二千三百四十五石四斗八升鹽米一萬一千三百一十八石彩布二千五百一十五疋三丈五尺折錢一萬三千八十二貫五百五十五文

營田租夏料折稅錢九百九十九貫六百二十三文大麥一百七十二石九斗四升秋料折苗錢六百二十三貫八百七十六文稻一千四百一十五石四斗七升

常平稅租夏料一百八十一貫七百八十五文大麥三十五石六斗五升小麥八石九斗八升秋料租米二百五十九石七斗七升豆五斗五升沙田錢一千六百一十六貫一百九十四文

役錢正錢二萬四千九百三十四貫零官戶增半錢五千四百五十四貫零以上俱照紹熙五年數營田租項

以下均在兩賦之外

（元）夏稅絲一千九百七十六斤二兩九錢八分四釐絲二千二百四十二斤一十四兩四錢一分二釐中統鈔九千錠三十四兩二錢九分八釐秋租米七萬九千七百二十二石四斗九升三合

（明）夏稅洪武十年小麥一萬九千五百五十五石三斗大麻一千三百八十觔木棉六百九十觔永樂十年小麥四萬一千四百八十七石四斗九升二勺宣德十年小麥三萬八千七百三十六石五斗八升三合三勺成化八年分立靖江縣開除麥一萬三百八十六石五斗八升四合九勺實科麥二萬八千三百四十九石九斗九升七合四勺宏治十五年小麥二萬八千三百六十石一斗七升八合五勺除坍江無徵三百九十六石二斗三升七勺實徵小麥二萬七千九百六十三石九斗四升七合八勺正德七年小麥二萬八千三百四十九石九斗九升四合九勺秋租洪武十年米豆四萬八千三百七十五石五斗永樂十年米豆一十萬二千三百九十六石七斗七升九合九勺山租鈔七萬八千七百五十六文馬草一十七萬六千五百一十五包

四觔七兩宣德十年米豆一十萬八百二十八石五斗八升八合九勺山租鈔八十四貫七百六十三文成化八年分立靖江縣除米豆一萬九千六百二十一石八斗八升七合四勺山租鈔一貫七十二文實徵米豆八萬一千二百七石三斗九升一合五勺山租鈔八十三貫六百九十五文宏治十五年米豆八萬二千六石九升三合八勺山租鈔一百六十三貫六百九十五文馬草一十五萬一千二百四十八包四觔二兩正德七年米豆八萬一千二百七石三斗九升一合五勺山租鈔一百六十三貫六百九十五文馬草一十五萬三千六十五包七觔六兩以上二稅俱分別本折均解至嘉靖間巡撫歐陽鐸併夏稅於秋租合徵列數如左

兩稅總額嘉靖十六年平米一十七萬九千五百八十八石五斗四升萬歷十一年平米一十七萬九千八百四十八石九斗三升三合九抄內本色米六萬二千五百五石五斗八升七合五勺六抄折色銀四萬六千七百七十二兩五分二釐五毫六絲崇禎十二年本色米七萬二千九百一十二石六斗八升三合七勺折色銀八萬九千七百九十八兩四錢七分七釐

國朝順治十七年原科平米一十七萬九千八百四十九石二斗三升八合八勺二抄四撮九粟四稞以折實平田按畝計派數詳田糧舊制本折色起存錢糧在於平米上各則驗派今俱於折實平田上一則起科通縣共額徵條銀九萬一千五百二十八兩七錢七分七釐三毫八絲七忽六微一纖八沙四塵五漠米五萬九千六百七十四石八斗九合六抄一撮六圭八粟麥一千一百三十八石六斗二升三勺八抄二撮四圭二粟五稞

十八年至康熙二年增科平米一百二十三石三斗二升九合一勺八抄四撮九圭二粟四稞一粒六粞以歷科轉則田畝除勘減缺額外計畝均派數詳田糧額徵本色米麥四十三石五合七勺二抄六撮九圭八粟三稞八粒三粞折色銀六十六兩八錢八分三釐九毫七絲九忽四微九纖一沙二塵九漠二埃

康熙三年至五年增科平米二千三百三十四石七斗五合四勺二抄五撮三圭九粟五稞三粒一粞額徵本色米麥八百一十四石一斗四升一合六勺三抄五撮五圭七粟三稞八粒九粞折色銀一千二百六十六兩一錢八分九毫五絲五忽

十六年增科平米七十七石四斗一升二合一勺九撮一圭五粟九稞六粒一粞額徵本色米麥二十六石九斗九升四合一勺二抄九撮八圭六粟五稞六粒九粞折色銀四十一兩九錢八分二釐一毫九絲五忽二微四纖八沙九塵四渺二漠三埃

三十一年至五十年增科平米一百一十七石五斗四升六合五勺二抄九撮六圭四粟七黍額徵本色米麥四十石九斗八升九合二勺七抄五撮六圭九粟三稞三粒九黍折色銀六十三兩七錢四分七釐九毫二絲五忽三微七纖九抄六塵一渺三漠八埃

乾隆七年至四十年增科平米二百一十石三斗三升四合六勺九抄五撮七圭九粟三稞五粒四稷四糠一粃二粞五禾額徵本色米麥七十一石八斗四升三合五勺折色銀一百一十二兩九錢一分二釐

四十五年至四十九年增科平米五十三石一斗四升三合七勺額徵本色米麥一十八石一斗五升六勺折色銀二十八兩五錢二分七釐

按從來田壞時有減陞自乾隆四十九年以後田不轉則賦不加增著爲定例同治四年奉准普減一成漕額見遵新纂賦役全書減則辦賦玆將起科各則分晰開列於後

平圩低沙埁灘蕩民山凡七則一例折實平田起科

平田每畝原科平米一斗八升二勺九抄六撮九圭八粟六稞三粒　減科平米一斗六升二合二勺六抄七撮二圭八粟七稞六粒七黍

圩田每畝折實平田九分七釐二絲七忽三微一纖三沙七塵六渺一漠六埃　原科平米一斗七升四合九勺三抄七撮三圭二粟二稞六粒　減科平米一斗五升七合四勺四抄三撮五圭九粟三粒四黍

低田每畝折實平田八分三釐六毫七絲二微三纖二沙九渺六漠四埃　原科平米一斗五升八勺五抄四撮九圭六稞九粒　減科平米一斗三升五合七勺六抄九撮四圭一粟六稞二粒一黍

沙田每畝折實平田五分二釐一毫三纖一沙七塵四渺六漠三埃　原科平米九升三合九勺三抄四撮七圭八粟七稞一粒　減科平米八升四合五勺四抄一撮三圭八稞三粒九黍

墩埄每畝折實平田五分七釐八毫八絲八忽九微二纖四沙二塵九渺二漠　原科平米一斗四合三勺七抄一撮九圭八粟五稞九粒　減科平米九升三合九勺三抄四撮七圭八粟七稞三粒一黍

灘蕩每畝折實平田一分六釐二毫八忽八微九纖八沙七塵一渺七漠五埃　原科平米二升九合二勺二抄四撮一圭五粟五稞五粒　減科平米二升六合三勺一撮七圭三粟九稞九粒五黍

民山每畝折實平田五釐七毫八絲八忽八微八纖二沙三塵七渺九漠三埃　原科平米一升四勺三抄七撮一圭九粟八稞五粒　減科平米九合三勺九抄三撮四圭七粟八稞六粒四黍

以通縣折實平田按畝計派原科平米一十八萬二千七百六十五石七斗七升五合一勺二抄三撮二圭四粟三稞二粒六黍三稷二粃三粞除普減一成外實該平米一十六萬四千四百八十九石一斗九升七合六勺一抄九圭一粟八稞九粒三黍六稷七糠二粃七禾現在起存錢糧俱於平田上一則起科茲將按田驗派銀米細數

詳列於後

驗派各款

凡折實平田一畝科糙米并麥改米四升六合九勺八撮六圭六粟八稞一粒三黍六稷一糠六粃七粞二禾　科白米六合三勺五抄二撮七圭七粟二稞一粒五黍八稷三糠五粃六粞九禾　科漕贈五米二合一勺七抄四撮五粟八稞五黍一稷五糠四粃七禾　科折色稅糧灰石銀六分八釐三毫八絲六忽二微二纖八沙五塵五渺八漠七逡八巡　科漕贈十銀四釐八毫七絲九忽九微四纖八沙三塵七渺九漠六埃二巡　科九釐地畝銀一分一釐六絲六忽五微三沙四塵五渺七漠七埃　科徭里銀一分二釐四毫五絲六忽七微七沙二塵八渺三漠八埃九逡九巡　遇閏之年增徵閏月米八抄八撮一圭五粟九稞五粒四黍六穅七粃三粞減徵漕糧漕贈改折灰石等米一勺九撮八圭六粟六稞四粒一黍七糠八粃一粞四禾　增徵折色稅糧灰石等銀二毫六忽六微九纖八沙六塵九渺六漠四埃六逡八巡減徵漕贈銀一絲一忽四微五纖九沙九渺一漠八埃五逡九巡增徵徭里銀二毫七絲五忽二微九纖二沙二塵七渺六漠七埃八逡二巡

每平田一畝共科本色米五升五合四勺三抄五撮四圭九粟八稞三粒四黍六稷六粃四粞八禾　遇閏之年以增抵減

外實減徵米二抄一撮七圭六稞八粒七黍一糠八粞四禾

每平田一畝共科折色銀九分六釐七毫八絲九忽三

微八纖七沙六塵七渺九漠二埃七逡九巡　遇閏之年以增抵減

外實增徵銀四毫七絲五微三纖一沙八塵八渺一漠三埃九逡一巡　攤徵人丁銀一釐八毫七絲八忽九微五纖九沙六塵三漠五埃八逡　遇閏加攤丁銀四絲八忽九微二纖八沙三渺三漠五埃七逡七巡此項正閏銀兩於雍正六年　題定歸通縣田畝攤徵　攤匠班銀一毫一絲六忽三微六纖九沙五塵六渺三漠七埃九逡　此項於雍正七年奏定按畝攤徵

實在通縣共額徵本色米五萬六千一百九十四石五斗七升八勺　按舊額共該本色米六萬二千四百三十八石四斗一升二合除普減一成漕額米六千二百四十三石八斗四升一合二勺實徵前數遇閏之年以增抵減外實減徵米二十二石四合一勺

額徵折色銀九萬八千一百一十四兩七錢一分五釐　另攤

入人丁銀一千九百四兩六錢八分八釐匠班銀一百一十七兩九錢六分三釐統共額徵銀一十萬一百三十七兩三錢六分六釐遇閏之年以增抵減外實增徵銀四百七十六兩九錢七分五釐又加攤閏月人丁銀四十九兩五錢九分八釐

無閏年每折實平田一畝應徵地漕丁匠正銀九分八釐七毫八絲四忽七微一纖六沙八塵四渺六漠六埃四逡九巡共應徵銀一十萬一百三十七兩三錢六分六釐遵奉　部咨正耗分別統徵無耗平戥計每畝應徵隨正七分耗銀六釐九毫一絲四忽九微三纖一塵七渺九漠二埃六逡五巡四須共應徵耗銀七千九兩六錢一分六釐計每平田一畝應徵二共無耗平戥銀

一錢五釐六毫九絲九忽六微四纖七沙二渺四漠九埃一逡四巡四須通共徵收地漕丁匠正耗平戥銀一十萬七千一百四十六兩九錢八分二釐

有閏年每折實平田一畝應徵地漕丁匠正銀九分九釐三毫四忽一微七纖六沙七塵六渺一漠六埃一逡七巡共應徵銀一十萬六百六十三兩九錢三分九釐遵奉　部咨正耗分別統徵無耗平戥計每畝應徵隨正七分耗銀六釐九毫五絲一忽二微九纖二沙三塵七渺三漠三埃一逡三巡一須九臾共應徵耗銀七千四十六兩四錢七分六釐計每平田一畝應徵二共無耗平戥銀一錢六釐二毫五絲五忽四微六纖九沙一塵三渺四漠九埃三逡一須九臾通共徵收地漕丁匠正耗平戥銀一十萬七千七百一十兩四錢一分五釐

額徵門攤城租漁課營田租等銀共四百五十三兩八錢九分五釐隨正七分耗羨銀三十一兩七錢七分三釐遇閏之年加徵銀三十二兩三錢二釐隨正七分耗羨銀二兩二錢六分一釐此四項彙入地丁內起解細數詳雜稅

解支起存款目

本色起運

戶部項下漕糧正兌米三萬一千四百八十三石二斗四升五合八勺遇閏減運米七十四石七斗二升五合九勺按漕糧正兌原徵米三萬五千四百六十八石五

斗八升七合除普減米三千九百八十五石三斗四升一合二勺實徵起運前數

加四耗米一萬二千五百九十三石二斗九升八合三勺遇閏減運米二十九石八斗九升三勺按加四耗原徵米一萬四千一百八十七石四斗三升四合八勺除普減米一千五百九十四石一斗三升六合五勺實徵起運前數

漕贈五米二千二百三石八斗二升七合二勺遇閏減運米五石二斗三升八勺按漕贈五原徵米二千四百八十二石一斗四升一合九勺除普減米二百七十八石三斗一升四合七勺實徵起運前數

白糧正米三千三百八十五石

白糧耗米一千一十五石五斗

舂辦幷續增耗辦米一千七百九十五石五斗四升

運船水手飯米二百四十三石七斗二升以上四款白粮米石照額起運

各倉行月項下揚州倉正丈陞增米八百四十三石四升三勺此項行月原徵米九百三十六石七斗一升一合五勺除普減外實徵起運前數

淮安倉正丈陞增麥改米五百二十五石五斗四升五合此項行月原徵米五百八十三石九斗三升八合九勺除普減外實徵起運前數

壽州倉正丈陞增麥改米一百四十六石三斗三升一合

三勺此項行月原徵米一百六十二石五斗九升三勺除普減外實徵起運前數

鎭江倉正丈陞增麥改米五百五十九石二斗二升六合

三勺此項行月原徵米六百二十一石三斗六升二合五勺除普減外實徵起運前數

江興等衛乾隆五十三年爲始原截京口兵糧改本月糧

米三百三十五石一升此項改本月糧原徵米三百七十二石二斗三升三合三勺除普減外實徵起運前數

江安糧道項下額撥漕項行月米一百三十五石一斗二升四合

三勺此項原徵米一百五十石一斗三升八合一勺除普減外實徵起運前數此米係於地丁米內撥出如遇田畝被災將應徵之米於南米款內一體扣留此米仍行照額撥解迨同治四年普減漕額議請 奏明各歸本款註減

南糧項下徵米一百三十三石三斗三升五勺遇閏加徵米一十八石九斗八升九合二勺又應減徵陞科充餉米四升九合按南糧原徵米石陳志查照全書撥除各款外實徵米一百一十四石八斗一升一合七勺除普減外實徵起運前數

右起解漕白南糧正耗等米五萬五千三百六十七石

七斗三升九合遇閏減運各米一百九石八斗四升七合加徵南糧米一十八石九斗八升九合二勺又應減徵陞科充餉米四升九合

本色存留

實存恤孤米八百二十六石八斗三升一合八勺遇閏加徵米六十八石九斗二合七勺此項恤孤原該存米九百一十八石七斗二合除普減外實存前數此米本係奉文均給如遇災歉統於南糧項下撥補迨普減案內因米數較多辦理窒礙 奏明各歸本款註減

折色起解

江蘇布政司項下起存地丁并雜辦陞丈增等項共銀五萬九千

九百五十七兩五錢一分九釐遇閏加銀七十六兩八錢四分八釐

節年丈陞增并優免田糧充餉銀八百九十五兩六錢四

釐遇閏加銀一十六兩五錢八釐

節年編審并優免及不免餘丁充餉銀二百二十五兩一

錢五分九釐遇閏加銀五兩八錢六分三釐

各案裁扣充餉銀九千八十兩四錢三分四釐遇閏加銀一百七十四兩七錢九分一釐

奉裁海防同知各役工食充餉銀五十四兩遇閏加銀四兩五錢

奉裁水利通判俸工充餉銀五十九兩八錢二分遇閏加銀四兩

文廟各壇祭祀香燭餘剩充餉銀七十二兩四錢二分一

釐

奔牛遞運所歸并毗陵驛駕船水手各役工食不等充餉

銀一百四十八兩二錢遇閏加銀一十二兩三錢五分
河工正費歸入地丁充餉銀九百四十五兩五錢三分一
釐
節年陞科充餉銀一百四十一兩四錢三分九釐遇閏加銀六錢八分七釐
咸豐二年奉裁縣主簿俸工充餉銀六十九兩一錢一分四釐遇閏加銀三兩
右起存地丁雜辦并裁改新陞充餉等款共銀七萬一
千六百四十九兩二錢四分一釐內除均給孤貧銀九十四兩一錢八分九
釐彙入雜款項下額撥漕項銀一百三十九兩二錢歸入江安糧道項下外實該銀七萬一

千四百一十五兩八錢五分二釐按陳志有遞給致祭文昌祠銀四十兩武
廟銀六十兩祠於咸豐八年分添設文昌祭銀二十兩又關夫工食銀四十二兩四錢八分均於地丁正銀項
下遞支實解司正銀七萬一千二百五十三兩三錢七分
二釐遇閏應加解正銀二百九十八兩五錢四分七釐內除撥文廟閏月香燭銀六分均給孤貧閏月銀
一十兩四分四釐實加解銀二百八十八兩四錢四分三釐陳志云向有撥辦顏料布疋等項鋪墊水腳等銀
於乾隆二十年奉文統歸司庫地丁銀內動辦實應解地丁雜辦隨正七分耗
羨銀四千九百九十九兩一錢一分內有遞給本邑縣丞巡典三員年額
各應支養廉銀六十兩計共銀一百八十兩在於耗銀項下遞支實解司耗銀四千八
百一十九兩一錢一分遇閏加解耗銀二十兩一錢九分一釐
實解起存地丁并丈陞增攤腳正銀七百二十三兩九

錢三分七釐遇閏加解正銀九錢六分八釐
實解攤腳隨正七分耗羨銀五十兩六錢七分六釐遇閏
加解耗銀六分八釐
蘇松糧道項下輕賚銀四千一百六兩四錢七分三釐又攤腳銀四十一兩
六分五釐解費銀八十二兩一錢二分九釐
改漕案內加編銀五百一十五兩九錢一分五釐又攤腳銀一十
五兩四錢七分七釐
七分折色蘆蓆銀一百一十兩五錢五分九釐又解費銀二兩二錢
一分一釐
七分折色楞木銀五兩五錢二分五釐又解費銀一錢一分一釐

七分折色松板銀三十九兩八錢四釐又解費銀七錢九分七釐
改漕案內加編七分折色蘆蓆木板銀一十九兩五錢八
分五釐又解費銀三錢九分三釐
節年陞丈增輕賚本折蓆木銀五十九兩四錢四分四釐
三分本色蘆蓆銀五十五兩二錢四分六釐內已除去改撥灰石銀一
兩六錢一分三釐并入灰石款內收列
三分本色楞木銀二兩三錢七分
三分本色松板銀一十七兩五分六釐
改漕案內加編三分本色蓆木板銀九兩五錢八分四釐
漕折灰石銀一千一百三十九兩八錢二分七釐連撥入三分本

色蘆蓆銀一兩六錢一分三釐在內遇閏加徵銀一百四十一兩三錢六分

漕贈十銀四千三百八十九兩八錢五分遇閏減編銀一十一兩六錢一分六釐內已除去加增道冊銀一錢六分四釐

改漕案內加編十銀五百五十五兩六錢

揚州倉米折銀七百五十兩六錢三分又損腳銀一兩一錢二分六釐解費銀一十五兩一分三釐

揚州倉麥折銀二百七十四兩六分三釐又損腳銀四錢一分一釐解費銀五兩四錢八分一釐

淮安倉麥折銀二百四十九兩二錢八分二釐又損腳銀三錢七分四釐解費銀四兩九錢八分六釐

壽州倉麥折銀六百二十一兩二分六釐又損腳銀三兩七錢二分六釐解費銀一十二兩四錢二分

鎭江倉麥折銀三百二十四兩三錢九分又解費銀六兩四錢八分八釐

鎭江衞淺船民七料銀八十八兩二錢四分八釐又解費銀一兩七錢六分五釐

解通出閘銀二百七十二兩八分

漕截銀一千四百七十五兩一錢八分四釐按此款照依浙例每正米并二五耗米一石給銀三錢四分七釐計正米并二五耗米四千二百五十一石二斗五升編徵前數

貧重銀八十八兩四錢七分九釐

東包夫工食銀一百兩八錢查漕運議單每船二名每名工食銀七兩二錢計船七隻共一十四名編徵前數

裁存經費銀一千一十八兩七錢八分

千總俸工銀三十五兩七錢六分二釐

隨幫廩工銀九兩八錢六分三釐

節省充餉銀六千九百四十兩二錢三釐

右連損腳解費共銀二萬三千四百六十九兩六錢又道冊應增銀四兩八錢二分一釐實解漕項正銀二萬三千四百七十四兩四錢二分一釐遇閏以增抵減外實加解正銀一百二十九兩七錢四分三釐

實解漕項隨正七分耗羨銀一千六百四十三兩二錢一分遇閏以增抵減外實加解耗銀九兩八分二釐

江安糧道項下額撥漕項銀一百三十九兩二錢此項銀兩係地丁內撥出如遇田災將應蠲之銀一體扣蠲此項銀兩仍照額撥解

額徵過江水腳米折銀九百四十七兩六錢四分八釐

陞丈增銀一十三兩三錢六分

鳳陽倉麥折銀一千六十一兩九錢九分四釐又損腳銀三兩一錢八分六釐解費銀二十一兩二錢四分

右實解漕項及損腳解費共正銀二千一百八十六兩六錢二分八釐

實解漕項隨正七分耗羨銀一百五十三兩六分四釐

折色存留支給

俸工開支

撫院衙門各役工食銀九兩 內皂隸一名工食銀六兩遇閏加銀五錢鋪兵分編半名工食銀三兩遇閏加銀二錢五分

蘇松糧道衙門俸銀二十兩

本府衙門各役工食銀一百三十二兩 內禁卒一十二名每名工食銀六兩共銀七十二兩遇閏加銀六兩庫子四名每名工食銀六兩共銀二十四兩遇閏加銀二兩斗級六名每名工食銀六兩共銀三十六兩遇閏加銀三兩

督糧通判衙門俸工銀五十九兩八錢二分 內俸銀一十一兩八錢二分步快八名每名工食銀六兩共銀四十八兩遇閏加銀四兩

總捕通判衙門俸工銀五十九兩八錢二分 內俸銀一十一兩八錢二分步快八名每名工食銀六兩共銀四十八兩遇閏加銀四兩

府學衙門廩糧工食銀五十三兩六錢 內廩生八名每名廩糧銀四兩共銀三十二兩遇閏加銀二兩六錢六分七釐門子三名每名工食銀七兩二錢共銀二十一兩六錢遇閏加銀一兩八錢

本縣衙門俸工銀九百八十兩 內俸銀四十五兩門子二名每名工食銀六兩共銀一十二兩遇閏加銀一兩皂隸一十六名每名工食銀六兩共銀九十六兩遇閏加銀八兩內雍正七年酌裁二名抵給件作工食民壯三十名每名工食銀六兩又每名加增器械銀二兩共銀二百四十兩馬快八名每名工食銀六兩又每名支馬四草料銀一十兩八錢共銀一百三十四兩四錢遇閏加銀一十一兩二錢鋪兵三十七名每名工食銀七兩二錢共銀二百六十六兩四錢遇閏加銀二十二兩二錢無錫縣高橋起至江陰止鋪兵六名每名工食銀七兩二錢共銀四十三兩二錢遇閏加銀三兩六錢禁卒八名每名工食銀六兩共銀四十八兩遇閏加銀四兩轎繖扇夫七名每名工食銀六兩共銀四十二兩遇閏加銀三兩五錢庫子四名每名工食銀六兩共銀二十四兩遇閏加銀二兩斗級四名每名工食銀六兩共銀二十四兩遇閏加銀二兩

修監銀五兩

縣東西學衙門俸工廩糧銀二百五十七兩六錢 內俸銀八十兩廩生二十名每名廩糧銀四兩共銀八十兩遇閏加銀六兩六錢六分七釐齋夫三名每名工食銀一十二兩共銀三十六兩遇閏加銀三兩門子三名每名工食銀七兩二錢共銀二十一兩六錢遇閏加銀一兩八錢膳夫二名每名工食銀二十兩共銀四十兩遇閏加銀三兩三錢三分三釐陳志云後以膳夫一項歸入廩生項下給發

縣丞衙門俸工銀七十六兩 內俸銀四十兩門子一名工食銀六兩遇閏加銀五錢皂隸四名每名工食銀六兩共銀二十四兩遇閏加銀二兩馬夫一名工食銀六兩遇閏加銀五錢

典史衙門俸工銀六十七兩五錢二分 內俸銀三十一兩五錢二分門子一

名工食銀六兩遇閏加銀五錢皂隸四名每名工食銀六兩共銀二十四兩遇閏加銀二兩馬夫一名工食銀六兩遇閏加銀五錢

巡檢衙門俸工銀二百三十兩七錢二分 內俸銀三十一兩五錢二分皂隸二名每名工食銀六兩共銀一十二兩遇閏加銀一兩弓兵二十六名每名工食銀七兩二錢共銀一百八十七兩二錢遇閏加銀一十五兩六錢

奉裁縣主簿俸工銀六十九兩一錢一分四釐 又閏月銀三兩於咸豐二年歸入地丁充餉項下開列

右各衙門官役俸工正銀除奉裁主簿俸工外實該銀

一千九百四十六兩八分 遇閏實加支正銀一百一十九兩一錢一分七釐

隨正七分耗羨銀一百三十六兩二錢二分六釐 遇閏加支

耗銀八兩三錢三分八釐

祭祀開支文廟春秋祭祀銀四十八兩一錢二釐又朔望香燭

銀二兩五錢七分四釐遇閏加銀六分此項係地丁閏月內撥入

文昌祠三次祭祀銀六十兩按陳志此款係地丁內撥入

武廟三次祭祀銀六十兩按陳志此款係地丁內撥入

社稷等壇祭祀銀一十兩九錢四分七釐

厲壇祭祀銀三兩二錢八分四釐

火神廟常雩禮祭祀銀共二兩一錢八分九釐

各專祠春秋祭祀銀二十四兩八分三釐

右祭祀正銀一百九十一兩一錢七分九釐遇閏加支正銀六分

隨正七分耗羨銀一十三兩三錢八分二釐遇閏加支耗銀四釐

雜款開支各上司按臨行香賞用紙筆銀一十二兩

本縣印官到任公宴祭祀等銀三十兩六錢六分七釐

祈晴禱雨銀二兩四錢

本府各官賫繳勘合關領時憲書銀一十兩

鄉飲酒筵銀一十兩

會試舉人盤費銀四十二兩七錢五分此款於雍正九年奉文以各州縣三

年均編之銀於會試年照通省赴試文武舉人按名均給

府歲貢坊儀銀一十一兩二錢

縣歲貢坊儀銀二十八兩歲貢坊儀二款於乾隆二年議定六年統算均給

鄉試提取謄錄生工食銀三兩三錢三分三釐

科場蓆舍銀一十三兩九錢五分八釐

武場供用銀六兩六錢六分七釐

府書造册紙張銀一十三兩

本府歲底新書節炭銀一十兩

本縣歲底新書節炭銀一十八兩

看守道院門子六名每名工食銀三兩六錢共銀二十一

兩六錢遇閏加銀一兩八錢

本府公館門子一名工食銀三兩六錢遇閏加銀三錢

巡鹽民壯一十四名每名工食銀七兩二錢共銀一百兩

八錢遇閏加銀八兩四錢

閘夫工食銀四十二兩四錢八分此款係地丁內撥入

養濟院孤貧男婦三百二十一名每名給銀一兩二錢九

分三釐四毫共銀四百一十五兩一錢八分九釐遇閏加銀

一十兩四分四釐

右雜款正銀七百九十五兩六錢四分四釐遇閏加支正銀二十

兩五錢四分四釐

隨正七分耗羨銀五十五兩六錢九分六釐遇閏加支耗銀一兩

四錢三分八釐

雜稅

宋酒錢額徵都酒務三萬二千四百七十二貫零戶部贍軍酒庫十三萬八千六百九貫零茶村酒務五千八百三十三貫零利城酒務六千六百三十八貫零

稅錢額徵都稅務三萬二千四百七十二貫零茶村務六千七十二貫零利城務三千三百六十二貫零乾道間又有楊舍蔡涇申港三稅場一萬九千二百三十四貫零

物力錢一十七鄉通徵計錢二百一十七萬二千八百零

元稅錢在城務鈔一千一百八十錠九兩一錢

明稅課洪武初設大使一員領之成化宏治間稅課局正攤課鈔一萬一千九百四十一錠三貫四百四十文錢一十一萬九千四百一十六文內商稅課鈔一萬一千二百二十五錠三貫二百四十文錢一十一萬二千二百五十六文門攤課鈔三百七十四錠三千七百四十文酒醋課鈔一百八十三錠四貫八百四十文錢一千八百四十文房地賃鈔一百三十七錠四貫六百文錢一千二百八十文油榨賃鈔一十九錠一貫六

百文錢一百九十二文桃李梅果課鈔四貫一百六十文錢八文正統二年裁汰大使歸縣兼管嘉靖間巡按朱實昌以徵稅煩擾更爲門攤分牙行四季收貯歲終起運又有青暘蔡涇長涇夏港馬馱沙五處分局收稅旋設旋廢無定額

國朝門攤課銀三百五十八兩三錢四分八釐隨正七分耗羨銀二十五兩八分四釐解費銀七兩一錢六分七釐隨正七分耗羨銀五錢二釐遇閏加徵銀三十兩五錢六分隨正七分耗羨銀二兩一錢三分九釐解費銀六錢一分一釐隨正七分耗羨銀四分三釐

漁課銀一十五兩一錢八分四釐隨正七分耗羨銀一兩六分三釐解費銀三錢四釐隨正七分耗羨銀二分一釐遇閏加徵銀一兩一錢九釐隨正七分耗羨銀七分八釐解費銀二分二釐隨正七分耗羨銀一釐

城租銀三十六兩八錢五分二釐二毫六絲隨正七分耗羨銀二兩五錢八分

楊庫營田租息銀三十六兩四分隨正七分耗羨銀二兩五錢二分三釐以上四項均歸地丁統解司庫

牙稅銀二百二十七兩五錢隨正七分耗羨銀一十五兩九錢二分五釐截至光緒四年夏季止共計二百一十四戶

典稅銀三十五兩隨正七分耗羨銀二兩四錢五分兵燹以後舊典無存同治十年奉　憲招商開設截至光緒四年止共計七戶

田房稅銀無定額每契價一兩稅銀三分隨正七分耗羨銀二釐一毫

牛猪稅銀四十四兩五錢隨正七分耗羨銀三兩一錢一分五釐截至光緒四年夏季止共計二十九戶

蘆課銀六千一百六十兩九錢三分一釐隨正七分耗羨銀四百三十一兩二錢六分五釐沙洲漲坍無常課額靡定歷屆完納各有不同今照清釐案內詳定現徵之數錄而存之以上各項隨徵隨解

匠班銀此項於雍正七年奉文免徵匠戶攤入田畝并徵

蠲復
宋雍熙三年悉蠲江南昇宣等州十四州逋租
建炎二十一年以江淮間民復業未久寬其租賦
元大德三年免夏租之三
明洪武二年免江南州縣逋賦
國朝順治元年免本年稅糧十分之七兵餉十分之四其明
末無藝之徵盡予除之
康熙四年免順治十八年以前舊欠錢糧
六年免元二三年以前地丁錢糧
十年免六年以前地丁錢糧

十八年奉
旨江南財賦繁多舊欠無徵錢糧再行徵比恐累小民其十二年
以前錢糧俱著蠲免十三年以後至十六年止俱自十九年起
分十年帶徵以紓民力
二十年奉
旨蘇松常三府拚缺板荒田地賠糧自七年爲始一應蠲免又奉
旨兵革寢息人民乂安十七年以前民欠地丁錢糧槩行蠲免
二十三年奉
旨江南等省用兵以來供應繁苦宜加恩恤康熙二十四年漕糧
著免三分之一又自十三年起至二十二年止拖欠漕項錢糧
自二十三年爲始每年帶徵一年以蘇並徵之累
二十六年免江蘇所屬各郡縣二十七年地丁并二十六
年未完錢糧
二十七年免十七年以前未完漕項銀米
二十八年免積年地丁屯糧蘆課米麥雜稅
三十年輸免江蘇漕米一半
四十年奉
旨江蘇所屬除漕項外其四十一年地丁錢糧槩行蠲免
四十五年奉
旨四十三年以前未完地丁銀米俱著蠲免其舊欠已完在官而

本年錢糧未足者准扣抵
四十六年免未完漕項錢糧米麥
四十九年奉
旨江南舊欠四十七年以前未完地丁錢糧於五十年起分四年
帶徵四十七年漕項錢糧於五十三年帶徵
五十一年奉
旨江南全省除漕項外五十二年應徵地畝人丁銀俱著豁免全
免其歷年舊欠并免徵
雍正六年免康熙十一年至五十年未完地丁等銀
十年奉

旨江蘇所屬官侵吏蝕包攬錢糧分爲十年帶徵實在民欠更緩
作二十年帶徵自本年爲始卽以帶徵完納之分數爲次年蠲
免之分數此項錢糧於雍正五年奉旨以江蘇所屬積欠繁多特委總理大臣統行清查各州縣委員協同印官按戶挨查凡有官侵吏蝕包攬等弊照數自首查覈之日造冊彙申題達分別帶徵
十三年
高宗登極恩詔各省民欠錢糧係十年以上者該部查明具奏豁
免又奉
旨雍正十二年以前各省錢糧實在民欠者一併寬免又清查積
欠錢糧內有官侵吏蝕亦照民欠例寬免又准副都御史陳世
倌奏凡蠲免錢糧耗羨銀亦准豁免又奉

旨准果親王奏江南等省漕項蘆課及學租雜稅等銀俱著豁免
乾隆十年免十一年直省錢糧
三十二年輪免江蘇漕米
三十六年輪免江蘇錢糧
四十三年輪免江蘇錢糧
四十六年輪免江蘇常州府漕糧
五十五年奉
旨本年各省應徵錢糧按年輪蠲於五十六年爲始分作三次按年輪免每年免三分之一
五十九年奉
旨六十年各省應徵錢糧著再加恩分年輪免於乾隆六十年爲始第三年免江蘇

又蠲免各省節年正耗民欠因災緩徵帶徵銀
六十年奉
旨丙辰元旦爲嗣皇帝登極初元卽將嘉慶元年各直省應徵地
丁錢糧按年輪免於嘉慶元年爲始分作三次按年輪免每年免三分之一
嘉慶四年奉
旨乾隆六十年以前各省積欠緩徵地丁耗羨及民欠籽種口糧
漕糧銀兩並積欠緩徵民借米穀草束等項現在應徵者並行
豁免
十四年奉
旨從前各省偏災地方所有借給貧民籽種口糧牛具等項著予

豁免
二十四年免二十二年以前積欠銀米
道光十五年免十年以前銀米
二十五年免徵二十年以前積欠銀米
咸豐元年免徵道光二十九年以前積欠銀米
同治元年免徵咸豐九年以前積欠銀米
十一年免徵六年以前積欠銀米

積貯

常平倉在縣署西收貯穀石年豐穀賤增價糴入歲荒穀貴減價平糶以濟民食從前穀數未有定額

國朝雍正十年巡撫喬議定將江蘇所屬州縣分爲大中小三等江邑爲大縣定額貯穀三萬石如有動用隨卽補足著爲成法平糶之期遇青黃不接有司卽照市價酌減詳請舉行其法於四城分設廠廠遴殷實好義紳士經理以杜胥役侵漁及行鋪販囤有司不時至廠稽察自一升至二斗使小民源源買食務沾實惠

社倉卽古義倉其法勸捐於豐年給貸於歉歲以本地之儲爲本地之用誠善舉也江邑自雍正三年知縣祁文

瀚奉文經始勸捐穀二千五百二十七石五斗二升二合乾隆元年知縣蔡澍勸捐穀三千十二石一斗二升復以出納必有專司於在城華墅青暘申港分設四倉社長司之春時借民穀種秋成加息輸納歲歉免其息大歉則併本穀至來秋交納每年穀一石除耗穀一升每倉給倉夫飯食穀十石均於息穀內支銷四倉設後增捐收息至乾隆中積穀七千餘石復添設大橋楊舍利城長涇璜塘雲亭六倉道光十四年又添設花山一倉雲亭分出迄今各倉貯穀共九千七百四十三石八斗五升四合在城社倉舊設文亭橋北久圮十八年署縣陳延恩卽其址建自新所二十年諭董清查城鄉各倉以重儲積議將坐落北内五保籍沒鮑姓入官房屋一區詳請撥爲在城社倉前議未成同治七年署知縣汪坤厚詳准就通縣熟田每畝出穀二升折收錢二十二文至十一年止是年冬嶺南林達泉來攝縣事明年春擇各鎭適中之地分建倉廒城中在文亭橋因社倉舊址建倉一華墅長壽月城購基各建倉一三官後梅購屋重修各建倉一計城鄉六倉共屋百七十五間購儲穀三萬七千二百十五石以爲備荒之用城中積穀就全數酌撥五釐計建倉十一廒儲城內及北外南外西外之穀二千三十三石又存典

錢八百五十三千文華墅倉二十六廒儲華墅長涇楊厙馬嘶顧山五鎭之穀八千一百三十八石長壽倉二十四廒儲長壽花山綺山雲亭祝塘文林璜塘馬鎭八鎭之穀一萬二百十九石月城倉二十二廒儲月城泗河蔡涇黃橋謝園夏城青暘峭岐八鎭之穀六千二百八十四石三官倉二十二廒儲三官雙牌周莊大橋章卿五鎭之穀四千九百五十八石後梅倉二十四廒儲後梅申港夏港虞門丁墅利城前周觀山葫橋桃花十鎭之穀五千五百八十一石復於建倉工程外酌提二成生息以供常年修葺及看倉夫役工飯翻曬等項

平糶說　邑人陳應蛟

平糶之法昉自李悝後耿壽昌因之穀賤增價而糴穀貴減價而糶不傷農不病民法良善己顧其弊有二常平之粟糴於官臨時糶給計每人受粟日一升幼小半之荒原窮谷赴州縣治所遠者百里近者亦數十里所糴甚少彳亍道中往返顚躋而城市倚游反得日至糶所作奸盜橐其弊一也又出入勾校假手吏胥奸胥與奸民比有一人冒糴多至數十斛者饑民枵腹來自遠廠延至日晡或不得升合以返其弊二也前弊尚易革

城市郊野各置給粟所以均道里可也至革吏胥之弊其道無由夫亦曰委諸士大夫而已士大夫敦名節厲廉隅非公不登長吏之庭守玆土者信任之務使一豆一區不能奸褻實以蘇民困而後已富鄭公之知靑州趙淸獻之知越州全活甚衆胥是道也若乃減抑米價遠商閉糴愈堅是直遏糴豈平糶歟顧委士大夫之說抑有本焉如長吏者志存谿壑吾不知其所識士大夫又如何也

社倉說　陳應蛟

社倉創於隋之長孫平後朱子因建安艱食畧其法行之最善夏貸粟而冬償入息視年之上下積粟既多幷寬其息利誠薄哉自所司者視爲利藪告貸不時給矣豪强得中飽矣出貸有克扣取償有浮索矣其新舊社長之瓜代也里胥混指某甲可充甲以賄免復指某乙可充乙復如之於是社長之責不在殷戶而在疲民閭閻不堪困斃良有司念其積弊如此斥奸胥簡耆德擇一鄉之衆所樂推者俾之專司其事以時斂散不爲貧民所指怨以公收貸不爲豪右所把持庶幾三九積儲藏於倉不啻藏於家而併無俟平糶之濟所不及也

積穀倉記　署縣　林達泉

積穀倉按畝起捐豐歛而歉散卽古義倉遺法也義倉創於隋長孫平令民當社共立義倉收穫日隨其所得勸課出粟及麥造倉窖儲社司執帳檢校社有饑饉卽以此穀賑給自是諸州儲峙委積唐太宗時踵而行之宋景祐中王珙疏請行隋唐故事令民五等以上戶計夏稅二斗別輸一升水旱減稅則免輸擇地置倉儲之領於轉運使兼併之家占田廣則義倉所入多中下之家占田狹則義倉所入少水旱賑給則兼併之家未必待此而中下之民實受其賜爲天下之利然牽於衆論卒不果行君子惜焉同治壬申孟夏予奉檄攝江陰篆方伯永康應公請諸以積穀倉爲託其後復致書促各紳董及時建倉且曰建倉儲穀如得其法非不必推陳易新必不得已則糶一需二至修理倉廒視縣之大小穀之多寡酌提一二成不可放貸取息致滋流弊予奉而行之爰商徐太史文洞金觀察國琛陳太守榮邦沙廣文淮及夏大使子鎣徐孝廉士佳李廣文榮恩黃茂才熙與胡茂才傑莊太學善與諸紳董諸議取汪馬二君任內同治七八九年所捐積穀發典生息之錢提息錢八千七百餘串不足則提本錢九千四百餘串以爲建倉費卽度地鳩工於城中文亨橋因社倉舊基建倉一各鄉則華墅長壽月城各建倉一皆購基新建三官後梅各建倉一皆購屋重修先後興築風日晴霽工無曠廢越季冬六倉告成予復商各紳董領典中存錢買穀運倉共七八兩年買儲存董之穀並行運倉又十一年冬隨漕捐錢亦陸續領出乘時買穀於今年三月悉數運倉惟城倉廒小穀溢所領錢仍發典起息都計六倉爲廳屋一十有九爲廒一百三十有九爲門屋笆城一十有七儲新舊穀三萬七千二百十五石分計城中倉十一廒儲穀二千三十三石存典錢八百五十三千零華墅倉二十六廒儲穀八千一百三十八石長壽倉二十四廒儲穀一萬二百十九石月城倉二十二廒儲穀六千二百八十四石三官倉二十二廒儲穀四千九百五十八石後梅倉二十四廒儲穀五千八百八十一石彙核其數列冊報銷並刊方伯應公五議及各章程於榜而積穀倉之事以成是舉也發端者方伯應公任事者邑中諸紳董其事始事申請隨漕帶捐則前令汪君坤厚及邑紳薛廣文翥沙廣文淮予適値其會因人之和上下無間因天之助涉旬不雨而工得速竣年豐穀賤而穀得饒買遂於數月之間成倉屋百七十多間積穀三萬七千二百餘石藉手蕆事以爲我民荒年之備或遇水旱可免於捐擠私心竊自幸焉抑又聞之備荒之政在官則有常平倉在民則有社倉今皆循而行之惟義倉自宋以來缺而不講積穀倉之法與義倉名異而實同深得古人耕三餘一耕九餘三遺意實爲備荒良法故爲之記以述玆倉緣起且以見是法與義倉不謀而合可以行之久而無弊也

積穀倉後記　林達泉

或有問於予曰積穀倉旣與義倉同然較之社倉孰利予曰積穀倉利社倉則無利而多弊是何也積穀倉積而不借社倉則貸本取息社倉之弊有四一社之中貸穀者必在中下二戶中戶以貸穀五石爲率及秋償息二分則六石矣其明年缺穀六石又貸而償之則缺七石二斗矣明年又貸又償則缺八石六斗四升矣又明年貸而償焉則缺十石三斗六升八合矣社穀遞年而盈中戶亦遞年而破此中戶受盤剝之累弊一下戶歲入無幾以借穀三石爲率初年或可本息俱償其明年必至償本缺息或償息缺本矣又明年或本息俱不能

償矣不能償則社長恐賠穀必控官催追是下戶未受賑恤之益先受追呼之累弊二社中之長不外良劣二者良社長殷實懦善鄉之民欺而玩焉或迫以不能不貸或貸焉而不肯清償爲社長者如急於追逋則身爲怨府如聽其逋焉則倉中缺穀一遇凶年刁詐之民必與社長清算本息迫令賠償而社長爲衆所挾必至罄其貲產而後已江陰向有社倉其社長均受此累去夏初議積穀各紳董猶恐如社長之累裹足不前至屢爲譬諭而事乃集此良社長受破家之累也弊三至社長之劣者鄉中公事必爲所把持能償之本息者或不許貸其貸者未必能償甚或自行侵蝕而捏抵欠戶必至有籍無穀追逼凶年人亦必不敢與較而小民轉死溝壑矣此社倉受劣社長侵蝕之累也弊四具此四弊無社倉民猶安於豐年有社倉民仍餓於歉歲是以宋子而外同時魏元履亦以不宜祖荆舒聚斂之餘謀以相訾聱迄今數百年來言社倉者有之行社倉而民受其益者概乎未之聞也我

朝

聖祖仁皇帝惠政覃敷屢諭社倉萬難舉行

世宗時亦曾試行深知其難其後批李敏達奏行社倉有以爲勸

令施行反成有損無益之弊政大哉

聖言燭照靡遺矣或曰社倉與青苗孰爲利弊予曰青苗意在富國社倉意在惠民然比其法而較之則青苗似善於社倉蓋豐年之時所缺不在食而在用如貸穀易錢爲用事周折而民受穀賤之傷不如青苗貸錢用錢省一周折故社倉之法朱子僅行於一鄉青苗之法介甫猶行於一邑似爲彼善於此也予復進而言曰社倉創自朱子朱子大賢青苗創於介甫介甫亦振古豪傑然其法皆不如今之典質蓋社倉青苗以錢穀貸民然穀去倉虛錢去庫虛一或不償皆不免催追之擾典家以物爲質錢去而物存贖則本息日增不贖則以物抵責而本息亦在無須擾民昔白圭治生比於孫吳治兵社倉青苗譬不善戰者爲人所敗典質之法譬善戰者致人而不致於人也若夫積穀之法則不取利而利自溥富民田多則捐多然豐年既捐於有餘而歉歲不致捐於不足貧民田少則捐少然捐者貧民而賑者亦貧民予前記所謂耕三餘一耕九餘三者此之謂也備荒之要無逾積穀予故反覆推論而江陰昔年極受社倉之累因遂縱論其弊非敢訾毀前賢也

積穀積字於初建倉時頗以爲無甚意義擬別易一字以爲倉號且以爲推陳易新其法亦屬可行及後反覆商究始悟斯倉之妙全在積字家家同積爲銖積之積年年長積爲日積之積即古人耕三餘一耕九餘三餘字實三代以上之良法如積十年十五年不惟可以裕民食且可培　國脈所謂藏富在民百姓足君孰與不足也溯查漢唐以來常平社倉均不及茲倉之善惟附民義倉差堪彷彿耳義倉猶待勸課積穀則隨漕帶收無須強聒且官紳民交相稽查亦無流弊比於義倉尤善之善至推陳易新語之似易行之實難蓋推非易推必須會董以粟官會董以出穀而斛力挑力車力船力所費不貲及其易新費復如此卽謂貴價而推賤價而易然較其所得必不能償其所失而商人之賒欠經董之挪移侵蝕與新穀之不能乾燥匀淨尤難僂指其弊也現在積穀各董多屬殷實公正辦理亦多認眞縣中復函飭交催毫不放懸而自去年十月及十二月發錢採穀可期於本年三月掃數運倉乃延至六月始陸續運清經始之時其難如此更數年後經董情形不同縣中又或稍不上緊則一推一易一年之期猶恐不足而倉中之穀滔滔乎成逝水矣聞之何先生子永云積穀

如連疊三大正太陽可積六十年不壞邑紳陳太守棨邦素封舊家向時積穀最多亦云乾燥好穀卽不須疊晾亦可積二十年之久是專辦積字便無餘義無須推陳易新也此達泉閱歷體驗之言故瑣屑附識願以質之留心經世之君子

關榷

宋折帛場在軍資庫內

都酒稅務在坊橋下

利城酒稅務在利城鎮

棨村酒稅務在棨村鎮

市舶務在光孝寺西知軍顏耆仲卽務中建寬民堂又各鄉有石橋申港白土杜店永昌蕭岐余皮長壽雲亭承堰雷溝令節各酒坊

元在城務在安利橋北
悟空務在鳳戈鄉
利城務仍宋舊在艮信鄉
長壽務在長壽鄉
明稅課局卽元在城務洪武元年改建正統二年省十二年復設又於靑暘蔡涇夏港習禮鎭馬馱沙五處各設檗節收稅後廢嘉靖四年巡撫朱寶昌以徵稅煩擾改爲門攤
國朝黃田港稅房在澄江門外黃田港口係江海關分設凡貨物由江海達內地者於此照驗收稅其則例與海關同江海鈔關設於康熙二十四年每年輸差部員六十一年歸併江蘇巡撫兼管委蘇松巡道監收江邑上

自京口下迄劉河中亘江面數百里沿江各港俱遵例釘塞不通舟楫惟黃田港商旅通行爲江海各貨所入要隘故港口設立稅房科稅則例悉遵頒行木榜但海關稅榷海貨係目繁多而由本境入者不過尋常物產及農田花豆無貴重珍異之品其與海關則例相符者麥麥無幾乾隆七年奉旨米豆雜糧概免輸稅於是商賈舟航連檣人口或投牙易價或取道往蘇貿易咸稱便焉

同治三年黃田港口仍設海關庚申之變稅房被燬是年春重設榷稅惟從前遵例釘塞沿江各口樁木無存舟楫通行大憲旣在各口設卡抽釐稅房亦照釐卡處所分設黃山港石牌港石頭港張家港夏港新溝港申港蘆埠港利港黃丹港桃花港等十一處均照黃田港正口一律收稅

同治三年江蘇織造在黃田港設關榷稅旋撤庚申之變滸墅關被燬是年春江蘇織造兼理關務曉諭開關有云本關所轄黃田港於嘉慶二十一年前關部阿會同督部堂百撫部院張奏請專設巡船駐守稽查大關之稅前關部文因蘇省甫經克復體察情形奏明大關未能開設先由沿江口岸並內河各口試辦征稅黃田港雖係巡口惟大關旣不能設卽由該口代征大關之稅等語由是丁胥白拉因緣爲奸無論土產遠物不規則例滔貨卽征復多方留難任意苛索每稅銀一兩勒折至二千五六百文之多較之市價不啻倍蓰更有票號等錢名目小民瘡痍未復捐十抽以課一子實不堪其擾累致紛紛呈請禁撤以復舊章荷蒙今合肥相國奏奉諭旨暫停征稅則居賈行商永沐湛恩之汪濊矣

請革濫設巡船疏畧　國朝御史舒赫德

爲密陳稅務騷擾之弊以淸關政以惠民生事伏查江蘇滸墅關爲貨船往來之地稽查收稅期於裕課通商仍應近關之處不無支河小港私行偷漏故於三十里之內量設巡船以資偵緝載在關誌原不許越界擾民自後關蠹與土棍勾通射利遂於離關百里及二百里之常熟無錫江陰等縣地方如楊尖顧二房廟港下橋陳墅南角北角等處無不差人盤查紅船之外佐以白船肆橫無窮按定例土貨土鈔自無錫江陰以至常熟

本與滸關遠不相及而一遇巡船卽小民墾田之勝挨布之花辦官之糧質當之穀亦俱指爲私貨百般刁蹬稍不遂意卽牽挽到關人則半附班房貨則倍罰數料而以所罰之料給與巡船充賞故巡船愈樂肆其強橫南角北角之巡船聞皆經前部臣張鵬翮飭逐有案撫臣張伯行嚴禁有碑乃近年以來全無顧忌竟將碑文毀滅更於南角北角前往常熟必經之路離關一百五六十里王莊地方創立一棚每一米船不得出三四石之外每石使費勒出四五分不等又必另取米穀或數升或斗許名爲雞鴨食而後許過有不依允將船戶責以籌片以致小民怨毒無可伸訴於雍正十三年秋間海保進京之際該地方小民有拆毀棚座打毀巡船事案拘拏無錫江陰金匱常熟昭文等縣案犯多至二百餘人並非客商俱係百姓該督撫將爲首者問擬立決經法司向該部咨查其王莊等處棚座巡船俱屬近來私設故復行駁審現在未結此違例害民之實證也夫小民敢於身捍法網其罪固有應得然情屬憤激非該關違例擾害何至若斯以上事件該地方大臣豈俱漫無覺察臣用敢據所風聞冒昧上瀆等因具奏旋經戶部議奏滸墅一關於雍正二年欽奉

上諭各關將應上稅課遵照現行則例刊刻木榜張掛各口不得任意苛索行蘇州織造兼管滸墅關稅務胡鳳翬兩關額設口岸有崇福等三橋望亭等七港共十處報部在案其王莊楊尖顧二房廟港下橋陳墅南角北角等處從前並未報部乾隆元年准部察院因金匱等縣拆毀橋座巡船一案以前項口岸咨查臣部臣部將未經達部椽由咨覆在案今該御史舒赫德奏稱海保於離關百里及二百里之常熟無錫江陰等縣私立橋座濫設巡船以致雍正十三年秋間地方小民有拆去橋座打毀巡船之案本年連二百餘人為首者問擬立決經法司駁審現今未結等語除此案應聽刑部審擬完結外其管關官越界擾民之處該地方大吏例有稽查之責但該御史所奏係風聞是否情實臣部難以懸擬應咨行該省督撫詳查具奏并令將該關私設橋座巡船之楊尖各口岸相度情形果係實在可以偷漏之處止設役巡查令貨船直赴正關上稅不許違例私收如非該關要隘不應設立生事擾民者即行拆毀報部可也

請撤巡船條議　國朝知縣蔡澍

遵查卑邑之南角北角距關均有幾及二百里之遙道處服要河道淺狹止通附近荒僻村莊並非要津向無客貨船隻經行是以未曾設立巡查口岸乃關蠹勾通自拉假以偷漏為詞稟關憲每處設巡船詐害百出康熙二十一年經士民宦廷弼等控蒙前撫憲余批飭立碑禁止日久漸弛舊弊五十三年又經士民蘇介福等控蒙各憲批詳勒石永禁五十七年又蒙各憲批准咨部禁除塵案山積現有碑摹可考至雍正八年關憲詳設王莊等各口而卑縣之南角北角原未議及因未奉有檄飭卷宗不謂近年以來關役又復違禁於此二處駕船守巡凡農船裝載雖不盈石而斗麥綿花向附近鎮市易銀者俱必盤查阻滯需索飯食使費且查南角之東數里在金匱縣與卑縣接界之王莊地方北角之東數里在常熟縣與卑縣接界之嚴塘莊地方近俱設有稅房攔河建立水欄差派丁役欄夫節節把守查卑縣東南隅各鄉村距卑邑縣治有六七八十里不等距縣邑各巨鎮不過二三十里耳常熟業開而卑縣荒僻各鄉農民僅以土產載赴常熟易銀以為公私應需之用嗟此農船所過南北角之需索即又有王莊嚴塘之使費愚民畏懼拖累惟命是從又如早晚暮夜將欄關閉民間有迎親延醫喪疾等事往來俱應停候遠近莫不切齒實為地方之害此私增各口之不便於民在卑邑為尤甚也查未設冗口以前課不加絀既設冗口以後稅不加增則冗口之設徒飽關蠹之貪婪重遺閭閻之擾累明矣況如卑縣之黃田港常熟之福山港徐六涇等處久經海關遣役把守稽查素無偷漏之事則許關所增各口概行裁撤民累可杜民困自蘇永沐皇恩憲德於不朽矣

請暫停滸墅關徵稅疏　巡撫李鴻章

奏為滸墅尚未設關擬請援案暫停徵稅另行籌款辦運恭摺奏祈聖鑒事竊思蘇州織造所管滸墅關向設省城西北三十里地方咸豐十年蘇州失陷該處關署民房俱被賊毀克復後商販稍通而南北大宗貨物尚未暢行遽署設關經費無出該織造是以未能遽請開關臣因軍餉支絀不得已擇地設卡抽釐慎選廉幹之員核定經理並飭總局司道綜核稽查按月分衰旺彙計每月捐釐數萬串所有防兵餉需及援剿閩省及淮徐各軍糧餉軍火並內河水師修艌船隻均賴此款湊用統歸軍需案內報銷是釐卡實餉源所自出關係至要難遽議撤前任織造文煜現任織造錫祉因大關未設又設法就巡征稅而子口過多散布數十百里間商民因與舊制不符屢至臣衙門申訴似於政體與情均未甚協闔錫祉到任八箇月僅征收銀五千餘兩各口零星攢湊每月其不過六百金得不償失己有明證即令撤卡設關衙署多所開銷丁胥從而苛索斷不若釐卡委員各專責成相符制其所征自不敵釐卡之數而稅捐同一來源不免互有藉口查杭州之南北兩關江甯之龍江西新關均因征稅寥寥經臣左宗棠臣曾國藩先後奏請暫行停征在案滸墅關事同一律且兩利相較則取其重應援案請旨一體暫停征稅俟蘇省防軍裁撤南北貨物流通由臣等察看情形奏明辦理復歸舊制該織造每年織辦大運綢緞及各項活計均屬要需從前由蘇州藩庫撥銀解濟咸豐四年前督臣怡良兼署織造咨知藩庫撥用搭繁於奏准在關庫自行動用今該關巡口雖多收數太少於 織辦要工究無裨益徒滋擾累臣內外兼籌悉心酌核與其關稅有名無實且礙釐捐莫若織款分撥釐金同歸實際溯查咸豐七八九年派辦大運綢緞每年

計報銷六七萬餘兩藩庫撥銀三萬兩至四萬餘兩尚不
等餘由關稅項下開銷彼時江甯未復是以奉派兩處　奏
應辦之數是以需款較鉅今江甯織造已由督臣
明撥給辦運自可分任其勞所有織造衙門除應辦
陵寢要工由該織造隨時會商蘇藩司籌款撥濟期無貽誤外所有
大運等項工需即由臣核明於釐捐內酌撥銀錢交該
織造分別緩急量為辦理隨時咨部備查每年撥款以
三萬兩為率至奉派大運綢緞若挨年辦運實恐力有
不逮可否仰懇
聖恩俯念瘡痍之餘元氣未復准將一屆應辦之數分作兩年
辦運則時日既可舒徐經費亦能資用當可不致貽誤
再蘇州織造養廉前　奏明每年在於藩庫酌借銀一
千兩其餘司庫工使等費由外酌量支給查該織造兼
理滸墅關每年共例支銀一萬六千兩今關稅議停織
造仍舊擬請照原額減去四分之一倣照浙省成案亦
在釐捐項下每月撥銀一千兩作為織造養廉及該衙
門書吏役匠紙張飯食各項用費俾資辦公臣為慎重
要工起見是否有當伏乞
皇太后

皇上聖鑒訓示
同治四年四月二十二日奉
上諭李鴻章奏滸墅關未設關請援案暫緩征稅另行籌款辦
運一摺蘇州織造所管滸墅關自咸豐十年被賊焚燬後至
今尚未建署開關前任織造文熥現任織造錫祉設法就近
征稅子口過多商情未協且所征之數較之釐卡捐數大相
懸殊自應相時變通以期功歸實際著照李鴻章所請准其
援照杭州江甯各關停征之案將滸墅關一體暫停征稅俟
蘇省防軍盡撤南北商貨流通即行　奏明復歸舊制所有
織造衙門應辦大運等項工需即由李鴻章於釐捐內酌撥
銀錢交該織造分別緩急量為辦理每年撥銀以三萬兩為
率其二屆應辦之數准其分作兩年辦運不准延誤干咎至
織造養廉及該衙門各項費用着在釐捐項下每月撥銀一
千兩俾資辦公李鴻章即傳知織造錫祉實力奉行毋稍貽
誤將此諭令
知之欽此

鹽筴

明制各所商鹽四季掣驗

國朝因之迨後定為一歲兩掣首掣以孟冬月為期次掣以
仲夏月為期乾隆二十六年浙江巡撫兼管鹽政莊有
恭奏明浙省額引例分夏冬兩掣夏掣定於六月冬掣
定於十二月現在本邑年銷正引五千一百三十七引
又計丁加引九千一百七十五引共銷一萬四千三百
一十二引（杭所掣銷八百引嘉所掣銷一萬三千五百一十二引）乾隆元年奉
旨酌定增觔改引將杭嘉紹三所引鹽循照兩淮舊額每引加五
十觔連包索共三百三十五觔（常熟江陰二縣間之永寧沙係合永凝壽興二沙而并名之孤懸海外迤西六十餘里為如皋之扁擔沙最近為斷山紅地方叢雜私販往來莫能禁止若令居民航海赴內地買鹽殊多未便是以令常熟商人運鹽設店售賣配銷餘引免輸工費雜費以資轉運巡緝

之用）道光二十九年查辦鹽務案內杭嘉二所每引加鹽
四十觔三百七十五觔為一引同治四年浙江巡撫兼
鹽院左宗棠奏改票運其章程關外遠地加耗滷四十
五觔合四百二十觔為一引千二百二十引為一輪每
輪派場鹽四百引餘姚曬鹽二百引河莊鹽一百二十
引功鹽（部巡獲私鹽）一百引俱隨到隨掣不按季掣同治八
年遵戶部議招復引商認數酌銷以十成計場鹽七成
餘姚鹽二成沙鹽一成本邑每年認銷七百引
蔡志云江邑鹽筴隸兩浙鹽運司例以本商赴浙上稅
領運回籍引以三百觔以下為率凡鹽船抵境報明有
司聽候盤驗過本商領發設鋪處所分銷其各鋪牌面
例由本縣詳請憲烙給發乾隆四年知縣蔡澍奉文查

明計引之多寡酌請撥給奉烙頒行副綠各商以引牌多寡不均致行爭競時移管鹽縣丞陳逢霖確查妥議重行配給永爲定額又本邑接壤大江淮揚對峙每多私販以致官引壅滯虧課累商向設管鹽縣丞石頭港巡檢專司巡緝惟邑東南鄉地鄰錫邑小民往往以彼地價廉越境市買雖係自食非同販賣然亦干例禁多罹法網查江錫均運浙鹽一體輸稅亦應一體售賣即或水程較遠照例應增無幾而時價每有太昂之處雖積習相沿亦究心鹺政者所宜詳議而圖其盡善也

陳志云私販法當嚴禁設立巡快所以緝私乃近來巡快於巨船積販儼非賄縱即畏葸不前於無知貪利窮民手攜肩負鹽僅數十觔需索不遂拘以塞責甚至以拒捕毆差聳聽小則破產傾家大則陷圄久羈重遣拖累勢必至驅爲盜賊而後已延思從任嚴行整飭其風稍戢有不忍已於言者爰附記於此

徭役

宋役法有衙前里正戶長耆長壯丁諸名皆括民田之數

而撥充之熙寧間復行保甲南渡後更定三役法曰僱役曰助役曰免役寬剩至乾道中始行義役按役多寡輸金買田以給當役者

元役法與宋制畧同在城曰坊正在鄉曰里正皆主辦稅事後又改爲季役其次曰貼役雜役泰定間復行助役法大約與宋之義役等

明役法有二曰里甲之役編民以一百一十戶爲里推丁多者十人爲長餘百戶爲十甲甲凡十人每里立里長一人甲首一人城中曰坊鄉都曰里是謂排年今年役里長一人（甲首十人協辦）明年役糧頭一人又明年役總甲一人又明年役書手一人十年一周其出銀聽用曰慶賀曰祭祀曰鄉飲曰科貢曰恤政曰公費曰備用其出人聽調曰聽差丁田之役以黃白冊籍按丁田多者爲上戶編重差次者爲中戶編中差少者爲下戶編下差或一戶編一差或數差或數十差或數戶朋一差是謂均徭其徭有三一京役二府役三縣役此外有驛遞供役尋常細役而重大役曰糧長曰解戶其次曰塘長曰魚中惟解戶爲重而最重者糧長尤甚（明之重役正嘉間曰庫子曰斗級隆萬間曰坊長法立弊起旋即革除獨糧長一役初分國戶運夫二項後改糧長則兼國運而名之矣有兌京糧有民運白糧白糧一差蘇松常嘉湖五府二十五縣之富民親運白熟細米解京後免而旋復夫七省糧儲

俱用軍漕獨此必須民運而民之苦於賠累有不勝殫述者此兌軍與白糧並苦而白糧爲尤苦也）

國朝順治十四年巡撫御史張中元禁革首名糧長

十六年實行官收官兌

康熙元年巡撫韓世琦飭行均田均役法

十三年布政使慕天顏請立均田均役定制知縣武茂周遵行之（本縣田畝分一十八區區分上下二扇統都五十圖三百七十四每圖析爲十甲甲領田二百六十九畝五分一釐有奇輪年當差有漕頭里長二役如甲年一六乙年二七挨年遞充過而復始漕頭五年一輪里長十年一派糧田不足一甲者甲下之戶按畝均貼漕頭專主修理漕倉及鋪飾夾埿諸費雜派差徭俱里長當之其外修城濬河并一應飛差隨時派値不在定數）

雍正七年巡撫尹繼善定隨漕解費以充公用其向設漕

頭名目五年一輪者永行革除

十一年布政使白鍾山改行順莊法以鎮保村莊挨戶簽註順道催糧其從前區扇圖甲之名槩行刪除十年輪充之里長亦革

乾隆二年巡撫邵基奏定分別官民兩役法開濬河渠有官挑民挑之別凡糧艘往來及江湖河海要區專資通洩之處俱動帑委員勘估修濬其支河汊港爲灌溉田疇而設者每歲農隙之時業戶給食佃民出力及時開挑圩岸亦循例修築其外一切大工役詳明動帑小篠役按戶照田均值毋致偏累（本縣運河向係請帑開挑乾隆三十三年改用民力

始按通縣三十六鎮計畝均挑）

江陰縣志卷之五

學校

學共三代所以明倫而殷序周庠與夏校並重蓋校以教民爲義司徒敬敷人倫不可一日乖即鄉學不容一日廢漢興詔郡國立學嬴秦劫火之後庠序如林俎豆莘莘無殊登闕里之堂焉矧我國家造士育材隆於三代宮牆咫尺瞻仰爲殷有不欲廟貌巍然而徒拜經庚子也哉江陰經庚申兵燹未遑他務而首建黌宮亦足見　德教在人心而漸淑爲有素矣志學校

宋軍故無學初建廟於觀風門外學者肆習其中後知軍范宗古以鄰郡獄卜遷軍治之東南（景祐三年范文正記之）後廢爲營屯紹興三年知軍崔頌因廢稍葺之以縣丞莫伋攝教事五年知軍王棠始請於朝建命教堂東西齋四曰誠身遜志進德育英知軍富元衡徐蔵詹徽之繼修（葛理鄭璆莫伯鎔皆有記）嗣是教授徐逢年重立講堂方萬里創設義廪孫應成再建西序知軍顏耆仲重修東序拓泮宮外門建御書閣（藏眞宗文宣王贊徽宗付河北羅使司御劄及大成殿額八行八刑碑高宗御書孝經碑宗作新士風碑）淸孝公祠先賢祠（方萬里記之）初淳熙中知軍樓鍔設貢院選士在愛日門外祥符寺之側開禧元

年知軍戴溪遷於軍學之東其縣學榜附於講堂西偏
屋而爲之名元豐二年縣令楊孝孺鑿學前河黃愡記之大
觀四年常州軍知軍徐申穴內子城建縣學門作觀臺
井內外二橋林虞記之
元州學仍宋知州張獻李師善翟諒相繼興作學宮舊有
雙池植蓮其內上各有亭曰光風曰霽月歲久墟蕪大
德五年張獻度地東南隅築室三楹名曰君子堂史孝祥記
之至正問廟學燬於兵
明江陰侯吳良因故址創立廟學洪武三年知縣吳志遠
重修十五年知縣王衡教諭鄭江建講堂於廟左二十

六年教諭蔡永升縣丞賀子徵議爲左廟右學乃更建
於講堂址而以廟址爲明倫堂三十年知縣蔣宥增建
戟門廨舍射圃宣德六年巡撫侍郎周忱知縣朱應祖
重建大成殿明倫堂君子堂時習日新二齋楊士奇記之天
順六年知縣周斌購地拓學門李賢記之自是以後不治者
三十載宏治七年知縣黃傅始修之購民廬爲名宦鄉
賢二祠正德二年知縣劉紘復修之張愷記之外爲石坊門
入爲櫺星門又入爲泮池方廣十五畝甃石兩池匡即宋學前河也池上架
石爲橋者三穿爲九洞橋北爲戟門左右爲兩翼戟門
北中爲正殿殿前爲月臺殿東西爲兩廡西廡之右南

嚮爲祭器庫東嚮爲刑牲所是爲廟制並廟門而東爲
儒林坊入爲學門循東牆踰櫺西折而北爲二門曰禮
義相先之地又折而西爲正爾容門由門循廟而北正
中爲明倫堂堂後爲奎文閣東爲時習齋西爲日新齋
齋左右翼以樓由時習齋入南嚮爲君子堂由日新齋
入南嚮爲養賢堂師生會饌之所由正爾容門出而東爲教諭
廨君子堂後爲訓導東廨養賢堂後爲訓導西廨並教
諭廨而東爲射圃有堂曰觀德廟門之東爲名宦祠又
東爲興賢坊西爲鄉賢祠又西爲育俊坊是爲學制合
廟學周垣凡四百五十八丈九尺十一年知縣萬玘建

號舍九聯於觀德堂後凡五十四舍十五年知縣王泮次第
新之喬宇記之葺奎文閣高賓記之嘉靖七年知縣張集重修湯沐
記之購廟南民舍爲通衢鑿池跨橋旁立廡屋八年知縣
劉欽順奉例建敬一亭介明倫堂奎文閣間十年知縣
李元陽奉例建啓聖公祠呂柟記之在觀德堂前正南爲殿
中祀啓聖王以先賢顏路曾晳伯魚孟孫氏程珦朱松蔡元定配殿左右爲齋室前爲
正門門左爲碑亭右折而出爲外門改射圃於外泮南
爲門門內兩旁爲亭左亭刻道統聖賢贊又正北爲青雲樓有講學行
禮額樓後爲屏東西垣爲角門垣之外爲委巷十八年知
縣孫應奎修齋樓二十一年知縣吳維嶽修戟門撤廟

門坊爲學門額斯文在茲增吏舍一區萬歷初知縣劉守泰
重修廟學劉光濟記之二十六年兵使彭國光知縣劉學周
復議修復教諭王之夔董其事季科記之三十七年知縣許
達道教諭戴士傑訓導李應鏜王德俊建聚奎亭於啟
聖祠之東南時祭器多殘失德俊獨修補之其後知縣
宋光蘭建講習堂於聚奎亭後崇禎元年署縣武進令
岳凌霄修造鄉賢祠大成殿鼎鉶敝壞教諭江之湘鳩
貲重鑄東齋傾廢訓導潘洪度修復六年學使甘學闊
捐濬學河十年學使倪元珙令訓導莊繼光督修庀材
鳩工鋭然更始殿堂門廡階礎墉垣俱極堅精十一年

教諭譚振舉濬學宮前印池得古井闌爲宋治平間物
國朝鼎新值明季兵燹後自大成殿明倫堂外俱榛蕪不治
順治九年教諭陳鎡創爲修復規制粗備嗣後學使石
申張能鱗相繼修之能鱗有記康熙中知縣何爾彬龔之怡
教諭宗章峻次第增葺二十三年知縣陸次雲加潤色
焉雍正四年知縣祁文瀚倡捐大修令紳士夏敦禮董
其事正殿齋樓稍已改觀乾隆二年知縣蔡澍始大興
作首建明倫堂學使張廷璐記之奉例擴啟聖祠爲五王殿作
兩坊以節行人東曰金聲西曰玉振更彙征樓爲坊濬
河池甃隄防改圖橋繚石垣凡昔之因陋就簡者至是

而規制大備學使劉藻記之五十三年學使沈初知縣牛兆奎
重修邑紳趙時煦董其事始於春三月越明年仲秋功
竣自大成殿而外次第修整自彙征橋而入則崇聖祠
易建一新王曙記之進賢門內莫不整飭逵嚴又數十年名
宦鄉賢祠之儆於外者俱還舊觀詳見學使沈初碑記時煦又念
後有損壞隨時修葺則不致工鉅費繁捐置沙田若干
畝歲入租息若干緡以爲歲修之費初年收租貯存官庫自嘉慶
十八年以來縣諭董事分任收租督工之事道光六年
以前祝純嘏董之修改戟門左右翼爲文武官致齋所
加高宮牆十數丈石刻

聖像舊近神案高不逾几至是崇奉於神堂高座道光七年陳
培因董修黌門通行加高宮牆修葺泮池三橋易木闌
以石建宰牲亭於鄉賢祠之南九年至十二年董事祝
登墀張世承築黃石牆五十八丈九尺覆以麻石修建
學頭門加高五王殿十三年後登墀子維祺仍偕張世
承董理工程修尊經閣大成殿戟門易其朽腐重製配
序神位神櫥神案又道光元年學使姚文田相視陰陽
濬學前河而折旋其東南塞學後河而瀦蓄其西北邑
人士遂於六年集資疏濬深廣撤舊磚橋購民房移金
聲玉振兩坊及下馬碑於河之北增建石橋於玉振坊

之西改彙征橋以石兩橋之間重甃石岸上締石闌於是河流通暢氣象更新此規制之大略也其祭器樂器殘缺未備者知縣單渠張甯圭蕭瑾王湲陳希敬相繼修整增益每歲春秋致祭習舞明禋禮儀節度故人皆稱廟學規模宏敞肅穆上丁釋奠恭敬整齊而鄰邦問禮來者踵相接也咸豐十年燬於粵匪所存者殘缺不完之石梁與石岸石坊而已同治二年克復城垣後春秋致祭借邑廟行禮教官兩學署俱賃民房六年知縣顏雲階詳請建復邑紳陳榮邦等董其事先建櫺星門戟門東西官舍黌宮門明倫堂東西旁屋崇聖祠頭門

儀門於是上丁祀事始有考鼓論鐘之地光緒元年廟工續竣建 大成殿及左右旁廊東西兩廡祭器樂器房名宦鄉賢兩祠宰牲亭 文廟坊金聲玉振坊廟左右坊屏牆其修砌添築者泮池三橋及玉帶河石闌礀岸狀元彙征兩橋石碼圍牆以大包小各有分界明倫堂之前續建時習日新兩齋東西學署房屋西角門進賢門二門以至頭門又續建崇聖祠正殿而後規模始備祀事孔明矣前屆計工料錢一萬八百八十餘千係同治五年冬漕每石捐錢四百文並撥靖糧節省餘款後屆計工料錢二萬九千七百九十餘千由每畝捐錢七文共收六忙

廟制

大成殿三間中龕舊奉 至聖先師石刻像庚申兵燹殿屋被毀像亦焚燬今敬懸拓本並奉木主高三尺三寸七分闊四寸厚七分座高四寸闊七寸厚三寸朱地金書 至聖先師孔子神位旁列兩龕東奉復聖顏子 述聖子思子位西奉 宗聖曾子 亞聖孟子位東西嚮位高一尺五寸闊三寸二分厚五分座高四寸闊六寸厚二寸八分俱朱地金書東西序各一龕東奉 先賢閔子損 冉子雍 端木子賜 仲子由 卜子商 有子若位西奉 先賢冉子耕 宰子予 冉子求 言子偃 顓孫子師 朱子熹位亦東西嚮位高一尺四寸闊二寸六分厚五分座高二寸六分闊四寸厚二寸俱朱地金書殿屋正懸 列聖御書匾額今向未及恭摹懸掛

月臺甃石爲陛環以石闌中左右三階

兩廡東西各七間東祀先賢公孫僑林放原憲南宮适商瞿漆雕開司馬耕梁鱣冉孺伯虔冉季漆雕徒父漆雕哆公西赤任不齊公良孺公肩定鄡單罕父黑榮旂左人郢鄭國原亢廉潔叔仲會公西輿如邽巽陳亢琴

張步叔乘秦非顏噲顏何縣亶牧皮樂正克萬章周敦頤程顥邵雍先儒公羊高伏勝毛亨孔安國后蒼許慎鄭康成范甯陸贄范仲淹歐陽修司馬光謝良佐羅從彥李綱張栻陸九淵陳淳眞德秀何基文天祥趙復金履祥陳澔方孝孺薛瑄胡居仁羅欽順呂柟劉宗周孫奇逢陸隴其張伯行共七十三位西祀先賢蘧瑗澹臺滅明宓不齊公冶長公晳哀高柴樊須商澤巫馬施顏辛曹卹公孫龍秦商顏高壤駟赤石作蜀公夏首后處奚容蒧顏祖句井疆秦祖縣成公祖句茲燕伋樂欬狄黑孔忠公西蒧顏之僕施之常申棖左邱明秦冉公明儀公都或公孫丑張載程頤先儒穀梁赤高堂生董仲舒劉德毛萇杜子春諸葛亮王通韓愈胡瑗韓琦楊時尹焞胡安國李侗呂祖謙袁燮黃幹蔡沈魏了翁王柏陸秀夫許衡吳澄許謙曹端陳獻章蔡清王守仁呂坤黃道周陸世儀湯斌共七十二位先賢位式視哲位先儒位高一尺三寸四分闊二寸三分厚四分座高二寸三分闊四寸厚二寸俱朱地金書

丹墀甬道三條拜臺兩方其西南有瘞坎

祭樂器庫 舊各三間在兩廡之南東西相嚮舊爲文武官致齋所今移於戟門旁以東爲祭器庫西爲樂器庫

戟門 三間亦曰大成門

齋房 東西各三間即戟門之左右翼也爲文武官齋房今各四間

泮池 方廣畝許界池爲甬道三道各一橋

櫺星門 三橋之南𥁕石爲柱朱欞門三門之內外繚以周垣塗以丹雘

名宦祠 三間在櫺星門外左詳祠廟

鄉賢祠 三間在櫺星門外右詳祠廟

宰牲亭 在鄉賢祠南

文廟坊 在櫺星門外正中面河

玉帶河 舊引城內豫之水東自龍頭橋入口經鴻漸橋繞學牆而南環抱學宮由西轉北會流而過善政橋形勢鈎束狀如玉帶其舟楫往來皆由學後繞而西道光六年填塞學後尊經閣以東舟行徑由學前較爲通暢其尊經閣以西留以蓄水撤去文廟坊前橋二座增建石橋一座於玉振門西

金聲玉振坊 先是廟門前爲通衢乾隆六年增建兩坊於左右立欞門以節行人在玉帶河之南道光六年移建於河之北

屏牆 設兩穴爲龍眼前爲止步街街南爲外泮池

廟左右坊 東曰德配天地西曰道冠古今

黌門 廟側門也在戟門外之東旁文武官行香至門外下輿馬

崇聖祠 舊爲啟聖祠雍正中奉例擴而新之殿三間南嚮五龕以次而前中供肇聖王木金父公左供裕聖王祈父公右供詒聖王防叔公左次供昌聖王伯夏公右次供啟聖王叔梁公神位位制同先師東旁設先賢孔氏孟皮顏氏無繇位制同孔氏鯉位西旁設先賢曾氏晳孟孫氏激位制同四配次東設先儒周氏輔成程氏珦位制同蔡氏元定位次西設先儒張氏迪朱氏松位制同十二哲其前儀門三間又前爲外門初時與黌門逼對乾隆五十三年重建改爲南嚮加以圍牆左右立欄門下馬碑

學制

彙征坊 學署之前向爲彙征樓歲久且圮乾隆七年改建爲坊對坊街南俱係民居加砌照壁

彙征橋 在彙征坊內跨玉帶河道光六年重建

頭門 三間榜曰儒學內有大司成坊詞林正氣坊俱詳見坊表

忠義孝悌祠 在頭門內並列者爲雙忠祠貢公祠俱詳祠廟今未建

二門 三間中一間署云禮義相先之地東土地祠西城隍祠

進賢門 在大成殿左翼門外東嚮

明倫堂 在大成殿後三間兩翼屏門刻孟子居天下之廣居一節今未刻歷朝碑石具厝於壁舊有同年十五舉子一秋兩京解元二額後增探花季芝昌會元夏子齡解元鄭經三額歷朝文武鄉會貢舉題名今未懸兩翼左右設鼓鐘凡講學行禮丁祭習儀在焉

尊經閣 上下五間在明倫堂後閣下中間供文昌神位朔望於此行禮閣上供文昌神像尊藏奉頒御纂諸書及經史子集以備邑士觀覽今未建

時習齋 在堂前東偏中三間通敎諭廨南北各三間有樓前爲步廊今無樓

日新齋 在堂前西偏通訓導廨制與時習齋同

敎諭廨 在時習齋內中爲君子堂三間其前有門南嚮其東書房四間其後內屋四間今少一間從屋一間

廚房 二間

訓導廨在明倫堂內中爲養賢堂三間庭有門南嚮堂之東爲書房一間後東嚮側廂二間內屋三間廚房二間時習齋迤南有智井上覆以屋係乙酉年節愍馮公之妻王氏暨節愍公之瞽姊殉節處訓導黃恩孫澍徵題石表之

三台墩尊經閣後積土成堆象如三峯今學頭門內亦有三台墩云

祭器

錫方香爐一　錫登一　銅酒尊一一勺　簠二　簋二

銅爵三　錫爵五十　錫大方燭筌一對　錫次大方燭筌八對　錫中方燭筌二對　錫小方燭筌十對

看燭十對　小圓燭筌一對　圓香爐二十　錫香盤十　錫花瓶四　錫大酒壺一　錫銅二　酒盃一百

四十有八　焚燎爐一　銅提爐二　羊角燈二　紅宮燈四　竹籩六十有六　木豆二百六十有六　帛匣九　祝文版一　太牢俎一　少牢俎十有四　供應盤九　小長盤二　收貯大櫥一

樂器

麾二有架　旌二有架　講鐘一有架　特鐘一有架　編鐘十有六一架　特磬一有架　編磬十有六一架　大成鼓一有架

應鼓一有架　鼗二二架　搏拊二二架　柷一有架　敔一有架

琴二有臺　瑟二有架　龍笛二　鳳簫二　笙二　塤二　篪二　龍蓋一有架　翟籥三十有六二桶　木笏六

送神鼓一有架　藍衫五十件　收藏櫥二　板箱一

書籍

欽依臥碑

欽定書經傳說彙纂二部　詩經傳說彙纂二部　春秋傳說彙纂二部

三禮義疏　四庫全書考證　學政全書三部

大清通禮二部　禮部則例二部　科場條例

文廟樂譜　四書文二部　墨卷

御纂周易折中二部　周易述義　詩義折中

春秋直解　日講四書解義二部　性禮精義二部

朱子全書二部

御定孝經衍義二部

御批資治通鑑綱目二部

御製訓飭士子文　日知薈說二部　樂善堂賦

盛京賦　武英殿聚珍板書　補笙詩

采薇得米詩　改教詩　平定金川碑文

文廟碑記

世宗上諭

聖諭廣訓

南巡盛典

十三經註疏　二十一史　明史書籍俱缺

學田

縣額學田共平圩埄蕩六百七畝三分有奇內平田四百七十八畝四分有奇　圩田二十五畝一分有奇　埄二十畝一分有奇　蕩八十三畝六分有奇學額學田共平埄河三百八十二畝六分有奇內平田三百七十三畝五分有奇　埄七畝七分有奇　河灘一畝三分有奇兩共折實平田九百五畝一分一釐五毫每年額徵夏麥一百八十四石七斗九升三合秋米四百三十石四斗六升九合柴薪二萬四千一觔隨時易價歲完條銀九十兩三錢三分三釐九毫漕米五十六石九斗一升一合七勺解司庫銀二百十三兩四釐凡有給廩賑貧聽學院赴司提用祭祀香燭等項

由司詳院撥給乾隆十年請定教諭訓導分管分收教諭一半應解司庫銀一百六兩五錢二釐內給貲禮生員膏火銀十六兩暨陽書院生童飯食銀四十兩魏忠憲秋祭銀二兩鄉賢徐之龍秋祭銀二兩繆文貞李忠毅秋祭銀一兩九分四釐共銀六十一兩九分四釐實解司正銀四十五兩四錢八釐訓導一半應解司庫銀一百六兩五錢二釐內給廩生膏火銀三十四兩暨陽書院山長脩膳銀二十兩魏忠憲春祭銀二兩鄉賢徐之龍春祭銀二兩繆文貞李忠毅春祭銀一兩九分四釐共銀五十九兩九分四釐實解司正銀四十七兩四錢八釐續奉提解廩生膏火銀三十四兩實共解司正銀八十一兩四錢八釐宋故有田若干畝歲入米麥豆千餘石以供廩食元學廩則視宋爲倍明洪武十五年撥田租六百石爲師生俸廩及春秋二祭之費嘉靖二十四年知縣趙錦又籍民田若干畝爲學田督民人張惠捐田六十四畝八分庠生湯齊捐田二十九畝一釐今歷時已久田畝無存附誌於此以不沒前人之善又雍正十二年奉憲檄撥慧凝菴入官沙田八十九畝九分六釐額租夏麥二石七斗三升秋米二十八石八斗一升歲收租息除完納糧賦外爲西學歲修費·

修學沙田嘉慶三年邑紳趙時煦等呈買正興沙永興永盛等圩入官灘地一千九百四十二畝道光七年知縣葉維庚詳請轉科丈增灘地一百二十八畝六分有奇每年分別版租補糧共應徵收錢五百三十七千有奇除完蘆課外隨時支銷歲修經費

貧興田三十六畝七分五釐雍正五年海防同知李世金捐置除完納錢漕外於賓興年給助鄉試士之不給者·教諭掌之原額收夏麥八石七斗四升八合秋米二十四石二斗二升五合乾隆五十年減去麥三石一斗四升實徵夏麥六石一斗八升減去米十石二斗八升實徵秋米十五石三斗二升

吳公祀田十畝明學使駱駸曾置原額徵收夏麥三石秋米十石除完納錢漕外爲訓導吳公應芳祠祀之費易代以後佃農私鬻祀將中絕康熙六十一年知縣葉紹芳釐復酌減米租每年實收夏麥三石秋米七石其田坐落謝園鎮四保名字八百十號訓導掌之

景祐重建文宣王廟記　宋　范仲淹

吾夫子之道用則行而天下治舍則藏而天下亂譬覆載之仁無待於報照臨之明不求其功袞其服廟其神豈吾聖之心哉蓋後之明王尊道貴德而不敢臣故奉之以王禮饗之於太學昭斯文之宗焉成均博士范公宗古之守江陰也謹明命挺至誠黜豺狼之兇禮芻蕘之善廢典皆舉積訴咸辨清風之下人則謳歌陽春之來物自鼓舞居一日命諸秀前席而言曰先師之堂前制未顯鄰於郡獄褻斯甚矣豈奉嚴之意耶然重於改作子大夫謂之何哉諸生拜而謝曰惟公之言惟士之望盍請遷焉乃於軍治之前南陽藉高明審面勢擇工之善揀材之良登登丁丁不月而成堂焉巍與廟焉非徊大廈斯清高門有閎乃聖乃賢儼乎其位阼階以進依然金石之音彝器以新燦乎俎豆之事既嚴既翼以釁以時又命曰二三子服斯文履斯道存誠顏閔之際致化唐虞之上協吾聖之教也豈徒廟為哉諸生復拜而謝曰請事斯語矣

紹興奉詔新建軍學記　宋　郡人　胡珵

紹興五年秋八月權知江陰軍事王棠請於朝曰軍故縣治有學蕪廢餘十五年士無所於業今升縣復軍法得視列郡應立學官教授員軍有閑田以畝計若干官籍其租士廩是充士之少若長願補學官弟子其員二百有四十敢冒以聞詔可於是以左儒林郎范雩充軍學教授以其田贍學官一如所請未幾講堂穹宏兩序端直舍次鱗深庖湢潔具學制大備其從事陳剛中曰禮天子命之教然後為學請以命教名堂屬其同舍郎胡珵紀厥事乃為著其大略而告之曰江陰古延陵也季子墓距縣治西三十里列在祀典廟食一方千歲相望遺風固可想也學官弟子朝夕肄業其中克究師友淵源所自勿貽前聞人羞則為無負剏軍興以來公私告匱朝廷為之捐田租命師儒一切廢所愛惜所望於學官子弟宜如何嗚呼克咸自勉爾矣抑予聞之魯僖公作頖獻馘獻功修頖宮故事職也長江之陰萬室之封軍無小足以為政信能治其賦役明其獄訟訓其桀黠而師其賢人毋遽薄此蕞爾壘者鄭人鄉校始議子產從且更誦其遺愛第徐觀之

紹定重修學記　宋　知軍　方萬里

國朝自慶歷三年詔天下郡縣立學江陰為浙右小壘宜以是年應詔及按圖誌蓋自景祐三年范文正公作宣聖廟記已誦言大厦高門金石俎豆之盛則知江陰先自有學正不在慶歷應詔後也惟江陰建學為最久故人物儲美習俗陶粹有他郡所不能及被江以後郡嘗一廢為縣旋復為郡故廟學得如舊制漕河旁環正合古諸侯半水之義其前闢城為門因城為樓浮圖對峙如卓筆池藻隄柳映帶左右蓋其藉高明挹清淑宅一郡之形勝者也獨櫺星門外迫泮橋內連設戟淺臨邦稱稍南百步直接通衢僅以升俊名坊而編氓翼居囂雜特甚自昔病之紹定元年龍谿顏侯耆仲來守是邦易升俊坊於中街之西徹去民屋拓為平壤遷櫺星門於坊之舊址柱石壯偉丹堊鮮明宸奎傑閣泮宮城樓華匾新題照映霄漢東西齋序整飭邃嚴曾不閱時贊宇改觀維顏侯以淳熙法從之孫撥世科躋班著其為郡也政平訟理千里如春利興害除百廢具舉諸生被侯之賜方深而侯以擢去然則是記也其遺愛之碣也歟

重修廟學記　明　楊士奇

太祖高皇帝正大統之三年詔嶽鎮海瀆封號如古制以山水稱忠臣烈士稱當時初封出於歷代所加者一切罷去孔子明先王之要道為天下師以濟後世非有功一方一時者比封爵宜如歷代所尊榮著於令典垂之千萬年而定鼎之初首建學立廟京師親臨釋奠又詔通祀於郡縣又詔罷從祀之戾於孔氏者所以從前聖之大中而垂永代之鴻範也江陰縣學歲久而敝侍郎周君巡撫過之作大成殿十六楹東西兩廡各三十有四楹殿之後為明倫堂亦十有六楹左右為兩齋各四十有四楹庖廩門垣咸備以固高敞宏麗加於舊規相斯舉者知縣朱應祖縣丞吳得勝胡旭主簿胡忠而忠始終效勤經始於宣德六年二月成於明年六月記作於十年十有一月

重修文廟儒學記　明　郡人　張愷

江陰常之屬邑其學自國初吳襄烈公良因宋元舊址創而為之宣德間巡撫侍郎文襄周公忱嘗加修葺迄今百餘年間因陋就簡補葺頹廢匪無其人而梁棟之敝蠹渠道之堙塞規制之湫隘蓋未有創建而改作之

者正德丙寅進士劉君紘釋褐來領縣事顧瞻廟學或敝或陋未稱所以妥明靈崇敎化之意圖欲撤而新之諸生方謀竊偵君之志有足爲也因以請焉而君慨然以爲己任遂因衆舉退召義民陳譜陳天祥湯楷蔣鉦與之規畫經費相度地宜鄉人樂之士輸其財民佈其力乃鳩工市材卜日興事經始於丁卯四月閱再歲而功成焉其廟制則新大成殿而廓其兩廡東西各增其楹若干搆大成門而展其兩隅左右各增其楹若干露臺中峙軒豁宏敞乃因池爲泮者一而半甃以土架石爲梁者三而九穴其洞又因元豐故迹而就邑士徐推官鼎所獻腴田穿河通渠爲丈計者長以百爲尺計者廣三十水泉環繞氣脈流通爲泮東橋爲櫺星門爲大成宮門雕欄石楯丹碧熒煌而於宮垣之外大書刻石以節往來於是巍然煥然歲時對越有常尊矣其學制則於廟之東偏匾儒林坊於門外闢縣學門於坊內明倫有堂而禮義正容二門逶迤而入奎文有閣而時習日新兩齋對峙而起屏障設而內外以嚴藻繪設而觀瞻有其至若禮器有庫牲殺有庖齋宿有館賓僚有廨養賢有堂儲粟有廪覲德有圃紀功有亭凡有事於學者無所不備而諸生敬修習業有常處矣出是進而升焉

有以興其宮牆日月之思退而學焉有以致其仰鑽瞻忽之力廟學之建於是大備君安福人也自其伯祖忠愍公以春秋起家名聞天下代有顯人其得於聖人之敎深且厚矣君之來官才足以達於政德足以感乎民於是舉也不傷民力不費公帑迺之一心而有餘君既以政最徵入諫垣方大厥施而以計閒合學諸生恐君之功泯而無傳乃介吾友張瑤屬愷爲之記愷亦世家暨陽敢忘所自遂述其梗槩如左

重修儒學記

明　邑人　湯沐

惟嘉靖丙戌冬鼓城張侯集來治縣事號令明肅境內悉治越明年冬季議新廟學謂茲仆者宜起卑者宜崇背者宜順毀者宜葺廟宮之前民居多雜制非所宜民喻侯志咸願樂從侯以倍值償之得顧問蜚宅址若干畝庀材鳩工愼選督視撤其遺構中通爲兩道旁爲兩廡跨一池梁者一直南爲屏翼以二亭復於複道之東西各樹一坊以表鄉士臺寺之長職廡成召諸賈客居之以售書籍若槐市然其若大成坊同年舉子坊鼎新以建三台墩復增築之玉帶後河勢若相戾鑿爲月堰倒環之堂閣齋廬亭圃庖湢亦皆次第加葺不數月功告成敎諭何君連訓導陳君思順陳君懋德率諸弟子某某委記於予予因謂之曰諸君知侯作新之意乎夫宮牆可以譬吾道之淺深堂室可以喻人道之次第高明中庸廣大精微故修德凝道所從事者也承學者來遊來歌得其門路其域能不反觀近取靜存動察以求得聖賢之依歸以無負乎君師之養育而敢暴棄安於卑小離僻之爲非予之望也此固侯今日作新之意也抑侯之尊甫中丞公嘗爲御史提學茲土今日門之士尚有佩其格言奉其餘矩者則侯之斯舉亦曰承家之孝有司六事學校爲首侯能急之之文孰不曰體國忠曰忠曰孝政事顧不偉歟則斯役也費出於義助工樂於子來程畢於旬朔則侯之才之賢足徵矣相成者丞鄭自璧右文之意爲多子不佞遂摭爲之記

重建明倫堂記

國朝　學政　張廷璐

學宮之有明倫堂士子以時講習其中取人材於是乎出風俗於是乎成三代盛時庠序學校之敎義胥本有易此者江陰古延陵地禮讓之遺舊矣而科名文物之盛則肇於宋時傳者謂學之立亦自宋始按志載范文正

公廟碑守江者爲范宗古乃大興學其記中特褒美之而勉以致唐虞之化協至聖之敎云蓋景祐三年也由宋迄明代有改易然講堂常在廟之左至洪武間以敎諭蔡允升議左廟右學乃移廟於講堂址而以廟址爲明倫堂宣德七年巡撫周文襄更規制檄縣令朱憑祖葺其事是時察院署在江邑即今學使者駐節處也恭遇我
朝文治日新惟江邑以使者駐節故學之制視他邑尤擴每嘗試時士子環集堂中典書習禮鏘如肅如觀其制既擴時久頹傾雖小葺之難復其舊先是雍正四年宗伯文定楊公捐千金大治殿廷時邑令山右祁君爲主倡而於斯堂未暇及也歲庚戌余奉
命視學率諸生謁廟畢升明倫堂左右環顧檐題號朽牆宇半顏郎謀所以葺之者會邑令多相繼移去莫主其事及余三任於此而古青蔡君賓來乃日及今不治後難圖也集邑之縉紳議修君捐俸首倡邑人莫不踴躍材不賦而羨匠不發而多越半載而告成比予再歸謁廟而朽者新頹者整金碧輝煌頓革厥觀矣夫數十年之補苴而未逮者惟賢令之一倡而人爭鼓舞以從之何其神以速也戊午冬余事竣還

朝江人士環請曰願有記余重令尹之賢視范宗古朱應祖
有其過之愧余以九年按部無能若文襄之倡率獨深
有味於文正之語之果
親見於今也於是乎書

君子堂記　元　同知　史孝祥

暨陽郡庠之南古有雙池蒔以荷花表以嘉樹古類水
之制也二小亭翼然池上日光風日霽月爲學者詠歸
游息之地歲久亭墟地亦蕪穢不治其爲士者病之大
德五年張侯時舉來牧是邦暇日過焉臨池徘徊思起
其廢乃度地東南隅築堂三楹以面之陶清鑄明局勢
題敞翕受佳致涵泳聖涯每南薰徐來清復橫度亭亭
淨植露卷雲舒亦美觀也夏五月堂成侯與賓客來游
欣於所遇池葩岸卉亦有悅色乃舉酒屬客問所以名
蜀客史孝祥復於侯曰夫中通外直不蔓不枝可以遠
觀不可褻玩是爲花之君子玆非濂溪先生之語乎先
生憫世道之胥溺感斯花之獨清較德評芳而以君子
之名加之其旨深矣今堂近在宮牆之中而玩芳領勝
其問者皆吾黨之士也游聖人之門觀君子之花求先
儒之訓吾意目擧道存心融意會其同爲成德之歸斯

江陰縣志　卷五　學校　十八

昭昭矣請名君子之堂而寓盤盂几杖之訓以爲二三
子進德修業之助不亦可乎侯喜而笑曰命之矣君其
爲我書之孝祥曰諾乃
詠其事而爲之記如此

復吳公祀田記　國朝　邑人　楊名時

學之西齋祀吳文磐先生其來舊矣先生諱應芳浙之
歸安人前嘉靖時以明經訓導吾邑有德於生徒甚厚
西齋卽先生所居既去而人懷思之故祀諸此學使者
駱公爲置祭田十畝從諸生之請也詳見繆文貞公祠
記中近以佃者弗良私鬻是用而祀將中絕諸生王文
震等咸不平訓導潘君惟愼失舊典是懼具以實白諸
當事蓋吳先生勤於其官於法得祀而主祀者實惟司
訓有其舉之莫敢廢也邑侯葉公乃奉督學鄭公檄釐
田歸縣斂租以供使祭猶陋可隱歎豪強陋可兼并春
秋之祀幾廢復興用是前賢永安而士論翕然矣先是
吳先生肇祀之年宰吾邑者有甯田宋公光蘭董其事
今葉公生同方官同邑而又同有力於吳先生之祀事
如此後先輝映何可弗書葉公名紹芳福建閩縣人康
熙庚辰進士爲宰有惠政且能振起學校此其一事也
訓導潘君名謙光常熟鄉貢教諭則吳縣鄉貢王君弈
章也學中諸子走書請曰願有記遂記之俾來者得考
焉

書院

暨陽書院在學宮左先是學署內有講堂三楹爲邑人課
業地康熙間知縣陶夔題額記之歲久頽圮乾隆三年
知縣蔡澍請於督學使者就東城棲霞精舍稍建書寮
延山長主講席仍額曰澄江從古也其修脯經費則取
給學租羨餘并學使者與長令協助焉壬戌秋大興廟
學從紳士繆誂等請以僧舍并育才地改傍學宮爲便
乃卽已廢講堂廊而新之前建門三楹後爲廳事山長

江陰縣志　卷五　學校　書院　十九

設講席於此廳後樓三楹其外庖湢寢處各有常所乾
隆二十三年學使李因培以規制未備檄縣與建邑紳
蘇士鎬陳昌齡等踴躍襄事不逾年落成易名曰暨陽
書院其制講堂三楹堂之前爲門門外爲奎星閣堂之
後爲廳事廳事後爲樓者二其六楹廳事之右爲書舍
其一十九楹山長署其軒曰輩學咸豐十年燬於兵燹
同治十一年署縣林達泉詳請建復以是冬興工越明
年落成（計工料錢七千三百餘千沙洲蘆課項下分捐錢四千餘千其餘撥支存款公款）易名
禮延規模較爲宏敞後樓本名懷德（祀有功書院諸公神位）侍郎
彭毓麟改題景賢額中龕供季子栗主每歲孟夏致祭

署縣林達泉捐錢三百千委員徐先路捐錢五十千發典生息以爲祭祀之費其院中舊管新
增田畝暨各捐款詳見於後

山長題名

沈濤 字宏邑人乾隆丙辰進士　錢兆鳳 字在郊金匱人雍正乙卯舉人
邢和 字紹聞邑人雍正癸卯副貢　李夢總 字登五嘉定人乾隆丙辰進士
華歷翔 字世美金匱人乾隆戊午舉人　許廷鑅 字子遜長洲人康熙庚子舉人
方世壯 字冬日安徽桐城人康熙庚子舉人　方國柱 字敬亭安徽桐城人乾隆甲子舉人
侯陳齡 無錫人雍正癸丑進士　胡世科 字希哲安徽涇縣人乾隆己未進士
張迪 字恂叔丹徒人康熙癸巳舉人　盧文弨 字紹弓浙江餘姚人乾隆壬申探花
謝祖庚 字韞輝常熟人乾隆戊午舉人　黃甲 字萊坡江西廣昌人乾隆丙子副貢

吳哲 字頼賢武進人乾隆己丑進士　錢維喬 字竹初武進人乾隆壬午舉人
張潮普 字庶占丹徒人乾隆壬辰進士　伊桂 字丹木山東歷城人乾隆辛未進士
李惇 字孝臣高郵人乾隆庚子進士　李枝昌 字莪村浙江桐鄉人乾隆戊辰進士
葉紹楏 字琴柯浙江歸安人乾隆癸丑進士　徐嵩 字削齋無錫人乾隆丙午舉人
王賽 字甸方金匱人乾隆庚戌進士　張 安徽潛山人乾隆乙卯舉人
潘曾起 字容齋宜興人乾隆壬辰進士　施鸞坡 字惺渠崇明人嘉慶壬戌進士
張詒 字南溪崇明人孝廉方正　應泰華 字鶴船浙江永康人乾隆甲寅副貢
蔣泰階 字雲督吳縣人嘉慶戊午舉人後中己巳進士　殷長福 字伯謙甘泉人嘉慶壬戌進士
丁履泰 字安之武進人嘉慶己未進士　李兆洛 字申耆武進人嘉慶乙丑進士
楊景曾 字雋凡邑人嘉慶己卯進士　徐燮鈞 字傳兼武進人道光進士

袁績懋 字厚安武進人道光丁未榜眼　汪彥樹 字夢梧江都人道光甲午舉人
朱蘭 字九香浙江餘姚人道光己丑探花　林澌遠 字子涇六合人咸豐辛亥舉人
李聯琇 字小湖江西臨川人道光乙巳進士　任重光 字靜山宜興人咸豐癸丑進士
楊泗孫 字濱石常熟人咸豐壬子榜眼

舊管原額田畝平北沙田四百五十一畝有奇段山沙田
五百九十畝有奇大陰沙田三千五百五十六畝有奇
白沙田七十四畝有奇 共四千六百七十餘畝 漕田三百三十八
畝有奇 陳志載舊置田畝乾隆間紳士捐漕田三百十一畝蕩八畝由縣詳請撥給平北沙西新三圩田一百七十四畝六分有奇丈增田七畝七分有奇丈增岸一畝六分有奇續撥段山沙合界圩田八十二畝五分有奇划場壆岸四十六畝一分有奇水草灘二百畝後因胥吏將田換段移坵揑報坍沒道光間邑丞姚

儲奉檄清釐實存田二百八十畝九分有奇沙田三百六十七畝七分有奇
歷增田畝永凝沙田三百二十畝有奇平北沙田六百六
十五畝有奇正興等沙田三百四十七畝有奇白沙田
一百四十畝有奇興字圩田七十畝 共一千五百四十餘畝 同治
七年署縣汪坤厚捐置璜塘漕田八十畝有奇九年邑
紳季念詒捐常熟縣帶子沙田一千畝 陳志載新增沙田道光癸未署縣王湊捐置大陰沙田一千五百八十畝九釐大陰沙划場岸八百畝有奇草陰沙田七百九十畝三分有奇草陰沙田岸一百二十九畝有奇續收因訟撥入田六百十六畝有奇
捐款城典一鄉典五每月共捐錢三十五千文署縣馮鴻
翔詳準冬漕項下每石撥捐錢五文知縣沈偉田詳準

條銀項下每忙每兩撥捐錢五文以充經費陳志藏原存生息銀
五千兩嘉慶間驗轉嚴挪三千七十七兩七分六釐實
存二千餘兩貳錢二千七百千文又道光四年學使周
系英撥入義賑𣙜錢五百千文暨學使
辛從益捐洋銀三百圓均存商生息

重建書院記

國朝 知縣 蔡澍

江邑人文甲吳會當元季時西山蔡以忠始建書院至明代而東林講席盛於梁谿邑中不復更設逮入
本朝當事者構講堂於學宮射圃前以課士然師生朔望一集事訖散去桐山張公視學江左雅意作人余以雍正乙卯冬吏茲土承張公指延邑進士沈君友山主教席撥公田五十餘畝供師生廩餼膏火不足又與公括俸以助張公內擢都憲劉公繼任分俸一如張公又視臨書院訓迪之於是學者遒遒然來矣而以棟宇敝頹時方亟學工未暇修整遂相方城東精舍移院於彼嗣是沈君謁選去延金匱錢君在郊繼席錢爲余分校內闈所得士借學博田李二公先後與邑士與文廟行成科獲售食餼遊庠者多出院中邑人多歸績余者於歲此前後各憲振作之功并掌教諸君啟牖之力余何庸之有壬戌歲會憲牘事發念書院寄借舍觀瞻不無於舊講堂地復爲門序堂位各三楹堂後爲奎宿樓上下六楹廊廡俱備夫物有以類而相從者書院之建於賢宮者宜也考學記云小學離經辨志至知類強立大成之期爲數九年而官茲土者不逾時輒去惟桐山張公曆
恃眷持節江左九載敦澤深厚淪入肌髓余鹿鹿簿書中執掌盤錯今已八稔矣其與江上士民有肉相期凡江之子弟皆吾子弟江之師傅皆吾賓友有不日望其敦學相長觀摩相得以宏深醇邃之材備公輔弼亮之器無負各憲栽培而可與聖賢相質對者歟則近聖人居者又富思推己淑人之道不徒託之講誦必見之行事之爲深切著明也夫事不難與謀始而難與圖終惟茲書院數百年來興廢迭乘繼今日而護持振興時其葺治俾延陵風雅繩繩彬彬以綿敦澤於勿替不有籍於後之君子之與我同志哉是爲記

興建暨書院記

國朝學政 李因培

暨陽有書院自元始州人蔡以忠創之修西山之學興於朝賜名澄江書院詳北郭忽爲山長益用實學厲多士士風以振厥後漸弛至明迄三百餘年莫能復建雍正乙卯青州蔡進士尹是邦始考故址創講堂三楹而規制未備物力亦不支乾隆乙亥歲予奉
命視學江南至暨陽既入學釋奠退而臨視昔院則湫隘無以供游息念書院原輔學校所不及使學者習焉安焉相觀而善今力既不足延明師無以作育人才廣
國家德意心滋愧焉迨己卯春秀進都人士周諮僉以爲非改作莫能振興非捐輸莫由集事以一邑之餘力賁往弟子而陶成之計莫便於此乃創故講堂拓而大之相陰陽審面勢門庭堂廡以次繕完勁堊丹漆以時備具費至若干緡復以其餘力置田若干頃爲久遠計於是規模始立已復爲諸生求師得錢塘盧紹弓學士惠然肯來雝皋比譚經一時人士競向風焉既予改視浙學行有日矣邑人士礱石請曰微公書院莫能成乞爲之記則怱遽未暇也比予復來而羣情益鼓舞續有捐輸膏火之資亦益充士更蒸蒸向學會予復奉
命當去念與多士相習久情固不能無言也夫書院之興莫盛於南宋維時天下四大書院皆以大儒倡率從者至數百人切劘乎身心性命其所造就蔚然爲儒宗流風餘思百餘禩而弗墜若蔡以忠許北郭者私淑宋賢者也方今
聖天子雅意作人古大學之教蔚然復興暨陽地雖小有鄉先生之模範而又幸生
文治昌明之會遊於此者其可不砥礪自立哉夫樂成易怡難人情也靡不有初鮮克有終士之大患也予官於茲前後凡八年恆以時至書院與多士相見察其行誼第其學業見夫循循自好能養晦希光者私心竊喜之予雖去固惓惓於暨陽弗能忘焉是役也輸財以佽助者有邑之紳士多人董其成者爲縣令汪君邦憲監院事者爲教官潘謙宏趙寅例得列名碑陰使來者有所勸於是乎書

重修暨陽書院增置沙田記

國朝巡撫 陶澍

江陰之有書院肇於元人蔡以忠初以澄江爲名自明迄我
朝遷建屢矣乾隆三十年學使滇南李公因培拓而大之改題曰暨陽書院閱今六十載復就頹廢生徒先散道光三年湘潭周公系英以戶部侍郎來視學慨然思所以振興之捐廉倡葺復諭蕭令瑾檢核濱江沙漲之田三

千餘畝議購充經費並委縣丞姚開闢畝勘丈未竣事而周公卒於任余來蘇時屢諭王署令渠及姚丞以勉竟厥緒規程一切則致書山長李先生兆洛俾衡定焉今秋姚丞以各部畝冊至且延紳士悉來紀顛末善其事之克成也援據記之兼以爲諸生勗曰書院之設所以佐學校廣教澤也今近省州縣莫不有書院率多虛設未能有實濟乃江陰則以學使者所駐創目擊心籌如前李公與周公皆慨然以諸生之業爲業而經之營之勞來之飲食之一時令丞因得以附益而玉成之夫豈以增益升斗博諸生感激之虛譽哉固將大有造於諸生也夫膏火不繼無以示獎勵未能養而言教司牧者之責也若獎勵之資已裕而學之不進行之不修則亦諸生之恥也昔陸子靜在白鹿洞講君子喻義章聽者流涕朱子以爲切中隱微深痼之病誠學者所宜致思矣江陰在江以南爲文章節義之區如往時殉節守城以一典史爲之倡而庠生紳民同心蹈死至數萬人其忠義耿耿歷久猶生足以立頑而起懦余頃採爲議謂紀與尚有遺者復搜輯事而表章之烈諸生生長聖世沐浴涵濡其所志當更有進於此者觀李先生所定規程余尤爲諸生勸焉是舉也登高之呼實賴周公蕭令瑾籌議以發其端王令遂捐資以匯其成奔走履勘則姚丞之力也其董事及洲畝息金歲入歲出之數另書於石以示久遠

捐置暨陽書院沙田記

國朝知縣　王雲

江陰之有書院也自元蔡君以忠捐別業創之詔賜澄江書院名逮明廢圮尚懸丁巳歲知縣朱君光蘭敎諭梅君敬祖於學宮啟聖祠後重建堂舍爲邑人講習之所國朝康熙中學官荊君子遴陳君寅亮修之增葺者則知縣陶浯龔蔡君澍而邑人朱君景標亦助田五十餘畝爲膏火資焉乾隆三十年學使李公因培始拓而大之更名暨陽書院規制略備經費未充皇上御極之三年學使周公從澄江慨然振其廢弛既捐廉倡修久爲圖生童膏火久遠之計會縣有新漲大陰沙田二千三百八十畝零卓陰沙川九百二十畝零知縣事蕭君白之周公請於方伯撥入書院邑丞姚君躬履海濱勘丈繪圖事未集而蕭君以憂去越二年予始來涖縣事亟稽地治辨政役之施舍觀風書院校士習之勤

循因進其紳士問所撥沙田足充經費與否僉言沙田例繳部價銀每畝八錢合計所撥當繳銀二千六百兩而議議以田所入租分五年繳司俟繳清之後乃以租入充經費予念院中需此孔急遲之五年則已有名無實又歲月愈遠人事愈不可知小有動搖則善舉復隳予雖權事忝爲士民一日之長不敢以非其責辭也乃裒所入俸廉傾其橐代之一限非納列其情上大府大府以爲宜乃於八年二月十八日彙銀解司准庶政存儲然後書院經費即時可以無乏邑士紳復相與條定章程俾可遵守然距周學使定議時已五年矣予之爲此役以繼前令之所未竟以成學使周公之盛心猶以上副各大憲造就人才之意纔舉其端而已耳至於權出入謹收支益恢而大之能無望於司其事者乎讀書稽古修身愼行卓然爲國家名臣濟美於邑中先正能無望於肄業於此者乎邑士紳來請曰願有記也爲書而揭諸壁周公名系英湖南湘潭人蕭君名瑾浙江山陰人姚君名儲安徽桐城人書院董事則邑人祝君登墀沙君爵耿君覲光李君燧

重建禮延書院記

國朝知縣　林達泉

予少時讀書即深慕延陵季子之爲人以爲春秋以來管仲子產外高風碩學以延陵爲最每讀其來聘一篇究風雅之盛衰論韶武之善美與宣尼刪定若合符節而所交當世名卿大夫蘧瑗史魚叔向輩皆我夫子所推許輒不禁流連三復願奉瓣香去年夏奉檄江陰江陰古延陵季子舊封也生平傾企幸履名區下車觀風卽舉邑人何白律句蘋藻惟羞季子祠命題蓋以誌嚮往之願敬禮之誠也邑故有暨陽書院兵燹後瓦礫榛蕪生師散處爰商之紳董籌款重建因仍舊址拓煥新模於今年三月落成以暨陽義無所取署吳縣高君心葵爲易禮延書院並舉後漢書任延爲會稽都尉靜泊無爲唯先遣饋禮祠延陵季子爲言與予意有合邑士大亦以爲然適侍郎彭公玉麟閱軍臨江爲之榜書而供奉季子栗主予因爲文以記予維南中文學首溯子游以季子鴻識多聞洞乎禮樂之源北於言氏疑高一階況夫讓國全倫掛劍旌信篇籍流傳懿垂千載江陰接壤海虞而海虞書院宗師言氏命曰游文季子系泰伯之至德開江南之風氣獨缺而弗禮是邦大夫之責無以爲多士模楷也且江陰爲吳中巨邑名卿魁儒後先相望

國初效忠抗節闔城殉難洎乎髮逆之亂死義者尤夥指難數蓋文章氣節爭自濯磨已非一日禮延陵而益資觀感當必有蒸蒸日上者是則予之所厚望院成聘宜興任先生重光來院主講前輩典型士論翕然宗之至於籌議神道則徐太史文洞金觀察國琛陳太守榮邦夏司馬煒如經游紳士則季廣文榮恩朱上舍齡章大學博也邑西申港有季子墓十字碑歸然叢莽相傳為我夫子手筆疑真疑贋未有定論維予游南產而季子又夫子所稱為習禮者其有碑焉或者非誣予方議修其祠更將為繞墓遍樹梅花異時諸生謁祠瞻眺亦有以寄仰止高山之思云是為記

西郊書院在後梅鎮同治元年邑人金國琛請於邑侯集貲創建以為西鄉十鎮生童肄業之所其制門屋三楹上建奎星閣中為講堂旁為書舍至膏火之資署縣汪坤厚詳撥已廢不列祀典菴廟田產暨報買沙灘圍田

充費田數列後

山長題名

夏子重字威如邑人恩貢生

卜文煥字崧生常州人甲子科舉人

管業詳撥不等漕田八百畝有奇陽邑漕田七畝有奇增置漕田五十一畝有奇沙田一千七十六畝有奇武邑田四十三畝有奇灘二百五十畝有奇

創建西郊書院碑記　邑人金國琛

古者鄉有校黨有庠術有序家有塾所以端教化養人才胥於是乎在書院之設猶是意也吾邑城向有暨陽書院而邑西十鎮距城數十里而遙士子艱於跋涉每値課試常以不得往與為憾庚申亂後國琛自戎幕假歸白於邑侯謀之鄉人議別創書院額曰西郊迺請以西十鎮之無主寺觀田產充公又報買沙灘圍田以為經費維時邑侯允籌公款錢八百串國琛亦捐錢四百串以為經始今

上御極之元年復就十鎮書捐度適中之地於後梅鎮創建房舍為門屋三楹上建魁星閣其中為講堂兩旁為肄業之舍維時地向待續建而輸與斯崇規模粗具十鎮之士庶幾無跋涉之勞得觀摩之助樂羣敬業文運其由是與乎而國琛之記更有進焉者近時書院大都以工詞章援科第為先務揆之古者端教化養人才之意未必盡同蓋文藝末也德行本也吾願鄉之士入孝出弟講讓型仁研之於經傳以植其基博之於子史以擴其量則發為文章出為政事必有斐然可觀克自樹立者於以紹述先哲仰答

聖天子作人之化豈不懿歟爰書於石以與鄉之士共勵焉

澄江書院在武廟西偏元州人蔡以忠以別業建講堂與生童講學於內有司上其事設山長官一員領之并

賜今額革代後廢

延陵書院在城隍廟右明成化五年同知謝庭桂倡始吳氏後裔捐貲協建嘉靖間知縣李元陽迎季子神位於堂而祭之萬歷初改總練官署崇禎末兵燬

梧溪書院在席帽山下嘉靖間知縣李元陽建後廢

愛溪書院在學內隆慶間訓導范承寵捐俸搆講堂三楹濬沼築垣以課諸生署縣高揵即其地題曰愛溪後廢

梅花書院在君山尸祝學使蘇銓處年久圮廢嘉慶間諸生曹大鈞何春煦集貲重建並設號舍數十間學使

湯金釗曾令書院諸生會課於此咸豐十年燬

陽城書院在學宮南康熙間陽城張泰交視學江左清介拔俗邑人定海令繆遂建此以誌遺愛咸豐十年燬

桐山書院在廣福寺右邑人蔡寅斗高文棟以學使張廷璐莅任九載教思所及歷久弗諼建此尸祝今廢

錦帶書院在顧山山故有梁昭明太子讀書樓知縣蔡澍旁搆院舍五楹署曰錦帶因太子有十二月錦帶書用以誌美也右自梅花書院以下非生童肄業所以同書院之名故連類附載

社學

養正書館在學宮東南明天順間提學御史陳選創建

歲久無廢市民踞之宏治時知縣黃傅逐民出延師招民間之秀并拔取附城社學諸生教習其中其制前爲門北嚮入門爲前庭內爲廳事四周爲書舍更後爲院院中有池邑人吳仲義捐助臨池爲小軒總其地址東西二十九步南北一百四十七步萬歷間知縣宋光蘭改爲推官行署入

國朝以兵火廢里民即其地搆土神祠

東門社學在里仁坊北亦御史陳選建宏治十年知縣黃傅修葺是推官王鈞知縣謝甯郝敬相繼增葺周垣凡三十四丈入

國朝棟宇盡廢乾隆間諸生徐方行呈請修復未果地在火神廟旁地字四十號丈基一畝二分四釐四毫一絲六忽

西門社學在天慶門內宏治十五年知縣涂禎創建周垣凡二十三丈今莫詳其處

虹橋社學在虹橋東正德十三年推官王鈞改火星廟爲之方志稱深邃曠逸爲江城第一社學今廢

北門社學在縣治西北北嚮基地三分今廢其址亦沒爲民廛

義學

義學初無常處明正德間知縣萬玘於在城及四鄉大

鎮創設至

國朝各州縣節次奉文廣設義學知縣蔡澍以次增創乾隆癸亥城鄉開設始遍嗣後迭有興廢道光丙午年署縣陳延恩勸捐興辦在城恤孤義塾南外北外以次舉行咸豐庚申燹廢同治五年巡撫丁日昌通飭各屬廣興義學署縣汪坤厚遵御史王書瑞奏定章程將不列祀典菴廟田產詳請撥充經費是以各鄉創設數十處庶孤寒子弟咸知向學焉

城內三塾原設五塾現建三處一在南街準提菴故址同治八年建屋三間一在大街文亨橋西同治十一年建屋五間廂屋二間一在南街興國寺西原購劉姓房屋四間同治八年修葺原置漕田三百七十

畝有奇沙田一百二十八畝有奇查出已廢義學田十三畝有奇撥田二十畝有奇新置漕田九十六畝有奇

南外一塾在陳家橋東法喜菴故址同治十年建屋三間廂屋四間從前捐置漕田二百三十畝有奇撥田四十八畝有奇陳家橋堍下樓房上下六間

北外二塾在拱北壇東同治五年購基建屋六間廂屋三間原撥浮橋東岸灘基四畝有奇撥田四十二畝有奇新置沙灘三百七十畝有奇浮橋東岸房屋九間二側現設江海關稅房

雙牌二塾一在頭保同治五年建屋三間一在七保東平廟撥田一百四十九畝有奇山一百二十二畝有奇太平廟市房五間

三官二塾一在二保三官殿故址同治七年建屋十間廂屋六間一在石牌保诰字局撥田一百七十四畝有奇

長涇二塾一在十保興濟菴故址同治七年建屋五間一在鎮南義烈祠撥田二百畝有奇

觀山二塾一在二保同治十年建屋三間一設四河口圓通菴撥田一百七十一畝有奇

璜塘一塾在天寶閣故址光緒二年建屋三間撥田一百四十八畝有奇

夏港一塾設關帝廟原置田三十畝有奇撥田九十六畝有奇

雲亭塾原報二處一設三官堂撥田一百六十七畝有奇

峭岐塾設猛將廟撥田一百十二畝有奇

月城塾設黃梅菴撥田一百二十畝有奇

長壽塾原報二處撥田一百七十二畝有奇

周莊塾原報三處撥田一百七十二畝有奇

顧山塾原報一處撥田二十四畝有奇

馬嘶塾原報三處撥田九十三畝有奇

華墅塾原報三處撥田一百六畝六分有奇

祝塘塾原報一處撥田一百十七畝有奇

文林塾原報二處撥田九十九畝有奇

大橋塾原報四處撥田一百二十九畝有奇

謝園塾原報一處撥田七十畝有奇

綺山塾原報一處撥田三十一畝有奇

花山塾原報一處撥田三十九畝有奇

蔡涇塾原報一處撥田五十二畝有奇

夏城塾原報一處撥田九十六畝有奇

黃橋塾原報一處撥田五十一畝有奇

青暘塾原報二處撥田一百三十九畝有奇

泗河塾原報二處撥田一百四十四畝有奇

馬鎮塾原報二處撥田一百十六畝有奇

葫橋塾捐撥田四十三畝有奇

丁墅塾原報一處撥田五十二畝有奇

桃花塾原報一處撥田五十九畝有奇

楊舍塾在范港保周巷光緒三年置買瓦房二間基地一方先於同治八年署縣汪坤厚撥濱江漕田原坍復漲田四十八畝有奇岸灘十畝有奇

沙洲五塾一設寶善堂經費即由善堂開支一設年豐鎮太平墩廟一設福善鎮三賢廟一設德順鎮周孝侯廟一設中正鎮猛將堂同治八年署縣汪坤厚詳定每年由縣捐廉二百千文以充脩脯

三官義塾碑記

署縣 汪坤厚

余丁卯秋權篆澄江見窮簷子弟甚有清秀者非役樵蘇牧豎卽荒戲無度急思設法敎道之使質美者可以造就愚鈍者亦不至不識之無是非設義塾不可查城鄉皆設本不多兵燹後斷有重興者亟爲籌款建立共六十餘處并撥不列祀典已燬之廟產各歸各鎭以充塾費邑共得三千數百畝是亦化無用爲有用也三官鎭向有三官廟粵匪之變燬於火竊謂董葺而龕神不如改塾而設敎且爲講鄉約之所則崇實學卽以敎風化而何懼民之見異思遷也爰請楊茂才敎詩諸君任其事撥廟田若干畝作經費用不敷又向鎭中集廒焉鳩工未竣余奉檄調署京江閱一載楊子來謁告塾落成并示以圖堂廡庭階位置井井所列條約亦周詳妥貼行見發蒙養正鞏於馬帳之傳經庠義漸仁無異虎門之讀法從此人文蔚起風俗敦龎余實有厚望焉

長涇義塾碑記

汪坤厚

義塾有碑志特建也余莅任江陰體
子慈幼之心蒙諸大憲育才之諭立義塾六十八所爲

獨碑於此蓋自兵燹以來隨在垣頹址敗泉比設座半雜壓置而長涇鎭南市己將昔之留嬰堂修葺易以講堂猶恐敎澤未周董事包註包棟成張寶儉添設一塾於鄉衆姓踴躍集捐得錢二百餘千卜吉興濟禪院故址特建五間去冬經始新春落成雖不足爲廣廈而寒士已有歡顏者是不可以不志爰碑之以示不朽云

鄉約

鄉約田共一百九十二畝二釐五毫六絲八忽四微坐落璜塘馬鎭靑暘蕭崎祝塘等鎭同治七年巡撫丁日昌通飭各屬宣講鄉約城鄉共舉講生五名兩學輪流督率按月宣講六次知縣每月捐廉錢二十五千文分送講生薪水邑人鄭經著現行鄉約錄附後

現行鄉約錄

邑人 鄭經

鄉約古制也乃聖王設敎之綱領也聖王之道放之則彌六合卷之則退藏於密其理無窮而咸寓乎鄉約中鄉有約則率土之濱無不奉聖王之道身體而力行之矣聖王之道萬古常昭則鄉約之行亦迨今罔替聖王之道萬古常昭者明德新民之理成己成物之功贊天地化育與天地合其德也於是推其法天則自強不息象地則悠久無疆聖王之道誠與天地同流也鄉約之制豈淺鮮哉我
朝文敎昌明政治隆乎三代
聖祖仁皇帝廣訓十六條頒行天下闡發大道所以化民成俗克己歸仁誠盛典也江陰宜講鄉約由來久矣而未專設局其設局則倡之宗師邑宰成之城鄉紳士時在咸豐三年粵匪熾張金慶時常郡奉大吏通飭保衛江邑亦奉檄團練越一載前任學憲奎慮團練之未能精鋭爾陳令廣集紳士共商妥善之法經亦參與其末呑詢及經因言團其身必團共心練其力必練其氣刻下風鶴交警人情洶洶若僅講團練不以文敎治之練丁卽有勇奚能知方愚頑且思逞詎甘守法若與宣講鄉約練丁則忠義明而果敢氣作矣愚頑則孝弟敦而守望志堅矣是時宗師邑宰聞之曰善囑經辦理經以經費

之無籌人才之難集辭適同志趙銘普云錫邑文生余治前經奉府尊明文贊隨總董任本銓趙振祚四鄉宣講化導愚頑眷眷於此者二載矣乃敦請余君彙台常郡紳士具稟大宗師奎謁告陳令設局宣講自城及鄉由是感動有心明理者如章第榮父子常大元兄弟周廢良揚廷植光紹梅旦馮翼郭徵祇維祺莊泰交李翰芳莊俟等其理局務或助經費以置田產或任宣講而忘勤勞或揮筆囂以感發仁心或效奔走而蔵成善舉東向常昭南抵蘇省錫金咸勸立局呈請督撫學諸大意通飭推行並集刊鄉約本呈制憲須發州縣以冀道一風同庚申之變善舉中輟今幸
聖天子丕蕆武功重開文治各大吏嚴飭府州縣宣講鄉約將見士品日端人心日正
盛典彰而古制於焉可復矣江陰現奉救行講約範考舊皇無如鄉約刊版已遭兵燹六七年來諸局董風流雲散業蕩霜彫深爲扼腕諸董裔不忘前人矩矱思刊舊本爰遂嵩董常善元莊俟李翰芳甄董裔常祇常中常冊常炳常協莊桂生等集議曰吾等幸脫兵災復歸梓里欣逢
景日重開

仁風廣被急宜獻此芻蕘以報
國恩於萬一欲付刊者願任刊刻之勞議定囑經題跋經丞知昔年設局之由不敢以不文辭嘉平月刊工告竣閱讀一過首頁恭書
上諭可見
聖天子軫念黎元化周遐邇是王道平平也次列禮部則例可忻鉅典率由承宣惟謹是布政優優也次集藍田呂氏說可見正己正人之學後先同揆也中列各大憲稟詞條程因時制宜之道苦心孤詣也後列各大憲批詞告示洞鑒民情懇切勸誡移風易俗之深意也後載勸善諸說可見老安少懷之道濟人利物之心拳拳可則也末附撫䘏數篇可知能得鄉約意者因教而推及養因養而歸於敎是鄉約不特言敎而已也懿夫功而學者壯而行其守先王之道修於家者獻之廷咸傾草野之忠
聖朝二百餘年陶育人材
恩溥中外即一江陰叢蕞之區猶有贊育化功之人九州之大八紘之廣
皇道之行眞蕩蕩難名矣

資與沙灘同治十二年署縣林達泉捐銀三百兩又撥公欵銀五百兩報買攔門沙灘地一千畝俟圍築成田徵租充費先於同治七年知府扎克丹在勸農項下撥牛種錢二千緡有奇發鋪生息光緒二年署縣金吳瀾詳撥運河工程餘欵錢二千一百九十千有奇照章生息於鄉會試之年將息錢分給多士

同治初年鄉宦集貲在都城順治門外購買民房以作會館并籌沙田三百畝作修葺費計偕北上者有所厦庇故附載焉

江陰縣志卷之五終

江陰縣志卷之六

武備

斯邑爲江海門戶自南唐歷宋元皆駐重兵前明倭寇屢擾沿江故歷代迄今陸軍與水軍並設　國朝以來江防尤爲嚴密道光間海氛不靖鑄造礮位列座江干今更鑿山通道增築礮臺山麓則游屯守之長江則水師護之洵足壯軍威於海甸舉凡兵額營汎訓練器械臚列於篇豈非整軍經武之盛事哉志武備

軍制

南唐始置江陰軍設軍監使又置水師戰艦屯江陰

宋隸兩浙路廂軍曰崇節營以指揮統之建炎後更曰雄節舊志以雄節營爲禁軍崇節營爲廂軍又云雄節本熙甯教閱廂軍元豐陞爲禁軍蔡志駁云宋兵制有四宿衛備戰者曰禁兵諸州駐防者曰廂兵地民團集者曰鄉兵諸部內屬者曰蕃兵其邑之兩軍皆故廂兵特以敎閱團集陞拔禁軍非崇節本籍也舊志以崇節雄節分禁廂者謬按雄節之名始於建炎在熙甯時尚未有也元豐何由陞拔乎舊志經蔡志駁正今仍之又有水軍乾道四年置作院熙甯六年諸州皆置作院製造軍器牢城營卽城守兵以有罪決配者守之土軍曰石牌寨曰申港寨二寨皆太平興國中置弓兵曰尉司弓手寨袁燮有記水軍曰駐劄水軍寨以上營地俱舊志云雄節營在都倉北額五百人崇節營在望京門內額五百人後橫江水軍在其中又號水軍營額亦五百人牢城營在觀風門外沿河西作院無營額二十五人石牌申港

二寨額各二百一十人尉司弓手寨在尉廳側額二百人駐劄水軍寨在縣西郎許浦水軍之所分駐額三百人先是淳熙壬寅始營寨屋三百六十五間甲辰春乃駐劄於此其本軍措置分屯處所小石山寨將官一員正軍三百人黃田港寨將官一員正軍三百人夏港寨將官一員正軍三百人六射寨訓練官一員正軍一百人君山感化院將官一員正軍二百人光孝寺統制一員武德正軍一百人訓練官等晝夜沿江巡警提督諸寨官兵貢院統制一員兼義將官一員正軍二百人聽候調遣隨軍火頭白直三百八十三人亦依軍數多寡分隸其紹興烽燧處所尉司三所君山黃山夏港

石牌巡檢司八所石牌港石頭港雷溝港陳港蔡港季港范港令節港申港巡檢司八所五斗港諸墟江岸鍾究江岸橫擔江岸利港西頰桑墟江岸申莊江岸申港東頰

元官軍曰鎮守萬戶府鎮撫司千戶所額數無考賀志云元在軍教場設萬戶府名曰演武及千戶一十五翼并鎮撫司土兵曰申港巡檢司石牌巡檢

司馬馱沙巡檢司長壽巡檢司俱仍宋制

明初官軍曰江陰衞改爲連洋衞又改爲守禦百戶所又陞爲守禦千戶所並縣治東即元萬戶府隸後軍都督府土兵曰利港巡檢司石頭港巡檢司范港巡檢司新港巡檢司即馬馱沙巡檢司永樂四年移治新港弓兵原額百人後漸裁減中葉以後次第增官民兵曰民壯宏治六年僉點民壯千四百六十名爲武備正德十一年減額三百三十八人十年一編升點首就中擇一人爲千長十四人爲百長二十八人爲旗頭各領民壯二十五人二人爲總書天啟後罷曰募兵嘉靖二年巡撫吳廷舉議大縣兵不過五百中縣三百小縣二百點丁田上者爲正戶大爲貼戶每名出銀七兩二錢倩諳習武藝者充之二十三年倭寇至巡按尚維持於各鄉里總名下徵銀召募謂之土兵協同民壯防守而以浙兵佐之隆慶二年議革曰楊舍營嘉靖三十三年倭警題建水陸官兵原額五百餘名至萬歷初共存二百名崇禎初復添至四百六名曰江陰營萬歷元年設天啟二年題改統水陸浙內河四營水陸營兵共二百四十人內河營兵六十人浙營兵一百四十人曰火兵受廛之民更番守宿曰火兵萬歷十一年編派以五十名守庫獄一百二十九名巡邏街坊俱排門出丁食對支二十四年巡撫趙可懷議定三十五名專守庫獄每名歲給銀五兩派入均徭餘仍責之街坊居民二十八年知縣郝敬令排門人自行看守盡革火兵巡警不廢而免催科民甚便之曰參將營崇禎十七年設統水陸官兵共一千人自常鎮道駐劄所轄官兵曰標營萬歷間設正副中軍各一員標兵一百八十七名曰遊巡營崇禎中以江洋多警設無專署巡江上下西抵金焦東盡狼福兵額三百名曰靖氛營崇禎十年設俱常鎮道統轄

國朝官軍設江陰楊舍城守營京口水師營淞北營長江水師營分隸提標督標土兵曰民壯額設三十名曰弓兵隸顧山巡

檢司額設二十六名

城守

江陰營屬提督軍門管轄兼轄靖江營順治二年設參將一員統領遊擊都司守備各一員步兵五百人三年改都司五年改守備俱屬常州營十八年將常州營參將調江陰統轄常無江宜靖楊孟七營康熙四年改副總兵統轄常鎮二府水陸汛地七年改遊擊仍統常州以下七營八年復改副總兵統轄蘇松常鎮四府十一年改守備又議改遊擊轄江靖楊孟四營雍正十年楊孟二營改設都司隸提督軍門聽留靖江一營仍轄

現設遊擊一員駐本城中軍守備一員駐本城千總一員守東路鄉汛把總二員分左右哨守西南鄉汛外委千總一員協同經制千總防守外委把總一員協同經制把總防守原設二員同治九年奉撥一員隸狼山鎮額外外委

八員在營差委原一今六添二

馬戰兵十七名陳志載十八名外額在內步戰兵十八名原額三十六名守兵一百十三名陳志載二百二十名道光二十七年冊報額設官兵二百七十九員名兵燹後兵額未足照現數開載

官坐馬十六匹遊擊六守備四千把總各二戰馬十七匹陳志載十八匹

原設馬戰兵三十名步戰兵一百十名守兵三百三十九名官坐馬十六匹戰馬三十匹號哨二隻巡船七隻

自康熙至道光歷次裁減馬步守兵二百五名戰馬十二匹兵燹後巡船廢

水師

長江水師江陰營屬長江提督軍門管轄兼轄靖江江面

同治七年設副將一員都司二員守備三員千總十員把總十二員外委十六員分屬瓜州鎮總兵

現設副將一員駐劄黃田港東都司二員分左右哨守備三員分中前後哨

千總十員左一駐防桃花港右一駐防黃田港右二駐防巫山港後一駐防陽灘港後二駐防常陰沙其中一中二前一前二駐防北岸把總十二員左三駐防蘆埠港左四駐防夏港左五駐防申港右三駐防黃山港右四駐防石牌港後三駐防段山港其中三前三駐防北岸其餘領船遊巡外委十六員後五駐防段山港後六駐防陽灘港後七駐防常陰沙其中六中七中八前五前六前七駐防北岸其餘領船遊巡

舵兵四十三名頭兵四十三名管倉兵二名礮兵九十名

槳兵四百五十二名親兵十二名稿書四名書識三十六名額設兵丁書識六百八十二名

督陣大舢板船一隻長龍船二隻舢板船三十六隻八圓舢板船二隻

領江船二隻

淞北營屬提督軍門管轄原京口中營改同治七年設副將一員守備一員千總三員把總五員外委八員兵丁二百五十二名千總以下名員分四哨駕舢板船十八隻派駐蘇崧常屬裏河右哨駐金匱縣之瓦屑壩轄江陰常熟無錫長洲四縣裏河左哨駐常熟縣之何湖轄昭文金匱長洲江陰四縣裏河

陸師

福右營屬福山鎮總兵管轄原設提標楊舍營道光二十三年改鎮標水師右營同治九年裁改水師案內改管陸路移駐常昭邑城以楊舍堡城一帶屬本邑東鄉仍派員弁駐汛防守

現派千總一員駐楊舍堡其協防外委駐劄鹿苑額外外委一員駐華市

屯軍

營無定額隨時調遣始於同治十二年以後不時更調駐守礮臺在黃山一帶築壘屯戍

裁改各營

京口營駐防本城屬總督軍門管轄原設鎮守京口左右兩路水師總兵二員屬京口將軍管轄康熙二十四年改左路總兵為京口水師總兵裁右路總兵三十六年裁總兵改設副將

副將一員駐本城防守江陰武進靖江通州如皋泰興等處兼轄右營高資兩營仍分駐瓜州遊護糧艘後以本城衙署坍廢遂以瓜州為常駐地遇有巡哨應輪三五七月會同沿江文武各官巡哨道光二十年後仍復移駐本城咸豐庚申署燬同治七年改為淞北營移駐常昭邑城

游擊一員駐靖江道光二十年後移駐本城中軍守備一員駐本城千總二員一駐本縣黃田港汛一駐靖江把總四員一駐本縣三沙汛一駐武進圩塘汛一駐靖江瀾港汛一駐加皋沙楊莊汛

外委千總二員一駐本縣石牌汛一駐靖江外委把總四員一駐本縣三沙汛一駐申港汛一駐通州阮家圩汛一駐泰興漁洄汛

額外外委五員四駐本縣一駐靖江

在營差委馬戰兵六十九名內外委千總二員外委把總四員額外外委五員步戰兵一百五十七名守兵五百五十一名捕舵繚椗手步戰兵四十五名水手守兵九十四名各兵連靖江水師營在內南岸駐五百五十四名北岸駐三百六十二名官坐馬三十四匹戰馬六十九匹海哨船八隻吧唬船四隻南北各二快哨船六隻南岸四北岸二以上海哨船隻每屆修期解交鎮江船廠承修吧唬快哨船移交江靖二縣動支存公銀兩承修原設馬戰兵一百名步戰兵四百名守兵五百名捕舵繚椗手步戰兵一百五十名水手守兵三百十八名官坐馬三十四匹戰馬一百匹沙船三十二隻唬船八隻小吧唬四隻康熙二十四年至雍正十年歷次增添補舵繚椗手及馬步守水手等兵五百七十五名自康熙至道光歷次裁減捕舵繚椗手及馬步守水手等兵一千一百二十七名戰馬三十一匹

楊舍營駐劄堡城屬提督軍門管轄順治二年設守備一員把總一員雍正七年增設外委把總一員是營向隸江陰營遊擊管轄雍正十年於武職歷遷等事案內部議改設都司簽書隸提督軍門都司簽書一員駐堡城把總一員駐堡城分防各汛外委把總一員駐華墅汛協同經制把總防守額外外委一員在營差委乾隆二十八年增設馬戰兵八名內外委把總一員額外外委一員步戰兵三十一名守兵一百三十七名官坐馬六匹都司四把總二戰馬八匹巡船二隻原設馬戰兵十名步戰兵七十名守兵二百八名官坐馬六匹戰馬十匹巡船二隻自康熙至道光歷次裁減馬步守兵一百十二名戰馬二匹營田一百八十畝二分明嘉靖二十七年置坐落本鎮各字號近堡佃民賃種每畝納租銀四錢每年額租銀七十二兩八分除完本縣條漕銀三十六兩餘解蘇藩充餉向例本營徵收完解後因佃民逋欠營員困於催追乾隆四年都司趙秉常會縣通詳歸縣徵收完解以上二營於同治間裁改

防汛

江陰營東城門汛　南城門汛　西城門汛　北城門汛　東關廂汛　南關廂汛　西關廂汛　北關廂汛　雲亭汛　長壽汛　周莊汛　長涇汛　南角汛　長壽浜汛　三官汛　大橋汛　朱橋汛　陳雷溝汛　巫子門汛　石牌汛　巫山汛　新甯汛　正興汛　平甯汛　永甯汛　東甯汛　申港汛　後梅汛　桃花汛　前周汛　海姑尖汛　南閘汛　五雲橋汛　三河口汛　四河口汛　新溝汛　申港口汛　蘆埠汛

橫丹汛　桃花口汛　祝塘汛　夏港汛　月城汛　青暘汛　石幢汛　西洋橋汛　馬鎮汛　文林汛　蕭岐汛　八字河汛　璜塘汛　敵樓汛　夏港口汛　礮房汛　黃山汛

長江水師江陰營桃花港汛　蘆埠港汛　申港汛　夏港汛　黃田港汛　黃山港汛　石牌港汛　巫山港汛　暘灘港上汛　常陰沙上汛　段山港上汛　段山港下汛　暘灘港下汛　常陰沙下汛

福石營楊舍堡城汛　華墅汛　章卿汛　北角汛　顧山汛　塘市汛　界涇汛　谷瀆墩汛　礮臺墩汛

范港墩汎　泗港墩汎　善港墩汎　蔡港墩汎　東嘴墩汎　東興墩汎　新港墩汎　西泗墩汎

以上各汎俱屬本邑其餘鄰境汎地概不備載

內地馬路

東馬路自春暉門沿橫河至界涇接常熟界計程七十里

西馬路自天慶門至禪鄉接武進界計程七十里

南馬路自朝宗門至馬鎮接無錫界計程五十里

沿江馬路

東馬路自黃田港至烏沙接常熟界計程九十里其設馬橋十八座黃田港木橋一座黃山港白沙港石牌港巫子門郁家溝鎮山保張公港象港官路港石頭港石橋各一座巫山西套木橋一座新涇港石橋一座小木橋一座石項套木橋一座新港東套泗港木橋各一座范港石橋一座谷瀆港木橋一座

中馬路一條巫山墩至泗港計程二十里其設馬橋五座善港蔡港陳溝雷溝趙婁港石橋各一座

西馬路一條自黃田港至桃花港接武進界計程七十里

其設馬橋九座夏港木橋一座流皮溝新溝申港蘆埠港利港橫丹港五斗港石橋各一座桃花港合界木橋一座

關寨

靖海關濱江門外黃田港口　朝陽關春暉門外二關並明正德三年知縣劉紘推官伍文定以備倭創建屯守

置敵樓君山西黃田港北置烽燧軍器爲江防要隘崇禎末知縣李令晳建今故址坍入江

石橋寨縣東章卿馬浙交界處　申港寨本鎮江口　石牌寨縣東眞山北江口三寨俱廢

教場

水軍教場宋水軍統制陳俊闢於縣之東南今莫詳其處　內教場縣治東宋爲軍教場今所稱小教場也武員常操閱觀於此

君山教場君山西南明正德元年推官伍文定創闢操演民壯於此今爲大教場武臣大閱及學使者校武童皆在焉

牧馬場附黃山港口大江之濱係城守水師兩營於公項內價買民間完糧草水灘各分界址爲放牧營馬之處按營伍馬匹所以備馳驅壯武備設有定額按名給發馬乾令其收槽豢養羸瘠者以軍政按治蓋惟恐任意縱牧或致踐食田園爲農民困也江邑兩營駐防坐騎雲集雖各營嚴戢牧放而兵廝無賴往往違禁作踐度越畛畦近郭園林蔬圃輒遭蹂躪里民莫敢誰何知縣蔡澍節經移會兩營和衷議禁兼置有牧馬處所厰風稍息然日久法弛恐跋扈之徒仍蹈往轍不可不嚴加約束也

形勢

大江自西南奔注亙邑境東北而入於海其沿江都邑金陵爲南七省咽喉京口爲南北鎖鑰江陰乃江海出入門戶也邑境四至形勢東北自常熟界入楊舍控水陸之衝路由香山橫河以抵城東南自顧山長涇文林入路由砂綺定山應天河以抵城南由金匱入有敵道胥以青暘爲中隧而水道必由四河口西自毘陵入夏城桃花俱通行而陸由秦望山水由三河口明其所從入則形勢瞭然矣蓋區宇之混一偏安以及竊據者不一而軍行屯聚所即爲險阨南唐都金陵都揚州吳越都

杭兵由東入故相率戰於砂山香山張士誠起泰州明太祖起濠泗取江陰由西入故與戰於秦望山下明季倭寇沿江攔入故東起令節西迄桃花一有不虞即戰於城下水道若魏太武金亮俱屯瓜步宋將韓世忠金將兀朮戰黃天蕩則黃田港外應駐舟師爲捍禦計元別帥航海攻兩浙及海寇竊發奄至則鵞鼻巫門上下爲戰場此形勢之無定者也若其有定者廖角臺前兩河相對海闊一百二十里爲第一重狼福兩山相對江闊一百二十里爲第二重江靖相對江闊四十里爲第三重圌山永生洲相對江闊一十餘里爲第四重至京

口瓜步則在闉闠內矣海艘浮空擊汰而來望見陳錢則喜陳錢者海中之標至此則可進泊洋山耳洋山有嶴十八可藏數百艘水鹹不可飲惟山巔一泉清甘寇必泊此汲水視風遇東北風即入馬蹟犯浙流入蘇松遇東風即由茶山犯淮揚流入常鎮發碇必於洋山是山固江海之關限也閩浙瀕海多山險阨易防江南地多平衍海艘闌入所在可逞其侵軼然則防江須上下聯絡防海在會哨以時官軍先據洋山操建瓴扼要之勢廖角臺四處重重接應則臂指之功成矣江南通志云常州之地北枕大江與泰興相對靖江雖接泰興而處江北實仍隸常州以爲犄角之勢而南岸之縣則爲武進江陰武進孟瀆河口有孟河堡城縱橫三里明嘉靖間所築國朝康熙二十年巡撫慕天顔開濬建閘始復舊制其地最稱險要東至魏村閘南宋置寨於此又東至桃花港與江陰分界又東至申港爲春申君開浦置上下屯之地又東爲夏港口黃田港口與靖江縣諸沙相對又東過江陰縣爲君山黃山黃山之西北連大小石灣地形奇險吳時嘗置烽堠於此又東至巫山獨立中流與如皋相對爲江海之門戶又東至谷瀆港爲楊舍城協防重地又東至川心港入常熟界

江防

大江自京口東流歷通州狼山盡處而入海江邑實爲江潮赴海之尾閭海道入江之鍵鑰故邑之防江實兼防海就邑境而論西接武進東迄常熟纔百數十里耳若以水師所轄全壤言之則自金陵以下計程八百餘里

設險控馭之法不可不籌其盡善也粵自康熙中裁總兵設副將專駐江城統轄重兵以游擊分駐靖邑俾南北兩岸臂指相聯復以海道聯屬之高資牌灣瓜步諸處分隸所以一將權而成犄角之勢者在是惟副將以避糧艘時駐瓜洲距邑遠而聲勢不屬事出權宜非軍制設官之本意也同治間粵匪盪平改京口營以防內河而長江特設水師以控制之所以安頓勁旅經營天塹者運意深遠設總鎮以駐瓜洲而以副將分駐江陰其餘都守以下各員弁管領礮船分泊南北各汛以資彈壓而固巡防較從前游巡會哨諸法尤爲精密

欽差大臣暨水師提督按時巡視以別賢能而稽勤惰更於

·沿江各要害創設礮墩安置礮位互相轟擊片帆不能飛渡非特上下游聲勢聯絡且兵弁久於其地熟悉要隘節節可以制勝平時則宵小不致潛生設或有事用奇用正因地制宜隨機應變膚功克奏何難預必哉更有進者防江之法雖重上游而歷來意外之虞多自下而上蓋上游閫閾也下游門戶也以往事爲炯鑒者所由聯絡崇狼兩鎮暨吳淞劉河各處於入江咽喉處所屯重兵以守之列戰艦以戍之則未雨綢繆安瀾永慶矣陳志云若以水師所轄全壤言之則上自武邑黃山墩下抵通州蘆涇港計程八百餘里設險控馭之法

不可不籌其盡善也夫地形之水陸既殊則制勝之常變亦異平時之備豫者其要有四一曰專彈壓形勝之地將卑師少不足示威原設水師總兵旋改副將統左營重兵專駐江城而以遊擊分駐靖江其高資牌灣瓜步諸處海道相連險要聯屬故兩營俱隸管轄所以一將權而專保障者在是惟副將以趲漕故時駐瓜步距邑遠而聲勢不屬非設官本意也宜分副將專鎮本邑而邏漕之責則委之海標隨旗副將此軍制之宜復以舊者也一曰謹分汛分汛之法嚴斥堠謹瞭望居陸地以防海警墩汛之設覗會哨爲尤要今南岸墩汛十有九邑及武進瀕江之壤屬焉北岸墩汛二十有三靖泰如通浙江之壤屬焉數百里中平野綿曠而在汛實止兵目數人分防汛弁或數月不一至其曠職弛備實甚惟於諸汛中權之處俾各弁親駐巡防庶幾有備無患此防繼之宜嚴飭者也一曰重遊巡哨船之設立法洵善然撐駕不過捕舵坐艙僅屬兵目則名微而勢不振今防汛既責之千把所設各外委除佐防之外宜令其專任巡哨之責則在船兵目皆有所統而知效命矣一曰嚴會哨水師定制上自江甯協標下盡崇狼二鎮通會遊巡法綦嚴密然所委任者或不能偏察踰期爽候率有交相容隱之弊惟於會哨之期大帥別選就近賢能將弁察其虛實有違誤哨期者嚴予處分則兩船交會晷刻無爽矣然此特無事之日防其未然耳若事起倉猝則折敵應變之道更有三爲蓋江防之法雖重上游而患所從生多自下而上海寇道由東南來倭寇道由東北來而皆從步洲洋閘途長江以爲窺伺京口金陵之計待之者當聯合崇狼兩鎮及吳淞劉河諸營於入江咽喉處屯重兵列戰艦拒而遏之則寇兵雖衆必不敢落帆而道長江此用正之所以扼其吭也若寇已深入則當以奇兵從後截擊之蓋海船雖巨率多艱重水師戰船輕假剽疾騰躍如游龍追撲至易康熙間海寇直入長江崇鎮總兵梁化鳳率舟師截格於步洲口卒獲大勝其明驗也至於攻其不備出奇無窮又有設伏制勝之道自廖角以西若劉家河徐六涇四房抄巫子門鵝鼻嘴觀音山黃天蕩圌山門諸險悉皆叢沙磧渚依山夾島之處若統會南北兩岸營防節節置伏覗寇船之所至而邀截之即寇所不至亦多建旗鼓以張其勢海舶深入重地汪洋之中四面受敵成殲寇之功必矣馮志云江防者以防倭也然防倭於江猶易防賊於江甚難倭寇之入或從金陵突衝或從海虞延蔓未

有自江登陸者大抵禦倭當在海前人言之詳矣萬一禦之江亦勿使登陸可耳至瀕江之人騁其驍雄習於泗泊與鹽舶漁舟凌風駕濤朝發夕返走死如鶩之徒中堅洞胄之器不戒而集其始未嘗不以自禦而乘便則以禦人尋常以禦人於江敝而伺巧亦籍發於內地若凶年饑饉游手梟民乘釁而起者不與焉分邏守汛俱與爲絲雖有密網多漏吞舟議者謂江盜勢不能除莫若善爲之用今水不設者民捕盜乎卽廉此輩可用者充之有勢則榮以冠帶俾領家丁有犯則戮以營衆收一人卽減一盜矣至於要害之區縮縠之口多則十人少則八人巡以總哨晝夜防守俾金鼓相聞策應相及免召募征調之煩又成首尾聯絡之勢粟米金錢庶不至委之無用也

歷朝江防事宜

前宋元嘉二十七年魏太武帝率大衆至瓜步命領將軍劉遵等將兵分守津要遊邏上接於湖下至蔡州陣艦列營連亘江濱自采石至暨陽六七百里 唐李希烈之亂韓滉鎮潤州造樓船三千統以舟師由海門大閱至中浦乃還 周顯德二年王師征淮安吳越王倣屯兵境上以待周命相吳程欲遂取

常州會南唐有詔安撫江陰吏民元德昭請姑伺之後不從直趨常州又使路彥銖攻南唐宣州唐羅晟帥戰艦屯江陰　建炎三年安撫使劉光世制置使韓世忠各提重兵有詔江淮宣撫使總護諸將世忠乞不受節制上怒光世郎時自江州移屯江陰又諜報元朮將自海道窺江浙世忠亦駐軍江陰　紹興四年三省樞密院同奉聖旨勘會江南沿江爲軍皆係緊要控扼重地除已措置專委諸路帥臣漕臣打造車戰船外合行招置水軍教習戰船以備緩急製敵內一須令臨安平江鎮江府常州江陰軍太平池江洪州興國鄂岳潭州各置水軍以五百人爲額並以橫江爲名其招軍例物并請受並係雄節指揮則例支放　紹興五年劉光世充淮西太平州宣撫使水賊邵淸援通泰有大小戰船三千餘至是抵太平州城下詔光世討之又犯江陰軍及崇明鎮遂爲光世所圍勢蹙乃降　隆興二年指揮勘會通泰江陰軍海道江面闊遠切慮任責不專三省樞密院同奉聖旨令范榮專一措置捍禦通奏廖角楚州鹽城縣水陸一帶江面如有緩急互相策應是年知軍宋蘂節使李寶各有申請利害　乾道六年左翼軍統領李彥椿駐劄造寨屋二千四百九十二間　乾道八年知軍向子豐劄子契勘江陰軍邊臨大江正是下流北興通泰相對東連海道西接鎮江最爲控扼昨自建炎之初朝廷差撥喬仲福等軍馬在此屯駐防邊盜賊至紹興間邊場罷嚴併歸大軍三十年以來鎭江分差水軍三百人在軍彈壓後兵騎臨淮拘收前去續有李寶馮湛李彥椿前來駐劄逐年防秋之際尙於福建路分差海船在軍擺泊至乾道六年李彥椿移屯許浦自此本軍全無軍馬欲望朝廷詳酌事體近屯駐大軍去處分撥三五百人在軍屯泊不惟盜賊屏跡居民安堵江上不測有警亦可應援後不施行至淳熙七年始得請於朝以許浦水軍三百人分駐於此　開禧元年奉旨駐劄水軍遇有邊警急切許從本軍守臣時暫遣發仍聽節制　紹定三年李全寇海陵聲搖江浙檄移促備江陰控帶長江聯淮接海尤是護風寒處邵守史淌之下車甫踰月適亦白襲交至亟請兵分屯以隨聲援報可調殿司禁旅于五百人來戍制闕兼賫參決列將仍稟節制乃約軍數而割隊伍度地宜而創堅備截上供以資口券厚犒饗備器具使之金有所歸作有所用士感悅思奮廂禁兩軍士兵弓級與夫屬縣民兵亦各隆治蒐閱課以藝能申嚴紀律信用賞罰合中外之兵

其數及萬自始謀至迄事軍整民安史侯盡備守之策合措置之宜春喉告捷抑亦同心協濟之效歟　德祐中蒙古兵圍襄陽入嘉定分兵自海南犯兩浙將渡江薄江陰軍簽判趙良珂帥舟師備火筏攻之焚其舟千餘獲其主帥　元至元十一年築江陰城以備江時州人黃傳據州事率民畚土築之　至正七年沿江民赴兩淮運司宋文瓚請備長江不報後十年州人朱定作亂不能平江浙行省討之定求救於僞周盛稱江南土地之饒士誠遣弟士德率高郵賊衆渡江攻常熟遣其別將來擊江陰軍知事朱道遂以城降　明龍鳳間兵克江陰定遠侯吳良方統制丹陽命良移兵鎮之後張士誠分兵來寇太祖率兵督戰追至巫子門俘獲無算　正德初河北盜劉齊作亂犯江陰大縱焚掠郡守李嵩赴救躬擐甲胄以勵士卒大敗之

訓練

各營兵制不同而訓練之法大約相等在營各兵馬戰各隊專習馬步弓箭餘守兵分習弓箭火器籐牌各技藝以次及跳馬團棍長鎗撲刀諸藝俱奉軍門頒式發教師詣營督演之惟盛暑沍寒停止操練餘月分別技藝輪日演習（常操日汛防各兵不與祗令專汛千把總於查汛日就便試練之）俱於各營署射圃閱視驗其能否以行賞罰惟歲時大閱則羣集於君山大敎場初較騎射更舉火攻演連環子母礮籐牌各軍作熊羆裝馳驟衝掠跳馬團棍以次畢試然後奏鼓揚幟合圍演陣五花八門隨厥意匠坐作止齊靡不井然有法更於冬初陳礮江濱演放數十里中江空浪息舟楫不行謂之洗礮首春則列隊迎喜（祀喜神方所在處）霜降整旅圜營（俱於君山敎場）纛鍵甲冑馳道揚鑣所以順天

時肅行伍也統轄大帥歲一按閱論功行賞有差此以前之定章也近更創設長江水師各汛弁兵於巡哨之暇就汛地演習武藝副將按旬校閱總兵分季巡閱提督以時按營偏閱

欽差大臣每歲按臨大閱水操外糾集弁兵於演武場合演陣法兵戈耀日旌旆迎風由是將卒奮興爭思自効紀律之嚴軍容之盛爲前代所罕及矣

軍裝

城守營現儲擡槍二十五　鳥槍一百六　大刀四　雙刀四　月斧二十　腰刀二十　牌刀二十五　叉四

雙手帶刀五

長江水師營現儲頭礮四十六　艄礮四十五　邊礮二腰礮十四　狗頭礮八十四　洋槍三百六十三　鳥槍二百五十八　大刀八十六　鋼叉八十六　艄旗九十　桅旗四十五　頂桿旗四十五　黄龍大旗四十五

礮臺

沿江十五座鵝鼻嘴起歷大小石灣迄黄山編列日字號起進字號止計五十六門　道光間海氛不靖江干皆築是臺安置礮位庚申後燬臺毁礮失同治十三年奏設

火藥房

高巷內一城守營局　黄田港東一隸殿字號長江水師營局　城東北隅一京口營故址礮臺局

礮房附　陳志云一在演武廳北一在城內俱三間安置紅彝大礮乾隆三年知縣蔡澍重建今俱燬

江陰縣志卷之六終

江陰縣志卷之七

秩祀

春祈秋報民和而神降之福凡忠孝節烈及死王事而捍大災患者皆合祭法例得備列兵燹後雖壇壝傾圮而祀事罔間迺年廟祠以次丹堊守土者所宜稽典禮率儀章以冀年穀順成災沴不作豈僅在俎豆之馨香乎志秩祀

壇壝

社稷壇在澄江門外一里宋軍社壇稷壇同在觀風門外縣社壇在天慶門內元因軍社明洪武三年知縣吳志

遠徙今地初爲二壇八年合爲一壇正德九年重建

國朝因之歲以春秋仲月上戊日爲民祈報用羊二豕二帛二代鹿羊一兔二其地東西五十三丈南北三十二丈壇北向高一尺四寸四分縱廣一丈五尺四陛各三級繚以周垣爲四門自北門入石主一高二尺五寸方一尺一寸形如鐘剡上而培其下於土中木主二高二尺二寸方四寸五分一書縣社之神一書縣稷之神藏附近廟宇潔淨處祭時安設壇上（舊志載牆西有齋房神廚宰牲房久廢）雍正十年重修乾隆四年知縣蔡澍增高圍牆蓋陶瓦立扉戶隙地遍栽松柏歲久盡廢道光十九年署縣陳延恩捐廉修築如制

神祇壇在天慶門外西南一里明洪武三年知縣吳志遠建初亦二壇八年併爲一以城隍神合祭縣丞賀子徵修正德九年重建

國朝因之歲以春秋仲月諏吉致祭（乾隆二十二年奉文用與社稷壇同日致祭）用羊三豕三帛七代鹿羊一兔三其地東西五十二丈五尺南北三十五丈壇南向制與社稷壇同爲四門由南入（前志載舊有神廚齋房宰牲房俱久廢）木主三一書雲雨風雷之神居中（前志稱風雲雷雨今照會典更正）一書本縣境內山川之神居左一書本縣城隍之神居右乾隆元年知縣蔡澍修築增高

圍牆歲久盡廢道光十九年署縣陳延恩捐廉重建

先農壇在春暉門外一里雍正四年奉

旨各府州縣於該地方擇潔淨豐腴地照九卿所耕耤田四畝九分之數設立先農壇於雍正五年爲始每歲仲春吉亥致祭用羊豕各一帛一鉶一簠簋各二籩豆各四知縣祁文瀚於東外雙牌二保買田五畝八分以四畝九分爲耤田餘作壇基五年奉頒壇制署縣張經遵式築建周圍築土爲牆門南向壇高二尺一寸廣二丈五尺木主書先農之神主式高二尺二寸闊四寸五分厚九分座高四寸五分闊八寸五分厚四寸五分壇後正房三間中奉

神牌左貯祭器農具右藏耤田瑞穀配房二間辦祭品於東居佃農於西壇前爲耤田屆期巳時致祭午時耕耤前期致齋二日乾隆八年奉文每年孟夏諏吉行常雩禮社稷神位居中先農居左山川居右詣壇將事雍正十一年奉文蜡祭亦於先農壇行禮乾隆十年停止道光十九年署縣陳延恩以壇屋圮廢捐廉重建并購雙牌三保景字七百七十一號田七分四釐五毫七百七十八號田五分七釐八毫捐祠充費以給佃農咸豐十年房屋俱燬

邑厲壇在澄江門外一里與社稷壇連牆並列明洪武三年知縣吳志遠建天順二年修宏治七年復修

國朝因之其地東西十九丈南北二十七丈繚以周垣門南向正中設壇歲以清明七月望十月朔祭邑中無祀鬼神用羊一豕一前期三日守土官具牒告城隍之神屆期迎神臨壇主祭壇久圮廢道光十九年署縣陳延恩捐廉重建

重修社壇記　宋知軍陳研

郡守古諸侯也有民人社稷則當知所重而不可忽蓋天子社壝方五丈取諸土數諸侯則半之社東而稷西俱以北面爲尊祭之日三獻皆南嚮於北墉下答陰之義也又必周以垣牆外闢正門植木以表其處爲主以象其神風師雨師皆附於社本倣唐制然風師箕也壇宜列於東雨師畢也與雷師同壇則宜列於西其所從來亦遠矣江陰社稷之壝在軍之西南地平且正眞土穀之神所依焉者而歲久荒圮頹垣斷塹樵牧所易門顧南入殊乖面勢之宜舍事顧遠於壇儀甚洗列於前禁則進不便於登陟故每祭則往往旋蹕蓮篠以列獻次其壇校以古尺不及土數之半而又甃壁斷闕法所當修春秋祈報研屢嘗惕焉內動其心以爲怠忽若此奉牲以告神其吐之乎水旱相仍未必不由於此久欲改作而軍帑空匱以故未暇由是節費銖累度能辦此遂擇穀旦稍展其壝以從古制而胸甄易之一新立石壇上以爲其主徙屋稍南壯其規模以便祭事牆仍重甃門改北嚮而爲路於東垣之外西轉順入莢幣有所待齋有室復取土之所宜環植以松興工於紹熙辛亥正月己未粵二月甲申用成土木工匠之費一毫無擾於民是歲春秋躬率僚吏有事於此四顧山川頓若改觀神其顧歆而庶無旱乾水溢之螫乎研解印伊邇幸於是舉僅克有成以不失所重深欲後人知研欲作之意故命僉幕述以爲記

重建社稷神祇邑厲三壇記　國朝署縣陳延恩

國家祀典歲以春秋仲月祭社稷暨雲雨風雷山川城隍之神以清明節七月望十月朔祭邑中無祀鬼神皆有壇

江陰社稷壇在澄江門外北一里神祇壇在天慶門外西南一里邑厲壇與社稷壇連牆並列樵牧有禁繕治以時非守土之責歟延恩初攝縣事躬詣致祭見三壇皆傾圮無存深懼年不順成民有災眚神或怨恫也爰亟捐廉飭董事張世承及其子錫齡鳩工庀材悉遵舊制次第功竣謹彙志重建年月如右以諗後之爲民祈福者焉

重修先農壇記　署縣陳延恩

延恩於道光戊戌春攝知江陰縣事甫下車力除壅蔽求通民情父老走相告曰邑有先農壇在春暉門外一里年久圮廢無以肅明禋我侯莅止百廢具舉敢告延恩謂獺祭魚豺祭獸蠢茲微物猶知報本況祭以報嘗食爲民天重農所以知艱耕耤所以敎孝忝膺守土敢覩其廢而不舉歟爰愍近郊求索故地見壇址隱約在荒榛斷蘿中舊宇寸椽片瓦無有存者蓋壇建自雍正五年惟乾隆初稍稍修葺距今幾將百年矣亟捐廉鳩工經始於三月八日重建門一緣以周垣中築壇一壇後建殿三間中奉神牌左貯祭器農具右藏耤田瑞穀

東西建配房二間爲治祭品居佃農之所踰三旬工竣壇之高廣一如舊制復念佃農守護壇宇承種耤田輸租所餘不敷饔飧爲增置景字號禾田一畝三分零聽其耕種納賦外悉與之往歲斯邑屢困偏災是秋幸登上稔父老歡欣謂蒙神貺如響斯應延恩重念凡教養斯民冀有以感通之者莫不當然恍未之能也經理董事張世承其子錫齡請爲文記之因誌神貺且勵職守焉

里社鄉社明洪武八年命耆老歲以春秋仲月用羊一豕一各祭其五土五穀之神今於仲春二日致祭

廟

關帝廟在布政坊巷右明初江陰侯吳良改元代澄江書院建初爲道院殿三間宣德中易院爲廟嘉靖間重修明末邑被兵公私廬舍俱燬而廟獨存

國朝康熙十八年總兵劉選勝修之二十五年總兵林本直遊擊袁尚齡海防同知孫詒謀知縣劉光夔率屬重修構頭門儀門各三間中砌甬道達於南街五十年海防同知王琦改建儀門爲樓雍正三年追封三代並列祀典五年定前後殿祭品器數即後樓爲祀先殿乾隆五年知縣蔡澍增建朝房殿角樓各二間兩廊各七間五十三年學使沈初知縣牛兆奎增建後殿三間於後樓之東歲以春秋二仲諏吉及五月十三日致祭咸豐十年廟燬克復後就公所致祭前歲修費計管業沙田八十七畝有奇

重修武廟記　國朝知縣蔡澍

予來宰江邑之明年改建明倫堂工甫竣見武廟舊制湫隘兼之歷久不葺思擴而新之協謀於同城文武諸君子及紳士耆商之好義者而督理營謀則守戎劉君毅然任以爲己責乃醵金鳩工刻日興作窳惡者擴之狹隘者拓之高甍峻棟赤白綺炳其東西隙向爲營壘所侵蠡正舊址增創廊廡十餘楹環以朱檻繚以粉垣更延畫工圖史冊所豔稱者淋漓壁間風馬雲車靈氣倘恍以丈及大門戲樓及殿角諸小樓煥然改觀計武廟工竣距余修明倫堂時相去幾數月耳一歲之內兩廟並新亦一時之盛也已

重修關聖廟記　國朝學政沈初

江陰之有帝廟實昉於江國公吳襄烈建崇凝院於布政坊右以虔奉金容本朝康熙三十五年水師總兵官林本直等率屬修建繼是屢有增葺欽惟世宗憲皇帝勅建專祠追封三代公爵並列祀典今上皇帝聖武遠揚丕維百神懷柔擁護之義屢加帝號爲忠義神武靈佑關聖大帝祀事與文廟相埒江陰爲古巖邑曩時留宿重兵代有名將國家一戎大定之後網繆壘固水陸營並駐江城百數十年來解甲櫜戈父老扶杖觀化然聽鼓鼙則思將帥之臣聞風徽則動頑懦之慕凡其仰帝之靈而肅帝之禮祀者其敢忽諸歲在戊申邑之官紳士商民兵謀新帝之廟廷踴躍輸將自五月興工七越月而告竣王宇嵯峨金鋪嚴翼牓題照耀丹碧熒煌於萬斯年佑我皇祚所謂雲雨不崇朝而徧水泉不擇地而湧蓋志氣清明神功妙應鼓舞萬物道在乎此敬泚筆而爲之記

文昌廟在春暉門朝陽關外嘉慶六年奉旨列入祀典一切儀制一視關帝廟知縣單湰即舊廟修建正殿三間前爲儀門東西爲文武官齋集之處後供帝君先代神位每歲仲春三日誕辰仲秋諏吉致祭朔望就儒學尊經閣下設位行禮咸豐十年廟燬克復後就公所設位致祭前歲修費計管業漕田二十畝有奇沙田七百十一畝有奇

城隍廟在大街明洪武初江陰侯吳良即古演教寺改建
正德九年修嘉靖元年災六年知縣張集鼎建
國朝順治間寢樓燬復建雍正初兩廡圮道會司陶重源募
修十年署縣蕭廷瑞奉文修理乾隆元年工竣廟南向
前環河橋跨其上傍樓爲鼓亭二入內爲頭門東爲土
地祠西通愍忠祠進爲儀門上有樓中爲正殿東西廡
各十數楹殿後爲寢爲妝樓殿之西爲宿齋所道侶居
者前曰東隱山房後曰天一山房三十六年知縣顧信
重修四十六年竣事迄今歲事修飾崇閎煥絢爲一邑
壯麗所每歲春秋二仲合祭於神祇壇朔望誕辰新告

諸廟行禮兵燹後殿宇殘破今次第興修

重修城隍廟記　國朝知縣蔡澍

自畿甸至郡邑咸廟祀城隍神春秋報享秩視山川社
稷由來尚矣江邑城隍神廟洪武初邑侯吳良以演教
寺改建嘉靖間燬於火邑令彭城張君鼎新之迄今二
百餘年矣門廡殿寢日就頹圮曩雖屢經葺治未有能
大興作也
世宗御宇之十年
詔有司勤祀修理城隍神祠時蕭君廷瑞攝縣事屬六曹吏告之
日茲固吾吏民事也敢上塵少府錢若曹盍圖之吏承
命募修越數年未竟厥功乙卯冬予承乏茲邑趨詣祠
下周覽殿視因慨然歎大役之難於圖終也亟諭董事
人力爲之勸由是輸者益奮又越二年工始落成增設
鼓亭神牌各二寢門一餘俱易朽腐爲堅固擴卑隘而
崇閎視前制有加焉謀始於雍正壬子九月告成於乾
隆丁巳七月邑父老請余誌其事予惟江陰僻處東南
地瀕江海生齒之繁不下數十萬戶考之前代亦屢多
故矣

國朝來被恬境謐四氣叶調百穀成茂民生其間享
朝廷休養生息之德澤至優且渥也抑亦
聖人在上百神從令則保障斯邑者效靈贊化於
天子以左右輩繫其功良不誣矣春秋報享之地固宜亟爲繕修
以答神貺剏重之以
明詔乎是役也費貲二千餘金而民不以爲費役工萬餘而民不
以爲勞民之敬事吾神如此而神之所以嘉惠於
民者又豈有涯哉予因撫其本末以垂之不朽云

呂祖廟嘉慶十一年奉文每歲春秋二仲諏吉致祭向在
琪琳菴二十一年改就廣福寺之公善堂咸豐十年廟
燬今移建愍忠祠西

天后廟舊名天妃宮在黃田港浮橋西康熙四十三年建
乾隆五十四年紳士趙時煦等呈請詳入祀典咸豐十
年廟燬今重建

睢陽廟在大街虹橋西明宏治九年知縣黃傅燬五通像
遷廣福寺門廡神像奉祀其中舊廟止三間北向
國朝乾隆十二年知縣劉新翰改建南向儀門三間大殿三
間後樓上下各三間旁列南雷二公像鐵鑄賀蘭進明
跪階下觀者必箠擊之今僅存半體道光十七年修咸
豐十年廟燬今次第重建

睢陽廟記　明邑人張誾

睢陽之在江陰舊未有專祠祀之者於報功崇德之典
大弗克稱宏治丙辰蘭谿黃侯傅尹縣之四年銳意去
正於諸淫祠邪祀及廟貌之不經者悉撤正燬焚而於
功德及民之賢哲貞烈則必表章以祀蓋古聖王制祭
祀意也乃於是年之冬仲廿有一日撤市西廟祀遺有
唐睢陽守臣御史中丞張公而祀之廟貌既專有祀嚴有

翼始稱崇報推公之守睢陽以扳卒數萬嬰孤墉抗方
張之虜鯁其喉牙俾不得搏食東南卒制首尾賊遂潰
於梁宋之地大小數百戰雖力盡乃死而唐全得江淮
財用以濟中興江南諸郡亦隱然賴以安堵公之功眞
可謂死事定國者矣恩考頃歲辛未壬申間悍賊構亂
於河北流劫山東諸郡縣我皇上命將董師出擊賊
奔潰鼠竄越徐邳守者弗能禦乃突過河據太和官軍
攻城戰弗利賊遂入河南境脅掠動數萬河南大竊天
子震怒調發各鎮兵馬誅斬始定其間戕人生齊血
草野殆以數十萬計慘不可言向使有公一人督軍截
下邳賊豈至是哉以此況彼引喻利害雖顯祠祇祀千
萬世可也稽諸祀典於義爲大彼歲昨札瘥邦人咸禱
罔不應茲豈細故哉公在唐贈揚州大都督國朝贈
如之外有東平忠靖之號蓋後人崇奉私祝之意云

火神廟在花園巷舊屬紫金巷後改今廟雍正十三年奉
文於六月二十三日致祭咸豐十年廟燬今重建

劉猛將軍廟在南外駐節亭右雍正三年知縣祁文瀚奉

文建神姓劉諱錡宋提舉江州太平興國定淮南江東
浙西制置使陰驅蝗蝻以除民害景定四年封揚威侯
天曹猛將之神歲以正月十三日神誕致祭及冬至後
第三戊日報享（葫橋花山蕭岐雙牌三官諸處有行宮今雲亭青暘顧山沙洲肖像祀之道）
光十七年巡撫陳鑾奏請
御書福佑康年四字匾額十八年署縣陳延恩摹泐恭懸咸豐
十年廟燬邑人集貲重建（以上各廟官爲致祭序列於前其非官祭而廟食民間者列後）

東嶽廟在君山西麓吳赤烏年建明洪武初江陰侯吳良
重修前有龍飛駐蹕坊以太祖嘗登此也其在顧山者
里民鄒善長建咸豐十年廟俱燬今在君山者重建

眞武廟一在君山巔一在周橋東宋元祐間建名佑聖道
院一在祝塘相傳吳赤烏年建一在前周名上聖堂一
在橫河南朱家橋東名驅邪道院一在青暘南街名元
帝廟咸豐十年俱燬

東平廟一在廣福寺一在忠孝古里其在廣福寺者向崇
奉於寺之山門嘉慶三年移於寺之東道光六年署縣
王澐倡捐購買民房重建頭門并於殿之東建屋三間
爲都天王殿咸豐十年廟燬今重建正殿三間

龍王廟在由里山宋天聖元年知軍范宗古建紹興十一

年知軍富元衡重建明天順三年大旱知縣周斌躡遺
墟得宋故碑而祝之龍見煙雲之表頃焉大雨如注明
年水患禱之立晴因鼎新廟貌刻龍王木像五旱則鼓
吹儀仗導迎入邑雨則送像入廟
國朝嘉慶十二年旱學使莫晉步禱至廟齋宿十日亦得感
應（陳志載夏港利港及北外東嶽殿側亦有龍王廟兵燹俱燬現今丁墅鎮三保及壽興沙之福善鎮俱建龍王廟）

由里山龍王堂記　宋縣尉　陳珪

聖宋乾興初祀皇上纘照之始命太學博士范公宗古
出治澄江越明年甲子自仲春不雨至於五月稼焦南
畝雲密西郊哲啓居民未遑啓處公焚禱禋禬逮於旬
日絕無靈貺遂訪耆舊云由里山白龍洞往俗相傳旱

則請禱公乃令建亟往除道先日告期是月十有三日齋潔中夜而往未曙至止陳祝祭於山隈之舊壇既畢率僚屬耆艾躬陟山巔加焚瘞於洞戶之上洎乎西旆回旋油雲紛郁是夕雷電大震霈然達曙浹洽千里翌日龍見於西南隅蜿蜒屈蟠曳尾如練翠黎仰止悚駭神異自是祁祁之勢經旬未歇芃芃之苗卒歲有望逮乎澄齋公恪薦牲牷觀稼而歸乃謂僚吏曰非建祠末足答神之休爰卜舊壇之址構爲新堂祇費塗墍情潔嚴肅夫民者神之主神者民之依護來者觀之勿謂我怪於事而侫於神將欲教斯民虞水旱而禱豐穰也

江神廟在平擬沙殷明圩明天啟五年僧不二建

金龍四大王廟在北門外永定壩乾隆三年建瀕河爲樓北俯定波橋神姓謝行四諱緒隱居錢塘金龍山晁時事不可爲矢志殉國聞元將追帝厓山陸秀夫負帝沈海乃憤激作絕命詩投水死立急湍中經旬不仆鄉里異之明祖興與元師戰神於空中助之捷聞勅封金龍四大王賜祠祭自明入

國朝屢拯民災舟行遇險有禱輒應咸豐十年廟燬

藥王廟在大街文亨橋東祀伏羲神農黃帝以歷代名醫配元延祐間建設醫學官以典其祀明知縣黃傅以爲僭而毀之

國朝康熙二十二年知縣沈濤世復祀今廢

夏王廟在夏港口東百餘步前志謂港爲禹王所疏故鄉人廟祀之燹後重建

伍相廟在申港口距江二里許祀周時吳相伍員

晏公廟在申港口祀水神平浪侯

烈帝廟在前周鎮祀隋司徒陳公杲仁公武進人南唐封烈帝宋賜額忠佑咸豐十年廟燬今重建

莫大王廟在長壽鎮莫城南唐有江淮時此爲邊境莫寵邊臣也死矢石間血食於此

周孝子廟在顧山西北孝子名容居唐墅南其系譜在莫城周氏宋治水利御史姜源有詩跋後今城中涌塔巷亦奉神像

馬王廟舊在城隍廟西今移建火神廟旁爲城守營官兵歲祀之所其在中街節孝祠東者水師營建咸豐十年俱燬

城守營移建馬王廟記　國朝　署縣　陳延恩

詩云吉日維戊既伯既禱毛傳伯馬祖也重物慎微將用馬力必先爲之禱其祖孔穎達疏日馬國之大用王者重之故夏官校人春祭馬祖夏祭先牧秋祭馬社冬祭馬步注云馬祖天駟先牧始養馬者馬社始乘馬者馬步神爲災害馬者既四時各有所祭馬祖祭之春其常也用馬力則又禱之後世本此營驛皆立馬王廟焉而營爲尤重封號昉於何時無可詳考而周制原爨有禁馬與蠶同祖天駟其說固無可易者也江陰馬王廟舊在邑城隍廟西郎前明延陵書院故址始爲城守與水師合繼則水師別建遂獨爲城守營將士春秋奉祀之所地苦卑窪前人屢謀移建以艱於費不果道光己亥殿梁遭風雨摧折廟幾傾頹營把總盛君鳴遠白上官卜移於本營火藥局西隙地南向建屋二重前重之中爲門東西爲與祭嘉會所後重爲殿安奉神像綴以拜臺甬道前重兩旁皆有門東通火藥局西達空基地既爽塏制復宏整其木石磚瓦前移舊料改作後悉庀

材新造經始於是歲十月八日越明年三月工竣計費泉三百緡以舊廟基歸入城隍廟得聿毋泉百二十緡得通營捐集泉百二十緡餘皆盛君與馬隊經挪須籌項歸還者余自戊戌來權邑篆見先農社稷雲雨風雷山川及邑厲諸壇年久傾圮亟爲捐廉重建非敢侈觀瞻求稍盡爲民新報之心而已盛君是役志與余同乞余文記之余維人果知義所當爲以必爲爲念則無事不可爲之慨斯廟工費非巨前屢議遷而不果今乃弃走渴蹶以臻於成盛君可謂勇於爲義者矣雖然余更有望焉曾須日駉駉牡馬在坰之野序說僭公寬以愛民務農重穀牧於坰野鄭箋云必牧於坰野者避民居與民田也按邑志載江口有兩營公置水草灘一區舊爲分界收馬處還間斷卒悍遠就近放牧附郭田園麥禾菜果之屬胥遭踐食農民睨視吞聲畏威飲淚莫敢誰何或所傷實多始赴愬於庭屢經示禁并以文檄移營雖今閭帥嚴明禁尙未戢盛君能熟籌良法永杜吾民重困神之所歆在德將必有邀亨格而錫蕃庶者其功又豈第移建之所可等量哉庚子四月立夏後一日

前湖烈女廟在東城內女何氏南唐時人詳見列女明正

德間邑人張紀倡修嘉靖中季科建坊曰英烈咸豐十年燬

華烈婦廟在東城外永安橋南一名風義庵卽明烈婦華緯妻吳氏詳見列女舊志稱華六娘子廟道光二十年署縣陳延恩念廟襲俗稱殊失表彰節烈以維風化之義爲書廟額易今名咸豐十年廟燬今重建

楊舍鎭城隍廟在堡城內大街北廟前有義井明萬歷三年邵南川浚

關帝廟在堡城北門內

東嶽廟在堡城東門外以上三廟蔡志未載以各鎭俱有載不勝載也然楊舍爲濱江要地有城池有職官三廟爲朔望行香旱潦禱祀之所故陳志補之

祠

名宦祠在文廟櫺星門東祀梁縣令司馬公筠唐縣令趙公和宋知軍崔公立知縣楊公孝孺縣丞于公溥縣丞楚公執柔知軍王公棠教授鄭公滲節度使李公貫知軍徐公蔵教授尤文簡公袤知軍樓公鍔縣尉袁正獻公燮知軍施公邁教授鄭公應申知軍戴文端公溪知軍趙公彥适知縣林公庚知軍顏公耆仲教授郭公庭堅知軍史公寯之教授史公蒙卿元州尹李公師普州同韓公搏州尹張公紹祖昭勇大將軍蒙古丑厮公明江陰侯吳襄烈公良靖海侯吳襄毅公楨同知張公宗

連知縣王公子倫知縣周公斌知縣謝公甯巡撫工部尙書周文襄公忱知縣黃公傅知縣涂公禎知縣劉公紘縣丞黃公霆知縣王公泮訓導戎公斌知縣趙公錦教諭林公烈知縣錢公錞主簿曹公廷慧訓導吳公應芳知縣李公芳教諭王公之夔學政亓公瑋典史閻忠烈公應元典史陳烈愍公明遇訓導馮節愍公厚敦

國朝兵備道胡公亶學政邵公嘉總兵劉公選勝學政邵公嗣堯學政張公泰交學政余公正健河道總督陳恪勤公鵬年巡撫張淸恪公伯行浙江總督節制江南李敏達公衞常州府知府魏公化麟巡撫徐公士林常州府

知府包公括巡撫陳文肅公大受學政胡文恪公高望
學政周公系英吳公應芳馮沈志俱未祀道光二十二年李文照蔡志列入舊本無傳仍做之
咸豐十年祠燬今重建
鄉賢祠在文廟櫺星門西祀周吳季子札後漢吳令彭公
修前宋孝友南齊詔旌吳公欣之宋旌孝子陳公思道
工部侍郎葛公宮太常寺博士贈通議大夫葛公密朝
奉郎贈太師溫國葛清孝公書思文學王公令顯謨閣
直學士贈通議大夫蔣公靜太常寺卿贈太師齊國葛
文康公勝仲封承務郎吳公範徵士呂公天策朝奉郎
曹公密吏部侍郎贈太師越國葛公立方饒州府通判

曹公岠煥章閣待制耿公秉御史呂公棐同知樞密院
事邱文定公密中奉大夫寶謨閣待制胡公琢少保左
丞相贈少師葛文定公邲中奉大夫直徽猷閣王公甯
大中大夫給事中趙公夢極太府寺丞吳公竿司農少
卿吳公當可太湖宰王公呈瑞祕書省校書郎趙公發
工部郎中胡公鏜博學宏詞元贈江浙儒學副提舉包
公天麟元海南廣東道廉訪使贈吳興郡侯陸莊簡公
垕平江路通判宋公仁輔隱士繆公鑑鄉舉陸公文圭
隱士俞公弈曾隱士俞公遠薦授澄江書院山長許公
恕孝義杜公友開鄉舉梁公益孝義單公濟之薦授處

州學錄吳公方參置制司幕府事李公辰睦州同知兼
義兵都元帥李公士龍隱士王公逢明國子監司業孫
公作翰林院編修張公宣常州府學訓導黃公常旌表
孝子趙公鉉鞏昌府知府進階嘉議大夫孫公亶大理
寺寺正嚴公本福建布政司參議顏公澤兵部尚書徐
公晞興化府經歷黃公敏隱士張公機大理寺左寺正
顧公琳戶部郎中卞公榮御史李公現南京戶部主事
阿公廷威翰林院檢討薛公格南京刑部員外郎贈四
川按察司副使王公格大理寺卿贈工部侍郎湯公沐
山東按察司僉事貢公安甫福建按察司副使黃公昭

雲南按察司副使史公艮佐浙江按察司副使高公賓
南京光祿寺卿劉公乾庠生贈奉政大夫四川按察司
僉事薛公章憲廣東按察司副使徐公度御史曹公宏
山西按察司僉事蔣公舜民撫州府學訓導吳公岷合
州學學正張公誼旌表孝子吳公鳳舉人劉公羽南京
光祿寺卿前太常寺卿掌國子監祭酒張公衮江西按
察司副使薛公甲兵部尚書劉公光濟兵部郎中趙公
與治江西布政司參政李公科廩生贈光祿大夫太子
太保戶部尚書張公汝翼吏部侍郎贈太子太保禮部
尚書趙文毅公用賢福建巡撫袁公一驥舉人贈徵仕

郎文華殿中書舍人夏公樹芳浙江按察司副使顧公言論德贈詹事兼翰林院侍讀學士繆文貞公昌期御史贈太僕寺卿李忠毅公應昇江西布政司參議貢公修齡文華殿中書舍人戚烈愍公勳

國朝神木縣知縣贈山西按察司僉事徐公之龍刑部主事季公芷安定縣知縣戚公藩贈監察御史朱公衣徽州府學教授章公耿光庠生封棗強縣知縣徐公世沐副貢生耿公勳贈湖北鹽驛道前明庠生許公觀大理寺少卿朱公廷鋐禮部尚書贈太子太傅楊文定公名時廩生贈郯縣知縣繆公宏仁庠生贈翰林院檢討陳公燦廩生贈國子監監丞夏公敦仁靈壁縣知縣貢公震

咸豐十年祠燬今重建

道光二十二年十一月初八日奉署本府正堂楊札開奉布政司李札奉蘇撫部院程札開道光二十二年九月十四日准禮部咨儀制司案呈前准江蘇江陰縣舉人薛永年等呈稱本邑縣志於乾隆七年經知縣蔡澍續修載明鄉賢八十五人學政批入十三人道光十八年重修縣志纂修等斥去蔡志鄉賢四十三人並學政批入十三人等情經本部以未經入祠者非題准不得監遴已經入祠者非題明不容擅斥如從前入祀鄉賢實有遺行亦應確查實據咨部核議行文該督撫學政在案茲據該撫將該縣新舊志書送部並於新志內詳細開載咨部查照前來查學政全書內載雍正三年議准名宦鄉賢若止造冊報部日久玩生恐致冒濫祠後凡有呈請入祀者令該省督撫學政秉公確查每年於八月以前彙題並將事實冊結送部詳核等語又載乾隆二十年奉　上諭名宦鄉賢入祠年歲已久者姑免追究等因欽此今江蘇江陰縣志於乾隆七年經

知縣蔡澍續修載明鄉賢八十五人學政批入十三人係在雍正三年議准改咨爲題及乾隆二十年欽奉

諭旨姑免追究以前此次重修縣志自應恪守舊章即使入祀諸賢實有遺行該縣查有確據亦應將其實在劣跡題明撤出不得擅自更張意爲去取今查該縣新修縣志所載入祀諸人只憑乾隆五十七年該縣神士趙時煦未經地方官詳定之私碑辦理其蔡志所載四十三人及學政批入十三人均標爲候定鄉賢實不足以昭公允且該縣公呈現有二百餘人之多可見諸賢入祀鄉評尚屬允協該縣以一人之私碑而奪衆人之公論以百餘年已經入祀之鄉賢奉　旨姑免追究者復標以候定字樣辦理亦覺失當所有江陰縣志所載入祀鄉賢應由該撫飭令仍照蔡志更正即銷去候定二字以昭公允而協輿情至名宦鄉賢事同一律查乾隆七年知縣蔡澍修志載明崇祀名宦九十四人今新志內去二人改爲未祀名宦五十四人另列別祠一人又增二十七人共定爲崇祀名宦六十四人又增未祀名宦二十六人共定爲未祀名宦八十人所載人數該縣亦係憑趙時煦私碑辦理所增人數除業已題准應入祀外其餘該縣並未聲明何年題准俱係意爲添入所有江陰縣志所載入祀名宦亦應由該撫飭令該縣一并更正除蔡志所載在乾隆二十年欽奉

諭旨以前及嗣經題准者均准入祀並載入縣志外其乾隆二十年以後未經題准者概不得私自添人亦不得以未祀字樣載入縣志以免混淆而昭核實並知照兩江總督暨劄卸江蘇學政外相應咨覈江蘇巡撫飭令該縣於更正後咨部存案可也

知縣金咸於道光二十一年接篆適前署縣新修縣志前經告竣惟鄉賢一門尚須候定旋於二十二年奉文到縣飭遵部示將縣志所載入祀鄉賢仍照蔡志更正飭銷候定二字隨諭原纂紳董於卷第七秩祀門鄉賢祠下將蔡志原祀九十八人按時代先後編列一體崇祀蓮將部文增載并刊入道光二十一年　題定之彭公修貢公震共設木主一百位其卷十六人物門鄉賢傳亦更正刊誤又查蔡志名宦祠神主五十六位新志崇祀名宦六十四人惟明訓導吳公應芳因前志並未入祀亦未立傳追尊祠傾圮之後曾將木主寄設名宦祠蔡志從而列入是以新志內仍另列專祠現奉部飭仍照蔡志人數設位亦已移學遷徙安設舊本無傳故

仍缺之歷年所增祀者九人明巡撫工部尚書周文襄公忱府志入祀通志有傳邑人青陽鎮建有專祠春秋動支編祭銀兩宜照　本朝大臣入祀典史陳烈愍公明遇乾隆八年請祀四十一年與閻忠烈公應元馮節愍公厚敦同邀　賜諡宜一體並祀　國朝學政邵公嘉康熙中崇祀句容江陰兩學址節處沈志載明蔡志失載常州府知府前任江陰縣知縣魏公化轅乾隆九年奉文飭造事實冊結原卷尚存江蘇巡撫徐公士林常州府知府包公括皆乾隆十年　題入十一年奉文設位巡撫陳文肅公大受乾隆二十三年　題入二十四年奉文設位學政胡文恪公高望道光十四年　題祀學政周公系英道光十三年　題祀皆奉文應入祀者相應遵飭聲明其未祀名宦傳八十人內原見蔡志者六十八人見府志舊志者五人新增七人與崇祀非　題定不得入者不同宜存其傳以誌遺愛所去蔡志二傳查非宦于江邑者未便沿入其未祀字樣係蔡志有位者無傳有傳者無位未免混淆故照康熙中沈志以崇祀未祀別之今奉部示亦銷去未祀字樣改為遺愛傳除具文中請咨覆外合並載明

忠義孝弟祠在學宮內雍正元年奉

詔建十二年立石祀歷朝忠臣十三人

國朝一人歷朝義士十一人歷朝孝子六人

國朝旌表孝子二人歷年增祀歷朝忠節十一人義士三人

孝子三十二人乾隆四十一年

欽定勝朝殉節九人歷年旌表孝子三人道光七年彙旌勝朝殉

節一百三十八人

國朝忠節三人共二百三十二人道光十八年彙旌孝子順

孫五十一人內二人停止設位姓名行實別有傳

節孝祠在中街學宮東雍正元年奉

詔建乾隆中節裔楊謙益陳大中兩次倡修六十年邑紳趙時煦倡諸節裔拓而新之道光七年十一年節裔陳培因祝登墀集貲改建正祠三間設歷代節孝貞烈婦女暨

國朝旌表之位東西分列題名碑石左祠三間設道光十年十六年兩次彙旌之位右祠三間祔祀未及請旌及阸窮而格於年例者正祠之前正廳三間恭錄

恩詔懸於正中前爲大門餘爲坐集之所祠右坊一爲十年彙旌諸氏立勒三千二百六十八人姓氏於碑碑覆以亭十六年續請五百三十三人附焉街北坊一爲七年彙旌乙酉殉難節烈諸氏立勒石建亭如之咸豐十年燬同治八年先建從屋八間

重修節孝祠記

邑人趙時煦

節孝祠於雍正元年欽奉

恩詔勅建所以章婦烈獎閨貞也吾邑自南唐何烈女遭際亂離遇賊不屈自淪於前湖後人立廟祀之尸祝不絕流風所被觀感日深禮法自閑變爲善俗三吳婦女莫得而比焉宋元以來記載闕佚明邑宰蘭溪黃公蒐討遺籍極成志書纂輯列女凡三十三人皆奉詔旌門者並進士陸呂妻以下三人爲諸生張簡等所薦達而猶慮其有未盡也復綴之以論辭曰節婦之旌否視有司之達否有司之達否視其家之力不力故使貧無半菽即茹茶齧蘗何足望蔡女之未光富擁千鍾即列鼎粱綱亦可揲其妻於下陳諒哉斯言古今一揆也某維春秋之義善善欲其長伏讀

世宗詔曰旌表節義乃彰善大典每見直省地方有力之家尚能

上達而鄉村貧婆之人則多湮沒無聞深可憫惻著督撫學臣

及有司徧加採訪務使苦節之家同沾恩澤至節婦年逾

四十而身故計其守節已歷十五載以上者亦應酌量旌獎

恩至渥也詔又曰旌表節義給銀建坊民間往往視為具文未曾建立恐日久仍至泯沒不能使民間有所觀感著於地方設立祠宇將前後忠孝節義之人俱標姓氏於其上已故者設神位於祠中恩至周也祠嘗有堂三楹兩事修葺楊君謙益勸貲於碑版陳君大中復刻主於屏間歷年既深傾圮滋甚甲寅夏邑人士謀所以新之非屬某董其役重建門熟三楹尚盖正室周垣繚之功既成某集諸同籌議曰天下有有其德而享其報者亦有有其德而不得享其報者是豈其人之不幸也哉於是就祠旁隙地建正堂三楹饗堂三楹俾無力請旌及與成例稍有未符而卓然苦節者皆得從祔祀之列所以體皇仁而表潛德其在斯乎然而某竊有慮焉昔范蔚宗作後漢史所祭列女一篇謂但搜其才行尤高秀者不必專在一操此特其史例則然初未及於俎豆之盛典也某老矣滋懼此後世無識之徒或以某為口實遂謂從祀之主嚴不如寬假令與論有未孚鄉評有未協者一旦而預於灌獻之事則某豈敢任其咎乎佐某蕆事者同里陳君培因也

重修節孝祠記　學政　廖鴻荃

國朝崇尚節孝旌獎優渥所以重彝倫厚風俗也自憲皇帝詔督撫學政徧加採訪歲終彙題俾免淹滯又恐旣請旌而坊未及建日久仍至泯沒諭於地方公所設祠宇以時祭之使民有所觀感恩厚慮周億代感仰今上御極之七年復允江蘇撫臣請以武進陽湖未旌苦節若干人總建一坊歸是他州邑多仿行之凡前朝往代窮鄉僻壤志行久闇幾就湮滅者咸仰切恩旨飭香歆祀綽楔旌閭於戲盛矣壬辰春余奉命視學吳中校文之暇佐以表章幽潛為念適澄江重修節孝祠踰年工告竣邑紳士請記其事余謂旌獎節孝坊祠並重然亦賴彼都人士好善樂輸隨時修拓乃以永垂不朽考江邑節孝祠奉敕建於雍正元年地在學宮東有堂三楹謙益楊氏大中陳氏歷事經葺乾隆六十年重修增建三楹於右俾無力請旌者得從祔祀之列名符旌祠時則有趙時煦華董其役越今三十餘年矣邑恩貢生陳培因以祠宇狹設位日益多慮久勿能容也適於道光七年間與職監祝登墀集諸節裔倡議集貲拓建兩進於後而虛前堂為承祭官坐集之所會邵准乙酉項義紳民入祀忠義祠其婦女七十餘人祀節孝祠仍給銀建坊前學政朱方增因率屬官分詣各祠安位稱盛舉焉邑人又援武陽例採圖邑節孝貞烈婦女三千二百六十八人請總建一坊道光十年題奉部議准旌時陳培因已亡祝登墀爾請撥坊料甫識吉亦身故登墀子生員維祺承父志爰皆紳董節裔等踵成其事增建葉旌祠於左堂亦三楹節烈坊在祠外路北節孝坊在祠旁路南節烈坊之北節孝坊之南又蓋造兩碑亭鐫烈女姓氏其上計自七年以來鳩工庀材歷數寒暑勿輟至本年五月工始蕆費凡六千緡有奇亦可謂經營盡善堪以垂後者矣

延陵季子祠在申港鎮西即季子墓地也宋慶元中封昭德侯明洪武初詔去封號題木主曰延陵季子之神祠建於宋至明正德五年知縣王鍇請於巡按御史謝琛

始列祀典隆慶五年知縣劉守泰修武進鄭鄤題額曰至德第三人楹聯曰星斗夜寒君子墓風雷時護聖人書謂十字碑經雷雨斷而復完也

國朝聖祖御書讓德光前額祠中堂奉季子像前為十字碑亭又前為謝恩樓後為守祠僧舍乾隆間知縣蔡澍重修咸豐十年燬惟碑亭巋然獨存同治初年里人捐建頭門五間十二年署縣林達泉金吳瀾相繼捐廉詳請建復總督李宗羲倡捐於前官紳士民暨後裔續捐於後由省垣工程局檄委朱之幹監造以是年興工越明年落成捐數

不敷復由金吳瀾捐廉竣工其制頭門五間享堂五間船廳三間附以從屋外繚周垣內栽花水至以後修葺由各大憲捐銀生息巡撫吳元炳銀壹百兩侍郎彭毓麐銀五十兩提督吳長慶銀二百兩知縣沈偉田復詳准在冬漕項下每年捐錢五十千文光緒元年爲始及撥申港虞門後梅三鎮停止幾塾田畝以充經費申港鎮一百五十餘畝後梅鎮四十餘畝虞門鎮四十餘畝又分祠二一在縣治東咸豐十年燬光緒四年後裔重建一在夏港鎮

延陵季子廟記 宋常州知軍 朱彥

常州古延陵也吳季子所封之地至西漢爲毗陵又至東晉爲晉陵宋齊因之隋平陳廢晉陵爲常州唐因之至或曰晉陵郡自晉武帝太康二年分曲阿爲延陵至隋徙治丹徒唐武德三年徙延陵還治故縣今潤之延陵

鎮是也杜佑謂曲阿延陵有季子廟非古之延陵古延陵在今晉陵縣其說明矣而孔子所書季子墓碑歲久益湮沒開元中明皇勅殷仲容摹刻之大歷十四年潤州刺史蕭定重刻石延陵廟中於是俗習徒見潤之延陵季子廟而不知常州實古延陵而季子所封也余以罪謫守是州因考太史公書歷代地志通典圖經得其詳矣又得其所謂季子墓在晉陵縣北七十里申港之西又曰暨陽鄉所暨陽隸今之江陰縣乃屬分趙十瀝訪之得大冢於暨陽門外三十里申浦之側有季子廟與史記地志通典圖經合於是表識其墓謹樵牧耕蔡之禁又募取孔子所書十字刻碑墓上設像祀之學中以時奉吏士諸生拜焉所以示邦人貴有德也又備論歷世廢興與俗習之變易刻之碑下後有君子得以覽觀焉

范文正公祠在大巷康熙中裔孫君聘請建十九世孫彌山重建咸豐十年燬今重建

蔡西山先生祠在武廟西祀西山先生九峯先生肇建元代改建於明

國朝乾隆八年後裔寅斗等呈請復建以創建澄江書院之以忠配祀九峯子始居江陰咸豐十年祠燬

二侯祠在虹橋東祀明江陰侯吳良襄烈公良靖海侯吳襄毅公楨明嘉靖十一年改火星廟建萬歷間知縣許達道崇禎間知縣馮士仁修

國朝順治間知縣武茂周以明武略將軍千戶沙原德康熙間知縣沈清世以明明威將軍萬戶郭旺郭讓從祀又祀京口左路水師總兵劉選勝乾隆八年吳氏裔修葺致祭道光七年詳准以明永義侯桑世傑東海郡侯徐

公輔指揮同知曹淵襲封靖海侯吳忠總旗奚士鏞百戶奚得奚宣奚宏游擊將軍沙濟飛熊衛指揮郭希聖郭邦清義兵王華一附祀咸豐十年祠燬

重修二侯祠記 明 邑人 夏樹芳

江陰古利城地封壤雖僻實江南形勝之區東連吳越西通淮楚蓋金陵之門戶而江海之要衝也我江國襄烈吳公海國襄毅吳公奮騰風雲從高皇帝定鼎左淵右翼爲開國之元勳自功臣建廟而外以二侯之保乂我江陰實多爰闢二侯祠崇德報功祀典攸邑宜衣逮乎孫枝茶弱嵩颯寒盟遂使虎變龍驤之烈莫繼弓裘補天浴日之功委之灌莽有識者其謂之何我邑侯東陽許公蒞政之日贍拜侯之祠下慨焉側焉以興滅繼絕仔肩其任重懋大門三楹二門三楹大堂三楹東建更衣所西建享胙堂各三楹朝夕糾步以襄厥事軒櫞宏敞比前所構巍然煥然豈二侯之英爽如日星之麗天江河之行地獨於許父母寄豪傑作求之想上張是

而推移是勿亟子來而成此偉觀者歟樹芳伏在江濱佩服二侯之鴻烈磅礴扶輿且謂二侯之大有造於江陰者隱隱隆隆其貽澤尚可追也遂奉許公之命而記其事

重修二侯祠記　國朝邑人沙張白

豪傑之士際風雲之會依日月之光勛名著於竹帛俎豆垂諸千秋蓋其志在濟天下安民生與開基帝王無有主臣合德者非僅僅斬將搴旗逞一劍之雄已也惟名世大儒於異學紛熾之日闢邪說倡絕學覺人心於久夢障狂瀾於既倒斯其氣足相配而功足相侔唯其氣相配而功相侔故雖古今異世而適然相逢自有不介之合張白於吾師西山張公修二侯祠者見之二侯百戰之勳載在國史不待揄揚獨其守江陰也能以空傯戎馬之暇繕城隍瘞燕棄招流亡問疾苦鋤刑薄稅撫綏江民又延師儒以訓其俊秀絃誦之聲與刁斗之聲相雜蓋以絳灌之畧而兼召杜之良古功臣之所難也禮功在國者祀德在民者祀祔食太廟塑像勳祠是有明所以報功也專祠一邑百世不祧此江陰所以報德也報功之祀以一代之存亡爲興廢報德之祀以百

代之尸祝爲俎豆吾江陰之祀二侯猶潁川之祀黃霸河内之祀寇恂也議者乃謂

聖朝鼎建故明勳臣祠廟應廢何其言之謬歟祠在虹橋之東歲久傾圮西山公鳩傭鼎新焉選得靖海侯九世孫漢列之子矜俾奉祠祀噫何興滅繼絕恩禮優渥也落成命張白爲文以記張白始祖日原德二侯副將也佐兩侯血戰有殊勳佐兩侯撫民有惠政其沒也祔祀延陵書院燬祀中絕張白請於先生得以木主祔祭又拔弟三卿於諸生中命與吳漢同奉祀事公之恩施兩姓又何厚哉公甫下車首謁延陵季子祠墓加修葺焉其繼及兩侯也公名能鱗字玉甲西山其號也順天大興人順治丁亥進士以禮部員外郎督學三吳宋大儒橫渠先生裔也

張連二公祠在君山嶽廟東偏明宣德九年初建山之西麓祀常州府同知張公宗連後圮燬宏治十一年知縣黃傅撤天妃宮材重建之久之復廢天啟四年邑人徐宏祖等捐貲重建明末又廢

國朝列入祀典嘉慶間曹大鈞何春煦等以明萬歷間僧永明所建君山禪院內有連侯祠祀海防同知連公繼方歲久亦壞即其遺址重新之以前三楹奉張侯木主後三楹奉連侯像請復祀典咸豐十年燬同治九年就於義塾内供二公木主春秋致祭計有祭田在大橋三保田埣三十五畝九分有奇花山一保蕩十一畝五分有奇

君山廟記　明楊士奇

君山廟者祀常州府同知張侯之廟也爲政而能愛民生則父母之沒則烝嘗之皆由其誠有以致之也張侯之同知常州也奉部符專督農事既至視民如子喜爲之興利常行視水勢之蓄泄躬履塍畝察種植而爲之

勸或時坐塍間相爾汝語如家人未嘗笞詈辱人遇老病鰥孤率有恩意所過飭勵學校正士習士甚戴之上官知其得民也有所賦輒檄之督民恐以緩累侯則爭起趨事然侯終不以慮譴而急民是時天下軍伍滋弊軍之姦黠者率用賂規匿而謊傳平民於籍民被枉比比朝廷以璽書分命御史清理其要在覈姦直枉御史當詣蘇常者言於兵部常州必得張同知共事乃有濟部遂以檄侯御史時銳意得軍爲功不復矜念民枉侯固執民實非軍敢違璽書不從御史不可奈何數出無禮語詬詈之侯忿懣不能平數日疽發背卒然常之人賴侯以免於枉者猶十七八時蘇之佐郡者極力助御史得軍而枉民動以千計愁苦嗟怨於道路累年不解常之人以是益思慕侯不已侯素澹泊廉介不苟取一毫自入仕未嘗以家累隨公退坐一室蕭然讀書焚香而已易簀之先夕侍藥者入其舍索燈燭悉無趣出取膏油一盂以入侯遂見竟謝卻之其操類此侯先是翰林庶吉士爲刑部主事春坊中允大理寺丞皆有政績嘗奉命督事廣東福建皆有惠及民此特載其在常者耳侯卒之日民老壯奔走哭於庭皆哀具儀奠祭累日柩行白衣冠送者數千人非積誠而能致此乎後數年

江陰士民朱善繼善慶周孟簡伍孟敬列衆民之志協謀作廟於邑之北君山以祀事來請書於石併作迎享送神之詩使歌以將事侯名宗璉字重器江右吉水人永樂第一科進士朱氏周氏皆尚德崇義之家詩曰肅穆兮侯堂酌山泉兮薦林芳泠泠兮風兮鸞驂侯戾止兮佩玉瑲懷仁侯兮撫我動與息兮有敎秣芃芃兮連蟠侯顧我兮樂以笑侯乘兮蘭棹侯東皋兮忽南畝溪有鮮兮陸有隨侯赫覩兮敢余或悔侯來遲兮逝何疾侯之逝矣我民以畝山之明兮水之麗侯舍茲兮安適侯懷故鄉兮旦往夕來祚我佑我兮無遐遺調二氣兮不四序下無汎濫兮高無暵災沼有魚兮苑有畜公無負通兮私煩足俾我民兮詒孫子承侯福兮千百世祀

周文襄公祠在青暘鎮大橋西祀明巡撫周公忱公築芙蓉馬家二圩歲入米五六十萬石功德在民立祠祀之

國朝康熙間知縣龔之怡以明知縣黃公傅胡公士鰲從祀學使李振裕巡撫湯文正暨知縣陸次雲蔡澍歷加修

葺咸豐十年燬今重建

貢公祠在學宮內祀明御史貢公安甫乾隆十八年裔孫震等請於學使雷公鋐至四十三年始建咸豐十年燬今重建

貢御史祠記　邑人　趙曦明

嘗考江邑人物盛自故明武宗熹宗委權奄寺能不詘其身以憂其君者得五人焉前則御史貢公學詩史公良佐以劾劉瑾廷杖褫方黃公昭以忤瑾削籍李放恭稱爲一時三忠後則文貞繆公昌期李公以攻魏璫捐軀碧血所記六君子之二也明運告終

聖朝御宇五人事蹟並昭史乘而洋洋與口者繆李之外惟貢御史公而已明少與公十五世孫名震號息甫者同門相得一日偕詣學宮雙忠書院趨入瞻拜因謂息甫君家御史公亦應有祠息甫曰極不忘也康熙五十五年族祖某已得請於學使林公而所歸地喧卑湫隘不可以棲先御史之神謀改圖而有待耳至乾隆十八年息甫已登仕途由建平調知靈璧縣事而閩粵雷公視學江蘇乃糾族人應芳應芬鉦永甯等呈請如繆李例建祠於學宮報可節縮清俸五年得二百金以爲倡此解組歸又與族衆商儲蓄并濟以家祠公項涉二十三載費五百餘金然後由門而堂而寢規模咸備四十三年四月癸亥始克奉主入祠息甫下世春秋已四易矣越二年明歸自杭其猶子清以息甫之故來問記明以公之清德重望非小知小言之所能稱不敢當者久之既而思公祠與雙忠書院接宇連甍揭示一邑之有裨於風教也又私喜數十年前之言之不虛也又歎息甫之用心其勤若此而不獲睹厥成與史黃及御史公同作同起史公未有祠而黃公并未祀於瞽宗也凡昔韓昌黎作新修滕王閣記尚以名列三王之後爲榮耀明豈敢仰企昌黎而公祠重於滕王之閣顯得挂名樂石斯榮耀爲何如者遂不自揣而詳述顛末以爲之記

愍忠祠在城隍廟西祀明贈光祿寺少卿知縣錢公錞公於嘉靖三十四年禦倭死事建祠肖像祀之殉難義勇

楊成陳裕塑像其旁歲久圮廢崇禎元年知縣吳鼎泰捐修增祀殉難兵邢惠郭斌

國朝康熙二十四年知縣陸次雲以主簿曹公廷慧典史閻公應元從祀今閻公另祀三公祠道光七年詳准以同時禦倭義士李祥等十八人金鳴等十八人李安陳選楊朝卿楊朝相附祀

愍忠祠記　明　邑人　王廷賓

公諱錞字鳴叔別號鶴洲登嘉靖庚戌進士壬子來令江陰漸中倭寇大作邑治瀕江勢誠民恐時久安亡戒公且新至乃肩劇飭備完繕城郭明年寇犯太倉徵兵應禦悉臧我良募補復充又明年寇至逆戰不利乙卯春寇從三丈浦趨江陰公禦於石幢矢盡繼以瓦石身被一矢賊遁出江公度其復來營華墅以待賊果至我

兵斬首九級距不得進乃更合常熟寇三千餘分半寇靖江半從蔡逕入公方從兵憲援靖江聞報亟還賊攻城不克大肆焚掠民避寇入城者日萬數公痛憤必欲一決戰兵僅四百合狼兵鎮江兵僅千帥之出城公嘗以法懲狼兵縱肆者銜公遇寇先遁餘衆望風皆遁公獨與親兵五十餘人奮鬬草間伏起刺公公身被數刃遂遇害從公死者二十餘人天大雷雨晦冥不辨咫尺賊懸公首營中夕夢諜者得之乃克斂城中居民皆慟哭戶設公主以拜朝廷特賜公光祿少卿蔭一子立祠於縣歲祀之公以書生初出仕郎守孤城對勍寇首尾四年不遺餘力竟以身從精誠所徹感動天人斯亦異矣或日公嘗以印印其裏衣使郊原有辨又每聞寇虐輒推案怒咤謂張睢陽何人其忠勇持必死志久矣君子以是尤悲而重之其爲令清苦於民不忍纖芥傷且練於政編徭與水利捕獲悉有良法可傳其先湖州安吉人七世祖喜與事太祖高皇帝有戰功授千戶官子孫嗣不失職調遼府左衛嘉靖十八年調題靈衛祖康父最母周夫人配蔣夫人蔣宗室光澤之甥女先公遊難歸侍其姑於家遂生一男郎受蔭者公亡於乙卯六月十三日實生男之三日蓋天將留公之後也公年三

十有一後九年爲嘉靖癸亥公同榜進士山西王公道行以兵憲鎮江陰念往蹟惡廟弗稱悼烈弗彰乃大新厥宇秩其祀儀竪碑勒文用照示於無極

重修愍忠祠記　國朝知縣蔡澍

明嘉靖三十四年江陰令荆州錢公錞倭寇力戰死之事聞賜光祿寺少卿世廕一子錦衣百戶建祠城隍廟之西偏額日愍忠春秋祀以羊豕帛各一殉難義勇楊成陳裕祔後增殉難兵邢惠郭斌稱四烈士焉

國朝因之按祭法以死勤王事則祀之能捍大患則祀之明自宋以降海氛不靖東南之民騷然浙東西爲海壖孔道倭所出沒破禍尤烈而節鉞大僚下逮令長輒相顧錯愕惟以閉城自衛爲良策甚有聞風棄地竄突山谷間僅以身免公以理學名儒釋褐莅茲土聞賊發鄰省則預爲守禦計嘉靖甲寅倭寇犯境公屢敗卻之明年乙卯寇大至公禦之塘頭石幢華墅諸處皆各有斬獲旣而倭悉其醜類蜂擁薄城公日夕戒嚴且撫遠郊避難者聽命於兵使兵使王某屏息不戰而江民危矣公奮忠勇推案而起率兵四百突圍決戰麾下楊成等先後戰亡公單騎格鬬力竭罵賊死時雷雨交作天日爲昏遺民男女哭聲動地倭遂巡解退若有陰驅而疾掃者於是孤城獲全而濱江數郡亦皆帖然以靖嗚呼公之功何其偉哉固宜享百世而弗替也祠以歲久就圮乾隆丁巳士民協力鼎新而屬諸城隍廟之右令道士供其掃除西室三楹另設明主簿曹公廷慧與史閻公應元兩木主曹亦以禦倭有功閻殉節於明季皆前令沈君清世題入祀者予誌斯役爰述公之大節俾者知所虔事焉公名錞字鳴叔號鶴洲嘉靖庚戌進士死時年三十有一

吳公祠舊在學宮明倫堂西祀明訓導吳公應芳公歸安人字文譽教澤及人諸生德之請於學使駱公駿曾建祠爲置祀田十畝繆文貞公記之易代祠毀每歲春秋設位暨陽書院講堂祀之

雙忠祠在學宮內祀明繆文貞公昌期李忠毅公應昇康

熙中兩家後裔請於學使許公汝霖建祠學宮西雍正中遷今地忠毅公另有專祠在顧山鎮東名忠節祠咸豐十年祠燬

雙忠祠記　國朝學政魏學誠

雙忠者文貞繆公忠毅李公也余知識之年侍先大夫獲聞古今忠孝節烈之事奇偉之人私心嚮往之至前明天啟之世中朝士大夫羅逆奄之禍駢首詔獄不踰天日極拷掠銷灼之慘九死而不悔其堅貞之節浩然之氣眞足塞兩間而横四海矣丙戌春余奉

命視學江左來蓉城始讀從野堂落落齋兩集繆李兩先生之梗概悉見於此說者曰文貞無言貴可以無死而必出於死者曷故又謂疏魏璫二十四大罪未盡出於先生之手此皆不足以知文貞者也卽奸之疏不出於文貞無損於繆盡屬之文貞亦無損於楊彼二三君子日夜所圖維剖肝瀝血而談者何事苟有利於君聽何所不爲楊之立說繆之揮毫所必然也夫何疑若忠毅者忠

孝性生加以一往之致在廷莫匹其罪狀魏璫也不遺
餘力其言主柄之不可下移在幼主則曰何不五忠賢
以終其寵在忠賢則曰何不早自引退以全其軀一分明
懇惻忠臣告君之義與劉子政論外戚封事今古一揆
使當時宰相有一李東陽爲之彌縫調護則奄焰必不
至於燎原黨人必不至於燎爛宗社必不至於邱墟矣
嗚呼方其臨命之頃重念親恩願生生事佛何其無聊
也論世者亦可以得其成仁之由矣夫天之生才或齎
代而一見或與地而一人獨是繆李兩先生爲梓里爲
瓜葛爲同朝而同死同享千萬世之名豈不偉歟此雙
忠祠之所由建也進士試謀於余曰祠既訖像乎祔
乎余應之曰尊其贈親令甲所弗禁也惟孝孫爲之

三公祠在東城前湖之南祀明典史閻公應元陳公明遇
訓導馮公厚敦舊爲棲霞菴卽閻公授命處公有遺像
在來二里生祠乾隆八年移像於菴并塑陳公像額曰
閻陳二公祠十六年知縣劉新翰捐修二十九年知縣

汪邦憲撤佛像移二公像於後殿增馮公像並祀之易
今額四十一年
賜故明殉節諸臣通謚閻公忠烈陳公烈愍馮公節愍嘉慶二十
五年知縣蕭瑾從紳士楊敦厚等請始捐廉致祭道光
八年學使朱公方增知縣葉維庚以同殉紳民設位祔
祀咸豐十年祠燬今重建舊管歲修田十畝同治六年署縣汪坤厚捐置田十畝

閻陳二公祠記　知縣 蔡 澍

有明肇造區夏垂三百年神熹兩朝天厭其德䝉發於
流寇禍集於懷宗中原陸沈醬醬望拯我
世祖提師入關芟除逆亂慰安元元凡守節仗義之臣莫不嘉獎
及師下江南金陵不守斯時之死節者惟江陰縣尉閻
陳二公材最良官最卑忠最著余以雍正乙卯歲奉
命莅茲土始至之日省案牘問民疾苦不遑他務頃年以來治
久事簡修舉廢墜方謀表章二公之烈適諸生楊振
周之驥等請以閻公殉節故地曰棲霞菴者爲崇祠並
祀陳公予惟甲申乙酉間有明勳舊貴戚柱石之臣受
國厚恩者何限吹枯噓生出奴入主高自標榜者又何
限然流氛四起而莫展一籌闖賊犯京而爭拜馬首蒙
面喪心若此其甚如二公者以卑末之吏具文武之才
值
神聖應運之初處君國滅亡之後卽使潛蹤遠遁亦當爲清議所
寬苟其免身圖功宜力
王室必有卓卓可表見者而獨守王蠋不事二君之義臨城招
撫自誓願堅協守八旬與民俱盡豈非孔孟所稱殺身
成仁舍生取義者耶因諸生請定爲崇祀并勒石以愍
邑父老且爲後之爲人臣
而不克自盡者勸是爲記

三公祠記　學政 湯金釗

欽惟
高宗純皇帝褒忠闡幽凡勝朝殉節諸臣分別
賜謚蓋以扶植綱常垂教萬世至深遠也江陰前後典史閻公陳
公訓導馮公以守城不屈得謚忠烈烈愍節愍城東南

隅有棲霞菴爲閻公殉節地邑令蔡公澍因以祀閻陳
二公邑人復增祀馮公額爲三公祠而以衆義士配焉
邑令劉公新翰學使雷公鋐暨諸董事先後醵金置田
春秋祀事弗替金釗維純臣事君有死無二三公當明
社既屋之後欲以區區一邑抗拒
大兵力竭城陷視死如歸雖未知其仁然而忠矣可以愧後
世爲人臣而有二心者宜其仰邀
聖鑒荷易名而傳無窮也夫翼持名教使者之責也故樂爲之記

三公祠祔祀殉義紳民記　學政 朱方增

江陰三公祠祀明江陰縣典史忠烈閻公烈愍陳公訓
導節愍馮公蓋順治乙酉以孤城拒
大兵城破不屈死者也時紳民從死者甚衆百餘年來未列
祀典道光六年中丞陶公允士民之請上其事於
朝得旨以姓名見志之邵康公一百三十八人祀忠義祠中丞復允
以散見家乘經後嗣舉報之倪紹祖等七十五人進立
公祠並昭肸蠁邑人士紹於經費受備之地闕焉值余
駐輶伊始以其事來請余曰諸紳民與三公同時殉節
歿仍同歆俎豆禮也其祔祀於三公祠宜會以爲允乃

祀如例此固
朝如天之仁要亦忠烈鬱勃之氣不可磨滅故不望報而其報

奉栗主分設兩序祔祀之日余親詣行禮焉夫諸義士
當明社旣屋之後同心捐軀此其忠義之性勃發一旦
成敗利鈍皆所不計又豈計及於沒世後有褒顯之者
乃事久益彰卒得
祀如例此固
朝如天之仁要亦忠烈鬱勃之氣不可磨滅故不望報而其報
自至不求名而其名自顯然則忠孝廉節之事苟能盡
其在我發潛闡微必有其時非理之敎然者乎諸人殉
義在順治乙酉題請在道光乙酉元運之轉適契乎
人心之同則尤可異也爰書之以爲名教勸是爲記

祔祀紳民姓氏

戚勳 潘文先 許用 夏繼新 王華一
呂九韶 黃毓祺 徐趨 以上乾隆四十一
年奉旨入忠義祠道光七年邑紳士請於
學使朱 並祀茲祠
邵康公 金允鐣 方有聲 周高起 王清芳
朱玥 王廷材 王子固 顧大本 李問玫
李芳 曹遴 王錫瓛 成京 張維祜
張邁 張一誠 俊啟芳 王從讓 王之經
湯瑞明 張之英 汪宗賢 蔡良臣 徐五桂

徐六柱 王允貞 王命鼎 王命新 王啟新
王永貞 王惟敬 王運泰 王元吉 王穆如
王永昌 王大政 王大諫 王大讓 王大成
王世茂 王選 王錫福 程永清 徐松齡
高明德 高啟隆 趙應選 周振伯 周懷亮
季世美 季從孝 劉因可 王應科 王應甲
黃瑞伯 管燕翼 管某 沈琳 沈羽博
王鳴弟子 高觀 王景 陳景雲 唐馭
姚某 周應元 陳龍泉 陳玉泉 陳士傑
朱見亭 顧叔薦 談新 史達尊 尹全
章懋賢 蔣文經 章重光 陳式王 王泰
王謝 何石奇 高一鯤 董去華 吳幼學
吳幼志 吳幼蜚 焉延周 陸鴻圖 陳定育
章明敘 章獻 林鳳儀 黃楷 史補袤
官士元 沈應乾 蕭憶江 高旭 陸愼所
高應麟 王肅衷 許啟芳 季惟明 錢求
王秀 徐彬 邢漢 陳憲忠 顧瑜
齊程 章懋學 章懋才 徐亮工 史鑽勳
張士偉 張士侯 高日培 何君碩 胡正泰
胡正升 吳鼎隆 徐步 耿以誠 史上表

薛耀明 方啟明 程斗望 董臣虞 董大有
周克新 梅舒白 徐杞齡 許國泰 許謙亨
陸某 陸瞻岑 趙某 以上道光七年奉
旨入忠義祠請於學使朱兼祀茲祠
倪紹祖 趙行芝 俞大令 徐柏齡 徐世昌
祝有春 祝有明 祝道通 沈鳳章 沈大勳
沈大業 沈翼明 沈自明 陳仕奇 張汝發
夏嘉祚 張身建 張應瑞 張湛 朱隆祿
袁良驥 袁茂德 袁晉卿 袁客卿 袁升
袁應祥 袁應祺 袁瑯 袁琦 袁世望
袁邦華 袁邦瑞 袁希祖 王明偏 王明傑
王永光 陳永譽 陳宗緒 陳所知 陳所志
陳所傳 陳善敎 陳修德 陳滋德 陳元勳
沙士奇 沙有思 沙正己 沙志賢 沙永孝
沙永簽 沙永隆 沙永祥 沙永瑞 沙玉襄
沙顯宗 沙延宗 沙繩宗 沙命新 沙鼎新
沙克新 陳大有 陳大成 陳大節 陳應逵
陳應登 陳應元 陳鳳翔 張光裕 張光祓
張鼎台 張國威 張廷樞 張鼎新 張鼎鋐
以上詳奉三院祔祠設位

高一鶚 高三捷 高璐 高三掘 高毓奇
高懋功 高懋貞 高懋良 高懋祉 高懋德
顧大全 顧道成 顧紹魁 顧紹進 顧爵
顧燦 顧其秉 顧憲文 顧憲章 顧憲華
顧希聖 徐汝翼 徐汝爲 徐汝明 王命先
王希曾 王命凝 王大德 王聲 張汝揚
沙謹 沙登明 沙復宗 沙昌宗 沙白新
徐從益 繆鍾理 繆鍾粹 繆鍾祥 繆鍾俊
繆文煇 繆文炫 繆文熠 繆文炳 繆文煥
繆文燿 繆文炯 繆文灼 繆際亨 繆大章
湯文懿 湯文驤 湯文駿 湯文驊 湯鳳翔
湯起鳳 湯驗鳳 湯一和 湯一珮 湯一宗
湯映蓮 湯揚 湯扶 湯招 王汝鳳
王汝華 王汝豹 王居之 王行之 范可裕
范樹名 陳以仁 陳以義 陳登源 李國茂
李德茂 李芝茂 任葵陽 任大受 任光祜
繆鈺 謝永剛 夏器之 袁象鼎 袁廷選
徐一駿 徐光祖 施懋訦 耿鳴雷 陳廷獻
胡熙雲 周新所 高瑞 韓某 以上道
光十六年續詳三院祔祠設位

重建三公祠碑記　署縣汪坤厚

余昔時侍外大父文端湯公讀書京邸公曾任江蘇學
使常駐之署在江陰公居江陰較久熟於邑之掌故嘗
爲余言明末
大兵南下時江陰有前典史閻公典史陳公訓導馮公以微
員率士民堅守八十日城破皆死焉我
朝廷忠翼教推及勝國殉節諸臣閻公得謚忠烈陳公烈愍
馮公節愍邑人建祠於城東南隅享祀惟謹因進聯額
并記其事誌異數也余敬聆而默識之歲丁卯余來攝
縣事亟訪所謂三公祠者則已爲賊燬惟基址尚存欲
圖興復顧力未逮戊辰春日將運漕至滬交納邑舊例
每米一石津貼水運費三十五文茲歲漕三萬一千
餘石應繳錢一千餘串余思船隻不克獨任勢必波及
於商漁及鄉農科載諸船儎豪猾復從染指則弊更滋
大且核全漕額數尚須加倍則費亦遞加民何以堪力
卻之并爲通稟立案永禁船戶皆感說又慮寬政之不
能常行也商漁船戶毛永齡等固請立石以垂久遠并
願輸所集貲八百千文襄辦聚要公務余謂公務之有
裨風教者莫如三公祠衆商踴躍予爲之出示刊石特

遴邑紳沙訓導淮至昇以商捐屬其締構不敷另行籌
添適半載亭堂落成棟桷丹雘神龕配位靡不嚴整上
距文端公作記及進聯額時五十年於茲矣余遂重書
文端公聯額懸於堂又捐置璜塘田十畝計租十石爲
歲修助因續述平昔欽仰三公今日得
復祠宇之故爲記以附文端公之後云

戚公祠在大街小廟巷內祀明文華殿中書舍人戚公勳
卽其闔門殉節地也道光十七年邑人金安世等捐建
咸豐十年燬

戚烈愍公祠記　學政白鎔

自昔鼎革之際見危授命代不乏人而或官其地或居
是鄉同時以義烈稱殞身湛族九死不悔則稽之史冊
實難其人若江陰戚烈愍公者可謂浩氣凜然不朽千
古者矣考公早年以諸生屢困場屋至崇禎壬午始得
推擇爲中書舍人旋遭甲申之變間關金陵復奉敕出
督閩餉抗疏陳言深爲史閣部所倚重會
大兵抵江陰故典史閻忠烈公嬰城固守公本鄉民或勸其
間道脫歸公誓與城俱亡知城必潰預積薪樓下城破
日率妻妾子女七人次第舉火自焚僕婢從死者
凡十三人嗚呼公之從容就義誠莫與比隆矣公在勝
國時不過一七品散秩耳非有高爵厚祿身荷重寄膺
社稷民人之責者也當夫
興朝受命卽不能委贄襆將苟側迹江湖隱淪畢世孰得而
禁之乃公則視死如歸全家殉烈血迸今追溯其事猶足
令人感且歎也公於江陰死事最烈而二百年來未有
專祠道光十七年四月邑人孝廉金安世庠彥薛人鑒
楊世棨章樹榮等竭力勸捐於公死節舊地創建祠屋
輪奐一新越六月而告成戊戌春金君計偕入都以余
曾視學江左屬余爲記余維公之取義成仁昭垂天壤
而暨陽爲公梓里且公之故宅與學使廨宇相距不過
數武余曩者慨慕流風而其時楹桷未成未得展溪蘋
之薦今知弈弈壖垣寢成曼碩雕俎升香以妥以侑亦
可以慰忠魂而快人心已公之死難與閻忠烈公並稱
忠烈通州之祠於丁酉歲剏建而公之祠宇亦於是歲
適成南北數千里不約而同殆亦昊蒼默相以彰忠義
之靈久而弗泯千百世後知扶植彝倫有與乾坤並壽

者謂非頑廉懦立之一助歟乃爲迎神送神之歌其辭
曰迎神兮雲鄉臨大江兮湯湯靈之來兮瑤圖乘素車
兮霓裳感興廢兮滄桑矢臣節兮天常崇廟貌於枌榆
兮悲故土之不能忘送神兮青林返紫府兮崑岑望瀛
河兮天潯羌異境兮同心載靈旗兮鬱森永萬
古兮居歆願降福於斯民兮夭札疵癘之不侵

邵景二公祠在東平廟巷本邵公祠康熙中蘇松人士公
建祀學使邵公嗣堯道光丙戌邑人重建後有隙地數
弓建屋增祀學使景公福公乾隆間有德於民甚厚至
是始與邵公並祀焉咸豐十年燬

趙公祠在章卿祀宋知軍趙公士鵬並祀明文毅公用賢
裔孫友琴捐置祭田奉祀一在中街儒學東鼎魁坊下
祀宋校書郎趙公發明孝子鉉兵部郎中與治文毅公

用賢

國朝旌表忠義明季殉節應選道光九年裔孫金芴同駿等公建咸豐十年祠俱燬其在章卿者同治間後裔重建

魏忠憲公祠在靑暘祀宋魏公勝公拒金殉難立廟京口賜葬錫山子孫由錫邑徙江陰後裔士元呈請建祠咸豐十年燬

徐東海郡侯祠在南街翦涇橋祀明徐公公輔孝子時進道光九年呈請捐建道光十九年呈請關查增祀按察司廉使徐公瓛咸豐十年燬今重建

徐僉事祠在馬鎭西洋里祀

國朝陜西神木縣知縣贈按察司僉事徐公之龍乾隆二十年四世孫宏仁建

陳烈士祠在北外五堡烈士名忠宋人從討笠墩盜遇害宋元皆有封號明洪武二年封陳烈士之神祠在新村宏治中知縣黃傳以巫覡托神惑衆毀之嘉靖中知縣趙錦重建演武場右萬歷中改今地咸豐十年燬今重建

吳義勇祠在靑暘南街祀明禦倭死難團長吳兒咸豐十年燬今重建

周義勇祠在北外祀明義勇周蘭禦海寇死事向祔陳烈士祠乾隆八年裔孫志謙請建今燬以上各專祠官爲致祭其非官祭而後裔奉祀者列後

先賢奚公祠在四河鎭祀奚子容蒧

先賢施公祠在大橋鎭香山北祀施子之常後裔由宗明來江陰建祠

包孝肅公祠在文林鎭門村宋南渡時公孫欽自合肥徙江陰建祠明季廢

國朝康熙中後裔澤等重建

周濂溪先生祠一在靑暘明正統中建一在顧山亦明建

國朝乾隆初重建

程氏兩夫子祠在舜井巷雍正中後裔建

劉屏山先生祠在夏港遞鋪祀宋儒劉公翬四世孫太常博士廷銓居是里元時建祠歲久湮廢

國朝乾隆八年重建

朱文公祠在四河鎭雍正十年裔孫士駒請建

耿待制祠在觀山大村東祀宋煥章閣待制耿公秉明初建後毀

國朝雍正五年重建

葛清孝公祠在靑暘市南祀宋朝奉郎贈太師溫國公葛公書思咸豐十年祠燬

邱文定公祠在四河界涇祀宋文定公崈

郭教授祠在長涇陳墅祀宋軍學教授郭公庭堅後裔昌烈等建

孔公祠在祝塘鎮西莊祀宋武功大夫孔公垕

孔公祠記　國朝學政張能鱗

梧塍之有孔氏始武功大夫垕紹興間以統制守江陰單因家焉十四傳爲處士𢂀始建聖廟又三傳爲諸生興綱號瑶移建於西莊大擴前制其堂以奉先聖祖也配以沂國宗也次配以武功大夫梧塍所自始也其醧事以集族人東廡以祀有德西廡以祀有功示勸也其田以供祭矢弗鬻器以備物矢弗假義也訪遺支之在婁者使其祀春秋聯族屬也其族姓愿樸而力田諸生好德而文以世其家司馬子長適魯過闕里見車器行策皆有先民遺風流連不忍去今天下聖道昌明士習晝一躋斯廟觀俎豆禮器畢然其有思乎豈獨聖人之

子若孫勉焉願學聖人也

徐忠壯公祠在夏港永安寺側祀宋徐公徽言公靖康初知晉寧軍多戰功後殉金將婁室之難贈忠壯四世孫都統制齊居夏港捨宅爲永安寺建祠於旁咸豐十年祠燬今移建士偉村

徐司馬祠在綺山北麓祀明兵部尚書徐公晞

顧大理祠在青暘祀明大理寺寺正顧公琳萬歷中建後燬

國朝雍正十二年重建咸豐十年祠燬光緒四年重建

張學士祠舊在都督坊巷祀明侍讀學士張公衮今廢其分祠在南外迎福橋

鄉賢張公祠在青暘東街祀明鄉賢張公汝翼咸豐十年祠燬光緒三年後裔重建

尚公祠在楊舍西門內祀明巡按尚公維持及知縣杜公華

蔡公祠在南外端明橋南祀明兵備副使蔡公懋臣後改駐節亭移像於後

黃義士祠在順二坊祀明蘇州衛指揮黃公鑾今祀忠義祠專祠已廢

黃義士祠記　明　王世貞

自倭奴起嘉靖之壬子而稍息於壬戌十年之間大者破城邑小者躪閭非其銛鏃之不施於三吳者無尺地而三吳諸富人或兵或殘或虜或以家徙或以身覓卒不能捐其所垂散之貲以予縣官不得已而縣官用軍興法逮鞭箠之令嚴而後其私帑出若椎骨而盬其髓上之厲下與下之應上相瞷焉交相讒而沴氣作其始也不惜割其家以賑賊而不肯爲其上其既也忘賊之毒我而不忘上之毒我於賊之後也其於道誠悖而於計則誠拙矣無他欲蔽之也獨江陰有黃宗周翁者家世以高貲而黃翁自儲起出邑諸生補太學上舍故通經術講於上下之分與所爲損益之大先是戊申歲未有倭警而翁與江陰令謀邑枕江得無爲盜窺乎且城皆土是可坎而登也計以爲費之便首捐金六千身長其南東面之役凡三百丈有奇不踰月賦畢臺使者後先疑上翁狀翁謝曰江陰民城江陰分也而何上狀爲乃僅得褒旌居五年而倭作且及城城以壁故堅第之藏粟翁乃輸兵儲粟爲石者七千而睥睨之卒旦夕餉爲石者千賑貧民避兵爲石者二千令復議子城增於門凡四而翁任其三顧其子諸生道非板築焉至明年丙辰倭遂傳城內薄而攻者四十日而不破又明年丁

已天于大發兵厲尚書文華討倭責諸富人金助軍翁捐復七千於是尚書佁督撫牒翁爲蘇州衛指揮使翁辭曰吳民助吳兵餉分也不可則懸其牒人謂黃翁是牒不當翁捐十之一豈其以脅取故而避之翁不答而謂道曰是牒者尚書餌也且釣我我業懸罄矣尚書果欲悉卷翁餘貲不得起獄以窘翁而犇其牒始翁之爲家也皁帽布衣徒步斤斤然食不再肉從不累僕無圖池器用妾御聲酒之好諸富人窮笑之曰是夫也殆爲人積者也既翁之爲縣官捐米者前後萬石金萬四于而富人益笑曰夫夫果其爲人積者哉翁卒而諸城居者稍稍追歎曰微黃翁吾儕其不肉倭也而臺使監司行部者得其事願謂江陰分微夫人之力與倭其此城矣於是其富人亦佽而相與謀立祠於翁里以示報翁之子道謝不敢當日先人以諸父兄故毀家以扞之而不肖乃以先人故勞貴我諸父兄請竭不興之裝而爲家祠以姑答我邑大夫與諸父兄指乃郎居之左爲祠肖翁像於中而以媪趙配謂翁之得成其業與志皆媪力也落成而道率其弟子諸從孔明祀事則鄉之人稟牲槽醢而來拜曰是無以報黃翁萬一請歲歲無廢伏熾太宰劉公閩而嘉之爲顏其楣曰崇功報德而道益

謝不敢當曰先人業不仕僅引邑人分毀家而扞諸父兄毋所任功亦毋所任德顧謂不佞其爲我記成事而已不佞乃言曰知禮哉道也夫所謂法施於民能扞大患者其於黃翁祀固當然此皆請之天子下禮官議報可而後行夫家祀不及鄉鄉祀不及國道以國人鄉人之指而約之僅從家人禮庶幾其有永哉因記其事授道刻之石翁諱鑾卒之年七十有二道博學爲諸生數舉不得志改尚書禮部史當有官厭而游江湖間有歌詩人人稱之與予善

雙節祠在桃花大闕村東嶽廟西祀元漳州府知事闕公文興暨夫人王氏祠圮咸豐元年庠生金相里人許以南等集貲復建知縣陳懋藹記之十年祠燬

復建雙節祠記　知縣陳懋藹

余蒞任江邑已逾半載公務之暇留心察訪有關忠義節烈等事尤足風世勵俗亟爲闡揚而表彰之加邑西大闕里之雙節祠其忠烈爲最著者祠蓋爲闕侯夫婦建也公諱文與字克武元初爲漳州府知事至元十八年陳弔眼盜起攻漳州侯竭力捍城經數十戰沒於陣夫人王氏被掠義不受辱紿賊曰俟吾葬夫後即汝從也賊許之乃得負屍還積薪焚之火熾自投火死元正統二年封文與爲英烈侯王氏爲貞烈夫人救建祠額曰雙節歷年既遠碑宇僅存鄉之人氏余君相許君以南倡義重建事將告竣請余記之余詢之曰侯仕元義距今五百七十有餘年矣考元史夫人爲建康人侯徵不詳其里居爲爲廟食兹土其略可得聞乎乃始逮其顯末曰侯夫婦殉節事俱見同里徐莊橋王氏譜大昭與史合符按譜載建康王格女淑英適江邑永陵鄉闕文興俱沒漳州立祠於本鄉祀之今大闕東嶽廟郎其地也元末張士誠之亂祠燬於兵後人郎其遺址改建東嶽行宮事越兩朝而嶽廟西側尚存破宇一所廟之東里以闕名廟之西濟以闕名至今不忘其姓氏則侯實生長於此某等不忍其終廢爰合諸同志俞謙戴丙魏許天德劉鈞劉衡金之銘陳觀光龔理常李紀鶴恒推信井玉田集貲鳩工經始於咸豐元年二月十四日迄今落成祠宇三進前楹一中後各四夾以廊廡六不

惟英靈得所棲止將使百世之下瞻仰其廟貌不肅然居敬願乞一言以垂於來世余應之曰然是誠義舉也忠臣殉國烈婦殉夫二者兼之祠名雙節洵足風世厲俗既詢知侯籍江邑永宜廟食茲土闡揚而表彰之是則守土之職也諸公好義重建例得附名不朽乃不辭而爲之記

敕建忠義祠在中街節孝祠東同治六年建祀殉難官紳兵弁士庶計屋九間知縣顏榮階汪坤厚相繼捐撥紳商及後裔集貲建造其基節婦俞何氏暨後裔方于雲捐入汪坤厚并撥璜塘田十畝眾姓捐田六十四畝有奇以作歲修等費　綺山長壽華墅長涇祝塘青暘前周丁墅名祠附

江陰縣志卷之七終

江陰縣志卷之八

祥異

春秋記異不記祥而有年必書明乎歲豐人樂乃嘉祥耳江陰高原患旱圩田患潦沙洲患風潮三者無災卽爲有年而天不能酌予之濱江之地所以常待補救也至於日星霜露之變山川草木之妖雖不盡由一邑之感召然稽洪範五行咎徵五事足資恐懼修省焉豈徒侈中牟三異爲循吏之報最哉志祥異

晉太康七年十二月己亥毗陵雷電南沙司鹽都尉戴亮以聞

永昌二年正月赤烏見暨陽

永昌中暨陽人任谷因耕息於樹下一羽衣人就淫之既而失所在遂有娠積月將產其人復來以刀穿其陰下出一蛇子便去谷遂成宦者後詣闕上書自言有道術帝留宮中郭璞上疏諫不聽帝崩亡去

咸康五年四月下邳民王和僑居暨陽女可可女名年二十自云上天來還得徵瑞印綬當母天下晉陵太守以爲妖收付獄至十一月有人持柘杖絳衣詣上車門口列爲聖人使求見天子門候受辭辭稱姓呂名賜其言王和女可右足下有七星星皆有毛長七寸天令可命爲天下母奏聞卽伏誅幷下晉陵誅可

隆安中輔國將軍孫無終家暨陽地中聞犬聲尋地坼有雌雄二犬子皆白色取而養之皆死後無終爲桓元誅滅尸子曰地中有犬名曰地狼夏鼎志曰掘地得犬名曰賈此蓋自然之物不應出而出爲禍也

前宋元徽中暨陽縣女於黃山穴中得二卵如斗大剖視有人形

齊建武二年魚子英於芙蓉湖捕魚得赤鯉持歸以穀養一年化爲龍

梁大同元年有鳳止於南鄉慈雲寺樹飛鳴而過故以鳳

過名鄉

陳太建四年江水赤如血

禎明中江水赤自方州東至海

唐垂拱中縣東二十里有黃龍盤於山三日始沒今名盤龍山

宋天禧二年二月蝻蟲生

政和五年主簿命光祖於官倉獲一烏體全白喙目脛掌俱紅待制蔣靜奉祠里居撰政和聖德瑞烏賦以進

紹興五年八月水

紹熙五年大旱民食草木

慶元元年饑死徙甚衆詔免夏賦且賑之粟
六年大旱民乏食
開禧三年夏秋飛蝗蔽天
嘉定十一年旱蔬麥皆枯
元至元二十七年五月大水
至正十一年永凝鄉陸家一豬產十四豚內一豬身而頭
面手足俱如人
十五年十月六日地起白虹是日午江陰州城陷
大德四年七月颶風起水暴溢民胥漂溺
明正統三年旱免糧四百六十七石

五年旱免糧一萬一百四十九石
八年夏旱秋大水免租一萬六千九百六十九石
十三年旱
景泰五年正月大雪平地深三尺五月大水傷稼民乏食
賑之免租六千八百石有奇
六年夏旱蝗免租四萬七千四百五十六石
七年旱免租五萬一千一百八十石
天順四年水免租一萬三千三百三十三石有奇
七年水免租三千三百石有奇
成化元年水免麥米五萬二千六百七十石

二年水免麥一萬二千五百二十七石
四年旱免租七千三百石
七年水旱兩災免麥五千八十二石糧三萬七千八百六十三石
八年水免米二萬三千五百六十三石
九年水免米一千九百七十一石
十三年水免麥一萬六千七百二十七石
十七年春夏大旱秋大水渰沒田疇壞民廬舍人多溺死
免租四千六百五十三石
十八年旱免麥八千三百四十二石
二十一年旱免糧三萬二百五十石

二十三年旱免糧二萬三千八百五十三石
宏治三年由里定綺諸山傾泉湧秋大魚出江湄長十餘
丈身橫鬐鼠不動衆封其肉皆純膏取以照夜未幾潮
至魚去
十八年旱免糧三萬三千七百三十三石有奇
正德元年旱免糧三萬八千六百九十九石有奇
三年旱免糧一萬九千六百五十五石有奇
五年夏大水浸淫三月爨煙幾絕
六年夏疫
七年秋海潮溢

十年大水免糧三千五十六石四斗有奇
十三年大水免糧二萬二千二百四十二石有奇
十四年春地震夏秋大水免糧四萬四千一百四十三石有奇
十五年麥冬秀
嘉靖二年饑
三年春地震
五年二月大雨圩坦壞二麥死七月石頭港巡檢任忠妻王氏一產三男
七年冬地震
八年六月飛蝗蔽天食竹草葉盡

十五年四月大雨雹平地積寸餘二麥死
二十三年大旱
二十四年大旱
二十五年大旱人屑榆皮以食流殍載道
三十二年雨赤豆地生白毛倭寇至
三十三年日出時有黑圓如日者百數與日並行又有覆日如月魄而差小者日光茫昧四漏如綫
三十八年大水
四十一年大水
四十四年四月二十四日大風拔木

隆慶元年訛傳將選宮女民間嫁娶一時都盡八月二日大風拔木六晝夜水暴漲禾盡秕
二年正月朔風沙晝晦六月大風
萬歷元年十二月雷震
五年大水
六年蟲冬大雪木冰改折漕糧米二萬六千九百八十九石七斗一升八合每石折銀五錢
八年大水
九年秋海潮溢陡起數丈沿江居民漂沒殆盡
十一年大水免米五萬三千九百五十四石六斗八升
十五年水民食草根樹皮殆盡免本色米一萬二千六百六十石二斗四升八合折色銀七千五百九十一兩六錢三毫

十六年旱改折漕糧三分每石折銀五錢省免輕賫等銀一千五百六十六兩四錢六分一釐五毫一絲發賑銀一千一百兩穀八百八十一石一斗四升
十七年大旱發賑疫死者載道免本色米一萬四千七百二十九石一斗三升四勺折色銀一萬二千八百五十七兩六錢六分發賑銀五千七百兩
十八年二月二日地震
二十一年雹改折漕糧三分每石折銀五錢省免輕賫等銀一千五百六十六兩四錢六分一釐五毫
二十三年水改折漕糧正米連耗每石折銀七錢省免輕賫等銀五千二百四十九兩八錢二分七釐一毫
二十四年水改折漕糧正米每石折銀五錢省免輕賫貼役等銀二千五百八十五兩三錢七分三釐

（二毫二絲）

二十五年春大風雨土夏秋大雨

二十六年一歲兩災（改折漕糧三分省免輕賫貼役等銀一千五百六十六兩四錢六分一釐）

二十七年春久雨無麥（改折漕糧正米省免輕賫貼役等銀三千五百三十三兩二錢五分七釐）

二十九年大水無麥（改折漕糧正米二萬二千一百一十石七斗七升八合每石折銀三錢五分）

三十三年夏秋大旱

三十五年正月二十五日地震七月蟲食禾八月布穀鳴

三十六年三月大雨至五月止賑之

三十七年大水禾半登

三十八年五月連雨沒青苗殆盡（改折漕糧正耗米六千六百五十六石五斗有奇）

三十九年八月黑蟲如蠶食禾穗禳卻之

四十年夏大水秋大風禾豆損冬暖桃栁皺

四十一年雨損二麥有秋

四十四年夏大水秋旱蝗冬日暈生珥白虹貫天

四十五年飛蝗集亙數十里

四十六年春雨傷麥九月二十六日曉白氣見東南半月而滅尋有星孛於東方移而北光長數丈亙天中

四十七年蝗

天啟元年訛傳選宮女民間嫁娶多不備禮

二年六月九日大霧

三年九月十五夜竊入舖失火請鑰不即發火延麗譙焚死竊犯四十八名邏卒二名先是五月火星入南斗十月退舍十二月二十二日申時地震

四年正月晦日食色紅有大星見日旁十一小日環之二月有大星如蛋自北移東沒四月淫雨積旬傷麥五月雨五晝夜不止江潮漂沒五千餘家積屍無算六月異星晝見去日僅尺其光動搖七月連雨三晝夜後蔣烏稻復漂沒

五年正月大霧晝晦聞雷三四月淫雨傷麥六月八月天鼓鳴旱甚七月二十六日太白經天

六年正月雪大雷電春夏雨無麥四月天鼓鳴六月大旱蝗七月大風雨拔木偃禾江水溢民多溺死冬不雨饑民采食圌山乳石十二月二十八日木冰

七年正月朔天鼓鳴三日不絕大雨連十八晝夜十九日至二十一日風雨雷電大雪雹二十二日濃霧四塞烏雀多凍死三月青蟲食麥苗秋蝗傷稼九月雨十一月江流涸

崇禎二年九月不雨至十一月

三年春不雨無麥五六月大雨禾桑盡傷八月大雨苗不
實
六年六月二十五日烈風猛雨圩岸衝坍飄溺人畜田禾
瀕江尤甚九月二十八日風災田禾若掃
七年四月七日黑雲起東北大雷雹以風雨雹麥盡秋蟲
冬大風雷既晴氣暖二麥舒穗草木花
八年春多雨夏不雨二麥損六月雨至八月損稻民饑
十年正月朔日食中秋後至明年春杪旦晚赤氣彌天月
色赤
十一年四月十九日至二十四日大風損麥過半六月不

雨八月飛蝗蔽天食禾豆草木與殆盡捕不能絕冬旱
赤氣彌天蝗遺子復生食麥苗十月二十三日五龍垂
天不雨
十二年正月二十五日夜雨小黑豆四月旦晚蟲聚鳴於
天五月旱蝗
十三年風霾雨土五月至七月不雨八月虎至傷人
十四年大旱米價每石三兩有虎至捕得之
十五年正月朔大雪以客歲無年民饑多疫死
十七年三月十八日月赤如血
國朝順治八年六月淫雨六晝夜禾苗爛死十月朔日食晝

幾晦
十年十一月大雪木冰
十一年六月大風拔木
十二年麥秀兩岐
十七年五月晦大雨旬日不止山裂出水平地深數尺舟
航入市古岸皆傾
十八年六月大旱日中飛雪七月蝗不爲災
康熙元年麥大稔秀兩岐秋大有年米價五錢零
二年大旱
三年彗星見

四年七月大風拔木
七年春白氣亘天彌月六月十七日地震
八年十月雷
九年五月連雨不絕蔬禾盡沒民廬多壞
十年六月旱至八月始雨
十一年六月飛蝗蔽天
十二年正月三日夜聞雷有大魚數丈死江渚
十三年正月至五月淫雨六月至八月大旱十月至十一
月復淫雨
十五年五月至六月大雨田禾沒民廬壞

十六年五月大雨雹損麥苗六月大雨禾苗盡没
十七年秋大旱
十八年五月不雨至七月江潮涸禾槁民食草根榆皮賑之給米六千五百九十石銀一千八百八十三兩
十九年六月大雨積旬平地水高數尺漂没廬舍人民死者不可勝紀勘報災田六十三萬二千一百九十三畝蠲緩銀米
二十年大疫
二十二年正月至四月淫雨麥大損十二月雷
二十四年三月大雨六日水深數尺
二十六年大風發屋拔木

二十七年四月朔日食歲大稔
三十年七月大風潮溢沙田淹没
三十一年正月朔日食大有年
三十二年夏大旱秋大水冬暖桃杏梅花蠲免漕糧三分之一
三十四年正月朔大雪半月始止三月大雨雹五月淫雨十日無麥禾冬暖無雨雪蠲免漕糧七分
三十五年六月颶風海嘯洲民溺死數百人七月大風雨發屋拔木
三十七年正月朔日食夏無麥
三十八年秋蝗不爲災

三十九年大有年一禾九穗
四十一年二月三日白氣丈餘自西起更餘乃滅四月淫雨無麥
四十二年大有年冬暖草木花
四十三年四月二十日大雷雨雹數日不止麥損
四十六年二月月旁有星摇動紅色秋大旱八月大雨雹勘報災田五十七萬七千八百三十八畝蠲免地丁銀九千四百六十七兩三錢五分六釐米一百八十八石三斗七升二合賑大小饑民三十二萬六千二百七十一口給米一十萬八千六百九十一石五斗
四十七年夏大水不成災
四十八年有年

四十九年大有年
五十一年冬地震
五十三年十月朔日食既十二月大雷電
五十四年正月朔日食夏大水
五十五年夏大旱池河涸禾苗萎勘報災田五十四萬八千二百九十七畝二分蠲免地丁銀九千五百五十一兩一錢七分八釐米二百二十一石三斗四升九合賑大小饑民九萬二千二百六十五口給米二萬四百二石四斗三升三合
五十七年有年
五十八年正月朔日食大雪大有年
六十年五六兩月不雨江潮不至田禾災勘報災田五十四萬七千三百

三十四畝一分蠲免地丁銀八千五百二十九兩八分米一百九十七石六斗七升一合

六十一年五月至七月不雨七月有星自西而東聲隆隆白光長數丈田禾災勘報災田七十八萬七百七十八畝九分蠲免地丁銀一萬三千八百五十八兩九錢九分米三百三石八斗七升八合賑大小饑民一十一萬八千五百三十口給米二萬四千八百一十九石三斗貧生二百九十一名給米六十四石二升

雍正元年五月至七月不雨江潮不至八月飛蝗四塞成災勘報災田八十六萬七千四百五十畝六分蠲免地丁銀一萬六千三百五十七兩二錢七分六釐米三百五十八石六斗五升六合又奉撥米煮粥賑大小饑民二十四萬五千八百三十四口用米二千四百七十八石四斗柴四十九萬五千六百八十觔貧生一百二十名給米二十一石六斗

二年七月十九日夜颶風作海潮溢瀕江及江心田岸衝坍廬舍多圮死者甚眾勘報被災沙田七萬三千七百五十一畝三分蠲免蘆課銀八百二十二兩請撥留漕米煮賑四月計大小饑民五十八萬八千九百四十口并發銀二百兩苫蓋坍塌民房

三年二月日月合璧五星聯珠

五年大寒木冰

六年冬申港民蔡元臣妻於氏一產三男

八年大有年

十年七月十六日黃雲蓋天是晚颶風大作江潮泛溢聲震山谷拔木毀屋平地出水數尺繼以暴雨不休南北兩門水及城板北外浮橋漂沒傍橋里餘民舍皆壞瀕江及各沙溺死居民數千人禾稼連根掃蕩為百年未見之災勘報被災漕田六萬六千八十三畝蠲免地丁銀一千一百一十九兩五錢米二十五石三斗四升四合被災沙田一十三萬二千二百六十八畝七分蠲免蘆課銀三千四百五十三兩九錢賑各沙大小饑民二萬五千一百四十七口給錢一千九百五十九千八百四十文米一百八十石賑水師效水兵丁一百六十一名給銀一十六兩一錢後因來春青黃不接復賑大小饑民二萬九千五百三十七口給米一萬四千六百三十四石一斗三升五勺

十一年夏大旱秋雨不成災

十二年六月朔淫雨五晝夜六日雷電大作風雨驟至低田災勘報災田二十一萬二千八百三十三畝蠲免地丁銀九千九百二十五兩六錢四分米二百一十二石六斗八升七合賑大小饑民七萬六千一百八十六口給米二萬一百五十二石二斗六升

十三年秋稔

乾隆元年夏秋淫雨低田災勘報災田三千四百三十四畝九分九釐蠲免地丁銀一百五十二兩四錢三分九釐米三石二斗六升六合賑大小饑民二千四百六十七口給米六百七十石三斗五升又因冬月嚴寒將鰥寡孤獨貧民復加賑濟計大小饑民六百八十七口給米一百九十六石六斗五升

二年學宮銀杏自焚沃以水火益熾六月暴雨五晝夜不止江潮河水泛溢低田災勘報災田四萬九千二百畝三分八釐蠲免地丁銀二千八百九十七兩米五十三石三合賑大小饑民三萬八千八百一十二口給米一萬七百八十九石八斗貧生五十七名給米一十七石一斗

三年五六月不雨七月東鄉蝗生蘆葦中旱益甚高田災勘報災田五十四萬八百二十八畝蠲免地丁銀二萬五千八百三兩米一萬六千七十四石二斗九升九合賑大小饑民六萬八千三百五十五口給銀一萬二百五十一兩米九千六百四十九石九斗

四年秋有年

五年夏稔麥秀兩岐秋瀕江沙洲背蟲食苗節勘不成災

六年七月颶風起沙洲潮溢民舍漂沒

七年秋稔

八年夏麥稔五六月淫雨低鄉被淹高田大稔

九年夏麥稔十月李樹花

十四年南門外有賃屋居者牀帳皆有血保鄰聞之官訊無所得疑揣間血復從地仰射發而視之竟莫知其所以然

十八年七月有星如月從西墜有聲

二十年秋大水蟲食稼八月寒霜早降禾苗盡枯民疫勘報八分災田一萬八千三百五十畝七釐六分五分災田三十二萬八百四十七畝四分五釐勘不成災田一十二萬三千一百七十四畝五分八釐蠲免地丁損脚俸工等銀二千八百八十三兩七錢九分三釐兵恤米六十三石三斗三升五合六勺並損發義賑

二十一年大疫

二十二年大有年圩田倍收

二十四年秋淫雨成災勘報五分災田四十四萬九千三百畝一分勘不成災田一十九萬七千四百二十一畝蠲免地丁損脚俸工等銀三千二百一十九兩八錢九釐兵恤米七十四石四斗八升三合四勺

二十九年五月地震

三十一年四月大風雨以雹西南城外吹倒石坊一座拔起大樹二株勘報五分災田三萬二千畝勘不成災田一萬三千畝蠲免地丁損脚俸工等銀二百六十一兩六錢七釐兵恤米三石八斗四升六合三勺

三十三年三月大雨雹積地盈尺秋大旱苗不實西鄉尤甚勘報五分災田一十萬三千畝勘不成災田三萬八千畝蠲免地丁損脚俸工等銀九百三兩一錢二釐兵恤米一十三石二斗七升八合

三十四年雨雹傷禾勘報七分災田九千八十七畝四分三釐六分五分災田三萬二千二百一十一畝六分二釐勘不成災田二萬八千七百五十一畝九分四釐蠲免地丁損脚俸工等銀三百七十四兩四錢一分一釐兵恤米五石五斗四合九勺

三十六年大風雨扁擔沙飄沒四五十家

三十八年春夏大雨二麥俱壞秋歉收

三十九年四月金星晝見麥歉收夏旱苗槁秋蝗勘報五分災田九萬五千六百畝一分九釐勘不成災田二萬二千八百七十八畝四分六釐蠲免地丁損脚俸工等銀六百九十九兩二錢八分四釐兵恤米一十石三斗一升三合四勺

四十年夏蝗秋大旱河流絕高下俱災勘報七分災田一十萬二千八百二十二畝一分七釐六分災田一十五萬六千九百一十七畝三分勘不成災田一十八萬六千五百二十三畝蠲免地丁損脚俸工等銀七千一百一十九兩六錢三分六釐兵恤米一百一十三石二斗八升四合二勺賑大小饑民一十一萬八千五百八十口給銀二萬七千三百九十一兩二錢七分五釐

四十六年六月大雨颶風並作江潮溢沙洲及瀕江廬舍俱壞居民淹斃甚眾

五十年正月朔日食五月至八月不雨河流涸絕高下俱災民無食勘報六分五分災田六十七萬九千五百三畝三分勘不成災田一十一萬五千九百九十六畝五分二釐蠲免地丁損腳漕項等銀六千五百一十五兩一錢一分二釐漕糧行月兵恤等米三千七百五十二石七斗七合一勺賑大小饑民一十七萬七千九百七十八口給銀二萬二千三百二十五兩並捐發義賑

五十一年正月朔日食歲饑民食草根樹皮夏大疫

五十二年秋稔

五十三年夏大水晚禾傷

五十八年夏大水馬家圩成災緩征本年錢糧

五十九年七月大風雨拔木沙洲圩岸衝坍

六十年正月朔日食

嘉慶元年正月大雪寒甚冰柱長幾至地樹木凍死

四年日月合璧五星聯珠

六年秋稔

十二年夏旱

十五年正月朔立春

十六年秋八月有星孛於斗柄之西長二三尺漸移而南光芒數丈

十九年大旱七月中河水涸絕河底俱坼地生毛野蠶食松釵幾盡歲大歉勘報七分災田七十五萬六千一百八十九畝八分七釐勘不成災田六萬三千一百九十六畝八分八釐蠲免本年銀米十分之二賑大小饑民一十八萬三千七百二十九口給銀二萬九千八百二十兩一錢五分並捐發義賑

二十二年三月四日夜興國寺浮圖焚

二十四年夏旱高阜災勘報勘不成災田二十一萬八千二百六十畝五分九釐緩徵本年銀米十分之二

二十五年夏旱七月天漢中光長丈餘有聲移時漸沒

道光元年四星聚於壁夏秋大疫村里中數日之間有連斃數十人者有一家數口盡歿者

三年夏大水被淹之家用小舟泊於屋內男女老幼食宿其中沙洲廬舍漂坍幾盡九月水始退魚蝦甚夥入以

為糧勘報九分災田二十一萬三千一百七十二畝六分七釐蠲免本年銀米十分之六八分災田九萬八千三十一畝二分九釐蠲免本年銀米十分之四七分災田五萬九千九百四十六畝七分八釐蠲免本年銀米十分之二勘不成災田一千三百九十六畝四分七釐賑大小饑民一十五萬七千五百五十三口給銀五萬二千二百四十四兩四錢並捐發義賑

四年十一月大風江船覆溺者甚多港口積尸無算

五年八月星孛於胃昴之南北指光長丈餘經月乃滅

七年九月有紅白暈圍日四旁又有貫於日中者至暮始沒

九年正月朔立春七月旱

十一年夏大雨盈尺江湖暴漲水高於田秋霜早降田禾

災勘報五分災田二十萬六千二百九十六畝三分八釐勘不成災田二十三萬五千一百六十七畝七分四釐蠲免本年銀米十分之一並緩徵舊欠銀米捐發義賑

十二年冬大雪

十三年春夏陰雨麥稔七月風潮大作日光黯慘作淡綠色十月雷雨兼旬稼傷成災勘報勘不成災田二十八萬四千五百一十七畝九釐緩徵本年銀米二分五釐分作二年帶徵並緩徵歷年舊欠捐發義賑

十四年秋大雨市可行舟

十六年秋飛蝗自北而南多集江涯山足嚙食草根穀大稔

十七年夏蝗復生不爲災六月烈風暴雨有龍自西北經東南江船泊浮橋內者衝破屋壁入人家大木斯拔縣治屋脊壞

十八年十一月城西隅火流自天色靑赤有聲如是者四次

十九年正月大雪盈尺三月大雨雹積地二三寸四月復雨雹覲山農人有獻兩歧麥者署縣陳延恩卻之而給匾其家九月苦雨兼旬晚禾半傷勘報勘不成災緩徵本年銀米二分四釐

二十年春地震五月大水歲大歉

二十一年春太白晝見天槍見西南秋熒惑守心冬大雪除夕聞雷

二十二年四月雨雹

二十三年三月地震

二十四年十月十三日地震

二十八年夏日有璺裂紋八月大風潮溢九月地震

二十九年四月二十九日城陷西北隅數十丈五月至六月淫雨數晝夜海潮溢田禾淹沒民大饑

三十年元旦有黑氣貫日

咸豐元年八月地震江水鬬

二年正月日入後有黑氣自西而東逾月

三年二月地震兩次彗星見八月又震

六年春地震夏彗星見地生毛六七月不雨高低田災

七年三月蝻生天忽大雷雨狂風捲入江中不爲災

八年五月彗星見半月餘方滅

十年二月地生毛閏三月大雪盈尺彗星見四月十三日髮逆陷江陰

十一年六月天上有聲夏秋彗星見八月丁巳朔日月合璧五星聚軫

同治二年八月初二日克復江陰

三年正月至四月大疫七月太白晝見

六年八月雨霰大風

七年夏淫雨江湖水漲禾皿被淹原續墾田內被淹田一萬五千七百四十二畝二釐除上忙已完不計外蠲免下忙漕米六年分墾田內被淹田四千八百八十九畝一分五釐全予蠲免

八年大水低田災原續及六年墾田內被水復淹田一萬六千六百六十畝二分三釐上下忙漕米全蠲又被水新淹田四萬七千二百五十七畝九釐除上忙已完不計外蠲免下忙漕米又七年墾田內被淹田六千六百十五畝上下忙漕米全蠲

十年五六月亢暘大風稼傷成災原續墾田內被旱田二萬四千六百九十五畝六分除上忙已完不計外蠲免下忙漕米

十一年三月朔雨雹

十二年夏秋亢旱大風田禾被災原續及六七九年墾田內被旱田二十七萬九千六百七十四畝九分四釐上下忙及漕米全蠲已完上忙流抵次年新賦

十三年六月彗星見十一月朔太白蝕日

光緒二年夏秋旱歲歉原續墾田內被旱田十一萬八千二百九十七畝一釐上下忙曹米全蠲已完上忙流抵次年新賦十三年報墾田內被太旱田三萬六千四百七十六畝三分七釐剔子蠲免

白晝見去日丈許十二月地震

三年四月不雨五月大風發屋拔木蝗未成災

江陰縣志卷之八終

江陰縣志卷之九

風俗

政治得失而祥異生風俗美惡而因革生風俗者治化之原人心之驗也古人輶軒采風以覘俗尙驗教化之深淺耳斯地僻在海濱尙敦古處凡冠婚喪祭日用飲食克循舊典有風化之責者宜何如端圭臬爲民之表率哉志風俗

四民

吳都賦云士有堅貞之行俗有節槪之風雖槪稱吳地而江邑尤爲近之宋葛邲謂得江山之助故其人秀而多

文有淮楚之風故其人愿而循理黃志云上士畏義篤道貞白湣固富貴不能蕩其心生死不可易其介中士瓌詞傑作可與珠玉爭光下士不欲矯世以沽名且爾從衆而同俗趙志云後生晩出皆知慕效前輩談古文章論字法其闊略不修學者毀節仕者貨法衆共不齒焉志云自隆萬以來人品文品俱矯然自立不屑逐世博名以故忠烈挺生垂光載籍昔人論士如此我

朝久道化成俗益湣茂自

國初至乾隆間薦紳舊族厲名節崇禮讓勇於爲義凜然不可干以私寒畯之士孤介自守同人相聚問學切劘作

爲文藝崇根柢而不尚浮藻大都考文徵行略如葛邲諸人所云雖屢變而不離其宗迄今數十年間風會稍遜其砥行立名者倍蔬蔬云

農之家十居八九農無田而佃於人者十居五六農人自食其力歲收豐歉一家之盈絀係焉故三時耕作不敢不勤惰游者尚鮮其佃於人者視年上下按額償租是爲良佃若奸佃則或一田兩賣謂之㨪賣欠租不償將田轉權而私收其值謂之盜權秋成稍歉强悍者倡首抗欠羣相效尤謂之霸租復有以糠粃土塊攙和米麥掗交甚至用水潮濕輒至霉爛尤爲惡習至設立保甲

原爲弭盜衞農不令催糧今則黠保奸胥以多田之家報充甲長遇有欠戶勒令代完民或因此破家則復報一人以充數又青黃不接之時室如懸磬牟利之徒乘其急乏貸以米石而故昂其值謂之放黃米一俟新穀登場按月計利清償至有數石之穀不足償一石之米者貧農之苦殆不堪問就而論之奸佃不懲業田之家困奸胥不戢業農之家尤困交相困而上虧國課下乏蓋藏鮮不由於此也

工作無奇巧金銀銅錫稍佳鐵最粗惡石工染吳會風氣漸趨精巧木工分大小匠大匠營造小匠製器具自嘉慶以來有力者多造房屋工用遂廣小匠器具亦益精土工築垣運甓外無他長陶工以土色非宜恒至苦窳故東南鄉西鄉雖俱有窰僅燒磚瓦竹工無細製染工多溧水人畫之善者不可爲工工則粗解繪事而已合各工較之木工勤作不苟爲上土工窳惰爲下

士人重農逐末者寡其行賈於外近在淮揚遠及襄漢典業在乾隆以前皆徽商今則本商矣居停客貨平章市價而低昂之謂之牙行負販各物營微利以自給謂之經紀四門米行升斗大小不同因之價值不一他如農田各器耕牛豚豕等畜春夏間某鄉某鎮俱有集期大

率商賈習俗富則教子讀書貧則依人謀食勢使然也蕩檢者尚少

婦女

衣冠士族婦女率閑靜莊慎無穠麗冶游之習中人之家織紝鍼黹惟其所習農婦專事紡績兼饁餉之勞輕儇衺蕩漸染不及風亦湆矣

通俗

古禮不盡行冠禮明萬歷間知縣劉守泰爲所拔士周從文詣學一行婚禮親迎

國朝乾隆間知縣蔡澍下令邑中士族行之今已久廢惟以

綵輿鼓吹有爵者牌扇旌蓋媒儐導行交拜合卺諸儀得古禮大畧而已喪禮用音樂向浮屠舉殯既卜日前一二日受弔晚設奠曰唐祭即古祖奠意厥明引柩赴墓儀從盛者載路里許衰麻哭泣都不戾於古惟堪輿不能無惑鄉民朝死夕葬富人謀吉兆不得有淹滯數十年者矣祭禮有祠者多以春秋二仲祠祭無則祭於堂祠之有無祭品之隆殺視其子孫之家財不衰古禮以卿大夫士庶民爲等差也其他所祀無常惟祀五通爲惡俗香花牢醴皆極盛召戚黨張樂設筵以道士祝之詞甚鄙俚名曰茶筵且必以夜必夫婦親之達旦而後已所費動數十金淫祀無福可謂至愚右婚喪祭祀大端若此至如賓朋宴集交際之文宮室輿馬飲食衣服之用類皆厭樸陋尙華侈不知今日之儉已敵往昔之奢康熙間米石七百肉觔三十明萬歷間修廣福寺碑載豆油十石銀十二兩三錢較之今日物價不啻倍蓰況又從而侈之何以善其後乎

勸諭親迎約　國朝知縣蔡澍

竊惟夫婦爲人倫之首閨門實起化之原是以詩詠關雎書美釐降易首乾坤春秋譏不親迎比以二姓之交嚴配耦廣似續所係甚鉅不可不愼也考之婚禮曰問名矣納采矣納吉納徵矣儀節亦云畢具而殿之以親迎曰壻至婦家親迎既奠雁御輪而先歸俟於門外婦至則揖以入先王制禮豈故多其曲折以爲束縛斯人之具哉蓋天下事必愼重於始而後可永好於終如谷風陰雨及氓之蚩蚩二詩朱傳皆謂婦人爲人所棄而作所以然者以禮教不修縱欲味理合之甚易故離之不難也先王逆知天下後世必有蔑禮相從中道棄捐而乖夫婦之經者故制爲六禮以闕之益曰必如是而後爲夫婦一禮不備則亦猶之苟合而已矣我江邑地介三吳素稱文物之邦喪祭禮儀頗爲近古即婚姻之家卜吉聘定亦猶彷彿古人納采問名之遺意獨親迎一節無論城鄉士民則恆未有行之者夫女子之守貞待字非過難也蓋天理當然有不如是而不可者故其始也問名納幣已極禮物之周詳而于歸之夕又有夫子執贄相迎所以謹匹配之交作兩姓之合者無不鄭重備至如是而往從之則陰陽往來既無輕身之嫌夫先婦後已見唱隨之義此夫婦一倫所由與君臣父子昆弟朋友並昭天壤永垂不敝也自親迎之禮不講未見良人之出戶忽覿邦媛之入門婚媾無文苟且相就其與無媒而自合者相去曾幾何哉迨其後也或終恩而悼請淚或抱布而謀貽遷或曰何愛已弛矣黃衣亦可爲裳或曰傷哉貧也槽糠何妨易米更或磨笄力新輒赴相如之約抑或兩髦如舊忽傳紅拂之奔甚且人盡夫也奚蘼蕪之關心究其死矣樂他人之入室種種乖張俱傷倫化溯其由來皆爲婚禮不明親迎久廢遂使夫婦之間視同陌路風俗至此此亦司土者所當急爲轉移者也請與江邑紳士民人約城廂爲四鄉之觀瞻復古禮當自城廂始紳士爲四民之標準端化源當自紳士始紳士循禮則庶民協應城廂循禮則草野向風將見自貴及賤無不親迎之家由近暨遠罔非親迎之俗教化興而風俗同由是編之志乘書曰江邑親迎之禮自某年某月某令涖任始異日太史採風輶軒問俗謂海隅僻壤猶存古風也豈非彬彬盛事況今天子特命儒臣纂修三禮行將頒行天下永垂法守則親迎之禮尤本朝令甲所在不可違玩限越者也如以某之言爲迂諄諄聽之藐藐縱習俗相沿不能繩之以法諸紳士民人自思逆禮失義抗父母之教命忽國家之令典其何以自處耶蓋庶民興則感激奮發而轉移有力某爲四民重朔之士君子有移易化導之責者也匹夫而化鄉人古有其語況紳士躬行倡率有不風流令行乎於紳士尤有厚望焉各其諦聽無厭髦言

歲時

歲元旦放爆竹啟門肅衣冠拜祖先隨拜父母以次揖賀出赴師長尊行家展謁以及等夷親交立春前日有司官迎春東郊絏亭鼓吹裝演戲劇故事自迎春館擁太歲土牛至縣治達旦祀勾芒神於儀門東擊鼓者三繞土牛三匝而鞭之樂工以小春牛分送官府搢紳正月五日祀五路神十五日上元節龍馬獅子諸燈競作各廟俱張燈設樂城隍廟爲最盛搓粉爲丸曰團圓以糯穀投焦釜曰爆孛婁又曰卜流花以占休咎上元後營官迎喜神甲胄旗幟嚴整煥爛近年罕見矣寒食爲百

五節男女以麥葉簪髮淸明掃墓間有墓祭者冢上標以紙錢三月二十八日爲東嶽誕辰城隍神賽會登山旌旗輿衛闐咽街衢觀者如堵四月八日僧尼作浴佛會十三日申港季子墓集場商賈輻湊買農具者悉赴蓋是日爲季子誕辰士人咸往謁墓因而成集亦見愛慕前賢者衆也午日泛蒲觴食角黍門懸艾符婦女簪繭虎彩勝龍舟競渡南自五雲橋北抵閘口畫舫笙歌中流間作不及郡城什一也夏至食餛飩六月十九日廣福寺作觀音會雜賣惠山泥人耍貨兒童爭購以爲戲七月七日夕穿鍼乞巧或有以盆盛水曝日中抛鍼浮影驗其巧拙者中元食茄餅盛舉盂蘭盆會晦日以五色紙作燈燃於地曰地藏燈衢巷皆徧中秋食月餅幷相餽遺以香爲斗置高臺爇之曰燒斗香競設酒肴瓜果以玩月二十四日以粉糰祀竈重九日食重陽糕翦五色紙旗插其上以祀先及竈登高至君山挈榼小飲霜降節營官迎霜隊伍一如迎喜今亦罕見十月朔掃墓略如淸明冬至賀履長節臘月八日雜果蔬爲粥曰臘八粥二十四日送竈神翦紙爲旗蓋輿馬延羽士諷經禮送掃舍宇是日丐者花面插羽儺於市曰跳竈王除夕插松柏於檐端祀神祭祖畢懸祖先畫像封井

接竈以白堊畫地作弓矢飛錢米囤之形換桃符春帖老幼圍爐或達旦不寐謂之守歲爆竹聲恆終夜不絕今則偶聞聲響亦以見生計之絀也

農占

元旦侵晨風自東南來歲大稔其次東風又其次東北風遇西風則歉七日爲人日晴則少疾疫八日爲穀日昏時看昴宿去月幾何若星與月過是爲參星過月主旱否則多水立春日宜晴暖二月十二日爲花朝晴則百果熟社日宜雨三月三日聽蛙聲午前鳴高田熟午後鳴低田熟十一日麥誕四月四日稻誕皆喜晴八日夜

雨傷小麥十三日雨麥歉收十六日晴則水雨則旱惟陰雲爲佳十八日雨高鄉無收立夏太陽無暈旱有暈水芒種後壬日爲梅恆多雨半月忌雷端午日雨主來年大熟夏至日起時時分三候每時五日中時雷多雨五月甲申乙酉日雨則大水二十日爲大分龍次日雨主豐稔立秋日忌雷立秋後忌虹處暑不雨禾大耗八月二十日爲稻藁誕宜晴小雪有雪主穀賤十月朔清和一冬少寒十一月十七日爲彌陀誕早起占風南風米貴北風米賤冬至後第三戊爲臘臘前三番雪名曰三白主來歲大豐

諺語

年朝烏鹿禿高低一齊熟未蟄先蟄一百廿日陰濕春雷須見冰弗冰弗肯晴二月逢三卯棉花貴如寶三月無三卯田家米不飽三月溝裏白溝底一畝麥麥秀風搖稻秀雨澆低田只怕迎梅雨高田只怕送梅雷黃梅寒井底乾時裏寒沒竹竿二十分龍廿一雨石頭縫裏多是米二十分龍廿〻鰲拔了黃秧便種豆小暑一聲雷四十九日倒黃梅六月初三一個陣上晝耘田下晝困六月弗熱五穀弗結伏裏西北風臘裏船弗通朝立秋涼颼颼夜立秋熱到頭秋分在社前斗米直斗錢秋分

在社後斗米直斗豆九月十三晴釘靴掛斷繩十月初一西北風糴新米糶冬〻春立冬〻晴魚滿汀小雪雪米賤極臘月雷地白雨來催雨春夾一冬〻無被暖烘烘除夜犬不吠新年無疫癘日落雲裏走雨落半夜後日沒胭脂紅無雨但有風月如仰瓦不求自下月如掛弓少雨多風久晴防戊雨久雨望庚晴朝華夜華無水澆瓜行子春風有夏雨落子臘雪有禾登戊子己丑甲寅晴四十五日滿天星夏至酉逢三伏熱重陽戊遇一冬〻晴春雨甲子赤旱千里夏雨甲子乘船入市秋雨甲子禾頭生耳冬〻雨甲子雪飛不已

方言

虹曰鱟坎曰潭孔曰洞支港曰浜堂庭曰天井箸曰快托盤曰反供飲食曰吃器物曰家生曰末事覘人曰張足曰彀何物曰到則曰舍個如何曰那呢六畜曰中牲認曰侒扶曰檔捧曰掇首飾曰頭面翟姓曰宅盛姓曰綻章姓曰臧季姓曰攈吳姓曰洪兒曰倪歸曰居大曰杜惟大黃大蒜大麥曰代學曰斛

江陰縣志卷之九終

江陰縣志卷之十

物產

吳都方物紀及遐荒而一邑之中所產無幾自前明罷鰣魚之貢則沿江所產曾無奇異之足珍顧不但奇異之可紀也即山水所生園圃所毓與耕夫織婦之所自出皆斯民日用飲食之資而不容闕略者也志物產

穀之屬黃秔稻穀黃米白有大柴黃細柴黃牛毛黃諸名粒大性堅宜飯白秔稻穀米俱白有短株藏塘青諸名早收者爲瓜熟稻香珠稻有黃芒白芒烏芒三色粒小而長入他米炊之味極香美出西鄉者佳紅蓮稻芒紅粒大最佳五月種九月熟烏頭稻又名烏須熟最早性柔稈

韌可織履一種熟稍後而米有斑又芒長色紫者名蘆花烏早白稻白芒赤粒八月熟一種九月熟謂之晚白又名蘆花白辮糯稻穗甚密顆稍圓細宜膄田紫芒稻似黃秔而芒紫中秋稻粒大而白四月種八月熟金城稻粒尖而紅穀之下品白蘆籼稻莖粗葉長穗秀葉巾色白性硬一種莖葉細短者爲細子籼糯稻白穀者松江糯紫穀者豬肝糯色斑者虎皮糯勁稈者鐵梗糯無芒者光頭糯早熟者超陳糯莖葉細韌宜糯者麻筋糯又一種名碧綠身芒紅粒長色白醸酒清冽炒之鬆脆產桃花鎮者爲最紅綠稻此種晚播亦能秀實葉深翠中有凝露一點又一種宜極高隴久旱不枯小麥有紫稈長其燒頭白稃數種大麥有紅筋老延芒數種穭麥亦名元麥青嫩即可食既收農家多磨作麵和飯食之蕎麥花白葉青梗紅實黑七月種八月熟遇霜即枯蠶豆以蠶時熟故名產夏港者粒大黃豆大小早晚不同惟名珍珠黃烏眼黃者爲上青豆早熟者小晚熟者大及其未老采莢食之味腴美黑豆一名烏豆紫羅豆色紫粒大有青黑花紋僧衣

豆褐色差匾綠豆實小性涼可造粉赤豆似綠豆而稍大豇豆色赤黑四月種六月熟豌豆一名寒豆喜夾麥生瑪瑙豆黃黑相間亦名羊眼豆黎豆實圓而細雜生麥田中取作腐曰粉陽腐扁豆有青紫白三種白者入藥芝麻粒細味腴黑白二種可壓油稷俗呼爲蘆穄以黃紫分秔糯又一種稈葉相似實包葉中長五寸許粒如豆可煮食俗謂芋米

菜之屬芥有紫黃雞腳千頭諸名韭葱蒜蕈筍青陽蔡涇爲最白菜一名箭幹冬時佳絕至春生薹擷食子可壓油烏菘大葉短梓色青黑者名塌菜又名油菜一種似白菜名三月白一種白筋碎邊名水闌頭莧有青赤二種忌鱉同食菠稜芹叢生水際紫莖綠葉蒿君薘俗名甜菜萵苣山藥即薯蕷其苗蔓生子亦可食茄一名崑崙瓜有青紫二種蘆菔今作蘿蔔生白沙者佳胡蘆菔小而黃芋大者爲芋魁沙洲廣種之瓜王瓜有青皮白皮二種菜瓜有青白牛角等種引蔓結實者絲瓜大如枕者冬瓜稍圓而黃者南瓜茨

菇一名烏芋壺盧一名匏甘者可食苦者作器刀豆以形似名延籬豆莢長如帶亦名裙帶俗呼延籬豆一種短而肥者名土靈豆茭白俗名茭手生水中蕈松蕈爲尤美薺馬蘭

果之屬梅青圓縮蒂者消梅城東韓園及周莊繳墩者佳櫻桃月城鎮最盛杏桃沙洲來接本所生者曰時桃沙桃大而味甘出韓園者曰五月桃壽星桃李出長涇名家慶子者佳枇杷來禽俗謂之花紅棗葡萄有紫白二種梨十月熟者最大柿有錫盆牛奶諸名石榴香櫞橙橘金橘銀杏俗名白果錦荔枝荸薺香瓜茶鎮長涇最多西瓜宜沃土蓮菂藕菱四角一種最多清水生者殼薄肉香芡亦名雞豆

藥之屬菖蒲叢生石上葉勁狀如劍脊細者爲石菖蒲檉柳一名西湖柳葉如柏花如粟何

首烏 一名夜交藤秋冬取根赤雄白雌 玉竹 一名葳蕤 蒼朮 秦望山產者有珠斑 珠兒
參產君山 土沙參 百合 芍 有赤白二種 山查 一名棠球 紫蘇
半夏 一名守田 金銀花 益母草 一名茺蔚有紫花白花二種以端午或小暑日收貯
薏苡 土名菩提珠 茱萸 薄荷 藿香 香薷 桔梗 荊
芥 九里河兩岸多植之細莖者佳 防風 枸杞 根曰地骨皮 枳實 土名枸橘皮卽枳殼
車前子 香附子 天瓜 一名栝樓俗稱瓜蔞根曰天花粉 馬料豆 都生
蘆荻間粒細而黑 萆麻子 斑如巴豆可壓油 石絡 土山漆 一名銅筋鐵骨草
茅根 夏枯草 冬至生夏至枯其花盛暑煮以代茶 豨薟 莖赤而方者良 地黃
蒲公英 一名黃花地丁 一名紫花地丁 三角楓 如意草 一名箭頭草 馬勃
馬鞭草 桑白皮 野梧桐 生江岸

江陰縣志 卷十 物產 果 藥 三

木之屬 松 園亭所植鐵崖松為貴羅漢松次之 柏 柔條下垂者瓔珞柏圓葉者圓柏亦名側柏又有刺
柏渾柏 槐 桐 椿 葉香者椿臭者樗 梓 楸類其梓實桐皮者曰椅梓 桑 湖桑葉大
而厚花桑子桑葉小而薄 檀 有黃白二種質最堅 柘 木理堅韌可為任重之器 黃楊 有直腳錦埶諸
種 銀杏 俗名白果樹 棠梨 木可鐫書赤者尤良 椐 有綿椐沙椐峭皮椐質皆堅粹作器最光
澤 榆 細葉者堅韌可為田器其莢旱如稗澇如魚年豐如稻 楝 苦楝皮青而斑初生性燥易裂伐去
再生性稍韌再伐而生製器乃佳黃楝根枝多自然樛曲宜為犁轅及牛牽 楓 脂為芸香 鴉臼 實可
為蠟其核壓油 冬青 柳 榖 皮白者榖斑者楮 皂莢 樸 椶櫚
椒
竹之屬 燕竹 燕來時筍生 台竹 俗名滑皮質韌而節高 護居竹 俗名喃雞 紫竹
筱竹 皮質柔韌葉可入藥 筆竹 俗名黃侯竹五月生筍味苦 水竹 細而堅韌 慈竹

叢生節疏子母竹也 鳳尾竹 有僅尺許者有高丈餘者皆供清玩 石竹 節疏中實 結竹 節高
而不甚大 斑竹 質黃而文斑 淡竹 葉可入藥 天竹 冬時子紅非竹類而以竹名
花之屬 迎春 梅 有綠萼紅梅玉蝶三種 杏 桃 李 蘭 梨
玉蘭 紫者為辛夷 牡丹 芍藥 海棠 深紅者為貼梗粉紅者西府長蒂者垂絲
山茶 朱紅千葉者名寶珠最佳 薔薇 其類有十姊妹佛見笑諸名 玫瑰 荼蘼
木香 黃白二種 杜鵑 千葉者名套鵑最貴 紫荊 繡球 有木本草本二種 郁李
木槿 赤白二種 虞美人 罌粟 石榴 荷 夾竹桃 花單
瓣五出嬌艷類桃葉狹長類竹 葵 五月開者蜀葵七月開者秋葵又有向日葵 百日紅 色紅紫最
耐久 薇 有紅藍紫三色 玉簪 鳳仙 桂 有四季早晚各種 秋海棠 雞
冠 短僅盈尺者名壽星雞冠 菊 江西蘭 一名蘭菊 萱 一名忘憂一名宜男春夏秋三時俱
有花 木芙蓉 一名拒霜 蠟梅 長春 四時皆開 月季 有深紅淡紅白黃諸色

江陰縣志 卷十 物產 木 竹 花 四

草之屬 蒲 生水田中可編織西南鄉多種之 蘆 茅 蘋 藻 蕉 吉
祥草 叢生結子可供清玩 綠蓋 一名萬年青 薜荔 紫草 江草 黃
草 二草皆織屨 虎耳 游龍 旱蓮 映山紅 蓼 雁來
紅
禽之屬 雞 白毛烏骨者為貴 鵞 有蒼白二色 鴨 雉 烏 鴉 似烏而項白
鵲 山鵲 頭黑身淺藍 鷹 捷飛善搏者黃鷹次鷂鶻鵰鷂至小為雀鷂 鳩 鸜鵒
俗呼八哥翦舌能言 鴿 燕 有紫燕蘆燕二種 鷺 雀 麻色一種黃色者名黃雀秋時肯暢
企風二鄉最多 桑扈 畫眉 啄木 綠色長喙能啄木取蟲 蠟嘴 白頭
翁 採桑子 一名桑白頭桑葚熟時有之 告天子 褐色鳴愈急飛愈高決起凌霄者有

所新故名　百舌　鶃俗名野鴨小者名水壺盧　鷺鷥　翠鳥翠羽丹胷亦名魚虎　黃頭性剛喜鬪　鵪鶉東南鄉好畜之使鬪與鬪蟋蟀同干例禁　繡眼　楊葉頭白頸黑身灰色　偷倉　鵁白者白鵁黃班者麻鵁黑者苦鵁鵁卽姑惡也朝鳴雨晚鳴晴

獸之屬　牛湖種肩豐肉肥氣雄而力弱山種肩小背瘦削而力強沙種肩塌臀尖耐勞苦水牛紅毛者長興種露筋者金華種俱強力白毛者沙種品下東西鄉土性堅須壯健牯犉瀕江沙土用犂犢南境土雜各種俱宜　羊　犬與牛俱不可食戒食者不染時疫斯說極驗　兔　狐　貍　豕　獾豬獾類豬狗獾類狗　貓　獺　蝟俗名偷瓜狨　黃鼠狼毫可爲筆　鼠家鼠化蝠水鼠化鶉田鼠化鴽松鼠尾芃臭鼠眼瞢出則雨

鱗之屬　刀魚春江首出肉細味腴　河豚立春出江中盛於二月銳尾彭腹口能作聲性熱最毒烹治稍不慎食之殺人子毒更甚煮不極熟食之眼死服荆芥烏頭附子等藥時尤忌食中毒者間有以槐花微炒與燕麦等分打碎調以水灌解之或用龍腦浸水或用橄欖汁亦解然設有不效豈非忿口腹而忘軀命乎善保軀命者切不可食　鱠殘長大如箸表裏瑩白無骨與腸　子鱭出於初夏體瘦而子滿腹堯炙味尤腴　鰣初夏出甚惜鱗纔掛網卽隨水上爍如銀雪江味稱最　鱘鼻長等身骨脆無鱗　鮰　鱣鼻口在項下無鱗大者長二三丈俗名著甲黃魚　鯉　鯿　鱸　鱖　鯽別種有金銀玳瑁三色祇堪盆沼不可食　鰱有白花皁三種　青魚烏青味鮮草青味劣　白魚似黃鱸而色白　黃鱨頰背背黃　黑魚　鱓　鯔江鯔食蝦味鮮河鯔食泥味劣頭銳者蛇鯔最下　橫趕亦名淮魚　鮎巨口豐腹銳尾無鱗　鰷　韶陽亦名鮹魚圓身燕尾俗名鏤顱魚　吐鮫俗名土鮍　蝦虎以善食蝦名　鰍　鯰似吐鮫　塌沙一名比目形如箬附沙而行味亦美　銀魚出湖塘河今近城皆有　鱔　鰻有江鰻河鰻二種　鰍盛於八九月

介之屬　龜　鼈　蟹出南鄉湖水者勝　蟛蜞　蝦白蝦殼軟味鮮梅蝦五六月間

大勝其紫色長箝者鐵爪蝦味劣　蚌　蛤蜊　螺大曰田螺小曰螺螄　蜆似蚌而細一名扁螺

蟲之屬　蠶　蛙俗名田雞又名護穀蟲有功田禾不可食　蝦蟇一名蟾蜍　蟬　蝙蝠　蛇色綠者青綃色灰者蝮赤質黑章者赤鏈黑而尾禿者禿虺細而黑者烏風以青綃而長首有黃文如王字者王蛇又一種短而四足名斑板蜓者毒無與比生水中者水蛇　蜥蜴俗名四足蛇一種褐色而綠屋壁者壁虎　蜈蚣俗名百脚　蜘蛛　蜂釀蜜者蜜蜂作房倒懸者壺蜂細腰穴土者土蜂穴屋椽者鐵嘴壺蜂　蝶一種黑衣朱點者楊山拍　絡緯俗名絡紗娘　蟋蟀俗多畜之使鬬　蚱蜢　螳螂　蜣蜋一名蛣蜣好轉糞爲丸　蜻蜓　螢俗名遊火虫　蚊　蠅俗名蒼蠅多則歲歉有蒼荒蚊熟之諺　蛭俗名馬蟥　蝗白者善蠹木有赤腰者有翼而飛者　蛾　蠓　蚯蚓　蛞蝓俗名沿游

貨之屬　棉花西鄉及沙洲產最多有白紫二種白者復有大花沙花之別子可壓油餅供牛食　布堅緻細密所謂雷溝大布是也淮揚各郡商販齎至秋莊尤盛　羊毛布以羊毛彈和木棉中紡紗成布　黃山女工多業之　蒲席　蒲扇邑西民多業之　竹汗衫截淡竹梢絲芽成衫疎爽利汗　輕細者佳出夏港鎮　莎衫卽蓑衣　草履草莖稻稭爲之出香山者佳　蒲包爲用不一邑西焦墊有市遠近往購棉花稔則其價昂以包棉用尤廣也　紙爆　茶食長涇市爲佳　酒杜酒甘醇百花芳洌餘名類甚多槩曰白酒　絲務業蠶者少絲不多出然爲農桑重務故附存之

江陰縣志卷之十終

江陰縣志卷之十一

職官一

江陰自晉立縣故紀官自晉始武職則北宋無徵故自南渡始由歷代以逮　國朝凡改并增省及諸官之爵里姓氏除罷有可攷者皆臚列於表而附以祿秩之差等　朝廷設官以庇民非以病民官之賢否　天道國法清議三者俱不容誣吁可畏哉志職官

晉　縣令　丞　主簿　尉

失年　縣令　庾懌　見宋志

宋　縣令

明帝泰始中　縣令　王敬則　臨淮射陽人宋志無年宋書在泰始中

齊　縣令

鬱林王失年　縣令　蕭毋欽之　見南史茹法亮傳

梁　郡守　縣令

武帝失年　縣令　沈瑀　宋志武帝時自暨陽令擢

天監初年　縣令　兼尚書右丞　南史字伯璵武康人

元帝承聖元年　郡守　沈文阿　字國衛吳興武康人南史儒林傳侯景平陳霸先以文阿州里表為原鄉令監江陰郡宋志同　縣令　司馬鈞　字貞素河內溫人有傳

敬帝太平二年　郡守　黃他　見宋志

陳　郡守

後主至德元年　郡守　倪敬　見宋志有傳

唐　縣令　丞　主簿　尉

失年　尉　鄒待徵　見宋志拾遺

元宗天寶七年　縣令　李嘉祐　字從一天寶進士有傳宋志無年按唐詩敘論嘉祐

天寶七年進士調江陰令雖唐制登科調官未必同在一年姑據之可也

德宗貞元中
滿賁 見郡志

穆宗長慶中
武登 見宋志拾遺

文宗太和初年
張伯達 宋志云唐太和初爲江陰令見興建寺碑
任失名 見興建寺碑
崔失名 見興建寺碑
劉失名
褚失名
許失名
俱見興建寺碑

懿宗咸通初年
趙和 宋志云咸通初爲江陰令有傳
雲失名 見宋志詩文

昭宗天復三年
張蘊 宋志云天復中爲江陰令有投令牒文見拾遺實天復三年

昭宣帝天祐中
張可琮 宋志天祐中

失年
張嗣貞 見李中詩據沈志補
虞紹
盧幼孫
王汶
以上三人蔡志作失年今仍之
狄知檢

見新唐書
崔育 見舊唐書

南唐
知軍
羅晟

宋
知軍
簽判
知縣
路分
教授
知錄
縣丞
司理
司戶
司法
主簿 黃志司法下有尚一兵馬鈐轄然終宋之世
縣尉

太宗太平興國元 張可用
二年 太常博士
四年 李汶 殿中丞
五年 皇甫謝
六年 胡丕 太子中允
七年 陳矜
秘書丞
八年 康戩 著作佐郎
雍熙二年 宋臬
三年 柳開式 太子右贊善大夫
端拱二年 皇甫遘
淳化元年附郭 劉昌用 殿中丞

蒐採無一人故闕之

江陰縣志 卷十二 職官 五

三年復
四年 吳宣方 殿中丞
至道二年 張璉 殿中丞
真宗咸平二年 傅演 虞部員外郎
五年 李元昇 國子博士
景德元年 趙遂賓 殿中丞
大中祥符元年 張仲甫 都官員外郎
三年 宋臬 祠部員外郎直集賢院
四年 狄棐

江陰縣志 卷十二 職官 六

江陰縣志 《卷十一 職官》 七

太常博士

五年 樂蘆 殿中丞

七年 石待問 太常博士

八年 丁慎修 屯田員外郎

天禧三年 湯瓛 太常博士

四年 崔立 字本之，河南鄢陵人，職方員外郎，有傳

乾興元年 范宗古 山西高平人，國子博士，有傳

黃霖

仁宗天聖二年 [illegible][illegible]存仲容

江陰縣志 《卷十一 職官》 八

太常少卿

四年 王昆 都官員外郎

陳蒙吉

陳珪

五年 朱[illegible] 字明之，沛國人，太常博士，有傳

六年 于鈞

王拱

劉潤

徐國寶

杜德

李泳

七年 楊偕 太常博士

八年 張其林曠 字公長直隸濟河人都官員外郎有傳

明道元年 [illegible]萃 成都員外郎

邢瑒

二年 楚職

景祐元年 劉詠 國子博士
二年 郭[illegible] 劉立德
三年 劉[illegible] 駕部員外郎
寶元元年 張亞之 駕部員外郎
慶曆元年 鄭宥[illegible]

駕部員外郎
二年 李喬
三年 逢沖 駕部員外郎
四年 薛利用
五年 汪臨 職方員外郎

六年 戚[illegible] 駕部員外郎
七年 賈知
八年 徐宗況 都官員外郎
方立
田京 祠部員外郎
劉攽 字貢父江西新喻人捕東部事畢常在慶歷中有傳

皇祐元年 陳太素 祠部員外郎
三年 葛閎 屯田員外郎有傳
四年 [illegible]祺
至和元年 劉玘 都官員外郎

二年　奕元

嘉祐三年　王端　都官郎中　吳諮彥

四年　黃炳　職方員外郎

五年　章峴　職方員外郎

六年　畢從善　楊蟠

胡獻臣　光祿少卿　職方員外郎　字公濟，章安人，進士

七年　楊士彥　都官員外郎，有傳

英宗治平元年　徐師閔　虞部員外郎　唐叔問　張彥卿　劉握　丁僑　琓

神宗熙寧四年廢軍　李諗系　大理寺丞

五年　傅天錫　太常博士

六年　陳郛　著作佐郎

九年　楊孝孫　字達甫，福建建安人，太子中允，有傳

元豐元年　黃佖　字伯禮，甫陽人

二年　李充升　黃志云新增，見縣學開河記　潘昌

三年　王璘　殿中丞

年			
六年	方穀 承議郎		
哲宗元祐元年	張處臣 奉議郎		
四年	張世堅 朝奉郎		王迪
紹聖元年	周泌 通直郎		
四年	趙士毀 朝奉郎		
元符三年	王衎 通直郎		
徽宗崇寧元年	趙士翊 承議郎		
四年	李之邈 承奉郎		
大觀元年	居禀衎 會稽人奉議郎大觀建學記銜	顧植 吳郡人見大觀建學記	宋[illegible]

年			
	作衎		
三年			徐霑
四年	徐充 字樂卿錢塘人奉議郎	于瀕 安徽臨淮人有傳	[illegible]之
政和二年	李知元 宣議郎		
三年	朱耜 宣議郎	楚執柔 有傳	
五年	王有 黃志云此下缺政和六七二年并重和一年宣和凡七年欽宗靖康一年及高宗建炎元年共		俞光[illegible]

十二年

高宗建炎二年　胡紡　趙公稱　邵知柔

三年　李易

四年　向子忞字宣卿　張銖奉議郎直秘閣

紹興元年　崔頌癸右朝奉郎　蔡昌甫　韋芾

三年　薛寶　趙彥棐　俞　莫份

五年　王[illegible]　陳鼎中左朝奉郎有傳　有傳　范雩左儒林郎教授始此

七年　紀交　李墉

八年　蔣璿　錢[illegible]　沈斐左從事郎　沈彬

九年　錢濟明左朝請大夫

十一年　章傑　[illegible]　趙渙之　竇元衡左宣教郎　鄭漻江西玉山人從政郎有傳

十三年　趙士鵬右朝請大夫　趙子淙

十四年　王康侯文林郎

十五年　蔡禎　趙倍琥

十六年　右朝奉郎　沈濬宣教郎　蘇磻

十七年　石嗣慶　蔣及祖左朝散郎　楊倚泰

十八年　王瀹

十九年　趙紹之字智大右朝請大夫　商惟正　蘇紹

江陰縣志 卷十二 職官 七

二十年 俞觀能 從政郎 沈作式

二十一年 宋暖 朝請大夫

二十三年 賈緻行李梁紀王百揆 右承議郎

二十四年 徐藹 以臨安通判權知 殷康朝 宣教郎 郭定

二十五年 張叔豹謝巽 劉貴深

二十六年 右朝散郎 談處 從政郎

二十七年廢軍 趙師巖

二十八年 姚槼

二十九年 呂祐 黃志無

三十年 曹紹 張成之

三十一年復軍 楊師中與璪 右朝奉大夫

江陰縣志 卷十二 職官 六

夫

三十一年 呂令問 右承議郎 辛棄疾 字幼安山東歷城人有傳 高嵩 宣教郎 張遜 施居譽 湯恬 司法始此

孝宗隆興元年 宋滋 左朝散郎 朱孝聞 宣教郎 陳雄 趙倡晟

二年 吳能 承議郎 章洽 迪功郎

乾道元年 薛天祐 右 趙利 趙伯森

右朝奉大夫

徐藏 字子禮河南雒陽人右朝奉郎有傳

二年 王宗 朝奉郎 潘翻孫 奉議郎 郎就 道治 水 胡宣 時顯 見治水績記

記
作

三年
臧遵先 左宣教郎
陶佑
汪義和

四年
王正己 右通直郎
余晉 承議郎
尤袤 字延之無錫人宣教郎有傳
趙師泥
胡燮

五年
趙善待 奉議郎
魏中復 迪功郎

六年
潘甸 朝奉郎
劉侯孚 承議郎
宮懌夫
鄧杞

江陰縣志 卷十二 職官 十九

七年
霍錫 通直郎
趙公保

八年
向子豐 朝奉大夫
趙汝意 承議郎
宋之鏞 迪功郎
趙善往

九年
殷煥 朝散郎
吳瑩 字聖美浙江上虞人奉議郎有傳
胡爽

淳熙元年
趙善盪 宣教郎
趙公桌
范容
紹高
振

二年
錢仰之 朝請郎
李處勵 通直郎
蘇巘 武功大夫路分始此
履 迪功郎
沈綱
李 失名

三年
顧宣 承事郎
王 失名

四年
蔣璡 承議郎
鄧倫 奉議郎
徐格 訓武郎
李沐 修職郎
趙彥誠
秦堀 黃志作燗

五年
曾楷 奉議郎
王處義 武翼大夫
趙師習

江陰縣志 卷十二 職官 二十

六年
林元晉 承議郎
陳彭夫 奉議郎
洪楊 承議郎
張榮 武節郎
錢藝仁
曾濟
趙 失名 紫志誤入司法

七年
樓鍔 字五山浙江四明人朝奉郎有傳
高子津 朝奉郎
鄭適 武經郎
周祐 宜興人奉議郎
陳祐 武德郎
馮傑 武顯郎
李大椿
許燮
李紡

江陰縣志 卷十一 職官 三十一

八年 陳伯達 武德郎 奉議郎 趙居明 蔡志誤入七年

九年 史淵 奉議郎 曹必端 承議郎 張庠 字公承議郎 尹[illegible]張丕 武經郎 李一鳴
蔡誤八今正以貢同
志入年改范史下
范貢 史起宗 [illegible]

十年 劉繼忠 武經郎 倪汝弼 迪功郎 趙[illegible]達

十一年 王師古 承議郎 夏忠厚 承奉郎 高世祗 武節郎 陸鐵

十二年 趙不逵 武德郎 俞沾 奉議郎 劉鎮 武經郎 莊璣 武經郎 俞淦 李珏 陳銘 袁燮 字和叔浙江鄞人有傳

十三年 闕一德 承奉郎 夏頤 訓武郎 孫賗

十四年 侯璡 朝散郎 李師逈 周焯 訓武郎 修職郎 葉鐘 盧奕仁

江陰縣志 卷十一 職官 三十二

十五年 范炳 承事郎 鄭若祖 武義大夫 李滋 字子倫

十六年 陳研 朝奉郎 程進 奉議郎 閻大猷 訓武郎 繆大興 從事郎

光宗紹熙元年 姚穆 奉議郎 顧濟賢 武翼大夫 呂鑑

二年 蔡徽之 朝奉郎 許光國 宣議郎 周伯源 訓武郎 張思齊 陳時中 薛濟 趙時鑄

三年 徐綱 朝散郎 葉湊 武翼大夫 趙庭甫 有傳 佘峴

四年 施適 朝散郎有傳 俞巨源 奉議郎 湯允中 訓武郎 錢黎 訓武郎 施國威 秉義郎 李德存 葉館 蔣逖

五年 鄧興然 朝散大夫 吳惟謹 武功大夫 胡若璉 武經大夫 胡宗儒 陳擬

慶元元年　陳志尚　承議郎　趙公保　承議郎　周麟　武翼郎　章殊　修職郎

二年　段子發　朝奉大夫　吳與　寄理宣教郎　周禮志　武德郎　王儀　武德大夫　陳武卿

三年　陳序　朝請大夫　郝誼　武翼大夫　馮琳　武經郎　吳括　趙善周　㳺

舊志按王應襃以下傳志失不著年不敢妄爲附隸以次序列于右

四年　沈暐　通直郎　楊定　儒林郎　舞準　潘世修

五年　張錢　錢澄　師柄　馮興宗

六年　朝請大夫　承議郎　史淵　邢徹

嘉泰元年　韓元老　奉直大夫　承務郎　謝孫紹賢先　宣教郎　王嘉祖　迪功郎　趙景倫　張挺臣　郭佑　王相　趙伯鳳　字木叔　浙江永嘉人　朝奉郎　有傳　承務郎

二年　李彥仁

三年　王璡

四年　戴溪　字肖望　浙江永嘉人　朝奉郎　有傳　奉議郎　周世得　胡元卿　余森　申

開禧元年　梁　從事郎　楊昌　迴　姚琪

二年　呂祖平　趙師律　胡　奉議郎　褚瑄

江陰縣志 卷十一 職官 三十五

- 張延年
- 三年 孫士能 朝請大夫 趙彥逌 朝散大夫有傳 何處恃 通直郎 陳復 賈煥 趙□
- 嘉定元年 劉大成 通直郎 元游 迪功郎
- 二年 邱壽雋 奉務郎 顏叔玠 黃仁裕 李椿 本年特差 霍棣
- 三年 湯悠彥鑠傅晨 王大昌 趙崇价 司户始此
- 四年 余鑄 張篆 章縊洪
- 五年 吳炎 昭武人奉議郎 張案 胡玢 迪功郎 李立 趙汝叔 淩寅
- 六年 張仲通 張作朋 趙彥視 何世昌
- 七年 陳貴誼 張綽 胡松卿
- 八年 王仁 徐逢年 張叔元 施洽

江陰縣志 卷十一 職官 三十六

- 九年 湯令圖 呂永年 朝奉郎 迪功郎 周安鄰 詹自□ 坦 □公願
- 十年 應懋之 承議郎 鄭宏
- 十一年 孫惟曉 張宗酹 文旨里 迪功郎 錢進 樓伯□
- 十二年 邢蕤 通直郎有傳 王珩 沈森
- 十三年 張夔
- 十四年 樓滄 朝散郎 鄧植 沈綱 鄭子恭 迪功郎 孫應成 迪功郎 林萌之 趙汝楞 曹鑰
- 十五年 程槑 史鑄
- 十六年 胡綱 朝散大夫 黃崇隱 趙祖 李似祖
- 十七年 徐永卿 徐植 鄭開黎
- 理宗寶慶元年 司馬述 陳煃 臧綬之 施懋 莫垣

承議郎
從事郎

二年 衛 樸 徐 旦 承議郎 唐嗣祖 潘 起 夏良臣

盛 章 朝散大夫

三年 張即之 字溫夫 林 庚 有傳 滕 達 黃集二志俱作趙今從沈志

紹定元年 趙若仲 鄭 室 蔡元龍 王莊孫

郭應堅 福建龍溪人朝奉郎有傳 修職郎 迪功郎有傳

二年 趙汝遷 趙時塤 韓 淵 蔡德新

三年 史寶之 朝奉大夫有傳 高不儔 沈次道

四年 石祖文 錢孝友 丁 倚

五年 方萬里 陳南一 林必大 趙懷夫 趙與珍

六年 朝奉郎 趙希理 黃紹庭 文林郎 周大中 翟 蒸 邵 弈 吳 劉

端平元年 趙汝塏 朝奉大夫

二年 史歸之 鄭應 朝奉郎 徐 琳 王丙發 裴 循 黃志作求循

三年 邢 凱 朝散郎 莫 烈

嘉熙元年 趙孟修 趙希鄙 梅 拱

二年 王 杆 趙汝塏 奉直大夫 李 柄 施從龍 從事郎 李 湘 趙時言 歐振公

三年 趙師宮 向士本

四年 尹 渙 承議郎 鄭應堅 前江陰軍學教授存太常寺寺丞左遷文林郎 趙若雄 趙時楙 趙與岀

淳祐元年 王克仁 管 播 蔣應損 胡 焴 錢 鏜 姚 璵 趙必洋

江陰縣志 卷十二 職官 二九

修武郎問門宣贊舍人 沈志有周縣無管措此從黃志 迪功郎

三年 趙汝讀 朝請郎 林槩齡 陳 失名 李天錫

四年 趙希錚 奉議郎 潘燮 趙崇運 修職郎 趙謙夫 于應爵

五年 陳鑄 十月 朝請郎 黃志作明朋 沈次湘 韓壤

六年 翟契 史采之 趙與大

七年 趙崇侯 承議郎 吳琪 陳將 迪功郎 許穎選 高興祖

八年 楊纖鄭 朝散大夫 南 宋詣 李煥文

九年 陳允修 奉直大夫 許啓 顧汝勳

十年 趙景緯 字德文浙江於潛人 趙□鐩 沈閎

江陰縣志 卷十二 職官 三十

迪功郎有傳

十一年 汪之埀 朝請郎 趙汝晉 修職郎 劉埏 任伯駿 王應

十二年 陳協 朝散郎 呂有年 沈應年 黃俊發

寶祐元年 黃夢桂

二年 潘燧 朝奉大夫 趙國卿 趙安孫 何懋孫 林子蟾

三年 劉丁 徐元積 張紹賢 黃應元

四年 胡燁 奉議郎 王子鎮 周甲 張大澤 趙孟遜

迪功郎

五年 湯厚之 葉□ 趙孟崔

六年 吳璞 承議郎 何田 朝奉郎 趙孟璒 李光大 迪功郎 黃晞尹

開慶元年 王琮 奉議郎 趙應晉 見黃志拾 沈仍 錢夢龍 何遷

方國賓 修武郎
遺
景定元年 楊履之 武節郎 史省之 俞煜 朱大年 劉壽翁
二年 賀準 朝奉郎 李應龍 迪功郎 史衍之 黄申 賈士英
孫應鳳 承議郎
三年 李壎 奉議郎 趙諟夫

四年 楊玨 朝奉大夫 曾智孫 趙崇鏻 黄翔龍
孫桂發 朝奉郎
五年 沈眞大邵 楙錢 細 趙汝鈞
何逢吉 朝散大夫 朝奉郎
度宗咸淳元年 趙孟垚 奉議郎 林千之 迪功郎 朱國英 唐天麟 倪升公

二年 趙良珂 有傳 吳祝 趙孟煉 趙孟埛 東尉 邊崇過 西尉
三年 朱國英 史振孫
四年 陳純仁 趙必成 徐汝諧 程應汞 沈復之
五年 齊觀 丁蟠 西尉
六年 史蒙卿 字景止貫明州人進士有傳 趙與瑢 趙孟廣 龔仁榮 王喆 西尉

七年 陳紹商 計 謝宜 麻佶 戴程
八年 李炎午
九年 高純厚 趙與珧 胡應符 東尉
十年 李世修 張起予 邵 失名 楊 在 趙孟林
帝昺祥興元年 鄭 端 陸 煥 見宋史黄志作滿

宋太祖朝職官俱無考故表起自太宗主簿張汝明馮志始載於職官記註云乾德五年任若列於表首則知軍以下均缺僅列主簿一人似不合體而馮沈蔡三志俱爲立傳因附誌於此

元

路達魯花赤 總管 同知 治中 判官 推官 經歷 知事 照磨 司獄 獄丞 錄事司達魯花赤 錄事 司候 判官 典史

至元十三年 陞軍爲路 無考 無考 無考 無考 無考 無考 無考 無考 無考 無考 無考

至元中 李思忠 史孝 忝祥 黃志云見賀志 黃志云見賀志 曹伯啟 字士開碭山人有傳 王文信 見墻東稿

儒學教授 學正 學錄 蒙古教授 陰陽教授 醫學教授

至元二十三年 朱孚昌 禾嘉人見朱志重刊序 無考 無考 無考 無考 無考

平準行用庫提領 大使 副使 織染局局使 副使 雜造局大使 副使 府倉大使 副使 惠民藥局提領 稅務提領 大使 副使

無考 無考 無考 無考 無考 無考 無考 無考 無考 無考 無考

州達魯花赤 州尹 同知 判官 知事 提控案牘 儒學教授 黃志儒學教授下尚有大學訓導小學訓蒙

古字學教授等職亦俱無考

至元二十八年 元曾失不花 見改州記并賀志 曹定國 陞路爲州

至元庚辰至甲午凡十五年 李淦 見府志 徐元鳳

成宗元貞乙未丙申凡二年 范梧 見改州記

大德丁酉至丁未凡十一年 宋仲仁 字春卿山東聊城人見梧溪集有傳 張政儀 字仲威見墻東稿 王德剛 見君子堂記

五年 張獻 字時舉直隸定州人見君子堂記有傳

十一年
王郁 見增東稿

失年
石末剌不喬如山
理熙 見重修公署記
楊子明 海寧人見梧溪集
周濟

花
盧彥達
甘公亮

蕭瑛
張模

李師晉 字復初直隸范陽人見增東稿有傳
史堅

鄭介

武宗至大戊申至辛亥凡四年
答里馬吉的 見增東稿

失年
靳仁 字利安洛陽人見梧溪集
康棣

仁宗皇慶中
延祐元年
察罕不花

二年
曹旻

張國綱 見增東稿

延祐甲寅至庚申凡
韓摶

七年
山東益都人見增東稿有傳

英宗至治辛酉至癸亥凡三年
朵爾質班 見增東稿

泰定帝泰定甲子至丁卯凡四年
烏古孫良楨 字幹卿見增東稿有傳
廖庚鼎 江西人進士

文宗至順庚午至壬申凡三年
張紹祖 字可久安徽宣城人有傳
萬 失名 昭信人見至順浚河記有傳

失年
何鏞
蕭琮 俱見梧溪集
吳星

順帝後至元乙亥至庚辰凡六年
理熙 字伯雍
盧允恭 字士禮高唐人
凌米丁
梁惟濟
謝成己
王選
翁仁寶 上饒人見梧溪集

翟諒 字仲直
鄧定 見梧溪集
陳文杰 字漢卿武進人見梧溪集
程儀可 見梧溪集

失年　劉 失名　李仲常 金華人見梧溪集　邢 泰 字亨翁見梧溪集
至正八年　靳廷玉 見廣福寺重鑄鐘建樓記
失年　許敬之
十四年　李良臣　趙仲芳 俱見梧溪集

失年　張 仁 有傳　朱子才 見梧溪集　黃師元 見府志　高雲卿 見羅志
十六年　李道存 見藝耕錄及羅志

司獄　倉監支納大使副使稅務提領大使副使巡檢　提領

泰定三年　無考　無考　無考　無考　趙文榮 馬馱沙見增東稿　無考
元統元年　趙文榮 見巡檢

明

知州　此下無考以今州制觀之蓋仍元舊亦有同知判官知事提控案牘或吏目之類與

學官　或仍元制名教授或名學正俟考

元至正丁酉至太祖洪武二年己酉凡十三年　張谷珍 安徽和州人　黃允中 臨湘人見用齋漫稿　孫景文 字彥民丹陽人見府志及吳良勳德碑
盧德懋

安徽和州人
潘有慶 湖北黃州人俱見羅志以上三人皆以知州攝本衛指揮使故森志入武職今從黃志入文職武職不復贅焉

知縣　縣丞　主簿　典史　巡檢　教諭　訓導二員　稅課倉使副使　閘官

太祖洪武元年
二年　改州為縣　蕭龍 大使

江陰縣志　卷十二　職官　三十九

三年　吳志遠　錢文德　傅學　朱貫道　吳（失名　浙江西安人石頭巷）　陳居（字彥昇　儀真人）　惠連（字子及　邑人）　王（失名　副使）　楊汝霖（莆田人）　劉必達（蔡渠聞）

五年　饒元德（江西宜黃人）　傅浩（山東陽穀人）　魏勉（安徽宿州人）　黃舉（字仲徽　邑人）　掄敬（字敬先　大使）

六年　賀[illegible]（蘇州人）

七年　張肅（字熙載　笠澤人）

八年　王亨道（字遜齋　山東曲阜人）

九年　王克禮（山西太原人）　趙志學（天水人）　潘仲瑤（河南滎陽人　大使）

十年　范[illegible]（字文麟　直隸元氏人）　李鳳（字景儀　山西聞喜人　有傳）　劉鈞用（直隸廣平人　馬驛丞）

十一年　鄭江　謝林　劉徽禮

江陰縣志　卷十二　職官　四十

十二年　（字朝宗　興化人）　（字璵樹　武進人　府志下有錫仲益各志無）　吳權（大使　副使）　孫敬道（倉大使）

十四年　李秉中（前志失年　今據府志入此）　周彥昭（倉副使）

十五年　王行（山西沁水人　府志行作衡）

十七年　彭伯華（蔡志在二十年　今據府志更正）　項[illegible]芳（安徽歙縣人）　孫盛禮

二十一年　朱衡（浙江蕭山人）

二十四年　高觀　邵子徽（字子聲　江西廬陵人　有傳）　白德　李希泰　李道[illegible]

二十六年　蔡允升　邵廷獻

江陰縣志　卷十一　職官　四一

二十七年
周愍　浙江黃巖人監生有傳
楊從禮　雲南昆明人賢良方正
王子[illegible]

三十年
蔣宥　字文惠浙江錢塘人進士有傳
周孜忠　江西南昌人福建廉使降倉大使

成祖永樂元年
胡原普　江西饒州人
朱逢振　字叔服江西豐城人

二年
劉紀
李益

三年
李寅

四年
王敬
劉博　新港

七年
朱衮
鄭道鉉　湖北麻城人黃田閘

九年
李進　貴縣人
鄭文徵
陳睦
張常　字彥良江西豐

江陰縣志　卷十一　職官　四二

十三年
王懋　直隸霸州人
胡昌　江西南昌人范港
城人
高原呈　江西永豐人

十四年
高誠　陝西邠州人利港
劉惟清　陝西膚施人新港
舒玉成　江西豐城人黃田閘

十五年
高寅　山東館陶人
溫益　山西祁縣人
徐孟勒　浙江定海人
崔鉌　山東益都人黃田閘

十六年
張再隆　江西永豐人
彭應隆　湖北蒲圻人
劉彬　直隸昌平人

十七年
潘甫鍷　直隸文安人新港
東珙　字文璧福建浦城人舉人
陳歡　湖潭人舉人
陳福

河南靈寶人范港
王諒 直隸曲陽人利港
高誠 復任
魏寅 柔縣人石頭港
十八年 潘道 任惠

十九年 山東臨山人
田厚 河南河內人
字彥舉邑人
王復遷 山東泰安州人
呂𡚁先 山西蒲縣人范港
陳敬 直隸永清人利港
王鋼
二十年

河南扶溝人新港
二十一年 譚獻 直隸寶坻人
倪佳圭 浙江平陽人
顏友諒 直隸滄州人石頭港
李仲高 福建福清人
二十二年 汪瑜 浙江鄞縣人
劉泰和 浙江松陽人
胡忠 湖北江陵人
潘友才 山東長山人苟田閘
徐榮 河南魯山人
高文 山東陵縣人
仁宗洪熙元年 王剛 王景申 徐因

山東蓬萊人
河南祥符人石頭港
福建建寧人
楊穩 山東蒲縣人范港
宣宗宣德元年
楊時 湖北武昌人
樊珏 河南林縣人利港
陳晉 江西泰和人
阮叔明 利港
楊琦
趙文翁 四川江安人蔡涇閘

楊武 新港
二年 劉剛 山東掖縣人由御史改 吳得勝 湖南桂陽人治農 許信 山東歷城人 鄭琮 湖南湘鄉人 殷頤 字士正江西泰和人舉人
三年 朱繼祖 湖南武陵人按察使降 蘇雯 長鄉人石頭港

四年 黃員 廣西蒼梧人范港黃志作真員 盧銘 湖南寧鄉人
五年 龔暉 龔燦 浙江諸安人舉人蔡志縣人三年據黃志府志改正 彭偉 江西萍鄉人
六年 胡旭 四川巴縣人 馬駿 新港

七年 潘智 陝西富平人石頭港
八年 李倫 廣東南海人有傳 李環 浙江仁和人管糧 徐才
九年 李政 吳武 據府志補入
英宗正統元年 張仲邦 江西南昌人 黃鉦

二年 高信 山東昌邑人新港 陳玹 江西南昌人舉人 萬全 江西南昌人舉人 龔親賢 朱瓊 浙江平湖人黃一田閒 錢謐 吳縣人 蔣瑛 浙江杭州人
三年 張宣
四年 黃儆 福建侯官人 李剛 直隸肥鄉人石 項廷璽 浙江處州人舉

頭港人

五年　錢寶　鄭文政　席正

六年　李永本　熊恕　范港　陳康　李文昭　孫立　黎源關

七年　陳宗璋　浙江會稽人石頭港

八年　楊昇　河南延津人

九年　張達　山東益都人　李聰　山西澤州人利港

十年　呂順　新港　邢思聰　湖北公安人石頭港

十一年　胡渭　江西新建人　孫欽　山東平度人利

港

連魁　山西蒲州人范港　解璘　山東金鄉人利港

十二年　曾貫　江西泰和人　白圭　直隸河間人　周良玉　浙江鎮海人　陸剛　浙江錢塘人　楊林　福建順昌人黃田關

十三年　毛瑄　石頭港　陳鉉　江西南昌人舉人　復設關廳

十四年　吳寳硯　浙江海寧人　齊僅　河南河內人新港

代宗景泰元年　盛彬　湖北羅田人　趙皋　浙江山陰人　陳理　四川大足人　劉忠　范港　方源　王循　直隸武邑人　趙麟　江寧人

二年	四年	五年		六年	七年	英宗天順元年
河南光山人利港						
張延綱 浙江慈谿人		張用濟 河南鄭縣人		朱珩 浙江山陰人		周斌
竇義 陝西三原人	鄧師晦 交阯清威人知州謫任	邱芳 陝西扶風人		楊玘 河南汝陽人		
		周義 四川銅梁人				
	貝彬 河南扶溝人利港	張信 直隸永清人范港	港			楊斌
伍庸 江西安福人			祖原 直隸撫寧人石頭港		史莊 浙江鄞縣人利港	鄒靈
王瓛 江西安福人						
賴慶 江西金谿人黎渾閘						潘希信

		二年	三年		四年	五年	六年
字國用直隸昌黎人進士由御史改任有傳							
		王允 河南洛陽人	王瓚 江西金谿人		楊華 江西上饒人		黄常 直隸深州人
山西猗氏人							余子庠
直隸鹽城人新港	左觀 湖北江夏人范港	唐貴 山東萊陽人石頭港	丁瑄 山東蓬萊人新港	港	孫燃 直隸冀州人利港		劉恭 陝西岐山人
			柴誠 浙江江山人舉人	人			朱理 直隸涿州人石頭港
						虞磐 浙江開化人舉人	
						黄鉞 江西都昌人	
浙江遂昌人黄田閘			白海 河南登封縣人黎	港閘		趙元才 四川夾江人黄田閘	

	七年	八年	憲宗成化元年	二年
		酈永燈 直隸晁州人		
江西上饒人	徐麟 河南武安人據府志補入	孫儀 直隸武邑人		
	曹蘭 湖北咸甯人舊志作瀏		敬惟聰 湖北襄陽人	
		滕春		鄭良 直隸新樂人
滕春 山東招遠人新港	新港巡檢止此裁添設縣丞首之未幾述劃隸靖江	趙玘 河南鄭州人范港　張璐 山西平定州人利港	沈翔 直隸永清人石頭港	焦祥 山東郯縣人范港
		于昇 山東萊陽人舉人		魏珍 山東濟甯人舉人
	樊環 直隸肥鄉人黃田閘　謝獻 山東濟甯人蔡涇閘舊志作瓛	尹端 山東德州人蔡涇閘		周宗 直隸平鄉人黃

	三年	四年	五年	六年
	王秉彝 字好德抄四川巴縣人舉人行御			
	添設縣丞分花馬馱	田琛 陝西藍田人　尹政 湖南衡陽人　趙安 壽安人	范矩 陝西灃陽人	蕭謙 湖南茶陵人　姜紹 直隸阜平人
			張熙 湖南武岡人	
			王晃 字服周河南偃師人	
港	王良 直隸大城人石頭港	李本 直隸獲鹿人范港		李雍 直隸盧龍人石頭港
	夏鍾 字時秀湖南華容人監生			
人		駱善 直隸任縣人舉人		
田閘			黃玘 浙江臨安人黃田閘　楊名 山東莘縣人蔡涇閘	

江陰縣志　卷十一　職官　三十三

七年
唐緒　字世用廣東瓊山人
梁毅　山西稷山人
李文盛　廣東東莞人范港　是年割范港隸靖江

八年
馬文麟　字獻圖湖北均州人
謝志　山西雞澤人利港
李彪　河南永寧縣人范港

九年
高林　直隸密雲人
龔宗輔　福建南平人
盧宣　字汝宜廣東高要人舉人

十年
蕭珍　直隸唐縣人

十一年
謝存　字安世江西德安人進士有傳
薛顏　綏德衛人
趙宏濟　甘肅靈臺人
鄭魯　山東朝城人范港
馬聰　直隸南宮人

十二年
閻琢　直隸易州人
李森　字時庾浙江富
邱祥　山東陵縣人

江陰縣志　卷十一　職官　三十四

十三年
陽人舉人
高淵　山西岢嵐州人
黃璇　直隸河間人石頭港
晁璧　浙江餘姚人范港
石洪　湖北松滋人黃田閘
河閘

十四年
王璘　河南孟津人管糧
呂芳　山西陽城人
孫鎬　山東即墨人石頭港
王永義　字汝宜湖北松滋人舉人

十五年
李傑　山西大同人恰農
王思禮　山東濱州人利港
張守貫　字司直河南安陽人舉人
梁鋒　山東聊城人黃田閘

十六年
賀齡　陝西商州人
張敏　山東壽張人石頭港
廖廷璋　字朝用廣西蒼梧人舉人
張俊　直隸平谷人

十七年
黃連　字汝輝山東濟陽人進士有傳
張昇　陝西膚施人
武文　陝西華陰人范港
張顯賢　四川巴縣人黃田閘
許縉

					山東掖縣人利港				
十八年		何鑒 陝西同官人皆遷						程瞻 江西新建人	
二十年		伍璟 福建晉江人　楊連 山西朔州人	崔顯 屯留人		賈忠 山東濰州人石頭港　張來 山西文水人范港				曹瑄 直隸滄州人蔡涇閘
					祝貴 直隸長垣人利港				
二十一年					李信 山東蓬萊人范港				
二十二年					徐璘 山東濟南人石頭港				

二十三年	丁禧 字天錫江西豐城人				朱林 山東鄒縣人利港		林德陞 字子高福建長樂人舉人		
孝宗弘治元年		劉密 山東淄川人　黃凱 泰州人　楊通 河南雒陽人治農		呂宗 直隸定州人	王錦 直隸任邱人范港　耿玘 直隸博野人利港		廖清 字廉夫江西永新人舉人		王聰 陝西華陰人蔡涇閘
二年	侯貴才 字廷舉山西平遙人				王鳳 河南中牟人范港				
三年			劉亨 直隸博野人		李福 石頭港	劉琪 字器之江西鄱陽人舉人			馮貴 山東安邱人范田閘
四年		劉敏 山東蓬萊人			李端 直隸定興人利港　李廣				閻通 山東諸城人蔡涇閘

江陰縣志 卷十二 職官 三十七

山東膠州人拔港

六年
黃傳 字蓼塘浙江蘭谿人進士有傳
李倫 陝西宜川人管糧
劉道 直隸通州人
黃泰 江西南昌人
劉晉 河南臨漳人

七年
莫澳 湖南慈利人府志作濱
李泰 直隸邯鄲人利港
胡燦 字耕哲江西新喻人
高安 廣東清遠人黃田閘

八年
張銘 河南臨潁人治農
田裕 河南雒陽人石頭港
崔瑄 山東膠州人舉人
溫滿 直隸新城人蔡涇閘

九年
郭旺 直隸清苑人范港越志脫
陳德陞 復任
李滸 字思敬湖北均州人

十年
邵禮
王雄

江陰縣志 卷十二 職官 三十八

利港
沈陽人舉人

十一年
熊吉 字伯錡江西臨川人
萬寬 山東臨州人治農
魏恕 石頭港
鄧隆 河南確山人
馬志高 直隸東光人管糧

十三年
涂禎 字尚賢江西新淦人進士有傳

十四年
孫景 湖北均州人

十五年
楊顯宗 河南葉縣人管糧
閻翔 直隸邯鄲人

十六年
陳德
王鎬
印洪

	武宗正德元年	二年	三年
	劉紘 字貞暉江西安福人進士有傳		
	程鵬 陝西延安衛人	倪大倫 直隸景州人	袁溥 河南固陽人黃田閘
	陳瓛 湖北均州人		
		程朋 直隸成安人范港	張殿 山西澤州人利港
			王鉞 山東德州人黃田閘　劉珏

	（前年）	十七年	十八年
			俞廷榕 江西永豐人舊志作格榕據府志改正
			步聰 貴州都勻衛人
	福建閩縣人		郭璧 四川內江人
		盧寧 山東德州人范港	吳珣 江西進賢人利港　楊安 石頭港
	字宗器河南洛陽人監生有傳	張森 浙江餘姚人舉人	陳器 廣西馬平人
		何玉 廣東茂名人	
	桃源人黃田閘	李厚 山東平度人蔡涇閘	

	（前年）	四年	五年	六年	七年
		王鉼 字朝珍河南鄭縣人			萬玘 字宗玉河南睢州人
		余發雲 江西豐城人有傳		黃雲 字和之河南洧川人治農有傳	孫章 石州人
		劉璽 湖北均州人		楊鋌 安徽太和人舉人舊志作鋌據府志改正	
		石在 山西定襄人石頭港舊志作祜港		陳有道 河南淅川人利港	溫聰 直隸文安人石頭港舊志作溫宗　畢泉 直隸盧龍人范港
		程福 陝西涇陽人舉人			羅幹 江西永豐人舉人
				張絅 陝西長安人舉人	
				蘇文舉 南河人	
	山東德州人蔡涇閘		張興 河南臨漳人黃田閘		

八年 馬縉 安徽太和人
閻元奎 浙江鄞縣人

九年 鄧袗 江西清江人
聯賢 直隸文安人范港
張啟 字叔表 江西德興人舉人

十年 郭章 直隸新安人
王珩 山東觀城人石港

頭港

十一年 趙世安 山東平陰人
侯樾 山東汶上人范港
耿光 字謙甫 浙江慈谿人舉人

十二年 陶儼 字時并 浙江秀水人
殷相 山東兗州人
陳好學 直隸文安人
沈芳 浙江慈谿人范港
戎斌 字尚質 浙江鄞縣人有傳
劉達 山東沂州人黃田閘

十三年 包柴 字方召 四川孤定州人
施何樂 字仁夫 福建光澤人
盧奇 雲南安寧人利港
蔡忠 廣東香山人黃田閘

十四年 介完 河南汲縣人石頭港
葉簡 字廷秀 陝西南鄭人
馬俊 直隸薊州人范港
趙崇 直隸固安人舉黃田閘

十五年 王泮 字文淵 直隸磁州人進士有傳
毛銳 字克成 江西湖口人
賈爵 直隸薊州人利港
陳思順 字子裕 直隸懷安人舉人

十六年 章湒
陳全

字宗禮 直隸大興人
河南新野人石頭港
馮禮 山東商河人石頭港

世宗嘉靖元年 雷雨 字子化 陝西蒲城人給事中謫任
朱瓚 江西浮梁人

二年 張璠
汪暹
曾儀 字大經

	字廷珍直隸滄州人			江西浮梁人范港			四川郫縣人	直隸安肅人黃田閘
三年		潘洪 山東德州人　陳進 河南汜水人		李銓 直隸完縣人利港　任忠 山東陵縣人石頭港		盧金潤 廣東東莞人舉人		
四年					何連 廣西橫州人舉人			
五年	張集 字汝思福建晉江人趙志作鶴州	喻義 安居人管糧	于泰 直隸東光人	趙景 山西夏縣人利港		陳懋 浙江麗水人		
六年		鄭士璽 河南祥符人舉人志作自璽		劉聰 山東長清縣人石頭港				
七年				楊衍 江西安仁人范港		汪聚 江西鄱陽人蔡		

					港		志誤作汪棨		
八年	劉欽順 字體乾湖北石首人	魏希哲 湖南寧遠人　金魁 山東陵縣人　毛聊 安徽太平人管糧	咸大昌 山東萊陽人	倪鵬 江西安仁人	宋隆 山東海豐人利港　崔遇 范港	莊繼善 廣東揭陽人舉人			李宦 山東平原人舉涇閘　宋世 河南安陽人黃田閘
九年					陳塘 福建莆田人范港		趙儲 浙江蘭谿人歲貢生有傳		
十年	李元陽 字仁甫安徽太和人進士有傳	盧煥 直隸永年人管糧				熊清 山東萊陽人舉人			
十一年		彭進 曲沃縣人　韓珍 山東鄒縣人治農			沈政 直隸滄州人石頭港蔡志誤入九年據趙志更正		楊熙 趙志無據舊志補		是年省涇閘併領於黃田閘

十二年	十三年	十四年	十五年	十六年
	王汝 字體成，廣東東莞人，蔡志誤入十二年，據趙志更正			孫麒壁 字次卿，浙江餘姚人
		何玹 湖南城步人，管糧	李宗商 直隸旗寧人，趙志脫	
		許訓 河南[illegible]人		
			鮑祚 浙江鄞縣人，知印	
	李塤 直隸河間人，石頭港 彭才 直隸大城人，利港	王□桒 山東平原人，范港		楊伯清 湖南□山人，利港 周遠 山東□縣人，石頭港
	劉敎 字道夫，江西廬陵人巢人			
	姚沈 浙江慈谿人			劉班 湖南辰溪人
楊貴 河南沈邱人		邱文浩 江西安仁人		
	張纘 河南孟縣人			

十七年	十八年	十九年	二十年	二十一年
		吳惟嶽 字峻伯，浙江□□人，進士，有傳		
李久學 直隸房山人 楊申 湖北長陽人，管糧	龐盛 直隸元氏人，治農		陳良輔 □□衛人，管糧 許仁 甘肅涇州人，治農 楊塤 九城人，趙志作大城	范仲祥
	方天眇 浙江淳安人			龔桐
徐見遠 瀘州人				
吳允寬 直隸□定人，范港	宋高 河南河內人，石頭港		石琨 直隸博野人，范港	
	張瀞 山東平原人		黃鎬 □黃人	
			費良 江西鉛山人	趙思仁
黃中 河南□山人，蔡仍趙、馮二志誤入十八年，據沈志更正				
甘北 江西星子人			盧用 廣東高要人	

四川羅江人
浙江義烏人
字竹汀 直隸大名人

二十二年
黄仁 字子任 河南汝陽人
王懷仁 直隸濟寧人
劉瑞 直隸定州人 石頭港
郭德秀 河南尉氏人
連何璲 山西[illegible]垣人 利港

二十三年
盧蓉俞 浙江東陽人
戴珍 河南新蔡人
葉濟 福建莆田人 范港
龔子昂 江西泰和人 舉人
宋天錫 河南偃師人

二十四年
趙錦 字元樸 浙江餘姚人 進士 有傳
王南山 字壽卿 福建南平人 治農 述志 誤入二十三年
譚本立 字道生 浙江山陰人
劉寧 直隸三河人 利港
張永 隆慶人 石頭港

二十五年
俞希寧 字宜之 浙江永康人
吳儕 浙江慶元人 舉人

二十六年
王麟
林烈 楊爵

字仁獻 陝西興平人
字孔承 廣東東莞人 舉人 有傳
字子冊 江西貴溪人

二十七年
毛鵬 字汝南 直隸棗強人
蔡通 福建同安人
楊鎬 湖南武陵人

三十年
曹廷憲 山東人 有傳

三十一年
錢錞 字鳴叔 荊州顯陵衛人 進士 死倭難 有傳
毛栻
陳文昂 安徽太和人
蔣承式 江西人

三十四年
金桂 字中立 浙江上虞人 進士 有傳
杜孝芳
鄒炯 浙江孝豐人

三十五年
徐居易 山東肥城人 利港
周寅佩 江西分宜人
吳應芳 浙江瑞安人

三十七年
應昂 浙江江山人 府志在三十一年
侯峻 浙江臨海人 按沈志列訓導

今依沈蔡二志

三十八年 杜華 直隸覇州人
孫鳳 河南郾邱人利港
蔡志從馮志之舊補入教諭

三十九年
嚴大觀 浙江烏程人

四十年 高大化 山東沂水人府志作唐大化
楊爾 浙江臨安人石頭港
李師閎 廣東欽州人

四十二年
王佑 直隸東安人利港

四十三年 王成芳 字克濟寧羌衛人進士有傳蔡志作永方誤
劉宗顯 江西萬安人
周化 江西安福人

四十四年
商承業 湖北京山人石

四十五年 鄭旲 字祖欽直隸順德人
劉相 直隸滄州人利港
宣應經 浙江臨安人府志作寶應經誤

頭港

穆宗隆慶元年 李芳 字文叔浙江嘉興人進士有傳
鄭時璧 進士工科給事中謫任
王汲 浙江鄞縣人石頭港
林會春 福建人
朱辰 湖北黃岡人
王世儒 臨淮人

二年 聶廷璧 字祖班山東安邱人
周煬 浙江鄞縣人利港
錢渭 湖廣人
范永龍 字邦義山東人有傳府志脫
周國珍 江西人

三年 龔廷璽 字若純雲南姚水人
何崑 江西大庾人管糧

四年
張言
高永吉
李應德

浙江餘姚人
四川墊江人石頭港
山西絳州人馮志作五年

五年
宋岡 江西安福人治農
何長用 浙江分水人
王軻 直隸元城人利港
楊茂先 廣東人
許植 浙江錢塘人

六年
劉守恭 字交甫湖北麻城人進士有傳
何昆 江西大庾人據府志補入
張錡 湖北監利人
譚宗進 廣東澄海人

神宗萬曆元年
孫紹卿 直隸肥鄉人
馬崇譜 山東臨邑人范港

二年
童蒙吉 浙江昌化人水利巡檢
曹士清 河南鄭州人利港
湯煥 字號安浙江仁和人進士有傳

三年
高希偉 雲南楚雄人管倉
宋朝冠 河南商邱人
戴賓 安徽南陵人

四年
翁仲益 字潛總福建晉江人
廖濬 江西泰和人
曾好論 安徽建德人范港
王元學 上元人
姚相 直隸新城人

五年
閔士薦 字爾潛福建詔安人進士有傳
王效 浙江海寧人
杜芳 四川遂寧人府志在隆慶五年
胡士華 福建沙縣人

六年
劉楷 四川綦江人水利巡檢
甘阜 江西豐城人利港

七年
侯宗會 山東平度州人范港范港巡檢止此九年裁
劉廷璋 安徽當塗人
陳懷 直隸新城人利港

八年
路廷臣 山西屯留人巡捕
宋承祐 浙江諸暨人
宋思顯 福建侯官人
方玘 江西南城人

九年
黃一和 湖南沅陵人
黎尚輔 安徽定遠人利港
張韶 華亭人
陳儆 安徽桐城人
許天奇 沛縣人

十年
王可學
李廷挺
趙重道

河南宜陽人水利巡檢
福建甌寧人
吳江人

十一年
錢汝梁 字用甫 浙江烏程人進士有傳
張宗魯 直隸昌黎人巡捕
俞汝升 浙江建德人石頭港
劉汝春 江西清江人利港
徐吉 安徽繁昌人
李芬陽 四川眉州人府志十四年任
丁相 安徽蕪湖人

十二年
曹用中 直隸天津人水利巡檢
蔡德 廣西陽朔人
龔濟 福建福清人
馬朝龍 安徽穎上人府志十三年任

江陰縣志 卷十一 職官 廿三

十三年
王家相 浙江上虞人巡捕
王文祿 浙江慈谿人

十四年
朱希夔 湖北監利人
趙孚玹 浙江蘭溪人
胡廷樟 湖北武岡人

十五年
李守信 錦衣衛籍
劉鳳儀 陝西寶雞人

十六年
程啟章 江西上饒人水
李倚 廣西全州人
趙緯 浙江上虞人利
劉裕暐 浙江武義人
劉仲仁 安徽[illegible]

十七年
利巡檢
港
朱家相 福建侯官人進士
劉師原 江西興國人水利巡檢
李載登 湖北石首人

十九年
郭一坤 河南安豐人巡捕有傳
蕭應昌 山西平陽人
諸士選 浙江餘姚人
徐滔 浙江於潛人利港
楊汝諷 浙江蘭溪人

江陰縣志 卷十一 職官 廿四

二十年
宗賢 安徽宣城人
施良棟 安徽太平人

二十一年
朱興翹 浙江海寧人
李逢春 浙江長清人巡捕
曲遷伸 山東陽山人水利巡檢
徐思愛 浙江山陰人
歐兆 [illegible]縣人

二十二年
陳襄 浙江鎮海人
王宗京 浙江永嘉人
王之璽 丹徒人有傳
陳容 福建莆田人

	神宗萬曆二十三年	二十四年	二十五年	二十六年	二十七年
兵備道		彭國光 江西德化人進士是年始駐江邑			
知縣	史起欽 浙江鄞人進士是年始駐江邑				詹獻策 浙江常山人舉人
	岳 河南光州人		劉學周 字汲辰湖北武昌人進士有傳		
縣丞	李天爵 江西浮梁人巡捕	王宗道 浙江義烏人水利巡鹽	臧連 福建長泰人巡捕		鍾曰敏 江西南昌人水利巡鹽
主簿		周世亨 四川合州人			
典史			馮文祥 福建建寧人		
巡檢			李子恭 江西進賢人石頭港	吳應嘉 浙江義烏人利港	
教諭					張楚賓 上海人
訓導員二				曹悌 安徽霍邱人	
税課使 倉使 副使					
閘官		劉守 陝西山陽人		陳季卿 廣東高要人	

二十八年	二十九年	三十年	三十一年	三十二年	三十三年
梁祖齡 進士				蔡獻臣 福建同安人進士	
	樊敏 江西南昌人舉人				
郝敬 字仲輿湖北京山人有傳				余士奇 字伯才廣東東莞人進士有傳	
	施大昇 浙江永嘉人巡捕		鄧應星 浙江蘭谿人水利巡鹽	廖正心 湖北潛江人巡捕	
	余有慶 遼東人				
		曾世賢 福建建寧人			徐嘉慶 江西南昌
羅志祥 福建龍溪人石頭港				于惟精 山東招遠人利港	
		張拱極 丹徒人			
		王言炳 金壇人	徐榮 浙江遂昌人		
李桄					

人

三十四年
胡傳 湖北江夏人水利巡鹽
曾仲文 字汝煥江西泰和人歲貢生有傳
李應鏻 安徽望江人
許思義 據府志補入

三十五年
王宰 浙江山陰人巡捕
施元綬 浙江山陰人
馬守一 山東齊河人石頭港
藏士杰 字眉陽崑山人舉人
毛德俊 浙江永嘉人

有傳

三十六年
連繼芳 福建龍巖人進士
金秉節 浙江山陰人利港

三十七年
許遵道 浙江東陽人
胡大德 浙江山陰人據府志補入

三十八年
臧爾勸 山東諸城
張應中 江西萬安
宋紀芳 江西淦新
上官彬 江西南城
是年裁黃田閘官

人進士
人舉人
人據府志補入
人

三十九年
錢應召 浙江會稽人巡捕
陳敦美 福建同安人
尹湯臣 河南胙城人利港
周祐 安徽滁州人

四十年
高廉 浙江會稽人水利巡鹽府志在三十七年
梅敬祖 湖北黃岡人
楊徵元 嘉定人
朱良禎 江西萬安人

四十一年
陳瑛 福建晉江人進士
孫良發 福建惠安人

四十二年
王桂 山西陽城人舉人
高建侯 湖北雲夢人舉人
呂應芳 廿肅洮州衛人巡捕

四十三年
金廷璧
余茂先
吳志義

字徳湖江西進賢人
福建建寧人水利巡檢
浙江義烏人

四十四年
李致中 浙江紹興人巡捕
陳國璽 湖北光化人據府志補入

四十五年
顧丁泰 字吉甫湖北漢陽人
宋光蘭 字孚斯福建莆田人
王嗣宸 浙江錢塘人
譚世講 湖北沔陽人
李可學 安徽貴池人

四十六年
進士
劉賢 浙江山陰人水利巡檢
沈延和 崑山人

四十七年
趙國儒 直隸延慶州人
張可教 山西介休人
傅時榮 江西臨川人
周思能 湖南益陽人石頭港
王義家 高淳人
曹之屏
劉繼周

湖廣人水利巡檢
湖北黃岡人利港

光宗泰昌元年
曾惟[?] 廣東南海人進士馮志作惟道
羊世德 浙江海寧人

熹宗天啓元年
陳九成 字儀甫河南祥符人進士
徐彥英 浙江會稽人巡捕
李良心 浙江會稽人利港
郭維瀚 沛縣人
孫履端 吳江人

二年
楊宏備 江西南昌人進士
劉澤遠 河南祥符人舉人
劉日曦 字馭初江西彭澤人進士
王承鎮 四川重慶人水利巡檢
楊鋐 江西豐城人
鄧繼韶 福建龍溪人石頭港
羅文家 廣東順德人
張化源 字羽峰崑山人舉人有傳

三年
沈大成 浙江山陰人
韓紹達 浙江會稽人利港

江陰縣志 卷十一 職官 廿二

四年
鄒用章 江西宜黃人舉人
張應芳 浙江義烏人巡捕

五年
周頌 浙江臨海人進士
李之葯 字子文廣東順德人進士
陳善寶 湖南江華人水利巡塵
倪惟康 浙江桐鄉人
馮啟旦 金壇人

六年
王佐
沈大球 江西浮梁人
鄭喬城 福建晉江人利港

七年
温知新 江西新喻人巡捕
鄒之訓 湖北麻城人
葉夢魁 福建甌寧人石頭港

莊烈帝崇禎元年
吳時亮 浙江烏程人進士
吳鼎泰 字孫中廣東吳川人進士
張醇儒 字簡安浙江崇德人恩貢生有傳
張鼎鉉 四川忠州人
張三捷 陝西朝邑人利港
王之湘 安徽桐城人

二年
是年裁一丞以典史兼巡捕
楊維佐 贛榆人

江陰縣志 卷十一 職官 廿三

三年
莊鐸 江西興安人舉人
徐文璣 浙江錢塘人
周茂才 浙江秀水人
黃休憲 福建莆田人石頭港
王世衡 直隸清苑人

四年
吳麟瑞 浙江海鹽人進士
蔡如英 雲南南寧人恩貢生
許國忠 浙江長興人
梁波 直隸景州人利港
潘洪度 海門人

五年
趙英 河南盧氏人
蘇雲鵬 浙江餘姚人
莊起敬 丹陽人

六年
徐世蔭
陳維舜
張元瓏

七年
浙江開化人進士
馮士仁 字允恐四川梁山人進士
陳四美 福建莆田人
俞茂椿 浙江山陰人
浙江上虞人石頭港
上海人
莊繼光 金壇人

八年
徐方震 福建南靖人
王自得 江西大庾人利港

九年
胡自得 真議人
孫大奎
譚[illegible]
劉世用

江陰縣志　卷十一　職官　八三

十年

曾化龍　福建晉江人進士

孫旭　字純初浙江嘉善人

唐廷龍　廣西全州人利港

洪燃曾　安徽婺源人

四川墊江人

廣西荔浦人馮志作譚仁

江西德化人石頭港

四川蓬溪人

徐州人

十一年

商周初　浙江會稽人進士

十二年

林銘鼎張務綱

王衷文

閔自寅　福建莆田人進士

山西平魯人拔貢生

浙江烏程人舉人十六年陞任木府知府

程士吉　浙江人宏光元年任

字君賢福建閩縣人

以上二人沈志失載今據題名碑及府志補列於此

十三年

李時芜　直隸潁州人進士馮志芜作芜

李令晳　字端木浙江歸安人進士

鄧徽　南都人據府志補入

劉栻　湖北孝感人利港

沈浣先　崑山人

江陰縣志　卷十一　職官　八四

十四年

胡廷棟張師載閻應元

徐廷選

江西南昌人據府志補入

四川人據府志補入

字麗亭直隸通州人有傳

馮厚敦　字培卿金壇人有傳

松江人舊志脫據沈志補

十五年

張調鼎　福建甌寧人進士

許晉　興化人

十六年

潘文起

十七年
馬鳴霆 浙江平湖人進士
林之驥 福建莆田人進士
莫士英 貴州黎波人
陳明遇 浙江人有傳
鎮江人蔡志脫據沈志補
鄒應昌 江西德化人

江陰縣志卷之十一終

江陰縣志卷之十二

職官二

國朝 兵備道 海防同知 知縣 教諭 訓導 縣丞 主簿 典史 巡檢

順治元年
鄒應昌 江西德化人

二年
張
健
王 失名
方亨 河南人殁圍城中
陳親美 江南人貢生
卞應龍 盛京遼陽人恩貢生
陳國貴 江西南昌人利港
王蘇魁 湖南湘陰人石頭港
原設巡檢二員後於雍正五年裁利港司歸併石頭港司管轄

三年
陳服遠
劉景緯 字練溪四川内江人進士有傳
朱廷獻 沛縣人貢生

四年
楊廷詔
宋 失名 山東萊陽人
李長秀 直隸玉田人進士

	五年	六年	七年	九年	十年	十一年
			原毓宗 陝西人進士		胡亶 字保林浙江仁和人進士有傳	
沈光遇 浙江鄞人進士以上二人沈志失年附列于此						
				武茂周 字蔡寰杏山人有傳		
		陳鐘 字孟起安徽石埭人舉人有傳				
				魏鳳翔 安徽虹縣人貢生		
	張明賢 浙江金華人吏員					梁國衡 直隸饒陽人貢
				靳鸐 山西屯留人貢生	張鳳翔 浙江山陰人	
				馮叢毅 順天大興人		
				陳文燦 直隸通州人		張汝成 順天大興人

	十二年	十三年	十四年	十五年	十七年	
			劉鉞 陝西雒川人進士有傳		孫大儒 山東萊陽人進士有傳	
				馮暴暄 字中立山西蒲州人進士有傳		
	劉岩衡 安徽宣城人舉人					
				何景明 安徽青陽人貢生	吳存恕 蕭縣人貢生	
生		李甘來 山東蒲臺人貢生			馬世道 浙江山陰人生員	
			段袗 湖北大冶人貢生		舒子彥 湖北興國州人貢生	鄒維肅 直隸東光人貢
		黃延元 江西豐城人				
	王協 浙江慈谿人石頭港	張許懷 河南滑縣人；楊彬 浙江慈谿人利港		虞士燦 浙江上虞人		

		十八年	康熙元年	三年	四年	五年
海防同知知縣		陳彩 廣東人進士是年奉裁改設總兵	胡繼芳 貢生	陳瞻遠 浙江義烏人		
		何爾彬 字霜厓浙江於潛人拔貢生有傳				龔爾公 直隸永年人拔
教諭					宗章峻 江寧人舉人	
訓導				是年裁訓導		
縣丞						李華秀 直隸玉田人貢
主簿	生					
典史			屠信臣 浙江仁和人			
巡檢		王忻 浙江義烏人　陳文科 浙江山陰人自萬國昔以下王難輔陳文燦王孫勛偽彭王忻陳文科七人前志失載今據府志補入				

	六年	七年	十年	十一年	十三年	十四年
		王迎 山西人貢生		龔祿詒 字蘇鼎湖北黃岡人進士有傳	韓俊傑 陝西鄜州人蔭生	
貢生		周瑞峻 四川綦溪人舉人		龔之恬 字雲石湖南澧州人拔貢生		
生			董照乘 河南洛陽人貢	仇德友 遼東人官生		
	章邁 浙江會稽人		姚毓祥 陝西渭南人		王嗣政 順天大興人	
		王佳節 福建晉江人		王熙錦 陝西華陰人　喬會基 浙江西安人		王承印 甘肅岷州人
	王化鳳 陝西渭南人前志失載今據府志補入					

十五年	十六年	十七年	十八年	十九年	二十年	二十二年
			劉源 遼東人		牛樞 直隸真定人進士	危際泰
何旦純 字巽之浙江錢塘人舉人				王藝貫 字鶴升山西沁水人監生	沈清世 字階平江西新建人軍功議敘有傳	
	趙濬 吳江人舉人	荆子適 字默庵丹陽人歲貢生有傳				饒[illegible]孚
	邢夔 高淳人歲貢生據府志是年復設				陳亮貫 句容人副貢生	
孫德茂 浙江錢塘人監生			沈嗣仁 浙江海寧人監生		祝世臣 遼東人刑部筆帖式	
				吳成 浙江餘姚人		
		王永祥 福建浦城人			陳騏 浙江山陰人	

	二十四年	二十五年	二十六年	二十七年	二十八年	二十九年
直隸人貢生			孫詒謀 鑲紅旗人			
	陸大雲 字雲士浙江錢塘人由監生試博學鴻詞有傳				梁殿柏 廣西懷集人舉人	
安徽旌德人歲貢生						程登鼎 安徽歙縣人歲貢生
				胡日佑 浙江海鹽人附監生		
	張宏緒 燕山衛人吏員	王玉璿 陝西三原人吏員				
	李應泰 山西陽縣人吏員石頭港				周鑑 直隸香河人吏員	

三十年	三十一年	三十二年	三十三年	三十四年	三十六年
					張譽禹 山西安邑人
張國輔 鑲藍旗人本府通判署	劉審齡 山西安邑人進士	劉光夔 字一士遼東人監生	耿慶 河南虞城人歲貢生		
		王蘊槐 青浦人官學教習			
				胡嗣齡 安徽涇縣人歲貢生	
	楊瑆 陝西宜君人拔貢生 王禹鼎 順天大興人歲貢生				
			趙大勳 陝西涇陽人監生		
			王國俊 直隸肅寧人吏員		
			楊廷樞 陝西富平人吏員		

四十年	四十一年	四十三年	四十四年	四十六年	四十七年	四十九年
		王琦 山東博平人				
李士徽 江西臨川人監生蘇州府同知署	陶彝 字敬齋直隸宛平人進士有傳			禹天覞 順天人監生本府通判署	黃和中 鑲紅旗人歲貢生	
						鮑開 字孝儀常熟人
						潘謙光 常熟人歲貢生
			王元吉 順天大興人監生			
			李之錩 山西靜樂人吏員			
徐致福 山西太平人內閣供事			谷彖晉 直隸容城人吏員	陳維城 順天大興人吏員	高旭 直隸真定人吏員	

			舉人有傳					
五十年	汪羲純 字謹齋河南開封人進士有傳							
五十一年			朱霙英 崑山人舉人				胡宏祖 直隸崇城所人吏員	劉燊 浙江山陰人吏員
五十二年	王枚士 直隸寶坻人	周中鐸 浙江山陰人監生本府通判署			張俠 順天大興人監生有傳			管信 直隸雄縣人吏員
		陳協晉 陝西富平人歲貢生						
五十三年						彭瓊 湖南龍陽人附監生		
五十六年	李世金 鑲藍旗人							
五十七年		鄧榮 雲南劍州人舉人					王國佐 直隸永清人吏	張誠 順天大興人吏

		入靖江縣署					員	員
五十八年		張紹芳 字芸三福建閩縣人進士有傳	王亦章 吳縣人歲貢生					張文學 直隸通州人吏員
六十一年				郁焜 青浦人歲貢生				
雍正元年						金宏煊 浙江桐鄉人監生		陳鑑 直隸武清人吏員
二年		李玫 山西臨縣人監生無錫縣署						
三年		祁文瀚 字北溟山西壽陽人進士有傳	胡崑 安徽貴池人舉人				沈儀 順天宛平人吏員	鄺琮 直隸薊州人吏員
四年				宋會 長洲人歲貢生　車儀遴 高郵人歲貢生	韓夢魁 山東昌邑人附貢生			
五年	劉紹岐	陳陞誠						是年裁利港巡檢

六年

鑲紅旗人 是年移駐府城

字宇和 湖北孝感人舉人

丁應璣 山東諸城人舉人靖江縣署

潘飛熊 四川人歲貢生南匯縣丞署

張經 字御六 滿洲正

田有伊 江都人舉人

于烈亭 山東歷城人吏員

江陰縣志 卷十二 職官 十二

七年

白旗人由太常博士候補同知署有傳

魏化麟 字素書江西南昌人歲貢生有傳

八年

白潔 鑲白旗人 是年仍駐江邑

九年

郝之秀 山西汾陽人歲貢生

楊世芳 奉天承德人吏員

李晟璣 陝西膚施人吏員

十年

諸廷瑞 山東德州人舉人

鄧純 甘肅兩當人歲貢生署十三年又署

張鎬 順天宛平人吏員

江陰縣志 卷十二 職官 十三

十二年

鄭金 浙江上虞人監生

沈德蘊 安徽石埭人吏員

十三年

余家璜 貴州鎮遠人舉人賢良方正

蔡謝 字和霖 山東高苑人進士有傳

乾隆元年

張世棟

湖南黔陽人

四年 李蔭淵 安徽當塗人歲貢生　董□□ 直隸盧龍人貢生　顧天祚 直隸通州人吏員　王□直 浙江慈谿人吏員

五年 陳逢霖 字湘心浙江蕭山人監生州同借補

七年 祖世德 漢軍正藍旗人監生　衛位齊 山西馬邑人拔貢生

八年 李鳳翔 字雲翼江西建昌人監生　朱宏業 順天宛平人內閣供事

九年 王企堂 字紀遠直隸雄縣人舉人　羅士璜 字雪三廣東東莞人歲貢生　吳儒清 泰興人舉人　俞鐙 字起瞻浙江新昌人拔貢生直隸州州判借補

由教習謄錄議敘署

十一年 劉翰 字鐵庵山西永寧州人舉人中明通榜　沈日琇 浙江餘姚人供事　李開宗 浙江會稽人

十二年 金長發 浙江山陰人吏員署　梁錦 順天大興人廩生　王鳳祥 浙江山陰人吏員

十三年 湯會詔 湖南衡山人進士署　祖世德 署任見海防同知　潘恂

江陰縣志　卷十二　職官　十六

安徽桐城人進士

十四年　潘恂　署任見知縣　黎常功　直隸順德人監生

十五年　孫繼德　直隸懷來人舉人署

十六年　張賢　雲南寓州人舉人　程震　上元人舉人

十八年　李世保　山東德州衛人舉人　高偲　陝西米脂人舉人署　胡文伯　本府丞攝　張學賢　署任見知縣

江陰縣志　卷十二　職官　十七

十九年　沈鎔　浙江會稽人附監生　周鳳岐　浙江永嘉人舉人　沈治　浙江山陰人監生

二十年　霍林　安徽蕪湖人歲貢生　劉鉉敬　順天大興人吏員

二十一年　潘錦韓　浙江餘姚人

二十二年　長祿　內府正黃旗人舉人署　朱繡　浙江歸安人進士　韓坦　金匱教諭署

禇階　直隸宣化人監生署　汪邦憲　浙江錢塘人舉人中明通榜

二十三年　賈錦琪　山西絳縣人貢生　趙寅　安徽廣德州人歲貢生　周國樑　浙江會稽人吏員

二十五年　張起鳳　浙江海寧人進士署　潘謙宏　江都人舉人　李洋　廣東嘉應州人監生署　陳鈐　浙江會稽人署

年	知縣	教諭	訓導	縣丞	主簿	典史	巡檢
二十六年	牛綸 直隸天津人貢生				周國樑 署任見典史		
二十七年是年裁					朱廷麟 順天大興人監生		
乾隆二十八年					孫廷楷 浙江歸安人監生		
二十九年					何其穎 陝西富平人監生 顧森 四川華陽人監生署		沈鳳樓 浙江山陰人監生
三十年	許鋼 漢軍正紅旗人舉人署			潘履愷 浙江德清人監生署	王德安 山西徐溝人附貢生署	宋紱 江西泰新人附貢生署	
三十一年	何燚 福建漳浦人舉人中明通榜		左虎 安徽涇縣人府學教授署	鄒隆魁 江西新城人監生		姜龍兆 山西潞城人吏員署 姚鉉 安徽桐城人監生署	

年	知縣	教諭	訓導	縣丞	主簿	典史	巡檢
三十二年	邱爚 山東高密人舉人署 陳模 浙江錢塘人舉人署 趙秉鉞 陝西涇陽人舉人		吳廷瑄 安徽歙縣人舉人	王兆棠 浙江錢塘人監生		柴灝 浙江會稽人監生署	
三十三年				張峻 山東濟平人吏員署 王兆棠 回任		何鵬飛 浙江山陰人監生	石牌港巡檢于是年移駐
三十四年	李燦 河南滎陽人舉人署 張掄甲 山東金鄉人監生署 顧信 順天宛平人監生			沈鳳樓 署任見巡檢	沈鳳樓 兼署見巡檢		
三十五年				王兆棠 回任	劉大敢 福建長汀人監生 陳本繁 福建歸化人監生署 李高瑞 漢軍鑲白旗人監生		

江陰縣志　卷十二 職官　二十

三十六年
劉啟 署任見主簿
丁文科 漢軍鑲黃旗人筆帖式

三十七年
鍾儀祖 江西分宜人進士
林增遇 山東文登人舉人署
劉大啟 署任見主簿
沈鳳樓 署任見巡檢

三十八年
戴鴻爵 順天宛平人監生
余鑰 浙江仁和人監生
李際燮 廣東瓊州人監生
徐玉衡 浙江錢塘人舉人署
廖光謨 廣州[illegible]定人舉人署
李際燮 署任見典史

三十九年
邱璉 江西南昌人舉人署
廖光謨 署任見縣丞
廖光謨
李際燮

江陰縣志　卷十二 職官　二十一

四十年
邱璉 署任見縣丞
林增遇 署任見縣丞
張存性 直隸涿州人進士
回任
署任見典史
繆安國 浙江[illegible]人吏員
陳廷模 浙江錢塘人監生
鄔鈞 安徽涇縣人監生署

四十一年
林一甶 山東文登人舉人
蔣雲鵬 青浦人舉人署
龔[illegible] 吳縣人舉人
吳瑛
周成榮 浙江錢塘人監生貢
浙江海寧人附監生

四十二年
彭維熙 湖北[illegible]人舉人
程達元 安徽太平人舉人
吳兆颺 吳江人廩貢生署
林大樞 江西[illegible]人監生
賈[illegible]謙 河南祥符人監生署
揭元熾 江西南豐人監生

四十三年
吳瑛 署任見縣丞
何世珩 四川金堂人舉人署
李[illegible]封
黃祝杰 安徽宿松人歲貢生
[illegible]兆曦 安徽懷寧人

貴州黔西州人舉人，候補知州署

四十四年
趙源治 四川西充人拔貢生
何啟秀 湖北東湖人廩貢生
許塈 浙江海寧人監生署

四十五年
宋學灝 漢軍鑲紅旗人貢生
許塈 署任見典史
裴興第 湖北漢陽人監生

四十六年
柳在寶 河南太康人監生本府通判署
耿人麟 山西曲沃人
俞鎬 浙江新昌人拔貢生
鄭桂 元和人舉人
王光陞 直隸永清人吏員

四十七年
史瑛 再署
徐世燦 福建閩縣人舉人署
章洲

四十八年
吳士璽 字二洽，吳江人舉人
浙江會稽人監生
劉福芳 江西新昌人監生

四十九年
王燮廷 華亭人廩貢生署
吳壽康 浙江山陰人貢生
吳文瑜 江西宜黃人監生署

五十年
戴鼎 安徽婺源人舉人
何家掄 浙江蕭山人附貢生
馬時元 浙江會稽人監生
駱朝灝 浙江山陰人監生署

五十一年
牛兆奎 直隸天津人廩貢生
陳世和 崑山人廩貢生
鄒一鑄 安徽涇縣人監生
葉煥輝 廣東嘉應州人監生

五十二年
周士標 浙江鎮海人監生署
鄒一鑄 回任

五十三年
黃恩 安徽婺源人舉人
戴炳 安徽婺源人副貢生署
何家掄 回任
胡響瑩 順天宛平人監生署

五十四年
胡源 本府通判署
張湖[illegible] 丹徒人廩貢生署
[illegible]所[illegible] 山東文登人舉人署 有傳
梁[illegible]生 直隸[illegible]定人廩貢生
[illegible]元[illegible] 安徽涇縣人
吳兆坤 安徽全椒人附貢生署
王[illegible]倫 湖南正黃旗人監生
王毓琦 直隸[illegible]人監生署

五十五年
張[illegible]枝 安徽桐城人舉人
劉世訢 安徽南陵人舉人
歐陽[illegible] 山東[illegible]州人吏員
李毓秀 廣東嘉應州人監生
劉溶 直隸[illegible]人吏員
張濤 江西南昌人監生

江陰縣志《卷十二 職官》 三十四

五十六年
胡容[illegible] 前署本邑巡檢見巡檢
顧[illegible]游 巡檢兼理
吳洛 順天宛平人供事
賈鍠 山西汾陽人監生署
潘[illegible]秀 浙江山陰人監生

五十七年
胡容[illegible] 主簿兼理
何[illegible]
吳洛 巡檢兼理
潘[illegible]秀
何[illegible]齡 順天大興人監生署

五十八年
楊世綬 安徽宿松人監生
曹[illegible]樾 常熟人貢生
回任
回任
吳熙[illegible] 浙江錢塘人監生

五十九年
吳士堅 再任
胡容[illegible] 主簿兼理
胡紹宏 順天大興人監生

嘉慶二年
東永澄 直隸通州人廩貢生
劉[illegible]政 山東諸城人吏員署
[illegible]三 江西[illegible]人[illegible]閣供事署

江陰縣志《卷十二 職官》 三十五

三年
李元 浙江會稽人吏員
李士衡 江西龍泉人拔貢生署

四年
單[illegible] 字[illegible] 江蘇[illegible]山人舉人有傳
胡紹宏 回任

五年					嚴松年 浙江山陰人吏員署　王愉 順天大興人監生		
六年	鄒開煜 湖南善化人舉人署　單遷 回任			徐學瀚 安徽懷寧人監生			
七年							萬烘 廣東興寧人監生署
八年	馬錤 山西曲沃人舉人署　徐學瀚 署任見縣丞　鄒開煜 再署						周駿 順天大興人內閣供事
九年	師承祖 字西岡陝西蒲城人貢生舉孝廉方正						徐學瀚 縣丞兼署　周駿 回任

十年			楊雲翊 鎮洋人廩貢生署		張寬祿 安徽桐城人監生　鄧永齡 安徽舒城人監生署		
十一年	諸葛璿 浙江蘭谿人舉人署				劉啟齡 順天大興人監生		
十二年	黃鶴 字仲郎貴州清鎮人進士		程璣 南滙人廩貢生				
十三年					潘周 浙江會稽人附貢生署		
十四年	馬麟書 山東齊河人監生　魏綸閣 武進縣丞署　鄧文鏡 順天宛平人監生			鄭祖經 浙江歸安人監生　聶廷麟 江西萬載人附貢生			
十五年	姚衍 字伶圃無錫縣丞署	陸因翰 鎮洋人廩貢生署		王璐 順天宛平人監生			

	見後縣丞 張闓 河南祥符人進士						
十六年		王錫康 字容帆太倉人舉人		王菜 安徽廬江人監生 劉毓秀 江西上饒人舉人		朱韶 浙江山陰人	錢繩武 浙江錢塘人監生
十七年	蕭瑾 字梧軒浙江山陰人吏部則例館謄敘						
十八年				袁廷麟 主簿兼署 蔡汝弼 湖南長沙人附貢生			張垂道 江西安義人吏員
十九年				姚儲 安徽桐城人監生			王棻 縣丞代理
二十年							王炳 順天大興人供事
二十一年			龔懿銓 崇明人拔貢生	宋湘 順天大興人監生署	楊琛 廣東曲江人監生		

				姚儲 回任			
二十二年					陶禮 浙江會稽人供事		
二十三年			吳彩華 安徽涇縣人廩貢生	全福 漢軍鑲白旗人監生 姚儲 回任 吳繼曾 浙江會稽人庫大使署		陶禮 主簿代理 陸世熙 浙江山陰人監生署 劉晉堂 湖北漢陽人監生	周駿 再任
二十四年				姚儲 回任			
二十五年			王錫康 教諭代理	全福 再任	劉晉堂 典史代理 張逢恩 山西襄陵人州同生署 吳一鏞 字燮堂浙江錢塘人		

道光元年

項溎　丹陽人舉人署

衛錡　字霽峰如皋人優貢生

監生

舒俊翼　四川涪州人監生

曹展　順天大興人供事

二年

姚儲　回任

項炳森　浙江嘉興人附監生

吳一夔　回任

劉光照　江西奉新人監生署

三年

鄧秉乾　字健菴廣西臨桂人舉人署

毛長勛　直隸天津人監生

畢以紱　山東文登人監生

姚儲　崇明縣丞調任

劉光遴　湖北江夏人供事

四年

竇毅　順天大興人監生署

沈啟源　浙江海鹽人署

五年

王濬

陳廷鐙

錢勳

張鏊

字湘帆浙江山陰人舉人署

廣東興寧人監生署

吳一夔　回任

浙江嘉興人監生

河南陳留人廩貢生

俞昌會　順天宛平人監生

史繼堂　回任

六年

陳仁榮　長洲人廩貢生署

孫尚徽　安徽壽州人歲貢生

劉光遴　回任

王正楨　江西廬陵人監生署

王士彬　直隸洲苑人吏員

王灝　浙江慈谿人吏員署

七年

龔維庚　字西塍浙江秀水人進士

曹樹奎　上海人優貢生署

黃昭時　崇明人舉人

吳一夔　主簿代理

姚儲　以宜興縣回任

祝崧　浙江海寧人附生

吳一夔　回任

龔嚴源　順天大興人監生

鄧永清　順天大興人供事

周大酉　湖北江夏人監生署

鄭承誥　順天大興人監生署

李慶偕　浙江蕭山人監生

八年

姚儲

潘遜禮

吳一夔

王元發

	九年	十年		十一年	十二年
縣丞署任	德宣 漢軍正黃旗人舉人			鄧秉乾 再署	陳希敬 字笠漁浙江海鹽人進士
長洲人舉人署 劉銘 字筱山江都人舉人					
主簿代理 姚儲 鄱陽湖縣 回任 張達恩 署任見主博		楊耀璽 廣西臨川人附生 姜承勳	浙江錢塘人監生署	沈之彥 浙江歸安人廩貢生署	畢以紱 回任 常恩 字峙齋鑲紅旗
順天固安人監生		程德濬 湖北天門人監生 趙秉愷	江西南豐人供事 盛森 浙江錢塘人供事	張鳳鑣 安徽桐城人監生	王炳 順天大興人議敘

江陰縣志《卷十二 職官 三十二

	十三年	十四年		十五年	十六年
					段昌燦
		殷沛	丹徒人廩貢生署	顧翔雲 字侍讓元和人舉人	
人[illegible]式 吳一鵬 代理 常恩 回任	羅毅福 湖南善化人監生署 常恩 回任				姚大成
	吳城 字吹伯	吳一夔	回任	王慶裕 典史代理 吳一夔 回任	
		徐燦榮	順天大興人監生署 王慶裕 回任		閻紹桂
	羅瑞瓚 回任	徐恩榮	典史兼署 盛森 回任 徐恩榮 再署		

江陰縣志《卷十二 職官 三十三

	十七年	十八年	十九年	二十一年
貴州仁懷廳人增貢生候補同知署	萧心啓 字沛原浙江餘姚人監生	范鳳諧 江西南城人舉人署	陳延恩 字登之江西新城人監生候補通判署	金咸
浙江錢塘人監生			沈傳金 字竹君浙江歸安人監生署 孫文紹 字墨淵河南中牟人監生	
直隸大興人監生署	徐裕 字子鈞安徽桐城人監生			莫智光
		齊準 安徽婺源人監生	史致煜 直隸大興人監生 曹鈐 浙江仁和人監生	

	二十二年	二十五年	二十六年	二十七年	二十八年	三十年	咸豐元年	二年
字筱莊浙江錢塘人有傳		秋家丞 浙江歸安人舉人署	呂廷楨 代理 秋家丞 回任	王清渠 直隸人原籍浙江進士署	王香山 署	楊鳳翮 署	蔡琳 署	翟繼觀
							劉元馥 安徽人舉人	汪彥樹
							夏獻綸	是年裁
	何慶雲 浙江人							

	（前續）	四年	六年	七年	九年	（九年續）	十年	十一年	同治元年
知縣		陳燕謀 字月如	高鳳清 字桐門署	何燦組 舉人署	祥和	字熙齡滿州人		施鏞 常熟縣丞代理	李純祖 山東人署
教諭	字夢梧甘泉人舉人			唐模 字範之華亭人優貢生					
訓導			徐梅 崑山人	汪錫建 字秉蘭附貢生蘇州人	錢師炘	太倉州人 劉維金 字海秋揚州人舉人	汪鴻磐 字小蘭附貢生莘縣人		
縣丞									
典史							錢清 字西滿浙江人署		
巡檢				錢濤 見典史					

	道光二十年迄廿年中間殘缺無所考	二年	三年	四年
知縣		沈方暾 字筱甫浙江仁和人署		張肇封 直隸宛平人代理 錢以鑾 浙江仁和人代理 齊在銘 字鉤齋河南新野人署 顧榮階 字瑯枝浙江安吉人進士
教諭		汪鴻磐 訓導兼理	林漸逵 字子敬六合人寄籍直隸清化人舉人署	
訓導		汪鴻磐 復任	林漸逵 教諭兼理	
縣丞		馬星龢 復任	周祖蔭 典史兼理	馬星龢 回任
典史		徐榮宙 字硯泉浙江嘉興人署	馬星龢 縣丞兼理 周祉蔭 字少室直隸宛平人祖籍浙江署	沈宗昉 字寄帆浙江山陰人署
巡檢		余之淦 字梅伯浙江錢塘人署		陳升治 浙江桐鄉人署

五年	六年	七年	八年	九年	十年
	汪坤厚 字葆圻順天大興人祖籍浙江蕭山署		馬鴻翔 字仞千山東濟甯州人舉人署		周鼎 字敬容浙江山陰人署
鄒偉 字江甫丹陽人附貢署		陳其淵 字琛甫寶山人拔貢署	許輝 字蘊山新陽人歲貢署		楊以寶 字偉甫寶山人舉人
俟大桐 字鳳巢上元人副貢					
		沈宗昉 典史兼理 馬星楠 回任		吳葆曾 典史代理 馬星楠 回任	
	阮士傑 字子仁江西安福人署	裘綬 江西新建人署	吳葆曾 字少白浙江仁和人署	何式金 字賡士浙江錢塘人署	姚紹生 浙江仁和人署
	王識興 直隸涿州人祖籍浙江慈溪署	周祖蔭 再見典史	徐鉦 直隸宛平人祖籍浙江會稽署	朱瀾 浙江嘉興人署	沈炎齡 字熙甫直隸宛平人祖籍浙江仁和署

十一年	十二年	十三年	光緒元年	二年
林達泉 字海巖廣東大埔人舉人署有傳	金吳瀾 字蝶青浙江嘉興人署	沈偉田 字毅民浙江歸安人舉人	吳朝龍 湖南鳳凰廳人代理 沈偉田 回任	盧思誠 字直夫福建侯官人
			李麟書 訓導兼理 顧言坊 字耕畬婁縣人舉人署	李麟書 訓導兼理
			楊以寶 教諭兼理 李麟書 字竹甫奉賢人附貢署	吳應生 字枚臣元和人附貢
				朱應清 典史兼理
	王荃 直隸大興人祖籍浙江山陰		馬星楠 縣丞兼理 李恩桂 浙江鄞縣人代理 俞辰 浙江山陰人署	馬星楠 縣丞兼理
林煜 福建侯官人代理 劉冠卿 河南尉氏人署 高樹人 字崧谷山東陽穀人				

代理

吳應生 訓導兼理

王作舟 浙江山陰人署

李仕策 安徽太湖人代理

沈偉田 回任

傅介福 字棻卿奉賢人舉人署

朱應清 浙江山陰人署

三年

馮譽鏡 字巳亭浙江德清人進士丹徒縣調署

吳應生 訓導兼理

張錫組 字石甫儀徵人附貢署

廖國萬 字佺亭江西龍南人

蔡敬慈 字子嚴浙江仁和人署

四年

譚泰來 字少柳江西南豐人署

張寶書 字鴻甫儀徵人舉人

王承烈 山西文水人署

武職

宋

高宗建炎元年

無考 雄節指揮

無考 崇節指揮

無考 水軍將官

駐劄水軍將官分屯將官

裔仲福 見宋志形勢不著官稱

三年

劉光世 江東安撫使

韓世忠 字良臣陝西延安人江浙制置使有傳

紹興元年

李進

四年

耿進

孔皐 浙江溫州人統制蔡志脫據沈志補

三十一年

李寶 河北人馬步軍副總管有傳

孝宗乾道五年

馮湛 御前水軍統制

六年

李彥椿

左翼軍統領

淳熙九年　陳俊　見宋志營寨不著官稱

光宗紹熙三年　江伯夔　見宋志營寨不著官稱

失年　岳飛　建炎中金人犯泰州飛保江陰軍沙上

常思訓　統制

陳輔　統制

元

世祖至元十二年

安撫使　李世修　見陸巢碑

安撫副使　陸煥　見巢碑

萬戶府

達魯花赤　忽嘆哈赤兒　黃志云見賀志　見賀志二

萬戶　李八撒　黃志云見賀志

副萬戶　完者都　蔡志

經歷　無考

知事　無考

提控案牘　無考

鎮撫　無考

千戶所

達魯花赤　無考

千戶　呂德　字伯亨鄞人見檣東

副千戶　無考

彈壓　無考

百戶　無考

續志一稱上萬戶　稱正萬戶　訛作都者完

元

脫脫　黃志云見賀志忽哩哈赤子

丑廝　字彥如黃志云見賀志忽哩哈

脫因　見賀志李八撒子

完者山　見栢溪集蔡志完者作宋

伯安　黃志云見賀志完者都子蔡志脫

普顏帖木兒　黃志云見

中

赤孫有傳

張福　湖廣東安人各志脫見蔡志有傳

賀志亦完者都子

賈住哥　見栢溪集

明

元至正十七年丁酉至洪武元年戊申凡一十二年

指揮使　吳良　安徽定遠人有傳　襲衛在元至正十七年

副元帥　吳楨　良弟有傳

經歷　倪履桂　安徽六安人見倪惟善墓志

千戶

百戶

鎮撫

年
沙原德 字益之江都人有傳 是年廢衛立百戶所
趙鵬 字圖南安徽合肥人見黃常安稿有傳
三年
陳存道 字宏伯見用齋漫稿
十一年
卜亨 見用齋漫稿
戈 失名 見邑志移鎮序 是年陞百戶所爲千戶所

十三年
是年廢千戶所 除守禦官
趙存性 鵬子見邑志 鎮序
失年
郭旺 字明玉安徽六安人洪武中任有傳
陳壽 見陳志
何得成 安徽和州人 有傳

江陰城守營

明
總練官 守備 哨官
神宗萬歷元年
孫光祚 鎮江衛指揮以下各官蔡志均失載

據馮志補入
五年 陳旭 鎮江衛指揮
八年 高忱 蘇州人進士
十一年 武懋德 太倉衛指揮
十五年 李化龍 太倉衛正千戶
十七年 汪長棟 太倉衛指揮

二十年 陳恩 太倉衛指揮
二十一年 曹子明 鎮江衛指揮
戴天錫 鎮江衛指揮
二十四年 曾天錫 蘇州衛指揮
二十六年 袁時隆

	蘇州衛指揮		
二十九年	李逢春 鎮江衛指揮		
三十二年	朱萬年 鎮江衛指揮		
三十三年	張永文 蘇州衛指揮		
	王瑞廷 太倉衛正千戶		
三十四年	侯承祖 金山衛指揮		
三十五年	萬必忠 金山衛指揮		
三十七年	王道濟 武進人進士		
四十二年	王之屏 鎮江衛指揮		
	王伯勳 鎮江衛百戶中軍		
	吳振南		

	鎮江衛指揮		
四十三年	姜志郊 鎮海衛指揮進士		
四十五年	王國 太倉衛指揮		
四十六年	高應魁 鎮海衛正千戶		
光宗泰昌元年	尹尚元 鎮江衛百戶		
熹宗天啟元年	王道濟 再任		
二年		朱之允 本邑指揮進士 是年改設	
莊烈帝崇禎二年		唐燮 華亭人武舉	沈世德 丹陽人水哨
八年		馮應魁 遊巡營領兵官附 吳淞所人武舉會勳有功加守備銜	儲贇 長洲人武生陸哨
十一年		鄒瀚 鎮江衛正千戶武舉	楊夢蛟 武進人浙哨
		王見龍 火角營領兵官附	顧必超

	副將	參將	遊擊	都司	守備
			鎮江衛官生會勦有功加守備銜		嘉定人內河哨
十七年		張宿 參將 高郵人駐黃田港 是年設立參將營統領守備一員哨官十員沈蔡二志僅載張宿一人餘無考附列於此	陳瑞之 湖北江夏人失年 附		陳竑 遊巡營哨官 附 嘉定人 周儁 火角營左哨 附 武進人 張雲翼 火角營右哨 附 吳淞所千戶以上俱失年

國朝	副將	參將	遊擊	都司	守備
順治二年		朱鸞 山東濟甯人 是年設立統領	王家柱 鎮江人	高志春 河南人	王秉誠 天津衛人
三年		遊擊缺員 是年改爲都司		楊宇 陝西人	
五年				是年改爲守備	
六年					劉蕃盛 正紅旗人
七年					張世榮 直隸人
十年					劉衍 遼東人

	副將	參將	遊擊	都司	守備
十四年					加遐美 直隸人
十七年					張六吉 順天人
十八年		王永爵 順天人武舉 是年自常州移駐統轄常無江宜靖楊孟			
康熙二年		吳標 浙江海甯人武生			
四年	張居遠 陝西榆林人 是年設立統轄常鎮				
七年	是年改爲遊擊仍統轄常無江宜靖楊孟		胡師龍 京衛人進士沈蔡二志俱列入八年今據改設遊擊年分更正		劉瑞符 山東人
八年	徐自貴 遼東人沈蔡二志俱列入七年今據改設副將年分更正 是年改設副將				

統轄蘇松常鎮

年	遊擊	守備	千總	把總
康熙十一年	汪浦明 陝西人 是年改爲守備旋仍設遊擊轄江靖揚孟		唐文 天津衛人	褚惟洪 蘇州人
			黃正	張大信 河南人
十二年	周大生 浙江人武舉	趙鏞 京衛人武舉	鄭志 靖江人	汪德 見千總
二十年	辛性溫 山西人進士		畢邦成 山西太原人	邢魁元 山東人
二十一年		徐騰鵬	成忠	

年	遊擊	守備	千總	把總
		直隸元城人	揚州人	崔啟先 安徽亳州人
二十二年	韓世臣 直隸人		張大成 河南人	姚登科 山東人
二十八年	袁倚齡 河南人	王國珍 陝西人	常起鳳 山西人	張文錦 安徽安慶人
三十八年	劉富 福建人		汪德 揚州人	孫應豹 山西大同人
四十年		侯永吉 直隸人進士	王龍 河南人	張志標 河南人
四十五年	李時新		詹鼎	

年	遊擊	守備	千總	把總
	直隸人		常州人	李應奇 山西人
五十三年	秦成龍 松江人 陳昇 陝西人		宋旭 遼東人武生 王大有 河南人	宋奇 直隸河間人 王大有 見千總
五十八年		任灝 陝西人	蔣道昌 河南人	趙應龍 山東臨淄人
六十年		楊燁 安徽潛山人	任國祿 山東人	程榮 直隸人
雍正三年	高顯揚		徐暉	

年	遊擊	守備	千總	把總
	河南人		鄜延人	傅應魁 邑人
七年		施可立 松江人	黃濟 金山衛人	高廷爵 山東人
十年	是年楊孟二營改設都司隸提督軍門靖江營仍歸統轄		陳希順 松江人	李春融 山東人
十二年	車鑑 直隸文安人進士		張鸞 嘉定人武舉	劉大勇 松江人
乾隆元年	張昺 漢軍正紅旗人侍衛		李朝鼎 松江人	王應祥 松江人
三年		張宣武	伍進	

	四年	五年	六年	七年	十年
	張成額 滿洲鑲白旗人侍衛				
上元人			王世臣 山陰人雲騎尉	宋衣 江西人	
福建人	劉成恩 松江人自周文而下共二十一人蔡張二志俱失年依次序列於右		汪鵬選 陽湖人		劉鉉

李虎 邑人　張新 福建人　高羽 邑人　楊泰 武進人　宋遇恩 蘇州人　李文魁 崇明人自李惟洪而下共二十五人蔡志俱失年依次序列於右　張續 武進人　蔣紹文 邑人　王爵

江陰縣志　卷十二 職官　三十二

	十一年	十二年	十三年	十六年	十七年	十八年	十九年	二十年	二十二年	二十四年
	兆敬 漢軍鑲紅旗人進士					馬誠 河南南陽人		王斌 直隸靜海人	白雲上 河南河內人侍衛	蕭鈺偉
		牟秀郭 江西新城人侍衛			柳玉書	碭山人	趙國相 吳江人			
華亭人				徐士元 崇明人					羅林 靖江人	
吳江人			徐士元 華亭人				潘有才 六合人		錢鵬 邑人	

江陰縣志　卷十二 職官　三十三

	湖北漢陽人侍衛			
二十六年		管紹泰 丹徒人		
二十八年			王大縧 金山人	張廷貴 見千總
三十二年			王灝 溧陽人恩騎尉	
三十三年	黃大謨 浙江仁和人進士			
三十五年	甘應爵 安徽南陵人		張廷貴 靖江人	黃斌 吳江人 范亮峻 華亭人
三十七年				劉錫爵 吳江人
三十八年		王大勇 山東歷城人		
四十年	鄒承緒 廣西全州人進士		鄧鼎梁 安徽鳳陽人武舉	
四十二年				王時繹

				丹徒人
四十三年			張鈴 華亭人	
四十五年			李治 華亭人	
四十七年	陳書 廣東南海人進士	張騰齊 直隸衡水人進士		王朝秀 武進人
四十九年			鄭琦 安徽休寧人恩騎尉	
五十四年			劉加得 丹徒人	
五十五年	周廣試 貴州遵義人			
五十九年		徐恩仁 湖北竹谿人		
六十年				王萬年 邑人
嘉慶二年				徐鎮 丹徒人
五年				劉士魁

	八年	九年	十一年	十三年	十四年	十七年	十八年	十九年
	德壽 滿洲正紅旗人侍衛	周廣誠 再任			倭恒額 滿洲鑲藍旗人			
	豐託 字淸泉安徽青陽人武舉				甘志槃 貴州貴定人		陳長洲 直隸淸苑人	盧俠
		吳燮 上元人武舉	謝芳	丹徒人			何玉華 丹陽人武生	
丹徒人	徐思 丹徒人	尹長清 邑人		洪瑞林 邑人		黃棣林 安徽全椒人		黃暘春

	二十年	道光四年	六年	九年	十年	十三年	十四年	十六年	十八年
	周森 四川崇慶人	張善同 山東歷城人武舉		珠爾杭阿	蒙古正黃旗人侍衛 經文泰 字紓和滿洲鑲黃旗人監生				恒山
直隸獻縣人武舉		李輝遠 字廸功山東樂陵人侍衛						曹裕祥 見遊擊	
		張鯤 安徽鳳臺人	姚乾 華亭人	冉鑑	丹徒人	興奎 京口駐防蒙古正白旗人武舉			
靖江人 汪虬 丹徒人武生	羅法 邑人		劉鳴遠 武進人				安康 見守備		

	正黃旗人武舉署			
十九年	董□晃 河南人武舉			
二十年	賈有祥 江都人署			
二十三年	汪浦 松江人署	錢保基 常熟人雲騎尉署	昝□魁 南京人	
二十四年	德齡 正白旗人署			
二十五年	段應元		牛長清	
	河南人傳臚署		南京人武舉	
二十六年	程明彪 山東武城人進士	劉聯芳 直隸大興人進士		陶庭芳 邑人
二十七年			王澍湧 南京人	
二十八年	唐□熊 河南人進士署		袁紹熊 南京人武舉	
二十九年	福山 正紅旗人			
三十年	袁貴			

	四川人署			
咸豐三年	恩澍 正白旗人			
六年	平祿 鑲黃旗人署			
七年		安康 京口駐防蒙古鑲白旗人武舉署		
八年	曾秉忠 廣東高州府人			楊殿標 邑人署
九年	海洪阿	崔□陞	朱鴻駿	
	蒙古鑲白旗人	常州人署	松江人	
道光二十年迄是年中間殘闕無所考				
同治二年	蔣樹德 邑人護理		蔣樹德 見遊擊	
三年	周廷標 山東人署	趙登元 江都人武舉		羅安 見千總
四年	傅勒莊武 正藍旗人署			
	定德			陶長清

	正白旗人				邑人
五年		張維熊 蘇州人署	羅安 廣西人署		沙正國 邑人
七年	袁世功 徐州銅山人		阮國沅		黃炳恆
八年		許先衡 安徽人			羅安 回任
十年			羅安 再署		
十一年		曾毓衡 湖南人署			謝長泰 見千總
十二年	劉高山 湖南人				
光緒二年		陳光全 安徽人			
三年	梅人桂 安徽合肥人署	沙得元 江甯人	謝長泰 浙江人署		周迎祥 邑人署
四年	劉高山 回任	張廷華 蘇州人	羅安 再署		楊殿標 邑人 謝長泰

					回任

楊舍營

嘉靖二十三年初設參將一員萬歷三年改守備八年改總練指揮崇禎間復改守備統水陸哨官二員馮志僅載各官姓氏不著官稱年亦俱失此外各志并無所載姑依馮志序列於左

明

失年

朱英 進士	沈光先 宿州衛指揮
徐道 皇陵衛指揮	管茂先 新安衛指揮
金大受 廬州衛指揮	余應登 進士
潘遜 進士	武懋德 鎮海衛指揮
韓相 進士	趙豸 進士
孫懋功 蘇州衛指揮	袁時隆 蘇州衛指揮
查國寧 進士	毛應舉 南京羽林衛指揮
高應登 進士	張應乾 進士

張鵬翼 進士

游廷采 武舉

潘應奎 重慶衛指揮

王先灝 新建衛衛武舉

鮑遊傳 淮南衛武舉

錢鼎炎 哨官 武進人

國朝

守備

把總

六年 李國盛 順天宛平人

羅英

武舉

高尚義

得功 世襲千戶沈志作徐得功

李振龍

順治十六年 張雲翥 順天人武舉

康熙四年 李尚文 山西大同人

十一年 朱成格

正藍旗人

十四年 張瑞徵 直隸南宮人進士

十九年 賀世雄 陝西人進士

二十二年 劉全美 河南人

彭太 河南商邱人

二十九年 杜義性 山西大同人武舉

李亨嘉 山西榆次人武舉

三十一年 符恒獨

奉天人進士

三十五年

張斗樵 寧夏衛人武舉

四十一年

孫廷鉉 常熟人

四十三年 張伍 江南人

周燦 江寧人

五十八年 陳昇 寧夏衛人

五十九年 黃元亨

	陝西人	
雍正元年	王聯科 山陽人	
二年		楊順 松江人
三年	盧昌 廣東人	
四年		趙翔 上元人
		沙定邦

		崇明人
五年		何有得 福建福清人
六年	李琨 遼東人	
	都司	把總
雍正十年	穆秉常 直隸臨榆人 是年改設	
乾隆七年	周兆正 陝西石泉人	

八年		蘇鴻猷 陽湖人
十三年	韋通 山東郯城人	
二十年		羅林 靖江人
二十二年		吳國祚 上元人
二十三年	吳惠 漢軍鑲白旗人武舉	

二十七年		韓成勳 華亭人
二十八年	燕珍 山西寧武人進士	
二十九年	晉威 直隸撫寧人進士	
三十四年		劉士龍 邑人
三十六年	吳自成 四川松潘衞人	

三十八年		王廷佑 邑人
三十九年		李沿 華亭人
四十四年	柳若棟 陝西榆林人	劉加得 丹徒人
四十七年	李中漢 貴州銅仁人	
五十四年		趙洪 靖江人

五十五年	王涵 漢軍正紅旗人治儀正	
嘉慶四年	張廷棟 直隸河間人武舉	
六年	葛勒炳阿 滿洲正白旗人侍衛	
十一年		顧勇 邑人
十七年	胡光煥 廣西馬平人	劉得 靖江人

二十二年		湯鴻高 武進人
道光三年	葉雲龍 山東濟甯人	
六年	袁占奎 貴州貴筑人進士	
十三年	恆玉 滿州鑲黃旗人進士	
十八年	邢惟新 廣東海陽人雲騎尉	

二十三年 原設提標楊舍營於是年改為福山鎮標水師右營		
失年	富廣	杜榮昌
	周建勳	胡澄業
	徐朝棟	王榮
	孟兆蘭	汪熙瑞
	周希廉	錢達
	薩淩阿	馬長勝
	張長庚	張鶚摩

錢秉直

道光二十年 迄是年中間殘闕無所考

湯炳旺

同治四年 九年裁改水師案內改爲福山鎮標右營專管陸路

沙成祥

千總

九年

王明陽

水師營

國朝

康熙十一年

總兵

侯襲爵 字公言遼東人都督同知是年由京口移鎮江陰

遊擊

李真臣 陝西人

守備

吳道正 神武衛人進士

十二年

王相 山東人

十四年

樊英 陝西人進士

十七年

劉選陟

馬從龍

字文伯湖南常甯人左都督加一等有傳

山東人府志作從雲

十九年

鮑邦進 山東人進士府志作邦俊

二十一年

陳起鳳 金吾左衛人武舉

二十二年

張定國 海州人

二十三年

陳奇 陝西榆林衛人據府志補

三十年

林本植 遼東人狀元據府志補

三十三年

張瑾 直隸人

副將

遊擊

守備

千總

把總

康熙三十六年

周宏昇 直隸人進士是年裁總兵設副將

馬超 甘肅寧夏人

趙邦位

張本

李國忠

朱天祥

自趙邦位而下共二人缺志俱失年依次序列於右

李長春

南世宗

三十七年

李業鴻 直隸人

郭傑

四十一年	崔士英 滿洲人				自張泰而下共五人祭志俱失年依次序列於右
四十二年	李近 福建人				
四十五年	張緯 滿洲人	馬衡 甘肅寧夏人			
	陳偉 福建人				
四十六年	王政行 福建人				
四十八年	鄂琦 滿洲人		王卿 山東人		
五十三年			陳元 福建人		
五十八年		徐成德 滿洲人世職			
五十九年			陳登治 四川人武舉		
六十一年	何之璿 滿洲人				

江陰縣志　卷十二　職官　丰

雍正二年	鄧良臣 河南人				
三年		馬祚 陝西人			
七年	徐世龍 四川人				
	蔡勇 福建人				
八年			許岱 福建人		
九年		顧寶 廣東人			
十一年			顧時鼎 直隸人	莊臨敬	徐萬春 見下備
					姜維正
十三年	潘林祚 福建人	徐潛 鑲黃旗人	劉士龍 山西人		
乾隆元年				姜維相	
三年	辛國元 湖廣人				蘇滋鼎　許奇

江陰縣志　卷十二　職官　圭

江陰縣志 卷十二 職官 圭

四年	五年	六年	七年	八年		九年	十年	十二年	十四年
		蔣麟經 福建人	陳鳴夏 福建人進士				王澄		
	姚捷 福建人								沈鎮國
	畢金勝 江南人	李遂 江南人	趙安國 山西大同人	徐萬春			俞虎		
林懷	王凱 陝西人 吳士貴 江南人							姜昺 崔之雄	
			陳沂 江南人	鄭世綱	見千總 湯世成 江南人	李安 江南人		王得功 見千總	徐邦貴 見千總

江陰縣志 卷十二 職官 圭三

十八年	十九年	二十一年	二十二年	二十三年	二十五年	二十七年
	柯地祐	張勇			楊元超 廣東吳川人	
						黃進 孟琳 上元人
			袁濤	王聖 華亭人		
徐邦貴 丹徒人	鄭世綱 直隸人入籍江陰					王得功 丹徒人
席顯文 丹徒人	呂九錫 江都人 葛應龍 江都人 周洪昇 鄧玉元	楊紀 丹徒人		孫永貴 見千總 李天桂 丹徒人		

二十八年				孫丞貴 丹徒人	馬凱 見千總　朱瑞璵 丹徒人
二十九年		蔡興邦 雲騎尉			
三十年		楊遇春 上海人	馮以太　朱寶奎 順天大興人		
三十一年	陳奎 浙江定海人				
三十二年					傅龍光 江都人
三十四年			孟端		王永安 見千總　李文錦 江都人　田永安 江都人
三十五年					嚴得

					張和 江都人
三十六年	金彪	孫德麟 丹徒人	馬陞		
三十七年				王永安 江都人　馬凱 丹徒人	藺世昆 江都人
三十八年	姜兆 鹽城人				
三十九年		陸廷柱 通州人	王時敏 丹徒人	陳鴻 丹徒人	吳起龍 江都人
四十年					安吉 邑人
四十二年				徐天德 上海人	
四十三年				王士傑 見守備	湯聯 見千總　楊世燕 江都人

四十四年	鄧文來 浙江黃巖人	趙珊 通州人			
四十七年			王長柱 順天大興人		
四十八年		巴圖晉 滿洲人			
五十年	胡虬龍 浙江瑞安人 進士	馬玉魁 山東東阿人 進士	王士傑 安徽來安人 武舉	王鵬 丹徒人武舉	
				沙良俟 丹徒人	
五十一年	陳安邦				
五十三年				湯聯 丹徒人	
五十四年			孟光 通州人		
五十五年		滿建功		馬俊 丹徒人	葛洪章 見遊擊
五十六年					楊時和 見千總
五十七年	王殿元				

	浙江黃巖人				
五十八年			邱章		
五十九年					葉果 見千總
					杜大本 丹徒人
嘉慶元年		吳坤 常熟人		楊時和 江都人	顧大年 見千總
					趙鑣 丹徒人武舉
二年			徐環 常熟人		
三年				葉果 安徽盱眙人 武舉	李時春 丹徒人
六年	劉崧 安徽巢縣人				
七年	楊華 福建同安人				
八年					朱經華 丹徒人

九年			葛洪章 見遊擊	顧大年 江都人	沙萬清 見遊擊
十一年	童鎮 浙江鄞縣人	趙瑞 浙江太平人			何海 邑人
十二年		葛洪章 丹徒人	顧世相 阜寧人		
十三年	沈天貴 浙江黃巖人				
十四年			徐成遜 通州人	沙萬清 見遊擊	楊震 丹徒人
十五年				王麟 丹徒人	奚元 安徽石埭人武舉 吳寶賢 邑人 毛天祐 江都人
十六年		邵元得 常熟人			譚大鴻 邑人
十七年	陳占鰲 湖北黃岡人武舉		周國祥 江寧人武舉		殷奇 江都人

十九年	羅光炤 福建漳浦人騎都尉				阮兆奎 泰州人
二十年					張斌 江都人 萬鵬高 見遊擊
二十四年	雷鳳山 河南鄭州人武舉				凌慶華 見千總
二十五年	倪超蛟 浙江鎮海人武舉	吳暘 上元人武舉		孫萬清 江都人武舉	
道光元年			沙萬清 見遊擊	萬鵬高 見遊擊	孫國安 見千總 黃錦星 見千總 應發 丹徒人
二年	龔鎮 華亭人				
三年		沙萬清 丹徒人			李大銓 丹徒人

江陰縣志 卷十二 職官 仐

					王政先 丹徒人
四年	楊攀龍 丹徒人				
五年					杜雲 丹徒人
六年			楊武敬 通州人武舉		
七年				鄭長清 句容人武舉	
八年	莊芳機 福建平和人				張麟 江都人
九年				黃錦星 江都人	王嘉謨 丹徒人；萬錦駘 丹徒人
十年	田松林 通州人	糜延慶 阜甯人	黃琴 通州人	孫國安 江都人；淩慶麟 句容人武舉	

江陰縣志 卷十二 職官 仝

十四年	張成龍 崇明人				
十五年		葛嚳 丹徒人	錢朝舉 見副將		仇定遠 句容人武舉
十七年	林明瑞 浙江黃巖人			淩慶華 見守備	莊蘭濤 丹徒人；王涫 江都人
十八年			徐濤 華亭人		
十九年	耿順武 鑲紅旗蒙古佐領下人署；汪士魁 世襲雲騎尉；錢朝舉 清河人署；武迎晉 海州人署；陸鳳翔；李德麟	李澄 丹徒人；邢維新 廣東人署；武迎晉 見副將；李德麟 見副將；楊冠春 元和人	孫耀清 江都人武舉；祝國楨；淩慶華 江甯人署；馬瑞良 陝西西甯人署；徐朝楨 丹徒人；張光緄	淩慶龍 再任；杜雲 見守備；李本謙 丹徒人；李大鈞 丹徒人；黃登榜 江都人	李國鈞 見遊擊；謝進陞 見千總；趙淦 邑人署；何鴻慶 邑人

丹徒人署　汪溥　錢朝坐再署　武迎吉　李德麟　張攀龍江甯人署　納耀乾崇明人　陳東發湖南人　駱國忠　李正珮　彭楚文　馬光盛安徽和州人

同治七年改爲淞北營移駐常昭邑城　道光二十年迄是年中間闕略無所考

李國鈞江都人署

世襲雲騎尉署　杜雲丹徒人　楊冠春見遊擊　葛廷楨丹徒人署　錢秉忠潤河人　葛廷楨再任　徐見林邑人署　生玉貴江都人

謝道隆常熟人

長江水師江陰營

副將　同治八年設　傅敏才湖南湘鄉人

都司　熊濟剛左哨湖南湘陰人　楊龍光右哨湖南新化人

守備　陳飛龍中哨湖南衡陽人　歐陽森茂前哨湖南湘鄉人　趙得勝後哨湖南衡陽人

千總　楚玉和左一湖南湘潭人　陳金順左二見守備　羅宏德右一湖南乾州廳人　蔡永祚右二儀徵人　戴廷立中一江西廬陵人　鄭光福中二安徽合肥人　劉長發前一見守備　李永林前二湖南長沙人　吳儀泰後一湖南湘鄉人

把總　傅濟鰲左三湖南湘鄉人　朱萬榮左四見千總　易姚勝左五湖南湘鄉人　朱昌齡右三湖南長沙人　蔡遇熙右四湖南清泉人　王高峯右五湖南湘鄉人　歐陽和昇中三湖南湘鄉人　成鴻綱中四廣東歸善人　張昌亭前三見千總

外委　劉洪高左六湖南湘鄉人　汪友泗左七湖南湘陰人　陳邦俊左八湖南湘鄉人　周懷玉右六見把總　封乾鎰右七湖南衡陽人　陳季華右八湖南湘鄉人　龔陞林中五湖南衡陽人　王佐才中六見把總　陳得彪中七湖南衡陽人

江陰縣志 卷十二 職官 六十四

高道賢 後一 湖南湘陰人
鄭朵華 前四 見千總
柳三喜 後三 見千總
何龍驤 後四 見千總
陳體和 中八 見千總
馮紹宗 前五 湖南善化人
蕭邁諺 前六 湖南衡陽人
傅近信 前十 見把總
王象賢 後五 見把總
王祥勝 後六 湖南湘鄉人
董朝濟 後十 見把總

九年
成俞卿 湖南衡陽人
錢榮華 中哨 湖北江夏人署
劉長發 前哨 湖南湘鄉人署
陳金順 後哨 湖南善化人署
黃榮華 左二 湖南長沙人署
羅占儒 右二 湖南衡山人
楊松保 前一 湖南臨湘人署
孔得勝 右三 浙江蕭山人
陳體和 右四 見千總
陳福 前四 江都人署
王春圃 左六 湖南清泉人署
倪萬春 中八 浙江東陽人

江陰縣志 卷十二 職官 六十五

裘鴻峻 前二 安徽巢縣人署
鄭朵華 後二 湖南湘鄉人

十年
羅友貴 左哨 湖南湘潭人署
池永源 前哨 見都司
劉長發 前一 見守備
王金懷 右八 江西人署
馮紹宗 中八 調署
張如虎 前十 長洲人署

十一年
高光劭 湖南善化人
池永源 右哨 湖北江夏人代理
劉長發 前哨 湖南湘鄉人代理
周志得 左二 湖南湘鄉人署
陳體和 右一 湖南衡陽人代理
張志勝 右二 見守備
張昌亨 前一 湖南芷江人代理
何龍驤 後二 湖南湘陰人代理
柳金波 右四 湖南長沙人代理
王佐才 前三 湖南湘陰人代理
張得勝 前四 江西星子縣人署
周懷玉 後四 湖南湘鄉人代理
黎光第 右六 江西武寧人代理
許德 中五 儀徵人署
楊芬 中六 邑人署
陶正魁 後七 江西星子縣人代理
張自福 右七 儀徵人署

十二年

王鴻年 右哨 見副將

陳百勝 中哨 江西吉水人
黃以承 左一 湖南衡陽人
張如光 左三 湖南湘陰人
吳宗位 左六 湖南益陽人

李廷忠 後哨 湖南長沙人
陳金順 左二 回任見守備
袁名揚 左五 見千總
張如虎 左七 調任

張定安 右一 湖北江夏人
陳體和 右四 回任
黃酉 左八 湖南善化人

胡賓冊 中一 湖南長沙人
彭兆琳 中四 湖南衡陽人
周懷玉 右六 回任

石明發 前一 湖南沅江人署
張昌亨 前三 回任
袁長發 右七 安徽含山人

錢廷柱 前二 安徽合肥人
葉得勝 前四 江都人
岳金龑 右八 陝西甯羌州人

袁長友 後一 湖南寧鄉人署
何龍驤 後四 回任
倪篤春 中五 調任

高道賢 後二 回任
王佐才 中六 回任

黃朝清 後七 回任

十三年

陳金順 前哨 署

張元發 左三 湖南湘鄉人署
潘濬貴 中四 丹陽人
王金懷 中八 仍署

程雲鵬 前五 廣西臨桂人署

光緒元年

王鴻年 湖南長沙人護理

蔡德成 前哨 江西新城人調署
陳金順 左二 回任
張元發 前三 署見千總
陶文喬 中八 湖南安化人

萊澤嵯 中一 調署

二年

劉德 湖南衡陽人
顏世玉 左哨 湖南清泉人調署

王鴻年 右哨 回任

柳三喜 中一 湖南湘陰人
王象賢 左五 湖北黃陂人
吳正發 前五 安徽東流人

陳體和 前一 湖南衡陽人
黃朝清 右四 湖南善化人
余廷桂 前七 湖南善化人

陳名揚 後一 湖南長沙人
陳南山 前三 湖南湘鄉人
楊宏禮 後五 江都人

傅近信 後三 湖南湘鄉人
黃榮華 後七 湖南沅江人

三年

王鴻年 兼護

顏世玉 左哨 兼理右哨
陳體和 前哨 兼護
張元發 左一 署

王鴻年 右哨 回任
蔡德成 回任
袁長友 右二 署

張志勝 前哨 湖南湘鄉人署

四年

劉德 回任

陳永和 左哨 湖南長沙人

王鴻年 兼理左哨

陳永和 回任

宋萬榮 右一 湖南湘鄉人署

姜國勳 左四 安徽蕪湖人署

周正洪 後三 儀徵人署

楊兆墰 前四 湖南長沙人署

王洪芴 後七 浙江東陽人

易登高 右八 湖南長沙人署

繆文斗 中六 湖南長沙人署

祿秩附 秦建郡縣志官制當自秦始茲編紀沿革悉從黃志晉始建縣故志祿秩自晉始

文職

晉暨陽縣令一人大縣置令小縣置長如漢制秩千石者六品田二十五頃六百石者七品田二十頃諸縣八品田一十五頃主簿一人令自調用無秩尉一人縣令千石者尉八品田一千五頃諸縣九品田一十頃俱銅印黃綬朝服武冠江左止單衣介幘

前宋暨陽縣令一人千石者六品六百石者七品銅印黑綬進賢兩梁冠丞一人通典晉後無丞宋書百官志縣之丞尉列在九品則宋爲有丞晉梁陳無之尉一人九品

齊暨陽縣令一人尉一人

梁江陰郡梁豐江陰利城縣附通典郡守及丞爲十班蓋梁制官吏爲十八班以班多者爲貴州郡縣祿雜給米絹布絲綿多寡等數未詳郡守一人十班郡丞一人十班司馬一人七班銅印黑綬絳服武冠主簿一人七班縣令一人七班主簿一人令自調用尉一人

陳江陰國江陰郡通典敘陳官九品數十百員而梁之曰右承梁制則梁陳各官名秩大同太守一人六品郡丞一人七品餘官如梁制

隋江陰縣令一人從六品田二頃五十畝祿一百四十石丞一人從八品主簿一人令自調用尉一人從九品

唐暨州唐書通典三萬戶以上曰上州刺史一人從三品田一十頃俸三百三十石別駕一人從四品田八頃俸二百四十石長史一人從五品田俸同別駕司馬一人品秩同長史錄事參軍事一人從七品田四頃俸六十五石錄事二人從九品各田二頃五十畝俸四十九石五斗司功參軍事一人司倉參軍事一

人司戶參軍事一人司田參軍事一人司兵參軍事一人司法參軍事一人司士參軍事一人參軍事四人文學一人以上俱從八品田三頃俸五十九石五斗醫學博士一人從九品田二頃五十畝俸四十九石五斗市令一人品田俸同醫學博士丞一人品田俸同市令江陰縣改設縣令一人從六品田五頃俸八十五石丞一人從八品田三頃俸五十九石五斗主簿一人正九品田俸同丞尉二人從九品田俸同主簿

南唐江陰軍無考

宋江陰軍知軍一員品秩無考據諸州刺史從五品知軍恐同職田七頃俸六十千至七千凡八等各以官稱州望而異祿粟亦據刺史五十石凡一石給六斗米麥各半簽判一員從八品田三頃俸二十千祿粟二石司理一員從八品田二頃五十畝俸一十二千祿粟四石三石有二等

司法一員品田俸粟同司理司戶一員從八品田二頃五十畝俸十千祿粟三石二石有二等知錄一員品俸無考教授一員品無考據諸州文學助教從九品教授恐同田二頃五十畝路分一員品無考田七頃兵馬都監一員品無考田四頃兵馬監押一員添差駐泊都監一員添差都監一員以班直選無常員知縣一員從八品田六頃俸二十千祿粟五石至三石有三等丞一員從八品田四頃俸粟無考主簿一員從九品田三頃祿粟三石二石有二等尉二員品田俸粟同主簿東西各一員後省東尉石牌寨巡檢司巡檢一員申港寨巡檢司巡檢一員蔡村鎮酒稅茶鹽務監鎮一員利城鎮酒稅茶鹽務監鎮一員都酒稅務都務二員聽軍一員以上品俸俱無考

元江陰路達魯花赤兼管勸農事一員正三品田八頃月俸鈔八十貫總管兼管勸農事一員秩同達魯花赤同知一員品無考田四頃月俸鈔四十貫治中一員品無考田三頃月俸鈔三十貫判官一員品無考田二頃五十畝月俸鈔二十貫推官二員品無考各田二頃月俸鈔一十八貫經歷一員品無考田二頃月俸鈔一十七貫知事一員品無考田一頃月俸鈔一十二貫照磨兼承發架閣一員品無考秩同知事儒學教授一員正九品月俸米五石鈔二十五貫學正一員品無考月俸米三石鈔一十五貫學錄一員品無考月俸米二石鈔一十貫蒙古字學教授一員正九品月俸鈔一錠一十貫醫學教授一員品無考月俸鈔三十八貫五錢陰陽教授司教授一員品無考秩同醫學教授司獄司司獄一員品無考田一頃月俸鈔一十三貫丞一員平準行用庫提領大

使一員副使一員織染局局使一員副使一員雜造局局使一員副使一員府倉大使一員副使一員惠民藥局提領一員稅務提領一員大使一員副使一員以上品秩俱無考錄事司達魯花赤一員正八品田一頃五十畝月俸鈔一十五貫錄事一員品無考秩同達魯花赤司候一員品秩無考判官一員品無考田一頃月俸鈔一十二貫典史一員品無考月俸米八斗鈔四十貫巡檢司巡檢一員品無考田一頃月俸鈔二十貫江陰州改設達魯花赤一員從四品田五頃月俸鈔五十貫州尹一員品秩田俸同達魯花赤同知一員正六品田二頃月俸鈔二十五貫判官一員正七品田同同知月俸鈔一十八貫知事一員品田無考月俸鈔一十二貫提控案牘一員品無考田一頃月俸鈔一十貫儒學教授一員品無考月米五石俸

鈔二十五貫 大學訓導一員品無考月俸米二石五斗 小學訓導一員品無考月俸米二石 蒙古字學教授一員品無考月俸鈔一錠 澄江書院山長一員月米三石俸鈔一十五貫 和豐倉監支納一員大使一員副使一員在城務稅務提領一員大使一員副使一員悟空務稅務提領一員大使一員副使一員利城務稅務提領一員大使一員副使一員長壽務稅務提領一員大使一員副使一員利港巡檢司巡檢一員石頭港巡檢司巡檢一員范港巡檢司巡檢一員黃田閘提領一員蔡涇閘提領一員陰陽學學正一員醫學學正一員以上品秩俱無考

明江陰州制仍元 江陰縣改設知縣一員正七品月俸米七石五斗實支一石二斗五升 丞一員正八品月俸米六石五斗實支二石成化五年增設一員分巡馬馱沙後立靖江縣省 治農丞一員品秩同宣德二年增設後省成化九年復設 管糧丞一員品秩同宣德六年增設是年又增設撫民丞一員後省 主簿一員正九品月俸米五石五斗實支二石 典史一員未入流月俸米三石實支二石 儒學教諭一員 訓導二員俱未入流各月俸米二石廩米一石全支 利港巡檢司巡檢一員 石頭港巡檢司巡檢一員 范港巡檢司巡檢一員 新港巡檢司巡檢一員俱從九品各月俸米五石實支一石三斗 稅課局大使一員未入流月俸米一石五斗實支一石二斗 黃田閘閘官一員 蔡涇閘閘官一員俱未入流各月俸米一石五斗實支一石二斗 陰陽學訓術一員 醫學訓科一員 僧會司僧會一員 道會司道會一員以上俱未入流秩無考

國朝江陰縣知縣一員正七品月俸米七石五斗銀四十五兩雍正七年定給養廉銀一千二百兩 儒學教諭一員 復設訓導一員原品俱未入流乾隆元年教諭改正八品訓導改從八品各俸銀四十兩 水利巡鹽丞一員正八品月俸米六石五斗銀四十兩乾隆元年增給養廉銀六十兩 管糧主簿一員正九品咸豐二年奉文裁撤 巡捕典史一員未入流月俸米三石銀三十一兩五錢二分養廉同丞 利港巡檢司巡檢一員雍正五年裁歸併石頭港 石頭港巡檢司巡檢一員從九品月米二石五斗俸銀養廉同典史乾隆三十三年改爲顧山司駐顧山 陰陽學訓術一員 醫學訓科一員 僧會司僧會一員 道會司道會一員俱未入流

武職

宋雄節營十五指揮 崇節營三十五指揮 水軍營土軍寨分屯營寨員額俱多寡不齊無考

元安撫使一員秩無考 安撫副使一員秩無考 萬戶府達魯花赤一員正三品虎符月俸鈔四錠四十五貫 萬戶一員品秩俸同達魯花赤 副萬戶一員從三品虎符月俸鈔三錠二十五貫 經歷一員從七品月俸鈔一錠九貫五錢 知事一員從八品月俸鈔四十二貫 提控案牘一員月俸鈔三十五貫 鎮撫司鎮撫二員從四品金牌月俸鈔二錠正五品金牌各月俸鈔一錠二十貫 千戶所達魯花赤一員品秩俸同達魯花赤 副千戶一員正五品金牌月俸鈔一錠二十貫 彈壓二員從八品各月俸鈔二十四貫五錢 百戶所百戶二員從六品銀牌各月俸鈔一錠九貫

明指揮使品秩無考副元帥品秩無考經歷員數品秩無考守禦千戶所正千戶二員正五品各月俸米二十六石實支四石二斗副千戶二員從五品各月俸米一十四石實支三石八斗百戶八員正六品各月俸米一十石實支三石鎮撫一員從六品月俸米八石實支三石吏目一員從九品月俸米五石實支一石五斗江陰營總練官一員品無考歲支廩銀三十六兩紙劄銀二十四兩守備一員天啟間改設品無考月俸銀五兩八錢五分水陸浙內河哨官四員品無考歲支廩銀一十六兩紙劄銀二兩四錢標營總練官一員萬曆間設品無考歲支廩銀三十六兩紙劄銀三兩二錢哨官二員遊巡營總練指揮一員崇禎間設品秩無考領兵官員數品秩無考哨官員數無考靖氛營初名火角營崇禎間設屬常鎮道管轄領兵官員數無考哨官員數無考參將營參將一員崇禎間設品秩無考守備一員品秩

無考哨官十員楊舍營參將一員嘉靖間設品秩無考守備一員萬曆間改設品無考月俸九兩總練一員萬曆間改設水陸哨官二員

國朝江陰城守營原設副將一員參將一員遊擊一員都司一員守備一員康熙十一年額設遊擊一員從三品歲支俸薪心蔬馬乾等銀三百一十兩五錢四分養廉銀四百兩中軍守備一員正五品歲支俸薪心蔬馬乾等銀一百四十三兩五錢六分養廉銀二百兩千總一員正六品歲支俸薪馬乾等銀七十四兩四錢養廉銀一百二十兩把總二員正七品各歲支俸薪馬乾等銀六十二兩四錢養廉銀九十兩外委千總一員正八品歲支馬糧一分養廉銀一十八兩外委把總二員正九品各歲支糧餉養廉等銀與外委千總同額外外委一員從九品歲支馬糧一分楊舍城守營原設守備一員雍正十年改設都司僉書一員正四品歲支俸薪心蔬馬乾等銀一百九十四兩一錢九分四釐養廉銀二百六十兩把總一員外委把總一員額外外委一員各支糧餉等銀與城守營同同治七年改為福山鎮標右營移駐常昭邑城京口水師營原設總兵一員康熙三十六年改設副將一員從二品歲支俸薪心蔬馬乾等銀五百三十五兩八錢五分八釐養廉銀八百兩遊擊一員中軍守備一員千總二員把總四員外委千總二員外委把總四員額外外委五員各支俸薪養廉等銀與城守營同同治七年改為提標裏河淞北營移駐常熟長江水師江陰營同治七年設副將一員歲支俸薪養廉等湘平銀一千四百三十三兩四錢五分七釐都司二員各歲支俸薪養廉等湘平銀六百四十五兩三錢九分三釐守備三員各歲支俸薪養廉等湘平銀四百七十四兩七錢五釐千總十員各歲支俸薪養廉等湘平銀三百五十一

兩九錢九分九釐把總十二員各歲支俸薪養廉等湘平銀三百一十兩外委十六員各歲支俸薪養廉等湘平銀二百九十三兩八釐

江陰縣志卷之十二終

江陰縣志卷之十三

選舉一

選舉者士人進身之始也故循名責實不特三年大比猶成周三物賓興之遺即漢代資郎魏晉雜流皆人才所自出斯邑文武選舉代不乏人　國朝兩行制科更有薦辟分繫於表非榮選舉之名求副選舉之實爾附列封廕教孝而敎忠之義存焉志選舉

宋	甲科	特奏	鄉舉	辟舉
		黃志宋史科舉遺士明經諸科之外又有特奏名者始於晉天福中以士之貢於鄉而屢絀於禮部或廷試所不錄者積前後舉數參其年而差等之遇親策士則別籍其名以奏徑許赴試		
太宗淳化三年壬辰	孫何榜 葛昭華 字文圭大理寺丞			
真宗咸平三年庚子	陳堯咨榜 沈賦 廣德軍判官			

宋	甲科	特奏	鄉舉	辟舉
大中祥符五年壬子	徐奭榜 葛宮 字公雅工部侍郎有傳			
仁宗天聖二年甲子	宋郊榜 李碩 職方員外郎			蔣平 賜同三禮出身
寶元元年戊寅	呂溱榜 沈遘 械子太常寺博士			
慶曆二年壬午	楊寘榜 葛密 字子發太常寺博士有傳 曹梁 葛瑾 蔡志附此一作熙寧九年徐鐸榜			葛武 字君昌賜五經出身儒林郎
皇祐元年己丑	馮京榜 葛汝平 字正叟宮子屯田員外郎			
嘉祐四年己亥	劉煇榜 曹確			

字公易 國子監直講

六年辛丑 王俊民榜
苗穎
葛敏求 字子明 司農寺丞

八年癸卯 許將榜
杜昱 字宜中 通直郎
葛中復 舉明經

神宗熙寧三年庚戌 葉祖洽榜
葛書[illegible] 字規叔 長垣令

六年癸丑 余中榜
葛書思 字進叔 密子 朝奉郎 贈太師 謚清孝 有傳
葛光

元豐二年己未 時彥榜
[illegible] 字叔明 本貫真人 賜[illegible]閣直學士 有傳

哲宗紹聖元年甲戌 畢漸榜

葛師望 字興周 中奉大夫
葛[illegible]
葛良卿 字才儒
葛[illegible] 字子廣

四年丁丑 何昌言榜
葛次仲 字亞卿 書思子 中書舍人 大司成 大中大夫
葛勝仲 字魯卿 書思子 太學正 謚文康 有傳

徽宗大觀三年己丑 賈安宅榜
葛師仲 字龍卿 秘書省校書郎
曾連 字汝器 左中奉大夫
吳範 字執侯 舉八行不就 有傳
葛[illegible]

政和二年壬辰 莫儔榜

四年甲午

葛正仲 字孝卿[illegible]子直 將少監

孫安民 字君澤上舍出身 從事郎

五年乙未

何㮚榜

王廉 字彥衡

繆國彥 字公信[illegible]縣令

重和元年戊戌

王嘉榜

何亨升 字公美 康州刑曹

呂天錫 字彥發 政和間 舉方興被詔不就 有傳

葛鞅 字子有 嚴州教授

李預 字達先 辟雍上舍 官中大夫

葛衍卿 字朝倚 上舍出身

趙士衡

宣和三年辛丑

何㮚榜

朱德行 字彥和

六年甲辰

沈晦榜

葛立巖 字椽之 天仲子 直龍圖閣

吳仲益 字叔行 迪功郎

朱肇直 字正民 廣德軍教授

唐愉 字民望

葛立悌 字順之 宗正丞

高宗建炎二年戊申

李易榜

高時升 字志行 晉陵令

余[illegible] 字進道 湖南提刑 司幹官

胡端彥 字英發

紹興二年壬子

張九成榜

強澂 字叔澄 常州通判

蔣珪 字公執 郡武判官

五年乙卯

汪應辰榜

濮俊民 字叔夫饒州教授
吳仲適 字仲容青陽丞
葛琳 字子平朝奉大夫知通州
葛源卿 字道備廣德丞
八年戊午 黃公度榜
韓珣 字叔温滁州教授
繆昌朝 字公敘縣田令

曹岩 字宗山進子朝奉郎有傳
葛芳 字常之滕仲子吏部侍郎有傳
王誼 字行之岳州教授
葛袞 字儀之
十二年壬戌 陳誠之榜
趙端行

曹岠 字巨山饒州通判有傳
字彥[illegible][illegible]州推官
譚晉 字次皋
朱貢 字明叔廬州教授
邱程 字彥式縣尉
十五年乙丑 劉章榜
蘇磻 字德升淮東常平幹官

何夢成 字彥修
黃滸 字濟卿提轄榷貨務
胡逌 字宗尚朝請郎參議官
十八年戊辰 王佐榜
葛郃 字周先承事郎

王訢 字亨之揚州教授

二十一年辛未

趙逵榜

吳石 字季明紹興知錄

徐飛謀 字良弼

袁暠 字晦叔全椒令

趙偉之 字德遺宣教郎監糧料院

趙侃之 字德和宣教郎

趙佣之 字德章明州推官

二十四年甲戌

張孝祥榜

葛郯 字謙問朝請郎知撫州

繆次回 字亞徵

趙康仲 字洪遠

徐應晉 字彥智朝奉郎

石邦彥 字光國朝奉郎

趙善淵 字彥深眞州判官

二十七年丁丑

王十朋榜

朱懋德 字汝賢宣教郎

吳博古 字敏叔侍郎有傳

李好古 字敏求台州教授

三十年庚辰

梁克家榜

丁璿

字希章主簿

耿秉 字直之兵部侍郎煥章閣待制有傳

葛興國 字獻可西安主簿

何武仲 字文伯建康通判

杜正民 字民則

呂棐 字元忱朝議大夫監察御史有傳

曹槃 字居中洪州教授

曲機 字廣卿修職郎縣尉

曹嶰 字魯山

孝宗隆興元年癸未

木待問榜

邱密 字宗卿探花謚文定有傳

李雲 字澤民縣尉

曹木 字去非直敎郎

孫淵 字彥卿縣尉

胡琢 字叔章寶謨閣待制有傳

張芸 字德廣

葛邲

字楚輔立方子少保左丞相謚文定有傳

乾道二年丙戌

蕭國梁榜

杜畝 字時舉承議郎

胡宗茂 字叔良

王寧 字德和中奉大夫直徽猷閣有傳

何大舉 字仲籍通直郎

趙保之

字德恭朝散郎

五年己丑

鄭僑榜

吳奕 字長卿朝請大夫兵部郎官有傳

葛興宗 字仲抗泰州敎授

唐廣卿 字述道金壇令

朱謂 字元直南安軍敎授

錢之望 字表臣知[illegible]隆興廬州等府有傳

八年壬辰

黃定榜

高邦彥 字德俊知縣

趙彥極 字子中大中大夫給事中有傳

湯鼎臣 字華宗桐廬丞

淳熙二年乙未

詹騤榜

徐向 字彥功饒州敎授

附 謝遺規 字仲宏直典尉

趙億之 字大會從事郎

五年戊戌 姚穎榜

吳竽 字允成太府寺丞有傳

趙輅 字伯遠主簿

八年辛丑 黃由榜

耿羽 字箴父秉子太學博士

何大正 字季昭丹陽丞

十一年甲辰 衛涇榜

任武 字文叔丹陽尉

余伯麟 字茂振提管

繆嘉猷 字仲亘泮渠丞

十四年丁未 王容榜

蔣廷英 字致堯穀城令

茅菘征 字邦佐大冶丞

光宗紹熙元年庚戌 余復榜

胡之邵

李琥 字伯廣彭澤丞

字景才鎮江司法

胡閎之 字庶卿鄂州簿

趙侂之 字德彙

周山 字之翰紹興監鹽

吳世英 字宋卿常州監務

寧宗慶元二年丙辰 鄒應龍榜

何澆 字師禹

楊冠 本泰州人 字濟卿文學

王實 字益之上庠恩例 終岳祠

任應譽 字士美縣尉

戴聖中 字子先縣丞

杜嶠 字仲山主簿

五年己未

元必勝 本開封人 字謙仲

蔣永敬 字子直

胡掄 字□材

嘉泰二年壬戌 傅行簡榜
吳俯 字仰伯文林郎
湯一德 字謙叔

開禧元年乙丑 毛自知榜
吳嘗 字時文司農少卿有傳

嘉定元年戊辰 鄭自誠榜
葛郕 字師古沅黃教授

曹汲 字彥修

四年辛未 趙建大榜
王臺瑞 字莘夫太湖令有傳
趙公鍼 字叔雅
趙俗 字仲山承事郎
茅仁儒 字景淵
李菁 字德章
元當

字耆仲
吳復 字淵卿

七年甲戌 袁甫榜
徐天麟 字方叔黃州僉判

十年丁丑 吳潛榜
楊端叔 字子正江東憲幹有傳
趙公篆 字文叔

十三年庚辰 劉渭榜
靳更生 字春伯海南教授有傳
吳夢翔 字居翼
惠疇 字象之司農少卿
何鎮 字貞卿
趙師棠 字南伯
吳景望 字大叔
趙大用 十五年恩儒科見甲科
趙炎 十五年舉儒科

十六年癸未 蔣重珍榜
趙發
何承叔 字師愚

字遂甫探花祕書省校書郎有傳
蔣熊 字仲熊
吳行可 字見父季子
趙丙 字南仲
胡鏜 字伯遠知寶慶府有傳

杜樓 字景卿
葛興孫 字景子
蔡瑜 字叔瓊

理宗寶慶二年丙戌
王會龍榜
季時選

江陰縣志 卷十三 選舉 十七

趙伯代 字積慶師某父
吳從善 字彥澤

字伯英
李嵩
孫宗元 字問卿
趙富 字庚叔

紹定二年己丑
黃樸榜
王登瀛 字叔同
吳大發

吳澣 字晉伯
呂宗元 字七甫

趙彥扶 字延秀公袞子

繆汝礪 字利卿
曹湖 字朝卿
蔣汝通 字亨伯有傳
陳忠遂 字孝立

端平二年乙未
吳叔吉榜
湯舉
高一鳴 字伯震銀青光祿大夫

江陰縣志 卷十三 選舉 十八

字叔謙
陳維新 字德懋
趙師孪 字周卿

吳津 字發叔

嘉熙二年戊戌
周坦榜
趙大用 字通甫

胡澄 字清之德清令
包璿 字仲卿

淳祐元年辛丑
徐儼夫榜

四年甲辰

杜應酉 字開先

留夢炎榜

王一鳴 字希曾

湯爽 字宗召

湯焱 字國賓

萬實

七年丁未

張淵微榜

何攀 字龍友況子司理

孫枃 字端友縣丞

十年庚戌

方逢辰榜

高惟日 字仲陽司法

寶祐元年癸丑

姚勉榜

陳定 字希能維新子舒城令

吳灝章 字景雲

閔鎔 字民瞻推官

四年丙辰

文天祥榜

陳必達 字希聖維新子監行在左藏庫

杜應龍

黃大同

開慶元年己未

周震炎榜

薛應午 字伯南

樂霖 字民望鎮江僉判

趙炎年 字光遠

袁天任 字有大山陰令

景定三年壬戌

陳穎 字德秀

五年甲子

郭子炎 字明仲

度宗咸淳元年乙丑

阮登丙榜

趙彥堯

何敏學 字時甫

闕閎 字叔頌

徐何 字子聞

包天麟 [illegible]學宗祠有傳

江陰縣志 卷十三 選舉

三年丁卯

陳文圭 字子方有傳

四年戊辰

陳文龍榜

靳夔之 字德輿

劉伯玉

趙石碏

吳源 字茂深

靳玉成 字子珍

吳作肱 字君舉

王定 字平甫

何源 字賓深

七年辛未

奚世炎

俞煜 字景暉

九年癸酉

張鎮孫榜

徐元鳳 字仲翔

郭登龍 字雲仲

王申

十年甲戌

王龍澤榜

丰

江陰縣志 卷十三 選舉

失年

李勝茂 字賓甫

耿與交 河南盧氏縣知縣 黄趙馮三志俱脫 沈志云紹聖間進士後家於盧氏蔡志入於紹聖四年似未可據今仍沈志列此

趙應佳

趙有元

趙德生

陸煥 字元輝安撫使

沈迴 紱子以下失科

蔣延年 字堅叔靜子朝請大夫保州

曹岍 字伯深洙子知昌州

曹格 字伯尹岩子奉直大夫

吳鐸 修職郎

邱鑄 字伯長曹子刑部侍郎徽猷閣待制江西安撫

邱遜 字遠翁大司農卿贈特進

邱汲

邱必恭 字伯淵遇子知桂陽軍

圭

汲子金壇令

王遜　字子開中奉大夫

吳渥　漢洪子迪功郎通判石港鹽場

吳沫　修職郎監池州酒庫

吳藻　修職郎德清丞

章進　字立之宣教郎

耿亢　三魁鄉薦

元

	甲科	鄉舉	辟舉	雜流
仁宗延祐元年甲寅		黃舉　字子高常熟教授 包植　字德立樂清尹 包標　字德文同知諸暨州		
四年丁巳		陸文圭　見宋鄉舉		
英宗朝失年		耿慶　解元		
順帝至元元年乙亥		陸廣　字孔至文圭從孫		
至正元年辛巳		梁益　字友直有傳		
七年丁亥		包英　字叔[illegible]諸暨[illegible]正有傳	鄒道廣　字茂四至正間舉賢良方正	

	甲科	鄉舉	辟舉	雜流
失年		蔡志元初未有甲科自仁宗始用帖括取士兼天下貢士于廷而試之第者賜出身即宋之進士也其科分無考統列于左 朱正言　字明通揚州路總管有傳 邱立夫　字[illegible]唐揚州路學教授 邱介夫　崧陽縣丞		宋仁輔　歲貢平江路通判有傳 陸可大　浙江省院照磨以下省掾 李晟　字吉父以薦召試迪功郎史館編校改參制置司幕府事有傳 侯光嗣　漳州路經歷 吳方　字季仁延祐中應授處州學錄不就有傳 葉森　字仲實江西興國縣尹以下掾史 陳傑　字漢臣薦授江陰路稅課副使不就 賓則忠　字國良浙江龍游縣主簿 侯邦　字仲遠臨江路推官平江路治中

江陰縣志　卷十三　選舉　三五

邱堅
廣西路字學教授

邱基
黄巖判官

袁德誠
晉陵教諭

徐邦
字子奇廣東廉訪司僉事有傳

陸鎰
字寶之匠字廣元路學錄

陸銓
字衡之轉運大使

陸永
字孟修號子仙遊巡檢

陸孔感
黄岡書院山長

夏寀
字茂之本州教諭

夏元
本州教授

有傳

邱元鐘
字士英舉茂才明道書院山長

張端
薦授和靖書院山長官至江浙樞密院都事有傳

張充
字子恭舉儒士浙江廉訪使司察史

朱申
字南伯海陵州安慶路三學教授以下大臣薦舉

劉瑛
字公垣帥府照磨有傳

許恕
字如心澄江書院山長有傳以下舉文學

史維説
字士振明道書院山長

杜光起
安豐平江二路學教授

吏員

李通
平江路財賦都司中正院史

吳均浩
南平縣典史升遺逸

江陰縣志　卷十三　選舉　三六

夏淵
字師顏上海主簿

齊賢仲
字克希永新州判官

張縉
字敬之浙東廉訪使

湯虎
字子貫溫州路學教授

郭登
字壽仲無錫州學正郎宋鄉舉郭登俺

黄君祥
字嘉吉貢州路學錄

章回孫
諸暨州判官

夏鼎
字仲賓松江府判官

陳坦
字平伯黄巖縣知縣以下舉才德

吳伯川
達州知州

范彬甫
稱春縣簿以下舉人材

耿福

邱定夫
字宗游武隆州同知有傳以下俱缺

宋故官子弟

賁則榮 字國華 慶元路學教授

徐登 字升甫 婺州路學教授

明

年	甲科	鄉舉	薦辟	歲貢 廕例 雜流
太祖洪武三年庚戌		曹友 字克端 陝西安塞縣知縣 郭貞 見甲科		惠迪 字子攸 舉經明行修 本縣訓導 有傳 包輕 字德潔 潼關衛經歷 徐晞 字孟初 兵部尚書 有傳 以下吏員 謝熙 宋樾 字時雍 河南鄢陵縣知縣 蔡德

年	甲科	鄉舉	薦辟	歲貢 廕例 雜流
四年辛亥	吳伯宗榜 郭貞 字以凝 陝西鞏昌府知府			字時勉 舉賢良方正 江西泰和縣知縣 華純 字誠甫 光祿寺署丞 湖廣常德府經歷 朱璧 橫海衛經歷
十一年戊午			吳續 字以功 河南祥符縣知縣	章磐 字鴻漸 舉孝弟力田 河南嵩縣縣丞 梅時芳 字士俊 四川蒲江縣知縣 屈完 上林苑錄事
十二年己未			吳純 字以文 四川綿谷縣縣丞	許節 字文度 以子 舉文學 禮部主事 有傳 徐衍 字遂卿 浙江紹興府經歷 蔣礪 直隸高城縣縣丞
十六年癸亥		—	邱文俊 字宗堯 長樂縣知縣	趙驥 字邦瑞 湖廣茶陵州州判 李文 直隸任邱縣縣丞
十七年甲子		李敏	繆煜	鄧宏 字毅夫 舉聰明正直 陝西 陳滋 字惟良 上林苑監副 王愷

年	甲科	鄉舉	薦辟	歲貢 廕例 雜流
（續）		字惟學 浙江瑞安縣教諭	見甲科鄉舉	莆田縣知縣 朱哲 福建□流縣
十八年乙丑			沈鎔	邱擴 字宗傳 舉識論治道 福建按察司僉事 字克明 黃城副指揮 縣丞 陳文 寶城縣主簿
十九年丙寅			李貞 刑部主事	陳湖 字鵬瀾 廣西按察司僉事 劉本道 戶部侍郎 有傳
二十年丁卯		繆煜 見甲科	黃益	張庸 字熙載 本縣訓導 以下舉明經 趙軾 字本敬 直隸元城縣縣丞 秦志道 福建延平府經歷 趙崧 字國華 湖廣沅江軍民府經歷 劉源 直隸春城縣縣丞
二十一年戊辰	任亨泰榜 繆煜	許士良 原名能 字景能 直隸內黃縣知縣	韓城	孫作 字大雅 國子監司業 有傳 陳晟 王鸞 張信

年	甲科	鄉舉	薦辟	歲貢 廕例 雜流
二十二年己巳	字季光 吏部員外郎		高繼能 監察御史	字彥昇 浙江杭州府推官 字和之 直隸貝明縣知縣 四川重慶府通運所大使 袁舉 字仲徽 本縣訓導 薛鎏 字子珍 浙江海寧州州判 周忠 福建晉江縣縣丞
二十三年庚午			邢用 字齊民 廣東雷州府通判	包榮生 字叔翰 浙江金華府訓導 郭驥 字德祥 直隸定州直隸州州同 陳瑶 湖廣稅課司大使
二十四年辛未			池澄 字永清 吏部侍郎	任惠 字彥孚 本縣訓導 黃中 字通理 江西婺城縣主簿 徐恭 福建晉江縣縣丞
二十五年壬申			蔣昇 廣東韶州府通判	包尼授 字師聖 湖廣岳州府同知 章宗 字子充 鴻臚寺序班 湯迪 湖廣南路口巡檢
二十六年癸酉			翟斐	黃常 薛會

江陰縣志　卷十三　選舉　三十九

二十七年甲戌　二十八年乙亥　二十九年丙子　三十年丁丑

湯銘　字仲新訓導
沈斯　字斯曾兵科給事中

字成章兵科給事中
沈廸
孫寔　字叔誠陝西登昌府知府有傳
茂敬
吳穀

字叔彝常州府訓導有傳
蔡志王常引郡志一作黃常疑爲一人但碧字官職各不同今依前志取補王常另列於後
包爽　見元鄉選至是再舉亦不就
張宣　端子翰林院編修有傳以

湯爕　字文伯廣東清遠衛經歷
李辰敬　字德夫浙江寧波府經歷
許芝　字錦秀江西撫州府經歷
王詔　字世真寺丞
夏諒　字元貞福建甌寧縣主簿

福建清流縣主簿
吳誼　典史
錢杲　福建閩縣主簿
徐敬　字彥莊福建晉江縣縣丞
張浩　字宗大國子監典簿
潘□

三十一年戊寅　惠帝建文元年己卯　二年庚辰　成祖永樂元年癸未

周欽　字敬之浙江富陽縣知縣
袁順　字孝友廣西按察司僉事
何澄　字彥潔江西袁州府知府

刑部主事
徐明　字明善前志脫據郡志補
戚棐
汪溢

下舉秀才
王叔紀　湖廣平江縣縣丞
徐遜　字伯敏都督府斷事
梁桓　字宗武雲南宜良縣主簿
趙叔敬　字橫甫鹽場司令以下舉人材

夏謹　字元敬江西撫州府照磨
夏文憲　字徽夫廣東欽州吏目
夏文選　字純夫廣東惠州吏目
鄧奎　字文治浙江定海縣主簿
陳沐　字新之湖廣寶州府照磨

光祿寺監事
徐禎　山東淄川縣主簿
周旋　浙江雙穗場大使
房瑚　新城縣縣丞
李昶　山東黃縣稅課局大使
朱楨

江陰縣志　卷十三　選舉　四十

二年甲申　甘榮榜　三年乙酉

有傳
蔡庸　見甲科
官績　見甲科
韓庸　見甲科
朱貞　見甲科

韓庸　字定理戶科給事中
官績　字宗熙湖廣武昌推官
朱貞　字汝良四川布政司參議
蔡庸　字叔常湖廣永州府同知

朱琨　字公義陝西布政司右參
張坫

謝玉　字廷玉中都留守司經歷
周以大　名模以字行福建福州府知事
何屏　字維翰湖廣永州知州
陳淮　字宗注江西文安縣主簿
李士行

徐譜　字子翁知事
徐禎　字子祥浙江慈谿縣主簿
謝濤　字欽齊州判
蔣偉　字邦彥山東泗水縣知縣
吳桐　字元消石城縣主簿

福建興化府照磨
曹萱　四川潼州州判
薛貴　直隸滄州州判
萬昱　四川雅造局大使
陳賢　廣東潮州府南澳司巡檢
景浩

浙江衢州府知府
周賢　字宗賢龍泉縣知縣
殷立　字與權光祿寺大官署丞
吳謙　字德全江西吉安縣知縣
戴寅　字宗遜廣東龍川縣知縣

陳言　字弘璞福建福寧府經歷
徐治　字雖修鴻臚寺序班
徐洽　字伯修鴻臚寺主簿
黃毅　字世雄廣東瓊州衛經歷
張騰　字正夫南城兵馬司指揮

福建沙縣主簿
陳晟　直隸滁州州判
潘富　新寧縣巡檢
劉和　山東兗州府稅課局大使
林翔　四川建昌倉大使
殷諒

（前年續）攻

吳㦡　字文徵兵科給事中

趙鈴　字子和廣東龍門縣知縣

北京倉大使

四年丙戌

戈恂　字德誠廣東化州府同知

黃珩　字宗禮福建閩清縣知縣

何淶　字敬承山西布政司左參政

何淡　字叔甘浙江永嘉縣知縣

徐麟　字子昭浙江處州府知府

李輔　字文伯山西布政司布政

鄧以鑑　字德晉湖廣按察司經歷

李應奎　字文徵兵馬司吏目

朱組　陝西西安後衛知事

謝傑　四川布政司案牘

劉珩　南京旗手衛倉大使

五年丁亥

盛偉　字景讓監察御史

牋

鞠斌

章孔述　開州州判

朱儼　字起峻貴州鎮遠衛經歷

王珍　直隸昌平縣典史

沈濟

六年戊子

蔣徽　字以肇工部主事

字彥文陝西鄜州府知府

陸旵　字伯元陝西金州州同

山東萊陽縣典史

七年己丑

徐岳　字仲山直隸河間縣知縣

宋安二　揚州府知府

黃甸　字廣庭山東滕縣縣丞

顧賢　直隸薊州州判

八年庚寅

馬麓　字孟超河南光山縣知縣

陳剛　字子秉浙江天台縣知縣

唐庚　字際之江西上饒縣主簿

丁瑀　市汊河泊所大使

九年辛卯

顧濟　見甲科

居諒　字友諒江西萬載縣縣丞

陳禮　浙江紹興府司獄

龔惟瓘　字子熙浙江杭州右衛知事

胡徽　山東恩縣主簿

十年壬辰

顧濟　馬鐸榜

焦冕　字元善浙江平陽縣主簿

唐名　浙江廣元縣知縣

諸安

李源　浙江海鹽縣巡檢

夏樹芬

龔廷端

（前年續）字伯民福建布政司參政有傳

兩浙鹽運司大使

字嘉仲武英殿中書舍人

黃家堰巡檢

十一年癸巳

朱敘　浙江嘉興府通判

何信　兩浙鹽運司批驗所大使

王輔臣　字叔明山東泰安州知州

蔣貫能　江西餘干縣典史

十二年甲午

周怡　字公悅河南永城縣縣丞

張源　陝西城固縣稅課局大使

龔勝芳　字茂道中城兵馬司指揮　有傳

姜叔莊　廣東黃家山水驛驛丞

十三年乙未

陸俊

邢祐　直隸密雲縣古北口倉大使

王秉詔　字鴻翼浙江仁和縣主簿

李亨　巡檢

十四年丙申

金宜

時祐　閘官

十五年丁酉

陳璇　見甲科

俞韡

吳源　山東濰縣主簿

徐中立　字從甫光祿寺署正

陳訓

十六年戊戌

陳濤

陶廣　廣東韶州府稅課局大使

黃復亨　字子中浙江山陰縣縣丞

四川榮縣典史

十七年己亥

劉繹

程繹　江西南昌府倉大使

十八年庚子

陸昌　見甲科

許高　直隸永平府司獄

陳梓　南城兵馬司指揮

薛秉　倉大使

十九年辛丑

曾鶴齡榜

陸昌　字永和

陳璇　字汝衡浙江按察使

黃芳

朱銘　廣東南海縣馬寧巡檢

陳本　字穆山南京中城兵馬司指揮

謝徽　山西岢嵐州州判

蔣茂　江西下河寨巡檢

王達　字必崇福建泉州府照磨

徐納　浙江蕭山縣主簿

二十年壬寅

承緒

王賢　山東招遠縣巡檢

謝德

邢哲

二十一年癸卯　二十二年甲辰　宣宗宣德元年丙午　四年己酉

李信 邢寬榜

李信 見甲科　胡忠 湖廣衡州府同知　許鳳翔

字伯純湖廣黃陂縣知縣　蔣昂 字士昂兵部職方司郎中　景信 字永孚國子監助教　黃敏

浩本 江西上猶縣浮龍巡檢　陳立 江西貴溪縣管界巡檢　王礎 福建福寧縣清港巡檢　王寗 湖廣長沙府永豐倉大使　唐飛鵬 湖廣辰溪縣縣丞

四川順慶府經歷　曹鶴 字子御鴻臚寺主簿　梅中立 字正夫江寧縣主簿　王選 字舜舉浙江湖州府通判　曹駟 字子行湖廣湘潭縣縣丞　王逅

江西鉛山縣主簿　金昇 倉大使　殷眞 會同縣典史　韓璁 浙江開化縣稅課局大使　徐羲 湖廣枝江縣典史　謝敬

五年庚戌　六年辛亥　八年癸丑　九年甲寅　十年乙卯

字時舉江陵縣教諭　王璡 字士珩訓導

福建興化府經歷有傳　黃環 字耀中湖廣襄陽縣知縣　黃寬 字子舒湖廣羅田縣知縣　顧行 字正道湖廣景陵縣知縣　吳海　龔毅 字近仁廣東布政司參政

李彥祥 字鈞州河南密縣縣丞　薛成 浙江縉雲縣縣丞　石玉 河南祥符縣縣丞　張叔禮 戶部廣積倉副使　吳原道 江西廬陵縣知縣

字舜賢江西峽江縣知縣　馮堯 字本大江西廣信府經歷　夏祖仁 字德容光祿寺署正　王選 字介石鴻臚寺序班　馮垠 字道宏龍泉縣主簿　王適

直隸蔚州州判　吳章 直隸□縣典史　丁順忠 浙江山陰縣典史　薛鑠 字愼言湖廣湘潭縣典史　繆世貢 福建崇安遞運所大使　徐英

英宗正統元年丙辰　三年戊午　四年己未

王斌 字士珍教諭　任濬 字元遂　徐剛 字邁環山東濮州知州

徐安 字叔疑四川順慶府推官　薛儒 字文彥　張鑑 字應物湖廣江華縣教諭

費任 河南裕州州判　郭豫 字彥章湖廣臨湘縣知縣　邵南 浙江義烏縣主簿　吳昴 浙江錢塘縣縣丞　李公諒 河南洛陽縣縣丞

字楚峰光祿寺監事　張鶚 字汝礪光祿寺監事　費衡 字以材河南鄧州知州　薛敷 字宏敷承天府經歷　陳力 字子相福建邵武府通判　姜惠

山東聊城縣典史　秦獻 遼府典簿　吳宗 江西南安縣縣丞　張芳 南京工部軍器局大使　陳純 湖廣寧遠縣白面寨巡檢　潘方

六年辛酉　八年癸亥　九年甲子　十年乙丑　十二年丁卯

卞榮 商輅榜 字華伯戶部郎中有傳

卞榮 見甲科　杜甯

顧琳 字汝玉大理寺寺正有傳　王瓚 字公美廣東惠州府推官　蔡璘 字廷茂廣東韶州府知府有傳　蔣善

徐麒 字本中有傳　繆文盛 字成章福建延平府推官　朱瑗 江西臨江府知府　朱和 長史　朱安七 字德剛蔡府紀善有傳

湖廣麻城縣縣丞　王芮 字元朗楚府舍人　徐絅 江西廣信府經歷　戴晟 字用明福建邵武府知事　薛迎 字世和光祿寺署正　朱承恩

浙江錢塘縣典史　顏玉 湖廣道州州同　吳宜 浙江溫州府倉大使　夏瑞 山東東平州倉大使　仰惟仁 江西南昌府倉大使　趙坤

十三年戊辰

彭時榜

見甲科
陳蘭 見甲科

字仲夏廣東南雄府推官
華旭 字彦輝江西吉安府推官
高佐 字廷用江西高安縣知縣
楊瑜 字廷璋彭城衛倉經歷
莊鎧 字公武福建清流縣縣丞

王徠 遂孫
許能 更名士貢 見鄉舉
邱文海 字宗大四川綿谷縣主簿 以下舉闕貢 官黄志云闕字無謂疑賢字之誤然志列三人皆同又另有賢貢科則非誤矣姑存之

教諭
黄舜 羽林衛經歷
王會 字賓夫寧州州同
夏興 字子衡山東金鄉衛知事
馮坪
王繼城 字本和直隸永平府經歷

龍泉縣縣丞
周盼 湖廣永州倉大使
沈乾 浙江永嘉場大使
戴昌 河南嵩山縣典史
何昱 南京倉大使
楊與和

十四年己巳

陳蘭 字廷芳山東按察司僉事

王溢 字孟洋福建甯德縣縣丞

程可 字傳可山西徐溝縣縣丞
趙尚忠 字叔敬批驗茶引所大使

字宗甫陝西漢中府通判
王維禎 字文典雲南霑益州州同

浙江嘉興府倉大使
俞勝 浙江杭州府知事

代宗景泰元年庚午

任淡 字元益湖廣黄州府教授
王誼 見甲科
陳且 字仲實直隸武清縣教諭

陳良 字滋傑保定府經歷以下舉賢良
陳士信 字原学國子監典簿
陳士貞

徐昱之 字德馨上林苑苑丞
薛朝楨 按察司檢校
張鴻儀 字羽吉戶部檢校
徐有道

黄鹿 字懋甫福建莆田河泊所大使
龔正 浙江四明驛驛丞
許瑞 瀛志瑞作端 湖廣江華縣琵琶倉大使

二年辛未

三年壬申

四年癸酉

五年甲戌

孫賢榜
杜宥 字叔寬湖廣道御史有傳

陳懋 見甲科
殷萱 見甲科

吳鐄 字維聲直隸薊州州判
張瑛
湯祐 保安衛經歷
馬良 字仲良雲南布政司吏目

字原善淮安府經歷
薛鑑 字德昭浙江東陽縣主簿
趙彰 字彦禮浙江浦江縣知縣以下舉材能
邱資深 字達源湖廣巴陵縣知縣
邱嵩 字宗年浙江瑞安縣主簿

字汝貽雲南黑鹽井提舉
陳文譚 字南訥江西玉山縣縣丞
張麟瑞 字趾仁河南禹州州判
劉文彦 字士美鴻臚寺序班
徐有登 字思道陝西臨洮府通判以軍功陞同知

葛天祚 湖廣竹溪縣巡檢
吳天祐 字廷光溧縣稅課局大使
何玉 浙江台州府廣儲倉大使
吳犇 浙江樂清縣廣豐倉大使
高瑀 山東即墨縣典史

六年乙亥

邢容

朱德觀 吏部侍郎有傳
貝大同 南京光祿寺署丞
沈巽 浙江蘭溪縣穀水驛驛丞

七年丙子

徐泰 順天 字士亨解元湖廣荊門州知州有傳
吳啟 字文舉解元河南滑縣知縣

章庠 字景序江西袁州府知府有傳
李英 字世異鄧州衛知事

湯省 陝西西安府經歷
黄繼立 字志學中書舍人

唐格 浙江瑞安縣豐積倉大使
王楫 山東臨淸州廣積倉大使

英宗天順元年丁丑

黎淳榜
殷萱 字廷暉江西按察司僉事

薛誠 字汝貫

薛復 字復善廣西按察司僉事有傳以下舉懷材抱德

徐鸞 鴻臚寺序班
邱峻 字彦達光祿寺署丞

周雲 湖廣沔陽州吏目
胡鵬 廣西懷集縣慈溪鎮巡檢

二年戊寅

石嵩 福建永春縣縣丞

薛策 字崇善禮科給事中

郁廷英 字元伯雲南按察司經歷

周經 湖廣新化縣典史

四年庚辰

王一夔榜

王誼 字克正刑科給事中河南按察司僉事

徐琊 字安卿山西按察司廉使 以下舉儒士

李茂 光祿寺署丞 有傳

周華 福建詔安縣元鎮倉大使

徐璨 字長卿兵馬司指揮

徐倖 雄縣守禦所吏目

五年辛巳

章瓊 字孟深昌化縣訓導

邢睿 字公達浙江慶元縣訓導 以上洪武朝

顧孫纓 字必之按察司知事

沈邦棟 字元梓浙江蘭溪縣典史

六年壬午

侯儔 解元見甲科 前志脫漏貢舉者略補

包昌輔 字雍助四川瀘川州州同

張忠 字體道景明經浙江金華府訓導

韓嗣芳 字茂質鴻臚寺序班

陳岱 字代玉桐城縣縣丞 馮志作玳

江陰縣志 卷十三 選舉 三七

蕭彝 見甲科

包燦 字廷璋福建南靖縣知縣

沈玉 字時寶山東布政司理問

王方 字克巍

顧理 字性之直隸慶都縣訓導

吳謨 字順讀舉人材東宮伴讀

殷本 有傳 以下舉儒士

袁順 見鄉舉

王賢 山東昌樂縣知縣

戚勳 字羽民文華殿中書舍人 有傳

韓文明 字欽華江西布政司理問

孔宗德 字尚尼文華殿中書舍人

孔宗道 字元輔廣信都司斷事

譚鳳梧 浙江溫州府司獄

袁億 湖廣茶陵州稅課局大使

姚一鳳 青浪衛經歷

葛仲元 馮志葛作萬 信陽衛經歷

七年癸未

憲宗成化元年乙酉

顧瑄 見甲科

朱紳 見鄉舉

劉廣平

張繼武

劉升 馮志升作抃 字宗良湖廣攸縣巡檢

朱紳 字舜文江西南昌府通判

李參 見甲科

禮科給事中 以下舉儒士

徐譽 字廣譽山東按察司僉事

陳耘 字德籽監察御史浙江按察司僉事 有傳

沈遠 字志遠直隸寶坻縣知縣

楊信民 字以行山東日照縣知縣

字用賢鴻臚寺序班

李元鷹 字舜揚光祿寺監事

張毓英 字司大鴻臚寺序班

曹世學 字汝達順天府照磨

陳禔 字克謙山東泗水縣縣丞

沙復明 中書舍人

郭舟 字裕川江西袁州府經歷

王文立 字開心常平倉大使

陳韶 字元定四川思湖府經歷

耿濬 江西進賢縣主簿

徐思義 字士和山西[illegible]猗縣縣丞

二年丙戌

羅倫榜

顧瑄 字寶之澤孫戶部主事

陳璁 字國英戶部郎中

蕭彝 字天性禮部郎中

江陰縣志 卷十三 選舉 三八

三年丁亥

王獻 字國才湖廣巴東縣知縣

王常 字彥常四川夔州府推官

夏謙 字元德鴻臚寺主簿

顧可學 字元苛浙江溫州府經歷

吳藝 字敬安湖廣衢州府照磨

四年戊子

葛瑄 字天和雲南南安州知州

張炳 見甲科

龔敦 字惟學山西臨縣知縣

夏範 字千模雅子文華殿中書舍人 有傳 以上永樂朝

林阜 刑部司獄

嚴駿芳 字少泉安仁縣主簿

七年辛卯

夏彝 順天 字良貴福建泰寧縣知縣

李琨

夏彝 見鄉舉

徐訥 字敬夫舉賢良方正尚寶司丞

張元森 山東臨清州州判

		見甲科 許芳 見甲科		薛瀾 舉明經 王輅 舉秀才江西南康府照磨以上宣德朝		林毅 江西安仁驛驛丞 沈拱辰 浙江廣儲倉大使
八年壬辰	吳贊榜 張昞 字時顯福建浦城縣知縣			癸九皐 字亦滔薦選歐寧縣典史以下舉人材		張景魯 都石驛驛丞 蔣景禎 湖廣公安縣典史
九年癸巳	任儀 字吉甫提舉副使		謝珍 字世寶湖廣景陵縣縣丞	劉敉 字以維江西萍鄉縣知縣		王顯欽 字繼玉直隸容城縣典史
十一年乙未	謝遷榜 許芳 字茂之鳳翔子 李琨 字德監察御史有傳 李參 字禎甫湖廣安陸縣知縣		王淮 字柏山	劉讓 字以順浙江青田縣知縣 朱遜 福建政和縣主簿 周玉 江西浮梁縣縣丞有傳以上正統朝		曹希皐 字尊樂河南汜水縣典史 吳德道 山東棲霞縣典史 朱秀源 應天衛平倉大使 陳永明 字桂和浙江杭州府廣積倉大使
十二年丙申			馮澤 字大川南京錦衣衛經歷	徐敏 舉學行		
十三年丁酉		劉繼武	楊完	王軏		錢勇

		解元見甲科 何義 見甲科	字瑞芳湖廣竹山縣知縣	舉材能山東范縣縣丞 徐升遠 舉材幹歷官節推留[illegible]德		字汝芳河南牛山司巡檢 章服 字爾儀陝西[illegible]府倉大使 張光禮 廣東四會縣典史 陳希皐 驛丞 錢榮 南京左倉衛大使 胡振秀
十四年戊戌	曾彥榜 劉纘武 字與之		陶廷威 見甲科鄉舉	王復道 舉行義		
十五年己亥			朱鑑 字孔昭河南鄢城縣縣丞	劉公實 字誠之翰林待詔以下舉明經		
十六年庚子		徐元獻 字尚賢有傳		王訢		
十七年辛丑		朱昕 字啟東江西南康縣知縣 薛格 見甲科	趙嵩 字惟敬湖廣承天縣知縣	王睨 廣西富川縣教諭 張希顥 字先卿刑科給事中以下舉人材 王軒 浙江東陽縣典史		陝西富平縣典史 吳連 字仲文四川[illegible]倉官 張鑑臣 湖縣驛丞 薛容 直隸故城縣知縣
十九年癸卯		吳森 字達之浙江嵊縣教諭 周旄 字惟正高州通判	王杲 字惟健龍泉縣教諭	孫宗訥 字大年陝西白水縣縣丞以下舉儒士		郭一鵬 字海舫浙江歸安縣主簿 沈漢

二十年甲辰

李明榜

何義 字孟宜工部郎中

徐鼎 字惟器湖廣永州府推官

陸勉 字懋之南京刑部郎中

湯江 字會川四川灌縣知縣

俞瑠 字彦衡有傳

王掄 逢子通政司命翰林檢士兼文華殿經筵事以下失科附

二十一年乙巳

楊輔 字廷佐

薛銓 學正

南京禮部鑄印局大使以下歲貢生

薛宗 江西廣信府檢校

沈倫 河南武涉縣縣丞以下戶工二部書辦

徐謹 字仲常浙江海鹽縣縣丞

薛論 湖廣石門縣典史

二十二年丙午

湯沐 見甲科

吳熙 字晦之

陳哲 字明卿

曹忠 見甲科

屈霖 見甲科

許鋐 山東費縣典史

許南 湖廣黃岡縣縣丞

李奎 江西建昌縣縣丞

何埕 直隸[illegible]縣縣丞

陳[illegible]

二十三年丁未

費宏榜

曹忠 字原孝工部郎中

屈霖 字天澤刑部郎中有傳

朱叔綸 字大經福建尤溪縣知縣

江西德興縣縣丞

陳校 字子敎四川榮昌縣縣丞

張元 通政司知事

張宗 廣東南雄州平田司巡檢以下稅戶人材

孝宗弘治二年己酉

嚴謨 字舜俞

曹纓 字廷用

陶廷威 見甲科

吳衡 福建連城縣知縣

三年庚戌

陶檜 字國維浙江餘姚縣知縣

徐文煥 四川敘州府通判

何壽 浙江永嘉縣知縣

劉敬 福建建陽縣知縣

四年辛亥

徐訓 字世重

花本 寧府良醫正以下醫生

五年壬子

夏從壽 見甲科

薛金 見甲科

陶思德 淮府良醫正

徐吉 字仲吉太醫院院判

六年癸丑

毛澄榜

夏璪　字廷華　陝西耀州知州

王格　字文弼　工部員外郎　有傳

朱泉　字顯卿　前軍都督府都事　參軍

王彬　字元質　浙江湖州府推官

鄧梁　清江學

徐文貴　太醫院御醫

陳通　太醫院醫士

繆應時　太醫院御醫　有傳

趙應春　太醫院御醫

耿纘　字能清　太醫院吏目

八年乙卯

夏從壽　字如山　右副都御史　巡撫鄖陽　有傳

陶廷威　本姓周　名震　南京戶部主事　有傳

薛格　字平甫　翰林院檢討　有傳

黃昭　見甲科

徐圭

字廷機　廣東連州吏目

陶紀　字守謙　浙江昌安縣知縣

蔣應科　字文顯　太醫院吏目

徐頤　字惟正　中書舍人　以下傳奉

朱熊　字惟吉　通政司知事

徐世英　字國用　南京通政司左通政

字禹錫　鼎子

薛球　字良韶　安仁縣知縣　有傳

邵經　字孔述　山西潞州知州　有傳

卞思敏　見甲科

徐經　字直夫　元獻子

高賓　見甲科

曹安甫　見甲科

林鶚　見甲科

胡凝道

貢楨　字大猷　江西饒州府通判

貢誠　字良用　南京戶部員外郎

周熊　字應文　中書舍人

袁從金　中書舍人　以下工部[illegible]事

袁德常　字以常　中書舍人

王應昌　字近泉　山西洪洞縣縣丞　以下儒士

王心實

廣東倉副

貢晳　字[illegible]生　山西陵川縣縣丞　老人

周麟　鴻臚寺序班　譯字生

張立　鴻臚寺序班　通事舍人

韓如璐　黔江千戶所吏目　吏部

江陰縣志　卷十三　選舉　四五

九年丙辰

黃昭　朱希周榜

徐方　改名宏道　字禹謨南京員外郎
高貫　見甲科
顧克毅　字士宏
陳瞻　字德卿

徐廉　字克儉

知印
陳永涵　字與深太平府訓導　孝行
張毓芳　儒官　府學生
陶廣　字伯成廣東韶州府稅課局大使
蔡材

字明甫福建按察司副使有傳
湯沐　字新之大理寺卿有傳
高賓　字舜穆江西布政司參議有傳
顧安甫　字克仁試子浙江道御史山東按察司僉事有傳

張昉　靖江學　字元亮前志俱失年今據府志列入

陝西蘭州府通判
華仁　江西樂平州州判
徐輅　湖廣桂陽州州判
陳恩　字子仁楚府典膳
曹文炳　鴻臚寺署丞
曹一鵬

江陰縣志　卷十三　選舉　四六

十年丁巳

十一年戊午

姚惟賢　字子賢浙江嵊縣知縣
高贄　字孔載福建崇安縣知縣

顧廉　字清之浙江昌化縣訓導
陳訥　字敏之湖廣蘄水縣教諭
承天貴　靖江學　字性之河南汝州訓導
趙墄　字邦成

山東布政司都事
曹世隆　鴻臚寺署丞
張汝誠　鴻臚寺署丞
張芳　南京[illegible]局大使
孫永昌　五官司晨
謝宏祖

十二年己未

倫文叙榜
高貫　字會唯浙江按察司副使有傳
林鶴　字惟音兵部員外郎

王瑞之　見甲科
劉乾　見甲科

黃賢　字思齊衛經歷

太醫院吏目

十四年辛酉

劉乾 字克柔，光祿寺卿，有傳

史良佐 字禹臣，雲南按察司副使，有傳，鄉舉失科

邱燮 字舜臣，直隸溧州知州

張應信 字漢臣，衛經歷

十五年壬戌 康海榜

夏永業 楊維鎮榜 字世廣，山東高唐州學正

十六年癸亥

薛金 字子純，廣西按察司僉事，有傳

卞思敏 字行甫，傳臚，戶部郎中

王廷秀 字國英

十七年甲子

王華 見甲科

[illegible]

見甲科

十八年乙丑 顧鼎臣榜

張衡 字允徵，廣東布政司參議，有傳

張衡 見甲科

陳奠 字秉忠，南京府學訓導

楊海 大理寺評事

王敏 字彥才，福建興化府經歷

以上二人失年，附於此

武宗正德元年丙寅

施漢卿 瑞江學 字國賓

二年丁卯

杜宗 順天

孫漢 字子淵，四川茂州知州

徐度 見甲科

承天秀 字繼之，河南南陽府同知

朱悌 字民懷，江西萬安縣教諭

三年戊辰 呂柟榜

四年己巳

徐度　字克宏廣東按察司副使有傳

王瑞之　字獻夫貴州按察司僉事舊志誤列十二年今據題名碑更正

許溥　字文博浙江秀水縣訓導

五年庚午

陳鳳　順天　字鳴岐

湯銀　靖江學　字毅之

周縈　見甲科

劉羽　字雲鳳繼武子有傳

顧康　字凝伯琳子

姚相　字吉人浙江仙居縣知縣

六年辛未

張稷

字舜臣江西崇義縣知縣

八年癸酉

呂惟高　字尚志江西瑞州府訓導

十年乙亥

吳龍　字仁夫江西撫州府訓導有傳

十一年丙子

曹宏　見甲科

包良　府學　字邦彥南京右衛經歷

張袞　見甲科

十二年丁丑

舒芬榜

王華　字元聘格子四川按察司副使有傳

蔣渲　字汝馨

曹宏　字毅之忠子山東道御史有傳

蔣榮民　字成仲山西按察司僉事有傳

十四年己卯

趙欽 字子明

蔣瑎 字良輔浙江杭州府通判

陳僩 字玄毅福建福州府通判

周脩 字汝爲

陳沂 字與之福建永安縣知縣有傳

方謨 字孔一有傳

陳舒 浙江學 字汝舒浙江溫州府訓導府志作天舒

十五年庚辰

蔣露智 字虞明

陸軾 浙江學 字車谷浙江定海縣訓導

顧復 字德中

十六年辛巳

楊維聰榜

張袞 字補之翰林院侍讀學士太常寺卿國子監祭酒有傳

蔣閲 字文元福建仙遊縣知縣

卞槐 浙江學

世宗嘉靖元年壬午

沈天麟 字穉伯浙江義烏縣知縣

吳棨 字端夫浙江壽昌縣知縣

薛甲 見甲科

趙鏊 字子剛江西南昌府推官

徐臣 字仲鄰福建南平縣知縣改湖廣夷陵州州判

何遷 見甲科

花實 字文成山東萊蕪縣訓導

以上三人失年附於此

二年癸未

姚淶榜

周鰲 字起龍吏部主事

奚梅 字清之

三年甲申

張獻 字仲舉

四年乙酉

趙鍾

字子元江西撫州府通判

夏初 字子復

陳瀗 字會之山東平度州知州有傳

五年丙戌

張誼 字惟正四川合州學正有傳

七年戊子

章吉 字養正

黃憲 字一顏浙江黄巖縣訓導

吳文亨 字鴻漸歸化縣知縣

薛如淮 見甲科

黃茝 見甲科

陳詞 見甲科

趙承祿 常熟籍

見甲科

姚□ 字本才相子

八年己丑

孫□

羅洪先榜

薛甲 字應登兵科給事中江西按察司副使有傳

黃茝 無錫籍 字士倚太僕寺卿有傳

陳詞 字子達戶部主事

九年庚寅

趙詵 字子秀河南桐柏縣教諭

十年辛卯

湯校 字師周

徐亮 見甲科

承林 德州衛籍 見甲科

十一年壬辰

林大欽榜

吳祺

江陰縣志 卷十三 選舉

承林 德州衛籍 字茂卿
字吉夫 直隸易州州判

十二年癸巳
蘇[illegible] 見鄉舉

十三年甲午
吳節 字子甘 [illegible]縣知縣
黃[illegible]庭 拔貢 見鄉舉
徐雨 字文化 [illegible]城縣知縣 改湖州府教授
樊河 見甲科

十四年乙未
陳[illegible]慶 武進籍 見甲科

十五年丙申
陳[illegible] 武進籍 [illegible]應天榜 字[illegible] 山[illegible] 按察司僉事
徐梧 字來鳳 浙江烏程縣教諭

十六年丁酉
[illegible]道 字[illegible]

三五

江陰縣志 卷十三 選舉

十七年戊戌
于[illegible] 字[illegible]
黃[illegible]庭 字[illegible]學
王臣 字子忠
徐材 字懋卿 戶部郎中 有傳
趙[illegible] 常熟籍 字[illegible] 榜
張奎 字文奎 江西新淦縣訓導

十八年己亥
字德光 [illegible] 布政司參議
黃愷 字貴卿 江西撫州府通判 有傳

十九年庚子
陳[illegible] 字[illegible] 山西平[illegible]縣知縣
馮[illegible] 字士章 廣東茂名縣縣丞
陳大經 字汝[illegible] 浙江諸暨縣教諭
湯[illegible] 字汝一 [illegible]府左長史 有傳

三六

江陰縣志 卷十三 選舉 卅七

二十年辛丑

沈坤榜

徐亮 字子寅浙江秀水縣知縣

何選 德安籍 字懋益刑部侍郎有傳

張瑀 字子佩浙江嘉興府推官

孫璥 字叔強國子監助教

沈謙 字廣鳴江西餘干縣訓導

姚臣 拔貢 字藎人浙江歸安縣縣丞

二十一年壬寅

顧鼎 字器之江西興國縣訓導

二十二年癸卯

繆俊 字用章廣西梧州府通判

蔣鵬 字時舉山西吉州訓導

劉光濟 見甲科

陳思謨 見甲科

方宛 字忠化直隸河間府同知

邵棠

江陰縣志 卷十三 選舉 卅八

二十三年甲辰

秦鳴雷榜

陳思謨 字思贊南京工部郎中有傳

劉光濟 字憲謙南京兵部尚書有傳

田鎬 廣西衛籍 字文化浙江崇德縣知縣

鄒橋 應天籍 廣西桂林縣知縣

二十五年丙午

沈奎 見甲科

周倖 字汝守

陳甲 見甲科

張璵 字明玉

二十七年戊申

蔣龍 字時從

二十八年己酉

徐汶 字伯充

徐大年 副貢 字良卿

趙興治

二十九年庚戌

唐汝楫榜

薛如淮 字東卿南京刑部主事有傳

見甲科

吳㦤

三十一年壬子

唐觀 字子朝

李科 見甲科

曹淮

謝璧

朱大桂 端州學正

三十二年癸丑

陳謹榜

陳甲 字會夫浙江義烏縣知縣

趙[illegible]治 字道隆兵部郎中有傳

李科 字貞登江西布政司參政有傳

三十三年甲寅

卞毅 湖廣通山縣教諭

三十四年乙卯

林琛 字邦獻湖廣荊門州知州

曹海 見甲科

王嘉言 見甲科

陳紹璧 見甲科

三十五年丙辰

諸大綬榜

趙大河 字道源浙江按察司僉事有傳

劉麟

三十七年戊午

趙用賢 常熟籍 見甲科

趙璜

周有容

譚志 以上三人據府志補入

吳祐 福建寧化縣訓導

三十八年己未

丁士美榜

沈奎

字文叔江西布政司參政有傳

三十九年庚申

李琦 字伯玉通政司右通政鄉舉失科

陳經 字繼之秉慶子按察司副使

吳大器 見鄉舉

四十年辛酉

吳大器 順天 字汝容江西撫州府通判

范鳴謙 見甲科

四十一年壬戌

申時行榜

王嘉言 字晉謨浙江布政司參議有傳

張文學 字蘊川江西撫州府教授

蔣繼海 字宗字正色子江西贛州

府知府

四十二年癸亥

王履仁 字體乾福建長樂縣教諭

四十三年甲子

袁維臣 字承華有傳

朱卿 湖廣黄陂縣訓導

蔣鳴環 字和振直隸清苑縣知縣

四十五年丙寅

夏秉 字體仁

張璠

陶元

繆乾亨 字子禮

凌雲

靖江縣訓導 以上四人失年附於此

穆宗隆慶元年丁卯

薛道 恩貢 字世詔

徐鳴玉 浙江壽昌縣訓導

二年戊辰
張承學　字宗魯

三年己巳
朱汶　恩貢

四年庚午
梅國光　字山賓
趙潛　字道昭　浙江富陽縣訓導
張明齋　字元朗　交孫　江西上猶縣知縣

五年辛未
范鳴謙　張元忭榜　字貞夫　御史　有傳
趙用賢　常熟籍　字汝師　承謙子　吏部侍郎　贈太子太保　禮部尚書　謚文毅　有傳

六年壬申
陶三謨　高郵州訓導
解邁化　先年　字本一

神宗萬曆元年癸酉
薛敃　本姓管
王孟經　恩貢

字從魯
字廷龍　廣東歸善縣知縣　改浙江金華府教授

二年甲戌
徐河　字仲圓　浙江湯溪縣知縣

四年丙子
徐有存　字在思
孔時中　字化之

六年戊寅
袁鶴臣　見鄉舉

七年己卯
袁鶴臣　順天　字承歡　河南魯山縣知縣　有傳
劉汝楫　順天　字宏濟　廣東龍門縣知縣
郁文周　字文叔　長樂縣知縣
張修德　字季成
史邦職　見甲科
薛麟　解

字世吉廣東澄海縣知縣

劉邦徵 字子韡廣西荔波縣知縣

八年庚辰

張懋修榜

史邦載 字元熙南京兵部郎中福建汀州府知府改河南禹州知州

周中立 府學 字濂溪福建興化府教授

十年壬午

王廷賓 字明揚江西德安縣知縣

繆元亨 字汝燕溧陽縣訓導

江陰縣志　卷十三　選舉　六五

有傳

十一年癸未

朱國祚榜

袁一驥 字德夏僉都御史福建巡撫有傳

袁一驥 見甲科

十二年甲申

高範 拔貢 字宗禹太平府教授

十三年乙酉

蔣啟芳

字元貫

陳繁中 字明源國子監丞

夏樹芳 字茂卿有傳

張奇闕 見甲科

馮時熙 改名定 廣東廣州府通判

十四年丙戌

唐文獻榜

許道

江陰縣志　卷十三　選舉　六六

字汝登山西聞喜縣縣丞有傳

十六年戊子

張奇闕 字叔闇刑部郎中福建江州府知府

黃通 字貞甫

龔鑄詩 穎州學正

顧言 見甲科

十八年庚寅

蔣鳴珮 字和行江西萬載縣訓導

十九年辛卯

張履正

見甲科

二十年壬辰

翁正春榜
顧言　四川布政使司參政有傳

蔣應[illegible]　見甲科鄉舉

二十二年甲午

蔣應[illegible]　見甲科

桂[illegible]　字儀卿常熟縣教諭

陳繼芳　字世茂[illegible]孫雲南按察司副使

趙樹[illegible]　字茂一溧水縣訓導

二十四年丙申

黃顯卿　字德符浙江桐鄉縣教諭國子監學正

繆正之　府學　字巳先安慶府訓導

吳之俊　府學拔貢　字士豪

周[illegible]　拔貢　字從儒廣西梧州府通判

有傳

二十六年戊戌

趙秉忠榜
張應[illegible]　字我先江西廣信府知府歷九江道有傳

邵重光　字燿卿湖廣藍山縣知縣

二十八年庚子

李慶之　順天　山西保德州知州

徐文光　府學　字子野浙江奉化縣教諭

王毅明　見甲科

卞三錫　字有懷嘉定縣訓導

繆昌期　見甲科

黃文　字古華

張紹芳　字世[illegible]孫

郁應之

[illegible]鳳儀　江西中式　字元徵文周子有傳

二十九年辛丑

張以誠榜
王毅明

李元齡　恩貢　字伯和

字濬之壽寬子工部主事

三十年壬寅
繆世瀛 字賓臣

三十一年癸卯
黃尚禮 改名修齡 見甲科

三十二年甲辰
袁章 浙江開化縣訓導

三十四年丙午
戚士騏 字仁東 明經榜
李學文 府學 虹縣教諭
袁一麟 字德仁

三十五年丁未
黃士俊榜
孫蘊 榜名孫蘊 字欽之 江西布政司參政 有傳

三十六年戊申
高拱極 府學 字仲垣 太倉州訓導

三十七年己酉
尹嘉賓 解元 見甲科
王貴臣 常熟籍

見甲科

三十八年庚戌
韓敬榜
尹嘉賓 字孔昭 湖廣提學僉事 有傳
王貴臣 字忠紫 河南按察司副使
錢紀 山東城武縣教諭

四十年壬子
張繩祖 字世賢泰會孫 崑山縣教諭
謝盟 浙江烏程縣訓導

四十一年癸丑
周延儒榜
繆昌期 字當時 右諭德 贈詹事府詹事 謚文貞 有傳

四十二年甲寅
殷西還 蘇州府訓導

四十三年乙卯
張有譽 見甲科
李[illegible]舜

見甲科

四十四年丙辰

王運昌 見甲科

錢士升榜

李應昇 字仲達福建道御史贈太僕寺卿諡忠毅有傳

吳韶 字舜臣鳳陽縣訓導

四十六年戊午

楊永溥 字浣予戶部郎中

張恭 字而安浙江孝豐縣訓導

龔[illegible]佑

字[illegible]中

四十七年己未

莊際昌榜

夏修齡 字國祺浙江福建江西參議副使有傳

王運昌 字乾符見臣子山東鹽運司副使

湯廷棐 恩貢 廣東嘉山縣教諭

徐汝化 字可成以上二人失年附於此

光宗泰昌元年庚申

劉良柱 恩貢

顧端一

熹宗天啟元年辛酉

字德之太倉州訓導

黃毓祺 恩貢 字介子有傳

二年壬戌

文震孟榜

張有譽 字[illegible]譽[illegible]正子南京戶部尚書贈太子太保有傳

趙[illegible] 字旋宇有傳

四年甲子

曹玑 見甲科

鍾國珍 字席之石埭縣教諭

朱志烈 字孟武

徐昇 見甲科

徐熙 改名公燮 字壽明浙江孝豐縣知縣

王夢鼐 常熟籍 見甲科

沈[illegible]金 咸縣籍 字仲[illegible]禮部主事

五年乙丑

余煌榜

周[illegible] 府學

字睿濱宣城縣訓導

六年丙寅

徐日升 字如之福建漳州府推官有傳

七年丁卯

徐宗賢 字崇賢浙江杭州府訓導

張育葵 常熟籍 見甲科

王夢鼎 常熟籍 字兆吉

趙士春 常熟籍

見甲科

莊烈帝崇禎元年戊辰 劉若宰榜

張育葵 字午鄉廣東曲江縣知縣有傳

徐遵湯 副貢 字仲昭有傳

湯洗心 字滌修江西瀘溪縣教諭

二年己巳

湯澂心 字靜修廣東南雄府教授

三年庚午

張應福 字五高紹祖子

徐宜民 副貢 字伯瞻

曹天錫

見甲科

沈鼎科 見甲科

徐調元 無錫籍 見甲科

四年辛未 陳于泰榜

曹天錫 字達夫福建莆田縣知縣

沈鼎科 字鉉臣兵部主事有傳

王夢鼎 字兆隆工部主事

五年壬申

徐遵堯 字伯勳

六年癸酉

徐堯工 字虞欽陝西吳堡縣知縣有傳

夏維新 字燦焉有傳

薛謙祉

江陰縣志　卷十三　選舉　圭

字冏錫丁丑
明通榜
徐興沐 字仲揚有傳
徐𪊨初 江都籍 見甲科

七年甲戌
劉理順榜
徐𪊨初 江都籍 字完赤南京工部郎中
周浚明 府學 字吉甫崑山縣訓導
曹尚志 字康公有傳

八年乙亥
陳國柄 拔貢

九年丙子
趙士錦 常熟籍 順天 見甲科
字子正
胡爻光 字汝殷蘇州府教授
徐沾 字伯宏溧水縣教諭有傳

十年丁丑
劉同升榜
曹玑 字子玉戶部山東司主事有傳
趙士春 常熟籍

江陰縣志　卷十三　選舉　夫

字昇之用賢
孫探花左春坊左中允兼翰林院編修
趙士錦 常熟籍 字全之用賢孫戶部員外郎
徐調元 無錫籍 字爾贊湖廣黃岡縣知縣

十一年戊寅
劉顯宦 字士衡

十二年己卯
李子和 順天 字梅臣滕之子
趙子里 副貢 字子駒
李耿 順天 見甲科
曹玘 字子瑜
張羽文 武進人 字子彝
張春魁 武進人 見國朝甲科

十三年庚辰
魏藻德榜
繆大白

十五年壬午

李耿 順天籍 字道廉，勝之子，山東壽光縣知縣，有傳

字禾墨，四川江安縣知縣

戚藩 見國朝甲科

章經世 字璧之

吳翀 武進人 見國朝甲科

韓襄 字復之

十六年癸未

程如顥 字晏如，有傳

十七年甲申

趙孔熠 恩貢 字蘊生

徐晉 字錫初

徐繩芳 字士滕

秦宗源

李際春 字春璣，丹陽縣訓導，有傳

以上四人失年附於此

江陰縣志卷之十三終

江陰縣志卷之十四

選舉二

國朝　甲科　鄉舉　貢廕　辟薦　廕例　雜流

順治二年乙酉江南初定十月鄉試

朱進 見甲科　邱盛 武進人 教諭　李芷 見甲科

徐之龍 恩貢 字仲升陝西神木縣知縣以死事贈山西按察司僉

夏元恩 字永俟甘肅寧夏府同知　陶孚尹 字鶴先桐城縣訓導有傳　殷序 字桐偏江西餘干縣縣丞　楊名世

徐瑶 字公達浙江仁和縣縣丞署嘉邑縣知縣以下四庫館謄錄　繆汝芬 浙江錢清場大使　繆庭光

三年丙戌

四年丁亥

呂宮榜　李芷 字蘭偏福建福州府推官刑部主事　陸天嗣 武進人

事有傳　徐懋量 字寶日鎮江府教授福建邵武縣縣丞署甌寧縣知縣有傳

字坤霞泰興縣訓導　繆燧 字雯爾浙江定海縣知縣署寧波府海防同知有傳　蔡濱 字帆江國子監學正有傳　蔡鵬 字鴻賓湖南長沙縣知縣有傳　何純修

字士穎福建仙遊縣縣丞署司巡檢　馬純良 字順甫照磨以下吏員　劉煥如　直隸文安縣　許良楨 字漪　工部所丞　曹繼曾 字位初山西汾西縣典史

五年戊子

浙江鄞縣天台兩縣知縣　裴春魁 武進人 字洞斗山東汶上縣知縣

陳國顏 字千裔湖南寧鄉縣知縣　夏霖 見甲科

黃瑞明 恩貢 字彩別湖南長沙府同知　趙沐　黃琦 副貢 字漢如池州府教授　徐來清 副貢 見鄉舉

字敬安湖北荊門州吏目　許大定 字禹錫湖北興國州知　朱化龍 字亮宸湖北沔陽州知州　繆晨墉 字正方盛京奉天府治中　許朝桂 字平瀾河南開封府同知　許朝楨

姚儀鳳 字羽儀江西南安府經歷署上猶縣知縣有傳　蔣旭辰 字公甫臨清閘大使　李追紹 宿遷縣驛丞　張維遠 江西建昌府經歷　吳琬玉

六年己丑

劉子壯榜　夏霖 字雨三四川保甯府知府有傳

見甲科鄉舉　傅龍麟 副貢 武進人 字公調河南安陽縣知縣　趙延光 副貢 常熟 字鳴岐陝西按察司副使　張聖傳 副貢 字濟五

字浦雲安徽宿州知州　許朝枚 字克生安徽徽州府通判　吳菅 字有容河南獲嘉縣縣丞　徐學乾 字北極山東即墨縣主簿　祝錫中 字元章河南候補州同署祥符縣主簿有傳

山西洪洞縣典史　蔡瀚 字北海福建閩縣縣丞署虹江通判閘　洪鵰 字天池署廣西鬱林州吏目　張邁 字丹進署陝西漢陰縣典史

七年庚寅

黃爵清

八年辛卯

徐來濟 順天 見甲科
黃琦 順天 字奇玉 寶應縣教諭
惠嶠 見甲科
宋士顒 鄖志宋誤作王 見甲科
章爍 字元龍

字心川 安徽鳳陽府訓導

金澐 江西候補州同
裴盛濟 字潔園 江西南康府經歷 玉牒館供事 有傳
繆之鏡 字幽蘭 山東恩縣主簿
繆鴻 字位思 雲南尋甸州知州 以下方略館供事
曹江 字山宗 廣西安平州州判
高岡 字秋帆 廣西平樂府經歷 署昭平縣知縣
沈鳳 字凡民 安徽宣城縣知縣 署滁州府同知 有傳
錢晟 字麗天 浙江江山縣縣丞 署於潛縣知縣
繆淦運 湖北荊州府經歷

九年壬辰

鄒忠倚榜
徐來濟 字頌稷 主事 有傳
宋士顒 字蘊生 山東平原縣知縣

薛垣 字羽宸 有傳

姜齊 恩貢 字東表 湖南澧縣知縣
張國榮 字仁侯 考授訓導
徐卓 拔貢 後中丁酉副榜 見後

楊方增 字森升 由河工効力任管河主簿
聶祖焯 字尹儒 直隸保安州吏目
夏暹 字金路 光祿寺署正
湯朝棫 山東武定府司獄
繆湘
閔時範 字紹音 安徽池州府大通司巡檢
繆謙 字學叔 浙江錢塘縣縣丞
何東旭 字吉照 廣西永淳縣巡檢

十一年甲午

鄒鍾麟

陳所學

十二年乙未

史大成榜
鄒鍾麟 字玉書 翰林院檢討 有傳
惠嶠 字亮采 太平府教授 有傳

見甲科
王履昌 常熟人 見甲科

字君俞 鳳陽縣訓導
鄧孝先 拔貢 字子發
劉晉周 副貢 字爾斯

字映黎 丹徒縣訓導
袁銓 字理衡 廣西灌陽縣崇順里巡檢
徐桐 字朝陽 昭文縣訓導
俞式和 字述昌 湖南江華縣錦岡司巡檢
陶洽 字紱成 廣東鹽驛道
陳大中 字昭時 貴州思州府知府
繆士堂 安徽建平縣梅渚司巡檢
蘇泰 字龍城 福建臺灣府知府 署臺灣兵備道
程大川 山東臨朐縣典史

十三年丙申

戚藩 字价人 陝西安定縣知縣 有傳

陳昆正 字端人

章金韶 字來儀 順天府西路同知
張大申 字維雨 廣東潮陽縣典史
陶廷梁 福建將樂縣知縣 有傳
方鈞 字如川 福建惠安縣典史
陶棻 字佩芳 雲南羅平州知州
沈運 字文遠 廣東香山縣典史
趙時煥 字仲千 浙江錢塘縣知縣
劉琪 字森 浙江烏程縣典史
趙時照 字春沂 廣西江州州同 有
許家存 字岱石 雲南施甸司巡檢

十四年丁酉

夏長玉 字無瑕

徐卓 順天副貢 字山公 考授州判
金瓚 副貢
張廷傑 副貢 字漢三

十五年戊戌
孫承恩榜 朱選 字嵩壽 直隸保定府推官 有傳
周維新 副貢 武進人
沈知時 字樹明 考授訓導
傳
繆楨 廣西羅城縣典史
趙佑基 字稱平 河南南陽府同知
繆賡譜 廣西東蘭州吏目以下則例館供事
蘇登瀛 字闓儒 廣東文昌縣知縣

十六年己亥
徐元文榜 王辰昌 常熟人
蘇登泰 字仰山 直隸長蘆鹽運司經歷
金成基 字金留 山西左雲縣典史

十七年庚子
徐汝聰 字在音
薛衍芳 字楓俟 考授訓導
蘇登榮 字東侯 福建晉江縣知縣
繆□毅 湖南臨湘縣桃林司巡檢
湯錫培 字錫卅 署尉西慨遷縣主簿
趙起英 字燦令
劉倫 副貢 字孝若
丁治時 武進人 失年 字宇平 考授訓導
蘇挺 字覲威 湖北黃梅縣縣丞
蘇椿 字大年 安徽無爲州知州
沙德培 字春帆 浙江候補府經歷 署富陽縣縣丞以下內閣供事
殷堂 字玉階 湖南慈利縣知縣

康熙元年壬寅
章耿光 恩貢 見鄉舉
張光第 見甲科鄉舉
何昌時 字綺霞 河南滎澤縣知縣
夏賡颺 字梅漁 河南南召縣李河店巡檢

二年癸卯
張光第 順天 見甲科
吳焯 字叔翔 雲南麗江縣知縣
金煦

曹禾 順天 見甲科
裘天錫 見甲科
顧書 常熟籍 字蒼叅
有傳
沈紹文 字旭初 山東禹城縣典史
徐鴻 字用羽 山東海豐縣典史
直隸唐山縣典史
徐汾 字貫州 浙江瑞安縣縣丞
繆瀚 安徽績溪縣典史

三年甲辰
嚴我斯榜 曹禾 字頌嘉孔子 內閣中書
是年停貢
陳宏器 字希昭 文縣訓導
李德彰 江西贛州府經歷以下武英殿供事
陳宏厚 字賓昭 山東滕縣縣丞
徐鳴岡 湖北大冶縣典史

五年丙午
章耿光 順天
陳宏濟

字子觀 徽州府教授 有傳
趙國檉 字巽行
字曾周 山東候補鹽經歷 署濟甯州州判
周如鈞 山東曹州府司獄 玉牒館供事
金舒馭
字朝綸 河南候補主簿
施恂 字懋功 甘肅慶陽府經歷 宗人府供事
陳鏞 字映庭 河南祥符縣縣丞事

六年丁未
繆彤榜 裘天錫 字長齡 春魁子 內閣中書 湖北武昌府知府 有傳
張光第 字孟及 有登子 內閣中書
曾丕忠 字懋庭 古北口土城子巡檢事
周如洲 字西堂 廣東儋城縣主簿 國史館供事

八年己酉
朱廷鉉
吳朗葉
黃文煥

江陰縣志　卷十四　選舉　七

九年庚戌
十一年壬子
十二年癸丑
十三年甲寅
十四年乙卯
十五年丙辰
十七年戊午

趙廷珪 蔡起傳榜 常熟人 字禹玉 士春孫 鄉舉失科

見甲科
薛鴻英 字九徵
盛樹廉 字靖候 揚州府教授 有傳
惠潤 見甲科
吳永嗣

繆梓 恩貢 字馳材 正白旗教習
薛日嚴 字有六
是年復貢
張世舫 字元矩 宿遷縣訓導
潘鼎 拔貢
曹飛提 字□□ 有傳
張世銘 恩貢 字行佩 有傳
瞿世安 字子磐 有傳
黃瑜

字齊一 甘肅成縣典史
河南淅川縣典史 會典館供事
楊淮 字桐山 東流縣直隸州□□ 官
李塏 四川江油縣中壩場巡檢
顧國勇 銅山縣主簿
周雯 字賢廷 浙江大樹鎮巡檢
趙瀾 字載揚 直隸候補從九
謝綸 廣西鎮安府知府 □□花翎以下玉□館供事
吳繼祖 字序皋 山西太原縣典史
吳傳
徐南 字□□ 廣西容縣典史
字冠□ 浙江候補縣丞
金煥 福建安南縣典史 內閣供事
孫增 字錫疇 湖北荊州府通判
俞國琛
蘇元誠 字立方 招收場鹽大使
字□亭 附貢生 廣東按察使司 □□花翎
蘇□徵 字載行 廣東□白縣知縣
曹錫奕 字鴻□ 恩 □□外郎 分□□□□ 中政知縣
陳□ □河南商邱縣主簿

江陰縣志　卷十四　選舉　八

十八年己未是年特開博學宏詞科
十九年庚申
二十年辛酉
二十一年壬戌

曹禾 由進士中書考取博學宏詞 擢翰林院編修 官至國子監祭酒 有傳
朱廷鋐 蔡升元榜 字玉汝 大理寺少卿 有傳
趙天潤 字□□ 刑部主事

字陸□ 內閣中書 有傳
朱廷錫
字紡夫
高璜 字吕玉
趙天潤 見甲科

字琢玉
耿勳 副貢 字子□ 有傳
戚鏸 字聲远
朱偉 字受先

大科曠典應詔入選者祇曹禾一人 依舊志載入甲科 至乾隆丙辰應試者四人 俱未入選 則仍列此

山東商河縣知縣 調補泰安縣知縣
蔣□典 字□□ 湖北荊門直隸州知州
曹錫□ 字惠□ 恩 □□□戶部
趙球 字紳佩 浙江平湖縣知縣
陳煒 字晉明 廣西候補從九 署河池州州同
曹鉅英 字敏□ 恩 □光祿寺□ 正□□□ □正
殷增 字象賢 四川候補縣丞署
清溪縣知縣
殷垣 字玉繩 山東候補縣丞 署汶上縣知縣
殷思銓 字少賓 江西候補縣丞 署道州大使 衡州州判
朱□ 字□成 安徽□溪縣教諭
繆遵

年	進士	舉人	貢
二十三年甲子		薛元敏 字子粹，歷城縣教諭，有傳	張光遠 字嵩布
二十四年乙丑	陸肯堂榜 惠潤 字沛蒼，順天，刑部郎中，有傳	趙錫仁 見甲科	
二十五年丙寅			謝天植 徐恪 拔貢，字哲民，廣西羅城縣知縣，有傳
二十六年丁卯		金秉哲 字聖本，湖北宜都縣知縣	
二十七年戊辰			莊一飛
二十九年庚午		楊名時 見甲科	湯精時 字而寅
三十年辛未	戴有祺榜		王位坤 順天副貢 字育公

江西候補縣丞，署南昌府經歷。陳廷桂 字晉國，安徽六安州馬頭汎巡檢。王穀 字筮亭，河南候補從九品，河內縣典史。蘇珩 署長洲縣教諭。張埼 字潤之，山東單縣主簿。殷思尹 字焯然，浙江瑞安縣知縣。殷思濂 字小溪，江西相昌縣知縣。沈之田 字湘慶，安徽休寧縣知縣。繆庭璣 字丹山，湖北利川縣縣丞。

年	進士	舉人	貢
	楊名時 字賓實，翰林院檢討，官至禮部尚書，諡文定，有傳		
二十一年壬申			張世銶 字振聲
三十三年甲戌	胡任輿榜 趙錫仁 字蒔侯，山東冊川縣知縣，有傳。舊志誤入三十年，今據題名錄更正		王謨 字非穆
三十四年乙亥			蔣培 字穀詒，有傳
三十五年丙子		王翠元 順天，見甲科　陳坊 見甲科　馬卿棻 字玉汝	陳譽言
三十六年丁丑			沈中桂 商籍，字雨疇，直隸玉田縣知縣

蘇松 字少峯，雷州府教授。施曰瑞 字覲玉，廣西貴縣典史。吳柄 字武堅，直隸永清縣縣丞。夏祖燁 字接庭，寓山東東昌府經歷。穆康第 江西大庾縣典史。趙金秀 字幼圖，四川候補道，署龍安府知府。沙沂 字祿亭，湖北石首縣知縣，加捐知州。蔡殿祿 署安徽泗州州同。陶廷楹

三十七年戊寅

曹鼎銓 恩貢
張世針 字紹閒
湯大略 拔貢 見甲科鄉舉

雲南候補吏目署昭通府經歷
王錫禧 字禧之 直隸長蘆鹽大使 陞順天大興縣禮賢縣丞

三十八年己卯

孔毓璣 見甲科
王馥 字子裕

沙瀛 字士登 安徽宿州府經歷 加捐布經歷

四十一年壬午

范光晨 字志和 有傳
湯大略 順天 見甲科
張朝珍 字志熙 有傳

繆榆 字用之 貴州候補縣丞署同仁縣典史

繆詵 見甲科
章玉樹 字慎風 上元縣教諭
劉璪 見甲科

陳燮 字亮明 浙江候補縣丞 歷署江山太平西安等縣縣丞 遂安縣知縣
沙心培 字雲樓 浙江蕭山縣知縣 改湖北補江夏縣知縣 署漢陽府同知

四十二年癸未

徐烈 字宗凝 有傳

四十三年甲申

黃秀英
蘇思泉

四十四年乙酉

張觀瀾 字星來 考取中書
惠元略 順天副貢 字爲山 湖北宜城縣知縣

湖北候補從九

四十五年丙戌

王雲錦榜
陳均 字秉侯 翰林院檢討 廣東學政
繆詵 字繩孫 河南郟縣知縣 有傳

錢埻 字登書 湖北候補從九 署利川縣分防縣丞
陳九如 字廉夫 刑部廣東司額外主事 兩浙鹽運使司副使 有傳
李有俊 字冊舫 署溧陽縣訓導

四十七年戊子

邢大用 字商敷
孔毓槐 恩貢
汪鶴皋 見甲科
高潔 字方雲 安徽休寧縣教諭
朱廷銓 副貢 字貢敘

繆樹棠 浙江仁和縣臨平稅課大使
繆炘 山西候補從九 署陽曲縣典史
繆日服 字子睿 陝西候補從九
繆士升 湖北候補從九

四十八年己丑

趙熊詔榜
孔毓璣 字象九 浙江常山縣知縣 有傳
劉璪 字培崇 四川太平縣知縣

	陞禮部主事改直隸霸州知州				趙琳 字紹宗直隸鹽山縣典史
四十九年庚寅	王之元 字于方松江府教授		孔衍城 字敬敷元和縣訓導		繆榮吉 字伯康四川夔州府通判歷署邛州酉陽直隸州知州
五十年辛卯		夏詩鎮 字定初	繆民坤 副貢 字坤厚山東沂水縣知縣		吳立勲 署四川江津縣典史
五十一年壬辰	湯大略 王世琛榜 字乘青翰林院檢討有傳		趙文裕 字月濤		孫履信 陝西候補未入
五十二年癸巳	汪鶴皋 字天嶷	章運開 字錦齋			吳疇 四川漢州吏目 徐聘珍 雲南賓川州吏目
五十三年甲午		張世綸 字入鳳光第子 李焯 字煥章 高堂行	顧驗 字上襄		繆永豐 江西永豐縣表湖司巡檢 錢鳳傳 廣西宣化縣金城寨巡檢 徐士楨 湖北候補未入

		字朗侯陝西三原縣知縣有傳			夏尚裕 字午橋廣西貴縣典史
五十五年丙申		季爾鶴 字文在內閣中書直隸真定府同知			夏誠 河南候補縣丞署滑縣縣丞
五十六年丁酉		章錦 字春西 季起鳳 字辨儀	繆植 字深培青陽縣訓導有傳		蔡燕 字雲樓福建馬巷廳劉五店巡檢 馮燮 字陶齋浙江黃巖縣縣丞調署紹興府經歷
五十七年戊戌			吳宗彥		繆炯 山西洪洞縣知縣
五十九年庚子			耿人龍 字書升有傳		繆玉溢 字誠夫安徽候補知縣
六十一年壬寅			周豐 金天賢 字維參 張世鉉 失年		繆煒 貴州松桃廳同知署思州府知府
雍正元年癸卯		薛同 字恕齋	吳文淵 府學拔貢 見甲科鄉舉		繆坤 四川候補鹽庫大使

江陰縣志　卷十四　選舉　十五

三年甲辰

沈濤　見甲科
湯顯忠　字蓉士庚戌明通榜安徽積溪縣教諭有傳
薛龍濟　字源晃

楊名二　拔貢　字慎在考取教習山西徐溝縣知縣有傳
王以徹　字均之
周元良　副貢　字禹貞安徽祁門縣教諭
邢和　副貢

章樹棨　字芸濤國學生桃源縣教諭歷國子監典籍
金璿　安徽望江縣華陽司巡檢
洪昌鼎　字書舒湖南候補縣丞
陳式金　字以和浙江候補同知有傳

四年丙午

張廷樞　見甲科
吳璣成　字文釆江西永寧縣知縣
繆錦　字南平廣東恩平縣知縣

字紹聞考取教習安徽舒山縣教諭
王曜琦　府學　字韓起有傳
孫謨　見辟舉

趙銘晉　字彷廷浙江候補縣丞
鄒兆熊　字渭周附貢生署鎮江府學訓導
馮瀚英　字樹滋附貢生試用訓導
沙沭祖　字叫之浙江候補縣丞署餘杭縣縣丞

六年戊申

徐銳　優貢　字貢三蘇州府訓導有傳
孫謨　字昭文舉賢良方正江西

江陰縣志　卷十四　選舉　十六

七年己酉

章士鳳　字鳴梧玉樹子福建寧德縣知縣
張昌淇　字雲衢
薛彬　字九苞

陳元　副貢　字廷颺
吳汝契　拔貢　見鄉舉

樂安縣知縣
何篪仁　字愉庭附貢生山東候補知縣賞戴藍翎
蔣樹屏　山東候補知州署德州知州
馮烜　字錫泉安徽候補典史
張國森　湖南沅州府經歷署沅陵

八年庚戌

徐適　字月帆有傳

縣知縣

十年壬子

吳文灝　順天　見甲科
夏元翹　字振凡丁酉明通榜安徽六安州學正

錢掄　字遜士
夏宗溯　副貢　字淵懿
薛有載　副貢　字大章四川新津縣知縣

夏子貢　山東東平州州同借補河南鄭州州判署陞知州
陳樂韶　字遜吉江西南昌府通判
郭鴻禨　字計夫附貢生試用訓導
何錡　字壽南附貢生試用訓導

十一年癸丑

程侯榜
張廷樞　字綸翰江西新喻縣知縣
吳文灝

十二年甲寅

江西新淦縣知縣有傳

張遇鑾 湖南會同縣洪江司巡檢

十三年乙卯

金鑑 順天 字志遠丁巳甲戌兩登明通榜刑部主事有傳

須天祿 字滌然

王文震 拔貢 後中戊午副榜見後

夏子銘 福建候補知縣署將樂縣知縣調補仙遊縣知縣

沈士綸 安徽建平縣梅渚司巡檢

乾隆元年丙辰 是年特開博學宏詞科

曹奕 恩貢 字鳳彩安徽婺源縣教諭

張廷燦 見甲科

夏子鑾 字上珍附貢生直隸甯晉縣知縣

湯繼仁 字愷士

金鑑 見鄉舉

凌春 順天副貢 見甲科鄉舉

蔡鎮升 見鄉舉貢廣

沈耀鑾 湖北宜昌府通判

翁照 字霽堂以上四人皆舉博學宏詞有傳

金兆基 光祿寺大官署署正

陳鑑 安徽無爲州土橋河鎮巡檢捐陞知縣

夏宗瀾 附監生舉州經修行國子監監丞有傳

沙淮 字碧溪附貢生試用訓導有傳

二年丁巳

沈濤 于敏中榜

字文山江西長甯縣知縣有傳

傅洪 字煥如兵部主事賞戴藍翎

三年戊午

包彬 字文在有傳

陳時亨 字遵五

沈國瀚 福建晉江縣典史

胡一飛 字鯤溟

王文震 順天副貢 字夢吧國子監助教山西吉州知州有傳

蔣鈞 字鏡如附貢生浙江候補知縣署義烏縣知縣

五年庚申

沈洪 字渭千

張金誥 浙江候補縣丞

六年辛酉

凌春 順天 見甲科

夏宗漢 府學 字生二

吳汝翼 順天 字湘舲壬戌明通榜四川青神縣知縣

貢震 拔貢 後中丁卯副榜見後

繆[illegible]晉 四川崇慶州知州署忠州知州賞戴花翎

趙元魁 優貢 字譽山四川敘州府經歷

繆[illegible]基 四川候補府經歷

沈大中 字用晦壬戌明通榜泰興縣教諭

繆[illegible] 四川候補知縣

黃鈞 字雲中陝西韓城縣知縣

蔡宗勳 字曉山福建候補知縣歷署長泰龍溪南靖縣知縣

七年壬戌

徐廷勳

九年甲子

字鳴謙安徽池州府訓導

李變枕順天 字心舫浙江鹽大使

楊名錫 字人彥

有傳

蔡宗仁 字守儀廣東候補知縣

十年乙丑

錢維城榜

浚春 字狄安直隸臨城縣知縣改安徽安慶府教授

金起龍 字時中乙丑明通榜安徽無爲州學正

蔡寅斗順天副貢 見鄉舉

程文優貢 字汝章安徽泗州訓導

王鼎元 字先甲安徽候補知縣

王溶 字際桐河南候補縣丞

殷啟瑞 廣東候補同知

吳殿

十一年丙寅

字汝臣江西泰和縣馬家洲巡檢

殷兆熊順天 見甲科

蔡寅斗順天 字芳三國子監助教有傳

薛龍象 字鳳池

沙繼照 字炳南安徽婺源縣訓導

於國楨 字治光

貢霆順天副貢 字雷南安徽靈璧縣知縣署泗州知州有傳

張文燿副貢 字耀南安徽廣德州州判

謝高譽 本姓高名謝復姓改今名 字錦文廩貢生通州訓導

沙士樾 原名士燦 字右文山東沂水縣知縣同知直隸州用 欽賜花翎

夏鈞駿

十二年丁卯

十三年戊辰

貢永凝 字宇澂

韓顯龍 字愼威安徽盱眙縣訓導

字次滄廩貢生丹徒縣訓導

祝恭祺 字敬哲附貢生湖南祁陽縣市巡檢

十五年庚午

金揆銓順天 字衡達丹陽縣訓導

趙貴懋 字宗岳廣貢粵海關庫大使

曹應芳

徐曉恩貢 字光上

唐繼謨 字亦文安徽潁上縣訓導

楊汝貢順天副 字羽蒼沛縣教諭

謝榛大興籍 廩貢生兵部候補主事職方司行走

沙爾銑 浙江許村場大使

十七年壬申

字子勛

李廷枚 字擬池甲戌明通榜四川屏山縣知縣

李廷枚副貢 見鄉舉

邢奇優貢 字象三安徽歙縣訓導

葉春恩貢

王兆棨 字瑞翼吳縣訓導有傳

十八年癸酉

繆潤順天 見甲科

薛夢魁

夏敬輿副貢 見鄉舉

杜一鳴府學拔貢

謝瓊 字佩之廩貢生高郵州訓導 賞戴藍翎

錢鳳衡 字保甫浙江平湖縣典史

金振聲 湖南候補從九

馮樹臣 福建候補縣丞

張錫[illegible]

字景元泰州學正
黄應芬 字色鶴昆山縣教諭
字鳳階就職直隸州州判
王世棠 拔貢 字詠斯
字汝貞附貢生溧陽縣訓導
陳元鶴 字仲宣附貢生河南候補知縣

十九年甲戌
莊培因榜
殷兆熊 字會昌甘肅伏羌縣知縣
繆潤 直隸完縣知縣有傳
朱兆韵 字玉臺安徽建平縣訓導
張綸全 字佑申正二品蔭生授通判兩浙備紹鹽運使司副使候補同知賞戴花翎
晉欽

二十一年丙子
吳楷 順天 見甲科
嚴學誠 字向方有傳
殷節中 順天 字穗書四川長壽縣知縣
吳棟 字湘雲四川內江縣知縣改安徽婺源縣教諭
陶勳 字宗唐
杜一鴻 見甲科
王廷柏 順天副貢 字浦飛廣東普寧縣知縣
貢鉦 副貢 字直方崑山教習候選知縣
河南淮寧縣典史在任候補縣丞
沈嗣綬 湖北候補主簿
沈彤 湖北候補通判賞戴花翎
朱鍔 字子傑附貢生山西汾州府同知

二十三年戊寅
包廷敷 府學

字履丞
徐柱 字雲志
四川候補縣丞
繆長庭
四川巴州吏目
繆長齡

二十四年己卯
程式 字汝金
陳元音 府學 字鳴和
繆焜 河南候補府經歷署武陟縣典史

二十五年庚辰
畢沅榜
吳楷 字景儒雲南騰越州知州有傳
夏敬輿 順天 字秉曾鹽城縣訓導
汪曉邑 字鳳喈鶴舉孫河南偃師縣知縣
程鵬 見鄉舉
夏敬授 副貢 字象辰就職直隸州州判
楊有源 原名已源副貢
字本初安徽五河縣教諭
蔡承紹 字備齋福建布政司都事
殷兆慶
徐青選 字掄元
程鵬 字汝南
繆秉彤 字淡存揀選知縣
王雲鵠 字巾和
江西候補典史
沙瀛 寄籍大興 字子琴兩淮候補鹽巡檢
繆承昭 福建道庫大使
胡堃 字克家山東候補知縣署壽光縣知縣改四川署儀隴縣知縣

二十六年辛巳
王杰榜
杜一鴻
李文濟 恩貢 字維城安徽合肥縣教諭
王廷燦

字儀吉江西南昌府同知 湖南候補典史

二十七年壬午
居紳 自有科
車鳴鳳 字諤臣
周點 副貢 字時表
金拱闕 副貢 字光滿福建尤溪縣知縣
謝湘如 廣西候補同知
夏韶銘 附貢生直隸柏鄉縣典史
張九皋 字鶴汀安徽候補知縣

二十八年癸未
秦大成榜
居紳 字賛者雲南尋甸州知州
夏韶鉦 直隸永年縣知縣
陳曰楼 字視唐貢生簽分兵部主事職方司行走

二十九年甲申
殷兆鑑 字鶴山
劉守純 増貢生試用訓導

三十年乙酉
曹棡齡 字若耕翰林院典籍
陳于逵 原名宏志 副貢 字鼎尚廣西鬱林州州判
朱鏞 拔貢 字亂抒沭陽縣教諭四川蘆山縣知縣有傳
夏勳模 字彥衡附貢生湖南候補府經歷

三十一年丙戌
六映陽 字登瀛
夏子鑾 河南郟縣保安驛丞

三十三年戊子
陶廷梅
夏大韶
黃知方

字鼎數滁州學正 字元音 浙江象山縣竹山司巡檢

三十五年庚寅
劉時照 順天 字哫喬候銓知縣
陸椿 府學恩貢 字士雄
吳朝楨 恩貢 字廷相
謝珣 字東齡附貢生寶山縣訓導
章鉌 字子布湖北候補巡檢署潛江縣典史京山縣主簿

三十六年辛卯
繆琪 順天 見甲科
繆濂 字二溪蘇州府訓導
夏啓貽 字含卿附貢生浙江候補巡檢

三十七年壬辰
吳大猷 府學 字建奇

三十九年甲午
繆晉 順天 見甲科
朱世純 字哲明安徽建平縣知縣調補鳳陽縣知縣有傳
湯裕 字屺瞻山東鉅野縣知縣
吳文鴻 字鳳池
曹春昆 字繼組
殷起淵 順天副貢 字步蟾浙江石門縣知縣有傳
蔣銓 河南滎陽縣典史
陳元凱 直隸多倫諾爾巡檢
盧瀓 附貢生廣東候補從九
金城 附貢生候補直隸知事
金式祚 廣東候補鹽運使司運同

四十年乙未	吳錫齡榜 繆晉 字省巖 翰林院編修陞侍讀山西平陽府知府 繆琪 字澳峰 廣西鬱林州知州				莊[illegible]萱 字樹之 廣東候補縣知事 改浙江候補通判 陳旭庚 字瀚梅 廣東候補巡檢 謝桂榮 字靜怡 浙江候補縣丞
四十一年丙申			卞玉璧 原名天[illegible] 字彥璞		朱之屏 浙江候補州同
四十二年丁酉		曹鳳儀 順天 字西[illegible]	湯元焜 副貢 字奎照 陳炳德 拔貢 字伯謙 安徽旌德縣知縣		王爾慶 字頌颺 附貢生 廣東候補鹽大使
四十三年戊戌			曹汝[illegible] 字賓庭		湯宗望 字[illegible] 附貢生 兩浙候補鹽運使司運判
四十四年己亥		高應飛 字見[illegible] 薛洪 見甲科 沈建 字[illegible] 四川[illegible]州知州	曹天文 副貢 字錦[illegible] 教諭		陳[illegible]芳 原名階玉 字美[illegible] 附貢生 廣東候補鹽經歷 陳[illegible]邦 字十[illegible] 候補巡檢

四十五年庚子		陳宏度 見甲科	張贇 恩貢 字賓唐 王兆芳 字叶祥 包敏 副貢 見甲科鄉舉		黃[illegible]彤 字[illegible]封 附貢生 浙江候補從九 曹鑑彝 字朗軒 附貢生 廣東候補鹽經歷
四十七年壬寅			於璋 字奎宣		陳熙堂 字益三 福建候補縣丞
四十八年癸卯		繆汝和 順天 字協[illegible] 浙江餘杭縣知縣 章世綱 字貽武 有傳			謝鶴齡 字穎初 廣東候補縣丞 陳名策 字[illegible] 廣東候補府經歷
四十九年甲辰		繆炳泰 字象賢 南巡召試取中書擢兵部郎中軍機司行走 記名知府 有傳	薛鳳來 字[illegible]人		
五十年乙巳			沈大曜 恩貢 字[illegible]		
五十一年丙午		徐鳳翔 順天 字[illegible]	王世梅 府學 字林宗		

江陰縣志　卷十四　選舉　毛

蕭鍾玉　字鏊監

陳瑛　字渭英

包敏　見甲科

張錤　見甲科

夏鴻學　字祿成

邢灝　字子容

程稹梅　字庚南　碭山縣教諭

陳瀾　字登泉　宏度子　署湖北武黃同知　有傳

周鏞　字匠甄

沈豐　字賓炎

朱櫻

江陰縣志　卷十四　選舉　天

五十二年丁未

史致光榜

薛洪　字應霖　吏部文選司主事　湖南常德府知府　有傳

字上蘭

五十三年戊申

張錤　字天石　湖北武昌縣知縣

殷圻　順天　南元　見甲科

蕭麒　字儀瑞

王綵

夏祖鼎　副貢

五十四年己酉

胡長齡榜

包敏　字起元　雲南楚雄府知府　有傳

天津　字凝之

召試見甲科

蘇琳　順天　字理函

何寶熾　副貢　字映台

張煥　字日宣

季麟　拔貢　見鄉舉

沙照　字燦蒼

胡椿　年老　欽賜見甲科

五十五年庚戌

石韞玉榜

[illegible]恩貢

江陰縣志　卷十四　選舉

五十七年壬子

王蘇　字倩嶋　翰林院編修　湖廣道御史　河南衛輝府知府　有傳

胡棒　字大年　年老欽賜檢討

字映甫

王朝幹　字振雲

薛志亮　兄甲科

趙曾格　字嘉蔭

五十八年癸丑

潘世恩榜

陳宏庚　字師儉

薛志亮　字寅賓　福建臺灣府淡水同知　有傳

殷圻　字玉田　兆熹子　順天府治中

五十九年甲寅

季麟　順天　字[illegible]　[illegible]縣知縣　有傳

鳳翔　字[illegible]　有傳

季惇　副貢

江陰縣志　卷十四　選舉

六十年乙卯

徐晚[illegible]　字楚芳　貴州遵義縣知縣

字牧堂　太平縣訓導

黃恬　字幽泉　福建浦城縣知縣

薛鳳煥　字桐軒　壽縣子　山西光水縣知縣

繆叙　順天　字芷庭　直隸寧河縣知縣

繆[illegible]　順天　副貢　字沛之　正白旗教習　甘肅武威縣知縣

莊椿　字景江　鳳臺縣教諭

王騏　字上閑　景山教習　山東[illegible]補知縣

嘉慶元年丙辰

楊鳳翔　恩貢　字丹邨

邵祖緝　字康揚　就職訓導

三年戊午

王應辰　見甲科

繆彬　字摭安

四年己未
繆聰 順天副貢 字鵬山山西太谷縣知縣平定州知州
高觀儀 恩貢 字嵩石

五年庚申
梁廷策 順天 字子猶內閣中書
戚昂 見鄉舉
繆新 字銘加揀選知縣
徐紹基 字尹先

六年辛酉
顧皋榜
王應辰 字協三四川新繁縣知縣
楊世曾 賢良後裔特恩欽賜見甲科
夏家朝 字炳成府學訓導
許佶 順天副貢
吳輔儀 見甲科
高觀國 拔貢 字補松福建沙縣知縣
陳芳杜 年老欽賜見甲科
字費綸

七年壬戌
吳廷琛榜
吳鏞儀 字省三貴州湄潭縣知縣
陳芳杜 字蓝昀年老欽賜檢討
季熙 府學 字翡篤
金捧閶 字渤嵐有傳

九年甲子
金舉 順天 字瞻洲建德縣教諭
曹大綸 字介坡
繆庭槐 見甲科
徐彰 字李稻有傳

十年乙丑
彭浚榜
繆庭槐 字劉揚甘肅甘州府知府平慶涇兵備道有傳
趙殿才 字一清年老欽賜
夏楧 府學 字思範崔郎縣訓導有傳

十一年丙寅
繆鼎譜 字文椒

十二年丁卯
繆玉銘 順天
徐懷

見甲科

字保定年老　欽賜副榜

繆庭標　順天　見甲科

汪述平　字海門　涇縣訓導

顧師竹　字倚山　太平縣訓導有傳

陶文燕　字獻琛

十三年戊辰

吳信中榜

許椿頤　順天

薛偶源

字鈞泉　天津　召試

繆庭楠　字鶴亭

杜星煥　字明齋　宿州學正

字賓堂

蕭嗣顯　副貢

字蔚村　廣東羅定州州判

陳時觀　原名謙　副貢　字午門　就職直隸州州判

李穎　見鄉舉

馮玉樹　字蔭嘉　以上二人皆年老　欽賜副榜

十四年己巳

洪瑩榜

繆玉銘　榜名琛　字右民　宗人府主事

尹伯貢　府學恩貢　字東夏

陳增因　恩貢　字樹堂

十五年庚午

周筌　字迴之

劉澄源　字澗伯

徐郁儒　字子雍　定遠縣訓導

龔和　年老　欽賜副榜　見鄉舉

戚昂　字蓮君

十七年壬申

吳烈　字紹凝　以上二人皆年老　欽賜

卞登　府學　字思上

盧光炤　字碧圃

十八年癸酉

繆文增　順天榜　姓陳　字樹亭　太和縣教諭

陶兆堂　拔貢　見鄉舉

錢秉德

字亦士四川雅安縣知縣

趙岡騏 字斯展江西高安縣知縣

王藏 字維安有傳

陸中 字蓮甫

李穎 字小尹有傳

徐元鉞

江陰縣志 卷十四 選舉 圭

字鎮峪

龔昶 字雍唐以上四人皆年老欽賜

十九年甲戌

貢杰 府學 字斗南

王春 字寅四

二十一年丙子

徐圖 字字恬太湖縣訓導有傳

陸發 字覲顏

二十三年戊寅

[illegible]龍彰 榜名燕 字寶門內閣典籍貴州廣順州知州有傳

周權 副貢 字公衡就職教諭

吳杰 字伯偉舉上縣教諭

杜文牧 字秩厓

沙植堂 字偉卿號學循選縣教諭陞山東高苑縣知縣

二十四年己卯

陳沆榜

楊[illegible]留

金誇 順天 字一士號城縣訓導有傳

王湘 恩貢 字寶齋

江陰縣志 卷十四 選舉 兲

字聘凡名時曾孫翰林院庶吉士改內閣中書擢貴州四川石砫同知有傳

張肯堂 副貢 字培之

[illegible]鏡謀 優貢 見鄉舉

二十五年庚辰

周仲簡 恩貢 字木齋就職直隸州州判

徐開 字麗江

道光元年辛巳

季芝昌 順天 見甲科

於炘 恩貢 字景昭

祝百十 字筱浦貢生舉孝廉方正

夏德楠　字光?
包??　字?先敏子
沈琳　字秀?
陳良顯　字??　子寅?縣教諭
陶兆堂
六品頂戴有傳

二年壬午
字浚南
蔣鎮潘　字?金
薛永年　副貢
見?舉
何??　優貢　字浚安就職訓導
四年甲申
程??　字石泉
五年乙酉
夏??
劉敬?　副貢

六年丙戌
字式亭就職太常寺博士
字?若
沈垛　字??
繆廷桂　順天拔貢　字??四川長壽縣知縣己州知州
祝隆椿　字中久
郭元亮　拔貢　字際之
楊夢松　見甲科
汪瀛　字海峰就職訓導

八年戊子
王繼之　字志學號?子安徽阜陽縣訓導潁州府教授截取知縣
孫韶　字虞?就職訓導
周鈞　字秉之分發東河試用知縣借補山東濟甯州州判署運河同知
祝隆芸　優貢　字??有傳
九年己丑
李振鈞榜
楊夢松、
祝百五　府學　字秀峯

十年庚寅

字公兆

薛演 字滙川

十一年辛卯

湯□之 字丕華

鄭遇乘 府學 字笠天歷署吳江長洲金壇寧縣教諭丹徒縣訓導

十二年壬辰

季芝昌 吳鍾駿榜 字雲書號仙子一甲三名授翰林院編修官至兵部尚書軍機大臣閩浙總督賞戴花翎謚文敏有傳

王鏊 字巽清大挑二等選高淳縣訓導署□明縣教諭有傳

繆桂 字溪階

金安世 原名晉 字子晉江西淨鄉縣知縣有傳

十四年甲午

繆步瀛 順天 字雲士浙江定海縣同知候補知府

高鉉 字伯川新陽縣訓導

十五年乙未

夏子齡 見甲科

蔡春芳 順天 字叔直廷賓子

金祺 順天 字硯孫大挑一等分發福建署□縣知縣建平胡陵知縣以同知直隸州補用

高銑 字□□□□□子

徐淵 字靜涵

蔣國璟 字作求

十六年丙申

林鴻年榜

夏子齡 字百初號□□□會元陸部儀制司主事直隸易州直隸州知州候補知府賞戴花翎有傳

張□□ 字□吏

趙坊 恩貢 字午橋教諭

楊楷 字秉山新陽縣訓導

十七年丁酉

繆煥章 順天 原名少香 □□□ 拔貢 字仲英貴州候補道 見科舉

十八年戊戌

戴花[illegible]

鄭經　字守庭　解元　就職太常寺博士　有傳

何栻　見甲科

陳[illegible]　字乙舟　浙江[illegible]縣知縣

[illegible]　字[illegible]之

十九年己亥

陸楨　字子幹

二十年庚子

徐炳光　順天　字竹[illegible]　教習知縣

趙[illegible]光　副貢　字[illegible]

[illegible]玉[illegible]　字子佩

薛人[illegible]　字午[illegible]　新[illegible]

[illegible]　字靜山

[illegible]　順天副榜[illegible]名　人傑　字[illegible]凡[illegible]

二十二年壬寅

繆[illegible]誥　字志欽　[illegible]選知縣

萬湘　字[illegible]棠

二十三年癸卯

曹毓瑛　順天　字琢如　官至兵部尚書　軍機大臣　謚[illegible]　有傳

承培元　優貢　字守丹　有傳

方幹　字子高　大挑二等

二十四年甲辰

郁[illegible]桂

[illegible]庠[illegible]

二十五年乙巳

何栻　[illegible]忠榜　字蓮舫　江西建昌府知府　有傳

[illegible]　字子芳　[illegible]訓導

任[illegible]　府學　字[illegible]

[illegible]熙　恩貢　就職直隸州州判

二十六年丙午

[illegible]元[illegible]　順天　見甲科

陳[illegible]邦　副貢　字子[illegible]　內閣中書

黃[illegible]　字[illegible]　補用直隸州知州

陳[illegible]林　副貢　字[illegible]

[illegible]

江陰縣志 卷十四 選舉 四三

二十八年戊申
字叢傳
任曰華 字耀江

二十九年己酉
季念詒 順天 見甲科
向高 拔貢 見鄉舉
余鑒元 府學 字曉堂

三十年庚戌
陸增祥榜
季念詒 字君梅翰林院編修
張元灝 字□槎
陶蘭蓀 府學 字皖培
周璥 恩貢 字稼山就職直隸州州判有傳
蔡鑵鎣 字五之

咸豐元年辛亥
陳榮紹 見甲科
季椿 副貢 字仁山

二年壬子
薛一鑅 字寄泉號徵 縣學教諭
六承如 恩貢 字廣九有傳

三年癸丑
孫如僅榜
陳榮紹

江陰縣志 卷十四 選舉 四四

四年甲寅
字子惠戶部主事廣西司兼河南司行走有傳
夏煒如 恩貢 字怡雲就職直隸州州判有傳

五年乙卯
吳鱗書 字斯器
祝鵬詒 順天 副貢 見鄉舉
夏子洪 恩貢

六年丙辰
字百泉江浦縣教諭
周應良 字唐士有傳

八年戊午
陳毓秀 順天 見甲科
沈葆靖 順天榜名士純 字仲維江西按察使司按察使 賞戴花翎
吳德培 字秉衡捐輸欽賜
倪盈科 字雲程

江陰縣志　卷十四　選舉　四十五

九年己未
季寶仁　浙闈　字禮齋　大挑二等　江甯縣教諭
繆逢垣　浙闈　字藩伯　大挑二等
沙駿聲　浙闈　字錫光　署金山縣訓導
吳鳳韶　浙闈副貢　見辟舉
朱成　浙闈副貢　字弗卿
吳鳳樓　恩貢　字雨修

十年庚申
王汝儀　恩貢　字一如　就職教諭
承韶霆

十一年辛酉
字虬仲
任敦燮　恩貢　字安甫　試用訓導

同治元年壬戌
薛心梅　字冠香　試用訓導

三年甲子
徐文洞　見甲科
祝康民　字乃香
葉長齡　合府學　字眉生　就職訓導
包樹成　字公彦　試用訓導
章仁基　字厚甫　廩貢生　舉孝廉方正　六品頂戴　署新陽縣訓導　鎮江府學教授

四年乙丑
崇綺榜
夏子垣　恩貢

江陰縣志　卷十四　選舉　四十六

陳毓秀　字禁卿　戶部主事　廣西司　行走軍機章京
字威如

五年丙寅
曹鈞燾　字樂齋　特恩欽賜
張廷灝　原名紫英　字少椿　就職訓導

六年丁卯
錢葆和　字新甫
祝曾彬　字揚臣
陳名珍　順天副貢　見鄉舉
季燮恩　拔貢　字炳文　試用訓導

章迎　字敬安
祝曾詔　字晏承
繆荃孫　四川改歸　見甲科
陸汝猷　優貢　字子穀　湖考一等　分發浙江試用知縣

七年戊辰
洪鈞榜
徐文洞　字挹泉　翰林院編修　記名御史
張心禾　字君培　訓導

九年庚午
陳熙治 字翔翰 考取內閣中書
陳增秀 字皖卿
徐士佳 見甲科
季邦楨 見甲科
向高 字仰止
謝桂齡 副貢 字柏巖
葛洵 字肘豐 就職訓導

江陰縣志 卷十四 選舉 四七

十年辛未
季邦楨 榮緒榜 字士周 兵部候補員外郎 車駕司掌印 方司行走 記名軍機章京
趙成毅 字宜甫 直隸候補知州
十二年壬申
吳璋 恩貢 字酒晉 就職直隸州州判
郭濬桂

十二年癸酉
字子馨 就職訓導
陳名玨 字若玉
王燦如 字耀南
吳鴻甲 字唱初 考取覺羅教習 揀用知縣
蔡顯保 原名哲 拔貢 字明甫 朝考二等 分發安徽 試用知縣
張渭佳 優貢 字少泉 朝考一等 分發河南 試用知縣
十三年甲戌
朱齡 字秋皖 就職訓導

江陰縣志 卷十四 選舉 四八

光緒元年乙亥
陳名典 字念修
黃光照 副貢 字黎明
陳燿唐 順天 字雯卿 內閣中書
姚新一 字芍洲 年老欽賜副榜
朱薦甲 順天 字夢飛
倪保光 恩貢 字月芬
陳名珍 順天 字聯臣 光祿寺署正
陳名侃 順天 字夢陶 內閣中書

二年丙子	曹鴻勛榜 繆荃孫 字小珊翰林院編修	陳名經 字侁千 王爾玉 字少璞孝廉宗室教習	柳寳詒 字敷生	
三年丁丑	王仁堪榜 徐佳 字拙菴吏部驗封司主事			吳鳳韶 字翔九副貢生舉孝廉方正
四年戊寅			蔡汝保 府學 字錫祉 沈寳相	
			字蓮石	

武選舉

明

	甲科	鄉舉	將材
世宗嘉靖四十三年甲子		管明遠 字豹丰 陳謐 失年 浙江山陰營守備	徐公輔 字良卿本淮西英六人從江陰從征陳友諒遇害贈輕車都尉樹遠將軍指揮同知東海郡侯
神宗萬曆四年丙子		於藝 山東榜 字汝芳世襲山東鎮山衞正千戶	胡海 湖南衞指揮僉事
四十三年乙卯		陳國濟 字鎮遠辛酉再舉	陳恭 湖南衞後所正千戶
熹宗天啟元年辛酉		陳廷亨 見甲科 戴儀如 見甲科 吳應武 字元哲副榜	范興全 以軍功授昭信校尉調泗州衞百戶 朱虎 字景芳滁州衞指揮 倪英 字世傑南京留守左衞指揮僉事
二年壬戌	戴儀如 沈志如作儀 字冠玉湖廣鎮筸協副將		許琳 字世芳南京錦衣衞指揮僉事
五年乙丑	陳廷亨 字百里浙江都司守泗州死事贈昭		范澄 千戶

江陰縣志　卷十四　選舉　至

莊烈帝崇禎三年庚午
勇將軍有傳
沈沭 順天 字泗選
劉黎龍 字雲翔
湯濟 千戶
陳天錫 千戶

六年癸酉
陳應環 字士華
曹頤 百戶

九年丙子
陸鰲 解元見國朝甲科
陸龍 見國朝甲科
陸獻忠 以武功官都司僉事加昭勇將軍
楊榮校 京營守備浙江台州總練
潘熊 字非熊湖廣副將

十五年壬午
顧欽命 字選侯吳江營守備
陳駒 浙江榜 國朝辛酉再舉見後
徐元叔 字上用指揮僉事
范延慶 字德卿鎮江衛指揮

國朝
甲科
鄉舉
將材

順治五年戊子
趙誌 見甲科
陳駒
高世勛 字雲龍以軍功議敘守備
周士弼

江陰縣志　卷十四　選舉　三

字千里浙江寧波府守禦
字御音守禦所千總

九年壬辰
王玉璽榜
陸龍 字雲車兩廣督標中營都司
陸鰲 字雲濤甘肅永昌衛守備
曹全 字三省靖江城守營守備
李一虎 字玉山直隸大名營守備
裴袞錫 武生廣東順德營遊擊

十一年甲午
謝廷選 字德榮山東登山衛千總
謝士英 字偉兆福建泉州同安營遊擊

十二年乙未
余國柱榜
趙誌
高銓
甘肅大靖營守備
字龍彩吳淞營守備

十四年丁酉
徐安國 字康侯江西九江衛守備
王昌齡 丹徒籍 字觀恒貴州烏撒衛千總
繆璵 見甲科
沈震 字君選
馬逢元
李陞榮 字忠皇京口左營千總
高錦 字德龍京口右營把總
繆嘉謨 字哲侯武生浙江偏沅營都司
徐遐年 青[illegible]營千總
邵德

十七年庚子

林本直榜

繆璵 字瑤石

馬逢元 崇明籍 字天錦陝西白士關參將

見甲科

朱纓 見甲科

史韶 字虞之

王肇宗 字克廣

徐宜受 字爾屏

字玉柱廣東順德協副將

禪國華 京口右營把總

安定國 漕標佃栁營都司

禪廷機 河標中營都司

徐朝品 平望營把總

康熙二年癸卯

吳位思 武進人

俞俊

見甲科

王斌 字學西

陳粹 字子純

錢鼎 字君調

戚嘉 太倉籍 字會美

符湛英 金壇籍

無錫營把總

劉士龍 楊舍營把總

盧元 太湖營守備

吳鵬 字濟南武生直隸宣化營都司

陶奎 字剛中撫標中營把總

邢定波

三年甲辰

吳三畏榜

吳位思 字文昭廣西上思營參將

朱纓 字子爲淮安衛守備

字友文

字存江武生松江提標守備

鄧宗尚 武生常州營千總

王萬年 金壇營千總

蔣紹鵬 安徽潛山營千總

五年丙午

殷連 見甲科

沈佐國 字禹珍

陶飛鴻 字君霖蘇州城守營把總

陶飛熊

六年丁未

蔡蒼信榜

殷連 字介榮江淮衛守備

吳天祿 字雲卿

貢廷讚 字希上

王良璧 字誠侯

字雲拔武生福建汀州鎮總兵署福建廈門提督

邢定國 蘇州城守營杜壇汛把總

尹長青 字耐蒼武生溧陽營千總

張忠 平望營把總

八年己酉

貢煒

張浩 字爭汀撫標右營千總提陞徐州城

九年庚戌
蔡英奇榜
見甲科
童循龍 字求可
守守備署撫標營都司
吳應寶 上海營遊擊

十一年壬子
貢煒 字介熙山西楊方口守備
王殿魁 武生宜興營千總
邢恩湛 字蔚蒼崑山營把總
繆桐 字苑桐
金振玉 字緝如提標中營參將
戚嗣國 太倉籍 字子受
許鉅

十七年戊午
字子受署孟河營守備
吳斌 字鼎玉有傳
楊大魁 平望營把總
程亦瀾 字子振
周德全 字漢清常州中營把總

二十年辛酉
王輝宗 字克昭
劉鶴年 靖江營把總
陳繼平 字亦平
金振緒 撫標左營千總
馬卿雲 崇明籍 長淮衛守備
汪傑

二十三年甲子
陳安 字正公
字鳳梧太湖南山營焦口把總
陳玉殿 字殿臣
金振聲 社壇營守備 戴藍翎 賞
張誠 字兆賓
金振甲 社壇營外委
薛象奎
吳慶元 字錫林太湖營千總
王子賓 字用儀
官承恩 常昭城守守備

二十六年丁卯
何天祚
沈秦龍

二十九年庚午
字汝來
字雨和武生圌山營標右營外委署千總
張治 字秉臣
盧蔭福 字四達京口中營把總
殷維翰 字維屏陝西大通衛守備
陳浦元 字佳士武生孟河營千總
趙氏駒 字昂公
韓均

三十五年丙子
繆熺 字文斌
費淵 字心傳京口中營外委署左營把總

四十一年壬午
司天爵
字鳳竹武生城守營額外

		字子修	蔡廷貴 撫標左營把總
四十四年乙酉		鍾維嶽 見甲科	蔡廷玺 撫標儘先把總
四十五年丙戌	鍾維嶽 字角峯侍衛歷任副將署總兵以固原參將戰歿有傳	趙嶸 見甲科	許鵬遠 城守營外委把總
	趙嶸 字閬鏘湖北武昌營守備		許茂芳 武生靖江營外委把總
			盧淦 字秩山京口右營把總
四十七年戊子		趙載森 字文弈	陸萬恩 京口左營把總
五十年辛卯		袁拱乾 字秉垣	宋大忠 孟河營把總
五十三年甲午		鍾維協 字禹峯	周驤 揚舍營外委千總
雍正元年癸卯		王愼 字聿修	蔡殿雄 圌山營外委千總
		周斌 字衛君	陶廷芳 城守營把總

七年己酉		湯儁 字爲與浙江衢州鎭標千總	陶治良 字鏡初福山鎭標中營外委把總
十三年乙卯		陸奇 字駿英	王義安 松江提標左營外委千總
乾隆九年甲子		陳鳳梧 字九苞浙江温州平陽右營都司	趙淦 京口中營把總
三十年乙酉		陸大鵬 字肖篤	劉名高 楊舍營外委把總
三十三年戊子		金大鵬 字雲程	陳春濤 儘先補用都司借補太倉狼右哨千總
三十九年甲午		張印 字信威	周廷貴 靖江營把總
四十五年庚子		吳安邦 字宇甯	朱豐 福右營外委把總
五十三年戊申		孫紹 字步青	何雲慶 京口中營右哨把總儘先補用守備
五十七年壬子		金璽 字黼廷署京口左營千總	蔣樹德 城守營千總護理遊擊
		賈鉦 字其相泰州營千總	蔡殿邦

五十九年甲寅
六十年乙卯
嘉慶三年戊午
四年己未
五年庚申
六年辛酉

李黿龍榜
章杞 字午橋侍衛廣東南部連鎮總兵有傳

章杞 見甲科
邵永福 字錫五浙江溫州鎮總兵
徐信 字萬選蘇州城守營千總
邵承烈 字錫九
司善 失年附
金綸
字治國撫標右營千總
孫大鵬 字雲溪
陸奏宣
邵永忠 字衛蘭

撫標右營東門汛外委千總
蔡大榮 崑山城守外委把總
洪瑞林 城守營把總
蔡廸陞 太湖營外委千總
錢殿玉 字旭明無錫新安汛外委千總署宜興營千總
徐昆林 字錫九京左營千總署京中三江京左等營守備賞戴花翎三江營大沙汛千總
畢承恩 京口中營黃田汛外委
李有發 藍翎部司衛投督標效用
陳飛虎 淞南營把總

九年甲子
十三年戊辰
二十一年丙子
二十三年戊寅
道光元年辛巳
八年戊子
十二年壬辰
十五年乙未
咸豐二年壬子
同治六年丁卯

陳寶 字綠廷
蔣謙 字讓廷
王昂
王紹麟 劉河營都司署福山中營遊擊
郭雄 字俊千
吳慶華
山東東海營都司
郭淇 字倍千
邵述之 字企喬
邵繼之 字樹升福山鎮標候選千總
郭履恆 字心齋
曹步堂

陶理堂 藍翎儘先千總城守營額外外委
張照 城守營右哨外委改歸狼山鎮標外委陞通州立法橋把總
吳俊 儘先守備署批標右營千總
陳洪 福山鎮標右營外委千總
楊殿標
城守營右哨把總
包福 字培鴻福山鎮標右營外委把總
盧湘 淞北營外委
楊芬 瓜州鎮標江陰營外委
楊繩柏 瓜州鎮標右營把總
徐邦楨

九年庚午

宇雨香投督標效用

郭藻　字志剛　字幹臣武生儘先把總長江水師金陵營外委

繆春華　字子華

胡振行　兩江儘先補用副將　賞戴花翎贊勇巴圖魯

孫彪　字鑾基

十二年癸酉

陳駿　字驤良

趙有發　字駿卿投撫標效用

徐雄彪　字嶺雲

光緒元年乙亥

蔣殿元　字慰卿

蔣國治　字鏡清投撫標效用

陳飛麟　字玉書

邵鴻飴

二年丙子

字文川

周爾彪　字虎臣

封贈襲蔭 附

宋 葛惟甫以子宮贈開府儀同三司吏部侍郎

葛 密見甲科以子書思贈通議大夫

葛書思見甲科以曾孫邲贈太師溫國公

葛勝仲見甲科以孫邲贈太師齊國公

葛立方見甲科以子邲贈太師許國公晉越國公

葛 鍇以子師皋贈中奉大夫

葛 宥以子奉世贈中散大夫

葛安世以子長卿贈中奉大夫

沈 緘見甲科以子遵贈太常博士

邱 邈以孫崈贈太子少保

邱 經以子崈贈太子少師

吳 觀以子漢英贈朝議大夫

曹 碩以子連贈金紫光祿大夫

曹 礎以子球贈朝請大夫

曹 球以子岷贈朝散郎

曹 棆以曾孫垙贈銀青光祿大夫

曹 滌以孫垙贈銀青光祿大夫

曹 鑄以子垙贈銀青光祿大夫

元 包天麟見辟舉學副提舉以子植贈承事郎以子澐贈江浙儒

夏祖禹以子鼎贈承務郎

明 薛 騏以子復贈奉政大夫廣西按察司僉事

嚴 俊以子本贈承德郎大理寺寺正

胡仲得以子海封明威將軍指揮僉事

陳翼平字希宗以子璇贈文林郎貴州道監察御史

陳 恕字希仁以子耘贈文林郎交趾道監察御史

徐子敬以孫晞贈資政大夫兵部尚書

徐彥能龍巖縣典史以子晞贈資政大夫兵部尚書

劉 滋以孫本道贈通議大夫戶部右侍郎

劉得成以子本道贈通議大夫戶部右侍郎

景子華以子信贈徵仕郎翰林院檢討

顏 讓以子瑄贈承德郎戶部主事

陳 愭以子蘭贈承德郎刑部主事以子蕙贈奉政大夫戶部郎中

龔興甫以子毅贈奉政大夫戶部郎中

卞時濟以子榮封奉政大夫戶部郎中

徐 訥見辟舉以子世英贈奉政大夫通政司右參議

王 逵以子道贈文林郎刑科給事中

顧 秩字伯常以子琳贈儒林郎南京大理寺副

蘇 源以子韓贈奉政大夫萊州府同知

華 旭以子秉彝贈奉政大夫禮部郎中

楊孟芳以子瑜贈徵仕郎彭城衛經歷
嚴　完以子萱贈文林郎南京陝西道監察御史
鄧師晦江陰主簿家於官以子樅贈徵仕郎光祿寺署丞
李惟吉以子琨贈文林郎監察御史
何　組以子義贈承德郎戶部主事
曹　杲字景輝以子忠贈奉直大夫工部虞衡司員外郎
時　觀以子信贈武略將軍管軍副千戶
屈遂良字良卿以子霖贈承德郎刑部主事
夏　傅字時訓以子從壽贈奉直大夫戶部員外郎
薛　墀字廷瞻以子格贈徵仕郎翰林院檢討

華秉仁字天德以子純封徵仕郎光祿寺署丞
劉　倎字以行以子乾贈亞中大夫南京光祿寺卿
高　相字用寅以子貫贈奉直大夫戶部廣西司員外郎
黃　哲字孟賢以子昭贈承德郎兵部職方司主事
林　愷字舜臣以子鶚封承德郎兵部武選司主事
薛　雲以子金贈文林郎戶科給事中
湯　鏞以孫沐贈通議大夫都察院右副都御史
湯　虞字應仁以子沐贈通議大夫都察院右副都御史
陸元敬字子恭以子勉封奉政大夫邵武府同知
張　紀字仲綱以子簡封承德郎兵部武庫司主事

卞　賢以子思敬贈文林郎南京太常寺博士
姚　銓字景平以子相贈文林郎仙居縣知縣
貢　鐸字伯振以子斌贈文林郎南京左軍都督府經歷司都事
貢　斌見鄉舉以子安甫贈奉政大夫山東按察司僉事
朱　斌字世昌以子杲封文林郎通政司經歷
徐　緯字維之以子度贈奉直大夫南京戶部貴州司員外郎
蔣廷萱以子舜民贈文林郎清豐縣知縣
張　誥字惟周以子袞贈奉直大夫左春坊左諭德
夏　謹見辟舉以子範贈奉政大夫通政司右參議
劉　和字永和以孫光濟贈資政大夫南京兵部尚書

劉　緒以子光濟贈資政大夫南京兵部尚書
陳　鳳見鄉舉以子詞贈承德郎戶部主事
張　岵庠生以子龔贈修職郎光祿寺監事
承　銀以子天秀贈承德郎順天府通判
邵　英以子經贈文林郎武强縣知縣
薛章憲字堯卿諸生以子甲贈奉政大夫四川按察司僉事
朱　僊以子哲贈文林郎東城兵馬司副指揮
張　旦以子滕贈文林郎東城兵馬司副指揮
陳　諶見應例以子潼贈奉政大夫伊府長史
王　倫以子格贈奉直大夫刑部員外郎

薛　鍪見應例以子如淮封承德郎刑部主事
鄧　奎見應例以子欽承贈登仕佐郎鴻臚寺序班
陳　恕以子韜贈登仕郎工部軍器局大使
陳鳳翰字文習以子舜卿封承德郎廣信府通判
陳　潮見應例以子本贈文林郎中城兵馬司指揮
王　魯見應例以子嘉言贈奉政大夫浙江按察司僉事
沈　元以子奎贈奉政大夫浙江按察司僉事
徐衍芳字汝聲庠生以子有登贈徵仕郎光祿寺署丞
趙祖美以子士履贈奉直大夫工部員外郎
王　湆以子彬贈文林郎衢州府推官

趙承謙見甲科以子用賢贈朝議大夫南京國子監祭酒
范　沐以子鳴謙贈文林郎福建道監察御史
季　葵字子忠以子科贈文林郎兵科左給事中
王維城見應例以子良臣贈奉政大夫刑部郎中
史　鎰字汝器以子邦載封承德郎兵部主事
張　岀以子令聞贈奉政大夫刑部郎中
周　鑾字朝卿以子憲章贈文林郎歸化縣知縣
王廷賓見鄉舉以子義民贈文林郎浙江平湖縣知縣
王　格見鄉舉以子莘贈中憲大夫四川按察司副使
袁　甫字惟章庠生以孫一驥贈通奉大夫福建左布政使

袁禹臣字承謨庠生以子一驥贈通奉大夫福建左布政使
尹延綬以子嘉賓贈奉政大夫湖廣按察司僉事
吳　浮字穆之庠生以子大器贈文林郎德安縣知縣
蔣　龍見貢薦以孫誼贈亞中大夫江西布政使參政
張　軸以曾孫有譽贈光祿大夫戶部尚書太子太保
張汝翼字雲程廩生以孫有譽贈光祿大夫戶部尚書太子太保
張履正見甲科以子有譽贈光祿大夫戶部尚書太子太保
徐憲明字伯敏庠生以子日升封文林郎漳州府推官
張明治字伯輔以子育葵封文林郎曲江縣知縣
沈明瑜字朝聲以子鼎科封文林郎建陽縣知縣

曹尚志見貢薦以子玑贈承德郎戶部主事
陸可履以孫獻忠贈昭勇將軍都司指揮僉事
陸應寅以子獻忠贈昭勇將軍都司指揮僉事
徐明孺字元亮庠生以子葆初封承德郎南京工部主事
戚士騏見鄉舉以子勳贈徵仕郎文華殿中書舍人
夏　汞字希年以子彝贈文林郎泰甯縣知縣
夏樹芳見鄉舉以子寶忠贈徵仕郎文華殿中書舍人

國朝

夏國新字皞如以子霖　贈中憲大夫紹興府知府加一級
黃可敎以子瓚明　封承德郎辰州府通判
謝士珩以子廷選　封明威將軍鼇山衛千總

馬生周 以子逢元 封明威將軍白土關參將
繆嘉謨 見將材 以子遂 贈文林郎定海縣知縣復以孫民墉 貤贈奉政大夫奉天府治中
朱正隆 以子選 贈文林郎直隸保定府推官
曹尙志 以孫禾 貤贈朝議大夫國子監祭酒
曹 玑 見甲科 以子禾 贈朝議大夫國子監祭酒
朱 衣 字子吉 以子廷鉉 贈奉直大夫監察御史
朱景標 以子化龍 封儒林郎
蔡艮佐 以子黚 贈文林郎長沙縣知縣
楊起鯤 以孫名時 贈資政大夫雲南巡撫
楊履泰 字紫來 以子名時 贈資政大夫雲南巡撫

惠 疇 見甲科 以子潤 贈文林郎
惠 潤 見甲科 以子元輅官知縣 封奉政大夫刑部郎中 如本身應授官階
徐世沐 字爾瀚 庠生 以子恪 封文林郎棗強縣知縣
陳 燦 字粲生 庠生 以子均 贈奉政大夫翰林院檢討 加五級
孔興綱 字蓼園 庠生 以子毓璣 贈文林郎常山縣知縣
劉餘潤 以子嘉本 封文林郎太平縣知縣
章壽穀 以子玉樹 贈修職郎上元縣教諭
沈世瑞 以子中桂 贈奉政大夫玉山縣知縣加五級
許 松 庠生 以孫大定 貤贈中憲大夫湖北鹽驛道
許 觀 字上公 庠生 以子大定 贈中憲大夫湖北鹽驛道

繆 熢 以子民墉 贈奉政大夫奉天府治中
王人瑞 以子辛元 贈登仕佐郎松江府教授
繆 疇 以孫詵 貤贈文林郎郟縣知縣
繆宏仁 字庸敏 以子詵 贈文林郎郟縣知縣
孫允升 字會嘉 以子謨 贈文林郎樂安縣知縣
孫允臨 以出嗣子謨 贈文林郎樂安縣知縣
高啟隆 字子升 監生 以孫玉行 貤贈文林郎三原縣知縣
高 爆 字汝峯 庠生 以子玉行 贈文林郎三原縣知縣
吳宏道 以子若臣 贈儒林郎獲嘉縣縣丞加三級
湯 挺 以子大輅 贈文林郎翰林院檢討加一級

楊履謙 字孚敬 以子名亡 封文林郎徐溝縣知縣
湯象賢 以子顯忠 貤贈修職郎績溪縣教諭
季 企 字峻之 庠生 以孫芳靄 貤贈奉政大夫正定府同知
季宗彝 字厚詒 庠生 以子芳靄 贈奉政大夫正定府同知
邢楚玉 字鉉吉 庠生 以子和 貤贈修職郎含山縣教諭
夏 霈 字若時 庠生 以孫宗瀾 貤贈文林郎國子監監丞
夏敦仁 字調元 以子宗瀾 贈文林郎國子監監丞
周壽禧 以子元良 貤贈修職郎祁門縣教諭
張士傑 字爾奇 以孫廷樾 貤贈文林郎新喻縣知縣
張德沛 字采霖 以子廷樾 贈文林郎新喻縣知縣

趙鋐文字羲之庠生以子天潤、封承德郎刑部山西司主事
殷任賢以子連　封明威將軍江淮衛守備
金瓚以孫秉哲　貤贈奉直大夫歸州知州
金元振以子秉哲　贈奉直大夫歸州知州
繆嘉舉以孫錦　貤贈文林郎恩平縣知縣
繆烇字雯遂監生以子錦　贈文林郎恩平縣知縣
夏翽以子元超　貤贈修職郎六安州學正
金猶龍字子進增生以孫鑑　貤贈奉直大夫刑部雲南司主事加一級
金映日庠生以子鑑　封奉直大夫刑部雲南司主事加一級
蔡鵬見應例以子寅斗　贈文林郎國子監助教加二級

江陰縣志　卷十四　選舉　封贈　十三

沈士傑以孫鳳　貤贈文林郎建德縣知縣
沈國元以子鳳　贈文林郎建德縣知縣
楊允秀以孫方增　貤贈徵仕郎州判銜借補桃源縣管河主簿
楊名炯以子方增　贈徵仕郎州判銜借補桃源縣管河主簿
金映台以子起隆　貤贈修職郎無爲州學正
陳王鑑字羽廷以孫鳳梧　貤贈昭武大夫浙江溫州右營都司
陳學洙字聖傳以子鳳梧　贈昭武大夫浙江溫州右營都司
貢安貞字秉文以孫震　貤贈文林郎建平縣知縣
貢履貞字其旋以出嗣孫震　貤贈文林郎鳳陽縣知縣
貢球若字東玉以子震　贈文林郎建平縣知縣

貢基監生以子應芬　貤贈修職郎崑山縣教諭
王序賓以子兆魚　貤贈修職佐郎吳縣訓導
季芳翯見鄉舉以子廷枚官知縣　贈奉政大夫眞定府同知如本身應授官階
陳瞻監生以子大中　貤贈文林郎定遠縣知縣　晉贈朝議大夫思州府知府
繆煌以孫潤　貤贈文林郎獲鹿縣知縣
繆之鏞以子潤　贈文林郎獲鹿縣知縣
吳輝緒以子棟　贈文林郎內江縣知縣
吳汝明字睿鄰監生以子楷　封奉直大夫騰越州知州
杜紹芳以孫一鴻　貤贈奉政大夫南昌府同知
杜楷字敬書以子一鴻　贈奉政大夫南昌府同知

江陰縣志　卷十四　選舉　封贈　十三

殷國柱字玉蕃庠生以子印中　贈文林郎零陵縣知縣
王九錫字明九以孫廷柏　貤贈文林郎花縣知縣
王嘉言字國臣以子廷柏　贈文林郎花縣知縣
汪鶴皋見甲科以孫瞻屺　貤贈文林郎偃師縣知縣
汪翼字維敬貢生以子瞻屺　封文林郎偃師縣知縣
楊廷鎮字秉鈞以子有源　貤贈修職郎五河縣教諭
屠乾修以孫紳　貤贈奉直大夫尋甸州知州
屠芳以子紳　贈奉直大夫尋甸州知州
屠緡以弟紳　貤封承德郎廣州府通判
蘇英以孫泰　貤贈朝議大夫臺灣府知府

蘇廷蔭字南棠以子泰　贈朝議大夫臺灣府知府
章玉樹見鄉舉以孫全節　貤贈奉直大夫安州知州
章士麟字公振以出嗣子全節　貤贈奉政大夫溫州府同知
章士鳳見鄉舉以子全節　贈奉政大夫溫州府同知
蘇士宏字逸濱附貢生布政司理問銜以子元誠　貤封修職郎招收場鹽大使以孫登萊　貤贈文林郎扶溝縣知縣
蘇元誠見應例以子登萊　贈文林郎扶溝縣知縣
閔積忠以子時範　貤封登仕佐郎銅陵縣巡檢
趙天源字宗潢以子元槐　貤贈修職郎廬州府訓導
趙天濟字玉津監生議敘知縣以孫時煦　貤贈儒林郎江州州同

趙元槐字碧霞貢生以子時煦　贈儒林郎江州州同
趙元植字丹霞以孫佑基　貤贈承德郎開封府通判
趙日煥字東美以子佑基　贈承德郎開封府通判
陶士銓字一清貢生候選縣丞以孫廷梁　貤贈文林郎將樂縣知縣
陶洪字鍾靈庠生以子廷梁　贈文林郎將樂縣知縣
曾鴻龍武生以子秉忠　貤贈登仕佐郎古北口巡檢
吳沆以出嗣子鵬　貤贈昭武都尉宣化營都司
吳滋候補州同以子鵬　贈昭武都尉宣化營都司
徐達字譚上以子斗南　貤贈登仕佐郎融縣典史
繆錦見鄉舉以孫晉　貤贈朝議大夫平陽府知府

繆琛以子晉　贈朝議大夫平陽府知府
繆民埴以孫珙　貤贈奉直大夫養利州知州
繆之鉷以子珙　贈奉直大夫養利州知州
朱學濂以子世純　贈文林郎夏津縣知縣
湯政以孫裕　貤贈文林郎鉅野縣知縣
湯毓芝以子裕　贈文林郎鉅野縣知縣
殷兆燕見甲科以子圻　贈奉政大夫寶慶府同知
殷印中見鄉舉以子起瀛　封奉直大夫石門縣知縣加三級
沈濤見甲科以子大中官教諭　贈文林郎長甯縣知縣
陶濟字巨川附貢生以子廷梅　貤贈修職郎滁州學正

徐廷棟字彩章監生以子汾　貤封修職郎瑞安縣縣丞
徐汝以子桐　貤贈修職佐郎昭文縣訓導
徐桐見應例以外孫戴堅　貤贈奉直大夫台州府通判加一級
薛辰字端極廩生以孫淇　貤贈奉直大夫吏部文選司主事加一級
薛來珏以姪淇　貤贈奉政大夫吏部文選司主事加二級
薛珩字佩雅以子淇　贈奉政大夫吏部文選司主事加二級
沈淇字渭千以孫達　貤贈奉直大夫簡州知州
沈大坤字蘋袋以子達　贈奉直大夫簡州知州
沈達見鄉舉以子芝田　贈文林郎德清縣知縣以曾孫保靖江西廣饒九南道賞給二品封典
繆墊以孫汝和　貤贈文林郎餘杭縣知縣

繆　琮以子汝和　封文林郎餘杭縣知縣
繆民塽見貢薦以孫炳泰　貤贈奉政大夫兵部職方司郎中
繆廷紛以子炳泰　贈奉政大夫兵部職方司郎中
程　淇字嵱菉以子嶺梅　貤贈修職郎碭山縣教諭
王兆魚見貢薦以孫蘇　貤贈朝議大夫衞輝府知府
王　嗜字東田附監生以子蘇　贈朝議大夫衞輝府知府
包堯武字元魁以孫敏　貤贈奉政大夫開封府同知
包錫嗣字文山以子敏　贈奉政大夫開封府同知
陳天選以孫于逵　貤贈徵仕郎鬱林州州判
陳　健以子于逵　贈徵仕郎鬱林州州判

陳　佐以子宏厚　貤贈登仕郎堂邑縣主簿
陳　偉以子鏞　貤贈登仕佐郎韓莊閘閘官
高　焯字慎威庠生以子岡　貤封修職郎平樂府經歷
張驥德字艮御監生以子大申　貤封登仕佐郎瀏陽縣典史
蘇更生字問青庠生以子懋德　貤贈修職郎南雄府經歷
夏敬渠以子祖焞　貤封登仕佐郎保安州吏目
繆之銓以子晉階　貤贈登仕佐郎東蘭縣吏目
徐泰昇字協恭庠生以子璐　貤贈修職郎鎮海縣縣丞
金　仕以子式和　貤贈登仕佐郎江華縣巡檢
吳　燚字補堂監生以弟焯　貤封修職郎清泉場鹽大使

繆民址以孫鴻　貤贈文林郎平谷縣知縣
繆　錕字獻之以子鴻　封文林郎平谷縣知縣
陳世濟字登瀛監生以子柄德　贈文林郎旌德縣知縣
薛迎泰字際昇庠生以子夢魁　貤贈修職郎泰州學正以孫志亮　貤贈奉政大夫臺灣府同知
薛文然字景明庠生以子志亮　贈奉政大夫臺灣府同知
徐　潤以孫畹蘭　貤贈文林郎遵義縣知縣
徐郁文監生以子畹蘭　贈文林郎遵義縣知縣
黃龍驤字志千以孫恬　貤贈文林郎浦城縣知縣
黃大來字開泰以子恬　贈文林郎浦城縣知縣
吳宗岳以孫謹儀　貤贈文林郎湄潭縣知縣

吳應軫以子謹儀　贈文林郎湄潭縣知縣
周　銓以子如筠　貤贈登仕佐郎曹州府司獄
周　鋐以子如淵　貤封登仕佐郎陸豐縣巡檢
周如蘭以弟如淵　貤封登仕佐郎河源縣巡檢
周如海以弟如淵　貤封登仕佐郎南海縣巡檢
楊錫光以外孫繆庭槐　貤贈文林郎通渭縣知縣
繆　渲以孫庭槐　貤贈朝議大夫平涼府知府
繆秉奎以子庭槐　贈朝議大夫平涼府知府
繆秉衡以孫玉銘　貤贈承德郎宗人府主事
繆彝鼎以子玉銘　贈承德郎宗人府主事

葉鳳岡　字儆莊庠生以姪廷策　貤贈奉直大夫內閣中書加四級
葉鳳苞　字孚嘉布政司理問銜以子廷策　封奉直大夫內閣中書加四級
季愔　以孫麟　貤贈文林郎鉅鹿縣知縣以曾孫芝昌　累贈光祿大夫兵部尚書閩浙總督
楊敦裕　字伯雍庠生以子景曾　贈奉直大夫內閣中書加四級
楊敦厚　字仲威庠生以出嗣子景曾　貤贈奉直大夫內閣中書加四級
史有光　字問樵庠生以外孫季芝昌　貤贈修職郎國子監學錄嗣　貤贈光祿大夫戶部左侍郎加六級
季熙　見貢舉以子麟　封文林郎鉅鹿縣知縣以孫芝昌　貤贈朝議大夫翰林院侍讀加二級提督山東學政嗣　累贈光祿大夫兵部尚書閩浙總督
季麟　見鄉舉以子芝昌　贈朝議大夫翰林院侍讀加二級提督山東學政嗣　累贈光祿大夫兵

部尚書閩浙總督
邵學勝　以孫德　贈武功將軍廣東順德協副將
邵天一　以姪德　貤贈武翼都尉狼山鎮中營遊擊
邵廷貴　以子德　贈武功將軍廣東順德協副將以孫永福晉　贈武顯將軍浙江溫州鎮總兵
邵德　見將材以子永福　贈武顯將軍浙江溫州鎮總兵
章達道　字正行以曾孫杞　貤贈武功將軍浙江杭州協副將
章文煥　字金式庠生以孫杞　贈武功將軍浙江杭州協副將
章衛南　字樂波監生捐職州同以子杞　贈武功將軍浙江杭州協副將
章朝柱　字蔚亭監生以弟杞　貤封武翼都尉浙江衢州營遊擊
章朝樞　字竹溪議敘主簿以弟杞　貤封武功將軍直隸三屯協副將

陶惟正　以孫飛熊　贈武顯將軍福建汀州鎮總兵
陶奎　見將材以子飛熊　贈武顯將軍福建汀州鎮總兵
陶飛鴻　見將材以弟飛熊　貤贈武翼都尉漢陽營遊擊
邢壽愷　字昌侯以子定波　贈武德騎尉松江營守備
趙時炯　字鑑融監生以孫球　貤贈文林郎平湖縣知縣
趙崇基　字用培監生以子球　贈文林郎平湖縣知縣
莊道　字養浩以子椿　貤贈修職佐郎鳳臺縣訓導
夏鴻軒　字承芑庠生以子翼朝　貤贈修職佐郎盱眙縣訓導
金裕恩　庠生以子皋　貤封修職郎建德縣教諭以孫葆　貤贈奉政大夫同知直隸州補用安徽旌德縣知縣

繆執樞　以子紱　贈文林郎甯河縣知縣
沙宸誥　字紫綬監生以孫沂　貤贈文林郎石首縣知縣
沙昱　字渭田布政司理問銜以子沂　贈文林郎石首縣知縣
汪步仙　字右銘以子道乎　貤贈修職佐郎涇縣訓導
顧美　字景開監生以子師竹　貤贈修職佐郎太平縣訓導
杜一翔　字鳳千監生以子星燦　貤贈修職郎宿州學正
趙永澄　以孫同騏　貤贈文林郎高安縣知縣
趙貴梓　字徵植庠生以外孫康兆奎　貤贈奉直大夫刑部廣東司主事加一級
錢鴻績　字玉勳以孫秉德　貤贈文林郎樂山縣知縣
錢果成　字方蓮以子秉德　贈文林郎樂山縣知縣

蕭　麒 見貢薦以孫嗣頲　貤贈徵仕郎羅定州州判

蕭鍾玉 見鄉舉以子嗣頲　貤贈徵仕郎羅定州州判

徐宗勉 字賓王以子闓　貤贈修職佐郎太湖縣訓導

徐　瑶 見雜流以子仰需　貤贈修職佐郎定遠縣訓導

季德彬 字班如以子悰　貤贈修職郎太平縣教諭

沙　照 字耀蒼見鄉舉以子楷堂　貤贈修職郎宿遷縣教諭　晉朝議大夫同知銜山東高苑縣知縣加一級

金捧閶 見貢薦以子謨　貤贈修職佐郎蒙城縣訓導復以曾孫武衔　貤贈中議大夫兩廣候補鹽運使司運同加二級

沙徐行 字謐全以孫心培　貤贈文林郎黃巖縣知縣晉奉直大夫知州銜江夏縣知縣加二級

沙旦勳 字岱峯監生以子心培　貤文林郎黃巖縣知縣　晉朝議大夫知州銜江夏縣知縣加二級

沙然乙 字映黎以姪心培　貤贈修職郎金華府經歷

馮　洽 字文圃布政司理問銜以子錫培　貤封登仕佐郎陸川縣巡檢

蘇　杭 字鏡湖監生以子燕　貤贈登仕佐郎福建劉五店巡檢復以外孫季邦楨　貤贈朝議大夫兵部員外郎加二級

吳履青 以子疇　貤贈登仕佐郎漢州吏目

吳履中 以子繼祖　貤贈登仕佐郎太原縣典史

吳衍良 以子嚴　貤贈登仕佐郎泰和縣巡檢

徐士良 字莊屏以子信　封武略騎尉韶州營千總

楊炳文 以子大魁　貤贈修武校尉楊舍營外委把總

金振邦 字安兹以弟振玉　貤封修武校尉蘇州營外委把總

周裕昌 以孫鈞　貤贈朝議大夫知府銜山東兗州府運河同知

周德威 以子鈞　贈朝議大夫知府銜山東兗州府運河同知

王　燕 字齊嶠見甲科以堦季芝昌　貤贈榮祿大夫吏部左侍郎兼管三庫事務

馮　燦 字鶴書監生以弟錫培　貤贈登仕佐郎廣西梧州府藤縣寶家寨巡檢

沙　晉 字龍光以孫楷堂　貤贈朝議大夫同知銜山東高苑縣知縣加一級

吳鼎臣 以子嘉寶　封武義都尉參將銜上海營遊擊

朱　浩 以外孫曹毓瑛　貤贈奉政大夫兵部主事軍機章京加二級

季　鴻 以姪孫芝昌　貤贈光祿大夫戶部左侍郎兼管三庫事務加六級

何春沂 字沁一國監生以姪栻　貤贈奉直大夫吏部主事加一級

王均芮 字高望以子埜　貤封修職佐郎高淳縣訓導

沙丙煥 字惠陽監生以姪楷堂　貤贈奉政大夫同知銜山東高苑縣知縣

金　枲 見鄉舉以子葆　封奉政大夫同知直隸州補用安徽旌德縣知縣

曹　岐 字媚川副貢生以曾孫毓瑛　贈光祿大夫頭品頂戴軍機大臣兵部尚書

曹學禮 字巽廷布政司理問銜以孫毓瑛　贈光祿大夫頭品頂戴軍機大臣兵部尚書

曹　昶 字映宸監生以子毓瑛　贈光祿大夫頭品頂戴軍機大臣兵部尚書

朱　義 字瑞崗以子豐　貤封修武校尉福右營外委把總

金　瑅 以曾孫國琛　貤贈通奉大夫湖北安襄鄖荊道　晉贈榮祿大夫布政使銜廣東按察使司按察使加二級

金　煥 以孫國琛　贈通奉大夫湖北安襄鄖荊道　晉贈榮祿大夫布政使銜廣東按察使司按察

使加二級

金安世　見鄉舉以子國琛　贈通奉大夫湖北安襄鄖荆道　晉榮祿大夫布政使銜廣東按察使司按察使加二級

金國瑛　以弟國琛　貤封中憲大夫甘肅鞏秦階道

蘇　燕　字雲槎見應例以外甥季邦楨　貤封奉直大夫兵部員外郎

謝元起　以曾孫綸　貤贈資政大夫道銜廣西鎮安府知府加五級

謝觀成　以孫綸　贈資政大夫道銜廣西鎮安府知府加五級

謝兆騏　以子綸　贈資政大夫道銜廣西鎮安府知府加五級

謝兆騵　以出嗣子綸　贈資政大夫道銜廣西鎮安府知府加五級

何釆成　以曾孫栻　貤贈資政大夫江西建昌府知府加五級

何廷玉　字靜軒監生以孫栻　贈資政大夫江西建昌府知府加五級

何春煦　字遴菴見貢薦以子栻　贈資政大夫江西建昌府知府加五級

蘇　裕　以外孫陳毓秀　貤贈朝議大夫戶部員外郎加二級

徐泰昇　字省齋以孫炳光　貤贈奉政大夫同知銜敎習知縣

徐　彰　字季韶以子炳光　贈奉政大夫同知銜欽習知縣復以孫士佳　貤贈朝議大夫吏部驗封司兼考功司主事加三級

徐炳照　字翠濤附貢生以子士佳　封朝議大夫吏部驗封司兼考功司主事加二級

薛銘昌　從九銜以孫鑫　貤贈徵仕郎內閣中書銜候選縣敎諭

薛貽園　監生以子鑫　贈徵仕郎內閣中書銜候選縣敎諭

張　鋋　以子錫晨　貤贈修職佐郎溧陽縣訓導

陳　淵　見鄉舉以子九如　贈奉政大夫兩浙鹽運使司副使加一級復以孫榮紹　貤贈朝議大夫知府用戶部主事

陳九如　見應例以子榮邦　封奉直大夫內閣中書加四級復以子榮紹　贈朝議大夫知府用戶部主事

高　垣　以子謝　貤贈修職佐郎通州訓導　晉贈奉直大夫

高六中　以姪謝　貤封修職佐郎通州訓導

蘇汝爲　字秋河以子宗勤　封中憲大夫陞用同知福建南靖縣知縣加二級

謝　芬　以子璟　貤封修職佐郎高郵州訓導

何朝廣　以孫雲慶　貤贈宣武都尉儘先補用守備加一級京口中營右哨把總

何鼎勲　以子雲慶　贈宣武都尉儘先補用守備加一級京口中營右哨把總

陳德威　以外孫夏詒鈺　貤贈奉政大夫同知銜河南淯川縣知縣

曹毓琇　以胞姪鍾彝　貤封朝議大夫刑部員外郎加二級

戴　鶴　監生以外孫武進吳福田　貤贈奉直大夫廣東高明縣知縣加三級

曹宗璋　以姪鍾彝　貤贈中憲大夫刑部員外郎加三級

沙　昺　字耀南候選同知以外孫朱鍔　貤贈朝議大夫候補知府山西汾州府同知

夏祖然　以姪孫子鎣　貤贈奉直大夫知州銜直隸甯晉縣知縣

夏祖熊　以胞姪孫子鎣　貤贈奉直大夫知州銜直隸甯晉縣知縣

夏翼鳳　以子子鎣　贈奉直大夫知州銜直隸甯晉縣知縣　晉贈中議大夫知州銜加四級

郭元讓　以孫宮桂　貤贈徵仕郎內閣中書銜高淳縣訓導

郭鴻飛　字笠夫見貢薦以子宮桂　贈徵仕郎內閣中書銜高淳縣訓導

夏之邑 庠生以子均轍 貤贈修職佐郎丹徒縣訓導

夏均槎 庠生以弟均轍 貤贈修職佐郎丹徒縣訓導

沈芝田 見應例以子耀鋆 贈奉政大夫湖北宜昌府通判加二級復以孫保靖江西廣饒九南道貲給二品封典

沈蕙田 以胞姪耀鋆 貤贈奉政大夫湖北宜昌府通判加二級復以姪孫保靖 貤贈通議大夫按察使銜湖北候補道

沈耀鋆 見應例以子保靖江西廣饒九南道 貲給二品封典

季德彥 監生以孫寶仁 貤贈徵仕郎內閣中書銜江甯縣教諭

季森 八品銜以子寶仁 贈徵仕郎內閣中書銜江甯縣教諭

陳浩 以孫飛虎 貤贈武畧佐騎尉六品銜江南淞南營把總

江陰縣志 卷十四 選舉 封贈 卅

陳鉅 以子飛虎 封武畧佐騎尉六品銜江南淞南營把總

徐伯壎 庠生以孫文洞 貤贈奉政大夫翰林院編修加四級

徐錫榮 郡庠生以子文洞 贈奉政大夫翰林院編修加四級

徐錫瓚 從九銜以姪文洞 貤贈奉政大夫翰林院編修加四級

徐錫華 庠生以姪文洞 貤贈奉政大夫翰林院編修加四級

徐錫蕃 布理問銜以姪文洞 貤封奉政大夫翰林院編修加四級

柳洮 庠生以外孫徐文洞 貤贈奉政大夫翰林院編修加四級

趙淮 字澄之監生以姨甥夏子鎏 貤贈奉直大夫知州銜直隸甯晉縣知縣

夏子幹 以堂弟子鎏 貤贈奉直大夫知州銜直隸甯晉縣知縣

夏子鉅 以胞弟子鎏 貤贈奉直大夫知州銜直隸甯晉縣知縣

楊彩德 以孫芬 貤贈武德騎尉五品頂戴江南瓜州鎮標江陰營外委

楊利川 以子芬 贈武德騎尉五品頂戴江南瓜州鎮標江陰營外委

楊芷林 以子繩柏 封武德騎尉五品頂戴江南瓜州鎮標右營把總

盧淦 見將材以子敦倫 貤武德騎尉世襲雲騎尉江南淞北營外委

盧濬 以姪敦倫 貤封武德騎尉世襲雲騎尉江南淞北營外委

夏敬模 以曾孫子鎏 貤贈中議大夫知州銜加四級直隸甯晉縣知縣

夏祖燿 以孫子鎏 貤贈中議大夫知州銜加四級直隸甯晉縣知縣

袁鴻 以外孫夏子鎏 貤贈奉直大夫知州銜直隸甯晉縣知縣

金仁祺 以壻吳縣鄒鍾駿 貤封奉政大夫同知銜安徽太平縣知縣

陳瑛 字玉亭以孫熙治 貤贈奉直大夫內閣中書加四級

江陰縣志 卷十四 選舉 封贈 卅一

陳樹 字均喬以子熙治 贈奉直大夫內閣中書加四級

葉正陽 以孫佩萱 貤贈奉直大夫五品銜廣東候補鹽知事

葉玉德 以子佩萱 贈奉直大夫五品銜廣東候補鹽知事

高瑞先 以孫謝 貤贈奉直大夫五品銜通州訓導

金謣 見鄉舉以孫武祥 贈中議大夫兩廣候補鹽運使司運同加二級

金應尌 以子武祥 封中議大夫兩廣候補鹽運使司運同加二級

曹鈞彝 見鄉舉以弟錦彝 貤贈朝議大夫戶部主事加三級

張茂元 以孫嵩壽 貤贈昭武都尉補用都司借補直隸鎮標磁州營守備

張鈺 以子嵩壽 贈昭武都尉補用都司借補直隸鎮標磁州營守備

張萬鍾 以姪嵩壽 貤贈昭武都尉補用都司借補直隸大名鎮標磁州營守備

徐家發字洪聚以孫昆林貤贈武翼都尉儘先守備加二級江南三江營大沙汛千總
徐　淮字漢南以子昆林贈武翼都尉儘先守備加二級江南三江營大沙汛千總
胡用堅以曾孫振行兩江儘先補用副將賞給二品封典
胡昱培以孫振行兩江儘先補用副將賞給二品封典
胡應緣以子振行兩江儘先補用副將賞給二品封典
繆　烺字文熙例貢生考授州同以子民埴贈儒林郎以下捐封附
繆　炘字文輝例貢生以子民城贈儒林郎
繆　陛字丕承附貢生以子珩贈儒林郎
繆永昌字宏久附貢生以子秉淵贈儒林郎
黃維鏞字倫表以子溱貤贈登仕郎

馮敬授以孫治貤贈儒林郎
馮　運以子治贈儒林郎晉贈奉直大夫
張廷玉字天培以孫文灝貤贈武略騎尉
張維錦字秀成以子文灝贈武略騎尉
張彥果字起寰監生以子廷燮贈儒林郎
張廷點字春臺監生以子簡重贈儒林郎
蔣　昇字兆堂監生以弟曦貤封儒林郎
吳順亨以孫友棠貤贈奉政大夫
吳　溶以子友棠贈奉政大夫
王　炎字鳳郊監生以子兆槐贈奉直大夫

徐兆稷以子鎖封儒林郎
朱彝德字宏若以孫樱貤贈文林郎
朱服銘字載華以子樱贈文林郎
王維義字用宜附貢生以子綸元贈奉直大夫
陳　善字儆齋以子宏濟贈奉直大夫
陳宏度見甲科以子瀾贈奉政大夫復以孫式金貤贈中議大夫
趙元槐見前以孫金芴贈通奉大夫
趙時煜字西華例貢生候選知州以子金芴贈通奉大夫
葉鳴皋字來鶴以孫鳳苞貤贈儒林郎
葉逢元字向榮以子鳳苞贈儒林郎

張　瀾字文徵以孫兆熊貤贈徵仕郎
張廷椿字蔭千監生以子兆熊贈徵仕郎
張廷枏字豫章以孫世承貤贈儒林郎
張　燾字仁育以子世承贈儒林郎
張　址字萬書庠生以子鈺贈奉直大夫
祝景淇字膺瞻庠生以孫嘉燕貤贈儒林郎
祝朝樟字公瑞庠生以子嘉燕封奉直大夫
沙　凱字靖遠以孫鵬振貤贈奉直大夫
沙廷賢字文魁以子鵬振贈奉直大夫
沙廷策字董三以孫昺貤贈朝議大夫

沙宸誥見前復以子昺　贈朝議大夫
沙昱見前復以子溶　贈奉直大夫
沙昺見前以子潤　封儒林郎
袁明揚以外孫沙潤　貤贈儒林郎
章程字楚江例貢生以子㷄　封奉直大夫
夏泌字惠夫以孫榮詔　貤贈儒林郎復以孫煒加贈奉政大夫
夏逢年字康田以子榮詔　封儒林郎
承王恩字來宣以孫繼和　貤贈儒林郎
承範字楚藩以子繼和　贈儒林郎
陸日森字永明以孫正芳　貤贈儒林郎

陸大成字金聲以子正芳　贈儒林郎
郭光裕字繼汾以孫愷　貤贈儒林郎
郭鳳翹字雲翼以子愷　贈儒林郎
郭光昆字煥文以孫彩　貤贈儒林郎
郭舜基字大儒以子彩　贈儒林郎
黃鍾靈字公連以孫誠　貤贈儒林郎
黃煥基字文昭監生以子誠　贈儒林郎
黃吉字廣華監生以弟誠　貤封儒林郎
繆秉忠以子聘　贈文林郎
繆庭標見甲科以子炯　贈文林郎

張文灝字秉書武生以孫履泰　貤封武德騎尉
張鵬飛字雲昂武生以子履泰　封武德騎尉
孫鴻儒字君任以孫兆鯨　貤贈奉直大夫
孫廷檜字士元以子兆鯨　封奉直大夫
孫兆鼇字定山以子澂魁　贈儒林郎復以孫雲仍貤贈奉直大夫
張燕譽監生以子玉墀　封奉政大夫
蘇葆初以子福那　贈奉直大夫
祝璠墀以子維祺　贈奉直大夫
祝登墀以出嗣子維祺　貤贈奉直大夫
郭敬明字佩章武生以孫淇　貤贈武德佐騎尉

郭殿鼇字信揚武生以子淇　贈武德佐騎尉
蔣龍光字斗章以孫曦　貤贈奉政大夫
蔣然字殿榮以子曦　贈儒林郎　晉贈奉政大夫
蔣暐字蘭堂監生以子燕　贈儒林郎　晉贈朝議大夫
邢學成以孫宗溥　貤贈奉直大夫
邢鈺以子宗溥　贈奉直大夫
章濟字廷楨監生以子桂蟾　封奉政大夫
謝霖字東緯　旌表孝子以孫琪　貤贈奉直大夫
謝蕙字畝芳附貢生以子琪　封奉直大夫
孫耦塘以孫嘉穀　貤贈儒林郎

孫　渭以子嘉穀　封儒林郎

周肇奎以孫繼昌　貤贈儒林郎

周廷棟字惠卿監生以子繼昌　贈儒林郎

陳　沿字新岡以子式金　贈中議大夫

陳大鏞字佩玉監生以孫祖原　貤贈儒林郎　晉贈奉直大夫

陳鴻藻字翊廷候選州吏目以子祖原　封儒林郎　晉封奉直大夫

倪光寅字子敬以孫前猷　貤贈奉政大夫

倪昭倓字雲巖以子前猷　贈奉政大夫

吳　展以孫更生　貤贈儒林郎復以孫之屏　貤贈奉直大夫

吳先甲以子更生　贈儒林郎復以子之屏　贈奉直大夫

蘇　燕見前以子福海　貤封登仕佐郎

蘇　均字小樓以弟福海　貤贈登仕佐郎

葉廷甲字葆堂庠生以子天慶　贈儒林郎

葉田玉字鎮之以弟天慶　貤贈儒林郎

陳玉珩以孫文緯　貤贈奉直大夫

陳　信以子文緯　贈奉直大夫

蔣洪千以孫樹勳　贈武功將軍

蔣兆槐以子樹勳　贈武功將軍

王君憲字元秀監生以孫東甲　貤贈武略騎尉

王　昂字日豪見鄉舉以子東甲　贈武略騎尉

向朝珍以孫沂　貤贈奉政大夫

向敬德以子沂　贈奉政大夫

蔣達照字士達以孫禹　貤贈奉政大夫

蔣　灝字近仁以子禹　封奉政大夫

蘇　崧見應例以孫宗振　貤贈儒林郎

蘇　鳳字愛梧從九品銜以子宗振　封儒林郎

湯朝柱以孫亨嘉　貤贈儒林郎

湯元文以子亨嘉　贈儒林郎

吳春森以子鑫　贈奉直大夫

鄭錫容以孫惇五　貤贈奉直大夫

鄭　鈞庠生以子惇五　贈奉直大夫

范宗孝以子金德　封奉直大夫

姚志雲以孫景熙　貤贈儒林郎

姚鴻謨以子景熙　贈儒林郎

劉文然以孫雲　貤贈奉政大夫

劉義增以子雲　贈奉政大夫

沈士綸以胞弟嗣綬　貤贈朝議大夫

蔣　鈺字萬玉監生以孫煒　貤贈儒林郎

蔣　寅字耀祖監生以子煒　贈儒林郎

殷斗文以孫湘　貤贈儒林郎

殷　敏以子湘　贈儒林郎
張　煥以孫金液　貤贈奉直大夫
張　圻以子金液　封奉直大夫
童景山字學書以孫振聲　貤贈儒林郎
童　信字應亨監生以子振聲　贈儒林郎
查煥彤以孫振之　貤封奉直大夫
查　渲字杏涇以子振之　封奉直大夫
趙南照以子燦　贈儒林郎
常俊卿以孫國安　貤贈武略騎尉
常聖臣以子國安　贈武略騎尉

於　銑以子承志　贈奉直大夫
劉　晉以子思愼　贈奉直大夫
余向豫以子復　贈奉直大夫
余尚豐以出嗣子復　贈奉直大夫
毛鳳崗以孫永齡　貤贈奉政大夫
毛正榮以子永齡　贈奉政大夫
楊　沅以曾孫以寯　貤贈朝議大夫
楊愼齋以出嗣曾孫以寯　貤贈朝議大夫
楊　楷見貢薦以孫以寯　贈朝議大夫
楊士藻以子以寯　封朝議大夫

陳友蓮見鄉舉以子端元　贈奉直大夫
夏映宸庠生以子煒如　贈奉政大夫
史　令以孫翼　貤贈奉直大夫
史　鑫以子翼　贈奉直大夫
徐兆科以孫琳　貤贈儒林郎
徐仁翰以子琳　贈儒林郎
張時舉以子增霞　贈奉政大夫
李　棟字楚材監生以子光照　封奉直大夫
湯增鼇以子錦濤　貤贈登仕佐郎
朱世純見鄉舉以孫齡　貤贈儒林郎

朱增慶九品銜以子齡　贈儒林郎
錢　浦以孫汝奎　貤贈奉直大夫
錢蔭生以子汝奎　封奉直大夫
楊四輔字建星以孫莘　貤贈儒林郎
楊　增字潤之從九品銜以子莘　贈儒林郎
楊嘉秀以孫福辰　貤贈儒林郎
楊炳垣以子福辰　贈儒林郎
劉裕南以嗣子湘彬　貤贈登仕佐郎
葉正華以孫培根　貤贈奉直大夫
葉廷高以子培根　封奉直大夫

繆元瑞以孫玉輝　貤贈奉政大夫
繆維燕以子玉輝　贈奉政大夫
繆炳燮以出嗣子玉輝　贈奉政大夫
王學珠以孫寶燧　貤贈儒林郎
王蔭森以子寶燧　贈儒林郎
吳燮以曾孫之屏　貤贈奉直大夫
趙慶豐以子恩普　貤贈登仕佐郎
王泰字廷瑞監生以孫懷祖　貤贈徵仕郎
王沂字與曾以子懷祖　封徵仕郎
錢昂霄以曾孫汝奎　貤贈奉直大夫

夏雨田以子艮翰　封儒林郎
夏耀南以弟艮翰　貤封儒林郎
張第蓉見鄉舉以孫福葆　貤贈儒林郎
張官枚字治香附貢生以子福葆　贈儒林郎
吳慶瀾以孫有邦　貤贈奉政大夫
吳泰亨以子有邦　贈奉政大夫
陳瀾見前以孫福同　貤贈奉直大夫
陳九如見前以子福同　贈奉直大夫
李沛玉以孫杜　貤贈奉直大夫
李鏘以子杜　封奉直大夫

陸秉儀以子曦　貤贈登仕佐郎
謝珽以子昆熊　封儒林郎
謝鎣以胞弟昆熊　貤封儒林郎
方圯以孫清瑞　貤贈儒林郎
方錫圭以子清瑞　贈儒林郎
方森瑞以子炳生　貤贈登仕佐郎
王燕堂以孫墉　貤贈儒林郎
王炯以子墉　贈儒林郎
李健吏員以孫銘　貤贈儒林郎
李琳以子銘　贈儒林郎

孫殿魁字瑞崖以子雲仍　贈奉直大夫
龔駿以子寶　贈儒林郎
陸中和以孫紹基　貤贈儒林郎
陸俊元以子紹基　封儒林郎
沙鳴岐以孫永濤　貤贈奉直大夫
沙廷揚以子永濤　贈奉直大夫
孫大綸以孫浩　貤贈儒林郎
孫鏞以子浩　贈儒林郎
孫季昌以孫汝純　貤贈儒林郎
孫錕以子汝純　贈儒林郎

陳　渭以孫煦　貤贈奉直大夫
陳　梧以子煦　贈奉直大夫
章大德以孫成寶　貤贈奉直大夫
章志揚以子成寶　封奉直大夫
夏翼庭以子子瑩　貤贈修職郎
趙雲儒以孫載祺　貤贈儒林郎
趙　和以子載祺　贈儒林郎
徐雲霄以孫鏞　貤贈儒林郎
徐連城以子鏞　贈儒林郎
俞仲賢以子賡保　貤贈登仕佐郎

張　鍾以孫標　貤贈儒林郎
張　溥監生以子標　贈儒林郎
張　銘以孫杓　貤贈朝議大夫
張　湘監生以子杓　贈朝議大夫
唐復旦庠生以孫貽謀　貤贈奉直大夫
唐承烈監生以子詒謀　贈奉直大夫
俞宗和以孫鳳翽　貤贈武德佐騎尉
俞瑞霖以子鳳翽　贈武德佐騎尉
俞鳳翽以子均諒　貤封登仕佐郎
虞善熙以孫養源　貤贈儒林郎

虞廷揚以子養源　贈儒林郎
王　昇以孫寶桐　貤贈奉直大夫
王燦如見鄉舉以子寶桐　封奉直大夫
曹勝時以孫炯　貤贈儒林郎
曹起韓以子炯　贈儒林郎
張名昌以孫秉義　貤贈奉直大夫
張景韓以子秉義　贈奉直大夫
張秉仁以胞弟秉義　贈奉直大夫
史　源以孫載　貤贈儒林郎
史　瑋以子載　贈儒林郎

韓爲倬以孫鑑　貤贈儒林郎
韓紫來以子鑑　贈儒林郎
向　沂字庭芝同知銜以子瑋　贈奉直大夫
蔡　忠以孫如熊　貤贈武德佐騎尉
蔡又新庠生以子如熊　贈武德佐騎尉
蔡如熊以子勝之　貤封登仕佐郎
陳　治字贊謨候選五城兵馬司吏目以孫增秀　貤贈奉政大夫
陳縉雲字錦舒增生候選訓導以子增秀　贈奉政大夫
陸維春以孫棨祥　貤贈儒林郎
陸巨源以子棨祥　封儒林郎

劉　芬以孫垂裕　貤贈朝議大夫
劉景暘以子垂裕　贈朝議大夫
周　萃字薪樵以子鶴年　贈奉直大夫
周久年字久華監生以弟鶴年　貤封奉直大夫
夏均轍見應例以子艮治　封儒林郎
薛鳳翔字添瑞以曾孫桂沆　貤贈通奉大夫
薛　塤字步丹監生以孫桂沆　贈通奉大夫
薛人鑑見貢薦以子桂沆　贈通奉大夫
劉永春以子琮　贈儒林郎
章大麟以孫成義　貤贈奉直大夫

章培慶以子成義　贈奉直大夫
蔡殿揚世襲雲騎尉以子雲泉　贈武德騎尉
蔡殿賡以姪雲泉　貤封武德騎尉
張維鐘以孫緒　貤贈儒林郎
張巨溶監生以子緒　贈儒林郎
郭承啟監生以子應琢　貤贈登仕佐郎
陳　基以孫繩武　貤贈武德騎尉
陳治策以子繩武　贈武德騎尉
童　擊監生以子銘恩　贈奉直大夫
童榮光以弟銘恩　貤贈奉直大夫

常國泰武生衞守備銜以孫琛　貤贈奉直大夫
常汝嘉監生州同銜以子琛　封奉直大夫
童蘭谷字佩芬附貢生以孫炳嘉　貤贈奉直大夫
童　瑋字春沂候選訓導以子炳嘉　贈奉直大夫
童振聲監生布政司理問銜以孫森桂　貤贈儒林郎
童　湘從九品銜以子森桂　贈儒林郎
曹宗玘字蓮客以姪倜　貤贈儒林郎
麗殿魁以孫大鉦　貤贈儒林郎
麗　炳以子大鉦　贈儒林郎
王大楝字鼎台監生以曾孫爾珏　貤贈朝議大夫

王　芑字燕堂附生以孫爾珏　贈朝議大夫
王　震字賓軒國子監典籍銜附生以子爾珏　贈朝議大夫
黃廷芳以孫以鏞　貤贈奉政大夫
黃　榮以子以鏞　封奉政大夫
徐恩鎬以子存性　貤贈修職郎
楊應曾以孫本肄　貤贈儒林郎
莊　鴻以孫桂生　貤贈奉政大夫
莊泰交以子桂生　贈奉政大夫
莊敬生以甥錢攺奎　貤封奉直大夫

右封贈

明
蔣鳴琚見貢薦以子謹贈亞中大夫江西布政使參政
鄧欽承見蔭襲以子汝舟贈徵仕郎光祿寺署丞
顧儒字成憲以子言封奉政大夫南京刑部郎中
繆桓字東渠增生以孫昌期贈通議大夫詹事府詹事
繆炷字惕菴以子昌期贈通議大夫詹事府詹事
李果字碩卿以孫應昇贈亞中大夫太僕寺卿
李鵬翀字程叔庠生以子應昇贈亞中大夫太僕寺卿
貢賦字明善以子脩齡贈奉直大夫刑部浙江司員外郎
陳逵字于漸庠生以子繼芳贈中憲大夫雲南按察司副使
王芮以子遷贈登仕佐郎鴻臚寺序班

國朝
裴宏字任吾以子春魁封文林郎汶上縣知縣復以孫天錫貤贈中憲大夫湖北武昌府知府
裴春魁字函斗見甲科以子天錫贈中憲大夫湖北武昌府知府
裴友洵字式眉以孫盛清貤贈儒林郎廣東高要縣知縣
裴會極字敬修以子盛清贈修職郎廣東肇慶府經歷
繆應祥以子嘉謨贈昭武都尉浙江偏沅營都司復以孫燧貤贈文林郎浙江定海縣知縣
郭其棟字蕙枝以子昌烈貤封登仕郎
陳鼎調庠生以孫大中貤贈文林郎定遠縣知縣
沈世勳以孫壽貤贈文林郎江西長甯縣知縣
沈之祜以子壽贈文林郎江西長甯縣知縣
右封贈補遺

明
吳高江陰侯良子嗣侯署前府都督僉事
吳忠靖海侯楨子嗣侯歿於王事
陳翊合浦侯衛子襲南京濟川衛中所副千戶
陳進翊從子襲翊職
陳公亮進從子襲進職
郭讓明威將軍亞子蘄州衛指揮僉事
郭眞讓子南京飛雄衛指揮
郭雄眞子襲眞職
郭隆雄子襲雄職
郭玉隆子襲隆職
郭繼祖玉子襲玉職
郭世臣繼祖子襲繼祖職
郭坤世臣子襲世臣職
郭希聖坤子襲坤職兼理屯田事崇禎八年流賊犯衛與子邦清統衛兵斬賊百餘賊大呐雲合刃傷遍體戰死兵部尚書范驗功請卹其次子邦治應襲國朝賜通謚烈愍入祀鳳陽忠義祠見勝朝殉節諸臣錄
沙義武略將軍原衛子襲百戶職調瀋陽中護衛左所擢本所副千戶
沙敬義子襲義職
沙遜義從子襲敬職
沙濟義從子襲遜職正統中充遊擊將軍守雁門死土木之難

沙安 濟孫濟子鎮早卒安襲濟職擢正千戶坐事免

沙甯 安從弟安無子甯襲安職

沙榮 甯子襲甯職

沙宗岳 榮子襲榮職

沙勝金 宗岳子襲宗岳職

沙毓金 勝金弟襲勝金職

聶垣 大同鎮朔衛指揮同知貴子襲貴職任保安衛指揮同知

何澄 福州右衛指揮僉事貴子襲貴職除山東濟南衛指揮僉事陞貴州安莊後所百戶

何銘 澄子襲澄職除湖廣蘄州前所百戶改沔陽前所調後所宣德元年征交阯戰歿無子

何英 銘弟襲銘職

何洪 英子襲英職擢本所副千戶

何泰 洪子襲洪職調五開衛副千戶

何勳 泰子襲泰職除五開衛千戶調本所擢本衛指揮僉事加同知

程文 武節將軍禮子襲禮職除蘇州衛正千戶隨征雲南調珥海衛

程貴 文子襲文職

程鐸 貴子襲貴職

程縉 鐸子襲鐸職從征雲南土寨有功

程鵬 縉子襲縉職

程雲 鵬子襲鵬職

程爵 雲子襲雲職

程衡 爵子襲爵職

趙存信 鎮撫鵬子襲鵬職除西安後衛

方暾 浙江都司都指揮僉事榮子襲榮職除朔州衛指揮僉事

方忠 暾子襲暾職除保安衛指揮同知

方諒 忠子襲忠職

方智 諒子襲諒職

方詡 智子襲智職

方進 詡子襲詡職

方宣 進子襲進職

金銓 廣甯中護衛百戶陞常州衛指揮僉事安子襲安前職

金誠 銓子襲銓職

金貴 誠子襲誠職

金珍 貴子襲貴職

金鎧 珍子襲珍職

姜昇 西安前衛百戶禮子襲禮職隨駕有功擢前衛中所副千戶

姜瓛 昇子襲昇職

姜通 瓛子襲瓛職

姜汝淮 通子襲通職

姜棟 汝淮子襲汝淮職

姜應兆 棟子襲棟職

姜聯芳 應兆子襲應兆職
奚倫 貴州平越衛右所總旗成子襲成職
奚士鍾 倫子襲倫職從征麓川戰死陞百戶
奚得 士鍾從子襲士鍾職征苗與二子宣宏俱戰死
奚能 得子襲得職從征都濟有功擢副千戶
奚傑 能子襲能職從征西有功擢正千戶勅鎮筸
奚都 傑子襲傑職
奚天寵 都子襲都職
奚國柱 天寵子襲天寵職征播征苗有功擢指揮同知封驃騎將軍晉階從一品
奚光先 國柱子襲國柱職以計擒叛酋擢雲南參將

范海 南京水軍前所正千戶玉子襲玉職
范熊 海子襲海職
徐成 富峪衛百戶壽子襲壽職
徐俊 成子襲成職
徐景春 俊從子襲俊職
徐玉 景春子襲景春職調驍騎衛
徐隆 玉子襲玉職
時泰 武畧將軍信子襲副千戶
時鳳 泰子由總旗擢錦衣衛百戶累陞本衛千戶
陳俊 南京留守前衛指揮僉事六一子襲六一職自俊至六世孫輔以次襲六一次子興調守江陰

遂占籍
王毅 臨沂侯貞子襲蔡川衛指揮同知改西安右護衛毅弟貴占籍江陰
王宣 毅子襲毅職
王震 宣子襲宣職
王泰 震子襲震職
王武 泰子襲泰職
王化 武子襲武職
鄧樅 字廷器本宛平人父師時官江陰主簿因家焉其先鄧明字光遠交阯人唐宗室永樂間納土歸命官交阯道參政從征有功擢工部尚書至樅以前功授錦衣衛指揮樅辭武就文乃予鴻臚寺序班又準順天府學額外廩生一名並世襲樅遂官序班陞光祿寺署丞

鄧璧 字文府樅子襲序班職
鄧欽承 字紹恩璧從子襲序班擢鴻臚寺主簿
鄧汝樹 見鄉舉字宏濟欽承子襲廩生
鄧汝舟 字宏載欽承子襲序班擢光祿寺署丞七奉詔封安南三使遼陽晉鴻臚寺少卿

國朝

徐溶 之龍七世孫嘉慶間作武生賜恩騎尉世襲準
徐德蔭 溶子襲恩騎尉準作文生
王鼎成 紹麟長孫襲雲騎尉松北營前哨外委
宋廷樑 大忠三子襲雲騎尉孟河營收標學習
盧敦倫 淦子襲雲騎尉京口中營收標學習
沈藍廷 泰龍長子襲雲騎尉福山中營收標學習

陶長濤 庭芳長子武生襲雲騎尉江陰城守營收標學習
張男震 多福長子襲雲騎尉
夏泰鈞 丕祉三子襲雲騎尉
陳繩武 平階嗣孫襲雲騎尉
郭希汾 霖曾孫襲雲騎尉
郭秉桂 元策嗣孫襲雲騎尉
高福順 鴻嗣子襲雲騎尉
郭詵桂 鶴飛三子襲雲騎尉
王濟雲 鑑子議敘從九品銜兼襲雲騎尉
趙安期 鎮子武生襲雲騎尉江蘇撫標學習

趙繩武 安期子襲雲騎尉
祝康祜 劭繩長子襲雲騎尉
蔡雲泉 殿揚長子襲雲騎尉福山右營收標學習
嚴振威 康保長子襲雲騎尉
蘇 瑕 福那子文生兼襲雲騎尉
陳湘田 藻林嗣子襲雲騎尉江陰城守營收標學習
王世駿 璋子襲雲騎尉
許紹忠 鵬遠長子襲雲騎尉福山右營收標學習
俞 鈺 煥子襲雲騎尉江陰城守營收標學習
許培城 茂芳長子襲雲騎尉福山右營收標學習

沈福庚 耀奎次孫襲雲騎尉
尤承恩 幹庭長子襲雲騎尉江陰城守營收標學習
章介鴻 觀揚孫襲雲騎尉準作文生
沈祖培 升章子襲雲騎尉江陰城守營收標學習
吳濤瀾 霖長子文生兼襲雲騎尉
錢承祖 竹齋長子襲雲騎尉
祝耀庚 瑱彬子襲雲騎尉準作文生
王邦均 敬嗣孫襲雲騎尉準作文生
張嵩蔚 鉦次子儘先補用都司借補直隸大名鎮磁州營守備兼襲雲騎尉
陸 炳 榕子襲雲騎尉

王步青 培子襲雲騎尉
袁秉鈺 丕基長子襲雲騎尉
繆植基 樹棠長孫襲雲騎尉
薛 恵 柱子襲雲騎尉江陰城守營收標學習

右襲

（宋）蔣延壽 靜子通州知州調泰州
晉耀之 祉子左金吾衛將軍
（元）邱定夫 見辟舉文定四世孫授武龍州同知辭不就
袁則榮 見辟舉山陰令天任孫慶元路學教授
徐 登 知江陰軍蔵六世孫婺州路學教授

明 曹 濬 淵子錦衣衛正千戶

湯世賢 字右卿沐孫湖州府通判

趙琦美 字元度用賢子刑部郎中

趙隆美 字文度用賢子敘州府知府

趙士履 字坦之用賢孫工部員外郎

繆虛白 字宋室庠生昌期子戶部檢校

季遜之 字肅公庠生應昇子送監讀書

陳 駒 見武鄉舉虞亨子杭州衛小旗

國朝徐錫綸 之龍子送監讀書

楊應詢 字蒼儀名時子候選主事

季綸全 字佑申見應例芝昌孫候選通判

蘇裕勳 候選訓導殉難加 贈國子監學錄銜蓮生子送監讀書

鄭祖植 從九品銜殉難加 贈鹽知事銜視五子送監讀書

張多途 鹽大使銜殉難加 贈鑾儀衛經歷銜錫祉子送監讀書

徐存禮 從九品銜殉難加 贈鹽知事銜思領子送監讀書

薛廷佐 生員殉難加 贈鹽知事銜貞亮子送監讀書

右蔭

江陰縣志卷之十四終

江陰縣志卷之十五

名宦

三代下惟恐不好名乃兔中人語求治而惟名是務弊將不可勝言名宦者實至而名歸之非自爲名也蒞官茲土之前後崇祀者詳其實政有功茲土而未祀者詳其事實刪列遺愛傳以慰民思其統祀名宦之大吏而政績不僅著於斯邑者存其名不繫以傳昭覈實也志名宦

崇祀名宦傳

梁 司馬筠字貞素河內溫人孤貧好學師沛國劉瓛爲瓛所器博通經術尤明三禮天監初除暨陽令有清節入拜尚書祠部郎

唐 趙和咸通中爲江陰令才能治劇數斷異獄楚州淮陰有農人以莊契質於西鄰及往贖納錢八百緡西鄰以無保佐沒其錢不予契官不能直越江來訴和陰其人竄西鄰於江寇中何擒之籍其產中有錢若干緡詰之則曰此鄰家贖契錢也遂乃出農人令取錢西鄰明首伏辜其明決多類此

宋 崔立字本之河南鄢陵人舉進士天禧四年知江陰軍邑有利港即越絕書所云利浦久廢槃立出教濬治

漑田數千頃又開横河横亙邑東凡七十餘里吐納江
湖灌漑東境田疇沾水利甚溥邑立祠始後歷嘉祐政
和以迄
國朝代有疏濬厥功爛焉累遷太常少卿
楊孝孺字達甫福建建安人熙甯九年以太子中允知江
陰縣爲治寬猛相濟安而有序盜賊屛息邑無游民平
居博覽史傳尤精性理之學
于　涉安徽臨淮人大觀四年爲江陰丞悉心水利嘗於
黃田蔡涇諸處置上下閘決淤塞以利灌注旱潦有備
且省漕輸之卒過半又西導申利二港注之武進利濟

鄰邑其功甚溥
楚執柔政和三年爲江陰丞時横河故道湮沒執柔乃治
市墩新河以代洪港使水疏而不壅瀦而不溢白鹿化
成等十鄉之田計六千五百七十三頃有奇頻苦旱澇
至是盡除其患
王　棠紹興五年以左朝奉郎知江陰軍先是建炎以前
即廟爲學軍興後廢爲營屯紹興三年知軍崔頌稍修
葺至棠乃請於朝更新之拔邑中子弟爲學宮弟子員
更以軍閒田充士廩又乞截留秋糧以贍軍儲士民咸
戴之

鄭　謬江西玉山人紹興十一年任江陰軍教授學博志
高文行交修加意引掖後進紹興十四年奉詔修學謬
爲之記
李　寶河北人紹興三十一年金亮犯邊寶被命統水軍
駐江陰敵以海船從膠西進寶逆戰火箭射其油帆風
利火烈燒敵舟千餘敵氣懾高宗遣使諭賚命學士院
草詔加節度使寶立節堂於縣治之東偏以榮上賜其
麻制曰千艘水擊威名遠播於伏波萬舸灰飛偉績更
高於赤壁蓋實錄云人知金亮授首淮甸不知海道之
捷先有以奪其氣也

徐　蕆字子禮河南洛陽人初守饒州蕆家吳懼勤親於
遠請易旁小州人稱其孝乾道初來知江陰軍時邑方
遭水患蕆至詢民疾苦疏請蠲秋夏租稅報可先是
建炎間緣陳通之變臨安府請將和買綢絹分配諸州
江陰增四千餘匹相因者且四十年蕆力言之減十之
三命下之日歡聲動阡陌
尤　袤字延之無錫人從喻樗汪應辰遊究心程氏之學
尋魁南宮擢第爲泰興令吏民爲立生祠不樂吏事以
宣教郎補江陰軍教授尋以薦召除將作監簿大宗正
闕丞人爭求之陳俊卿曰當與不求者遂除袤虞允文

以史事過三館問誰可秘書丞者僉以袤對亟以授之
張栻曰眞秘書也歴官禮部尚書方乾道淳熙間有忌
程氏學者目爲道學將攻之袤在掖垣首昌言以破邪
說且謂此名一立賢人君子宜無得免後果有韓侂胄
禁錮道學之禍人以此服其先見年七十卒謚文簡
樓
鍔字巨山浙江四明人淳熙七年自樞密院編修來
知江陰軍初下車適當大比見貢院傾圮卜地欲新之
會歲洊饑不果及稔鍔已秩滿乃藉浮屠材斥羨金七
旬而訖工成始去
袁
燮字和叔浙江鄞縣人生而端粹勤學不怠少長慨

江陰縣志 卷十五 名宦 四

然以名節自期入太學登進士調江陰尉先是尉司無
棲兵之所弓手率散處燮至嘆曰此曹之設以備不虞
聚焉而居猶恐勿及散處若是如緩急何乃請於當平
使者得貲以建弓手之寨值浙西大饑常平使羅點屬
任賑恤燮命每保畫一圖悉載田疇山水道路以居民
分布其間合保爲都合都爲鄉合鄉爲縣戶數民業披
圖瞭然累遷國子祭酒秘書監除禮部侍郎兼侍讀與
史彌遠爭和議罷之尋起知溫州進直學士奉祠卒謚
文獻學者稱爲潔齋先生
施
邁紹熙四年以朝散郎知江陰軍時徵科繁重而公

用尚不足道官錢至二十四萬餘緡且大軍移屯商旅
絶跡於是蠃蚌蔬茹亦皆科稅邁疏請蠲減以寬民力
尤篤意文獻屬教授鄭應申纂修志乘江邑有志自此
始
鄭
應申紹熙三年任江陰軍學教授邑舊無志知軍施邁
始命應申創爲之蒐抉載籍網羅散亡成志十卷邑中
文獻賴以不墜
戴
溪字肖望浙江永嘉人少有文名舉省試第一嘉泰
四年以宗正簿知江陰軍多惠政先是愛日門外有居
養院溪重建易名安濟俾老而無歸者居焉月給常平

江陰縣志 卷十五 名宦 五

軍貲庫錢米冬夏各有支犒建貢院振興文教累官史
職陞博士奏兩淮當立農官括閒田以爲救農之策仕
至龍圖閣學士致仕卒紹定初賜謚文端
趙
彥适開禧三年以朝散大夫知江陰軍振興文教重修
學宮克繼王棠之績
林
庚寶慶三年知江陰縣多惠愛邑故有漏澤園庚擇
曠其舍又籍餘糧二百餘石以食獄囚之無家屬者
顏
耆仲福建龍溪人紹定元年知江陰軍爲政以教化爲
先捐金修學立葛請孝公祠先賢祠於講堂之左右朔
旦謁殿士服不整則備襴幞革帶以資寒士命教授郭

庭堅招集儒童開敏者厚加激勸取朱子小學鋟木以傳又命庭堅纂修續志一時百廢具舉

郭庭堅紹定元年軍學教授自紹熙甲寅創為邑志至紹定壬辰閱三十八年知軍顏耆仲命庭堅及國學進士蔣汝適續修之庭堅采摭見聞推揚事實多補前志所未詳者邑乘於是始備

史彌之紹定三年知江陰軍是年冬李全兵抵海陵吳越震動邑當要害下車甫踰月急請兵分屯以廣聲援報可調禁旅千五百人來戍乃刱堡柵峙糗糧備器械使至有所歸作有所用士咸感奮自始謀至迄事軍和民

安彌之力也復鄉飲酒禮建鼓角門尊美齋修主簿廳及朝宗觀風澄江三門浚貢院洞溝增建軍教場邑中廢墜靡不修舉

史蒙卿字景止貴州明州人咸淳元年進士任江陰軍學教授時四明之學祖陸氏而宗楊袁及沈煥舒璘繼起復主其說蒙卿為學淹博著書立言一以朱子為法著有小學紺珠惜其書不傳

（元）李師善字復初直隸范陽人大德間尹江陰陸文圭作去思碑稱其有五善焉約己清苦一也禮敬儒先二也勤恤民隱三也沮斥豪強四也期令必信五也如興起學宮延聘經師泥行卻蓋救水潦之災露宿停車除螟蝗之害橫闖里者必治擾官府者必詰兩造在庭片言可折私謁入門一介不取法不曲於己之所親令必伸於人之所憚此五善之實也

韓摶山東益都人延祐中同知江陰州甫蒞職會歲大祲務穡勸分恤貧賑寡由是歲饑不害杭民苦糴省府令派江浙稅戶船粟往哺文移峻急摶屢申乞截留綱運以救一州久乃得請百姓呼舞米値頓減主帥不職屯軍橫里中擒至有小校歷階上挾卒馳去摶大怒絛軍中不法事將按舉之同列不署名摶爭之力卒置於

法姦人假巡邏為名脅取民貲收繫之行賂規脫摶持不可窮詰奸狀斃於獄有挾讐指平民為盜者平反之有長官縱其下奪民妻者劾治如律尤留意文學儒服踵門者禮遇之有請摶私於儒人者笑不言

張紹祖字可久安徽宣城人至順中以廷對第五人尹江陰州不受私謁案牘山積剖決如流邑有旱潦勸民賙恤寢食勿遑陸文圭為作去思碑

丑厮字靜如蒙古人以昭勇大將軍來鎮江陰謙恪尚義人悅慕之征闖寇衛海漕咸有功至正十一年淮西亂督軍九江取道安慶前後出師凡二十九捷十二年

冬寇復水陸並進連破之輕舟逐北中流矢卒王逢有
故將軍歌
（明）吳　良安徽定遠人初名國興賜改今名少與弟楨俱
以剛勁有知畧聞濠泗間太祖起兵並爲帳前先鋒丙
申從定建康又從大將軍徐達克鎮江下常州進鎮撫
守丹陽丁酉與趙繼祖等取江陰張士誠兵據秦望山
良攻奪之遂克江陰以良爲指揮使守之時士誠據全
吳江邑當其衝士誠數以金帛啗良將士太祖諭之曰
江陰我東南屏蔽汝約束士卒毋外交毋納逋逃毋貪
小利良奉約維謹繕城池明斥堠礪器械尋進樞密判

官士誠舉兵來寇良率弟楨出北門與戰潛遣元帥王
子明馳南門合擊大破之尋復寇常州良遣兵從間道
殲其援兵於無錫太祖嘗召良勞曰吳判院保障江陰
使我無東顧憂功甚大命學士宋濂等爲詩文美之遣
還鎮太祖詣江陰勞軍周巡壁壘嘆曰良今之吳起也
吳平加昭勇大將軍移鎮蘇州三年授開國輔運推誠
宣力武臣榮祿大夫柱國同知大都督府事封江陰侯
食祿一千五百石予世券十二年齊王封青州命良往
營府第納其女爲王妃十四年卒於青年五十八贈江
國公謚襄烈子高嗣永樂中廢爲庶人宣德十年子昇

乞嗣不許子孫籍居江陰
吳　楨良弟字幹臣初名國寶與良俱從克常州江陰有
功丁酉擢天興翼副元帥助良守江陰數退僞吳兵擒
士誠驍將朱定授英武衛指揮使丙午大破吳兵於巫
子門元年復從攻僞吳連破胥葑二門士誠就縛進僉
大都督府事三年命爲靖海將軍練軍海上其冬封靖
海侯七年有海警復總江陰四衛舟師出捕倭至琉球
大洋獲其人船獻俘京師十一年奉詔出定遼得疾輿
還京師明年卒追封海國公謚襄毅與良俱肖像功臣
廟于忠嗣侯二十三年追論楨胡黨爵除子孫亦居江

陰
張宗連字重器江西吉水人永樂甲申進士累官南京大
理丞宣德元年蒞福建軍籍務廉恕明年坐奏事忤旨
謫常州府同知待民如子躬視水利整飭學校遇老病
鰥孤率有恩意時御史李立奉詔釐江南軍籍受黠軍
詞多逮平民賈伍宗連固爭立詬罵之宗連臥地乞杖
曰請代百姓死立意稍解免株累者甚衆然宗連心積
不平疽發背卒生平以清節自持方病革召僚至室無
燈燭童子從外索油一盂入猶御之力及喪歸郡民白
衣冠哭送者數千人立祠君山祀之

王子倫廣東南海人宣德八年知縣事政以仁愛爲本公平廉介徵拜監察御史去之日行李蕭然

周斌字國用直隸昌黎人由進士拜監察御史天順元年以言事忤旨左遷知江陰下車甫踰月勸善直枉痛繩姦惡風化大行開通河港凡數十處以廣灌溉凡學宮縣治壇祠橋梁無不修葺始申請創設利港巡檢以司巡防盜賊屏息在任六年遷開封府知府既去邑人爲圖像置衣烏勒碑紀德焉

謝甯字安世福建惠安人成化丙戌進士十一年知縣事絕苞苴興廢墜江邑社學久廢甯度在官之田舍以

爲學簡老成莊雅士爲之師向學者甚衆過歲旱徒步禱雨及秋水暴溢發廩賑之民無飢色遷刑部主事

周忱字恂如江西吉水人永樂進士官至都御史宣德中巡撫江南凡有利於民生者知無不爲邑南舊有馬家湖與芙蓉湖接界忱周歷相度窸湖爲田（詳見山川芙蓉湖）凡闢膏腴地四萬三千畝有奇歲入畝一鍾正統元年重建黃田蔡涇二閘並設刷沙船二以鐵帚繫船尾隨潮往來疏刷民甚便之忱初至江南銳意興除講求甚悉嘗操舴艋夜叩邑人嚴本扉嚴已臥蹶然起曰此必故人周恂如也披衣迎之果忱深談至夜分出二伏明咨之所詢皆民俗利病卒謚文襄今專祠在青暘

國朝康熙間知縣龔之怡並以前令黃傅胡士瀧從祀焉

黃傅字夢弼浙江蘭溪人宏治庚戌進士癸丑知江陰縣事年方少吏民或易之傅鋒穎不露而迎刃迎機動中肯綮三月而令大行先是民俗囂訟持吏短長吏多罷免簿書叢委棼不可理傅提綱挈領事事條舉不期年官無負租野無罷民尤能崇正學屏異教去境內淫祠殆盡修縣志一十五卷理嚴事覈尠有繼者在任六年徵拜御史尋卒年僅逾三十著有白露山人集

徐禎字賓賢江西新淦人宏治己未進士壬戌知縣事

蒞事勤敏持身謹飭遊儒先論説孳孳不倦以其暇延邑中賢士切劘道義訟簡刑清徵拜河南道御史正德初言事不諱爲逆瑾所中死於獄士大夫哀之爲文望祭於君山

劉紘字景瞻江西安福人忠愍公球四世孫治春秋有名宏治乙丑進士正德丙寅令江陰初下車海寇施天泰擾境設備不敢犯堂左右立二幡分庋案牘日以次發視而謹其扃鑰勾稽賦役除里書飛詭之弊時詣學課諸生業且問興革所宜毀淫祠禁巫覡民倘饑至輟堂食錢益賑最聞徵爲南京戶科給事中俄被逮先時

紘以職事入朝道淮陰有巨璫猝至紘從子持慶守淮安方侍紘語未暇省璫璫怒即誣訐持慶併中紘獄成持慶坐免紘得白然因暑致疾竟不起年三十六

黃　璽字和之河南洧川人正德六年任江陰丞大盜劉齊來寇璽戎服慷慨誓妻孥曰吾不勝與若等俱死毋爲先人辱乃登城呼彎弓射賊賊奔狼山蹤殲之擢肅甯知縣

戎　斌字尚賓浙江鄞縣人正德十二年由監生任訓導沈志謂舊不立傳故事無考然祀於學宮必有以也

王　泮字文淵直隸磁州人正德丁丑進士授江陰令衛

舍蕭然妻子皆布素宏治中邑令黃傅修邑志十五卷皮閣二十年至泮始付之梓并囑方謨續之文獻翕然大備而不署己名徵拜御史士民攀號而送者千餘人

趙　錦字元樸浙江餘姚人進士嘉靖乙巳知江陰片言折獄人不敢干以私以表揚貞孝爲己任嘗屬邑人張袞修邑志二十三卷値歲連旱取民間所食樹皮呈大吏因得發粟賑全活萬計包港斜橋諸處舊爲盜藪單騎往諭火其巢嘯聚者屏跡性伉直上官有徵索忿詈其役以是忤直指陳九德將劾之草具都吏黃淮泣不忍謄陳問故叩頭備言錦治行陳憮竟登薦牘秩滿徵

爲南臺御史會元旦日食抗疏論時相嚴嵩削籍嵩敗起爲光祿卿奏免江陰貢鰣得以銀代累官尙書都御史

林　烈字孔承廣東東莞舉人研精理學私淑白沙先生嘉靖二十六年署江陰敎諭其來也挾書數册揭一章子坐學舍讀書蕭然自得

錢　錞字鳴叔荆州顯陵衛人嘉靖庚戌進士壬子來知江陰廉明剛介勇於有爲聞倭寇浙亟甃城完北隅之缺厚集鄉兵以待三十三年倭至迎戰卻之明年倭掠青暘錞兵不滿百追至堠頭倭小卻復大至遇之石幢

發三矢連殪三賊身亦被一矢圍長吳兌扞之得免兌以傷重死倭亦卻錞爲文祭兌軍心益奮翌日倭遁從犨擊趨城合常熟之寇三千餘人攻縣東門時錞已整兵還城啟門納鄉民之避寇者賑以粟且請兵於兵備王崇古不應乃取印印衣推案起曰睢陽何如人哉吾誓不能與此賊俱生遂捉兵數百突圍出以狼兵爲先鋒至九里河狼兵遁錞獨與義勇楊成陳裕等五十餘人接戰無不一以當百地險馬仆成以所乘馬易之會伏起被槊墮馬成裕交翼錞體糜如醢錞亦身被數十創顧謂成裕曰吾死國分也遂俱遇害義勇金鳴等十

人悉赴鬬死時天大雷雨晦冥咫尺不辨百姓哀號徧
野而祟古僅以探賊被殺聞贈光祿少卿廕一子入監
建祠死所成裕從祀殉難兵那惡郭斌亦附焉後巡按
周如斗白其事乃世襲一子錦衣百戶錞死時年三十
一令專祠在城隍廟之西偏
曹廷慧山東人以貢任江陰簿有智畧精騎射邑令錢錞
既死寇復至守者欲偕廷慧竄叱之顧其子曰此吾與
若死所遂奮臂大呼彎弓向賊曰吾射賊左眼則中左
復曰射賊右眼則中右賊駭遁明日賊作牛皮帳攻城
廷慧束火藥薪中爇之復擊以礮賊稍退在圍中四十

餘日欲告急大吏無由達有儒生薛寘請行募習水者
二人與俱七日始達然援兵竟不至後有樊參將提卒
千餘來廷慧爲內應賊始解去以功擢蘇州府通判
李　芳字文叔浙江嘉興人進士初令曲周隆慶元年調
知江陰咨詢利弊銳意興除北運則請各區分解掛籌
則請定價折銀貢魚改爲吏解不煩魚戶積穀請貯縣
倉免輸府費又江邑舊不買官布鄰封有積累者力請
蠲之報最行取入都會有忌者以郡丞開住士民德之
建祠文亨橋右
王之夔字子一丹徒人由歲貢任江陰教諭性廉峻生徒
有過輒面折之時學宮久圮之夔蒞是監葺殿廡齋舍
煥然一新轉雲南府教授以不屈滕黔府旋拂衣歸
元　瑋字選浦山東濰縣人進士崇禎十年任江南學使
衡校公明文風丕振六郡人士合詞請祀
閻應元字麗亨直隸通州人起掾吏爲京倉大使崇禎十
四年遷江陰典史始至有海賊顧三麻欲薄城應元率
居民千人堵江濱發一矢殪一賊賊膽落遁去大吏以
聞久之遷英德主簿會國變挈家僑居邑東之砂山乙
酉
大兵南下邑士民許用等奉典史陳明遇嬰城守明遇騎迎

應元應元投袂起馳入城時
大兵薄城下者且十萬城中兵不滿千且無矢應元命束藁
爲人乘夜置堞間內鼓噪比曉獲矢無算旋遣壯士縋
城斫營
大兵卻故廣昌伯劉良佐馳城下說應元降應元曰某明朝
一典史耳尚知大義將軍胙土分茅乃靦顏爲前驅何
面目見吾邑義士民乎良佐慚而退逾月貝勒統軍至
縛降將吳志葵黃蜚至城下說降應元罵之貝勒知不
可動攻益急礮聲徹晝夜凡堅守八十一日而城陷應
元率死士巷戰殺傷千數見勢不支躍身投前湖水不

沒項被執見貝勒挺立不屈一卒持槍刺其脛始踣地
擁至棲霞禪院大呼速斫我而死死時大書於院壁曰
八十日戴髮效忠表太祖十七朝人物六萬衆同心死
義留大明三百里江山
國朝乾隆四十一年
賜謚忠烈邑人舊祀於西城來二坊乾隆八年改建祠於東城棲
霞菴並祀陳明遇又益以訓導馮厚敦今名三公祠
陳明遇浙江人崇禎十五年任邑尉乙酉江邑士民倡守
城議以明遇得衆心推主兵明遇乃迎應元入與俱守
城破被殺手猶握刀僵立不仆闔門投火死乾隆四十

一年
賜謚烈愍
馮厚敦字培卿金壇人貢生崇禎十四年任邑訓導乙酉
城圍厚敦雖不嫻武事然時率諸生巡歷勉守陴者以
忠義詞旨激烈城破從容正冠帶自縊於明倫堂妻王
氏及嫠姊結袵赴井死諸生從厚敦死者十三人學役
劉俠斂之乾隆四十一年
賜謚節愍
國朝胡　亶字保林浙江仁和人以翰林分臬江南時兵備
署猶在江邑也順治己亥夏猝有海警潤城失守大吏

令偏裨來協禦亶謂客兵徒擾民無益止之單騎巡歷
出儲粟四百石犒守陴者民心稍安適中丞列營雲陽
毘陵間亶將上謁士民環留之號聲徹四野亶泣曰誓
捐七尺與此城共存亡耳中丞乃專以江境委亶亶益
嚴爲禦備詐賊至馬前曰願見胡兵備亶徑出大呼曰
若輩知以孤城抗
大兵三月者乃江陰耶若欲下江陰江陰未易下而四面之
兵已斷汝歸路矣賊聞語色動遽揮船去是役也自金
陵而下戎馬蹂躪數百里無炊煙獨江上安堵如故迨
京口既復亶疾馳入安集撫綏釋羅織者無算以內召

去
邵　嘉字令孺浙江富陽人順治乙未進士康熙十五年
以僉事任江南提學道擢任去尋卒諸生請崇祀句容
江陰兩縣名宦祠俱駐節地也
劉選勝字文伯湖南常甯人以左都督充左路總兵官駐
節江陰前總兵某縱卒行暴至掘架入民家選勝至懲
其尤橫者某家人滋事執而縛之某之子詣轅請謂曰
公子欲庇家人壞國法耶卒置諸法
邵嗣堯字九緘山西猗氏人康熙庚戌進士三十三年以
參議任江南學使清節峻立校藝以簡質爲宗著有四

書講義傳示學者履任甫半載按試蘇松以勞卒兩郡
人士建祠肖像祀之
張泰交字公孚山西陽城人康熙壬戌進士以太僕卿督
學江南刻苦勵操人莫敢干以私洊擢刑部侍郎去任
後邑人構陽城書院奉之
余正健字乾行福建古田人康熙丁丑進士督學江南衡
文根據理要訓士諄切
陳鵬年字北溟湖南湘潭人康熙辛未進士官河道總督
諡恪勤雍正十三年奉文入祠督撫統轄全省嘉績善政省志各有專傳於邑
乘傳之則非體其祠祀各郡邑遵詔旨也故特書其入祀之年而傳文從闕郡守統治八邑義例從同
惟巡撫周文襄闢治芙蓉馬家二湖江人被澤尤溥兼有濬河修學諸績且青暘立有專祠數百年來謳思猶
昔則仍為立傳

張伯行字孝先河南儀封人康熙乙丑進士官江蘇巡撫
諡清恪乾隆六年奉文入祠
李衛字又玠銅山人官浙江總督節制江南諡敏達乾
隆六年奉文入祠
魏化麟字素書江西南昌人以歲貢令丹陽人呼魏青天
及任江陰布袍襆被專以清約化民摘伏如神嘗有捕
役某亡其家莫知所之一日獲盜三人化麟忽詰曰若
誣非但為盜且殺人有某婦具控自首者免罪盜錯愕
不承化麟命將三人分繫夜半秉燭坐繫一人至謂曰
吾頃訊某謂殺人由爾盜遽曰渠自主謀奈何獨以委
我今某屍猶在某處也詰朝獲屍盜具吐實雍正七年
大吏清查錢糧行部所過吏民咸惴惴化麟先期案區
書保甲造細冊呈之大吏至俱覈數而已比戶晏然以
治行第一超擢常州知府詿誤落職及開復署徽州府
乾隆六年復知常州逾年勘靖江水災渡江值大風雨
夜泊沙渚中得寒疾卒卒之日署無餘貲發篋得質庫
券三十餘紙武進令趙錫禮為之營斂
徐士林字式如山東文登人康熙癸巳進士官江蘇巡撫

乾隆十一年奉文入祠
包括浙江錢塘人康熙丙戌進士知常州府乾隆十一
年奉文入祠
陳大受字占咸湖南祁陽人雍正癸丑進士官江蘇巡撫
諡文肅乾隆二十四年奉文入祠
胡高望字豫堂浙江仁和人乾隆辛巳進士兵部侍郎前
後任江蘇學政六載捐己貲廣書院生童額教思覃粹
俊髦咸知向學先是弟子各習一經乾隆間功令俾習
五經高望湛深經術取漢宋諸儒經義剖析詳明以訓
諸生諄復不倦士子如獲嚴師官終左都御史諡文恪

周系英字石芳湖南湘潭人乾隆癸丑進士戶部侍郎道光二年任江蘇學政以培養人材爲己任訓諸生以明行實踐之學念暨陽書院久失修葺紬經費移文撫軍撥江濱新漲沙田若干畝以充費一時寒畯咸知奮勉癸未江湖水溢邑濱江被災尤甚捐廉爲倡賑糶章程多所裁定四年十一月卒於官

遺愛傳見蔡志者六十八人見府志舊志者五人陳志增者七人新增者二人

陳倪啟至德初爲江陰太守徙江陰治夏浦爲艦浦城

唐李嘉祐字從一天寶進士調江陰令從政不苛民庶親服自常州還江陰道中有詩云處處空籬落江村不忍

江陰縣志 卷十五 名宦 平

看乘春務征伐誰肯問凋殘可見其愛民之意

宋范宗古山西高平人乾興元年以成均博士知江陰軍軍舊有

文宣王廟宗古以鄰於郡獄非尊嚴之意乃遷於治之東南門堂俎豆一新范文正嘗爲之記他如戟署使館城門川梁之制亦皆繕葺閎整焉

朱昌符一作昌叔字明之沛國人工詩與王安石相酬答安石懷江陰詩有泰伯人民堪教育春申溝港可疏通之句宋志郡守題名記稱其儒雅端範課最出倫

張其字公長直隸清河人天聖八年以都官員外郎知江陰軍吏盜民錢三百萬盜二十年矣其摘發捕繫數十人轉運使道悖謂曰此應貫典願寬吏吾以聞其曰按盜法也殺人以求賞非吾心也悉召吏諭以早償則從末減不爾且死吏親屬聞者爭出錢十日而足乃推死者二人爲首餘悉不問趙愧謝曰公長者殆非予所及也

劉攽字貢父江西新喻人慶歷中與兄敞同舉進士調江陰簿英爽通辯初與王安石友善後議論多不合始書爭青苗甚力又詩送之曰青苗助役兩妨農天下嗷嗷怨相公惟有蝗蟲感威德又隨車騎過江東因謫

江陰縣志 卷十五 名宦 圭

仕州縣者二十年始遷國子監直講元祐初爲秘書監官止中書舍人

葛閎皇祐三年以屯田員外郎知江陰軍時江陰軍守田較他郡爲厚閎謂士少租重取之無名所得七百斛悉輸之官浚運河自黃田港達五瀉堰多淤梗積潦害稼閎募里豪得粟二萬斛爲開濬費餘粟疏晢以貸後役

楊士彥嘉祐七年以都官員外郎知江陰軍橫河自淮立埭閘歲久淤塞士彥復大濬之灌溉有資輓運省費迨政和甲午縣丞楚執柔濬橫河邑人蔣靜爲之記猶追

稱立與士彦後先創守之功

陳剛中紹興五年籤判江陰軍時知軍王棠新建軍學剛中曰禮天子命之敎然後爲學請以命教名堂從之按視水災閔民困於横徵欲請蠲其稅而以去留決之嘗題詩悟空寺云人微言或棄歸休從此始以見志六年擢大理丞

張汝明字舜文任主簿有尉貧且病市物不時予值部使者欲繩以法汝明罄橐中裝代償之

韓世忠字良臣陝西延安人忠勇絕倫爲中興名將第一建炎三年諜報兀朮將自海道窺江浙詔世忠以制置

使駐軍江陰及兀朮分道渡江諸屯皆敗世忠乃自鎭江退保江陰聞杜充以建康降敵帝如浙東世忠分軍三道俟敵歸邀擊之帝召至行在奏願留江上截歸師盡死一戰帝賜札聽留明年金人引兵趨鎭江乃先屯焦山以扼之大敗兀朮於黃天蕩具見正史

辛棄疾字幼安山東歷城人性豪爽尚氣節紹興三十二年授承務郎籤判江陰時年二十三乾道三年孝宗召對因論南北形勢及三國晉漢人材持論勁直不爲苟合官終樞密院都承旨紹定六年贈光祿大夫諡忠敏

貝欽世字聖美浙江上虞人乾道九年知江陰縣濟治逕河民爭輸金不費公帑踰月告成

王　枏字木叔浙江永嘉人嘉泰元年以朝奉郎知江陰軍開渠五百里有功水利

那　蘊嘉定十二年以通直郎知江陰軍時九里河淤塞大濬之復自擦桂橋而上逆於朝宗門次第鳩工功成而民不擾又慮潮汐往來浮沙易積力役數興利反爲病乃括戶籍之沒於官者專置司掌其歲入弗以他用每歲農隙一舉行不以浚治費民期爲永久利民深德之他如開山蹊通道路植橋梁治舍館皆著稱當時

趙景緯字德文浙江於潛人淳祐初任江陰軍教授率諸

生以矩矱士子咸被其化

趙良珂咸淳二年簽判江陰時元兵自海道犯兩浙將薄江陰良珂帥舟師備火筏攻之焚其舟十餘獲其主帥江陰獲安

元

張　禧直隸東安人剛勇倜儻年十六即從大將阿朮畧元帥察罕徇諸州郡後爲主將所忌將置之法依王鶚以免鶚請於左丞闊闊薦禧與其子宏綱俱入見由此知名世祖平宋禧戰功多至元十四年加懷遠大將軍江陰路達魯花赤水軍萬戶威名播浙西海島入朝進昭勇大將軍招討使加鎭國上將軍都元帥旋拜中

書省平章政事禧卒宏綱襲鎮江陰少從其父攻城徇地數有功及之鎮盜起吉安宏綱率兵往捕未逾旬擒之連破建德溪寨諸賊後從右丞劉深征八百媳婦力戰死追封齊郡公謚武宣子漢當襲職讓其弟鼎襲江陰水軍萬戶

曹伯啟字士開碭山人至元中爲江陰路經歷時江南初定士夫殷集公餘毎與陸屋陸文圭輩講摩義理吟詠酬答卒未嘗有廢事累遷集賢侍讀學士至順中追封魯郡公謚文貞

張　獻字時舉直隸定州人大德五年尹江陰州令修政治創校官之宇闢小學之廬史孝祥爲作君子堂記

趙宏偉字子英山東甘陵人大德五年用中書董士恆薦起僉浙西道肅政廉訪司事大風海溢潤常江陰等州廬舍多蕩沒民乏食宏偉將發廩賑有司以未得報爲辭宏偉曰民旦莫且死擅發有罪我先坐遂發之全活者十餘萬人又有臧夢解者慶元人也知海甯州有異績至元二十七年夢解滿去已五年矣屬江陰饑江浙行省屬夢解賑之夢解不爲文具躬至其地人給以米所活四萬五千餘人二人皆不仕於江陰而澤及甚大後宏偉卒於泰定三年追封天水郡公謚貞獻夢解以

湖南宣慰使致仕至元元年卒士大夫稱之曰魯山先生

宋仲仁字春卿山東聊城人官知事颶風作海水暴溢民居漂溺幸而免者纍纍告飢州閉於省未報仲仁亟發廩賑之曰蹶位矯令惟某罪全活無算

烏古孫良禎字幹卿澤之子也至治二年蔭補江陰州判有惠政無何以憂去服除補官所在著績拜監察御史數上求賢才御經筵正身修德疏又請以許衡從祀孔子廟廷至元十三年以良禎疏冊立太子召爲副詹事爲太子進正心誠意親賢遠佞之道太子嘉納焉

萬　失名昭信人至順壬申同知江陰州寬明果斷修潔公勤人不敢干以私滯桀淫剛罰不施而事集元之名宦見於陸文圭碑記者四人萬其一也

張　仁至正十四年判江陰州先是州東巷有奸僧私某家僕婦殺僕投井中築垣其上其主不知也僕父訟於官久不決仁廉得其狀發井見屍僧婦皆服辜

【明】何得成安徽和州人與弟貴從明太祖下滁州得成以功官萬戶守江陰貴屢獻奇謀於都督吳良奏授百戶進指揮僉事

趙　鵬字圖南安徽全椒人以鎮撫守禦江陰恤軍愛民

時兵革初靖積骸徧野鵬悉收瘞之

郜　旺字明玉安徽六安人初官千戶取金壇克常州下江陰擢萬戶仍行江陰守禦遷惠州衛指揮僉事子讓襲任出海備倭與敵遇身中七十二鎗卒旺讓俱葬江陰青山子孫遂占籍

沙　原德字益之江都人以百戶從吳良守禦江陰撫流亡闢荒地時張士誠竊踞窺伺原德從良大小數十戰功稱最洪武元年從吳禎征閩擒陳友定還次昌國進征蘭秀山爲礮所中輿疾歸卒洪武三年論功追封武略將軍予世襲

李　鳳字景儀山西陽曲人洪武十年任江陰丞廉勤愛民政事修舉遷知泉州府

賀　子徵字子翼江西廬陵人洪武二十四年任江陰丞持身廉約率民以禮修邑志四卷

周　恩浙江黃巖人洪武二十七年知江陰縣廉以律己嚴以率下時經制草創恩至而明憲度厚風俗爲明代邑令之冠

蔣　宥字文惠浙江錢塘人洪武末由進士任知縣慷慨有爲不矜明察折强扶弱修儒學建儀門而道射圃文學之興自宥始遷建甯通判

陳　選字士賢浙江臨海人自幼即以聖賢自期天順四年會試第一憲宗朝督學南畿頒冠婚祭射儀於學令諸生以時肄之江陰養正書院選所檄建也又作小學集注以教諸生每按部嘗止宿學宮察諸生誦讀力崇雅正斥纖怪靡弱之風後爲中官誣陷正德中追謚忠愍

王　秉彝字好德四川巴縣人舉人成化三年令江陰時馬馱沙尚未設縣民困於賦役秉彝躬履其地驗沙之四鬬以漲補坍以甲羨餘補乙之不足積逋始清匿田者諭以法悉使自陳無隱招流亡助穀種資婚葬贖子女

三年以爲去民歌其德爲立去思碑

黃　璉字汝器山東濟陽人成化辛丑進士十七年知江陰時擊奸惡得小屏息徵入將拜諫官見嫉於閣臣萬安授鎮安州牧有平賊功止得常調官終杭州府同知

王　鎬字宗器河南洛陽人宏治十六年由監生任訓導教諸生以至誠爲本無詭言飾行歷八年如一日士多愛之

余　淩雲江西豐城人正德四年任江陰丞七年流賊犯江陰淩雲以鐵蒺藜徧布城外逼土中縱牲畜其間賊爭掠之悉陷擒數人餘逝去

趙　儲浙江蘭溪人嘉靖九年由歲貢生任訓導嘗問學
於章楓山道範凝然立課士程亹亹不倦
李元陽字仁甫安徽太和人嘉靖丙戌進士改庶吉士篤
志正學以直道稱出知江陰築城興學毀淫祠弭江盜
抑强直枉表章節義更以其閒搜遺賢訪古蹟寄諸吟
詠常於席帽山建梧溪書院與方謨爲布衣交
吳維嶽字峻伯浙江孝豐人嘉靖戊戌進士知江陰爲政
廉平尤篤意文學所鑒拔多知名士以最召當補臺省
年少不及格爲刑部郎與王世貞同曹詩名相頡頏後
官至大中丞

金　桂字中立浙江上虞人嘉靖進士自高安調任江陰
時當兵燹之餘下車即增修城隍練卒伍聚火器大開
水竇令鄉民移家入郭未幾山賊麻葉徐明犯境桂擐
甲升陴防禦賊稔城中有備遂遁去
王成芳字克濟甯羌衞人嘉靖壬戌進士初視縣事吏胥
多玩法成芳虛心體察悉得其竅會吏不敢欺性儉約
衙齋至不肉食擢任去什器悉還諸坊長士民攀號爲
之罷市
劉守泰字交甫湖北麻城人進士隆慶六年知江陰歲旱
雩禱草履步行甘雨立降定冠婚喪祭四則附以律例
曰諭俗編又著有江城末議諸書遷吏部主事
范承寵字秉義山東人分教江邑築講舍三楹傍青雲樓
令諸生各以地遠近分日課業其中刑部高捷來權邑
事題曰愛溪書院
胡士從字爾潛福建詔安人萬歷丁丑進士知江陰建倉
濬河剏立文社得士繆文貞人服其識簡儒童之秀者
送錫舍社資江人士咸知向學邑人於城隍廟東爲甘
棠祠祀之
錢汝梁本姓卜字用甫浙江烏程人萬歷癸卯進士知江
陰年甚少決事如老吏禁佐貳勾攝御蠹餘均解額招

流亡戢强暴不妄費民一錢上官供億亦多所裁節三
年竟左遷去士民立生祠祀之
郭一坤河南安豐人由拔貢任江陰丞操守冰潔佐政衡
平奉上牒據理折衷有不合輒與守令抗左遷去歸裝
猶來時敝簏也
劉學周字翼辰湖北武昌人進士萬歷三十五年知江陰
戢猾奄日精敏强記摘發吏蠹殆盡奸豪斂跡畏之如
神嘗定清糧清役諸法民便之請勒石縣門以父憂去
服闋起補南陵復改江陰兩邑爭之各赴闕陳請忽遘
疾卒

郝　敬字仲興湖北京山人博綜經史萬歷己丑進士令縉雲永嘉兩邑擢給事中劾時相左遷知江陰首舉鄉約著訓規一册嚴保甲分團設鋪盜賊入境即獲沿江多鹽梟招水兵領以哨長給火藥軍器巡緝防護江海安謐以水災請蠲不得移沙田無礙銀抵之又改編以紓賠丁之苦移項之絕坊長之累事愈劇法愈周然少暇即遍覽江山寄諸吟詠試童子拔繆尊素於稠人中邑之風雅益振以強項忤上官聽調歸歸而削桐爲棺刻詩其旁有南柯好夢君須到勝似江陰與永嘉之句後有薦者卒不起所著九經解奏疏詩文並行於世蔡志

云郝敬重望天下仰之而明史稱於敬令江陰頗有遺議敬以劾時相左遷亦以忤上官去位忌者之謗辭有自來矣讀其修縣治文述母夫人戒語蓋正自白其清白吏子孫也而沒後乃轉以誣之不亦異乎襆被而歸桐棺以葬清節燦然必有能辨之者

余士奇字才伯廣東東莞人萬歷戊戌進士視縣事五年誠慤愛民有古循吏風邑人祀之君山麓

曾仲文字汝煥江西泰和人由歲貢任江陰衛常買田設義冢於君山之麓俸入輒鑿井以便民部糧至黃河口遇劇盜斫其胸頸者再皆中船艦遷梓潼丞後以王官來江陰民爭致壺漿款之

湯　煥字堯文浙江仁和人隆慶庚午舉人萬歷間署江陰教諭清嚴有操工翰墨持縑來索者應之無倦色獨不可以金帛致徵爲翰林待詔寵賚甚厚名聞吳越

戴士杰字眉陽崑山人萬歷辛卯舉人署教諭雅意作興建聚奎亭進諸士講德論文日課月程所成就多文行兼優之士遷國子監助教官至憲副

張化源字雨峯崑山人萬歷己酉舉人天啟間署教諭有節概朔日令長謁廟諸生有長跪陳事者披而叱之遷台州司理去邑人懷之謠曰前戴後張玉出崑岡

張醕儒字簡安浙江崇德人少有文名天啟中以恩貢除江陰丞恂恂有儒者行言及金錢輒面頳當道咸重之薦擢滇南龍泉令

國朝

劉景綽字練溪四川內江人崇禎丁未進士順治三年知縣事時方兵燹之後四野蕭然下車一以撫綏安集爲主邑有大獄株連數百家得其籍焚之未幾坐緩催科解官卒於邸舍

武茂周字桑籛杳山人順治九年知縣事前令李長秀以貪婪被糾茂周任事六年未嘗取民間一錢

陳　鍹字孟起安徽石埭人順治乙酉舉人署教諭自兵燹後學宮自大成殿明倫堂外不遺寸椽鍹偕諸生經營相度捐己貲勸義助不受罰鍰不侵另戶磚甓木石

釘灰丹漆諸項務皆親自董理數月後復還舊觀有里
豪欲中一生許餽兼金三百鎰正色拒之奉郡守檄收
校遺章雖勢要無由通一竿牘在任數年擢知興縣事
劉　鋐陝西雒川人順治己丑進士十四年任海防同知
十六年海逆犯潤時兼攝鎮江府篆安插客兵招集流
亡兵民安堵兩郡士民咸歌思不輟
馮皋謨字中立山西蒲州人順治乙未進士來知縣事明
察有威事至立決在任四年積猾奸胥爲之屏跡邑故
有逋稅數千皋謨設法清釐自此得專辦本年正供民
以不困又逐妓女禁演劇及諸糜費俗以益醇

孫大儒山東萊陽人順治己丑進士十七年來任同知清
嚴自持戢兵安民惠澤遐被
奚祿詒字蘇嶺湖北黃岡人順治己亥進士康熙十一年
任海防同知邑有大盜程南山聚眾刼掠前守令莫能
治密捕之并其黨五人同日伏辜所著有四書養正錄
何爾彬字霜崖浙江於潛人由拔貢知江陰夙與王新城
以詩文相友善新城亟稱之兼通堪輿術相度地形以
北方元武水直射城中故歷朝多刼運乃捐貲買民田
與縉紳曹禾蔡鵬翥議築漁撬壩鎮壓水口令潮勢紆
迴以入壩成名曰永定同時靖江令鄭重望與爾彬埒

爾彬擢吏部去鄭來攝篆未幾亦内擢
沈清世字階平江西新建人康熙間以軍功議敘選江陰
令時濟頭里長陋規有所謂三銀五銀者清世以諸生
范光晨言力請革之又建五雲橋於駐節亭之南以滙
九里河之水水師大帥侯以勦戚鎮江陰伍卒恃勢張
甚驅里民爲之役清世白帥帥不納清世正色曰設兵
所以衛民帥可厲吾民令亦得厲若卒矣帥語塞民乃
帖然江邑舊志殘缺清世倡捐修輯釐爲二十二卷九
旬而告成後卒於官葬邑之北郊
陸次雲字雲士浙江錢塘人初授郟縣令以憂歸服闋補

江陰鋤奸胥懲豪猾禁巫覡不逾年治行推第一每課
士面指瑕瑜有若師弟勞農勸民如與家人相笑語士
民親之以修學濬河葺城垣諸大役挪墊詿誤聞者傳
之所著有澄江集玉山詞及選輯五朝詩善鳴集古今
文繪行世
荆子遴字默庵丹陽人貢生康熙間任教諭修祀典葺學
宮設課士法擇詩古文詞尤雅者梓之顏曰江上友聲
修葺名宦祠有學役於祠旁鋤地得白金以獻抑之去
曰吾敢染指此金乎以屬邑人士築宮牆三十餘丈署
府事趙某奉檄賑飢知子遴賢一以委之殫心籌畫凡

百萬全活飢民數萬後以憂歸曹司成禾作序送之
陶　彝字敏齋直隸東强人康熙庚辰進士知江陰聽斷敏決屢折疑獄先是催科無術吏胥因緣爲奸多飛灑包攬之弊彝創立順莊法以鎮統保設滚簿分限輸納不煩差役民無逋賦邑人稱便彝去法旋廢迨雍正三年大吏通飭遵行計距彝創法時已三十餘年矣以上考擢主事歷御史臺出爲兩浙鹽院康熙五十七年率同官請立儲予杖謫戍尋赦歸年已八十餘矣

汪養純字謹齋河南開封人康熙辛未進士（蔡志海防題名作順天宛平人庚辰進士）知太谷縣以卓異薦擢常州海防同知究心理

學負經濟才其至也與士大夫相見必諮訪利弊銳然有爲時巡撫張伯行與總督噶禮互訐

命朝臣某勘問檄養純爲巡捕某意左噶養純毖白曰中丞清節重天下今以場後風聞具題而制府借他事相中海內激揚視此一舉願明公察之某叱曰無妄言養純太息而出越日將對簿張易囚服就聽鞫噶昂然率從人徑入養純前曰請姑留噶怒甚問曰爾何官則朗應曰常州府同知某也噶目攝之後某竟論張死而養純已向署巡撫乞休去矣及更

命覆讞

聖祖降

旨昭雪而召噶飭部議罪養純直聲震一時大臣多欲薦之者稱疾不出

鮑　開字孝儀其先歙縣人僑居吳門遂隸籍康熙庚午舉人任教諭每月課拔佳卷一再試甲乙不爽聞邑儒陳其難精易理往叩之時陳已臥病開就正榻前漏下乃返辛卯成進士官翰林

葉紹芳字芸三福建人康熙庚辰進士筮仕隆平以憂歸服闋補江陰令先是邑中收漕納米一石止給八斗串民病之紹芳力請歲省民米數千又定官收官兌通倉

交納之法不限區扁米至即受俾無守候之苦邑之南北角有巡船越境擾民民與訟關吏餽紹芳千金冀袒其獄卻之關吏由此稍戢四年罷去

祁文瀚字北溟山西壽陽人康熙癸巳進士筮仕來安以憂去服闋補江陰令吏民日出境候不至忽單騎抵東郊之文昌祠越宿始知爲新令尹也皆大驚數月衙靜無爲黠者稍稍狡縱乃密訪數人庭詰之繩以法後無敢犯者時民俗輕生多以小忿自經溺水死文瀚委曲諭之俗爲之變又命案告訐家多破文瀚廉知其弊聞報輒飛騎往奸謀以息會浹旬不雨焚疏易服宿齋宮

越三日大雨盈尺歲大稔文瀚仁心爲質每出一諭若吐肝膈去官後邑人彙刊之比諸陸清獻之令靈壽云

張　經字御六滿洲正白旗人太常博士雍正五年署縣事履任三日吏捧勾稽簿進凡六十有五人皆縣小吏也前署令以獄不能置籍民屋羈之公詢諸吏曰奉部將行清查前官意若等有侵蝕預拘以待耳經歷然曰侵果實弊固當未行清查遽囚之非法也立出之前令陳以虧帑子被拘經分以俸邑有疑獄前令株究無已瘐得實盡釋之內外城隍久不濬河身如陸以諸生高文棟請議疏濬舊法止役西四鎮民經不忍獨累一方通邑均之著爲令時已擢松江府同知或說之曰公將去此役可聽之來者何徒自勞也經曰某今日未離此土即有此土之責敢膜視耶卒躬行之日巡河上撫慰民夫勞以羊酒工訖未嘗鞭一人及將赴松城中西河尚多淤不欲再費民貲出俸錢百千募民竣事士庶感德相率作亭於進賢橋西刻石志不忘云

張廷璐字寶臣安徽桐城人康熙戊戌進士雍正七年以禮部侍郎任江蘇學使接物以和持己以介高才碩德海內宗仰莅任九載多士向方而被澤者斌斌如也

蔡　澍字和霖山東高苑人雍正癸卯進士十三年選授

江陰縣令甫下車周歷城垣即請帑繕治重建角樓馬道水關月城甃磚垣三百八十餘丈自丁巳十月至庚申五月而功成邑舊有橫河自唐知軍崔立掘始達東境田疇甚溥歲久幾爲陸澍莅任大濬之疏故道七十餘里又濬漕渠及沿江各港炎風暑雨旅處畚鍤雜作間數年潮汐壅道嘗採昔賢耿橘陳瑚諸議詳列開濬事宜江人至今守之在任九年婦孺咸識其面事至裁決如神乾隆癸亥屬邑人士修葺志乘已屬纂會代去後令羅士瓚續成之

景　福字介之滿洲人乾隆壬申進士三十三年以都察院副都御史任江蘇學使是年秋邑大旱有司不以上聞徵稅如故西鄉民相率鬨縣堂人挾槁苗一束委棄庭中頃刻山積閽者以大言嚇之幾至激變福甫下車謁廟畢聞報單騎往諭并揭榜慰安之民羅拜馬前立解散翼日巡撫至欲大創之逮捕四出囹圄至不能容福以民饑飛章先入告僅誅首事者數人餘悉宥闔閭賴以安感德者久而不忘道光十一年立祠祀之

畢所密山東文登人舉人乾隆五十四年署縣事清節最著爲政嚴察有扞網者痛繩之奸宄惕息每治獄剖決如流民無羈滯之苦值時亢旱茹素步禱雨立至人以

爲至誠所感蒞江甫三月卽代去民思之至今呼爲畢
青天云
單　澐字凝齋浙江蕭山人乾隆壬子舉人嘉慶四年令
江陰前令牛兆奎楊世綬以貪墨著吏胥倚勢作奸民
困苛政澐至首革浮征減十之六禁戢奸胥之貪肆者
斷獄如神吏不敢欺邑城久圮澐捐廉倡修功成而民
不勞書院舊有經費錢三千五百餘緡商爲生息前令
梁某張某陰用之澐清釐歸額又請免每年挑濬徒陽
運河之役民免派累八年以治最調任長洲後官至淮
揚道

莫　晉字錫三浙江會稽人乾隆乙卯進士第二人嘉慶
十四年以太常卿任江蘇學使每試士終日坐堂皇校
閱不倦嚴禁懷挾有犯必繩以法無少貸士皆奉法自
勵時値亢旱率屬步禱復以雨不時至躬詣距城十餘
里之由里山龍神祠齋宿十日其誠切如此比內擢益
究心理學重鋟名儒學案等書遊門下士輒以身體力
行相勗官終倉場侍郎
辛從益字謙受江西萬載人乾隆庚戌進士二甲第一道
光四年以工部侍郎任江蘇學使先是使署薪米皆取
給於縣從益蒞任峻卻之廚傳所需悉從民價江蘇賦

額倍他省浮征旣病民而索規又病官乃嚴禁包漕舊
習札行各屬毋得淩虐士子手疏上之大都以法責持
平事期可久爲言七年卒於官
金　咸字彼莊浙江錢塘人道光二十一年署縣事倡捐
繕治城垣高閎堅固爲郡屬之冠書院課士獎賞特優
選刻澄江攬勝文集以示鼓勵二十二年英夷告警時
徐州總兵王以五百人戍守屯廣福寺因約束不嚴踰
城竄擾爲路民擊斃戍兵內訌勢甚危急咸自署執香
哭拜至寺感之以誠總兵始親爲彈壓其勢乃定戍兵
旋卽調去地方賴以安謐

林達泉字海巖廣東大埔人咸豐戊午科舉人同治十一
年攝縣事甫下車決獄數十積案一空民無冤抑邑有
猾吏懲創之咸頌神明他若建倉廒以儲稻穀濬城隍
以通水利建復書院以課多士捐買沙灘以資賓興無
不實心任事教養兼施尤服膺　先賢吳季子墓距城
二十里兵燹後瓦礫成堆請於當路次第捐建廟貌煥
然復設栗主於書院歲祀之甫期月以瓜代去嗣擢臺
北府知府卒於官大府奏請將政績宣付史館列入循
吏傳

江陰縣志卷之十五終

江陰縣志卷之十六

人物一

延陵季子以紹至德見重於聖人而終老是鄉流風餘韻賢哲代興或以功名事業顯名於當時或以氣節文章傳名於後世以及道德淵懿煙霞痼癖者流何時蔑有彙而錄之都人士之儀型固在是也守土者之景仰豈外是歟志人物

崇祀鄉賢傳

周吳季子札吳子壽夢第四子壽夢以札賢欲立之札辭不受退耕延陵之野事詳春秋傳及史記吳世家其卒

也孔子書其葬處曰嗚呼有吳延陵君子之墓在縣西三十里之申浦

漢彭修事蹟見後漢書道光二十一年奉文入祠

前宋吳欣之元嘉末弟倘之爲武進縣吏隨王誕起義元凶劭遣華欽攻之吏人皆散倘之獨見執將死欣之詣欽乞代弟命詞旨哀切兄弟皆免齊建元三年詔旌之

宋陳思道既喪父事母兄以孝弟聞鬻醯爲生母病思道衣不解帶者數月母喪水漿七日不入口既葬廬墓悲慟晝則白兔馴狎夜則虎豹環廬而臥其妻時攜兒女詣之拒不納咸平初賜束帛旌其門

葛宮字公雅大中祥符壬子進士授中正軍掌書記善屬文上太平雅頌十篇眞宗嘉之召試學士院進兩階知南充縣値東川饑部使者檄守資昌兩州以惠政聞知南劍州土豪彭孫聚黨淵山澤爲盜宮遣沙縣尉許杭諭降之並溪多產銅銀吏挾奸罔利課歲不登宮一變其法歲羨餘六百萬三司使聞於朝論當賞宮曰天地所產吾盜之又可爲功乎徙知滁秀二州秀介江湖間吏爲關涇瀆上以征往來有婚葬踰期者多爲所阻宮命撤毀之歷官工部侍郎著青暘集二十卷

葛密字子發宮弟慶歷壬午進士爲光州推官豪民李

斯殺人嫁其罪於邑民葛華且用華之子爲證獄具密得其情出之仕至太常博士年五十請老或止之笑曰俟罪疾老死不得已休官安有餘裕哉卽退居青暘之上湖自號草堂逸老著上湖集二十卷以子書思贈通議大夫

葛書思字進叔密子熙甯癸丑進士爲建德主簿時密已老欲迎之官密難之書思曰曾子不肯一日去親側豈以五斗米移素志哉遂投劾歸養十餘年近臣表其志行以爲泗州教授不就密不得已許以他日偕行始乞監新市鎭居父喪哀毀骨立盛暑不釋苴麻服終不忍

去冢舍後官至朝奉郎徽宗朝特詔謚淸孝著安遇集
十卷紹興閒以曾孫鄰追贈太師溫國公

王　令字逢原籍維揚遷江陰常作孟子講義與王介甫
辭文往來而守正不阿介甫重其志行謂爲學君子而
不已者也卒時年二十八介甫誌銘其墓

蔣　靜字叔明本宜興人因內父劉谷居江陰第進士調
安仁令俗好巫疫癘流行病者雖死不服藥靜悉論巫
罪毀淫像三百軀投諸江知壽縣奏罷乾蜂之貢有旨
減其六知陳留縣與屯將不協罷去徽宗初立求言靜
上言多詆元祐開事又獻瑞烏頌士論少之繇職方員

外郎遷國子司業帝幸太學命講書無逸篇進祭酒爲
中書舍人以顯謨閣待制知壽州徙江寧府茅山道士
劉混康以技進其徒倚爲姦利奪民葦場彊市廬舍訟
至府吏不敢治靜悉抵於法徙睦州移病提舉洞霄宮
越九年召爲大司成出知洪州後告歸加直學士卒年
七十一贈通議大夫著寂照堂集

葛勝仲字魯卿書思子紹聖四年進士調杭州司理參軍
林希薦試學官通詩書禮三經及詞科俱第一除兗州
教授入爲太學正上幸學多獻頌勝仲獨獻賦上命中
書第優劣勝仲爲首差提舉議歷所檢討官兼宗正丞

遷禮部員外郎權國子司業時朝廷命諸生習雅樂樂
成進一官遷太常卿宋自建隆至治平所行典禮歐陽
修嘗裒集爲書凡百篇號太常因革禮詔勝仲續之增
爲三百卷詔藏太常及建春宮以勝仲兼諭德勝仲爲
仁孝學三論獻之太子復采歷代太子善惡成敗之跡
日進數事詔嘉之徙太常少卿除國子祭酒尋知汝州
李彥括田破產者衆勝仲請蠲不當括者彥怒劾勝仲
上寢其奏改湖州尋徙鄧州朱勔先求白雀之屬勝仲
不與至是媒糵其短罷歸建炎中范宗尹爲相凡前以
朋附被罪遠貶者咸赦還復知湖州防盜賑飢皆有功

紹興元年丐祠歸十四年卒年七十三謚文康子立方
官侍郎孫鄰爲右相自有傳

吳　範字執侯大觀政和閒詔舉八行閭里以範應守志
不就子仲基仲逵皆第進士太后回鑾封範承務郎嘗
出貲建縣學東廊十五楹士皆頌之

呂天策字彥發隱居不仕善詩尤精於書法體兼數家有
石刻十卷藏於家政宣閒書學方興被詔不就人號曰
呂詔君

曹　崈字宗山蓮之子以文名世第進士仕至朝奉郎江
陰廢郡爲縣屬毘陵舊無產稅則例民輸丁鹽錢視他

縣獨倍力請均之郡從其請人皆德之所著有苕溪集
鍾山集抱關前後集論語注十篇叉子格裒集彙次刊
成戲彩堂稿二十卷樓鑰戴溪爲之序格至中奉大夫
葛立方字常之勝仲之子第進士有文名以郎官攝西掖
忤秦檜奪職後仕至吏部侍郎所著有歸愚集五十卷
外制集五卷西疇筆畊五十卷韻語陽秋二十卷方輿
別志二十卷以子邲贈太師許國公晉越國公
曹　岠字巨山朝請郎球之子第進士自京口分教受知
於節使李寶辟置幕府移檄山東皆其文也詞氣激烈
軍中感動特授左宣教郎終饒州通判

耿　秉字直之紹興庚辰進士歷官兵部侍郎兼給事中
終煥章閣待制厲操剛方律己清儉所至以利民爲事
兩爲浙漕始以江陰軍認納和買紬匹不堪乞令臨安
府以酒息輸代繼奏本路數邑版賦之重獲蠲減以萬
數申請役法六事遠近遵之其在臨安百姓立美政廟
以祀知廣德軍值歲祲發常平倉活饑民萬餘自劾矯
制之罪朝廷特加獎異著有春秋傳二十卷五代會史
二十卷
呂　棐字元忱紹興三十年進士仕至朝議大夫監察御
史始爲岳渚法掾撥常平倉賑饑爲當路所知編光

廟寬恤詔令又進寶鑑論二卷請法藝祖
邱　崈字宗卿隆興癸未進士爲建康府推官丞相虞允
文奇其才奏除國子博士賜對言恢復之志不可忘恢
復之事未易舉宜甄拔實才責以內治遵養十年乃可
議北向時方遣范成大使金祈請陵寢崈言汎使亟遣
無益大計徒以驕敵遷太常博士出知秀州華亭捍海
堰久廢鹹潮壞田蘇湖皆受其害崈奏脩築隄三州爲
鹵復爲良田知平江府召除戶部郎中遷樞密院檢詳
文字被命接伴金使之賀生辰者金正朔與宋不合告
以南北異同合從會慶節正日隨班上壽金使屈服孝

宗喜謂崈曰成禮而還卿之力也光宗即位除四川安
撫制置使兼知成都府崈素以吳氏世執兵柄爲慮陛
辭奏曰臣入蜀後吳挺脫至死亡兵權不宜復付其子
挺死崈奏乞選他將代之遂革世將之患其後韓侂胄
復以兵權付挺子曦曦叛人乃服其先見寧宗即位赴
召以中丞謝深甫論罷之尋復職知慶元府韓侂胄出
北伐議示崈知崈平日主復仇冀可與共功名也崈曰
中原淪陷且百年在我固不可一日忘然兵凶戰危未
可僥倖以誤國進敷文閣學士改知建康府將行侂胄
曰此事姑爲遲之崈因贊曰惟無搖於異議則善矣陛

寶文閣學士江淮宣撫使時宋師克泗州寗欲全淮東兵力爲兩淮聲援奏泗州孤立淮北所屯精兵幾二萬萬一金人南出渦河口及犯天長等城則首尾中斷莫若棄之還軍盱眙從之金人自渦口犯淮南或勸寗棄廬和州爲守江計寗曰棄淮則與敵共長江之險矣吾當與淮南俱存亡益增兵爲防進端明殿學士侍讀尋拜簽書樞密院督視江淮軍馬有韓元靚自北來自謂琦五世孫詰所以來之故元靚言兩國交兵北朝皆謂出韓太師意今相州宗族墳墓殆不可保語畢始密謂解意宗以聞先遣王文采持書幣以行金帥答書詞順

繼遣陳璧充小使璧言金人詰使介既欲和矣何爲出兵眞州以襲我寗請朝廷移書續前議且謂彼詰言以用兵出侂胄謀若移書往宜暫免係銜侂胄大怒罷寗侂胄誅起江淮制置大使兼淮南運使招集逃民二萬號雄淮軍未幾以病丐歸拜同知樞密院事卒謚文定著有忠定集十卷拾遺十卷

胡　琢字叔章隆興癸未進士淸約廉介歷三朝出六察陞諫官論事剴直終中奉大夫寶謨閣待制

葛　邲字楚輔少以蔭授上元丞會金人犯江上元當要衝邲不擾而事辦後登隆興癸未進士除國子博士輪對論州縣受納及鬻爵之弊孝宗獎諭除著作郎歷正言首疏以畏天愛民爲先又論茶鹽酒稅歲增之害詔令條陳邲以六事對皆切中時弊除侍御史論救荒三事遷中書舍人歲旱求言邲大畧謂虞允文創國用南庫之積日以厚戶部之入日以削罷兵以來諸將皆以賂得遷其勢必至掊克取償宜精其選遷給事中光宗即位勸上專法孝宗正風俗節財用振士氣執中道恤民力選將帥收人才擇監司明法令上嘉納除知樞密院事紹熙四年拜左丞相專守祖宗法度進薦人物博采公論未期年除觀文殿大學士知建康府改隆興謚

祠甯宗即位上疏言今日之事莫先於修身齊家結人心定規模判紹興府簡稽不遺巨細嘗曰十二時中莫欺自己改判福州道行感疾加少保致仕卒贈少師謚文定配享光宗廟廷有文集二百卷詞業五十卷

王　甯字德和三魁鄉薦乾道丙戌中乙科終中奉大夫直徽猷閣遜事三朝凡所敭歷綽有休聞有笑菴集十卷

趙夢極字子中官大中大夫給事中開禧初輔奕東宮因論兩浙身丁錢絹重爲民困轉以上聞御扎亟賜鐍放人多德之

吳　竽字允成第進士敭歷中外所至有聲祕書陳耆卿
稱其目如電采筆如川駛所交如棄水心適陳龍川亮
皆相器重終太府寺丞子行可當可皆以儒科擢第
吳當可字時文竽仲子開禧乙丑進士官至司農少卿忠
言直節名重一時晚歸鄉里徜徉林壑觴詠自怡平生
喜奬後進郡之名士多出其門著補劓叢稿
王呈瑞字莘夫第進士辛未南省第九人終太湖宰著易
膚其後有楊端叔字子正第進士丁丑南省第四人終
江東憲幹有自嬉集靳更生字春伯登庚辰進士第終
海南教授有南華經解三人皆以文鳴

趙　發一名良發字達甫嘉定癸未進士第三人端平初
上欲除發諫省會當國者先遣所親諭意發謝絕之命
遂寢終祕書省校書郎工部郎中胡鏜狀其行曰和而
肅介而通不容容以全不矯矯以異蓋粹然君子儒也
可謂知言
胡　鏜字伯遠嘉定癸未進士知寶慶府爲工部郎中學
有根本以四書爲實用一室蕭然凝塵滿几處之晏如
嘗有詩云貧居三不往薄宦兩無求三不往謂州郡宮
室時貴也兩無求謂薦剡財利也
包天麟字仁甫孝肅公拯裔孫也咸淳四年舉博學宏詞
科入元避世著書有易書詩春秋四經傳義行世累徵
稱疾不起詔旌其門曰耆德年八十三而卒手未嘗釋
卷邑人號其村曰文林郎今文林鎮所自名也宏治中
邑人張倘上書當事請祀鄉賢嘉靖中崇祀子植標俱
中科植任府學教授善訓誨士子陞樂清縣令見郡志
名宦標任浙江儒學提舉贈天麟如其官

元

陸　垕字仁重父煥宋末爲江陰軍安撫副使乙亥丙
子間江浙盜蜂起煥招民義捍鄉井垕實左右之至元
間伯顏兵南下垕時未冠造軍門與伯顏論議兵遂不
入境奏授江陰軍判官累官海南廣東道廉訪使所至

夷其豪強貪墨褫職者數十人有以簫鼓迎神聚衆至
數千人杖其首而投土木偶於江發奸摘伏咸以爲神
始在新安有爭葬者各指一冢莫知日月久近垕視之
謂曰必發而冢爭者色變懼亡去驗之果虛冢也吏解
官錢止驛舍兩人與俱稱錢被盜垕召在行者詰之獨
指其一賊具在或問何以知之垕曰吾覘其容止耳及
在湖南有婦獨居夫久不歸或誣婦與僧有謀指道旁
死人爲證垕疑死人夏月冬衣乃破僧械留獄中明年
夫歸獄乃白垕性至孝治家有法立義莊設義塾恤民
役不均多至破產垕立約先自所居化成鄉分戶九等

各出助田若干歲入之粟輸一人掌之歲終會其成既
羨餘則買田而各歸其所助行之二十年一鄉之中無
病役者卒贈嘉議大夫上輕車都尉吳興郡侯謚莊節
宋仁輔歲貢生仕東流縣尹平江路府判致仕平生不營
家計草屋三椽棲遲終老若無名爵者
繆　鑑字君寶號苔石居江陰之瓠岱橋使逍高尚不樂
仕進耽吟詠所著有效顰集行世楊維楨與陸文圭舉
似其詩謂可次渡江後三詩家之餘響如家況云雁沈
秋驛雨雞送曉窗燈遺興云門因好客時時掃窗爲看
山而面開皆傑句也

陸文圭字子方幼穎悟讀書過目成誦終身不忘博通藉
籍及天文地理醫藥算數之學宋咸淳初年十八以春
秋中鄉選宋亡隱居城東學者稱之曰牆東先生延祐
設科有司強之就試凡一再中鄉舉文圭爲文融會經
傳縱橫變化莫測其涯際東南學者皆宗師之朝廷數
遣使馳幣以聘以老疾不果行卒年八十五爲人剛明
超邁以奇氣自負凡天下郡縣沿革人物土產悉如指
掌先屬纊一日語門人曰以數考之吾州二十年後必
有兵變慘於五代建炎吾死當葬不食之地勿令封樹
庶無暴露之患其後江陰亂冢墓盡發人乃服其先知

有牆東類藁二十卷邑中金石之文多出其手筆詳元
史賈志云取秦漢唐宋以來文章係民彝世教者類編
爲書五十卷名師宜堂文
俞弈曾字仲山家故饒與袁阜隸仰給門下者甚衆弈曾
獨被儒者服折節交當世士江浙亂鎮邑爲墟弈曾改
築環堵室於故居西偏一榻容膝焚香默坐四十餘年
不至城府貴遊莫得窺見喜異書至老校讎不倦著有
空谷吟稿
俞　遠字之近弈曾子居空谷里人稱空谷先生身癯神
骨秀竦好讀書隱居教授有質疑義者應之若響里中

子弟承遠教揖讓進退與爲詩文皆有法度遠生長兵
餘築土爲室掃地爲席而於古誼甚篤故人孫岵自常
來歸均衣食奉之晚得廢疾家人或出誶語遠曰孫岵
先生貧而歸我何忍以疾棄之歲大祲耕傭病將死家
人迫令去遠曰使昇歸而死豈不以昇故死之乎且若
素事我今病而歸之非人情也未幾死棺衾殮之著有
豆亭集學詩管見行世
許　恕字如心家北郭故號北郭生能詩尤長古體思深
旨遠論事多激昂部使者薦授澄江書院山長不樂即
棄去浩然自得與山僧野子相往還人莫識也恕少有

志才能自樹會天下多故因去之海上蘇韓伯休爲人
旁通其術所著有北郭集行於世
杜友開字陽父授徒自給妻吳辟纑助之天歷間災荒學
徒散去朝夕不給吳昆弟屢勸析邱木鬻墓地可少延
誓不可繼欲挈吳歸吳曰夫既盡孝妾獨不能以義自
處乎竟窮餓相繼死王逢爲作雙璉環歌
梁　益字友直本閩人至元間父國桂任常州路教授來
遊江陰遂家焉益於至正辛巳舉江浙鄉科明毛鄭詩
通春秋文辭根据典雅郡中金石傳記皆出其手其教
人以變化氣質爲先自陸文圭卒浙西學者多從之遊

著有三山稾詩緒餘史傳姓氏纂詩傳旁通
單　濟之字君濱乙亥之亂里寇竊發燬其家父兄皆遇害
濟之挺身出救寇亦縛而焚之火半救至脫身獲免早
夜思復讐糾合民兵擒賊磔之讐既復遂閉門謝客非
慶弔不入城市不喜與富貴交騶騎闖門輒避匿不見
年垂七十卒屬纊之夕索筆賦詩云人皆有死我豈獨
仙霧散雲收白月在天
吳　方字季仁宋八行先生範七世孫受學陸子方之門
諸子百家靡不究延祐中有司薦爲處州學錄不就自
號懶庵居士家非甚豐而樂賑人之窮蔡港務官紵稅

錢一千三百緡將鬻女以償方爲代輸其人請以女侑
使令拒勿納寓官有受代死無所歸者方適自治壽藏
讓其地葬之金華黃溍銘其墓曰勤人者義澤物者仁
時以爲知言
李　辰字吉父家貧力學有志操搢紳交薦其才召試迪
功郎史館編校改參制置司幕府事以母老歸養數年
母卒衰絰不釋寢苫蔬食廬墓六年絕意仕進鄉邦賢
之
李士龍本沛人父爲江陰軍吏因家焉士龍讀書知大義
精武藝以先鋒從丞相脫脫南征有功官睢州同知兼

義兵都元帥撫農閱兵民賴以安長鎗兵掠地至睢士
龍率所部擒斬之寇兵益至力不敵有以敵號遺之者
斬以徇及勢不可爲取檗植地曰吾報主盡矣勿令敵
斫吾頭遂倚焉仰藥瞠目而逝年二十五
王　逢字原吉居黃山自號席帽山人其後避地松之青
龍江以祖母徐手植雙梧於江陰橫河上不忍忘又自
號梧溪子初至正間江陰盜起陷城邑東鄉之民多脅
從浙東帥觀孫克復欲屠之問於逢逢曰民非好亂無
父母耳帥悟民皆得生無錫民罹鋒刃者逢收其骨瘞
之當事交薦逢茂才異等皆以疾辭僞吳張士誠辟之

不就明洪武中郡縣交辟皆不就著梧溪集題詠多亂
離時忠孝節烈事足稱詩史云
（明）孫　作字大雅一字次知門人弟子以清尚先生稱之
而不名著書十二篇號東家子江西饒介之負才不輕
與人獨喜其書曰勉成之會有識者至正兵起挈家三
吳閒盡棄他物唯載先世藏書兩敝篋而已太尉張士
誠聞而稟祿之卒以母病謝去久之衆爲買田築室吊
於淞洪武癸丑朝廷議采天下士纂修天文書時學士
宋濂與總裁求士於禮部尚書牛諒諒首以作對因薦
入詔與編修越六月書奏例除翰林編修官以老病乞

外授太平府學教授三年陞國子助教又明年陞國子
司業前後八載皆儒官作器宇凝靜通亮過人與人交
初若秋霜不可狎久如冬曦不忍去雖或以是非相媢
惟自切責不以怨人性無雜好惟著書自怡宋潛溪先
生得其圖說答性難等篇極爲推許以爲王魯齋金仁
山許白雲諸公未知孰先後也
張　宣端之子字藻仲讀書過目不忘十歲能詩文既長
益肆力於學楊山居鐵崖二公文采名天下得其詩大
嘉賞一見爲忘年交洪武初徵授翰林院編修深被知
遇明祖呼爲小秀才知其尚未有室特命歸娶宋濂爲

序送之後謫滁道卒所著有春秋胡氏傳標註五經標
題青陽集皆未及行行者惟四書點本西刻郡庠其春
秋胡氏傳標註鄱陽周伯琦爲序謂其潛心研采羽翼
文定之學云
黄　常字叔彝與同里包英忠速並以博洽聞洪武初舉
明經不就隱居游鯉山後薦爲本府訓導三月即歸復
調建陽主簿著宏書七十二章小學通義十卷
趙　鉉字文鼎元至正間祖琦父思善聚衆禦賊見執不
屈賊怒盡殲其族鉉方六歲與母吳匿姑夏節婦家賊
跡之又匿舅氏吳士益家賊復購之急士益挈其母子

依杭州外姻方氏會杭州大疫母子遂相失其姑亦避
兵蘇州有義僕承信者聚趙族斬賊報仇復於杭州求
得鉉還夏姑育之後僞吳平鉉歸語及母輒涕泣不食
一日棄家出曰吾不見母誓無歸也歷走吳越數十州
不獲後於會稽遇鬻牛者周安道於旅邸言狀求得於
鄞之畫錦坊蓋母子隔絕者十有八年矣奉母歸又十
二年終宣德二年旌孝
孫　宣字叔誠以歲貢生由戶部主事知鞏昌地遷西陲
宣至至誠率物興起士風先是西戎時入剽掠聞宣名
稍稍歸服値歲饑民耕缺種宣解袍帶易蕎麥百斛與

之種歲仍大熟丁內艱歸軍民乞留詔起復事如故秩
滿郡民復請留詔進秩嘉議大夫仍治隆昌歷再考留
益力凡三十年不離隆昌平生慷慨有大志事親孝休
於家者八年居恆未嘗一至郡縣門及卒篋無餘物

嚴

本字志道本崑山人僑居江陰遂占籍焉家故貧爲
童子師得斗粟尺布躬負歸養父喜讀書取五經諸史
之要者丹鉛之以識心得以儒士薦任刑部主事遷大
理寺正時法網密獄吏文致多以故縱及大不敬爲擬
本爭之曰國家定律除叛逆外別無故縱之文卽不敬
所犯殊科安得一概重比傷聖朝明愼至意得條著爲

令其他平反甚衆尙書宋禮奉命採木於蜀本輔行爲
蒙蠻初見漢官徒衆驚疑負弩至禮愕不知所出本從
容諭以朝廷威德蠻衆懾服叩頭去居官淸峭然未嘗
自㢘而汚人嘗奉使督辦於太平僑居僧舍有懷金誤
投本所者笑卻之卽日徙舍故事督辦後期者例罰工
作本不忍急責民寓書其子鬻田爲工作費安慶鄉民
七人夜漁於河竊民舟米軍衛邀功抵以强劫重辟本
一訊知其冤改以杖徒有御史陳旭子與鄉人同飯於
肆俱爲邏者所獲誣鄉人前爲盜劫人事覺而逃餘黨
七人已棄市鄉人旣就縶懼拷掠誣引御史子同盜且

分之贓案具而鄉人死御史子無以自明謬以其所聘
耳爲贓本閱案見前七人招服未嘗有御史子及所聘
本驗所入贓非其物疑而問之其子號痛稱冤公爲直
之同列皆謂成獄久不可改公曰御史子有冤而不得
白執法者能無慚乎乃獨署其案聞於朝而釋之又良
鄉民失馬疑其鄰盜之執告於縣縣丞亦以爲可疑因
拷訊過重而死法司坐丞決罰不如法當徒而又坐告
者以絞公曰因公殺人罪丞當矣告者因疑而訴豈可
坐以誣告致死哉所擬則似丞與告者各殺一人矣遂
駮正而活告者蘇州衛卒十餘人駕舟運餉泊河西務

夜劫客其中一人爲事主所殺餘黨懼事覺無以自飾
見鄰舟有押解人帶兵仗防囚而行者因謬指押解人
劫商財謂其侶往救而被殺擒報於官皆誣服本覺其
牘疑之曰押解人與囚同舟借使爲盜囚必知之駮令
驗問果得其實遂釋押解人而正盜之罪其他事尙多
而數條活人於死爲最著翰林張洪長史周忱爲傳見
戒庵漫筆安成李時勉送嚴大理序有耿介不阿凡顏
操正㢘潔不汚用法平恕勇於爲義不計利害履行堅
確議論慷慨之譽著有律疑解略刑統辨義兩書

顏

澤字澤民永樂壬辰進士授鎭遠府知府府新設民

多梗化澤因俗爲治奏請立學其化大行陞福建布政司參議

徐晞字孟初永樂中由縣掾吏入仕初授繕工司都事歷工部郎中英宗即位陞兵部右侍郎奉命簡閱陝西臨洮諸衛軍士尋以邊警佐甯陽侯陳懋鎮甘州正統初召還實授右侍郎復往鎮涼州莊浪諸要害晞奏請建學立師以撥文教尋轉南京戶部左侍郎歲辛酉征麓川命晞督饋餉賊謀間道掠糧晞訓勵土官出兵擊破之餉道以通凱還晉兵部尚書充殿試讀卷官丁丑乞致仕卒遣官祭葬

黃敏字叔才正統中繇貢薦任興化府經歷潔廉自持人不敢干以私嘗督造戶口食鹽冊驗丁論稅立法有方莆田縣丞葉謀孳文厲民敏以事械治之後爲丞所誣罷歸莆人立碑北郭門外

張機字子樞自號澄江懶漁所爲多隱德事嘗作留耕堂以示志吳門高啟爲作澄江懶漁說

顧琳字汝玉少治春秋善屬文父伯常舉鄉試歿於寇琳始十歲問其母曰大人安在母語之故因慟哭復讐乃白其狀於縣事聞朝廷正統庚申以貢仕南大理寺副疑獄盈案片言立決不徇權璫王振請託已巳之變琳在任鬱鬱作詩貽廖忠愍有託事致諷之義時薛文清官大理見而歎之曰國家養士百餘年僅見此耳薦爲左寺正有徐玉者爲內臣所誣坐斬琳核駁至再竟釋之玉父饋金來謝琳正色卻之曰顧法如此豈私汝耶同官惡其異已使人論其縱出琳繫獄數歲日讀陸贄奏議不輟南臺蕭惟禎馬文昇抗疏辨之適英廟復辟事罷仍舊官未幾乞致仕家居十五年闔門讀書口不及世故暇則芒鞋布衣徐步溪谷之間其言曰三徑黃花隨意玩半竿紅日放心眠此可以識其概矣比卒鄉人私謚曰節菴先生著鄉田集平反錄羅志謂操行孤高正言不詭近代人物宜首屈指

卞榮字華伯年二十中正統乙丑進士歷官戶部主事員外郎常奉命簡戎馬南畿監稅河西務幹辦金沙洲所至皆能其官善爲古詩歌客京邸卷冊塡委几上每退食輒磨墨泚筆頃刻數十篇既告歸居陶城私第讀書不倦偶入城城中好事人爭先迎致蓋自大江以南南抵越北抵吳無一人不知榮無一家不蓄榮篇什者善飲酒廣筵招之不可得過知己則竟造索酒或至夜分達旦亦未見其號呶傾側也年六十九卒葬崇壽山有蘭堂集行於世蘭堂其自號也

李　琨字德嘉成化乙未進士授行人遷監察御史巡按山東擧盜問風解散奉勅兩廣檢覈公事風裁凜凜時臺臣有冒籠久任納賄饕餮者琨抗疏劾免之直聲大震未幾卽世琨性質實不飾隨常燕淡暴勝之爲人至城府一謁守令後畧無陳託姻黨或干以事輒謝絕之

陶廷威宏治六年進士授南京戶部主事卒於官本姓屈名震廷威其字也少孤鞠於舅氏陶祺遂蒙其姓復宗恐傷舅氏心不忍悖負遲之而後復爲人和易朴質與之處如共家人骨肉居無復設防畛云

薛　格字平甫弱冠領成化庚子鄉薦宏治癸丑成進士

改庶吉士時閣試中秋無月格詩有云關山有調空聞笛烏鵲無聲倦倚樓稱爲警句授檢討以養親乞歸三年卒初在史院時內廷發小璫聰慧者數人令教習疑難字劉瑾與焉格見瑾語言狀貌語同官曰此奴無善相應叱遣之王孺人與聞此語格沒後瑾專權猶念及其子檄府招之王孺人曰爾父嘗口深惡瑾莫若避嫌遠害遂辭不赴

王　格字文弼號懶齋篤志好學籍有時名宏治壬子領鄉薦就選南京工部司務時逆瑾用事仕途險嫉格堅執素志不緣禍福少阿凡歷再考士論謂其問學有源淸介不苟已而擢南京刑部署員外郎尤留心欽恤平恕詳愼權貴無敢干以私者前後在司屬九年乃引年致仕歸生平足跡不入公府端愼簡重不以色親人有古君子風子莘成進士見政績

湯　沐字新之宏治丙辰進士授崇德令崇人爲立生祠擢御史按山西擧翟無所避遷湖廣按察司僉事值逆瑾擅政怒不已附斥爲武義令瑾敗起爲廣東僉事理鹽政釐剔奸蠧不畏强禦歷官浙江廣東布政使貴州四川巡撫其在浙毛九寇孝豐在蜀芒部寇松潘皆討平之內召大理寺卿値欽明大獄起上意有所主沐昌

言曰律令高皇帝所定臣死不敢縱舍用是三奏讞三不稱旨免官家居六載廷臣交薦不起孝友天植性廉介通籍三十餘年僅有竹莊數畝世廟嘗書額賜之一曰存敬一曰處之泰然卒贈工部侍郎諭賜祭葬

貢安甫字克仁與父斌同擧應天宏治丙辰進士介長垣擢御史慷慨敢言時張鶴齡恃寵驕恣安甫抗章劾之武宗嗣位考功楊子器以山陵事下詔獄疏救之劉大夏請老疏留之逆瑾擅政劉健謝遷相繼引去安甫草疏與南給事戴銑等力爭瑾怒矯旨逮訊鎭撫司收錦衣獄會主事王守仁疏救廷杖發編戶直聲動天下瑾

誅詔還官不起再以爲起山東僉事不三月引疾歸性負骨鯁正德中見時事不可爲輒裂眦出血叫呼不已居家以孝友聞

黃　昭字明甫宏治丙辰進士授刑部主事改兵部職方司正德初逆瑾擅權抗節自守瑾怒罷之瑾誅起廣東按察司僉事晉福建按察司副使理屯鹽戎務疏剔宿蠹拔呈隱匿黃田山寇嘯聚有司莫能制聞昭往擒相率散去城門卒業元保倡亂昭行閒諜擒首惡亂遂平方考績聞母訃即日冒雨跣行奔喪歸生平扶植人倫善獎後進口未嘗言人過工吟詠尤長古文

史艮佐字禹臣宏治己未進士授行人擢御史正德初與貢安甫等劾逆瑾下詔獄拜杖削籍還無以爲家依高賓兄弟居因號借山居士瑾誅起雲南按察司僉事晉副使平十八寨叛苗濬滇池海口得農田千頃告歸二十餘年卒著有雲壑吟稾

高　貫字曾唯與兄賓同舉宏治乙卯應天鄉試己未成進士授工部主事分治三沽河牐多所興革三年改刑部員外郎執法不阿有千戶張福訟而抗法怨之逆瑾遂下貫詔獄邀重賄將復之貫不應謫知遂州已遷戶部郎陞浙江副使獎廉黜貪各得其情中監某在市舶謗爲恭謹而貫故遠之遂絕請託之弊貫天性鯁直居官奉職不少假借至論經術談詩文又緦緦忘分推誠也丙子考績京師道卒兄賓先成進士官江西參政弟贇以鄉薦爲崇安令

劉　乾字克柔宏治己未進士授戶部主事遷郎中五督糧餉累疏言邊事切中利害其督餉薊州逆瑾嫉其亢直使人縱火燒屯糧馬草坐罪逮繫事幸得白改兵部武選司釐正選格請託不行歷官光祿寺卿陳言二事其一以句稽往牒立條例慎出納其一以本寺賫醪費繁請移北寺爲便詔從之歲省費十倍因災異自陳致

仕卒賜祭葬

薛章憲字堯卿少爲諸生退學鄧賜之溪上洽聞博物傑然稱古作者吳人都穆讀其文擬之商彝夏鼎性喜佳山水意之所之輒輕千里赴焉居恆斂肱默坐古貌臞臞有鴻泥堂集晚號浮休居士

徐　度字克宏戊辰進士初任信陽知州累遷廣東按察司副使自少居貧力學晚歲登仕歷有政績

曹　宏字毅之父忠以進士起家少聰慧弱冠爲縣諸生文譽日起正德丙子舉應天明年舉南宮庚辰調知南豐縣南豐負山多盜宏至遂不能爲民害爲政務先禮

樂衰曾子固之廬爲後學勸擢山東道御史抗疏劾權貴不避奉命按四川軍伍適猓人犯闕設策勦平之事聞賜白金文綺以母老請侍養歸甫二年當事思其賢方復召而卒年五十平生寡言笑於人落落詩歌古文詞逼古作者云

蔣　舜民字虞中正德丁丑進士初任新豐多惠政均田賦蘇甲里修馬政撫逃民除驛弊而均田之制使民得安生流亡歸業迄今賴之以不徇勢宦囑託由爲下石先是御史王藻母弟殺人舜民依律成獄藻遂奏其均地變亂成法下撫按公勘俱白其功猶僅從常調轉眞定

同知督撫委以邊防遂上事宜七十餘條兼以五臺木稅屬之文官遂除宦官剋剝之害太宰王瓊知其廉能擢浙江僉事復以執法出罪忤上官論調浙紳在朝者力辨之調山西僉事督理屯政積弊一清舜民素嫻兵略見雁門形勢思倣木牛流馬車戰火攻之制事將成以失迎上官致任歸銓部推太僕卿不報卒年七十

吳　崑字仁夫正德初由歲貢任撫州府學訓導持己莊敬率家人以孝弟與其弟白首同居可以媿世之分荆然荳者

張　誼字惟正嘉靖初由歲貢任開州訓導陞台州學正性好編纂建樓藏書晨夕坐臥其上搜討舊文嘗葺家乘著宗儀二十條以訓族人又讀史得儷語爲編曰讀史類聚三十卷雖里塾稚蒙皆可誦習

吳　鳳順化鄉人年五十歲未嘗讀書居常賣餳爲業晨出見市餅者出一大錢買之納諸懷中急持而歸人問其故曰吾以遺吾母也如是者歲以爲常又常賣胥簪雜物於市一惡少虐取之鳳不較或嗤其懦鳳曰設吾與較恐詈及父母也母亡白楸之棺殮以時服又皆貸于人早夜傭作以償既葬母夙興拜墓下具盥盆進餅食如生以母生前不類面不食也伐樹枝爲居棲號墓

側歷十二寒暑國人言于有司核實部旌爲孝子

劉　羽字鳳來別號東岡繼武子也繼武中成化丁酉解元戊戌成進士未幾卒羽時尚幼擗裂如成人母撫之慟勸曰且休矣無自毀以墮前烈乃下帷攻苦漏盡輒淚潸潸下正德庚午登鄉薦試進士不第後縱遊齊魯間素與樂陵令許公逵友善訪之留數月寇適至爲許公畫守禦策公如其言賊駭遁許公晉按察僉兵武定將上其事曰因人之力以享名吾不爲也辭以母在此身未敢許人許公強留之一日忽心動適母病書至即不辭徑去由是家居養志未嘗一刻離無何母卒廬於

蓼側泣血三年未嘗見齒有高子羔之風

張　衮字補之正德辛巳進士改翰林院庶吉士累遷侍讀學士掌南院以太常卿掌國子監祭酒降南京光祿卿致仕在翰林十四年値世廟右文明大倫正大祀皆與議先是議禮諸臣逮繫侍郎何孟春等抗疏忤旨無敢申救衮獨上疏請釋復奏罷陝西織造止雲南採取撤浙江內監性孝友先業悉讓兩弟爲文謹嚴嘗修江陰縣志著有水南集

薛　甲字應登章憲子嘉靖己丑進士禮部主事擢兵科給事中時方士邵元節用事夏言與之表裏甲四疏指

切時事而排斥異端尤切言惡之嗾黨論謫湖廣布政司照磨後擢四川淑盧兵備僉事江西分巡南贛副使在淑盧解蒙撤數世之讐靖永播方葥之難在南贛誅葉廷春之負固招羊角水之堡城而贛故王守仁開府地衷其法行之勛績最著以忤嚴嵩歸會倭警甲倡議城楊舍堡邑令錢錞死難甲從亡卒中認其屍哭而殮之隨移書按撫得賻卹其學宗紫陽而參伍象山陽明嘗謂敬吾未能姑以畏階之因自署其室曰畏齋著有四書口義心學淵源錄心傳書院講義易象大旨薛子緒言藝文類稿諸書

劉光濟字憲謙嘉靖甲辰進士授戶部主事轉員外郎中出守衛輝內艱補濟南擢山東憲副外艱補浙江轉江西參政遷太僕寺卿晉都察院右副都御史巡撫江西所至各有聲績在戶部時奉命権臨清關蠹孔幾盡値庚戌之變大同勤王師首至廷議遣郎一人餉之勢不可前諸曹郎面皆土色光濟毅然請行竟達命雲中軍士懽聲如雷比歸家人驚喜出望外在南贛時大旱民有種藍者二千餘人壅上流以溉下流之農亦聚千人往爭不勝撫臣諭之不聽遽上章告變詔討平之發兵有日矣光濟惻然曰民爭水利耳何至拒命請往諭之

其人初猶露刃自衛見光濟輕行乃來謁光濟具悉其禍福其人咸搏顙自悔羅拜馬前曰惟公生我光濟以其二魁還謁臺杖之數十衆遂安嘉靖末民苦賦役光濟撫江西定賦役奏聞通行天下事載會典中至今遵行之召爲南京戶部侍郎明年改吏部再晉南京吏部尙書轉兵部參贊機務時江陵奪情議起僉都王篆欲光濟首倡台疏光濟堅執不肯列名曰天子留相國以情我曹當持之以禮江陵聞而銜之遂嗾御史曾士楚論歸累爲不起萬歷甲申卒於家廕嗣搆難失職卹典不舉生平著述多散軼不傳

趙與治字道隆嘉靖癸丑進士初師事胡正蒙胡欲爲謀館選謝不就授曹州知州俸入外不私半鏹會大計嚴嵩當國筐篚填溢與治但循例投刺大忤嵩子遂調四川廣安事上官亢直不阿發巨室俞某奸狀俞賂善水者斷其册維于瞿塘幾覆與治白當道置之理御史行部奸胥輒句訪羅織與治廉得主名榜階下眾皆慴伏遷襄陽府同知南戶部員外郎轉武選聞母病歸屢薦不起家徒壁立布衣蔬食往來城郭一平頭奴隨之見者不知爲品官也年八十八卒無子產薄不能具喪葬兵使蔡獻臣經紀之

季科字與登五世祖有開官給事科年少高才得其祖名文昌者所傳心解側藝力追先跡中嘉靖壬子鄉試癸丑成進士授官行人司奉使稱職擢爲禮科給事中歷吏兵工有清舉錯劾陸尉興河渠諸疏乙丑大計以資望推乘筆卻餽懲貪公論允愜補江西布政使右參政多所釐剔隆慶丁卯以養母謁告歸時年三十有六於含後築清機園日修色養謝絕塵事母年九十終猶篤孺慕所著有華陽會語寄寄堂藁閒居雪浪鷗盟諸集

張汝弼字雲程廪生七歲從師授書至父母之年不可不知輒流涕被面師問之曰吾父年五十一母年五十矣父嗜酒預以脩金付酒家聽其飲母隕于甕終身不啜甕歲饑發姊及甥于家妻子分糲聚食遇人無賢不肖一飲以和雖處橫逆不校也至老講學不輟時言學者宗良知汝弼弗善嘗言操戈紫陽以投時好即取捷徑吾不願也每對人輒談古行誼人有踰檢必反覆勸諭令其愧悔而後已一日忽自笑或問故曰覺生平殊無可恨耳其自信如此

趙用賢字汝師參議承謙子先世爲宋宗室有士鵩者守江陰軍因家焉後徙常熟用賢少有才名登隆慶辛未

進士選庶吉士第一授檢討萬歷丁丑江陵相不奔喪臺省保留用賢抗疏請聽終制拜杖闕下爲編氓癸未召復原官晉中允時遷人輯集欲反江陵政而江陵舊人猶布滿九列因倡黨人之議用賢疏極言黨禍與吳編修俱乞歸不允後晉洗馬祭酒歷官吏部侍郎與選郎顧憲成辨論人材以進賢退不肖爲己任竟用讒歸先是拜杖日封敗肉如掌陳夫人腊而藏之每見其嚼齒擊案輒奉櫝進曰盍爲侏腊地乎雖爲之斂容歎息終不能改也其爲文章博達詳贍尤長于奏疏尺牘有文集行于世贈太子太保禮部尚書謚文毅

袁一驥字德良萬歷癸未進士歷儀曹請建儲請日講請
復建文年號得旨改正後聞父病乞歸起補湖廣按察
使會有楚藩之變與撫事特從寬議父歿服除巡撫福
建時稅璫高寀横恣一驥先有疏禁販能稅後皆其黨
璫卿之一日商民以璫取䀆物不貲譟起赴愬璫乘國
喪撤衛擁眾入署劫一驥會官兵環集璫逝疏聞五上
得報責寀激變撤回閩人歡呼動地一驥凡六疏乞歸
得旨褒以撫閩有功立專祠祀之
夏樹芳字茂卿先世素封至其父以役廢産樹芳少食貧
敎授里中萬歷乙酉舉於鄉念母老不欲少離三上公

車後不赴隱居昆山東麓數十年當道並薦於朝詔如
陳獻章吳與弼故事樹芳若不聞也年八十卒所著有
消暍集詞林海錯女鏡奇姓通譜諸書
顧　言字尙實萬歷壬辰進士初令慈溪捐俸遷縣治與
文學抗節抑礦璫片言定軍變立徵解良法以除民累
開杜白二湖以興民利因强項不阿儻轄南曹山刑部
郎出守南昌忤時相左遷汝州歲大旱徒步雩禱詔民
命重於官守不候旨發帑金全活萬計又復書院通水
利擒盜魁治巫覡既以戶部郎督餉延綏丁艱起復以
職方郎爲浙江按察使司副使旋有四川參政之命卒

於金華道中慈汝士民聞而哭於生祠各請祀之名宦
繆昌期字當時少善屬文以名節自砥萬歷癸丑進士選
庶吉士與楊漣左光斗善梃擊事起昌期語人曰一御
史以風癲二字出脫亂臣賊子一御史以奇貨元功四
字抹殺忠臣義士蓋指劉廷元劉光復也廷元因嗾劉
文炳劾之甫授檢討卽移疾歸天啟辛酉補官典試湖
廣論以周公愛君爲題程文有仇士良趙高等語大觸
魏璫忌時璫勢驕恣昌期語座主葉向高謂公三朝老
臣當以去就爭之無使中人手滑向高迂其言頷之而
已晉贊善諭德璫營生壙於玉泉山令其客以碑文請

昌期正色曰生平恥諛墓況肯爲刑餘辱吾筆邪璫銜
之刺骨楊漣二十四罪之疏人僉謂出昌期手名賢次
第斥逐昌期必灑涕言別明知爲詗者所見勿避也中
旨勒令閑住丙寅春與周宗建同逮中途作自序千言
及下詔獄楚毒備至槖饘中傳片紙出自是遂絕斂時
十指墮落諸子捧掬納袖中聞者無不悲痛昌期天性
純孝父末疾臥蓐十七年每中夜聞謦咳必整衣起立
牀下接引後學娓娓不倦非其類者嘗目攝之出語皆
具救世苦心因持局過峻遂罹璫禍崇禎初贈詹事府
詹事兼翰林院侍讀學士謚文貞著有從野堂集

李應昇字仲達萬歷丙辰進士授南康府推官至卽決積
案六百餘出冤民江九五等一十九人民歌之曰前林
後李淸和無比林謂閩中林學曾也擢福建道御史首
陳保身及內操以清政源再陳吏治民隱以固邦本其
大快公論者劾魏廣微魏忠賢崔呈秀及救萬爆四疏
呈秀被黜與援復起嗾黨誣論削籍歸與高攀龍周順
昌同被逮時緹騎旁午應昇慮人情憤激闔命卽先入
郡與親知訣及開讀郡士民環集爭欲甘心緹尉應昇
搏顙丐免或有勸效高攀龍者答曰應昇如草草畢命
陷吾親縲絏中死不瞑目今歸死詔獄吾分也既赴獄

五毒備至坐贓四千曒比同年及門人爲代輸卒不免
將死作詩與其兄應昃訣別時年三十有四應昇事父
母孝事兄悌傷季弟早歿獄中猶爲作壙記崇禎初贈
太僕寺卿謚忠毅著有落落齋集

貢修齡字國祺初名萬程安甫四世孫萬歷己未進士知
東陽縣革耗羨錮贖鍰撫流亡杜干請抑義烏事治行
一如東陽三薦卓異士民畏壘祀焉內召已注吏部忤
黨敵之補刑曹引經斷獄稱明允晉少參董浙漕革陋
規至蠹再副閩臬以介直不容投劾歸復起江西少參
分守湖東單車就道與江撫某不合解組歸著有匡山
斗酒堂諸集

戚勳字羽明諸生以例入南雍授中書舍人乞假歸國
變福王建號授前官奉命督閩餉將行奏請設官防江
條詞懇摯比反福王已被執遂自書賜移家入城在圍
中堅守八十一日城破積薪繞屋焚香具朝服北面拜
呼烈皇帝大書於壁曰大明文華殿中書戚勳死節之
地先命三妾二女一婢投繯遂縱火自焚死一門死者
二十一人著有匯丹集佩朱隨筆
國朝乾隆四十一年
賜謚烈愍

國朝徐之龍字仲升恩貢生授神木縣知縣撫以恩信逆賊
王永强高有才倡亂攻城之龍擐甲執戈嬰城固守其
二子廷綸寵綸亦踴躍襄事久之力不支城陷之龍父
子皆被執不屈賊猶縻之未卽加害
大兵進勦賊知不免遂刃之龍父子家屬十一人皆被害事
聞贈山西按察司僉事予祭葬廕一子嘉慶間
賞恩騎尉世襲

季芷

戚藩字价人勳弟順治乙未進士知安定縣縣本山瘠
又值旱蝗藩多方撫卹流徙復業捐公費節驛役以抵

民逋賦其催科不假胥役但以官符付里正賦咸辦暇
則課諸生肄業人文爲之一變尋以事去不名一錢爲
人硜介專靜不事浮競制藝與熊劉齊名康熙間寓十
方菴無疾卒祀安定名宦祠
朱　衣字子吉恬澹無他嗜好閉戶窮經尤喜談詩與程
如嬰周捷同輯明詩歸若干卷家屢空衣處之怡然嘗
於除夕獨登君山坐臥大石上賦詩自樂其意致如此
著有卷齋詩稿藏於家
章耿光字子觀號腹庵明太祖賜儒籍章庠之裔孫也資
性醇謹鼎革時奉父避兵草棘間瀕於危而得脫弟某

守城死難每念及輒涕流康熙丙午舉於鄉辛亥任徽
州府教授訓諸生敦本立品修黌宮置學田創建社學
教化一新攝歙縣學篆值山寇竊發或勸少避耿光守
庠序弗去及歸郡人設主以祀焉家世幽臺禮因患陳
澔集注多舛誤更著禮記纂注頗詳密學者宗之其孫
玉樹復以禮經傳壬午教授上元縣學曾孫士鳳中己
酉
徐世沐字爾瀚邑諸生沈潛好學自成童迄耄耋未嘗一
日釋卷所著有學庸論孟易詩書禮春秋孝經小學講
義統名曰惜陰錄別爲心性圖二卷性學吟四卷分晰

異同多先儒所未備窮年鍵戶纂述外人罕見其面嘗
道式閭學使惺齋李公尤推重之生一子恪博雅能詩
文選拔入成均歷任棗强羅溪令以勞卒於官孫崑補
邑弟子員家居聞訃赴粵扶父柩亦卒於粵士論惜焉
耿　勳號節庵康熙戊午副車品行端潔不屑屑爲詞章
之學家甚貧而清操愈厲知交多貴顯者累招不就楊
文定公夙推尊之及既貴勳亢前輩禮自若以教習謁
選卒於都門士林咸痛惜焉子人龍字曹升廩貢生淯
古敦樸恂恂若不出口及叩其中於先儒宗旨貫串融
釋淵如也曾督學胡公問士於文定以人龍對遂延閱

卷初胡與文定爲辛未同譜俱出安溪相國門安溪素
談成宏法故胡以此取士而外論或議其失眞及人龍
入頗有所裁正後陳檢討視學粵東復邀與偕往既歸
以沈約韻書傳久多龐雜乃手著韻通三十餘卷於音
切辨析毫芒又著易解蓋得諸梅正平之後云
許　觀字上公故明諸生甲申後更字尚公父松宜邑高
材生亡時觀甫七齡悍族涎其貲齮齕之繼室戴氏挈
觀依母家弱冠蒙母姓游郡庠刻意力學博涉經史革
運時奉母避兵赤岸里交李膚公遜之始謝舉子業肆
意于詩古文著有營養集多紀述甲乙間事知言者以

為有少陵詩史風毋亡不能營葬地腹臥柩旁者數載
弟國少觀四歲親為授書偕隱東城隅飲食遊處必偕
國先卒家事一以身任之尤好為利濟事嘗捐資濟黍
涇支河里餘晚歲習青囊術貧乏者邀之視疾昏暮風
雪輒應酬以鏹揮去之其耿介如此子大定字禹請少
負奇氣擅幹濟才以補武庠鬱鬱不得志遂從辟書佐
幕遨遊齊秦晉衛淮泗間熟諳黄淮形勢瞭如指掌遂
留河工宣力相度阻隘扼塞險要事半功倍靡不底績
積數載考績稱最授兖州府運河同知管濟甯河道甫
抵任前官方虧帑金數萬為代任卒坐是貽累在任築

城濬河除回匪析冤獄民稱神君旋擢河北驛道歷
署藩臬道府縣篆敭歷二十餘年所至以幹練敏達聞
於時其行誼則酷肖其父云
朱廷鉉字玉汝中康熙己酉鄉舉謁選上元縣教諭壬戌
成進士授湻化令值歲大饑秦民流亡過半當道檄許
貧民貸粟富室廷鉉慮生變請止之亟出倉穀千百石
賑濟會得
旨發賑得免舉劾以才能兼攝武功同官鄠縣三邑篆各著政聲
督撫薦揆內擢御史風節清剛疏請官員以卓異行取
者不入常例銓次又請充發烏喇人犯免其流五城枷
責不致負創道斃一條著為定例又長至郊祀有大司
農等七人未與齋宿廷鉉飛章彈劾祀典整肅歷陞奉
天府丞大理少卿皆恪謹盡職以老致仕卒於家生平
長於詩所著有南樓江花等集其子沖歲貢亦以能詩
世其家學焉
楊名時字賓實為諸生日即究心性命之學康熙辛未進
士改庶吉士舉主李文貞深重之從受學詣益精遂授
檢討提督順天學政教諸生以居敬窮理為宗擢侍講
入直
南書房授直隸巡道時直隸未設按察使巡道專理刑獄名

時廉斷稱最累遷貴州布政使雲南巡撫值西藏用兵
屯滇以待進止名時捐廉建屋百數處之饋餉皆計里
給值民輸兵糧者請折銀徵解又舊有公件子孫丁銀
等項輸納反倍於正額悉為均役減派擢雲貴總督以
洱海尾流為沙石壅數為患奏請疏浚費皆官出凡利
民事以次舉行坐事落職聽勘承訊官多所捃摭禍幾
不測賴
世宗知之深得不罪居行館七年未嘗一日廢學凡古昔聖哲相
傳性命道數之旨益深思而力討之
高宗御宇起禮部尚書管國子監事仍值

南書房受事後日以講明理學造就人才爲務薦經術之士莊亨陽秦蕙田等七人分掌教事請增順天江南陝西解額黔中苗亂上綏定苗疆方畧皆見施行未幾疾作授遺疏以治化方新
聖躬惟健行不息
聖德必日進無疆爲言語不及私比卒
上震悼降
旨稱名時學問醕正品行端方
贈太子太傅入祀賢良祠
諭賜祭葬

賜謚文定著有四書易經詩經劄記採入
四庫全書文集若干卷

繆宏仁字廣敬爲文貞公昌期之曾孫祖純白父疇咸宏仁幼即端重長爲制藝鎔今鑄古不涉時趨補弟子員第一餼於庠屢試棘闈不利杜門課子潛心理學諸書著有自約言隨筆家訓皆由淺入深以小喻大修己教人之法莫切於是生平敦孝友不言而躬行鄉里稱爲長者子詵字繩孫以甲科歷任宜章新鄭令所至清介著聲爲能世其家學云

陳　燦字粲生邑庠生有至性年二十一母卒號泣廬墓側者百日以父命勉入塾有閑輒省墓徬徨不忍去及父歿破産營葬事繼母庶母皆盡禮鄉里式之雅好周恤不計有無鄰有周姓者以家貧生女將溺之燦聞之急往救不時資助其家故其終身視燦如父子均字秉侯號一泓讀書嗜古文筆清華秀麗具臺閣氣象受知學使吉水李公試輒高等初燦家本儒素以慷慨好施家計益窶均出就館所得脯脩皆以遺親分毫無所私依袁了凡行功過格常著省身八箴於座右舉康熙丙子鄉試第二人登丙戌進士官庶常己丑充同考官甄拔多名士丁酉

廷試稱
旨遂奉督學廣東之命事竣還朝卒於京師

夏敦仁字調元霈之長子霈故邑所稱夏孝子若時也敦仁以五經世其家渾厚樸茂制義言有本原滚滚不竭自稱識字布衣著愛日編等書數種後進咸慕之尤存心利濟始霈以斜涇河民田資灌溉濬之後復就淤敦仁大捐貲以濬身董其役至今父老耕畔者猶稱述夏氏之德弟敦義幼號神童見沙際齋傳次敦禮國學生績行讀書倡捐修學次文彬廩貢生至性純篤居喪哀毀盡禮行文自成一家人謂敦禮如兄之好施文彬似

兄之好學

貢震 續見政 道光二十一年奉文入祠

崇祀忠義傳

前宋徐 耕富而尙義元嘉末邑大饑以米千斛助官賑貸議者以方漢卜式詔褒之授縣令秩不受

宋耿秉 見鄉賢

元李士龍 見鄉賢

蔡廷秀字君美宋酉山裔父以忠創建澄江書院廷秀博學多聞器識沈毅爲袁州推官時蘄寇陷袁州廷秀被執三日罵不絕口遂遇害初左丞烏古孫良禎薦廷秀

江西省檢校命下已死

許晉字德昭有武略子如璋亦英毅至正壬辰紅巾賊起晉潛集勇士資以衣糧保護鄉井陰約官軍與賊戰已爲内應官軍戰不利晉帥所募酣鬬於城北祥符寺前會賊黨自他所來犄其後如璋與家僮往援手刃數人破圍入父子俱戰歿官軍求其屍還葬父老皆墮淚曰父死忠子死孝名其里爲忠孝里

吳重字士宏饒於貲張士誠據土僭號其僞左丞朱定索糧於重重以士誠僭逆詈弗與定遂鬬焚重居殲其家惟八歲孤遠獲免詳史自守三義記

明許節字文度恕子詩文皆得父傳洪武中以文學舉起家江山縣主簿擢禮部主事有能名時周王母薨而馬后猶在上命百官成服節據禮抗疏爭之不納翼日百官喻旨易服入節獨緋衣進見上震怒謫戍五開尉以死論者謂主事卑官耳能昂首吐氣爭辨於盈廷唯諾之時可謂不負禮官者矣著有述古齋集

陳清字心水明初授江陰副千戶以功封合浦侯諡忠武

朱安七字德剛洪武末以才德薦爲秦府紀善建文時靖難師起與茅大芳鐵鉉同誓師遏之成祖即位戮諸不

用命者縲絏以死

徐麒字本中洪武癸酉奉勅持節諭蜀事竣還應授顯秩以終養辭子悆字景南悆字景州應詔輸粟正統間旌爲義民景泰間賜冠帶欲追旌麒又進鞍馬得表墓旌義

周伯源傾財好施爲德於鄉正統間其孫珪字孟敬出粟賑荒貢馬助邊祖孫俱旌爲義民詔碑伯源之墓

陳瑩字榮甫子安字孟寬正統中安出粟二千石賑飢詔旌義民又輸芻藁六千束助邊乞加恩於父詔碑義民於瑩之墓凡義塾義冢成梁甃道皆捐貲不擲舉誤

其後也

夏　鏊字孟承景泰間貢鞍馬芻秸以助軍興詔給冠服辭不拜請旌其祖允墓從之成化間復出粟二千石助賑飢

顧　琳見鄉賢

湯　沐見鄉賢

貢安甫見鄉賢

史艮佐見鄉賢

黄　昭見鄉賢

黄正色字士尚其先於元末爲江陰教諭遂家焉嘉靖己

丑成進士令仁和香山南海所至稱神明南海宦文敏爲正色座師霍氏有犯一繩以法文敏以爲賢擢御史首論兵部尚書張瓚武定侯郭勳士論韙之翊山侯崔元巨璫鮑忠䕶章聖皇太后梓宮還葬承天怙寵黷貨正色疏列其不法狀忠等轉誣正色於梓宮前乘馬張扇上怒杖之闕下賴文敏力救得戍遼居戍所三十年遼左人士從之遊成就甚衆隆慶中復原官進南京太僕寺卿致仕歸卒祀遼陽三忠祠又祀府先賢祠

陳皋謨字思贊嘉靖甲辰進士除知滄州滄當幽洛要衝最繁劇宗室列邸其間豪猾難馭皋謨潔己持法以身爲範不煩搏擊而俗自化三年被徵士民立祠祀之擢刑部員外郎遷南京營繕郎中廉介如治蒲弊源俱絶會倭寇起海上檄理城守自署焦勞卒於官既卒而有廣西僉事之命當在蒲時識拔張四維於諸生中爲完室授館著有游遼北遊南都諸稿

黄　淵字原之庠生屢舉弗售以孝弟力田爲務生平多善舉設義學置義井置義莊姻黨有急屢告無厭色凡羇旅阨厄者咸計程廩授之正德間歲饑發粟千斛有奇給散鄉人置五館爲糜食餓夫所活千計死者棺斂之事聞旌其門

黄　鏊字世鳴諸生倜儻多奇計嘉靖間捐金六千兩甃城東南面三百餘丈以備倭警歲丙辰倭益猖獗復輸銀二千兩增子城三座倭環攻三十三日不破民賴以全圍城時輸粟七千石以給士兵再輸粟三千石以安客兵給貧民之無食者後趙文華索軍餉縣無以應又助軍興銀七千兩邑人爲立專祠

王　遼字既明負至性擅才畧通天文地理風角諸書親歿廬墓三年嘉靖中倭警長吏推擇統鄉勇爲障禦倭由百丈登陸薄江上鄉民奔竄死傷枕藉遼集衆保障全活無算官給牛醴稍犒盡散士卒歸有光爲立傳

吳　兌字前林青暘圑長魁岸有膂力嘗之京遇盜發嚆
矢附耳過兌發矢亦如之盜驚下馬問客何人曰我江
陰吳兌也盜謝罪去嘉靖乙卯倭再犯江陰兌從錢錞
率千人禦之斫陣摧其鋒寇稍引退又自無錫來掠青
暘錞命禦倭於石幢策馬統鄉兵百人往馬畏木梁不
肯渡兌挾馬而過至鄭莊港突遇倭鄉兵驚散兌獨與
鬬倭皆怯將泅水去水深不可過登岸復戰會錞被矢
傷倭雜至兌當其衝失足墮水被數刃佯死倭乃去舁
還一日卒錞爲文祭之萬歷中知縣劉守泰請置特祠
詔從之今青暘市南義勇祠是也

楊〃成字國用錢錞募爲親兵嘗以兒呼之錞憤倭殘掠
集義勇數十人親訓練每出陣撫成背曰吾不忍百姓
遭此屠戮願以死救民兒務努力成奉命感奮一軍踴
躍乙卯倭大至成隨錞出南郊躍馬衝鋒奮呼接戰於
九里灣地險馬仆成急下馬掖錞乘之伏兵起草間前
鋒狠兵驚潰成與陳裕邢惠郭斌及鎮江義勇金鳴等
十八人怒呼格鬬以身翼錞無不一以當百力拗賊蟻集
戳錞墮馬成抱錞攖鋒刃瞋目罵賊體糜如醢錞遂遇
害裕惠斌悉死之事聞從祀錢侯祠廡
趙用賢 見鄉賢

繆昌期 見鄉賢
李應昇 見鄉賢
陳震亨字百里天啟乙丑武科進士崇禎間流氛逼泗陵
奉詔以都指揮調守七月寇大集盱眙按臣梁雲構徵
師勦禦震亨慨然曰朝廷重陵寢無盱眙則無陵寢矣
臣子致命在此時也時寇勢方張震亨所率浙兵僅五
百殺賊無算殲其賊首賊遂大譟合圍追擊自辰至酉
飢且渴外援莫至矢盡兵絕爲賊射落兜鍪乃裂帛纏
首戰益力格殺數十人被執罵賊至斷舌詈聲不絕死
時僵立不仆怒目裂出事聞詔贈昭勇將軍建祠死所

蔭一子
國朝乾隆四十一年
賜謚烈愍
戚勳 見鄉賢
李耿字道聊大興籍崇禎庚辰進士官壽光知縣
大兵下壽光自經城上死
賜謚節愍
朱養時魯藩監國於紹興授兵部郎中一作河南道御史紹興師
潰魯藩退保舟山舟山破抗節死
賜謚節愍

潘文先丹徒人（職官表照沈志作文起蔡志漏）江陰訓導罷官後城破與訓導馮厚敦同死

許　用字孝孺學吏孫國棟子垂髫冠邑庠讀書通大義每自勗曰讀聖賢書當學聖賢事乙酉南都不守會同學哭於明倫堂方亨涖縣任諭士民薙髮衆不願亨厲聲危語怵之用曰頭可斷髮不可斷也衆譟而出遂定守城之計居圍中與閻應元陳明遇商榷機務中秋月夕效楚歌作五更轉曲教守陴者按拍倚歌聞者泣下及城破於所居後樓跪抱母李氏膝舉火自焚死時年三十有六從死者妻某氏弟某女弟二人婢僕十一人

舉家十七口其伯父國泰亦諸生妻亦李氏次子謙亨字受豫長媳林氏甥女二人俱同焚死惟謙亨之兄燦亨得免於難有賃用門屋居者將舉火遣之去其人曰主人自焚客將焉往亦俱死

夏維新字燦焉崇禎癸酉舉人城破日死

王　華庠生城破日死

呂九韶武進庠生在江陰會城破自刎死

黃毓祺字介子變曾孫恩貢生慷慨負奇氣於學無所不窺與弟毓礽並知名見明政日衰憂時感事多發爲詩歌周延儒未第時僑寓其家一日與談毓祺舉案上硯擲之不中歎曰恨不殺此誤國兒乙酉之變江陰城閉毓祺與門人徐趨客鄧大林等舉兵行塘以應城内城破毓祺念四方未靖擬圖後舉乃逸去明年歸里見其親屍出於棺營葬畢悲憤抑鬱僉人謀以前事羅織之兼徐趨事敗復逸去子大湛大洪被收兄弟方爭死而毓祺以赦印事發捕至所司詰曰若欲何爲曰求一死耳下金陵獄吟詠不少輟將刑或以期告取襲衣自斂趺坐而逝仍戮其屍時年六十有一著有古杏堂集大湛老人集毓祺在獄時從子大澳（後更名覺）納橐饘或勸之避不去毓祺既死獨大湛入旗爲奴湛妻周氏當行自

刎於郡庭不死卒投繯死湛既行偕紹元傾貲贖以歸

徐　趨字佩玉庠生行塘事敗逸去後偵知江陰無備率壯士十四人襲之不克死　自陳震亨以下皆乾隆四十一年入祠

邵康公歙縣人壯勇善刀槊與程璧俱僑寓江陰乙酉守城璧薦康公有武畧衆推爲將遇戰深入陷陣矢石無所避城破巷戰死

金允鏜字君若父態字敬軒有善行允鏜行如其父兩世皆舉鄉飲賓受八品冠帶乙酉之變允鏜與妻黃氏同殉難

方有聲字克駿諸生試輒冠軍迺生徒之貧者不受脩脯
邑令吳鼎泰器重之圍城中死難
周高起字伯高博聞強識工古文辭早歲飢於庠與徐遵
湯同修縣志居由里山遊兵突至被執索貲怒詈不屈
死著有讀書志
王清莘字遠之庠生研心易理在圍中無戚容日焚香讀
易城破援筆題詩曰壯志已隨燈焰滅丹心期與水長
流令婦徐氏先死隨正衣冠自經
顧大本字南宇為人樸直少戇年八十餘城破兵以其老
也縶之不即殺大本呼天指日誓以身殉乃殺之

曹　燧字開禧年十六遊庠江濱盜起鄉民恐竄燧出貲
練鄉兵謹偵禦境獲安乙酉兵至倉墩迎戰眾潰燧慨
然獨前曰此吾授命之日也揮刀陷陣死年二十九
王錫黼字秀之庠生有勇力任俠好義城圍黼與妻姿訣
曰吾死若其奈何俱泣曰君報國吾等誓相從於地下
黼攖城捍禦多所殺傷城破穿脅懸諸梁以絕妻妾皆
赴火死
戚　京世襲太倉衛指揮調兵備道中軍守備變作兵使
馬鳴霆逃去京母章氏勉京死守京死之母自經
陸瞻岑城破自焚死僕季自明從死

高明德字中和子啟隆字子升監生城圍明德命妻媳避
兵於邑東啟隆出城探母居十餘日啟隆妻謂之曰父
捍危城子豈得久離乎啟隆縋入城父子偕死
趙應選字少泉被執不屈死孫天潤壬戌進士
劉因可字叔宗遇兵不屈斷其頭身植立不仆合營驚異
黃　楷字端伯諸生管燕翼及弟某沈璘沈羽搏王鳴弟
子某高觀王景陳景雲唐馱姚某十一人皆殉難或歌
之曰從容就義黃端伯儒服賓賓好自刎壁上留詩管
燕翼兄弟雙雙居城北沈璘膽氣粗如斗銅礮發來擎
左手獨奮沙場沈羽搏掘腸猶戰勇桓桓王鳴弟子鏃

穿腦翻身射人然後倒高觀敗刲成臠俘寸磔不降甘
鑽鈇東門鎖鑰歸王景終焉身殉銅魚影蠟炬輸忠陳
景雲膂明徹夜還自焚帶箭唐馱過九九奪刀還斷驍
雄手姚家有子顏如玉血濺瓊華委溝瀆（蔡志端伯訛作瑞伯致詳
題時以黃楷黃瑞伯為二人）
尹全章重光字璧陳蔣文經陳式玉字尊度王泰王謝何
石奇高一鯤馮延周陸鳩圖陳定育史纘勳皆諸生殉
難死林鳳儀史補袞亦諸生令妻女子媳先死後冠服
赴井死
沈應乾蕭憶江高旭陸慎所高應麟王肅裴薛啟芳季惟

明錢求王秀徐彬邢漢字友石陳懿忠顧瑜齊程皆老
民殉難死
董臣虞字去華子大有字希文皆諸生同死章明敘諸生
與子獻同死李問政字涵醋與子芳諸生同死王從讓
字遜甫與子之經同死臣虞去華前志兩見以致詳題亦作二人
徐松齡杞齡徐五柱六柱王應科應甲章懋賢字爾希諸
生懋學字爾敏懋才字爾嘉吳幼學幼志幼蕃皆諸生
張士偉士供均兄弟同死周振伯白石山戰死弟懷亮
城破巷戰死季世美虞門戰死弟從孝城破巷戰死
高日增與妻同殉難死何君碩胡正泰胡正升吳鼎隮耿

以誠史上表程斗望梅舒白皆殉難其妻皆守節撫孤
周克新殉難其女守節陸某花山人遊騎入其家伺子
持戈與闞衆併力殺之其妻揮斧捍禦中矢死女被掠
自刎
朱見亭方啟明合門焚死談新諸生一門二十一口俱死
史達尊諸生父子叔姪俱死宦士元二弟四子俱死徐
步一門十五口赴井死薛耀明二十一口俱死張維祜
字有秩諸生被難死子誠姪邁諸生赴泮池死王允貞
字彥伯子命鼎姪命新啟新皆諸生守城死其族永貞
惟敬運泰元吉穆如永昌大政大誠大讓大成世茂選

錫福皆死前志大成訛大武選訛遜
朱玥字采兮勸父士達出避城破日死王廷材字用之
與弟子固代兄之穎守城俱死蔡良臣遣弟良佐出避
一家十八口皆死程永清字舒白遣其妻挈子出避城
破死淩啟芳合門皆死子士英甫九齡或負以出張之
英守城死子俊民既絕而蘇陳龍泉本姓徐與弟玉泉
子士傑字仲靈合門三十八口同焚死惟士傑子永錫
方三歲藏米櫃中得免趙某諸生城破日與妻及三男
二女自焚有三歲遺孤老嫗抱匿空棺得免蔡志誤以龍泉玉泉為士傑子詳題後其裔孫請更正

顧叔鶴江陰營把總協力守城城破死湯瑞明分守西城
悉力捍禦城破接戰被創死王宗賢字尙之家清化鄉
率鄉人捍禦中流矢死周應元字天授應募守城闘急
殺傷數十人奪圍出西關被環弩死
徐亮工字虞欽崇禎癸酉舉人任吳堡縣知縣有惠政退
休後歿於變 自邵康公以下皆道光七年旌
國朝徐之龍見鄉賢
徐廷綸龍綸見徐之龍傳道光七年旌
鍾維嶽字㝵峰康熙丙戌武科進士授侍衛累遷廣西新
泰營參將革除安南入貢開關茶果陋規造鹽甲已刀

西百餘具調補督標前營獲劇盜百餘擢廣東黃岡協副將値歲饑米價騰貴倡所屬捐俸買穀三千石建倉厫積貯借給貧兵米價以平會有忌者摭微事中傷之調直隸督標副將雍正六年噶爾策淩擾陝西

世宗以維嶽可用

召見命隸大將軍岳鍾琪麾下維嶽素以材勇見知於岳至則欲倚以立功遂令任固原城守參將督官兵進勦遇賊兵擊破之賊遁去會天寒雪甚士卒凍飢裂指墮膚幾無人色或勸之返維嶽歎曰用兵之道有進無退敢畏避邪進至巴里坤疾作曰已矣此吾畢命處矣歿於軍道

光七年旌

未祀忠義傳

明

徐公輔字良卿六安人其祖從明祖渡江任蘇州府通判徙居江陰公輔以指揮同知任浙東右翼金斗尉右副都元帥龍鳳九年從征陳友諒彈中腦猶力戰被獲不屈死追封東海郡侯輕車都尉懷遠將軍入功臣廟歲祀康郎山弟弼字安卿龍鳳中從公輔下徽州婺源歷官山西按察使祀休甯名宦祠弼子遜字伯敏江西泰和縣知縣有政績

曹　淵字伯淵宋駙馬坻裔孫氣勇過人元季盜賊蜂起里中糾義社推淵爲首出米千石供軍食屢平劇盜明祖取江陰淵率父老迎謁賜御書榜爲義軍帥以禦張士誠軍功授統領兵民元帥守秦望山轄沿江諸堡洪武元年士誠平義兵歸農有劇賊流入觀山劫掠淵集兵纔滿百人即馳與戰手殺數十人中流矢死詔贈浙江都指揮使司同知蔭一子錦衣衛千戶學士宋濂作詩輓之

許　蓉字子城豪爽有才畧知縣錢錞因倭警委統民兵千餘固塞港口明年倭至接戰於楊舍之北倭焚舟遁去後錞命探東路軍情倭焚其室歲戊午巡按尙維持創築楊舍城率子六人董其役捐金助之維持欲薦諸

朝力辭其僕陳周朱貴皆隨蓉禦倭力戰死

李　安嘉靖間倭亂倡義保聚力戰死時有陳選兄弟亦統眾禦倭倭伏發襲殺之知縣錢錞並爲捐葬表墓

周　蘭嘉靖間海寇侯仲金劫人於江蘭應募篙大艦脅擊之夜半乘怒潮挺鎗躍上賊舟賊眾披靡殺二十餘人溺死者無算賊潰逸會援兵不集賊糾後勁逼戰蘭度不敵投江死經二十日屍浮進黃田港抵家後扉而止顏色如生尙堅握長鎗作鏖戰狀郡守義其事遣官致祭立專祠

陸　珍字席之順天武舉與李忠毅友善忠毅下詔獄珍奔走號救忠毅卒命珍偕忠毅兒應炅營斂崇禎初復偕請卹典當事重之

程　璧歙縣人監生寓江邑乙酉城守乏糧璧捐金三萬五千以助往徽州乞援於金聲江天一及返城已陷爲僧於徐墅以老

崇祀孝弟傳

前宋　吳欣之見鄉賢

宋　陳思道見鄉賢

葛書思見鄉賢

耿軫耿角秉孫羽子並以孝聞理宗朝累奉徵辟以養親力辭上官均滿中行各贈以詩扁顔其堂曰溫凊

元　李辰見鄉賢

章　齊字敬叔性至孝學成不仕父文死雷淵亂兵中求屍不得哀慟絶粒者七日書蓼莪首章遺子庠擲筆而逝

明　趙鉉見鄉賢

吳　運八歲喪父祖父母老而瞽母邢苦節運每晨出販果餅以資贍養母夏日病思飲冰不可得運呼號告天忽雨冰奉母食之病愈母亡刻木肖像晨夕上食如常

部使者以母子節孝奏旌其門

俞　逵性友愛其兄服賈遠方他賈犯榷鹽禁逮坐逵閔兄孱弱代避於濠三載乃歸

劉　羽見鄉賢

吳　鳳見鄉賢

顧　金賈中州四十年一日挈百金歸散其族展祖父母墓見侵葬過半攀木悲號訟還侵冢立碑表識拜墓而去

蘇伯宗字汝立家故貧九歲喪母父震得膈疾割股進之愈

繆應時字行甫少失怙以醫名於時孝事節母徐氏母病膈應時焚香告天願減年延母算嘗母糞以驗疾憂勢痛痒不一月鬚鬢皆白母尋愈崇禎六年旌

顧　桂字明卿祖濟父績被誣殺人置獄桂年十二挺身訟冤祖父俱得脫訟庭碑仆壓不死渡湖風惡溺不死李忠毅爲誌

陳　紱字廷章甫垂髫隨父歸自榮縣暮泊舟江岸父失足墮水紱奮身投江捫救善泅者繼下見父子相抱水底水深數十丈俱救之起

徐從益字謙甫九歲喪母號泣欲殉姊止之十二歲父遘

疾倭至家人悉走從益跪哭臥所不起倭斂刃去後殉乙酉之難

殷　善字斗墟母疾號泣籲天願以身代獲瘥後母卒廬墓三載當事式廬給額

李光祖少喪父孝事母愛其弟終身未嘗異財

沈　禧字可端爲里塾師資脩脯以養母母卒廬墓哀號三年邑令林守信旌之

方雲龍字遊飛父病目日漱舌舐之豁然復明母患崩漏束衣藉草偕妻蔣氏臥榻下坐擁起扶者累歲蔣躬爲浣濯每夕叩天請以身代母疾遂瘳

周宗孝孝事其父夜有盜入室縛其父灼之宗孝持鐵銃奮身入一擊銃折盜首分爲兩羣盜駭舁屍去父得不死

王之誠少失母日擔水以養父雖堅冰冱寒不少息父好佛兼好飲香燈旨酒之費欣然奉之每夕候父熟睡乃寢朔望必禱於神願損己壽以益親身衣百結衣而以新衣奉其父或勸之娶曰增一食指父養必缺惟念嗣續計拮据爲弟納婦云

范　智字仲才少孤育於范傭身以養嗣母母或不悅跪而請杖母年九十三卒初母有義女欲配之智曰旣稱兄妹不可亂終貧不娶里皆名爲范孝癡

徐應徵父梧官烏程教諭空囊歸盜疑有蓄夜半劫之徵恐驚父出迎盜詈己槊與之盜猶欲得其父楚掠備至繼以火灼身無尺寸不焦卒不言父所在盜去應徵已死

呂正和字汝通母遘疾呼號禱天至嘔血數升父愛其弟正和推產與之學使旌其孝三與賓筵子逢字錫卿亦以孝聞

黃三讓字汝遜父繫客淮北又生子不欲歸三讓走千里迎還析產厚其弟萬歷中賜章服

於化民字岵懷四歲而孤奉母繆氏竭盡誠孝當事疊加崇獎

繆鍾理字守恆幼失怙恃事祖至孝祖患奇疾思飲鹿血鍾理焚香祝天刺臂血盈盞以進祖飲而甘之遂愈又八年卒鍾理居喪哀毀咯血數升生平多焚券讓田之事善醫著化機淵微二卷

王湛盧字用予諸生母毛氏早寡教湛盧勤讀夜常達旦母死旣葬晨夕繞墓哭竟以羸毀卒

管孝子名不傳十歲失怙孝子朝夕籲天乞益母算貧不能娶躬自執炊勉求甘脆以進三十餘年如一日母以

壽終既斂孝子慟哭七晝夜眼血流地竟死棺傍

李　御家貧躬耕養母母嘗病瞽御禱於天久之復明崇禎年旌

徐時進字元修諸生博學能文事親養志隙廩脩脯悉以奉父父一擲輒盡又曲貸佐歡母嘗女若甥俱養於家母卒號呼擗踊痛不欲生越七日一慟仆地不起遠近哀之

韓廷美字奉泉性純孝父疾衣不解帶者二年復患惡瘡口吮不以爲穢嘗服賈於外發布貨五百金付農戶旋値水災曰予向鳩形鵠面之人索前逋不忍也悉火其

券而歸

徐紹宗字嘉畊父入蜀不返紹宗徧訪十餘年始遇於夔州奉節縣痛哭迎歸中途父疾作卒負喪歸撫棺哀號數日而卒直指旌其門

劉光祖字榮先好學能文兼以工醫多活人侍父疾衣不解帶有友寄千金遠遊者被兵火金亡友歸變産償之子于泉品詣純粹亦有父風

國朝陳其忠字丹忱至性過人家貧授徒以養父母患痢疾衣不解帶者經年母歿擗踊幾絶寢苫枕塊哀哭泣一如古喪禮祭必竭誠晦朔必宿墓廬號慟康熙年旌

葛撫辰字全五增生父雨新爲胥人所斃撫辰臥薪枕塊控官復讐養母先意承志推産與群弟復撫育其姪以成立

周士鍠字品三父御階命服賈乘間輒歸省曲致奉養嘗隨父索逋揚州典衣供膳而自忍饑衣盡委頓草間得遺金乃奉父歸父疾籲天泣血願以身代跪進藥父飲之覺有異香遂瘳母患瘫痢垢穢必親浣濯歷三年不倦父母歿哀毀骨立廬墓終喪仍出賈春秋必返設奠墓所愛慕如生時

黃文羲字麗華家貧力耕以糠粃自食養父母必有酒肉

父母歿哀毀廬墓

薛雲開字大文監生性至孝嘗隨父渡江遇暴風雲開溺泣呼天祈脫父難舟幾覆而免父卒廬墓三年　以上乾隆年旌

夏禹鈞字飲和父卓之好潔飲食必親調父疾糞溺汚牀席躬爲拂滌少精醫延診者無虛日以侍父故力辭間有急而求者必計程數里內者應之遠卽不往也

章德培字上之家極貧母王氏早寡奉養盡孝以販蔬爲業得値養母每飯必具腥夕必設酒凡事必求其喜悅偶醉與人忤或叱之曰詬汝母卽斂手退惴惴然惟恐

母知而怒也歸則跪伏母前時伺飢飽寒煖以爲常母壽至八十餘

陸祚昌父歿廬墓期年妻閻氏明典史忠烈女亦善事舅姑

徐來清字頌穆順治壬辰進士篤於天性偕兄原博共飲食同卧起將與計偕念二親不欲行父强之促裝既得部曹觀政三月父母與兄相繼歿哀痛奔歸喪葬訖毁至滅性遐邇共憐其死孝云

陸 利字思義少孤貧舌耕養母母亡哀毁骨立既葬僧匄冢旁哭曰母在此兒安忍去衆迫之歸勿聽且曰必

欲歸我我其奉母於泉下衆感歎爲壘石作室使可坐卧間出爲童子師每風雨獨攜一穗火走數里就廬以宿數見長蛇帀墓下不爲懼又有白兔朝夕如送迎者居八年以死

陳 增字益侯家極貧竭力以供甘旨母病粥親湯藥日夜不離及卒泣血吞聲懼傷父心父性喜燕飲每集親朋家增潛伺門外俟父出執燈扶歸父歿廬墓三年晝夜哀號兩目失視未幾復明僉以爲孝行所致

趙調鼎字羲文父海若以逋坐繫獄死母遣配瀋陽調鼎請隨行法不可後聞軍配老者例得還籍乃徒步跡至古城屯始獲見母屯人索百金方聽歸調鼎空疏襆被惟持母號泣而已或見而憐之榜於市醵金數十鋌佽之始得歸日負母行三十里體素羸朔風寒雪肌肉凍裂血流至足值母病留都下半載調鼎抵家告貸迎以歸時年七十餘矣居一歲卒計往返萬六千里人咸稱萬里尋親趙孝子云

徐尙懋字岐洲父應集爲盜刼盜黨行賄坐誣遣戍嶺南尙懋請以身代居戍所二十餘年赦歸授徒以終

沈濮遇字振公庠生父患瘋疾起居抱持嘗含哺飼父及卒哀毁踰禮終喪不入內室友愛其弟撫姪授室人無

間言

葉子芳父玉林貿易廬鳳間中途被盜流滯江湖者十年子芳孑身萬里尋父遍歷西江閩粵至浙中遇於餘姚逆旅奉之歸以積勞遘疾卒父年八十餘每向人言父子重逢時事聞者皆爲泫然

蔣之傑字漢卿庠生父遘奇疾嘗藥視糞病七年卒晝夜哭踊盡哀

湯肇元字臣尹庠生事親孝父病目將瞽親爲之舐一年而目明弟爲邑豪所陷文致大辟肇元盡產營救得雪人多其才或勸之科舉曰昔乙酉兵變閻公集衆守城

嘗招我矣我以父老爲辭今應科目是負閻公也卒不
赴試
徐鳳梧字初華父喜任俠鳳梧曲體其志母以勞得疾侍
奉湯藥旦晚不懈哀禱於天願減算以益母母畏寒徹
夕捧母足臥母亡逾年卒
包廷贊字貢卿與妻潘氏孝事嗣父母父母怒夫婦跪勸
至色霽乃已父亡母目瞽臥床十年侍湯藥極誠
季兆斗字星燦母年六十疽發背將死兆斗同妻顧氏互
吮膿血晝夜衣不解帶母獲痊
王士奇父遘危疾號泣籲天願以身代潛刲左股進父病

瘳越七日士奇竟歿時年甫十六
趙氏龍字德公庠生母病一月穀藥不嘗氏龍刲股紿以
鹿肉進之頓愈
江士列庠生刲股療祖父疾
夏霈字若時庠生維新子有孝行遇親諱日素服齋居
泣涕竟日
黃覺初名大澳字子嚮庠生父毓祁早卒事母盡孝母
卒早夜呼號淚繼以血後伯父毓祺事發或勸之避泣
曰避將安之且伯父徒以有明六十年老諸生自求就
死鞫者得情當不及族族亦命也今伯父家昆季俱就

逮微覺詭視獄者乃詣金陵納橐饘伺詗周旋不避艱
險及讞定隱居定山粥糜不給研精經史著有靜學齋
集詩通內篇外篇雜篇宋後史各若干卷
陳芝英字英儒明時子明時患痢中裙廁牏手自湔滌與
兄芝芳友愛不異產嘗纂修邑志取明季迄康熙甲寅
五十年事孜孜搜討意在表微闡幽未竟而卒卽沈志
所據本也著有深柳堂詩文集又輯江陰詩粹
沙際熙字元文庠生少時讀書一覽成誦兼析其義與李
宗泌邢孝儀夏敦義稱四神童稍長言笑不苟動以古
人自期居父喪哀毀踰禮事後母以孝聞

王沐字聖濡增生痛父少孤早世事祖母及母孝養備
至其學博綜典故邑令延主經學於後進多所造就
許觀見鄉賢
吳琳字蘂書庠生篤於倫紀弟衡友出爲叔後請父析
產與弟均衡友早世撫其孤如己出婦周氏亦善體琳
意孝事舅姑父母歿徒跣二百餘里丐文以誌親行生
平力學博覽著有周易講義十卷
繆烇字雯逐監生幼失怙母常臥病日夕奉湯藥積數
十年無倦色與兄炌友愛甚篤炌遘疾姪復夭撫姪孫
成立又鄰有鬻婦償逋者捐貲代償有舊家女急難售

宦族爲贖還擇配

張士俊字爾玉乙酉之難父母出避於外士俊偕兄士偉弟士俠守城城陷士偉士俠殉難士俊抱家祠木主從火中出額背焦爛求得父母盡力維護性尤慷慨歲饑自外郡載粟二百石歸盡散之

楊履泰字紫來乙酉之難時年十五隨父起鯤出避中途相失負母匿江邊蘆葦中忍飢累日既與父遇渡江舟覆比遇救母氣已絶履泰悲號欲赴水死起鯤止之乃負母屍葬焉事父孝謹與弟履謙履恆友愛甚篤

邢鼎鄉字元甫偕其兄弟扶母避難城南兵至以身蔽母

被七創母獲全鼎鄉絶而蘇兄弟負以逃其創潰忽一人授藥寸匕糝之立愈

王廷璜一名錫瑞父佩林緣前縣虧帑事與母徙配長安瑞時年二十餘在家悲泣思慕越二十載往配所尋親得見父悲母已死號慟欲絶負骨歸葬明年復往父已衰病不能充伍請諸當事乞傾歸許之背負其父歸晚年遂患足跛不能行

徐世啟字爾正庠生當順治乙酉江陰守禦兵未撤焉有遊牧於野者世啟弟世美方總角見之躋而上騎卒挾之去母陳痛幼子之被掠也晝夜哭無時日遂瞀時家

赤貧世啟方以營作謀養不能遽離母及遊庠娶婦乃告母曰母無憂弟苟在兒必挈之歸遂由江泝淮抵山東凡屯衛之所皆蹤跡之無所得返之金陵忽遇於城下相與抱持而泣因偕往主人所告以誠乞攜歸不許乃返鬻金往贖歸母喜極而哭哭已拭淚目頓明如初

吳德名母早卒父聲起病篤夜禱於北辰願減己年益父算割股以進父尋愈

邵沅芳以豆戶爲業母病篤割股和藥痊之

黃　壽字聲遠母早卒傭力養父遇酒肉輒攜歸所傭不出鄉里雖厚其値亦不遠去欲便於侍養也父卒後自

痛奉養之薄不復近酒肉劉文定題其門曰暨陽雙孝謂與其族弟文羲也

程士詰字紫書早失怙事母孝課徒養母母病衣不解帶居喪盡哀

許維畯字宗嶽世業醫事母孝所受値悉以奉母不私一錢母卒廬墓以終

張源深字增霖母病瘧割左脅肉煎湯以進母旋愈又十二年而歿

吳有章字文煥課徒養母天寒每夜必自館舍歸爲母溫其被有相者告以色不善有章以不獲侍養爲憂涕泣

禱於天一夕行至縣治前石坊驟傾去身尺許竟得免
人謂爲獲天佑云
樹雲榛隨父卓如夜行父失足墮溪中欲救無策卽自投
於溪抱父屍死道光丁未學使李煌給烈身全孝額
林廷佐業農父病劇刲股肉以進立瘥逾十載終
金猶龍字子逸增生幼失怙事母孝母老病虔奉湯藥衣
不解帶者數年一日母病驟危刲股煎湯以進母病卽
瘳
曹鳳嬉少孤家赤貧行乞養母得食必先歸奉母雖腹中
極飢不忍食必問母已飽然後食或憐其孝與之肉持

以歸如是者幾二十年及母卒負土成墳於墳旁築一
土室終身居之
沙烈宗字仲裴兄復宗弟昌宗同殉乙酉之難烈宗奉母
出避備經艱險母賴以全事平歸恢復始祖武略將軍
原德賜宅
張昇法業農父母旣葬廬墓三年
汪步仙字右銘甫三歲父誠遊幕閩粵絕音問年十七攜
一繖一袱徒步由浙入閩尋父再入粵歷海之瓊崖病
臥經旬夢神指示赴某處果與父遇隨侍三年偕歸後
父病危焚香禱神割膺前肉煎湯以進父甘之漸愈而
步仙創亦平
蔣渶惠字志隆父永忠病焚香祝天劙臂肉和藥以進母
歿廬墓三年
謝　霖字東緯善醫父邦基病諸醫治罔效霖修方禱於
神刺臂血和劑以進病尋愈母患四肢麻痺起臥扶掖
往往自夜達旦
夏鴻軒字承芑庠生母歿臥宿棺旁至終喪父敬授遘痢
疾侍湯藥湔穢溺衣不解帶者三月父歿一慟而絕急
救乃甦
祝瑨墀字廷輝監生祖朝檻患鼻淵目疾每夜必籲天祈

禱逾年朝檻夢人鍼砭之兩疾並瘳祖母病劇焚疏願
以身代夢人指示某處有妙藥訪投果效
曹茂春吳氏僕也甫三歲其父逵逸母守主家茂春長聞
父在閩泣辭母齎五日糧攜一襲衣出尋父抵衢州過
仙霞嶺薄暮遇虎直前叱之虎帖耳去遂抵福州初其
父至閩投督標下會臺灣生番越界調往征之有功歸
多獲賞賚復娶妻生二子置產土著留茂春數月遣歸
迎其母遂返白父命母不可再往復命於父則父死矣
後母挈其弟改適臺灣茂春渡海抵臺尋訪遇之詢父
葬處後母言在某鄉某邱茂春欲挾弟歸後母不許復

渡海至閩謀負父骨歸葬至其所葬無封識卒莫能辨
悲號行乞歸主高其行脫僕籍
金　慶王氏僮也性至孝其主貧不能畜慶乃奉其父別
居父年已踰艾不勝事慶進饋必精膳父每自外歸色
不懌必進酒令歡而後已如是者二十年父卒每食必
奠奠必呼其父如生時奉養狀　以上道光十八年志
旌曹茂春金慶照例停止設位
未祀孝弟傳
宋蔣九成字君韶母患目疾逾年九成哀禱於天叩頭流
血寒夜揮淚成冰母目旋愈九成歿子四人恭良謙讓

廬墓期年有紫芝生冢之異
元邱定夫字景游授武龍州同知以疾辭與兄揚州教授
立夫字景唐弟淞陽縣丞介夫字景南同居友愛爲時
所稱子堅基皆以文學世其家
惠希孟字秋厓兄希顏弟希點皆無嗣希孟奉兄撫弟篤
愛無間著有易象鈎元十卷雜禮纂要家範五卷
惠　迪字子及至正間奉母避亂吳下備歷艱險王逢作
惠孝子詩贈之
明季　葵字子忠敦行孝弟能以菽水得親歡設教里中
尤嚴於督子子科既貴布素如故

黃　道字吉甫繼子樂善好施慷慨一如其父鄰里待以
舉火者數百家事親孝撫兩幼弟如子友人徐汝族兄
延死並收其遺孤子之著有燕山白下甯潤游留樂菴
畫眉折柳諸集
許　道字汝達歲貢生任閩喜縣丞事後母曲盡孝養子
學閔亦以孝聞學夷別有傳
張嘉孺字元禮袞孫監生事母至孝直指郡守邑令俱旌
之
邢　緯割股療母病嘗同弟服賈弟折閱推己貲與之舅
氏錢元雅罪所司欲加以刑緯矢身請代卒獲免人皆

義之
朱家相字章甫諸生事親恭謹而飲酒無量父疾革瞠目
不語家相跪請所欲言曰汝能戒飲吾即瞑矣遂泣拜
斷酒終身涓滴不入口家素貧盡誠養母母亡絕粒三
日待兩弟亦篤愛
李應旻字伯發諸生忠毅兄也忠毅被逮旻護送三千里
比下詔獄納橐饘候起居染疾幾殆無倦色忠毅斃獄
中遺骸三日始出手捧辨視而後斂徒步扶櫬歸崇祯
初伏闕訟冤請卹應昇歿父封太僕鵬翀得優游林下
以全終者應旻發志力也母歿後遇忌日哭過哀咯血

卒妻徐氏亦以哭姑喪明
陳大才七歲父死孝事其母以壽終
黃之昰病濕傷足扶侍至九旬而歿
薛　仰偕兄弟力穡養親爲人敦懿不苟
任　俠字五游庠生貧而力學廬父墓割股起母疾於衰
年
陳湄卿訓徒給養父母病一再割股療愈
宋昌武割股療親以壽終
趙秉聖孝子鉉後割股療父疾人稱爲小孝子
陸　策以割股孝行有司給粟帛二十餘年

馮大同字與和躬耕服賈養嫡母割股療病邑令聞其孝
致賓筵
俞治倪誠王正宗王之綱皆以割股稱孝
許　詁八歲刲股療母疾邑令朱光蘭給額曰孩心純慕
徐　標諸生與弟玉光皆少而死孝人咸惜之
繆希孟希曾讓宅焚券以孝友聞
夏汝復字仲修父石涯生六子汝復幼出爲朱氏後石涯
被罪將遠戍諸子擁圜扉俟父出汝復從衆中抱父足
哀號乞身代有司爲更檄具其事遣之軍吏覩檄歎曰
此孝子也縱之歸旋喪母諸子分母槖以仲兄出後叔

氏故不及汝復卽讓所受
王大成弟天有遺腹子大成厚撫之終身不析箸
陳鳳鳴善撫異母弟妹以誠懿見重
鍾子和八歲喪父弟子諧甫四歲就養於舅氏稍長攜歸
終身同爨
仰文才字士奇孝事孀母四十餘年撫孤姪周卹兩貧妹
耄而不衰
許　讓字遜夫善事繼母友愛幼弟酷貧而介親知憐其
窘周以一金經年還之居恆斷炊誦讀自若
黃三傳字汝經慷慨好義兄三道無妻子三傳侍養甚謹

兄未食不敢先歲歉捐粟賑飢全活甚衆
徐沾字伯宏徐與沐字仲揚兄弟學生均有孝行嘗讀書
僧寺暮必歸省爲父滌溺器整牀褥茹擣齊油以行兄
弟食不異席出入必與偕比與沐登鄉舉怡然不豫兄
問故曰吾兄弟不離跬步今將獨上公車用是怏怏耳
遂罷會試越三年沾亦捷沾任深水教諭偕弟行終身
不析爨
徐子忠字懷月與弟仰月友愛篤摯終身不異爨
陳明時字汝良諸生博綜經史尤精易學象緯輿圖多所
通曉少爲尹嘉賓高弟父被冤訴身代囹圄猶晝夜誦

習不輟當事者察其冤白之後兄弟分財以所產讓諸
弟自取瘠田數畝曰得無飢足矣性耿介不喜貴游爲
人師規言矩步著有息菴詩文集天文管窺羣芳集諸
書子芝芳芝英以詩文名芝英見崇祀孝弟傳
季　宜字汝義參政科孫科子同寅生宜科命爲長子同
春後時同春已病革宜年甫十三同春握手作永訣語
宜即哀痛欲絕居喪如成人孝事嫡母不貽母纖介憂
比長會文他所或夜雨衝泥歸過寢室必釋屐行懼驚
母睡也奉所生父母不以爲人後殺恩禮待兄弟篤愛
無閒

張　某失其名青暘里人業屠狗父母老而好飲某日沽
美醞鼓腹吳謳舞蹈以侑觴父母歡然酣醉乃休親年
皆九十餘歿晨夕思戀悲不自勝
國朝繆懋時字養真鍾理子崇禎時邑大疫懋時施藥療治
全活無算天性孝友家產悉讓昆季兄早歿養寡嫂二
十餘年撫諸從子女婚嫁皆盡力
費拱垣事父母衣不解帶父歿勉力爲善修整慈航等橋
六座復鋪砌石板路自圓通庵至板橋行人便之
劉憲名事其兄憲章誠愛篤謹七十同居舉鄉飲賓
吳斌字鼎玉康熙戊午舉武科具至性孩提喪母終身思
慕事後母孝養備至妹適貧士給田贍之從弟雲卿歿
遺孤二撫之成立
郁謙徵字益之天性醇篤父涉訟幾瀕於危謙徵鬻己產
餉饋當事冤得白父歿傾貲治喪皆不以累兩兄兄
弟怡怡然疾革遺命諸子竭力修建宗祠捐祭田鄉里
翕然稱之
繆民埴字虞陶幼失怙恃叔燧撫之及長事之如父所爲
必稟命而行叔父母歿服三年喪諱日及父母諱日素
服涕泣減食居家言笑不苟訓子嚴而有方與人交坦
率簡易親族貧乏者周之無吝色

董繼善家貧無以養母傭於人久之置屋二楹田二畝力
耕以備甘旨及娶婦弗善事母繼善恚甚母卒棄家爲
僧
陸日森字允明雍正間自常熟徙江陰父母俱年九十餘
家甚貧甘旨不少缺嘗隆冬寒凍母病思魚日森詣河
畔跪拜禱祝敲冰網之竟得魚以奉母母病隨愈孫正
蘩字秀芝亦廬墓稱孝
潘君信早失母與婦某氏俱孝其父有風疾置鉦於帷中
有所欲鳴之君信夫婦即至日或十數次無不應者父
病少痊扶杖出必奉以錢財給所需或召父所素契者

治具歡飲以爲娛父卒哀毀骨立

鄒玉珩父戍甘肅玉珩奉母以從及父歿收骸骨行乞奉母歸

馮二二農家子九歲父死族人議嫁其母以買棺二兄大郎年已十三唯與母抱持泣二二憤然大慟曰母生四子嫁則骨肉星散矣賣我可也因自鬻柴氏得以葬父數年自贖以歸

胡遂字容照幼失怙母病癱瘓遂謂諸兄貧館穀以爲養侍奉之事弟獨任之由是日夕侍母起居飢渴扶掖調護惟謹浣滌穢溺亦躬親之如是者十九年母以壽終

嚴斗林三歲喪父母朱苦志紡織斗林拾薪以養十一歲母病癱瘓斗林無可爲計乃求乞得食輒馳歸奉母稍長傭工得値時買酒肉進之而後跳歌於旁每出傭必爲母梳洗滌厠織厨皆淨而後去以故傭多不終値歲祲仍行乞人憐其孝每以精鑿與之悉以供母其侍母疾積四十餘年晝夜無怠母壽九十一母既終負土以葬日夕哭於墓旁

徐夢庚字綵江庠生年十三父紫綬繫獄擬遣庚子身徧訇愬大府涕泗横流求釋父罪得減等改徒

繆克家字振先事母曹氏甚孝母歿廬墓一載每遇祭祀必涕泣追念

徐雲昇字旭初侍嗣父母及本生父疾十九年中凡割股者五有陸姓者染疫方狂呼神附忽跪而呼曰徐孝子至速迎之其家啟戶視則雲昇也

朱咸慶字蔭嘉增生篤學工詩母病割左臂肉以進著有字林正譌二卷小萬卷樓詩文集八卷

楊勱字志高名亡孫幼孤孝事其母家貧率妻子食糠覈而奉母以甘旨母疾思食鮮魚雖暮夜必操網取之或無所得則號哭於河干侍母疾衣不解帶默禱於神願以身代母旋愈勱以哭父幼得目疾後日益劇恐以昏眊不能終事母哭失聲有喪戚憐其志爲之虔禱目復明母後病骨痛晝夜扶持同卧起月餘母卒哀毀骨立思慕終身

趙大慶至性過人幼孤事母極孝中裙厠牏必親爲浣滌嘗貲爲弟娶婦已則終身不娶母卒結廬墓側寒暑棲宿其中三年不去衰絰學使張芾給百行所先額旌之弟大成亦以孝友聞學使青麐給孝弟力田額

郭元亮字際之援貢生少穎悟能文章八九歲時割股療母疾

陳明元事母至孝母病夫婦並刲臂療之
繆重熙字星熊諸生家貧力學取與不苟嘗刲股以瘳親
疾著有檢身集要十二卷桂蔭軒稿二卷
葉鳴霄字來鵬性友愛弟鳴世溺水死鳴霄入水求尸數
日乃得壽至八十餘
周賡㫝字唐士歲貢生殫精爲文有孝行父疾刲股療之
歿後事祖母曲承色養終身無間焉
陳　樹字均喬太學生好讀書以病不與試嗣胞叔瑛後
事本生父母以孝聞殯葬皆獨任之田產悉讓諸弟僅
餘隅屋數椽薄田一頃而已同治甲子餘匪復竄以不

屈死子熙政見父被害奮身往救亦俱死焉
黃桂山秉性純孝年逾五旬負母避寇朝夕不離母歿以
哀毀卒學使林天齡獎以至行流芳匾額
陳美堂字協篪謹厚樸誠母病割臂以進立愈
章成達字詒穀廩生性孝友父培慶以吏事被逮率諸弟
匍匐撫轅願代父繫血書數百言求白撫軍憫焉嘗兩
刲股療父疾邑令金吳瀾貽以孝友堪欽匾額

江陰縣志卷之十六終

江陰縣志卷之十七

人物二

儒林傳

宋吳漢英字長卿乾道己丑進士少孤績學得力於毋自
欺一語由廬江簿擢湖南運司受知於陳傅良率諸生
從之講道嶽麓累官大宗正丞兵部郎官奏安邊十策
及更化三劄皆嘉納施行會言者詆爲僞學論罷主管
台州明道觀閒居六載講明理學綜考典故歸里後置
田守祖塋讓己屋以居貧族敦倫修行不負所學晚年
慕陶淵明著歸去集二十卷

明章　庠字景序齊子元季隱敔山窮理學籌經濟隱負
時望明祖爲吳王時至江邑微行訪之知其業儒有得
詔別其家爲儒籍登極後徵授袁州知府陛辭賜以一
匭及開視則前守以賄敗而剝其皮以納諸匭者也庠
悉心爲民值歲饑停徵復便宜發倉以賑竟以是獲罪
卒於官
何　遷字懋益嘉靖辛丑進士累官刑部侍郎七世祖貴
以萬戶侯守江陰遂家焉遷以父調官湖廣德安復占
籍湖廣文章行業高於天下子孫居江上者式微或不
能舉其行事觀茅坤所作像贊生平可概見贊曰先生

之學覺以圓先生之行靜以專先生之貌望之如名山大川先生之襟抱之如穆風醴泉其出與中朝卿大夫遊也冠冕佩玉珊然與漢代石渠諸儒相後先其退與州里同志者相師友也則密契心印妙悟言詮釋膠解凍彷彿乎鵝湖鹿洞之心傳嗚呼百世下過其祠者低徊憑弔猶當立懦而興頑

湯明善字汝一沐孫嘉靖庚子舉人究心理學私淑王文成司訓湖之長興湖俗親死不葬者什九明善晝地刻期一日而葬其親者數百家戊午典試四川號得人擢邵墨令多善政尤加意學校轉嚴州倅卻賄賂雪寃獄

濬湖隄徙黌舍補湖州轉袁州丞所在有去思祠遷淮府左長史母老乞歸加四品服致仕錢鎧死倭難移書鄉達白其功得贈卹如制輯有五倫分疏學禮萃要二書

袁舜臣字承華年十五與兄堯臣同游庠嘉靖甲子舉人其爲學天文地理律數兵刑罔不究習其作天文四季圖則謂歲差之法今臺官但知泥古而不知晷數漸移已非其舊作律呂等書則謂得聲氣之元據其法以裁竹吹律驗試不差作五行棊譜色譜等書則謂一藝之微而數極萬變要不外圖書之至理年四十一疾革握堯臣手曰古樂不作久矣天其無意於斯耶卒無一語及家事

李如一字貫之諸生敦尚理學自大父詡以來積書日多如一既能讀復能行嘗著身心二圖謂人身死非死心死乃死故圖以闡之老事大父及父母建五祖祠置贍族莊田同時文震孟陳繼儒史孟麟及同邑繆文貞並稱其學行其從子忠毅亦有句云百年俎豆存宗子先輩風流老布衣識有禮經綱正又刊藏說小萃

顧文熊字乘虬桂子副貢生專意經學以禮記陳澔集注無章句且多缺誤因參稽衆說分章疏解又以舊注喪

禮多略則以儀禮士喪禮及喪服經傳爲主遞考鄭注及賈孔二疏貫以己意補其未備名集解行世又謂禮運意指精深作或問以發其蘊究心天文得其說於袁舜臣作天象圖書三考象緯圖說嘗謂江陰分野當屬斗十五度直織女漸臺辇道之下又著孝經內外傳小學簡注翼圃新書脈學指歸本草詮要生平賦性高抗不屑俯仰時輩李忠毅遊其門謂先生之傳不在集解其爲人也孝弟自足不朽云

陸文明字璦臺諸生通周易嘗讀朱子近思錄悅之因徧窮理學諸書年二十二過無錫會講東林書院顧端文

見之謂曰子後當爲大儒遂訂交著周易大意遠近學
易者師之璫禍起或勸謝遣生徒非應年八十餘臥榻
上諸弟子猶環侍講論不輟
高自卑字尙矣諸生才高學博揮千金購書淹洽自喜爲
文奇肆不拘繩尺結交當代名流鼎革後閉門授徒潛
心性命之學生平精於六書擬著字書綱鑑未竟著千
字文同音通釋若干卷正筆畫核音義視宣城字彙正
字通爲尤詳所作詩奇警險譎刻獅山詩史十五種年
七十二自志其墓而卒
國朝孔興綱字蓼園年十四爲諸生言行篤實讀書不事詞

章留心經濟已而耽理學聞交城宋時旌講濂洛之學
徒步三千里訪之宋謂之曰學者勿取辯於口務靜觀
其心湜材技無如養度量侈嗜欲無若探義理伯奐之
監不可以待人然可以持身柳下之和不可以治心然
可以處世興綱書諸座右終身誦之陸世儀倡道婁東
復從之遊時年五十三長陸五歲執弟子禮惟謹陸語
之曰聖學以居敬爲體以躬行實踐爲用治國平天下
雖存乎遇合至修身齊家則儒者見在經綸也興綱亦
終身誦之身體力行見諸實事著有四書講義二卷家
廟禮則三卷求野齋詩文十卷

薛元敏字志粹康熙甲子舉人少孤與伯兄杞頤同勵學
以母年老一試春官不再赴金閶齋講學毘陵往師焉
補鹽城教諭本身立教士風丕變三攝縣事民懷其德
居鄉仿藍田呂氏約朔望與父老子弟講解以維持風
俗爲己任歲祲貣家有鬻子女者破產贖還之卒之日
家無長物著有教學編息距篇法戒與鑑錄居鄧暘里
學者稱鄧暘先生
張光家字德御諸生不沾沾章句與弟光庭以講學爲事
著切己錄有云身無一命非士之賤莫賤於無片善之
可稱家徒四壁非士之貧莫貧於無一言之近道又云

不定者情也一定者性也聖人盡性萬世皆信其無欺
凡人任情目前亦疑其不測格言名論皆此類其從叔
有恆字恆初厲正子諸生喜讀儒先語錄從高忠憲受
讀書靜生之學持身嚴正學者嚴憚之著有三戒編
陳其雖字克艱諸生志在博聞强識凡三通七略之書購
求滿室鍵戶記誦沿流泝源矻矻終日晚年潛心濂洛
關閩之旨以道學爲歸宿著周易圖系圖說巡撫張清
恪延致講易教諭鮑開同邑楊文定咸心折之與修邑
志者再齒登大耋日夕偃臥就學者詣榻前請質手畫
口授無倦色卒年九十七

沈傳禮字揚戴鼎科孫增生沈潛性理諸書仿湯文正遺規與同志於朔望日各出經史及宋儒語類中疑義若干條互相質剖各有恆會每坐講席清輝照人娓娓善譚名理與弟傳毅友愛終身無忤色

楊文煥字堯章究心六經四子之解嘗踞高座說致知格物環而聽者謂爲創聞惜年二十七而歿弟文斐字成章講求高忠憲復七之法以歸於朱子昆弟皆悃愊無華不求聞達同里金映日言與文斐比閭數十年未見其言行稍涉欺僞云

鄭　經字守庭道光丁酉首領鄉薦學務實踐敦行孝友

主講泰興延令旌德敏文書院陶鎔士類以經史爲根柢作文力矯時趨一宗先正尤以訓俗型方爲己任朔望宣講鄉約刊有鄉約直解現行鄉約條例諸書至創設義塾置產賑飢均實力行之晚年開濬沙洲套港以防旱潦農人咸利賴焉

文苑傳

（宋）蔣汝通字亨伯紹定己丑進士不樂仕杜門汲古尤邃理學嘗著質疑一書以祛干支五行配合之謬於白虎通春秋繁露外自成一家言偕郭庭堅修江陰軍志爲邑乘之權輿年八十餘卒著有引睡集

楊端叔字子正嘉定丁丑進士官江東總幹著有自娛集

靳更生字春伯嘉定庚辰進士官海南教授著有南華經解宋史謂與王呈瑞楊端叔三人俱以文鳴

（元）劉　瑛字公垣童時趙孟頫賞其秀異書小齋二字以贈因號小齋詩文書法神趣與孟頫合至正間以薦授

照磨不就徜徉山水以終著有小齋集

陳　傑字漢臣耽書善文建樓藏書名萬卷樓趙孟頫虞集未遇時傑延訓其二子不慕榮利嘗出粟賑飢部使者上其名授江陵路稅課副使不拜陸文圭表其墓

包　瑛字叔蘊至正丁亥鄉舉淹貫經史與同里黃常惠連俱以博洽聞以小學爲入德之門定通義一書明洪武初以才薦不出從子聖字師聖十歲能詩見元季將亂不求聞達明興以明經辟授岳州府同知夙夜恪勤剔除弊政晚年以詩自娛

張　端字希尹能詩文名在虞集楊維禎間尤精書翰列

止閑雅不事表襮有古儒者風學者稱溝南先生溝南
其所居也累官江浙樞密院都事所在著績著有溝南
漫存稾
徐　津字仲盟與張端友善結澄江詩社遭元季亂屢辟
不起避地松江明師北伐津以悲慟致疾卒於松江元
季邑知名士多僑寓于松江津之先有蔡廷秀後有王
逢孫作雲間重其名幾忘其爲僑寓
（明）薛　復字復善從王逢游才名動一時洪武初以博學
徵與宋濂王禕共定典禮授汝甯知事勤於其職歸耕
於貧山下者二十年久之徵拜御史擢廣西僉事治苗

民一以德化考最卒於官
俞（陳志作余）璿字彥衡潛心篤學名聞於朝召入修永樂大典晉
成上高其才欲官之固謝乞歸課子孫子文字日章著
有學士類編
徐元獻字尚賢成化庚子舉人十歲時父頤宴客賦詩元
獻倚韻和座客皆驚既長博覽强記獲舉甫踰年而卒
長洲吳寬誌其墓曰予所望於君者不止此雖君亦不
以此自望年未及壯所學不得施于時豈不惜哉著有
達意稿
方　謨字孔章貢生才藻絕倫邑令黃傅聘修邑志傅去

謨續以二十年事謂之續志性瀟灑嘗于馬鞍山築小
室種桃千樹號小桃源爲文記之更輯二邑志後邑令
李元陽益重謨每屏騶從訪之更特設高士榻以待
徐　淮字孟義諸生好學有文譽兩兄早世父母且老淮
晨昏左右侍熟寢輒乘月讀學者呼讀月先生父母沒
家窘甚竭歷營葬呼搶風雨中形容盡槁平居孜孜汲
古老而彌篤
高　賓字舜穆宏治乙卯舉人丙辰進士以著作自豪初
任瑞安知縣累擢江西僉事會擒姚源洞賊魅艾茹七
等敘功遷參議以負才任氣同僚多齮齕之罷歸然文

望日重與同年史艮佐善史獲譴無所歸依賓者二十
年以宅假之故艮佐更字曰借山感賓誼也壽踰九十
終
徐　充字子擴年十三補諸生十六試京兆以邑令王鉼
有秕政上書當道令罷充亦鐫名杜門謝客以經學教
其弟亮成進士充爲文有晉唐風繪事亦殊絕性介特
家貧歲饑有遺之者卻不納所著有鋏研齋稿及雜著
十餘種
朱承爵字子儋盛年銳志進取累試不利遂棄去益多購
書下帷發憤以古文辭名世與唐寅文徵明相倡和家

蓄鼎彝名畫甚富著有鯉退稿等編

徐瑞成字孚先廩生試輒冠軍直指某觀風三吳高其才延之不就讀書山居菴著宋元備考二十七卷補易詩書疏解

徐尚德字若容諸生少年事豪舉已而折節好學聚書萬卷凡唐宋前異本傾貲購致之冥搜逖覽所作跌宕豪邁晚年好道以黃庭名其室復學禪服僧衣自號衲齋築玉照菴居之著有玉几山人集黃庭室稿物外英豪諸書

王覺字德修諸生隱居教授富于著述其最有功經學

者曰明音舉四書五經訂其字之點畫頖之同異音之反切深析于毫釐疑似之間閉戶二十載始成書子一瀛亦名諸生上之學使者爲領梓行世

沈奎字文叔嘉靖己未進士官郎中以母年高乞終養者十餘年免喪累遷江西參政以疾乞歸生平沈酣經史尤篤內行能急人之急著有劍南集歸與集

陳體文字仲約諸生蚤歲負才藻試不利輒謝去益肆力於古所居花竹叢翳嘯歌陶然作詩不留稿友人花岡錄藏篋中劉光濟序而梓行之名友錄稿

黃憕字實卿諸生文思敏絕冠軍者九才名爲一時最累試不遇以歲貢官撫州通判郡守雅聞憕名招飲列菊花百餘品謂曰請作一長篇括此諸種憕曰當每品各爲品題耳卽席得一百十三章

沈翰卿字子羽廩生師事邵文莊有聲江左既壯博極羣書力追古作者楊儀文徵明輩皆與締交家燬於火賣文以給世事不攖於懷無錫俞憲梓行其石灣前後集子嗣光字伯章諸生博學工詩敦尚氣誼邑令錢錞死倭難爲編印衣錄錞事乃顯

薛敬連字幼恭初名蓮字淸甫諸生美丰容擅才藻累試不第因號歸來居士詩宗王維畫宗陳道復書宗米芾

與文徵明輩相頡頏風格雋上而矩行規言學者宗之稱夏濟先生子孺文亦善詩畫性簡傲不問家人生產迥俗士輒引去人稱是父是子

李詡字原德諸生性耽文史更潛心性命之學與唐順之薛互爲砥礪晚謝應舉發藏書手披口誦目數行下無停晷評隲古今高言斐亹嘗執經陳某之門及陳開府江南手書問所欲言詡曰昔爲弟子今爲編氓時事豈所宜言竟不一通謁著有世德堂吟稿名山大川記心學摘要戒菴漫筆諸書曾孫應昇以忠節著

沈受傳字汝習諸生父天麟爲義烏令歲饑不俟府檄發

倉賑民坐是解職受傳少承庭訓沈酣史籍名藉甚其
子大滔大禮大樂皆工詩善畫
王穉登字百穀嘉靖末遊京師客相國袁煒第煒試諸庶
吉士紫牡丹詩不稱意屬穉登爲之大稱賞將薦之朝
未果煒卒穉登哭其墓隆慶初復北上徐階當國頗修
憾於煒或勸穉登弗名袁公客不從刋燕市客越二集
備書其事初吳中自文徵明後風雅無定屬穉登僑寓
吳中嘗及徵明門遂繼主壇坫者三十餘年當是時布
衣山人以詩名者十數輩然聲華烜赫穉登爲最四方
士道吳門必丐見請楮墨申時行以元老里居特相推

重王世貞與同郡友善顧不甚推之穉登亦不爲之下
及世貞歿其子坐事繫獄穉登傾身救援人以是益重
其風義萬歷中廷臣交薦詔徵修史未上而史局罷事
載明史邑人郁庭芝梓其謀野集子留亦能詩隸吳門
籍
許學夷字伯清早棄帖括惟文史是耽於左國史傳皆有
手輯論詩自三百篇以下各有史證著詩源辨體偕沈
鶩徐益龍聯滄洲詩社前志稱學夷爲業擅開元功歸
正始蓋當時領袖也又與邱維賢訂澄江詩選錢鎔死
難事實亦由學夷闡之

沈　鶩字飛霞好學工詩嘗游吳越間與王穉登袁宏相
倡和梁溪孫繼臯極愛重之梓行其梅花百詠招往無
錫爲卜居焉生平負氣節不肯以貧故低眉於人繼臯
沒漠然無所向尋卒詩稿散布友人家
郁庭芝字元禎萬歷庚子舉人應邑郡院三試俱第一師
事顧端文參究理學孫文介稱其有道氣鄉舉後不謁
選篤友于之愛爲姻知解紛卽挫産不問性好書畫山
水搆別業於君山麓栽松劚石結構幽絕許學夷過而
愛之竟贈爲兆域
邱維賢字念先性蕭疎好吟詠偕許學夷創滄洲詩社集

一時名流倡和又偕學夷訂刻澄江詩選搜討精博晚
年闢小圃吟嘯其中疾革遺命曰葬我於此名曰寢邱
先自爲記
尹嘉賓字孔昭少耽書落落不事生産爲文清音獨奏雖
姓名在沈浮間而不屑效時趨萬歷己酉鄉試歸自負
必第一與同社飲君山薄暮聞江上鼓吹走問曰魁元
乎曰然尹姓乎曰然然則同我歸耳一時傳爲佳話庚
戌成進士授中書舍人擢職方員外郎奉詔募兵山東
就地簡閱數旬而辦登萊閣望醫無閭酹酒高歌慨
然有遠靖烽煙之意遷湖廣僉事歎曰將謂書生不嫻

戎馬耶尋視學湖南杜絶請託務得眞士其所識拔者
相率捷去幕中不挈一客手自繙閱日夜不休一夕假
寐見緋衣人語云衡文之任幽明共之如公則造物無
權矣竟以勞勩卒歷官十年不改寒素善酒工詩詩如
其文所存有焚餘草
繆尊素字太質生有異才垂髫應童子試邑令郝敬奇其
文招覆降階揖曰文章名世當在子矣比長與黄毓祺
聯九子社尊素作社引文稱九子盡一邑之雋當萬歷
中葉江西四雋西安四家最著厥後復應幾澄諸社競
起欲延致尊素尊素弗屑而獨以江上九子社頡頏諸

名輩豔稱一時許慶歷兩朝文山陰王思任爲作序狀
其舟次衣紫衣兩目作岩下電覺丰采至今如見
張育葵字午卿崇禎戊辰進士授曲江令鋭意釐剔耽曲
事上官動見掣肘逾年以艱歸居鄉喜闡揚忠孝陳説
利病嘗請以沙田充公費導河用官夫皆德施鄉里爲
文力追先正嘗語人曰文行非兩途烏有隨波逐流之
子而能立品者哉著有露園詩文二稿
徐遵湯字仲昭崇禎戊辰副貢生爲人口吃不能言及爲
文風發泉湧傑出一時少以詩質無錫鄒彦吉亟賞之
因知名後數作遠遊所至記以詩益奇縱黄道周徐汧

張溥皆與遊晚歸名所居曰小盤谷家貧鬻文爲業邑
令馮士仁延主修志著有詩稿若干卷
曹玑字子玉少負雋才求詩畫者無虛日崇禎丁丑成
進士以戶部主事督臨淸關外警猝至守兵以糧乏譁
出帑金給之或危焉玑曰城脱破金皆敵有也給兵不
勝於資敵乎因築城固守一方賴之崇禎末奉命督餉
有惠政鼎革後邑燬於兵黄毓祺事旋發人情洶洶懼
株連禍且復起玑竭力營解家爲之落初闢漫園於城
南隅至是屏跡園居每沈醉泣下沾襟戚戚以死著有
嘯歌碎琴漫園諸集及蘭竹譜

章奏字爽哉諸生家貧好學炊煙不繼吟嘯自如著易
解若干卷喜作詩事親以孝年屆大耋當道具官服敦
致賓筵時謂盛典不虛
吳杰字去見父澄之繆文貞壻澄之家故貧依外氏杰
年十二以文質文貞文貞示澄之曰甯馨有兒當成我
宅相文貞遭閹禍杰侍母日夜號泣已而歎曰楊惲能
讀外祖書卒使史記大顯今寶園不有遺書在乎寶園
文貞讀書處也乃鍵戶攻苦寒暑不輟文名日起念父
貧益甚思以科目奮一試不售慼然曰已矣空負寶園
書奈何扁舟往來吳越與賢豪遊以侘傺致疾未幾卒

年二十二錢陸燦誌其墓弟格字去非杲字用晦並負
儁才格亦早卒
章　式字世望副貢生秉性直諒爲文獨抒所見劇日怵
心一洗明季浮靡之習從游者戶外屨常滿晟𦼮其弟
子也𦼮以文章顯天下必曰吾師章先生生平淵源不
敢忘也
國朝沈際辰字元水諸生性孝友工文學使者器以國士遊
其門者以百數家貧猶喜賑貧困曰無用長物爲也邑
令延致賓筵辭不就諸生韓建國其高弟也授經他所
乙酉殉難際辰哀慼雪涕經紀其家人謂師生猶父子

云
王一乘字上襄諸生攻苦力學嘗竟日危坐絕言笑爲文
初規先正已悉棄去自闢蹊徑讀其文始若聱吻澀齒
既而尋味無不頤解而心折也屢試冠其曹性至孝母
歿泣血累月三年不見齒年三十三卒
薛　垣字羽宸順治辛卯舉人少有神童之目年十三舉
忠臣義士文彙萃而表彰之見古人嘉言懿行輒手錄
成集乙酉之變鄉民橫死者載道垣多所收瘞歲饑自
節衣食煮粥以賑易簀時僮僕券悉檢還從孫辰字端
極雲溝字彙仙皆以文行世其家

張　素字爾因諸生家貧樂道詩文自成一家言生平少
所推許獨善黃覺兄弟與周聲聲字子駿性孝友富於
才學
高　照字子返諸生受業於黃毓祺博學多識居貧教授
曹禾師事之推其文如韓詩如白年六十五病革索紙
筆賦詩而逝子慎中字僧虔諸生於書無所不讀伸紙
千言立就每指陳經義支分節解渙若冰釋學者多宗
之楊文定亦其門下士也爲詩擺脫窠臼獨往獨來遊
京師貴游聞其名請師事之曰山野之夫安得辱諸公
當退掃先人敝廬與寒措大相晤對耳卽束裝歸著補

蘿集若干卷
劉時可字際明諸生試輒高等凡來學者必令兼習詩古
文曰沾沾習帖括非通儒事曹禾出其門爲題像云吾
師之道伸於古而絀於今吾師之學修乎己而淑乎人
處困阨而不失乎正遇紛擾而不遺乎眞人始見而生
敬久而益覺其可親
高愈簡字仲約與高照非同宗而誼若昆弟照令子慎中
受業焉慎中意氣縱橫不可一世及侍愈簡不覺容之
斂也鼎革後搆城隅小圃吟詠自娛年七十三卒子二
潔字方雪爲文嚴謹凝字端士受業於慎中詩文不可

羈縛人謂潔近狷凝近狂慎中嘗曰端士一往奔軼誠未易才但憫不壽方雪神理綿綿當享遐齡後凝遊庠卒潔以恩貢任歙縣教諭壽八十餘

於壽格字彭年諸生從其父陞受書經解史法具有淵源行文離奇突兀聲名籍甚曹禾鄧鍾麟與相師友生平著作甚富尤工樂府

鄧鍾麟字玉書順治乙未進士童時穎異年十三與曹禾同學少禾二歲能強記禾愧弗如也爲文雄放豪邁空所依傍旣通籍入詞垣

世祖每有顧問鍾麟奏對從容眷日隆未幾假歸巡撫某同年友

也知其貧餽以金勿納賦漁樵耕讀四詩報之其詠樵云平明負擔入山阿薄暮空歸怨斧柯不是斧柯樵不力江南草木已無多殆有隱諷焉王士禎陳惟崧集中皆有過鄧檢討作

曹禾字頌嘉玑子玑自革代後縱酒漫罵常自祝死禾知其意悲不自勝玑沒哀毀骨立年十三籍學康熙甲辰成進士授中書壬子順天鄉試同考官得士甚盛翁叔元徐元夢皆出其門以養母歸日發所藏書勤學學益富

召試博學宏詞授編修與修明史辛酉典試山左累遷國子監祭酒正文體端士習評閱課卷寒暑無倦色天性簡易不阿坐是罷歸平生沈酣六經子史嘗撰靖難十六功臣傳論者謂得史漢神髓詩宗韓杜與宋犖汪懋麟相倡和王士禎定都門十子以禾爲最里居集後進孔毓璣湯大輅耿人龍徐恪高玉行輩爲文會家故貧至典衣鬻產以給飲饌刻未乾初集一百卷行世二集一百四十卷藏於家

朱選字薦青順治戊戌進士意氣倜儻幼授書一過如夙誦者八歲即書廟額鑒空亭三大字筆力遒逸小楷行草人咸寶之官保定府推官政簡刑清新楊忠愍祠

爲梓遺集恤其後人居家孝友繆文貞子堅白連賦繫官助金脫其累堅白弗謝選亦不以爲德

錢之燧字元玉諸生幼從族叔陸燦遊與張文貞何焯爲同門友文貞欲薦之以母老辭惟肆力經史詩文以自適著有匏村詩稿子振科字象六承其家學品端學粹著有四書纂義硯北詩鈔

梅天奇字正平明季諸生論文不可一世所作佶倔奇古深者寂入高者迥出會鼎革其兄使護家人出城遂僑居青暘兄遇難死天奇自髡其首更名有子號非水船頭陀學使解幾貞慕其清望欵門來見以一石支竹扉

不應郡丞造請亦不納著述甚富多散佚所存有離騷
註易解圖說
曹飛捷字雲舉歲貢生學宗程朱著四書正解曉暢疏通
學使張能鱗胡在恪序而行之入都葉芳靄延致之尋
謝歸同時吳象緯亦有四書講義嘗評飛捷曰梓林契
友而意見時左今子爲虛齋吾爲次崖矣惜其書未梓
沙張白字介人諸生幼負異姿長益肆力於學凡天文地
理元黄壬遁之書靡不馳騁貫串嘗著史論起結綱至
明代次其是非得失獨闢戶牖能補涑水考亭所未發
樂府出入漢魏王士禎貽書曰樂府絕響久矣僕行江

南僅見足下爲人雋爽豪邁與人言傾胸臆無所隱性
兀傲恥奔競入都馮溥魏裔介交口譽之王崇簡延之
家塾尋謝歸閉戶著書卒子震字晨起晉字桐彷俱能
文晉尤具夙慧髫齡即能佐父作史斷人呼爲小沙子
殷祁雷字鳴夏諸生邑所稱沙劉殷卞四家祁雷其一也
究心理學而不作腐語詩文宗唐宋陳玉璂負時望少
許可見祁雷作輒歎服延致之邑令陸次雲大會名士
賦繡毬花詩倡云高枝雪壓低枝雪百朶花成一朶花
四座歎爲工及讀祁雷句云滿院曉風吹月魄一團春
雪聚梅花壓曰今日豈止壓倒元白耶沈清世延請分

纂邑志多所考正著有四書講義條說訒軒集鑑紐錄
管天祚字月衣諸生以文名江左爲文率然與集反覆馳
騁而條理秩如詩雄放跌宕巡撫慕天顏聘令二子師
之尋以疾歸卒於無錫舟次
盛樹廉字靖侯康熙壬子舉人任滁州學正調揚州勤於
課士每擁皐比談經環而聽者百人性耽山水所至輒
有題詠子世儒世俊超世俊字魯瞻尤知名與湯六輅
孔毓璣爭雄長時邑中先輩論文或主才情或主法度
世俊獨曰神氣不肖才情法度非眞也門下得第者相
踵世俊累薦不售彈琴賦詩逌然自適

徐　恪字昔民康熙丙寅拔貢生初知直隸棗強縣
大師討澤旺阿喇蒲坦制府檄具騾馬運餉恪既不忍累民
又橐無一錢挪帑三千未及補艱計至代者將以虧揭
邑父老相勸佽助置匭於縣門不數日竟足償後令廣
西羅城縣以勞卒恪見聞博洽宗伯李振裕奉
詔纂修佩文韻府延恪襄事令棗強時隨
駕水圍
賜御書
賜宴行在人以爲榮著有周易引說見聞稽疑錄桑梓見聞錄九
盤山人集

蔣　培字穀始歲貢生學行爲里中矜式從遊者踵至晚
年寄情詩甚著有梅軒集
范光晨字志和康熙己卯舉人讀書目數行下嘗食左史
大家爲諸生時學使許汝霖歲試唱名至光晨離坐曰
君尙憶歲試乎吾爲童子時已熟君文矣嘗上書邑令
沈清世請除漕頭里長三銀五銀之弊語多激切令如
其言座主張廷樞來視學言於令陶鎔延主經學邑有
經學師自光晨始
韓錫爵字維賢諸生與范光晨齊名生平所讀經書手自
繕錄蠅頭小楷句箋字釋行文心細手和敎人以變化

氣質爲主遊其門者恂恂雅飭事母孝弟錫袞著壹齋
成輒相唱和
趙鳴鑾字翔九以詩文鳴詩尤沈鬱頓挫郡丞奚祿詒邑
令陸次雲皆折節交之名宿如錢澄之余懷杜濬錢肅
潤俱與游及游江西與張芳鄧履中黃恆賀燦號唱和
著有珊瑚後集
陳　鼎字定九少喜任俠長乃折節讀書出與四方士大
夫交蒐前代東林諸賢蒐其遺事積十餘年成東林列
傳又摭拾舊聞著西溪外集自公卿下至匹夫編戶以
義俠節烈稱者悉爲闡揚倦遊歸隱以著書終

曹　瑢字虞政諸生家貧甚妻子勸假貸輒詠淵明叩門
句笑謝之遇佳山水輒心賞忘倦所爲詩清新淡永風
格如其人
張元昇字時升貌癯神竦壓視一切遊兩浙三秦七閩間
耳目感觸悉寓於詩性不喜近貴遊所如落落邑令葉
紹芳雅重之屢請見元昇作詩以謝有何事當途降禮
數此身天已縱癡頑之句所著詩文名半園集友人徐
恪稱其詩哀以思其文幽以岸讀其集想見其爲人
吳永福字蔭嘉康熙戊午舉人幼失恃友愛其弟不忍異
財既乃以饒沃與弟而自取薄瘠爲文醕以肆工詩江

上十七子永福名最著官中書壬戌會試王士禎欲置
第一會與同事者爭遂置之東裝歸士禎追及之曰吾
累君矣館之濟南郵筒往來詩益進三年歸士禎作序
送之著有念仂文稿京華集東園詩草
張世鎔字行佩歲貢生有譽從孫也自幼厲志於學沈酣
六經諸史中嚴立課程寒暑不輟爲文渾博深厚詩歌
蒼勁杜門著述有北游草梅花書屋諸稿
王　韺字聖穆諸生肆力於古文詞沈博絕麗弟誥亦負
重名時人稱曰聖穆嶽嶽玉封森森玉封誥字也
孔毓璣字象九與綱子康熙己丑進士四歲與綱授以書

十三通子史曾禾見而器之致門下試輒首拔其文磊
落雄放晚益簡古令常山勤課諸生文風一變修志若
干卷著有秋巖詩文稿
周鳳喈字王士諸生久困童子試郡丞奚祿詒賞之因知
名爲文紆徐宕折有李翱孫樵之風著有字畫訂譌二
卷
繆思勃字子穆文貞曾孫少壯好學晚歲潛心理蘊充然
有得著有耕學草堂集松窗筆記約軒詩文集子敬持
字以直諸生能以詩文世其家著有東林同難錄私淑
編

湯大輅字乘素幼慧大父雨時奇之少長力學總督于成
龍建虹橋書院招上下江知名士肄業大輅與焉康熙
壬辰成進士入詞館戊戌分校禮闈獨蹈十八房成額
得士二十一人館選者十有一徐本張廷瑑陳萬策皆
出其門大輅嘗在虹橋書院時嘗研米爲粉夜分輒沃
冷水啜之攻苦逵旦文境日進自謂終身得力實在於
此著周易講義五卷四書語錄十卷蓉江草堂詩八卷
高　燦字汝峯諸生本姓湯少聰慧其姑適于高守節撫
爲己子能詩文金壇王澍燕宜興儲欣倡金沙社招燦
往有雨中望艮常山十絕一時傳誦

徐　烈字宗甯諸生十七子之一爲文別調孤行以倘永
自喜晚年得歲貢卒
曹近宸字臣表諸生父鼎銓字躬衡爲邑宿儒學者多師
之近宸生而穎異弱冠食餼其文選聲研詞哲發穎豎
而神韻飄飄別有事外遠致詩倘雅越俗書法亦遒逸
程天保字敬威諸生有至性事親以孝聞力學能文傑岸
自喜初江邑自金沙社後老成凋謝天保始與沈德潛
輩十數人會於東郊吳氏之山莊自後九賢堂濟園社
集寖盛以父沒哀毁卒選歷朝古歌四卷及明文尤雅
集行於世

趙臣瑗字二安歲貢生性倜儻能文章肆力於詩著述甚
富家居五峯築山滿樓以待四方士造訪者無虛日箋
注唐人七律刊行於世著有山滿樓詩集
耿人龍字書升勲子廩貢生學探儒先宗旨爲人淳古敦
樸學使吳淵問士於楊文定以人龍對延致之淵出李
文貞門下以先輩文取士而外論或譏其失貝人能至
頗有所裁正著錄通三十餘卷又著易解
楊名亡字簡在雍正癸卯拔貢生初令山西徐溝縣再任
福建侯官縣以豆爲課恆二石而完一石名亡盡革
其弊民困大蘇後知山東陵縣歲饑遇大役名亡自出

俸貲數千金籌辦民德之居恆好學不倦於經史諸子說部靡不貫串著有碎錄水轩類音若干卷其雜評一編皆駁正舊文之誤盧學士文弨序之且謂名曰古文有晉人風致間似漆園詩工於言情此又其才之兼者外有增訂亭林日知錄爲盧所藏

夏宗瀾字起八諸生以經學薦授國子監丞領六堂分經講肄善誨諸生性剛直侃侃正行詩文瀚瀚雄健尤善擘窠書自職冑監外歷主講席與游俱當世碩儒終其身師事楊文定文定講授諸經退錄爲易義隨記詩義記講二書著易卦劄記詩古文詞若干卷

王學琦字韓起歲貢生博學能文尤工詩爲人純任天眞不事奔競才名動江左沈德潛賦以詩有云白雲古寺聽宣講黃葉閒門想著書嘗館南沙偕及門吳艮劇飲大醉於雨中屬舟渡江訪詩友比歸館門扃矣因與艮坐石磴聯吟百韻雨沾衣盡濕不覺也艮字玉山工詩早沒學琦爲文哭之

徐　遴字月帆歲貢生聰慧過人爲文操筆立就雲行水流初無定態每文酒讌會談笑詠諧四座傾倒與孔毓璣善毓璣嘗戲謂曰君文如禇河南書老中帶媚遴曰正坐倔强不諧俗耳

王文震字夢屺雍正乙卯拔貢生乾隆戊午副貢生少日父課之讀穴一室曰窮關積經書其中使研誦既冠游楊文定門學益邃尤精三禮乾隆初試授州判以經學薦校

聖祖日講禮經授國子監助教出知山西吉州清介自持性至孝丁內外艱終喪未嘗見齒著有窮關詩集盍即幼時事以自號者也又有文集若干卷

車　書字輅公監生少與楊名二王學琦王文震以力學相勗寒暑無間性豁達不立崖岸至名教所係則持之甚力善眞草二體晚益遒勁爲時所重其門人貢震趙

曦明杜一鴻朱黼並知名於時

包　彬字文在乾隆戊午舉人力學研經尤邃於易著易玩易觀易小得錄凡先後天卦圖等說於先儒講義別有心得性嚴正邑令蔡澍延修邑志與同人論鄉賢齟齬遂辭去後館於易州卒遺文散佚其存者樸莊古文遺稿詩集若干卷

金　鑑字志遠雍正乙卯舉人乾隆丙辰舉博學鴻詞兩登明通榜授國子監助教擢刑部主事讞獄平允謝歸三十餘年不入城市著有尚雅堂集蔡澍序之

翁　照字霽堂幼孤貧由常熟來江陰遂爲江陰人王學

琦一見異之教之讀過目成誦及長博學善詩文出遊
大江南北才名籍甚乾隆間兩薦宏博不就子晟爲江
山令迎養之官逾月返築三十三山草堂嘯歌終隱著
有賜書堂詩文集
蔡寅斗字芳三乾隆丁卯舉人國子監助教能詩文方伯
鄂文端檄七郡士會課春風亭寅斗冠其曹歲丙辰薦
舉宏博不就著有九賢堂稿
王兆魚字端翼歲貢生孝事母爲文宏深奧衍工詩及書
法官吳縣訓導巡撫陳文恭重之語僚吏曰王某學品
兼優眞不愧師儒一席著有江蘇祀典

趙曦明字敬夫諸生幼孤貧力學刻苦自勵嘗忍飢閉戶
讀性剛直不從俗唯阿盧文弨主暨陽講席深契之旋
主講鍾山要與俱圖籍數萬卷一一爲之校讎手註隨
徵士徐庾溫李羅昭諫等集考據淹博精當稱爲善本
著讀書一得六十卷桑梓見聞錄八卷年八十餘復註
顏氏家訓甫脫稿疾作卒
嚴學誠字織三歲貢生性行端飭篤志好學博通羣書與
趙曦明商確古今討論得失引繩批根多所校正著有
易經會觀
夏敬渠字懋修諸生英敏績學通史經旁及諸子百家禮
樂兵刑天文算數之學靡不淹貫北遊京師有貴顯聞
而致焉議偶不合指斥不少避致爲動容加禮欲延致
賓館敬渠謝弗往生平足跡幾徧海內所交盡賢豪著
有綱目舉正經史餘論全史約編學古編詩文集若干
卷
朱灝字與持乾隆乙酉拔貢生沭陽縣教諭少孤貧好
學不倦善畫工詩擢四川蘆山縣知縣年老告歸仍寓
沭陽遂家焉年八十餘卒著有畫亭詩草
鳳應韶字德隆歲貢生幼孤貧織竹爲業嘗僞聽童子
讀書聲即能背誦塾師異之授以書攻苦不輟比入邑

庠博覽強記三禮注疏熟誦如流說經具有心得所著
鳳氏經說讀書瑣記四書補考先後梓行復有五經辨
證儀禮鉤提左傳杜注參事等書藏於家
章世純字詒武乾隆癸卯舉人少孤貧績學砥行博通諸
家注疏爲文紛綸貫串說經家斂手推之學使彭文勤
座主謝墉俱目爲異才謝受代來視學知其貧憐之謀
助公車費俄聞其疾卒切怛累日賻之成斂葬
夏祖熊字夢占諸生少質魯肆力於學遂博通羣經尤篤
好性命之學患二氏說漫衍因復考辨其非以歸於正
生平績學精進造詣日粹惜年三十二而卒著有易學

大成詩書疑義隨記春秋四傳集解周禮集傳儀禮疑義集錄雜著有禹貢說洪範說經義守約道學宗旨搜禮纂論格致彙辨見聞論要讀史隨筆農商問答等書

夏柔嘉字甫德廩貢生博學工詩文間寫蘭竹花鳥筆意超妙爲人豪宕清介落落遠俗嚴取與不妄交游惟與祝應璣學行相砥稱莫逆交著有師竹軒集子之成字伯田諸生工詩古文辭兼通巫學王通諸書亦善蘭竹

史有光字問樵諸生父揆家故饒好施予有光亦慷慨喜周人急家遂日落乃棄筆遠游生平所歷具見於詩所爲詩初學右丞後博極諸家獨抒性靈晚年歸環堵蕭

然樵蘇不爨宴如也著有問樵詩鈔

王蘇字儕嶠幼通敏父將課以詩古文辭即操筆立就少長博聞强記學使彭文勤目爲異才乾隆戊申天津

召試第一

賜舉人庚戌成進士改庶吉士授編修擢御史敢言有直聲出守河南衛輝府剛介嚴肅嘗捕治大猾丁某有神明之稱以報最獲晉級疾作假歸後以入都注選遘疾卒蘇在翰林日進奉之作敏贍雅麗其餘詩文出入六朝唐宋才藻擅絶一時著有試畯堂集

葉廷甲字保堂諸生沈酣典籍博聞强記藏書至五萬卷築静觀樓庋之暇卽兀兀披閱其名臣遺老著述未傳者爲梓行之鄉里有利益事率先爲倡年七十外徧歷江浙名勝聞四明范氏天一閣儲書甲天下踰錢塘往訪徧閱所藏庋而還卒年七十九著書凡十數種及保堂詩鈔若干卷孫長華字實士太學生國子監典籍銜博覽羣書壹意治經尤潛心許氏說文著有經文考證爾雅考文兼義魏書通鑑考異等書

金捧閶字玠堂歲貢生性孝友不求仕進攻苦力學孜孜不倦著述悉委刼灰僅存守一齋客窗筆記四卷及二筆一卷

顧師竹字倚山嘉慶丁卯舉人銓太平訓導裁取知縣不赴主講仙源書院品行峻潔楷式士林工書博古著有諸史武備考等書

徐閶字宇恬嘉慶丙子舉人太湖訓導事親以孝聞至老不衰品端學粹在官以文行勵諸生著有寄齋存稿

金誇字一士嘉慶巳卯舉人任蒙城訓導砥礪廉隅以正士習著有篤慎堂燼餘詩稿

祝百十字筱珊郡庠生道光辛巳舉孝廉方正幹質清岸贍視不羣與吳江吳育及同郡張惠言李兆洛以學行相切劘讀書不拘守章句酒酣抗聲誦孟子或唐人歌

詩伉爽勃鬱神明挺動聽者奮袖頓足不能自止工詩古文詞與弟百五唱和有華萼集若干卷子麒字爾英端方誠慤言動不苟以善書名於時

薛獻可字雯博歲貢生修身養性與古爲徒著有春秋經朔表六書斆古編毛詩名物同異辨說文檢字摘難四書姓名補註等書道光二十五年重游泮水年九十卒

徐曙霞字曉彤諸生鄉賢世沐五世孫幼孤家貧事母盡孝爲人耿介不苟取常殫精性理諸書著有參注心性圖藏於家

王　戴字薇菴嘉慶癸酉舉人性穎敏博通四庫書文不加

點竄於榮利引誘及門多所造就著有儆我編六集

郭鴻飛字笠夫歲貢生性至孝嘗刲腕和藥以進母瘉文閎雅兼工古今體詩著有賞雨茅屋詩鈔爛柯山房文賦稿

祝陛芸字藝芳優貢生操行純正得力儒先語錄爲學者楷模訓迪後進成立甚衆兼工小篆纂修前志資藉筆焉

周　璥字稼山恩貢生品端學粹尤留心經世之書著有綏英紀略十六卷

楊景曾字尚凡文定公曾孫嘉慶辛酉以賢良後裔

欽賜舉人己卯成進士改庶吉士授中書銓石柱廳同知以疾不赴性狷介不妄交游纂修邑志秉筆謹嚴主講暨陽書院文體一歸雅正工詞賦著有蘭賢書屋詩鈔選刻澄江賦約詩藝合鈔

承培元字守丹優貢生能文章工篆刻祁文端督學時重刻徐鍇說文解字藉資訂正有校勘記一卷林文忠督辦河工延至幕下深器重之贈以許叔重說文解字王伯厚困學紀聞聯句著有說文引經證例籀雅經滯楬槀諸書

宋景昌字冕之廩生學問淵博能古文精天文歷數之學

著有星緯測量諸篇同時六承如字廣九邑貢生安貧力學作文不競時趨著有地理韻編山長李兆洛均爲之序

王　埊字簡卿道光壬辰舉人好讀書覃精爲文力追先正銓高淳訓導會粵匪竄陷金陵偪近縣境協邑令守城募勇籌餉以積勞成疾卒於官著有委宛山房文賦稿

顧季慈字心求諸生家貧刻苦勵學古文詩歌皆有卓識探輯江上詩鈔百七十卷著有蓉江詩話二卷愪雲詩文集五卷

章詔燕字鶯門嘉慶丙子舉人內閣中書充　國史館分校知廣順州創設義塾倡修考棚開雙井塘闢消水洞士民德之兩校黔闈所得多知名士長於史論及詩古文詞著有滄粟齋詩文稿讀史諍言黔游日記

何栻字蓮舫道光乙巳進士吏部主事擢員外郎知建昌府時適赴省爲逆所阻不及救援城陷其眷屬殉難於新城後調吉安府以疏放謫官不得志遂寄跡維揚其牢騷抑鬱之概盡發於詩歌著有悔餘庵全集

曹宗瑋字蔗畦廩貢生姿性穎敏口吃不善雒誦弱冠游李兆洛之門博覽羣書尤肆力於濂洛關閩之學工帖括精思銳筆直破題扃著有觀復堂文賦詞暨花雨墳詞草

夏煒如字永曦恩貢生風格雋上少孤績學於書無所不窺工詩古文詞深入古人堂奧嘗文酒讌集縱談古今得晉人風趣聞者傾倒光緒三年重游泮水學使林天齡給思樂重賡匾額邑令延主修志未竟而卒年七十有九

政績傳

〔宋〕吳博古字敏叔紹興丁丑進士授秘閣修撰以言事謫判福州時府尹入覲權府事州故瀕海潮嚙城傾一角博古親督畚築至撤臥榻爲捍敝七日而工竣民被水者廩之尹歸以耗帑有難色博古出俸錢償焉虞允文薦充右諫議以論朋黨拂柄臣意謫知贛州奏免無名稅十七條贛循青苗法民困重役詢疾苦得實奏罷之召還除徽猷閣直學士知制誥遷戶部侍郎以疾請告詔提舉崇福宮致仕

葛嶠字景溫官朝請大夫忠信誠確薦引多明達士守南安有惠政

趙善言字從之祖士鵬守江陰因家焉初調常熟簿終朝請郎居官於利民事無不勇爲之歷兩邑一郡皆有陰德

徐邦字子奇以鄉舉判廉州設守禦闢田疇立學校俗爲一變自守潔清遷本省廉訪司僉事薦賢剔蠹僚屬憚之商農感其惠政發粟賑飢時謂爲有漢汲黯風

〔元〕宋正言字明道延祐中登進士歷官揚州路總管時中原亂正言仿陝右保甲法行於江淮盜發伐鼓舉烽爲號值水澇相原隰通滯瀆發粟勸賑民免飢散請老歸

民泣送者盈道
明朱德觀別號安五洪武初以才行舉因進四箴納用之
李善長薦守臨江時陳友諒據南昌旁郡騷動德觀加
意撫綏奏最累陞吏部左侍郎其先泰興人後占業馬
馱沙
何　澄字彥澤永樂癸未舉人洪熙元年置宏文館蹇義
薦入典著述授禮科給事中以汲引人才爲務嚴本其
所薦也言事忤旨謫官已復上疏激直下詔獄宣德間
以薦知袁州與民休息修府學毀淫祠正統中乞休歸
植竹數百竿飼二鶴號竹鶴老人工繪事壽九十九

周　玉以人材薦令浮梁有治行識戴珊於童年使讀書
署中成化初玉歸里珊以直指按江南辟騶從來訪玉
曝簷下諦視知爲珊問何官曰御史語家人曰戴秀才
來可設雞黍留之珊請分俸治宅皆辭亦不報謁
劉本道由掾吏受知於靖遠伯王驥引置幕下奏授刑部
照磨從征雲南正統間尚書金濂討閩寇以本道從活
脅從萬餘人擢戶部員外郎景泰中西北多事民不聊
生請給價買牛種與之貴州倉糧侵盜事覺本道往治
積弊盡釐遷戶部侍郎總督糧儲先是南糧抵京倉陸
運四十餘里勞費不貲本道建議於京軍歇操餘月運

糧至京而南糧止於通州交納歲省耗五十餘萬石詔
賜二品服寵異之
杜　眘字叔寬景泰甲戌進士授監察御史按西夏貪暴
屏息與同官倪敬等言事忤旨貶安定典史英廟復辟
起知英德縣革苛斂減供億闢田野開十二新圖邑故
無城猺寇時爲患首捌築城城完而寇至率兵乘之寇
遁去擢韶州通判流亡來歸都御史葉盛鎮兩廣檄置
軍幕方倚爲用以目瘴癘乞休
徐　泰字士亨由邑庠入北雍景泰丙子北闈鄉舉第一
時有閣臣子不與選言於朝詔泰富室有私覆試前五

人於內廷泰仍第一令羅田山深地僻漕運維艱泰於
近水巴河鎮建倉廒貯粟便運以紓民力課民力田給
以牛種歲祲出粟賑荒施及鄰邑都御史吳琛薦知荊
門州會夷陵有疑獄已久部使者檄之往一訊而決以
內艱歸父老詣闕請復任詔從之卒於官祀荊門名宦
祠著有生白齋集
屈　霖字天澤成化丁未進士授刑部主事陞郎中居法
曹十年獄無冤滯卒於官同邑湯沐號爲殮殯乃得歸
後學稱爲古愚先生
夏從壽字如山宏治癸丑進士工部主事遷戶部郎中在

告逆瑾要重賂不應遂落職瑾誅乃起歷官湖廣福建河南參政參議在湖廣時武宗南征江彬橫索無厭力拒之在福建減市舶踰制之率以清盜源留歲解羨餘之數以贍軍食擢副都御史撫治鄖陽兼陝洛荆南三省事以執法爲人忌累疏乞休歸築涉趣園逍遥其中戒其子勿乞身後恩族兄璪字廷華宏治壬子與從壽同舉於鄉俱爲王文恪門下士知耀州耀人德之

薛　金字子純宏治壬戌進士改庶吉士授戶科給事中奏減光祿寺冗費歲萬緡奉敕給賞紫金倒馬等關孝宗升遐特疏糾張愉用藥之悮正德初勅查四川等處

邊糧及大同宣府獨石馬營邊務自疊溪鹽井以往凡前使所不到者身冒險阻巡歷既返命值逆瑾擅權抗疏劾之謫官瑾敗轉行人司副擢廣西僉事妖人李通保連結諸山猺獞攻陷程鄉等處三十六城堡金爲紀功官戎服跨馬身冒矢石賊魁授首又贊畫招集寄流諸邑離民全活無算廣民德之建祠曰繼芳併其四世伯祖前官是職名俊者並祀焉既歸朝廷發內府鶯緞廣餘郎家以賜著有治齋集吾學正傳等書

薛　球字良韶宏治乙卯舉人署台州學正典廣東四川試調安仁令縣故無城土寇竊發球捐貲鳩工三閱月而城成募義勇繕甲兵先固其圉後率衆搗賊巢斬首千餘衆黨解散事聞詔書褒之時上官畫弭盜策欲割三縣地更設一邑安仁應割三都既奉旨球申文力陳不便因得寢以內艱歸行裝仍赴官時兩敝篋服闋補通許剔弊釐奸豪右斂跡忤權貴投劾歸日三仕未拓一椽一畝

邵　經字孔述宏治乙卯舉人任阜平令擢莘縣志丞移武強擢守潞州潞枕太行地險所屬桑梓蔭城二鎮負固相攻殺官兵不能制經單車往諭收之瀋藩橫暴有奸黨匿其府率吏入捕因抗章奏瀋王不法二十事王

亦誣以試題犯上被逮詔獄窮治無所坐釋歸杜門輯經書以課子孫貧甚邑令張集餽以田門人夏謹周以金俱力卻之少從湯沐遊直節清風與沐並稱

王　莘字元聘格子正德丁丑進士知東莞縣寇發勦之釋脅從四百人建社學毀淫祠懲惡少立保甲法尤密當道檄各屬鄉行時稅璫指上供派累州縣抗言遏止之擢南兵部武庫司員外郎累遷松潘兵備道練兵恤民築連城設關堡監臨者忌其功告歸

張　簡字允敬宏治乙丑進士正德初授職方司主事時璫豎竊柄四方盜起簡條對機宜切中肯綮尤慎於稽

尺籍補將領擢廣西參議會三洞賊雷白眉等合兵稱
亂簡遣將練兵密授方畧俘獲甚衆遽移疾歸同方談
輩修邑志又輯邑中文獻錄有文集四卷藏於家
陳　沂字與之正德己卯舉人授永安令永故山壤數旱
沂敎民鑿山㵎設水碓以資灌溉歲輒大稔稅璫至吏
白當迎謁斥之曰令雖微豈能爲閹寺屈耶索夫馬屏
不與其傔從有擅取民家物者捕治之璫銜甚訴大府
大府曰陳令故强項且私怨非有罪可摘也曲解之三
載撫按交薦遷祠祭司主事以親老告歸弟澶嘉靖乙
酉舉人知平度州所至有能名

薛如淮字東卿嘉靖庚戌進士補南刑部主事謹持三尺
公忠明恕有掾吏被殺御史某意其同舍掾坐以辟如
淮持之廉得罪人遂脫掾巨璫賴昇乾沒國課勢要多
爲營脫如淮執奏坐以法時稱薛公在事民無宂獄
趙大河字道源嘉靖丙辰進士嚴嵩知其才欲援爲分宜
令亟請歸己而除義烏時倭寇兩浙大河簡丁壯督騎
射義烏兵遂稱精銳會總制胡宗憲檄監戚繼光兵多
所斬獲上功擢大理寺評事尋擢浙江僉事監軍如故
倭犯閩繼光請往援大河許之當事以擅命疏劾不報
母病乞歸

徐　材字懋卿嘉靖丁酉舉人授兗州推官兗藩有大獄
有司不敢決者數歲材至廉得其實時亢旱因以其事
禱於神忽六月飛雪繼以雨因成獄以上稱明允河決
曹縣材督民堵築水患旋息累遷戶部郎中以母老乞
歸居鄉蠲稅法以均官民設役田以蘇窮族人咸頌之
蘇　韡字廷茂歲貢生知韶州精明公恕民猺畏服時府
署學校城池壇壝悉皆頹毀韡前後修葺三年間百廢
具興費巨萬而民不擾墾田二千頃戶增三千八百流
賊逼境檄屬邑協力保障晝夜巡警郡賴以安
王嘉言字君談諸生祖籍江陰遷常熟嘉靖壬戌成進士

令肥鄉地多盜倚猾胥爲耳目嘉言一夕斃三行盜遂
駭散政化大行值水患他縣多被衝肥獨無恙累官浙
江按察司僉事備兵甯紹台倭躪兩浙嘉言禦之多斬
獲擢參議移鎮溫處諭礦盜降之以疾歸祀肥鄉名宦
祠
范鳴謙字貞夫隆慶辛未進士令龍溪地邊海黠民多通
海舶爲不軌鳴謙得其主名殲之邑多逋糧以公費償
之又以溉田補虧額擢御史奉命按真定諸郡裁抑豪
右不少怯萬歷間浙中兵民相繼告變特勑乘傳往協
守臣收渠魁僇市中反側遂安

袁堯臣字承勳萬歷己卯舉人授徐州學正擢魯山令値
歲饑人相食堯臣多方議賑心悸成疾不三月乞歸著
有易經通義芸窗桂亭寐語覺言等書
王廷賓字明揚萬歷壬午舉人選德安令寬刑恤訟以儉
約先期年感脾疾乞歸子羲民字滄古萬歷辛丑進士
任平湖令清田均役民甚便之擢工部主事督易州山
廠卒於官
張履正字我先萬歷壬辰進士榜未發馳歸省親期年而
父歿戊戌廷對應得令乞改教授選應天累官戶曹回
翔陪京十年擢廣信守清儉慈惠立官解輪運二法兩

臺請補九江道聞母病棄官歸執政疏請比大臣休沐
例親終起用蓋異數也居鄉不立崖岸偕里老修布衣
歡里人親之祀廣信名宦祠
蔣　謹字欽之萬歷丁未進士除中書舍人三奉使有清
望擢都水郎中治河淮徐以曠工銀補工費夏鎮河使
章謨任故謹兼攝籍公費數千金遣將其子不入一鏹
遷江西參政備兵南瑞省訟獨贓乙丑冬奉表入賀不
通贄謁曹欽程希璫旨嗾田景新劾之摘其姻知高繆
爲邪黨作詩及時政爲訕謗矯旨削奪歸灌園南郭外
施糜掩骼爲德於鄉崇禎初詔復職尋卒著有紫微省

綠漪軒望曉樓諸稿
周懋章字從儒少負儁才邑郡院三試皆第一萬歷丙申
選貢廷試復第一選歸化令受讞立剖革羨例斥贖鏹
葺學宮變倉法復機兵給山帖置奸僧妖道於法修輯
邑志莅事五年金蠶蠱毒不入境擢梧州通判遂致仕
徐日升字如之天啟乙丑進士授漳州府推官雪冤獄擒
盜魁賑災荒奉檄督理洋稅盡斥陋規商民請勒石紀
其廉祀漳州名宦祠
沈鼎科字鉉臣崇禎辛未進士授建陽令初至吏白有庫
餘千金備公用斥之以補窮民逋稅邑故健訟訟輒妄

指人命鼎科受其牘不行勾攝立往驗得實則爲聽之
否則予反坐其俗遂革巨盜猾訟奸民得其主名即斃
之兩値歲旱步禱輒雨民爲沈雨亭志其事憫民病涉
延長橋民又呼爲沈公橋新文廟葺考亭勉齋兩祠月
必三課生徒在任六年內召士民攀轅塞道建祠祀焉
後令於署中復爲拜沈亭抵都下以公論競爲推轂反
中忌罷歸久之授袁州推官萬載縣山寇披猖獲其渠
斬之餘黨悉平擢車駕司主事會甲申之變嘔血成疾
尋卒鼎科孝友工文在官一介不取著燕露豫遊諸草
張有譽字誰譽履正子性至孝萬歷己未進士榜未發心

動馳歸丁父艱服闋廷試例得部曹因便養毋求改南
授南戶部主事奉命榷揚關甫涖任卽開小關以便往
來五尺以下舟免稅時鹽政建魏璫生祠去關近遣官
趨往拜有礬獨不往謁擢饒州守新郡縣學宮重刻居
業錄以崇正學陞江西糧道嚴禁需索斥羨米以補璫
舟失糧者陞七省糧儲道漕政肅清丁內艱廬墓哀毀
適周延儒再召遣諭一見卽大用辭不往服闋累遷四
川按察使布政使癸未大計舉天下大廉能五人有礬
居第一得旨褒旌擢應天府丞將行吏白有存庫五萬
金不納尋擢南京倉場侍郎戶部尚書鼎革後退居田

里衣粗食淡自號圓覺居士纂孝經衍義補六卷壽八
十一

國朝裴天錫字長齡康熙丁未進士內閣中書擢知平越府
値兵燹餘招徠撫輯咨訪利弊鑿倒馬關建重安橋驛
除虎患調知武昌慮吏聽斷郡無冤民以詿誤謫太原
通判再調郴州府將赴任卒於京貧無以斂同鄉官經
紀之始得歸葬曾孫盛清知高要等縣所至有政聲

徐應星字賓日歲貢生選高淳訓導常設高座爲諸生講
易再補英山掛建文廟遷鎭江府敎授諸生以抗言旱
災忤巡方使欲求其人罪之應星不開報爭以去就事
乃寢攝甌甯令以疾乞休罄家產治裝歸著有希陶詠
子中德以孝友聞

惠　潤字沛蒼嶹子康熙乙丑進士授費縣令銳意求治
興學校正士習因利革弊歲荒捐俸以賑擢戶部浙江
司主事纂修鹽政全書累遷刑部郎中告歸家居三十
年橫河淤塞請於當道檄縣深濬子元輅字鶴三副貢
生判郴州潔己奉公苗民懷畏在事七年盜賊民安插
宜城令勤勞稱職卒於官

趙錫仁字靖侯康熙甲戌進士授富川令初薛元敏與錫
仁談儒先之學錫仁素倜儻迂其言至是請元敏日幾

時君所言今悟矣幸同往俾日聆訓誨元敏謝不往貽
以邵嗣堯三仕一得編曰君第置此座右有餘師矣旣
履任斥耗羨均徭役興文敎士民大悅有內戚言洩私
呼隸人坐堂皇斥出之風紀肅然卒於官士民白衣冠
而送者萬人祀名宦祠初錫仁與劉學賦善學賦貧而
好施致逋糧錫仁日安得余一舉以坊儀銀助子川及
鄉舉果以百金畀之

蔡　鵬字鴻賓少負奇氣究心天文地理兵制諸書年十
九遊北雍和碩安親王奉
詔討逆藩有薦鵬於王者召與語大悅以署漢中書事參軍謀克

湖口破長興鵬之謀居多丙辰三月師抵長沙城門閉
諸將疑有伏不敢進鵬爭之不得退兵金盆嶺明日賊
帥馬寶至城始閉攻之不下王以鵬爲才使知長沙縣
兼攝府篆又給游擊劄團練鄉勇三千人便宜勦禦時
有僞水師將軍林興珠據湘潭爲湖南聲援鵬移書數
千言論降之馬寶勢孤長沙平捷聞功最著時師中以
長沙不即歸附議屠之鵬爲民備牛酒犒軍乞招安乃
得免又瀏陽民助逆餉師征之俘其子女鵬密刻護照
萬餘紙遍給諸民約旦日號泣軍門鵬啟王悉縱歸并
請撫流民豁逋賦給牛種無何知府任某搜別僞黨株

蔓不已鵬白大吏寢其事府銜之竟以互訐罷歸長沙
民無不流涕家居三十年沈陸二令皆舊交不干以私
訪以政則侃侃正言壽七十四著有隨征紀事遊雜
組漁灣小草
陶孚尹字誕先廩貢生選桐城訓導課試精勤解己貲修
啟聖宮名宦祠聚奎坊楚逆構亂
大軍勦之道經桐城駐劄孚尹佐邑令給芻糧供夫役邑舊
未設兵防護城栅需民輸守孚尹建議募役給值始免
派累邑民德之以疾歸祀桐城名宦祠著有欣然堂集
六卷

繆　燧字雯曜以例選沂水令時山左大饑侍郎某奉
命賑之燧念市米稽時日且運費多不便請給銀聽民自買當事
以違
旨切責燧白因地制宜之義當事悟曰令能爲草疏乎燧繕稿以
進馳奏得
旨報可顧縣不敷傾囊益之邑積荒民多逋賦燧遣僕歸鬻産三
千餘金代輸之旋以逸盜罣吏議別調浙江定海定濱
海水鹹不宜穀燧修築塘岸禦鹹瀦淡增田數萬畝海
關大吏請開玉環衢山等處部下其議燧以遠畧勞民
無裨國賦列議駁之事得寢修定海志葺學宮設書院

增諸生廩額至十名奸民有爲盜海洋者設方畧擒之
署府事暨各廳縣事所至有惠政仕海上二十三年卒
於官民懷其德呈請留葬子民垣不可大吏令留衣冠
葬之以誌遺愛
湯顯忠字諤士雍正庚戌登明通榜授績溪教諭興文勵
行修葺學宮講習經義儒風大振時遇清釐逋賦捐俸
爲諸生極貧者輸納邑令某歿於官有虧帑後令逮其
妾追款顯忠爲關說得釋而月以米薪給之守令某某
歿俱貧顯忠經紀其喪邑有利弊切於民者必悉心告
於守令當道稔其才德方議薦乞終養歸士民泣送盈

道

姚儀鳳字羽儀性耿介少讀書不迦以採曹除南安府經歷清白自持嚴禁驕擾委鞫獄聽斷明允大吏賢之檄署上猶縣勤慎稱職年老乞休偕其子兩人擕一行裝一書簏就道抵家頹垣破扉授徒自給

夏　霖字雨三順治己丑進士授濟源令有山賊混名穿山甲者盤踞爲民患密計擒之布政使某與霖不相能譏於巡撫謂霖芻草不時給將譏戎務巡撫怒百姓聞之爭相輸輓質明畢集巡撫奇之以卓異薦遷戶部主事督揚關稅知紹興府建閘興水利提督某縱其下强

奪民間女霖縛治之擢山西運使再補保甯府值兵燹後村落如掃霖鳩集流亡卽墟成市謝歸壽九十五

高玉行字朗侯康熙甲午舉人知三原縣首發中某兄弟之奸會巡撫疏請仿山西鑿井溉田屬吏俱阿巡撫指玉行獨謂關中地勢高開井決不得水力陳不可狀巡撫震怒玉行怡然曰今日名登白簡策蹇而歸得與老母相聚殊勝負祿而徒擾吾民也讒雖被玉行竟以是去官不復出

疏錦中字元章以州同分發南河河帥陳恪勤知其才命贊畫河務署祥符縣主簿有惠政其論治河大指本束

淮刷沙法慮刷之不盡老沙日積因參究古人混江龍飛排沙等制挪擬百龍搜沙法用龍艘百各於柁底安五尺四寸版竟版以鐵爲游龍狀版兩置環繫索以便捉放每艘設輪盤四帆二艘行水面鐵龍卽隨行水底搜捲積沙使入海又於海口搜之使無壅阻裘文達治河議常採之著有南河長治策搜沙十二事宜策北河犁沙穿渠兼用策嘉定黃氏汝成載入日知錄注

繆　詵字繩孫康熙丙戌進士知宜章縣有因倚奸僧術屢翻覆拷之不承詵廉得僧賓之法獄乃定調署桂陽復先賢周濂溪祠田補葉縣時學使某出詵門下知其

貧欲假非義噢咻之屏弗與通改知郯縣郯鑑賈魏金卽具牒請平鹽價然竟以此忤上官指謝歸浙行所載惟書版數種著有思親齋貽訓醒心筆記衍烈堂論文覺軒文編

徐　銳字貢三優貢生受業於楊文定任蘇州府訓導諸生葉泰被誣於里豪豪於暮夜以金投銳所怒叱之不爲署牘泰得釋同僚忌之告歸著有易準春秋集傳一得編惜陰齋雜著

奚又灝字倬雲雍正癸丑進士授新淦令會江右饑請於大吏撥庫帑以資接濟并請飭省屬通融撥借全活災

黎無算卓異引
見
特賜蟒服蓋異數也調臨川縣汰冗役覈稅槧修城隍次第具舉
以勞卒於官
沈　濤字次山乾隆丁巳進士知江西長甯縣其俗好勇
喜鬬每歲春正爲石戰戲南北各列隊伍持石朋相飛
擲勝者遂負者毆人至死不問濤坐城門下呼其黨陳
說利害其俗遂革邑乘缺畧濤廣詢博采纂長甯縣志
一書著有念山堂詩集
貢　震字息甫乾隆辛酉拔貢生丁卯副貢生知建平靈

壁鳳陽縣擢壽州知州所至雪冤獄毀淫祠興建書院
育嬰堂值水旱賑卹恐老幼廢疾不能徧及裹糗棉步
行山谷村墟咨訪疾苦靈邑當水道之衝數被患震度
濬靈宿虹泗諸派導其下流凡利民之事悉白大府奏
行歿後入祀建平懷仁祠靈壁名宦祠震少貧篤志於
學文行爲鄉人所推能文善書所著有建平存稿靈壁
志畧河防錄河渠原委等書
陶廷傑字楚瞻監生以例授縣丞分發雲南從征緬甸以
軍功署寶甯令地爲運銅總道牛車過峽勢極險峻偪
運者率多累廷傑度山路稍平者開通之又革兵役擾

民之弊調署祿豐請閉銅礦之衰缺者補福建將樂令
調南平去官時行橐蕭然
繆　潤字一泉乾隆甲戌進士令獲鹿完縣興修學校爲
政不尚刑罰士民安之完邑有大獄大吏諷以誅殺十
數人可得顯擢潤不可即告歸訓子弟終其身
吳　楷字景儒乾隆庚辰進士歷知雲南大姚永平等縣
署永昌府同知彌勒州阿迷州知州遷知騰越州州與
緬甸接壤會緬擾普洱界集師討之大帥令總兵某先
驅楷言未得彼中虛實且某輕遽不可任使使追之不
及果僨事嗣傅文忠經畧征緬檄楷造船兼理軍需

大兵刻日下蠻莫江緬勢窮蹙乞罷兵顧尚書使人蘇爾相
不遺備邊戍卒尚萬餘楷請增塘汛十三定歲歲出防
之策時禁絕商販楷以內地貿易非出口私越比亟請
弛之隴川土司多朝珍與緬人通書事發屬楷鞫治楷
以多氏久襲職馴習諸夷其書無他宜勿問
上嘉其知體要尋以軍功晉二級
賜予有差治騰越十年籌積軍儲興修學校百廢具舉以父喪歸
生平著作甚富有退園詩文十二卷騰越州志十卷其
餘說經諸書及雜著凡二十餘種
趙時煦字春沂監生以捐賑議敘州同知署廣西東蘭州

兼判那地土州事會弄莫等六峒猺獞竊發從撫軍往
勦時輓運者失期時照擒軍無宿糧兵多乏不給恐生
變亟去騎步行詣上臺借給越日畢償遂率那地鳳山
兵前進爲第一隊慶遠副將某率其標兵爲第二隊雨
甚山水暴漲令左次於洪水河之嫩石村衆念慶遠兵
已冒雨進我以後期至罪當戮時照以一身任之越日
雨霽率士卒疾馳道見淹斃者相屬恐慶遠兵衆悲憤
感激刻達大崗界營既立副將某始率所部兵至亡失
過半撫軍廉得其狀大奇之事平署容縣令尋還江州
有政聲以憂歸居鄉見義勇爲修葺廟學規復名宦鄉

賢祠故址增建節孝祠宇輯志稿築立沙洲隄岸江壖
萬頃田賴之購沙田一千九百餘畝充文廟歲修尤其
最著者

殷起瀛字步雲父印中治縣有聲起瀛乾隆甲午副貢生
授直隸州州判署定海縣事值洋匪蔡牽逼定邑民震
恐起瀛悉力防禦境獲安遷知石門縣地當要衝民疲
於役起瀛減供頓勞費以紓民困臺司過境廉其情無
苛求者屢折疑獄能抉奸發伏以終養歸

包　敏字起元家貧好學乾隆己酉進士初令河南確山
縣再知羅山楚匪跳梁羅與楚毗連敏先事籌備行保
障功遷開封府同知時匪益猖獗豫省騷動大府議於
南陽設軍需局以敏攝南陽索倫盛京兵絡繹至需索
逗留敏首揭副將某鞭其悍卒數人衆乃帖服既奏晉
兵又大至敏曼出彈壓晝庀治軍械暮理獄訟會寶郟
教匪起葉縣復戒嚴奉檄馳往堵禦旋總軍需發審兩
局當道重其才歷署彰德陳州衛輝歸德府事所至治
行稱最尤善折獄凡遇要案歷數吏未能奏當者經其
讞定輒報可擢知雲南楚雄府雄屬夷猓雜處敏寬嚴
互用法援而肅尋乞休歸不名一錢生平於讀書綜貫
羣經以顧棟高春秋大事表爲驎經達詁乃本其書兼

附己意著序經若干卷卒年八十有四

薛志亮字寅賓乾隆癸丑進士授福建松溪縣知縣有大
猾聚徒毒鄉里志亮下車悉擒治之調知臺灣值蔡牽
陷鳳山郡垣震動志亮集士民固守得勇敢三千人城
外建柵鑿濠設大礮部署定身先士卒與同甘苦賊不
敢近惟踞洲仔尾地當水陸要衝南北道梗絕志亮乘
賊不備密約游擊統兵爲後應自率義勇衆入縱火擊
殺賊遁南北始通以軍功晉五品銜署臺防同知遷鹿
港同知量移淡水以勞卒吏民及番夷數百里皆巷哭
盡爲治能以勤懇得民心故各相愛戴其守臺功績爲

尤著云
季　麟字晴郊乾隆己酉拔貢生甲寅舉人令鉅鹿爲政
務損己而厚於民減徭役浮派供頓不足舉債應之初
攝西甯篆有無賴子誣富室鞏賄富人曹翟願率六千
金求勿株連麟卻之而懲無賴子鉅鹿奸民煽眾事發
麟奉檄按名擒之道逢上游所遣吏某授之而還某攘
爲己功麟坐本管官不身與名捕事褫職戍烏魯木齊
百姓乞留不得醵金爲贐卻弗受老幼追送涕泣者塞
衢陌至戍年餘卒麟少日即工詩文楷法比居京師主
於舉主沈初沈故奉

宸遇
奎章賜和麟常屬草文不加點一時達官相引重麟自守以正見
者重其節概云
章　杞字午橋嘉慶己未武科進士由藍翎侍衛出爲浙
江衢州遊擊歷署太平鎮海參將陞浙江杭州直隸三
屯協副將在鎮海時官鹽價昂杞與縣令約禁胥役毋
得橫索鹽賈錢屏絕陋規旬日之內鹽價減十五私販
裹足先是浙閩總督董教增薦杞堪膺專閫
宣宗御極擢廣東南韶連鎮總兵官莅任後嚴校閱斥苞苴復於
官舍旁設塾課兵家子嘗言武士宜稍知大義不然是
驅市人而戰也詔民以爭山地將械鬭杞單騎往剖其
曲直檄有司械首事者論如法尤加意於詰盜境內肅
清以病乞休未行卒於官平居務儉約工楷能詩恂恂
有儒將風子烜字蘭渚性灑落愛交游平生吟詩作畫
以筆墨自怡蘭竹尤名重一時孫埏字乃秋庠生工吟
詠有窗破月窺人之句學使李聯琇亟賞之和以詩一
時從而和者數十人著有咫齋初稿
吳　焯字叔翔初署浙江嘉興鮑郎場鹽課大使境有澉
浦城河久淤復值歲旱商運不便焯勸捐費開濬以工
代賑兼濟飢民後署玉泉場場隸甯波象山縣縣有南

田禁山孤懸海中閩廣盜船私梟俱泊此鹽政延庚欲
開墾焯謂此山爲甯紹門戶若通內地則二郡可
虞請仍封禁以憂歸服闋署雲南開化府馬白同知補
香鹽井大使兼署威遠同知俱以廉直稱及委署麗江
縣與上官有隙被劾旋里焯秉性方耿善養生壽至八
十九無疾終
朱世純字誠齋乾隆甲午鄉薦初令夏津爲
巡幸駐蹕之區道路橋梁向需民力獨捐廉任之又修築城垣及
開挑馬頰河親往督率不辭勞瘁後任鳳陽治兼兩邑
道通九省鄰境逆匪據城羽檄交馳過兵絡繹世純晝

夜巡防堅志守城兼籌餉糈民賴以安至今感頌焉
薛　淇字應霖乾隆丁未進士吏部主事典試山右分校
禮闈以得士稱旋以郎中調戶部坐糧廳清盤通州壩
弊出守湖南以清查倉庫稱
旨權永州事莅任半載擒祁陽大猾蔣南隆雪桂陽民歐陽萬福
寃獄知常德拯武陵各抗水災所至有善政門人與撫
祁墳志其墓
繆廷槐字對揚寄籍順天嘉慶甲子舉於鄉聯捷進士令
項城有政聲丁憂服闋揀發甘肅適當夏回民以牧畜
入蒙古阿拉善王地界爲所搶掠回民嘯聚王左祖部

落指索倡亂回目時廷槐已調署涇州即請制府將指
名者械繫單騎帶赴外藩反覆開導事竣旋受那文毅
知擢貴德同知嚴於緝捕終任無械鬥案後擢西寧府
篆奉檄至貴德履勘屯田蒙番感悅卒於官
沈芝田字伯華秉性嚴重援例爲縣令知浙江昌化德清
等縣勤於聽斷卓有政聲尤嚴豪强兼幷之禁嘗謂千
金良藥遇鬥毆傷重輙出以療之謂人曰傷者苟得不
死則彼犯或可量與末減全一命而兩命幷全吾之願
也再知休甯一如在浙時平生好蓄書籍及金石文字
至萬數千卷鑒別尤精

李芝昌字仙九學承祖訓艱苦植品道光辛巳舉人官國
子監助教壬辰成進士一甲第三人及第改編修癸巳
大考擢侍讀己亥　大考擢少詹事洊至都察院左
都御史軍機大臣閩浙總督芝昌以文章受
宣宗特達之知散館第一　大考兩次第三皆出
御定自是
主眷日隆
召對陳事鉅細靡遺尋將大用不僅視爲文學侍從之選也視學
山東浙江安徽他學臣衡文取士而已芝昌則釐剔積
弊整飭士風持法綦嚴而士心不怨中外有公正廉明

之目充會試同考官江西正考官得士最盛若曾國藩
田雨公錢振倫萬青藜楊重雅皆所取士也奉
命查辦長蘆鹽務清查天津府屬倉庫閱視海口礮臺又
命查詢東南兩河節浮費裁冗員事宜又
命往浙清查倉庫酌辦鹽務及漕糧改折情形芝昌悉體察周詳
指陳利弊應改應仍悉中肯綮又以山西屢出大案
命往巡撫未幾
特召爲軍機大臣
宣宗不豫同受
顧命

文宗登極贊襄密勿持正不阿出爲閩浙總督專任徐宗幹以靖
臺灣密保葉紹春以辦洋務特舉畢承昭段光清以勵
廉能嚴御英夷領事韋謝嚴以絕滋擾降撫洋盜布興
有以肅海氛凡關國計民生知無不爲爲無不盡以咸
豐三年引疾旋里至今閩浙稱頌不忘光緒二年士民
籲請
予謚奉
旨賜謚文敏四年奉
旨入祀浙江名宦祠著有感遇錄丹魁堂集
金安世字子晉有孝行博綜請經嘗教授生徒以供甘旨

性嚴重不妄交游尤究心程朱之學鄉黨咸宗仰之與
道光壬辰鄉試大挑以知縣用歷任江西石城會昌浮
梁等縣所至清白著聲雖治從寬簡而持法綦嚴劇盜
姦民莫不斂肅其解浮梁任也會粵賊犯饒境大吏諗
其能且爲百姓所親愛仍令籌辦守禦事宜未幾以勞
勚卒著有三禮考證十卷管窺錄六卷北游日記十卷
介石軒文鈔十二卷
夏子齡字百初道光丙申會試第一由禮部主事改知縣
初知汲縣有政聲再任深澤調饒陽咸豐十年總輔戒
嚴土匪蜂起賈龍等分股率二千餘人由富莊驛犯境
盤踞小堤邨親督練勇民團迎擊斬馘無算股匪始散
境內賴以安謚奉
旨優獎調宛平擢知易州同治六年馬賊游掠鄰境又親督鄉勇
堵禦卒不能入七年捻氛竄擾復督率團勇堅守要隘
布置井然民乃恃以無恐至舉行保甲籌辦賑濟凡地
方要務罔不綱舉目張紳民感德請
旨祀易州饒陽名宦祠
曹毓瑛字琢如內行肫摯伉爽不設城府道光丁酉拔貢
兵部七品小京官直軍機處癸卯舉人累陞郎中
記名御史擢鴻臚寺少卿咸豐十年

蹕駐木蘭肅順端華等方用事時
行在樞府乏人有以資深才贍舉薦者力辭不就其深識遠慮不
爲榮利所動也如此同治元年
兩宮皇太后垂簾聽政端華等伏誅乃
命在軍機大臣上學習行走遷順天府丞洊至兵部尚書金陵粵
匪平
賞頭品頂戴花翎毓瑛在樞院久內嫺掌故外悉四方利病贊襄
五年髮捻以次蕩平凡所獻納多口陳面對不欲形諸
章疏以故嘉謨碩畫人罕能知當軍務倥傯之際雖夙
夜在公殫精竭慮未嘗言籌箸功焉年僅五十有四遺

疏上
朝廷震悼贈太子少保
諭賜祭葬
予謚恭愍

蘇宗勤字曉山以縣丞分發福建洊陞同知咸豐三年會匪陷海澄大府委攝龍溪篆甫視事郡城即陷宗勤乃激勵民團規復郡城而澄廈一帶均爲賊踞困守孤城援軍不至籌措餉糈堵禦巨寇先後四十餘戰斬獲無算間道始通旋調署長泰南靖等縣殘破之餘實心安撫七年又調龍溪值粤匪竄擾漳郡震動督卒練勇擒

獲永定首匪孔得六民心乃安仍回靖任八年卸篆委辦汀屬軍務時連城逆匪大熾由芷溪進剿屢獲大勝臘春之交股匪蝟集前後圍裹軍心惶亂勢不能支力竭陣亡事聞於
朝
贈道銜
予卹廕
賜祭葬銀兩祀連城及本府縣昭忠祠

江陰縣志卷之十七終

江陰縣志卷之十八

人物三

行誼傳

（宋）曹　址字天基父鑄寶謨閣直學士立朝有聲址美丰儀博經史淳祐間理宗爲魏郡長公主擇配址以才望與選能偕孝事父母時南北搆釁朝政日非址剴切陳封事值賈似道擅政遂謝朝請德祐改元挈公主歸里晦跡田野建祠贍族周恤鄰友凡鄉里義舉悉踴躍爲之子五煥之烜之爍之燿之燦之並以門閥顯於朝

（明）夏　順字艮惠少業儒工書法長而倜儻好義宏治中

奉詔輸粟千石賑饑例當旌力辭又輸金助邊例得三品武秩亦辭巡撫强之授鎮江衛指揮使生平築城建水門修院署學舍治橋梁牐壩及蠲租折券諸義舉不可殫紀

夏　黼字艮臣奉詔助邊授鎮江衛指揮使僉事

許　輔字艮佐輸粟三千石賑饑賜七品秩

徐元穀字尙賓穎敏工詩輸粟雁門等關詔世襲蘇州衛指揮同知

孔尙存字燕申好善樂施有貧士自塾中歸路失修脯款留信宿如數周之三舉郡邑賓筵其族奐經字元贊好

友尙義建培先橋歲祲煮粥賑飢巡方使者旌之
孔　抃字通甫慷慨好施郡邑大工役必身先之設糜施藥掩道殣收貧族置義冢義祠甃橋梁衢道衆善並舉舉鄉飲介賓
黃　淮字永澄書學顏歐又規姜立綱年八十餘能作蠅頭楷榜書尤可觀嘗爲掾史御史陳九德具疏稿劾邑令趙錦命淮書泣不下筆具白趙治狀竟得改登薦牘
李鵬翀字程叔諸生負奇氣嘗手書海忠介直言天下第一事幷糾劾嚴嵩張居正諸疏示其子應昇曰食人祿不當如是耶應昇爲南康推官冰蘗自矢每舟載絲粟

酒脯資之及應昇爲御史見其先後糾奸諸疏歎曰有子如此不負所生矣應昇幾詔獄客有爲苦語過慰者曰無然僕今日乃得長有子耳崇禎初被恤典由御史晉封太僕卿當事式廬致敬鄉邦利病必侃直指陳嘗建橋以便行旅人名之曰李公橋
張履道字我坦汝翼子天性純一少孤母范教之嚴履道事母如父補諸生年四十即棄去惟以依親聚順爲樂日所見聞及所行事纖悉必告母居身以誠爲本不妄受人纖介仲子有爲字爲之諸生天資樸厚少受學於從兄有譽有譽嘗稱其身無一命而常懷濟人之志年近六旬而不失赤子之心

國朝順治間舉鄉飲介賓

曹尙志字廉公歲貢生父懋仁性方嚴尙志承父範身率諸子以禮法孝事其親兄亡撫其孤弟亡恤其嫠徵民冒籍江陰暮夜投金欲求保正色拒之同郡有僞舉節義者卻其厚餽不與勘呈爲諸生二十餘年兩獎優行子玑見文苑傳珏字子瑜崇禎己卯舉人鼎革後絕意進取闢蕪園詩酒其中著有蕪園詩草玘字子求珮字子佩皆工詩畫伯仲相友善時稱四絕
陳　科字晴湖諸生有才行文震孟延致家塾時長洲令

有疑獄科聞爲力解得釋其人往謝辭之夏樹芳嘗曰晴湖非惟恐人知其德幷不自知其德也兩舉賓筵不赴
李　開字美儒宋忠定公後諸生與弟至淸俱有才名開尤恂恂質行至淸忤豪右被誣死懼開之不反兵也賂墨令褫其籍墨刑而城旦之居三十餘年邑令李令晳始白之爲復籍初開旣罹難即從友人宦游天啟中時相顧秉謙招之往見所爲繫柄浩歎歸性侃直遇人有過規誡不少隱然和氣盎溢鄉里親之傷至淸寃死每念及即涕零故所著名獨被齋稿

薛鍾价字季蕃性孝友父沒哀毀幾不欲生侍母疾衣不解帶幼習舉子業即慨然曰此雖固舍此蔑由但吾儒所學者大豈止爭長帖括間耶年十九補諸生累試不售曰士君子遇則法前人眞事功不遇則法前人眞學問手訂五經大家集儒先語錄不下數百卷著求放心說愼交游嚴取予甘澹泊扶掖後進多所成就

夏寶忠字孝珍樹芳子繆文貞器之字以女性慷慨好施吳中士夫皆樂與交由廩貢生例授文華殿中書雖處草莽朝亡閒否泰之機言之瞭如修刻家乘封植先壠周恤貧族士論多之子世錄字與先好學能詩伉爽有

父風徐介立大育頭陀皆舍於其家刻大育頭陀詩集行世孫貽典字文初亦以文鳴

繆堅白字采鈲文貞第五子性孝友文貞罹奄禍哀痛不欲生悲號流血數十年猶一日鏃礪名行教子孫無裘馬輕肥習閒居典籍自娛雖皺手梠腹尋覽不輟富於腹笥談論經史娓娓不絕與人交悃愊無華其質直有過人者

包 玉字君攻積書盈座研味不輟

國朝順治間徐趨黃毓祺舉兵事敗獄連玉逮玉至江甯嘗事與有舊欲脫之玉不可詢其故玉言與同里某誓生死相共不忍獨生以負某當事義之并寬某罪

國朝劉振時本姓張祖禱於劉武穆而生遂爲姓事親以孝聞僑居常熟與金景寅莫逆倂謀什一之利所入無纖毫欺衣服器皿不問爾我執猶子禮於景寅父歿爲視含殮振時有疾苦景寅亦醫禱省視兩人共休戚者二十年如一日兩人耄且病或以異姓同居後不可繼勸之分析兩人不忍遠離卜宅衡宇相對人高其行稱城東二義立傳作詩美之

徐敏傳字元發年十七補諸生亟然諾樂施予父歿遺劵一篋凡數千金悉焚之有以女醫者詢爲儒家子立還

還贈以衣飾俾擇良耦世業沙田值颶風壞田廬民乏食出粟賑之全活甚眾家多藏書遭革運避兵江村猶攜經史數簏於頹垣破壁間諷誦不輟順治甲午鄉試首薦主司以卷中有四字疵纇抑之遂絕意科目築澄園於東城遠近名士載酒問奇倡酬甚富子德敷字永一能文早卒德求字永孚敦行誼詩古文稱於時德容字永宏伉爽有父風

惡 嶙字亮采順治乙未進士太平府教授通志載其爲德於鄉濬谷瀆港建文星樓請當事永免楊舍徭役里人德之

劉國符世業醫康熙初大疫多所全活素性義俠關寇越詐爲民害五控大吏碑禁之子景義承其學治病多效後人希董希宏世其傳希董諸生

包龍章字被五諸生讀書不沾沾章句留心農田水利兵制諸書以氣概聞里中初滸墅關設巡船越境擾民龍章憤甚率衆逐之關吏訴於邑令將興大獄龍章控於巡撫湯文正捕關吏論如律巡船出此知城無錫吳孝子衣若走萬里省親其子禹三年十三寄居僧寮病且殆龍章聞之挈至家妻以女甥及孝子扶父喪歸復多方佽助之其遏豪強濟急難雖坐是幾破其家卒不悔

子澤字嗣遠諸生傾貲建家祠友愛兄弟人謂包氏世德云

劉　昭字亮采諸生性孝友有文名行己端方與人忠信其教生徒一以敦品窮經爲先務學者咸推服之

祝邦基字頌山端方誠慤識趣超遠教子弟循循有規矩與人和樂克以古處自敦由監生考職當選不赴陳恪勤爲題黃綺高蹤額晚年纂集儒先格言參以己意著裕後格言一書以訓後昆所言皆修齊之要既卒楊文定表其墓子鑑中字元亮監生居心仁厚操行謹嚴事父母晨夕不離父有疾禱於天願減己算以代兄弟五人友愛無間性好周恤捨棺施藥皆所不吝

張士傑字爾奇父歿毀瘠盡禮時諸弟皆小弱士傑手揔田產與諸弟均析無所私曾兩還遺金士傑兄弟六人多尚意氣士偉士僎見忠義傳士俊見孝弟傳士傑子世沐字采邑有孝行孫斗瞻字拱亭諸生亦敦孝友終身孺慕愛諸弟不以嫡庶有閒遇水災首倡捐賑有鬻子女爲奴婢者出橐金贖焉斗瞻子文熺字宏耀監生歷試有聲早卒

邢楚玉字鉉吉諸生事父母竭情盡慎父以暴疾卒恨不及醫藥屢絶復蘇與異母兄弟五人和好無閒少與楊

文定耿人龍以文行相砥礪年三十疾革口占無慚君子勸修德不辱先人稟受書句以勗子姓著有周易節解藏於家

湯鼎新字繼序諸生少與兄爗齊名爗嗣姑爲高氏後仍兄弟相依切劘文行鼎新名籍甚當道爭延致之每遠歸日與兄聚處劇談作孺子慕兄不先坐不坐不先食不食白首如一日也性喜獎借後進人咸樂就之

王　楄字維周飭躬勵學累試首拔杜門課徒於世味泊如也郡丞王琦重其品延爲師有攜訟者奉十鍰請關說叱拒之既而歎曰吾豈以官館累吾品耶辭歸

蘇　濱字岷江先世家新安父霖始卜居邑之周莊以隱
德聞濱工詩文善書補諸生由貢薦授國子監學正遷
行人以親老謝歸事親滫瀡甘旨竭盡誠敬篤愛異母
弟朝宗析產時舍肥取瘠葺學宮修祠廟育嬰贍乏諸
事咸踴躍樂爲疾革猶勗子孫力行不怠壽八十二
仰觀光字國賓增生嘗應鄉舉次丹陽拾遺金一篋憩道
旁以待少頃有人倉皇至乃負官稅鬻產以償者急還
之其人感泣叩姓名不告而別弟奎光字薇映亦以卻
色聞時稱二難
嚴繼光字致遠諸生孝友之稱鄉黨無間當事亟其行推

舉鄉約地故荒僻業儒者少繼光請於令撤靜室爲義
塾鄉人賴以知學
孔衍美字成之樂善好施地有青龍浜岸高數丈內田三
百餘畝灌溉不及耕者病之康熙間大旱民飢衍美出
粟集眾築壩濬溝洫悉成沃壤及病革並命子孫公置
田五畝積粟以資歲修
嚴文起字起八監生侍母疾衣不解帶者彌月值時厲疫
出三百金製藥療之歲荐饑輸粟百石爲糜以賑勇於
爲義施德不望報有高郵某鬻女泣別難捨文起見之
令弗鬻贈金伙之

孔敏榘字正坤抃曾孫醇謹自好樂善好施有祖風凡修
建利濟事率先倡捐有貸千金者貧不能償焚其券
劉紫宸字翼徵增生績學砥行廉隅自飭從外父陳其難
參究易理多所發明
葛　璟字堯中撫辰子諸生至性純篤爲父請旌孝行以
家貧不得上請者十餘年卒成其志乾隆間總督奉
詔舉報善人第一榜列邑署申明亭各大吏又統給孝可風世額
著有道成山人集
夏宗洛字參三敦仁子諸生文行並高繼父志偕叔敦禮
文彬弟宗淮力行諸利濟事邑有育嬰堂久廢首倡重

建規制事宜擘畫盡善不辭勞瘁
徐　澍字沛侯性行純篤幼失怙昆弟閒曲盡友于親黨
有急者厚賙之
須繼宗字近江少孤遭兵燹奉母以居竭力致養敎子以
義方門內整肅無譁聲歲時家祭侍立垂涕不忍遽徹
歲暮見鄰里不舉火者潛持金贈之勿令人知搆屋於
北城外施茶湯以惠行旅壽七十六子翔之亦仁厚好
善
汪　洪字紹先監生持身恭謹大度容人橫逆之來輒弗
較倜儻好施里中有貧而自好者負米夜投其戶其人

覺而追謝洪輒諱之歲祲糴粟泛舟邑東往來以給貧乏有惡少冀全獲之擲以瓦石洪棄舟任所取卒不以自沮也

王謙吉字藹服性純孝四齡失母哀慟欲絕順事繼母晚失明護持益力兄弟友愛甚篤親族待舉火者日數十人有婚娶不時殮葬無具者必資給之家有婢十數人既長厚遣之不索直有高郵某負千金貧不能償焚其券與陳均為一錢會廣行利濟奉功過格甚謹至老不倦築環山樓藏書萬卷名流過訪無虛日宜興任啟運贈詩紀之

馬卿輔字秉衡性沈摯克敦倫紀父逢元官陝西參將母李卒於署卿輔聞訃五千里奔喪泣血匍匐哀感路人族子女有以貧故陷為僕婢者贖之歸並給贍養完婚嫁壽八十

王心定字子欽少服賈利恆倍蓰營卒某將鬻女償官逋贈以金止勿鬻某德之止宿以其女薦心定大駭欲出而戶已扃乃整衣危坐達旦而去

祁應璣字貳琁以縣郡院三試俱第一遊庠學使彭文勤胡文恪咸器之終廩貢生應璣博學工詩文兼通六書學善籀篆書為人和不詭俗善不近名為人師以身作則及門率多循謹士居恆事親孝與弟應瑤友愛篤至一時推為學行湻實云

陳瀾字篤泉乾隆丙午舉人攻苦力學務求實用邑有公事必侃侃正言曾不媕阿徇俗嘉慶間改造由單議起瀾謂此奸胥之利非所以安農業力爭得寢以例分發湖北候補同知假歸值邑大饑議兼辦糶賑時有主糶而輟賑者瀾曰有錢易米者雖并日而食猶可得生而無錢之家不賑將坐斃眾韙其議推瀾主其事悉心籌畫多所全活尋赴湖北攝武黃同知篆束吏胥謹巡防不事苛刻而政肅以養母歸子九如字廉夫兩浙候

補鹽運使司鹽運副使性謹嚴喜施與歲值旱潦輒倡率平糶仍捐鉅貲助賑全活者甚眾學使廖鴻荃貽以為善最樂豈望報乎積德必昌將有興者聯句孫榮紹字子惠咸豐癸丑進士戶部廣西司主事浮沈郎署幾二十年性耿介能文章喜獎掖後進一時從學多掇巍科梓有憶停雲館文稿

祝登墀字賡颺職監生才高行篤見義猶發勇為自士夫以至寒畯咸樂與交為人謀無不忠遇郡邑公事當道及都人士悉以才望相倚重如脩飾廟學繕完書院平治橋道捌葺忠義節孝祠宇以及恤側寒扶困阨既身

任其勞有不足輒探囊取給絕不瑣瑣計較道光癸未歲大祲已萃邑之有力者發賑十次復獨輸一賑繼之族有舊宅數十廈災於火多露處者登屖爲一一購居而以其址出鉅貲𢭃立宗祠生平利濟之功公私交賴凡經其區畫必委曲爲久遠計學使白鎔稔其賢書爲善最樂額貽之年四十五卒里黨莫不惋惜

孫殿魁字端崖援例入成均納州同職有孝行生平慷慨好施樂善不倦幼即善事嗣母本生母嘗遘疾刲股以進疾旋瘳初曾祖鴻儒有創建義莊之志厥緒未竟殿魁偕族姓有力者集田千畝踵成之嘉慶丁卯甲戌旱

道光辛卯癸卯水鄉黨貧民艱於謀食始則出粟平糶繼則捐金施粥故學使廖鴻荃有觀真性情好行其德具大願力相與有成聯語之贈尤重文學士舉文社多方以鼓勵之嘗捐千金以資書院膏火冀文恭公督學時所以有藝林培秀贈額也其他若建閘修橋暨地方善舉靡役不從悉臻妥善紐於經費者輒獨力承之邑人咸稱盛德云

徐彰字季韶嘉慶甲子舉人大挑教職性方正足跡不履公庭家居授徒博館穀以修邑養誘掖後進多所成就

潙治字文圃少孤無以養祖母乃投縣充掾吏然非其志也旋謝去援例就貢生性伉爽善排難解紛人多倚之邑中公事必以身先如修城濬河賑飢及建造公所殫精籌畫費省而工倍其經理書院也濟鰲捐款三千餘兩復因經費支絀解囊以資膏火學者深相推服學使廖鴻荃以導人以善使人自勉修德於鄉其德乃長及情殷濟乏聯額貽之祁文端又以望洽士林貽之

邢鈺字雲驤家業饒裕有幹才邑有大工大役咸資助理道光癸未庚子己酉三次水災辦理賑務尤爲竭力鄉民或有忿爭得鈺排解無不渙然以故人甚多之

季忻字薇堂諸生性孝友母病刲股療之平生專心利濟勇於爲義會歲大水修築芙蓉馬家圩堤岸堅固著泄便利又創建登仁堂及救生局皆至今賴之

孫鑛字玉衡國學生秉性直方捐田贍族籌辦義莊歲歉賑飢力爲倡率鄉人德之

張師普字荇洲援例就按察司經歷好施予地方要舉輒解囊助之咸豐初當軸檄籌軍餉師普輸貲尤鉅十年邑人王元昌糾集民團捍衛閭里復出私財支應有毀家紓難之風焉

陳式金字以和以同知分發浙江不赴持躬端謹秉性恬

澹邑有義舉解囊無吝色尤好行隱德善法書名畫精於鑒別善山水得元人超逸之致寸縑尺楮人皆藏弆寶惜之嘗搆別業於宅畔穿池壘石林木翳然名曰適園見古蹟

莊　塤字步丹太學生援例就職家世積累財產雄一鄉爲人悃愊無華道光二十九年水月城夏城兩鎮地形窪下受災尤重獨出貲數千緡加意賑䘏鄉里德之

沙　淮字啓濱增貢生試用訓導性沈靜重然諾捐貲助善鄉里以任恤稱凡修葺城垣疏濬河道建造衙署諸大工靡役不從條理秩如不辭勞瘁當道咸倚重焉同

治十年重游泮水學使彭久餘給泮藻重賡額卒年八十有六

隱逸傳

唐魏　璞字不琢才高志曠杜門二十餘年飯蔬績學工詩文與皮日休陸龜蒙友善每秋風時乘短舸載酒偕浮游煙水間皮陸各有贈詩稱爲古君子

宋劉　谷字季樸有隱操熙寧間爲修撰辭去將歸自宜興來學谷一見奇之妻以女及卒靜翰以詩云行詣已書丞相筆姓名遥結裕陵知又云他日如尋隱君子女山深處一孤墳

趙　越字彥仲少隸成均籍中年絕意名利寄情巖壑葛文康志其墓稱爲古賢者

元于十一不傳其名仕宋爲承仕郎宋亡隱梧塍里宋濂贊曰擾擾之際一繩莫維岌岌之下一木難支所以先生飄然去之覽輝之鳳豈樊籠之可羈舊天之鴻豈網羅之是罹卓哉先生其四皓之徒歟今梧塍徐氏家譜載于十一江陰支于十三宜興支

明焦　丙高帝故人洪武初下詔徵求甚急恐爲有司累乃謁帝於金陵持雞酒直馳而道入與帝班坐飲如微時帝出金玉角三帶任自擇取角者授千戶無何挂帶於高橋門而去不知所之

杏林叟董姓匿其名隱居暨陽山或云董奉之後嘗遇異

人授鍼術能立起人危疾或欲報以貲第令種杏一株舍傍曰吾聊繼吾祖志耳久而成林人因以杏林叟號焉嘗曳杖林下歌曰杏之花其下我家杏之實其美我食吾甯舍是兮而從人於役叟蓋賢而逃於醫者高啟爲作傳方之陳留老父漢陰丈人

張　煦字孟和少工文辭難兵起見名流攖慘禍遂絕意進取蕭然野服與物外交徜徉山水非風雨未嘗輟興至則吟然不自愛惜故有詩草稀存異放翁句壽八十餘卞榮題其墓曰匪官而貴不祈年而壽不沽名而永譽可謂潛德矣

繆元贊字汝化少任俠晚乃折節讀書工隸書善書與俗手迥異屏居西花山之村塢小橋流水花石楚楚雖荳棚蔬圃亦別有位置製一樓日勤拂滌山僧野老至則相與坐嘯其旁壽九十餘

夏　顴字叔度元主簿淵子品高行端名利不關於心與倪瓚爲煙霞契友逍遙終老人謂雲林風格惟叔度足與頡頏

鄧欽文字徵甫詩逼唐人行楷書得趙承旨法畫工寫意爲黎惟敬胡元瑞所推重有鄧山人集行世其遊天台石屋詩有云今來好共煙霞臥咫尺仙蹤亦易求即此可見其槩

曹　驂字子進宏子諸生學使者目爲三吳才子善丹青及鍾王書法尤精孫過庭體爲詞賦亦卓犖可誦其祖忠曾令分宜識嚴嵩於童子時嵩得柄每召驂謝不往嘗於舟中吟一聲禪誦下滄浪之句時唐寅在鄰舟聞而訝之曰得非曹溪堂先生乎邂逅定交而去

季　芬字蕙纕郡諸生家貧簞瓢宴如博極羣書通天文術數風角鳥占尤精先天養氣之旨好吟詠著長春境日記等書茂苑諸名家皆師焉隱居鄧尉山中坐化去鼻筋垂尺許

胡繼美字稟樸諸生讀書不治生產平生宗濂洛關學居老而愈力鼎革後隱於雲亭幅巾野服與城市絕作詩明志累數百篇年七十五卒遺命以故服斂

徐　益字仲謙家貧不事干謁陋巷一廛蕭然自遠能詩善隸書山水仿沈石田貌擬尤入神每興至即雨雪亦著屐登山吹簫放歌與人交澹而永令長式其廬壽九十一與沈鶱許學夷並推爲滄洲詩社領袖

薛　樞字思亭進士格之弟性恬退工詩日以吟詠自適子侃字雲萍紹其學著有三鳳遺音集

沈　衍字啟昭孤貧志學以家無藏書爲人傭書篙石即

能成誦因博極經史終身不娶以友爲家遇貴介款嫟
徵逐輒拂衣去晚獨居一室躬自汲炊或寒餒甚有以
絲粟餉者必峻卻人目爲沈孤鴻友人鄧林頁梓其詩
集
趙繹熙字祥宇歲貢生絶意仕進見瑞徵大熾憤甚每以
吟詠發舒追思宗殛瑞喜而頌云神明天子初臨馭應
許忠魂叩九閽已而歎曰死可矣未幾無疾卒
吳文蒸一名文正貧無家依其甥以食謂世不可莊語遂
佯狂市上縱誕不羈魏璫擅權大書願天早殛魏忠賢
幷其黨惡等語徧黏神廟天啟丙寅璫黨登君山文蒸

故出狂態嫚罵之從人見其老且顛竟舍之去生平好
撫一弦琴吹兩眼簫每獨坐山間出琴笛奏之以自娛
樂壽九十餘
趙　遇字鳳濱知書慕古爲人不欺性好遠遊尤好飲飲
有奇量嘗遊楚時路值虎欲搏之遇方醉正色曰吾平
生有愧心事任汝食否則可速避虎搖尾去遇神色不
變
程如嬰字晏如十歲即善屬文天啟辛酉秋試分校吳麟
瑞得其卷必欲置之解首反見遺崇禎末由貢爲授縣
職感時事不就偕朱衣選刻明詩歸如干卷平生篤於

行誼篤於文章恥干謁耄年戢影蕭寺置世事於不問
徐登階字鳳南壯歲棄諸生以治圃垂釣爲事茅齋數椽
擁書偃臥有貴介過輒以籬自障不妄與通甲申之變
麻衣慟哭者數日乙酉秋居人相率避兵登階獨不去
竟得免壽八十餘
沙萬里字應鵬中書復明子游郡庠不第耕於青山自食
其力竹屋茅簷僅蔽風雨性簡傲不入城市善爲古文
詩歌著有竹窗漫藁
徐宏祖字霞客年三十出游東南佳山水如東西洞庭天
目雁蕩俱窮其勝其游也從一僕或一僧挾一杖一襆

被不治裝裹糧能忍飢數日遇食即飽絶壁叢箐攀援
上下捷如飛猱每行數百里即然松拾穗走筆爲記北
游燕冀嵩洛西上華山下青坷坪心動急歸母正危疾
母歿終喪益放志遠游訪黄道周於閩中周歷閩山勝
境崇禎丙子辭家西遊至崑崙窮星宿海去中夏三萬
四千三百里又數千里至西域參大寶法王還過滇足
疾不能行麗江牧延修雞足山志具筍輿送之歸語人
曰古來題名絶域者漢張騫唐元奘元耶律楚材三人
而已吾以老布衣孤筇雙屨得與三人爲四死不恨矣
聞道周下詔獄遣子往視返具述狀浩歎不食卒邵守

張宗璉功德在民祠毀嘗捐貲重建所著遊記
國朝採入四庫全書孫建極字範中諸生能文章
國朝李　寄字介立即徐介立母周氏徐宏祖妾方孕而嫡
嫁之以育於李氏故名李寄又以介兩姓歷兩朝故自
命介立性穎異好學少應郡試拔第一既而悔曰奈何
以文字干榮哉棄去奉母居定山終身不娶母卒隱由
里山之山居菴號由里山人張有譽方貴徒步詣見踰
垣避友人曹志雲憐其寒贈之衣卻不受郡司馬邑令
皆欲一見不可得陸次雲以風雅自命得其詩甚重之
著有天香閣集歷代兵鑑輿圖集要藝圃存稿及生平

所為詩累二百餘卷初霞客遊記原稾遭兵燹失去介
立於宜興史氏訪得之類輯成帙年七十二卒於釣臺
村夏氏執友夏寶忠斂葬之山居菴旁
大育頭陀姓張氏名印頂明諸生少負儁才謂人生當效
班超馬援立功萬里外遭國變嘔血數升有句曰滿地
蘆花和我老舊家燕子傍誰飛又曰寧可枝頭抱香死
何曾吹墮北風中既往來秦淮見銅駝荊棘啼吟夢寐
悉發為詩歌生平精音律彈離騷每一動操半騷哀怨
聽者唏噓欲絕晚年奉佛自號頭陀無何坐化去
劉蓼雪字蔓坡諸生值甲申之變棄妻孥往來吳粵間自

號盲蟲或衣敗絮攜筐如乞者狀汲汲狂走呼之不應
金陵城中相傳有人哭於孝陵者七晝夜不絕猝杜濟
曰此必盲蟲也覘之果然乃相持大慟而歸常臥市上
仰天嗚嗚或仆地輾轉如大疾苦狀曰天喪予天喪予
年八十五卒於道
黃　鍾字呂佋諸生從顧端文高忠憲遊以理學著忠憲
罹禍往哭祭歸即棄衣巾自號覺浪丈人隱居村野不
入城市鼎革後發癲疾日夜坐山巔咄咄如與鬼神語
如是以死
陸　蘇字望來諸生國變挈家遯於舟漂泊海濱冠婚皆

在舟中業捕魚令童子攜入市易米以炊風雨之夕柂
仰天長號至聲啞不能出語識之者棹艇來訪皆以詩
代語年五十病革遺命葬海島
任光祇字久徵博學好遊工詩詞書翰廣交四方才士與
同邑黃毓祺戚藩技友善著有眾香堂集三十卷晚好
釋氏注佛經數種
黃安雅字直方大澳子鼎革後敝衣破帽戚戚不自得居
廬不蔽風雨有所感觸輒見諸吟詠庭前雜植花竹竹
外菜畦數弓灌鋤以自給性耿介特立抱不可一世之
才踽踽涼涼廿老死而不悔子復字來初名諸生善書

學者爭師之每談及乙酉問事則慘然神瘁
薛延祉字引百明諸生砥礪名節蕭然陋室吟誦不輟鼎
革後每忽忽不樂嘗獨行曠野北向號哭見者以為狂
時作詩歌以見志子守典諸生能文章以孝聞嘗割股
療母疾著有鄰寸知諸集
王若水字聖功隱於市有詩癖嘗攜榼借友出遊興至
輒吟其詠白燕詩云翦破碧波分素練浣殘紅雨不緇
衣人傳誦之從子時霖字萬徯性孤介不名一錢酷嗜
詩與若水吟詠必偕著有素風堂集
張　燦字耀先父早卒孝事母杜門鄉居徜徉煙水閒嗜

學好古於書無所不窺嘗曰世人積金我積書堆架萬
餘卷至老不倦易簀何端坐手一編而瞑
孔毓棨字山立性沖淡隱居教授好讀書貧不能購轉假
鈔錄寢食俱廢尤嗜游覽遇佳山水吟詠陶然
吳　鳳字翥仙負雋才事親孝結廬五峰之陽栽花蒔藥
吟嘯卒歲幾不知城市為何所著有晚煙居集
夏世禎字友徵天資爽曠絕足城市結茅綺山之南布袍
穗巾鬖鬖被領隱居訓徒佳客過輒與入室談論泉
石娓娓忘倦年七十七

耆舊傳
明韓騰芳字茂遠孝友博聞官中城指揮有幹畧崇禎間
因鄉人註誤致璫怒謫貴州旋以擒苗功復官授南
陽同知甲申後棄官隱東郭之家園閒有古梅千株皆
三百年物客至詩酒為樂登閣望北原荒冢曰對此如
何不飲性不諧時俗遇才士輒下之壽七十餘時稱梅
仙著有荷戟吟
陳錫袞字舜山舜卿子舜卿清節家貧錫袞好古力學浮
沈諸生中五十餘年以筆札自給當道多重其著作天
啟時邑令岑之豹索為文入賀逆璫周應秋錫袞恥不

為曰吾豈王門伶人耶碎吾筆硯可也壽八十餘
張繩武字世欽增生事親至孝老而不衰性慷慨不事家
人生產一意於養親葬親再竭於為其祖袞建坊與崇
祀名宦祠旌其孝四方士夫多稱之
黃鴻圖字與參諸生喜讀書手鈔口誦老而彌篤兼究心
醫卜思以濟世布衣蔬食杜門撰述同時有朱嘉賓孝
友力學長於詩邑令乞言著管見集雁覺吟行於世
徐孔芬字樹原宋知軍旅知縣綱之後讀書樂道有聲膠
庠扶掖後進多所成就曹玑曹玘趙國楙皆出其門
國朝順治間邑令武茂周敦致資筵孔芬系出名宦先世遺

澤在人故子孫籍居此土者詩書之傳歷四朝兆哲云
王從訓性純孝至老彌篤倡修五雲橋吳家橋壽八十餘
奚巽望字翼武諸生天性孝友閉戶著書壽九十三弟巽
萊字士兒慷慨好施尊師睦族與兄友愛尤篤黃道雨
重其人爲著德林擷闇壽八十三
夏九思字孟睿諸生品詣純愨與無錫鄒彥吉交莫逆彥
吉貴招之不往曰吾雖樂舊遊然不喜貴游也初童試
時邑令胡士鼇拔九思及其從兄樹芳繆昌期周憲章
等共八人深加器異諸子連翩起惟九思以靑衿終
李際春字春臺以貢薦授丹陽訓導課士誠懇有法年老

告歸諸生競以詩送之
國朝沈之祜字綏我父性豪邁不治生產外侮交作之祜以
身任不貽父憂母早歿事繼母盡色養戚族友朋有告
貸不應
賜八品冠帶壽八十九
吳法字尙之性長厚規言矩行少與李鵬翀繆昌期友
善兩舉鄉飮不赴子九人並能文芳權尤有聲同里吳
良武字奉川諸生焚券恤貧以好義著與法並年八十
餘
袁厥修字敬時增生廉介自處壽八十七子鳳儀字鳴瑤

監生樂善尙義
夏世安字宇磐歲貢生年十三補諸生才名籍甚學使蘇
銓胡在恪俱拔第一待以國士居鄉淸白自守絕跡公
庭訓子積德行善
費拱道字大經性慈祥濟人緩急然諾不苟晩年頤養天
眞元氣渾然壽九十六子天與字啟賢州同職亦以耆
德稱
李炳字虎文諸生存心利濟凡邑有興革當事倚重邑
令陶彝給壽德朋尊額
繆植字深培歲貢生爲人和厚邑有公事悉心經畫著

有鳳遊集詩韻詞通韻譜選靑陽縣訓導未任卒
張朝珍字志熙歲貢生年十四遊庠有文譽性喜施與居
鄉抑強扶弱課三子皆成名
徐陞字君銓好學不倦鍵戶潛修歌吟不輟左圖右史
之外無他物也
曾國才字君盛醇謹誠愨著望鄉里邑令舉賓筵不就乾
隆丙辰
恩授修職郎壽九十
邢曦字賓日性沖澹詩酒自娛弗問家人生產一琴一
杖望若神仙中人壽八十四子天錫字宗耀至性淵懿

事親恂恂色養友于兄弟平生易直慈和無疾言遽色

乾隆丙辰

詔舉耆儒碩德壽八十七

薛　達字梅峯性耽詩不屑屑於章句制舉業以攄懷行之屢試不遇年七十二始受知於學使張元臣極賞其古風一篇又二十年卒薛氏多文人而言詩家必以達與其從子元敏爲最

徐　岳字亮公究心河渠水利算數之學少與蔡鵬友善鵬令長沙招之賦詩辭曰瀟湘勞吏如相憶他日迎君錄野堂江西建昌尹某慕其名具禮聘甫一至論偶不

合曰予豈能爲人署尾耶拂衣歸晤鵬自長沙返與同里趙鳴鑾稱三友壽九十一自稱乾一道人因名其集

繆永泰字啟平從梅正平學易有心得每手錄前代諸老遺集其爲文古奧鮮知者會鮑開乘鐸月課得其卷大驚曰此夏鼎商彝也時永泰年八十矣曰自束髮操觚今乃得一知己不恨矣性耿介家居不澈風雨竟以貧死

趙鳴珂字定涵性倜儻擅經濟才究心邊防海道河淮諸政例授州同知巡撫張聞其名延致河工欲薦用之以疾辭築壺天園觴詠終老著有籌海運芻圖社倉末議

江防要覽諸書

趙　熊字呂侯增生受業婁東陸桴亭學大進以通賦詩謁遂棄帖括肆力於詩日與諸名士倡酬幅巾筇杖徜徉山水同懷四人俱諸生文行砥礪互相師友白首無間言壽八十

郭其楝字蕙枝名宦庭堅裔孝友誠篤樂善不倦以子昌烈封登仕郎壽八十六

孫允升字會嘉少有文譽尤長於詩以貢薦授含山縣司訓課士有法謝歸築園五峯曰龍沙小隱且休庵觴詠其中優游終老子談字昭文由優貢舉孝廉方正任樂

安令有政聲

劉爾翀字梅庵諸生言行修潔好揚扢先賢津津不倦祠墓有頹圯者倡募修葺壽八十餘

章　沖字大來工文數奇舌耕自給巨室慕其名爭延致之訓迪諄懇至老不倦著有學庸贅言

薛希禹字旭旦監生孀嫂湯氏勵節敬之如母里有北圩渡船兩橋捐資修建行者呼爲薛公橋壽八十一

趙鋐文字羨兹植品方正敦勵名節嘗偕邑令陸天濤及諸名流結江皋吟社拜梓世德堂古文詩集行世子天潤字霖霑進士由保安令擢刑部主事有政聲

季宗文字公思性厚重樂施予不事生產尤篤友于弟宗
孔字公聘宗彝字公懋並敦古處白首無間言壽皆八
十餘宗彝諸生以子芳藹貴贈如其官
王世珍字栽甫國學生豪邁尚義捐貲建馬鎮石梁以惠
行者閭里德之
祝純嘏字岵斯諸生父早卒孝事其母性好編纂江邑掌
故尤多所訂正嘗蒐輯鼎革時殉義姓氏事實錄爲一
編偕邑人士籲當道上其事奉
旨入祀忠義祠者二百八人其未經入
告由太史準附祀者七十八人又嘗董修學宮十餘年釐訂典禮

成釋奠考一書既歿逾年學使朱方增爲文表其墓
夏　模字思範歲貢生選霍邱縣訓導未赴任家居吟覽
至老不倦道光十六年年八十三重遊泮水
薛文淇字度汪附貢生性淡定言動不苟善圍棋嘗靜坐
一室讀書自樂道光十七年重游泮水學使與守正給
泮水重賡額壽八十八
周象山字錫九楊舍人慈祥樂善倡捐本鎮同善堂壽九
十有三子浩字肇堂國子生樂善好施創建同善堂捐
田一百五十餘畝錢二千緡壽八十餘
趙同驥字午涯嘉慶癸酉舉人令高安歷署繁劇所至有

惠政道光二十五年重游泮水五代同堂鄉里榮之年
八十有七
許　熊字崑望諸生咸豐六年重游泮水
程　玢字晉揚諸生澹泊寡營足跡不入城市者四十餘
年年八十弟珍字殿揚太學生喜吟詠著有百泉吟稿
耄年兄弟風雨聯牀怡怡如也年八十有一
殷　讓字純亘孝友敦樸年九十學使彭久餘給齒德兼
尊額
胡念劬字燦然性情純篤好讀書至老不倦年八十九游
庠九十卒

百歲者壽五代同堂附
宋吳仲宣壽百歲澄江門外仁壽坊以之得名
明趙　璞字怡門壽百歲詔賜冠服
徐　輊壽百歲
國朝王　鼎壽八十八歲有曾孫九元孫二五代同堂乾隆
四十九年
詔給昇平人瑞額緞一匹坊銀十兩
吳　鈞字和齋監生嘉慶十六年壽八十三五代同堂
詔給昇平人瑞額緞二匹十九年助賑議敘從九品卒年八十六
陸　鑑字鳳鳴壽百有二歲

吳乃銘字德新道光三年壽百歲
詔給昇平人瑞額坊銀三十兩
劉大楷字品端秉性樸誠道光二十五年壽百歲
朱覲揚壽八十八有曾孫十三元孫二五代同堂咸豐
二年
詔給昇平人瑞額緞銀十兩
袁鳳占壽八十七子二孫六曾孫七元孫一五代同堂

藝術傳

元呂逸人善醫施藥濟人嘗活王逢之門人張敘逢贈詩
云貧士願留縣藥分故人思續衛生經

明張　體字孟膚隸書學董香光金錯刀法作顛掣勢行
楷及雙鉤書皆得古法

相　禮字子先書學黃公望尤精弈王世貞宛委餘編推
其弈品爲天下第一

陳　秝字德籽工詩善書永樂中以楷書舉與修大典擢
山東道御史遷浙江按察司僉事著有淸約集

朱　熊字惟吉以善弈著天順中歲饑奉父積命出粟賑

饑徵入官通政司知事

夏　䋎字禹疇官中書精楷篆以書太極殿榜稱旨賜賚
無虛日嘗召入禁爲未出諸宮侍屐縑綺爭乞書褒金
銀豆爲潤筆搊滿袖歸嘗充正使封藩翰林劉珹副之
益異數也歷官通政司參議請老歸

吳元良字善夫家貧好遠遊書法二王晚學山谷得其堅
勁之致書蒼潤無俗筆

是巨淵得異人授號神醫一男子吻舌流血不止巨淵急
拾東壁蠑螈投患處卽愈蘇郡富家子病大熱羣醫不
效巨淵鑿地爲坎令臥其上沃以泥水須臾愈或問故

曰是多寵妾中廦毒也其他治效類是朝命徵入意不
樂采藥草傅身成癩使臣以惡疾聞遣回仍以藥塗身
而愈

林　惰醫宗丹溪心法治多奇效稱中菴先生常患重其
行誼再致省筵孫時亦以醫名

袁文可字半村家貧性介畫山水工麗極爲文壽承所推
重貴游求之多弗與曾作漢宮春曉圖經年乃就傳至
都下名動公卿間

陳　棠字明懷畫倣元人貌海棠尤工世隸中書畫局以
爲鄉業戒子孫勿襲子三綱亦工畫海棠

呂　夔字大章本姓承依舅氏從其姓易儒而醫一時神
其術呼爲呂仙吳中疫裹藥囊日治百家全活無算大
吏給章服不受嘉靖間隸太醫院著有運氣發揮經絡
詳據脈理明辨治法捷要等書子講字明學讀字明經
醫名俱如其父讀子應鏞字元聲太醫院吏目傳禁方
而變通之能望氣決人死生或談笑間療人痼疾好客
好山水好詩孫文介銘其墓著有葆元行覽世效單方
兩書又有長春堂詩稿

高叔宗字子正諸生能詩善書尤精醫著有賁集珍方高
賓爲之序同時有邢濟川者並以善醫聲著東南王世
貞有贈濟川詩

繆　坤字子厚其先以醫名者七世坤名尤著性行高篤
自察脈審方外端居誦讀不接塵事嘉靖間帥府延至
軍前療疫全活甚夥著有方脈統宗行世與鄉飲十七
次壽九十自志其墓

顧　儒字成憲以子言貴受封少業儒因侍父疾遂通醫
投劑無不效不問貧富貴賤雖寒暑風雨隨叩輒赴布
袍徒步診切不怠忘其爲封大夫也遇貧者予之藥并
佐薪米其尤異者以三指切人脈決榮枯修短無不奇
中壽八十六里人私諡爲慈惠先生著有簡明醫要五

卷顧端文序行之

莊履嚴字杏暘能詩工醫著有醫理發微

戴　仁字元夫善鼓琴得太古之遺自號琴泉薛章憲爲
作歌贈之

朱　菊叟逸其名字世以藝圃家西郊蒔栽奇種不遠數百
里求之菊尤所珍植賞花迴解人不緊索價人或載酒
過之或出酒醉客婆娑花下語雜莊諧恆竟日不厭嘗
揭句楹間曰種花無稅不愁官萬曆己未有上臺以索
隔年寄植盆花委撈之幾殆曰自今無歲不愁官矣戒
子孫勿復學爲圃

國朝闕　疑字不疑善畫梅尤精雪月兩種疏影暗香落筆
生動吳宗閏善畫蘭一花一葉別有逸致人爭寶貴
張　拙字任天工草書飛白擘窠大字性豪喜飲詩歌不
假雕飾曠然有塵外意舍旁積土爲小山號曰庸山故
又自稱庸山居士求書者屨常滿從容應之不倦
戚秉恒沈綬黃五辰陳明祈俱能醫沈著山林相業十卷
藏於家黃有醫宗正旨六卷行世陳應塤亦以醫名戚
宗揚宏治朝名醫秉恒克纘祖緒咸稱世醫云
周榮起字硯農高起弟明諸生能詩文工書精究心六書
汲古閣刊板多出手校女淑祜淑禧亦精書淑禧尤著

兼能詩其畫點染生動神采煥發翎毛更入微妙年八
十餘猶不倦人有得其片幅者爭寶之陳繼儒題其畫
曰花有露鳥有聲能令造化無權硯農有此才女使人
不復羨謝家也
王　洲字次微衣冠古朴如其人善山水尺幅尤佳嘗圖
澄江八景纖息入微筆底別具閒遠之致
錢　璞順治間人寫梅稱能手尤精鴝鵒飛鳴爭息各極
其妙子鍔善畫荷師郡人唐光名播一時
周如松字公茂少患怯棄儒習醫醫成不欲以術鳴治人
不輕立方投劑多奇驗

程邦連字既白習醫精研丹溪諸書決生死百不爽一工
詩能書卒於維揚
葉時隆字茂之自明初即以喉科傳家時隆年十八早著
名治危症能立效八十外猶應接不倦子孫世其傳
戚　贊字聖俞諸生名醫秉恒孫精世業有隱德遇貧困
求醫與之藥輒以零銀暗雜其中周急且不欲人知也
著有傷寒心法行世王百朋字錫我亦以醫名並稱國
手
祝道行字明侯好學精醫康熙二十年大疫奉文施藥加
意問切投劑多活性喜周急立心行己有古人風

錢　洼字汗涉祖時用父鼎鉉世以刀圭稱洼紹其術危
險外症治無不痊
王文煥字亦唐精幼科治痘罕有其匹事母孝能菽水承
歡
司馬鴻瑰字雲從世業醫尤精幼科求治者戶外屨滿必
先貧乏有所入輒以周兄弟諸姪之急子廷標字傳一
承其學於古書能通變用之遇痘科之險絕者輒能起
死回生
湯士偉字子迴書法學趙松雪北遊十載書愈工能於半
扇面寫西廂曲一部無一筆以薦入明史館校勘授

縣尉
李　皜字不淄耽金石刻家藏極彩善書求者趾相錯
湯若宰字而洋畫仿趙孟頫又從王翬遊盡得其法晚年
杜門課子壽八十七著有岫雲詩草
張世鉉字聽玉篆書橅秦漢行誼有古君子風弟世鑑字
寶臣爲諸生有名能詩畫
韓　袞字維能工貌花鳥深得徐崇嗣沒骨法亦能作潑
墨花
瞿　上字雲表畫翎毛花卉色色入妙尤精寫眞得曾波
臣秘法後人世傳其術

李　和監生寫眞師瞿上山水師王原祁康熙間與繪
萬壽圖
召入武英殿供奉以母老乞歸
蔣　森字清度能詩工寫山水極自貴重不輕落筆
蔣鶴齡號白石山人善導引工鼓琴有同姓畊字長庚學
琴於鶴齡得其指法時並稱之
夏時用字賡颺究心青鳥之術以郭璞葬乘生氣爲主徧
質於四方之精堪輿者而得其眞積二十年術益精語
無不驗性矯矯不與流俗伍卒以窮愁老時有費大章
字承烈家華墅亦以堪輿名

王公爽善堪輿家言行道於丹陽金壇及江以北著書多
訂前人疑誤其言龍法謂楊氏能分兩片之說最確朱
人云三支並出者誤也沈進士地學一書實出其指授
今盛行於世而公爽自撰書惜無爲之刊布者
高　方字義立父際飛以篤行聞方善二王書法及大小
歐陽體小楷尤工好遊覽欲盡歷宇內名勝嘗客都門
鉅公某重其名將列薦牘拂衣歸游匡廬道池州山水
陡發沈舟卒僕蕭雲已遇救登岸以救主復蹈淵致斃
方著有于于道人集都門小刻及言行曲直論弟京字
德立亦以書名

沈　鳳字凡民監生任安徽徽州府同知七攝縣篆於吏
事非所長善八分書工畫山水瀟灑縱逸不減元人尤
工篆刻古麗精峭如斯冰復生著有謙齋印譜金壇王
澍序之
閔　詩字蓉曬性恬淡工書及詩所居有醉雲樓與交遊
唱和其中王澍嘗主其家與譚論書法著有吾廬詩草
曹　沂字思魯能詩工畫蔡志所繪各山圖及澄江八景
皆出其手
戚漢廣字滄亭烈愍之從孫諸生工文善書筆力遒勁
徐南金字品三監生任俠有勇力有熊將者拳勇絕人南

金求其術熊授以少林法鍵戶習之期月功成擕名江
南北有兩弟善手搏嘗過郡城入廟觀劇以睚眦觸僞
人衆健兒突起圍之數重棍梃蜂集甫金適來猱進撥
霍衆披靡翼兩弟一躍出欻如風雨僉知爲甫金柄顧
錯愕釋杖羅拜各解散自是益自韜晦坐一室讀書竟
然如老生嘗讀易未通其旨入定山僧舍枯坐月餘遂
洞悉其本末尤喜老氏書工制舉能爲古文詞
車鳴鑾字去非書子諸生書法繹其家傳雅有典則
姜禮字天敘精醫術其治病立功過格日記得失著有
仁壽鏡本草搜根行世子孫世其業

殷宏滋字丕緒監生善書畫乾隆十六年及二十二年
聖駕南巡恭獻畫冊
恩賞緞匹
蘇廷蔭字南棠精內外科遇貧者施以藥雖參苓勿吝子
泰以醫得官
蘇士藻字萬棻工書郡中三吳第一樓額其手筆也
陸應陶字勳遠能醫治痘尤專門險症無不愈
程鐸字振凡諸生精天文勾股篆籀之學尤工篆刻補
欽天監博士供奉
內廷凡

宸翰牙章三十體精心摹刻隨其大小方圓皆合古法刻成藏秘
閣亦榮遇也有四咸堂印譜行世楊文定爲作序
黄勳字又癡性傲嗜酒畫山水規黄公望尤工棧道行
驢醉則益神其技惜所如不合卒於僧舍其徒高雲麓
亦善棧驢
王廷選字一鶴武生善墨竹筆底瀟灑具有煙雲逸致爲
人亦落拓不羈
夏敬聲字大夏監生書規趙孟頫畫倣惲壽平兼工鐵筆
秀媚可愛性雅潔遇俗士則怫然不顧
王恪字遵謨監生善蘭竹嘗於所居之松濤閣集書畫

社拳勇亦擅絕一時又善彈丸甥徐承祖字惺齋師其
畫亦以蘭竹名
王相字鍾岳熟於素問難經曾寓吳門賃居葉天士宅
旁業以難治辭者就治輒瘳葉大奇之
姜健字體乾繼祖父醫學而術益精晚年好易於五運
六氣陰陽變化闡發甚精故能投劑如神決生死不爽
里中業醫者多得其指授從子大鏞字鴻儒監生亦善
醫工詩著有鳴秋集調鶴山莊醫案
趙綗章衣冠古樸沈默寡言熟於仲景方書切脈投方無
不應時而愈

蔣濤怡字素書父鳳池工書數兼通醫理有名諸生間濤
怡傳其家學畫得元人意而參以米法
繆炳泰字象賓善寫真客京師公卿爭相延致名動
九重以監生
召入便殿恭繪
純皇帝聖容遂
睿賞乾隆甲辰
聖駕南巡
召試賜舉人授內閣中書遷職方司郎中從子宮桂字一山能繼
其法嘗在衍聖公第臨明太祖功臣像神致奕奕如生

李　基字德容幼習賈暇卽染翰臨池得二王筆法
孔廣居一名千秋字堯山工詩究心六書之學善篆隸工
鐵筆著有說文疑疑行世嘗刪生壙自撰志銘屬梁同
書書之手自刻石子昭孔字味茗性古淡亦以鐵筆名
李　穎字小尹能詩善書行楷俱遒亟不苟學者爭師
之間畫老梅多古致嘉慶庚午以年老
恩賜副貢癸酉
賜舉人著有蓉山詩草沈德潛爲之序又輯樵餘漫筆二卷多記
江上佚事
蘇　溶字安瀾生平孝友醇謹篤信小學一書善畫山水
及人物花卉兼工書法
陳繼德字晉亭監生持躬端謹母年登大耋孝養備至性
好利濟工篆書精鐵筆刻有繩齋印譜
張　瑩字懷白工畫山水尤善寫真一點一拂飛動有神
致
龔陞第字闊海拳勇過人有鎮洋張某慕其名來與技偕
至廣福寺殿聞海卽以一腿踢柱柱移數寸隨手扶正
張某咋舌而去
張廷燮字燮梅增貢生精天文醫理嘗自製渾天銅儀加
日月輪以候晦朔弦望節氣時刻與時憲書不差絫黍

凡遇沈疴决生死多奇中求治者踵相接焉六嚴字德
只亦精象緯句股之學製渾天球刊恆星地輿圖行世
夏挺芝字再陽諸生積學立品工二王書人爭寶之
賈明法字懷清天資穎敏工詩詞凡天文地理及卜筮
諸書靡不精討著有同聲音韻集
孟起鳳字滄柱諸生傲岸不群以善書名
沈祐丹字梓堂天資明敏工於吟詠書法逼近歐陽尤長
於擘窠大字索書者踵門不絕
吳景范字濟亭精倉公術治無不驗學使王以術給春滿
上池匾額周系英貽以得倉扁傳洞明五內精岐黃術

名滿三吳聯句
江保泰字瑞峰善圍棋意遠神閒時無敵棋
費椿齡字庚延諸生性沈摯精於醫理活人無算
陳瑚字子珊諸生工草書尤善畫蘭竹花卉自號從徐
老人
吳士瑛字甫田太學生熟於素問諸書著有痢疾明辨萬
青藜爲之序
戴浚字湘甲諸生性古樸博學能文精數學邑令陳希
敬延脫重犯造廬請卜應驗如神製聯句贈之
楊熙楙字暢園諸生工詩善畫尤精竹石有石刻數種傳

搨
張喬字萃山精鐵筆細入毫髮有楮葉亂眞之妙嘗刻
桃核兩枚一爲瀛州十八學士一爲東坡與一僧一客
同舟游赤壁船窗可開闔篙工奚童諸器畢具觀者驚
異凡所摹瀏書畫人爭購之
吳烜字孔彰太學生善畫猱惟妙惟肖兵燹後田地荒
蕪勸鄉人種桑育蠶著有蠶桑捷效

僑寓傳
（漢）杜康字仲甯城東南有杜康宅杜康墓
（晉）劉伶字伯倫沛國人城南有劉伶巷劉伶墓
庾冰字季堅城東北有庾冰宅宅南曰庾冰巷
郭璞字景純聞喜人以母憂去職卜葬地於暨陽去水
涯百步許宅在黃山北長房村
（唐）陸龜蒙字魯望吳郡人嘗寓芙蓉湖與皮日休魏璞談
酒賦詩自稱江湖散人或號天隨子甫里先生
（宋）蔡襄字君謨娶江陰葛惟明女悟空寺有其題壁詩
六章

（元）倪瓚字元鎭無錫人工詩畫娶江陰蔣氏元末盡散
家財奉母移家江上明洪武七年歿於長涇夏顴家歸
葬軍帳山
（明）瞿杲字炳陽五衢人僑居江陰之龜山性嗜酒自號
醉漁畫花鳥有名蘆雁尤入高品自謂作廹不及林良
因變姓名給事良門下覘其用筆忽冥解失笑良目若
非瞿醉漁耶乃定交去
國朝陳功字凱侯崑山人明崇禎中獻策授通判運糧避
海泉著奇績鼎革後隱於定山善寫竹石爲詩歌以自
娛年七十三卒子元一廬其墓遂家焉

王文法字伯度由新安寓江陰少美姿容一婦人悅之以計誘文法不顧其族人有不法事賂文法二百金叱去之亦竟不發其事

陳璿字衛公宜興諸生博極羣書工詩古文康熙中僑居邑之邵公祠年八十高𡖖繆訛以前輩禮待之每談勝國末年事雪涕如雨喜論史漢間字者趾相錯

巴文字國華休甯人善騎射任俠好義明末家破寓邑之周莊鼎革時四鄉兵變肆劫文躍馬持刀禦之追至砂山手刃十數人散其眾既而仇家誘歸醉以酒夜半欲磔之有老嫗壯其貌縱之去性好客所與遊皆故明逸老卒葬砂山

杜濬字于皇黃岡人以詩文名海內龔鼎孳吳偉業諸推重之鼎革後棹舟游吳越閒過故老遺民輒慷慨悲歌不能自已初客金陵轉徙淮揚及奚司馬祿詒從江陰其外弟也招之寓江上適閩中余懷桐城錢澄之楚昌曾燦無錫錢肅潤俱至有江干五老之會一夕登君山縱飲極醉忽狂叫起舞口占十律繼以大哭乃歸與邑中徐章趙鳴鑾蔡鵬爲詩友書法奇崛詩意悲壯至今人多珍之

蔡仁溥崇明人家巨萬遭明亂盡散與族人子身寓邑之白石山自號白石山樵教授村中與華山和尙交最善和尙不知何許人語似楚音順治初來瓢子嶴棲社神廟捆屨易食見人不語而笑人問之益大笑每當山水佳處顧影臨風破顏鼓掌人稱爲笑和尙又有哭道士者亦與遊常往來於席帽山

韓文輝字山如蘇州諸生遷居邑之西城博學能文號春秋專家學使許汝霖延爲邑中經師縉紳登高第者半出門下著有春秋集成

吳衣若無錫人父戍瀦陽衣若賣其妾治裝走戍所誓不反顧子金書寄食僧舍憔悴無人色邑人包龍章見之驚曰孰令孝子子若是者延師敎之請妻以甥女又十年衣若負父骸骨歸金書奉父僑居祝塘之西莊金書字兩三著有離騷經解梅花詩草

譚琦字二雲旌德人負才藻鼎革時大兵狥徽州得琦將斬之歎曰吾無他恨惜詩文不傳耳帥問命賦梅花詩頃刻口占七言百首帥大悅釋之後卜居邑之祝塘工草書得懷素神髓詩文散軼猶有存者

黃晉良字處安福建人性豪喜飲醉後作書累數十幅不倦詩爲嚴繩孫高士奇輩所推名滿吳越人比之王稚登云僑居十載既老乃歸

鎮　誠字羽階常熟人僑寓邑之北角品高行潔家徒壁
立嘯歌自若工詩及書得之醉後者尤佳著有白谷集
施維岳字崧山吳門諸生能詩兼精易數乾隆十二年挈
家來祝塘垂簾賣卜多奇中暇即吟詠自號二梅居士
其五言詩有云野隨芳草闊天帶斷雲飛雲似無心客
山如入定僧夜睡無燈早晨炊借米遲皆傑句也
楊夢槎字載鶱無錫人父楚宮贅江陰張氏生夢槎登鄉
薦官四川酆都令隨征金川死木果木之難贈道銜無
子蔭其弟為知縣後改雲騎尉世職以弟之子襲
邵辰煥字星城金匱諸生曾大父曾訓以工詩善書名於

時娶於江陰因家焉亦工書尤長于詩著有停硯堂集
張式字荔門無錫人僑居華墅砂山東麓刻苦勵學為
孫原湘高弟大吏羅致不就翁文端李兆洛激賞之著
有經義疏證及荔門全集紀游諸書
曹志深江西新建人工詩善書侍父文愘視學江蘇為杜
氏贅壻子福筠以舅氏籍入邑庠殉庚申之難孫楷賜
復曹姓邑庠生居祝塘鎮之陸家橋
章敏字藕溪常熟人工繪事名噪一時有石刻停搨符
居城中小塔巷

江陰縣志卷之十八終

江陰縣志卷之十九

列女一

婦女之志行多由性成亦由司風化者激勸之我
朝旌表節孝之典逾於前代前志所載已光昭日月矣
而嗣後矢柏舟之節及咸豐庚申臨難捐軀者又指
不勝僂嗚呼處變固婦女之不幸而有闡揚之責者
獨忍令其湮沒不彰歟志列女

節婦

宋魏氏廣德軍判官沈紘妻諭德魏居中女年十九歸紘登咸平三年進士卒於官氏年二十九撫二子
迥遵親教以詩論語孝經皆成進士遵官殿中丞太常博士氏封仙居縣太君六十四歲卒葬申港西懷仁里

王安石為志銘　謝氏丁思妻夫亡家有餘財嘗捐登聞鼓乞割田二千畝宅一區為義莊有旨從之孫彬
乙科擢第三人為郎外乘麾節褒章累贈郎龍
明陳氏章明妻夫亡於元至正丁亥兵變氏年二十二撫二歲子廉一歲子庚紡績為生貧苦守節壽八十
二　趙氏元上海繆友淵妻元季有欲授淵為官氏色然曰吾等世祿家義不可苟淵因共逃海曲以死
氏年二十八收夫骸歸葬三年乃得歸柩遺五歲子頫教之以義躬織紝以贍翁姑母家被寇赤族惟兄子鋐
與母陳氏倖存保匿閩關趙宗不絕養母垂十年喪葬盡禮　程氏丹陽千戶陳有信妻龍鳳中戰死氏
年二十七尋尸歸葬守節十九年子壽為江陰衛百戶從征偽漢亦戰死　陸氏邵福一妻二十五歲夫亡
奉養孀姑撫成子女　張氏徐福二妻　邱氏吳惟訊妻黃巖州判官邵基女二十一歲夫亡撫未期子
綺與亡兄元鍾妾盛氏同守節　張氏陳忠妻年未三十夫亡　陳氏花叔芳妻二十二歲夫亡　周
氏吳宗傑妻二十二歲夫亡　朱氏吳宗道妻二十七歲夫亡　花氏吳宗善妻二十五歲夫亡兄弟

三人俱以行役死殊方妯娌相誓守節壽皆八十餘 蔣氏 李貞妻貞以貢薦分諸圻有政聲擢刑部主事卒於官貧至不能爲斂氏年二十二撫二子成立孝事翁姑辛勤紡績壽七十五 李氏 夏貞妻李珙女二十歲夫亡撫子成立壽八十二 包氏 何起潛妻二十四歲夫亡 翟氏 何宗常妻二十歲夫亡 吳氏 趙楷妻二十一歲夫亡 薛氏 朱維言妻二十四歲夫亡 張氏 黄迪妻十九歲夫亡 錢氏 沈頤妻系出長洲頤年二十於洪武間海運溺死氏年十九撫子徹成立壽九十 徐氏 葛晟妻通政徐世英女二十七歲夫亡撫子瑞成立 錢氏 周惟聲妻二十五歲夫亡 周氏 陳孟昭妻二十三歲夫亡撫遺腹子璞守節五十餘年 夏氏 王克謀妻二十八歲夫亡 陶氏 贈刑部主事屈遂良妻十九歲夫亡撫二子震霖並成進士封安人 施氏 張徽妻二十六歲夫亡守節三十六年 曹氏 王廷聖妻二十四歲夫亡撫遺腹子景賢成立守節五十四年 杜氏 吳儼妻嫁三年而夫卒奉姑撫子守節三十二年 張氏 花一葵妻張諮女二十二歲夫亡撫子諮成立壽八十 張氏 吳祖妻贈諭德張誥

女二十三歲夫亡撫子成立五十二歲卒 薛氏 袁趙朝妻二十六歲夫亡值倭寇懷夫木主及傢寢匿哭毀喪明撫子敗從母姓孫袁文俱舉人壽八十三 王氏 徐大昌妻十六歲嫁不一年夫亡六十五歲卒 張氏 吳文炳妻二十一歲夫亡撫子成立壽七十 潘氏 周珣妻二十四歲夫亡壽七十二 朱氏 陸完妻二十七歲夫亡撫期月子良能以孝聞子卒復撫孤孫成立壽九十三 戴氏 楊安之妻二十六歲夫亡撫子撤食貧茹苦倭寇燬其居依於母家翁病瘵六載醫禱喪葬之費盡出女紅教孫永禱登鄉薦壽八十三 許氏 陳臬妻二十一歲夫亡撫嗣文美成立壽八十 徐氏 蔣鳴璋妻十九歲夫亡無子壽九十 吳氏 張汀妻二十四歲夫亡撫期月子應宿成立壽八十四 曹氏 趙必承妻二十三歲夫亡竭力養姑終身縞素壽八十三 王氏 孔宗英妻二十二歲夫亡壽八十五 徐氏 林世芳妻二十歲夫亡撫嗣子早歲遊庠乙酉殉節壽八十四 王氏 庠生夏祉妻二十二歲夫亡 花氏 陳節妻 唐氏 夏玉妻十六歲嫁三日夫亡壽七十二 薛氏 張鶴翀妻二十三歲夫亡撫子游庠壽七十二 以

上皆旌門

徐氏 進士陸呂妻二十二歲夫亡壽八十五 吳氏 張備妻二十六歲嫁踰年夫亡壽七十六 吳氏 黄暉妻二十一歲夫亡姑老子幼養姑至九十六氏六十歲卒黄志云以上三人生員張簡所薦達或曰是未嘗被典禮也曰典禮有無視有司達遏有司達遏視力厚薄歲茶爵雜雖報身解腕不足以望蔡女之未光列鼎累祀雖含飴弄孫直可以排其姿於下陳徐氏等力不力不可知然均之輿論之所歸也有之者吾不敢異無之者吾不敢遺謹依故事敘次如右備後君子覽觀焉 盛氏 邱元鍾妻元鍾死於寇氏與夫婦妹邱氏同居撫子嵩成立翁姑以爲賢遂使稱繼室 許氏 查良妻十九歲夫亡撫三月子正守節五十三年 許氏 周繼宗妻二十二歲夫亡撫二歲子國守節四十九年 徐氏 趙時妻二十歲嫁未期夫亡與妾共守撫子成立壽六十二 盛氏 陳魯妻二十五歲夫亡撫子皐蘐成進士壽八十三 趙氏 許紈妻能泉縣丞趙坤女十七歲嫁二年夫亡無翁姑子女依父以居父歿嗣夫弟子殤再嗣其孫値歲荒謂孫曰

忍死垂五十年懼夫不血食耳今有汝可從地下矣乃不食而死 陳氏 庠生趙從潤妻二十五歲夫亡事翁姑以孝聞六十五歲卒 趙氏 庠生徐旦妻二十歲夫亡養姑教子壽八十一 張氏 庠生莊大順妻二十九歲夫亡教子有孚成立壽九十四 周氏 曹珮妻十九歲夫亡哀終身不釋衰至誓死不踰閾壽八十三 徐氏 趙鋼妻徐順卿女十九歲夫亡無子以家財悉讓夫兄繼依父母以居五十二歲卒 過氏 俞近義妻系出無錫二十一歲夫亡壽七十五 周氏 庠生李杜妻主簿周乾女年十九夫死值亂守至四十五歲卒 吳氏 徐選妻系出無錫十九歲夫亡撫遺腹子居易成立六十八歲卒 張氏 庠生薛啟妻二十歲夫亡撫子承宗成立先卒守節五十三年 祁氏 趙崇禧妻二十五歲夫爲奴弒脫簪珥購捕伏法妾陳氏得遺腹子及嗣子皆撫如己出同心守節六十四歲卒 顧氏 徐繼曾妻二十四歲夫亡撫二子及遺腹子歲饑食惡見者弗堪六十歲卒 黃氏 王都學妻二十歲夫亡撫子遊庠壽八十七 張氏 庠生章有望妻十九歲夫亡守節五十三年 鈕氏 卞維科妻二十一歲夫亡翁姑並踰

九何貧且病氏織履以養値歲凶棘服不給而色養罔缺翁姑歿哀哭失明四十九歲卒

陸氏張玠妻武進陸詹事孫女二十八歲夫亡撫孤歐翔成立壽七十三

王氏庠生許學孔妻二十八歲夫亡撫子養姑壽七十八

徐氏章益妻守節三十八年撫子大沐生孫明敘十日失母撫之成立

杜氏朱大梁妻系出無錫十九歲夫亡沈河欲殉遇救無子撫夫幼弟成立壽七十六

奚氏李文魁妻十九歲夫亡事姑撫子壽七十三

張氏薛柯妻二十六歲夫亡家極貧撫子文光成立四十六歲卒

曾氏奚訥妻二十三歲夫亡壽七十

華氏袁承德妻十九歲夫亡家貧無子守節三十餘年

李氏許宏理妻二十九歲夫亡撫子嘉禎等成立壽七十一

王氏吳倫志妻二十八歲夫亡割股療姑疾撫三子俱成立壽七十六

王氏趙光允妻二十一歲夫亡依女以居六十二歲卒

趙氏陳大廉妻二十二歲夫以赴院試死宜興孝事繼姑撫子成立壽七十八

劉氏林遜妻十六歲嫁三月夫亡五十歲卒

陳氏庠生張光瑞妻通判陳力女二十一歲夫亡子卒撫孫國榮纔於庠守節五十五年

費氏蕭瑪妻二十三歲夫亡孝養七旬翁姑年饑身屑糟糠而藏米不缺嘗割股療姑疾教子韶爲鄉黨善人壽八十四

薛氏葛纘卿妻二十二歲夫亡事翁盡禮撫子錫番成立四十七歲卒

黃氏薛滄妻二十八歲夫亡歲饑紡織易米哺二子而自茹草中毒幾殆或問之曰不欲薛氏斬血食也壽七十二

黃氏無錫塾羅妻二十歲嫁五月夫亡忍死甘貧撫夫二幼弟成立

龐氏袁一驟妻常熟庠生龐顯山女二十六歲夫亡僅有一女翁姑又亡貧約自守悲哭喪明壽七十一

許氏趙鴻儀妻二十九歲夫亡五十一歲卒

錢氏黃完一妻二十五歲夫亡割股療姑疾五十二歲卒

王氏庠生徐臧妻無錫庠生王坐一女臧有隱疾又貧不能備禮許改字氏聞絕粒不從嫁二年夫亡歸依母家出所織紝以養翁姑

陳氏庠生王廷相妻二十五歲夫亡撫女織紝自給不脫衰麻壽七十七

陳氏錢宦妻三十歲夫亡與夫兄弟析產取少而性好周給歲荒撫子詮成立壽八十六

張氏庠生陳遜繼妻十九歲夫亡撫前室子女如己出壽七十一

繆氏於正容妻二十四歲夫亡事翁姑撫子及孫以一身支持三世壽八十二

陳氏庠生劉文淵妻

二十八歲夫亡終身衰麻茹素壽八十四

徐氏傅震妻二十五歲夫亡績麻捆屨撫嗣成業壽七十六

陳氏張修和妻二十二歲夫亡六十五歲卒

蔣氏廩生曹起鳳妻二十三歲夫亡六十二歲卒

周氏李赫生妻庠生周巽女二十九歲夫亡教子應泉遊庠六十一歲卒

王氏沈克謹妻二十歲夫亡奉孀姑謝氏矢守壽七十

蔣氏黃承韶妻二十二歲夫亡無子女五十二歲卒

曹氏庠生趙達德妻二十九歲夫亡撫子鍾瑞既娶而夭與媳共撫孤孫壽七十三

吳氏趙鍾瑞妻二十一歲夫亡撫子念祖比壯而亡同姑教養三孫五十四歲卒

王氏庠生沈可斐妻二十一歲夫亡無子女

居氏蔣應麒妻二十三歲夫亡無子依母以守母亡依女六十九歲卒

吳氏張文光妻二十九歲夫亡撫子繼宗繼緒繼遊庠繼宗歿與媳華氏撫二孫壽八十

謝氏邱本良妻二十五歲夫亡孀姑病痰火日夜侍疾五十八歲卒

沈氏贈憲副陳逵妻二十三歲夫亡課子繼明遊庠子卒教二孫國楨國柄有文學壽八十二

林氏繆中孚妻二十九歲夫亡撫三子成立壽八十二

徐氏醫士繆鍾瑞妻庠生徐識女三十歲夫亡孝事孀姑勤機杼以供衣食訓子應時世其業以孝行旌閭壽七十七

趙氏庠生貢陸祚妻貢生趙繹熙女二十九歲夫亡撫姪爲嗣五十二歲卒

顧氏史汝行妻無錫榮信孫女二十六歲夫亡値翁邦載任汀州知府歿後家中落撫子書守節母家書遊無錫庠五十一歲卒

許氏貢華亭妻十八歲夫亡無子女奉姑趙氏十年不離左右海恩作發屋拔木氏憑夫棺號慟其屋獨完三十八歲卒

曹氏宦自達妻二十六歲夫亡子幼家貧甚臥室瀕河過淫雨室傾墮於河若有神掖氏起者六十四歲卒

吳氏李珙妻無錫給事中吳汝倫女二十五歲夫亡無子撫四女壽七十二

夏氏舉人張紹芳繼妻二十四歲夫亡撫前室子女孝事孀姑四十二歲卒妾劉氏薛氏同守節劉教所出子復遊庠

陳氏庠生張繼變妻二十九歲夫亡事翁姑不以貧缺養嘗絕米屑枕中草子食之督子鼎泰鼎調鼎新勤讀泰調並遊庠六十四歲卒

滕氏徐行厚妻二十四歲夫亡撫子成立

陳氏廩生黃墉初妻副使陳繼芳女二十五歲夫亡督子大渙讀父書有文行五十三歲卒

陳氏王良翰妻二十七歲夫亡子三殤其一哭

失明撫一子成立六十三歲卒
龔氏汀州知府張令聞妻二十九歲夫亡撫子兆楨遊庠五十九歲卒
錢氏徐正賢妻二十三歲夫亡姑忠篤疾氏爲嘗糞復延六載翁姑葬畢歸依母家母癱瘓口哺之壽七十三
丹徒錢邦芑采入節孝外史之首
徐氏趙元輔妻二十四歲夫亡哭泣喪明五年復視撫子之顯遊庠壽八十一
沈氏王文源妻二十二歲夫亡撫遺腹女
曹氏張汝諒妻二十五歲夫亡
徐氏趙樹垣繼妻二十二歲夫亡
徐氏范繼逸妻二十九歲夫亡有何其釋服議改嫁者逐七年不除衰喪衰麻以事翁姑織紝自度不厭糲麤
何氏許學伊妻庠生何正偁女二十八歲夫亡親族卹之不受撫子立業
季氏沙士環妻二十三歲夫亡子天壽七十二
華氏徐州士妻無錫華雲女二十六歲夫亡撫子成立
孔氏薛學孟妻二十一歲夫以輸糧死城濠號泣四日夜屍忽浮起收葬
陳氏蔡士偁妻二十三歲夫亡壽至八十三
陸氏黃道昌妻二十四歲夫亡撫二子事孀祖姑及孀姑窮苦堅守壽七十二
秦氏高於漢妻十七歲夫亡撫遺腹女
沈氏陸鍾祇妻二十歲夫亡子殤六十七歲卒

江陰縣志　卷九　列女　節婦　六

張氏奚承詔妻十九歲嫁夫已疾篤交禮竟卽屏居別室五月夫亡
黃氏葛自矩妻二十八歲夫亡家貧翁欲嫁氏氏聞自縊母救之翁得癲癇臥床三年氏奉湯藥不倦
曹氏許錫祖妻二十二歲夫亡事孀姑卒孝曾被火從烈燄中負姑出姑年八十六中危疾禱天代死姑頓蘇曰婦孝增壽神語我矣果九十一無疾卒
徐氏女教子鴻儀德璣遊庠
徐氏郁廷萃妻封推官徐遮明女二十六歲夫亡撫女
周氏庠生徐民衷妻二十六歲夫亡撫三歲子
吳氏庠生高毓秀妻二十九歲夫亡終身衰麻織作課子
黃氏王正棠妻十六歲嫁不一月夫亡翁盲姑瘓氏織帛黏楮錠給食者三十一年翁姑相繼歿於一月中至貨其臥床葬畢席棻於地
楊氏曹尚質妻二十四歲夫亡守節五十一年
陳氏庠生黃毓祥妻監生陳必銘女二十歲夫亡撫二子
華氏張乾妻二十歲夫亡無子
張氏庠生高攀妻二十九歲夫亡
曹氏吳李倬妻二十三歲夫亡課子讀祖父書織蒲績麻以自贍
張氏韓境妻
邢氏周廷璽妻二十八歲夫亡孝事翁姑長齋苦守
薛氏無錫朱士親妻副使薛甲女二十三歲夫亡壽八十八
顏氏佃而栢妻二十一歲夫亡撫子體乾娶婦徐氏皆夭撫孫文周登鄉薦又及見曾孫庭芝遊庠後亦登鄉薦壽七十九
薛氏顧震妻二十五歲夫亡壽八十九
薛氏廩生張穀妻贈戶科給事中薛雲女二十五歲夫亡壽八十一
徐氏諸生薛儒妻二十五歲夫亡壽七十五
趙氏陶光大妻二十五歲夫亡嗌一指置棺中撫三子成立壽七十九
李氏吳文煜繼妻二十一歲夫亡撫子元坤卒復撫二孫鑾鑒成立壽七十三曾孫永福登鄉薦
貢氏陳文溥妻二十一歲夫亡撫遺腹子禎成立六十三歲卒
金氏王之仕妻二十九歲夫亡撫子韓食廩餼次子士奇遊庠壽七十八
夏氏郁繁妻十九歲夫亡壽七十六
徐氏李柟妻與夫弟李柱妻周氏子蘚生妻周氏稱一門三節
錢氏蔣紹光妾二十七歲夫亡與嫡張氏同守六十四歲卒
袁氏劉思義妻二十六歲夫亡五十五歲卒
趙氏劉思謹妻三十歲夫亡守節二十八年
謝氏庠生劉翚妻二十三歲夫亡四十八歲卒
朱氏劉思本妻二十四歲夫亡四十四歲卒
劉氏胡亘松妻二十五歲夫亡五十九歲卒
薛氏舉人徐元獻妻二十九歲夫亡

江陰縣志　卷九　列女　節婦　七

撫子經登鄉薦
蔣氏舉人徐元圭妻二十七歲夫亡
范氏庠生徐轍妻二十三歲夫亡
朱氏徐濂妻二十歲夫亡
耿氏祝嘉美妻二十五歲夫亡五十八歲卒
華氏夏乾妻守節五十餘年
夏氏朱士廉妻夏端士女十八歲夫亡
程氏徐仁妻二十三歲夫亡壽七十五
趙氏夏遇妻趙汴南女二十七歲夫亡壽七十
龔氏徐茂滋妻嫁二年夫亡哭失明
朱氏顧以義妻三十歲夫亡五十二歲卒
秦氏許夢陽妻二十七歲夫亡壽百有五歲
以上見前志

國朝趙氏錢涵素妻二十一歲夫亡壽七十一　順治年旌
周氏許大猷妻二十九歲夫亡撫子壽七十三
鄧氏貢生徐德數妻二十九歲夫亡孝事翁姑厚卹姻戚撫子纘緒成立壽八十二
程氏孫允恆妻二十四歲夫亡壽七十一　以上康熙年旌
趙氏曹陛妻二十四歲夫亡守節三十八年
薛氏李文撰妻二十三歲夫亡撫子超遊庠五十七歲卒
杜氏何玉佩妻二十六歲夫亡守節四十五年
程氏貢生繆炘妻二十九歲夫亡撫二子皆娶而夭

同兩媳撫孫壽七十六。湯氏庠生薛希晟妻二十四歲夫亡撫嗣子鋭成立守節三十七年。鮑氏庠生吳瑆妻二十五歲夫亡撫子厚培娶而夭媳周氏年二十九守至五十三歲卒。徐氏黃中治妻二十六歲夫亡撫子壽熙成立五十三歲卒。王氏監生夏元蔉妻武舉王耀宗女二十三歲夫亡善事翁姑翁歿家難疊興多方保護撫子一駒成立壽九十。袁氏庠生沈傳覘妻二十七歲夫亡孀姑病篤侍湯藥目不交睫撫子思愼成立六十三歲卒。耿氏徐學鏊妻二十六歲夫亡守節四十三年。劉氏吳行恕妻方娠夫病侍湯藥四月夫亡翁姑繼歿夫兄欲奪其志避而守於母家壽八十六。程氏庠生夏賡妻二十八歲夫亡撫遺腹子清江成立六十六歲卒。徐氏吳天裕妻二十歲夫亡守節三十六年。劉氏徐日躋妻二十二歲夫亡。孫氏常熟貢生沈沛之妻二十九歲夫亡撫子懋政僑居江邑顧山鎮。顧氏夏南瑞妻三十八歲夫亡守節四十年。邵氏周貽哲妻二十一歲夫亡。劉氏吳心行妻二十九歲夫亡守節五十年。王氏贈朝議大夫監生陳贈妻二十六歲夫亡以子大中官思州府知

府封恭人。吳氏庠生徐祚妻十九歲夫亡撫子成立。錢氏趙燾妻二十七歲夫亡壽七十三。尹氏梅日嚴妻二十九歲夫亡守節四十一年。吳氏沈應麒妻十九歲夫亡守節三十四年。張氏陸吉人妻二十四歲夫亡。季氏王克章妻二十九歲夫亡。耿氏丁士毅妻二十九歲夫亡守節四十九年。湯氏旌表忠義　贈文林郎監生高啟隆妻庠生湯林女十八歲嫁是年夫殉義遺腹子殤撫兄子燦爲後及夫嫡姪生並嗣焉壽七十二以燦子玉行官三原縣知縣　贈孺人。李氏黃沛蒼妻十八歲夫亡守節三十四年。秦氏繆永泰妻二十六歲夫亡。陳氏薛鍾妻二十九歲夫亡守節二十八年。陳氏庠生沙廷相妻檢討陳均女二十一歲夫亡守節三十年。陸氏監生陳奎妻二十九歲夫亡媳汪氏進士汪鶴皐女亦少寡旋卒。李氏監生貢啟元妻二十九歲夫亡撫孤守節三十七年。沈氏庠生薛自超妻二十八歲夫亡守節二十九年。倪氏吳江楓妻二十歲夫亡以夫弟子爲嗣。以上雍正年旌

龐氏祝邦榮妻二十八歲夫亡奉姑撫子及長子亡復同媳撫孫。王氏進士汪鶴皐妻。張氏庠生孔傳勳妻二十八歲夫亡撫子繼均遊庠壽七十。劉氏庠生孔毓璿繼妻二十九歲夫亡壽八十二。盧氏許君仁妻二十八歲夫亡守節三十三年。殷氏包熙祥妻二十二歲夫亡伯氏議改嫁氏閉戶自縊鄰婦救之蘇日挑苦菜和米作糜濾米湯哺其子女而自龡菜姑病經年親爲浣滌不倦。劉氏薛廷珂妻二十五歲夫亡壽七十八。孫氏王如綍妻無錫孫雍錫女二十五歲夫亡撫遺腹子高文遊庠。嚴氏劉炳如妻十八歲夫亡守節三十四年。秦氏奚長錫妻十七歲夫亡撫嗣子維周成立。朱氏徐有琳妻二十九歲夫亡守節三十五年。於氏丁仲玉妻二十四歲夫亡姑目瞽晨夕舐之復明。陳氏張其長妻二十二歲夫亡守節六十二年。沈氏閩九韶妻二十一歲嫁十月夫亡。李氏陳嫺乾妻二十一歲夫亡守節三十二年。趙氏徐煌妻十八歲夫亡守節三十五年。劉氏趙衡如妻二十九歲夫亡守節五十四年。林氏薛皐聞妻二十八歲夫亡。趙氏庠生薛宏期妻二十四歲夫亡。薛

氏李朝珍妻二十七歲夫亡守節二十七年。徐氏趙錫武妻二十一歲夫亡。黃氏薛雲淵妻二十六歲夫亡守節三十七年。沈氏楊景時妻二十二歲夫亡守節二十八年子謙益貢生捐貲重建節孝祠并立題名碑。何氏許耀章妻二十九歲夫亡無子守節四十餘年。戚氏庠生薛宏育妻二十七歲夫亡。章氏薛德五妻二十八歲夫亡守節三十四年。許氏徐亦雲妻二十四歲夫亡守節三十八年。趙氏庠生孫詩妻二十五歲夫亡守節三十年。張氏庠生許明并妻十七歲夫亡無子守節五十九年。徐氏薛聖敬妻二十七歲夫亡守節三十四年。袁氏劉宏緒妻二十一歲夫亡守節五十八年。劉氏監生何純嘏妻二十八歲夫亡守節四十七年。施氏潘麟妻二十五歲夫亡。李氏薛聖執妻二十四歲夫亡守節五十年。華氏奚宗賓妻二十歲夫亡撫子既娶而夭與媳秦氏共守六十六歲卒。高氏劉芝祺妻二十八歲夫亡撫遺腹子成立壽七十二。孟氏沈師周妻二十三歲夫亡。張氏奚又錩妻二十三歲夫亡撫子雲路遊庠守節三十年。任氏甯永修妻二十二歲夫亡守節三十

一年薛氏周履綏妻二十三歲夫亡守節三十三年吳氏耿爲羿妻撫嗣成立梁氏徐栝妻二十四歲夫亡守節六十六年薛氏徐怙望妻二十七歲夫亡石氏薛正德妻二十三歲夫亡李氏庠生巫邦英妻王氏薛來源妻二十三歲夫亡撫嗣成立過氏薛升元妻二十八歲夫亡守節三十年華氏張健之妻二十三歲夫亡守節六十四年黃氏陸孝文妻二十八歲夫亡撫三子一女有逼嫁者夜破扉劫之出鄰人聞哭追奪訟官得免高氏車翰臣妻二十八歲夫亡陳氏吳正泰妻二十九歲夫亡守節五十九年鄧氏劉繼祖妻二十七歲夫亡守節三十年查氏黃雲秀妻二十八歲夫亡守節三十二年湯氏庠生劉嘉仁妻庠生湯鼎新女二十八歲夫亡事姑梅氏壽至八十六孝養不少懈教子廷琬遊庠周氏呂秉臣妻二十八歲夫亡守節二十三年蔣氏貢生裘友浩妻二十八歲夫亡守節二十九年吳氏庠生趙巘妻二十四歲夫亡守節四十二年承氏王興鴻妻二十五歲夫亡撫子成立貢氏金爲琛妻二十三歲夫亡守節三十年高氏許莊己妻二十八歲

江陰縣志　卷九　列女　節婦　十

夫亡薛氏李又白妻二十八歲夫亡守節三十四年趙氏蔡綏遠妻二十六歲夫亡撫子永安成立徐氏李邦正妻二十四歲夫亡童氏朱公言妻二十八歲夫亡守節四十七年閔氏奚洪元妻二十六歲夫亡徐氏何純祐妻二十六歲夫亡守節五十六年沈氏郭郁青妻二十七歲夫亡守節三十四年金氏章又增妻二十四歲夫亡撫嗣守節四十年華氏蔣世安妻二十七歲夫亡趙氏張國柱妻二十八歲夫亡撫子文煜成立壽八十七何氏朱嘉賓妻二十三歲夫亡六十二歲卒朱氏包德明妻二十五歲夫亡守節四十年陳氏韓學淑妻二十七歲夫亡守節三十年邢氏邢殿颺妻二十四歲夫亡守節三十六年蔡氏吳國禎妻二十五歲夫亡守節二十七年徐氏貢樞妻二十三歲夫亡守節三十四年錢氏蔡鴻毅妻二十九歲夫亡守節二十八年夏氏周愫忠妻二十五歲夫亡守節二十七年高氏蘇世英妻二十九歲夫亡守節三十二年趙氏陳錦妻庠生趙光緒女二十九歲夫亡守節二十六年劉氏吳國琳妻二十七歲夫亡守節三十九年陸氏

胡士顯妻二十七歲夫亡撫子逵佑成立壽七十一薛氏增生胡一驥妻陸氏孫媳也二十九歲夫亡守節二十七年黃氏沙漢昭妻二十五歲夫亡守節四十三年王氏潘子英妻二十一歲夫亡晝夜紡織以奉翁姑子長課之力耕守節三十四年邢氏吳敬典妻二十六歲夫亡守節四十一年周氏朱起蛟妻二十八歲夫亡守節三十一年楊氏徐惟岳妻二十二歲夫亡守節三十八年李氏薛台錫妻二十八歲夫亡壽七十六彭氏張子孝妻二十八歲夫亡六十四歲卒劉氏繆鳴臯妻二十六歲夫亡六十一歲卒吳氏庠生劉欽宸妻二十六歲夫亡守節二十七年陸氏周邦憲妻二十七歲夫亡守節四十三年戚氏監生徐履湆妻二十九歲夫亡撫子壽七十徐氏曹士美妻二十四歲夫亡守節四十三年任氏陸邵公妻二十七歲夫亡守節二十八年顧氏李運泰妻二十四歲夫亡守節四十六年戚氏吳三省妻二十七歲夫亡守節三十六年孫氏鄧進豐妻二十五歲夫亡撫遺腹子錦成立守節二十七年陳氏馬元進妻二十九歲夫亡守節三十六年劉氏薛鳴臯妻

江陰縣志　卷九　列女　節婦　十一

二十二歲夫亡守節四十三年程氏吳遵謙妻二十一歲夫亡守節三十四年遺腹生女以姪爲嗣女適陳恆來三載寡母女相依矢志徐氏匡元嘉妻二十五歲夫亡撫三月子成立子卒撫孫守節六十七年須氏王位超妻二十九歲夫亡無子嗣姪嗣孫俱夭復撫嗣曾孫守節四十七年丁氏王宗翊妻二十九歲夫亡六十一歲卒錢氏許坤仁妻二十七歲夫亡孝事瞽姑守節二十九年趙氏吳成妻二十三歲夫亡守節五十七年許氏監生陳飛生妻二十七歲夫亡壽七十四張氏孔景成妻周氏李燦如妻二十八歲夫亡守節二十四年朱氏陸聖嗜妻二十三歲夫亡守節二十九年邢氏蔣瑩妻二十三歲夫亡撫子守節六十年劉氏薛雲鶴妻二十二歲夫亡六十五歲卒姚氏庠生金成耀妻二十九歲夫亡六十一歲卒趙氏陳仲階妻二十六歲夫亡撫子羽廷成立守節五十三年吳氏監生章世珍妻二十八歲夫亡守節二十七年李氏朱士仁妻二十八歲夫亡守節三十一年吳氏庠生繆之鈞妻二十五歲夫亡守節三十三年湯氏增生夏宗泗妻二十九歲夫亡姑病

日侍湯藥衣不解帶撫二子俱遊庠守節四十三年李氏周爾佑妻二十二歲夫亡守節四十二年陶氏庠生潘源妻二十九歲夫亡守節二十八年倪氏監生陶鉦妻二十一歲夫亡守節三十五年施氏贈奉政大夫杜楷妻二十八歲夫亡撫子一鴻成進士官南昌府同知贈宜人守節二十七年周氏監生孫宗灼妻三十歲夫亡守節二十二年沈氏胡鳳儀妻二十歲夫亡守節三十二年張氏貤贈武翼都尉邵天一妻貤贈淑人二十五歲夫亡守節二十一年夏氏增生徐昆妻廩生夏敦仁女二十九歲夫亡課子蒙求遊庠壽七十八楊氏徐濟妻十九歲夫亡守節三十四年徐氏庠生陶洪妻永平縣知縣徐聞蓘女二十七歲夫亡守節三十二年劉氏吳治妻二十五歲夫亡守節五十一年王氏徐大賓妻二十七歲夫亡守節三十二年張氏程汝行妻二十三歲夫亡守節三十二年陳氏候選同知李斌妻二十四歲夫亡守節三十一年楊氏徐覵澗妻二十一歲夫亡葉氏徐爾占妻適徐七月夫亡黃氏考職州同陳鑾妻二十三歲夫亡守節三十五年郭氏趙巨川妻二十二歲夫亡守節三十五年楊氏庠生劉橫妻二十九歲夫亡守節二十五年夏氏朱贊乾妻二十二歲夫亡撫子既娶而天與媳吳氏紡織度日守節六十年沈氏朱洪道妻二十四歲夫亡守節三十九年趙氏吳鏘妻二十九歲夫亡四十七歲卒徐氏候選通判夏一騶妻二十八歲夫亡守節二十七年吳氏宋世熙妻二十一歲夫亡撫嗣子士順成立徐氏宋世燕妻二十五歲夫亡撫嗣子士傳成立四十七歲卒吳氏葛遇春妻二十九歲夫亡守節二十六年何氏蔣泉妻二十八歲夫亡撫子璞成立徐氏陳豫繼妻庠生徐晉女二十七歲夫亡撫百日子培因事務姑壽俱八旬外五十四歲卒培因恩貢生江氏監生方彬繼妻二十九歲夫亡撫前室子曾遊庠六十歲卒顧氏貢永鴿妻二十歲夫亡守節三十年金氏庠生沙鴻妻二十九歲夫亡與姑同寢處三十三年姑壽九十七王氏贈文林郎湯毓芝妻監生王巨源女二十四歲夫亡撫子裕登鄉薦官曹縣鉅野縣知縣封孺人王氏繆元茂妻二十九歲夫亡袁氏劉添俊妻二十四歲夫亡撫子佩安成立陳

氏吳腹產繼妻二十九歲夫亡撫遺腹子振邦遊庠章氏監生沈嗣麟妻二十七歲夫亡王氏賀偉夫妻二十六歲夫亡壽七十九項氏王逵志妻二十二歲夫亡陳氏何習書妻二十五歲夫亡撫嗣子兆柏成立蔣氏陳宏譜妻二十九歲夫亡朱氏蔣坤妻二十歲夫亡無子爲翁庶子斗南婚娶以其子爲夫後周氏畢大成妻二十歲夫亡事繼姑撫子蔣氏徐達德妻二十七歲夫亡六十四歲卒

以上乾隆年旌

吳氏張後嗇妻二十四歲夫亡撫遺腹子貴芳成立五十六歲卒劉氏徐熙妻二十一歲夫亡撫子堂成立龔氏貢生陶鈿妻二十八歲夫亡張氏劉鈴妻二十七歲夫亡撫夫弟盛源子爲嗣薛氏戈近三妻二十三歲夫亡劉氏包政妻二十歲夫亡以夫兄子羲瑞爲嗣四十歲卒胡氏薛凝妻監生胡爾鑛女二十五歲夫亡撫二子約紳成立陳氏庠生楊曦妻贈登仕郎庠生陳佐女二十四歲夫亡壽八十嗣子晉監生周氏繆夢薛妻吳縣庠生周用慶女二十九歲夫亡孝養孀姑三十餘年壽七十八徐氏祁景松妻庠生徐學文女二十六歲夫亡撫遺腹子純嘏遊庠六十八歲卒唐氏王曰賢繼妻二十六歲夫亡撫嗣景錩遊庠王氏贈儒林郎孫兆鼇妻十九歲夫亡嗣二子大倫殿魁以殿魁職封安人五十三歲卒蔡氏監生王法繼妻二十九歲夫亡妾黃氏有三子同撫成立王氏金錦堂繼妻武進王元善女二十三歲夫亡撫嗣應侯既娶而天與媳同守六十九歲卒鄒氏金應侯妻二十一歲夫亡孝事孀姑二十八年顧氏李雲和妻二十二歲夫亡長子勝祖先卒撫次子勝先成立壽八十九劉氏李勝祖妻二十二歲嫁五月夫亡勤奉孀姑撫嗣有猷成立張氏庠生巫鶴妻監生張鳳翔女二十三歲夫亡韓氏楊有美妻二十八歲夫亡壽七十三孫氏尤然妻二十六歲夫亡陳氏章士樸妻貢生陳昌齡女二十六歲夫亡錢氏黃應德妻二十九歲夫亡子左源既娶無出子媳俱夭夫次弟歿遺孤一夫三弟及其妻歿遺孤五兼撫之以夫三弟長子香林爲嗣以香林之子爲左源後壽七十五仰氏徐殿良妻二十二歲夫亡四十三歲卒趙氏贈奉政大夫庠生薛凝

泰繼妻撫子文杰夢魁文然同歲遊庠夢魁登鄉爲文杰文然食餼壽七十四以孫志亮成進士官臺灣府同知贈宜人

任氏庠生薛志榮妻二十七歲夫亡撫子兆桂成立五十二歲卒

楊氏梟生陳桂森妻二十三歲夫亡

吳氏孫鳳池妻平和縣典史嘉興吳大猷女隨父僑寓湖北鳳池就婚二十七口而歿氏扶柩回江拜姑撫嗣比姑歿共舉四喪

周氏張大基繼妻二十九歲夫亡六十一歲卒

錢氏費樹干妻庠生錢桂芳女二十三歲夫亡

奚氏徐德學妻二十五歲夫亡

王氏孫藻妻二十五歲夫亡

邢氏監生趙振基妻庠生邢瑾女二十六歲夫亡

周氏監生蘇福妻監生周文匯女二十五歲夫亡六十九歲卒

徐氏黃倫表妻二十八歲夫亡撫子溱成立

周氏吳森妻二十九歲夫亡閭二十七年始得嗣子

任氏沙禮堂妻二十四歲夫亡三十九歲卒

徐氏陳舞階妻幼知經史大義二十八歲夫亡上養老姑下哺五歲三歲二子俱出十指書以豆渣自度後二子成立有孫十人及見大孫英遊庠壽八十

徐氏奚朝袞妻二十六歲夫亡撫嗣樹鉦成立壽七十一

徐氏鍾奇德妻二十七歲夫亡

江陰縣志 卷九 列女 節婦 十四

許氏張大興妻二十八歲夫亡

蘇氏監生沈詵繼妻監生蘇湘女二十八歲夫亡

承氏張廷祿妻職員承選女二十五歲夫亡

張氏生員承寶鏞妻二十七歲夫亡翁妾生子撫之成立

徐氏顧挺周妻二十歲夫亡壽七十六

黃氏曹友仁妻二十七歲夫亡

以上嘉慶年旌

黃氏杜鳳朝妻二十二歲夫亡四十七歲卒

邢氏薛龍山妻二十九歲夫亡

花氏高步雲妻二十歲嫁六日夫亡

李氏楊沅妻監生李英女二十三歲嫁夫己病劇侍疾十五日夫亡嗣子楷歲貢生

傅氏汪文玉妻二十八歲夫亡撫子成立壽八十一

張氏邢思誠妻贈徵仕郎張廷楷女二十七歲夫亡撫子廩成立五十四歲卒

徐氏職員蔣斌繼妻二十八歲夫亡

陳氏陸鈞妻二十九歲夫亡

吳氏高應蓉妻二十八歲夫亡

張氏高端一妻二十二歲夫亡

繆氏巫夢園妻二十五歲夫亡四十七歲卒

周氏徐尙期妻二十七歲夫亡壽七十九

趙氏葛鯉秀繼妻二十八歲嫁二月夫亡壽七十二

車氏張錦麟妻二十四歲夫亡撫嗣溶成立六十歲卒

徐氏錢麟書妻二十八歲夫亡

撫嗣璟成立

蘇氏趙同勳妻廩生蘇廷瑚女二十九歲夫亡撫子起遊庠子再娶而歿偕繼媳撫孫

陳氏張伯桂妻二十五歲夫亡撫子士青遊庠

莊氏庠生夏祖璜妻二十九歲夫亡六十一歲卒

徐氏周宗儒妻二十四歲夫亡撫嗣誠成立

沈氏俞飛麟繼妻二十五歲夫亡撫遺腹子春寅及前室子成立

王氏朱九如妻庠生王璋女二十七歲夫亡

陸氏武生張廷勳妻監生陸正紫女二十五歲夫亡

王氏龐永彰妻二十六歲夫亡事翁壽至七十九

黃氏庠生徐師軾妻二十歲夫亡閱二十年始得嗣子飛鴻六十九歲卒

程氏周思謙妻二十九歲夫亡

許氏花映衢妻二十五歲夫亡

陸氏王承寵妻候選府經歷陸虞瑞女二十五歲夫亡撫嗣世棟六十一歲卒

周氏王世榮妻二十三歲夫亡撫嗣德裕成立六十歲卒

夏氏庠生祝朝梅繼妻贈儒林郎夏崧女二十四歲夫亡四十八歲卒

卞氏郭元讓妻監生卞思誠女二十六歲夫亡撫子鴻飛歲貢生六十二歲卒

桑氏葉範繼妻常熟桑咸懷女三十歲夫亡教養前室五子四女撫親生子志勳成立

童氏錢錫韓妻二十三歲

江陰縣志 卷九 列女 節婦 十五

夫亡撫子君佑成立

吳氏庠生陸鴻妻吳宗智女二十八歲夫亡撫遺腹子一鳴成立四十五歲卒

葉氏職監孫萬青妻封奉直大夫葉鳳苞女二十九歲夫亡

顧氏王錫彩妻二十一歲夫亡撫子鼎元成立壽八十五

劉氏武生貢海妻二十九歲夫亡

王氏庠生許駿妻監生王元相女二十七歲夫亡撫嗣天祿爾標遊庠

俞氏陳淇妻附貢生俞飛鵬女二十四歲夫亡撫子錫本成立三十五歲卒

羅氏吳烈妻監生羅方綱女嫁三日夫亡撫嗣均遊庠

錢氏庠生夏鍇妻候選吏目常熟錢永清女二十八歲夫亡撫嗣廷經成立三十八歲卒

周氏監生陳棻妻監生周德威女二十歲夫亡撫嗣曾恰四十九歲卒

陸氏祝文龍妻二十九歲夫亡撫嗣振培成立

湯氏庠生祝瑨妻二十六歲夫亡撫嗣斌劭繩成立

劉氏庠生包德妻歲貢生劉澄源女二十七歲夫亡撫嗣心培成立

李氏張灝妻二十二歲夫亡撫子第蓉登鄉薦六十六歲卒

夏氏祝汝嶽妻舉人夏翼謀女二十三歲夫亡撫嗣于蕃成立三十三歲卒

繆氏候選州同陳濬妻進士歙林州知州繆琪女二十五歲夫亡撫嗣棨成立孫四

沈氏監生陳鴻章妻沈如瑱女二十七歲夫亡五十歲卒須氏吳炳德妻封朝議大夫金匱須宗周女二十二歲夫亡撫遺腹子耀鋆成立張氏沈蕙田妻浩州知州武進張師范女二十八歲夫亡雙祧子耀鋆候選通判方氏閔觀祥妻方宇泰女二十歲夫亡子夭撫嗣三十三歲卒以上道光年旌蔡志有貢仁孫妻李氏生於明崇禎癸未年二十八夫亡撫子成立壽七十九華墅人道光十年采訪云已旌而旌年無考附錄於此

尤氏黃朝卿妻二十七歲夫亡撫子可教成立壽九十三馬氏明江陰典史諡忠烈閻應元妻應元殉義氏偕居砂山撫子守節壽七十吳氏旌表忠義庠生徐趙妻武進監生吳最養女年二十六趙以行塘事發死家破子夭氏閉戶忍飢人皆憐之四十九歲卒蔣氏旌表忠義何君碩妻隨姑避兵撫二子一女次子遊庠守節三十年陳氏旌表忠義胡正泰妻諡烈愍陳霆亭女吳氏旌表忠義胡正升妻正升乙酉死圍中氏矢志不二陳氏旌表忠義吳鼎隆妻撫二子成立王氏旌表忠義庠生尹全妻年

二十八全罹難遺二子氏撫之彪遊庠六十五歲卒王氏旌表忠義庠生談新妻一門二十口遇難存子元龍撫之守節三十五年華氏旌表忠義耿以誠妻守節三十七年吳氏旌表忠義高應麟妻撫二子禧祚成立守節二十七年張氏旌表忠義史上表妻紡織撫子守節二十九年徐氏旌表忠義梅永倚妻避難存孤壽八十二馬氏旌表忠義徐彬妻避難事翁壽踰七十蘇氏旌表忠義程斗望妻挈二子避難守節二十八年徐氏旌表忠義庠生李芳繼妻二十九歲夫從翁姑殉難氏撫夫弟芾成立嗣其子守節六十年王氏旌表忠義庠生蘆大有妻大有與父臣虞俱殉難氏撫子瑞徵成立守節四十一年邱氏庠生張鎬妻鎬有儁才讀書負氣氏曲承之二十五歲夫亡撫女立嗣事翁姑有禮嘗割股療母病守節五十七年陳氏庠生黃繼交繼妻二十九歲夫亡壽八十三顧氏庠生責永康繼妻蘇州舉人顧夢麟孫女十六歲嫁未及三年夫亡撫前室子思孝成立壽七十三郁氏庠生李應星妻二十一歲夫亡四十一歲卒應星爲忠毅弟幼師事之忠毅惜其早亡於獄中遺書析產當均氏以無子

受十之一辟纑操作食苦自如周氏庠生劉鉉妻十九歲夫亡撫嗣六十九歲卒曹氏庠生孔宗文妻宗文以試事溺死氏年二十四匍匐六十里扶柩還櫬居矢志孝事翁姑撫子成立壽八十二陳氏宦士堅妻二十九歲夫亡家貧無子斷指剪髮以明志五十九歲卒陸氏夏繼芳妻二十七歲夫亡奉事翁姑四十歲卒唐氏湯來鳳妻二十七歲夫亡六十一歲卒程氏徐有仁妻二十一歲夫亡五十九歲卒繆氏諸生蔡行如妻二十八歲夫亡撫子兆明遊庠六十七歲卒章氏黃五倫妻二十五歲夫亡撫子運升既娶而夭偕媳徐氏苦守五十六歲卒張氏黃承懿妻二十一歲夫亡六十一歲卒潘氏黃巍然妻二十九歲夫亡壽八十三尤氏任光祖妻二十七歲夫亡族人謀奪其志毁容截髮撫子華鎮於庠六十七歲卒楊氏范嘉績妻二十九歲夫亡撫三子成立伯仲遊庠六十三歲卒黃氏姚懋德妻二十一歲夫亡撫遺腹子成立六十一歲卒奚氏湯抱真妻二十四歲夫亡撫嗣壽七十二王氏張完我妻二十七歲夫亡孝奉八旬姑撫子偉成立壽七十二顧氏陶湯民妻二十

九歲夫亡五十四歲卒戚氏朱文光妻二十二歲夫亡袁氏杜呈祥妻二十六歲夫亡周氏諸生徐宜民妻六十歲卒張氏吳國培妻二十五歲夫亡五十五歲卒張氏王民熙妻二十七歲夫亡壽七十五高氏諸生夏霞妻二十七歲夫亡撫子定遠遊庠四十五歲卒陶氏趙廷俊妻三十歲夫亡壽七十四張氏諸生蔣燦妻二十七歲夫亡遭兵燹典衣釵贍翁姑教子培鐘於庠五十七歲卒袁氏繆鉦妻二十四歲夫亡乙酉之變抱子避匿五十三歲卒徐氏周中妻二十七歲夫亡值歲洊凶食糠覈撫孤子成立六十三歲卒張氏劉國甫妻二十五歲夫亡奉八旬姑撫四歲子成立沙氏徐呂臣妻十八歲夫亡侍孀姑撫遺腹子成立徐氏張毓嘉妻二十六歲夫亡子開宗再娶而殁與媳偕守韭氏張開宗繼妻沈氏諸生王書瑞妻二十七歲夫亡撫子夫從弟彩五殁家貧子幼挈養其妻韓氏王彩五妻唐氏劉臣亮妻二十七歲夫亡陳氏薛之禎妻二十四歲夫亡王氏諸生趙浩妻二十三歲夫亡無子撫二女沈氏諸生祝眉妻三十歲夫亡無子守節三十五年

江陰縣志 卷九 列女 節婦 十八

俞氏趙行芝妻二十八歲夫殉難亡無子郤氏趙廷椒妻二十九歲夫亡撫子炳文娶章成立守節四十年與姑許氏並以節稱林氏永大受妻十九歲夫亡撫一女李氏顧明延妻二十九歲夫亡撫二子馮氏邢雲龍妻同妾撫子壽八十劉氏姚潤浩妻十八歲夫亡四十歲卒黄氏徐之煌妻二十九歲夫亡撫子六十六歲卒李氏庠生鄒翰妻二十八歲夫亡撫子早夭紡織自食六十餘年錢氏貢儀妻二十三歲夫亡翁姑繼殁撫遺腹子成立五十一歲卒蔣氏高惟賢妻二十八歲夫亡撫子捷成立壽七十一高氏薛亨妻二十四歲夫亡撫子大治成立五十四歲卒盛氏陸念怡妻二十四歲夫亡壽七十三陳氏王尊妻二十二歲夫亡無子抱夫木主歸守母家紡織自給久而喪明年六十六懷主端坐而卒何氏夏國圩妻二十三歲夫亡無子壽七十七周氏許侍塘子妻二十二歲夫亡撫二子成立壽七十七王氏夏受之妻生子未一月夫亡撫之成立守節三十餘年夏氏張伯輝妻守節五十餘年胡氏庠生邢暘妻三十歲夫亡孝事孀姑五十一歲卒郁氏庠生黄繼裴妻二十四歲夫亡撫嗣毓禮遊庠早卒偕媳撫孫壽八十四徐氏庠生黄鏞禮妻二十九歲夫亡孝事孀姑撫子元春成立六十七歲卒劉氏趙涇河妻十九歲夫亡無子五十四歲卒高氏劉存魯妻二十二歲夫亡子夭撫嗣成立五十九歲卒顧氏監生繆逢時妻二十七歲夫亡無子孝養孀姑六十五歲卒劉氏庠生湯昭緒妻二十八歲夫亡無子撫二女六十二歲卒劉氏朱維孝妻二十九歲夫亡壽八十四祝氏王九錫妻田氏王世祿妻守節四十餘年子肇宗耀宗並武舉趙氏劉道中妻守節三十六年章氏王雲池妻二十九歲夫亡撫子成立壽七十三李氏章員吾妻二十九歲夫亡族人欲奪其志剺面自矢五十九歲卒顧氏鄭鼎元妻撫六歲子成亡四十五歲卒劉氏庠生符璽妻二十九歲夫亡六十歲卒趙氏陶臨泉妻二十四歲夫亡斂時嚙一指投棺中撫三子成立守節六十年陳氏林遷妻嫁未一年夫亡撫遺腹子敬一娶而夭偕媳苦守曹氏林敬一妻庠生晉鑾女十七歲夫亡遺腹生子五月而殤葛氏陸伯濟妻二十七歲夫亡六十三歲卒許

江陰縣志 卷九 列女 節婦 十九

氏夏寅守妻三十歲夫亡撫子成立六十歲卒徐氏孫周妻二十八歲夫亡子夭六十五歲卒陳氏庠生貢正學妻常熟舉人陳少室女乙酉之變鄉民焚掠正學罹難事平氏列名訟於官皆伏法撫子愈成立六十九歲卒侯氏王廷芝妻撫子斌成武舉陸氏沙懋數妻二十七歲夫亡撫子六十歲卒陳氏金應軫妻二十六歲夫亡撫子士琳成立壽九十一許氏庠生徐侗妻三十歲夫亡教子元孫遊庠六十六歲卒郁氏咸懿妻二十九歲夫亡沈氏進士汶上縣知縣裴春魁妻二十九歲夫亡家中落典簪珥以事姑課子天錫成進士任氏庠生呂可成妻二十七歲夫亡翁令改適不從壽八十七張氏吳芝馨妻二十三歲夫亡撫嗣運亨成立壽七十七劉氏俞律之妻十八歲夫亡撫嗣終身績素壽七十七江氏劉元燕妻二十三歲夫亡壽七十五王氏姚錫妻二十四歲夫亡四十五歲卒林氏薛朝儆繼妻壽七十四張氏吳純如妻二十四歲夫亡壽七十三程氏朱龍可妻歙縣監生程璧女二十七歲夫亡周氏劉行燦妻守節三十年炊烟常絕顧氏庠生徐鋅妻副使颺言女二十九歲夫亡教二子讀書成立五十四歲卒郭氏庠生趙珩妻二十七歲夫亡六十七歲卒楊氏庠生林鳳儀妻二十五歲夫亡六十三歲卒錢氏繆顯時妻三十歲夫亡壽七十三陳氏庠生季金妻貢生陳所學女通孝經內則二十九歲夫亡撫五子成立守節三十年趙氏徐甘妻悰未踰年夫亡守節四十餘年撫嗣琛成立陳氏趙員妻十九歲夫亡撫子鏞遊庠教孫汝器力學詩施氏懋祥妻二十八歲夫亡孝事其姑六十八歲卒高氏湯文驛妻二十一歲夫亡周氏湯應科妻二十八歲夫亡撫子紹璵遊庠壽九十七王氏劉常卿妻二十九歲夫亡撫子元昇元昱成立陶氏韓登瀛妻二十三歲夫亡撫子玉春成立劉氏庠生張鳳翔妻二十九歲夫亡撫嗣而夭依女以終朱氏夏子雲妻二十八歲夫亡撫子廷機遊庠五十二歲卒徐氏林鴻聲妻二十三歲夫亡六十二歲卒潘氏周祇妻壽八十餘歲吳氏王從讓妻壽九十餘歲夏氏庠生劉師孟妻撫子遊庠沈氏庠生陶光祚妾年十九生子有鵠於蒔開者合吐得不死夫亡嫡趙氏姪強宗交推之氏惟承

以柔靜子然拾遺金立命訪還嫡病為手摩口哺者四閱月壽九十三夏氏邢雲龍妻季氏徐日
升妻二十四歲夫亡撫子宜受成武舉壽八十一楊氏戴氏皆文華殿中書夏賓忠妾楊氏二十
八歲夫亡訓二子以讀書積德稱七十二戴氏二十六歲夫亡六十一歲卒以上見沈志
黃氏薛家瑞妻奚氏張尉豐妻施氏黃鼎孫妻薛氏季孝光妻吳氏孫允叙妻侯氏
楊廷瑤繼妻吳氏九允鉉妻楊氏華原湘妻顧氏薛珹妻吳氏顧壎妻金氏
程仙枝妻王氏浦治妻費氏庠生過文鳳妻蔣氏顧宏文妻以上見通志
陸氏庠生陳士芳妻士芳年二十七以試事卒於金陵氏守至八十餘歲卒子鼎見文苑傳程氏劉欽
傑妻二十一歲夫亡六十八歲卒趙氏夏德明妻二十七歲夫亡五十三歲卒以上蔡志

補採

周氏沈大義妻二十四歲夫亡撫子五十歲卒梅氏范國璋妻二十九歲夫亡五十八歲卒姜氏

王文公繼妻二十五歲夫亡壽七十五黃氏庠生王志遂妻二十九歲夫亡六十三歲卒吳氏
庠生耿鳳韶妻庠生吳琳女二十九歲夫亡撫三子親課之讀長子中台殁與媳共守六十四歲卒范氏
耿中台妻二十三歲夫亡四十九歲卒許氏郭錦文妻二十九歲夫亡壽七十五沈氏薛憲可妻
二十九歲夫亡撫子天保遊庠錢氏沙延機妻二十九歲夫亡六十四歲卒徐氏繆檻妻二十九
歲夫亡撫三月子成立陳氏周貽謀妻二十五歲夫亡王氏顧奎文妻二十九歲夫亡撫子五十
九歲卒黃氏王柱妻二十歲夫亡四十五歲卒耿氏吳朝樞妻夫亡與如貞女徐氏同守沈
氏徐貢玉妻二十七歲夫亡壽八十七蕭氏黃瑞珍妻二十九歲夫亡無子繆氏錢拱妻二十九
歲夫亡沙氏袁廷楨妻二十七歲夫亡盛氏潘景沬妻舉人盛樹廉女二十六歲夫亡壽七十餘
歲陸氏李學錦妻二十二歲嫁七十日夫亡陳氏附修職郎庠生邢楚王妻三十歲夫亡撫二
子和炳成立以和官封孺人壽八十周氏陳大昌妻二十九歲夫亡曹氏張廷詔妻二十三歲

夫亡六十九歲卒劉氏許象賢妻二十七歲夫亡撫嗣張氏湯行新妻二十四歲夫亡六十六歲
卒劉氏監生侯英士妻三十歲夫亡壽八十五陸氏王朝迎妻三十歲夫亡壽七十三邱
氏周賓雍妻二十六歲夫亡壽七十六吳氏湯殿樞妻二十五歲夫亡撫子壽七十劉氏高成
妻三十歲夫亡六十七歲卒鄧氏章復旦妻二十五歲夫亡壽八十五華氏趙錫康妻二十八歲
夫亡撫遺腹子成立壽七十七闞氏庠生高齊妻二十九歲夫亡撫子應飛登鄉薦子殁復撫孫壽七十
八黃氏庠生高薪遠妻二十八歲夫亡壽八十趙氏蔣源妻二十七歲夫亡無子六十二歲卒
袁氏庠生高銳妻二十四歲夫亡壽七十四趙氏庠生張文焜妻二十九歲夫亡壽七十五王
氏庠生高愷妻二十八歲夫亡六十歲卒陳氏陸聖先妻二十五歲夫亡壽七十八方氏王堯
欽妻十八歲夫亡翁姑已殁事太翁養葬盡禮五十九歲卒陳氏吳待仕妻二十三歲夫亡撫子六十
六歲卒韓氏施又盤妻二十九歲夫亡六十二歲卒高氏沙文明妻二十三歲夫亡孝孀姑撫

遺腹子成立壽七十一程氏袁祉朔妻舉人程式女二十五歲夫亡撫嗣成立五十五歲卒高氏
庠生周鉉妻二十四歲夫亡撫子森遊庠壽七十周氏張佩紳妻二十八歲夫亡壽八十一曹氏
張啟鑛妻二十五歲夫亡壽七十四楊氏吳山江妻二十三歲夫亡壽七十高氏張鳴鸞妻二十
八歲夫亡壽七十一任氏章世楷妻二十六歲夫亡六十七歲卒薛氏沈斌妻貢生薛銘女三十
歲夫亡撫子成立六十四歲卒徐氏錢鳳皋繼妻二十九歲夫亡六十五歲卒蘇氏高玉林妻二十
九歲夫亡五十歲卒夏氏庠生徐名循繼妻二十七歲夫亡四十九歲卒高氏解子龍妻二十九歲
夫亡六十八歲卒仰氏湯鑽妻二十七歲夫亡撫子炳烽遊庠四十九歲卒袁氏曹口孝妻二十
七歲夫亡五十歲卒戴氏湯雲湘妻二十九歲夫亡四十一歲卒王氏沈嗣鶴妻二十九歲夫亡
繆氏吳登培妻二十五歲夫亡陸氏劉載明妻二十九歲夫亡徐氏吳贊玉妻二十六歲夫亡
無子沈氏湯錦城妻三十歲夫亡陳氏陶起華繼妻二十四歲夫亡劉氏繆昶鈺妻二十

七歲夫亡林氏錢汝舟妻二十九歲夫亡吳氏劉振鈞妻三十歲夫亡高氏湯敘堂妻二十
七歲夫亡陳氏劉憲章妻二十八歲夫亡高氏翟明裕妻二十九歲夫亡鄧氏王德昌妻二十
八歲夫亡陸氏張鶴齡妻二十四歲夫亡六十二歲卒以上東內
吳氏陳天敘妻二十八歲夫亡王氏楊學詩妻夫亡撫嗣陳氏楊景清妻二十八歲夫亡祁氏
顧宇和妻二十七歲夫亡撫子五十四歲卒顧氏袁二振妻三十歲夫亡潘氏顧堯勳妻二十
三歲夫亡奉翁姑不缺甘旨而自饜糟糠胡氏吳舜臣妻二十八歲夫亡袁氏王鳳書妻二十一歲
夫亡仰氏劉蓋臣妻二十八歲夫亡李氏孫鼎王妻夫亡澣衣度日壽八十一繆氏徐琪妻進
士繆誥女二十八歲夫亡蘇氏李忠英妻二十一歲夫亡吳氏陳元璽妻二十五歲夫亡陸氏
監生袁宗夏妻同妾章氏守節雍正間水災出粟助賑吳氏沙謙妻二十八歲夫亡顧氏張巽
妻二十五歲夫亡子夭五十五歲卒王氏何亮四妻二十一歲夫亡壽七十一戈氏何天瑞妻二十

八歲夫亡壽八十三袁氏趙履中妻二十六歲夫亡撫嗣廩餼於庠壽八十王氏章洪遠妻二十
五歲夫亡六十六歲卒韓氏劉鑾繼妻二十九歲夫亡壽八十四汪氏庠生梅人鵬妻二十七歲
夫亡壽八十一彭氏譚德才妻二十六歲夫亡五十五歲卒陳氏楊鳴岐妻二十三歲夫亡壽七
十七湯氏汪模妻二十六歲夫亡六十二歲卒劉氏張有山妻二十九歲夫亡五十五歲卒劉
氏李永龍妻二十六歲夫亡六十二歲卒張氏顧鳳岡妻二十六歲夫亡五十四歲卒周
氏庠生夏映宸妻職員周震智女二十八歲夫亡撫子煒如餼於庠三十七歲卒孫氏邢晉妻貢生孫兆熊
女二十四歲夫亡三十五歲卒湯氏張子貫妻二十四歲夫亡三十三歲卒楊氏外委劉顯妻三
十歲夫亡黃氏劉金山妻二十八歲夫亡韓氏湯起鳳妻二十六歲夫亡曹氏陳吉亭妻二十
五歲夫亡周氏附貢生布理問銜蘇士宏妻二十九歲夫亡壽七十八顧氏招收場鹽大使蘇元
誠妻二十六歲夫亡佐嫡事翁至八十七歲撫所生子女成立以子瀚官封孺人壽八十以上南

內
周氏於丁西繼妻二十七歲夫亡撫前室子及己子成立沈氏陳潤妻三十歲夫亡姑抱痼疾侍奉不怠
夏氏朱文淵妻二十八歲夫亡壽八十四李氏顧廷台妻二十八歲夫亡周氏錢藍卿妻三十
歲夫亡無子季氏湯而升妻二十九歲夫亡無子賃屋半間以居紡織餬口壽八十九陸氏徐慈
祖妻二十四歲夫亡壽八十一沈氏庠生袁涓妻二十八歲夫亡撫子六十三歲卒譚氏華百芸妻
二十六歲夫亡壽八十程氏監生吳銘妻靖江程善先女三十歲夫亡五十一歲卒錢氏蔣齊
如妻三十歲夫亡撫子娶而夭與媳相依潘氏徐麗妻宜興潘徵起女二十二歲夫亡無子善事嫡姑示
夜機聲不絕四十歲卒呂氏沈令名繼妻二十四歲夫亡守節三十年徐氏張孚遠妻二十九歲
夫亡郭氏何世俊妻二十六歲夫亡王氏何世佐妻二十一歲夫亡葛氏王宗珣妻二十八歲
夫亡事姑撫子五十六歲卒邢氏周孔將妻二十五歲夫亡無子壽八十二周氏湯文灣妻庠生

周屏燕女二十一歲夫亡壽七十五王氏張帮遠妻二十九歲夫亡壽七十一於氏黃抱瑜妻二十
六歲夫亡悲痛失明撫子成立壽七十三黃氏朱拱敘妻事繼姑力供甘旨自食藜藿守節三十餘年
沈氏何祖望妻二十九歲夫亡撫嗣子遊庠張氏袁斗山妻二十三歲夫亡無子壽七十七張
氏沈宗來妻三十歲夫亡撫子女五人洪氏施和繼妻二十六歲夫亡撫前室子夭與寡媳紡織課生
壽八十王氏黃淶妻二十五歲夫亡章氏陳景勳繼妻二十七歲夫亡壽七十四衛氏
徐輔臣妻二十三歲夫亡忍饑撫遺腹子蔣氏沈紹文妻二十六歲夫亡家貧奉姑育子王氏州同
銜吳滋妻貢生王維垣女二十五歲夫亡奉翁姑撫嗣子始素服縞足不踰閫四十六歲卒闞氏顧用
美妻三十歲夫亡撫二子成立王氏增生夏敦義妻敦義幼穎悟稱神童早亡氏年十八守節十六年
陶氏高鴻儒妻二十五歲夫亡五十六歲卒曹氏施元恩妻二十九歲夫亡六十六歲卒陸
氏俞天培妻三十歲夫亡撫子壽七十六潘氏陳其章妻二十九歲夫亡五十二歲卒周氏沈煥

妻二十八歲夫亡壽七十七吳氏朱紱妻二十七歲夫亡壽七十吳氏朱紱妻三十歲夫亡奉孀姑夏氏紡織度日壽七十六陳氏張漢維妻二十九歲夫亡撫子用汝既娶而夭偕媳撫孫壽七十二吳氏張川汝妻二十五歲夫亡與嬸姑撫子次維既娶而夭六十四歲卒顧氏張次維妻二十二歲夫亡撫嗣六十七歲卒一門三節王氏庠生湯朝勲妻二十六歲夫亡壽八十四胡氏湯朝杜妻二十九歲夫亡壽七十二徐氏張世英妻蘇州徐芳女二十九歲夫亡壽七十二朱氏楊大昇妻二十五歲夫亡六十二歲卒吳氏沈御卿妻三十歲夫亡壽七十二劉氏張錫美妻三十歲夫亡六十五歲卒張氏王起鳳妻二十八歲夫亡壽八十六朱氏楊大度妻三十歲夫亡四十九歲卒黃氏金彬賢妻二十九歲夫亡壽九十陳氏庠生何炯妻二十九歲夫亡壽七十八孫氏章鶴鳴妻二十三歲夫亡撫遺腹子壽八十七陳氏朱大亮妻二十五歲夫亡奉孀姑二十五年壽八十端木氏杜一鶚妻二十一歲夫亡三十二歲卒翟氏陳鶺翔妻三十歲夫亡六十一歲卒吳

氏夏敬儀妻二十九歲夫亡撫子壽七十二徐氏監生夏敬聰妻二十八歲夫亡壽八十一孫氏監生夏敬聲繼妻二十九歲夫亡五十三歲卒吳氏夏祖勲妻二十八歲夫亡無子孝事翁姑撫姪雙祧壽七十九吳氏庠生夏祖烝妻二十八歲夫亡事翁撫子壽七十八劉氏夏祖范妻二十三歲夫亡事翁撫子壽七十一王氏沈紹文繼妻二十五歲夫亡六十九歲卒劉氏袁紹徵妻二十四歲夫亡壽七十七楊氏六開機妻二十八歲夫亡六十六歲卒蔣氏王敬承妻二十八歲夫亡四十六歲卒袁氏汪一愷妻二十一歲夫亡五十九歲卒何氏湯達祖妻二十一歲夫亡壽八十吳氏吳嘉德妻二十九歲夫亡六十七歲卒徐氏章琬妻三十歲夫亡事孀姑六十一歲卒蓮高氏陳敦復妻二十七歲夫亡四十八歲卒沈氏劉元宰妻二十四歲夫亡壽七十一六氏陳廷埜妻二十五歲夫亡壽七十三陳氏周朝尊妻二十五歲夫亡壽七十七錢氏鄭汝謙繼妻二十九歲夫亡撫子孫經解元壽七十五蔣氏監生張純學妻三十歲夫亡壽七十五章氏郡貢生俞

飛鵬妻二十八歲夫亡三十九歲卒徐氏杜亨衢妻二十九歲夫亡五十三歲卒吳氏承禧蘇巡檢何東旭妻直隸青縣庠生吳華鼎女東旭贅於吳甫匝月赴任歿氏年二十三矢守歸江撫嗣子濟源成立壽七十三潘氏高瑞華妻二十九歲夫亡六十八歲卒高氏趙士煥妻三十歲夫亡四十六歲卒高氏王保殿妻二十八歲夫亡五十五歲卒許氏張紫綬妻二十六歲夫亡六十四歲卒薛氏蔡秉仁妻二十九歲夫亡五十九歲卒章氏蘇文海妻二十八歲夫亡無子五十四歲卒沈氏張天瑞妻二十三歲夫亡五十九歲卒周氏蘇槐妻二十八歲夫亡撫子成立五十五歲卒徐氏錢鎔城妻二十八歲夫亡撫子星曜娶而夭五十三歲卒沙氏錢星曜妻十九歲夫亡無子三十歲卒彭氏高楚洲妻二十八歲夫亡四十三歲卒沈氏羅廷梅妻二十四歲夫亡五十五歲卒繆氏湯百朋妻三十歲夫亡艱苦事姑撫子成立五十三歲卒沙氏高元亮妻二十九歲夫亡壽七十三施氏李達妻二十七歲夫亡五十九歲卒王氏黃宗洛妻二十四歲夫亡六十九歲卒羅

氏楊大璜妻二十四歲夫亡楊氏陳艮州妻二十三歲夫亡李氏吳宇璜妻二十五歲夫亡邢氏王仁偉妻二十八歲夫亡曹氏邢宗敏妻三十歲夫亡王氏蘇棣妻二十三歲夫亡馮氏汪利川妻二十二歲夫亡高氏蘇文淵妻三十歲夫亡馮氏蔡從周妻二十歲夫亡沈氏殷廷玉妻二十九歲夫亡周氏夏祖育妻三十歲夫亡王氏胡大年繼妻二十五歲夫亡李氏沈元萬妻二十八歲夫亡沈氏錢朝相妻二十八歲夫亡陳氏湯百年妻二十九歲夫亡吳氏陳麟趾妻二十六歲夫亡張氏陳雲路妻二十九歲夫亡翟氏楊瑞崑妻三十歲夫亡翟氏何協堂妻二十七歲夫亡沈氏張觀光妻二十歲夫亡惠氏庠生蘇棣妻監生惠鈺女二十一歲夫亡翁旋歿依母家事老母越十八載乃以姪裕厚爲嗣楊氏郭濟時妻二十九歲夫亡湯氏蔣大興妻二十五歲夫亡六十五歲卒以上西內

周氏湯濟宇妻二十六歲夫亡鼎革時一門死者甚眾止遺姪孫士英撫延宗祀守節垂五十年劉氏

錢惟益妻二十四歲夫亡撫二子家極貧力禦內外忠壽七十八劉氏薛尚遐妻二十四歲夫亡守節
三十年高氏庠生沈淩漢妻二十六歲夫亡守節二十四年蔣氏庠生詹嶽機妻二十八歲夫亡
壽八十黃氏王嘉賓妻二十六歲夫亡無子壽七十六孫氏汪士逾妻二十三歲夫亡壽七十七
汪氏程山宗妻二十六歲夫亡撫遺腹子壽七十八呂氏唐啟晉妻二十五歲夫亡撫嗣陸氏
邱渭玉妻二十六歲夫亡六十七歲卒賀氏邱禮玉妻二十五歲夫亡遺子文奎與婦姑李氏姒陸氏
共撫之六十七歲卒季氏於脩川妻二十四歲夫亡遺孤復夭陳氏薛詒名妻二十七歲夫亡事姑
撫嗣壽七十一薛氏陳靜安妻二十四歲夫亡陳氏庠生季企妻三十歲夫亡壽八十三陸氏
梅毓秀妻二十六歲夫亡朱氏曹儼妻二十八歲夫亡撫子課讀五十七歲卒沈氏楊來悅妻二十
八歲夫亡壽七十七李氏吳翰臣妻二十九歲夫亡許氏王如連妻二十歲夫亡王氏沈元
昌妻二十歲夫亡五十五歲卒劉氏吳遜候妻二十四歲夫亡六十歲卒楊氏方起乩妻二十六歲

夫亡壽七十八祝氏庠生薛世楷妻二十八歲夫亡竭力奉事翁姑六十三歲卒汪氏王承宗妻
二十五歲夫亡撫遺腹子六十一歲卒許氏張掄賢妻二十八歲夫亡五十九歲卒袁氏翟五
紘妻二十九歲夫亡無子黃氏沈巨源妻二十九歲夫亡趙氏庠生曹鶴齡妻監生趙元棟女二十
四歲夫亡壽七十二蔣氏祝執中妻二十六歲夫亡壽七十錢氏徐光祖妻二十歲夫亡撫子廷
銓成立壽八十二方氏庠生李秉仁妻二十五歲夫亡壽七十五衛氏徐廷樞妻二十三歲夫亡
五十六歲卒陸氏蔣裕章妻二十二歲夫亡壽七十八徐氏季芳藻妻二十八歲夫亡壽九十四
曹氏張志仁妻二十五歲夫亡五十九歲卒王氏庠生沈奕妻二十六歲夫亡勤女紅以事翁姑
撫嗣成立壽八十四袁氏高啟元妻二十二歲夫亡壽八十八汪氏庠生王純妻二十四歲夫亡撫
子世麒娶而夭同媳何氏撫孫五十七歲卒潘氏陳治妻二十六歲夫亡壽七十八趙氏六宗
堯妻二十三歲夫亡五十一歲卒陳氏六宗敬妻二十八歲夫亡五十一歲卒黃氏陳大咸妻

二十六歲夫亡撫六月子成立六十三歲卒黃氏仰鋐妻二十七歲夫亡壽八十五周氏張重
華妻二十八歲夫亡六十一歲卒六氏潘南吉妻二十七歲夫亡撫嗣六十二歲卒尤氏陳思
範妻三十歲夫亡壽七十七朱氏徐協占妻二十八歲夫亡撫子琛遊庠而歿壽七十三朱氏
章正明妻三十歲夫亡五十五歲卒陳氏李俊臣妻二十二歲贅夫六月而寡依母苦守五十九歲卒
仰氏庠生黃淩章妻二十九歲夫亡六十九歲卒六氏高允隆妻三十歲夫亡壽七十五龔
氏監生蘇茂元妻二十五歲夫亡四十四歲卒聞氏朱端士妻二十六歲夫亡壽七十八章氏
黃振聲妻二十五歲夫亡壽八十王氏蔣宗明妻二十八歲夫亡四十五歲卒陸氏錢中與妻
二十八歲夫亡孝姑撫子壽七十九周氏錢秉儀妻二十七歲夫亡五十四歲卒殷氏何峻渭妻
二十四歲夫亡紡織自給歲饑餓死夏氏元和邱懋祿妻候選通判夏一駒女懋祿歿於父廷溥雲州吏
目任所氏年二十二扶柩歸葬守節母家壽七十四仰氏王世勳妻二十八歲夫亡壽七十二蔣氏

朱世清妻三十歲夫亡五十九歲卒袁氏監生陳漣妻三十歲夫亡六十五歲卒朱氏程掌綸妻
二十五歲夫亡壽八十徐氏謝邦俊妻二十五歲夫亡六十二歲卒劉氏謝邦呂妻二十九歲
夫亡壽七十劉氏程楚書妻二十六歲夫亡六十六歲卒方氏張錦妻二十七歲夫亡壽七十
一曹氏趙洪魁妻三十歲夫亡壽七十七王氏魯釗妻吉州知州王文震女三十歲夫亡六十
九歲卒李氏徐承基繼妻三十歲夫亡撫遺腹子及前室二子五十九歲卒錢氏徐隆誠妻二十
五歲夫亡六十六歲卒符氏林大賓妻二十七歲夫亡六十七歲卒程氏庠生李琫妻舉人程
鵬女二十九歲夫亡三十八歲卒梅氏張嘉妻三十歲夫亡六十九歲卒董氏陳燕蓮妻二十
九歲夫亡五十四歲卒陸氏曹思培妻二十八歲夫亡六十三歲卒黃氏何玉堂妻二十五歲
夫亡六十七歲卒張氏周斌妻二十九歲夫亡六十五歲卒何氏蕭邦智妻三十歲夫亡四十六
歲卒劉氏季元杰妻二十八歲夫亡五十五歲卒王氏沈金奎妻二十歲夫亡六十九歲卒沈

氏潘憲武妻二十四歲夫亡六十七歲卒蔣氏繆企聲繼妻二十五歲夫亡五十二歲卒徐氏
王學澄妻二十七歲夫亡四十二歲卒馮氏顧大中妻嫁時夫己疾篤侍湯藥三載夫亡氏年二十七
奉姑三十餘載年五十九卒胡氏陳繼祖妻二十九歲夫亡五十四歲卒韓氏周朝鼎妻二十
六歲夫亡五十歲卒蕭氏周皋殿妻二十五歲夫亡三十四歲卒錢氏周克顯妻二十六歲夫亡
四十四歲卒尤氏翟朝柏妻二十五歲夫亡四十二歲卒湯氏李安智妻三十歲夫亡四十一
歲卒梅氏薛彩妻二十七歲夫亡三十七歲卒湯氏錢運常妻二十九歲夫亡撫子紡績度日四十
年呂氏屈兆鼇妻二十八歲夫亡徐氏劉夢熊妻二十九歲夫亡徐氏王亮疇妻二十八歲
夫亡祝氏吳瀹繼妻二十九歲夫亡陳氏詹棟妻二十五歲夫亡章氏潘德成妻二十八歲
夫亡沈氏李夢蓮妻三十歲夫亡韓氏陳志亮妻三十歲夫亡徐氏陸友松妻二十九歲
夫亡蘇氏張行素妻三十歲夫亡趙氏蔣瑛繼妻二十九歲夫亡陳氏武生徐枋妻三十歲

夫亡高氏周日宣妻三十歲夫亡章氏庠生王賜鑑妻三十歲夫亡季氏何坤元妻三十
歲夫亡章氏朱金鑑妻二十七歲夫亡袁氏吳焜妻二十七歲夫亡蔣氏錢炳南妻二十
四歲夫亡顧氏翟朝幹妻二十九歲夫亡趙氏王廷棟妻二十九歲夫亡范氏吳駿妻二十八
歲夫亡盧氏蘇增祿妻二十九歲夫亡邢氏蘇尉川繼妻二十六歲夫亡周氏庠生袁福
晴妾二十九歲夫亡撫子壽七十陳氏職監周朝楹妾二十九歲夫亡壽八十陸氏庠生王舟
妾二十二歲夫亡佐嫡撫嗣四十八歲卒陳氏周企明妾二十四歲夫亡壽八十六以上北內
楊氏劉亦芳妻二十四歲夫亡六十五歲卒湯氏陳道行妻二十六歲夫亡生子甫七月族人利其產
逼之嫁氏訟官終守撫子成立五十六歲卒葛氏吳球妻二十九歲夫亡守節五十年陳氏韓錦
妻三十歲夫亡壽七十三繆氏聞鳴鳳妻二十一歲夫亡子三歲餘姑目瞽紡織資生壽七十三吳氏
浙人金御天妻二十六歲夫亡依母家守節五十餘年蔣氏徐連妻十八歲夫亡守節五十餘年梅

氏劉褒之妻二十歲夫亡壽八十二莊氏高翀妻二十七歲夫亡子天苦節四十餘年徐氏
陳文敏妻二十歲夫亡姑欲嫁之誓死守節四十六歲卒蔣氏黃衣聖妻二十四歲夫亡卒勤教子吳
氏袁亮玉妻初亮玉得癲疾兩家俱欲罷婚氏以死誓及適袁而寡竭力撫子王氏吳渭妻二十九
歲夫亡哭失明劉氏顧登之妻二十九歲夫亡撫子及嗣子相繼亡復撫嗣孫壽七十六吳氏王時
遇妻二十一歲夫亡撫子劉氏張君召妻二十五歲夫亡六十四歲卒劉氏李某妻人女二十
餘歲夫亡撫孫子衣食不給誓矢苦守六十五歲卒劉氏莊敏妻二十九歲夫亡六十一歲卒徐
氏韓世麟妻二十七歲夫亡割股療姑疾壽七十一劉氏楊朝彩妻二十六歲夫亡撫子繆氏
韓天禧妻二十五歲夫亡五十八歲卒張氏龔士祥妻二十七歲夫亡仰氏許世岳妻三十歲夫
亡六十八歲卒翟氏商宸彩妻庠生翟令望女二十二歲夫亡曹氏黃雲章妻二十八歲夫亡壽八
十六徐氏楊文熾妻二十九歲夫亡壽七十二吳氏王彙選妻二十一歲夫亡六十四歲卒徐

氏楊名標妻二十五歲夫亡撫子天復撫嗣孫六十三歲卒商氏監生楊鼎臣妻三十歲夫亡六十八
歲卒高氏龔清源妻二十三歲夫亡家貧日一粥冬衣葛幾瀕於死終撫子成立壽七十七邱氏
韓以賢妻三十歲夫亡撫遺腹子成立壽七十二沈氏韓高城妻二十九歲夫亡撫子善事孀姑壽七
十五華氏葛希文妻二十四歲夫亡壽八十五湯氏章鑾妻二十三歲夫亡壽七十九耿氏
王安榮妻二十五歲夫亡壽七十一沈氏黃學山妻二十九歲夫亡壽七十一陸氏韓仲山妻二十
七歲夫亡五十七歲卒王氏庠生蔣大用妻三十歲夫亡五十九歲卒丁氏黃時表妻二十八歲
夫亡壽八十六吳氏商洪遠妻三十歲夫亡六十七歲卒王氏庠生韓全文妻二十九歲夫亡五十
五歲卒高氏程宏煜妻三十歲夫亡六十六歲卒范氏韓士愈妻二十七歲夫亡撫嗣成立五十
四歲卒張氏韓景銘妻二十五歲夫亡壽七十三許氏袁士剛妻二十六歲夫亡五十六歲卒
陸氏王銘妻二十七歲夫亡壽七十二秦氏唐德懋妻二十四歲夫亡六十三歲卒徐氏

裴維城妻三十歲夫亡四十九歲卒張氏吳宗學繼妻三十歲夫亡五十四歲卒邢氏韓茂和妻二十八歲夫亡五十二歲卒李氏黃恆敘妻二十七歲夫亡五十二歲卒韓氏唐際虞妻二十八歲夫亡四十三歲卒繆氏韓惟美妻二十七歲夫亡五十一歲卒陳氏蘇南鵰妻三十歲夫亡陳氏黃明德妻二十四歲夫亡汪氏張廷棟妻二十九歲夫亡高氏吳廷槐妻二十六歲夫亡唐氏錢位仁妻二十五歲夫亡黃氏許鳳南妻二十九歲夫亡宋氏韓全長妻二十六歲夫亡高氏朱彭年妻二十九歲夫亡楊氏監生龔安妻二十九歲夫亡韓氏吳長吉妻二十八歲夫亡程氏龔紹裘妻二十五歲夫亡張氏汪應嶠妻二十四歲夫亡何氏梅大魁妻二十五歲夫亡陳氏韓念祖妻三十歲夫亡陳氏許桐妻二十六歲夫亡夏氏陳文妻二十七歲夫亡

以上東外

蕭氏黃志遠妻二十二歲夫亡家貧屑枕中草子以療飢六十七歲卒何氏監生梅定鼎妻二十四歲

夫亡五十八歲卒王氏陳天祐妻二十七歲夫亡撫嗣陸氏武進狄繼良妻夫亡事姑姑歿挈子依母家潘氏沈文溥妻二十七歲夫亡依母家撫子陸氏馮仁育妻二十六歲夫亡沈氏監生徐廷珪妻二十七歲夫亡六十六歲卒劉氏顧洪聲妻二十一歲夫亡子殤撫嗣嗣天復撫孫鄭氏陳漢公妻二十七歲夫亡撫子大鶴成立繆氏周國祥妻二十二歲夫亡閔氏周在岐妻二十二歲夫亡撫嗣嗣天偕媳撫孫何氏朱文美妻二十九歲夫亡壽七十七王氏周子彬妻二十四歲夫亡依母家撫子五十四歲卒顧氏戴蕃臣妻二十八歲夫亡居氏顧茂生妻三十歲夫亡撫嗣高氏潘采榮妻三十歲夫亡撫嗣陸氏劉宗賢妻三十歲夫亡壽八十五朱氏吳維綱妻二十四歲夫亡家被火赴烈焰負姑出張氏沈洪沛妻二十七歲夫亡邢氏沈有堂妻二十四歲夫亡仇氏顧大章妻三十七歲夫亡壽七十五楊氏沙尚歐妻二十八歲夫亡撫三子六十四歲卒潘氏沈天如妻二十六歲夫亡壽八十三梅氏朱善先妻三十歲夫亡六十六歲卒俞氏

監生汪觀瀾妻二十一歲夫亡壽八十二卞氏庠生徐晉妻三十歲夫亡撫子女五十六歲卒張氏高子和妻二十七歲夫亡壽七十七梅氏孫繩武妻二十七歲夫亡壽七十二王氏袁廷格妻二十八歲夫亡壽八十五蕭氏劉承時妻二十七歲夫亡撫子壽七十一趙氏吳一懷妻二十一歲夫亡翁姑已歿事太翁姑撫嗣成立六十二歲卒吳氏庠生汪岱妻二十九歲夫亡壽七十三王氏梅宋士妻二十九歲夫亡壽七十八金氏朱欒周妻三十歲夫亡六十六歲卒陳氏徐桂妻二十五歲夫亡四十九歲卒章氏張汝霖妻二十七歲夫亡六十五歲卒趙氏吳偉烈妻二十六歲夫亡五十四歲卒俞氏周惠若妻二十九歲夫亡壽八十一潘氏劉邦臣妻二十七歲夫亡四十八歲卒沈氏王國祥妻二十一歲夫亡壽八十三邢氏監生梅三友妻二十八歲夫亡六十四歲卒薛氏戚煥繼妻二十九歲夫亡壽七十蔡氏張學宏妻二十二歲夫亡六十五歲卒吳氏沙鑑妻二十八歲夫亡五十八歲卒顧氏周宗式繼妻三十歲夫亡五十一歲卒許氏劉熙妻二

十七歲夫亡五十歲卒戴氏王九思妻二十歲夫亡四十五歲卒徐氏戚浩然妻三十歲夫亡五十九歲卒沈氏杜文榮妻二十七歲夫亡四十七歲卒沈氏杜廷齋妻二十五歲夫亡三十四歲卒陳氏衛文升妻二十歲夫亡楊氏劉聖倫妻二十九歲夫亡季氏馮廷智妻二十九歲夫亡黃氏王步瀛妻三十歲夫亡張氏沙駿千妻二十三歲夫亡鄧氏王允昌妻二十七歲夫亡余氏張熙祖妻二十五歲夫亡張氏金大昇妻二十八歲夫亡王氏沈永華妻二十五歲夫亡黃氏高鳳翔妻二十三歲夫亡張氏朱晉錫妻三十歲夫亡六十三歲卒

以上南外

施氏戴鳳來妻十九歲夫亡善事孀姑撫八月子文檣成立五十四歲卒吳氏繆宗元繼妻二十九歲夫亡車氏花叔衛妻二十六歲夫亡守節五十八年魯氏王天侯妻二十三歲夫亡王氏胡德培妻二十八歲夫亡張氏戴川妻川以罪徙邠州娶氏生二子川將歿囑氏歸骨氏負骨挈二子踉蹌尋行昏夜迷所往忽有虎前導目光如電隨以行一夕踔三百里抵州治州牧憐之助以金移文遣之歸里人爲

之儆居授食非川後病痺卒呂氏施文錦妻二十七歲夫亡殷氏沙國輔妻三十歲夫亡周氏陳元仲妻三十歲夫亡課子以忠遊庠壽八十一許氏陳用嘉妻三十歲夫亡壽七十四俞氏偶殷臣妻三十歲夫亡壽七十四許氏蕭品韶妻三十歲夫亡壽八十二陳氏呂正行妻三十歲夫亡六十五歲卒花氏湯茂英妻三十歲夫亡五十四歲卒張氏施盤妻二十歲夫亡壽八十三朱氏徐應時妻二十九歲夫亡壽七十一謝氏陳元明妻二十九歲夫亡奉姑撫子五十七歲卒俞氏陳鼎賢妻二十九歲夫亡六十一歲卒繆氏陳銘西妻二十七歲夫亡壽八十蔡氏韓金生妻二十二歲夫亡六十四歲卒李氏陳人傑妻二十五歲夫亡四十八歲卒毛氏陳定國妻二十九歲夫亡五十九歲卒繆氏徐廷棟妻二十四歲夫亡壽八十一繆氏沈允中妻三十歲夫亡六十六歲卒徐氏繆啟明妻二十九歲夫亡壽七十一趙氏吳西成妻二十八歲夫亡六十六歲卒耿氏陳富國妻二十四歲夫亡六十六歲卒吳氏陳升亨妻二十五歲夫亡五十

四歲卒李氏楊鳳山妻二十七歲夫亡壽七十三陳氏吳聞聰妻三十歲夫亡六十七歲卒張氏戴元鳳妻二十六歲夫亡六十四歲卒韓氏王心陶妻二十八歲夫亡三十七歲卒湯氏黃際隆妻二十九歲夫亡三十八歲卒顧氏劉仁龍妻二十三歲夫亡四十七歲卒沈氏胡德昌妻二十九歲夫亡四十一歲卒夏氏呂寶善妻二十九歲夫亡四十四歲卒吳氏徐廷榮妻十八歲夫亡王氏陳有容妻二十九歲夫亡陳氏顧正山妻二十九歲夫亡劉氏徐士林妻二十九歲夫亡周氏黃裕章妻二十九歲夫亡郭氏繆嗣芳妻二十六歲夫亡黃氏陳鳳祥妻二十八歲夫亡馬氏俞宗黍妻二十九歲夫亡施氏陳良位妻二十六歲夫亡徐氏徐德云妻三十歲夫亡以上西外

顧氏張彥升妻二十八歲夫亡撫子六十八歲卒沙氏蔣虎文妻二十五歲夫亡家貧奉事病姑撫子成立張氏王鼎成妻二十七歲夫亡無子疏糲不繼雜糠覈以餐王氏周楚珩妻二十九歲夫亡

許氏盛禹甸妻二十八歲夫亡長子卒與媳黃氏共苦守盛氏陸文妻二十八歲夫亡撫遺腹子成立壽七十二楊氏呂渭玉妻二十八歲夫亡二子俱夭守節五十年蔡氏陸遵先妻二十九歲夫亡子幼翁姑俱耄苦節田留產以贍四十八歲卒程氏陸應鸞妻二十七歲夫亡撫子壽七十三閻氏諸生趙秉彝妻二十六歲夫亡壽七十九朱氏陸應麟妻二十八歲夫亡無子守節四十五年章氏楊嘉謨妻三十歲夫亡壽八十八徐氏楊聯伯妻三十歲夫亡撫遺腹子成立壽八十四呂氏邢祉錫妻三十歲夫亡二子俱殁偕二媳撫孫成立蔣氏查羽鳴妻三十歲夫亡顧氏金芝秀妻二十六歲夫亡無子壽八十八徐氏金士明妻二十九歲夫亡無子壽七十曹氏楊世芳妻二十五歲夫亡湯氏季維江妻陳生湯采女二十九歲夫亡壽八十四何氏李應泰妻二十九歲夫亡壽八十二盛氏庠生趙起龍妻三十歲夫亡撫妻遺腹子成立壽七十李氏陸啟賢妻二十八歲夫亡繼姑欲奪其志不從壽八十周氏沈國明妻二十六歲夫亡六十八歲卒閻氏邢邦

佐妻二十八歲夫亡壽七十九韓氏陸世瑚妻二十九歲夫亡奉翁姑撫二子壽七十二吳氏鄭鋃聲妻二十七歲夫亡終身布素五十九歲卒高氏李廷秀妻二十九歲夫亡撫二子成立壽七十六湯氏監生何大鈷繼妻二十四歲夫亡教子讀遊庠五十六歲卒王氏邢壽彭妻二十五歲夫亡六十五歲卒沈氏陳天爵妻二十四歲夫亡守節毋家壽七十四王氏王朝品妻三十歲夫亡六十五歲卒徐氏陸希賢妻三十歲夫亡四十三歲卒龐氏沈倫章妻二十八歲夫亡壽八十九高氏陸彩妻二十七歲夫亡壽七十四劉氏盧大中妻二十九歲夫亡壽七十須氏顧世禧妻二十九歲夫亡五十八歲卒秦氏楊致妻二十九歲夫亡壽八十九王氏劉元度妻二十六歲夫亡五十八歲卒程氏陸璉妻三十歲夫亡壽九十一何氏湯兆升妻二十六歲夫亡家貧奉九十三歲祖姑依母家撫十月子成立五十六歲卒李氏季之鳳妻二十五歲夫亡壽七十一徐氏沈志伊妻二十一歲夫亡壽八十徐氏曹稻收妻二十七歲夫亡四十六歲卒楊氏張明耀妻

二十九歲夫亡六十歲卒 龐氏王紹興妻二十二歲夫亡壽七十四 陸氏鄭天子妻二十四歲夫亡
六十歲卒 繆氏劉鴻啟妻二十九歲夫亡五十七歲卒 楊氏劉鴻鵉妻二十歲夫亡壽七十六
周氏劉鴻開妻三十歲夫亡壽七十四 計氏陳國賓妻二十四歲夫亡六十八歲卒 葛氏
陸世元妻二十四歲夫亡撫遺腹子成立壽八十九 徐氏何峻德妻二十四歲夫亡壽八十二 何氏
顧世楨妻三十歲夫亡五十二歲卒 陳氏龐舜來妻二十八歲夫亡壽九十 張氏王松年妻二十
七歲夫亡壽八十 謝氏查昌宗妻二十九歲夫亡撫子壽八十七 薛氏查廷棟妻三十歲夫亡卒
孀姑三十年 謝氏沈維鶴妻二十四歲夫亡六十二歲卒 劉氏沈宏遠妻二十九歲夫亡壽八
十五 陸氏馮甫宜妻二十九歲夫亡五十二歲卒、 高氏張柴豐妻二十五歲夫亡六十五歲卒
趙氏沈萬裕妻二十九歲夫亡六十二歲卒 陸氏王守仁妻二十五歲夫亡五十九歲卒 黃
氏邢懋德妻二十二歲夫亡壽七十四 方氏李近陽妻二十九歲夫亡五十四歲卒 張氏錢洪

江陰縣志 卷十九 列女、節婦 話

昇妻二十九歲夫亡六十一歲卒 蔣氏沈賓信妻二十九歲夫亡六十一歲卒 高氏王鼎祥妻二十
五歲夫亡無子三十四歲卒 繆氏錢世昌妻二十八歲夫亡五十四歲卒 蔣氏董學詩妻十六
歲夫亡三十歲卒 萬氏趙振昌妻三十歲夫亡四十四歲卒 陳氏沈晉妻三十歲夫亡四十二歲
卒 李氏王長發妻二十四歲夫亡 劉氏職員章浩妻二十九歲夫亡撫二子成立 張氏方仁
擢妻二十九歲夫亡 丁氏蔣應祥妻三十歲夫亡 許氏劉維翰妻二十九歲夫亡 楊氏陸旭
升妻二十七歲夫亡 趙氏沈宏培妻二十七歲夫亡 顧氏馮正宸妻二十七歲夫亡 陸氏沈宏
禮妻二十三歲夫亡 張氏楊濱妻二十八歲夫亡 宣氏董學詩妻二十五歲夫亡 王氏劉茂
昌妻二十五歲夫亡 蔣氏監生曹鎮繼妻二十六歲夫亡撫前室子瀾遊庠瀾卒與媳楊氏撫孫蓉初
高氏周璨紳妻二十八歲夫亡 韓氏陸廷槐妻二十五歲夫亡 楊氏季裕榮妻二十四歲大亡
金氏劉惠迎妻二十七歲夫亡 薛氏楊采萏妻二十九歲夫亡 杜氏陳坤德妻二十九歲夫亡

趙氏朱鳴松妻二十五歲夫亡 王氏外委曹鼎妻二十七歲夫亡五十三歲卒 以上北外
繆氏陶俊若妻二十五歲夫亡撫嗣 沈氏徐君榮妻二十二歲夫亡養姑撫嗣壽七十九 袁氏周起
八妻二十八歲夫亡六十九歲卒 劉氏林崇德妻二十九歲夫亡六十三歲卒 錢氏吳孝思妻
二十九歲夫亡壽七十三 朱氏蘇廷爵妻二十五歲夫亡壽八十一 徐氏蔣德成妻二十七歲夫亡
五十四歲卒 錢氏徐宗藩妻二十三歲夫亡六十五歲卒 龐氏劉朝珍妻三十歲夫亡 徐
氏沈長發妻二十八歲夫亡 徐氏陳萬朋妻二十六歲夫亡 以上綺山
潘氏曹玠妻二十八歲夫亡家有田數十畝聽姑割半與婿姑病經年日夜調治不倦壽七十五 徐氏
朱公美妻二十六歲夫亡壽七十 徐氏黃明遺妻二十七歲夫亡撫子成立 錢氏沈惟信妻二十
九歲夫亡撫遺腹子成立壽八十四 顧氏潘有仁妻二十六歲夫亡銓姑與四叔相繼歿艱辛撫子 沈
氏葛廣忠妻二十五歲夫亡子文元繼八十日守節二十七年 孫氏卞文通妻二十二歲夫亡六十

江陰縣志 卷十九 列女 節婦 壹

二歲卒 秦氏朱加榮妻二十三歲夫亡 薛氏錢汝茂妻二十九歲夫亡壽七十八 王氏周茂
德妻二十五歲夫亡五十七歲卒 朱氏徐毓鳳妻十九歲夫亡四十五歲卒 曹氏周馭千妻二十
一歲夫亡壽七十九 繆氏胡良臣妻二十八歲夫亡五十六歲卒 施氏劉聖時妻二十三歲夫亡
六十八歲卒 王氏增雲祥妻二十九歲夫亡壽七十三 趙氏監生盛敬微妻二十三歲夫亡孝事
孀姑六十歲卒 黃氏徐世忠妻二十四歲夫亡壽七十五 張氏胡文德妻二十歲夫亡六十二歲卒
符氏朱克明妻二十三歲夫亡壽七十五 汪氏曹南呂妻二十五歲夫亡壽七十七 陸氏夏鳳
彩妻三十歲夫亡六十八歲卒 朱氏金城門妻三十歲夫亡壽七十七 何氏曹鳳交妻二十八歲
夫亡壽七十五 葛氏盛沛妻二十四歲夫亡壽七十二 徐氏顧培元妻二十五歲夫亡六十六歲
卒 張氏金光遠妻二十四歲夫亡六十七歲卒 卞氏袁應華妻二十五歲夫亡六十六歲卒
周氏監生夏孝嗣繼妻二十三歲夫亡五十一歲卒 陳氏吳通林妻二十八歲夫亡五十七歲卒

周氏王若林妻三十歲夫亡五十九歲卒徐氏李文耀妻二十八歲夫亡五十一歲卒曹氏朱順興妻三十歲夫亡五十歲卒鄭氏朱士昂妻二十七歲夫亡三十六歲卒那氏曾繼周妻二十八歲夫亡六十七歲卒李氏盧會章妻二十五歲夫亡蔣氏邵正榮妻二十九歲夫亡顧氏陶惠山妻二十八歲夫亡黃氏周廷秀妻二十六歲夫亡陸氏汪文明妻二十五歲夫亡吳氏監生夏大魁妻二十九歲夫亡唐氏劉界宗妻二十四歲夫亡顧氏那德孚妻三十歲夫亡范氏馮氏並張銓妻范氏二十三歲夫亡五十四歲卒馮氏二十九歲夫亡五十八歲卒吳氏庠生曹夢棠妾二十八歲夫亡以上雲亭

卞氏繆文銑妻二十四歲夫亡撫夫弟妹爲之嫁娶嗣子娶婦而夭復撫遺孫成立壽七十四何氏顧岐周妻二十七歲夫亡撫子紡織奉翁姑自食粗糲五十八歲卒張氏曹壽鄉妻二十七歲夫亡長子夭遺叔逼嫁楚毒備至死而復生者再奔愬其族控官乃免苦守四十六年馬氏繆偉如妻二十九歲夫亡

事姑教子量力周卹宗族壽七十五王氏趙念祖妻二十七歲夫亡事祖姑曹氏姑王氏撫子楨娶而夭四代苦節繆氏趙楨妻二十七歲夫亡事姑撫子壽八十三馬氏王爲煥妻三十歲夫亡壽八十周氏沙培先妻二十七歲夫亡子婦俱夭與幼孫女相依孫氏何文衡妻二十五歲夫亡壽七十六宦氏曹侃妻二十九歲夫亡六十九歲卒高氏曹倘妻二十三歲夫亡方氏常熟陳雲章妻二十五歲夫亡依母家撫二子成立劉氏趙爾熙妻二十五歲夫亡值明季荒亂負三歲子走數十里得脫詹氏徐公行妻三十歲夫亡二子俱夭顧氏庠生沙植妻三十歲夫亡徐氏范任九妻二十七歲夫亡五十八歲卒陳氏曹友鶴妻二十三歲夫亡壽七十六馬氏何維垣妻二十三歲夫亡撫嗣娶而夭與婦李氏相依壽七十六季氏湯有賢妻二十五歲夫亡王氏卞亮采妻二十九歲夫亡繆氏趙孫章妻二十五歲夫亡壽七十五沈氏何天衢妻二十九歲夫亡壽八十九朱氏曹德順妻二十七歲夫亡五十四歲卒李氏承景明妻二十六歲夫亡六十七歲卒李氏

沈起芳妻二十九歲夫亡胡氏曹歎龍妻二十七歲夫亡壽七十三方氏劉永祿妻二十一歲夫亡撫子娶而夭同媳汪氏撫孫六十九歲卒蘇氏方敏修妻二十八歲夫亡撫四子一女葉氏監生蘇瓚妻徽人葉藎臣女三十歲夫亡撫子成立費氏承林之妻二十五歲夫亡六十三歲卒孫氏曹紹裘妻十九歲夫亡壽七十五馬氏季啟元妻二十九歲夫亡壽八十周氏承廷詔妻二十二歲夫亡壽七十五陸氏繆沛林妻二十九歲夫亡撫子之鴻鴻娶而夭與媳苦守壽八十八周氏繆之鴻妻二十八歲夫亡侍孀姑三十餘年壽八十四朱氏承王詔妻二十二歲夫亡壽七十五范氏張王祥妻二十九歲夫亡壽七十九繆氏曹聿新妻二十二歲夫亡壽七十七趙氏顧嘉禾妻二十八歲夫亡壽八十四吳氏曹秉忠妻二十七歲夫亡壽八十三徐氏馬士鵬妻二十九歲夫亡壽八十馬氏顧大祿妻二十三歲夫亡壽七十一吳氏監生蘇廷俊繼妻二十四歲夫亡四十歲卒沈氏趙貴禾妻二十六歲夫亡六十三歲卒李氏方逵仁妻二十八歲夫亡壽八十季

氏何君位妻三十歲夫亡六十七歲卒張氏曹廷俊妻二十六歲夫亡五十五歲卒趙氏王彥功妻二十四歲夫亡五十六歲卒朱氏馬天敘妻二十五歲夫亡五十八歲卒殷氏趙貴林妻二十五歲夫亡壽七十三錢氏徐體靜妻常熟廩生錢廣夫女二十九歲夫亡五十五歲卒黃氏曹品英妻二十五歲夫亡壽七十八吳氏何位中妻二十三歲夫亡六十八歲卒劉氏張興妻二十六歲夫亡六十七歲卒張氏蔣盛甫妻二十七歲夫亡六十九歲卒卞氏陳大夏妻三十歲夫亡六十八歲卒姚氏方恆發繼妻二十三歲夫亡壽七十八陸氏承正培妻三十歲夫亡四十七歲卒邵氏張龍問妻二十五歲夫亡四十四歲卒陳氏季正行妻二十四歲夫亡壽七十四曹氏陳金聲妻二十五歲夫亡壽七十三張氏何雲午妻二十四歲夫亡五十四歲卒陸氏趙有臣妻二十九歲夫亡壽七十二趙氏曹岐鳳妻三十歲夫亡四十九歲卒沙氏徐洪亭妻二十六歲夫亡五十六歲卒俞氏張祺妻二十八歲夫亡六十五歲卒吳氏盧永清妻二十一歲夫亡壽七

十五　馮氏曹永言妻二十九歲夫亡六十二歲卒　陳氏周學濂妻二十七歲夫亡壽七十三　趙氏徐錡妻二十九歲夫亡六十四歲卒　徐氏曹鳳翀妻二十六歲夫亡六十六歲卒　貢氏趙曾玉妻二十七歲夫亡壽七十九　卞氏繆琢臣妻二十二歲夫亡三十八歲卒　徐氏方明選妻二十九歲夫亡五十一歲卒　何氏葛秀章妻二十九歲夫亡六十七歲卒　貢氏趙貴模妻二十九歲夫亡六十四歲卒　蔣氏曹正祥妻二十一歲夫亡五十六歲卒　王氏庠生趙同炷妻三十歲夫亡四十九歲卒　馬氏繆文吉妻二十七歲夫亡六十五歲卒　曹氏沈增譽妻二十八歲夫亡四十六歲卒　陶氏張應坊妻二十三歲夫亡四十一歲卒　龔氏徐廷鳳妻二十四歲夫亡五十五歲卒　馬氏承泰安妻二十九歲夫亡四十九歲卒　趙氏王萬興妻二十八歲夫亡四十五歲卒　平氏趙宗源妻二十五歲夫亡三十六歲卒　陶氏鮑正坦妻二十歲夫亡二十九歲卒　張氏陳憲章妻二十八歲夫亡　范氏趙元法妻三十歲夫亡　李氏姚錦宗妻二十八歲夫亡　李氏吳毓

江陰縣志　卷十九　列女　節婦　三十

山妻二十五歲夫亡　卞氏承泰來妻三十歲夫亡　方氏劉坤妻二十八歲夫亡　郁氏周學文繼妻二十九歲夫亡　趙氏馬禮法妻二十九歲夫亡　章氏曹有祥妻二十五歲夫亡　吳氏趙振聲妻二十五歲夫亡　陶氏蘇步安妻二十五歲夫亡　卞氏趙貴果妾二十一歲夫亡六十二歲卒　吳氏鄭攀龍妾二十歲夫亡　以上周莊

曹氏繆仲晟妻二十九歲夫亡撫子成立六十一歲卒　趙氏貢鉉妻二十九歲夫溺死氏求屍赴水屍郎浮出收葬六十四歲卒　程氏貢惠清妻程子忠女二十七歲夫亡無子有以利啗其姑謀娶氏者剪髮毀容抱木主逃匿復謀强劫之子忠爲之控縣置凶於法壽七十四　趙氏李漸貞妻二十六歲夫亡撫子孝護孀姑壽八十三孫焯登鄉薦　王氏呂巍功妻巍功本庭德人娶氏十三日回籍病死　任氏華蒼文妻二十九歲夫亡無子　王氏馬燦妻二十七歲夫亡奉姑教子　徐氏貢樹妻二十七歲夫亡壽七十一　黃氏貢樸妻二十二歲夫亡子天經營十年得葬夫棺壽七十四　華氏戚起棟妻

二十九歲夫亡歲饑上奉翁姑下撫二子自食糠覈　盧氏林于章妻二十六歲夫亡撫子　耿氏趙魯玉妻二十六歲夫亡嗣天復撫嗣孫壽七十二　繆氏袁龍驤妻二十八歲夫亡鄰里欲奪其志誓子瑞依兄象九苦守二十餘年　張氏趙文濱妻二十二歲夫亡撫遺腹子成立壽八十一　楊氏趙嘉賓妻二十五歲夫亡壽七十　謝氏王廷爵妻二十五歲夫亡子天撫嗣六十三歲卒　徐氏陸其倫妻二十三歲夫亡撫子　朱氏吳子佩妻二十九歲夫亡五十一歲卒　楊氏潘鳳妻二十三歲夫亡無子四十一歲卒　吳氏王天培妻三十歲夫亡五十九歲卒　倪氏黃廷鶴妻二十八歲夫亡　范氏劉在英妻二十九歲夫亡撫嗣士超成立壽七十五　劉氏諸生鄧來殷妻三十歲夫亡孀姑惠氏性嚴謹事之撫二子成立壽七十六　夏氏劉祥玉妻二十九歲夫亡壽八十六　馬氏趙同義妻二十九歲夫亡無子　李氏夏登洲妻二十七歲夫亡五十二歲卒　胡氏郜南千總殷起鳳妻系出直隸容城三十歲夫亡鍵戶紡織六十二歲卒　貢氏趙樹屏妻二十六歲夫亡　張氏楊士佐妻二十二歲夫亡

江陰縣志　卷十九　列女　節婦　三十一

陳氏李聖範妻二十六歲夫亡壽七十三　貢氏孫用和妻夫亡撫九口子成立三十四歲卒　費氏徐日琳妻二十九歲夫亡撫子娶而夭壽八十六　王氏馬丹霞妻二十七歲夫亡壽八十五　司馬氏趙廷祿妻二十九歲夫亡壽七十八　夏氏庠生趙觀旗妻二十三歲夫亡撫二子文源獻珍皆遊庠五十七歲卒　陸氏李時利妻二十二歲夫亡壽八十一　蔣氏楊士明妻二十七歲夫亡壽七十九　趙氏王龍城妻二十六歲夫亡壽七十八　徐氏朱履端妻二十七歲夫亡壽七十四　錢氏平介六妻二十七歲夫亡撫子家貧常至絕食壽七十五　王氏承培玉妻三十歲夫亡壽八十八　趙氏貢時乘妻二十六歲夫亡壽七十二　劉氏龐天祚妻二十五歲夫亡壽八十三　貢氏李素晉妻二十三歲嫁兩月夫亡撫遺腹子將娶而夭壽七十　周氏姜萬賢妻二十六歲夫亡壽七十四　邱氏繆協盛妻二十二歲夫亡壽七十四　季氏李均妻庠生季維漢女二十三歲夫亡六十五歲卒　馬氏劉天瓏妻二十七歲夫亡壽九十六　朱氏李坤妻二十二歲夫亡壽七十三　王氏徐維杜妻二十

五五四

六歲夫亡壽七十六貢氏庠生王駿妻三十歲夫亡壽七十一殷氏徐淮妻二十九歲夫亡壽七十
二薛氏繆從儀妻二十九歲夫亡壽七十二趙氏朱兆瑞妻二十七歲夫亡壽七十一貢氏
殷起蛟妻二十七歲夫亡六十四歲卒贊氏沈履信妻二十八歲夫亡壽七十一趙氏章洪禹妻
二十九歲夫亡壽八十五趙氏王兆祥妻二十七歲夫亡壽七十四徐氏陸煥齊妻二十二歲夫亡
壽八十二方氏趙璣照妻二十七歲夫亡壽八十六朱氏貢淪妻二十九歲夫亡子夭壽七十二
贊氏李文璣妻二十九歲夫亡三十九歲卒周氏趙湖妻三十歲夫亡壽七十一王氏顧晉
江妻二十四歲夫亡四十七歲卒徐氏監生趙文烈繼妻二十七歲夫亡五十四歲卒陸氏趙世
熊妻二十七歲夫亡壽七十二貢氏孫一奎妻二十四歲夫亡撫嗣早歿壽七十五劉氏姜銓妻三
十歲夫亡壽七十四沙氏庠生司馬周妻二十四歲夫亡壽七十六徐氏趙台階妻二十六歲夫亡
壽七十曹氏繆殷芳妻二十九歲夫亡壽七十四王氏朱鳳章妻三十歲夫亡壽八十六馬

氏胡宏仁妻二十五歲夫亡壽八十一朱氏陳裕華妻二十四歲夫亡壽七十四葛氏趙一靖妻
二十九歲夫亡六十三歲卒陳氏周文才妻二十六歲夫亡壽七十六蔣氏繆西疇妻二十一歲
夫亡三十九歲卒高氏王義才妻二十九歲夫亡家貧無子依壻以終壽八十三陶氏管德孫妻
二十六歲夫亡六十歲卒徐氏姜大鐘妻二十三歲夫亡撫嗣起渭遊庠壽七十戚氏馮廷鈞妻
二十三歲夫亡三十五歲卒王氏顧桂元妻三十歲夫亡六十歲卒劉氏顧廷璽妻二十四歲
夫亡四十八歲卒趙氏孫兆宣妻十七歲夫亡二十六歲卒程氏孫義調妻二十二歲夫亡五十
三歲卒郭氏許倫元妻二十九歲夫亡五十一歲卒趙氏張義和妻二十三歲夫亡四十九歲
卒張氏陶禹傳妻二十六歲夫亡五十五歲卒張氏孫履豐妻二十九歲夫亡四十二歲卒劉
氏程大猷妻二十三歲夫亡五十二歲卒徐氏戚文劉妻二十三歲夫亡三十七歲卒王氏
徐秉玉妻二十五歲夫亡三十八歲卒吳氏顧埼妻二十四歲夫亡四十三歲卒程氏澗嘉貢妻

二十二歲夫亡三十六歲卒惠氏庠生戚焯繼妻候選州判惠僕女二十八歲夫亡撫嗣四十五歲卒
孫氏汪意壽妻二十三歲夫亡五十八歲卒陸氏楊士祖妻二十一歲夫亡六十五歲卒王
氏繆汝霖妻二十九歲夫亡李氏貢銘妻二十四歲夫亡子媳俱歿撫遺腹孫成立顧氏陸永
直妻二十三歲夫亡朱氏庠生徐景松繼妻二十七歲夫亡徐氏趙廷棟妻三十歲夫亡周
氏翁元吉妻二十六歲夫亡陶氏方瑞元妻二十九歲夫亡陸氏平天裕妻二十六歲夫亡楊
氏趙肯堂妻三十歲夫亡宋氏徐夢熊妻二十六歲夫亡趙氏繆珩妻二十九歲夫亡謝
氏王琴臺妻二十七歲夫亡蔣氏趙坤賢妻二十九歲夫亡陸氏殷爾培妻二十三歲夫亡袁
氏陳興邦妻二十九歲夫亡施氏倪相林妻三十歲夫亡陸氏司馬晉明妻二十八歲夫亡
周氏鄒巽廷妻三十歲夫亡殷氏趙聲錫妻二十八歲夫亡唐氏李友成妻二十二歲夫亡
朱氏周柏妻二十五歲夫亡胡氏李朌和妻二十四歲夫亡徐氏貢聚周妻二十一歲夫亡

於氏張橫妻歲貢生於瑱女三十歲夫亡趙氏程增年妻二十一歲夫亡盛氏李增培妻二十
六歲夫亡朱氏王文亮妻二十二歲夫亡許氏貢坤泰妻二十四歲夫亡撫嗣廷瑛遊庠徐氏
趙坤一妻二十八歲夫亡王氏戴兆安妻二十七歲夫亡陸氏朱錦城妻二十八歲夫亡劉氏
章著妻二十二歲夫亡劉氏李鼎昌繼妻二十七歲夫亡戚氏陸含章妻三十歲夫亡勤十指
以奉翁貢氏孫福沅妻二十九歲夫亡麗氏胡士傑繼妻三十歲夫亡朱氏王文妻二十七
歲夫亡貢氏李士明妻二十六歲夫亡周氏戴兆祥妻三十歲夫亡貢氏顧明達妻二十
五歲夫亡孟氏蘇迴齡妻監生孟瀧女二十七歲夫亡依母家守節王氏庠生孟兆佳妾二十七歲
夫亡四十八歲卒張氏庠生孟兆祥妾二十歲夫亡壽七十八李氏監生顧景華妾二十八歲
夫亡壽七十張氏陸聖章妾二十四歲夫亡六十一歲卒陳氏庠生唐棟妾二十六歲夫亡四
十八歲卒華氏徽鏞監生余堅妾二十一歲夫亡依母家守節三十五歲卒陳氏監生李秉侄妾

二十七歲夫亡撫子成立以上華墅
景氏張堯資妻二十八歲夫亡撫嗣壽七十四惠氏郁出來妻二十六歲夫亡六十七歲卒錢氏
繆維深妻二十五歲夫亡善事翁姑撫六月子成立壽八十三徐氏徽州汪鷗亭妻二十三歲夫亡奉姑
為夫弟婚娶四十三歲卒陶氏趙大升妻二十八歲夫亡壽八十陶氏徐大綬妻二十一歲夫亡
六十一歲卒周氏徐方繩妻二十五歲夫亡壽七十九徐氏李俊升妻二十二歲夫亡壽七十六
徐氏李德升妻二十八歲夫亡翁病噎竭力延醫六十六歲卒徐氏周君衡妻二十九歲夫亡壽七
十五陶氏徐君亮妻二十四歲夫亡無子四十六歲卒繆氏陸永豐妻二十九歲夫亡六十七歲
卒繆氏丁耀文妻二十九歲夫亡壽八十二許氏陸元亮妻二十五歲夫亡六十五歲卒陳
氏李蕭如妻二十七歲夫亡壽七十七錢氏李廷魁妻二十四歲夫亡壽七十一鄒氏金彥卒妻
二十九歲夫亡無子六十歲卒徐氏錢樹奇妻二十七歲夫亡壽七十四徐氏郁維熊妻二十七歲

江陰縣志 卷九 列女 節婦 塈

夫亡五十四歲卒程氏郁繼先妻二十七歲夫亡貧居草屋紡織度日壽七十三顧氏郁國賓妻
十九歲嫁十月夫亡五十五歲卒毛氏丁朝佐繼妻二十八歲夫亡四十八歲卒顧氏郁方臣妻
醫士顧雲孫女二十歲夫亡家貧無子父迎歸氏見就診者繼沓乃屏居一室墐戶鑿穴僅通飲食晨昏紡織
至六十生辰家人強之出雪鬢皤然見者疑為隔世人六十三歲卒葛氏顧永達妻嫁十月夫亡撫遺腹
子成立六十歲卒許氏奉佩玉妻十九歲夫亡撫遺腹子成立五十四歲卒劉氏監生陶岵瞻妻
二十八歲夫亡四十五歲卒趙氏陶萬卷妻二十九歲夫亡壽八十三顧氏陶湯謨妻二十九歲
夫亡四十七歲卒錢氏繆維城妻二十五歲夫亡壽七十七蘇氏徐公侯妻二十六歲夫亡壽七
十五趙氏陸聖酥妻二十歲夫亡壽七十八沈氏徐友仁妻二十六歲夫亡六十三歲卒徐
氏朱秀榮妻二十四歲夫亡六十三歲卒錢氏李秀成妻二十四歲夫亡壽七十四屈氏陶惟
驪妻二十七歲夫亡六十二歲卒陸氏何雲龍妻二十三歲夫亡六十三歲卒李氏徐文榮妻

三十歲夫亡六十六歲卒許氏徐求章妻二十九歲夫亡壽七十二徐氏戴大聲妻二十九歲夫亡
壽七十九李氏徐詠遠妻三十歲夫亡六十三歲卒徐氏許文廣妻二十九歲夫亡壽百有二葉
氏陸于林妻二十六歲夫亡壽八十九辛氏孫志垣妻二十九歲夫亡壽八十三陳氏趙正域妻
二十四歲夫亡壽七十五許氏陸南山妻二十六歲夫亡六十六歲卒貢氏監生陶舜年妻二十
六歲夫亡四十八歲卒李氏張宏元妻二十九歲夫亡壽七十吳氏繆秉餘妻二十七歲夫亡
壽七十五徐氏陶溫士妻二十二歲夫亡壽七十一惠氏陶坤維妻二十五歲夫亡六十二歲卒
李氏趙振坤妻二十八歲夫亡六十一歲卒錢氏徐錫蕃妻三十歲夫亡六十二歲卒徐氏
潘高椿妻三十歲夫亡奉事孀姑撫子既娶俱歿復撫孫六十三歲卒李氏周志高妻二十七歲夫亡
壽八十錢氏華天祿妻二十九歲夫亡壽七十七許氏陶近義妻二十八歲夫亡五十五歲卒
錢氏許金谷妻二十八歲夫亡壽八十王氏姜素臣妻二十歲夫亡六十三歲卒劉氏趙佑

江陰縣志 卷九 列女 節婦 塈

文妻二十六歲夫亡壽七十八郭氏徐河妻二十九歲夫亡事翁以孝壽八十三許氏秦文翰妻
二十七歲夫亡五十歲卒王氏繆懷德妻二十四歲夫亡六十五歲卒方氏徐兆祿妻二十六歲
夫亡六十八歲卒徐氏金世昌妻二十六歲夫亡壽七十高氏奚殿卿妻二十九歲夫亡壽八
十五郭氏朱會清妻二十四歲夫亡六十八歲卒周氏陶熙妻二十九歲夫亡壽七十四張
氏郁任中妻二十八歲夫亡壽八十五李氏繆兆龍妻二十四歲夫亡三十四歲卒吳氏惠成
恩妻二十九歲夫亡壽七十四周氏王天照妻二十七歲夫亡六十六歲卒沈氏陶順時妻二十
七歲夫亡六十六歲卒王氏戴岳林妻二十六歲夫亡五十七歲卒張氏惠文敘妻二十七歲
夫亡三十六歲卒施氏孫龍章妻二十六歲夫亡四十三歲卒陳氏繆芝元妻二十五歲夫亡
三十七歲卒張氏陶禹傳妻二十六歲夫亡六十三歲卒任氏談起仁妻三十歲夫亡六十一
歲卒陶氏惠大生妻二十八歲夫亡六十二歲卒陸氏金炳文妻二十三歲夫亡四十七歲卒

彭氏徐子發妻二十三歲夫亡六十六歲卒蔡氏徐浩然妻二十八歲夫亡五十六歲卒姜氏惡嘉祥妻二十五歲夫亡六十四歲卒鄧氏陶輅玉妻二十九歲夫亡壽七十五王氏徐子艮妻二十一歲夫亡六十一歲卒許氏奚德壽妻二十二歲夫亡壽七十二郁氏陶宗穀妻二十八歲夫亡壽七十四張氏許培遠繼妻二十五歲夫亡壽七十二李氏繆天元妻二十七歲夫亡六十四歲卒王氏郁樂山妻二十九歲夫亡六十一歲卒許氏秦汝孝妻二十五歲夫亡六十四歲卒吳氏汪峻德妻二十六歲夫亡六十四歲卒郭氏陶昂千妻二十八歲夫亡六十一歲卒祝氏繆任妻二十七歲夫亡五十二歲卒陶氏沈開源妻三十歲夫亡四十九歲卒陸氏徐文達妻二十八歲夫亡六十歲卒陶氏陸玉倫妻二十四歲夫亡四十歲卒譚氏繆東玉繼妻二十五歲夫亡四十一歲卒孫氏王道生妻二十二歲嫁三月夫亡四十五歲卒皮氏惠銓億妻二十八歲夫亡四十八歲卒陶氏郁德基妻二十八歲夫亡四十五歲卒趙氏陶九成妻二十七歲夫亡三十七歲卒徐氏秦桂林妻二十三歲夫亡三十九歲卒趙氏武生陶塘妻二十七歲夫亡三十六歲卒鄒氏許大年妻二十歲夫亡三十歲卒金氏李大行妻二十三歲夫亡王氏陶文錀妻二十九歲夫亡趙氏郁時季妻二十四歲夫亡鄒氏徐廷華妻二十六歲夫亡葛氏黃進臣妻二十七歲夫亡郁氏趙明發妻二十七歲夫亡陸氏沈宗德妻二十五歲夫亡陶氏張千齡妻二十三歲夫亡楊氏奚南齡妻二十七歲夫亡賈氏庠生陶廷棨妻三十歲夫亡閔氏繆丕業妻二十七歲夫亡許氏張九齡妻二十一歲夫亡周氏陶玉衡妻二十九歲夫亡沈氏萬德元妻二十八歲夫亡常氏陶遂方妻二十九歲夫亡李氏秦大昌妻二十三歲夫亡姚氏王艮公妻二十九歲夫亡顧氏華龍泉妻三十歲夫亡徐氏許廷奎妻二十九歲夫亡王氏莊維彬妻二十六歲夫亡沈氏奚雙喜妻二十六歲夫亡徐氏阮氏並庠生王御卿妾徐氏二十八歲夫亡有逼嫁者縊死救蘇撫二子成立壽七十九阮氏二十四歲夫亡壽八十一陳氏監生

陶岵妻十九歲夫亡同嫡矢守壽七十八章氏汪佐臣妾三十歲夫亡嫡逼嫁不從潛與陸某劵令乘夜掠去氏投井獲救欲強污之縛其手足氏伏地以口齧定几足齒爲之折號泣聲聞於鄰會有徵椓隸呵禁之得全節夫兄輔臣義之迎歸己不食三日矣四十六歲卒沈氏許宗貴妾二十九歲夫亡壽七十九薛氏繆上達妻二十九歲夫亡以上馬嘶王氏曹玑妻系出直隸大興二十八歲夫亡撫子子殁與婦徐氏撫四孫成立壽八十八韓氏庠生李芹繼妻二十一歲夫亡撫嗣六十五歲卒卞氏徐永嘉妻二十六歲夫亡紡織事姑撫子鳳儀成立薛氏李安止妻二十六歲夫亡撫八月子成立終身縞素五十七歲卒李氏任玉珍妻二十歲嫁兩月夫亡撫遺腹子以守葉氏周協和妻二十七歲夫亡壽七十八張氏劉蔚若妻二十九歲夫亡壽八十九吳氏朱禹珍妻二十九歲夫亡吳氏張君烈妻二十五歲夫亡壽七十一徐氏吳文治妻三十歲夫亡邢氏劉求之妻十九歲夫亡壽七十五夏氏朱瀚妻二十八歲夫亡壽八十四花氏葛天章妻二十九歲夫亡四十五歲卒孔氏周君艮妻二十八歲夫亡梅氏庠生卞玉妻二十九歲夫亡壽九十二趙氏蔣瑞周妻二十五歲夫亡五十六歲卒沈氏李邦琦妻三十歲夫亡壽七十二王氏張拱端妻二十三歲夫亡撫嗣既娶俱殁撫孫既娶又俱殁復撫三歲曾孫壽八十二貢氏張學栻妻二十八歲夫遠出不知所終撫二子成立六十八歲卒包氏蔣瑞珍妻二十五歲夫亡壽七十一蔡氏李惟能妻二十七歲夫亡壽七十二吳氏張明惠妻二十九歲夫亡壽七十三王氏孔繼復妻二十五歲夫亡五十七歲卒繆氏黃棟妻二十二歲夫亡壽七十徐氏卞顯左妻二十四歲夫亡壽七十三許氏姚進三妻二十八歲夫亡孝姑撫子六十五歲卒門氏鄧奏功妻二十九歲夫亡無子守節母家六十七歲卒陸氏湯明瑞妻二十九歲夫出不歸依母以守六十八歲卒陳氏李汝升妻二十九歲夫亡壽七十何氏蔣瑞麟妻二十九歲夫亡壽七十七張氏吳運昌妻三十歲夫亡六十九歲卒陳氏張學緒妻三十歲夫亡六十六歲卒方氏

卞源妻二十五歲夫亡三十七歲卒夏氏李旭日妻二十九歲夫亡六十九歲卒許氏孔傳禮妻三十歲夫亡六十三歲卒黃氏王諱妻二十七歲夫亡六十二歲卒卞氏史國良妻二十四歲夫亡五十七歲卒孫氏陳恆發妻二十一歲夫亡三十一歲卒王氏孔廣敍妻二十九歲夫亡六十八歲卒王氏卞天鼎妻二十六歲夫亡六十三歲卒郘氏陸聖山妻二十七歲夫亡四十七歲卒卞氏陳寶三妻二十七歲夫亡五十五歲卒黃氏周廷臣妻二十六歲夫亡四十五歲卒孔氏徐曾鳳妻三十歲夫亡四十七歲卒龐氏繆文元妻二十四歲夫亡四十六歲卒徐氏張緯如妻二十三歲夫亡四十三歲卒陸氏孫茂榮妻三十歲夫亡四十四歲卒曹氏王銘妻二十八歲夫亡四十四歲卒丁氏張景榮妻二十七歲夫亡四十七歲卒方氏李桂齡妻二十四歲嫁三日夫亡紡織度日事翁盡孝撫嗣四十六歲卒孔氏王元愷妻二十三歲夫亡三十九歲卒馮氏錢文鶴妻二十九歲夫亡方氏鄧學書妻二十七歲夫亡包氏卞行升妻二十九歲夫亡撫子奉事翁姑薪水不繼機聲達旦盧氏張裕如妻二十六歲夫亡陳氏黃家乾妻二十八歲夫亡錢氏吳文友妻二十八歲夫亡周氏卞子和妻二十一歲夫亡曹氏王玉祥妻二十七歲夫亡朱氏周殿侯妻二十二歲夫亡張氏任玉明妻二十七歲夫亡王氏陳裕天妻三十歲夫亡尹氏謝茂如妻二十九歲夫亡徐氏錢萬和妻二十九歲夫亡陸氏許載陽妻二十六歲夫亡顧氏吳金鴻妻二十八歲夫亡以上長壽

徐氏庠生王鍾妻二十四歲夫亡撫嗣與妾徐氏同守五十九歲卒羊氏裔福生妻二十八歲夫亡族人欲奪其志控縣得免六十八歲卒李氏監生徐繼岳妻李忠毅曾孫女二十六歲夫亡撫前室四子五十六歲卒孔氏恩貢生徐曾妻夫死於怨家屋燬於火撫子如蠶年十六遊庠復父讐薛氏孔傳燾妻二十歲夫亡五十五歲卒袁氏監生孔傳忏妻二十一歲夫亡撫遺腹子天錫成立壽八十鄒氏徐仲溶妻三十歲夫亡事八旬孀姑撫子厚培成立六十一歲卒陸氏華天祿妻二十一歲

江陰縣志　卷九　列女　節婦　哭

夫亡撫嗣日操機杼供堂上膳五十三歲卒杜氏王純禮妻二十歲夫亡撫子守節三十六年邢氏王來儀妻二十八歲夫亡事姑撫嗣六十四歲卒錢氏徐雲赦妻二十八歲夫亡五十六歲卒華氏王士俊妻二十三歲夫亡撫子成立五十八歲卒貢氏庠生徐元祐妻二十九歲夫亡守節三十九年張氏龔廷璣妻二十一歲夫亡撫遺腹子成立五十四歲卒姚氏丁士桂妻二十五歲夫亡無子苦守母家杜氏徐天成妻十九歲夫亡撫嗣貢氏徐宗相妻二十六歲夫亡壽八十五薛氏王立崧妻二十三歲夫亡壽八十黃氏陳士昇妻十九歲夫亡壽七十七徐氏王士秀妻二十二歲夫亡撫遺腹子肇吉成立張氏林鶴來妻二十二歲夫亡顏氏王遇安妻三十歲夫亡康氏譚元俊妻二十四歲夫亡包氏孔傳本妻二十五歲夫亡壽七十一徐氏楊東濤妻二十六歲夫亡無子依母家紡織自給繆氏貢楷繼妻繆文貞曾孫女三十歲夫亡撫前室子二庶子一俱成立壽七十三奚氏庠生徐習穆妻二十九歲夫亡撫三子成立壽八十三沈氏王士超妻二十七歲夫亡四十七歲卒貢氏譚膺功妻二十歲夫亡四十五歲卒邱氏孔傳鏞妻十九歲夫亡撫嗣繼泗成立六十九歲卒蘇氏王文俊妻二十八歲夫亡撫子浚明成立苦守垂五十年唐氏庠生劉益清妻二十六歲夫亡壽七十四陳氏錢元祥妻二十三歲夫亡撫子時龍成立壽八十一周氏華國隆妻二十三歲夫亡壽七十三吳氏沈君憲妻二十八歲夫亡顧氏顧三妻二十七歲夫亡五十八歲卒祖氏貝天玉妻二十三歲夫亡矢節嘗曰人曷有貴賤惟失節敗名斯眞賤耳徐氏庠生孔衍脩妻三十歲夫亡事翁姑與庶姑並得懽心撫二子成立五十一歲卒蔣氏費在義妻二十一歲夫亡六十七歲卒費氏劉晉公妻二十六歲夫亡撫子既娶俱歿復撫嗣孫壽八十一徐氏胡嘉祉妻二十三歲夫亡翁旋逝撫子錫蕃娶而夭同媳撫孫六十一歲卒顧氏胡錫磬妻十八歲夫亡事孀姑徐氏撫遺腹子顯臣成立三十四歲卒陸氏楊聖符妻二十四歲夫亡撫子娶而夭復撫姪爲嗣壽七十六蔣氏黃曾曬妻二十三歲夫亡壽八十四劉氏孔傳忻妻二十九歲夫亡壽八十七

江陰縣志　卷九　列女　節婦　罡

陶氏孔傳珠妻二十六歲夫亡五十六歲卒徐氏錢元瑞妻二十八歲夫亡壽七十七杜氏殷旦若妻二十七歲夫亡撫遺腹子成立壽八十王氏孔傳悰妻二十七歲夫亡壽七十五黃氏許茂衡繼妻二十六歲夫亡壽八十三戴氏華鈺妻二十七歲夫亡撫姪一新遊庠壽八十華氏徐廷連妻三十歲夫亡子承宗娶而卒撫文子承祖成立壽八十五潘氏杜士林妻二十九歲夫亡壽八十三程氏戴人雄妻二十三歲夫亡四十六歲卒華氏顧聖文妻二十九歲夫亡壽七十一潘氏趙友沂妻二十三歲夫亡撫嗣績懺自度六十八歲卒葉氏曹宏彥妻二十七歲夫亡壽七十七王氏曹國彥繼妻三十歲夫亡撫子大文副貢生大綸歲貢生五十九歲卒蔡氏孔廣裕妻二十二歲夫亡六十九歲卒華氏顧寶妻二十八歲夫亡無子六十九歲卒杜氏徐景成妻二十六歲夫亡六十七歲卒陸氏許廷爵妻二十七歲夫亡五十六歲卒劉氏徐生錡妻二十七歲夫亡壽七十二陳氏王士毅妻二十七歲夫亡五十七歲卒徐氏王朝柱繼妻二十五歲夫亡事孀姑撫五月子及前室子成立壽九十二夏氏華嶽繼妻二十九歲夫亡壽七十七張氏監生徐儀型妻三十歲夫亡六十八歲卒顏氏張光成妻二十七歲夫亡六十三歲卒孫氏費士貴妻二十一歲夫亡姑久病牀蓐溲滌必親壽八十一方氏華作楫妻三十歲夫亡六十一歲卒費氏徐承宗妻二十三歲夫亡事孀姑四十餘年壽七十七孫氏沈維榮妻二十八歲夫亡壽七十三卞氏孔廣緒妻二十五歲夫亡撫嗣資成立壽七十李氏黃維仁妻二十三歲夫亡撫嗣娶而夭孫亦殤壽八十一龔氏錢長公妻二十四歲夫亡壽七十六華氏陸殿賢妻二十二歲夫亡無子六十歲卒王氏顏永和妻二十七歲夫亡善事翁姑一夕遇火氏臥樓上計無可避忽急雨如注火遂熄壽八十謝氏陳志玉妻二十五歲夫亡四十八歲卒徐氏華健妻二十六歲夫亡壽七十七鄒氏奚武卿妻二十九歲夫亡壽八十一孫氏徐秉誠妻二十一歲夫亡壽七十一費氏考職府經歷王壽蘇妻二十七歲夫亡撫遺腹子殿臣成立壽七十夏氏華廷梁妻二十五歲夫亡無子有逼醮者誓不從投之去

力疾奔回遂佯狂終身六十歲卒里人爲立墓石表之李氏朱希宰妻二十七歲夫亡壽七十五陳氏朱希仲妻二十九歲夫亡六十八歲卒姊姒雙節龔氏蘇朝棟妻二十八歲夫亡壽七十四蔣氏孔廣隆妻二十八歲夫亡紡織養孀姑二十餘年六十七歲卒趙氏謝廷芳妻二十九歲夫亡五十六歲卒徐氏朱載興妻二十九歲夫亡四十七歲卒龔氏孔廣琚妻二十九歲夫亡六十六歲卒費氏徐汝槐妻三十歲夫亡六十七歲卒龔氏顧君德妻二十七歲夫亡壽七十六顧氏謝振行妻二十八歲夫亡壽七十九董氏錢德玉妻二十七歲夫亡五十九歲卒顏氏孔廣友妻二十七歲夫亡六十二歲卒郁氏王大雍妻二十四歲夫亡壽七十九郁氏華雲祥妻十九歲夫亡事翁姑並逾八旬撫遺腹子成立壽七十三孔氏包大榮妻二十三歲夫亡壽七十三方氏沈鳳山妻二十七歲夫亡撫嗣嗣卒與媳張氏撫孫壽七十九趙氏龔裕文妻二十三歲夫亡壽七十一葉氏沈崑來妻二十六歲夫亡壽七十六沈氏方朝柱妻二十七歲夫亡壽七十四薛氏孔繼賢妻三十歲夫亡撫七月子成立六十三歲卒戴氏王廷珍妻二十五歲夫亡壽七十八陸氏顧德峻繼妻二十六歲夫亡四十二歲卒沈氏徐金書妻十九歲夫亡撫嗣事翁姑並至九十外壽七十虞氏謝佈元妻二十四歲夫亡壽七十二陳氏王炳乾妻三十歲夫亡事翁姑撫子媳歿并撫姪子歿又撫孫六十二歲卒張氏仲萬鎰妻二十四歲夫亡六十七歲卒劉氏吳榮昌妻二十八歲夫亡五十八歲卒胡氏劉彬妻二十九歲夫亡六十一歲卒孔氏徐錦和妻二十四歲夫亡五十三歲卒王氏陸尚元妻二十七歲夫亡六十七歲卒包氏王智望妻庠生包照女二十四歲夫亡翁旋歿奉姑撫三子雖遊庠六十四歲卒徐氏楊耀宗妻三十歲夫亡五十三歲卒陶氏龔維學妻二十九歲夫亡五十六歲卒王氏許世正妻二十六歲夫亡六十二歲卒姚氏劉宗來妻二十八歲夫亡貧屋一間晨炊夜織奉姑撫子六十三歲卒華氏費文蘭妻二十三歲夫亡撫子九義成立六十三歲卒華氏陳萬源妻二十八歲夫亡四十六歲卒朱氏費周南妻二十二歲夫亡三十九歲

卒陸氏王文欽妻二十六歲夫亡六十歲卒任氏非汝霖妻二十一歲夫亡三十七歲卒孔
氏姜啟明繼妻二十七歲夫亡撫子娶而夭偕媳撫孫五十八歲卒杜氏康繼鉞妻二十七歲夫亡
三十九歲卒李氏費宏裕妻二十三歲夫亡五十一歲卒陸氏王紹緒妻三十歲夫亡五十九
歲卒林氏費利妻二十六歲夫亡四十九歲卒王氏須有恆妻二十六歲夫亡五十六歲卒沈
氏監生陸杜一妻二十八歲夫亡三十八歲卒葉氏姚光祖妻二十九歲夫亡四十五歲卒顧
氏唐岳山妻二十五歲夫亡四十四歲卒費氏華大鼎妻二十六歲夫亡無子紡織事姑四十四歲
卒費氏沈廣瑞妻二十三歲夫亡三十八歲卒徐氏劉士奎妻二十五歲夫亡三十七歲卒
包氏須長王妻二十三歲夫亡四十二歲卒周氏金維賢妻二十七歲夫亡王氏朱屺照妻二十
五歲夫亡謝氏陳元亮妻三十歲夫亡劉氏陸聲和妻二十九歲夫亡王氏費宏奕妻二十
一歲夫亡撫遺腹子成立與夫弟宏裕妻李氏稱雙節王氏龔勝初妻二十七歲夫亡蘇氏嚴義

江陰縣志 卷九 列女 節婦 卒

德妻二十五歲夫亡任氏龔大文妻二十九歲夫亡王氏徐明發妻二十九歲夫亡徐氏龔士
鵬妻二十四歲夫亡沈氏曹兆熊妻二十六歲夫亡無翁姑子女歸依孀母方氏以時每遇歲時必返曹
門致祭蔣氏陶榮周妻二十七歲夫亡無子費氏陸體妻二十九歲夫亡徐氏黃鴻千妻
二十五歲夫亡善事翁姑紡織不間寒暑徐氏王國紫妻二十五歲夫亡董氏朱文熙妻二十九歲
夫亡撫嗣張氏監生沈文爛繼妻二十七歲夫亡事孀姑方氏撫前室子瀛洲娶而夭與寡媳相依包
氏徐繼喜妻三十歲夫亡鄭氏監生九培妻二十六歲夫亡事孀姑孫氏與娣杜氏同撫子銷成立
劉氏王繩妻三十歲夫亡徐氏庠生王鍾妻十九歲夫亡守節三十三年徐氏庠生孔衍儒妻
二十六歲夫亡撫子成立壽七十九王氏眞定府同知黃瓚明妾二十五歲夫亡撫子與正娶而卒
復撫孫壽八十四高氏監生王廷俊妾二十七歲夫亡六十一歲卒曹氏王恆吉妾二十六歲
夫亡四十一歲卒范氏金振馨妾二十七歲夫亡以上祝塘

夏氏包君培妻明季時君培代父繫獄死後鄉兵肆掠搦不入氏室曰此孝子節婦居也黃氏錢鏡侯繼
妻二十八歲夫亡撫子壽七十四錢氏尹宏嗣妻二十五歲夫亡六十六歲卒繆氏包廷選妻
二十一歲夫亡壽七十一劉氏王詔妻二十八歲夫亡壽七十五徐氏王鉞妻二十八歲夫亡家
貧無子嘗有句曰老屋半間常補屬紡車一具作生涯壽七十四滸氏張文元妻二十九歲夫亡六十
八歲卒郁氏顧天麗妻三十歲夫亡撫二子五十三歲卒何氏郁起隆妻二十二歲夫亡撫子
六十三歲卒陸氏王繩武妻二十七歲夫亡五十五歲卒張氏龔廷美妻二十四歲夫亡壽八
十二何氏陶九思妻二十九歲夫亡撫子維恭娶而夭偕媳矢守壽八十三夏氏陶維恭妻三十
歲夫亡奉亦孀姑五十六歲卒江氏包書昌妻二十八歲夫亡壽七十二黃氏庠生潘陞妻二十七
歲夫亡五十三歲卒朱氏杜雲鵬妻二十四歲夫亡撫遺腹子士美成立壽八十四葛氏顧鍾新妻
二十七歲夫亡六十四歲卒徐氏顧廷瑚妻二十六歲夫亡撫遺腹子鍾泰成立六十七歲卒盧

江陰縣志 卷九 列女 節婦 垂

氏潘錫琪妻二十八歲夫亡撫嗣壽七十鄭氏包傳宗妻二十六歲夫亡壽七十陳氏包紹
周妻二十八歲夫亡壽七十六陸氏包楠妻二十四歲夫亡五十七歲卒陸氏杜樂天妻三十歲夫
亡撫子廣詩遊庠壽七十五臧氏包嵩燮妻二十四歲夫亡五十四歲卒謝氏包宗堃妻二十
四歲夫亡無子三十七歲卒潘氏錢九玉妻二十九歲夫亡二子幼俱殤氏既織且耕親任操作壽七
十三余氏包廷梧妻二十一歲夫亡壽八十五施氏包志敏妻二十九歲夫亡六十一歲卒張
氏潘廷珪妻二十六歲夫亡四十四歲卒錢氏郁時盈妻三十夫亡壽七十七王氏周定
國妻二十八歲夫亡壽八十盧氏周士成妻二十七歲夫亡壽七十五費氏陸朋林妻二十五歲
夫亡壽八十一繆氏周文秀妻十八歲夫亡四十六歲卒孫氏潘時鳳妻二十七歲夫亡壽七十七
嚴氏何以章妻二十四歲夫亡壽七十滸氏余天爵妻二十五歲夫亡壽七十劉氏周泰
昌妻二十三歲夫亡壽七十七陶氏蔡鑑妻二十六歲夫亡四十六歲卒蔣氏朱丕臣妻二十九歲

夫亡五十七歲卒周氏朱繼宗妻二十七歲夫亡五十四歲卒江氏包贊呂妻二十四歲夫亡五十五歲卒莊氏包增妻二十五歲夫亡晨夕紡績養翁姑四十餘年六十八歲卒吳氏何顯左妻二十三歲夫亡六十歲卒陸氏包桂林妻二十八歲夫亡撫遺腹子成立五十六歲卒張氏包國維妻二十八歲夫亡五十九歲卒謝氏潘玉妻二十四歲夫亡六十三歲卒潘氏包培基妻三十歲夫亡五十二歲卒蔣氏周志安妻二十四歲夫亡撫遺腹子忍飢乳哺四十六歲卒顧氏袁慎言妻二十五歲夫亡五十六歲卒顧氏包厚妻二十九歲夫亡三十八歲卒張氏包承仁妻二十七歲夫亡潘氏吳天祥妻二十七歲夫亡陸氏盧漢章妻三十歲夫亡王氏周洪妻二十九歲夫亡陸氏何榮祖妻二十六歲夫亡陳氏包振鶴繼妻三十歲夫亡龔氏顧鳳昌妻二十七歲夫亡陶氏郁含章妻二十三歲夫亡俞氏包燊英妻二十七歲夫亡翁氏張元進妻二十七歲夫亡周氏趙保和妻二十六歲夫亡韓氏杜國瑞妻二十三歲夫亡撫子登賢成立五十

五歲卒以上文林

江氏程啟高妻二十八歲夫亡壽八十錢氏徐汝熙妻二十九歲夫亡無子五十九歲卒趙氏吳煥章妻二十九歲夫亡壽七十四孫氏夏瑞時妻二十七歲夫亡撫子壽八十五沈氏王良積妻三十歲夫亡四十六歲卒程氏張端明妻二十二歲夫亡六十八歲卒周氏夏時中妻三十歲夫亡壽八十五錢氏監生程廷錫繼妻會稽錢瑞甫女二十五歲夫亡壽七十六徐氏繆大成妻二十五歲夫亡六十六歲卒吳氏夏叔良妻二十八歲夫亡守節四十年王氏周德[illegible]妻二十五歲夫亡六十六歲卒沈氏張鳴鶴妻二十七歲夫亡服闋姑令改適斷髮自誓六十九歲卒杜氏吳鍾妻二十八歲夫亡守節二十四年劉氏吳公執妻二十七歲夫亡撫嗣受谷成立壽七十二唐氏周文五妻二十七歲夫亡壽七十六曹氏龔天順妻二十五歲夫亡撫子武倉成立壽七十龔氏郭培妻二十七歲夫亡六十八歲卒楊氏夏士葵妻二十五歲夫亡四十六歲卒葛氏

瞿新如妻二十七歲夫亡壽七十四袁氏陸士鶴妻二十八歲夫亡壽七十三曹氏程遐泰妻二十九歲夫亡撫子四十九歲卒郭氏華承祖妻二十七歲夫亡六十五歲卒錢氏趙熙孔妻二十九歲夫亡壽七十五任氏陳堯章妻二十四歲夫亡壽八十一趙氏朱坤生妻二十九歲夫亡壽七十九顧氏劉永濟妻二十三歲夫亡守節五十一年周氏劉永祿妻二十五歲夫亡壽七十一沈氏章大倫妻二十三歲夫亡六十四歲卒葉氏陳時懋妻二十一歲夫亡翁姑年耄孝養十九年撫子成立六十七歲卒陳氏繆文宏妻二十歲夫亡守節五十二年錢氏繆晉格妻二十七歲夫亡壽七十趙氏夏德明妻二十七歲夫亡五十四歲卒吳氏夏孝如妻二十八歲夫亡壽八十四李氏張維清妻二十五歲夫亡壽七十徐氏郭定臣妻十九歲夫亡撫遺腹子成立五十七歲卒安氏繆宗周妻二十五歲夫亡壽七十三夏氏張君賢妻二十六歲夫亡壽七十二徐氏夏廷栻繼妻二十一歲夫亡壽八十四金氏貢生陳鏞妻二十八歲夫亡壽七十華氏庠生袁一騂妻

二十九歲夫亡撫子永壆永年遊庠壽九十袁氏劉思燕妻二十六歲夫亡撫子普遊庠三十七歲卒許氏劉學獻妻二十七歲夫亡六十五歲卒夏氏吳坦縉妻三十歲夫亡三十九歲卒徐氏吳均繼妻二十九歲夫亡六十二歲卒錢氏夏禹鈞妻二十二歲夫亡五十六歲卒楊氏夏如珍妻二十八歲夫亡六十五歲卒徐氏劉公授繼妻二十四歲夫亡壽七十四杜氏包致禮妻二十九歲夫亡六十四歲卒何氏夏人驥妻二十九歲夫亡壽八十三陳氏庠生繆嵩妻三十歲夫亡壽七十六周氏張靜安妻二十一歲夫亡六十八歲卒吳氏夏文汾妻二十九歲夫亡壽七十七周氏程汝益妻三十歲夫亡六十一歲卒蘇氏監生郭附繼妻三十歲夫亡進福里橋四十五歲卒張氏夏文進妻二十七歲夫亡壽七十六錢氏附生劉偉述妻二十九歲夫亡六十七歲卒貢氏吳汝諧繼妻二十六歲夫亡六十七歲卒葉氏陳大德妻二十九歲夫亡六十歲卒許氏劉培孝妻二十六歲夫亡壽七十四金氏監生陳世滔妻二十一歲夫亡五十九歲卒華氏顯瑞

龍妻瑞龍性孝舅死一慟而絕子亦繼夭氏年二十四事翁以孝翁壽七十九
王氏徐清妻二十九歲夫亡撫子廷松游庠六十三歲卒
夏氏趙天培妻二十七歲夫亡壽七十
夏氏龔培倉妻二十八歲夫亡壽八十五
周氏王宗賢妻二十八歲夫亡六十六歲卒
譚氏繆步青妻二十五歲夫亡六十二歲卒
方氏黃庭鶴妻二十三歲夫亡壽八十六
許氏徐增織妻三十三歲夫亡六十三歲卒
夏氏張世聲妻二十六歲夫亡四十一歲卒
周氏陸世鈿妻二十三歲夫亡六十七歲卒
方氏張榮甫妻二十一歲夫亡五十九歲卒
王氏程雲裘妻二十九歲夫亡壽七十八
邵氏夏宏禮妻二十九歲夫亡五十二歲卒
李氏夏文濬妻二十九歲夫亡壽七十
鄭氏王大乾妻二十九歲夫亡壽七十七
劉氏馮昭妻二十二歲夫亡五十五歲卒
夏氏程漣繼妻二十七歲夫亡壽八十五
趙氏周培元妻二十三歲夫亡五十七歲卒
許氏劉傳妻二十七歲夫亡壽八十四
夏氏張洪源妻二十五歲夫亡六十四歲卒
郭氏陳鳳岡妻二十八歲夫亡壽七十七
繆氏夏廷璞妻二十四歲夫亡壽七十五
侯氏庠生夏廷煦繼妻三十歲夫亡撫前室子及己子皆娶而夭偕媳撫遺腹孫六十四歲卒
劉氏王世美妻二十九歲夫亡壽八十一
孫氏吳鳳山妻二十五歲夫亡壽七十七
周氏邵學臣妻二十三歲夫亡家貧無子翁姑憐之欲其改適不從壽七十四
周氏趙惟熊妻十九歲夫亡族人抑迫歸依母家六十三歲卒
沈氏周德培妻二十四歲夫亡六十八歲卒
駱氏張祖蟾妻二十二歲夫亡壽七十五
汪氏劉清瑗妻二十九歲夫亡壽七十六
陸氏鄭元林妻二十四歲夫亡壽七十
譚氏陸鼎妻二十三歲夫亡六十三歲卒
龔氏沈模妻三十歲夫亡六十三歲卒
王氏秦文元妻二十六歲夫亡壽七十五
高氏王永發妻二十七歲夫亡五十七歲卒
周氏韋願衡妻二十九歲夫亡六十六歲卒
羅氏庠生徐炳妻二十五歲夫亡孝孤姑撫嗣子三十八歲卒
華氏庠生楊雋妻二十四歲夫亡三十七歲卒
錢氏葉聖林妻二十三歲嫁甫一月夫出貿易卒扶柩歸葬五十七歲卒
朱氏夏裕增妻三十歲夫亡事孀姑撫遺腹子成立四十二歲卒
王氏徐文

江陰縣志〈卷九　列女　節婦　五四

燧妻二十三歲夫亡四十七歲卒
周氏陸起倫妻二十九歲夫亡四十五歲卒
貢氏包鏊監妻二十五歲夫亡四十六歲卒
周氏朱指南妻二十五歲夫亡三十九歲卒
郭氏徽人程介眉妻郭志學女二十六歲夫亡奉姑撫子數年姑亡子夭歸母家守節
夏氏司實三妻二十四歲夫亡
郭氏趙福坤妻二十八歲夫亡
黃氏夏士賢妻二十七歲夫亡
張氏周士俊妻二十二歲夫亡
陳氏邱學裕妻二十九歲夫亡
張氏監生徐炅妻十九歲夫亡
沙氏監生徐文熊妻二十三歲夫亡事姑撫子與媳張氏雙節
葉氏董士才繼妻二十七歲夫亡
蔡氏夏雲九妻二十六歲夫亡
錢氏夏鳴璋妻三十歲夫亡
李氏吳永清妻三十歲夫亡
周氏沈介福妻二十一歲夫亡
夏氏濮寶善妻三十歲夫亡
何氏監生劉治源妻二十六歲夫亡
范氏朱廷槐妾二十九歲夫亡與嫡周氏撫子灼遊庠壽七十
陳氏汪廷桂妻二十九歲夫亡壽七十六
魏氏監生徐植妾二十歲夫亡嫡子亦卒與嫡孀劉氏同守六十七歲卒
繆氏監生陳世燾妾二十五歲夫亡以上長涇

敖氏陳彥申妻二十五歲夫亡壽七十四
顧氏李迺昌妻二十四歲夫亡無子
張氏李長發妻二十三歲夫亡無子五十四歲卒
陸氏馬鶴蒼妻二十九歲夫亡
郭氏吳凝勳妻二十歲夫亡無子
陳氏繆受之妻十九歲夫亡守節五十四年
徐氏周汝璋妻二十四歲夫亡撫嗣壽逾七十
夏氏邵一治妻二十八歲夫亡
錢氏庠生蔣邁妻三十歲夫亡壽七十
錢氏周子受妻常熟錢默甫女三十歲夫亡翁以訟破家而歿氏撫子於敗屋中壽七十一子維楨遊庠孫城武舉
吳氏徐某妻吳芝生女二十歲夫亡
吳氏朱尚林妻二十四歲夫亡撫子
陸氏吳晉錫妻二十九歲夫亡壽八十餘
徐氏增生李維祺妻吳縣廩貢生徐學濟女二十八歲夫亡撫子勤成立壽七十八
李氏周天福妻二十五歲夫亡六十六歲卒
吳氏李維榮妻埰人吳永福女二十五歲夫亡六十三歲卒
蘇氏陳君緒妻二十六歲夫亡
周氏李廷琫妻庠生周維植女二十八歲夫亡撫嗣孝奉孀姑變產舉三世棺
徐氏周時和妻三十歲夫亡六十四歲卒
徐氏劉時爾妻二十九歲夫亡壽七十六
朱氏周懷

江陰縣志〈卷九　列女　節婦　五五

渼妻二十歲夫亡六十四歲卒張氏李二妻二十歲夫亡四十七歲卒蔣氏巫端妻二十二歲夫亡五十三歲卒錢氏樊君發妻二十三歲夫亡壽七十七周氏庠生楊王持妻二十九歲夫亡六十八歲卒葛氏張望齊妻二十七歲夫亡五十七歲卒陸氏周維前妻二十三歲夫亡壽八十四陳氏程元昭妻二十六歲夫亡六十七歲卒徐氏周臣度妻十八歲夫亡五十二歲卒李氏周爾佑妻二十四歲夫亡壽七十三韓氏陸藻妻二十七歲夫亡壽八十二樊氏吳王如妻二十二歲夫亡四十二歲卒嚴氏奚山妻三十歲夫亡壽八十周氏王驥妻二十一歲夫亡四十歲卒姜氏張永山妻二十八歲夫亡六十二歲卒孫氏吳希聖妻二十五歲夫亡壽八十王氏顧成章妻二十四歲夫亡撫子壽七十孫氏費雙妻二十一歲夫亡撫嗣壽七十一葛氏程岵瞻妻二十八歲夫亡五十六歲卒徐氏秦應嗣妻二十六歲夫亡撫遺腹子成立六十七歲卒周氏吳敦光妻三十歲夫亡六十一歲卒夏氏奚士安妻二十九歲夫亡撫夫弟成立以其子爲嗣

壽八十六顧氏徐士順妻二十四歲夫亡六十三歲卒吳氏張永上妻二十四歲夫亡撫遺腹子成立五十五歲卒高氏蘇廷茝妻十八歲夫亡壽七十九樊氏階挺妻二十五歲夫亡四十三歲卒沈氏鄧天祚妻二十九歲夫亡六十三歲卒陸氏舅遇謙妻二十八歲夫亡壽七十三李氏奚天爵妻二十三歲夫亡撫嗣五十歲卒王氏周世豪妻二十九歲夫亡五十六歲卒吳氏周祖科妻二十三歲夫亡壽七十八衛氏趙允和妻二十六歲夫亡壽七十三吳氏庠生周飛鳳妻二十四歲夫亡撫子與孀姑同守六十二歲卒許氏沈紹祥妻二十歲夫亡六十三歲卒魏氏迪永相妻二十六歲夫亡六十二歲卒秦氏吳仁妻二十七歲夫亡壽七十顧氏郭象和妻二十四歲夫亡五十一歲卒毛氏沈紹林妻二十六歲夫亡六十一歲卒張氏巫乘澠妻二十九歲夫亡六十九歲卒巫氏周惠南妻二十五歲夫亡五十七歲卒許氏陸俊成妻二十六歲夫亡三十六歲卒陳氏監生周謨妻二十九歲夫亡五十歲卒孫氏陳惠忠妻三十歲夫亡四十六歲卒

李氏蔣明德妻三十歲夫亡譚氏郭培仁妻二十八歲夫亡楊氏周壬妻二十九歲夫亡錢氏吳巨川妻二十九歲夫亡徐氏晏鼎妻二十三歲夫亡徐氏成濬妻二十一歲夫亡錢氏盧秉序妻二十六歲夫亡吳氏陸友祥妻二十二歲夫亡顧氏周宗光妻二十八歲夫亡衛氏顧耀妻二十四歲夫亡顧氏陸其生妻二十九歲夫亡郭氏薛永宗妻二十八歲夫亡周氏吳菊妻二十九歲夫亡巫氏郭紹城妻三十歲夫亡朱氏周宗楞妻二十八歲夫亡曹氏許德高妻三十歲夫亡劉氏蔣乾一妻十九歲夫亡范氏趙大賓妻二十八歲夫亡周氏吳樹嘉妻二十八歲夫亡陸氏吳盛安妻三十歲夫亡王氏吳耀堂妻三十歲夫亡胡氏巫永倘妻二十九歲夫亡謝氏監生王杭妻二十五歲夫亡四十九歲卒以上顧山汪氏徽籍庠生項裯妻氏亦徽人僑居江邑二十九歲夫亡壽八十八陸氏郭永豐妻二十七歲夫亡養姑撫子壽七十八陶氏顧廷椿妻二十八歲夫亡無子六十歲卒范氏許聖達妻二十七歲夫亡

徐氏旌德江廷璧妻二十八歲夫亡六十三歲卒徐氏趙雲妻二十六歲夫亡守節十七年顧氏許基妻二十六歲夫亡守節十七年鄒氏許廷鎮妻二十七歲夫亡撫嗣壽七十二蔣氏許長齡妻二十五歲夫亡劉氏許䣘妻二十九歲夫亡撫二子成立五十六歲卒徐氏許爾嘉妻二十九歲夫亡善事翁姑撫子成立壽七十五戴氏郭進妻二十四歲夫亡壽七十七陶氏郭天錫妻二十八歲夫亡壽八十八奚氏郭光輝妻二十八歲夫亡撫子壽七十八宋氏童耀倓妻三十歲夫亡壽八十一徐氏武生趙毅妻三十歲夫亡壽九十一陶氏趙明妻二十三歲夫亡六十八歲卒趙氏許柏芳妻二十三歲夫亡撫子壽八十一陶氏徐瀛士妻二十六歲夫亡六十三歲卒許氏樊雲徵妻二十八歲夫溺汀死撫嗣嗣夭復撫嗣孫壽七十八劉氏包維藩妻二十九歲夫亡壽七十一彭氏謝松年妻二十六歲夫亡撫遺腹子娶而夭撫孫成立壽七十六趙氏張祥麟妻二十九歲夫亡撫子娶而夭撫孫成立壽七十八徐氏許有彩妻二十歲夫亡撫遺腹子成立四十五歲卒

馮氏郭文進妻二十四歲夫亡無子六十七歲卒郭氏葉淩霄繼妻二十六歲夫亡撫子五十三歲卒錢氏繆天助妻二十九歲夫亡六十三歲卒張氏許良貴妻二十七歲夫亡無子六十八歲卒朱氏周世英妻二十七歲夫亡壽七十一季氏張世賢妻二十八歲夫亡撫子六十歲卒蔡氏范文秀妻二十八歲夫亡六十八歲卒包氏郭巨川妻二十八歲夫亡壽七十四潘氏許在海妻二十七歲夫亡四十九歲卒張氏徐運清妻二十七歲夫亡壽八十二周氏徐振凡妻二十九歲夫亡壽八十七朱氏許君芝妻二十三歲夫亡六十二歲卒陳氏趙通妻二十九歲夫亡壽七十六許氏張心佩妻許汝亮女二十六歲夫亡家貧依母五十八歲卒蔣氏陳廷禩妻三十歲夫亡五十九歲卒許氏蔡彥清妻二十六歲夫亡壽八十六繆氏郭元宰繼妻二十七歲夫亡六十七歲卒孫氏錢朝元妻二十八歲夫亡六十二歲卒繆氏郭鳴山妻二十九歲夫亡壽八十一錢氏張起發妻三十歲夫亡六十歲卒高氏許維祿妻三十歲夫亡五十三歲卒張氏

江陰縣志　卷十九　列女　節婦　兲

趙廷銓妻張祥麟女二十九歲夫亡撫子四十五歲卒繆氏許元妻三十歲夫亡壽七十二杭氏許國芳繼妻二十六歲夫亡子天撫嗣孫六十三歲卒劉氏錢大成妻二十八歲夫亡四十六歲卒王氏許天昇妻二十七歲夫亡六十七歲卒孔氏繆德宏妻二十四歲夫亡六十五歲卒繆氏陶上林妻三十歲夫亡壽七十四顧氏郭啟明妻三十歲夫亡撫子壽七十蔡氏向治中妻二十七歲夫亡無子壽八十范氏童成章妻二十七歲夫亡撫子壽七十七錢氏郭時妻二十七歲夫亡壽七十五范氏許士成妻三十歲夫亡五十二歲卒於氏許德彩妻二十七歲夫亡四十二歲卒曹氏邵芾繼妻二十二歲夫亡五十四歲卒張氏郭正賢妻二十八歲夫亡壽七十四趙氏蔡廷揚妻二十九歲夫亡壽八十二山氏陶御興妻二十八歲夫亡壽七十七錢氏蔡琥繼妻二十六歲夫亡三十八歲卒包氏許銓妻二十五歲夫亡六十歲卒許氏繆嗣昭妻三十歲夫亡五十九歲卒周氏宋和妻二十六歲夫亡壽七十三蔡氏陶新德妻二十九歲夫亡五十九歲

卒李氏蔡有虔妻二十一歲夫亡五十八歲卒郭氏瞿金城妻二十三歲夫亡三十九歲卒葉氏武生許夢熊妻二十六歲夫亡五十一歲卒唐氏許天球妻二十三歲夫亡三十五歲卒姚氏監生張川妻二十四歲夫亡四十五歲卒錢氏許飛奎妻二十六歲夫亡三十八歲卒錢氏蔡士遠妻二十九歲夫亡七十九歲卒孫氏許敘才妻二十九歲夫亡撫嗣嗣天又撫孫徐氏范文奎妻二十九歲夫亡郭氏吳茂才妻二十九歲夫亡郭氏顧建廷妻二十九歲夫亡許氏顧安榮妻二十七歲夫亡葛氏吳天生妻三十歲夫亡錢氏蔡建中妻三十歲夫亡朱氏蔡炳文妻二十八歲夫亡李氏郭殿文妻二十七歲夫亡朱氏庠生郭孚尹妻二十五歲夫亡繆氏葛耀榮妻二十九歲夫亡繆氏監生范循潤妻二十九歲夫亡樊氏武生潘廷柏妻二十七歲夫亡趙氏邵永諾妻二十四歲夫亡黃氏葉繼南妻二十九歲夫亡朱氏吳觀海妻二十八歲夫亡范氏監生郭俊妻二十八歲夫亡顧氏舉人趙國樞妾二十五歲夫亡嫡徐氏雙瞽子

江陰縣志　卷十九　列女　節婦　兲

三歲衣食咸取給於十指壽至七十六顧氏許棫之妻二十七歲夫亡撫嫡子成立以上楊舍

范氏殷倬雲妻三十歲夫亡孝孀姑撫三子壽八十六朱氏趙貴寶妻三十六歲夫亡奉事孀姑姑歿哭幾喪明日夜操作六十五歲卒錢氏趙堅妻貢生錢掄女二十九歲夫亡撫嗣陶氏趙同聲妻二十歲夫亡撫嗣奉事病翁二十餘年陶氏趙聲貴妻二十一歲夫亡六十八歲卒陳氏趙同馨妻二十八歲夫亡六十四歲卒李氏趙學詩妻二十三歲夫亡撫遺腹子成立壽七十盧氏趙同典妻二十九歲夫亡壽七十七卞氏李志華妻二十八歲夫亡六十二歲卒楊氏徐永昌妻二十四歲夫亡壽八十八陸氏張加祿妻二十九歲夫亡壽七十七趙氏徐德輝妻二十九歲夫亡六十七歲卒徐氏趙同麟妻二十七歲夫亡六十歲卒徐氏唐進山妻二十二歲夫亡壽七十三趙氏許心和妻二十九歲夫亡四十五歲卒唐氏趙掌妻二十一歲夫亡壽七十八徐氏

趙有成妻二十七歲夫亡壽七十二趙氏陳富繼妻三十歲夫亡六十三歲卒胡氏趙士洪妻二十七歲夫亡張氏職員許昂妻三十歲夫亡湯氏蘇廷銘妻二十八歲夫亡趙氏邵學義妻二十九歲夫亡葛氏唐龍順妻二十五歲夫亡何氏吳元發妻二十七歲夫亡陳氏唐裕朝妻二十五歲夫亡惠氏張廷椿妻二十三歲夫亡龔氏庠生趙驊妻二十歲夫亡四十二歲卒以上

章卿

華氏邱樹德妻三十歲夫亡孀姑趙氏患瘋疾晨夕扶持爲兩幼叔婚娶撫子成立王氏殷近山妻二十五歲夫亡撫遺腹子成立壽八十顧氏周應倫妻二十一歲夫亡無子劉氏張期璋妻二十八歲夫亡撫子業璇娶而夭偕媳撫孫壽七十二季氏張業璇妻二十八歲夫亡奉姑撫子成立楊氏張克明妻二十八歲夫亡五十八歲卒王氏張福妻二十三歲夫亡守節三十二年張氏侯天爵妻三十歲夫亡撫子成立季氏周大良妻二十八歲夫亡撫子措椒度日陸氏夏九錫妻二十八歲夫亡壽八十繆氏盧加貞妻二十九歲夫亡六十六歲卒俞氏盧履周妻二十七歲夫亡事孀姑撫二子六十九歲卒張氏孫德輝妻十九歲夫亡撫子四十二歲卒徐氏黃國儀妻二十九歲夫亡六十三歲卒盧氏薛爾祥妻二十八歲夫亡五十八歲卒許氏吳公茂妻二十六歲夫亡撫子成立六十一歲卒鄔氏周起鳳妻二十八歲夫亡撫子成立盧氏監生卞孟傑妻二十九歲夫亡壽七十范氏陳良才妻二十六歲夫亡事孀姑趙氏二十五年壽七十一劉氏周仲斌妻三十歲夫亡壽七十七季氏孫慶來妻二十九歲夫亡壽八十三俞氏王德中妻二十九歲夫亡四十六歲卒巫氏朱士清妻二十四歲夫亡撫子娶婦子婦俱歿撫二孫成立壽八十邱氏徐洪基妻二十四歲夫亡子殤撫嗣孫壽七十九黃氏祁壽先妻二十九歲夫亡有逼醮者控官得免壽八十四曹氏張玉楚妻二十二歲夫亡壽八十五張氏徐培妻二十一歲夫亡六十三歲卒周氏陳沛時妻二十九歲夫亡壽七十四張氏徐有蘭妻十九歲夫亡撫嗣六十三歲卒俞氏晉炳

文妻二十七歲夫亡六十歲卒李氏監生周宗洙妻二十九歲夫亡封股療姑病六十四歲卒李氏施秉臣妻二十八歲夫亡壽七十三趙氏孫謙益妻二十八歲夫亡六十四歲卒盧氏吳名綱妻二十二歲嫁兩月夫亡撫嗣盈科成立壽七十四夏氏吳煒妻二十九歲夫亡五十九歲卒沈氏杜瑞隆妻二十一歲夫亡撫子娶而夭孫又殤五十七歲卒陳氏丁文翰妻二十七歲夫亡五十五歲卒虞氏陳易初妻二十八歲夫亡四十五歲卒周氏居堯年妻二十九歲夫亡壽八十一卞氏李自明妻二十四歲夫亡六十六歲卒趙氏蔣天成妻二十六歲夫亡壽八十二李氏張仁鳳妻二十九歲夫亡六十六歲卒徐氏趙和妻二十四歲夫亡五十九歲卒劉氏監生周玉山妻二十四歲夫亡撫子成立壽七十一徐氏陳坤元妻二十九歲夫亡六十歲卒王氏盧有光妻二十九歲夫亡壽八十王氏顧九思妻二十七歲夫亡五十七歲卒方氏孫思敬妻三十歲夫亡五十八歲卒林氏高惟臣妻二十五歲夫亡六十三歲卒張氏唐世高妻二十九歲夫亡壽七十五陳氏沙士進妻二十一歲夫亡壽七十六沈氏繆宏德繼妻二十三歲夫亡五十五歲卒陳氏張廷綬妻二十六歲夫亡六十七歲卒丁氏張志熙妻二十八歲夫亡五十五歲卒張氏吳鈞妻三十歲夫亡四十八歲卒徐氏趙希賢妻二十八歲夫亡五十歲卒張氏龍鳳彩妻三十歲夫亡六十三歲卒施氏蔣士嘉妻二十八歲夫亡五十九歲卒劉氏卞汝川妻三十歲夫亡五十三歲卒沈氏張廷綵妻二十八歲夫亡五十一歲卒何氏蔣加裕妻二十七歲夫亡徐氏張廷綎妻二十七歲夫亡徐氏張廷紳妻二十七歲夫亡徐氏許隆盛妻二十五歲夫亡有逼嫁者氏剪髮刺喉控官得免蔣氏孫正朝妻二十九歲夫亡尤氏江啟開妻二十七歲夫亡張氏陳友賢妻二十九歲夫亡劉氏孫孝賢妻二十七歲夫亡楊氏陸愛棠妻二十六歲夫亡徐氏張若梅妻二十八歲夫亡周氏王召棠妻二十四歲夫亡張氏劉秉德妻二十九歲夫亡撫子成立割股療翁姑病壽皆至八十餘陳氏蔣有智妻三十歲夫亡徐氏任大升妻二十二歲夫亡秦氏施有

達妻二十二歲夫亡 王氏張文奎妻二十八歲夫亡 劉氏王宏道妻二十九歲夫亡 吳氏劉躍淵妻二十二歲夫亡 曹氏章殿成妻二十五歲夫亡 居氏盧朝宗妻二十五歲夫亡 李氏范廷山妻三十歲夫亡 王氏陳錦春妻二十三歲夫亡 黃氏吳立信妻二十二歲夫亡 徐氏王汝浵妻二十六歲夫亡 夏氏封育麟妻二十四歲夫亡 趙氏陳大忠妾二十七歲夫亡撫子良才娶而天壽七十七 曹氏張宗傳妾二十九歲夫亡 以上火橋

馬氏于聯芳妻二十九歲夫亡撫遺腹子進珍成立 任氏張廷秀妻二十五歲夫亡無子 孟氏王秉仁妻二十歲夫亡撫匝月子成立 蔣氏徐希賢妻二十四歲夫亡無子壽七十七 孫氏黃濟妻二十五歲夫亡子甫百日撫之成立 黃氏許聖公妻三十歲夫亡與妾湯氏共守孝養孀姑六十二歲卒 卞氏顧世安妻二十七歲夫亡 朱氏王纘修妻二十九歲夫亡善事翁姑翁亡與姑同寢處姑歿號泣成疾卒 黃氏梅鵬九妻二十七歲夫亡 朱氏庠生陸位公妻二十八歲夫亡撫嗣亦天 倪氏

江陰縣志　卷十九　列女　節婦　四十七

庠生張數妻二十七歲夫亡五十八歲卒 薛氏張範妻二十八歲夫亡壽七十八 黃氏陳瑞蘭妻二十八歲夫亡壽九十二 孫氏黃友南妻二十二歲夫亡撫子成立六十六歲卒 韓氏胡習先妻二十四歲夫亡壽七十八 陸氏黃殿侯妻二十九歲夫亡撫子成立歲饑嘗出粥以濟壽七十九 徐氏黃秉衡妻二十九歲夫亡壽八十六 黃氏胡時山妻二十三歲夫亡壽七十一 黃氏王玉賓妻三十歲夫亡壽七十三 徐氏庠生楊品妻三十歲夫亡四十五歲卒 梅氏俞加諒妻二十七歲夫亡六十六歲卒 盧氏胡邦翰妻二十八歲夫亡壽八十二 姜氏胡金聲妻二十六歲夫亡四十八歲卒 嚴氏陳永亨妻十九歲夫亡撫嗣終身素服三十八歲卒 瞿氏監生許全義妻三十歲夫亡壽七十九 陳氏湯傳一妻二十五歲夫亡壽七十七 楊氏陳之俊妻三十歲夫亡五十三歲卒 方氏黃志高妻三十歲夫亡壽八十五 許氏徐鳳齡妻三十四歲夫亡壽七十四 吳氏王洪賓妻二十四歲夫亡六十五歲卒 陳氏黃友鳳妻二十六歲夫亡六十三歲卒 陶氏楊惟宗妻三十歲夫亡壽八十二 胡氏陳大文妻二十歲夫亡四十二歲卒 孫氏方朝起妻二十七歲夫亡五十三歲卒 麗氏朱國茂妻二十九歲夫亡五十七歲卒 陳氏方渭田妻二十五歲夫亡三十八歲卒 薛氏許思觀妻二十五歲夫亡五十九歲卒 陳氏張雲鶴繼妻二十二歲夫亡三十一歲卒 黃氏湯敘能妻三十歲夫亡六十四歲卒 徐氏黃士昌妻二十九歲夫亡六十一歲卒 王氏瞿廣德妻二十一歲夫亡四十五歲卒 中氏郁維周妻二十七歲夫亡六十一歲卒 徐氏楊君壽妻二十四歲夫亡三十九歲卒 懷氏馬繼仁妻二十五歲夫亡四十三歲卒 顧氏朱大能妻二十五歲夫亡五十一歲卒 陸氏許二觀妻二十六歲夫亡六十三歲卒 楊氏黃濬然妻二十四歲夫亡壽八十六 黃氏曹國珍妻二十三歲夫亡五十歲卒 方氏尤廷聞妻二十八歲夫亡 許氏胡行先妻二十歲夫亡 戴氏胡楚山妻三十歲夫亡 丁氏湯士龍妻二十七歲夫亡 何氏顧鼎爵妻三十歲夫亡 蔣氏王祥林妻二十八歲夫亡 章氏陳敬一妻二十八歲夫亡

江陰縣志　卷十九　列女　節婦　四十八

何氏陳聖高妻二十九歲夫亡 李氏劉應鵬妻二十五歲夫亡 包氏楊天秩妻二十五歲夫亡 朱氏黃亦才妻三十歲夫亡 張氏蔣朝泰妻二十五歲夫亡 陳氏陸宗聖妻二十六歲夫亡 吳氏顧爾安妻二十五歲夫亡 顧氏丁朝愷妻二十歲夫亡 周氏胡友才妻二十七歲夫亡 吳氏黃正先妻二十八歲夫亡 李氏陳錦儀妻二十七歲夫亡 黃氏庠生秦世珍妻二十六歲夫亡 喻氏湯勝培妻二十九歲夫亡 吳氏胡仁鳳妻二十八歲夫亡壽八十一 滸氏劉國珍妻二十七歲夫亡五十二歲卒 以上三官

秦氏尤雲瑞妻二十九歲夫溺死夫弟欲奪其志不從及娣歿三姪幼氏撫之 陸氏劉文萃妻嫁二十一日夫亡 李氏羅文俊妻二十一歲夫亡撫嗣娶而夭復撫孫 季氏尹舉萃妻夫亡撫子養翁姑三十六年 黃氏王文裕妻嫁三月夫亡遺腹子夭撫嗣 李氏劉端宜妻嫁逾月夫亡守節四十八年 劉氏顧登之子妻諸生劉燈女二十九歲夫亡子夭撫嗣既娶與婦俱歿復撫孫壽近八旬卒 姚

氏黃志文妻二十八歲夫亡仰氏光雲彩妻二十四歲夫亡無子黃氏蕭茂初妻二十九歲夫亡撫子祝氏顧允貞妻二十八歲夫亡撫子徐氏黃芳華妻夫亡妾遺腹子成立撫李氏羅士賢妻二十五歲夫亡壽七十五羅氏徐九高妻二十八歲夫亡壽八十黃氏徐開先妻二十四歲夫亡壽八十一陸氏徐宗望妻二十三歲夫亡壽七十九陳氏黃廷序妻二十一歲夫亡壽七十七譚氏吳有成妻三十歲夫亡撫子六十六歲卒楊氏徐大榮妻三十歲夫亡壽九十張氏尹大賓妻二十九歲夫亡六十三歲卒聞氏武生金大中妻二十九歲夫亡壽八十一吳氏陸世容妻二十九歲夫亡壽八十潘氏錢興佐妻二十七歲夫亡壽七十一羅氏金聘儒妻二十五歲夫亡四十七歲卒繆氏殷士昂妻二十六歲夫亡四十二歲卒姚氏潘聖才妻三十歲夫亡五十五歲卒周氏沈廷選妻三十歲夫亡陸氏俞德聖妻二十五歲夫亡陳氏解鳳華妻二十五歲夫亡周氏庠生徐烈妻二十八歲夫亡徐氏劉元法妻二十四歲夫亡曹氏劉元勳妻二十

四歲夫亡李氏陳憲武妻三十歲夫亡姚氏徐茂忠妻二十九歲夫亡以上雙牌馮氏崔四妻二十一歲嫁未逾年夫亡無子歲饑乞食里中壽七十二黃氏張承祖妻二十七歲夫亡章氏徐允升妻二十三歲夫亡五十五歲卒吳氏徐兆芳妻二十五歲夫亡六十四歲卒承氏謝勝宗妻二十四歲夫亡五十歲卒姚氏殷殿邦妻二十七歲夫亡五十七歲卒沈氏羅繼祖妻二十六歲夫亡蔣氏奚元興妻二十八歲夫亡楊氏殷鳳梧妻二十九歲夫亡江氏謝禮和妻三十歲夫亡劉氏夏遇陞妻二十九歲夫亡吳氏承宏猷妻二十七歲夫亡以上謝園

張氏考職府經歷陳維賢妻二十七歲夫亡撫子張氏貢天爵妻二十六歲夫亡撫子樹氏曹維相妻二十四歲夫亡撫子黃氏呂天思妻二十三歲夫亡撫遺腹子成立張氏間以言妻二十四歲夫亡善事翁姑徐氏趙麟振妻二十一歲夫亡壽八十三袁氏蔣應懷妻二十八歲夫亡壽七十

羅氏蔣尊一妻二十九歲夫亡撫嗣五十七歲卒金氏周世富妻二十六歲夫亡壽七十唐氏蔣崇禮妻二十三歲夫亡六十二歲卒蔣氏陸維新妻二十六歲夫亡壽七十二沈氏問學海妻三十歲夫亡四十四歲卒陳氏趙本榮妻二十五歲夫亡五十六歲卒顧氏羅學湖妻三十歲夫亡呂氏尤禹鴻妻二十二歲夫亡許氏蔣興妻二十二歲夫亡吳氏蔡有容妻三十歲夫亡沈氏蔣洪道妻二十九歲夫亡劉氏梅遇發妻二十四歲夫亡沙氏呂紹宏妻二十八歲夫亡徐氏周日珙繼妻二十五歲夫亡繆氏蔣士衡妻三十八歲夫亡劉氏馮念祖妻二十六歲夫亡以上蔡涇

陳氏黃建極妻二十七歲夫亡撫子壽七十徐氏黃琯妻二十八歲夫亡撫二子成立壽八十五周氏陳子吉妻二十一歲夫亡撫子壽八十六黃氏唐祖耀妻二十一歲夫亡壽七十六唐氏蔡元進妻二十七歲夫亡壽七十八朱氏丁長年妻二十五歲夫亡壽八十一張氏吳士龍妻二十八歲

夫亡壽七十二戴氏黃珍如妻二十歲夫亡三十歲卒陳氏阮聖生妻二十八歲夫亡張氏華如龍妻二十二歲夫亡繆氏陳明義妻二十八歲夫亡陳氏顧君召妻三十歲夫亡以上月城

林氏黃君惠妻二十三歲夫亡謝氏黃大章妻二十四歲夫亡撫遺腹子成立壽七十五江氏梁某妻二十歲夫亡壽七十餘張氏陸維義妻二十七歲夫亡壽七十嚴氏黃萬卷妻三十歲夫亡壽七十八單氏浦乾一妻二十四歲夫亡壽七十八蔣氏黃萬增妻二十四歲夫亡撫子世忠娶而夭壽七十六顧氏黃世忠妻二十五歲夫亡事姑五十八歲卒陳氏吳國楨妻二十九歲夫亡壽七十二黃氏陳鶴年妻二十四歲夫亡六十六歲卒杜氏蔣家鼎妻二十二歲夫亡六十歲卒宋氏繆上儀妻二十歲夫亡三十歲卒陳氏繆秉熙妻二十五歲夫亡金氏朱鳳儀妻二十七歲夫亡岳氏浦鳳池妻二十三歲夫亡周氏陳景蓮妻二十四歲夫亡以上夏城

呂氏薛華如妻二十七歲夫亡壽七十九楊氏倪國任妻三十歲夫亡撫嗣娶而夭與媳同守丁氏殷洪如妻三十歲夫亡劉氏薛宗元妻二十九歲夫亡五十七歲卒周氏陳文昭妻二十九歲夫亡壽八十謝氏劉漢能妻二十七歲夫亡壽七十二彭氏金文彩妻二十二歲夫亡壽八十四陳氏崔德榮妻二十四歲夫亡壽七十四周氏劉士榮妻二十七歲夫亡六十八歲卒徐氏楊惟馨妻二十歲夫亡撫未期月子成立四十五歲卒吳氏顧文元妻二十四歲夫亡壽七十六承氏劉學英妻二十五歲夫亡壽七十一葛氏楊森華妻二十八歲夫亡六十三歲卒顧氏嚴鳳來妻二十八歲夫亡五十三歲卒薛氏楊舜年妻二十九歲夫亡尹氏李國忠妻二十七歲夫亡劉氏錢有榮妻二十九歲夫亡江氏劉之蒸妻二十九歲夫亡王氏劉仁章妻二十九歲夫亡

以上黃橋

張氏焦一韓妻二十一歲夫亡撫嗣騰鶴遊庠壽七十六丁氏吳景謙妻二十八歲夫亡壽八十三

江陰縣志 卷十九 列女 節婦 奕

張氏孫哲人妻三十歲夫亡撫子成立顧氏孫我華妻二十九歲夫亡孝事孀姑壽八十四李氏金導和妻二十一歲夫亡養祖姑及姑數十年六十二歲卒焦氏馬鳴旦妻二十一歲夫亡六十五歲卒諸氏庠生成璆妻二十九歲夫亡撫子文漪遊庠壽七十八馬氏黃仲依妻二十七歲夫亡壽七十四李氏監生王達聰妻二十九歲夫亡守節二十年黃氏殷廷鉞妻二十三歲夫亡奉事孀姑撫嗣成立壽七十二錢氏周甫基妻二十五歲夫亡沈氏黃錄妻二十一歲夫亡五十四歲卒薛氏杜殷邦妻二十九歲夫亡黃氏王鳴三妻二十二歲夫亡吳氏蔣堯臣妻二十九歲夫亡六十三歲卒徐氏沈上采繼妻二十六歲夫亡壽八十三薛氏庠生周岐繼妻二十八歲夫亡撫子薛氏庠生李樹中妻二十七歲夫亡華氏李予翼妻二十八歲夫亡六十七歲卒薛氏李子屏妻二十七歲夫亡五十三歲卒謝氏李予宜妻二十六歲夫亡姒姪四節樹氏謝大紀妻二十七歲夫亡季氏謝澄妻二十八歲夫亡撫遺腹子成立劉氏謝庭聘妻二十七歲夫亡撫二

子毀容截髮以禦外侮六十九歲卒潘氏范子榮妻二十八歲夫亡樹氏王廷瑞妻二十五歲夫亡周氏徐孟達妻旌表忠義周克新女十九歲夫亡無子女守節六十七年金氏葛之杰繼妻二十七歲夫亡撫子永安早卒與媳賈氏相依六十二歲卒徐氏胡之傑妻二十六歲夫亡撫嗣嗣夭復撫嗣孫壽七十三鄧氏夏灝臣妻二十五歲夫亡焦氏章子奕繼妻十八歲婚一月夫亡守節二十六年徐氏庠生黃羲妻二十八歲夫亡奉翁姑撫嗣成立壽七十八吳氏戚甘來妻二十三歲夫亡壽八十二黃氏謝二宜妻二十七歲夫亡姑瞽養二十餘年撫子成立壽七十三華氏莊叔建妻無錫華如滄女二十八歲夫亡壽八十七孫氏謝天祥妻十八歲夫亡陳氏崔獻章妻二十七歲夫亡五十九歲卒周氏江賓臣妻二十六歲夫亡蔣氏李天章妻二十九歲夫亡壽七十四胡氏章贊韶妻二十七歲夫亡壽八十四顧氏孫兆熊妻二十八歲夫亡壽七十九謝氏吳川修妻二十八歲夫亡撫子日食或僅一餐六十二歲卒孫氏謝天成妻十九歲夫亡壽九十薛氏包逵文妻

江陰縣志 卷十九 列女 節婦 奎

十九歲夫亡壽八十六朱氏吳日省妻二十六歲夫亡無子姪進恭失怙恃撫之成立壽七十二楊氏庠生周近仁妻二十八歲夫亡五十六歲卒徐氏監生程鳴謙繼妻三十歲夫亡壽八十一劉氏吳成德妻二十九歲夫亡撫子壽七十李氏汪永祥妻三十歲夫亡壽七十一張氏李芝庭繼妻二十七歲夫亡六十三歲卒謝氏涵文嘉妻三十歲夫亡壽九十七焦氏李大韶妻二十九歲夫亡五十五歲卒謝氏沈允中妻二十五歲夫亡壽八十九汪氏劉大衍妻三十歲夫亡撫子遊庠壽七十五薛氏謝海南妻二十七歲夫亡六十三歲卒沈氏潘宏發妻二十四歲夫亡壽七十八吳氏胡廷玉妻十八歲夫亡壽八十二吳氏程汝登妻二十二歲夫亡四十八歲卒須氏陶貽翼妻三十歲夫亡壽七十薛氏黃承烈妻三十歲夫亡六十九歲卒薛氏庠生黃一桂妻二十八歲夫亡撫子遊庠六十二歲卒黃氏吳性安妻二十五歲夫亡壽七十三夏氏陶起渭妻二十六歲夫亡五十九歲卒黃氏李柏齡妻二十五歲夫亡撫嗣四十八歲卒沈氏徐茂

枝妻二十二歲夫亡六十七歲卒夏氏沈丕承妻二十九歲夫亡撫遺腹子成立壽七十九尹氏
程沼川妻二十二歲夫亡五十六歲卒吳氏郭培元妻二十七歲夫亡壽七十九樹氏沈金書妻
二十五歲夫亡六十九歲卒潘氏沈添池妻二十八歲夫亡六十八歲卒戚氏朱朝儀妻三十
歲夫亡六十六歲卒曹氏監生程榮繼妻三十歲夫亡壽七十四宋氏沈延榮妻二十九歲夫亡
壽八十五孫氏監生葛夢錦妻二十八歲夫亡撫子課孫春榕遊庠壽八十胡氏吳芝田妻三十
歲夫亡六十八歲卒馬氏胡璐妻二十九歲夫亡壽八十四陸氏庠生胡隆妻二十八歲夫亡撫
子五十三歲卒陳氏庠生徐文山繼妻二十二歲夫亡壽七十一黃氏莊泰元妻二十七歲夫亡
六十八歲卒崔氏程棠妻三十歲夫亡壽七十六袁氏汪浛繼妻二十一歲夫亡五十三歲卒
馬氏汪沛妻二十九歲夫亡與姒袁氏同守壽七十二謝氏樹玉振妻二十三歲夫亡撫子懿德
成立六十八歲卒趙氏樹震階妻二十五歲夫亡六十九歲卒李氏馬煜妻二十六歲夫亡五
十五歲卒薛氏季繼祖妻二十四歲夫亡撫子成立壽七十二陳氏沈泰妻二十七歲夫亡六十歲
卒王氏姚茂先妻二十八歲夫亡壽七十二顧氏胡鳳翔妻二十六歲夫亡六十歲卒李氏
沈宗玉妻二十八歲夫亡壽七十李氏沈汝霖妻二十四歲夫亡五十三歲卒蔣氏郭介眉妻
二十四歲夫亡六十一歲卒劉氏葛琛妻二十四歲夫亡六十歲卒黃氏李培基妻二十歲夫
亡撫嗣五十三歲卒章氏黃耀妻二十二歲夫亡六十六歲卒程氏沈共和妻二十九歲夫亡五十
七歲卒馬氏李承基妻二十二歲夫亡撫子娶而夭與媳相依五十歲卒張氏謝庭芝妻二十
三歲夫亡五十三歲卒戚氏張際憲妻二十七歲夫亡四十四歲卒蔣氏沈韶妻二十八歲夫
亡四十二歲卒樹氏袁宏道妻二十八歲夫亡守節三十七年陳氏徐宏明妻二十九歲夫亡四十
七歲卒呂氏沈惟勤繼妻二十一歲夫亡馬氏庠生程夢沅繼妻二十七歲夫亡徐氏
武生劉愷繼妻二十八歲夫亡周氏王鳳彩妻二十九歲夫亡童氏潘元興妻二十三歲夫亡撫子

馬氏周洪妻三十歲夫亡王氏張士秀妻二十九歲夫亡陸氏崔應昌妻三十歲夫亡張
氏薛東旭妻三十歲夫亡朱氏沈士衡妻三十歲夫亡謝氏周之冕妻二十五歲夫亡撫遺
腹子成立葛氏程士瑛妻庠生葛規南女二十二歲夫亡撫子成立趙氏周正昌妻二十五歲夫亡
王氏顧旭初妻二十七歲夫亡薛氏陸景宜妻二十七歲夫亡薛氏孫含瑛妻二十八歲夫亡
劉氏黃文彩妻二十七歲夫亡李氏陸紹言妻二十二歲夫亡倪氏張耀如妻二十一歲夫亡
黃氏章甫妻二十四歲夫亡邱氏劉敦厚繼妻二十九歲夫亡佘氏庠生劉焯妻三十歲
夫亡撫子成立潘氏庠生咸垣妻二十六歲夫亡撫嫡子鐸成立壽八十四花氏增生馬璜妾二
十五歲夫亡嫡因其年少欲嫁之不從**以上青暘**
葉氏薛聖臨妻二十九歲夫亡五十七歲卒樹氏薛驥繼妻二十二歲夫亡五十七歲卒薛氏
徐延齡妻二十三歲夫亡六十二歲卒邱氏薛延燦妻二十八歲夫亡五十二歲卒成氏薛來謚妻
二十六歲夫亡三十九歲卒焦氏庠生薛集成妻二十八歲夫亡撫子雲路傭於庠雲路卒又撫孫壽
七十四張氏薛方來妻二十二歲夫亡翁病姑瞽勤紡織以養六十八歲卒楊氏薛亶聰妻二十
四歲夫亡壽七十二陳氏薛景先妻二十七歲夫亡六十九歲卒李氏薛逢時妻二十九歲夫亡
六十七歲卒錢氏薛銳妻二十一歲夫亡撫子三十八歲卒金氏戴世臣妻二十九歲夫亡四十
四歲卒張氏薛中妻二十八歲夫亡六十二歲卒徐氏奚適茲妻二十七歲夫亡撫嗣霞龍遊庠
五十七歲卒趙氏薛宏甫妻二十六歲夫亡李氏薛雲霍妻二十九歲夫亡壽七十二丁氏
庶子綱妻二十九歲夫亡姚氏邱有祈妻二十五歲夫亡孝事嫡姑撫子娶而夭復撫孫壽七十三張
氏朱國昇妻二十四歲夫亡壽七十五季氏考職州同徐馨遠繼妻二十九歲夫亡與前室子婦胡氏
矢守壽七十五胡氏徐枚妻二十五歲夫亡同姑季氏撫子文炳四十八歲卒黃氏徐文炳妻二十
八歲夫亡壽七十一劉氏薛孔昭妻三十歲夫亡壽八十二馮氏薛鳳翩妻二十六歲夫亡四十

江陰縣志　卷九　列女　節婦　卅

八歲卒　李氏庠生薛安定妻二十八歲夫亡六十八歲卒　王氏薛鳳紀妻二十一歲夫亡六十五歲卒　張氏薛來朝妻二十二歲夫亡四十六歲卒　陳氏薛來讓妻二十九歲夫亡五十四歲卒　陳氏顧洪宣妻二十九夫亡四十六歲卒　郭氏薛振業妻二十七歲夫亡五十六歲卒　顧氏貤贈奉政大夫薛來珏妻宜人二十八歲夫亡六十五歲卒　貤贈　張氏薛民曔妻三十歲夫亡四十七歲卒　秦氏薛文泗妻二十三歲夫亡壽七十四　徐氏薛隆魁妻二十七歲夫亡壽七十一　陳氏顧廷瓏繼妻二十八歲夫亡五十四歲卒　沈氏薛隆藻妻二十九歲夫亡六十四歲卒　黃氏薛鳳儀妻二十四歲夫亡六十九歲卒　樹氏顧文彬妻二十三歲夫亡五十六歲卒　吳氏薛奎光妻二十六歲夫亡五十歲卒　蔣氏胡翔九妻二十二歲夫亡六十九歲卒　劉氏薛文炳妻二十五歲夫亡五十三歲卒　張氏薛洲妻二十九歲夫亡五十五歲卒　過氏庠生薛曉珠妻三十歲夫亡五十四歲卒　潘氏顧乾文妻三十歲夫亡五十五歲卒　王氏薛善遠妻二十七歲夫亡壽七十三　夏氏薛俊德妻二十二歲夫亡壽八十二　張氏薛彩華妻二十九歲夫亡壽七十五　江氏顧誥妻二十五歲夫亡壽八十二　胡氏徐壽繼妻三十歲夫亡壽七十九　李氏薛靜專妻三十歲夫亡壽七十二　馮氏薛茂宗妻二十一歲夫亡六十二歲卒　胡氏陳瑞鳳妻二十五歲夫亡六十八歲卒　陳氏薛大倫妻二十五歲夫亡四十四歲卒　奚氏薛柳徵妻三十歲夫亡六十一歲卒　張氏薛紀方妻二十八歲夫亡五十歲卒　任氏薛籛妻二十一歲夫亡五十五歲卒　朱氏胡順元妻二十二歲夫亡五十七歲卒　匡氏薛惟章妻二十一歲夫亡六十九歲卒　鄧氏張文華妻二十六歲夫亡六十三歲卒　薛氏石韞宗妻二十三歲夫亡壽八十八　韋氏奚起凡妻三十歲夫亡與妻宋氏同矢守五十八歲卒　徐氏庠生奚穎峯妻二十六歲夫亡壽七十九　陳氏奚溢功妻二十六歲夫亡六十五歲卒　奚氏邱有祺妻二十六歲夫亡六十五歲卒　張氏奚臧三妻二十四歲夫亡六十一歲卒　韋氏曾正攸妻二十七歲夫亡四十九歲卒　張氏曾慎行妻

江陰縣志　卷九　列女　節婦　卅一

二十八歲夫亡六十二歲卒　徐氏石孝稱妻二十八歲夫亡壽七十七　蔣氏奚起龍遴三十歲夫亡壽七十六　奚氏曾紹祖妻二十二歲夫亡事孀姑撫子壽七十二　奚氏庠生李芹妻三十八歲夫亡壽七十一　奚氏監生石駿聲妻二十一歲夫亡壽八十三　顧氏馮立言妻二十九歲夫亡壽七十　奚氏石勝鋒妻二十一歲夫亡壽七十六　薛氏胡大法妻二十二歲夫亡壽七十一　石氏曾宏襄妻二十九歲夫亡四十九歲卒　莫氏奚朝棟妻二十七歲夫亡壽七十二　黃氏石閎榮妻二十一歲夫亡五十二歲卒　石氏曾義和妻二十六歲夫亡五十二歲卒　周氏奚天爲妻二十四歲夫亡四十八歲卒　葉氏邱嘉備妻二十四歲夫亡六十四歲卒　江氏薛士達妻三十歲夫亡　胡氏奚大文繼妻二十五歲夫亡　薛氏奚慎夫妻二十九歲夫亡　曾氏奚熙廷妻二十四歲夫亡　任氏周殿瑞妻二十七歲夫亡　陳氏薛曾美妻二十七歲夫亡　胡氏顧鵠仁妻二十七歲夫亡　顧氏庠生徐汝霖妻二十七歲夫亡　徐氏奚鳴善妻二十一歲夫亡　馮氏任瑞元妻三十歲夫亡　李氏馮超元妻二十四歲夫亡　胡氏丁芳年妻二十九歲夫亡　潘氏薛一鴻妻二十五歲夫亡　華氏薛虞瑞妻二十五歲夫亡　吳氏奚朝友妻二十九歲夫亡　奚氏石榮興妻二十七歲夫亡　沈氏薛效妻二十九歲夫亡　盧氏薛夢沅妻二十一歲夫亡　嚴氏薛景星妻二十五歲夫亡　倪氏薛續妻二十七歲夫亡　朱氏薛系鶴妻二十三歲夫亡　杜氏監生薛昂妻二十九歲夫亡　張氏武生薛銘盤妻二十九歲夫亡守節四十七年　宋氏奚起凡妻二十二歲夫亡撫子壽七十二　朱氏諸生石玉麟妻二十四歲夫亡撫嫡子遊庠壽七十六　許氏薛德於妻二十九歲夫亡壽七十　錢氏薛德烈妻二十五歲夫亡六十六歲卒　佘氏薛錦奕三十歲夫亡六十三歲卒　邢氏薛隆藻妻二十八歲夫亡與嫡沈氏矢守壽七十一　以上四河　朱氏王翼明繼妻二十一歲夫亡壽八十三　薛氏徐璘若妻二十一歲夫亡撫子娶而夭與媳薛氏撫孫六十九歲卒　孔氏王時泰妻二十九歲夫亡撫嗣壽七十一　丁氏徐延耀妻二十九歲夫亡　許

氏黃玉茂妻二十九歲夫亡錢氏張洪傑繼妻二十七歲夫亡六十三歲卒徐氏張雲生妻二十
六歲夫亡壽七十六徐氏過月予妻二十九歲夫亡撫子文海遊庠程氏陳良玉妻二十八歲夫亡
五十六歲卒朱氏孫綬來妻婚月餘夫亡撫嗣六十一歲卒黃氏石文若妻二十八歲夫亡壽七
十一曾氏張大成妻二十四歲夫亡撫子包氏俞芸生妻二十六歲夫亡撫嗣六十八歲卒潘
氏徐玉光妻二十一歲夫亡撫嗣成立王氏徐世美妻二十一歲夫亡臧氏王志周妻二十六歲
夫亡錢氏徐斌廷妻二十一歲夫亡孔氏徐克慎妻三十歲夫亡顧氏黃月旦妻二十九歲
夫亡五十六歲卒鄭氏黃仲茂妻二十二歲夫亡五十五歲卒沈氏朱振武妻二十七歲夫亡
六十八歲卒龔氏俞鵬祥妻二十三歲夫亡五十二歲卒陳氏朱源麟妻二十五歲夫亡四十
五歲卒李氏孫原若妻二十歲夫亡翁欲嫁之不從六十八歲卒黃氏朱源祥妻二十九歲夫亡
壽七十八王氏徐朝欽妻二十七歲夫亡四十五歲卒曾氏劉雨先妻二十六歲夫亡壽七十四

吳氏倪元範妻二十一歲夫亡壽七十二劉氏王鳴臯妻二十二歲夫亡壽七十石氏黃廷
佐妻二十八歲夫亡貧無所依或勸改適潛縊救免壽七十五曾氏劉西匡妻二十四歲夫亡壽七十七
辛氏徐朝昌繼妻二十二歲夫亡四十八歲卒張氏徐宗魁妻二十六歲夫亡事翁撫子壽七十一
孫氏黃芳燦繼妻二十九歲夫亡壽八十七張氏俞同學妻二十歲夫亡五十七歲卒唐氏
張德文妻二十八歲夫亡有覬其產者訴官立嗣四十七歲卒許氏庠生徐觀妻二十九歲夫亡壽七十
八孔氏張惡宗妻二十歲夫亡撫遺腹子姑以貧議嫁之截髮自矢以十指養姑四十七歲卒張
氏劉鳳閣妻三十歲夫亡壽七十四潘氏張茂華妻十九歲夫亡壽八十九蔡氏徐雲州妻
二十七歲夫亡四十六歲卒徐氏朱有耀妻二十一歲夫亡六十七歲卒徐氏鄧德文妻二十
四歲夫亡壽七十六黃氏徐宗士妻黃全五女二十七歲夫亡撫遺腹子成立六十一歲卒譚氏
張太和妻二十七歲夫亡六十一歲卒黃氏張肇勳妻二十七歲夫亡五十二歲卒孫氏徐昌

齡妻二十五歲夫亡六十四歲卒徐氏俞賢瑛妻二十三歲夫亡六十八歲卒顧氏徐指升妻
二十二歲夫亡壽七十七李氏徐思熙妻三十歲夫亡五十七歲卒范氏薛舜臣妻二十七歲夫亡
六十六歲卒陳氏俞日高妻三十歲夫亡六十八歲卒楊氏沈宗源妻二十七歲夫亡壽七十七
張氏黃玉池妻二十九歲夫亡四十歲卒朱氏黃德立妻二十八歲夫亡六十九歲卒唐氏
黃成璋妻二十八歲夫亡六十六歲卒范氏朱煥玉妻二十七歲夫亡六十六歲卒余氏徐世
省妻二十歲夫亡五十七歲卒徐氏張鳳元繼妻二十二歲夫亡三十三歲卒朱氏庠生黃晉妻二
十八歲夫亡六十二歲卒胡氏張涵輝妻二十二歲夫亡四十三歲卒胡氏黃日登妻二十四歲
夫亡四十六歲卒胡氏陳士達妻二十八歲夫亡五十三歲卒倪氏王堯佐妻二十七歲夫亡
三十九歲卒劉氏徐宗元妻二十三歲夫亡三十二歲卒高氏薛玉泉妻二十九歲夫亡四十
四歲卒吳氏朱灝妻二十一歲夫溺死子甫二歲家貧有勸嫁者閭戶自縊遇救得蘇壽八十一錢

氏徐錫交妻二十六歲夫亡六十二歲卒丁氏徐獻可子妻十九歲夫亡有強暴欲侮其寢犯之氏
紡紗達旦得以自全五十八歲卒唐氏朱本深妻二十二歲夫亡瞿氏廉有諒妻二十八歲夫亡
胡氏王興元妻二十三歲夫亡張氏徐端望妻二十七歲夫亡包氏徐玉臺妻二十二歲夫亡
甯氏王景福妻二十四歲夫亡王氏俞懷熙妻二十八歲夫亡薛氏張景美妻二十八歲夫亡
張氏包子陽妻二十六歲夫亡胡氏唐文誕妻二十三歲夫亡包氏孫錫德妻二十一歲夫亡

以上馬鎮

周氏張瑞甫妻二十五歲夫亡未葬遭兵燹棺焚氏解衣裹遺骸負五歲女逃至璜塘埋夫骨遂家焉贅蘇爾
瞻為壻壻亡與女相依守節六十三歲卒張氏蘇爾瞻妻十八歲夫亡六十四歲卒朱氏任士麒妻
二十歲夫亡孝養翁姑年饑晝夜紡織以養自炒棉子食之撫子娶媳生孫俱相繼歿壽七十九王氏
張仲元繼妻二十八歲夫亡壽八十九徐氏鄒祥生妻二十六歲夫亡無子陳氏任尚信妻十九

歲夫亡壽七十一許氏琥妻二十七歲夫亡薛氏張席成妻二十九歲夫亡惲氏庠生薛守典妻三十歲夫亡撫子師芹遊庠壽八十三王氏俞尚友妻二十九歲夫亡壽七十九繆氏陸世榮妻二十八歲夫亡繆氏監生江逢源繼妻二十九歲夫亡壽八十三貢氏張冠翠妻二十八歲夫亡壽八十七孔氏黃明昇妻三十歲夫亡壽七十三薛氏張本忠妻二十三歲夫亡六十八歲卒李氏張朝棟妻二十三歲夫亡六十一歲卒奚氏薛自新妻二十一歲夫亡六十七歲卒林氏孔希宰妻二十五歲夫亡壽七十二李氏任廷璞妻二十二歲夫亡壽七十二鄒氏黃世良妻二十歲夫亡六十三歲卒陸氏舒邦耀妻二十八歲夫亡事嫡姑撫彌月子娶而夭壽七十二許氏任玉紀繼妻二十六歲夫亡撫子朝榮娶而夭與媳趙氏同守壽八十八黃氏任添壽妻二十九歲夫亡撫嗣紹昉成立壽九十俞氏黃宗仁妻二十二歲夫亡五十三歲卒季氏張宗濂妻二十八歲夫亡壽八十六呂氏任大猷妻二十七歲夫亡撫嗣鶴鳴成立壽八十一陳氏任序安妻

二十七歲夫亡壽七十三孫氏譚紹奎妻十九歲夫亡壽八十侯氏任舜祖妻二十八歲夫亡三十七歲卒許氏任國秀妻二十六歲夫亡壽七十一周氏任大倫繼妻二十九歲夫亡壽七十一舒氏李雲麒妻二十七歲夫亡六十四歲卒朱氏張裕昆妻二十九歲夫亡六十七歲卒華氏任樑妻二十四歲夫亡撫子娶媳相繼歿又撫孫壽七十七孔氏張模妻二十五歲夫亡撫嗣六十七歲卒張氏監生任漢英繼妻二十四歲夫亡撫遺腹子孝先成立壽七十二馮氏[illegible]熙[illegible]妻三十歲夫亡撫子迎奎成立壽八十孫氏羅秉綱妻二十二歲夫亡撫子允成成立壽七十四周氏任克正妻二十三歲夫亡壽七十二張氏黃維周妻二十七歲夫亡壽七十一張氏王天運妻二十六歲夫亡壽七十朱氏黃廷英妻二十一歲夫亡六十八歲卒薛氏任惟仁妻二十九歲夫亡六十八歲卒朱氏張羽儀妻二十四歲夫亡五十四歲卒王氏張大本妻二十五歲夫亡五十二歲卒沈氏任祖令妻二十八歲夫亡四十四歲卒韓氏張大成妻二十四歲夫亡三十四歲

卒黃氏庠生潘星若妻二十八歲夫亡六十八歲卒徐氏張伯宜妻二十七歲夫亡任氏王鴻文妻二十四歲夫亡撫子娶而夭又撫孫王氏任旭昇妻三十歲夫亡黃氏徐芳妻二十三歲夫亡章氏趙衡鍫妻二十九歲夫亡沈氏李道明妻二十六歲夫亡撫嗣趙氏任朝榮妻二十九歲夫亡姑許氏清貧守節氏能曲體其志撫子夭再撫嗣孫錢氏張良士妻二十五歲夫亡撫嗣丕成立奚氏張德全妻二十二歲夫亡陳氏黃穎川妻二十七歲夫亡劉氏張望齡妻二十九歲夫亡季氏張應元妻二十三歲夫亡黃氏陸兆昂妻二十九歲夫亡撫嗣胡氏張岱妻三十歲夫亡黃氏張國香妻二十八歲夫亡撫子娶媳相繼歿高氏趙德埈妻二十七歲夫亡撫嫡子及己子俱成立壽八十三以上璜塘

鄧氏朱武功妻二十九歲夫亡黃氏王瀚妻二十八歲夫亡撫三子成立六十四歲卒袁氏監生沈軼羣妻三十歲夫亡壽八十陸氏錢廷鈞妻二十九歲夫亡四十九歲卒陳氏顧廷祿妻二十

八歲夫亡五十六歲卒薛氏吳應麒妻二十六歲夫亡撫子娶而夭偕媳沈氏撫孫」周氏錢廷桀妻二十二歲夫亡以上花山

徐氏黃寅之妻二十八歲夫亡陳氏趙起翔妻二十七歲夫亡四十七歲卒雷氏錢以德妻二十七歲夫亡撫子陳氏夏錫侯妻二十九歲夫亡撫二子成立徐氏張廷賢妻二十九歲夫亡撫遺腹子成立顧氏朱思信妻二十七歲夫亡撫二子徐氏張自凝妻二十四歲夫亡撫六月子宏槐成立五十九歲卒林氏周志鳳妻二十九歲夫亡撫子之楨成立壽七十九金氏過士呂妻二十歲夫亡撫遺腹子鵬揚成立壽七十二林氏須伯庸妻二十九歲夫亡撫子漢荀成立壽七十五張氏何世儀妻二十八歲夫亡六十二歲卒何氏張裕甫妻二十八歲夫亡守節二十三年董氏薛以德妻二十四歲夫亡王氏徐允興妻二十六歲夫亡撫嗣有常成立張氏鄧俊明妻湊氏宋嵩賓妻王氏淩天市妻三十九歲夫亡五十三歲卒王氏夏峙乘妻三十歲夫亡壽七十七吉氏

蔣世楨妻十九歲夫亡六十五歲卒徐氏趙漢濂妻三十歲夫亡撫二子俱夭偕兩媳撫孫壽八十四
李氏監生繆友浩妻二十三歲夫亡壽八十四張氏繆協和妻二十八歲夫亡六十五歲卒潰
氏徐鎔纖妻二十二歲嫁成婚百日夫亡撫嗣溥成立三十四歲卒錢氏周永清妻二十九歲夫亡
六十歲卒翟氏張鳴求妻二十一歲夫亡撫遺腹子成立壽八十七繆氏王毅安妻二十五歲嫁兩
月夫亡四十九歲卒馬氏何坤玉妻二十八歲夫亡六十六歲卒邱氏黃用和妻三十歲夫亡壽
八十三林氏張志法妻二十九歲夫亡六十九歲卒王氏周從善妻二十八歲夫亡撫子五十
四歲卒夏氏金周美妻三十歲夫亡壽七十一金氏陳嘉謨妻二十八歲夫亡事孀姑撫子六
十一歲卒姚氏徐元升妻二十五歲夫亡有強劫改適者投河遇救孝事孀姑六十歲卒薛氏林元
臣妻二十四歲夫亡四十四歲卒陶氏朱希賢妻希賢戍陝西挈氏往臨歿囑以骨歸氏隻身挈骨歸
葬壽七十六蔣氏劉起楠妻二十八歲夫亡撫嗣壽八十張氏趙貴榮妻二十七歲夫亡壽七

江陰縣志　卷十九　列女　節婦

十二仰氏夏承範妻三十歲夫亡壽七十八劉氏居懋龍妻二十七歲夫亡壽八十一夏氏
施學敏妻二十七歲夫亡壽八十一徐氏張日珪妻二十八歲夫亡六十歲卒凌氏宋鵬元妻二十
四歲夫亡六十四歲卒郎氏趙貴楨妻二十九歲夫亡五十二歲卒莊氏蔣元良妻二十九歲
夫亡五十六歲卒徐氏江順安妻二十一歲夫亡壽七十六蔣氏徐宗耀妻二十歲夫亡四十八
歲卒湯氏劉人鳳妻二十九歲夫亡六十四歲卒劉氏張昌玉妻二十九歲夫亡四十六歲卒
周氏監生夏照妻二十二歲夫亡三十四歲卒孟氏顧德宏妻二十八歲夫亡莊氏朱[illegible]錫妻
二十九歲夫亡沙氏趙貴桐繼妻三十歲夫亡曹氏夏維炎妻二十六歲夫亡兄欲奪其志截髮誓
守壽八十七劉氏凌日章妾二十七歲夫亡五十一歲卒以上蕭岐
吳氏戴霞飛妻二十歲夫亡撫遺腹子五十四歲卒馬氏吳子昇妻二十歲夫亡邢氏卞文榮妻
十九歲夫亡撫嗣景明成立周氏徐世清妻二十九歲夫亡奉事孀姑撫子成立壽七十五林氏

徐時全妻三十歲夫亡六十七歲卒蘇氏陳其才妻三十歲夫亡壽八十七吳氏徐輔廷妻三十
歲夫亡撫子子媳俱歿又撫嗣孫壽七十二趙氏蔣旦依妻二十歲夫亡壽七十五趙氏徐沛
然妻二十六歲夫亡五十一歲卒劉氏蔣封千妻二十九歲夫亡六十三歲卒林氏徐士芳妻
二十九歲夫亡六十一歲卒宣氏張文開妻二十五歲夫亡五十三歲卒李氏徐科妻二十六
歲夫亡六十三歲卒陸氏施均和妻二十九歲夫亡壽七十吳氏庠生徐瀟妻三十歲夫亡壽七
十九夏氏徐士榮妻二十六歲夫亡六十一歲卒張氏袁時雍妻二十九歲夫亡撫嗣應谷成立
五十四歲卒吳氏袁應谷妻二十七歲夫亡四十九歲卒吳氏徐聖瑞妻三十歲夫亡四十四
歲卒劉氏朱學孝妻十九歲夫亡五十七歲卒吳氏徐啟祥妻三十歲夫亡四十歲卒顧氏
徐天然妻二十五歲夫亡奚氏賀景忠妻二十五歲夫亡劉氏許學智妻二十九歲夫亡施氏
卞鳴玉妻三十歲夫亡以上葫橋

江陰縣志　卷十九　列女　節婦

張氏吳天祿妻二十一歲夫亡撫嗣馬氏庠生耿彭妻三十歲夫亡撫子超娶劉氏生孫長齡而超歿與
媳撫孫媳與孫又歿復撫曾孫肇基劉氏耿超妻二十三歲夫亡四十二歲卒曹氏耿長齡妻二十
一歲夫亡五十二歲卒徐氏李世昌妻二十一歲夫亡殷氏耿啟元妻二十九歲夫亡撫子成立
周氏許元瑞妻二十一歲夫亡撫嗣有鈞成立五十二歲卒劉氏沈武堯妻三十歲夫亡壽九十
夏氏戴佳生妻二十五歲夫亡壽七十四吳氏徐廷球妻十八歲夫亡壽七十顧氏金其音妻
二十八歲夫亡六十七歲卒吳氏龔紹先妻三十歲夫亡六十六歲卒邢氏孫永昌妻二十八歲
夫亡六十三歲卒黃氏周文光妻二十七歲夫亡五十四歲卒趙氏盛德培妻二十四歲夫亡
六十一歲卒柳氏張王坤妻二十三歲夫亡壽七十一張氏高起蛟妻二十七歲夫亡壽七十
吳氏史官妻二十六歲夫亡壽九十四鄧氏金起良妻二十六歲夫亡壽八十七黃氏趙乾
一妻二十歲夫亡三十六歲卒仇氏徐霈泉妻二十七歲夫亡壽八十三徐氏薛雲逵妻二十八歲

夫亡撫子恆九成立壽七十一仇氏吳兆開妻二十九歲夫亡六十三歲卒蔣氏劉元成妻三十
歲夫亡壽七十五金氏陳柏年妻二十八歲夫亡壽七十五袁氏耿元英妻二十四歲夫亡五十
八歲卒袁氏許正國妻三十歲夫亡四十五歲卒張氏陸祖林妻二十五歲夫亡五十九歲卒
張氏許士佳妻二十三歲夫亡壽七十奚氏承大行妻二十四歲夫亡五十三歲卒邢氏
順雲升妻二十一歲夫亡壽七十劉氏周瑞良妻二十八歲夫亡壽七十六徐氏吳元聘妻二十
二歲夫亡六十歲卒毛氏趙舜年妻二十七歲夫亡六十九歲卒劉氏許攀鴿繼妻二十六歲夫
亡撫遺腹子成立六十歲卒曹氏順甡鳳妻二十七歲夫亡四十一歲卒李氏吳元壽妻二十
四歲夫亡六十一歲卒耿氏許高梧妻二十九歲夫亡六十一歲卒沈氏劉尊五妻二十九歲
夫亡四十九歲卒唐氏顧啟惠妻二十九歲夫亡五十九歲卒吳氏耿元章妻二十九歲夫亡
五十五歲卒吳氏徐克明妻二十九歲夫亡三十九歲卒顧氏徐克仁妻二十七歲夫亡四十

江陰縣志　卷十九　列女　節婦　卅六

歲卒王氏高仁與繼妻二十五歲夫亡三十九歲卒吳氏金順川妻二十六歲夫亡三十七歲卒
顧氏陳楷年妻二十六歲夫亡奚氏金起南妻二十八歲夫亡景氏吳大本妻二十九歲夫亡
陳氏高洪璧妻三十歲夫亡邵氏金雲鶴妻二十七歲夫亡張氏吳廷逆妻二十七歲夫亡
任氏吳鳳林妻二十六歲夫亡湯氏史玉璽妻二十九歲夫亡陳氏王萬成妻三十歲夫亡
陳氏金璽能妻三十歲夫亡劉氏吳浩明妻二十一歲夫亡吳氏陸緞恆妻三十歲夫亡
劉氏孫文鴻妻二十八歲夫亡高氏金佛保妻二十九歲夫亡陳氏徐步蟠妻一十三歲夫亡
黃氏余巨元妻三十歲夫亡承氏施惠川妻三十歲夫亡許氏陸鳳裕妻二十六歲夫亡
夏氏周順德妻二十八歲夫亡事孀姑撫子衣食不繼飢寒自忍以上觀山
嚴氏翟子文妻二十九歲夫亡六十五歲卒張氏俞桂生妻二十三歲夫亡壽七十一俞氏常振
之妻二十三歲夫亡黃氏俞子福妻二十三歲夫亡六十二歲卒龔氏金枚臣妻二十一歲夫亡

撫遺腹子成立四十一歲卒王氏徐聽元妻十九歲夫亡撫遺腹子成立五十八歲卒何氏徐永
升妻二十二歲夫亡撫子俞氏徐咸吉妻二十二歲夫亡馮氏金鳳城妻二十三歲夫亡周氏
俞晉琨妻二十三歲夫亡孝事翁姑撫嗣之健成立六十六歲卒許氏俞之健妻三十歲夫亡壽七十
二劉氏俞殿沅妻二十九歲夫亡撫子壽七十王氏奚德源妻三十歲夫亡自縊迴救壽七十
一淩氏張惟翰妻二十八歲夫亡撫子嘉績成立六十三歲卒袁氏高維嵩妻二十九歲夫亡
壽七十二施氏徐養中妻二十五歲夫亡六十五歲卒鄒氏崔衡暘妻二十七歲夫亡壽七十七
張氏翟玉林妻二十七歲夫亡五十一歲卒謝氏監生董智存妻　贈徵仕郎武進謝履行女二
十八歲夫亡事翁撫子六十六歲卒夏氏劉雲昇妻三十歲夫亡五十七歲卒祝氏劉雲開妻二十
九歲夫亡五十八歲卒陳氏徐申二妻二十九歲夫亡六十四歲卒吳氏馬鳳皋妻三十歲夫
亡壽七十六談氏夏常泰妻三十歲夫亡五十八歲卒金氏劉仁安妻二十七歲夫亡壽七十三

江陰縣志　卷十九　列女　節婦　卅七

金氏徐傳珩妻二十九歲夫亡六十歲卒何氏夏德元妻二十七歲夫亡六十三歲卒徐氏
謝萬章妻二十五歲夫亡四十六歲卒邱氏徐能武妻三十歲夫亡五十六歲卒彭氏奚琮妻三
十歲夫亡五十歲卒薛氏賈伯壽妻三十歲夫亡撫遺腹子成立四十七歲卒俞氏蔡士洪妻二十
六歲夫亡事瞽姑撫三歲子成立壽七十九錢氏周希聖妻二十三歲夫亡六十六歲卒唐氏
周希賢妻二十四歲夫亡六十一歲卒高氏周恭卿妻二十八歲夫亡壽七十二蔣氏徐大敬妻
二十五歲夫亡六十五歲卒萬氏徐近山妻二十二歲夫亡六十七歲卒翟氏張勝妻二十八
歲夫亡壽七十八張氏徐紹祖妻二十六歲夫亡壽七十八吳氏徐析瑞妻三十歲夫亡楊
氏周川大妻二十九歲夫亡沈氏張紹俊妻二十六歲夫亡鄒氏王天潤妻二十三歲夫亡張
氏徐海榆妻二十一歲夫亡徐氏蔣繡鳳妻二十四歲夫亡村人謀嫁之乃曰生則不能屍可嫁也遂
不敢逼有田數畝力耕自給臧氏胡永道妻二十五歲夫亡以上利城

俞氏錢允宜妻十九歲夫亡壽八十一高氏吳丹彩妻二十五歲夫亡嗣夭繆氏陳大儒妻二十
七歲夫亡六十七歲卒朱氏吳以勤妻二十九歲夫亡撫子蔣氏王應科妻二十七歲夫亡壽八
十一徐氏陳參期妻二十八歲夫亡劉氏明水營官張岡輔繼妻二十四歲夫亡撫子延璽奉事孀
姑卒於康熙間壽七十二陸氏張思義妻十九歲夫亡撫子成立王氏陳汝梅妻二十二歲夫亡
孝事翁姑潘氏居君亮妻二十四歲夫亡撫二子高氏李恆方妻二十六歲夫亡撫嗣沈氏
楊官壽妻二十六歲夫亡壽七十一梅氏贈奉直大夫居芳妻二十八歲夫亡壽八十一以子紳官尋
甸州知州贈宜人王氏楊文祥妻二十九歲夫亡壽七十三沈氏金鎬妻二十九歲夫亡六十六
歲卒呂氏戴文榮妻三十歲夫亡撫子六十二歲卒金氏吳人驥妻二十九歲夫亡撫子夭又撫孫
壽七十九劉氏吳玉祥妻二十八歲夫亡壽七十一金氏陳璠妻二十七歲夫亡撫子成立六十二
歲卒陳氏楊元愷妻二十二歲夫亡五十六歲卒祝氏孫士進妻二十八歲夫亡撫子娶媳俱歿

六十三歲卒陳氏許大源妻二十八歲夫亡壽八十五許氏王乾元妻二十八歲夫亡壽七十八
秦氏許鳴岐妻二十二歲夫亡撫嗣成立六十九歲卒龔氏居朗揚妻二十一歲夫亡撫嗣翁令
他適嚙指自誓墜半寸許四十八歲卒楊氏吳文岐妻二十九歲夫亡五十三歲卒惲氏許上
元妻二十三歲夫亡壽七十六楊氏金際運妻二十七歲夫亡養孀姑數十年踰七十則陳氏龔仁
鳳妻二十八歲夫亡壽七十三費氏曹大雄妻二十七歲夫亡壽七十二許氏王大德妻二十五歲
夫亡壽七十一金氏許汝占妻二十八歲夫亡壽七十二蔣氏監生金品妻二十六歲夫亡六十七
歲卒張氏周龍珍妻三十歲夫亡五十一歲卒張氏朱永昭妻二十三歲夫亡五十八歲卒秦
氏許明德妻二十歲夫亡五十五歲卒吳氏許志仁妻二十五歲夫亡撫子娶而夭與媳和依五十六
歲卒牟氏許子玉妻十九歲夫亡六十五歲卒劉氏許憲仁妻二十七歲夫亡六十九歲卒湯
氏金際明妻二十六歲夫亡五十八歲卒李氏張天佑妻二十五歲夫亡六十九歲卒萬氏

張惟能妻二十八歲夫亡無子六十四歲卒許氏居廷魁妻二十九歲夫亡潘氏陳沛蒼繼妻三
十歲夫亡吳氏王友仁妻二十五歲夫亡二子皆夭撫孫成立胡氏朱文喜妻二十六歲夫亡倪
氏張德元妻二十六歲夫亡撫子夭又撫孫丁氏張時鳴妻十八歲夫亡撫嗣黃氏金介祉妻
十九歲夫亡王氏龔保大妻二十一歲夫亡翁姑父母勸改適不從陳氏庠生金演妻二十七
歲夫亡撫子成立以上前周
周氏黃文龍妻二十七歲夫亡壽八十四丁氏楊名靈妻二十二歲夫亡五十七歲卒袁氏坎文
龍妻二十五歲夫亡撫子黃氏居公倫妻二十七歲夫亡無子敬事孀姑徐氏黃元俊妻二十四歲
夫亡撫子成立五十七歲卒徐氏江廷如妻三十歲夫亡張氏王家輔妻三十歲夫亡壽七十
四周氏唐天祿妻三十歲夫亡撫子曹氏張端云妻三十歲夫亡撫子金氏李長發妻
二十四歲夫亡剪髮自矢汪氏許文仲妻二十七歲夫亡壽八十四常氏夏榮宗妻二十六歲夫亡

壽七十一盛氏徐民望妻三十歲夫亡撫子遊庠六十一歲卒陳氏梅秉鈞妻二十歲夫亡撫遺腹
子成立壽八十丁氏秦復元繼妻二十二歲夫亡撫前室子名揚成立壽七十六錢氏邱晉侯妻
三十歲夫亡壽八十四梅氏陳開基妻二十一歲夫亡壽七十八姚氏黃有榮妻二十三歲夫亡
四十三歲卒江氏周禮妻二十九歲夫亡撫子麟趾麟書成立以上后梅
黃氏徐天賢妻二十七歲夫亡撫子六十歲卒顧氏監生繆秉仁妻二十七歲夫亡江氏黃玉深妻
二十九歲夫亡壽七十一鄭氏劉宇昭妻二十歲夫亡無子高氏王玉英妻二十八歲夫亡段
氏夏廷楨妻二十九歲夫亡六十七歲卒謝氏徐楚侯妻二十九歲夫亡撫子蔣氏黎文瑋妻
二十四歲夫亡六十六歲卒翟氏徐明音妻二十八歲夫亡丁氏謝克誠妻二十二歲夫亡無子
陳氏段茂生妻二十一歲夫亡撫子顧氏繆子厚妻二十二歲夫亡撫子繆氏丁添慧妻二十
四歲夫亡撫遺腹子成立壽八十一朱氏周躬求妻三十歲夫亡族里欲奪其節控官得免六十二歲卒

吳氏許耀先妻二十六歲夫亡姑憐其少欲嫁之不從撫嗣成立六十一歲卒 錢氏王元貞妻二十九歲夫亡六十一歲卒 高氏徐尊傳妻二十六歲夫亡 張氏晉德華妻二十四歲夫亡撫子 蔣氏陳瑞功妻二十歲夫亡 以上丁墅

陳氏周爲植妻二十一歲夫亡壽七十二 萬氏許爾和妻二十七歲夫亡 吳氏周魯功妻二十五歲夫亡 周氏俞聖贍妻二十歲夫亡無子 屠氏周景妻二十歲夫亡五十六歲卒 陳氏周雲麟妻十九歲夫亡壽七十一 吳氏周瑞玉妻二十五歲夫亡撫遺腹子久遺娶婦張氏方娠久遺殁與張氏撫遺腹子東侯娶婦吳氏生子甫期東侯又殁一門三節六十一歲卒 張氏周久遺妻五十五歲卒 彭氏張邦達妻二十歲夫亡無子六十八歲卒 金氏職監惲采先妻二十五歲夫亡六十二歲卒 蔣氏金秉衡妻三十歲夫亡四十五歲卒 楊氏謝廷贊妻二十八歲夫亡 陳氏金鼎銓妻武進陳震澤女二十六歲夫亡五十九歲卒 周氏金秉謙妻二十八歲夫亡 吉氏周寶鴻妻二十三歲夫亡壽八十

江陰縣志　卷十九　列女　節婦　全

戚氏金秉元妻安定令戚蕃孫女十九歲夫亡壽七十一 吳氏金德潤妻武進吳鍾巒女三十歲夫亡撫二子成立壽七十六 吳氏金熙臣妻二十五歲夫亡壽七十 居氏顧廷桂妻二十歲夫亡 金氏庠生周學龍妻二十六歲夫亡事孀姑撫子六十九歲卒 束氏李乾王妻二十四歲夫亡撫遺腹子成立壽八十六 陳氏惲容若妻二十三歲夫亡壽七十四 楊氏陳景公妻二十九歲夫亡壽七十九 呂氏金章妻三十歲夫亡侍病姑十五年壽八十七 卞氏金學明妻二十一歲夫亡壽八十三 秦氏金術聞妻三十歲夫亡壽七十一 彭氏周念桂妻二十五歲夫亡四十六歲卒 臧氏徐尚文妻二十九歲夫亡壽九十 陳氏金杓妻二十六歲夫亡壽八十六 陳氏謝仲祥妻二十七歲夫亡撫三子成立壽七十二 李氏周方烈妻二十七歲夫亡六十一歲卒 吳氏金栩妻二十六歲夫亡四十六歲卒 高氏金錦國妻二十九歲夫亡壽七十六 許氏周厥成妻三十歲夫亡五十五歲卒 臧氏劉夢麟妻二十七歲夫亡三十六歲卒 宗氏金汝礪繼妻三

十歲夫亡撫二子鴻漸鸞翔皆娶而夭復偕媳撫孫壽七十四 倪氏金鴻漸妻二十五歲夫亡事孀姑二十五年撫子之銘遊庠 周氏金鸞翔妻二十四歲夫亡佐姒事姑撫子一門三節 馮氏謝達謨妻二十五歲夫亡 許氏金路妻三十歲夫亡 許氏周源宏妻二十八歲夫亡 劉氏陶登科妻二十八歲夫亡 張氏來玉璞妻二十三歲夫亡嫡過令改嫁截髮誓而不從 以上桃花

俞氏龔志綱妻二十九歲夫亡 范氏符徵士妻二十一歲夫亡 鍾氏繆煌妻三十歲夫亡撫子之鏞成立五十三歲卒 張氏繆殿柱妻三十歲夫亡六十一歲卒 劉氏朱有文妻二十三歲夫亡 徐氏張宏勳妻三十歲夫亡 劉氏沈文奎妻二十歲夫亡 殷氏顧國楨妻二十一歲夫亡無子六十四歲卒 何氏呂爾謙妻二十歲夫亡撫姪爲嗣六十九歲卒 孫氏候選州同繆民堦繼妻二十四歲夫亡五十歲卒 高氏庠生繆復妻二十三歲夫亡壽七十五 邢氏符敦敘妻二十八歲夫亡壽八十五 周氏陸智高妻二十三歲夫亡壽七十三 趙氏張尊周妻二十九歲夫亡壽七十一

江陰縣志　卷十九　列女　節婦　全

俞氏周學顧妻二十二歲夫亡六十八歲卒 程氏繆益妻二十三歲夫亡壽八十四 張氏呂渭濱妻二十七歲夫亡撫遺腹子成立壽七十五 梅氏繆元鶴妻十八歲夫亡五十七歲卒 吳氏張蘊妻三十歲夫亡五十一歲卒 劉氏繆珙妻二十八歲夫亡子鴉嗣夭與媳陳氏撫四孫成立壽八十七 朱氏夏玉章妻二十九歲夫亡五十一歲卒 承氏朱文祥妻二十二歲夫亡壽八十一 奚氏繆佩文妻二十八歲夫亡壽八十三 謝氏呂泰占妻二十歲嫁十二日夫亡姑憐其少欲嫁之截髮自矢孝姑撫嗣六十一歲卒 陳氏繆思濟繼妻二十四歲夫亡五十九歲卒 顧氏華資臣妻二十五歲夫亡壽八十一 李氏繆大樂妻三十歲夫亡六十八歲卒 江氏朱洪文妻二十五歲夫亡五十歲卒 莊氏繆大楷妻二十九歲夫亡事旌貞姑李氏十八載撫二子成立六十八歲卒 黃氏楊東佐妻二十七歲夫亡五十八歲卒 劉氏繆宮材妻二十六歲夫亡六十一歲卒 李氏何鳳岐妻二十七歲夫亡六十三歲卒 張氏繆秉義妻三十歲夫亡壽七十 王氏繆世標妻二十四歲夫亡

四十五歲卒。黃氏邵廷英妻二十六歲夫亡壽七十三。周氏朱匡庭妻二十六歲夫亡五十六歲卒。周氏符龍章妻二十七歲夫亡五十六歲卒。劉氏繆彝應妻二十七歲夫亡四十一歲卒。劉氏繆楓妻二十八歲夫亡五十一歲卒。劉氏陸啟元妻二十一歲夫亡六十二歲卒。高氏繆敬業妻三十歲夫亡四十歲卒。華氏繆清士妻三十歲夫亡四十歲卒。居氏職員繆[illegible]妻三十歲夫亡。黃氏張重艮妻二十五歲夫亡。殷氏繆槐妻二十八歲夫亡。張氏繆栞恬妻二十九歲夫亡。焦氏張廷剛妻二十六歲夫亡。高氏殷瑞陸妻二十一歲夫亡。陳氏繆栞文妻二十八歲夫亡。符氏柳榮泰妻三十歲夫亡。繆氏沈德厚妻三十歲夫亡。顧氏徐寶文妻三十歲夫亡。劉氏繆煜妻三十歲夫亡。吳氏余正發妻二十九歲夫亡。張氏繆希夷妻二十三歲夫亡。高氏張順川妻二十三歲夫亡。毛氏贈修職郎殷允芳妻二十四歲夫亡壽八十五。以

上申港

陳氏徐君鉉妻二十九歲夫亡撫子六十九歲卒。吳氏李惠如妻二十三歲夫亡六十三歲卒。朱氏曹長生妻二十五歲夫亡。陳氏曹偉平妻二十七歲夫亡撫子。陸氏黃啟生妻二十九歲夫亡撫遺腹子依母家。曹氏顧維達妻二十六歲夫亡侍姑病三年弗懈。何氏曹郁子妻二十四歲夫亡依母家。劉氏曹春年妻二十一歲夫亡無子姑憐其少將嫁之氏欲縊乃止。薛氏曹栞成妻二十一歲夫亡撫嗣。顧氏曹雯錦妻陽湖顧容之女二十二歲夫亡撫嗣成立。曹氏楊士芳妻十九歲夫亡撫子壽七十六。徐氏曹文燦妻二十歲夫亡六十六歲卒。唐氏曹敬學妻二十四歲夫亡六十九歲卒。顧氏曹國秀妻二十九歲夫亡六十三歲卒。華氏曹朝棟妻二十七歲夫亡壽八十一。王氏顧洪基妻二十二歲夫亡壽八十一。許氏顧明成妻二十六歲夫亡壽八十二。徐氏曹芝蕙妻二十九歲夫亡壽七十二。曹氏劉萬春妻二十九歲夫亡五十七歲卒。單氏劉丙昌妻二十六歲夫亡。以上虞門

陳氏俞玉明妻十九歲夫亡無子依母家壽八十三。吳氏余繼元妻二十二歲夫亡壽七十七。吳氏劉甄章妻二十七歲夫亡壽八十一。高氏戴廣發妻二十一歲夫亡壽八十一。楊氏徐邦畤妻二十一歲夫亡五十九歲卒。謝氏徐介昭妻二十六歲夫亡。楊氏麗子禎妻二十九歲夫亡壽七十二。陳氏李廷璧妻二十六歲夫亡壽七十五。袁氏丁大仁妻二十七歲夫亡無子壽八十。林氏王錫址妻二十三歲夫亡壽七十三。夏氏吳程文妻二十八歲夫亡撫三子成立四十三歲卒。潘氏俞燕綏妻二十五歲夫亡壽七十七。吳氏徐禹懿妻二十九歲夫亡四十歲卒。秦氏徐子麟妻二十四歲夫亡壽八十五。尤氏張華本妻二十八歲夫亡壽七十六。許氏夏聖從妻二十九歲夫亡四十七歲卒。顧氏夏孔昭妻二十九歲夫亡壽七十三。陸氏庠生夏協中妻二十八歲夫亡壽七十七。袁氏吳坤載妻二十九歲夫亡六十六歲卒。方氏李明俊妻二十八歲夫亡壽七十五。高氏夏紹芳妻二十二歲夫亡六十八歲卒。吳氏監生夏協和妻二十九歲夫亡六十五歲卒。徐氏

吳子俊妻二十七歲夫亡壽七十六。徐氏庠生吳成前妻三十歲夫亡六十七歲卒。徐氏監生吳漢階妻三十歲夫亡四十歲卒。顧氏張惠功妻二十四歲夫亡壽七十七。王氏朱世德繼妻二十四歲夫亡撫前室子慶隆成立六十歲卒。史氏監生吳念祖妻二十八歲夫亡四十六歲卒。吳氏徐京河妻二十七歲夫亡壽七十六。繆氏戴鳳時妻二十三歲夫亡六十六歲卒。湯氏禮生吳待艮妻二十四歲夫亡奉事孀姑撫子成立四十六歲卒。劉氏夏惠玉妻二十九歲夫亡壽七十一。顧氏潘廷章妻二十八歲夫亡壽七十六。繆氏張啟才妻二十九歲夫亡六十八歲卒。張氏莊君義妻二十六歲夫亡壽七十二。劉氏馮玉書妻二十三歲夫亡六十六歲卒。繆氏朱正陽妻二十九歲夫亡壽七十二。李氏李德興妻二十九歲夫亡六十四歲卒。吳氏徐度觀妻二十九歲夫亡六十三歲卒。曹氏夏德順妻二十八歲夫亡六十四歲卒。孟氏顧有龍妻二十九歲夫亡六十一歲卒。俞氏吳行素妻二十三歲夫亡三十三歲卒。徐氏吳行位妻二十三歲夫亡三十三歲

卒　曹氏劉鳳鳴妻二十一歲夫亡五十四歲卒　袁氏吳聖岐妻二十三歲夫亡五十二歲卒
於氏張行禮妻二十九歲夫亡四十二歲卒　鄧氏庠生吳和幹妻二十七歲夫亡四十一歲卒
夏氏李亮妻二十八歲夫亡　周氏吳維嵩妻二十六歲夫亡　朱氏吳順德妻三十歲夫亡
曹氏趙茂才妻二十八歲夫亡　丁氏徐鳳山妻二十九歲夫亡　吳氏周轉興妻二十九歲夫亡
方氏吳永文妻二十五歲夫亡　戴氏吳興讓妻二十九歲夫亡　徐氏吳新之妻二十八歲夫亡
以上夏港
孫氏丁采章妻二十七歲夫亡撫嗣　朱氏張永喤妻二十八歲夫亡撫子世榮娶婦而夭　朱氏張世榮妻二十一歲夫亡事孀姑撫子子夭又撫孫壽九十二　葉氏郁子方妻二十四歲夫亡　方氏袁廷彩妻十九歲夫亡　高氏朱起賢妻二十八歲夫亡　朱氏袁正富妻二十八歲夫亡撫二子成立
潘氏王聖賢妻二十九歲夫亡　徐氏李德仁妻二十八歲夫亡撫子　王氏孫履尚妻十九歲夫

江陰縣志　卷十九　列女　節婦　矣

亡撫遺腹子　郁氏周文元妻二十八歲夫亡壽七十四　鞠氏羊佩元妻二十二歲夫亡撫二子舜明舜年皆娶而夭偕二媳撫孫壽七十七　錢氏羊舜年妻二十九歲夫亡五十二歲卒　陳氏唐近忠妻二十九歲夫亡壽八十二　張氏黃廷材妻二十七歲夫亡　陳氏劉榮祖妻三十歲夫亡　以
上沙洲
劉氏夏港戴氏僕符良臣妻二十六歲夫亡壽八十四　薄氏青暘葛氏僕沈二妻二十二歲夫亡依主母以撫子壽七十六　范氏文林余氏僕潘耀宗妻三十歲夫亡撫未期月子成立六十九歲卒　徐氏文林王氏僕嚴大妻二十五歲夫亡依主撫嗣壽七十九　錢氏雲亭某氏僕堵玉珍妻二十八歲夫亡
以上照例停止設位自黃尤氏至此皆道光十年彙旌

江陰縣志卷之十九終

江陰縣志卷之二十

列女二

節婦

張氏吳洵妻二十五歲夫亡壽七十七　周氏王宗禮妻十九歲夫亡無子孝事孀姑壽七十　李氏施明千妻二十一歲夫亡五十二歲卒　蔣氏周文瑞妻三十歲夫亡六十二歲卒　汪氏周朝禄妻二十九歲夫亡壽七十三　王氏武生蔣大鏞妻三十歲夫亡六十二歲卒　朱氏邢庭禮妻二十五歲夫亡四十七歲卒　平氏朱友仁妻三十歲夫亡五十九歲卒　仰氏陽瑞新妻二十九歲夫亡六十二歲卒
楊氏監生高鵠妻二十九歲夫亡五十八歲卒　王氏沙榮昔妻二十六歲夫亡三十六歲卒　汪氏夏翼飛妻二十六歲夫亡五十二歲卒　陳氏庠生吳晉妻二十七歲夫亡三十六歲卒　李氏吳贊臣妻二十七歲夫亡四十五歲卒　曹氏監生吳榮繼妻三十歲夫亡撫前室子女成立四十一歲

江陰縣志　卷二十　列女　節婦　一

卒　顧氏陳慶餘妻二十五歲夫亡三十八歲卒　沈氏納惠芳妻二十二歲夫亡三十八歲卒
劉氏朱榮宗妻二十二歲夫亡三十一歲卒　趙氏朱鈴慶妻二十五歲夫亡三十四歲卒　許氏繆縣裔妻十八歲夫亡四十三歲卒　陳氏副貢生張克俊妻二十九歲夫亡壽七十七　朱氏徐舜泉妻三十歲夫亡壽八十三　李氏劉順隆妻三十歲夫亡六十七歲卒　季氏庠生卅溶妻三十歲夫亡六十七歲卒　包氏吳標妻三十歲夫亡　陶氏李松年妻二十三歲夫亡　陸氏吳應琪妻二十九歲夫亡　邱氏袁裕慶妻二十九歲夫亡　任氏張谷秀妻二十六歲夫亡　陳氏盛文奎妻三十歲夫亡撫子瑜成立　蕭氏尹芝蘭妻二十五歲夫亡　吳氏夏翼鏈繼妻二十八歲夫亡
何氏俞大洪妻二十九歲夫亡　鮑氏王鶴遷妻二十四歲夫亡　周氏劉鈺階妻三十歲夫亡
周氏繆懋朝妻二十八歲夫亡　徐氏尤惠侯妻二十八歲夫亡　薛氏孫佑祥妻二十八歲夫亡
潘氏召試舉人覺羅紋瑎許倫熙妻三十歲夫亡撫子兆桂餼於庠　蔣氏朱文熙繼妻旌表孝

子蔣淡惠女二十六歲夫亡撫子景昌餼於庠張氏徐鳳侶妻二十四歲夫亡龔氏陳玉書妻二十六歲夫亡陸氏顧元吉妻三十歲夫亡張氏錢鳳鳴妻二十二歲夫亡趙氏殷朗元妻二十四歲夫亡曹氏吳鼎妻二十九歲夫亡吳氏監生邵豐妻二十七歲夫亡劉氏武生湯峻妻三十歲夫亡陸氏潘耀德妻三十歲夫亡陳氏張泰和妻二十八歲夫亡周氏王廷英妻二十七歲夫亡張氏徐氏並沙體沅妻皆三十歲夫亡徐氏撫子義泰成立劉氏陳宏略妻二十九歲夫亡以上城內

龐氏沙大年妻三十歲夫亡六十八歲卒劉氏吳曉蒼妻三十歲夫亡壽七十五繆氏武生葉廷魁妻二十九歲夫亡三十九歲卒江氏韓仁義妻三十歲夫亡四十一歲卒繆氏何金魁妻二十六歲夫亡吳氏韓為正妻二十九歲夫亡湯氏黃星耀妻二十九歲夫亡陸氏許鳳岡妻二十二歲夫亡以上東外

陳氏張維緒妻二十七歲夫亡壽七十七沈氏顧本立妻二十四歲夫亡壽七十一潘氏張正元妻二十六歲夫亡四十三歲卒蔣氏夏漢發妻二十九歲夫亡四十四歲卒邾氏劉景炘妻二十七歲夫亡四十五歲卒詹氏沈殿英妻二十二歲夫亡許氏陳檣先妻二十六歲夫亡以上

南外

袁氏陳人惠妻二十九歲夫亡五十二歲卒沈氏邱洽妻三十歲夫亡壽七十劉氏蘇景隆妻二十三歲夫亡三十三歲卒陶氏胡德祥妻三十歲夫亡四十九歲卒繆氏曾文炘妻三十歲夫亡高氏沈緒昌妻二十七歲夫亡卞氏徐華先妻三十歲夫亡以上西外

胡氏俞兆麟妻二十九歲夫亡五十一歲卒姚氏陸啟茂妻二十九歲夫亡六十八歲卒蔡氏王德良妻三十歲夫亡撫遺腹子詒福成立四十八歲卒張氏楊采思妻二十九歲夫亡五十二歲卒陳氏曹學詒妻二十九歲夫亡四十五歲卒吳氏劉詞亮妻二十九歲夫亡徐氏趙景春妻二十八歲夫亡姚氏楊采玉妻二十五歲夫亡許氏周維星妻二十九歲夫亡薛氏程士軒妻二十一歲夫亡龐氏符舉興妻二十四歲夫亡邢氏劉時霖妻二十六歲夫亡以上北外

張氏劉耀祖妻二十歲夫亡五十八歲卒陳氏章庭隆妻二十六歲夫亡六十二歲卒蘇氏王殿昇妻二十六歲夫亡薛氏蘇廷樁妻二十九歲夫亡以上綺山

莊氏殷仁義妻二十九歲夫亡壽七十三雲亭

張氏方守誠妻二十九歲夫亡壽七十三黃氏陸漢榮妻二十六歲夫亡五十二歲卒何氏庠生趙起繼妻三十歲夫亡五十歲卒何氏徐安富妻二十六歲夫亡四十五歲卒方氏曹大發妻二十六歲夫亡三十八歲卒趙氏徐鍔妻二十三歲夫亡三十七歲卒馮氏庠生趙瑛繼妻二十三歲夫亡三十九歲卒方氏江用賓妻二十三歲夫亡三十三歲卒尹氏承光文妻二十八歲夫亡蔣氏監生繆緯妻三十歲夫亡以上周莊

劉氏李廷侯妻二十五歲夫亡壽七十六范氏趙魯宗妻二十四歲夫亡六十四歲卒程氏畢炳瞻妻二十二歲夫亡壽八十六趙氏王清灝妻二十六歲夫亡壽七十四徐氏顧品妻二十四歲夫亡五十六歲卒陳氏平天瑞妻二十九歲夫亡壽八十趙氏張御達妻二十九歲夫亡六十四歲卒陶氏黃榮妻二十九歲夫亡四十六歲卒王氏馬賡虞妻二十七歲夫亡三十六歲卒江氏劉允德妻二十六歲夫亡三十八歲卒趙氏李基妻三十歲夫亡四十一歲卒王氏姜之槐妻二十四歲夫亡四十二歲卒徐氏程瑛妻二十九歲夫亡三十八歲卒朱氏李士貴妻二十二歲夫亡四十歲卒藏氏陶名揚妻二十四歲夫亡三十五歲卒邱氏劉維坤妻二十二歲夫亡

姜氏承文浩妻二十九歲夫亡趙氏夏天佑妻三十歲夫亡朱氏邵三壽妻二十五歲夫亡張氏吳煦妻二十五歲夫亡臧氏李文秀妻二十八歲夫亡張氏王兆先妻二十二歲夫亡楊氏桂登進妻二十七歲夫亡包氏趙汝衢妻二十九歲夫亡貢氏馬元亮妻二十五歲夫亡

朱氏劉德順妻二十四歲夫亡陸氏吳賀維妻二十三歲夫亡陶氏何萬昂妻二十五歲夫亡

馬氏周維國妻二十八歲夫亡周氏繆元富妻十九歲夫亡以上華墅

徐氏彭勝藝妻二十六歲夫亡四十七歲卒龔氏陸睿榮妻二十九歲夫亡四十二歲卒姚氏陶文烜妻三十歲夫亡四十五歲卒皮氏陶敬廷妻二十八歲夫亡四十四歲卒徐氏陶允中妻二十九歲夫亡四十歲卒張氏孫裕朝妻二十七歲夫亡三十七歲卒李氏庠生鄭燮友繼妻二十五歲夫亡三十六歲卒黃氏徐明炘妻三十歲夫亡王氏監生繆金錫妻二十七歲夫亡惠氏陶倉成妻二十八歲夫亡浦氏陶殿玉妻三十歲夫亡許氏潘士洪妻二十七歲夫亡錢氏張倍先妻二十八歲夫亡王氏監生孫英妻二十九歲夫亡以上馬嘶

張氏包武豪妻二十八歲夫亡壽八十一曹氏蔣進妻二十九歲夫亡六十六歲卒曹氏蔣時霑妻二十八歲夫亡壽八十一葉氏監生蘇尚志妻二十九歲夫亡五十六歲卒蔣氏張南棠妻二十

江陰縣志　卷二十　列女　節婦　四

三歲夫亡錢氏李鳳翔妻二十歲夫亡華氏趙瑞宏妻三十歲夫亡沈氏陶治順妻二十六歲夫亡以上長壽

許氏沈炳業妻二十七歲夫亡三十六歲卒方氏陸履安妻二十一歲夫亡撫子泰遊庠戴氏姜永奎妻二十七歲夫亡劉氏仲明玉妻二十三歲夫亡陳氏武雄文妻三十歲夫亡杜氏尤增妻二十歲夫亡佐姒鄭氏撫子雙銳費氏沈文郁妻二十四歲夫亡李氏徐鳳苞妻二十五歲夫亡以上祝塘

張氏余兆燕妻二十七歲夫亡六十六歲卒陸氏余殿邦妻三十歲夫亡六十三歲卒費氏包百禰妻二十四歲夫亡黃氏包瀾田妻二十八歲夫亡以上文林

周氏徐廷鈺妻二十六歲夫亡六十五歲卒鄒氏夏啟明妻二十九歲夫亡壽七十二蘇氏李文彩妻二十八歲夫亡壽八十三沈氏夏映奎妻二十六歲夫亡壽七十一蔣氏錢錫元妻二十四歲夫亡四十六歲卒徐氏蕭長安妻二十四歲夫亡陸氏鄭士元妻二十八歲夫亡陳氏夏志清妻二十五歲夫亡夏氏徐大章妻二十四歲夫亡彭氏查明奎繼妻三十歲夫亡徐氏沈大興妻二十八歲夫亡以上長涇

馬氏巫智先妻二十一歲夫亡壽七十八陸氏吳學濤妻二十九歲夫亡壽七十二錢氏吳繼昌妻二十六歲夫亡五十五歲卒楊氏秦佩妻二十八歲夫亡王氏李湘蓴妻二十九歲夫亡金氏錢方玉妻二十九歲夫亡朱氏沈敬業妻二十五歲夫亡陸氏項懷璜妻庠生陸吉女二十八歲夫亡馬氏周宗達妻二十五歲夫亡撫子五十歲卒以上顧山

徐氏朱瑞良妻二十六歲夫亡壽八十一許氏趙涵妻三十歲夫亡四十九歲卒梁氏郭元照妻二十七歲夫亡四十六歲卒褚氏繆廷臣妻二十六歲夫亡陶氏郭元贊妻二十一歲嫁六日夫亡撫嗣子諭孫成立席氏武生許國楨妻二十七歲夫亡蔡氏武生許仲熊妻二十五歲嫁八月夫

江陰縣志　卷二十　列女　節婦　五

亡撫嗣成立趙氏胡廷章妻二十八歲夫亡張氏趙士模妻二十四歲夫亡丁氏郭玠玉妻二十五歲夫亡陶氏童玉儒妻三十歲夫亡陳氏監生郭朝傑妻三十歲夫亡撫子翼堂成立以上楊舍

周氏郭文俊妻三十歲夫亡壽八十七郭氏唐文斌妻二十七歲夫亡六十八歲卒孫氏張士俊妻二十五歲夫亡三十四歲卒朱氏趙進明妻二十一歲夫亡趙氏許大章妻三十歲夫亡惠氏唐禮根妻二十一歲夫亡章氏陳亮蒼繼妻二十五歲夫亡周氏葛大賓妻三十歲夫亡以上章卿

陳氏施懋詠妻順治二年夫殉義氏年二十五六十三歲卒周氏李樹本妻三十歲夫亡五十七歲卒程氏陸載華妻二十六歲夫亡事孀姑撫子成立四十九歲卒夏氏趙逵才妻二十九歲夫亡四十六歲卒余氏盧瑞法妻二十三歲夫亡四十四歲卒卞氏范紹安妻二十八歲夫亡陳氏

孫游朝妻二十九歲夫亡殷氏蔣朝錦妻二十七歲夫亡黃氏潘巧林妻二十二歲夫亡承氏陳志洪妻二十五歲夫亡潘氏徐聰法妻二十四歲夫亡殷氏陸勝三妻二十九歲夫亡蔣氏王體中妻二十二歲夫亡曹氏陸裕士妻二十七歲夫亡周氏羅鴻青妻三十歲夫亡范氏薛萬邦妻二十一歲夫亡高氏王正發妻二十七歲夫亡徐氏馬惠吉妻二十歲夫亡徐氏監生蔣壎繼妻二十九歲夫亡沈氏盧茂榮妻二十六歲夫亡徐氏蔣成恩妻二十七歲夫亡沈氏趙沛玉妻二十一歲夫亡章氏陳楚賢妻二十歲夫亡撫子示周娶而夭與寡媳相依陳氏潘美章妻二十九歲夫亡盧氏邱鼎成妻三十歲夫亡齊氏邱鼎茂妻三十歲夫亡張氏監生施綬繼妻三十歲夫亡張氏庠生吳田見妻二十八歲夫亡撫子夭復撫嗣子成立以上大橋

沈氏懷廷茂妻二十九歲夫亡六十八歲卒李氏高朝爵妻二十九歲夫亡六十六歲卒梅氏黃魁照妻二十六歲夫亡五十三歲卒劉氏楊楚玉妻二十六歲夫亡五十一歲卒張氏懷召增妻二十五歲夫亡五十歲卒徐氏范九龍妻二十八歲夫亡四十六歲卒吳氏季皐興妻二十三歲夫亡四十歲卒陸氏施廣能妻二十八歲夫亡陸氏黃燦妻二十四歲夫亡尤氏任朝棟妻二十歲夫亡卞氏胡本立妻二十七歲夫亡張氏黃楚珩妻三十歲夫亡孫氏張倫江妻二十七歲夫亡俞氏胡禮立妻二十五歲夫亡以上三官

解氏李份妻二十二歲夫亡三十四歲卒雙牌

劉氏徐明成妻二十五歲夫亡壽七十四徐氏蔣聖榮妻二十四歲夫亡六十九歲卒徐氏江永濤妻三十歲夫亡四十四歲卒張氏吳宗儀妻二十八歲夫亡六十歲卒徐氏蔣九皐妻二十七歲夫亡錢氏鄧德和妻二十二歲夫亡陸氏鄧德芳妻二十四歲夫亡以上謝園

蔣氏劉揚名妻二十五歲夫亡四十六歲卒蒯氏陳鼎淳妻二十九歲夫亡四十五歲卒薛氏

江陰縣志 卷三十 列女 節婦 六

監生蔣鈺妻二十四歲夫亡三十六歲卒夏氏陳培德妻二十六歲夫亡陳氏宋安福妻二十九歲夫亡陸氏繆文溶妻二十六歲夫亡以上蔡涇

陳氏李朝興妻二十七歲夫亡壽七十二王氏黃正發妻三十歲夫亡六十一歲卒韓氏耿有元妻二十九歲夫亡劉氏李友三妻二十三歲夫亡浦氏韓舜年妻二十二歲夫亡繆氏徐金元妻三十歲夫亡以上月城

黃氏仇文齡妻二十九歲夫亡六十五歲卒沈氏翟廷楹妻二十四歲夫亡壽七十趙氏沈縱義妻二十二歲夫亡撫遺腹子成立五十四歲卒張氏嚴秉仁妻二十七歲夫亡六十一歲卒彭氏黃恩信妻二十四歲夫亡五十一歲卒姚氏梁聖經妻三十歲夫亡莊氏司福倫妻二十三歲夫亡耿氏劉士宜妻二十四歲夫亡徐氏唐永飛妻二十六歲夫亡以上夏城

湯氏吳文煥妻二十四歲夫亡六十五歲卒宋氏劉廷祖妻二十二歲夫亡五十二歲卒劉氏

江陰縣志 卷三十 列女 節婦 七

彭增脩妻二十一歲夫亡以上黃橋

沈氏馮耀祖妻三十歲夫亡夫弟遠出其妻早歿氏撫姪成立出嫁姪女壽八十七吳氏李標妻二十九歲夫亡撫子焯耀成立五十五歲卒薛氏程兆鯤妻二十九歲夫亡家貧翁老能盡孝養四十四歲卒張氏庠生葛殿端妻二十二歲夫亡三十六歲卒薛氏何懷仁妻二十三歲夫亡薛氏李永年妻二十二歲夫亡顧氏薛富林妻二十七歲夫亡林氏薛永之妻二十六歲夫亡胡氏蔣錦榮妻二十九歲夫亡徐氏張景栻妻三十歲夫亡以上青暘

孔氏石尚質妻二十五歲夫亡壽七十三林氏石尚仁妻二十五歲夫亡壽七十七杜氏石殿純妻二十三歲夫亡壽七十五薛氏石殿聘妻二十歲夫亡四十五歲卒朱氏薛在瑛妻二十七歲夫亡六十四歲卒王氏薛正興妻二十九歲夫亡壽七十一薛氏奚秉直妻三十歲夫亡五十八歲卒奚氏薛增楷妻二十七歲夫亡四十九歲卒陸氏胡歲發妻二十四歲夫亡四十六歲卒奚

氏石雲穀妻三十歲夫亡四十九歲卒 錢氏李元龍妻二十四歲夫亡三十四歲卒 奚氏黃基妻二十二歲夫亡四十四歲卒 朱氏薛應壽妻三十歲夫亡四十一歲卒 石氏冒心珏妻二十六歲夫亡四十一歲卒 張氏邱悳清妻二十四歲夫亡 張氏曾心延妻二十一歲夫亡 馮氏薛桐妻二十七歲夫亡 沈氏薛南德妻二十九歲夫亡 沈氏毛豐吉妻二十七歲夫亡 奚氏曾景明妻二十九歲夫亡 邱氏薛茂宗妻二十七歲夫亡 奚氏薛服德妻二十四歲夫亡 吳氏石雲立妻三十歲夫亡 張氏薛鳳儀妻二十五歲夫亡 徐氏周本立妻二十九歲夫亡 徐氏胡蘭生妻二十八歲夫亡 薛氏王嘉奎妻二十八歲夫亡 高氏邱桃元妻二十五歲夫亡 薛氏邱德明妻二十八歲夫亡 馮氏周應璜妻二十七歲夫亡 俞氏奚朝秀妻二十五歲夫亡十日內嫡亦歿撫嫡子樹烈及所生子樹勳成立壽八十以上四河

邵氏沈培賢妻三十歲夫亡壽七十三 張氏黃志文繼妻二十四歲夫亡壽七十一 唐氏朱順緒繼妻三十歲夫亡壽七十五 楚氏呂永禮妻二十五歲夫亡壽七十三 蕭氏陳萬雄妻二十歲夫亡壽八十三 陸氏朱玉與妻二十六歲夫亡六十七歲卒 錢氏唐受天繼妻二十八歲夫亡壽七十四 朱氏王嘉裕妻二十六歲夫亡五十三歲卒 陳氏徐殿章妻二十六歲夫亡壽七十三 張氏陳宏臣妻三十歲夫亡六十九歲卒 蕭氏黃觀海妻三十歲夫亡五十五歲卒 奚氏唐賢龍妻二十九歲夫亡壽七十九 薛氏金天奇妻三十歲夫亡壽八十三 任氏陳延鶴妻二十九歲夫亡六十四歲卒 黃氏顧聖佑妻二十四歲夫亡壽八十一 劉氏陳煥文妻二十六歲夫亡壽七十六 包氏朱本禮妻二十五歲夫亡五十一歲卒 薛氏許國珍妻二十三歲夫亡六十五歲卒 黃氏孫韶妻二十九歲夫亡六十四歲卒 徐氏張鈞妻三十歲夫亡五十七歲卒 孔氏黃道立妻二十四歲夫亡五十歲卒 呂氏黃成祖妻二十六歲夫亡三十八歲卒 薛氏張元成妻二十九歲夫亡五十三歲卒 王氏朱培益妻二十六歲夫亡四十一歲卒 石氏黃仲鐃妻二十歲夫

亡三十三歲卒 薛氏陳有彩妻二十三歲夫亡 黃氏鄒冑齡妻二十八歲夫亡 朱氏陳廷鳳妻三十歲夫亡 胡氏劉廷和妻二十六歲夫亡 張氏陳九皋妻三十歲夫亡 薛氏張嘉謨妻二十七歲夫亡 孫氏陳拱暘妻二十八歲夫亡 樹氏陳萬蒼妻二十七歲夫亡 薛氏任邦彥妻二十八歲夫亡 江氏孫宏允妻二十五歲夫亡 陸氏邢世壽妻二十八歲夫亡 周氏黃朝選妻三十歲夫亡六十七歲卒 尤氏張震龍妻三十歲夫亡 陳氏徐思慶妻二十九歲夫亡以上馬鎮

徐氏陸文元妻二十九歲夫亡五十七歲卒 徐氏湯元載妻二十七歲夫亡六十六歲卒 沈氏戴文玉妻二十八歲夫亡壽七十九 薛氏張文雄妻二十四歲夫亡三十八歲卒 張氏沈佛恩妻二十七歲夫亡五十八歲卒 薛氏張文閻妻二十九歲夫亡炊煙常絕有貸之粟者卻不受五十四歲卒 朱氏黃學聖妻二十六歲夫亡五十歲卒 沈氏徐永華妻二十七歲夫亡毀妝斂容勤於紡織

四十五歲卒 沈氏湯世潔妻二十八歲夫亡 任氏王烈堂妻二十七歲夫亡 徐氏張玉成妻二十八歲夫亡事翁至九十餘撫子成立 任氏徐麟珍妻二十四歲夫亡撫子 徐氏莊瑞榮妻二十九歲夫亡撫二子俱先卒借長媳撫孫 朱氏趙文彬妻三十歲夫亡 沈氏何廷璋妻二十六歲夫亡 黃氏孫麟書妻二十七歲夫亡 錢氏王正賢妻二十五歲夫亡 沈氏李秀川妻二十九歲夫亡 郁氏黃依德妻二十歲夫亡 濮氏奚八張煥妾二十三歲夫亡撫子圻成立以上璜塘

周氏沈國寶妻二十八歲夫亡壽八十五 黃氏高鶴占妻二十五歲夫亡四十歲卒 王氏錢永烈妻二十八歲夫亡 張氏沈瑞文妻二十九歲夫亡 湯氏錢廷標妻二十七歲夫亡 薛氏繆大梁妻二十九歲夫亡以上花山

譚氏姚盛泰妻二十九歲夫亡壽九十 王氏周雲從妻二十九歲夫亡五十二歲卒 周氏徐右

曾妻二十六歲夫亡四十六歲卒 譚氏徐振洪妻二十六歲夫亡五十六歲卒 顧氏沈文明妻二十五歲夫亡三十七歲卒 鄧氏王朝華妻二十七歲夫亡三十七歲卒 薛氏潘聿修妻二十二歲夫亡 沈氏徐起鴻妻二十六歲夫亡 黃氏徐謹妻二十二歲夫亡 殷氏馬士忠妻二十五歲夫亡 謝氏黃廷卓妻二十三歲夫亡 夏氏錢芳盛妻二十七歲夫亡 姚氏周甸三妻二十七歲夫亡六十六歲卒 以上蕭岐

劉氏劉廷顯妻三十歲夫亡壽七十一 趙氏吳德坤妻二十八歲夫亡五十五歲卒 徐氏吳維欽妻二十五歲夫亡五十三歲卒 劉氏姚鳳鳴妻二十八歲夫亡壽七十四 陳氏徐景華妻三十歲夫亡 以上葫橋

沈氏張思成妻二十七歲夫亡五十二歲卒 汪氏張廣仁妻二十五歲夫亡四十歲卒 朱氏劉景行妻二十九歲夫亡 吳氏張增道妻二十八歲夫亡 曹氏徐萬元妻三十歲夫亡 陳氏徐步

餘妻二十八歲夫亡 吳氏焦存仁妻三十歲夫亡 繆氏顧天佑妻二十二歲夫亡 金氏耿書二妻二十五歲夫亡 以上觀山

翟氏徐築巖妻二十九歲夫亡壽八十六 張氏孟瑞坤妻二十九歲夫亡壽七十九 蔣氏宋敖大妻二十三歲夫亡壽七十三 梅氏李用芳妻二十八歲夫亡六十八歲卒 萬氏張茂亨妻二十三歲夫亡四十二歲卒 徐氏徐象書妻二十六歲夫亡 胡氏周鳳彩妻二十九歲夫亡 曹氏楊永法妻二十八歲夫亡 沈氏李繼壽妻二十八歲夫亡 翟氏楊法元妻二十八歲夫亡 劉氏楊德興妻三十歲夫亡 周氏華敦大妻二十一歲夫亡 謝氏潘篆龍妻二十五歲夫亡 顧氏徐在梅妻三十歲夫亡 袁氏胡書升妻三十歲夫亡 惲氏錢虎妻二十九歲夫亡 張氏安國富妻二十九歲夫亡 陳氏劉順年妻二十一歲夫亡 談氏徐華堂妻二十四歲夫亡 奚氏徐鼎亨妻二十九歲夫亡 高氏徐興讓妻三十歲夫亡 沈氏徐永清妻二十九歲夫亡 黃氏徐亮

珍妻二十九歲夫亡 費氏劉勝川妻二十九歲夫亡 以上利城

屠氏許躍雲妻二十三歲夫亡 前周

彭氏俞學周妻二十歲夫亡事翁撫子日夜紡織翁歿有欲嫁之者堅不從壽七十九 張氏蔣雙龍妻二十三歲夫亡六十四歲卒 翟氏畢德雲妻二十六歲夫亡 以上后梅

吳氏繆家駢妻二十五歲夫亡撫子道濟道馨成立四十五歲卒 朱氏繆道馨妻道馨拯族人溺因而致死氏年二十四撫二子艱辛備至六十七歲卒 繆氏吳國瑞妻二十七歲夫亡撫遺腹子成立壽七十三 秦氏周隆盛妻二十六歲夫亡 以上丁墅

江氏劉昌儀妻二十三歲夫亡壽七十九 陳氏金標新妻二十五歲夫亡三十八歲卒 劉氏陳佩蘭妻二十九歲夫亡 朱氏劉如德妻二十三歲夫亡 吳氏徐夢熊妻二十九歲夫亡 以上桃花

繆氏劉會文妻二十八歲夫亡壽七十九 朱氏繆應寅妻二十七歲夫亡六十七歲卒 朱氏殷瑞林妻二十五歲夫亡六十三歲卒 俞氏柳國棨妻二十七歲夫亡五十四歲卒 章氏監生殷思起妻三十歲夫亡五十二歲卒 單氏周尚賢妻二十九歲夫亡四十八歲卒 華氏劉曾賢妻二十六歲夫亡 孟氏張文漢妻二十九歲夫亡 吳氏周裕成妻二十八歲夫亡 柳氏韓順度妻二十九歲夫亡 徐氏吳維忠妻三十歲夫亡 何氏李遇芳妻二十九歲夫亡 夏氏繆同書妻二十四歲夫亡 以上中港

丁氏徐介祉妻二十四歲夫亡煢孑無依每耕耘抱兒置隴畔以繈覆之耕少頃兒啼輒還其地撫養成立壽七十 沈氏吳亥均妻二十七歲夫亡四十一歲卒 顧氏蔣廷貴妻二十一歲夫亡壽七十 湯氏徐之桐妻二十八歲夫亡五十五歲卒 張氏柳宗裔妻三十歲夫亡壽七十一 王氏吳大鵬妻二十九歲夫亡五十三歲卒 林氏吳步青妻二十九歲夫亡四十四歲卒 高氏朱贊揚妻

二十一歲夫亡吳氏蔣殿陞妻三十歲夫亡舒氏職員吳鏞妻十九歲夫亡袁氏吳陞陞妻

三十歲夫亡以上夏港

陸氏蕭永齡妻二十九歲夫亡五十四歲卒陸氏蕭宏倫妻三十歲夫亡四十九歲卒王氏陳

方令妻二十七歲夫亡壽七十二尹氏丁德和妻二十三歲夫亡壽七十三孫氏李茂松妻三十歲夫

亡孫氏盧錦堂繼妻二十九歲夫亡以上沙洲

姚氏四河某氏僕侯志德妻二十一歲夫亡壽七十六范氏四河某氏僕陳愛二妻二十七歲夫亡五

十五歲卒梅氏顧山周氏僕周鳳鳴妻二十九歲夫亡撫子以上照例停止設位

自吳張氏至此皆道光十六年續旌

蘇氏吳尚炡妻道光二十二年旌

許氏張士背妻錢氏薛志韓妻章氏俞飛鵬妻王氏俞春乙妻以上道光二十

三年彙旌

祝氏蘇坦妻道光二十六年旌

繆氏沈榮妻道光二十七年旌

顧氏陸榮森妻王氏吳樹標妻吳氏顧宗鎵妻以上道光二十八年彙旌

楊氏祝陞冀妻道光二十九年旌

徐氏蔣晉妻道光三十年旌

許氏朱寶恆妻陳氏監生周廷模妻以上咸豐元年彙旌

徐氏監生繆天球妻袁氏生員夏翼鳳妻陳氏顧隆妻胡氏顧聰妻黃氏顯汾

王氏顧懿妻朱氏汪廷樞繼妻朱氏庠生汪廷楷妻徐氏朱應昌妻劉氏繆日

熙妻何氏蘇楨妻張氏劉秉彝妻陳氏吳元燾妻汪氏潘耘蘭妻劉氏柳鈺妻

以上咸豐二年彙旌祁氏繆氏僕顧正興妻照例停止設位

袁氏葉田王妻趙氏監生沙揀金妻彭氏生員莊覲妻周氏生員莊覲妻姜氏監生

王筠妻錢氏韓廷燦妻繆氏蔣鳳書妻王氏蘇烈妻諸氏蕭景何妻張氏生員

陳三浚妻張氏監生錢樹妻周氏陸兆堂妻周氏邵增生祝百十妻以上咸豐

四年彙旌

徐氏殷思錦妻徐氏李煜妻王氏監生吳墉妻薛氏陳漢章妻潘氏附貢生於鈞妻

張氏州同銜於銓繼妻陸氏州同銜於鈐妻陶氏李芬妻王氏徐耀成妻許氏

王繼會妻邵氏周子良妻許氏監生於大鈞妻以上咸豐五年彙旌

陳氏監生王汝諧妻朱氏張懋沅妻徐氏顧睿先妻李氏祝繼德繼妻郭氏高勝先妻

曹氏楊瑞芳妻梁氏楊炳南妻王氏監生陳慶長妻張氏湯本立妻李氏謝天祿妻

王氏於銑妻謝氏吳采妻以上咸豐六年彙旌

李氏陳治妻李氏王炳韜妻黃氏吳紹周妻趙氏蔡正和妻邢氏陳銘妻章氏

監生吳梓妻章氏陳廷蘭妻沙氏楊義謨妻沈氏花銘富妻龐氏張掄源妻王氏

高佩珩妻以上咸豐七年彙旌

顧氏職員胡瓌妻沙氏蔡鳴洲妻韓氏黃重恩妻繆氏吳瑞珍妻許氏徐正華妻朱

氏武生丁步鼇妻諸氏葛大榮妻繆氏鄧木仁妻花氏吳德熙妻吳氏徐鼎亨妻曹

氏章文炳妻張氏章文蘭妻戴氏陳寶琳妻張氏周賢之妻李氏周雨霖妻趙氏

高步雲妻許氏李耀奎妻章氏梅應霖妻陳氏吳兆雯妻劉氏徐增壽妻章氏張夢

熊妻張氏章與可妻任氏吳鳳鳴妻張氏孫上通妻吳氏劉洪奎妻閔氏曾王美妻

吳氏徐斌妻朱氏錢焯堂妻徐氏周士模妻唐氏黃玉堂妻朱氏徐大耀妻林

氏周洪海妻以上咸豐九年彙旌
朱氏李珍妻二十五歲夫亡同治八年旌
夏氏八品銜章鴻錫妻二十一歲夫亡三十一歲卒
郭氏朱鼎隆妻三十歲夫亡六十八歲卒
徐氏監生許華江妻三十歲夫亡五十九歲卒
何氏張時和妻二十六歲夫亡四十八歲卒
吳氏祁蘊文妻二十七歲夫亡四十六歲卒
薛氏李九皋妻二十三歲夫亡四十六歲卒
吳氏氶復善妻二十三歲夫亡六十六歲卒
邱氏夏子詵妻二十六歲夫亡三十五歲卒
徐氏梅唐階妻二十二歲夫亡四十六歲卒
張氏監生楊棣繼妻二十二歲夫亡四十歲卒
王氏八品銜章承啟妻二十九歲夫亡三十九歲卒
俞氏王丙南妻二十五歲夫亡五十四歲卒
錢氏沈汝川妻三十歲夫亡四十三歲卒
邢氏吳薛臣妻三十歲夫亡六十八歲卒
劉氏庠生呂均妻二十二歲夫亡六十一歲卒
吳氏劉宏奎妻二十三歲夫亡六十二歲卒
仰氏劉步青妻二十八歲夫亡四十六歲卒

王氏八品銜於紫衡妻二十三歲夫亡四十八歲卒
謝氏周汝華妻二十二歲夫亡四十五歲卒
曹氏錢泰和妻二十九歲夫亡四十歲卒
陳氏羅學勤妻二十七歲夫亡六十歲卒
徐氏夏子甲妻三十歲夫亡五十一歲卒
沙氏庠生汪翼鯤妻三十歲夫亡五十三歲卒
陳氏庠生汪翼麒妻三十歲夫亡四十二歲卒
湯氏張星南妻二十六歲夫亡四十七歲卒
周氏沈朝壽妻二十九歲夫亡六十五歲卒
繆氏張師垣妻三十歲夫亡六十歲卒
劉氏庠生趙斌麒妻三十歲夫亡四十三歲卒
蔣氏吳清和繼妻二十四歲夫亡五十二歲卒
羅氏王敬修繼妻二十六歲夫亡六十一歲卒
俞氏王敬臣妻二十八歲夫亡六十歲卒
孫氏趙瑞乾妻三十歲夫亡六十四歲卒
陸氏楊顯袁妻二十六歲夫亡五十二歲卒
吳氏陳松生妻二十九歲夫亡四十五歲卒
繆氏陳康寶妻二十一歲夫亡五十二歲卒
呂氏周耀祖妻二十三歲夫亡四十歲卒
繆氏袁文秀妻二十七歲夫亡四十七歲卒
陳氏繆錦堂妻二十九歲夫亡四十八歲卒
楊氏萬中和妻二十一歲夫亡四十歲卒
謝氏仰樹堂妻二十九歲夫亡三十九歲卒
許氏陳永昌妻二十七歲夫亡四十一歲卒
沈氏陳尚志妻二十五歲夫亡七十歲卒
方氏劉仲襄妻二十四歲夫亡五十歲卒
蔣氏趙元開妻二十六歲夫亡五十九歲卒
薛氏徐廷桂妻二十八歲夫亡六十歲卒
楊氏高聚山妻二十五歲夫亡六十四歲卒
朱氏繆樹朝妻二十九歲夫亡五十八歲卒
於氏王燮之妻三十一歲夫亡七十一歲卒
朱氏徐殿邦妻二十五歲夫亡五十九歲卒
徐氏監生范彬繼妻二十二歲夫亡六十五歲卒
蔡氏曹德威妻三十歲夫亡七十歲卒
高氏桓履泰妻二十九歲夫亡七十二歲卒
蔡氏楊錦燾妻二十四歲夫亡七十二歲卒
呂氏劉負圖妻二十二歲夫亡三十六歲卒
程氏周日臨繼妻三十歲夫亡七十一歲卒
張氏王協昇妻二十歲夫亡四十三歲卒
於氏王理妻三十歲夫亡七十一歲卒
汪氏沈雅軒妻二十九歲夫亡五十五歲卒
包氏謝瑚妻二十六歲夫亡四十歲卒
張氏邢昶成妻二十三歲夫亡五十八歲卒
張氏謝琪妻二十八歲夫亡五十歲卒

茅氏夏子俊妻三十歲夫亡五十八歲卒
沈氏六經品妻二十九歲夫亡四十二歲卒
李氏夏子桂繼妻二十七歲夫亡
陳氏孫泰占妻二十八歲夫亡
夏氏李榮宗妻二十九歲夫亡
孫氏程鞏華妻二十歲夫亡
李氏蔡文耀妻二十一歲夫亡
張氏庠生陳夏玉妻二十九歲夫亡
沈氏徐鶴鳴妻二十九歲夫亡
李氏繆鴻猷妻二十五歲夫亡
錢氏李繹珍妻二十七歲夫亡
章氏八品銜李慶辰妻二十九歲夫亡
劉氏陳石巖妻二十九歲夫亡
章氏汪廷桂妻三十歲夫亡
劉氏沈友生妻三十歲夫亡
高氏沈蘭初妻二十六歲夫亡
吳氏徐連慶妻二十五歲夫亡
徐氏監生夏子嵩妻二十八歲夫亡
錢氏李南溪妻二十七歲夫亡
劉氏楊光裕妻二十七歲夫亡
周氏吳文彬妻二十八歲夫亡
繆氏袁庭坤妻二十九歲夫亡
繆氏袁海鶴妻二十七歲夫亡
王氏庠生陳增輝妻二十九歲夫亡
薛氏祝劭悃妻二十五歲夫亡
陸氏繆錫康妻二十八歲夫亡
吳氏廩生王行偉妻二十九歲夫亡
何氏王蘭陔妻

二十九歲夫亡。陳氏趙元森妻二十六歲夫亡。蘇氏韓秀岑妻二十八歲夫亡。於氏張盛清妻二十九歲夫亡。留氏陳思源妻二十二歲夫亡。周氏蘇徽熙妻二十一歲夫亡。沈氏黃爾康妻二十三歲夫亡。麥氏章載熙妻二十八歲夫亡。以上城內

沈氏任長林妻二十一歲夫亡六十八歲卒。趙氏楊桐妻二十四歲夫亡三十九歲卒。黃氏蔡應麒妻二十八歲夫亡五十八歲卒。方氏黃兆泰妻二十五歲夫亡四十二歲卒。黃氏韓韜妻二十九歲夫亡七十五歲卒。高氏林春陽妻二十二歲夫亡四十八歲卒。楊氏韓樹德妻二十九歲夫亡六十二歲卒。周氏陳大銓妻二十二歲夫亡六十九歲卒。蘇氏韓偉妻三十歲夫亡七十四歲卒。黃氏韓紫來妻三十歲夫亡四十八歲卒。韓氏林春田妻二十八歲夫亡六十五歲卒。趙氏莊煥堂妻二十九歲夫亡五十七歲卒。王氏莊中孚妻二十八歲夫亡四十七歲卒。張氏馮柏卿妻二十六歲夫亡三十五歲卒。吳氏徐玉衡妻二十八歲夫亡六十八歲卒。黃氏徐

宗義繼妻三十歲夫亡八十七歲卒。陳氏徐壽培妻二十一歲夫亡六十八歲卒。李氏尤宗成妻二十七歲夫亡五十歲卒。張氏高潔妻二十七歲夫亡四十六歲卒。張氏吳廷棨妻二十八歲夫亡五十歲卒。仰氏顧茂隆妻二十三歲夫亡七十歲卒。丁氏顧茂倫妻二十歲夫亡六十一歲卒。尤氏張錫均妻二十七歲夫亡。龔氏尹起渭妻二十七歲夫亡。唐氏高廣成妻二十九歲夫亡。張氏韓品元妻二十七歲夫亡。楊氏黃曾蔭妻二十九歲夫亡。高氏黃曾培妻二十六歲夫亡。宋氏徐玉田妻二十八歲夫亡。沙氏王用九妻二十歲夫亡。陳氏莊達行妻二十四歲夫亡。沈氏章九韶妻二十四歲夫亡。以上東外

許氏從九衔鄧敘堂妻二十九歲夫亡四十六歲卒。沙氏曹季賢妻二十六歲夫亡四十四歲卒。唐氏錢濟妻三十歲夫亡四十七歲卒。邢氏趙震南妻二十九歲夫亡四十四歲卒。沈氏九品衔孫安之妻十九歲夫亡四十歲卒。邢氏陳德新妻二十九歲夫亡四十四歲卒。尤氏劉萬成妻

二十五歲夫亡六十歲卒。曹氏沙爾康妻三十歲夫亡四十一歲卒。章氏俞履廷妻二十九歲夫亡。楊氏張治周妻二十五歲夫亡。吳氏陳以莊妻二十九歲夫亡。章氏曹大熙妻三十歲夫亡。徐氏張鳳占妻二十三歲夫亡。潘氏衛啟宇妻二十六歲夫亡。以上南外

徐氏沈孟齡妻二十八歲夫亡五十歲卒。耿氏衍聖公府奎文閣典籍夏祖煊妻二十一歲夫亡五十七歲卒。劉氏黃雲何妻二十三歲夫亡四十二歲卒。黃氏季盈敘妻二十八歲夫亡六十三歲卒。張氏繆楢之妻二十六歲夫亡。蔣氏繆壁修妻二十九歲夫亡。顧氏徐進堯妻二十一歲夫亡。

以上西外

邵氏劉燦寶妻二十五歲夫亡三十六歲卒。陳氏劉伯璠妻二十九歲夫亡八十歲卒。陸氏劉景暘妻二十三歲夫亡四十七歲卒。吳氏陸羽儀妻二十三歲夫亡五十歲卒。楊氏高五胖妻二十一歲夫亡六十四歲卒。王氏張廷彥妻二十九歲夫亡四十七歲卒。張氏錢受宗妻二十六歲

夫亡五十四歲卒。楊氏曹春泉妻二十九歲夫亡七十三歲卒。陸氏麗壽南妻十九歲夫亡二十九歲卒。張氏楊利川繼妻三十歲夫亡五十九歲卒。章氏李錦成妻二十九歲夫亡五十七歲卒。張氏楊介昌妻二十九歲夫亡四十三歲卒。吳氏劉敦裕妻二十三歲夫亡五十三歲卒。李氏龐順和妻二十九歲夫亡六十歲卒。潘氏吳浩玉妻二十三歲夫亡六十歲卒。顧氏張過春妻二十九歲夫亡五十六歲卒。許氏蔣夢占妻二十四歲夫亡四十四歲卒。何氏張北山妻三十歲夫亡七十歲卒。陳氏陸茂林妻二十三歲夫亡。陳氏陸廷錫妻二十二歲夫亡。管氏楊吉昌妻二十一歲夫亡。劉氏楊介茂妻二十八歲夫亡。沈氏劉贊廷妻二十九歲夫亡。龐氏張倫元妻二十八歲夫亡。陳氏馮安書妻二十六歲夫亡。張氏金玉湘妻三十歲夫亡。張氏陸槐妻二十九歲夫亡。楊氏陸履和妻二十八歲夫亡。以上北外

薛氏黃永年妻二十二歲夫亡三十九歲卒。劉氏沈其昌妻三十歲夫亡。以上綺山

繆氏黄馥堂妻二十九歲夫亡五十二歲卒吳氏朱鴻逵妻二十八歲夫亡五十五歲卒以上
雲亭
蔣氏繆緯之妻二十九歲夫亡七十六歲卒繆氏徐誕生妻二十歲夫亡五十三歲卒戴氏庠生
徐植妾三十歲夫亡五十二歲卒錢氏徐德生妻二十七歲夫亡五十歲卒陳氏繆麗乾妻二十
九歲夫亡六十歲卒李氏蔣復三妻二十七歲夫亡六十五歲卒張氏蘇文海妻二十四歲夫亡
七十四歲卒蘇氏張禮堂妻二十七歲夫亡五十三歲卒繆氏郁風仁妻二十五歲夫亡五十
七歲卒卞氏繆星南妻二十八歲夫亡五十一歲卒劉氏金大昌妻二十六歲夫亡六十三歲
卒毛氏季連城妻二十八歲夫亡五十一歲卒夏氏趙宗江妻二十七歲夫亡四十一歲卒
朱氏陳之劍妻二十二歲夫亡六十歲卒吳氏陳之淦妻二十八歲夫亡五十歲卒封氏陳之
鏞妻二十五歲夫亡五十一歲卒周氏陳之富妻三十歲夫亡五十六歲卒傅氏陳之原妻三十

江陰縣志　卷二十　列女　節婦　六

歲夫亡六十歲卒李氏陳文圖妻三十歲夫亡六十三歲卒曹氏監生趙穎新妻二十九歲夫亡
七十七歲卒劉氏蘇鋻之妻二十四歲夫亡三十八歲卒劉氏柳明妻三十歲夫亡三十九歲
卒方氏張錦文妻二十一歲夫亡六十一歲卒沈氏葛玉昌妻二十九歲夫亡以上周
莊
華氏程立言妻二十三歲夫亡七十三歲卒徐氏程和言妻二十四歲夫亡四十五歲卒錢氏
陶奉璋妻二十五歲夫亡七十歲卒沈氏王君珍妻二十七歲夫亡七十六歲卒許氏王君珍妻
二十四歲夫亡五十三歲卒凌氏武監生姜學海妻二十五歲夫亡七十二歲卒沈氏監生姜之
椿妻二十五歲夫亡八十歲卒劉氏黄玉堂妻三十歲夫亡五十三歲卒陸氏邵鼎賢妻二十九歲
夫亡六十三歲卒章氏周棟妻二十八歲夫亡五十八歲卒周氏徐宇亭妻三十歲夫亡六十六
歲卒黄氏許元壽妻二十八歲夫亡六十二歲卒徐氏沈榮甫繼妻二十九歲夫亡司馬

氏趙兆德妻十九歲夫亡王氏鄒傳藝妻二十七歲夫亡趙氏嚴紹基妻二十九歲夫亡繆
氏沈德嘉妻二十八歲夫亡以上華墅
趙氏惠嘉法妻二十九歲夫亡六十三歲卒徐氏惠芳遠妻二十九歲夫亡六十四歲卒徐氏
惠玉珍妻二十五歲夫亡六十二歲卒夏氏張蔭昌妻二十五歲夫亡四十九歲卒郭氏徐大
妻二十八歲夫亡四十七歲卒趙氏周培基妻二十七歲夫亡四十七歲卒張氏監生陶祝三妻
二十四歲夫亡六十二歲卒吳氏張錫成妻二十五歲夫亡五十三歲卒方氏郁金南妻二十
九歲夫亡五十三歲卒吳氏九品銜張叔咸妻二十四歲夫亡三十三歲卒姚氏陶文煩妻二十
九歲夫亡四十五歲卒郭氏陶一飛妻三十歲夫亡五十五歲卒張氏陶兆和妻二十九歲夫亡
四十五歲卒唐氏蔡金觀妻二十六歲夫亡五十三歲卒郭氏郁人昆妻二十七歲夫亡七十
四歲卒陶氏王柏貞妻二十九歲夫亡六十歲卒顧氏陶文標妻二十九歲夫亡六十三歲卒

江陰縣志　卷二十　列女　節婦　九

崔氏郁裕順妻二十八歲夫亡陶氏鄒德月妻二十四歲夫亡徐氏許方妻二十三歲夫亡
任氏莊增榮妻二十九歲夫亡陶氏鄒元通妻二十三歲夫亡李氏王三妻二十九歲夫亡
許氏王任仁妻二十七歲夫亡郁氏王高順妻二十九歲夫亡惠氏陶文烈妻二十六歲夫亡
以上馬嘶
朱氏郁維順妻二十四歲夫亡六十八歲卒王氏張裕發妻二十八歲夫亡五十五歲卒張氏
黄金元妻三十歲夫亡六十歲卒劉氏李元瑞妻二十九歲夫亡四十一歲卒周氏史大休妻
二十五歲夫亡四十三歲卒劉氏孔憲達妻二十二歲夫亡五十五歲卒周氏承曾午妻二十
歲夫亡五十七歲卒孔氏楊廷秀妻二十六歲夫亡四十四歲卒以上長壽
武氏監生黄梅妻二十六歲夫亡六十一歲卒薛氏黄淮妻二十九歲夫亡四十八歲卒李氏徐鳳
椿妻二十五歲夫亡五十八歲卒包氏王樹田妻二十五歲夫亡六十六歲卒沈氏監生許鉌

妻二十八歲夫亡六十八歲卒　戴氏康柱本妻二十七歲夫亡五十九歲卒　胡氏黃翼柄妻二十四歲夫亡五十歲卒　劉氏沈元燮妻二十九歲夫亡六十二歲卒　黃氏王奕琪妻二十六歲夫亡六十八歲卒　郁氏許繩先妻二十三歲夫亡七十四歲卒　佘氏徐鴻漸妻二十三歲夫亡六十八歲卒　仲氏許福宣妻二十八歲夫亡六十一歲卒　葉氏胡廸吉妻三十歲夫亡五十四歲卒　華氏蔣增福妻二十四歲夫亡五十四歲卒　劉氏八品銜孫麟書妻二十七歲夫亡四十一歲卒　包氏徐汾妻二十四歲夫亡

以上祝塘

朱氏包廉珍妻二十五歲夫亡五十五歲卒　嚴氏周尙賓妻二十歲夫亡三十一歲卒　沈氏包錦增妻二十一歲夫亡四十八歲卒　陸氏蔣寶楚妻二十六歲夫亡六十二歲卒　袁氏何憲忠妻二十七歲夫亡五十歲卒　蔣氏袁克儉繼妻三十歲夫亡五十四歲卒　顏氏包震元妻三十歲夫亡　許氏周秦階妻三十歲夫亡　包氏張錦亭妻二十六歲夫亡　徐氏何學熙妻三十歲夫亡

江陰縣志　卷廿　列女　節婦　廿一

以上文林

夏氏吳士鵠妻二十五歲夫亡六十二歲卒　李氏金渭揚妻二十六歲夫亡五十二歲卒　顧氏許和妻二十九歲夫亡六十九歲卒　王氏劉天衢妻二十八歲夫亡四十七歲卒　張氏劉錦萬妻二十五歲夫亡四十四歲卒　李氏趙廷樾妻二十七歲夫亡六十二歲卒　薛氏包謐妻十七歲夫亡五十歲卒　劉氏包諶繼妻二十四歲夫亡五十二歲卒　吳氏陳勝妻二十九歲夫亡五十七歲卒　汪氏趙景鈴妻二十九歲夫亡五十四歲卒　夏氏印三妹妻二十四歲夫亡四十八歲卒　夏氏朱祺妻二十六歲夫亡四十歲卒　郭氏王鐸妻二十三歲夫亡三十三歲卒　章氏薛智和妻二十一歲夫亡六十七歲卒　沈氏王錫智妻二十九歲夫亡四十三歲卒　蔣氏張節榮妻二十三歲夫亡　周氏劉闕元妻二十七歲夫亡　柳氏王錫仁妻二十四歲夫亡

以上長涇

孫氏王鍾麟妻二十九歲夫亡七十四歲卒　徐氏巫桂發妻二十歲夫亡六十三歲卒　陳氏曹賓

哄妻二十七歲夫亡四十歲卒　唐氏劇四妻二十四歲夫亡五十一歲卒　秦氏黃貴涓妻二十歲夫亡五十七歲卒　沈氏黃積祿妻二十六歲夫亡四十三歲卒　許氏沈紹祥妻十九歲夫亡六十三歲卒　毛氏沈紹林妻二十六歲夫亡六十歲卒　周氏王玉堺妻二十歲夫亡四十四歲卒　邵氏吳翼妻二十八歲夫亡六十一歲卒　蔡氏沈大晏妻二十一歲夫亡六十三歲卒　鄧氏楊惠仁妻三十歲夫亡四十三歲卒　龔氏武生盧心正妻二十七歲夫亡五十四歲卒　劉氏陸大壽妻二十五歲夫亡五十一歲卒　李氏方廷佑妻二十四歲夫亡五十九歲卒　郁氏王益三妻二十七歲夫亡　吳氏翦嵩德妻十九歲夫亡　張氏吳伯純妻二十八歲夫亡　周氏吳師前妻二十二歲夫亡　王氏吳逵逵妻二十四歲夫亡　謝氏楊惠成妻二十五歲夫亡　孫氏王湘麟妻二十歲夫亡　徐氏監生吳本妻二十四歲夫亡　夏氏吳景炎妻二十三歲夫亡

以上顧山

葉氏張鏞妻二十二歲夫亡五十七歲卒　葉氏童馨妻二十歲夫亡二十九歲卒　吳氏許槃槃繼

江陰縣志　卷廿　列女　節婦　廿二

妻二十八歲夫亡五十五歲卒　李氏郭殿揚妻二十三歲夫亡五十四歲卒　朱氏范迪桂妻二十六歲夫亡四十二歲卒　蔡氏樊朝鼎妻二十九歲夫亡七十二歲卒　陳氏趙元爵妻二十六歲夫亡六十一歲卒　鄒氏陳發源妻二十二歲夫亡四十六歲卒　顧氏宋階順妻二十八歲夫亡七十五歲卒　徐氏郭鑑之妻二十二歲夫亡五十三歲卒　張氏趙士僕妻二十四歲夫亡六十八歲卒　樊氏顧傳法妻二十六歲夫亡五十一歲卒　錢氏張茂椿妻三十歲夫亡五十三歲卒　楊氏趙允修妻二十四歲夫亡四十一歲卒　徐氏陶根榮妻二十四歲夫亡五十九歲卒　吳氏趙善焜妻二十五歲夫亡五十五歲卒　陸氏陶鳳岐妻二十三歲夫亡四十二歲卒　席氏陳煥忠妻二十九歲夫亡四十一歲卒　樊氏許洪德妻二十七歲夫亡四十八歲卒　葉氏湯允昇妻二十八歲夫亡五十八歲卒　常氏許海倉妻二十五歲夫亡四十九歲卒　顧氏郭掌榮妻二十四歲夫亡三十八歲卒　薛氏郭明章妻二十八歲夫亡六十七歲卒　許氏邵廷熊妻三十

歲夫亡四十八歲卒
王氏 葉兆輿妻二十一歲夫亡
葉氏 邵淞南妻二十三歲夫亡
王氏 葉殿卿妻二十六歲夫亡
郭氏 張煥章妻二十九歲夫亡
卞氏 張繼如妻二十九歲夫亡
錢氏 郭堂慶妻二十四歲夫亡
李氏 郭左棠妻二十四歲夫亡
錢氏 朱時明妻二十九歲夫亡
葉氏 吳錦如妻二十六歲夫亡
楊氏 郭燾妻二十九歲夫亡
陶氏 武生邵翔雲妻三十歲夫亡
陳氏 江柳佳妻二十八歲夫亡
繆氏 乙酉科拔貢郭元亮妻二十六歲夫亡
臧氏 許天榮妻三十歲夫亡
孫氏 陶關祥妻三十歲夫亡
郭氏 趙安慶妻二十五歲夫亡
錢氏 許和尚妻二十五歲夫亡
黃氏 常德生妻二十六歲夫亡
倪氏 張樂堂妻二十九歲夫亡 以上楊厙
吳氏 九品銜顧傑妻二十六歲夫亡五十五歲卒
吳氏 九品銜方祉蕃妻二十六歲夫亡四十六歲卒
吳氏 監生張鏞妻二十五歲夫亡四十一歲卒
錢氏 張鑑妻二十六歲夫亡三十七歲卒
陳氏 蔣慶甫妻二十四歲夫亡七十五歲卒
徐氏 蔣大昇妻二十一歲夫亡七十一歲卒
徐氏 蔣大

讓妻二十八歲夫亡七十二歲卒
趙氏 閔裕山妻二十七歲夫亡五十六歲卒
龔氏 孫錫琪妻二十四歲夫亡五十三歲卒
承氏 陳啟三妻二十歲夫亡五十二歲卒
楊氏 周君望妻二十一歲夫亡五十三歲卒
周氏 陳作霖妻二十九歲夫亡七十四歲卒
施氏 九品銜王念妻二十六歲夫亡
盧氏 陸鳳鳴妻二十九歲夫亡
湯氏 王鼎昌妻二十一歲夫亡 以上大橋
陳氏 監生薛獻之繼妻三十歲夫亡五十四歲卒
張氏 薛步洲妻二十九歲夫亡五十二歲卒
張氏 徐國英妻二十二歲夫亡四十二歲卒
高氏 劉士端妻三十歲夫亡四十二歲卒
仲氏 許王溪妻二十二歲夫亡七十三歲卒
李氏 方錦標妻二十八歲夫亡六十六歲卒
劉氏 黃坤倫妻二十七歲夫亡五十五歲卒
包氏 許觀成妻二十六歲夫亡八十二歲卒
黃氏 陸龍四妻二十五歲夫亡五十歲卒
徐氏 華湘雲妻三十歲夫亡六十六歲卒
張氏 陸藍隆妻二十四歲夫亡六十歲卒
蔣氏 許湧泉妻三十歲夫亡七十八歲卒
黃氏 方雲韶妻二十六歲夫亡五十五歲卒
王氏 監生薛宏仁妻二十八歲夫亡六十歲卒
張氏 楊敦儀妻二十四歲夫亡
顧氏 楊敦三妻二十九歲夫亡
楊氏 徐仲康妻二十三歲夫亡
費氏 胡文遠妻二十九歲夫亡
陳氏 胡煜妻二十六歲夫亡
李氏 胡仲榮妻二十四歲夫亡
莊氏 黃德寶妻二十七歲夫亡
陳氏 丁萬餘妻二十七歲夫亡
陳氏 胡茂源妻二十六歲夫亡
陸氏 秦卜興妻二十八歲夫亡
夏氏 俞培元妻三十歲夫亡
陳氏 顧汀蘭妻二十九歲夫亡
陸氏 方秉玉妻二十八歲夫亡
胡氏 錢朝雲妻三十歲夫亡
施氏 陸朝珍妻二十八歲夫亡
黃氏 許騰蛟妻二十八歲夫亡
盧氏 陸廷榮妻三十歲夫亡
黃氏 中步高妻二十八歲夫亡
秦氏 王明昌妻二十七歲夫亡 以上三官
繆氏 蔣雲橋妻二十二歲夫亡三十六歲卒
王氏 監生吳森妻二十九歲夫亡六十九歲卒
張氏 吳棠妻二十六歲夫亡五十三歲卒
趙氏 殷兆虎妻二十七歲夫亡 以上蔡涇
湯氏 蔣順發妻二十六歲夫亡七十五歲卒
汪氏 顏仲昭妻三十歲夫亡 以上夏城

湯氏 楊兆昌妻二十九歲夫亡 黃橋
羅氏 李煥章妻二十九歲夫亡六十三歲卒
章氏 杜愔妻三十歲夫亡四十七歲卒
沈氏 程錫昌妻二十二歲夫亡四十七歲卒
顧氏 胡璟妻二十九歲夫亡八十五歲卒
吳氏 胡琮妻二十八歲夫亡六十一歲卒
程氏 胡金品妻二十五歲夫亡五十五歲卒
蔣氏 吳芝生妻二十七歲夫亡五十三歲卒
陶氏 劉然谷妻二十七歲夫亡六十一歲卒
楊氏 劉聚寶妻二十一歲夫亡六十七歲卒
周氏 劉錦江妻二十歲夫亡六十二歲卒
周氏 劉錦川妻二十三歲夫亡四十二歲卒
吳氏 劉質慶妻二十八歲夫亡三十七歲卒
范氏 劉森階妻二十七歲夫亡四十一歲卒
黃氏 吳望慈妻三十歲夫亡五十五歲卒
黃氏 沈學文妻二十二歲夫亡四十二歲卒
李氏 沈鎮妻二十九歲夫亡四十二歲卒
楊氏 章郁文妻二十六歲夫亡六十三歲卒
章氏 李洪吉妻二十七歲夫亡四十歲卒
葛氏 章治文妻二十七歲夫亡三十七歲卒
王氏 翟春泉妻二十八歲夫亡
李

氏潘兆塘妻二十三歲夫亡以上靑暘
薛氏奚珠巖妻二十八歲夫亡四十六歲卒曾氏奚德淵妻二十五歲夫亡五十八歲卒曾氏
石錫盛妻二十九歲夫亡五十歲卒奚氏薛繩祖妻二十九歲夫亡四十五歲卒薛氏石有霽妻
二十二歲夫亡三十一歲卒徐氏薛受祉妻二十九歲夫亡四十一歲卒孫氏薛尙賢妻三十
歲夫亡四十五歲卒杜氏薛昂妻二十八歲夫亡八十四歲卒李氏薛抱价妻二十二歲夫亡四十
九歲卒陳氏張永隆妻二十九歲夫亡六十三歲卒吳氏張永芳妻三十歲夫亡五十二歲卒
侯氏生員薛鯤壽妻二十四歲夫亡六十八歲卒華氏薛更芳妻二十二歲夫亡五十五歲卒
張氏薛熺妻二十五歲夫亡四十五歲卒任氏薛超然妻二十二歲夫亡六十三歲卒顧氏
生員徐汝霖妻二十七歲夫亡八十七歲卒王氏監生徐煌妻二十九歲夫亡四十七歲卒尤氏
薛錫申妻二十九歲夫亡朱氏徐和妻二十七歲夫亡徐氏薛冠勳妻二十六歲夫亡以上

四河
何氏石茂祥妻二十八歲夫亡四十二歲卒徐氏石秉信妻二十八歲夫亡四十八歲卒孫氏
徐焜之妻二十五歲夫亡六十四歲卒包氏徐玉臺妻二十二歲夫亡八十六歲卒胡氏張綉
之妻二十二歲夫亡四十三歲卒薛氏張鈺之妻二十七歲夫亡八十七歲卒楊氏任裕亨妻
二十五歲夫亡六十五歲卒薛氏任錦繡妻二十八歲夫亡七十二歲卒徐氏任士謌妻二十六歲
夫亡七十六歲卒黃氏任壽三妻二十七歲夫亡以上馬鎮
龔氏方己千妻二十七歲夫亡五十六歲卒朱氏任文墉妻二十五歲夫亡七十一歲卒居氏
湯德智妻三十歲夫亡六十六歲卒李氏湯學南妻二十六歲夫亡四十二歲卒朱氏湯燦耿妻
二十五歲夫亡三十八歲卒吳氏湯煥新妻二十九歲夫亡四十六歲卒卞氏湯士才妻二十
七歲夫亡四六十九歲卒王氏舒泰倉妻二十二歲夫亡五十七歲卒朱氏舒雲海妻二十四歲

夫亡五十八歲卒任氏沈道生妻二十五歲夫亡四十七歲卒葉氏孫珍祥妻二十三歲夫亡
四十三歲卒周氏徐瑞豐妻二十七歲夫亡四十八歲卒蔣氏沈學祥妻二十九歲夫亡七十
二歲卒張氏沈克昌妻二十七歲夫亡五十八歲卒汪氏沈榮壽妻二十三歲夫亡七十二歲
卒任氏張禮堂妻二十七歲夫亡六十一歲卒吳氏張熙妻二十八歲夫亡四十八歲卒承
氏李坤元妻二十八歲夫亡七十四歲卒浦氏任玉泉妻二十九歲夫亡四十三歲卒姚氏
戴敘山妻二十五歲夫亡六十二歲卒劉氏張增妻二十六歲夫亡五十三歲卒奚氏張秀紳妻
二十三歲夫亡四十五歲卒鄒氏張錦龍妻二十九歲夫亡五十七歲卒吳氏張海南妻二十
六歲夫亡五十八歲卒王氏黃寶光妻三十歲夫亡三十九歲卒包氏任文祥妻三十歲夫亡七
十八歲卒薛氏江圖濱妻二十九歲夫亡六十七歲卒張氏黃暖春妻二十九歲夫亡七十四歲
卒張氏劉文治妻二十二歲夫亡五十八歲卒林氏陸秉鎔妻二十八歲夫亡五十六歲卒

胡氏舒裕昆妻二十六歲夫亡方氏徐繼忠妻三十歲夫亡任氏孫玉堂妻二十九歲夫亡
呂氏任煥章妻二十六歲夫亡王氏許玉壬妻二十九歲夫亡黃氏龔齒一妻二十九歲夫亡
石氏黃大妻二十七歲夫亡以上璜塘
宦氏譚蘭階妻二十九歲夫亡六十歲卒葛氏吳傳宗妻二十三歲夫亡四十四歲卒徐氏周士
模妻二十九歲夫亡五十八歲卒劉氏沈善章妻二十四歲夫亡六十三歲卒以上花山
汪氏吳我容妻二十六歲夫亡四十九歲卒芮氏李裕寬妻二十五歲夫亡以上蕭崎
卞氏夏寶郎妻二十九歲夫亡六十二歲卒潘氏蔣士忠妻二十九歲夫亡六十四歲卒周氏
陳玉堂妻二十六歲夫亡四十七歲卒施氏陳秉仁妻二十二歲夫亡四十一歲卒胡氏吳殿
珍妻二十八歲夫亡五十一歲卒范氏吳殿榮妻二十歲夫亡四十二歲卒顧氏蔣繼林妻二十
九歲夫亡六十歲卒周氏陳雙慶妻二十九歲夫亡吳氏徐發慶妻二十七歲夫亡陳氏劉大

魁妻二十七歲夫亡陳氏劉子高妻二十八歲夫亡陳氏沈德方妻二十九歲夫亡周氏陳慶
安妻二十八歲夫亡顧氏徐慶元妻二十三歲夫亡胡氏陸恩榮妻二十八歲夫亡以上葫
橋
唐氏從九品銜吳士魁妻二十九歲夫亡六十九歲卒楊氏吳浩儒妻三十歲夫亡五十二歲卒任
氏吳浩成妻二十八歲夫亡六十二歲卒胡氏吳增方妻二十七歲夫亡五十五歲卒徐氏
吳培方妻三十歲夫亡四十八歲卒花氏吳德盈妻二十七歲夫亡五十五歲卒袁氏吳正乾妻
二十九歲夫亡五十八歲卒袁氏吳金芳妻三十歲夫亡五十九歲卒湯氏吳有文妻二十四歲
夫亡三十三歲卒高氏吳兆坤妻二十六歲夫亡六十八歲卒景氏吳兆貞妻三十歲夫亡七
十九歲卒張氏吳增德妻二十八歲夫亡五十四歲卒陶氏吳裕元妻二十八歲夫亡六十二歲
卒錢氏吳慶洪妻二十八歲夫亡三十八歲卒繆氏吳玉龍妻二十九歲夫亡四十四歲卒

劉氏吳均惠妻二十四歲夫亡六十八歲卒金氏吳均開妻二十八歲夫亡三十八歲卒浦
氏吳鳳鳴妻二十三歲夫亡三十六歲卒張氏吳鳳法妻二十六歲夫亡七十三歲卒顧氏
吳昌仁妻三十歲夫亡五十二歲卒石氏吳鳳錦妻三十歲夫亡五十七歲卒蔣氏耿洪奎妻二十
九歲夫亡五十一歲卒聞氏劉祖法妻二十八歲夫亡五十九歲卒虞氏耿天秀妻二十五歲
夫亡五十一歲卒陳氏耿隆書妻三十歲夫亡六十歲卒謝氏耿榮祖妻二十五歲夫亡七十
六歲卒曹氏耿振凝妻二十九歲夫亡七十五歲卒張氏耿文斗妻二十四歲夫亡七十七歲
卒陳氏耿佛元妻二十八歲夫亡七十二歲卒金氏耿書藝妻二十五歲夫亡七十二歲卒
吳氏耿朝宗妻三十歲夫亡七十四歲卒顧氏耿惟仁妻二十四歲夫亡五十九歲卒徐氏
華敦禮妻二十歲夫亡五十五歲卒陳氏呂法寶妻二十七歲夫亡六十二歲卒李氏呂子洪妻
二十五歲夫亡六十九歲卒孫氏顧禮亭妻三十歲夫亡六十歲卒徐氏虞發榮妻三十歲夫

亡四十九歲卒徐氏劉川相妻二十九歲夫亡五十歲卒吳氏劉九和妻二十五歲夫亡三十四歲
卒承氏劉啟正妻二十五歲夫亡七十三歲卒湯氏劉有忠妻二十四歲夫亡五十二歲卒
方氏虞寶茂妻二十歲夫亡五十七歲卒吳氏顧錫祚妻二十六歲夫亡四十歲卒耿氏吳朝
二妻二十四歲夫亡七十一歲卒張氏吳德四妻三十歲夫亡六十二歲卒謝氏吳龍德妻二十
二歲夫亡四十二歲卒查氏張法度妻二十六歲夫亡六十九歲卒孫氏張孝先妻二十五歲
夫亡五十七歲卒劉氏張鳳池妻二十七歲夫亡七十八歲卒許氏張起義妻二十九歲夫亡
六十六歲卒章氏沈有恩妻二十五歲夫亡五十四歲卒呂氏顧召興妻十八歲夫亡四十七
歲卒柳氏顧禮寶妻三十歲夫亡六十二歲卒蔣氏周世英妻二十一歲夫亡鄧氏周世泰妻
二十九歲夫亡耿氏顧良慶妻二十二歲夫亡梅氏耿文祥妻二十八歲夫亡陳氏傅正宗妻
二十九歲夫亡吳氏劉贊廷妻二十九歲夫亡高氏吳萬寶妻十九歲夫亡張氏許洪慶妻

二十九歲夫亡夏氏孫文斗妻二十六歲夫亡張氏孫文益妻三十歲夫亡湯氏顧不顯妻
二十七歲夫亡袁氏吳德卿妻三十歲夫亡以上觀山
姚氏張洪召妻二十九歲夫亡六十二歲卒謝氏楊聖山妻二十三歲夫亡六十六歲卒潘氏
謝維康妻二十歲夫亡五十五歲卒丁氏朱小荷妻二十六歲夫亡五十二歲卒曹氏梅坤大妻
二十八歲夫亡四十八歲卒唐氏江靈昭妻二十二歲夫亡六十六歲卒姚氏徐應曾妻二十
三歲夫亡五十四歲卒龔氏蔣達妻二十四歲夫亡六十一歲卒以上利城
許氏許榮大妻二十四歲夫亡四十九歲卒吳氏張永昇妻二十六歲夫亡六十九歲卒戴氏
陳寶林妻三十歲夫亡六十四歲卒匡氏李國賢妻二十七歲夫亡以上前周
梅氏牟朔弼妻二十二歲夫亡七十三歲卒談氏盛瑞奇妻十九歲夫亡三十八歲卒謝氏徐阿
三妻二十八歲夫亡六十二歲卒江氏徐炳南妻二十九歲夫亡六十六歲卒夏氏牟朝慶妻

三十歲夫亡八十一歲卒 江氏周汝楷妻三十歲夫亡九十歲卒 以上後梅

周氏金鼎顯妻二十七歲夫亡六十五歲卒 倪氏金夢熊妻二十六歲夫亡六十七歲卒 談氏金維楨妻三十歲夫亡五十二歲卒 以上桃花

梅氏繆聚和妻二十五歲夫亡四十五歲卒 梅氏繆兆藝妻二十一歲夫亡五十歲卒 楊氏那東二妻二十一歲夫亡六十六歲卒 丁氏陳大郎妻二十五歲夫亡三十四歲卒 陳氏錢腙義妻二十二歲夫亡三十四歲卒 黃氏繆鼎元妻二十三歲夫亡四十六歲卒 呂氏繆廷偵妻二十五歲夫亡三十九歲卒 華氏許正大妻二十五歲夫亡五十五歲卒 殷氏許愼之妻二十七歲夫亡五十八歲卒 許氏錢蘭芳妻二十三歲夫亡六十二歲卒 劉氏陳德佑妻二十六歲夫亡五十歲卒 徐氏尤書大妻二十六歲夫亡五十七歲卒 程氏彭端寧妻二十九歲夫亡六十一歲卒 陳氏彭書七妻二十七歲夫亡六十六歲卒 華氏彭汝和妻二十一歲夫亡七十四歲卒

張氏彭祥妻二十二歲夫亡七十歲卒 湯氏彭方大妻二十一歲夫亡四十歲卒 薛氏繆三錫妻二十九歲夫亡四十八歲卒 楊氏繆光嗣妻三十歲夫亡五十歲卒 李氏湯稻成妻二十九歲夫亡四十七歲卒 黃氏張協豐妻二十三歲夫亡四十八歲卒 夏氏繆景蘇妻二十二歲夫亡六十六歲卒 查氏張順昌妻二十七歲夫亡七十一歲卒 蔣氏繆發心妻二十九歲夫亡四十五歲卒 夏氏繆瀛泉妻二十六歲夫亡五十九歲卒 夏氏殷廷山妻二十九歲夫亡六十三歲卒 莊氏繆乘炘妻二十八歲夫亡四十七歲卒 張氏繆心蓉妻二十九歲夫亡七十二歲卒 繆氏劉興發妻三十歲夫亡五十歲卒 以上申港

葦氏孫德文妻三十歲夫亡六十六歲卒 胡氏吳品玉妻二十二歲夫亡六十八歲卒 曹氏劉慶位妻三十歲夫亡六十六歲卒 夏氏劉光祖妻二十九歲夫亡六十八歲卒 華氏劉經祖妻二十六歲夫亡四十六歲卒 徐氏趙武倫妻三十歲夫亡四十九歲卒 華氏趙武金妻三十歲夫亡五

十九歲卒 蔣氏劉亮智妻二十六歲夫亡 以上虞門

陳氏吳裕慶妻二十九歲夫亡六十四歲卒 繆氏徐雲慶妻二十六歲夫亡五十一歲卒 張氏劉鴻斌妻二十一歲夫亡五十一歲卒 趙氏徐錦增妻三十歲夫亡五十五歲卒 蔡氏劉有根妻二十五歲夫亡三十六歲卒 陳氏李召連妻二十七歲夫亡七十歲卒 徐氏吳价蕭妻二十七歲夫亡五十五歲卒 楊氏吳鵬飛妻二十五歲夫亡七十八歲卒 丁氏吳漢章妻二十九歲夫亡四十八歲卒 陳氏吳廣運妻三十歲夫亡七十歲卒 李氏吳秀先妻二十九歲夫亡六十八歲卒 陳氏吳元興妻三十三歲夫亡四十二歲卒 華氏劉敬德妻二十九歲夫亡六十三歲卒 徐氏李廷楨妻三十歲夫亡五十一歲卒 張氏陳和賓妻二十七歲夫亡五十七歲卒 李氏朱智能妻二十九歲夫亡六十四歲卒 聶氏蔣昌二妻二十六歲夫亡 吳氏蔣富度妻二十九歲夫亡 吳氏張金隆妻三十歲夫亡 蔡氏徐錫成妻二十七歲夫亡 鄧氏吳漢初妻二十六歲夫亡 以上夏港

萬氏戴宸輝妻二十二歲夫亡七十二歲卒 沙洲以上皆同治九年旌

朱氏陳王德妻三十歲夫亡 張氏曹鳳書妻二十四歲夫亡 貢氏曹敬倉妻二十四歲夫亡 張氏朱恆發妻二十一歲夫亡 曹氏徐溶堂妻二十九歲夫亡 許氏潘道宏妻二十五歲夫 顧氏趙全元妻二十八歲夫亡 馮氏周裕昆妻二十六歲夫亡 曾氏奚德正妻二十九歲夫亡 袁氏劉士賢妻二十一歲夫亡 許氏張鳳岐妻二十五歲夫亡 謝氏陳德應妻二十四歲夫亡 蕭氏陳鳳鳴妻二十八歲夫亡 嚴氏沈南海妻二十八歲夫亡 曹氏承希賢妻三十歲夫亡 沈氏王九成妻二十七歲夫亡 江氏陸塈榮妻二十四歲夫亡 樊氏陸愛生妻二十四歲夫亡 沈氏奚萬倉妻二十八歲夫亡 周氏趙殿勳妻二十四歲夫亡 趙氏黃濟寶妻二十三歲夫亡 奚氏毛榮仁妻二十三歲夫亡 劉氏王書元妻二十五歲夫亡 繆氏監生王旒妻二十八歲夫亡

王氏趙一成妻二十四歲夫亡 朱氏郁維順妻二十三歲夫亡 許氏生員張士青妻二十五歲夫亡 湯氏朱現隆妻二十九歲夫亡 陶氏徐瑞章妻二十六歲夫亡 程氏陶洪濟妻十八歲夫亡 許氏王裕成妻二十四歲夫亡 楊氏金長生妻二十七歲夫亡 陶氏李棻妻二十一歲夫亡 徐氏秦佩林妻二十五歲夫亡 趙氏陶學周妻二十六歲夫亡 戴氏陸廷玉妻二十一歲夫亡 劉氏景耀宗妻二十歲夫亡 施氏張德基妻二十歲夫亡 郭氏繆全妻二十一歲夫亡 陳氏王琯妻二十四歲夫亡 徐氏劉啟秀妻二十六歲夫亡 包氏須學洪妻二十九歲夫亡 陳氏張永隆妻二十九歲夫亡 許氏俞意誠妻三十歲夫亡 朱氏陳德茂妻二十八歲夫亡 范氏張鳳儀妻二十八歲夫亡 繆氏沈榮妻二十八歲夫亡 高氏夏恩發妻二十五歲夫亡 馬氏楊多福妻二十七歲夫亡 陳氏薛雲乾妻三十歲夫亡 王氏陳玉文妻三十歲夫亡 劉氏陳宇鐘妻二十九歲夫亡 何氏薛朝珍妻二十五歲夫亡 林氏鄧瑞豈妻二十八歲夫亡 范氏戴明福妻十九歲夫亡 陸氏張朝沂妻三十歲夫亡 邵氏武生須魁妻二十七歲夫亡 夏氏劉廣泰妻二十三歲夫亡 何氏張杞妻三十歲夫亡 梅氏張寶二妻二十四歲夫亡 吳氏李友良妻二十四歲夫亡 某氏陳長發妻二十六歲夫亡 周氏俞紹元妻二十七歲夫亡 徐氏江福寶妻二十二歲夫亡 繆氏蔣鳳書妻三十歲夫亡 吳氏陸爾嘉妻三十歲夫亡 臧氏沈正元妻三十歲夫亡 王氏沈惠山妻二十九歲夫亡 華氏夏養和妻二十九歲夫亡 陳氏趙秉德妻二十三歲夫亡 徐氏衛明言妻二十四歲夫亡 劉氏沈錦屏妻二十三歲夫亡 徐氏邱有美妻二十七歲夫亡 鄒氏王球妻二十二歲夫亡 夏氏顧學成妻三十歲夫亡 朱氏徐玉堂妻二十二歲夫亡 陸氏徐景福妻三十歲夫亡 陸氏徐玉書妻三十歲夫亡 張氏陳肇南妻二十七歲夫亡 陳氏劉金書妻二十歲夫亡 章氏周佳七妻二十八歲夫亡 陸氏陶邦彥妻二十七歲夫亡 任氏監生莊百順妻二十九歲夫亡 秦氏許雙龍妻二十

江陰縣志　卷二十　列女　節婦　丰

六歲夫亡 杜氏徐仙妻二十九歲夫亡 楊氏張兆基妻三十歲夫亡 劉氏張伯興妻二十七歲夫亡 金氏陸瑞榮妻二十四歲夫亡 周氏王鳳倫妻二十八歲夫亡 朱氏徐殿揚妻二十一歲夫亡 徐氏潘兆麟妻三十歲夫亡 許氏吳世勛妻二十五歲夫亡 殷氏陳岐生妻二十四歲夫亡 馬氏錢介城妻十八歲夫亡 孫氏王琯妻二十八歲夫亡 陶氏貢廷璋妻二十四歲夫亡 章氏梅應霖妻二十三歲夫亡 朱氏王朝鼎妻二十歲夫亡 鄒氏徐廷秀妻二十七歲夫亡 陶氏許萬祥妻二十歲夫亡 許氏監生於步青妻二十四歲夫亡 吳氏凌廷王妻二十四歲夫亡 章氏張夢熊妻二十四歲夫亡 胡氏李果昌妻二十三歲夫亡 張氏劉步青妻二十三歲夫亡 張氏監生於步鼇妻二十歲夫亡 華氏生員貢麟妻二十九歲夫亡 沈氏黃定安妻二十四歲夫亡 高氏徐錦春妻二十六歲夫亡 李氏河南衛輝府知府王蘇妾二十七歲夫亡 徐氏監生蔣晉妻二十九歲夫亡 葉氏陳利賓妻二十一歲夫亡 余氏奚廷貴妾二十九歲夫亡 淩氏姜敬蘇妾二十五歲夫亡

志載未旌皆同治九年彙旌

鮑氏沙昂妻二十五歲夫亡六十三歲卒 許氏趙鈜妻二十九歲夫亡五十三歲卒 吳氏趙鎔妻二十三歲夫亡四十一歲卒 何氏生員高春熙妻二十五歲夫亡四十九歲卒 陳氏楊大奎妻二十七歲夫亡五十七歲卒 楊氏於秀先妻二十九歲夫亡五十三歲卒 沙氏盧敦禮妻十九歲夫亡二十九歲卒 孫氏鄭思庭妻三十歲夫亡六十三歲卒 吳氏九品銜章錫瓚妻二十二歲夫亡二十七歲卒 周氏孫榮魁妻十九歲夫亡二十七歲卒 張氏陳慕陶妻二十三歲夫亡五十八歲卒 王氏陳延齡妻二十八歲夫亡六十七歲卒 陶氏連石庵妾二十六歲夫亡三十六歲卒 韓氏楊瑞啟妻二十九歲夫亡七十四歲卒 陳氏沙思祖妻二十七歲夫亡四十一歲卒 蘇氏沈順元妻二十二歲夫亡二十九歲卒 吳氏九品銜李誦中妻二十七歲夫亡五十三歲卒 沈氏翟文燦妻二十三歲夫亡六十歲卒 劉氏王秉彝妻二十五歲夫亡六十一歲卒 趙氏仰南松妻

江陰縣志　卷二十　列女　節婦　圭

二十一歲夫亡六十七歲卒 劉氏 張梓榮妻二十三歲夫亡七十七歲卒 張氏 夏忍之妻二十九歲夫亡 裴氏 吳鳳岐妻二十九歲夫亡 王氏 繆虔虞妻二十九歲夫亡 黄氏 湯錦章妻二十四歲夫亡 沈氏 吳應芝妻二十一歲夫亡 夏氏 萬寶賢妻二十九歲夫亡 程氏 姚寅賓妻二十八歲夫亡 李氏 祝宮桂妻二十六歲夫亡 楊氏 高廣逵妻三十歲夫亡 李氏 譚文涇妻二十四歲夫亡 展氏 韓惠芳妻二十七歲夫亡 章氏 繆應輝妻二十九歲夫亡 謝氏 朱文煥妻二十九歲夫亡 朱氏 徐沂年妻二十四歲夫亡 蔣氏 劉岳堂妻二十八歲夫亡 邢氏 劉根桂妻二十歲夫亡 施氏 夏益舟妻二十八歲夫亡 高氏 袁道生妻二十六歲夫亡 劉氏 錢隆章妻二十九歲夫亡 許氏 薛贍洪妻二十七歲夫亡 徐氏 顧智堂妻二十九歲夫亡 許氏 沙瀛妾二十五歲夫亡 以上城内

顧氏 韓渭甫妻三十歲夫亡七十七歲卒 高氏 韓仲昌妻二十九歲夫亡五十九歲卒 龐氏 任煜田妻三十歲夫亡五十一歲卒

江陰縣志 卷二十 列女 節婦 亖

夏氏 韓世亦妻二十六歲夫亡七十歲卒 諸氏 韓全蔚妻二十七歲夫亡六十一歲卒 沈氏 韓際鳴妻三十歲夫亡五十歲卒 湯氏 韓國榮妻二十五歲夫亡六十六歲卒 龔氏 尤步瀛妻二十九歲夫亡四十九歲卒 莊氏 韓衛之妻二十七歲夫亡五十九歲卒 李氏 韓世賢妻二十九歲夫亡五十五歲卒 石氏 韓永明妻三十歲夫亡六十三歲卒 蔣氏 徐萬寶妻二十五歲夫亡八十八歲卒 袁氏 唐文俊妻三十歲夫亡七十五歲卒 蔣氏 韓玑繼妻二十九歲夫亡七十五歲卒 繆氏 韓邦治妻三十歲夫亡五十七歲卒 陳氏 葉葆湉妻三十歲夫亡 王氏 韓範山妻二十一歲夫亡 陸氏 韓品元妻三十歲夫亡 顧氏 徐游雷妻二十六歲夫亡 胡氏 王雲照妻二十五歲夫亡 楊氏 徐介藩妻二十四歲夫亡 季氏 袁茂和妻二十九歲夫亡 王氏 楊志儀妻二十九歲夫亡 徐氏 尤步雲妻二十七歲夫亡 徐氏 包玉亮妻二十六歲夫亡 湯氏 許敬甫妻二十五歲夫亡 仲氏 楊許全妻三十歲夫亡 以上東外

俞氏 楊殿灝妻二十一歲夫亡四十八歲卒 趙氏 姚錫妻二十八歲夫亡五十一歲卒 朱氏 蔣淦濤妻三十歲夫亡四十四歲卒 華氏 馮慶元妻二十八歲夫亡六十四歲卒 梅氏 胡智知妻二十六歲夫亡 王氏 李耀祖妻二十二歲夫亡 蔡氏 沈晉錫妻二十二歲夫亡 以上南外

周氏 夏可亭妻三十歲夫亡 徐氏 王壽南緗妻二十八歲夫亡 周氏 徐邦翰妻二十九歲夫亡 龔氏 陳百壽妻二十六歲夫亡 以上西外

李氏 劉福基妻二十九歲夫亡五十九歲卒 方氏 劉金書妻二十歲夫亡六十一歲卒 沈氏 劉國斌妻二十九歲夫亡六十歲卒 方氏 吳瑞玉妻二十四歲夫亡六十六歲卒 張氏 楊應春妻二十八歲夫亡六十四歲卒 湯氏 裴愷庭妻三十歲夫亡 許氏 王繼留妻二十八歲夫亡 邢氏 陸同春妻二十九歲夫亡 顧氏 謝天德妻二十一歲夫亡 以上北外

承氏 夏鑑妻二十八歲夫亡三十七歲卒 堵氏 陳大倉妻二十九歲夫亡四十二歲卒 顧氏 陳王玠妻二十六歲夫亡四十一歲卒

江陰縣志 卷二十 列女 節婦 亖

吳氏 周松三妻十八歲夫亡五十七歲卒 李氏 曹通妻二十九歲夫亡四十九歲卒 張氏 徐萬和妻二十九歲夫亡七十九歲卒 周氏 劉頂富妻三十歲夫亡三十六歲卒 史氏 夏儀立妻二十歲夫亡 程氏 陳國裕妻二十九歲夫亡 以上雲亭

李氏 曹蕙山妻三十歲夫亡四十九歲卒 何氏 趙九疇妻三十歲夫亡四十歲卒 顧氏 季斗并妻二十八歲夫亡三十八歲卒 陳氏 張錦玉妻二十一歲夫亡六十三歲卒 李氏 盛孝中妻二十二歲夫亡七十二歲卒 丁氏 王永昇妻三十歲夫亡四十七歲卒 賈氏 曹登庸妻二十四歲夫亡七十五歲卒 鄔氏 曹龍海妻二十九歲夫亡四十九歲卒 繆氏 龔寶善妻二十三歲夫亡 李氏 趙桂森妻二十五歲夫亡 馬氏 季鳳儀妻二十二歲夫亡 曹氏 季品倫妻二十六歲夫亡 繆氏 龔詩濟妻三十歲夫亡 蔡氏 章廷楨妻二十九歲夫亡 汪氏 章復初妻三十歲夫亡 張氏 繆景隆妻二十八歲夫亡 承氏 王學武妻二十九歲夫亡 范氏 張德昌妻二十六歲夫亡 周

氏劉芝啟妻三十歲夫亡 高氏沈春隆妻二十五歲夫亡 以上周莊

貢氏徐書元妻二十歲夫亡五十三歲卒 葉氏徐士傚妻二十五歲夫亡四十五歲卒 趙氏貢藻庭妻二十八歲夫亡六十八歲卒 陶氏胡玉倉妻三十歲夫亡四十一歲卒 戚氏黃鴻起妻三十歲夫亡五十六歲卒 王氏李明倫妻二十八歲夫亡五十一歲卒 呂氏蔡岳輝妻二十七歲夫亡六十二歲卒 夏氏蔡廷選妻十九歲夫亡二十八歲卒 胡氏蔡廷瑛妻二十九歲夫亡七十三歲卒 華氏徐致和妻二十四歲夫亡三十一歲卒 周氏徐錫爵妻二十八歲夫亡五十七歲卒

徐氏趙三培妻二十八歲夫亡六十三歲卒 卞氏吳鈺妻二十五歲夫亡四十歲卒 李氏朱兕夙妻二十四歲夫亡三十歲卒 趙氏蔡福德妻二十八歲夫亡四十八歲卒 卞氏夏正揚妻二十二歲夫亡 郭氏孫瑞元妻二十九歲夫亡 趙氏黃嘉佩妻二十八歲夫亡 趙氏平汝成妻三十歲夫亡 姜氏倪鈺昆妻二十二歲夫亡 王氏周亭妻二十五歲夫亡 顧氏李士成妻

二十四歲夫亡 以上華墅

張氏許汝楣妻二十六歲夫亡五十二歲卒 郭氏許蘭田妻十九歲夫亡 黃氏許汝桐妻二十四歲夫亡 以上馬嘶

朱氏陳廣居妻二十五歲夫亡六十七歲卒 曹氏陸茂高妻二十八歲夫亡七十四歲卒 劉氏趙景春妻二十四歲夫亡五十七歲卒 方氏陳淇昌妻二十三歲夫亡 以上長壽

包氏徐繼喜妻三十歲夫亡六十四歲卒 郭氏費石洲妻二十九歲夫亡六十六歲卒 徐氏吳大昌妻二十四歲夫亡五十四歲卒 費氏郭殿魁妻二十九歲夫亡五十三歲卒 包氏郭周耀妻二十八歲夫亡七十三歲卒 華氏郭勝祖妻三十歲夫亡六十七歲卒 薛氏黃堃妻二十二歲夫亡 以上祝塘

包氏陳德順妻二十歲夫亡七十八歲卒 陶氏袁景洪妻二十五歲夫亡 周氏汪丕元妻二十九歲

夫亡 杜氏包鳳輝妻二十八歲夫亡 以上文林

劉氏王慶祥妻二十歲夫亡 長涇

徐氏吳士魁妻二十二歲夫亡 顧山

常氏唐鼎鏞妻三十歲夫亡五十八歲卒 郭氏童璋妻二十歲夫亡二十七歲卒 周氏趙鶴年妻二十八歲夫亡三十五歲卒 趙氏顧餘慶妻二十八歲夫亡三十三歲卒 包氏常國珍妻二十七歲夫亡三十二歲卒 吳氏任右良妻二十七歲夫亡七十歲卒 張氏戴福生妻二十九歲夫亡五十歲卒 以上楊厙

劉氏方以曜妻二十九歲夫亡七十一歲卒 盧氏卞沂繼妻二十三歲夫亡 以上大橋

楊氏瞿本妻二十九歲夫亡八十六歲卒 周氏章德惠妻二十九歲夫亡 徐氏張錦秀妻二十五歲夫亡 以上三官

蔣氏梅佑曾妻二十九歲夫亡四十三歲卒 花氏徐志榮妻二十三歲夫亡五十六歲卒 蔣氏吳汝舟妻二十三歲夫亡三十歲卒 以上謝園

夏氏蔣玉成妻二十五歲夫亡三十三歲卒 卞氏陳啟昌妻二十四歲夫亡六十四歲卒 周氏蔣畹蘭妻二十七歲夫亡三十八歲卒 蔣氏吳雲鵬妻二十七歲夫亡 曹氏周殿夔妻二十七歲夫亡 以上蔡涇

高氏楊廷瑞妻二十九歲夫亡三十五歲卒 月城

陳氏錢榮盛妻二十三歲夫亡 周氏許富琳妻二十一歲夫亡 以上夏城

劉氏王夏寶妻二十歲夫亡四十一歲卒 孔氏王龍德妻十七歲夫亡四十五歲卒 胡氏張雙慶妻二十八歲夫亡五十九歲卒 劉氏張茂田妻二十四歲夫亡三十九歲卒 孫氏朱紹源妻二十六歲夫亡六十四歲卒 汪氏生員陸御巘妻二十九歲夫亡五十八歲卒 李氏任庚申妻二十

九歲夫亡五十九歲卒薛氏李壽昌妻二十八歲夫亡五十六歲卒胡氏臨生黃學妻二十八歲夫亡六十二歲卒章氏黃宙妻二十五歲夫亡五十一歲卒謝氏黃培基妻三十歲夫亡五十八歲卒汪氏陸德青妻二十八歲夫亡六十八歲卒蔣氏吳金玉妻二十歲夫亡二十六歲卒季氏謝季申妻二十六歲夫亡三十二歲卒程氏沈鎰鳴妻二十八歲夫亡王氏沈王德妻二十四歲夫亡薛氏章鼎亨妻二十九歲夫亡以上青暘

奚氏徐誕寅妻二十五歲夫亡三十歲卒潘氏薛麟芳妻二十九歲夫亡五十三歲卒沈氏薛祖同妻二十一歲夫亡四十六歲卒張氏薛敬儀妻二十五歲夫亡七十六歲卒華氏吳根源妻二十四歲夫亡三十六歲卒曾氏奚貞吉妻二十一歲夫亡二十七歲卒高氏石大森妻二十六歲夫亡三十六歲卒趙氏奚能淦妻二十七歲夫亡三十九歲卒沈氏薛紹芳妻三十歲夫亡七十一歲卒葉氏沈憲成妻二十一歲夫亡四十五歲卒查氏薛富春妻三十歲夫亡三十八

江陰縣志　卷二十　列女　節婦　三六

歲卒石氏奚能堅妻三十歲夫亡五十三歲卒任氏奚國英妻三十歲夫亡六十七歲卒薛氏奚繩熙妻二十九歲夫亡四十四歲卒薛氏華森寶妻二十一歲夫亡二十六歲卒奚氏何心舟妻二十七歲夫亡奚氏石鏗鈴妻二十九歲夫亡繆氏薛嚶繼妻二十六歲夫亡吳氏薛彥華妻二十三歲夫亡王氏奚能培妻二十九歲夫亡薛氏奚能灝妻二十二歲夫亡以上泗河

包氏徐玉臺妻二十二歲夫亡八十六歲卒顧氏徐世澳妻二十七歲夫亡七十歲卒薛氏徐世沅妻三十歲夫亡五十九歲卒陳氏徐思慶繼妻二十七歲夫亡七十七歲卒薛氏徐寶仁妻二十六歲夫亡五十歲卒薛氏王錫瑋妻二十四歲夫亡七十三歲卒張氏石啟源妻三十歲夫亡七十歲卒包氏徐昌齡妻十八歲夫亡六十七歲卒黃氏徐餘萬妻二十九歲夫亡以上隔鎮

張氏黃煥章妻二十九歲夫亡六十三歲卒黃氏王頤宗妻二十九歲夫亡六十四歲卒張氏王瑞周妻二十八歲夫亡六十歲卒程氏張鋆妻二十八歲夫亡四十二歲卒徐氏許朝榮妻二十六歲夫亡六十二歲卒劉氏張壆妻二十四歲夫亡六十四歲卒孔氏張巨萬妻二十五歲夫亡六十七歲卒吳氏張養泉妻三十歲夫亡六十歲卒包氏劉文英妻二十三歲夫亡潘氏張思朋妻二十三歲夫亡以上璜塘

吳氏周裕昆妻二十四歲夫亡六十一歲卒林氏周大宗妻二十二歲夫亡四十五歲卒符氏周篤憲妻二十九歲夫亡六十五歲卒馮氏陳南山妻二十七歲夫亡五十五歲卒莊氏周嘉猷妻二十八歲夫亡以上蕭崎

張氏耿文察妻三十歲夫亡三十七歲卒孫氏劉春和妻二十九歲夫亡三十四歲卒陸氏華貴榮妻十九歲夫亡五十四歲卒劉氏倪文俊妻三十歲夫亡以上覲山

江陰縣志　卷二十　列女　節婦　三七

陳氏吳德環妻二十六歲夫亡五十六歲卒常氏胡道賢妻二十九歲夫亡謝氏周行俊妻三十歲夫亡以上利城

戴氏吳廷南妻二十一歲夫亡前周

姜氏周喜寶妻二十四歲夫亡後梅

王氏黃民表妻二十九歲夫亡六十二歲卒丁墅

繆氏吳懿田妻二十六歲夫亡五十三歲卒劉氏繆兆祥妻二十四歲夫亡五十六歲卒李氏許龍海妻三十歲夫亡六十二歲卒華氏繆元相妻二十九歲夫亡五十六歲卒田氏繆雋第妻二十二歲夫亡以上申港

繆氏曹德根妻二十七歲夫亡金氏曹瑞書妻二十八歲夫亡以上虞門

趙氏吳庚南妻二十三歲夫亡三十一歲卒夏港

鄒氏孫益元妻二十九歲夫亡七十歲卒　陶氏徐認吉妻二十九歲夫亡五十六歲卒　劉氏吳錦章妻二十一歲夫亡五十九歲卒　王氏黃相才妻二十三歲夫亡　王氏孫關壽妻三十歲夫亡　陳氏李漢仁妻三十歲夫亡　顧氏徐近明妻三十歲夫亡　以上沙洲以上皆同治十二年彙旌

唐氏孫錫昌妻二十八歲夫亡　談氏金曾蔭妻二十歲夫亡五十一歲卒　同治十二年旌

閻氏陳　妻　　氏陳　妻　以上皆光緒元年旌

柳氏汪德容妻二十八歲夫亡　光緒二年旌

王氏候選五城兵馬司吏目陳治妻二十九歲夫亡八十歲卒　徐氏劉藥塘妻二十九歲夫亡五十一歲卒　章氏武生王際清妻二十七歲夫亡四十歲卒　沈氏陳名堂妻二十四歲夫亡五十歲卒　謝氏陳王麟妻二十一歲夫亡三十五歲卒　王氏章堅妻二十四歲夫亡三十六歲卒　盧氏陸勝曾妻二十六歲夫亡三十三歲卒　汪氏張多善繼妻三十歲夫亡四十二歲卒　陳氏吳宗賀妻二十七歲夫亡四十六歲卒　於氏沈金生妻二十九歲夫亡五十四歲卒　張氏徐裕科妻二十七歲夫亡五十九歲卒　曹氏徐裕龔妻二十七歲夫亡六十九歲卒　朱氏湯善耆妻二十七歲夫亡四十二歲卒　張氏韓協坤妻二十五歲夫亡五十一歲卒　陶氏職員李加桐妻二十七歲夫亡五十一歲卒　李氏生員夏勤墉妻二十八歲夫亡三十七歲卒　朱氏錢麟祥妻二十八歲夫亡五十四歲卒　高氏許香谷妻二十一歲夫亡五十歲卒　張氏袁登科妻二十二歲夫亡二十七歲卒　蔣氏高映壁妻二十八歲夫亡六十一歲卒　高氏生員章垣妻三十歲夫亡三十八歲卒　孫氏徐繼堂妻二十九歲夫亡　張氏朱埧妻二十六歲夫亡　程氏六維堃妻二十一歲夫亡　周氏從九品銜陳慶雲妻二十八歲夫亡　施氏蔡均妻二十四歲夫亡　陳氏居坤成妻三十歲夫亡　張氏夏詒籍妻二十八歲夫亡　沈氏從九品銜沙士栻妻三十歲夫亡　栞氏

江陰縣志　卷二十　列女　節婦　卅八

朱東源妻二十九歲夫亡　許氏吳瑞煥妻二十一歲夫亡　朱氏吳謙益妻二十六歲夫亡　黃氏吳人傑妻三十歲夫亡　周氏候選復設訓導馮漢英妻二十七歲夫亡　吳氏鄧誠齋妻二十九歲夫亡　郎氏鄧禮源妻十九歲夫亡　朱氏沈忠林妻三十歲夫亡　吳氏李佑朝妻二十五歲夫亡　劉氏李佑廷妻二十四歲夫亡　王氏邢耀青繼妻二十九歲夫亡　薛氏莊淦洋妻三十歲夫亡　徐氏張本立妻二十六歲夫亡　楊氏王澧妻二十九歲夫亡　楊氏胡曉泉妻二十二歲夫亡　陳氏蔣濾洲妻二十四歲夫亡　以上城內

鄒氏黃大倫妻二十七歲夫亡六十三歲卒　徐氏黃萬興妻二十八歲夫亡五十一歲卒　曹氏韓萬石妻三十歲夫亡七十四歲卒　吳氏韓孟城妻二十四歲夫亡五十四歲卒　陸氏金邦周妻二十九歲夫亡九十一歲卒　黃氏金體仁妻二十二歲夫亡四十八歲卒　李氏吳九齡妻三十歲夫亡七十三歲卒　王氏吳云招妻十八歲夫亡五十四歲卒　潘氏徐洪蘭妻二十四歲夫亡四十

江陰縣志　卷二十　列女　節婦　卅九

九歲卒　陸氏監生莊潤繼妻二十八歲夫亡六十九歲卒　周氏吳汝賢妻二十一歲夫亡五十九歲卒　徐氏韓爲鼎妻二十九歲夫亡　施氏黃萬鎰妻二十八歲夫亡　徐氏武生尤一新妻三十歲夫亡　李氏任福全妻二十四歲夫亡　徐氏王維凝妻二十二歲夫亡　陳氏徐庭蘭妻三十歲夫亡　莊氏王末君妻二十九歲夫亡　吳氏徐獻章妻二十六歲夫亡　金氏許煥繼妻三十歲夫亡　王氏吳永朝妻二十三歲夫亡　楊氏張汝成妻二十六歲夫亡　汪氏吳汝棠妻二十二歲夫亡　金氏孟文和妻三十歲夫亡　沙氏吳渭田妻二十九歲夫亡　錢氏顧啟宗妻二十四歲夫亡　吳氏黃鳳梧妻二十五歲夫亡　鄧氏王寶田妻二十七歲夫亡　徐氏金醴棠妻二十九歲夫亡　黃氏郎敘洲妻三十歲夫亡　淩氏莊南齡妻二十八歲夫亡　陳氏楊元愷妻二十五歲夫亡　徐氏錢善照妻二十九歲夫亡　徐氏莊永德妻三十歲夫亡　沙氏王用九妻二十歲夫亡　陸氏馮應麟妻二十九歲夫亡　以上東外

蔡氏童德賢妻二十八歲夫亡五十八歲卒 趙氏姚秉衡妻二十九歲夫亡五十一歲卒 朱氏孫振茂妻二十七歲夫亡 龔氏張綬全妻二十七歲夫亡 顧氏祝裕慶妻二十九歲夫亡 以上南外

顧氏曹德六妻二十七歲夫亡五十四歲卒 徐氏汪斗玉妻二十八歲夫亡四十歲卒 朱氏俉繼東妻二十九歲夫亡五十四歲卒 趙氏徐士法妻二十八歲夫亡六十四歲卒 張氏徐宗經妻三十歲夫亡六十四歲卒 陸氏陳長發妻二十一歲夫亡四十七歲卒 王氏曹雲吉妻二十三歲夫亡四十三歲卒 徐氏徐聚源妻二十九歲夫亡五十四歲卒 陳氏徐耀奎妻二十四歲夫亡五十五歲卒 龐氏徐鏡清妻二十八歲夫亡四十二歲卒 曹氏唐惠卿妻二十八歲夫亡六十一歲卒 楊氏監生王坎妻二十五歲夫亡三十歲卒 吳氏繆品楷妻二十九歲夫亡 臧氏王繼昌妻二十七歲夫亡 鄧氏沈重華妻三十歲夫亡 蔡氏曹雷二妻二十歲夫亡 章氏

江陰縣志 卷二十 列女 節婦

周標妻二十四歲夫亡 徐氏馬麟祥妻二十八歲夫亡 劉氏生員黃棟妻二十六歲夫亡 偶氏徐元魁妻二十九歲夫亡 吳氏徐錦紹妻二十九歲夫亡 繆氏李如星妻二十九歲夫亡 以上西外

祝氏劉守經妻二十八歲夫亡三十五歲卒 葉氏楊花林繼妻三十歲夫亡四十五歲卒 陳氏陸恭楷妻二十九歲夫亡五十三歲卒 花氏范循敘妻二十二歲夫亡 朱氏陸恩誥妻二十七歲夫亡 張氏楊景祚妻二十五歲夫亡 劉氏馮有容妻三十歲夫亡 陳氏章二寶妻二十七歲夫亡 金氏章紹周妻二十八歲夫亡 陸氏程石溪妻二十一歲夫亡 杜氏陸祀熙妻三十歲夫亡 吳氏黃如山妻三十歲夫亡 楊氏王萬春妻二十六歲夫亡 繆氏陸永思妻二十八歲夫亡 莊氏葉子常妻二十九歲夫亡 蔡氏劉錫昌妻二十五歲夫亡 何氏職員李加秋妻二十九歲夫亡 馬氏劉學士妻二十七歲夫亡 袁氏錢曾翼妻三十歲夫亡 王氏吳志良妻二十

七歲夫亡 宗氏曹蓉初妻三十歲夫亡 以上北外

金氏沈維榮妻二十四歲夫亡五十八歲卒 張氏王正學妻三十歲夫亡五十四歲卒 顧氏季車修妻二十六歲夫亡五十四歲卒 薛氏黃之田妻二十三歲夫亡四十歲卒 張氏季以成妻二十一歲夫亡四十九歲卒 黃氏陳元禮妻二十三歲夫亡七十七歲卒 鄧氏蔣延昌妻二十五歲夫亡四十一歲卒 劉氏唐德貞妻二十七歲夫亡三十二歲卒 劉氏吳坤法妻二十二歲夫亡二十七歲卒 周氏蘇岳芳妻二十九歲夫亡七十六歲卒 沈氏蘇鳴得妻二十七歲夫亡四十四歲卒 蔣氏趙法運妻二十七歲夫亡 蔣氏沈曉堂妻三十歲夫亡 陳氏張照妻二十八歲夫亡 蘇氏陶清嵐妻三十歲夫亡 胡氏陸良洲妻二十九歲夫亡 張氏蔣時華妻二十歲夫亡 黃氏吳安慶妻二十四歲夫亡 龐氏陳惠章妻二十八歲夫亡 以上綺山

繆氏曹誠妻二十二歲夫亡七十五歲卒 孔氏曹林妻二十三歲夫亡五十六歲卒 李氏曹寅妻二

江陰縣志 卷二十 列女 節婦

十四歲夫亡五十九歲卒 吳氏陳鳴岐妻二十四歲夫亡四十二歲卒 汪氏夏法元妻二十三歲夫亡四十歲卒 陶氏盧勝華妻二十九歲夫亡六十四歲卒 陶氏戴禹昌妻三十歲夫亡六十一歲卒 徐氏陳秉德妻三十歲夫亡七十二歲卒 邢氏曹丕承妻二十六歲夫亡四十八歲卒 周氏曹體仁妻二十五歲夫亡六十九歲卒 李氏薛洪道妻二十八歲夫亡 馬氏薛元發妻二十七歲夫亡 馮氏吳人席繼妻二十四歲夫亡 陳氏胡大雲妻二十七歲夫亡 陳氏生員劉鎬妻二十八歲夫亡 謝氏曹大祥妻三十歲夫亡 曹氏劉維翰妻二十九歲夫亡 以上雲亭

吳氏徐監三妻十九歲夫亡四十七歲卒 馬氏唐方妻二十一歲夫亡四十九歲卒 陳氏顧廷爵妻二十八歲夫亡六十八歲卒 柳氏蔣子駿妻二十六歲夫亡四十三歲卒 黃氏王德福妻二十七歲夫亡七十三歲卒 華氏方體仁妻三十歲夫亡四十一歲卒 顧氏方緒繼妻二十九歲夫亡

六十二歲卒柳氏卞奇才妻二十五歲夫亡六十三歲卒楊氏辛琢妻二十四歲夫亡五十六
歲卒繆氏徐誕生妻二十歲夫亡五十三歲卒錢氏徐德生妻二十七歲夫亡五十歲卒許氏
張繼莪妻三十歲夫亡陳氏劉國培妻二十五歲夫亡沙氏生員蘇樹者妻二十六歲夫亡閔
氏沈鶴鳴妻二十八歲夫亡許氏趙宗琛妻二十歲夫亡林氏張九山妻二十九歲夫亡繆
氏承顯廷妻三十歲夫亡閔氏徐福德妻二十歲夫亡以上周莊
錢氏章斌熊妻十九歲夫亡五十五歲卒查氏薛隆呂妻二十五歲夫亡四十六歲卒葛氏顧閔
杜妻二十二歲夫亡六十歲卒黃氏華耀西繼妻二十七歲夫亡六十六歲卒卞氏趙金萱妻三十
歲夫亡五十五歲卒唐氏趙金科妻二十七歲夫亡五十二歲卒葉氏殷陳訓妻三十歲夫亡五
十六歲卒劉氏查兆元妻二十九歲夫亡六十三歲卒周氏孫四臻妻二十八歲夫亡六十八歲
卒徐氏蘇元豐妻二十九歲夫亡三十九歲卒沈氏錢昭闓妻二十三歲夫亡三十四歲卒

龔氏陳庭爵妻二十三歲夫亡七十四歲卒華氏錢榮福妻二十八歲夫亡四十六歲卒曹
氏錢萬應妻三十四歲夫亡四十九歲卒司馬氏周羲順妻二十七歲夫亡七十三歲卒查
氏陶兆瑀妻二十五歲夫亡五十八歲卒曹氏黃若金妻二十三歲夫亡四十八歲卒王氏
李嘉德妻十九歲夫亡五十二歲卒項氏張心蘭妻三十歲夫亡四十八歲卒張氏王錫晉妻二十
三歲夫亡五十一歲卒黃氏李祖培妻二十六歲夫亡四十一歲卒李氏陶河資妻二十九歲
夫亡六十七歲卒李氏曹鍾祺妻二十六歲夫亡三十四歲卒許氏趙根耀妻二十五歲夫亡
六十二歲卒卞氏顧德順妻二十六歲夫亡三十三歲卒陶氏貢昌長妻二十四歲夫亡三十
一歲卒趙氏陳德堃妻二十二歲夫亡三十一歲卒貢氏徐鳳吉妻二十一歲夫亡五十三歲
卒孫氏張穎純妻二十五歲夫亡四十四歲卒程氏金菜妻程聲鏜女二十六歲夫亡七十三
歲卒吳氏程炳妻三十歲夫亡七十七歲卒王氏程景成妻二十四歲夫亡三十五歲卒蘇

氏王照妻二十八歲夫亡四十歲卒仰氏王學妻二十七歲夫亡四十歲卒王氏管淇達妻
二十九歲夫亡六十三歲卒查氏楊斗懷妻三十歲夫亡七十三歲卒周氏議敘從九品銜孫培
秀妻三十歲夫亡劉氏監生蔡斯妻三十歲夫亡蘇氏監生何淇之妻二十三歲夫亡趙氏
蔡基妻三十歲夫亡陸氏趙長興妻三十歲夫亡吳氏許壽康妻二十一歲夫亡陸氏周之
助妻二十八歲夫亡朱氏周浩元妻二十四歲夫亡陳氏周文星妻二十六歲夫亡仲氏王宏
召妻二十五歲夫亡周氏張二銘妻三十歲夫亡陸氏王龍仙妻二十八歲夫亡龔氏陸嘉
培妻二十七歲夫亡郁氏陸錦堂妻三十歲夫亡趙氏戴兆名妻二十三歲夫亡劉氏吳根
壽妻二十八歲夫亡周氏職員程德榮妻二十九歲夫亡王氏程必達妻三十歲夫亡周氏
吳士鎰妻二十二歲夫亡李氏程晉三妻三十歲夫亡王氏程寶堂妻二十八歲夫亡以上
華墅

魏氏俞舟林妻二十八歲夫亡五十八歲卒陸氏許植三妻二十七歲夫亡三十九歲卒李氏
金天慶妻二十一歲夫亡二十六歲卒程氏金大妻二十九歲夫亡六十四歲卒唐氏曹斌榮妻
二十二歲夫亡三十五歲卒陳氏繆步階妻二十五歲夫亡六十七歲卒葉氏繆家先妻二十
六歲夫亡四十三歲卒陳氏金大鏞妻二十九歲夫亡七十歲卒楊氏金載熙妻二十八歲夫亡
五十四歲卒胡氏曹書田妻二十九歲夫亡五十一歲卒許氏吳緒恢妻二十四歲夫亡三十
四歲卒繆氏金炳奎妻二十二歲夫亡二十八歲卒陸氏金翼亭妻二十九歲夫亡六十二歲
卒泰氏潘廷章妻二十六歲夫亡三十六歲卒吳氏金大奎妻二十九歲夫亡四十二歲卒
泰氏徐如彰妻二十三歲夫亡六十七歲卒夏氏生員徐履謙妻二十九歲夫亡四十歲卒孫
氏陳錫岐妻二十九歲夫亡四十五歲卒顧氏孫培德妻二十六歲夫亡四十歲卒趙氏繆傅
妻二十五歲夫亡四十三歲卒陶氏惠瑞龍妻二十七歲夫亡四十五歲卒徐氏張呂穀妻二十

一歲夫亡三十六歲卒徐氏張增祿妻二十七歲夫亡四十五歲卒蔣氏陝西漢中城營都司
陶兆麟繼妻二十八歲夫亡金氏周麗明妻二十九歲夫亡王氏顧正元妻三十歲夫亡汪
氏吳柱堂妻二十八歲夫亡杜氏吳福全妻二十三歲夫亡陸氏吳緒鴻妻二十七歲夫亡蘇
氏謝愛妻十九歲夫亡趙氏孫梅軒妻三十歲夫亡李氏徐大呂妻三十歲夫亡蔡氏
李合堂妻二十七歲夫亡錢氏李煥文妻三十歲夫亡鄒氏徐廷梁妻二十七歲夫亡宋氏
李和尚妻三十歲夫亡陳氏金周慶妻二十九歲夫亡陶氏徐增九妻三十歲夫亡葉氏
徐孝思妻二十八歲夫亡陳氏張闕聖妻二十八歲夫亡沈氏張四妻二十七歲夫亡徐氏
周連元妻二十六歲夫亡繆氏錢正聲妻二十七歲夫亡閔氏繆柏慶妻二十四歲夫亡王氏
陶愉妻二十八歲夫亡徐氏李懋南妻二十七歲夫亡以上馬嘶
胡氏夏翼垣妻三十歲夫亡四十五歲卒張氏項啟泉妻二十歲夫亡五十九歲卒孔氏李甫南妻

江陰縣志 卷二十 列女 節婦 四十四

二十九歲夫亡四十四歲卒任氏孔憲楊妻二十二歲夫亡六十一歲卒石氏曹屺嗒妻二十
三歲夫亡五十七歲卒徐氏蔡正興妻三十歲夫亡五十八歲卒李氏陳有林妻二十九歲夫亡
六十四歲卒杜氏顧連生妻二十六歲夫亡五十一歲卒華氏卞金品妻三十歲夫亡四十歲
卒陳氏朱宣寶妻二十四歲夫亡五十九歲卒戈氏胡世榮妻二十四歲夫亡七十五歲卒
王氏陳達泉妻二十四歲夫亡趙氏范循春妻二十四歲夫亡姜氏徐福全妻二十五歲夫亡
李氏錢爾載妻三十歲夫亡陳氏趙鳴皋妻三十歲夫亡以上長壽
沈氏方應春妻二十四歲夫亡七十五歲卒方氏陸兆豐妻二十三歲夫亡六十七歲卒王氏
徐步蟾妻二十一歲夫亡三十五歲卒孫氏陸慶先妻二十四歲夫亡六十六歲卒徐氏吳翼
鶴妻二十三歲夫亡五十四歲卒沈氏方紹春妻二十四歲夫亡五十九歲卒徐氏方厚堂妻
二十三歲夫亡六十四歲卒徐氏陸廣宣妻二十三歲夫亡二十八歲卒朱氏徐思岵妻二十

一歲夫亡六十七歲卒顧氏華吳壽妻二十七歲夫亡八十四歲卒夏氏華步高妻二十五歲
夫亡六十九歲卒徐氏費福相妻二十一歲夫亡六十二歲卒華氏費壽生妻二十四歲夫亡
四十三歲卒劉氏胡紀德妻三十歲夫亡四十一歲卒方氏胡大德妻二十二歲夫亡五十八歲
卒徐氏王士秀妻二十二歲夫亡六十歲卒華氏費玉成妻二十九歲夫亡六十九歲卒華
氏王士進妻二十三歲夫亡五十歲卒朱氏徐惠齊妻二十一歲夫亡六十七歲卒胡氏方奇
陶妻二十八歲夫亡四十六歲卒蘇氏沈弁卿妻二十八歲夫亡孫氏監生陸希箕妻二十九歲
夫亡黃氏陸步宸妻二十四歲夫亡胡氏顧元達妻二十二歲夫亡侯氏錢步青妻二十八歲
夫亡陸氏唐克昌妻二十四歲夫亡馬氏華川妻二十一歲夫亡蔣氏朱昭耿妻二十二歲
夫亡陳氏朱聚英妻二十六歲夫亡孔氏陳錫麒妻二十九歲夫亡周氏黃省三妻二十六歲
夫亡以上祝塘

江陰縣志 卷二十 列女 節婦 四十五

黃氏潘永興妻二十三歲夫亡四十八歲卒王氏潘文貴繼妻二十六歲夫亡六十七歲卒徐氏
潘汝楫妻三十歲夫亡四十一歲卒華氏生員杜上褒妻三十歲夫亡五十五歲卒包氏徐洪祖妻
三十歲夫亡七十歲卒黃氏包錫仁妻二十七歲夫亡五十九歲卒蔣氏包錫煥妻二十八歲
夫亡六十九歲卒袁氏侯選縣佐嚴文漆妻二十五歲夫亡三十一歲卒朱氏錢浩然妻二十
七歲夫亡浦氏周成彥妻二十歲夫亡陸氏周允中繼妻二十五歲夫亡包氏潘汝明妻
二十三歲夫亡蔣氏潘爾康妻二十五歲夫亡徐氏包贊育妻二十七歲夫亡朱氏殷巨和妻
二十四歲夫亡包氏錢其煋妻二十八歲夫亡王氏張壽喜妻二十八歲夫亡顧氏陳玉堂妻
三十歲夫亡顧氏費繼川妻二十九歲夫亡沈氏顧星源妻二十八歲夫亡顧氏王迎魁妻
二十一歲夫亡費氏華令德妻二十九歲夫亡王氏顧永賢妻二十九歲夫亡顏氏潘雲鳴妻
二十三歲夫亡以上文林

石氏監生劉日宣妻二十七歲夫亡三十四歲卒夏氏王季瑜妻二十六歲夫亡包氏馮武妻二十五歲夫亡以上長涇

周氏王勝福妻二十二歲夫亡六十二歲卒王氏生員吳晉昭繼妻三十歲夫亡三十八歲卒孫氏王雙福妻二十五歲夫亡五十五歲卒陸氏知州衛周鼎繼妻二十九歲夫亡五十一歲卒陳氏監生周召妻二十七歲夫亡六十六歲卒郁氏王卓然妻二十六歲夫亡五十九歲卒陳氏周鬪鳳妻二十九歲夫亡四十六歲卒葉氏王坤榮妻二十三歲夫亡五十一歲卒錢氏俞鶴年妻二十六歲夫亡六十五歲卒宋氏羅元妻二十歲夫亡六十八歲卒王氏羅大同妻二十三歲夫亡七十一歲卒楊氏吳照妻二十二歲夫亡六十歲卒周氏王聖妻二十六歲夫亡六十四歲卒楊氏吳啟元妻二十九歲夫亡五十四歲卒蔣氏從九品銜周守禾妻二十九歲夫亡四十一歲卒張氏吳常憲妻三十歲夫亡七十三歲卒周氏吳炳衡妻二十六歲夫亡六十七歲

江陰縣志　卷三十　列女　節婦　四八

卒錢氏吳常照妻三十歲夫亡六十七歲卒鄭氏隆步青妻三十歲夫亡四十二歲卒吳氏巫旭初妻二十九歲夫亡五十六歲卒孫氏監生王寶典妻三十歲夫亡六十歲卒龔氏武生虞屏璽妻二十九歲夫亡五十四歲卒徐氏吳惠文妻二十五歲夫亡四十五歲卒陸氏吳熙妻二十六歲夫亡六十三歲卒徐氏吳大勳妻二十六歲夫亡六十九歲卒王氏楊廷爵妻三十歲夫亡五十二歲卒周氏生員吳鋐妻二十歲夫亡六十九歲卒吳氏弼協思妻十九歲夫亡七十三歲卒顧氏周天一妻二十七歲夫亡五十四歲卒孫氏監生王琪繼妻二十七歲夫亡四十八歲卒張氏周世芬妻二十一歲夫亡六十一歲卒周氏張闓生妻二十九歲夫亡七十四歲卒王氏周九皋妻二十七歲夫亡六十六歲卒周氏陸百富妻二十六歲夫亡七十二歲卒孫氏生員吳熟妻二十五歲夫亡五十一歲卒夏氏吳炘妻二十二歲夫亡王氏周世昌妻二十九歲夫亡陳氏周體仁妻二十九歲夫亡郭氏童元德妻二十七歲夫亡鄒氏俞二寶妻

二十九歲夫亡王氏郭培根妻二十一歲夫亡程氏羅觀仁妻二十五歲夫亡湯氏吳裕德妻二十八歲夫亡許氏吳階繼妻三十歲夫亡許氏沈大增妻二十九歲夫亡秦氏祖榮妻二十六歲夫亡繆氏沈鼎元妻二十八歲夫亡吳氏黃遺榮妻二十五歲夫亡張氏丁洪妻二十三歲夫亡馮氏錢增妻三十歲夫亡徐氏顧憲宗妻三十歲夫亡嚴氏周鬪勝妻二十三歲夫亡張氏奉祀生周世英妻二十五歲夫亡陳氏周鶴忠妻二十三歲夫亡孫氏錢三喜妻二十九歲夫亡戴氏吳依鍾妻二十二歲夫亡周氏胡俊安妻二十二歲夫亡陳氏張金德妻三十歲夫亡王氏周金和妻二十九歲夫亡陳氏李心源妻三十歲夫亡唐氏郭裕龍妻二十五歲夫亡王氏周守盛妻三十歲夫亡周氏吳珊貴妻二十九歲夫亡隆氏吳鼎奎妻二十八歲夫亡朱氏陳闓二妻三十歲夫亡夏氏吳紹嘉妻三十歲夫亡張氏周貴元妻二十七歲夫亡張氏黃斌昌妻三十歲夫亡李氏王永生妻二十七歲夫亡朱氏徐怡

江陰縣志　卷三十　列女　節婦　四九

善妻二十六歲夫亡管氏夏鼎芳妻二十九歲夫亡王氏蕭惠忠妻二十六歲夫亡朱氏蕭金和妻三十歲夫亡黃氏薛現龍妻三十歲夫亡顧氏金鰲妻二十九歲夫亡許氏李德裕妻二十六歲夫亡顧氏陳五妻二十九歲夫亡許氏蔡耀文妻二十八歲夫亡胡氏郭貞旭繼妻二十八歲夫亡胡氏王大昌妻三十歲夫亡顧氏吳顯妻二十九歲夫亡張氏吳伯純妻二十七歲夫亡葉氏邵彥堂妻三十歲夫亡吳氏周宗大妻二十二歲夫亡曹氏陳春和妻二十九歲夫亡姚氏張聯標妻二十一歲夫亡朱氏吳再賢妻二十九歲夫亡陳氏監生吳建三妻二十八歲夫亡張氏周世楷妻二十七歲夫亡郭氏周金祿妻三十歲夫亡陳氏周洪福妻二十七歲夫亡何氏浙江瑞安縣大嶨巡檢周雯妻二十六歲夫亡以上顧山

陸氏胡美章妻三十歲夫亡六十歲卒許氏胡大妻三十歲夫亡六十三歲卒葉氏繆旭明妻二十六歲夫亡六十九歲卒陳氏居錦華妻二十八歲夫亡七十歲卒錢氏郭元培妻二十一歲

夫亡七十二歲卒季氏曹佛應妻二十九歲夫亡七十一歲卒陶氏許聲妻二十七歲夫亡四
十九歲卒殷氏郭建翰妻二十九歲夫亡五十八歲卒湯氏郭貽孫妻二十三歲夫亡二十八歲
卒顧氏武舉邵繼之妻三十歲夫亡五十九歲卒湯氏許延槐妻二十三歲夫亡五十六歲卒
葉氏王岐妻二十七歲夫亡三十八歲卒許氏葉甡妻二十四歲夫亡五十二歲卒陶氏葉圻
妻二十八歲夫亡六十一歲卒張氏葉鏞繼妻二十八歲夫亡五十七歲卒朱氏葉長清妻十九
歲夫亡二十四歲卒葉氏顧繼榮妻二十六歲夫亡三十五歲卒趙氏邵蘭生妻二十九歲夫亡
六十八歲卒孫氏郭蔭梧妻二十一歲夫亡七十一歲卒汪氏按照磨銜葉廷翰繼妻三十歲
夫亡四十五歲卒周氏監生葉堅妻二十九歲夫亡五十一歲卒劉氏郭現龍妻二十七歲夫亡
三十二歲卒常氏唐鼎榮妻二十八歲夫亡五十八歲卒趙氏常明遠妻二十九歲夫亡七十
二歲卒許氏常國徵妻三十歲夫亡五十八歲卒丁氏武舉郭履恆妻三十歲夫亡三十七歲卒

江陰縣志　卷二十　列女　節婦　哭

吳氏郭錫慶妻二十六歲夫亡四十五歲卒朱氏朱紫鍼妻二十六歲夫亡五十六歲卒劉
氏蔡士林妻三十歲夫亡七十九歲卒葉氏錢劉金妻二十八歲夫亡六十一歲卒許氏陸槃
觀妻二十七歲夫亡五十二歲卒朱氏郭耀常妻二十九歲夫亡七十一歲卒焦氏丁世榮妻
三十歲夫亡六十九歲卒戴氏焦順德妻二十四歲夫亡四十五歲卒朱氏華餘德妻二十一歲
夫亡六十二歲卒丁氏監生許養浩妾二十四歲夫亡七十歲卒陸氏按照磨銜葉廷翰妾三十
歲夫亡六十六歲卒馮氏葉蓁妾二十九歲夫亡三十四歲卒邵氏繆雲彩妻十九歲夫亡何
氏葉棠繼妻二十九歲夫亡徐氏葉幹成妻三十歲夫亡蘇氏徐文魁妻三十歲夫亡郭
氏孫椿妻二十歲夫亡丁氏葉五經妻二十三歲夫亡沈氏郭于廖妻二十六歲夫亡邵氏
郭福康妻二十八歲夫亡許氏郭俊嘉妻二十九歲夫亡葉氏州同銜郭履謙妻二十九歲夫亡
唐氏童中和妻二十九歲夫亡繆氏宋文棟妻三十歲夫亡邵氏繆鼎和妻十九歲夫亡

許氏楊福和妻二十九歲夫亡王氏常大和妻二十四歲夫亡許氏蔡文奎妻二十七歲夫亡
劉氏武生童浩妻三十歲夫亡邵氏蔡四德妻二十八歲夫亡周氏陸協觀妻三十歲夫亡
李氏郭蔭桐妻二十四歲夫亡葛氏蔡思南妻二十四歲夫亡包氏郭鼎榮妻三十歲夫亡
吳氏童祥翰妻二十二歲夫亡以上楊舍
葉氏沈宗裕妻二十七歲夫亡四十五歲卒陳氏唐秉德妻二十六歲夫亡六十一歲卒顧氏
唐大章妻二十三歲夫亡七十七歲卒章氏陳繡堂繼妻二十四歲夫亡七十歲卒錢氏陳綸
元繼妻二十三歲夫亡六十歲卒馬氏梅乙齋妻三十歲夫亡四十五歲卒何氏徐敬舒妻二十
九歲夫亡五十五歲卒許氏徐龍順妻二十六歲夫亡四十七歲卒李氏陳振元妻三十歲夫
亡五十歲卒趙氏翟珍和妻三十歲夫亡五十一歲卒趙氏薛永盛妻二十七歲夫亡陶氏
栒鈞妻二十四歲夫亡葛氏李廷宗妻二十二歲夫亡徐氏鞠連榮繼妻三十歲夫亡張氏

江陰縣志　卷二十　列女　節婦　哭

趙宗楨妻四十六歲夫亡張氏唐福妻二十二歲夫亡蔡氏從九品銜張錫圖妻三十歲夫亡
李氏葛九鴻妻二十七歲夫亡陳氏徐南昌妻三十歲夫亡胡氏周璽球妻二十九歲夫亡
楊氏陳大高妻二十六歲夫亡趙氏陳芝蘭妻三十歲夫亡以上章卿
丁氏方近仁妻二十三歲夫亡四十五歲卒錢氏陳鑑南妻二十三歲夫亡四十六歲卒陸氏
陳佩芬妻二十二歲夫亡二十九歲卒瞿氏武生王兆元妻二十五歲夫亡施氏謝宗寶妻二十
七歲夫亡夏氏生員謝申藩妻二十八歲夫亡繆氏從九品銜謝中宣妻二十八歲夫亡邢氏
監生謝中庸繼妻二十八歲夫亡姜氏俞光沂妻二十七歲夫亡以上大橋
周氏章漣妻三十歲夫亡二十五歲卒王氏徐耀章妻二十六歲夫亡三十一歲卒趙氏生員蘇紫
函妻二十八歲夫亡三十七歲卒郁氏王贊廷妻二十七歲夫亡嚴氏許爾康妻三十歲夫亡
朱氏陳殿颺妻三十歲夫亡陳氏姚汝才妻二十九歲夫亡陳氏花正昌妻二十四歲夫亡

廇氏仰楚昌妻二十七歲夫亡王氏季萬倉妻二十五歲夫亡以上三官

吳氏譚省德妻二十七歲夫亡六十二歲卒以上謝園

趙氏陸阿佛妻三十歲夫亡五十九歲卒鄧氏蔣洪鍾妻二十二歲夫亡六十四歲卒趙氏蔣芝田妻二十四歲夫亡三十九歲卒徐氏陸萬濟妻二十九歲夫亡六十五歲卒謝氏吳麗坤妻二十九歲夫亡六十一歲卒李氏周兆熊妻二十四歲夫亡七十二歲卒花氏周兆燧妻二十九歲夫亡七十五歲卒趙氏高慶祿妻二十五歲夫亡六十六歲卒何氏蔣鍾照妻二十四歲夫亡六十三歲卒薛氏蔣鏞照妻二十六歲夫亡六十一歲卒周氏梅曾慶妻二十五歲夫亡五十六歲卒李氏趙賢官妻二十一歲夫亡三十六歲卒花氏蔣錫瀛妻二十三歲夫亡以上蔡涇

吳氏殷景揚妻三十歲夫亡五十一歲卒王氏職員楊又霞妻三十歲夫亡潘氏殷景發妻二十四歲夫亡以上月城

江陰縣志 卷二十 列女 節婦 卅二

姚氏蘇永信妻二十一歲夫亡五十五歲卒沈氏唐永貴妻二十六歲夫亡六十一歲卒徐氏趙正昂妻二十六歲夫亡五十七歲卒趙氏蘇敬宗妻二十五歲夫亡陳氏韓萬全妻二十八歲夫亡許氏趙正標妻三十歲夫亡以上夏城

孫氏嚴肇基妻二十八歲夫亡五十八歲卒陳氏薛成均妻三十歲夫亡五十五歲卒吳氏薛鄧喈妻二十一歲夫亡五十八歲卒韓氏邱文恭妻二十四歲夫亡以上黃橋

趙氏李聲妻二十五歲夫亡六十九歲卒沈氏劉蘭泉妻二十七歲夫亡六十歲卒胡氏衍聖公管句廳沈兆龍妻二十七歲夫亡四十七歲卒黃氏沈培慶妻二十九歲夫亡五十一歲卒胡氏沈兆鵬妻三十歲夫亡四十七歲卒李氏洪昌照妻二十九歲夫亡六十七歲卒沈氏陸光庭妻二十四歲夫亡七十歲卒張氏周步雲妻三十歲夫亡五十七歲卒洪氏陸定保妻十八歲夫亡三十三歲卒章氏蔣虔衡妻二十五歲夫亡四十九歲卒李氏馮鴻基妻二十九歲夫亡五十二歲卒黃氏吳宿心妻二十六歲夫亡六十四歲卒朱氏薛國才妻二十四歲夫亡三十九歲卒華氏吳根源妻二十二歲夫亡三十六歲卒沈氏徐雅雲妻二十九歲夫亡五十九歲卒江氏孫培祖妻二十三歲夫亡五十五歲卒劉氏孫嘉祿妻二十七歲夫亡六十四歲卒薛氏吳全義妻三十歲夫亡七十五歲卒朱氏吳松妻二十四歲夫亡五十六歲卒邱氏薛富年妻三十歲夫亡四十九歲卒周氏薛九如妻二十三歲夫亡三十七歲卒江氏謝聖儀妻二十五歲夫亡五十歲卒劉氏謝永忠妻三十歲夫亡四十七歲卒王氏李柄妻二十六歲夫亡四十七歲卒馬氏陸大犨妻三十歲夫亡四十七歲卒吳氏陸照殿妻二十八歲夫亡四十歲卒黃氏陸發妻二十九歲夫亡七十一歲卒周氏李豫川妻三十歲夫亡范氏李壽奎妻二十九歲夫亡吳氏薛金南繼妻二十七歲夫亡馬氏葛錦堂妻二十六歲夫亡以上青暘

江陰縣志 卷二十 列女 節婦 卅三

姚氏奚德壋妻二十三歲夫亡五十三歲卒薛氏奚德涵妻二十七歲夫亡五十四歲卒匡氏薛嘉美妻二十九歲夫亡五十六歲卒王氏薛玉豐妻二十五歲夫亡五十一歲卒石氏薛政興繼妻二十九歲夫亡五十五歲卒石氏薛鶴鳴妻二十五歲夫亡七十四歲卒李氏奚樹勛妻二十一歲夫亡二十八歲卒薛氏鄒洪熙妻三十歲夫亡奚氏薛德全妻三十歲夫亡徐氏奚德丙妻二十五歲夫亡以上四河

黃氏鄒昌孟妻二十九歲夫亡八十歲卒徐氏鄒明香妻三十歲夫亡四十二歲卒王氏徐斗林妻二十六歲夫亡四十四歲卒張氏孫在田妻二十九歲夫亡四十一歲卒俞氏唐三魁妻三十歲夫亡四十六歲卒徐氏唐達曾妻二十七歲夫亡四十五歲卒朱氏唐志懋妻三十歲夫亡六十歲卒孫氏俞斗光妻二十三歲夫亡三十歲卒俞氏陳葆榮妻二十四歲夫亡五十四歲卒包氏徐慶善妻二十四歲夫亡三十五歲卒徐氏謝文啟妻二十七歲夫亡四十七歲卒潘

氏黃德培妻二十七歲夫亡三十七歲卒徐氏黃德曾妻二十八歲夫亡四十八歲卒黃氏
陳步金妻二十四歲夫亡五十二歲卒陳氏王士明妻二十七歲夫亡六十一歲卒張氏李裕安妻
二十五歲夫亡六十三歲卒徐氏黃宗甫妻二十九歲夫亡六十八歲卒許氏唐天敘妻三十
歲夫亡六十四歲卒奚氏韓大成妻二十五歲夫亡五十八歲卒石氏韓應魁妻二十四歲夫亡
五十七歲卒顏氏徐發元妻三十歲夫亡五十九歲卒周氏唐明福妻二十九歲夫亡七十一歲
卒王氏石秉忠妻二十一歲夫亡張氏孫宗淯妻二十二歲夫亡廉氏孫宗溪妻二十九歲
夫亡黃氏徐全喜妻二十二歲夫亡張氏陳雙元妻三十歲夫亡張氏陳鶴球妻二十九歲
夫亡陳氏黃芝亭妻二十六歲夫亡周氏監生唐贊熙妻二十九歲夫亡以上馬鎮
朱氏黃大福妻三十歲夫亡六十五歲卒包氏黃德一妻三十歲夫亡五十八歲卒王氏陸曾藝妻
二十七歲夫亡四十八歲卒顧氏徐錦洲妻二十一歲夫亡二十九歲卒范氏黃致和妻二十

七歲夫亡三十三歲卒巫氏黃綍妻二十七歲夫亡六十二歲卒孔氏張孝之繼妻三十歲夫亡
八十三歲卒陳氏趙士嬉妻二十七歲夫亡五十歲卒以上璜塘
劉氏沈寶雲妻二十一歲夫亡六十二歲卒黃氏沈至德妻二十三歲夫亡六十三歲卒馬氏
沈效宗妻二十四歲夫亡三十六歲卒趙氏沈亨衢妻二十六歲夫亡四十四歲卒薛氏沈德
奎妻二十三歲夫亡三十二歲卒袁氏譚玉寶繼妻三十歲夫亡六十六歲卒張氏徐春泉妻
二十六歲夫亡六十八歲卒陸氏徐春煦妻二十五歲夫亡六十八歲卒沈氏朱玉慶妻二十
一歲夫亡六十八歲卒邢氏周玉球妻二十八歲夫亡徐氏沈殿魁妻二十七歲夫亡以上
花山
莊氏監生徐新甫妻二十五歲夫亡四十四歲卒李氏從九品銜徐熙庭妻二十八歲夫亡四十一歲
卒周氏徐師健妻二十三歲夫亡四十七歲卒唐氏徐芸堂妻二十一歲夫亡三十四歲卒

陳氏吳殿玉妻十九歲夫亡六十二歲卒許氏吳景道妻二十一歲夫亡六十二歲卒繆氏
吳景仲妻二十二歲夫亡五十六歲卒湯氏李文行妻二十八歲夫亡四十八歲卒沈氏李文
連妻二十九歲夫亡三十八歲卒沈氏李文福妻二十八歲夫亡四十四歲卒薛氏職員張召
武妻二十七歲夫亡四十六歲卒陳氏劉士武妻三十歲夫亡五十八歲卒馬氏繆時川繼妻二
十一歲夫亡八十一歲卒李氏從九品銜徐燦妻二十七歲夫亡四十歲卒周氏錢士榮妻二十
八歲夫亡李氏許兆淇妻二十九歲夫亡胡氏李正興妻二十九歲夫亡黃氏李金玉妻二十
五歲夫亡陸氏李春元妻三十歲夫亡張氏李敬文妻三十歲夫亡蔣氏李正寶妻二十
九歲夫亡以上蕭崎
陳氏姚繼宗妻二十八歲夫亡五十二歲卒徐氏陸連山妻三十歲夫亡顧氏吳久德妻二十
五歲夫亡以上葫橋

朱氏高奎蔭妻二十二歲夫亡六十四歲卒顧氏高受正妻二十五歲夫亡六十五歲卒李氏
高有成妻二十九歲夫亡七十二歲卒袁氏孫文棟妻二十九歲夫亡四十五歲卒藏氏顧祖
同妻二十八歲夫亡四十七歲卒閔氏顧惠安妻二十三歲夫亡三十三歲卒沈氏許永祿妻
二十九歲夫亡四十四歲卒閔氏吳指南妻二十六歲夫亡六十三歲卒耿氏吳秉倫妻二十
五歲夫亡八十三歲卒陸氏陳洪文妻二十七歲夫亡六十三歲卒高氏倪孟邦妻二十八歲
夫亡五十一歲卒潘氏金雲琦妻二十八歲夫亡六十八歲卒吳氏金殿庸妻二十歲夫亡五
十四歲卒蔣氏金洪泰妻二十七歲夫亡五十三歲卒薛氏金兆壎妻二十三歲夫亡四十一歲
卒陳氏金伯南妻二十六歲夫亡三十九歲卒吳氏徐賢慶妻二十九歲夫亡金氏金福
古妻二十九歲夫亡潘氏曹齊榮妻三十歲夫亡李氏徐步青妻二十七歲夫亡王氏徐步
船妻二十七歲夫亡徐氏呂慶三妻二十七歲夫亡耿氏呂景福妻二十八歲夫亡黃氏王景

楊妻二十九歲夫亡耿氏韓宗發妻二十六歲夫亡繆氏耿仲乾妻二十八歲夫亡虞氏耿招
愧妻二十九歲夫亡臧氏許永清妻三十歲夫亡顧氏金星榮妻二十八歲夫亡顧氏金兆
川妻三十歲夫亡陳氏金兆珖妻二十五歲夫亡沈氏程鵬圖妻二十九歲夫亡劉氏倪文
俊妻三十歲夫亡袁氏徐林寶妻二十九歲夫亡劉氏王景堂妻三十歲夫亡唐氏耿養
寶妻三十歲夫亡以上觀山
張氏周在興妻二十九歲夫亡八十歲卒黎氏周在忠繼妻三十歲夫亡五十九歲卒曹氏周子
昂妻二十六歲夫亡七十七歲卒常氏周西庚妻三十歲夫亡七十二歲卒謝氏周子援繼妻二
十九歲夫亡六十四歲卒劉氏曹和三妻三十歲夫亡六十四歲卒盛氏俞士卓妻二十八歲夫亡
七十八歲卒姚氏江阿聰妻三十歲夫亡六十八歲卒王氏徐用田妻二十一歲夫亡四十五歲
卒萬氏徐用山妻二十八歲夫亡四十九歲卒楊氏徐葳亭妻三十歲夫亡四十五歲卒劉

氏徐精一妻二十九歲夫亡五十七歲卒張氏徐蘭亭妻三十歲夫亡四十六歲卒梅氏陳行
大妻二十歲夫亡四十四歲卒李氏季嘉官妻二十五歲夫亡四十五歲卒張氏許安書妻二十
九歲夫亡五十歲卒顧氏徐喜二妻二十九歲夫亡四十歲卒蕭氏徐和讓妻二十一歲夫亡六十
八歲卒潘氏俞達揚妻三十歲夫亡四十四歲卒傅氏福建同安縣典史吳源妻二十八歲夫亡
六十三歲卒謝氏江淩洲妻三十歲夫亡謝氏俞達鴻繼妻二十二歲夫亡楊氏季洪
昌妻二十五歲夫亡萬氏徐仁滿妻二十六歲夫亡萬氏葉永豐妻二十八歲夫亡姚氏俞守
旗妻二十四歲夫亡梅氏徐江永妻二十六歲夫亡以上利城
許氏陳光輔妻二十二歲夫亡五十四歲卒唐氏蔣行南妻二十四歲夫亡六十四歲卒王氏
沈岳大妻二十八歲夫亡六十一歲卒王氏金龍井妻二十六歲夫亡六十二歲卒倪氏焦士
利妻二十九歲夫亡七十八歲卒戈氏蔣君達妻二十六歲夫亡六十六歲卒高氏候選縣丞

[illegible]鑑妻三十歲夫亡五十七歲卒徐氏許南祥妻二十六歲夫亡六十三歲卒姚氏許季文妻
二十五歲夫亡七十歲卒許氏張榮光妻二十八歲夫亡六十四歲卒金氏許維順妻二十四歲
夫亡六十八歲卒謝氏陳有韶妻二十八歲夫亡四十一歲卒徐氏生員陳寶珊妻二十九歲
夫亡三十五歲卒東氏陳光世妻二十五歲夫亡三十八歲卒丁氏張朝陽妻二十一歲夫亡
七十二歲卒朱氏李紀順妻三十歲夫亡六十五歲卒張氏楊順興妻三十歲夫亡五十六歲卒
周氏楊榮占妻二十六歲夫亡五十一歲卒戴氏余仲英妻二十七歲夫亡三十九歲卒周
氏顧明多妻二十六歲夫亡劉氏蔣佛大妻二十三歲夫亡陳氏管光榮妻三十歲夫亡朱
氏高聖壽妻二十一歲夫亡周氏李茂朝妻二十九歲夫亡以上前周
沈氏盛方達妻二十四歲夫亡六十七歲卒胡氏夏之逵妻二十八歲夫亡四十一歲卒張氏
沈新大妻二十五歲夫亡四十二歲卒劉氏許勝法妻二十九歲夫亡七十二歲卒黎氏張友

三妻三十歲夫亡五十二歲卒陳氏何正興妻三十歲夫亡六十三歲卒索氏梅玉寶妻三十歲夫
亡五十二歲卒常氏張西大妻二十七歲夫亡七十一歲卒單氏張茂南妻二十三歲夫亡三十
六歲卒李氏盛榮書妻二十九歲夫亡四十四歲卒奚氏吳煥章妻二十四歲夫亡四十四歲
卒楊氏沙書永妻二十七歲夫亡七十四歲卒蔣氏許應高妻二十二歲夫亡四十二歲卒
陳氏夏榮占妻二十七歲夫亡姜氏周喜寶妻二十七歲夫亡常氏單朝陽妻二十九歲夫亡
江氏蔡五邱妻三十歲夫亡以上後梅
許氏徐恆友妻二十三歲夫亡七十歲卒姚氏殷順昌妻二十三歲夫亡七十五歲卒邢氏丁順
寶妻二十一歲夫亡五十六歲卒邢氏繆玉琢妻二十九歲夫亡四十五歲卒薛氏許順德妻
十九歲夫亡四十三歲卒徐氏嚴順坤妻二十九歲夫亡四十八歲卒吳氏薛邦元妻二十一歲
夫亡八十一歲卒薛氏許春德妻二十二歲夫亡四十七歲卒謝氏陳順昌妻十九歲夫亡六十

十七歲卒　張氏繆榮谿妻二十一歲夫亡　劉氏陳應春妻三十歲夫亡　以上丁墅

張氏周維賢妻二十八歲夫亡六十三歲卒　徐氏高德昇綱妻二十一歲夫亡六十五歲卒　姚氏王玉章妻二十五歲夫亡四十五歲卒　承氏劉承烈妻二十四歲夫亡　以上桃花

夏氏殷廉敬妻三十歲夫亡六十一歲卒　黃氏繆步垣妻二十七歲夫亡四十四歲卒　繆氏華茂盛妻二十九歲夫亡五十一歲卒　丁氏周海明妻三十歲夫亡五十六歲　芮氏徐阿書妻二十四歲夫亡五十歲卒　黃氏繆光佐妻二十四歲夫亡　張氏監生沈錄妻二十四歲夫亡　謝氏陳尚哲妻二十七歲夫亡　顧氏繆錫齡妻二十八歲夫亡　錢氏張本性妻三十歲夫亡　沈氏繆瑞增妻二十六歲夫亡　陳氏董銀宗妻二十八歲夫亡　以上申港

曹氏吳慶瀾妻三十歲夫亡七十二歲卒　邵氏蔣孝慶妻三十歲夫亡四十五歲卒　吳氏陸曉徐妻二十九歲夫亡　朱氏吳錫川妻二十七歲夫亡　顧氏劉隆章妻三十歲夫亡　劉氏武生吳鍊

江陰縣志　卷二十　列女　節婦　卅六

妻三十歲夫亡　章氏吳錫堂妻二十歲夫亡　李氏周九成妻二十八歲夫亡　以上夏港

顧氏王維漢妻二十五歲夫亡七十六歲卒　倪氏錢永泉妻二十四歲夫亡五十七歲卒　李氏楊太和妻三十歲夫亡四十歲卒　顧氏龔啟泉妻二十二歲夫亡　朱氏孫嘉德妻二十七歲夫亡

唐氏錢春實妻二十九歲夫亡　周氏錢松慶妻三十歲夫亡　徐氏王玉成妻二十九歲夫亡

陳氏嚴智和妻三十歲夫亡　周氏楊金如妻二十九歲夫亡　嚴氏許正帆妻二十二歲夫亡

以上沙洲　以上皆光緒四年請旌

王氏沈亮玉妻二十六歲夫亡三十六歲卒　鄭氏孫殿魁妻二十六歲夫亡三十二歲卒　陳氏孫鶴書妻二十三歲夫亡　蔣氏職員嚮兆麟妻二十八歲夫亡　以上皆光緒四年旌

貞女

明

曹氏李善祥聘妻曹一綱女二十歲夫亡哀慟絕粒欲奔喪父慰止閉戶剌面嚐指血書終身不改字於舅乃聽歸李葬夫終喪歸母家鍵居小樓披緇茹素割股療父疾樓有白雀來巢天啟四年學使孫之益奏旌江南貞節十八人氏居第一　吳氏顧永廣聘妻宜興惠副吳正己女將婚前三日夫亡過門守貞五十二歲卒　繆氏張振美聘妻夫亡欲泣而死一日復蘇泣然日吾爲曹嵩妻矣前一綱女也即奔喪成服歸幽居一室終身衰麻父母亦罕見其面勤女紅以自給有資其乏者雖至戚不受　耿氏周寅恆聘妻十五歲守貞母家能孝於親自甘約素　韓氏徐復魁聘妻韓應選女夫年十六亡氏矢守壽七十　夏氏費廷熊聘妻十九歲守貞撫嗣子椿年成立　以上見前志

國朝

周氏楊名陞聘妻庠生周榮起女名陞遺疾十餘年卒氏年二十九守貞　邢氏周旦侯聘妻邢楷女十八歲夫亡守貞六十年　徐氏吳朝柱聘妻十九歲守貞　徐氏承王言聘妻　以上雍正

江陰縣志　卷二十　列女　貞女　卅七

年旌

吳氏方其潤聘妻十九歲守貞使女春梅相隨不嫁年三十餘卒　尹氏章學禮聘妻　徐氏俞射起聘妻徐規文女孝姑撫嗣　韓氏徐樂山聘妻　周氏夏宗啟聘妻周文王女二十四歲夫亡奔喪守貞三十年初女割股療父病父死無嗣竭力營葬翁病亦割股以療　吳氏朱履仁聘妻監生吳上立女二十歲守貞　查氏陳元開聘妻監生查世鏞女二十三歲夫亡守貞三十五年　孫氏徐安聘妻貢生孫朝玠女十七歲夫亡守貞四十年　夏氏陳學洪聘妻庠生夏時鏞女十七歲守貞壽八十二　章氏孔傳緒聘妻二十歲夫亡守貞二十八年　徐氏朱鼎聘妻二十四歲夫亡守貞二十八年　汪氏貢生陶沂聘妻十七歲夫亡守貞二十五年　李氏陶又季聘妻守貞三十四年　李氏繆秉豐聘妻二十二歲守貞孝事翁姑撫嗣大椿先卒復撫二孫六十八歲卒　徐氏繆學純聘妻徐鴻逵女二十一歲夫亡守貞五十三年　以上乾隆年旌

黃氏徐漢雄聘妻十二歲守貞奉嫡庶兩姑撫嗣既娶卒復撫二孫吳氏錢延祿聘妻陸氏貞一鳴聘妻十八歲守貞事姑撫嗣陳氏張延炳聘妻二十二歲守貞撫嗣謙三成立三十九歲卒朱氏徐楙養室二十四歲守貞孝姑撫嗣嗣卒復撫孫周氏趙時楙養室二十六歲守貞撫嗣陸氏袁德洪聘妻十九歲守貞撫嗣三十九歲卒孔氏孫宗煥聘妻廩生孔昭質女十九歲守貞撫嗣慶元二十歲卒沙氏張鈺聘妻監生沙徐行女二十一歲守貞事翁撫嗣三十六歲卒吳氏徐文撰聘妻監生吳鈞女夫亡訃至家人諱之女覺殯且葬矣將別議婚遂縊墜地不死誓不再字

以上嘉慶年旌

張氏徐啟聘妻職監張文炤女二十三歲守貞撫嗣三十二歲卒夏氏程八愷聘妻二十歲守貞趙氏生員高存仁聘妻監生趙文燕女二十二歲守貞撫嗣春熙遊庠四十七歲卒王氏沈春林聘妻王步雲女二十一歲守貞撫嗣三十六歲卒陳氏袁昭聘妻二十歲守貞劉氏王行懿發室二十二歲守貞撫嗣

以上道光年旌

趙氏方某聘妻十四歲夫亡父母欲改字自縊吞銅皆救免尋卒王氏祝道亨聘妻十六歲守貞服縞茹素終其身唐氏徐士誠聘妻十七歲守貞壽七十七繆氏張季叔聘妻十七歲守貞壽七十四陸氏俞某聘妻無錫陸元朋女十七歲夫亡欲奔喪父母不許剪髮絕粒不得已遂至夫家時翁已故孝養太翁五六年太翁歿姑脉之迫歸母家氏志益堅江錫兩令時給粟帛周之朱氏陳世亮聘妻朱亮公女十九歲守貞六十六歲卒朱氏曹德型聘妻二十二歲守貞撫嗣四十四歲卒陸氏陳學乾聘妻二十五歲守貞養姑撫嗣顧氏花天彩聘妻二十二歲守貞陳氏王能章聘妻陳孔源女十七歲夫亡奔喪事姑如母服闋守於母家針黹自給時瞻孀姑姑歿幫貧營葬居恆寢不解衣譚氏陳鼎彝聘妻譚本清女母疾願以身代割臂療之夫亡守貞事姑姑盡禮五十一歲卒陳氏翁坤如聘妻陳嘉言女十六歲守貞與娣譚氏同寢處永夜一燈機聲相應人稱雙貞五十七歲卒劉氏吳聖古繼聘妻劉成章女十九歲守貞撫前室子成立趙氏王位城聘妻二十一歲守貞終身不服色衣六十五歲卒張氏沈而定聘妻夫亡奔喪歸守貞母家劉氏史振裔聘妻劉亦邦女十九歲守貞金氏車鶴鳴聘妻庠生金玉女十九歲守貞善事翁姑俞氏沈南一聘妻俞公純女十七歲守貞翁姑勸改字不從金氏錢楠聘妻金子祥女二十二歲守貞壽七十二朱氏劉士進養室夫亡翁姑欲改字不從篤立嗣壽七十七龐氏查席珍聘妻龐齊彬女席珍遊京師久不歸女矢志不渝壽七十林氏周永芳聘妻林九臯女十八歲守貞顧氏趙良玉聘妻顧德熙女十四歲守貞顧氏顧王成女十五歲夫亡守貞丑十三年張氏黃夢奎聘妻諸生張光國女十九歲守貞撫嗣六十九歲卒夏氏汪鶴齡聘妻夏玉引女十六歲守貞撫嗣而殤二十四歲卒吳氏於映台聘妻二十二歲夫病迎歸躬視湯藥二十八日夫亡欲殉翁姑止之服闋歸守母家屈氏周繼德聘妻二十三歲守貞錢氏郭有敬聘妻二十四歲守貞積哀成疾不服藥卒包氏趙載夏聘妻包義升女二十六歲守貞翁姑歿歸守母家

陸氏宣父鼎聘妻陸筠山女十五歲守貞撫嗣奉翁姑二十年六十四歲卒潘氏繆爾正子養室年十三翁與夫相繼歿誓死守貞有唆姑謀娶者女縊救免何氏趙聖聘妻十七歲守貞奚氏薛綬聘妻奚令榮女守貞母家撫兩幼弟成立劉氏薛重鐸聘妻二十歲守貞五十七歲卒俞氏王之艮聘妻守貞母家奚氏石鳳齡聘妻壽八十鄒氏張綿遠聘妻系出無錫十九歲守貞敬事翁姑姑歿依母家針黹自給吳氏袁榮聘妻吳德雲女二十一歲守貞撫嗣繆氏張某聘妻壽七十三鍾氏張運貞聘妻十九歲守貞三十三歲卒李氏耿時興聘妻李天佑女十八歲夫亡奔喪捌郭自縊皆救免姑病奉湯藥兩月不解帶悲泣三年成心疾卒龐氏謝某聘妻龐文孝女夫亡父母欲改字蓬髮毀面誓死不二守貞七十餘年陸氏俞祖述聘妻十七歲守貞四十三歲卒徐氏繆大年聘妻十八歲守貞六十七歲卒章氏莊宜聘妻二十三歲守貞二十六歲卒張氏沈靈百子聘妻張治坤女五十歲卒盧氏盧綱尚女父誤以女字奴隸子悔恨致死母亦繼歿女不

願嫁官爲判免亦不他適陸氏陳時行聘妻十三歲守貞壽七十五戚氏趙綺聘妻戚聖俞女二十
三歲卒方氏陳翼周聘妻方茂如女二十一歲守貞撫嗣胡柱朝棟成立六十六歲卒金氏郝城
楊某聘妻金王珂女翁亡家貧姑命子往浙依親不遇無以歸遂爲傭致書聽女改適女泣告父母矢不渝志
迎養其姑六十六歲卒錢氏趙履中聘妻錢重里女三十五歲守貞五十歲卒錢氏王世林聘
妻錢楚良女二十二歲守貞撫嗣擬成立三十六歲卒潘氏錢治芳聘妻潘南山女二十四歲守貞壽
七十六祝氏劉晉明聘妻庠生祝時發女晉明年十六得狂疾久不瘳聽女改字女聞託疾不食夜起
自縊兩妹驚救得蘇矢志不渝壽八十二周氏勇漢封聘妻周詒穀女十六歲守貞六十九歲卒趙
氏陳鴻禮聘妻趙民望女二十歲守貞壽七十五陳氏朱行儉聘妻陳文雍女二十二歲守貞六十八
歲卒李氏柳起明聘妻李天玉女十五歲守貞五十六歲卒陳氏周大銓聘妻武進陳松年女十
六歲守貞五十四歲卒盧氏楊某聘妻盧文遠女壽七十三魏氏陳沂聘妻魏金城女二十歲守

江陰縣志　卷二十　列女　貞女　六十

貞壽八十二黃氏薛雙玉聘妻黃應元女十九歲守貞五十歲卒董氏王天爵聘妻董蕆華女二
十歲守貞撫嗣而殤二十五歲卒黃氏奚福聘妻二十歲守貞六十歲卒任氏任子瓏女字王
宗世于歸之夕夫亡守貞壽七十七顧氏吳玉輝聘妻顧國材女六十二歲卒華氏劉乾聘妻二十
五歲守貞六十四歲卒李氏劉遠逵聘妻十七歲守貞五十歲卒錢氏繆巧明養室二十歲守貞
壽七十一周氏陳潤聘妻二十歲守貞善事翁姑盡出其衣飾佐養三十二歲卒李氏黃家幹聘
妻二十四歲守貞終身縞素壽七十三黃氏徐大雅聘妻六十三歲卒須氏徐六方養室壽七十
四曾氏韓聞聘妻曾振先女聞以罪繫獄死守貞養親蔣氏曹生聘妻二十三歲守貞壽八十三
周氏袁溥聘妻十九歲守貞壽七十三顧氏趙傳聘妻顧何仁女十六歲守貞六十一歲卒郁
氏陸金聘妻郁舜友女十九歲守貞六十一歲卒徐氏倪阿大聘妻徐殷和女壽七十五戴氏
呂某聘妻戴維仁女十六歲守貞五十四歲卒王氏繆汝梧聘妻王天峻女十九歲守貞四十一歲卒

蘇氏黃燦養室蘇警子女二十歲守貞壽七十三沈氏李濤陽聘妻沈瀾觀女二十七歲守貞五
十六歲卒王氏呂士龍聘妻把總王紹惠女二十五歲守貞六十五歲卒馬氏胡凝德聘妻四十三
歲卒李氏王聖年聘妻李朝珍女十九歲守貞四十一歲卒陳氏繆某聘妻陳元輔女二十一歲
守貞五十二歲卒錢氏卞大觀聘妻十八歲守貞五十八歲卒吳氏陳球聘妻吳鼎銓女十歲
守貞孝親壽七十二陶氏薛與升聘妻二十二歲守貞壽七十二吳氏金侍禮養室十九歲守貞
六十四歲卒朱氏謝兆驄聘妻兆驄遠遊年老始歸矢守不渝壽七十三郭氏趙某聘妻監生
郭驄女三十七歲卒殷氏蔣朝粲聘妻殷靜坤女二十歲守貞二十九歲卒趙氏吳宗源聘妻十
九歲守貞四十一歲卒楊氏華文有聘妻楊鵬萬女十三歲守貞侍孀母紡織五十二歲卒姚氏
梅起隆養室二十四歲守貞六十七歲卒劉氏馮翼廷聘妻劉元彩女十九歲守貞五十六歲卒周
氏趙慶聘妻二十五歲守貞五十五歲卒黃氏張衛中聘妻黃全倫女十八歲守貞五十四歲卒

江陰縣志　卷二十　列女　貞女　六十一

孔氏顧受祿養室孔繼昌女二十歲守貞撫嗣善事翁姑三十六歲卒薛氏徐殷升聘妻薛岧田
女十八歲守貞撫嗣善事翁姑六十四歲卒蔣氏曹鳳翔聘妻蔣健行女二十二歲守貞五十六歲卒
何氏徐鳳詔聘妻二十三歲守貞撫嗣五十五歲卒貢氏徐朝貴聘妻畢人貢應芳女二十一歲守
貞二十五歲卒陳氏張焜聘妻陳應望女十九歲守貞撫嗣謹奉翁姑六十三歲卒汪氏趙鑑聘妻
翁佑基官南陽府同知殁於任姑及夫相繼亡氏衰絰依母家守貞卒失叔有基憐其志舁氏柩合窆夫冢
惲氏金文聘妻惲樹玉女三十四歲卒徐氏蔡昆茂聘妻二十三歲守貞五十一歲卒薛氏
張苕玉養室十九歲守貞孝事翁姑撫嗣成立五十五歲卒陸氏朱文煜聘妻陸世科女二十二歲守
貞三十三歲卒奚氏承耀文聘妻陽湖奚企浩女十六歲守貞十七歲卒黃氏徐鴻謨聘妻二十二
歲守貞三十九歲卒王氏盧炳聘妻二十三歲守貞四十四歲卒蔡氏湯巧方聘妻二十歲守貞
有欲奪其志者控官得免二十七歲卒李氏吳東陽聘妻十九歲守貞四十歲卒徐氏沈曰詰聘

妻徐方達女十七歲守貞二十九歲卒章氏胡肯穆聘妻二十四歲守貞撫嗣宋氏徐九如聘妻二十一歲守貞許氏束龍順聘妻夫以事被遣氏守貞奉姑撫嗣張氏徐某聘妻張元彩女終身樸素楊氏李鳴皋養室二十一歲守貞撫三嗣子高氏邢德孚聘妻高正坤女十四歲守貞陳氏俞德泰聘妻陳鶴女二十九歲守貞顧氏吳維嵩聘妻十八歲守貞趙氏周岷川聘妻二十二歲守貞沈氏吳亨聘妻沈士進女二十三歲守貞沙氏余某聘妻沙象山女十九歲守貞金氏陳敖大聘妻金方山女十六歲守貞繆氏季楷聘妻繆永祿女十六歲守貞高氏殷德穀養室二十一歲守貞陳氏劉寶山聘妻陳上林女二十三歲守貞司氏張某聘妻司遇時女陳氏聶嘉禾聘妻陳書女十九歲守貞韓氏龔寀聘妻十六歲守貞撫嗣逢亨成立徐氏俞大智聘妻二十一歲守貞曹氏周懷忠聘妻十八歲守貞事姑不怠撫嗣維邦成立譚氏陳連聘妻譚氏陳某聘妻譚華山女以上道光十年彙旌

趙氏王某聘妻趙日新女十九歲守貞壽七十林氏譚某聘妻林鳳臺女十八歲守貞壽七十六楊氏翁禹徵聘妻貢生楊謙益女禹徵幕遊不歸依母矢守六十二歲卒王氏吳某聘妻庠生王肇文女十六歲守貞壽七十六徐氏平樂府經歷高岡聘妻監生徐宗孟女壽七十八焦氏黃萬億聘妻萬億患足疾聽改字守志不移四十九歲卒杜氏朱永和聘妻十五歲守貞四十二歲卒周氏薛思釗妻周國相女思釗遠遊不歸守至五十歲思釗歸乃成婚逾年卒薛氏章佑善聘妻薛廷擢女佑善連喪父母復以貧不能娶聽改字矢志不移徐氏沈苑亭聘妻二十四歲守貞繆氏羅文瓚養室二十四歲守貞張氏王學匯養室十三歲守貞撫嗣潘氏湯學伊聘妻潘世祿女二十一歲夫亡氏欲奔喪翁堅不允守貞母家阨窮而無怨志李氏何永清聘妻二十九歲翁病劇迎歸未成婚是年夫亡守貞奉姑撫嗣吳氏武進周維德聘妻吳文鉦女十九歲守貞以上道光十六年續旌

薛氏吳繼曾聘妻道光二十四年旌

徐氏姜之梅聘妻劉氏蘇志胥聘妻以上皆道光二十八年彙旌

王氏劉謹詒聘妻咸豐元年旌

王氏徐有林聘妻錢氏蔣川壽聘妻湯氏楊積中聘妻以上皆咸豐二年彙旌

何氏裴梓廷聘妻徐氏葉採聘妻陳氏趙湘聘妻王氏謝兆麟聘妻以上皆咸豐四年彙旌

姚氏殷敦復聘妻咸豐五年旌

賈氏羅學儉聘妻二十歲夫亡六十歲卒袁氏胡天倫聘妻二十歲夫亡五十三歲卒陳氏王洪啟聘妻二十二歲夫亡五十七歲卒陳氏王和尚聘妻十九歲夫亡五十二歲卒黃氏許桂生聘

妻二十一歲夫亡五十二歲卒錢氏陸三元聘妻二十一歲夫亡五十歲卒徐氏許護邸聘妻二十三歲夫亡四十三歲卒承氏陳旭初聘妻十八歲夫亡四十八歲卒李氏夏金昌聘妻十三歲夫亡五十八歲卒任氏包步蟾聘妻二十二歲夫亡三十五歲卒范氏胡某聘妻二十七歲夫亡四十九歲卒葉氏薛魁元聘妻二十一歲夫亡四十九歲卒謝氏薛大猷聘妻十九歲夫亡六十一歲卒黃氏薛觀濤聘妻十五歲夫亡六十七歲卒陳氏吳斗南聘妻十七歲夫亡六十三歲卒沈氏陸公望聘妻十六歲夫亡五十八歲卒何氏吳寶林聘妻十八歲夫亡五十一歲卒姚氏殷敦實聘妻二十一歲夫亡四十一歲卒金氏繆宗慶聘妻二十四歲夫亡五十六歲卒謝氏臧彭大聘妻十八歲夫亡四十三歲卒劉氏高德大聘妻十九歲夫亡五十八歲卒許氏繆伊誥聘妻二十六歲夫亡四十五歲卒盧氏張某聘妻二十一歲夫亡高氏陳祖昌聘妻二十歲夫亡尹氏高建庭聘妻十九歲夫亡王氏郭某聘妻二十二歲夫亡夏氏金迎科聘妻十七歲

夫亡胡氏方二聘妻十三歲夫亡林氏徐鳳牧聘妻二十歲夫亡沈氏黃炳培聘妻二十一歲夫亡張氏陸心榮聘妻十九歲夫亡繆氏殷耀芝聘妻二十二歲夫亡奚氏曾竹林聘妻淩氏徐慶復聘妻十五歲夫亡六氏邵恆齡聘妻劉氏高洪海聘妻二十歲夫亡朱氏黃會圖聘妻十九歲夫亡浙氏郁田玉聘妻孫氏王淵聘妻杜氏薛兆硎聘妻二十歲夫亡以上皆同治九年稟旌

姜氏儒童金曾樾聘妻二十一歲夫亡奔喪守貞五十四歲卒同治十二年旌

韓氏龔獻孚聘妻十七歲夫亡五十八歲卒黃氏顧錦奎聘妻二十歲夫亡六十三歲卒高氏王萬先聘妻二十二歲夫亡三十三歲卒宋氏徐寶繩聘妻二十一歲夫亡八十五歲卒蘇氏繆五奎聘妻二十歲夫亡二十五歲卒曹氏徐鴻濱聘妻十九歲夫亡七十九歲卒張氏程紫垣聘妻二十歲夫亡四十五歲卒倪氏黃承基聘妻二十六歲夫亡五十五歲卒蔣氏汪松德聘妻二

十四歲夫亡四十一歲卒黃氏陸介錫聘妻二十歲夫亡五十一歲卒楊氏薛炳之聘妻二十六歲夫亡四十九歲卒楊氏繆來成聘妻十七歲夫亡五十七歲卒楊氏程至善聘妻十九歲夫亡四十九歲卒龔氏馬楚堂聘妻十九歲夫亡胡氏方金殿聘妻二十七歲夫亡顧氏蔣吳慶聘妻二十三歲夫亡以上皆同治十二年稟旌

陸氏朱祖同聘妻二十歲夫亡二十七歲卒徐氏張蔭聘妻徐筠谷女十九歲夫亡四十八歲卒高氏王萬選聘妻二十歲夫亡三十三歲卒沈氏陶鴻銓聘妻十九歲夫亡五十一歲卒孫氏唐漢揚聘妻十九歲夫亡二十八歲卒曹氏徐鴻儒聘妻十九歲夫亡五十六歲卒章氏王定珊聘妻十九歲夫亡六十三歲卒朱氏沈承基聘妻二十一歲夫亡六十五歲卒胡氏薛洪銓聘妻十七歲夫亡六十九歲卒蔡氏徐永年聘妻二十一歲夫亡四十七歲卒莊氏許福堂聘妻十二歲夫亡三十六歲卒周氏陳琨效聘妻十三歲夫亡六十一歲卒姚氏梅兆隆聘妻十九歲夫亡四十九歲卒薛氏姚瑞大聘妻十七歲夫亡四十八歲卒余氏蔣祖德聘妻十九歲夫亡蔣氏裴遂章聘妻二十六歲夫亡周氏潘懋修聘妻二十一歲夫亡蘇氏謝中柔聘妻二十一歲夫亡俞氏蔡定標聘妻二十三歲夫亡胡氏方某聘妻胡明燦女二十歲夫亡劉氏沈耀昌聘妻十九歲夫亡蔣氏夏鴻賓聘妻二十歲夫亡盧氏孫傳保聘妻二十歲夫亡趙氏薛兆賢聘妻二十四歲夫亡金氏孫國榮聘妻十八歲夫亡吳氏洪炳泰聘妻二十一歲夫亡以上皆光緒四年請旌

孝婦孝女

梁 **羊氏** 蕭嫡妻性至孝居父喪哭輒吐血母疾終夜祈禱有神佑之而愈

明 **沈氏** 贈浙江按察司僉事沈元女歸於陳母袁氏遘疾割股默禱療之 以上見前志

國朝 **吳氏** 吳廷貴女以父老弟幼矢志不嫁佐庶母撫弟有泉成立奉父至八十八歲 **周氏** 周棨芳女年十四侍父疾五十餘日衣不解帶年十九母患羸疾矢志不字晨夕侍奉不怠母目失明舌舐月餘漸能視父母兄嫂相繼歿撫姪成立 以上嘉慶年旌

夏氏 庠生朱衣妻翁病篤氏亦病強起侍湯藥氣盡復蘇者再乙酉之變扶姑避難姑病亟賣簪珥備藥物晝夜扶持無倦色姑死慟哭瀕殆百計相夫營葬 **周氏** 旌孝庠生吳琳妻庠生周汝琮女姑病危默禱割臂肉作湯以進琳有幼妹二氏撫之甚厚 **沈氏** 武舉張治妻姑湯氏病謹侍湯藥不解衣者累月病轉劇籲天祈禱割股和藥以進遂愈 **謝氏** 許載用妻割股療母疾 **張氏** 庠生王家棟妻姑何氏目昏日

舐數度盈一載目復明 **潘氏** 旌孝包廷贊妻相夫孝養姑姑性嚴每怒詬以請包氏乃己及姑嫂嘗病瘍且久痼十年不起氏晨夕侍湯藥每有所欲夫婦闔亦傾奩以奉夜必侍立漏三下始就寢姑歿哀毀致疾未終喪卒 **金氏** 庠生趙祖熙妻姑馬氏失明留意侍奉一夕夢神以藥納目中自是光明倍於昔 **許氏** 陳永祚妻姑疾晝夜侍奉或暴怒加撻必婉容跪受 **蕭氏** 武舉司天爵妻姑失明竭力調治日復明 **譚氏** 葛永昌妻姑病篤割股和藥以進病愈復延八年 **黃氏** 旌孝增生葛撫辰妻家貧孝事翁姑自食糟糠 **胡氏** 庠生陳六雒妻姑莊氏患痼疾割股療之 **顧氏** 旌孝季兆斗妻庠生顧偉儒女相夫孝事父母詳見季兆斗傳 **徐氏** 貢生楊名表妻徐子曉女孝事繼姑名表欲建宗祠未果而歿氏卒成夫志共置祭田二十畝 **劉氏** 父母貧無子族人莫肯繼嗣終身不嫁以事親 **閔氏** 十三歲母病篤割股療治知縣陸文雲四孝詩氏其一也 **陳氏** 陳廷鑑女十四歲母李氏病割股和藥以進 **徐氏** 候選州同徐德容女幼秉至性痛母無子貞守侍養父歿家貧不給卒勤操作奉母以終 **梅氏** 梅培元女篤於孝親終身不嫁 **須氏** 歲貢生須天祿女父母年老家中落勤紡織佐弟供甘旨立志不嫁 **吳氏** 吳爾廷女幼喪母兄亡矢志不嫁與嫂同居 **王氏** 庠生王旭女父歿母患癇疾飲食起居賴女扶持矢志不嫁母享遐年 **趙氏** 守備趙鼎樞女不字以養父母父母歿悲慟致病卒初母病割股以進鄰女竊見驚呼戒勿言及卒瘢痕宛然 **章氏** 監生章國輔女年十五割股療父疾後適庠生李維漢 **陶氏** 陶永俊女年十九父母亡親黨欲為擇壻堅持不嫁紡織以育幼弟弟長為之婚娶 **劉氏** 劉奉南女無兄弟紡織養親不嫁親歿築石臺於室晨夕供飲食每出入必詣臺前稟命 **江氏** 江子湘女繼母王氏病篤割股療之 **龐氏** 龐文簡女孝事父母矢志不嫁 **孔氏** 養親不字撫弟成立 **吳氏** 養親不字依嫡嫂同居 **吳氏** 吳子調女父母早亡兄歿嫂改適氏誓不嫁撫姪成立 **張氏** 張德清女孝養不字割股療親 **陳氏** 陳紫鼎女兄翼周早歿聘妻方氏守貞氏誓不字與嫂相依 **朱氏** 朱銘謙女 **朱氏** 朱銘袁女 **朱氏** 朱顧端女姑姪三人皆以父母俱亡兄嫂繼歿矢志不字撫姪成立 **張氏** 張廷侯女

吳氏 吳國定女 **華氏姊妹** 華本智女 **高氏** 高元俊女 **劉氏** 劉佳音女 **仲氏** 仲耀賢女 **封氏** 封祚侯女 **劉氏** 劉永蕙女 **繆氏** 繆秉彝女以上皆父母無子孝養不字 **六氏** 六世昌女 **張氏** 張漢雄女 **黃氏** 黃朝魁女 **繆氏** 庠生繆文高女以上皆有兄早亡孝養不字 **袁氏** 袁維明女有兄無慧孝養不字 **徐氏** 徐王積女弟彩明未聘而卒越五載父歿終身撫弟以承宗祧 **邵氏** 邵舜山女 **吳氏** 吳明德女 **凌氏** 凌日章女以上皆親亡撫弟矢志不字 **郭氏** 郭惠南女 **郭氏** 郭朝勳女 **郭氏** 郭殿侯女以上皆親老弟幼孝養不字 **蘇氏** 蘇文桂女 **高氏** 高宏遠女 **王氏** 王顯能女以上皆母亡養父撫弟不字 **蔡氏** 蔡時然女父亡母病撫弟不字 **李氏姊妹** 李千九女弟幼誓同心孝養不字 **車氏** 車南池女父久宕不歸弟以尋父歿於外養母不字 **葉氏** 葉宗元女喪母矢志養父至九十餘 **蘇氏** 候選行人蘇濱女 **徐氏** 監生徐雲路女 **張氏** 張永貞女 **徐氏** 徐公瓚女 **楊氏** 楊裕公女 **陸氏** 陸士餘女 **沈氏** 沈天

滿女　陳氏陳國相女　吳氏吳敬宣女以上皆父母老病孝養不字　趙氏守備遊鼎樞女年十七父母亡以不得親命終身不嫁　張氏張世祿女母病篤割股以療後適吳一基　承氏承昉遠女母歿孝養孀祖母不字事繼母亦以勤慎稱　勇氏庠生勇士標女割股療母病　張氏張敕女父病經年侍奉勞瘁哀禱北辰願以身代竟先父卒　陳氏陳龍廣女母患瘧氏侍湯藥百晝夜無倦哀禱北辰願以身代割股以進母歿事祖母撫幼弟以恩母得疾卒　張氏張德隆女　徐氏徐生鏞女　楊氏楊中和女以上皆父亡養母不字　朱氏朱文元女　印氏印位陞女　朱氏朱上賓女以上皆父母無子孝養不字　封氏封國武女弟有瘋疾孝養不字　楊氏楊君聘女兄天秩早亡孝養不字　宋氏宋建侯女父母失明孝養不字　洪氏監生洪定瀧女母早亡養父不字　李氏李含玉女父母早亡撫弟不字　夏氏庠生夏廷煦女四歲父卒母撫前室子鳴雷及己子錦堂未幾鳴雷卒媳錢氏守節母家錦堂又亡媳朱氏僅得遺腹子周松女見一門孤寡矢志不字繼而朱氏又歿養母撫姪以上道光十年彙旌

江陰縣志　卷二十　列女　孝婦孝女　夯

徐氏徐欽女　徐氏職監徐克貞女　張氏姊妹監生張元楨女　方氏方肇周女　吳氏庠生吳履正女　計氏計時和女　錢氏錢德甫女　繆氏繆孔彰女　祝氏祝朝楨女　俞氏俞鵠鳴女　徐氏徐龍江女　繆氏繆法乾女　章氏章乾九女　劉氏劉向山女　吳氏吳繼藩女　朱氏朱鳳明女　許氏許宏謨女　楊氏楊鳳山女　徐氏監生徐詩女　蘇氏蘇全賓女　劉氏劉大成女　柳氏柳廷珍女皆孝養不字以上道光十六年續旌

葉氏名靜葉某女咸豐二年旌

蔣氏名玩蔣然女咸豐四年旌

梅氏梅惕若女咸豐六年旌

姚氏姚曾南女咸豐九年旌

蘇氏季文敏公媳翰林院編修名念詒妻同治六年旌

王氏王召南女父亡母患瘋疾起居飲食賴女扶持矢志不嫁母享遐年女年六十三歲卒　沈氏二姑姊名玉式妹名金式沈元基女親老弟幼奉侍乏人同心盡孝守貞不字玉式八十七歲卒金式五十四歲卒　陸氏陸德文女孝事父母矢志不嫁年五十一歲卒　錢氏錢大宗女堅貞不字以養父母及父母相繼歿悲慟致病年六十歲卒　曹氏曹有典女篤於孝親終身不嫁年五十九歲卒　黃氏黃蔡照女母病篤封股療治得愈女年五十六歲卒　孟氏孟萬倫女養親不字親亡力勤紡織以佐弱弟卒年六十三歲卒　童氏童中女佐母撫育幼弟成立六十歲卒　陶氏陶金福女紡織以供父母及父母歿哀號成疾卒年五十四歲初氏母病封股療之隣女竊見驚呼氏戒勿言及卒隣女爲人稱述而創瘢宛然　黃氏黃坤女十四歲親病割股和藥以進病尋痊女年四十九歲卒　李氏李天祥女孝養不字年六十三歲卒　沙氏沙圻女父母暮年得子即患疾女見父老母病立志不字奉父母撫弱弟後弟娶婦而女

江陰縣志　卷二十　列女　孝婦孝女　究

尋卒時年六十八歲　奚氏奚殿臣女家貧親老諸弟出外謀生遂紡織佐弟養親終身不字庚申城變投河殉難時年四十二歲　程氏程寅女父母有疾常侍湯藥矢志不字年五十七歲卒　黃氏黃潔修女母久病不瘳侍奉勞瘁哀禱北辰願以身代竟先母卒時年四十歲　耿氏耿協出女矢志不字奉養雙親年五十九歲卒　耿氏耿振寰女父母多病終身不嫁年五十七歲卒　王氏王信良女父母多病弟習經紀女竭力奉侍貞守終身年四十五歲卒　季氏季文燦女矢志不欲事親盡力年三十三歲卒　徐氏徐炳南女母得瘋病女頃刻不離遂矢志不字歷二十載如一日年三十八歲卒　盛氏盛忠安女親老鮮兄弟事父母以孝聞年五十三歲卒　繆氏繆秉文女紡織養親年七十二歲卒　繆氏繆存素女父歿母病侍母撫弟成立年四十歲卒　吳氏吳天佑女親老弟幼養親不字年五十九歲卒　仰氏仰振瀛女母黃氏歿時年十歲代父勤上奉祖父母下撫諸弟妹者數年父本多疾醫藥悉出十指庚申寇警諸弟遠出謀生音問罔然女遂矢志不字父卒事繼母吳氏盡孝　沈氏沈斌瑛女勤紡織佐

弟養親，矢志不字。**劉氏**劉貧綸女，針黹養親，守貞不字。**許氏**許文煥女，父多病，女侍湯藥經年不倦，父病尋痊，女亦不字。**陸氏**陸近德女，孝養不字。**許氏**許法大女，紡織養親，守貞不嫁。**劉氏**劉正山女，家貧親老，守貞不字。以上皆同治九年彙旌

韓氏名金玉，韓茯長女，親老弟幼，紡織養親，立志不字，年七十五歲卒。**劉氏**名翠姑，劉士元女，母早歿，弟幼，代父勤紡，矢志不字，年七十二歲卒。**徐氏**名雲仙，徐在田女，紡織養親，守貞不字，年至五十歲卒。**蔣氏**名定金，蔣昇女，母歿父老，佐弟養親，矢志不字。**謝氏**謝中女，父早卒，母吳氏多病，兼之兩目不明，起居飲食賴女扶持，終身不字。**黃氏**名瑞烈，黃金豔女，侍奉雙親，守貞不字。**吳氏姊妹**吳湘女，父歿，母周氏多病，奉侍乏人，姊妹同心盡孝，守貞不字。**巫氏**名會仙，巫煜女，幼無兄弟，因婦母吳氏多病，侍奉湯藥，矢志不嫁，事母二十七年。**王氏**名世培，王雨興女，紡織養親，矢志不字。以上皆同治十二年彙旌

王氏王會和女，弟早亡，父母無依，矢志不字，年六十八歲卒。**劉氏**劉人爵女，父早逝，氏卽茹素，事母至孝，母有病，侍奉湯藥，衣不解帶者逾年，年七十六歲卒。**蔣氏**蔣克昇女，母顧氏素有目疾，蒙昧欠明，須女扶持，甘心侍奉，終身不嫁，奉母至老不倦，年六十七歲卒。**金氏**金方山女，紡織養親，矢志不字，年六十八歲卒。**符氏**符九皋女，弟幼，侍奉乏人，矢志不字，年五十八歲卒。**丁氏**丁文煥女，父母年高，孝養雙親，不適顏色，終身不字，年六十六歲卒。**沈氏**沈逢源女，紡織度日，養親不字，年七十七歲卒。**梅氏**梅玉坪女，父早逝，兄繼歿，伴嫂事母，年八十三歲卒。**沈氏**沈煜女，氏幼讀書，明大義，母病瘵，舉動需大賴女扶持，調攝十年不怠，母嘗曰：吾母女二人相依為命，殘喘得延者，皆女力也。母六十餘歿，氏亦五十四歲卒。**金氏**金得時女，矢志不嫁，事親盡力，年六十六歲卒。**江氏**江士莪女，母早歿，氏在家侍奉父親，終身不字，年五十七歲卒。**唐氏**唐富林女，母李氏多病，女侍奉湯藥，母歿後事繼母吳氏，克盡孝道，立志不字，年五十五歲卒。**李氏**李鋁女，父母年高，弟幼，侍奉乏人，矢志不字，年六十一歲卒。**薛氏**薛祥林女

紡織養親，矢志不字，年四十一歲卒。**袁氏**袁明瑞女，父早歿，母有疾，氏割股和藥以進，矢志不字，年三十六歲卒。**陸氏**陸大興女，親老弟幼，養親不字，年四十七歲卒。**胡氏**胡學山女，侍奉父母，守貞不字，年五十二歲卒。**孫氏**名玉珍，孫鈺姊，父母年高，弟幼，侍奉乏人，矢志不字，年四十七歲卒。**唐氏**唐啻陽女，父母年高，弟秉德早亡，在家侍奉父母，佇弟媳陳氏撫姪，終身不字，年六十六歲卒。**吳氏**吳世英女，紡織養親，矢志不字，年五十五歲卒。**孫氏**孫震初女，親老弟幼，侍奉乏人，矢志不字，年五十五歲卒。**王氏**王文田女，侍奉父母終身，不嫁，年六十歲卒。**錢氏**錢敬道女，母早亡，父老年多病，終身奉養，矢志不字，年四十一歲卒。**許氏**許藕女，父母早亡，弟幼，矢志不字，撫弟成立，年七十二歲卒。**沈氏**沈汝忠女，善事父母，矢志不字，年五十二歲卒。**蔣氏**蔣鍾奇女，年方八歲，父母相繼歿，又無兄弟，嗣堂弟敘豈為父後，弟方襁褓，氏撫育一如親弟，及其成人，終身不字，年四十四歲卒。**沈氏**沈沂女，紡織養親，矢志不字，年五十五歲卒。**趙氏**趙桂春女，氏自幼父歿，母時有病，決計在家侍奉，且家計窘迫，氏晝則針黹，夜

則紡績以供甘旨，母歿喪葬之事，曲盡其禮，年六十五歲卒。**盧氏**盧潤方女，善事父母，矢志不字，年三十六歲卒。**虞氏**虞廣林女，氏幼父母早逝，弟弱無依，遂矢志不字，終身克勤克儉，為弟成婚，年六十三歲卒。**徐氏**徐應朝女，年十四歲，父歿，母陸氏因病長不能起，女在家奉侍，終身不字。**張氏**張降吉女，紡織養親，矢志不字。**楊氏**楊覲堯女，紡織養親，矢志不字。**史氏**史安榮女，孝事雙親，矢志不字。**王氏**王忠安女，紡織養親，矢志不字。**沈氏**沈裕德女，父早逝，無兄弟，母蔣氏孀居，女矢志養親，終身不嫁，晝夜紡織以供甘旨。**吳氏**吳位宏女，紡織佐弟養親，遂矢志不字。**奚氏**奚厥儀女，父母早逝，兄嫂相攜而歿，僅遺幼姪清泉，年方四歲，氏不辭辛苦，撫養成人，矢志不嫁。**徐氏**徐慶貧女，氏因無兄弟，父母老病時發，定省乏人，自願不字。**徐氏**徐景華女，父早逝，母多病，自願在家侍奉湯藥，後母歿，氏哀痛過度，遂有目疾，終身不字。以上皆光緒四年請旌

烈婦烈女

唐 **薄氏** 江陰尉鄒待徵妻武康尉蒲自牧女江左亂待徵解印去氏爲盜所劫將辱之乃密以夫官告託村嫗付待徵遂死李華爲作烈婦詞見藝文

南唐 **何氏** 少有容操五代末避亂前湖遇賊欲汙之女泣曰吾身墮汝手肯從吾禱之於天於父母乎賊意少懈女嚴妝出拜且泣乘間罵賊赴水死見夢里人至今祠祀湖上里人王逢有烈女廟詩見藝文

宋 **蔣氏** 江陰僉判李易母建炎三年金兵至夏港知軍胡紡謂易曰吾曹義當死守公毋盍避諸易以告母母曰身一去汝曹未必死守願與同死 **葛氏** 溫州同知許鳳鳴妻死寇難建令節坊

元 **吳氏** 杜友開妻友開教授君山下氏辟纑功之夭歷閒歲洊饑或諷以墓木及地可貿友開不忍貧餓死氏昆弟欲挈之歸辭不往與夫骸枕藉卒 **趙氏姊妹** 由里山民趙一女皆有殊色至正壬辰廣德寇剽郡縣姊自經越三年乙未四方兵起妹度不免亦赴水死王逢作雙珠辭見藝文 **秦箎妻** 逆其氏適秦某業售筆乙未亂秦挈氏依同郡朱判官璡居吳中秦病卒朱爲具棺衾且思所以卹氏氏泣謝之夜漏半自縊夫死所朱合葬焉王逢作秦箎妻詩見藝文 **費氏** 郊平朱道存妻都潮萬戶費雄女至正丙申江陰亂依其父避兵上海上海陷苗軍入境大掠氏竄匿出卧內亂軍露刃入將犯之投誓埋與免後至益衆無以應迫就道氏挈堂楹怒罵遇害爪入楹木手指皆裂王逢爲辭哀之 **陳氏** 南陽巡檢陳楚良女年十七至正丙申冬隨父避亂蘇州遇兵至赴水死楚良抗罵不屈亦遇害 **曹氏陳氏吳氏** 曹氏陳惠妻與女陳氏遇寇死媳吳氏泣前捍救賊斫其臂血濺賊袵王逢作三貞篇見藝文 **張氏** 吳重妾張士誠僞左丞朱定借櫑於重習弗與定率兵焚掠重居氏負其八歲兒遠出兵火間藏之白蛇港蘆洲復念其姑與次兒在冀萬一可挾以出乃復歸死賊手有顧老漁者見孤在蘆洲攜匿漁舠棹至霞亭河邂逅其姑搭陳子恭挈歸育之史白守作三義記見藝文 **張氏** 高昇之妻至正丁酉避兵亂相失於道越三年垢而髡髮丐而歸會昇之他出家奴牽將出之無以自明乃號慟去溺死於北城隍中

江陰縣志 卷二十 列女 烈婦烈女 二十三

明 **龔氏** 劉玉妻龔能女玉孤貧氏苦身力作養其姑姑亡貰衣襦相夫營穴以葬成化甲辰夫復亡里少多婦色許欲檔之婦覺其陷己也辭既又强之乃以所生六歲男阿護三歲女寄母家是夜積麥藁屋中舉火自焚死衆發藁燼夫婦骸骨具在弟龔廣合收而缶葬之鄭涇河北知縣李元陽碑其墓後縣趙錦上其事以貧賤勿克旌沙張白作麥藁歌見藝文 **吳氏** 華緯妻稱華六娘子正德壬申劉七逋寇犯江陰氏同夫兄純妻趙氏南奔寇追得之氏詐仆負塗寇繫之令洗塗易衣皆不應又謂某氏爲郭某妻矣汝敢吾逆氏罵曰汝賊當速死吾江國毅烈世忠孝家女肯污汝賊耶明日賊語如前復罵之賊亂刃之沈江中鄉人廟祀於東外永安橋南一名風義菴道光二十年署縣陳延恩易顏廟額曰華烈婦廟 **黃氏** 靖江盛於郁妻監生黃繼元女二十三歲夫亡誓以死殉姑慰以當爲嗣祀計乃强視息齋居小樓者二年夫弟於郯得男翁姑命爲夫後氏曰吾事畢矣乃匾畫後事六日不食卒崇禎年旌 **周氏** 幼字曹益益不才父仲義將議別字氏誓不願越數年益尋前盟父斥其儀而訟之氏懼貽辱密治喪葬衾服沐浴更衣書二詩於壁閉戶縊死時年二十三

江陰縣志 卷二十 列女 烈婦烈女 二十四

徐氏 胡秀妻夫亡八載有豔其色者求納聘七日不食事寢乃復食後又有富民求爲偶氏曰身以未亡滋詬恥何生爲閉戶縊死 **張氏** 王允約妻夫亡撫三歲子誥成立以勇敢聞盜魁陳耀者嘗劫金壇庫匿里中誥斧折耀臂執之就法盜黨來報讐焚誥室子母被創氏泣謂盜曰王氏一宗僅有此子願殺我赦烈皦死盜遂釋誥 **張氏** 薛琦妻琦疫死氏召夫弟託孤圖身自縊遍體麻纏不可解諸生徐汝化等聞於有司攝縣事沈堯中表其墓 **吳氏** 劉官舍妻官舍與其曹販薪遠出三年無耗氏侍姑織帛獨處曾有發其曹祕劉死事者氏求屍不得訟之官經年不見理語姑曰婦聞夫死而忍須臾死志報讐耳今度勢不能有訟於地下己耳遂自縊死 **官氏** 邢清妻清業儒亦貧父母病疫借氏侍湯藥三十三日夜不懈清亦病幾殆氏潛籲天願代夫死劓掌肉烹以進清乃蘇氏半月歿 **瞿氏** 嫁捕魚陸姓者甫二十七日夫亡貧無以斂泣貸族屬事畢自縊殯所 **徐氏** 育於姑母戚家字梁溪宦家子爲繼室聞婿無行意殊怏怏忍默不言將婚前二日歸別父母定省歔然夜縊死 **商船女** 不知其里產姓氏崇禎六年颶風覆舟女

抱帆檣出沒江波中頗江人救之年可十五六容止端慧里媪扶歸爲之易濕衣泣謝不顧願至江上覓父母强留不可因偕往江許堅風濤而號呼躍入江流死 許氏 吳大郎聘妻吳父死貧且病傻與孀母織屨爲食日猶不給因來依許許奴畜之議改字於朱將納聘前二日女知之自傷窋取平日針黹所得錢物入布囊付幼妹曰我吳家姑明日來與之切斯妹不解何意睡熟而氏縊死矣時年十七 顧氏 副使陳繼芳妾繼芳以征苗染疾幾殆氏刲股進繼芳起而氏殞 朱氏 夏秉常簉室倭寇至牽其臂以去女度不免詭曰幸無扼我臂倭聽其自行不一里躍河中死 陳氏 周可宗妻既寡有謀掠氏以歸者氏聞自縊於臥室

張氏 唐某養室夫以經歷往邵城久不歸傳言溺死氏年十七翁姑欲改配次子誓不從翁姑竟集親鄰紺合巹禮氏密縫上下衣投舍旁池中死 周氏 郭中和妻夫亡兩兄憐之勸其改適氏不從兄强之乃以布丸塞喉死

以上見前志

國朝

丁氏 徐祗先聘妻丁大成女夫亡氏欲奔喪父母阻之絕粒縊死衣帶中遺書有死去同埋也全節義之

語父母哀之乃以棺歸徐與祗先合葬 康熙年旌

倪氏 沈贇妻十九歲嫁逾月夫亡氏送葬歸沐浴入房久不寢姑從壁隙窺覗見氏方對鏡理髮叉悶默語罷之呼翁破扉入氏已縊死 孫氏 楊安基聘妻夫父母欲別議婚氏聞縊死 以上雍正年旌

夏氏 陸繩武聘妻監生夏夢桃女十八歲夫亡傳言有欲奪其志者遂縊死 陳氏 倪爵臣妻二十歲力禦强暴守正死 蔣氏 沈洪達妻村鄰欲污之遂死 孫氏 繆朝興妻拒姦投池死 張氏 張鼎沅女拒姦死 以上乾隆年旌

邵氏 陸雲湘妻夫亡守節受辱罵縊死 包氏 吳沅觀聘妻十九歲夫亡欲奔喪不遂縊死 王氏 張慶餘聘妻十九歲夫亡縊死 吳氏 周宗址聘妻監生吳鈞女二十歲夫亡奔喪守貞時祖姑已八十夫弟市五齡氏佐姑育叔以延夫祀叔既長氏縊死 朱氏 黃紹南繼妻二十三歲嫁三月夫亡送葬畢投

村前溪中死王蘇爲作雙節枕詩見藝文 卞氏 徐誼深聘妻庠生卞連城女十七歲夫亡擗踊觸牆死

以上嘉慶年旌

沈氏 陳恬妻二十一歲嫁二月夫亡越十餘日吞金死 陳氏 任玉德聘妻鄭村方某謀娶氏以言調之縊死 陸氏 宗人府主事繆玉銘妾十八歲夫亡絕食死 陳氏 碎金品妻二十四歲夫亡送葬畢吞金死 周氏 章德盛妻夫死鬪東海中聞信縊死 楊氏 陳綺妻二十四歲夫亡縊死 耿氏 匡玉驎妻猝遭强暴抗拒不從致被强徒多人按掠斃命奉文給減半坊銀停止設位 以上道光年旌

明

王氏 江陰學訓導諡節愍馮厚敦妻 馮氏 厚敦姊 馮氏 厚敦女乙酉城破厚敦既冠帶縊於明倫堂妻及姊結社投井死次女適姜某聞訃絕食縊死 侯氏 中書舍人諡烈愍戚勳繼妻 程氏 龔氏 梁氏 俱勳妾 戚氏三女 俱勳女城破日勳大書闔門殉難中書戚勳八字於壁妻妾女婢共二十一口自焚死 繆氏 張宏謨妻二十一歲夫亡撫子守節乙酉之變避亂敔山兵欲辱之奪刀落指誓死不從遇害 劉氏 張燦妻諸生劉行燦女兵至執氏唾罵甚激嚙兵一指兵斫其身數段 蔣氏 韓瑠妻兵突至强挾之上馬力掙墮地罵不絕殺之 何氏 沙志礎妻城破日子懋官年十二抱母痛哭欲俱死氏叱曰我死節也汝宜勉存宗祀言訖投井死 章氏 世襲太倉衛指揮戚有元妻其子京調常鎮道中軍守備迎氏至江陰任所乙酉誡守城兵使馬鳴霆逸去氏勉京死守及京殉氏亦縊死 高氏 張維禎妻教諭高拱極女二十四歲夫亡事祖姑極孝守節已四十年城破偕子諸生遵及孫誠赴泮池死 高氏 顧瑞甫妻扶姑避兵於墓中爲所執先欲殺姑氏泣拜求免復欲過氏乃再拜別姑奪刀自毀其面傷寸許淚血交迸哀號肆罵兵礫之 吳氏 高日增妻遇變氏曰當此時義唯一死及夫被難斂葬訖縊死 張氏 諸生陳宗虞妻汀州知府張令聞孫女遇難夫婦被執氏出懷中金贖夫令急去前行數武赴水死 蔣氏 邪公祚妻城陷先投幼子女於井留長子囑夫善護之方摭井欲下鄰人亦來投井

叱之曰汝異姓男子何得與我同死所哉揮去之卽墜井死李氏諸生許國棟妻許用母也夫亡守節用守城及城陷用跪抱母足舉火自焚從死者用妻某氏少子某女二婢僕十一人李氏庠生許國泰妻國泰同姪用合門殉難氏恐許氏嗣絕先遣長子萃亨出自焚死從死者長媳林氏次子誠亨甥女二人許氏徐步妻許學夷女許用姑一門十五口赴三元坊井中死曹氏許鵬聘妻夫亡誓不再字乙酉避兵絕食死高氏倪春岡妻春岡經商客死子紹祖生甫十月氏紡織撫之成立兵變絕食死吳氏殷華石妻張氏殷道昌妻吳氏媳也兵至俱被逼不污死周氏庠生黃聆妻箴祺媳也號祺被逮舉家當北從氏聞自縊侍婢解之不死後絕粒者再赴水吞金自刎者一皆死而復蘇終縊死鄔氏薛耀明妻合家二十四口悉罹於難氏爲遊兵所獲逼之不從手刃之棄其屍於敗屋中第三子爲武弁所得收爲子乘間脫歸見氏頭裂而氣未絕救甦弁知之欲攜養於營氏曰有死無二遂瞑目絕粒二日卒某氏王純素妻城陷日兵欲犯之怒詈被殺趙氏黃山某人妻趙啟妹方織兵至欲犯之持挺與鬬詈不絕

江陰縣志　卷二十　列女　烈婦烈女　夫

口爲所殺王氏蔣廷侯妻避兵稷山爲兵挾置馬上掙躍而下者三被殺陸氏陸文明族孫女父與兵格鬬死母揮大斧奮勇斬三騎而死有騎卒掠氏逼酒酣飲氏潛抽利刃斷其頭衆卒來視女揮刃連刎數人自刎死年十八祝氏方啟揚妻夫亡守節城破縊死吳氏張克勤妻遇兵不辱死某氏劉某妻夫婦爲邏卒所獲氏紿曰縱夫去從攸卒縱之氏投河死朱氏王錫黼妻錫黼守城死氏積薪於室與妾同焚死陸氏方君弼妻夫婦伏蘆叢內兵猝至過之不辱投淵死王氏無錫庠生華曠度妻夫婦避兵祝塘夫病匿之草舍夜結隊行猝遇兵躍入水曳出縛馬上大罵擲馬下被傷跳擲而死血蘸田禾盡赤越二日夫尋得屍中四刃頭未斷者寸邢氏沈紹洪妻城陷自焚死蔣氏耿玉潤妻兵亂夫婦俱被刃於紫涇河旁張氏胡某妻鄉兵亂夫被害氏不屈被刃死樹下德姐王致廣妾同子庠生偉生妻吳氏避難敵山兵至不屈死吳氏急投水兵退遇救生縣治前張吏鄰女逸其姓年十六貌姝麗城破父於後屋中舉火女奔出投河甫及門遇兵被擄紿曰吾父有窖銀可入取之兵

隨往至屋中値火發罹焰中焚死黃氏鄉飲賓金允鏜妻與夫同殉節徐氏庠生王淸芳妻淸芳先令婦死然後自縊陳氏李問政妻與夫俱自刎死陳氏周懷亮妻懷亮自刎一子一女投井中氏縊死張氏庠生史補袞妻某氏庠生章明倣妻某氏庠生林鳳儀妻某氏庠生黃楷妻以上四人皆其夫先令妻女子媳死而後各赴井死某氏庠生趙某妻城陷夫婦與三男二女闔戶自焚

以上道光七年殉義紳民案內彙旌

（明）

朱氏蔡亘臣妻城破同夫一家十八口死沈氏庠生章亟光妻同夫及幼子方振赴井死吳氏祁有明妻有明守城死城破氏死錢氏陳氏錢氏袁應祺妻應祺與二子殉節氏與長媳陳氏同死李氏王永光妻永光同子戰死氏及二女四婢投井死季氏陳大有妻同夫殉節趙氏庠生湯起鳳妻同夫死於磨室蘇氏吳堡縣知縣徐亮工妻同夫殉節夏氏朱宏化繼妻城陷子隆祧巷戰死氏自縊沈氏庠生任大受妻同夫及子光祐殉節李氏袁鼎妻同夫入河死王

江陰縣志　卷二十　列女　烈婦烈女　老

氏朱明占妻遇兵投井死

國朝

李氏潘宋宏妻宋宏貧無計縊於君山麓氏奔赴慟哭氣絕者再竭力奉翁撫子翁歿服闋遍謝親鄰閉戶密縫上下衣縊死蔣氏曹文九妻夫亡族人欲奪其志投河死出其屍衣履皆密縫嚴氏陳焜妻夫病祈神以身代夫亡哀哭毀瘠服將闋絕粒死張氏庠生繆烜妻二十九夫亡哀毀成疾服闋一歲慟而卒胡氏徐五四聘妻系出無錫夫以譽訟論死繫獄或慫恿改字不可夫斃獄中氏自縊周氏李燮聘妻周士亘女燮好飲一日酒狂縊死氏欲奔喪李家阻之欲一奠復阻之氏曰是唯有相從地下耳竟自縊年二十二沙張白有女程嬰傳所紀不同高氏朱鎮聘妻高鳳女富人陳氏子國爲繼室父母許之悔婚陳氏來迎適女登車甫入室氏抽利刃自刺死何氏陳世榮養室翁病偕小姑刲股進之翁亡事姑孝謹二十一歲夫亡哀號欲殉姑論止之送葬歸數日閉戶衰麻縊死署縣張經述祠祀之李氏季大鯤聘妻夫亡奔喪縞衣飾營葬寢食於神位旁服闋不食死王氏曹瑱聘妻監生王學通女夫亡

慟哭自縊救免月餘絕食死。李氏謝皓齡聘妻二十一歲夫亡奔喪守貞翁姑相繼歿竭力斂殯事畢不食死。孟氏趙錫祉聘妻二十四歲夫亡奔喪服將闋不食死。戚氏孫學海聘妻庠生戚起垣女二十歲夫亡自縊救免毀容成服期年哭拜父母不食死。蔡氏夏穀詒聘妻夫亡聞訃沈潤死。郤氏趙堅聘妻十七歲夫亡欲奔喪父母不許夜起自縊救免從其志既免喪不易縞素撫姪爲嗣未幾嗣夭縊死。徐氏年十九未字痛父繫獄縊死。徐氏李某聘妻徐天助女後母以李家貧慮之縊死。顧氏張元模聘妻系出無錫夫亡奔喪自縊救免父母別議婚不食死。許氏繆模養室十七歲夫亡葬畢縊死。耿氏耿振揚女海寇掠江邑被獲投河死。郭氏龔鳳妻二十一歲夫病迎氏歸四月夫亡縊死。王氏庠生吳達繼妻二十八歲夫亡値歲凶貧不能支縊死絕命詩有可憐無計學餐松之句。沈氏汪炳妻三十歲夫亡二子俱夭縊死。朱氏劉聖山妻二十八歲夫亡子稚乞某代貸借某窺氏年少謀再嫁之營葬歸潛赴河死。王氏潘士臣妻夫亡哭負喘極死。陳氏黃萬鍾妻夫亡投水死。

陳氏趙良坤妻十九歲嫁三日夫亡有欲奪其志者縊死。孔氏黃佩蘭妻二十五歲夫亡時方娠冀生男以延夫後及生女乃縊死。葛氏楊兆源妻家貧兆源與氏兄謀給氏及幼女鬻商人作妾氏知之與女俱縊死。屈氏楊明德妻二十三歲夫亡葬畢縊死。張氏吳立心妻二十三歲嫁四十八日夫亡越三歲嗣定縊死。汪氏曹夢斗妻二十三歲夫亡子生甫三日越二年殤翁以氏年少無子欲奪其志絕食死。王氏庠生吳起甲妻二十七歲夫亡不食十四日死。周氏陳靜安妻二十六歲夫亡越二十日縊死。奚氏薛攀桂妻攀桂染篤疾氏織紝供醫藥心力交瘁見病不起赴水死先攀桂死九日。孫氏張聖妻二十八歲夫亡每慟輒絕唯姑撫之則蘇越七年値夫忌日哭奠久之無聲姑急往視已氣絕矣。蔡氏錢世奇妻二十三歲嫁三月夫亡其後翁姑欲以配幼子氏誓死不二服闋之日縊死。沈氏林熙載妻二十歲夫亡哀毀三月嘔血死。郭氏張玉堂妻二十三歲夫亡哀毀四年縊死。張氏符維玉妻二十九歲夫亡越五月葬畢縊死。黃氏徐鳴臯妻二十三歲夫亡百日外縊死。俞氏殷折桂妻

二十四歲夫亡翁姑相繼歿有欲奪其志者縊死。劉氏王復亨妻二十八歲夫亡踰年姑欲嫁之縊死。沈氏韓宗賢妻夫死族黠氏奔控郡邑不得自會有迫之黠者縊死。卞氏黃維熊妻二十六歲夫亡哀毀成疾越七十日死。王氏吳國瑛聘妻國瑛以神童名年十六殤氏年亦十六聞訃欲奔喪父母不許號哭三日不食死父母憐之乃與國瑛合葬。張氏楊周聘妻十八歲夫亡乞守待嗣姻四十年無爲立嗣者縊死夫墓。王氏陳含章聘妻金匱王式谷女十六歲將婚含章驟歿女欲歸陳守志父母終不聽乃避人絕粒家人皆不知至七日死陳氏啟含章壙迎女柩合葬。張氏丁渭清聘妻二十一歲夫亡守貞翁姑俱歿貧無所依父母欲奪其志縊死。承氏趙元楨聘妻十九歲夫亡奔喪縊死。趙氏孫裕成聘妻十六歲夫亡女欲奔喪父母不許投河死。郁氏徐永與聘妻二十一歲夫亡父母不許奔喪縊死死後於鍼線篋中得所書絕命詩有好女何曾嫁兩夫之句。顧氏陸隆盛聘妻十八歲夫亡父母不許奔喪赴河死兩家哀其志與陸盛合窆。龔氏周宗濂聘妻監生龔良女二十歲夫亡守貞服闋縊死。

郁氏周長聘妻十九歲夫亡自盡。劉氏繆尙志聘妻十九歲夫亡父不許奔喪逾年欲別議婚縊死。張氏吳文瑞聘妻夫家誤傳其有痼疾欲退婚女聞縊死。曹氏徐善寶聘妻二十四歲將嫁前一月夫亡欲自盡以救免逾年父欲別議婚縊死。繆氏居正賢聘妻二十一歲夫亡欲奔喪不遂縊死。徐氏徐永凝女幼失怙立志不嫁以事母母卒悲痛不欲生親族來唁者女跪謝之及大斂不食死。繆氏附貢生繆士升女父歿母寡採薪拾菜以供饔痛母以不食死葬畢自縊。朱氏婢吳大妻夫患惡疾氏竭力扶持不愈因質所織布市酒肉以祀先人畢夫婦對飲至夜分先後縊死。邵氏父母歿鬻王氏爲婢叔贖之歸嫡適以邪行女曰吾爲婢時未受人辱今若污我有死而已遂自縊死以上二口停止設位

以上自明蔡朱氏至此皆道光十年彙旌

明陳氏繆鍾祥妻。懷氏繆鍾俊妻。陳氏繆文熔妻皆同夫殉節死。

國朝趙氏監生張麟紱妻二十四歲夫亡營葬畢絕粒死。劉氏余達德繼妻二十九歲夫亡營葬號慟嘔

血死穴旁 呂氏韓炳勳妻二十八歲夫亡誓葬畢絕粒五日死 黃氏俞宗璜妻二十三歲夫亡絕粒自盡 張氏馬雨暘妻四十一歲夫亡託孤母家縊死 任氏張煥山妻二十一歲夫亡奉太姑終天年有欲奪其志者投河死 奚氏王德基繼妻二十五歲夫亡無可推嗣邀族爲翁姑立後服闋哭奠一慟而絕 季氏周暘爵聘妻十七歲夫亡女欲奔喪父不可越三年爲改字縊死 以上自明繆

陳氏至此皆道光十六年續旌

張氏羅廷華妻 道光二十一年旌

陳氏曹增元妻 道光二十二年旌

祝氏吳顯曾妻 王氏邢孟章妻 以上皆道光二十八年彙旌

虞氏孫保榮妻 道光二十九年旌

繆氏王作舟妻 曹氏王利行妻 葛氏顧琛妻 以上皆咸豐二年彙旌

江陰縣志 卷二十 列女 烈婦烈女 六十

戴氏周世成妻 咸豐四年旌

薛氏江西建昌府知府何栻妻 品芙壽芙宛芙均何栻女 咸豐六年旌

張氏鄭漣妻 周氏王金鼇妻 章氏唐兆椿妻 曹氏高吟齋妻 咸豐七年彙旌

吳氏李文敏公妾 咸豐十一年旌

胡氏九品銜庠生章宸錫妻年二十七歲夫故哀號欲殉時避亂居母家父諭止之憂鬱成疾未逾一年竟以絕食死 虞氏監生宋嗣璟繼妻年二十五歲歸宋生子五月而夫亡氏哀毀不欲生時舅姑俱在堂諭之曰汝以身殉於義誠不背而亦思呱呱者將焉置之乃止由是縞素三年不苟言笑服既闋姑又旋歿乃託言省親出拜夫墓投水而死 李氏沙祖希繼妻年二十一歲夫故日夜號泣越五月送葬歸自縊死 姜氏監生章上達妻年三十歲夫故守滿百日絕食自盡 瞿氏楊敦五妻年二十九歲夫故越日號泣以首觸棺死 袁氏吳陞英繼妻年三十歲夫故殮殯事畢絕粒不語十餘日而歿 陶氏許頌半妻

年二十八歲夫故守滿百日服毒而死 陸氏張守恭妻守恭以勤讀成瘵尋卒氏年二十五歲無子服闋後絕食死 陳氏顧文祥妻年二十三歲夫故無子家人方視殮遍索氏不得已赴後圃投水死矣 陸氏王義山繼妻年二十三歲夫故即以死誓其勸止之閱半七十餘日終以減食致病死 俞氏王燮理妻年二十六歲夫故守七月自盡死 乙氏陸金朝妻年十九歲成婚甫十餘日金朝罹病卒氏誓不欲生家人防之不得其間守九十餘日託疾不語絕食而死 陳氏李應錫妻三十歲夫故半月後絕食嘔血死 方氏花佩直隸州知州丙午舉人黃泰繼妻年二十八歲夫故守至五月後服毒而死 陳氏季應魁妻年二十四歲夫故守期年後絕食而死 柳氏殷玉成妻年二十一歲夫故半月自縊死 劉氏外委蔡廷奎妻年二十四歲夫故服闋後絕食死 張氏監生葉珪妻年二十七歲夫故守二年殯葬事畢絕食而死 席氏趙宗祐妻年二十四歲夫故哀毀不欲生共勸止之不得已守年餘送葬歸閉戶絕食死 吳氏陶雅堂妻年二十九歲夫故守滿服絕食死 薛氏杜松溪妻年二十八

江陰縣志 卷二十 列女 烈婦烈女 六十一

歲夫故服闋後絕食死 許氏符茂賢妻年二十歲夫故服闋扃戶飲泣水漿不入口者七日家人強之食卒不食而死 張氏從九銜史燦妻年二十四歲夫故無子適母家又闔門殉難即欲自裁親長勸慰止之至七月後終絕粒而死 周氏陸金順妻順爲勇歿於王事氏爲殮殯訖守滿百日絕食死時年二十四歲 陳氏許時升妻年二十一歲夫故居百日詣靈前一慟而絕 厲氏幼字儒童王耕至因粵匪亂歸王姓爲童媳時年十二歲勤儉恭順極得翁姑歡迨年十九歲守禮明義親族交稱未婚而耕至病故女遂終日飲泣親長共相安慰終默然無言託病絕粒逾三十八日而卒 徐氏幼字同里梅紹英未嫁而紹英歿誓不再字半月後父母欲別議婚女偵知之遂服毒死時年十八歲 以上皆同治九年彙旌

貢氏徐文治妻二十三歲夫亡時哀毀不欲生因有遺腹可望生子以延夫後不料越數十日而生一女旋殤氏因無後望遂不飲食終夜哭泣至二十四歲二月十一日而死 許氏九品銜張畀爵妻年二十二歲

夫亡守滿百日絕食而死

於氏 孫乃智妻年二十一歲夫亡守至服闋後絕食而死

仰氏 周迺廷綑妻年二十一歲夫故氏卽以死誓親族勸止守至七終存金自盡

王氏 虞善良妻年二十八歲夫亡氏憂鬱成疾未逾一年竟以絕食死

夏氏 吳遺香妻年二十四歲夫亡哀號欲殉當時其勸止之卽於是夜入房閉門自縊死

殷氏 卞增三妻年二十五歲夫亡氏痛夫憂鬱守至期年後絕粒而死

徐氏 金汝礪妻年二十九歲夫亡氏嫁未及周夫逮早喪哀毀哭泣誓不欲生親族勸止由是縞素三年服闋後竟自縊死

陳氏 薛金品妻年二十四歲夫亡守期年後絕食而死

黃氏 徐九阜妻年二十三歲夫亡氏號泣不欲生其勸止之送殮畢是夜在房自縊死

高氏 高桂福女許字張懋廷十九歲未嫁而懋廷卒女聞訃卽欲捐生經母勸止卽服長齋矢不再字延及年餘背母入房將夫家原聘首飾藏在懷內竟自縊死

沙氏 沙近之女章錫綬聘妻年二十五歲未嫁錫綬卒時女寄居鄉間不使聞訃及至期年後女偵之遂絕粒死

以上皆同治十二年彙旌

須氏 陳元鶴妻 光緒元年旌

張氏 高金奎妻二十歲夫故時氏屢欲自盡七日不食經其母日夜看守再三開導勸慰又爲之立嗣氏始稍進飲食守至服闋後懷夫帽於胷服毒死

邢氏 韓範義繼妻二十九歲夫故氏哀毀不欲生親族勸止憂鬱成病未逾一年竟以絕食死

陳氏 劉研鄉妻二十二歲夫故氏哀毀不欲生累次服毒翁姑力救不得死及守滿期年投河自盡

夏氏 監生張品三妻二十八歲夫故時氏哀毀不欲生共勸止之守滿百日後竟絕食而死

顧氏 楊錦城妻二十五歲夫故越一日大殮畢氏念上無舅姑下無子女痛哭棺側竟歪不救死

李氏 葉登苛妻二十歲夫故哀毀過度憂鬱成疾未滿百日竟自盡死

王氏 葛瑞春妻二十七歲夫故矢志不嫁有強之者投河自殉與夫同日里人憫之立碑墓道以誌

徐氏 葉紹奎妻二十二歲夫故時氏哀毀不欲生親族勸止憂鬱成病越五月而卒

周氏 徐晉生妻三十歲夫故氏哀毀成疾守滿期年絕食而死

任氏 龔雨金妻二十七歲夫故氏哀毀不欲生共勸止之憂憤成疾延至期年後竟絕食死

吳氏 巫殷佐妻二十歲夫故氏痛不欲生亟尋死皆親戚防護幸有一子勸其撫育成人方始收淚不意數月後其子又夭悲痛成疾未及一載而死

陶氏 許須平妻二十八歲夫故氏卽欲自殉親戚勸止守滿百日服毒而死

王氏 黃沁源妻二十三歲夫故氏卽欲死因舅姑在堂願代子職庶延一綫氏願爲夫立嗣宗族爲擇近房年最幼者諱有成矣族某嫉之梗議氏痛志不遂憤極投環遇救不死遂絕粒姑百計勸之氏曰不卽死者誠欲爲舅姑與夫百年計事此命也竟不食死

巫氏 周世祚妻二十九歲夫故氏哀毀不欲生其勸止之憂鬱成疾守至半年不食而死

季氏 黃以莊妻二十二歲夫故哀毀欲絕親族勸止服闋後竟絕粒自殉

徐氏 張祖六聘妻二十五歲祖六病故氏聞赴卽欲自殉親戚勸止憂鬱成病未逾一年而卒

陳氏 韓喬泰聘妻十五歲夫故氏聞赴哀痛幾絕毀妝縞素未久成疾逾年有老嫗以議媒來者女聞之痛哭嘔血而死

陳氏 孫伊倉聘妻同治三年二月伊倉於綺山過賊被害氏時年二十一歲至秋問始知砍死誓不欲生屢次投環母覺之不得死至十二月乘間自縊死

以上皆光緒四年請旌

王氏 儒童孫遽妻 光緒四年旌

貞壽

（明）許氏來昭坊范綱妻壽一百六歲止一女適舉人陳偶子早寡依壻以居女亦八十餘每扶侍而行兵使歲給粟帛題其門曰天錫壹瑞

國朝

梅氏陳汝艮妻夫亡歷四十年壽躋九十五世同堂子孫俱有文行

周氏王邦楨妻壽一百一歲雍正十一年旌表建坊

袁氏徐正學妻袁太逢女壽一百歲乾隆三十三年旌表建坊

邵氏徽州人僑寓青暘 贈承德郎洪論妻以子元銹候補主事封安人年八十一子一孫三曾孫五元孫二五世同堂乾隆五十八年題給銀十兩緞一匹八十三歲卒 元銹妻陳氏 封孺人亦五世同堂八十三歲卒

趙氏封奉直大夫吳汝明妻以子楷雲南騰越州知州封宜人年九十子三孫七曾孫七元孫一五世同堂乾隆五十八年題給銀十兩緞一匹

趙氏許家山妻壽一百歲嘉慶七年旌表建坊

趙氏南外沙錫爵繼妻壽一百歲子三孫五曾孫六元孫二五世同堂嘉慶十一年旌表建坊加給銀十兩緞一匹

張氏

江陰縣志　卷二十　列女　貞壽　舍

授奉直大夫布政司經歷加二級王掄元妻貽徵任郎候選主簿張廷椿女 封宜人年八十七子三孫三曾孫一元孫一五世同堂嘉慶二十一年題給銀十兩緞一匹

金氏監生夏榮妻壽一百歲道光十八年旌表建坊

丁氏俞紹基妻道光二十一年題給銀十兩緞一匹二十四年卒壽一百有三

張氏卞振凡妻道光二十八年壽一百有一知縣王詩渠給遐齡純嘏匾額

陸氏監生薛約妻子四孫九曾孫七元孫一五世同堂壽八十八歲卒

夏氏李諒字益三妻二十九歲守節至咸豐七年卒壽一百有二學使李聯琇給清節延年匾額

汪氏趙雲妻咸豐四年壽一百歲知縣陳懋霨給仁壽之門匾額

朱氏周繼銘妻咸豐九年卒壽一百歲

沈氏劉祥聯妻五世同堂現年九十二歲

江陰縣志卷之二十終

江陰縣志卷之二十一

方外

昔人之黜異端謂其有害於正學也今之二氏誦經典習科儀爲衣食之資而已異端云乎哉庚申以來寺觀燬廢者十有八九後經御史奏定不列祀典菴廟不準建復棲託無所繼起者稀間有緇流道士不過司陰晴水旱之祈禱而已至所謂談空空於釋部聚元元於道流數十年來曾不一見故仍舊志而無所增入也志方外

釋

江陰縣志　卷二十一　方外　釋　一

（唐）烏窠道林禪師潘氏子披緇謁國一禪師得法歸抵西湖有大松盤屈如蓋乃止其上人因以烏窠名之後住邑西秦望山蘆岐菴內有放生池嘗買螺螄半截者放池內今所生螺螄皆半截又見鄉人破魚去鱗亦放池內故又有無鱗魚

法欒禪師自狼山來結飛錫菴於定山麓有虎馴伏跑地得泉

（宋）子邦元覺禪師住壽聖院有一僧問如何得速成佛曰有成終不是是佛亦非眞湛然空明自有理會問答見五燈會元

復法師紹興間住迎福寺書華嚴經畢擲筆水池化爲青蓮

松源禪師名崇嶽生處州之松源嗣法於密庵移錫邑之光孝寺嘉泰二年示寂建塔於北高峯陸游爲之銘

元狗腿和尚住太清寺以嗜狗肉得名邑人延大齋和尚赴之齋畢索盥吐於水皆成金魚

徐臻大師淮安人爲夏港小龍寺僧少勇敢任俠盜起馬馱沙陳某募壯士拒之得張氏父子爲首領俱被擒臻素德張懷大斧入賊中乘守者醉臥砍殺六人斷鎖負張從間道出王逢作義僧行

西玉名琳至正間出遊會亂歸省父兄皆歿亂中母創甚嫂以不辱溺井死琳負土掩之乞食養母母卒遂奔隱吳門刺血寫華嚴經王逢張宣嘉其孝皆贈以詩

茶溪明鏡和尚臨終偈曰忝入空門四十秋參師揀教未嘗休才方得到無心處趁此無心可別遊擲筆而逝預造無縫塔藏骨花山

慧朗至正二十五年僞吳張士信徵僧度牒錢僧苦之時慧朗住杭之天華寺斷一臂說偈以獻得免徵王逢有詩記之

明雪庭禪師住乾明寺覩萬佛閣金碧晃燿眉宇恍然悟一毫端現寶王剎之句除日聞鐘聲忽自解脫著有幻寄集

常惺廣寂禪師即萬歷舉人馮定藥廣州通判歸依蓮池大師捨宅爲放生池建十方庵夏不驅蚊冬不解衲戒人屠割每跪而哭自法喜庵至夏港青暘禁止臨流設網代納漁稅崇禎間掩關龍墩示寂建塔於花山佛手窪西園其捨宅也

慧轂圓輪禪師參龍池幻和尚有悟天童磬山俱與比肩晚年五坐道場示寂廣福寺

照浮佛幻禪師住浮山聞爆竹聲輒悟初不識字忽於睡

夢中文思怒生遂得文字三昧有山中咏十二時及怪松怪石歌人傳寫之

洞如禪師名通睿薛氏子參龍池爲密雲和尚所器歸縛茅於花山佛手窪冥心元學即樵牧罕睹其面

元白禪師傘居和尚弟子參天童密雲悟入說法廣福寺探奧指微圓暢條達

雪徑和尚熹宗叔也辭爵爲僧善書十七帖嘗棲廣福寺遠塵房每登講席宣說內典四衆讚歎遠塵房有眞阿練若四字其筆也蒼勁秀硬體勢飛動

靜聞迎福寺僧禪誦垂二十載刺血寫法華經以供雞足

山迦葉道場同徐宏祖渡湘江遇盜槊墮灘水擎經於
頂得不失竟病創死宏祖擕其骨與經間關萬餘里瘞
迦葉道場并爲建塔
國朝大覺普濟能仁國師名通琇號玉林楊氏子年十九師
磬山天隱和尚未幾大悟住浙之武康報恩寺順治間
應
召封今號三
賜金印一
賜紫衣復住杭之天目山獅子正宗禪寺示寂淸江浦慈雲庵建
塔天目之東塢邑東雙林寶倉兩庵其歸憩處千金衍

其放生河也
別溪通振禪師得法天隱往來於四溪東禪諸處住花山
之九蓮庵拓地增建緇白景從行履篤實有古尊宿風
惟心十信庵僧乙酉圍城中受閻典史乘城紀略一編戚
中書白金二千時平後傳其書於世而返金於戚其行
爲最高云
印白名濟玉乙酉之變屍横藏道印白操舟拾骸骨得二
萬七千有奇其族徐君寶捐田作義冢葬之里人創爲
澤枯庵俾焚修其內壽八十三卒葬義冢墓側
紹元於黃埭遺發時盡出己貲又多募金從兵燹中間關
數千里贖歸以歸退老於萬佛林
正志號蘗庵卽明行人熊開元廷劾周延儒者也嘉魚人
字魚山天啟進士初令吳江崇明徵拜給事中以抗疏
謫官稍遷行人劾延儒廷杖遣戍唐藩時擢太常卿左
僉都御史乞歸汀州破遂爲僧初居常熟三峯道場張
有譽延主十方庵巡按某其門人也見而識之欲迎入
署大聲呵之已復熱視痛哭揮令去乃居長涇興濟庵
晚移虞山眞際寺化去
劍庵明季嘗爲武將力能挽千觔初居萬佛林移錫於蕩
霧墩自號杲頭陀博通內典工詩文康熙三年廣福寺

鐘樓向夕則有物擲石梯上如雨寺僧以頭陀之行高
也環請計師曰必狐耳若以梧子油炙雞置樓下必來
啖而吐可縛也如言果獲一狐作人語云吾修數百年
江靖間所懼者三人若何人敢擒我僧問三人爲誰狐
曰靖江令鄭重東郭單學究城南杲頭陀僧曰吾所奉
者杲師命也曰若是吾當避之乃縱之去
碧天陸氏子年十三禮藥雨爲師祝髮圓覺庵狀貌魁傑
受戒於金陵華山道行日高蘇門陸德敷夜夢布袋羅
漢至華山遇師與夢協遂延主積善庵
聖祖南巡召對

踢衍頁諦額示寂後三歲啟龕火之色如生從中舍利纍纍吳門
律宗多師傳衣鉢云
善鐙汪姓湖廣黃岡人康熙間從軍討耿逆破廈門尙入
烏龍江下興化以軍功加明威將軍墜馬落齒遂爲僧
於圓覺庵通經典工書法兼能吟咏
恆轉靖江人住鎭山戒行堅苦康熙二十七年秋示寂十
日前預知之至期沐浴更衣入龕端坐合掌而逝
慈修善慶庵僧少無賴年三十爲僧爲人言休咎頗驗一
夕遠近見庵內有光駭爲火至則寂然已坐化矣未死
時向空中語曰某某約同行何勿至咸嗤之卒之夕門

有三丐形貌古異麾之不去師甫示寂倏不見
有臺廣福寺僧年四十擔子祝髮於寺苦行寂滅終日端
坐誦經時與黃直方相對默語于嘆嵩爲講師趙楚修
持如其父
聞谷華嚴庵僧七歲聞師誦華嚴經恍惚若有得時拈筆
作偈師奇之命參學於三峯拈花諸處遍歷講席久之
爽然曰某既棄世俗奈何復爲諸方作柴米主人耶乃
歸廣福寺以終
水上僧初爲妙巖庵行童隨師往普陀舟回過大逆花洋
合掌顧空畢遂躍入水越五月歸叩門衆僧駭不納語

以師在元墓遷往爲師具述初入水時見深目巨顙僧
乘一木板拯而載之倏抵舟山指示村舍投宿及旦入
舟山鎭海寺從首座受法緣思本師遂歸而至此師挈
之還其後道行傑出人遂號爲水上僧
吳拜佛自遠方來住大橋鎭病疫者延之拜佛無不愈康
熙五十五年歲旱里民設壇請禱遂絕粒日夜拜不輟
三日而雨雍正元年請禱亦雨酬以財不取問其名曰
僧有何名嗔我吳拜佛可耳卒葬雞籠山
湧臺夏氏子爲妙嚴庵僧寫經五載參內典明徹了悟受
衣三峯爲漢祖嗣工書法能詩

廣善王氏僕爲僧於文林白土庵初不識字參學得悟背
誦經典如流嘗棲湖州麻谷山二虎日伏左右湖民異
之爲建超過寺久之歸省舊主謂曰主明年某月日遘
疾當終主怒逐之屆期果疾廣善與其徒復來爲誦經
視斂而去
律深號慧海圓覺庵僧善詩畫能書乾隆八年建藏經堂
五楹邑令蔡澍額曰枕山并贈以詩曰書法思懷素丹
青仰巨然道人江上秀風尙企前賢出定攤詩卷臨流
煮石泉初無譏衎氣談笑亦隨緣
聞學天目禪源寺僧來主香山寺丈席見殿宇滲漏寺旁

文選樓亦就圮卽募貲修葺一日謂其徒曰今日甲子吾西逝矣作偈云繼祖傳燈接虚響開堂說法鬼打鑼鼻孔今朝拈正了蓮花池上見彌陀偈畢遂逝遺命法嗣際道封龕時際道在禪源寺比歸已越二十七日矣面猶如生

眞如號了梵浙江會稽人曾官縣丞以憂歸過江都參昭月和尚有悟旣葬親棄家爲僧受戒於金陵寶華山戒行精勤嘉慶三年邑人延主廣福寺丈席修般若尊經六百卷寶積經百二十卷皆八分書五年至蘇州西華山秀峯寺化去

道

（晉）許遜字敬之汝南人太康初爲旌陽令後棄官東遊卜宅於靑陽鄉從女仙諶母受正一斬邪術至豫章遇一少年自言愼姓遜注視曰此老蛟也跡之化爲黃牛卽翦紙化黑牛與鬬命弟子施岑揮劍中其股妖奔井中後出至長沙變人形贅賈玉家遜往叱之蛟不能隱蜿蜒堂下以水噀其子亦變爲蛟并斬之復謂賈曰蛟所居之下多水不速徙將爲淵賈如言他徙宅果陷遜還豫章蛟之餘孽尚熾復命施岑斬之役鬼神於丐城南井鎔鐵爲柱下施八索鉤鎖地脈又鑄鐵符於鄱陽湖

口杜妖從入路以鐵蓋覆廬陵元潭制其所窟之藪由是妖絕至寧康二年百有三十六歲八月朔旦仙去旌陽道成敎其遺跡也

（明）高俊字彥文少遊金陵遇異人得書數卷謁眞人於龍虎山三藏歸謂人曰吾術可移造化役鬼神矣有病魅者佩以符卽愈嘗飛劍斬妖於白下大旱禱雨噀水所灑雨卽至過江遭風書符舟尾行倍疾嘗暮歸無燭拱手作法卽有二燈前導或戲求風雲而雨符書其掌中令登高啟掌應手而至三吳兩浙無不知有高法官者投以金帛輒趨去其法不傳

周打碑傭身氊帽辟以養母一日遇二道人於江岸曰若欲仙乎曰欲之道人引至鵝鼻山指江流曰能投此吾度若即躍入乃在君山之巔視道人失所在由是徒千里不移日嘗晨起至金陵持其鄉人家信歸甫早食時也其家發書見時日曰若得毋仙乎周恍然悟歸與母哭別以死比葬舁棺者怪其輕過橋咯咯有聲啟視之惟斂時一竹杖

張元靜居天壽觀慎行勤學道經儒書靡不該貫以真人邵以正薦奉詔修大藏經年八十餘能跣行雪中所居室空洞無物惟木榻木枕而已

國朝馬法師號天然受法於穹窿山施法官有召鶴詩殄狐記元門功課錄

梅道人名曇隱金華山兀坐清修沈法師開恆一見異之叩求修煉術引與歸既而主文林包氏能書善詞賦喜劍術包氏求其書揮草數幅怪偉絕特未幾遊粱溪後有遊金陵者遇之牛首山蒼顏韓沃計其年九十六矣

沈法師名開恆字元亮年十一從馬法師學道後得法於洞霄宮孫真人嘗爲虞山李岳勦治怪李有神異記傳其事性至孝母死廬墓三年

段志載江西人少得道術屏居龍虎山精心修煉供奉京師五載遇旱祈禱無不驗常治怪現形人尤異之告歸樂綺山幽致遂終於山之白雲庵

薛存仁字抱一幼孤年十六修道周文襄祠歷穹窿五臺諸山受法於松江盛度師越二十載歸通五雷正法祈禱驅邪多靈應母卒廬墓三年弟子周天緯沈大紳俱得其傳禱雨輒應亦善袪邪

沈法師名謙號桐山修目跣髯工字畫善詩賦精研道術入都供道錄司職獲事

世宗於潛邸

賜號鐵笛真人以青暘錦樹道院爲其棲眞地

詔年希堯擴而新之搆殿宇置田畝鄂爾泰爲之記

蔡念卿少習儒後修道於天壽觀長身玉立善作青詞文彩蔚然與人語必以孝友相規

惲養深字靜山沈謙弟子涉獵文史工書畫士人多與之遊康熙間入都職道錄司南還葬親荷

恩賚甚渥

婁法師名近垣松江人受法於沈謙雍正中與惲養深入都祈禱有功

封妙正眞人並於大光明殿建西方丈居之領道錄司事

江陰縣志卷之二十一終

江陰縣志卷之二十二

古蹟

士生百世下慨慕古人頌其詩讀其書欲見其人而不可得往往流連景物寄其遐思則古蹟尚焉矣斯邑當以十字碑爲甲觀蓋聖人之手澤也其自吳楚分封而後見諸載籍者雖多附會豈盡無稽惜乎陵谷變遷湮沒過半僅錄舊志之所列者而已志古蹟

東舜城在長涇鎮南西舜城在文林鎮西皆縣東七十里風土記云舜曾居此黃志引陸羽惠山寺記南朝多以北方山川郡邑之名權創其地以慧山爲歷山擬帝舜所耕者以證東西舜城爲僞託趙志本路史舜有庶子七人散處江南支息繁衍所居多以舜名

舜過井在舜井巷舊有亭趙孟頫書額國朝乾隆間知縣蔡澍重濬嘉慶二十四年里人重修綺山頂亦有舜井

重濬舜過井記

國朝知縣 蔡澍

邑城建於梁毀於元而復於明城東門橋下有古井焉歲時濬渠冬淺下閘蓄水外引通潮則城河水涸居民咸就井取汲迴歲湮沒於鬱攘莫識間壬戌冬父老來告予鳩工重濬之井形上窄下寬四圍架石七層深數仞廣逾丈甃石爲底立四石柱柱琢三石人中爲衣冠而髯者旁列二童子盥一井而古人創造精堅不苟然也如是舊名舜過說曰舜哥按史紀重華南巡測三湘歷九疑未聞至句吳之地茲曰舜過者何歟予考唐人朱慶餘有舜井詩不沿舜過之謬因緬思有虞氏側陋升聞成都成邑而聞善若決江河孟子言舜人皆可爲有爲者辟若掘井則以是井之闕深而錫名取舜亦與義之最上者也今皇上孝治天下民風允升於古而王明之福引汲用慶凡喁喁甘澤涵泳光化者其幸爲何如哉自今以往有時其發濬者豈復嗟井渫之不食邪

釣臺在由里山南高阜隆起前臨清溪瀕溪存巨石一方廣一丈三尺風土記云太公望曾釣於此上有姜公祠今其地爲釣臺村

赤石亭在長壽鎮東北赤石山上相傳周穆王曾遊此見山川赤石山

十字碑在申港延陵季子墓古篆文至聖所書其文曰嗚呼有吳延陵君子之墓碑斷已久明季一夕雷風大作碎石復完

十字碑攷

明 都穆

吳延陵季子墓在於常州江陰縣西申浦墓故有碑曰嗚呼有吳延陵君子之墓自昔相傳以爲孔子之筆其大逕尺體勢奇偉考之唐開元中元宗命搨其書大歷十四年潤州刺史蕭定重勒石延陵廟中今碑之存者乃宋崇寧二年知常州事朱彥立蓋刻之者屢矣歐陽永叔好集古文其論此碑本之太史公書謂孔子平生未嘗至吳不得親銘季子之墓又謂其字特大非簡牘所容後永叔有趙明誠者錄古金石多至二千而此碑不與遂使好古之士不能不致疑其間僕嘗讀越絕見其中載越王勾踐躬求賢聖孔子徒弟子七十人奉先王雅琴治禮往奏則孔子固嘗歷吳至越其書近古言似非爲豈太史公未之見邪況春秋之時賢如季子固聖人之所與今觀十字之間辭約意博宛然爲史之法有非聖人不能及者蓋不必親登其墓而後表之亦未可知也但觀之筆以竹而紙以代簡則自漢始及觀古法帖亦有是文大不逾寸而多二言庶幾竹簡之書宋

黃伯思號稱博物定其非僞今碑字若此豈眞是耶抑後人轉相傳摹擴而大之又未可知也雖然元宗嘗命搨本則唐以前已有刻石而其來遠矣又豈後人所敢議耶監察御史謝公琛巡歷吳中謂卽吳人願知稽古命知縣事王君鉼倂考其說遂著之云爾

季子耕田處在芙蓉湖西馬鞍山下今舜過山也

公輸故蹟在後梅肥常村公輸子過此建造四圍攢木而成梁椽列柱不用尋常機筍祇於其稍架斗疊木歲古欹頹徧覓良匠莫能修葺今土名一問四廈

宋香逕在香山下吳王夫差遣美人採香於此見山川香山

鑄鑪所在青山干將鑄劒處見山川青山

干將鑄劒鑪記

國朝邑人　王文震

江陰西門外五里許卽青山相傳干將鑄劒鑪在焉多有見之者戒菴漫筆云嘉靖九年三月忽陷中空如兩三間房大皆磚發券底亦鋪磚有麻布花紋人入觀者絡繹暗中點火燭之氣俱觸滅或云尚有石門閭內有聲不敢叫或云有青窰器物被近山人得之或又云有三方竅縣官恐惑衆命塞其穴雍正十二年二月十二日有土人躡一兔至山頂見入穴中發之中有券係石砌而下是土無鋪磚有兩石門則係磚券而石砌其中一在西北一在東南十四日邑侯鄭公親往命以木架上將上塞之十九日予同靖侯舒公飲鄭邑侯署談及此事因知此地又與戒菴所記嘉靖九年見者不同按寰宇記謂干將鑄劒鑪凡有九所人故亦稱青山爲九鑪山也

白鹿山在砂山東北吳王獵得白鹿於此見山川白龍山

胥歌村在華墅南胥湖旁伍子胥嘗擊劒而歌於此見山川胥湖

席帽峯石室在黃山輿地志云吳時烽火之所見山川黃山

石筏在長山北亦稱石牌舊稱秦始皇東巡嘗登長山欲自此浮海故名上有大石橫闊數丈鐫心經字徑三寸許未知刻於何代見山川長山

六射垜在縣東北四里秦始皇演射處

莫城在長壽南寰宇記漢莫龍所築捍海賊翟焉因名舊志據宋志在縣東四十里蔡志在縣東南三十里長壽鎭南壘土爲城四門規制猶存爲行旅孔道土人稱莫城街

杜康宅在杜康橋東承天寺故址卽其處寺久廢爲民居

庾冰宅在城東北隅今祥符寺卽其地見僑寓

許旌陽宅在青暘道成墩舊有許眞君廟卽其宅見方外

郭璞宅寰宇記在黃山北長村今莫詳其地

利城在縣西五十里晉元帝以海虞北境立利城縣以占流徙宋元嘉八年遷利城於武進之利浦寰宇記云在奉國寺南戰國時築城名石溪今利港西有西城河又利城東接後梅有東城河土人相傳卽利城外城河

古城在縣治東北蕭梁時建見城池

梁豐城舊志無考蔡志引方輿紀要云梁豐廢縣在縣西南梁置隋廢

梁武堰在長涇四房橋西爲梁武所築堰下有溪前志所

稱龍集嘴者猶存

文選樓在顧山寺舊有樓七楹樓前有山茶一株傳爲昭明手植年久樓圮

國朝乾隆間知縣蔡澍倡捐重建 見山川顧山

重建顧山文選樓記

國朝學政　劉吳龍

乾隆四年秋予同年友江陰令蔡君雨亭修其縣東南顧山北麓之文選樓明年春落成請記於予予惟梁昭明文選前代自賛皇眉山而外無不宗之右文立教功不可沒故其樓之見於各處者不一在湖北襄陽者志云太子集劉庾諸名士討文選處其大江南北一在池州之府治西一在揚州之文樓巷其一則江陰之顧山北麓者是也竊按史稱太子天性仁孝出宮恆思戀不樂并稱所撰有正序十卷文章英華二十卷則文選三十卷特其一耳輯錄一時日不容過多何以離親遠歷在在納才建樓專爲此一書哉顧予嘗考各郡邑志凡名賢上哲生平經歷近似之處輒因舊文記之以增重其地彼歷山首陽率有數處不具論至子路一宿石門長溝任邱兩縣並載甚者改易其名以中嚮往如靈寶以叔子元凱之故而以峴名其山陳堯之知荊州襄陽安陸之舊而以仲宣名其樓後之登眺者亦遂唏噓感慨形爲詠歌而江陰距建康不遠史稱太子好讀書兼愛山水游蹤所至愛而傳之豈不以其人雖未獲嗣位增人惋愕而時移世易梁社久墟臺城遺跡憑弔者委之荒烟蔓草清風白露之間獨文選一編千餘年來操觚染翰之士莫不俯首降心問津假道是非沾丐後人者深能如是乎樓東西向面山背蓉江內有太子像下有山茶傳太子手植視樓之廢修圮爲榮枯若太子之神之默相者地介梁溪海虞之文士絡繹瞻仰蓋三吳人文淵藪數華拔藻得力文選尤多飲水知源不忘所自蔡君濬川興學育賢具舉復亟亟倡率紳士以新名蹟山茶亦應候而日茂焉用並記之以詔後之莅茲土而勤於政者

費衡別業在馬鎭慈雲寺即其址

石女冢在縣西舊傳梁王女好鼓琴葬此

艦浦城寰宇記在縣西十八里陳至德間築 見沿革

殷昌別墅在青暘鄉之永昌市

薛稷別業在稷山下 見山川稷山

張藴宅在縣東南杜橋之東能仁院即其址

讀圩在長涇鎮北半里許四圍皆水駕木以渡茅簷修竹頗極幽邇圩後水中環築土埒如笠如帶相傳爲朱萬詩讀書處故名

義城　稽城宋志稱荼鎭東有義城華山東南有稽城今所在俱莫詳黃志廣明中盜起詔各墅落立城堡集民兵自衛城之作或以此歟

烏窠放螺池在秦望山蘆崎菴 見方外寺觀

螺池記

宋邑人　邱宗

蘆崎山之麓有池一泓水泠然徹底以清經冬不涸中生螺皆無尾池北有亭額曰化螺其西爲佛院詢之其僧曰昔唐烏窠禪師見人家食螺已截尾乞放是池今其留蹟而院則天聖初勅建也制頗宏敞其殿閣雖舊極清淨院一旁環山皆植松柏可千章雲影過地濤聲布空誠山僻一佳處也余因考烏窠禪師白文公嘗與之遊而世但傳其棲松馴鵲及吹布毛授法二事而是蹟獨未之及夫浮屠家自晉梁以後侈言靈幻若塔放五色光池開千葉天雨舍利杖化鳩竅聽講之類大抵皆出其徒之傳會而是池之蹟顯然有象可求者適反遺之此不可知也余雅不喜聞浮屠靈幻之說而獨怪池之實而見遺也因爲之記

虎跑泉一名玉乳泉在定山唐法響禪師飛錫於此有虎

馴伏跑地得泉故名（見山川定山）

陶城　罔城　郭城並在縣東三十里南唐時屯戍之所

陶城郭城遺址猶存而陶城爲大

蘇墅在砂山東前臨蔡港明萬歷間岸圻得碑曰東坡田

舍

姬墩在前周南麓有姬光廟舊傳姬光太子葬於此

姬山考　國朝邑人金武祥

吾邑西偏鄰武陽兩邑境率田野平曠見有土阜隆然而高者輒以山名之實皆古墓之邱於湮沒者也距大岸北里許有姬山俗呼爲姬光太子墓考闔廬子見於載籍者凡四夫差嗣立爲君不得稱太子吳越春秋云齊景公埒爲太子波斯應與齊女葬於虞山之巔今常熟虞山有墓太平寰宇記云吳王第八子葬於江陰之

纖墩今所謂珊瑚洞即墓穴也惟左傳有太子終纍爲夫差兄未立而卒此當爲太子終纍墓其南尊有廟頗巍煥至庚申之亂而燬今鄉人復建數楹祀諸神並祀太子春秋賽會每登眺以爲常吾鄉勾吳舊蹟多有存者申浦有季子墓相去數十里而近以季子之賢故載諸誌乘傳之歌詠人咸知之闔廬之子固無所表見者然鄉之人猶祀之於千餘年之後俾邱墓得所憑依或太子曾有功德於此方宜食其報歟抑亦此方風俗之厚其所以安神靈者歷久而不衰歟若夫考其古蹟紀其川原仍以山名之者蓋生長是鄉囿於俗則亦附乎從俗之義云耳

梅花堂在香山巔額爲東坡所書（見山川香山）

廣濟泉俗名四眼井在廣福寺巷內宋嘉祐六年乾明院僧宗壽鑿

冰蓮池在迎福寺殿東宋復法師寫經處（見方外）

古縣治宋時有知軍有知縣軍治即今縣治其縣治在劉伶巷直西太平塔之南紹定二年知縣林庚改築堂宇（見官署）

趙松雪碑在乾明廣福寺內（見寺觀）

倪高士舊居在長涇鎮習禮村高士婿於邑蔣氏元末避亂來江涇里夏雪洲築館居之館有停雲軒

祭江臺在蕭山明代解魚入貢邑令於此祭江（見山川蕭山）

弩臺在縣西十八里

千人臺在化成鄉

女仙臺在定山西阿（見山川定山）

餓人墟在縣西二十里（宋志魚門村引舊經爲餓人所居之處黃志易今名）

神堆在縣西二十里

仙女堆　鸚鵡堆並在夏港

金鵝堆在西順鄉廣二畝舊傳有金鵝翔集其上

石虎在石橋東有石如虎相傳王氏開酤每夜亡酒後祭石虎足祟乃息

石鼓在縣東四十里

金鵝石在砂山頂舊傳有金鵝止於石上（見山川砂山）

歸雲洞在鎮山北石壁下

古井在南澗觀音堂前河底係磚甃雖旱不涸

國朝康熙十八年浚得陶瓶數枚咸豐六年又浚得瓶十數枚識者以爲宋韓蘄王背嵬軍故物名韓瓶云

龍潭在南澗東北里許相傳此中有龍能興雲雨鄉人早輒至此致禱

園墅附

韓園在東城外宋韓魏公第五子嘉彥尙神宗齊國公主子鎭扈高宗南渡鎭子元老字光祖以嘉泰元年知江陰軍遂占籍卜築城東闢園植梅園始此其中藁香堂香雪閣爲孫嗣芳所建桃李素稱繁密老梅尤古者宋時所植也兵燹後僅存細本桃李數百株而已

定山園在定山發塔灣明葛惟善別業見山川定山

二島小桃源在黃山雞頭灣明方謨卜築於此見山川黃山

淸機園在廣福寺後舊爲宋孫氏萬春園明季科得之易名今廢

實園在祝塘東輿里爲繆文貞讀書處文貞被逮時詩曰一死無餘事三朝未報心南枝應北指視我實園陰

萃渙園在花園巷明黃道所搆道承父鑾志慷慨好義孫毓祺毓劢俱以文藝名所居引水鑿池亭館錯列以延四方名士張献翼有詩云千里襟期同命駕百年風物此登臺鼎革後園廢基存毓祺捨爲萬佛林今入火神廟

澹園在花園巷明徐氏所搆舊有聽雪軒藏經閣叢桂堂漱流枕石亭梅圃紅藥欄諸勝今爲高氏祠

浸園在文昌巷西明曹玑別業俗稱曹家園

熙春園在縣學東今爲射圃

適園在南街瞿家衕內邑人陳式金就宅旁隙地建

江陰縣志卷之二十二終

江陰縣志卷之二十三

冢墓

五父之衢封崇四尺聖人之識墓也周有天下封比干墓興王之禮賢也 國家令甲凡歷代陵寢暨名臣鄉賢墳墓守土官例需修護斯邑僻處江干並無陵寢而名臣鄉賢墳墓前志固已無遺此中人堪不朽者則增之以供後人之憑弔而已志冢墓

吳季子墓在申港鎮西南墓阜迴四百餘步上建祠有十字碑及古蹟見祠廟

吳王子墓在周莊繖墩寰宇記吳王第八子葬此黃志云墩西側有穴平入深可十餘丈皆甃石所爲蓋隧道也今稱仙人洞

春申君墓在君山南麓東嶽殿下有環橋平臺其前有雙石柱僅露其首蓋墓前石闕也明知縣黃傅嘗啟視鐘鼓聲發其下漆燈熒然事涉誕異姑存其說

國朝乾隆間知縣蔡澍立碑記之

杜康墓在城內東南隅民舍後有池清漣高冢隆然水中極潦不沒大旱不涸周天球題碣曰古酒聖杜仙甯之墓長樂令郁文周立

郭璞母墓在申港八里許晉書本傳璞以母憂去職卜葬於暨陽去水百步許人以近水爲言璞曰即爲陸矣其後沙漲去墓十數里皆爲桑田其地名今不可考蔡註或云在黃山據王義慶世說記璞有詩曰北阜烈烈巨海混混壘壘三墳惟母與昆爲墓在黃山之證

劉伶墓在劉伶巷西乾隆八年知縣蔡澍重立石

梁敬帝墓在後梅鎮有大土封號倉墩相傳爲蕭天子墓黃志云南史梁敬帝爲江陰王殂蕭季卿嗣太建三年陳侍中淯于壘就季卿買梁陵中樹皆坐免則此墓之傳有自矣俗傳嘗有發之者得大花磚數十有巨蠹犨出螫人乃不敢發

魏璞墓在舜過山即璞隱處

沈太常緘墓在申港懷仁里

徐廉訪邦墓在綺山

葛侍郎宮墓在夏港今名葛尚書墩

葛博士密墓在青暘曆墅

葛中散有墓在青暘河西舊志誤作文定公邲墓文定與其父侍郎立方均葬湖州載湖州府志未葬青暘蔡志據葛氏宗譜更正今從之

葛淸孝書思墓在青暘郭莊

葛長垣令晉墓在青暘曆村

蔣學士靜墓在觀山孔家灣今名蔣家凹

葛文康勝仲墓在由里山南九蓮菴後

耿侍御秉墓在敔山

邢文定宗墓在由里山南明宏治元年詔修

邢侍郎壽僑墓在敔山中灣

吳郎中漢英墓在綺山
趙僉判發墓在砂山五峯頂下
曹駙馬址墓在虞門天福菴後魏郡長公主合兆
吳進士源墓在黃山
徐統制胥墓在夏港鎮西北
郭知軍庭堅墓在琵琶峽
包宏博天麟墓在文林橋北
張都督英墓在秦涇橋東
陸莊簡垕墓在砂山北
繆處士鑑墓在華西繆莊

俞處士弈曾墓在梧空寺西子遠墓在四河鄧暘西園
青林菴後
陸孝廉文圭墓在綺山南兩水灣西岸土名瑤墩
蔡山長以忠墓在虞門
杜處士友開墓在君山麓從殉妻吳氏合兆
梁孝廉益墓在黃山
王萬戶敏墓在顧山北麓
包尼投墓在河相橋
趙孝子鉉墓在砂山北即趙僉判墓右
王博士掖墓在席帽峯下逢長子勅葬故隴

吳江陰侯高墓在觀山
沙武略將軍原德墓在馬鞍山
郭明威將軍旺及子襲指揮讓墓在青山陽葬給祭田
胡武備將軍福旺墓在君山
何御史澄墓在觀山假頭村東
嚴大理本墓在北兆里
徐尚書晞墓在綺山有諭祭文
徐通政世英墓在綺山有諭祭文
卞員外榮墓在崇壽山蔡志作陶城誤
薛檢討格墓在四河北圩橋

夏巡撫從壽墓在長涇鎮東黃墅
黃副使昭墓在楊舍西門外
湯大理沐墓在由里山北麓有諭祭文後移葬鰣魚港
貢御史安甫墓在砂山東麓
王員外格及子副使華墓在顧山香山寺旁
劉光祿乾墓在由里山有諭祭文
史御史良佐墓在由里山北麓
張學士袞墓在由里山有諭祭文
趙僉事大河墓在白龍山
錢知縣錞墓在黃山東北蔡志闕載經邑人王寶珽訪得其地於三官鎮黃山大保

鮮字一百八十一號山三畝其戶尚有錢鶴洲而糧係邑廟輸納蓋錢祠在邑廟故糧附於廟也今墓一抔僅存餘爲廟道士侵葬寶珪爰加土立石俾後毋得盜占焉

陳郎中臯謨墓在邵家村

薛贈僉事章憲墓在青暘塘下橋北子副使卬祔

吳孝子鳳墓在夏港東南

趙員外與治墓在砂山

季參政科墓在席帽峯下

袁都御史一驥墓在長涇葉家橋東南

顧參政言墓在長涇尤村灣

繆文貞昌期墓在順山永安橋西有諭祭文

李忠毅應昇墓在曹莊有諭祭文

許處士學夷墓在君山北

沈主事鼎科墓在黃山

夏孝廉樹芳墓在綺山

徐處士宏祖墓在馬鎮前馬橋

陳烈愍震亨墓在黃山

閻忠烈應元墓在小石灣

戚烈愍勳墓在大街守備署左基北建祠見祠廟

大青頭陀墓在定山

戚定安令藩墓在青暘黃土

沈知縣清世墓在君山

宋莊駙馬迪墓在黃山大石灣南麓

李御史昆墓在獅子山西

華主事秉彝墓在觀山夏墅村

曹御史宏墓在雲亭南

楊文定名時
諭葬墓在東城外有
諭祭文
御製碑文

陳檢討均墓在敔山灣

季文敏芝昌墓在長山有
御製碑文

曹恭愨毓瑛
諭葬墓在由里山有
諭祭文
御製碑文

顧孝子墓在視山六保孝子名壽南武進人

義冢附

萬骨塋在祝塘邱家巷葬乙酉死事者僧印白夥建

萬骨塋記　邑人徐德求

去祝塘鎮三里有萬骨塋明鼎革時殉國殤處也順治乙酉
大兵平江南六月招撫常州江陰民獨城守攻圍且百日城破城中死者六萬七千餘人歿於郊野者又七萬五千有奇時有僧印白於祝塘鄉得邱家巷隙地三畝三分謀於里人徐君實出値售之徐均益助貲開壙域三拾遺骸掩瘞爲名萬骨塋邑人張有譽君子更於其旁建蘭若數楹曰澤枯菴春秋以時作佛事余嘉師爲浮屠其敎輕生死捐頂踵乃開築塋兆收拾崗骼以安死事之魂補王政所未逮因序其顛末而爲之記

羅尸墩亦葬乙酉死事者其在雙牌者一藥師殿旁者一南外者四蔡涇者一俱

國朝順治初縣丞卞化龍置又在西城內者一蔣心遠收瘞民尸八十三具曾孫蔣隆祥立石觀山鎮亦有二處一在鮑莊東北一在獅子山西

庚申殉難羅尸墩城中火神廟東一烈女廟前一小敎塲一寒字五十六號地四釐暑字四十九號地二分三釐有奇五十號地一分六釐有奇七十一號地二分有奇六十九號地四分雙牌羔字二百二號地三分六釐有奇二百五號地三分九釐有奇畀字六十七號田三分八釐西望菴捐東克字七百三號田五分六釐有奇周效廷捐曹家村東地四釐念字一千二百七十號垾六分北外岡橋西一救生墩一五馬基一媒人橋東西堍各一劉家橋西一長壽周字四十號田三分瑣墳止字二千九百六十號田五分九釐有奇張桂堂捐華墅馬黃涇一許巷裡一楼樹下一大楊樹頭一楊家花園一周家圩灣一西六房一柳家塲一蝦蟇地一燒人塲手巾条之間一前周奉字四百二十四號田四分有奇其餘各鎮羅尸墩均併歸義冢內

白骨塔在圓覺庵後光緒三年長江水師江陰營建

東城外義冢地屬雙牌鎮陳志載明初義民陳安施地三十畝有奇葬死無所歸者在朝陽門外宏治十五年知縣涂禎準其裔孫陳諧築垣二百五十丈以限侵占萬歷初知縣胡士蕡丈量給帖兌科羔字號地六處共田灘二十二畝有奇吳字號田一畝垾二分五釐俱乾隆初知縣蔡澍勸民捐又羔字號田一畝七分有奇江爾雅芬捐又二畝程元章捐塹字號山二畝里人公置念字號垾六分有奇太平菴惜字社置祈增行字八十七號田二畝四分七釐關帝廟基

南城外陳志載維字號地一畝九分有奇萬歷間水利丞胡傳捐又一畝有奇東林菴後垾七分有奇雍正間保民公捐增維字號垾一畝六釐有奇楊應詢等公捐

西城外陳志載城西南隅田三畝九分有奇城基一畝有基基字號地四分增垾九分九釐有奇楊應詢等公捐

北城外陳志載君山東南麓地二畝萬歷間主簿曾仲文捐宮字號山八畝有奇亦萬歷間官買殿字號地二畝有奇康熙間海防同知李世金捐新增殿字號垾六分有奇里人公置

綺山鎮為字三百七十八號田七分一釐有奇霜字五百三十六號田五分金字四百五號田三分三

釐有奇吳洪度捐同號田三分三釐有奇吳朝行捐　陳志載致字號地二畝二分

雲亭鎮水字一十三百五十九號垾三分七釐有奇一千三百六十號垾七分七釐有奇一千三百六十四號垾一畝四分八釐有奇一千三百六十八號垾六分五釐有奇以上曹姓捐一千三百七十一號田一畝二分一釐有奇蘇姓捐岡字一千一百九十九號田七分七釐有奇一千二百號田四分五釐有奇一千二百二號田七分二釐有奇一千二百三號田七分一釐有奇一千二百四號田一分四釐有奇一千二百五號田二分八釐有奇一千二百六號田二分一釐有奇闕字七十三號田一畝二分七釐有奇

周莊鎮淡字一千二百二十六號田一畝八分七釐有奇一千二百二十六號垾一分九釐一千二百二十八號田九分六釐有奇一千四百二十九號垾一畝三分一釐有奇一千四百七十二號垾二分九釐有奇一千四百七十三號垾三分二釐一千四百七十四號垾一畝二釐有奇一千四百九十二號垾一分一釐有奇鹹字號田七分九釐城姓捐芥字號田八分八釐有奇陳信捐菜字號田三畝一分有奇陳文綍之鉦捐　陳志載稱字號山五畝光字號地一畝

一分李字號山六畝二分茶字號山二畝僧捐

華墅鎮

文字十三號埒七分五釐有奇四百五十五號埒四釐有奇四百五十八號埒九分四釐有奇四百六十號埒三畝八分五釐有奇六百七十號埒一畝七分七釐六百七十一號埒二畝四分七釐有奇七百七號埒五分六釐有奇一千三十七號埒一畝七分九釐一千八十七號田八分八釐有奇一千一百六十九號田三分三釐一千一百六十六號田三分四釐有奇一千一百七十六田四分九釐有奇服字一百八十二號埒六分七釐有奇二百七十八號田二畝七分五釐有奇二百九十八號田八分五釐有奇火字二百四十九號田四分一釐有奇二百五十七號田八分九百七號田二畝六分四釐八百十一號田二畝六分五釐八百十二號田二畝一分以上兩號王德善捐師字七百九十九號田二畝五分六釐有奇俞文奎捐八百二十五號田二畝六分二釐有奇同號埒二分七釐有奇宇字一八百十三號田四分五釐有奇姜級藺捐鳥字一千六十二號田三畝三分八釐有奇章存仁捐一千六十三號田二畝一分二釐有奇砂山南蘆四處一在茶亭下一在手巾条一在燒人場一在黄瓜墩明崇禎十年立碑　陳志載師字八百四十號田二畝八分八釐有奇羽字號支山一畝翔字號支山二畝四分有奇火字號灘一畝六分有奇鳥字號支山六畝四分官字號田四畝四分有奇皇字號山一畝六分有奇增皇字號山十五畝蘇廷陰等公捐致字號田二畝五分有奇又埒二畝四分八釐有奇吳名煥捐帝字號山三分有奇又埒七分阿濟捐

馬嘶鎮

裘字三百八十五號田一畝三分九釐有奇推字六號埒四分四釐有奇十九號田四分六釐有奇三十八號田二分九十五號田一分一百三十五號田三分一百七十二號田六分二百八十八號田五分同號二分一釐有奇三百六號田六分三百五十六號埒四釐有奇九百十九號田五釐有奇九百五十六號田七分五釐有奇九百八十四號埒一分一釐有奇一千六十一號埒六分九釐有奇一千一百二十號田九分唐字一千三百五十號埒五分　陳志載位字號埒一畝六分永典橋南地一畝康熙間錢璋捐永興橋東南地一畝有奇錢凝三添含光捐增吊字號埒一畝九分有奇趙金芴捐代字號埒一畝六分趙錫申捐

長壽鎮

陳志載商字號田三畝有奇吳元章捐增發字號地七分有奇張祖德捐

祝

塘鎮

臣字六百九十二號埒三分六百九十三號埒一畝三分有奇　陳志載愛字號田二分臣字號田三分黎字號田一畝五分有奇徵人何來曉捐增黎字號田二畝六分有奇埒一畝六分有奇乾隆間置又同號田三畝二分有奇一畝二分有奇埒九分有奇田一分有奇道光間置戎字號田九分有奇

文林鎮

能字二百八十五號埒四分六釐有奇一千二百一號田六分九釐有奇賓字二千四百七十三號田一畝九分八釐　陳志載賓字號田七畝增王字號田一畝七分王其順捐

長涇鎮

在字二百七十三號田六分八釐有奇二百七十五號田三分五釐七百九十四號田二分一釐九百五十六號田三分三釐有奇一千五十八號田一畝六分五釐有奇一千二百一號田八分一千二百六十一號田三分一釐有奇一千二百九十三號埒一畝二分八釐有奇一千二百九十四號田五分九釐一千二百九十五號田一畝一分八釐有奇同號埒六分五釐有奇一千二百九十八號埒七分七釐有奇一千二百九十九號埒一畝三分八釐有奇一千三百號埒四分三釐有奇一千三百一號田二分七釐有奇一千三百五十九號埒七分三釐有奇一千三百六十號田一分四釐有奇一千三百七十號田六分五釐有奇一千三百七十八號田一畝六分九釐有奇同號埒三分二釐有奇一千三百八十三號埒四畝二分三釐有奇一千三百八十四號田四分三釐有奇同號埒二畝四分有奇一千四百五十一號田六分有奇一千二百九十六號田九分七釐有奇張兩善捐化字九百九十號埒四畝六分七釐有奇彼字八百七十一號田七分包公彥捐駒字號田三畝在廿家谷王姓捐又莒蒲涇田一方　陳志載竹字號地凡三處共六畝三分化字號漏澤圍地二十畝今存空地無幾明顧言捐頓字號紅菱圍埒二畝三分有奇劉安勃捐增駒字號埒一畝五分

顧山鎮

大字五十五號田二畝二分一釐有奇四百三十號田一畝六分一釐四百三十一號田一畝三分有奇　陳志載方字號山一畝有奇埒四分有奇沈贊相捐增萬字號田二分又田一畝一分有奇又田一畝二分常字號田三畝一分七釐王景蘇吳汝礪吳汝蕊周兒吳有泉吳應鴻吳酒吳樹萱公捐

楊舍鎮

楷字七號山一分二十三號埒二分二十六號埒四分五釐有奇三十七號埒三釐有奇四十五號埒二分七十八號田一分七釐九十五號

田二分二百五十八號田三分二百七十七號田一分
三百十六號田二分五釐六百八十二號田二分九釐
有奇六百九十六號田一分六釐有奇七百三十六號
田七釐有奇八百四號田一分八釐有奇八百三十五
號田二分一釐有奇九百八十五號田二分有奇一千
二百九十一號埒三分一釐有奇一千三百四十號田
二分一千四百六號田一分七釐有奇二千二百十五
號埒一分三釐有奇二千二百十六號埒六釐有奇二
千二百六十七號田三分二千三百八十四號埒一分
九釐有奇二千五百二十一號田一畝六分五釐有奇
二千五百七十九號田一畝九分八釐惟字十六號田
一畝七分五釐有奇十八號田八分六釐有奇十九號
二畝一分五釐有奇三百九十七號田一畝四分五釐
有奇三百九十九號田一畝六分七釐有奇五百五十
九號埒一畝六分五釐九百五號埒八分四釐有奇九
百六號埒三畝一釐九百八號田一畝七分六釐有奇
九百九號田六分六釐有奇九百八十一號山一畝八
分四釐九百八十七號田一畝三分六釐有奇貧字五
十九號埒一畝七分八釐有奇一千三百五十九號田
三畝五分八釐有奇豈字一百十二號埒一畝一百十
三號埒五分三釐有奇一百十四號埒一畝四釐有奇
二百五十一號田一畝四釐有奇二百四十九號田四
分六釐有奇一百十號蕩四分一百八十號埒七分九
釐有奇三十三號田二分九釐一千四百七十號田一
畝六分一釐有奇一千七百八十號田九分七釐有奇
敢字三百十號埒六分六釐盤字四百五號埒一畝二
釐有奇鬱字六百六十一號埒五分九釐有奇三百五
十七號埒七分五釐八百七十號埒二分五釐毀字號
田二畝埒七分 陳志載惟字號埒一畝六分有奇微
人巴仰婺捐鞠字號埒九分有奇發字號地一畝八分
有奇邵嵌揚捐豈字號地一畝有奇又埒四分毀字號
地六分有奇蔡价人捐贊字號地三分有奇陳孟收捐
又一分有奇包榮甫捐增惟字號田一畝七分有奇大
生卷捐又田一畝三分六釐葉延申捐又田三畝四分
八釐郭配捐又七分
八釐有奇周廷棟捐

章卿鎮

效字九百十二號田二畝
四釐有奇得字一千二十
三號田一畝七分八釐有奇才字號埒六分五釐有奇
陳志載深字號埒八分有奇效字號埒一畝二分有
奇得字號埒七分有奇知字號田三畝
三分有奇埒五分有奇孫選母許氏捐

大橋鎮

能字三
百三十

一號田一畝一釐有奇 陳志載能字號山一畝三分
又地一分飛字號地三畝有奇徐海山捐又灘一畝七
分驚字五百十一號埒八分五百十二號埒四分三釐
有奇五百十六號埒五分六釐有奇五百十七號埒七
分五釐有奇五百二十號埒三分圖字號埒一畝七分
又增埒一畝五分夏敬一捐寫字八十八號山一畝八
分五釐八十九號山八分有奇又
埒一畝五分又灘六分鄧廣揚捐

三官鎮

信字七百五
十一號埒五
分七釐有奇七百五十二號埒二分九釐有奇七百六
十號埒五分八釐有奇已字七百九十三號埒八分七
釐有奇胡垣捐短字三百二號田三分九釐可字一百
二十九號埒四分六釐有奇欲字二百二十號田一畝
二分新增鮮字號地八分有奇里人公置 陳志載已
字號山一畝六分有奇鮮字號埒二畝五分 康熙間夏
敦禮捐短字號山二畝五分雍正初楊升一捐彩字三
千三十號山六分七釐有奇增短字號田五分五釐楊
應陞
捐

謝園鎮

陳志載形字號
埒八分有奇

蔡涇鎮

空字一千二十七
號地九分七釐有
奇谷字九百五十九號埒十一畝六分二釐有奇虛字
二百三十九號田五分七釐有奇八百六十五號埒一
畝一分五釐有奇 陳志載谷字號地
三分傳字號埒五釐虛字號地七分

月城鎮

習字號
三虛共
田三畝有奇一在四迎橋北一在城隍廟後一在赫涇
橋南 陳志載習字號埒一畝二分有奇徐中瑞捐

夏城鎮

陳志載積字號田四分有奇
慶字號田一畝四分有奇

黃橋鎮

絲字一千
一百十號
山四畝五分有奇 陳志
載寸字號地五分有奇

青暘鎮

貧字一百十四號田
一畝一分八釐有奇
同號田三分九釐有奇 陳志載父字號埒一畝八分
有奇洪學一李思謙捐禺字號田四畝七分有奇則字
號田二分七釐謝東旭捐竭字號田七分七釐內羅尸
墩一週圍一十七弓葛霆立石增資字號田二畝非字
號田一畝八分洪元銹捐事字
號田一畝五分有奇李慎德捐

四河鎮

夜字二百一號
田三畝一釐似
字二百七十號田五分四百號田四分履
字號地四分有奇夙字號地四分有奇

馬鎮鎮

不字
一千
五十九號田九分六釐有奇斯字七百號田九分六釐
有奇松字一百七十八號田四分二釐有奇 陳志收
川字號埒一畝有
奇田一畝一分

璜塘鎮

陳志載若字號埒二畝有奇
增容字號埒一畝三分張丕

捐花山鎮陳志載言字號埣二畝辭字號田二畝六分有奇新岐鎮所字一千一百七號田一畝一分五釐有奇一千三百二十一號田一畝五分二釐有奇同號蕩九釐有奇陳志載篤字號一千四百六十五號田七分七釐有奇宜字號地一畝三分葫橋鎮陳志載籍字號山四分吳公發等捐增甚字號埣四分三釐有奇觀山鎮仕宇號山二畝有奇下以字號埣二畝有奇職字十六號山二畝一分十二號山三畝一分有奇十三號山二分有奇十四號山二畝有奇仇玉珍捐陳志載泰茎山地四十七畝有奇明正德間黃金捐又地一畝四分利城鎮陳志載而字號埣五分有奇樂字號埣四分有奇前周鎮儀字四百二十八號田三分有奇一千十六號埣三分三釐有奇一千五十九號田五分有奇一千一百十二號田一分九釐有奇一千四百九十九號山二分一釐有奇一千五百二號田一分七釐有奇一千五百三號田二分四釐一千五百五號田二分三釐有奇一千六百五號田四分七釐六百四十三號田一分三釐有奇陳志載上字號田五分和字號田四分下字號田三分睦字號田三分姊字號田五分入字號田四分母字號田一畝儀字號田三分五釐後梅鎮氣字一千四百六號埣九分五釐陳志載姑字號地六分叔字號埣入分有奇地一畝兒字號地六分有奇同字號地六分有奇單民也捐比字號地二分懷字號地九分有奇氣字號地六分有奇連字號地約二分增同字號田六分有奇丁堅鎮陳志載交字號地一分八釐切字號地八分仁字號地二分次字號地七分桃花鎮陳志載節字號地二分義字號地二分廉字號地三分有奇退字號埣九分有奇又三分有奇顛字號埣三分沛字號地五分匪字號地六分虧字號地二分性字號地二分靜字號地九分情字號地二分逸字號埣六分心字號埣五分申港鎮疲字號地三分有奇滿字號地四分有奇物字號地二分有奇移字號地三分有奇增神字號地三分七澄何園華捐徐村小守字地七分龐門鎮陳志載邑字號埣三分華字號埣一分又埣一分徐士宏捐夏港鎮夏字二號田四分二釐東字五百十三號田三分九釐三百五十七號埣三分一釐十九號田一分五釐籍字一號山一畝有奇字號埣四分地一畝有奇徐太和捐陳志載東京字號地五分沙

洲中正鎮東二圩北岸東起一號一畝四分二匡圩頂岸四畝南小圩南頂岸一畝八分迤西圩南岸十八號六分福善鎮北興西半原項新圩西壁北起一號一畝五分陳德後圩東壁岸七分南興六圩西壁岸三分南興大六圩西壁岸二分五釐西興八圩東壁北起四號八分西興八圩下腳北項岸東起一號三畝四分一釐又東壁岸南首三分五釐高科五圩西壁南起一號一畝高科六圩西壁北起二號六分龍字圩東壁岸一畝五分高科六圩東壁岸二畝南新圩東壁岸南起一號三畝年豐鎮周泉南項新圩南岸西起一號四畝七分又東壁岸南起二號六分三釐周泉後圩東壁岸南起三號七分周泉東興東新小圩西壁岸南起一號一畝二分周泉東興六圩西壁岸南起一號八分南安圩犇北划岸西起十號一畝五分姜吾一小圩南岸一號三分復興老圩東壁岸北起一號一畝八分六釐天宇切存圩南起三號一畝二分天字北項圩東壁北起二號一畝八分日字圩下腳西起一號六分六成五圩西壁段頭岸北起號內三畝德順鎮合字新五圩西壁岸一畝五分合字新二圩壁岸北起一號九畝老東圩項岸西起一號二畝和字五圩東起一號三畝添蘇永盛圩南岸內蘇田七畝三分陳志載善港沙王艮南新圩東岸南十弓北十一弓東西各六十一弓里民公捐永興南小圩一畝孫元捐徐泗沙正興寫字號山十畝有奇復善沙東祠堂北地五分僧克周捐巫山沙二百八十七號山九畝有奇東凝沙宗山後圩田四畝八分半凝沙天壽圩西岸一百十五弓新丞買項下尖艮慶圩西壁合岸十畝丁夙圩東南岸十畝常陰沙萬壽圩北岸外嶨十二畝五分五釐十七分圩南岸四畝五分紫氣沙萬全圩東岸北起一號五分

附

銘武等軍義冢光緒二年由營價買黃山鮮字一百五十七號民田一畝二分一百六十二號民田一畝一分有奇埋葬營勇役夫無所歸者刊石立記其單契由縣送交城中公善堂收存

江陰縣志卷之二十三終

江陰縣志卷之二十四

寺觀

郡邑賢宮一耳而浮屠老子之居所在多有豈佞佛學仙者之倍於崇儒歟然六代宗尚二氏而南朝四百八十寺僅在樓臺煙雨中想像得之固不獨王侯第宅有華屋山邱之慨也同治間奏定不列祀典祠廟不准復建是以新搆絕少間有存者爲方外遯跡爲苦玄都舊跡蘭若幽居僅存空名而已志寺觀

寺

廣福禪寺在大街廣福寺巷內規制宏敞爲邑中諸剎冠

大殿安奉

龍亭慶節朝

賀宣講

聖諭閱讀

詔書皆詣焉本乾明廣福二院其一古崇聖院宋太平興國五年賜額乾明其一初名華藏爲乾明子院治平間賜名壽聖紹興間改廣福乾道九年知軍陂頫請於朝始併爲一大殿三間殿後爲法堂堂後潮音閣亦名萬佛閣高十二丈兩廡僧房曰白雲覺凡懷樓水月幻居遠塵（前白雲爲方丈水月爲公善堂遠塵毘盧閣久廢）又有毘盧閣地藏殿泛海殿泛海者天聖元年觀音像泛海而至建殿奉之宋王孝竭元胡應青俱有記胡記趙孟頫書前爲天王殿殿前山門殿東西鐘鼓樓鼓樓圮鐘樓高六丈鐘元至正九年鑄明宏治九年潮音閣火嘉靖十五年正殿火寺僧募修萬歷四十二年割寺西翼建學使署

國朝康熙十二年學使俞二球捐修乾隆八年知縣蔡澍倡捐重建正殿泛海殿天王殿兩廊諸宇五十八年淮商捐銀五千邑士民助捐修葺道光十二年學使廖鴻荃知縣陳希敬倡修大殿十八年邑人重修天王殿咸豐十年燬今東廡僧房次第重建

重建觀音殿記

宋縣尉　胡應青

暨陽乾明廣福禪剎舊爲壽聖院西廡作殿祠觀世音大士貲邦人祈福所宋天聖間像浮海至壽聖迎以歸殿事之嘗感夢吳氏子斷臂復完石志足徵也殿多歷年所穿風漏雨更幾住持過弗問南山祖師呼坐丈席銳以興起自任謁諸檀信裒金聚粟拮据捋荼弗憚勞勩且捐衣鉢貲相其役際州牧戎帥咸樂善勸施歲售協新棟隆宇壯丹楹藻棁驚耳奪目恍加小白花巖現雲金宮闕落成日鄉雲翁空士女趨慶合掌讚歎得未曾有於休哉師請記於余余告之曰師知觀世音所以名乎世間音可以聞不可觀而觀之也何居經云觀其音聲而得解脫匪觀以音觀以心耳法介推心心相照當有自得於聲音之外者是名福德藏應作如是觀師潮海尊宿繇定慧明教來主是山闢頹展闢列樹嘉木塑像軒豁百廢修舉茲事尤大殊勝法宜書余吳之鄙人宋季筮仕於此久皈敬大士靈響混一後十五載重來又三十稔若於普門有夙緣雖不敏記何敢辭

重修廣福寺佛殿記

明邑人　湯沐

乾明廣福禪寺在邑城中歷唐宋已有之始分後并復更嘉靖己丑歲釋大永奉祠部劄來住持方期年喟然嘆曰此固祝釐聖壽所匪直聚吾徒爲糜養計耳吾力縱不能兼之而坐視其廢若此豈吾教宜然耶乃誓於僧會釋大超志同謀合遍叩檀信裒集衆貲且捐衣鉢用助其役如大雄法輪二殿相視塑飾金碧輝映十二楹坼綴檐棟翬飛餘如廡厄之類以次而將事焉用是入者改觀依者起敬是雖僅越一時之向善匪二釋戒行之素孚招徠感召未克恐致何數十年司守凡幾更而僕見於茲耶予嘗見鄉閭世族之子孫於祖創遺廬舍罔念艱難居者不加葺而坐視其朽甚者舉問架而市易之以爲酒食貲其視二釋何如也因其請記重有所感書此以歸之捐貲姓名例列碑陰

重修廣福寺記　國朝知縣蔡澍

予令江陰日以崇正學屏異教爲兢兢獨廣福一寺久圮倡衆而修之寺於前朝屢有興廢至明萬歷十一年大修祝聖資殿後九年復修天王殿額其門曰迎龍屆祝釐有司習儀於此歲久不治前後殿遂圮寺僧屢募修今夏余乃捐俸爲倡鳩工庀材數月落成恭設
龍亭於祝聖殿之中每遇慶賀率官僚行禮遇朔望亦讀法其中興唐宋以來千餘年之古剎一朝而改厥觀履其階望其宇輿降有儀拜舞有節莫不肅然生敬者幾忘其爲梵宮法界矣夫邑之寺以百計獨茲寺爲觀瞻所係者特以其爲祝釐地耳洪範曰皇建其有極斂時五福用敷錫厥庶民曰予攸好德汝則錫之福但化其偏黨反側之心以共遊於平康正直之王道則所以獲福者在茲矣予觀千年選佛之場示萬古尊王之義俾愚夫愚婦之求利益福田者皆曉然於其說之無稽而返而求之於倫紀則所以相生相養而共享夫錫極斂福之休者何庸如之此則予改建廣福寺之意而願與吾民共諭之者也因書之以鑱於碑

太平興國教寺在南街宋太平興國間建大觀初燬於火惟存浮圖七級元復建至正間廢明洪武十七年重建萬歷間修國朝順治間重建大殿乾隆七年知縣蔡澍重新浮圖重建天王殿四十七年邑人復新之嘉慶二十二年浮圖架木及頂悉燬於火而甎甃猶巋然屹立咸豐十年大殿及東西僧房俱燬同治十年僧西鴻募捐建觀音殿三間從屋一間十一年又建文昌殿五間

重修興國寺浮圖記　明邑人夏樹芳

興國寺在邑之南街宋太平興國中建遂沿其名元大觀初燬於火惟浮圖七級若魯靈光至正庚申以兵燹廢國朝洪武十七年重建正統間復葺浮圖至嘉靖三十七年學士水南張公謂塔爲文筆峯有關學校捐貲助修復以所廢殿基造文筆峯堂宏敞鉅麗匪直爲佛土津梁亦以菁菁者莪嘉與多士樂思皇也歲久漸圮萬歷十九年縣令侯官朱公給示修理命義民金態并戒僧太初圖鐫董其事經始之日鑿地而得白金三十兩是時衆工方聚食廡下獨義民以手掬之人無知者義民則舉手加額曰昔祗園欲建黃金滿空得無類是耶遂與太初從遠成事太初則堅矢一心晉旦募化四體瘁瘁爲憊復有道人王明淨與焉太初相爲仔肩以故十方檀越雲流川至鳩工庀材金碧輝煌而復得以餘貲增捌大雄寶殿塔之役始於十九年三月迄於次年六月前後營金一千一百兩有奇殿之役始於二十四年五月迄於次年十月前後營金六百四十兩有奇其佛像迴廊於今始得竣事蓋金石之難爲功如此今太初已歸淨土道人亦復化鶴獨一義民黃耉而瞿瞿指陳功德亦可慨矣茲山之住持曰淨一則以一大事因緣不可無述因記其事

續修興國寺浮圖記　國朝邑人須天祿

吾邑浮圖在天慶門內相傳建自吳赤烏閒而寺則以宋太平興國顯蓋體勢魁磊宏聳凡塔所同而凌屬鈒上湧翔浮翠秀爽矗入雲際則較諸郡邑爲尤勝考之方輿家言江城局取丙丁上應離星北收大江之水鄉南離位象爲文明丕振一邑文治且地接賢序孕靈鯨秀脈絡連屬故雖名隸招提而文教之樞紐繫焉沿

桑數更日就剝落古青蔡公莅治歲久政通人和邑紳士謁於公公親臨相度籌費飭材衆合雨集經始於乾隆庚申迄壬戌季冬而集事自嘶至末璀燦開闢掩映於圖橋鑒沼之旁維公之烈與斯塔壽於無極是豈尋常興建所可企其萬一哉

乃摭實而志其事如此

祥符寺在縣東北隅晉庾氷捨宅建名永安院宋祥符中易今名元季廢明洪武間萬歷間重建尋圮惟遺風樓尙存

國朝康熙十一年割寺址爲水師營房寺遂燬樓亦圮咸豐十年燬

迎福講寺在南街初名報恩院唐天祐中陶靜捨宅建殿梁中斷俗呼破寺其牆方勝壞不能甃盡出古巧匠手

明洪武十八年重修改今名中有氷遊堂以役法師冬日寫經池上擲筆生蓮故名

國朝嘉慶初僧明如募建後殿咸豐十年燬

報恩光孝禪寺在君山西麓唐天祐間建初名永壽宋淳化間改壽甯紹興間爲高宗追福地賜今額又改光孝元季廢明初再建

國朝康熙十一年割其地爲水師營房僅存大殿五十八年僧超然募建禪堂五間咸豐十年燬同治七年割地爲長江水師協署以餘地重建禪房

禮敬寺在定山北麓宋乾道間建元季廢明洪武元年重建

國朝康熙間僧靈曜修道光十八年重修咸豐十年燬

太淸寺在砂山本太淸觀舊址唐天祐間建宋景德間賜額景德院元至正間易今名後兵廢明洪武元年重建成化六年修

國朝康熙三十六年僧浩然募建大殿雍正十二年重建天王殿道光七年僧達如重建後院咸豐十年燬同治年間重建

重建泰淸寺碑記

國朝邑人徐文洞

泰淸寺者吾江陰邑東之古剎也東連霞嶺西接雞籠南則衆水潆洄東同襟帶北則層峯崱屴倚若雲屏檻

與赤烏之年改額金元之際拓從勝代載在前碑條其興替之由供我摩挲而讀蓋自心儀般若頂禮眞空過大士之雙林拜維摩於十笏見夫雲棡剝蝕月殿傾欹佛半坐於枯禪僧全參乎破壁畢竟色壞大非乾竺威儀瓔珞塵飄無復華嚴富貴以爲支那之勝蹟阿耨之通津必有重振頹綱再維絶紐者矣無何星霜迭變桑海易遷歲次上章軍書旁午鼙聞白馬石亦被其三災劫換紅羊寺全付之一燼徒使狐貍號且烏雀悲風樵夫至而落葉打頭行人過而荒苔侵屐雖法身固對梵王自有一天而象設陵夷菩薩僅存十地有翻勅佛爲據嚴壑而中棲挺虛空以兀坐釋迦佛之螺髻鳥亦來巢諸天王之化身闍每相逐快見城裏誰分帝釋之宮堅固林中莫贈螘王之席論胥至此欷歔同深己亥夫甲子紀元

聖人臨御

紹登三寶宏濟四生佛乃以淸淨之身顯神通之力惟時里人有善士李周艮者脩禪道超絶姓長齋冥契元關夢曉寶相謂光回瓦屋然幾羅漢歸來刹風起祗洹定有相輪飛至於是結茅成宇薙草棲眞乘大願船濟衆德海舍嫉童子摶變飯依普慧仙人賣花作禮八正之門洞

啟四衢之軌高懸香火因緣絪縕而踵至煙雲結構
迸兀突於眼前不數月而寶殿峥嵘未一年而層軒延
袤虹梁紫柱幾疑吹沫而成螭角丹牆真是搏沙而聚
輝生龍象音動人天洵所謂幽谷無私有至斯響洪鐘
虛受無來不應者矣下官式闡禪風有慚慧業原識應
無恆質非學地所能知況乃機有殊源詎意生之易及
惟是三千世界百億須彌願以頌懺薪火之智慧願為
功德水建以津梁締到勝緣試證菩提之樹倫來剩語
偶談文字之禪

白龍寺在白龍山西北麓唐乾符四年建上有龍洞禱雨
輒應元季燬明洪武元年萬歷四十六年重建
國朝康熙間增建山門後樓咸豐十年燬
石佛寺在白龍山東北麓舊名棲真菴宋紹興間建咸豐
十年燬

香山寺在顧山宋建炎初建名顧山菴元季廢明洪武三
年重建天順初僧玉峯擴而新之請額於朝賜額觀音
禪寺內有昭明太子文選樓久圮
國朝乾隆五年知縣蔡澍重建樓咸豐十年燬今重建屋五
間

香山觀音禪寺記　明　徐有貞

顧山山之小而有名者也其形勢條廻之右顧山是以
一謂之顧山一謂之靈龜山以其生蕙蘭芳草謂之香
山以其地當澄江梁溪琴川之交也又謂之三界山其
視蘇之虎邱潤之金焦泉石之清雕若不足而原隰川
壤之饒沃為有餘其前湖而後右江迴通茂苑遠連滄
海而以一卷之多蜡嶁之大蟠踞其間翼張咮歛蟠擊
而得之堪輿家以為勝地山之北舊有招提焉坐昭陽
而向元默宋建炎間有淨觀法師者遊歷顧山見其地
之勝也始卓錫開山甲乙相傳及元之季世燬於兵燹
國初僧獨芳茂公戢興而圖之其後穎中銛公承牛呂
公相繼而增修之至於玉峯珂公承三師之緒擴而宏
之大殿中殿兩廡旁掖凡其法中所宜有者無一不備
天順改元之冬玉峯徒步北上以請寺額於朝事下禮
部移文往來踰年而始從之勅賜額曰觀音禪寺玉峯
因與其徒清微勒石為記乃具事本末走中吳覿予三
請之三辭焉而其勤弗已於是乎為記其山川之形勝
寺院之規製與夫興修之事蹟賜額
之年月以傳之方來使有所考云

章卿寺在章卿鎮吳赤烏間建一名資福元季兵燬明洪
武三年
國朝順治十二年重建增置田畝
永壽寺在楊舍城內宋靖康元年建元季燬明洪武元年
重建萬歷間修

國朝康熙四十四年僧鑑如募修分東西兩房嘉慶二十一
年三月火六月又火大殿西房俱燬住持葵建西房
能仁寺在毘山一名中山宋元豐三年僧勝法建元季燬
明洪武元年重建
國朝康熙間修舊為董文敏讀書處
勸忠寺在由里山邱文定墓所宋淳熙間建元季燬明洪
武三年重建宏治元年修後改名白雲菴
國朝雍正間重修復寺額

復勸忠寺記　國朝邑人　楊名時

江邑由里山之東其修然高者曰宋名臣同知樞密
院文定邱公之墓旁有寺曰勸忠貌公像而祀焉則皆

故宋賜地也惟公歷仕孝光甯三朝更踐台閣清風大節炳麟汗牘厥初易名賁曰忠定賜寺之額其義較可知矣夫賢者之蹟久而不忘不惟其子孫之所愛護鄉人之所稱道苟過其地披籍而求之不得則悵惘歎息悲其湮鬱得之則徘徊瞻顧生其景仰雖遺蹤壞缺碑碣殘斷猶足以激發忠義而感慨興起所繫顧不重歟然而世遠澤衰浸以訛易或有詐迹而鄰近心蠹其地而思侵蝕之者寺改爲菴額則撤勒忠而白雲之謂是浮屠氏之常居耳遺誠往蹟無復顧忌邱之宗人以爲憂邑之士夫亦不善是也今詞請於邑令菜之侯菜侯備謁諸監司節憲則皆曰復還舊觀盡明地分俾邱氏世守勿替永絕侵蝕之萌凡所以昭忠而教孝甚盛事也余書來南述邱氏之指乞文之石以示從無已彝者余嘗恝於斯矣古人有言曰思其人猶愛其樹矧以爲棲神之所乎抑是寺明洪武時詔有司葺治矣宏治之元宜興少師徐公又從而碑之古之人惓惓於此而必欲存其故者則必有以焉耳爰紀歲月用答其意且以諗邑之士夫若公之生平行誼則國史書之地形之廣袤及寺創始修復之顛末則家乘存焉無俟予言也

悟空寺在青暘鎮即嗜招隱院宋太平興國五年改今名元季廢僅存浮圖名華藏塔明洪武十三年重建

國朝康熙間修道光十六年夏雷火塔燬

慈雲寺在馬鎮即梁興建院大同元年建唐太和二年重建元季廢明洪武十七年復建又圮

國朝乾隆初重修道光八年火殿門俱燬九年重建山門

永安寺在夏港鎮宋咸淳間徐晉捨宅建元季廢明洪武六年重建咸豐十年燬

禪鄉寺在利城鎮前宋蕭惠開爲父思話建元季燬明洪武初重建寺界武進江陰孔道中內設官廳五間爲官司路憩所

國朝嘉慶三年建大悲閣道光四年增建兩廡及天王殿咸豐十年燬

後梅寺在後梅鎮原名報恩宋淳熙四年建元季廢明洪武五年修

國朝道光十八年修

菴

紫金菴在花園巷明諸生董去華室黃氏建爲尼居後鬻於營兵

國朝康熙十七年贖建火神廟萬佛林地亦併入乾隆四十三年重建佛堂嘉慶十八年增建後殿咸豐十年燬同治四年知縣沈偉田佀捐重建

三元菴在三元坊巷俗名三官堂明嘉靖間建

國朝康熙間修咸豐十年燬

華嚴菴在學院署後本明學使毛一鷺生祠眾後毀其像爲菴內有窑變觀音像蹟頗靈異咸豐十年燬

準提菴在南城內

國朝康熙二十六年僧眉仙捐建咸豐十年燬同治八年耆地爲南城義塾十年僧永蓮以餘地重建菴屋

普濟菴在縣治西南一名西園明萬歷間為時熙施家園

建池水四內爲放生所咸豐十年燬今菴僧次第重建
大殿五間從屋兩間
甘露菴在縣治南明天啟元年楊偀捨宅建偀即玉林禪
師祖也內有義井咸豐十年燬
法華菴在學宮前
國朝順治八年僧棲碧募建咸豐十年燬光緒三年蔡氏後
裔呈准將菴基撥歸蔡公祠
湧塔菴在興國寺東北明僧慧宗建與興國寺浮圖對峙
方塘如鏡倒影涵波故名
國朝時有興廢道光十五年修咸豐十年燬今菴僧次第重

建
十信菴在城隍廟西北明萬歷間袁一驥建
國朝乾隆六年修咸豐十年燬
琪琳菴在小教場西一名河南廟
國朝雍正間知縣魏化麟毀五通像建乾隆五十六年增建
呂祖殿三楹咸豐十年燬同治二年土木工捐建頭門
三間大殿三間供奉魯般神位十年里人添建房屋三
間
眞如菴在春暉門外門徑紆折竹林數畝塵囂不到爲楊
文定公讀書處咸豐十年兵燹僅存頹屋數椽同治間

僧西鴻陸續修建
乘願菴在春暉門外明萬歷間建
國朝道光元年因迎春館廢里人移建東平廟於菴右樵爲
迎春之所咸豐十年燬
華嚴菴在雙牌五保咸豐十年燬同治十三年里人集資
重建
十方菴在朝宗門外本祠山廟明萬歷間僧廣寂增建
國朝康熙二十一年僧劒菴始創法席後遞加修葺遂成叢
林乾隆五年冬大殿火廢僧長齡募捐重建咸豐十年
兵燹僅存頹屋數椽同治間菴僧陸續修建

十方菴記　明 邑人 貢修齡

善知識詠茅結草四方善信應之遂成伽藍其後子孫各願一眾各私利養流爲應赴至不知佛法爲何事非開山者立法之不善實後人不知遵守之過也惟雲棲蓮池大師深鑒此弊峻設規條至今不替吾邑常惺長老蓮池高足自粵東回取祠山殿址剏立十方雲水禪院蓋已示無進無作之義矣復倣蓮池大意立十誓約以廣厲護持而尤致戒於慎選當家不收徒衆不立化緣不廣田畝俱一一取記神天極其惓切乃輪轉不久未免稍有踰軼慮寖遠日弛欲以諸約鐫諸石使大衆時時相顧警省請記於予予惟遺教經云凡我滅後當尊重珍敬波羅提木叉今十約即此菴之木叉也覩其詞當思其人可不思保綏淸禁而甘令門風墮落以負其一片婆心乎遂毅然而復願爲策勉如左

圓通菴在朝宗門外初名悟石菴明萬歷初建
國朝康熙五十二年僧道元重建大殿咸豐十年燬同治間

重建
法喜菴在朝宗門外明嘉靖末薛如淮建萬歷間僧元成
等募修咸豐十年燬
長樂菴在天慶門外明萬歷間僧真福募建
國朝順治間增建雷祖殿咸豐十年燬同治十年重建
吉祥菴在天慶門外
國朝順治四年建嘉慶二十一年僧與高修咸豐十年燬同
治五年里人集貲重建屋三間
二里菴在天慶門外以離縣治二里故名明崇禎十八年
建

國朝雍正六年僧彬文募修咸豐十年燬
妙峯菴在西五里亭嘉慶十八年重建大殿山門
圓覺菴在君山南麓俗名黃泥菴明崇禎間僧覺海始結
茅藥雨碧天相繼擴之易今名
國朝康熙間善鎧建大殿乾隆三年守貞重搆前殿八年慧
海建藏經堂五間知縣蔡澍額曰枕山五十三年增建
大悲閣咸豐十年燬同治間菴僧陸續重建
潮音菴在黃田港口明萬歷間建港為南北要渡建菴以
憩行旅有井亭一座
國朝康熙四年僧德悟修咸豐十年燬光緒元年重建

綠蘿菴在黃田閘西明崇禎間建咸豐十年燬
長壽菴在五堡明崇禎間僧性智建咸豐十年燬同治十
年重建
法雲菴在五堡
國朝順治八年僧海湘改建仙菴禪師居此閱藏經又名閱
藏菴咸豐十年燬
法憩菴在綺山鎮即三里廟舊址明萬歷四十二年僧如
止建內有義井壁有小楷心經
善慶菴在綺山鎮即七里廟舊址明崇禎間建
白雲菴在綺山西俗名小山灣內有泉咸豐十年燬今里

人結茅供奉佛像
慶雲菴在雲亭鎮明萬歷初建董其昌書其中題金粟
祥居額咸豐十年燬今菴僧結茅以供佛像
飛錫菴在定山鸞塔灣唐法響禪師駐錫於此故名玉乳
泉在其下咸豐十年燬同治十二年僧明月募建
定峯菴在定山南明萬歷中僧文玉建崇禎己卯孝廉曹
玘重修
國朝咸豐十年燬同治十三年僧明月募建
寶倉菴在女山灣明萬歷間建
國朝順治間玉林禪師命徒超敬住持建屋拓基近菴十里

河港悉爲放生所東有不退禪師塔咸豐十年菴燬
雙林菴在女山灣明初建岡巒四繞長松怪石錯置森峙
爲林壑之勝玉林禪師卓錫於此菴左爲女仙臺咸豐
十年菴燬
法鐙菴在周莊鎮
國初僧雲買募建乾隆間顧恭募修咸豐十年兵燹僅存山
門
洪濟菴在周莊鎮北康熙間僧愷成建咸豐十年燬同治
間里人集資重建
青龍菴在周莊鎮東明崇禎八年僧能化募建

國朝康熙四十三年僧定慧募修咸豐十年燬光緒元年里
人重建
護龍菴在華墅鎮明賈修齡建以龍砂兩山之脈直走長
涇故建菴鎮之
三覺菴在華墅鎮明崇禎八年建
興濟菴在長涇鎮明崇禎間建內有放生池
國朝順治間蘗菴禪師居此道光十六年修咸豐十年燬
同衆菴在長涇鎮
國朝順治間建同治二年燬僅存旁屋數楹
元善菴在長涇鎮即東平廟同治二年燬十二年僧明通

募建
妙嚴菴在顧山鎮宋咸淳元年建咸豐十年燬
來鶴菴在顧山鎮一名圓通順治十三年秋一鶴飛來且
翔且下數日而去以此易名咸豐十年兵燹殘破同治
間陸續重修

來鶴菴記 國朝 錢陸燦

菴在江陰縣東八十里而遥其里曰曹莊又五里即入
常熟界之西初菴名曰圓通成化間吳西郊建萬歷間
其孫敬學修至順治丙申秋空中飛一鶴來且翔且下
啄且盤桓於菴者數日而後去於是吳氏之孫疑隱茂
才諱復清者改曰來鶴而請張尚書大司居士題其額
自成化迄今康熙若干年今日祖告蔵事厰惟艱哉師
泰州朱宜莊徐氏子也十二歲父誌公母錢氏見背華
染於萬壽寺爲沙彌崇禎丙子從其師祖天然師月暉

渡江由黃田港趨北角道中將泛海潮朝禮普陀而假
道於茲茂才方以菴之莫與爲也而見此三人者非常
僧謀於介衆請師住持曰普陀非遠茲菴非近佛心
印捐身誓命卓錐振錫重城望箭時三人許之五十年
來心力殫盡酉戊之間二人示寂而師單身除錐崇竭
山門掃除蒿菆佛殿正中兩廂夾鎮以庖福且飭且
浚又池以西塔院殿宇力役躬親營其棟宇日惟海賬
於是拚信行力捐鉢單施買常住田百餘畝而施十張
念成效助田一十畝有七分茂才之弟寂覺在菴修持
田三畝有一分五釐計田一分與又若干畝菴成東買自
潭魚池爲衆姓四時放生之所菴之中鐘魚器谷器用
庀具菴之外竹樹茂密藩落圍固而師則又日海賬發
普陀之願而來因山主之請而住今年七十二老矣自
今日以往海賬之事畢自今日以後則吾嗣守茲菴者
之責亦茲方善信始終護持之力是皆吾嗣守之責則吾
徒係照德是賴凡係茲菴之一瓦一椽一草一木一縷
一弓如護祖父如捄頭目讓持之力浮圖之香火即德
越之因果有其舉之莫可廢行百里者半九十海賬請
以居士之文焚於韋神爲聰聽於我佛而勒諸石爲護
法佛家多以夢幻泡影爲空而空而能靈者吾郎以鵠

當之昔時之鶴忽然而來來於空也而兆茲菴之有勝因今鶴之去亦去於空也而菴在卽鶴在在卽空也安知吳氏父子不翛儀而爲鶴而與天然月輝輩往來於常寂光以善護茲菴乎遂書爲記

蓮燈菴在顧山鎮咸豐十年燬同治間重建

無量菴在楊舍城內亦名眞武廟明洪武間建舊志嘉靖戊午建城後時有火災形家言眞武廟高其殿脊可免居民相與新之火患遂息崇禎乙未僧淨六募修

三聖菴在楊舍城隍廟左供三元帝皆銅像

國朝道光八年修

法水菴在后塍

大慈菴在大橋鎮舊在南沙東興圩

國朝道光六年移建

柏林菴在雷西堡明萬歷間建以菴前後多植柏故名

國朝僧宵樹以清希文俱能詩非臺能畫

渡船菴在鎮山南江船於此濟渡故名

鎮海菴在鎮山北菴南有解祟泉西卽桃源洞

竹林菴在白沙堡明建

國朝乾隆間僧獨巖重修

慈濟菴在三官鎮咸豐十年燬同治五年僧西鴻募建

寶蓮菴在三官鎮祀水神英佐侯咸豐十年燬同治四年重建

雨香菴在長壽鎮康熙間僧天益建

寶樹菴在茂墅墩林木深秀中有金錢松一株蒼古蟠樛故名尹嘉賓讀書於此

麒麟菴在昆山南一名騎龍

國朝康熙間建以便行人憩息

澤枯菴在祝塘鎮萬骨塋旁一名愍忠

國朝順治二年僧印白收埋殉難遺骸卽結廬於此十八年邑人爲之建菴咸豐十年燬同治十年里人黃熙典等集貲重建屋三楹

澤枯菴記

國朝邑人沙張白

大兵底定西北跨齊魯平中州席捲大江以北徼金陵金陵君臣相率潛遁長驅轉戰勢如破竹數千里之地罔敢

一矢加遺誠天命也而江陰以九里之城百二十里之疆索士民倡義首逆頡行堅守孤城者三閱月糧盡援絕招之不降城且破男婦老幼自盡者被戮者十餘萬人無一乞降者可謂愍矣惟其愍也故能不計強弱不擇利害而視死如歸予嘗觀天下事敗壞於不愍者之多而深歎此區區之衆能爲千百世存忠義一脈也城之初破積雨連旬殘骸腐屍縱橫遍地有僧印白衝泥塗冒臭穢奪遺骸於餓犬貪鴉之口者二萬七千有奇一時仁人孝子覓親骸而不得者多爲此僧所先不無遺憾然此僧以煢然子身倡義收殮使合城義骨不爲京觀而爲首邱厥功偉矣又一年盡收其屍買地瘞之名曰萬骨塋築菴其旁曰澤枯而屬予爲之記予嘗博稽載籍而致江城慘禍前此未有也昔者堯君素之蒲坂李廷芝之揚州殺其將矣百姓不與也張許殉節於睢陽江州見屠於曹翰殺其民矣有巡遠胡則之忠義智勇爲之倡也而江陰無之其始也人自爲戰不煩勢率而威驅其後也人自爲死不分從容與慷慨嗟乎封比干之墓殷之貴戚也茲則閭巷之中無非比干旌仁嚮之忠商居之人臣也茲則婦孺之流莫非仁嚮腐齒堅於金石青燐光於日星初何嘗計及後有人焉收其

屍而葬之憫其愚而弔之也哉嗟乎龍戰之際蔣海瀕臨安危呼吸稍號明哲便可瓦全而埜中諸人弗顧也挺螳臂以當車轍卑一卵而抗泰山以十萬匹夫匹婦之微爭萬古名教綱常之大謂之愚不誠愚哉埜在祝塘之播膝菴去埜不數武四方之人頗有問而弔者低徊留戀不欲遽去異日日久論定安知不與此千之墳劉仁贍之廟同不朽於天壤之間也乎弔遺跡者可以廉頑立懦而鼓義理之勇恐者之有裨於世道賢於不愚者多矣孔子曰其愚不可及也信乎其不可及也夫

香草菴在祝塘鎮順治間僧省凡募建其後雪章聲御相繼增修地廣數畝四圍積水環浸跨板橋通之中間像設莊嚴庭前雜植花藥菴西隙地畝許鑿為放生池咸豐十年燬光緒元年節婦陳玉德妻陸氏捐資重建

香草菴記　國朝邑人孔毓璣

祝塘之東偏有香草菴經始國朝順治間省凡禪師買地結茅為淵山祖厥後大司農諸涵張牽諸檀敦請雲章大師卓錫於茲茲菴之規模始大今聲御長老其法嗣也地方廣可數畝四圍積水環浸跨板橋通之中間像設莊嚴香臺石砌之屬備極精麗庭前雜植花藥盆山小景迴絕一時秋來則金粟飄香聲聞數里菴之西隙地畝許雪公之塔在焉鱗介之族沈浮出沒歷歷可數則諸檀捐貲捨為放生池者也憶余少時參雪公方丈叩上乘之旨迄今微言大義然猶在心目而雪公之化去則已三十餘年矣計此三十餘年中合鎮之風土變遷老成凋謝即堂宇之巍然者亦不勝昔時王謝之思而茲菴之景物悉仍其舊則廬式廓而既昔有加焉然後嘆浮居氏之居猶不能無需於似續而光於族姓乎戊子冬余甥汪子天聲以公車來京師寄公寓書於邸舍屬余一言為記蓋恐成蹟久而就湮而無者或收者或重葺始事之心也吾吳名勝什伯於茲菴者何可勝數而義取於放生即仁人君子對時育物之心也斯義也茲菴藉不朽而聲公之願力亦得有所托以並垂於無窮其間護持而培植之則在諸君子矣

復興菴在祝塘鎮咸豐十年燬同治間重建

湧蓮菴在祝塘鎮咸豐十年燬同治間重建

松峰菴在祝塘鎮咸豐十年燬同治間重建

江月菴在祝塘鎮俗名王家菴咸豐十年燬同治間重建

盤石菴在文林鎮宋端平三年建明洪武間重建國朝雍正八年僧麗五修

奉先菴在文林鎮宋端平三年建明洪武三年重建

迎龍菴在迎福橋南咸豐十年燬同治四年里人集資重建屋五楹

山居菴在由里山南李介立隱居處今廢

大樹菴在蔡村

邢泗菴在邢泗橋今名梵音宋建明崇禎間修咸豐十年燬同治五年重建

寶華菴在丁家蕩東有放生池咸豐十年燬同治五年僧松秀募建屋六間

大隱菴在蔡涇咸豐十年燬同治五年僧智慧募建

淨土菴在謝園鎮明嘉靖間建國朝康熙間修咸豐十年燬同治十年里人集資重建光緒二年復建大殿五間

黃梅菴在月城鎮

胥林菴在夏城鎮
彌陀菴在夏城鎮檕望山南咸豐十年燬廢基撥入義塾
朱姓稟縣以田互易改爲墳塋
采莊菴在黄橋鎮宋崇㝕間建爲江陰陽湖交界通衢置
井建亭以便行人
晋福菴在黄橋鎮咸豐十年燬同治十年里人集貲重建
道成菴在道成墩許眞君修道處
凝秀菴在青暘鎮明萬歷間建
三祇菴在塘頭橋明萬歷間僧坦然募建
國朝僧無礙重修咸豐十年兵燹頽壞同治六年僧祥瑞募

修
晋靜菴在青暘鎮雍正間建咸豐十年燬同治間菴僧重
建
慈力菴在青暘鎮咸豐十年燬同治間僧愢如集貲重建
靜修菴在馬鎮康熙間僧靜修募建咸豐十年燬同治四
年里人集貲重建
印山菴在璜塘鎮明建同治間燬光緒二年重建
洗心菴在璜塘鎮一名水墩菴
衍慶菴在蕭岐鎮
兜率菴在夏港鎮宋湻祐間建咸豐十年燬

梵音菴在柴葫橋明建
騎龍菴在觀山鎮一名觀山菴咸豐十年燬
福慧菴在觀山鎮一名寶株菴咸豐十年燬
崇福菴在觀山鎮明建
國朝嘉慶二十五年僧開元重建咸豐十年燬同治間里人
集貲重建
天福菴在虞門鎮宋天聖二年建明洪武元年重建有塔
日瑞祥歲久圮
國朝道光十八年重建咸豐十年燬同治五年里人集貲重
建三楹九年續建四間

東甯菴在申港鎮一名東菴相傳吳赤烏間建咸豐十年
燬
鳳塔菴在申港鎮咸豐十年燬今改建祉廟
西竺菴在後梅鎮
興隆菴在利城鎮乾隆間徐烈成捌建咸豐十一年燬光
緒元年里人集貲重建
福源菴在前周鎮宋湻祐二年建明洪武六年重建
河口菴在丁國山明建
國朝康熙間增建殿宇咸豐十年燬同治六年僧玉朝募建
接引菴在丁墅鎮一名茅菴明萬歷間建

觀

天慶觀在天慶門內俗名西觀宋祥符二年建先是元年正月初三日天書降詔爲天慶節十月令天下建天慶觀（天聖元年以天慶聖節齋醮所費至廣詔禮儀院裁減江陰道士許自然進狀云黃帝內傳西王母降於帝宮帝爲設餌食王母云仙眾不飲不食豈享人間饌乎請自今止備香燭花果山泉藥苗宰臣馮拯以其言奏之自此齋醮不用饌）元元貞元年改名元妙後兵廢明洪武永樂間重建萬歷間燬崇禎間重建玉皇閣龍虎殿國朝乾隆三十五年建山門嘉慶九年修玉皇閣道光六年修藥王殿十五年修祖師殿舊有碧玉亭丹樓諸蹟久廢咸豐十年觀俱燬同治十一年集資重建藥王殿五楹

天壽觀在南街俗名東觀宋陳錡入元不仕施宅建明成化間道士張元靜重建玉皇殿嘉靖間徐德清修國朝康熙初建斗姥閣乾隆四十九年改建山門舊有清隱軒竹鶴軒截夢舟諸蹟殿壁神將諸像皆古相傳爲明桓法師圖筆後剝蝕重繪失舊時神理矣咸豐十年燬

天壽觀記　明　邑人　卞榮

江陰城之東觀肇於前朝賜額曰天壽蓋老氏之徒祝釐於斯也三清有殿在觀之東南觀內閒地一方儼若千畝適故宮遺址既多歷年稍爲茂草若荒墟然有鍊師張元靜襲故習預選修道藏經居京師請命於以正邵真人等願以是閒地鼎建玉皇殿於三清之後真人等遂之即以拜賜內帑付元靜遂命工雕刻聖像巍然肅然仍以四相翊於左右丹楹南歸政涉數千里閒其親邑人之樂施者凡百月眾鳩工庀材務底完好鼎粗畢其間有承事郎鄭公遜屢給所費助其不及始克翁然就緒經始成化戊子之春訖功辛丑之秋棟宇嶙峋金碧輝燿居者往來者莫不觀像而起信學道之士益有以闡其元教而振其宗風焉凡所祈禱乞靈之不立應其惠及於人不淺矣抑惟元靜因來之心惟一而猶善於養素氣足以脊之故不飭智足以明之故不惑財足以負之故不撓其克成厥美永奠攸居淵自今神明斯格神明既臻而天壽之無疆斯徵矣爰用發藏俾後有所見焉

重修天壽觀記　明　邑人　張袞

予惟宮觀之設多據名山臨福地而江陰天壽觀居縣治之中前臨高壤後接廛肆林木秀清岡巒映帶謂之城市山林可也觀之基相傳宋翰林陳琦故宅琦入元不仕因捨爲觀四世孫昌言與其子大智蛻跡逃俗遠訪名山提點觀事虔修齋醮朝命錫名天壽觀云是後其徒有若吳清隱若余然復若吳繼祖皆能世嗣其宗風元末觀燬於火繼祖嘗一復之觀稍治閱世若干又得徐祖壽蔣得真爲光拓始建玉皇寶閣前有門左右有廡旁之隙地穿水爲池作亭其上至是風雨剝蝕人力不修觀復大壞道會徐德清歎曰觀名天壽吾徒朝夕焚祝聖天子萬壽地也此之不治得爲臣乎於是出其私錢陶甓選材盡力以治寶閣元宮三門遂宇周唐曲選良不秩雨具舉成壬寅予從太學歸東過其宮見其鼎新若此驚問誰爲之曰此徐道士力也未幾予之宮金陵不再閱癸卯冬德清復來請文予不能辭嘗聞道家者流其教本出黃帝老子以清淨無爲爲宗虛明應物爲用慈儉不爭爲行德清能是與否予不知獨其修觀一事不告有司不勸勸募而忠敬一念惟知有君忘其私殖願極慈儉不爭之爲者予故并書其事而刻之

三元觀在前周鎮宋時建後廢明萬歷元年重建國朝咸豐十年燬光緒三年重建

院

佑聖道院在周橋南即眞武廟宋元祐間建元至元間明
永樂三年
國朝乾隆間重建咸豐十年燬
君山禪院在君山東嶽廟東偏明萬歷間建今燬
永定禪院在永定壩與黃田閘相對奉金龍四大王條門
有高樓
國朝康熙四年建乾隆四年修咸豐十年燬
織湖精舍院在周莊鎭一名珊瑚院本宋放生道觀舊址
元僧改建旋廢明初重建
國朝順治間又廢康熙三年僧雪巖重建咸豐十年燬

放生池記　宋　縣丞　蘇嶓

皇帝即位之二十載四方淸夷文修武偃曠典遝章莫不以次蒐舉乃春正月有旨天下郡置放生池條周天之澤從有司請也臣代匱守符仰承德意敢不祗若明天子之命江陰距城三十五里有織墩焉考之圖牒不載所自地勢爽塏其形蜿植若偃蓋然流水回環有茂林修竹蔭映於其上廣闊靜深魚鳥是宅不勞築苑然天成若有俟於今日者臣乃布宣恩化告諭農老設網罟不入之禁而水陸之居得以生息茂遂其皇明之所燭慈愛之所被顧不深且遠哉自唐肅宗置天下放生池八十一所昇州刺史顏眞卿以文學名世譔述其碑請御書題額以光揚不朽臧臣何人而敢追躅然作爲歌詩歸美報上此臣子之大義有不可以蕪累辭者謹齋心滌慮再拜稽首而銘之以詩曰於鑠宋文昭武烈奄有四方載垂二百天子明聖再造丕基輔緝時維帝師措安天下混一南北無此皇慈仁民愛物仁民伊何兵寢不試愛物伊何蕃殖庶類惡殺好生恩霑動植忠厚之政光於簡冊乃布詹言徧頒寰宇滸彼陂池廣育鱗羽長江之陰地號織墩流水四環魚龍之囿以游惡澤以遂生息水居陸居安抑帝力堯舜而上德被鴻濛草木昆蟲罔不蒙福鳥獸咸若夏后致平惟昭是營周文以商鴻惟國家超軼前從凡在覆幬畢臻仁壽歸美君上臣子之義稽首勒銘以詔萬世

盛唐院在顧山鎭
兜率禪院在香山中峯頂
國朝康熙二十八年建
光嚴院在長壽鎭陳天嘉二年建明洪武十年重建
國朝康熙五十三年修咸豐十年燬同治十一年改積穀倉
九蓮禪院在申里山南明崇禎初建
國朝順治五年僧別溪通振拓地增建院有泉冷然搆亭其
上曰令光院左葛文康墓再上爲普同塔咸豐十年燬

同治七年僧增濤移廣照菴餘屋材修建屋五楹光
緒二年僧仁度募建後殿七楹
仁壽院在青暘鎭宋建元廢明洪武間重建
國朝順治八年改建
錦樹道院在青暘鎭明萬歷間建
國朝雍正五年奉
勅重建咸豐十年燬同治間住持徐伯鈞陸續建復玉皇殿及從
屋二十餘間

錦樹道院記　國朝　鄂爾泰

江左山川形勝南戒之山蟠列荆吳奔趨何止爲仙靈窟宅道書第八洞天也句曲之脈東結於江陰而峨江

斧赴亦踊於江陰而入海晉時許旌陽眞君修煉其地
邑人因以旌陽名其里今相沿爲青暘云昔青暘沈鶴
江煉師棲眞於此惲子莭三名資深者爲桐山沈師之
弟子桐山與徐子以時同師方子宗五宗五則師鶴江
者也莭三囑余爲銘樹道院碑記曰院故在旌陽里自
鶴江師祖闢治弟子積承勿替桐山沈師於康熙庚辰
年偕紀來京以時徐師住持院內壬辰年養深入侍桐
山師於邸職供道籙獲事
世宗於潛邸
世宗登極先師鶴已逝荷
恩追郎雍正五年
勅淮關部使者遣陽年公鼎新道院爲屋若干楹像設稱是又
買置田若干畝師弟石楚峯名慧深者現爲住持
今上御極之三年秋八月養深得假南歸葬母來一
勅相桐院中規制
恩賚優渥小子養深感激泣下思勒貞珉惟公寵之以文敢請
余惟道教無爲脩然物外獨旌陽以忠孝立教與吾儒
之教行不殊鶴江生長旌陽里以孝入道桐山法嗣精
研光昭先後而莭三貫淵源道脈不忘孝思至於感佩
聖恩思亟不朽其忠忱固有獨摯者斯眞不墜旌陽之教而亦
當世儒者所心儀也是爲之記

白雲禪院在青山宋建沈志爲青山菴蔡志爲白雲菴
正宗禪院在覩山鎮俗名龍墩菴宋宣和三年建
國朝康熙間重建道光十二年修咸豐十年燬
烏窠禪院在秦望山西舊名蘆崎菴中有烏窠禪師放生
池白樂天題額咸豐十年燬廢基由縣變價撥充西郊
書院及本鎮義塾經費今爲金氏墳塋
普濟院在前周鎮宋建明洪武八年重建
國朝順治六年重修咸豐十年燬光緒元年重建
水陸禪院在雙牌鎮咸豐十年燬同治五年里人重建

殿

藥師殿在雷西堡咸豐十年燬
張公殿在雷東堡
三官殿在三官鎮咸豐十年燬今重建
三茅殿在秦望山中峯康熙間僧正修募建乾隆二年僧
永明募建靈官殿知縣蔡澍題額曰第一仙班
玉皇殿在秦望山頂峯乾隆五年僧豁庵建咸豐十年燬
光緒二年僧妙嚴募貲重建
眞武殿在秦望山第三峯明洪武間建
國朝乾隆五年重修知縣蔡澍題額曰威鎮北極咸豐十年

燬同治六年僧妙嚴重建並增建觀音殿

閣

巽閣在東城內創始未詳明季兵燬
國朝乾隆五年知縣蔡澍即城之東角樓建閣於上祀文昌
像後圮五十一年邑人楊昱陳琪卽明舊址倡捐建閣
三層奉關帝文昌魁星像於內咸豐十年燬
文昌閣在雲亭鎮道光間建咸豐十年燬同治十一年里
人重建

江陰縣志卷之二十四終

江陰縣志卷之二十五

藝文一

班孟堅採七略作藝文志唐人修隋書改名經籍志自是史乘皆有之然徒事泛濫於志乘無當也江陰雖蕞爾邑窮經稽古通達史傳百家善著述能文章者固世不乏人而忠孝流露其眞性所存尤亙古不滅茲篇審擇綦愼分類著錄間涉繁蕪悉從刪汰特以德爲本文爲末抑置於後志藝文

疏

劾張鶴齡疏　明　貢安甫

奏爲嚴禁戒以安地方以全外戚事近聞皇親壽甯侯張鶴齡家人不知因何前來南京上新河地方有川貨等行經紀吳玉葛文葛瓛等賫緣交結糾集黨羽朋買基地蓋造大房外設門樓繪以五綵就託家人投獻皇親且揚言欲倚藉聲勢鈐制客商盡奪一方民利道路喧傳人心驚駭竊惟南京祖宗興王之地根本所在頻年水旱相仍公私困竭京城內外流殍載途所幸荆蜀閩廣之產一水可通萬商俱集而疲民少濟爾若使小人得專利權以擅害之則商賈必不行貨物必翔貴有無何所相通緩急何所仰賴萬一人心搖動非國家之福也臣等嘗聞食祿之家不得與民爭利古之賢相拔園葵而去織婦我太祖高皇帝欽定律令亦禁止權勢之人中納錢糧請買鹽引皆爲此也今皇親荷國家寵恩高官厚祿賜予無限可謂富貴已極矣何求不得何欲不遂而下與販夫豎子爭毫末之利斂天下之怨乎此皆小人欲遂其射利之謀而爲此事利之舉皇親未必知之就使知之亦未必肯從之也然所以使小人無所忌憚而敢爲此謀者由皇親近年以來容令家人朱達等奏買長蘆兩淮棧鹽後又指以堆積鹽貨爲名奏稱淮揚儀眞等處俱有舊僧閑房空地欲行開立

店房俱蒙聖恩曲賜俞允累經臣僚論列雖荷蒙聖明已將前鹽停買但所立店房未聞明詔禁革以此小人妄爲投獻若不嚴加禁約誠恐遠近聞風遞相效尤欲爲吳玉等所爲者不止上新河一處而已也在在騷擾人人怨咨其害有不可盡者伏望皇上以地方爲重以保全皇親爲心將吳玉葛文葛瓛等拿送南京法司追究黨羽及家人姓名通致於法昭示中外房屋基地改正入官其淮揚儀眞等處朱達等所奏店房一體禁革及敕都察院通行出榜於關鎮市店常川張掛但有指稱聽巡城御史在外聽巡按御史緝拿究問徒罪以上俱照王府事例發邊衛充

軍仍乞天語叮嚀戒飭皇親鈐束家人毋令得與外人交結以規細利以失令名如此則朝廷不失親親之恩而皇親亦得保全其終始矣

保留劉健謝遷疏　史良佐

奏為保留輔托大臣以抑權奸以安宗社事竊惟天下之事有似緩而急似小而大者為天下不可不預知而力辨之也蓋大臣一人之身似緩而小實係天下安危朝廷得失非急而大者乎邇者尚書兼大學士劉健謝遷乞致仕即蒙陛下俯賜俞允玆命一下非特臣等且駭且愕天下莫不驚心者蓋以劉健等歷事四朝名歸元老當先帝臨

崩之日親受顧托之命叮嚀告諭留為陛下輔弼朝夕相與講論治道恢宏事業安固社稷者陛下正宜日召便殿咨訪謀猷劉健等值此多事之秋亦宜鞠躬盡瘁死而後已以濟國事上不負先帝遺命下不失元老宿德以收人心以安天下顧乃坐視國弛忍心避難悻悻然一奏上達九重不待再辭三劄更無眷戀飄然長往是何小天下輕社稷如此獨不念先帝之恩命乎且近月以來每聞陛下視朝太遲游戲無度常與內臣劉瑾馬永成等馳馬射箭市食擊球劉健等身居輔導之官既無格心善策所以感諫而力爭之以忤聖意乃疎斥之彼職似盡矣而陛下待

大臣之道有虧此不可去一也覩劉健等奏內有龍顏清減皆內臣馬永成劉瑾等狎昵淫污之語以致獲戾聖威惟陛下睿照思之果有之與否此不可去二也輔托之臣天下倚重朝廷柱石導陛下以繼述引陛下以當道一旦罷之則於先帝之命安在此不可去三也自七月以來天變屢示災異疊出詔雖有修省之名而無修省之實劉健等心不自安欲引咎自責以消天譴陛下謬許以歸則中二官之計矣此不可去四也更以劉健等恃有逆鱗忠言以觸天顏肅怒正所謂千人之諾諾不如一士之諤諤主聖則臣直也陛下虛心奬勸以勵忠直之氣開納諫之門

天下善言自來書曰木從繩則正后從諫則聖今一閉塞則讒諂日至朝政日非誰與治理此不可去五也尚書入閣坐而論道為天子首相即古丞相之職與天子共理天下者詩曰樂只君子邦家之基是也內外想望丰采敵國視為輕重去之則華夷動搖此不可去六也昔唐臣陽城裂麻宋臣司馬光等伏閣在當時以為難得今劉健等亦以宰相諫而得名天下後世將以為何如此不可去七也夫七不可去而去之遂二人掛官脫印之深謀陛下獨受疎遠大臣之浮議其如天下宗社大計何其如先帝輔托之命何其如陛下繼述之大何惟陛下思之且李東陽亦

受顧命大臣幸以先帝遺詔見留一去一留事相違背則
不可退休明矣劉健等先奏欲罷歸以遂權奸今日之事
恐奸人投石擠排以中傷之誠如所言矣君子小人迭爲
消長去一小人則天下賢能進而治矣退一君子則天下
讒佞入而亂矣矧去一大臣天下安得而無厲階內縱奸
倖肘腋恐因之而生變劉健等雖不失爲君子若劉瑾輩
羣小人素無顧忌亦不敢肆爲今去之則權奸竊弄內外
不知也所以先帝必諫至數十章尚遲留顧惜不忍舍去
伏望陛下念先帝付托之重惜元老輔弼之勞收回成命
留劉健謝遷照舊辦事以安人心以固社稷以抑權奸之

漸以享皇圖萬萬年無窮之福實天下幸甚臣等職居諫
輔身寄耳目非爲二臣一身一家惟爲陛下留意臣等不
勝隕越待罪之至

題爲別是非昭公論以定國是疏　張衮

臣切見僉事史道論劾大學士楊廷和不法事情陛下嚴
旨切責救之吏部參送問擬繼而御史曹嘉復論前事剴
切雖動乎羣情是非頗牴於公道臣切反覆嘆之人之情
至不齊者好惡也其至一者理也執理以御好惡之情則
公執好惡以狥己之見則闇此私心之當黜而公論之不
可不講也大臣者天子之輔弼臺諫者朝廷之紀綱攻擊

之黨立則縉紳之可憂南北之司分則水火之交姤理有
由然勢所必至臣非畏懼顧望愛彼和同而言之也蓋以
公論之在天下是非之在人心人心不服則公道汙蔑而
新政日以斁矣臣始入官未深曉事竊見正德年間權姦
竊柄蒙蔽君廷和身位輔弼不能以誠意感人主而言
則多違事不見允又不能決去就以明其義是則廷和之
可議者伏自陛下踐祚改元慎初鑒往而嘉靖一詔二三
輔臣代演王言動中睿慮使十六年既壞之紀綱既毀之
姦慝既濫之官賞既匱之財力講復殆盡湔滌殘錮以至
有今日之休是固陛下之威靈聖人之感化於廷和何有

而其一時持危定顛之力似不可誣臣愚謂爲救時之相
豈不可也史道崛起而攻之一旦指爲元惡斥爲漏網言
則駭矣且道昔官諫垣明知其奸何不豫發之况避入焚
草入以告后此言官之體而道乃先發其聲邀人挽止必
至出補五日而始發哉道跡露矣陛下舉此罪之誰不悔
服而粲以排陷大臣怒下之獄是教道之有辭無以解於
天下也廷和官居輔導量在包荒聞人議己當引過以自
歸見君罪言冀開誠以恕物此則大臣之體而顧有二十
欺罔之辨然後從而論救之雖急於心事之欲明不無於
譽望之少貶矣曹嘉論列其心公私臣不能料而反覆數

百餘言拳拳於散大臣之黨收總攬之權實由尚書彭澤之言有以激之也澤借名奸黨計沮言官以干國法以犯公議科道等官已經交章論劾臣姑不暇深論但以廷和爲累朝舊臣未有顯過聽其求去豈不可惜昔周公之告成王曰無遺壽耇盤庚之告其臣曰亦惟圖任舊人共政夫以廷和因史道之論而累疏以乞休同官又以廷和之去而駢迹以求退臣恐國事難知隱憂可畏政柄潛移安知不有難救之患出於異日而悔之晚者乎此臣私憂過計所以謂大小臣工互相詆訾非社稷之福也伏望皇上敕下吏部諭令楊廷和等亟出供職益勉忠貞以篤王室

之念以副陛下之懷毋彼此相持以高潔已之名毋逡巡慢命以忘委身之義則庶幾古大臣之用心而譏謗自止矣詩曰譖言則退所以譏夫愛君不如愛身之厚也廷和等獨不致念於斯乎然猶未也晚節之不堅中道之或改假絲綸以奸好惡之私擁師保而忘規諫之益果若人言則人之議已者復至矣豈特今日一曹嘉而已哉雖然危言激論所以廣忠也深思遠猷所以謹慮也不有曹嘉則敢言之士無以作其氣而忠義之浸潸不聞臣言則篤棐大臣無以啟其勸而股肱之日隳二者相須似亦有助伏望皇上繼自今以往於大臣也任賢不貳勿間以私人於臺諫也聽言必廣猶喜其狂直則志不能惑治無所偏而聖政成矣臣昧死進言不勝戰慄懇祈之至

請輔臣奔喪疏　　趙用賢

奏爲星變陳言以維人紀以定國是以隆聖治事頃者天文示異彗出西南大內火警變徵屢出皇上兢惕不遑下敕臣工同加省惕一時言事者籍籍或以糾察大臣或以修舉庶務固犁然具矣然臣猶以爲詳於小而未覩其大者也臣請不避斧鉞之誅爲陛下一正言之臣聞賤臣叩心而霜飛庶女告天而風振夫以一人一事之微而猶足感動天變如此况事在君相之交而道屬倫理之重者乎

頃者輔臣張居正以父憂請制疏至再三而陛下留之至再四臣每讀其疏輸誠寫哀情淚竭盡無可復吐未嘗不爲之欷歔飲泣而獨不能以少回陛下之聽陛下固以輔臣受先皇付托之寄繫社稷安危之機有不可一日而失所倚者是至公之心也輔臣至以藉苫處塊銜哀茹痛而不能不勉承陛下勤懇之命者亦至公之心也然臣以爲喪必三年自周公孔子以來未之有改世儒之所講説民俗之所習安千百年以來亦未之有改是非小節常禮之云也自後世乃有以金革之事起其臣於衰絰之中此特權一時緩急而有不得曲顧其臣之私者非先王之法也

臣自數日以來見輔臣瘠毀柴立形神摧做有識者且爲憂之臣私竊計輔臣之心欲更有所請則拂陛下挽留之意欲遂聽陛下之留而不一往則父子乖離有抱恨於終天而不容頃刻安者夫輔臣能以君臣之義效忠於數年而陛下不能使其父子之情少盡於一日臣不知陛下何忍爲此也臣查得楊溥李賢在先朝時亦嘗起復然溥先以省母還家賢亦以回籍奉旨奪情固未有不出都而可謂之起復者也且陛下所以不允輔臣之請者豈非謂朝廷政令賴以參決四海人心賴以觀法乎今輔臣方負沈痛其精神之恍惚思慮之迫切必有不能如曩日之周且

悉而四海之遡聽風聲者又且以拘曲尋常之見疑之亦何以如曩日之信敬而承服是輔臣之勛望積之以數年而陛下顧敗之於一日臣又不知陛下何忍而爲此也臣以爲輔臣之抱痛抑鬱而不得伸是爲干天和動星象之大也莫甚於此矣陛下若垂憫輔臣不使之憂傷毀性則宜聽其所請暫還守制卽萬不得已請如先朝故事特敕禮部一員護送就道仍爲責限赴闕不得延誤如是則其父子音容之乖隔於十九年者庶幾減其痛於憑棺之一慟輔臣之心旣可以少安天下之人心亦可以無疑而陛下所以處輔臣君臣父子之間者庶幾備道而無遺議矣

然臣因是而慼夫士氣之日靡國是之不明也夫國家之設有臺諫所爲以紀法之司而任繩糾之寄者也固非詡共阿意順旨而將迎逢合之爲己也今輔臣之留皇上主之亦旣有成命矣烏用是嘵嘵者哉臣竊意其始之遲迴而不言是猶以經常之見冀陛下之曲體乎輔臣而其旣且言之而不置者不過逐影附聲以希寵要榮之念而幸陛下之一俞其請而已背公論而狥私請蔑至情而倡異論皆斯言之啟矣故今諸臣之所可自解者獨幸輔臣名行不至於大驗耳脫不幸異日有不肖者乘勢而竊位焉亦將循故事而爲此附和乎臣誠不知其可也臣以爲人

紀之所以植國是之所以定者固不特一時治安之計而實萬世治安之計也陛下不可不垂察於此矣且陛下信輔臣之深而留之篤豈非以在廷諸臣未有稱陛下之任使如輔臣者乎然堯舜不聞以五臣之共職而替其知人之哲文武不聞以十亂之居列而窮其求賢之心亦願陛下擇而用之何如耳陛下誠於朝講之暇悉心體察自內閣講論以至部院大臣非時召對考之行以驗其心術之端邪委之事以稽其才猷之通塞使人人得以所長自見當必有如輔臣者踵出於其間以稱陛下之任使如是則輔臣卽去猶之其留陛下不至以孤注視輔臣而輔臣因

是以獲推賢讓能之譽顧不愈於以憂勞萃輔臣之一身使其乖父子之性而傷天地之和也哉臣愚昧莫測於天人之際竊以爲當人心而合天意者其事莫大於此敢昧死爲皇上陳之惟聖明采納焉

請建皇儲疏　袁一驥

題爲恭遇聖壽屆期天心示儆懇乞聖明亟舉册立大典以順人情以回天意事臣某伏覩近者彗星示現致廑宸衷首頒聖諭引咎自責又聞輔臣王錫爵等密揭請皇上議大典以爲禳解夫我皇上厚自貶抑於九重而閣輔大臣又矢謀猷入告我后於內明君賢相動色相戒修德弭

和以答天譴甚盛舉也顧册立一事閣臣九卿六科十三道大小臣工伏闕抗疏或援引前代之善政或直指列聖之成規或曲爲宮闈之處分或謀及蒙養之至計至再至三敝吻露膽人不下數十人言不下千萬言乃皇上悉留之中而不報施至謀國老成乞身引去秉笏君子垂首喪氣於朝杞慮小人心非偶語於野深山窮谷九州四海疑議百出皇上顧端居深宮而不一覺悟夫和氣致祥戾氣致異天人之際應若桴鼓當今朝著紛呶詔令阻格上疑乎下下疑乎上太和景象似不如此況大君爲天之宗子天爲宗子慮獨不爲繼宗子者慮乎此有識之士不待蒼蒼之垂象示儆而泫然泣於國門之外者已有日矣頃臣恭繹聖諭知皇上之初意謂册立之事本欲早定特怒及於羣小煩聒以致改移夫大臣小臣北面而事陛下爵秩不同名次不同而披赤碎首之心則同皇上既以今日大臣之勸册立爲禳解者爲愛君愛國之心則前日之二三小臣矢口而疏接踵而陳殫精竭智於宗社之大計者獨非愛君愛國之心乎夫心而發於愛君愛國也縱其言煩聒其氣直戇皇上天覆海涵之度亦宜見原見納豈得遽遷怒於建儲大事屢更而屢易朝議而夕置哉夫二十一年之册立傳播中外皇上之成命也皇上之定言也俟二

三年中宮無出再行册立皇上特激於一時之忿而爲是四三之說非成命也非定言也皇上既以後日四三之說爲定言獨不可以前日二十一年之册立爲定言乎況夫年之命既改於今年焉知今年之命不改於他日乎昔成王剪桐以封唐叔姬公謂天子無戲言遂請封以示信況建儲大典視藩封何如而顧可以不信示之耶臣竊謂不信之命令決不可令衆庶見也臣今日所欲爲皇上謀者元輔及建言諸臣悉已爲皇上獻之矣何容置喙伏願皇上思可畏之天變防如川之人言祛狐疑之心奮乾剛之果發號施令將册立出講事宜一并並行以明二十一年

之册立原皇上之睿斷原皇上之成命而示天下以至公至明大典克舉庶乎前星朗照少海澄波皇上樂有斥輿折檻之臣臣樂有從繩轉圜之主黔黎咸亦共慶大聖人之作爲而懽忻鼓舞薄海內外若登春臺而遊華胥漢臣所謂心和則氣和而天地之氣且以和應之者端在今日矣語云身有醜夢不勝正行國有妖祥不勝善政又何尤星之足虞云某雖小臣願繆贊三禮願攄一得事計實關乎國本煩瑣敢冒乎宸聰伏惟聖明俯察臣等不勝隕越待命之至

題覆改正建文年號疏　袁一驥

題爲累朝闕典究竟難湮懇乞聖明及時修舉以成祖德以光正史事儀制清吏司案呈奉本部送內府鈔出禮科給事中楊天民題前事奉聖旨禮部知道欽此欽遵鈔出到部送司案呈看得有一代之君則有一代君臨之位號作史者紀其行事之蹟以昭當年之實錄故事欲其核也名欲其眞也凡以彰往垂後昭示乎百千萬祀也自春秋有編年之義明歲時而嚴統系而史家相仍卒莫之易雖興亡隆替代有轉移而因革予奪不得以好惡增損其間者恭惟我太祖開基列聖肇統駿烈鴻猷彪炳史册不可勝紀乃建文年號之革除中外人心終有疑而未安者前此綴靡未有定期修復尚疑有待方今開局纂編大藏國史以傳信爲世則乘訛而襲舛也其自今日修廢而舉墜也亦自今日該科懲前慮後特爲陳請不惟典禮有關而於國是更有裨者臣等備員史局蓋亦嘗有慨於當日之事矣先是太祖高皇帝在位懿文太子薨逝至洪武三十一年太孫嗣位改元建文御宇凡有四載暨成祖文皇帝以靖難登極遂刪去其年號而高廟實錄於是有三十五年之稱夫既已南面臨朝薄海內外奉有正朔矣一旦革除之無乃非所以示信於天下乎論者以爲一時宣力靖命諸臣或自矜功伐或自生嫌忌遂多曲爲之諱實非我

成祖文皇帝奉天靖難之本心而要之臣等之在今日亦未敢深論也惟是前代更朝易位非一見矣未有幷其年號革除之者革除年號自本朝始豈謂我成祖再造之績以革除顯我皇上繼述之大孝亦必以革除而後可闡揚先志乎臣等竊以爲不然也自古間有革命矣不聞革年者故餘分閏位猶得相仍稽古者有所攷焉當建文纘緒孰不知吾君之有孫而紀年須朔海內靡不奉行特緣輔佐非人以致發難啟釁旋知天命有歸卽遜位出亡似與違天而昧時者有間乃遲今泯泯無聞似於理有未順夫謂革除云者不過欲使後人之不復知有建文耳今歷年

二百歷世十葉朝野臚不知有建文君也即今日之聞見已不可塗而何況於後世竊意天下萬世自有耳目稗官野史各有紀載而欲以建文之歷數作洪武之編年於勢亦有不能且天下者太祖之天下我皇上之天下也以太祖而視後則成祖建文等子孫耳以我皇上而視前則太祖成祖均祖宗也太祖之天下挈而授之建文所以昭立嫡之大義旋而歸之成祖益彰撥亂之宏功太祖亦何擇於若子若孫哉即今以不革除恐非成祖繼體之心獨不念必革除或非太祖貽謀之意乎祖孫一脈血氣原自周流而因此廢彼宗誼之謂何此於情亦容有未愜者況乎

師曰靖難兵非無名有順天應人之機無更朝易肆之舉成祖之嗣服也以戡亂建文之出亡也以遜國其名正其言順何嫌何疑無可避諱蓋事有跡異而道同者正無假掩飾以起後世紛紛之疑此蓋揆之於事亦似有不必爾者夫於理於勢於事於情皆可無革除而革除之年號沿襲未復則以因循苟且之意多而觸忌冒嫌之心重耳然臣等復因是攷之我太祖之定天下也他務未遑而首命儒臣纂修元史且追謚元主以順帝稱之我成祖即位之初猶稱建文為少帝而一時在位諸臣尚有不忿舊惡之旨至於我皇上登極一詔內開革除被罪諸臣令各地方有司祀於其鄉其墳塋苗裔倘有存者仍厚加恤錄而萬歷十六年允本部題覆國子監司業王祖嫡之奏特復景皇帝實錄候纂修改正仰見我二祖正大光明之業等於天地而我皇上淵宏允塞之心同符二祖也夫元史可修奈何失其實於當代勝國之主可謚奈何削其號於本朝景泰之位號可改奈何斬其名於建文一時死事之臣尚可哀恤奈何遐棄其君而令湮沒於百世之後由斯以談恐非太祖之心非我皇上之心即成祖之心亦有不自安者矣方今聖明在上善繼善述表揚祖功宗德以彰大孝臣等亦不敢妄生意見別議更張而建文位號在當年原

無降削之文及此纂修之時特命秉史局者於高廟實錄之中摘洪武三十二年以迄三十五年遺事復稱建文元年二年三年四年以存其年號仍修輯為本紀示不泯沒則成祖靖難之烈固弈世有光而建文在位之績亦千秋可信燭幽魂於九原昭大義於天下其裨益國體而增光聖德非渺少者伏候聖明裁定

參稅監疏　　袁一驥

題為稅監流毒激變殺傷民命燒毀民居劫制要挾顯謀叛亂事近皇上大沛德意稅減三分之一海內百姓莫不歡忻鼓舞改重就輕以俟工完盡撤大小臣工亦莫不仰

頌聖德爲閭閻稱慶獨貪惡稅監高宷聞減稅郎減其督
稅之利恩減則漸致罷稅之機恐不久撤回而并日漁獵
岌岌若狂又以粵人知宷荼毒於閩惟恐其入而戒嚴搜
斥懼不敢往坐失一方厚利而思專取盈於入閩者蠹括
無遺故私派一切行戶金行取紫金七百餘兩珠行取走
盤大珠五十餘顆寶石行取靑紅酒黃如宷疏進之一稱
價值二千六十兩者五十餘塊鹽商每引勒入銀二錢歲
得銀萬兩其他如紬緞鋪戶百家編定輪日供應日取數
以百計而打造通倭雙桅海船二隻竹木油鐵各鋪行取
料二千餘兩置辦通倭禁物如番段龍鳳紅袍建鐵刀胚

硝磺鉛錫氊毯湖絲價數十萬金出入陳兵家丁三百餘
人賓客謀士及歌童舞女百人飲食水陸珍奇及一應米
菜酒菓盡取商店日用五十餘金各項輕重物價非惟分
毫不給而又聽隨棍魏天爵朱大等撥置設立看驗使用
宷受其獻而各棍人人取足民有百金之產者編派無遺
擒拿拷逼死於殘虐之下非投水即自縊冤號動天赴臣
與按臣泣訴者日以百計民情洶洶皆甘心以命與宷博
而臣等慮宷爲楊榮之續宷不足惜而國體之傷當惜每
善諭百姓猶如防川惟恐一旦決裂而不能救隨出牌禁
諭乃宷稔惡彌甚於四月十一日怒各行哀求稍給紙以

報名照册給散誘入稅府大門內麾兵持刀亂砍殺傷潘
六蔡廷機等數命餘各驚散又恨逼近稅府民家居停鋪
戶而及募射火將三十餘戶無辜蕩燬一時萬姓不謀而
合裂眦切齒欲得宷而食其肉乃不思招安退衆竊於十
二日率領家兵二百餘人藏甲懷刃乘臣以國喪撤衛屏
從之時假以謁見爲名坐間突出匕首隨招各兇露刃劫
臣諭衆使退復押副使李思誠僉事呂純如都司趙庭張
鶴翀要盟而始釋臣情形若此其爲叛亂豈待智者而後
知哉宷以貪殘兇惡之性日糜爛其民故民樂與偕亡而
惟脅臣以倖緩萬死有餘辜之死是陛下責臣以保民而

宷欲臣保其惡以殺民也往者陛下惡高淮陳奉之流害
而召回不鎖宷自以罪過二豎難逃皇上疾惡之誅故嘗
閩粵爲窟而造船通倭置造軍器包藏異志皇上治之緩
則首鼠急則負固跡其無君之心自大行慈聖皇太后升
遐臣民無不縞素罷宴獨宷藉口詔書未到而張樂演戲
沉湎如故大逆不忠由來漸矣且民因臣之被脅而暫解
以舒臣其積怨深怒已成燎原之勢非臣之所能家喩戶
解若皇上不速召宷顯戮以謝天下使宷小而如楊榮與
民俱付烈焰禍猶止在地方大而爲尉佗結倭外援操戈
叛逆則禍在社稷矣若臣之見辱於刑僇又何足道哉事

閩省會大變目擊身受敢擬實具開伏乞皇上大奮乾斷早賜施行海邦幸甚臣不勝激切待命之至

縷訴民隱疏　李應昇

臣觀今之議者但知急財用而不暇急民生但知憂邊疆而不知憂內地方加派之始在在亟額取盈卽不毛之土求損絲毫司農慳不肯應及歛急民貧賊乘其隙川黔滇齊相繼告變所在題留分給捐天下之半而又益以太倉之轉輸皇皇焉應之恐後然後知人心一去所得之不償所失也今四海之中稍留甯宇以供數百萬軍儲者九鼎一絲全在東南半壁向使東南有事卽欲問轉漕之粟豈

可得哉故今日安天下之大機括莫如恤內地之民生民生之憔悴極矣言興利而利未必可興不如且與之除害徭役繁重奸胥欺隱一害也長吏貪殘酷罰重耗二害也通家窩訪株連誣陷三害也馬戶河夫破家蕩產四害也盜賊充斥邪教勾連五害也拋荒虛糧賠丁圖欠六害也里甲修理糧長鋪辦七害也俗吏妨農非時勾比八害也白役下鄉乘船騎馬九害也勢力投占私債侵奪十害也又有五反國家設預備倉以爲民今僉糧里買穀以厲民而該部至欲括取平糶之半則郡國何以備水旱乎一反也祖制立保甲以弭盜今立汛地捕役以誨盜而議者倘申鄉兵召募之說則耒耜不盡化斬木乎二反也侵欺推獄而扳指平民以完贓預放工食而搜徵民欠以抵解三反也懲貪無法而轉以王官進其階察吏恬終而仍予州縣肆其毒四反也詔書停格而丞尉硃票如飛訟師橫行而南院十詞九准五反也臣聞之養馬者去其害馬此數者不去則民生之憔悴無有已時伏乞敕下該部通行撫按應禁革者禁革應清理者清理毋使貪墨長氣塌冗推時而貧民嗷嗷日在水火以傷皇上平明之治若夫加派之害勢未能去者臣不敢言而又有灼然宜去者莫如積欠併徵之害今夫人日有百斤之擔疾病不支委積數日

一旦舉而併肩之則立見其仆民方剜肉醫瘡完天啟見徵之不暇而能完萬歷年間之舊欠乎該部明知無益姑免參罰然朝廷既未蠲除入戶日見追擾州縣猾吏喜於誅求營幹司府糧房一紙行催卽紛然出示僉差每牌賣錢數貫虎狠四出雞豚一空公家未獲絲毫胥役之腹已飽故蘇軾謂積欠之民爲縣胥食邑戶哀怨之氣上通於天大江南北連省通圻所在以地震告盜賊既作水旱隨之倘復有徐鴻儒葉朗生史八舍陳鼎相之徒一呼而起寶可寒心皇上試思前項舊欠與其空掛虛名民不見德年年搭帳終無完期何如下數行之詔明示蠲免以感格

天意收拾人心有不鼓舞終事以輸見微者臣不信也所謂捐虛名而收實利者無過於此又近見吏部申飭考察署官不許徵糧可謂曲體民瘼第計吏往還少亦四月察處留部銓補更遲且三冬收穫之際貧民亦可奉公轉盼春夏之交荒月詎能應手今四海多事議可從權不如查州縣正官官評無玷俸未及期者悉留免覲早與題明免其數月之前營營於行李餽遺之費既可資地方之撫循亦可省長安之書帙豈非安民生之切務哉臣愚目擊民困憂心如焚輒敢摭拾以告惟聖明采擇實見施行不以猥瑣棄之民生幸甚

救萬燝疏　李應昇

臣聞唐魏徵對太宗有言願陛下俾臣爲良臣毋爲忠臣良臣稷契咎繇也忠臣龍逄比干也稷契咎繇荷美名而君都顯號龍逄比干嬰殊禍而喪國夷家唐宗魏徵可謂君臣相遇千載一時矣三復其言猶有餘痛皇上御極四載寬仁恭惠覃被臣工人人仰聖明天子近者盈廷請劍憑社雞薰孤憤銷沈三光黯蝕原任工部郎中萬燝以陵工補牘遂觸震威然恭誦明旨一則曰從輕一則曰爲民仰見皇上聖明以爲燝之罪不至死杖亦必不至死意燝生出國門編氓原籍長爲皇上太平之民也而燝今死矣未報國恩先塡溝壑六尺之孤繞膝八旬之母倚閭旅櫬無歸遊魂戀闕臣僚飲泣道路咨嗟然無不共諒非出於皇上之心也彼時羣璫橫擊血亂神飛監杖張威傷痕甚重兼以倒拖逆拽蹴踏摧殘種種不支故至於此而令皇上損好生之德負殺諫臣之名臣故不暇爲萬燝冤而深爲皇上冤也且天下士大夫所以激昂奮發不能自已者獨念祖宗養士二百餘年禍在蕭牆且在旦夕故懷忠仗義感恩圖報耳而一言觸忤褫辱身死豈所以作忠而勸士哉夫緘口以待遷厚利也危言以招戮實禍也身死而天下悲其忠虛名也舍榮妻子肥身家之計而削影編戶

取侮於鄉里小兒區區博此虛名飢不可食寒不可衣將焉用之况乎傷殘父母之遺體備諸楚毒以從龍逄比干於九原此魏徵所以不願爲忠臣也懸之以必死之法而求批鱗折檻之風雖賢者猶或難之若曰吾不用直言而可以致治則是剖心不亡腹誹不滅而惟言莫逆孔子不以爲一言喪邦矣臣切願我皇上惻然興思瞿然動念也皇上元首也臣子其腹心手足也人非奴隸法非訊囚罪非死刑命非草芥廷杖重典殊失士心動杖一百尤不經見且以杖輕之故杖行刑之人是必欲衛士畏威立斃朝士於杖下而後快心也爲左右計則得矣聖心何以自白

聖德豈不重傷耶直俟天心悔悟平旦興憐死者不可復
生傷者不可復續而後問罪左右卹死錄孤嗟何及矣昨
禁地失火天譴甚明心火蘊隆於下精祲感盪於上御史
之杖血方腥而祝融之烈焰旋作董仲舒曰罪在外者災
外罪在內者災內可謂深切著明矣伏冀皇上因進言之
死覺借威者之非優容言官喜怒中節無致積威所劫人
興邇忍天怒而莫之敢告人怨而莫之敢言而皇上眞孤
立於上也

劾魏忠賢疏　李應昇

奏爲罪璫巧於護身明主不宜分過謹直發欺君之罪仰

祈聖斷事昨臣堂官左副都御史楊漣疏參東廠太監魏
忠賢二十四大罪此非漣一人之私言通國之公言也通
國之人畏忠賢甚於畏皇上故切齒不平搖手相戒漣獨
冒死危論感悟聖心謂宜大奮乾剛立加斥逐以正其竊
弄威福之辜忠賢亦應束手待罪以謝天下忠臣義士之
口乃一疏乞憐溫旨先下羽翼四布謬曰孤臣恣睢無忌
謬云忠赤不知誰爲代草以欺皇上者皇上因其不辨轉
謂小心夫忠賢非不欲辯也千眞萬眞無可辯也千罪萬
罪又不勝辯也忠賢不能自辯而皇上反代爲之辯則中
旨眞可聽其僞傳乎閣臣眞可聽其援立乎外廷眞可聽
其交通乎老臣眞可聽其驅逐乎直臣眞可聽其禁錮乎
生殺眞可聽其自操乎爵祿眞可聽其掌握乎奸細眞可
聽其深藏乎兵柄眞可聽其在手乎出入眞可聽其僭擬
乘輿乎臣知我皇上英明天縱此必非皇上之意也皇上
特念舊勞不欲遽加顯斥而忠賢但招謗議動輒諉說親
裁昨聞參疏到閣依然傳擬而明旨諄諄遂一一爲忠賢
任過夫忠賢何敢欺皇上至此乎且既云任事過直矣事
則忠賢任之而名則皇上受之忠赤者固如此乎臣嘗觀
從來小人之禍其始莫不有小忠小信以固結其主之心
根株既深辣手乃露故夫不逮爲王振劉瑾者乃其深於

爲王振劉瑾者也今皇上曲賜包荒明示寬大姑念其犬
馬而反以蓄豺狼厚益其醉醲而輕於疎藥石譬之士庶
之家有紀綱之僕日竊其主之財力以恣睢斂怨而日事
左右之彌縫一旦有人焉盡告其事於主人不免念其奔
走姑與優容然主雖不言而僕固已疑矣疑則思自全之
計急則作走險之謀蕭牆之間豈無深患故忠賢不去則
皇上不安而今日被論之忠賢不去則皇上愈不安臣爲
皇上計莫如聽忠賢之引退以全其命而解其燭影之疑
即爲忠賢計亦莫如早自引決以釋中外之疑而乞帷蓋
之賜不然皇上日爲忠賢作江海之流而忠賢日以其身

供嗚鏑之射縱多方藉口百計防川鬼神忌盈物惡其上
九廟之靈將必殛之況於忠臣義士請尚方之劒者哉嗟
乎君側不淸焉用彼相一時之爵位有盡千秋之靑史難
欺不欲爲劉健謝遷者幷不能爲李東陽倘鉗錢投獻不
幾與焦芳同傳耶臣忝列言官不敢作寒蟬仗馬恃有聖
明之鑒觸犯兇鋒死無所恨

劾崔呈秀疏代高攀龍作　　李應昇

臣惟御史回道考察憲綱至嚴也列聖之明旨皇上之申
飭不爲不諄復鄭重逦復節經前後諸臣申明憲紀振飭
臺綱一時賢者頗稱濟濟乃不意有慢視憲規恣行無忌

者如巡按淮揚等處御史崔呈秀可異焉皇上不以臣爲
不肖使長西臺豈非欲其是則是非則非無所徇阿隱默
乎臣初入院適見兩御史回道一爲江西巡按謝文錦一
爲崔呈秀臣心訝曰異哉兩御史一時回道一至淸一至
濁淸濁較然臣不別白爲皇上明言之是不忠之大者也
即發河南道考核無何該御史袁化中以所考核謝文錦
者至臣即以稱職考察奉聖旨謝文錦著回道管事欽此
越二旬而袁化中始以所考核崔呈秀者至化中葢有難
於言者矣臣於去年奉差而出今年復命而入往來淮揚
闞所見淮揚士民無不謂自來巡方御史未嘗有如呈秀
之貪汙者强盜地方大害也每名得賄三十金輒放訪犯
地方大害也得賄千金輒放不肖有司應劾者多以賄無
不爲應薦者多以賄薦各御史出巡每有節省公費助國
用者呈秀到處透支至一萬四千兩各縣賠補不勝其苦
彰彰於地方耳目不可得而掩也至於舉核失眞貪酷漏
網則有兩淮運司同知譚天相在是呈秀所薦也呈秀甫
離地方而按臣劉大受且臚列其贓私以入告矣則有霍
邱知縣鄭延祚在是呈秀所薦也吏科都給事中魏大中
且發其餽遺奉聖旨提問矣是賄而薦之實證也臣嘗竊
歎人臣之負國實自負也受國家寵榮若何而所爲者不

務於可榮皆流於至辱御史巡方寵榮極矣如呈秀者辱
身辱國何如哉臣聞其知譚天相之貪欲論劾也天相稔
知其易與奉之以千金求免劾而卒免天相益稔知其易
與也又奉之以千金求薦而卒薦則是摇山撼岳之威祇
供其禦貨攫金之用而墦間壟斷之賤且冒居觸奸指佞
之官臣故謂其至辱所當重處以一洗巡方之辱也伏祈
皇上速賜敕下吏部議覆施行

劾魏廣微疏　　李應昇

臣聞分莫嚴於君臣禮莫重於朝祭罪莫大於不敬此三
者盡人而知之也大臣有罪席藁以待台諫執白簡隨其

後其誅之則國之法也其赦之則君之仁也未有驕蹇不恭於前恣睢無忌於後如大學士魏廣微者方其偃仰高臥不拜正朔迨至日中祭畢然後闖入廟門科臣以無禮糾之所謂自作之孽於人何尤哉皇上至仁既已赦置不問而姑以敬慎二字示僉鋑愧心之義廣微杜門省愆亦應咋舌愧死而不意其因禮科諸臣之言悻悻托疾猖狂叫號若撫劍疾視以恐喝諸臣而關其舌者臣不知廣微品足以服天下乎才足以匡社稷乎抑軍旅之勞足以勒鼎彝乎三者無一焉所翹然自負者不過曰罪止失儀云耳夫行禮差錯始謂失儀謹按大明律失誤朝賀者笞四

十祭享失誤者杖一百廣微宜何居焉可靦然復入中書之堂乎而一則曰違時再則曰違時臣聞孔子曰事君盡禮人以為諂雖違眾吾從下孔子之違時者如此豈廣微之慢上無禮者為是而時之戴星鵠立奉璋駿奔者反為非乎國家設言官稱耳目近臣言及乘輿則天子改容事關廊廟則宰相待罪廣微之父嘗為言官公正發憤得罪閣臣以去弊施至今廣微獨不念乎奈何比之路馬斥之此豈夫不與此輩為伍者必另有一輩作緣方今聖天子在上賢公卿在下廣微必有疚心之事清夜抱慙微見指摘輒自張皇若十手十目之暴其隱也最可駭者身為輔相國已位極人臣猶怏怏以不得好官為恨奚忍更有他念而公然出此語以告之皇上是尚有人心尚有人臣禮乎伏乞皇上戒諭廣微繹敬慎之旨安臣子之分退讀父書保其家聲毋倚三窟與言官為難庶上可以對聖明下可以對士大夫而異日亦可以見乃父於地下也

題為以杜憑孤以昭皇仁疏　張有譽

竊照白糧一役江東赤子茹苦解賠十室九蠱屬幸聖明正位南服首沛改折蠲費之綸澤國小民出離湯火慶若更生乃臣部因粃米已登舟船多輻輳議十七年仍收本色各船銜尾報到踴躍樂輸但北運初改南庾諸事俱當

剏始一切鋪墊使費茫無定例恐啟紛紜謹將崇禎二年頒豎榜文繕寫呈奏仰懇皇上申飭草疏甫畢而宜興縣解戶吳宗艮連黃學等以酷殺糧解眾口號冤叩天轉疏定變上伸國法下償民命事見告矣內稱宜興縣白糧解戶共五十三名舊例必於五十三名中鬮出二名謂之批頭自開幫後承管沿途衙門投批掛號之事一到京後各糧解自行領批分派投納與批頭無干至於供用庫米必待戶部發出單數然後照數交進內府以憑按單稽察如有掛欠即咨戶部發司徵比此二百七十年來相沿一定之法從未聞內府有自行拿人者也豈遭積棍朱少山串

通京梟袁祥等乘北糧南解之初條敎未飭不待戶部投批指稱內府牌提將本縣批頭芊復翔郭鎮濬鎖縛私室拷掠備楚先要贄見銀三百兩供用庫米每石勒要加耗四斗鋪墊銀六錢五分未飽狼貪竟遭虎噬七月初一日將批頭二人捉解內府每人痛責三十五板不知少山等弄何手脚作何言語致無干批頭遭此慘毒仍蒙押出鎖追應解供用庫糧戶共二十六名每名湊銀三兩而同周伯達李乾之跪付任掌班手猶以爲少蜂屯梟逆隨擒復翔再四痛捶傷重嘔血至初八日身死鎮濬一綫尚在奄奄泣思復翔雖係批頭實係光祿寺解戶傷重下手少山

等固應抵償而錢糧干係人死何以著落糧解各有身家國輸往役赴義皇上猶蒙矜恤此衆何敢草菅復翔一死二十五縣人人寒心伏乞轉疏上聞等情臣讀畢不勝錯愕皇上處黃屋之尊知畎野之苦發帑而卽廑念五郡糧解之疲於奔命近見監臣白糧鱗集一疏請定漕運議單規則可見內府諸臣各自砥礪何嘗不仰體皇仁下恤民隱而不虞宵小成羣借名影騙如朱少山袁祥等之奸狡百出也斃一芊復翔而江南之解戶寒心詐一郭鎮濬而五府之糧役裹足將來惟所欲爲何事不有人人有破產之慮家家懷身命之憂傷天地之太和虧朝廷之德意莫甚於此若不大加懲創流禍不可勝言伏乞皇上敕下法司嚴提朱少山袁祥等按法究罪庶以後保歇稍知忌憚監臣不至代此輩蒙謗而皇上矜恤小民之仁亦不至壅遏而不行矣大抵監臣深居禁近解戶多係鄉愚是以中外隔絶情隱難通奸棍遂得影借其間作弊生事察北部舊規內府倉庫各有巡視科道調劑彈壓能使上之德意下究下之民隱上聞雖有刁民猾棍無所容奸其法最善伏乞速敕都察院戶科照例題定一員凡內收受錢糧必須關會科道如有解戶奸頑拖欠者聽內府移會科道究治監臣勿自行一票勿輕差一人倘有保識借端挾詐者

科道官立治以法庶解戶不至裹足而江南一路世世頌皇仁於無旣矣

請設官防江疏　戚勳

奏爲重地不可一日無官江防萬難稍緩乞先急務以杜內患事切惟南畿緊要之處外莫如河內莫如江而江之散漫又係乎海之吐納者尤莫如江陰一縣所謂金陵之鎖鑰也我太祖高皇帝曾命吳良吳楨鎮守茲土嗣後設立常鎮兵備道當一巨帥而海防同知又分司於此其太平時爲江陰慮亦已詳悉若是矣況值國家多事寇賊頻興之際乎則不可一日無官一時稍怠也夫誰不知之臣

目擊去年有海賊百餘艘嘯聚中流今歲復有水兵千餘人劫掠海口所幸陛下登寶以來旺氣日鍾江氛稍息然賊情叵測未雨綢繆正不可以稍安而忽之也計及此方宜添設官員以防險要而孰意近日者常鎮兵備反移駐鎮江矣海防同知又丁艱回籍矣江陰知縣離任更非朝夕矣喫緊之地無一印官萬一江盜窺閒橫行海寇乘虛坌集將何以禦之且自今年歲凶荒人民窘迫漕白二糧亦宜蚤爲經理則海防與知縣兩官斷斷不容頃刻再遲者也臣身在帝京慮無時不在江上矧今奉差入閩辭闕登程若此刻刻關心之事敢曰臣無言責而不爲皇上激

切陳之與伏望速點兩官嚴守重地使巖邑無不戒之虞則東南半壁鞏磐石之安臣在要荒亦遙睹太平景象矣

題爲仰體好生之聖心以廣皇仁疏

國朝 朱廷鋐

竊臣辦事衙門伏見

本朝慎重民命凡法司啟奏事件無不上塵

宸衷苟有可疑必邀矜恤即情非允當絕無疑竇之案往往分別首從

特恩免死至充發人犯自十月至正月以及六月又有停其發遣之

上諭此誠如天之仁古聖王之解網泣罪不是過也乃臣見充發烏喇等處人犯例必先發五城枷號兩月滿日呈放仍責四十板然後自京發遣臣思此輩多五方之人絕少親故當其枷號通衢之日寒冬雪裏酷暑日中束身延頸向行路之人呼號乞食已極飢餓困苦及至限滿又復挺受官扑即甚強梁亦應狼狽以此血肉淋漓之身扭鐐拘押長途遠征情尤可憫雖其押遣之期已蒙

皇仁軫念得免於嚴寒酷暑之中而其枷號板責則寒暑均在不免期年以來此輩之僵仆街衢塡委溝壑者正復不少臣仰思

皇上好生之心既欲於萬死之中與以一生之路必不忍其痛創垂斃顚連道途也伏查定例凡犯死罪免死減等軍流人犯以及雜犯死罪准徒暨各項犯該徒者其應杖折責之數均以到配所板責臣請將烏喇等處人犯枷號板責之處比照內地軍流徒犯之例一體於到配所之日由該鎮守將軍枷號板責咨部報查庶例行畫一而於

特恩免死寒暑停遣之

聖心始終得遂亦推廣皇心之一端也如果臣言可採伏乞敕部議覆施行

綏定苗疆疏

楊名時

竊惟馭夷之道貴在羈縻服貳之方務彰誠信止戈所以爲武惟德足以感人從未有怨毒猜嫌而能長久安帖者查貴州接壤苗疆地方生苗在南漢人在北而熟苗居其中間與內地犬牙相錯爲漢人傭工佃植彼此相安其來已久若生苗則盤踞深山密箐之中足跡不入內地且有熟苗以爲捍禦時以官兵威力相恐喝故生苗亦絕不萌窺伺之想自開拓苗疆之計行於是生苗地界爲官兵所駐劄漸次踞其土地干戈日尋而生苗始不得安其所官兵駐劄之地山高路阻水泉不通食貨百無一產軍糧運至山下官兵接運上山尚有二三十里之遠勞苦驚惶妻

孥隔絕而官兵亦不得安其所百姓改折色爲本色少給腳價責令運送軍糧費用加倍終年不息且每被抄劫而百姓益不得安其所至於熟苗之苦累更有數倍於兵民者無事時則供輓運力役用兵時則爲嚮導前驅軍民待之如奴隸生苗疾之若寇讎官兵勝則生苗乘閒抄殺以泄忿生苗勝而官兵又混行屠戮以冒功此熟苗之所以愈不得安其所也竊念開拓苗疆本欲登斯民於衽席而竟致官兵百姓生熟苗人人人有赴湯蹈火之慘有識者已決其有不靖之勢矣至速禍而激變約有兩端苗疆本未安謐而地方官遽言人盡抒誠請加賞賜生苗得賞者十之二三而不得賞者十居七八貪心不遂已生叛心加以熟苗勞重累深全無賞賚愈增怨忿因而勾結生苗以作亂至於不可禁禦又從前開疆拓地止及古州清江等處而台拱地方猶在化外自有司迎合邀功輒云台拱苗人願獻其地以爲官兵安營立汛之所上官不察竟議駐兵而台拱生苗遂將官兵圍困經兩次遣兵救援悉皆全軍覆沒後至生熟苗人合併因而侵軼內地往時內地防駐之兵皆以開拓苗疆之故大半移駐苗疆而內地反致兵單汛弱苗人如入空虛之境兼以道路險易爲熟苗所深悉無處不被蹂躪間有就撫熟苗又被武臣慘戮甚至

賣其妻女以入私橐其脫逃者歸告徒黨賊志益堅人懷必死多手刃妻女然後抗拒官兵以致鋒不可當敗衄屢告百姓流離死徙不可勝計此皆無罪平民我

國家百餘年來休養而生息之者也目下黔省大臣奏報度必以苗人殄滅幾盡難民復業過半苗疆不日底定爲辭然以臣計之蓋有未可全信者從來用兵之計不過曰剿與撫而已今欲剿則夷方山勢陡絕鳥道僅通一線一夫據之百人不敢過即有時乘其不備奪險而進而苗人本無屯積相率滾箐而走官兵熟視其去莫可誰何凡飛報大捷多屬此類此剿之所以難也若欲撫之則苗人積怨

己深且幾番受誑俱懷疑懼加以有險可恃非當萬不得
已之時恐不肯輕就籠絡此撫之所以難也爲今日計唯
有下愷切之
詔布寬大之
恩棄苗疆而不取將重兵還駐內地修築城垣於要害處所增
立堡壘屹立互峙碁布星羅俾民有可依兵有可守賊來
則互相應援協力擒捕賊去則分兵撲滅勿事窮追再懸
賞格以購渠魁而脅從罔治有能擒縛首惡投誠及所犯
本輕而率衆歸順或鄰近苗人奮勇殺賊驗明首功者皆
給與土官世襲分管其地一面加意撫綏熟苗勿使爲生

苗所劫掠爲官兵所欺淩如此調劑生苗得所棲托熟苗
又荷生全自當俛首帖心抒誠向化若因循修飾臣恐兵
端不能遽息糜餉勞民終非柔遠安邊之善策也

請增定解額疏　楊名時

竊念科場爲士子進身之階所定解額必酌人文之多寡
地方之遠近使衆材一無遺棄遠方爭自濯磨然後足以
昭顯俊作人之雅化臣生長江南幸厠科目蒙
聖祖仁皇帝簡任順天學政
特差典試陝西近蒙我
皇上加銜秩宗兼掌成均造士之任熟悉順天及江南陝西三
處鄉試解額有應行變通增益者分析爲我
皇上陳之
一順天鄉試宜增設中皿字號也查科場條例天下貢監
生在京應鄉試者奉天直隸山東河南山西陝西編北
皿字號江南浙江江西湖廣福建廣東雲南貴州四川
廣西編南皿字號各取中舉人三十六名歷科以來雲
南貴州四川廣西不聞有在京應試之人至雍正八年
天下選拔貢生入監肄業是以雍正十年四省貢生應
順天鄉試者有二十五人照例編南皿字號公同考取
緣邊方士子其文藝不能與江浙諸大省相頡頏所以

榜發並無得中式者臣思四省貢生雖生長邊方學業
淺薄然既係選拔自屬本省秀出之才若在本省應試
自可易於取中今因入監肄業不能回籍應試以致與
文盛之區絜長較短相形見絀恐阻將來就學觀光之
志臣查歷科南北貢監在京應鄉試者約十五名內外
取中一名再查會試五經有分南卷北卷中卷之例臣
請嗣後雲貴川廣四省貢監入北闈者照會試五經分
南北中之例於定額三十六名之外另編中皿字號約
十五名取中一名庶邊方入監士子俱有科名之望益
遜敏於辟雍鐘鼓聞矣抑臣更有請者今歲恭逢我

皇上御極初載興學右文又値六年一選拔之期海內貢監雲
集京師秋闈皿卷實較往時加倍有餘可否於開科原
額之外再增額數以示譽髦無斁之
盛心教思無窮之
聖澤
特恩出自
上裁
一江安兩省鄉試已議分校分中所定解額宜各照大省
中省之例也查江安兩省合闈考試卷數極多美不勝
收校閱難遍每致佳文被落現蒙我

皇上准科臣汪漋所請多點考官分校分中酌增額數在案惟
是兩省實有不可一概論者蓋江南人文固甲於天下
而下江應試士子尤多於上江查上江八府五州惟安
慶徽州甯國三府人材最盛應試最多其餘各府州屬
赴省闈者較少若下江則每府應試諸生多至二千少
者亦以千計所以每逢鄉試上下江分棚點名必將下
江所屬之江甯徐州等府通泰等州考生附入上江棚
內點進而下江止點蘇州松江常州鎮江淮安揚州六
府然後兩棚點名人數適均至歷科鄉榜中式下江居
十分之七上江居十分之三率以爲常卽如丙辰會試

欽定江南中式三十八名下江得三十一名上江止得七名至
續中七名下江又得五名上江止得二名非必文有優
劣實緣人有多寡也今若照湖南湖北之例分定額數
下江不過五十名卽有加增亦不能如歷科中式之數
則佳文之限於額而被落者必更甚於從前矣伏念下
江八府三州輸將貢賦不特數倍他省而亦倍於上江
其應試之士實較浙閩江西全省而加衆今以分中之
故至不得與雲南等省解額相埒似不足以鼓勵人才
至上江應試諸生雖少於下江亦多傑出之彥迥非小
省可比又不便少定額數合無仰懇

皇上天恩念上下兩江俱係人文淵藪而下江尤盛准將下江
解額照浙閩江西等省之例定爲大省上江解額照山
陝河南之例定爲中省雖增額頗多然猶百有餘卷始
中一名見售尙難於他省伏祈
聖明睿鑒
一陝甘鄉試聿丁字號宜酌增額數也臣查陝甘額中六
十七名內有聿丁兩字號額中三名聿字係甘肅一帶
丁字係甯夏一帶從前所以另編字號者緣地當極邊
國初時應試人少是以定中三名以示鼓舞遠人之意迨聲
教日闢人文漸盛轉致爲額所限見遺者多臣前典試

奏中細閲聿丁二號試卷四百有餘儘有佳文隨具
題多中一名而可中者尚有數卷終限於額今查丙辰科會
試陝甘中式十有二名而聿丁字號且居其三可見邊
地文風進而日上若省闈仍前取中三名則鄉試中式
之額與會試中式之數相等似於事例亦未允協伏乞
皇上准將聿丁字號於格外量增數名庶極邊士子均沐
甄陶於無旣矣
以上三條是否有當伏乞
皇上睿鑒裁奪施行 按疏上於乾隆元年部議順天鄉試之雲貴四川廣西四省應編中皿字號約十五名取中一名如零數過半加中一名下江照中省之二等中七十二名上江照小省之二等中四十八名共增

額二十一名其陝西之聿丁二字號各中一二名覆奏奉旨均於本年鄉試舉行

部議推廣捐例恐有窒礙疏 季芝昌

竊臣等準戶部咨開推廣捐例請將捐銀五千兩之恩拔
副優貢生廩增附生並曾經鄉試錄科之例貢監生懇
恩賞給軍功舉人其捐銀三百兩之俊秀童生作爲附生等因且
奏奉
旨依議欽此欽遵咨行到臣伏查頻年以來河工軍務需用浩繁
帑項旣未充盈捐輸又難踴躍部臣殫心會計竭慮持籌
又因諸生佔畢窮年覩光無自若能急公報效卽是敵愾
同仇因於無可籌畫之中爲優加奬勵之法酌盈劑虛洵
昇一舉兩得惟是歷屆事例內自郎中員外郎外自道府
等官悉準捐納獨至舉人附生從未議及誠以捐納科甲
同屬仕途旣爲富厚廣登進之門復爲寒畯留出身之路
道則並行實不相假也士子讀書應試爭自琢磨以求爲
國家之用而必限定額數嚴爲去取俾知科名足重無才者
不能混淆作士氣愼廉隅胥由於此今廣開捐例俾遂覬
光
朝廷特沛殊施非材或多誤會荒疏者可以冒濫躁進者得
遂倖心不特有礙士趨更恐致傷吏治雖軍功事例原屬
暫開隨時懇

恩不占中額抑知天下之人心愛名與愛利相等惟舉人秀才由
於考取而得則人知學成有用並足爲鄉里之榮若由捐
資而得則凡家計充盈者無不可獲之名是科第亦不足
重矣失
朝廷求賢之意寒士子上進之心恐此例一行所得者小而
所失者大也且舉人一途準應會試明年趕赴春闈一經
獲售卽可得官新例招徠其勢尚便俊秀捐監祇需銀一
百八兩準應南北鄉試無須月課歲考今以三百兩捐作
附生捐項旣增兩倍又有月課歲考之拘管且專應本省
鄉試不準兼赴北闈則樂從者恐少臣等具有天良遲承

恩遇當此
宵旰憂勤深恨補苴乏術豈敢於部臣鐵定之事妄參末議惟於
士習人心確有關係既有所見卽不敢安於緘默用敢冒
竭愚誠瀆陳
聖聽仰祈
宸衷酌斷臣等竊又思之前次臣王鎏德行鈔之請原慮及度支
不充爲因時變通之策彼時臣季芝昌尙恐不免流弊未
敢會同茲則兩弊相形惟取其輕與其徒損
國體而無甚裨益孰若姑采前奏而漸冀流通在廷臣工曾
有行鈔條議如蒙

敕下部臣悉心籌畫妥爲試行或別有良法美意使物力可豐
國儲日裕臣等曷勝願望之至所有敬陳愚悃緣由是否有
當謹合辭具奏

議

應求言議五條

明 黃傅

一定田則以杜弊源查得本縣民田科則不過四等官田
科則節級繁多自五升一合以至四斗一升七合一勺
凡一百八十七等噫亦太甚矣鄉里小民家不蓄制令
眼不覩版籍里書告之曰汝田若干起科則惟命之從
耳豈惟小民雖大家富人亦不免之豈惟富人雖達官
老吏亦未盡究知也立法務明且易猶病民不能守況
從而艱深之乎嘗訪諸父老以謂厥初籍沒之時以地
有肥磽租有厚薄故因而襲之家殊而人異也竊以爲

官田民田均王土也民田與天下公之故賦輕輕者旣
有一定之則矣官田則王者私之故賦重重者獨不可
爲一定之則乎何爲是紛紛細計也夫以民田之科則
明白簡易較如晝一彼里書者猶舞以爲姦況爲是紛
紛以助之乎是授盜階梯而開賊門路也爲今計者必
得大臣列而奏之朝下有司議更爲齊一之法志在富
國則偏而概重之志在富民則偏而概輕之志在二者
之間則偏而中制之務使斯民無智愚賢不肖莫不家
喻而戶曉則里書不得肆其姦而弊源少塞矣
一薄賦斂以舒民困查得本縣原有坐派銀布每銀一兩

准米四石每布一疋准米一石俱令全派官田有餘乃派民田一向遵行年久不變近蒙上司行令俱徵本色易銀起解然每米二石上下已够易銀一兩積出多數俱作餘米堆貯紅腐化爲塵泥取之民者盡錙銖而輸之國者不加毫末上下不覩其利也倘得仍復舊制派與折色則征歛輕而民困少舒矣

一均徭役以服民心照得軍匠等家例不分籍丁田之數動累十百然實零星分散有鬻柴賣菜以度活者有假居乞食以求生者民人戶籍聽其剖析同胞共爨瓦裂瓜分名雖單丁而實童僕數十田雖數畝而實貲累千

金審編徭役之時止據丁田之數以致輕重倒施難易易位民人談笑而集事軍匠破產而不支一二有司察知其弊稍欲上下其手足以求趨歸於平則姦民執以造詞上司准其妄訴變亂紛更而患益以滋矣又官民田地起科不同則點當差徭亦宜有異爲今計者必得大臣深燭而長慮之或言之朝或斷於心降須規條示下明法或使官田與民田得以中半相當軍匠與民戶得以四六折算則徭役均而民心服矣

一遵律法以禁姦回伏覩我太祖高皇帝折衷歷代之刑章勒成一朝之典憲至公至明至精至備雖皋陶復起呂侯再生莫可置議於其間也奈何承平既久奉行者漸失其初以致法不勝奸民日滋僞而末流後路將有不可言之弊矣夫贖罪以銅錢減死以三流者之首篇爲書綱領皎如日月有目者所共覩也而今乃贖罪用鈔減死爲徒夫鈔本片楮直錢不過二文四十二貫而贖絞罪是八十四錢而買一命也鬻其園葵數本而足矣徒本傭工一年納銀三兩五年而准死刑是一十五兩而易一生也棄其田穀數畝而足矣奈之何民不樂趨而勸犯乎以故老幼殘疾狡男猾婦動興誣詞屢搆大獄挾腐楮爲資本指驛遞爲外家月出而旬入甲去

而乙來作起悖亂之風習成兇頑之俗何莫非此故也夫防峻則難踰法嚴則難犯此物之理亦人之情也踰牆之盜累百千而越城者不一二牆卑而城高也溺水死者常比肩而赴火者僅屈指水柔而火烈也愛之乃所以害之威之乃所以全之爲今計者必得大臣建言凡此等類一掃後人變亂之非盡復聖祖制作之舊使贖罪必以錢則金注瓦注情變而趨避寄減死必以流則安土重遷愛深而去就難如是將見人心肅然習俗丕變莫不懷刑遠罪而重犯法矣以上因時就俗以支傾補弊塗塞一方之私罅小隙而已非所以措天下於

久安長治也久安長治有策焉當端居而深求矣

一端本澄源以定萬世太平之業蓋聞治病者必求受病之源理亂者必求致亂之故今天下之病源亂故赫赫在人耳目人不之見而顧惟他求抑亦怪哉譬猶窮鄉鄙人親爲毒蛇猛獸所傷而謂鬼爲吾祟衝冒寒暑食穢與惡以致疾而謂伐庭樹壞垣牆瀆遊神而召殃良可笑已有人於此付之百畝之田俄而荒穢之召而詰其故必問其所與爲田者何人良與不良與所以治田者何法善與不善與今天下荒穢獨不問其治之之人與法而徒細碎枝葉之求今日獻一言明日建一策朝

行而夕廢旋塞而輒流亦獨何哉天子講學修聖德亞聖大賢爲宰相百司執事皆視其德之大小以爲位之崇卑此固治天下之大本而經緯乎其間者有五事焉請舉其弊而因以見之以書課養人才以文章取士羣聚秀豪子弟置之都會市井之中而以誘饑頓躓一二老生爲之師朝夕相與量柴數米較豐論嗇以從事於屠沽負販之業強者矜其末伎而武斷椎埋以爲俠劣者飾其衣巾而熒惑干索以爲齋曹居旅游非訴病鄉鄰則譏訶官長而已民之師帥國之柱石社稷之干城皆於是乎取具此造士之法壞之所致也造士之法未易復而近乎造士者不可不講焉三年賓興塹棘而闈之合數千人付之八九倥侗併瞀之老儒責以半月之光陰而使之較定數萬篇卒遽揑合之文經其品題者遂謂之賢才而昇之以天下國家之事欲其出教化而表風俗與民居而固邦基深宮九重懸懸望治而蒞金闢土盡入私門此選舉之法壞之所致也選舉未易復而近乎選舉者不可不講焉軍國之設凡以爲民親民之官莫如州縣故先王於此乎盡心焉今官以公府爲傳舍民以官司爲過客一介章句之儒握方寸之印肆然而統古公侯之國孤懸浮寄於百姓之上曾無寸根

半蒂之固是雖引以冉閔翼以游夏且猶不能以濟而又來之以日暮途窮枵腹樆臧之僚屬承之以屠銷服劍吻膏牙血之吏胥環之以粘牡縕火負儇揭篋之里老分之以市魁屠伯飲羊飾豚之櫝者擁之以紾兄奪食踰牆摟女之桀卒掖之以殺人於貨膾肉餔肝之胥算是猶使一夫荷箠而牧數萬之羊而又使五狼竊其前十虎伺其後百狐撓其左千猴擾其右而鬼車雄鴆鴟鴞鵂鶹之朋友群而噪之雖有出人之才周物之知訶妖禦侮且不暇何以望其從容所事以蕆其職業哉由是日力有所不給聰明有所不追精神有所不到思

慮有所不周文案山積員充棟而汗牛凡骨天生難神施而鬼設逋者未必追而追者自恨其不逋賦稅之多逋源於此矣拘者未必來而來者自恨其不後拘句之多違源於此矣罪者未必刑而刑者自恨其不亡罪人之多亡源於此矣善者未必舉而舉者未必善爲善者怠而不勸源於此矣惡者未必黜而黜者未必惡爲惡者玩而不戒源於此矣由是官吏之罪犯蒙頭隨舉而是法令之科條徒設難據而行罪犯多則民得以挾持其短長而俗益以薄法令廢則國無以振肅其綱紀而政益以驟故夫世之號才官稱能吏者不過督征賦決

獄訟承上官之風指急簿書之程期速了而已矣其於生民之休戚風俗之美惡固漠乎不相管攝也飢者固不能使之食勞者固不能使之息也詐暴者固不能使之循良忠信者固不能使之幽道也亦猶牧羊者見其羸則鞭撻而擊之解時翦其毛輸之主者不後期而已矣冷毳者固不能使之柔澤矜競者固不能使之馴擾也居無幾何或超遷而去或顛躓而歸凶回何慮姦竊乘隙案牘於是而沈埋錢糧於是而伸縮嗣來者莫究端緒無憑綴續重更再造而別立一乾坤矣夫然故民無定志士無定俗狡猾之情流僥倖之機熟而天下之

勢僅如沙圓瓦聯不相繫屬無事之時雖漫然而若平一旦變起則紛不可觸矣此封建之法壞之所致也封建未易復而近乎封建者不可不講焉富者田連阡陌貧者地無立錐連阡陌者不輸滿頃之糧無立錐者或辦累畝之賦食指數千者袖手而閒居形影相弔者奔走而服役由是訟牒紛紜交攻互擊怨中生怨讐外起讐其庖湢如秦胡同里巷如楚越而又賄賂潛行證佐反其是實官司莫孚予奪顛其虛眞由是鬱結不平之氣敗壞陰陽之和悲號怨忿之聲觸激天地之怒雨暘愆時而旱潦相繼疾疫厲作而死亡無期此井田之法

壞之所致也井田未易復而近乎井田者不可不講焉毆人者減等笞一十罵人者減盡而無科盜官庫竊官倉納米五十石毀人目斷人舌擺站二三年充軍者諸伍即逃每逃輒得其利編配者越境即復既復則安其居由是視官吏如嬰兒犯刑憲如飲食詔令雷行僅同蠛蠓之過耳劍戟林立有如芒刺之在前名雖爲人實無異於禽獸居雖中夏反不及於戎夷此肉刑之法壞之所致也肉刑未易復而近乎肉刑者不可不講焉凡此數事者非以爲聖人之所爲故慕而效之也世固有之任耳黜目者多狗名而不責實好大喜夸者常是古

而非今某不敢也蓋嘗身履其地目擊其弊思所以捄之而不得其術又思之又不得之及得之則聖人之所嘗行也以此益信聖人之果能首出庶物而不行先王之道者果不能以平治天下也故嘗爲之說曰讀聖人之書而能通其義者非知言也必有以見其不得不如此說然後爲眞知耳考聖人之政而能贊其美者非識治也必有以見其不得不如此爲然後爲實識耳某無狀不敢自謂知識但身親驗之實有以見其不如此故不足以致治舍此而能致治決理之所無有故敢昌言誦之如此非苟焉爲是吠聲之談以誣世盜名也然又

未知在上者意鄉所在故略啟其端而未敢飄究其說倘以爲有可采者則乞明降示下使撰造成書繕寫進呈其言累萬非旬月所可究就若訓不近人情不切世務徒起人駭惡無益於事則進退惟命

糧役議　薛甲

方今之弊莫甚於糧役糧役之爲弊者何也在上之人不窮其源而治其末流盡廢祖宗成法故也國初定制縣有鄉鄉有都都有圖圖分十甲設里長十人每歲輪一人爲糧頭九人爲田甲催督一圖之糧期以冬初而徵冬盡而畢如江陰一縣十七鄉三百七十四里該糧頭田甲共二千七百四十八人其糧長每鄉一人而已每遇徵收之期此三千七百四十八人照甲催徵沿門督併糧之完與不完皆此三千七百四十八人之責糧長不與也官府比較止於糧頭田甲不比糧長也糧長在縣供役米貯於倉銀貯於庫不過收完之日傾解而已傾解之費有官贈有私貼無賠貱之憂也糧長既無賠貱之憂又無比較之責則人人皆可爲所以嘉靖二十三年以前江陰糧役大戶不致傾產中戶得以保全錢糧亦無拖欠者職由此也自二十三年歲值旱荒長民者不欲催徵曰吾甯賫糧長一家以完千家一時小民翕然頌德而本年大戶遂至破家數十原其

意本憫民之窮而不知其弊之至於此也弊源一開爭相倣傚小民以拖欠爲當然有司以催科爲斂怨自此糧頭田甲不登糧戶之門而催併無人矣官府比較不及糧頭田甲而止責之糧長於是糧長一名有賠及千金者沿至今日則一名之費賠及三千有餘矣其故何哉蓋原法之始壞也大戶猶有存者有力之家人丁猶衆人戶猶服錢糧猶可徵收拖欠者少所以費及千金而止大戶既盡輪及中戶朋充或一役三四人多者數十人每人或三四分或一二分甚至不及分者此等之家戶丁既少人戶又不信服錢糧拖欠者多而官府比較必不可欽則各私自念

曰今糧長五年一編爲一會計盡吾之產足賠此會之糧此會產盡則編審不及矣由此甘心賠敗其產不足者或流移或死亡所以費至三千餘兩費愈多而糧愈不完也迺今不及二十年江陰之糧拖欠者不知幾十餘萬矣此後不知又將何如也當道者憂之亦嘗形諸奏章見諸文移如役田如役銀其議論非不深切著明及施之於事則有礙而難行者病在不探其原而治其末流失祖宗立法之意耳夫民間有田之家其與佃戶若家人父子然不足者賑貸之荒歉者蠲免之猶有逃亡逋負之變若歸田於官其田必不良以官法治之其佃戶必不堪有相率流移

而去耳田畝荒蕪錢糧無辦勢必責之糧長是又與糧長添苦一倍也此役田之不可行也江陰之糧平米之外每畝派銀四分有零數年以來加派日增有工科有兵科幾及六七分矣如又加派役銀是重困小民使之不堪也作法於貪弊將如之何此役銀之不可增也夫是二說意非不美然於祖宗立法之意分毫無與蓋非不窮其源而治其末流之過乎故愚斷然以爲欲救今日之弊必復祖宗之法而後可也或疑循習之弊爲日久矣盜憎主人民惡其上從古已然況邇來彌文日繁官府應酬日不暇給今欲彙聚三四千人而比較之不惟力有不給亦且勢有不

行舊法之復夫乃不可乎殊不知操持有要變通在人如果欲羣數千人而日比較之誠不可矣獨不有要可操乎蓋糧之不完者非盡一邑之人皆奸頑也一圖之中其奸頑者不過一二人或三四人而止爾其最甚者莫如書手之詭寄然每圖書手不過一人可得而稽也國家定制每歲三限初限完三分中限完六分三限通完計三限之終湻良之戶完糧者可十之八九糧完則頭甲不必到官其不完糧應到官者亦不過十分之一可得而考也爲今日計莫若徵收之初令糧長公同糧頭里老將一圖之中奸頑素著者與書手之詭寄者報名於官掌印者每限先行

比較之責令先完俟三限將終糧頭田甲之不完糧者方行赴官一齊比較量其拖欠多寡或責治或枷號或充發其逃移死亡者責令該圖里老稽其田土拘其親屬設法賠敗期於必完分毫不以累及糧長糧長無賠敗無比較一如舊日之制何苦而不充哉而吾亦何必盡拘三四千人而比較之哉此之謂操其要執其樞循舊法而變通之不易民耳目而宿弊可釐完富可復者也此外尚有須講求者如荒歉之端先期申報會計之數及期下須與夫一切編審釐革之法又在臨時斟酌有非遽數所能盡者僕林居目擊時弊竊著之以備採擇焉

移倉議

馮士仁

移倉靑暘者爲漕艘不達城濠也縣治距靑暘河流淤淺當春瀰盈舟楫通行冬月水涸僅容筏渡先是開兌於春分開幫於春季故糧運無礙今更期臘底春初而艅艎不堪盪至矣故移倉以就舟未暇計及於民耳移建三年其吝日甚洵有如民衆所呈者通縣一十八區糧長米頭散居四鄉東西十九南北十一輻輳城邑沿習相安不憚遠近也靑暘距縣南三十餘里附近靑暘者幾區各甲運米歸倉無論梯航無論荷擔有不苦迢遞跋涉者乎是轉運之不便也運米至倉以限期湊集未必隨到隨收或有守

候經日者甚有宿宿信信者竊遠則鮮有親知鎮僻則無可容歇此守納之不便也會計開征條糧併督而經催總催而路也此征比之不便也催納矣運至矣而較量正耗此一人比條於邑比糧於倉往返城鄉窮日之力是驅經不無升斗鈌額在城邑而親識有資稱貸補足便得完票以歸靑暘即比屋千楹其蓋藏未足供通邑之求也爲升斗之數而再往返百里之程此添補完欠之不便也及講兌而强軍悍伍彈壓無人議耗議增朝三暮四此兌運之不便也靑暘河較城邑稍深水僅盈尺米旣歸船仍復膠涸每年築軟壩數道挑泥著水逐節送行以達大河其樁木人夫雖糧長備僱而地方不無繹騷此便漕之舉尤有不便者也連名之呈非移倉不可移倉而仍泊舟遠方又多一番剝載將使軍自剝乎民剝送乎軍剝又有捉船之擾民剝必遭勒索之殃交卸處所孤舟入幫彼悍軍視民爲几肉矣民其堪此乎故移倉必先疏濬而今所難言者不在移倉而在濬河也河之兩岸業如山矣開鑿之泥將歸何處勢必遠走數百武是荷簣荷鍤倍議人夫將派夫里甲則催督惟艱將派銀募夫則征比又苦計工算費河濶三五丈不等即以三丈計之掘深四尺每長一步開鑿搬運約用夫三十工每工銀三分三十餘里約費九千七

百二十金靑暘之南又須並濬則不止於三十餘里也再加樁木築壩戽水之夫非貯有萬數千金不敢議舉江陰亦曾濬此河經年而淤復如故隔歲一濬則歲費萬金此濬河之難言也然則終已矣乎詢彼故老其議有三謂請改折比照嘉定事例而更願浮其價舉輕齎席蘆輸於公並增耗加尖併入於折先期征完與新餉同解糧艘抵灣時銀亦至京矣非敢遲悞也又謂請緩期運道不通天澤可待至春和而水可泛舟行無窒礙獨西縣糧至三月開幫即有守凍之苦而向來如是匪創自今也又謂請繇江縣治瀕江西北有黃田閘港距城不三里運船自京口

抵此窮日之力有餘商賈艨艟畢集於兹非慮荒僻也去城不遠呼吸相聞易於剝運古觀風色朝發夕至無虞風波也且江西湖廣諸漕艘江行千里歲運如常而南衛幫軍豈愁百里耶凡此三議不必開濬而合可移漕無恨洵兼善之議也事關題請圭自上裁

論

吳季子論　明　黃傳

按春秋書吳子使札來聘或以為生亂而春秋貶之或以為讓國而賢之以為賢之者公羊穀梁也惟吳萊立夫則以為不貶之亦不賢之因其來聘而記之耳貶之者之說曰札徇匹夫之介節辭位以逃而篡弑奪攘之禍相尋於吳則季子之生亂也荆楚無大夫而屈完書族王朝下士以人通而子突書字諸侯公子以名著而季友書子母弟之無列者不登其姓名而叔肸書氏皆賢而特書者也今乃畧以名紀比於楚椒秦術之流而無異稱焉其貶之深

矣賢之者之說曰諸樊兄弟迭為君而致國乎季子季子不受光弑僚而致國乎季子季子又不受曰爾弑吾君吾受爾國是吾與爾為篡也爾殺吾兄吾又殺爾是父子兄弟相殺終身無已也故君子以其不受為義以其不殺為仁吳稱子善使季子故進之也身賢賢也使賢亦賢也不貶不賢者之說曰父子世及常法也兄終弟及法之變也湯甲盤庚之間殷以是亂者九世豈獨季子之辭國乃生亂哉長幼之序不可紊君臣之分不可奸此則季子之心耳若季札之辭國生亂非惟聖人不能於是貶之雖聖人欲於是而稱其讓國之賢亦所不能也齊桓召陵之師楚

人未有必盟之意也而屈完請服王人救衛之役王室微矣而又使子弟主兵故子突不得有功季子來歸則我公請之於齊而欲靖魯國之亂叔肸之卒則又或以公弟之貴而世遂爲卿聖人之特書者特因四子以立義豈得與季札例言之哉吳之使通禮未聞於中國吳子之使札是猶楚子之使椒秦伯之使術也故聖人一以是書之諸說如此以愚觀之以爲貶其生亂者固以傷於深文以爲賢其讓國者亦微涉於淺見也初季子之讓國也豈能逆覩魚劒之禍哉使光也僚也皆季子也皆諸父也魚劒胡爲乎來哉故以生亂爲季子罪者是以成敗論人吹毛而求

其疵也季子之歷聘諸國也觀其禮而知其政觀其樂而知其德觀其君臣之言語威儀而知其終身禍福之所止示之趨避之途而莫不明驗焉則夫諸樊兄弟之不足以昌其邦光僚諸子之不足以衍其慶蓋已了了日中矣其所以因亂而必逃坐視骨肉之相殘宗祊血食之凛凛也者豈季子之本心乎蓋義有重於亡國與絕祀者故不得已忍而爲此也意者季子之讓國其諸以僭王之故歟諸侯而僭王莫大之惡也吾受國而襲之吾豈可以爲人吾受國而革之吾則賢矣置吾父兄於何地也故吾甘受匹夫狷介之名甘負天下後世生亂之責甘使不才子弟爭奪而亂亡而不忍身被僭逆之醜手揭父兄之惡赫赫然示天下的也所謂行一不義殺一不辜而得天下有不爲者季子有焉或曰季子知父兄之惡盍諫而更諸曰季子盍嘗諫矣特以事體非常而視聽可駭不敢公言於朝廷而但密陳於私室故國人不得聞史策不得書耳由此言之則春秋之於季子誠無意於貶之賢之而季子之所存深矣厚矣區區讓國以爲賢直其所託而逃焉之虛器也胥說無稽漫志之以俟君子正焉

十字碑論　繆昌期

自獨孤及之論吳季子謂其以讓國生亂而胡康侯之傳

春秋輒從臾其說以傅於夫子書名之例後世治康侯家者至以札爲戎首而申申詈之不置嗟乎春秋之時臣弒君子弒父以跳踉恣睢於天下者不可勝誅夫子不唯賊是仇而先紬讓王之公子其何以勸蓋康侯之支離其見而中商其筆至此然而君子惑焉以春秋之不稱公子而比於楚椒秦術之流無異辭也至季子卒而夫子手題其墓曰嗚呼有吳延陵君子之墓至於今豐碑不墜綵字長新而弔古問奇之士過其墓下猶低回留之不能舍去噫康侯能以春秋微暧不白之指繩人以三尺而安能掩此麗牲之片石隴頭之十字哉且吾聞之碑墓非古也自夫

子之於延陵季子始也夫夫子何以碑季子無以其遜國高子臧之義歟三讓有泰伯之風歟掛劍不忘徐君之諾歟葬子合先王之禮歟聞樂知六國之興衰歟歷聘翩翩著閎覽博物之稱歟之數者顯節也媺名也當世能道之史冊能記之而烏用碑凡碑者表也表厥幽也夫季子之隱處在家庭骨肉之間而其潛德至行在乎其兄以讓而不專其名避其兄之子於篡而不居其實茲兩者季子之苦心調劑而不可以告人人非及知而夫子獨知之者何也諸樊之遜季子非其心也上迫於先王之命下迫於國人之望而姑爲是以飾觀聽也不然彼既儼然南面以稱

孤矣而其臨歿遺言欲授餘祭夷昧以及季札立嫡乎立賢乎且何以知札之死必夷昧後也何以不言嗣札者何人也札之後當有吳國者嫡乎賢乎序乎其端愈紊而愈不可測當是時札之爲札也亦難矣故不得已而退耕於野以絕吳人之望若曰兄實予之而我固捐之身有叔齊之節而兄不失伯夷之高此季子之心也至夷昧死而吳事又大變矣僚之貪而躁也光之狡而忍也其人耽耽焉目睨而齒齧蓋未嘗一日而忘乎位也使季子一日有國而窺室之慘不中於僚而中於札必矣光之借札以僻也非爲札地也札如聽之而專諸之匕首又將轉屬焉夥也札自是終身不入吳國矣若曰兄之子固予之而我實逃之身有泰伯之讓而兄之子不失武王之業此又季子之心也故曰予其兄以讓而不專其名避其兄之子於篡而不居其實也其立節顯而用意微其抗志嚴而行權巽其可取而不取也似愚其不可取而不取也似智其三更暴主而不見忮也以爲得老氏之杜機其一正自守而不見絀也以爲據先王之大法噫若季子者豈後世一節一曲之士所可得而擬者哉故夫子之碑之也稱嗚呼以形其人稱有吳以不奪其國稱延陵君子以不沒其志而季子自此不朽矣然則春秋何以書名也曰名吳之臣以退

夷也凜然大防哉於札無以與也嗟乎泰伯之讓讓以賢也當周德之興而吳以進季子之賢賢以讓也當周德之衰而吳以亡二君子之所處其有幸有不幸歟而後之耳食者必欲以夫差之亡吳而徙其咎於季子夫季子辨六國之興衰者而獨不辨吳之將亡彼亦能爲季子而已矣

書

與邑侯錢鶴洲書　明　薛甲

昨承下詢立堡事宜比因匆匆未暇詳答且虞前孫公至冀得細論再磬所欲不意其不來也僕觀比日諸公議論多以紙墨爲功勳如文書所行建白制倭諸說言之可聽用鮮實效立堡之論卽其事也夫堡卽城也在縣邑謂之城在村鎭謂之堡其名不同其用一也其制之大小不同其費一也諸公徒見北土鄕村遍地立堡欲使江南倣而爲之不知地勢不同工費亦異北方地平無高下塡塞之勞又土性堅實無石腳之費比之南方費省百倍矣可一

例論也卽如敝邑一城不及數里傾一縣之力爲之猶且積聚數年更越三四賢尹至於執事乃克成功今欲散諸一邑之間期之旬月爲三四大堡是爲三四城也其爲勞費豈特數倍縣城而已哉儻不爲之變通上司以虛文督責而吾欲以實事應命雖使有成亦爲敵未至而先罷其力先盡其財於空虛無用之地有促之亂而已況未必可成哉必以事經建白不可中止愚見莫若倣北地立堡之意而不必盡循其法內地村鎭應立堡者止於各街口建立堡門上設城垛可以瞭望其堡內居民令各於所居之後高築墻垣自相連接自外望之隱然如城郭至於緊要去處如楊舍地方將來有添官設兵之舉則與建立堡城爲久遠計如此則雖費不甚雖勞不罷且不拂建白者之意而吾事亦易辦變通之宜似無踰於此承厚愛輒敢布其愚悃惟高明裁之

與按院周觀所書　張衮

去歲倭寇犯我江陰焚戮之慘孤城危急之狀僕已哀號之矣是時明公親提兵至賊退而急繕其三門之月城城不單爲可守公之恩也卽今四月十二三日賊自黃田閘大擁衆而至攻燒北門獨急十五日夜金知縣在城上當矢礮交至鑼聲若雷一時糾集衆務指揮不暇唇吻焦渴

竭力死守僕亦陪至四更而退走動少不如法幾中鉛錫銃而死矣滿城男女持撞抱頭仰天痛哭莫知死所垛口人夫倉皇失措不至駭潰有胥主簿持刃在也北門財貨生息之地蕩然一空皆爲焦土賊又以其餘力夾攻四門門外坊廂夜夜火光燭天十無一存人民殺死城下者無算獨有孤城兀然危甚朝不謀夕嘗人之一身手足俱斷而腹心可獨完乎腹心將內潰死無日矣野外居民入城保息者幾萬人圍已十日糧路既絕枵腹待斃一城之小危若焦釜數十萬人之命倏若朝露非公大發兵至急爲救援是無江陰矣無江陰則蘇松之門戶壞矣蘇松之門

戶既壞常鎮一路聲連綫斬可不危哉督撫諸公既去獨有公一人縱督撫諸公皆在而人心屬望又獨公一人況受朝廷懋簡以東南之安危注意公乎今日之兵事內酬外應東支西顧竭心膂晝豈不知明公之勞與調發之難也疾痛則呼父母水火則望拯援況死亡在頃刻乎賊勢日盛賊謀日深廣爲飛梯長鈎剛錐利斧大肆攻擊疲民寡力萬不能支狂呼疾愬非公之望而誰望哉僕知公救民之志愛國之忠又豈待僕等嗷嗷而後然也危衷迫切質昧條理伏惟台慈矜憐衮不勝祈懇之至

與撫按請兵書　張衮

伏惟明公受命南巡爲國討賊三吳億萬生靈盡在公之掌握遐邇諫聞莫不謂今之風牧方召有石厓公觀所公佐二公以赤子行事者兵備任大參也僕以江陰危急之際存亡係於呼吸請竟言於左右而無誅可乎江陰去江三里邊邑也自一方觀之彈丸之地也自大勢觀之其爲噤喉其爲門戶載於地圖炳於哲鑒豈俟指數也去年五月倭賊犯我江陰殺傷二千餘人焚燒房屋及千餘所村鎮有名大家發其蓋藏幾半是時幸有存者謂害不及己苟以偷安今歲四月二十一日賊由東路經顧山經華墅經竹塘直指青暘之大鎮滿載揚帆而去近五月三十日突至本縣東門攻圍褻甚入其關廂五日不解率其兇醜二千餘人屯結蔡涇閘南去城十里四通八達之衢每人分枝四出大肆劫掠山坳水澨靡所不到小民瓶罍之儲芽莢之蓋鮮一存者處處烟生夜光盡赤皆爲賊火其爲殺戮幾萬人內殺生員三人婦女被淫污溺水死者不可勝紀兇虐如此乃至殺我父母官懸大尹之頭於九里之橋膏身草野越明日始得收其殊分者聯合以爲殮百姓號泣譬恨莫不呼天仆地於乎生民大禍至此極矣竊料江陰三百七十里既里里皆空存一孤城僅七里耳周禮所謂野荒人散正在今日譬之人身手足俱斷而存一胸

臆謂之獨存可乎城外之民既入保而息齒聚屯積疫氣易生口食且不暇論賊疑城中有人有貨他日不煩野掠猝然直至城下合力攻圍人不暇謀兵或懈守所幸獨存者又不保矣有司之政所以因循至今日者有漸也司牧黔首務潔高名以明節惠一切防禦之計謂爲擾民毫髮不肯輕動賊至而百無一備備亡而民死者衆也團結鄉兵僅有名號團長保長聞風先遁莫知其蹤持鏢帶劍之士坐食縣官未見其露刃迎敵比得倭首幾二十顆乃猝鋤之民挺身與死而勝不出於兵也其爲兵者戮一二人以爲功取其首而還旁人私驗之乃鄉人也其姓名可知

也凡戕禍弭亂莫貴乎兵保邦定民莫先乎立計使在平時循要結之名而深討其實家自為兵人自為戰率之以長明之以官法無處不然賊豈能越防而至坦然如歸其室廬如自取其食貨傲而肆志而無疑也曲溪狹徑皆其縱横熟路矣近日麻皮橋居民李蓯以一富人之力倡率農丁拒賊賊三至而不能攻其家推之於縣於郡亦可知也本邑斜橋包港沿江等處者民素稱勇敢謂其能習水戰今皆用之於江患在於陸而役之於江非緩急之道也使陸有所攻而水有所拒則誠得矣陸既無策以乘之惟拱手待賊出江謂為畢事是防江者送賊而不知防為何

江陰縣志　卷二十五　藝文　書　六十五

故也賊久不去劫殺三十餘日闔城皇皇如在焦釜急則請兵乃邦人愛死之情而審勢裁賊實則公持危之大計又有小民在野逃避無路見賊白刃脅之挑包數十成羣久之不知為賊如庶人之受役官府子弟之受役父兄是則隱憂者某也跡賤名微伏匿江墺螻蟻細鳴何足以動台聽而燕雀處危竊料差盡於物伏冀明公察焉上答聖眷下慰蒼生某不勝激切禱祈之至

上鄉先達書　湯明善

錢侯政績士民感戴錢侯死忠神人痛憤其事聞之朝廷名播之天下後世固不待論但其死也非出一時偶然勢窮力蹙貫從容就死尤自古所難耳倭賊連年入寇慘不忍言侯備嘗艱苦焦勞萬狀雖各鄉殘破解倒無繇而屢戰前驅致身自許近賊四布闔城烟燄蔽天死傷被野吾邑三百七十里之地盡賊蟠據孤城孑立僅免失地之名四境一空實有破地之患侯且怒且恥忘寢忘食誓死一戰不與賊俱生兵士深哀其志而不能阻寮佐屢聞其言而不可留屬吏勸以全身遠害之謀則諭以平生所學何事家人動以老母少妻之念則叱以忠臣不怕死乃於倉皇之際密印私澤之衣其志可見推是忠烈勇敢之氣誠足以一鼓破賊者特以責任無專閫之重進退無殺生之

江陰縣志　卷二十五　藝文　書　六十六

權致使眾潰獨支戰死城下鎗刃交傷身首異處當其大故之時天地晝晦雷雨交作而一二親兵抱屍俱隕亦足以見忠憤之感於天人者矣是誠重有光於朝廷大有補於綱常者也恐撫按遠不致詳而地方當事者又或飾詞掩蔽使精忠泯沒天理人情豈能忍乎市民之設位哀思良心所觸名教中人獨無一言以雪其憤豈不為愧募兵討賊眾論既空有志復讎獨力不逮切願據事直書遍呈當路或可為也昔陳恆弒君孔子沐浴請討先儒論顏淵設孔子而死必能上告天子下告方伯夫齊隣國也非得之父母也孔子師耳無專城之寄也孔子顏淵之心必欲

仲明大義豈計其成敗哉明哲之力不能上達所能爲者告之公而已公德居一邑之望爾從大夫之列則告之撫按以冀奏聞正名討賊刻日計功而於侯一身則敕賜廟祭贈謚蔭襲事修國史以昭國典以勵人心皆公之事也侯既爲聖賢之事公素講聖賢之學明善不敢不以聖賢之道望諸公耳議者不知事勢之宜持爲一切之論謂侯身未可死事涉輕生印不必持理宜別著殊不知侯之心以爲待城陷而身死恐無救於萬姓之生靈若身死而印存或未達於九重之視聽故及斯民幸存之日身先抱印而亡庶天子震怒事不視爲泛常將士感激氣自倍於效

死則孤城幾陷而復存流民幾死而更生猶可冀耳矧今民失父母災孰大焉邑無其主危孰甚焉或如前來于閉門坐待其斃則不惟自蹈於安危利害之愚而於侯殺身成仁之志亦甚孤矣侯身死而志不白明善白之而公或不以爲然非明善所能強也公白之而或撫按不行非公所能強也所可必者自盡其心而已矣夫中國之所以異於夷狄人類之所以異於禽獸恃有此名義云耳目擊非常之變若罔悶知名義既亡豈不胥中國而夷狄胥人類而禽獸也若彼豺狼未易爲敵而江南兵力亦已罷疲所賴以自勝者天地間一點正氣而已侯既以身激三軍之氣公當以氣倡三軍之威縞素乞師以順討逆以弱爲強在此一舉不然則城不可保賊不可滅憤不可雪江南一路未知所終何以收廓清之偉功慰忠魂於九泉之下哉若徒區區作兒女子之態以傷侯一身之慘以盡己交游之私甚非所望於公也惟公賜垂察焉名教幸甚一邑幸甚天下幸甚

與歐陽太守論鄉賢書　繆昌期

恭承老公祖創建龍城總祠所以表章往哲風厲後學者德意甚盛及讀所貽小柬趙先生書意欲博采勿襲如不肖其人者諮謀甚周爾時趙先生奉尊指枉顧敝寓問吾

邑本朝人物灼然耳目間者何如入不肖不謀而應之曰以不肖所知爭大獄發大奸蒙譴濱死百折不迴家國無訾議首尾不渝節者大中丞湯公沐桂史貢公安甫而已趙先生首肯曰然次問某公何如曰名理哲以辨矣幽閒之際吾未知也又問某公何如曰文章典以裁矣朝著之表吾未覆也然則吾邑之先賢竟寥寥乎則何以復郡大夫曰有祀典在可訪也吾邑正嘉間人號敦古家持清議以故先賢之祀汰而又汰精之愈精自春秋至正嘉間合祀二十四人而本朝止得四人並無子孫有氣力者得攙附於其間至於今而無有溢其額也故他邑之祀典難決

吾邑之祀典易決也何也原祀有失出無失入故也嗣後而議者多愛惜此名則嚴持之毋使續貂欲光大其舉則問鈕之不至濫觴可也曰然則何攷據乎曰有邑乘在可攷也黃志偏於搜奇其失也雜獎才淼趙志主於持平其失也多掩危節稍折衷之可也趙先生唯唯不肯退而簡所藏新舊二志送先生採擇將謂先生再有商確也近日接先生來書知以先後七人上議輒訝然嘆曰上下數千載而得七人何少也七人之中而本朝居其四何多也以吳季子之例例及於顏蔣二氏宜少者何太多也以顏蔣二氏之例例及於吳季子宜多者何太少也隨以此語轉

白趙先生業已呈覽駟不及追不肯於是徘徊沮抑中夜不能以自安曰豈可以歐陽明府之盛舉啟後日之訟端乃敢裁書而畢其說夫勝國以前經累朝之淘汰罕後嗣之營求竊謂議已定矣無容致喙矣今議自吳季子而下止存邱文定趙秘書二人與季子鼎立而三非也其在本朝自湯貢兩公而外已經崇祀並無別議者則寺丞嚴公本郡伯孫公寘世遠事逸其子孫俱消歇無所從問然黃志所載大畧具矣不肯少聞之父老嚴公布衣薦起者爾時周文襄公巡撫江南操舴艋夜半訪於其廬嚴公呼其妻曰此必吾故人周恂如也急披衣起迎之娓娓作促膝語皆吳中官民利病也坐良久命煮數卵以進文襄啖之盡乃別每追想此事前輩風流猶宛然在目孫公者雖載邑乘今不悉其果何如人意亦嚴公儔也今奈何驟以顏大參澤蔣僉憲舜民代之也不肯非苛求顏蔣二氏謂有瑕行可摘但謂議祀者奪此而予彼必且並挈其人角錙銖較分寸實見其人有所重輕短長而後可中其予奪而所爲重輕短長之論非自口碑出則自邑乘與國史出而子孫之口與在家之私錄不與焉今夫趙先生狷介獨行古君子也豈有私於二氏即二氏似恂恂長厚人也何獨不可祀但祀二氏而一朝奪前輩者二又追奪周秦自勝

國數千餘年者十七義無所出也且邑固有名在二氏上者有實不在二氏下者而何以待之且夫論先賢者亦論大節而已矣大抵今之長者多好言居鄉之雅度與居官之惠政而似者始得有以入之夫是二者非不美節也然但可取人於辨官掄才之日未可定人以易世俎豆之典所以萬石逡巡不傾賢豪之惡桐鄉尸祝未兼廡社之鄉豈非所重在此則所輕在彼耶然則今日增祀諸賢必核其生平出處大節如所謂爭大獄發大奸蒙讒濱死百折不回兼清風勁致矯然物外可廉頑立懦者予以特典一邑如此推之五邑可也此不肖公平之見將以救趙先生

之所不及而上佐老公祖之未識者如此

上朱萬青師書　國朝　管天祚

日者風塵未靖民生日蹙老師所職者一邑之國課也齊魯之郊其所征輸雖不及江浙之繁重然而蒿萊遍野稅稻不登斯民之瘁四野皆然則夫善立法以供君父之需曲原情以拯百姓之困誠仁人君子之所當再意矣昔仇香以縣尉而獲鸞鳳之名朱博以嗇夫而有仁惠之號類皆不卑小官以澤赤子故能上結主知下發里祝垂之青策紀爛同光今以證之吾師夫豈多讓方今之世以門第相詡以豪縱爲高以酬答睚眦之事爲能以通知舞文之

才爲上而吾師惟忠厚之訓以誡子繩祖之語以勗孫食貧厲志之言以念及牛馬走之輩夫子孫之計莫如垂德雖今人之所難而猶爲古人之所易者若乃成棄之物斵賤之材收之筲之雨之露之不惟始之又且久之此鮑叔牙於堂阜因人漢武帝於平陽從騎千古而下豈可多得哉乃吾師之於門人久暫若一縱昌歜芰獅古人或有所寄然而當之者益難矣夫汶上故爲中都平陸之地聖人之所治大賢之所止今以老師佐理之自當仁心義質時扇北風而祚之所望者則願上之以役職宣惠有賜禮露冕之榮釋簟惠文有緇衣公子之號使君相有得賢之仁

而黔首獲祚席之日若其次也則幅巾湖山科頭荳棚觀異鳥之忘形撫煙霞以自得烹鹹煮菽較茗量泉修萬石之家風課賢孫之文業時與一二高明閒雅之士斟酌古今逍遙天地一觴一咏何仲長統王子猷之足云乎

勸友徐介立復姓書　沙張白

張白再拜奉書介立先生足下昔者南唐烈祖即位而後改徐爲李近代名臣如范文正之易朱爲范申文定之改徐爲申皆垂諸史冊用爲美談不必爲二公諱不足爲二公疵者也若乃衞青爲鄭季所生而冒姓爲衞楊國忠本張易之子而冒姓從楊此武夫宵人不知大義者之所爲

君子固不許也足下爲霞客徐先生之嫡子從母出嫁母夫人知之足下知之今則行道之人皆知之矣霞客高趣畸行足跡遍天以下禹貢之所不載職方之所弗隸者莫不窮搜遠覽著書數十萬言誌其險怪海內翕然推其人爲第一奇人推其書爲第一奇書有父如此亦爲之子者所大快也不意足下反推而遠之也僕聞父老識霞客者言足下聲容舉止甚似其翁僕竊窺之不特貌似而已即性情無不似者足下好讀書好遠遊畏惡俗人敝屣富貴與人交不以盛衰存亡易其心凡此皆霞客之所長而足下克繼其緒者也何嫌何疑不父其父顧李其姓介立其

字耶僕竊謂足下介則介矣立則立矣李之爲李果何爲者而居之不疑如此耶得毋類於靑之衞國忠之楊而蒞范文正申文定爲不足法耶且足下年已暮矣忽以此時拜霞容之墓爲文祭焉自陳所以久假不歸之故使霞容老賢父以爲世道勸不亦生者死者兩無遺憾且令四方識者聞之莫不鼓舞稱快耶內叔周公茂之毋徐節婦霞容之女而足下親姊也拳拳語其子以足下爲其嫡弟囑公茂執甥舅之禮甚恭蓋惟恐埋沒足下欲顯其姓名而明其所自來有聶政姊嫈之遺意焉此論之出於毛裏懿戚於足下父子之際親知灼見明白痛切非尋常擬議之說可比也願足下熟計而早圖之不特僕也四方有識者皆拭目操筆以俟足下此舉矣又安知并公霞容先生地下之靈不待此以瞑乎白惶恐再拜待命之至

江陰縣志卷之二十五終

江陰縣志卷之二十六

藝文二

序

送博文孔君至江陰軍序　宋　尹焞

昔孔子相魯侯會齊侯于夾谷曰有文事者必有武備請具左右司馬既會用能卻萊兵反汶陽田由是知大聖人振武耀兵能使強侯懾懼豈若侏儒巽懦跼蹐轅下一籌莫展也厥後子産爲漢高左司馬破羽垓下世文知陝州平鼎澧寇遷撫州單車諭撫建昌關卒是皆用武以定亂能傳聖人家法者也越世五十博文孔君夙諳韜鈐沈毅有大畧筮仕爲本州團練屢立戰功今膺簡命晉階武功大夫俾統制江陰軍將行來謁余請所以守江陰者余語之曰戡亂以武襄治以文此不易之論然亦時爲之也有時文亦足以戡亂武亦足以襄治詩不云乎文武吉甫萬邦爲憲文治武功吉甫以一人兼之孔君其勉乎哉君固儒家子宜用以襄治也然江陰爲江海要衝劇盜出沒波濤如履平阪總戎有干城之寄非武何以禦侮君爲統制將以戡亂也今和議成朝廷有意戢干戈命將守要害制御撫綏而已非文何以飭治然則是行也其簡卒伍而訓練之撫流離而勸課之嚴飭守備鼓勵戰士內平巨寇外

威强敵隱然江淮保障使聖天子無北顧憂庶幾文經武緯仰符大聖人遺烈孔君其勉乎哉博文拜手曰謹受教遂書以贈其行

丹陽集序　孫覿

孔子之徒三千設四科列顔閔以下十人而文學政事雖游夏由求之賢不可得兼也將相大臣端委一堂折衝萬里之外以身進退爲國輕重其視文章一小技耳固無義乎空言儒學之士奮奇事主以就功名時命大謬則退處一室著書立言張皇大中以啓悟後覺雖不能見於事業亦足不朽矣二者不可得兼亦其勢然矣左宣絭大夫顯

謨閣待制丹陽郡開國公葛公自髫丱以奇童名里中年十六隨計詣京師連三薦至禮部遂收其科文節林公子中愛其文薦試學官公以詩書禮三經應詔又試宏詞皆中第於是名聲隱然動京師始去州縣吏内外學官之選校中祕書入尚書爲郎天子輯瑞應講蒐獮報禮上下四方以符瑞來告者不可勝數大臣表賀皆出公手瓌詭英麗獨步一時公卿大夫交口譽之咸謂公即日典司判命施之朝廷薦之郊廟以追湯盤周誥商詩魯頌之作稍遷太常少卿國子祭酒擢大司成遂躋法從會新宰相用事與公有姻連補去國竟不復召公聰明疎達典數大州首除一二兇猾之亂治者寘諸法然後簡節疎目以柔道理之尤詳於折獄躬自臨聽不以屬吏往往得其情於片言以故所治多平反無侵冤者燕山之役詔州縣率免夫錢而以足軍興候官吏之不如詔者公時守湖度六縣民力所堪悉蠲其半湖人至今思之施於政事類如此既歿有司議行易名以道德博聞曰文安樂撫民曰康應二法諡曰文康政事文學可謂得兼之而卒不大用可爲天下惜者也公之子吏部侍郎立方裒公詩文爲八十卷號文康葛公丹陽集自天經地業五材萬物變化隱顯鉅細之要世治亂人賢不肖事之得失是非興壞之理盡載此書而

尤善爲詩喜怒窮泰悲憂愉快淩高眺遠飲酒歡呼雜然有觸於中則大篇長句援筆立成不改定一字非如前世之士以一能一技列於儒林者比也覿與公同州里視公爲前輩盛德而與公群從遊最久故蓄公詩文爲多校今所藏猶有在八十卷之外者侍郎公方紀次别集未出也殘年投老復覩鉅麗如獲拱璧三歎之餘乃序次以爲書首

韻語陽秋自序　葛立方

懶眞子既上宜春之印歸休於吳興泛金溪上我先人之敝廬歸思識返塗游宦泯捉徑湛然胸次不挂一絲而多

生習氣尙牽竊餰既不能如毛萇鄭康成泥蟲魚之注又
不能如虞卿李德裕著窮愁之書未諳王氏之詩循徹問
董生之米鹽獨喜讀古今人韻語披味細繹每畢卷忘倦
凡詩人句義當否若論人物行事高下是非輒私斷臆處
而歸之正若背理傷道者皆爲說以示勸戒書成號韻語
陽秋昔晉人褚裒爲皮裏陽秋言口絕臧否而心存涇渭
余之爲是也其深愧於斯人哉若孫盛檀道鸞鄧粲各有
晉陽秋是皆不畏人禍天刑率意而作如昌黎所云者也
余也非惟不敢亦不暇

歸愚集序

尙烜

烜觀近代文章之盛莫若本朝其間名公卿材大夫以文
世其家者代不乏人或父子相繼或兄弟同時然不過一
再傳而聲采不接其至於自祖及孫弈世相望愈出愈新
如吏部侍郎葛公之家學者亦鮮哉葛氏自通議起家清
孝繼之而官猶未達也文康公始以文章大顯聲爲天子
近臣於鋪張太平之時至吏部又以文章掌制於南渡中
興之後吏部之子正言邲今復以文接踵臺閣言論風旨
爲時人聞蓋葛氏之家學通議淸孝培其本文康發其華
吏部擷其英而正言又將以潤色而振耀之者也其資深
力久哉烜與先兄祭酒同爲紹興十八年進士吏部先生
貫參掌文衡今烜復與正言同朝一日出示吏部文集謂
之歸愚且謂烜曰子爲序之烜於吏部爲門下士其敢以
不敏辭嘗謂古之爲文者本於學今之爲文者空文而已
文乎文乎豈辭藻之謂乎學乎學乎豈章句之謂乎貫大
聲宏夫豈偶然吏部之文務去陳言而不露斧鑿痕自出
機杼而不襲他人後行字著語皆有來處非讀書博者不
見其工至其闊肆馳騁而不失程度紆餘淸麗而歸於雅
正又不可以一體觀也蓋葛氏之文至此而自成一家矣
此師友淵源有自而吏部又從而增殖之也然則空文而
已不本之學安得至此哉吏部立朝大節終始無瑕雖未

盡見於設施是不負所學者嗚呼豐其所積而嗇其所享
不可以理詰也移忠委質益大其門其在後之人乎豈徒
其文而已烜老矣倘及見之

送二國士序

元　楊維禎

至正丁酉江浙政府以大帥移刺公僉樞府事都護方面
公統率牙將凡十有六控弦之夫無慮數萬而猶兢兢愼
重求賢乞言如不及於是有國士者曰湖南鄧林思義江
陰張端希尹並以參謀在賓介二士行會稽楊維禎酌之
贈之言曰一方面之安危寄於一都護之重一都護之舉
動寄於兩參謀之佐都護重以位參謀重以謀謀者言焉

位者聽焉聽而行焉吾見樞相之德日愈崇威日愈隆地望日愈重且雄雖以經畧天下其可也豈直東南一方而已哉宋有國士者尹洙氏當葛懷敏之出師鄜延也洙言於上曰不患士卒之無勇患大將之寡謀齊身自請參議懷敏行軍事上如其請君子謂洙庶幾國士已而懷敏不能卒用而自用以僨今二士之從樞相出於禮而致非自售往也自售者言易詘而禮致者言易投此言之行不行辨也言之行不行功之成不成辨也二士行矣吾將賀樞相之復吳沒地不復於控弦之夫而復於石畫之士可指日待也二士行乎哉詩曰桓桓上國將受鉞負南邦貔虎嘯中野鷙鶴鳴大江長戈挽日軸雄梁植天杠左之排閫啗右之易位逢將軍意不樂憤作玉斗撞匹士能重國五兵徒闘鏦下禮大將壇聘璧銜金缸乃獲兩國士非虎非熊驪文能七句格信可三日降我歌兩國士南金無足雙

北郭集序　　蘇伯衡

禮部主事許君文度持其先處士之詩曰北郭集者若干卷求爲之序其雍容俯仰若冠冕紳韠周旋堂陛之上其縱橫馳騁若風雲虵鳥按兵行陳之間而其音節曲折則如琴瑟簫磬雜乎並奏而雅韻逸發也余亟讀之不暇而爲之嘆曰美哉乎處士之作也何自而臻此余聞山林江湖風振樹而雨垂淵其閒隈壘波濤與夫石竅木穴遞爲吸吹吞吐舂撞澎湃而洪纖廣隘徐疾以有函胡清越鏗鏘鏜鎝作止散合引唱答和無不中音合節天爲成而地爲設也古人之於詩何獨不然哉其情與事物感觸有愁悅豫喪離疾痛也於是焉有嘆息嘯歌哭泣呻吟之聲因其聲之韻合言之文而詩者出焉莫非自然也夫惟自然是以不容於研揣哇叮之間有以發其比興之微而極乎人情物理之變今於處士之作見之矣處士鍾粹美之資抱疏通之才執溫恭之德而抗高尚之志方鄉邦擄於僞時鮮不爲其用以苟升斗之祿處士曾不屑焉盛年甘自放於海濱則其平生之情歡愉拂悱悲思慷慨觸於物者宜有以昌其詩而發焉嗟乎與處士並世而遷就委曲取富貴者非不得時名而爲閭里之所黯距今才二十年泯焉與草木同腐者往往而是處士雖布衣沒齒自其在時負能詩聲既沒而有賢子若文度者發其遺稿彙次成帙刻梓以傳處士之名固當與是集並存天壤間矣以其所得者計之其所取於造物果能優乎哉是爲序

梧溪集序　　汪澤民

太平王生光大以澄江權歛詩求予序其端且曰是詩江

陰王原吉作也原吉與予同姓同業學詩於延陵陳漢卿柯敬仲俱事邵庵虞公得其傳邵庵蔚然儒宗爲時名臣拜參書奎章閣學陳今爲東流尹亦擢顯仕原吉窮而在下能自以詩鳴家居澄江志樂漁隱因以日其詩初光大得之永嘉陳昌道氏併日夜讀一再過鄰中於心光大事先生久與原吉姪同業而其志又同願受一言以爲評噫詩言志無間於古今無分於隱顯也當堯舜時朝廷有賡歌之美康衢有擊壤之謠古詩三百篇國風雅頌皆然漢魏而下舍其心志工其文辭迄於宋季滋甚我朝疎齋子昂能五言曼碩善歌行邵庵長於律三四公絕作一洒宋季之陋並驅晉唐駸駸乎漢魏而逮於古矣雖然學古有道生歸持其志養其氣使德存於心而言出諸口志之大者其氣浩以清其辭婉而直其聲舒以悠旨意無窮誠如是不期古而古何待有爲哉又余聞文章與風俗相推移觀澄江櫂歌則虞趙盧揭三四公之功昭昭矣原吉守虞卿之學宗邵庵之傳博以三百篇之趣櫂歌春中山水間發情止義不古也哉惜乎老不能振之也然聽歌滄浪觀風康衢必譽者有所試也倘歌而和之樂善有誠也聽其言而知其德觀其志而辨其有爲古之人皆云曾謂我媚夫人乎哉王生其懋之生請書其言遂爲敘

青暘集序　　朱　桓

藻仲以髫齔受業父師之前輒能詩敏且奇若有相者人多異之以東阿之幼稚比焉稍長通春秋學習舉子業竟棄去因壹志爲詩自前永平至於擾攘始終幾十年由江陰隨嚴君仕桐鄉以至播越浙東西周旋二千里間凡感時觸事莫不形諸賦詠蓋鬱於中者深則宜於言者長接於外者廣則慮於內者愈周而加熟焉

伊蒿子傳後序　　明　周　忱

延陵嚴公志道以伊蒿子自號監察御史吳公敏德修撰張公宗海皆爲作傳二公以文章名皆嚴公知己傳之所載詳且密矣予嘗忝與嚴公同寅知嚴公之行事尚有傳所未及書者豈可厭繁而不加紀述乎公初至刑部時猝案中有忌嫉者以其起自山林未嘗吏事竊謂其必難於任職公既視事訟牒至前即剖決無滯聽斷之際人自畏服不敢盡其無情之辭雖在職十餘載者反有所不及於是向之忌嫉者始翕然敬服侍郎張公嘗歎曰今之仕者多以政爲學若嚴公者可謂學優而仕者矣公於事無所顧避理之所在必毅然行之有御史陳旭子與鄉人同飯於肆俱爲邏者蹤跡所獲蓋鄉人前爲盜劫人於京事覺而逃餘黨七人已棄市鄉人既就縶懼拷掠誣引御史子

爲同盜且分之贓案具而鄉人死御史子無以自明謬以其母誓耳爲盜贓公閱其案見前七人招服未嘗有御史子及召事主驗所入贓非其物疑而問之其子號痛稱冤公將直之同列皆謂獄成已久不可改公曰御史之子有冤而不得自執法者能無慚乎乃獨署其案聞於朝而釋之其在大理時眞鄉民有失馬疑其鄰盜之執告於縣縣丞亦見其有可疑之狀因拷訊過重而死法司坐丞以決罰不如法當徒而又坐告者以絞公曰因公殺人丞之徒當矣告者因疑而訴豈可坐以誣告致死哉如所擬則似丞與告者各殺一人矣遂駁正而活之人以爲當有某衛

指揮裔交阯蠻童既長爲娶因爲養子後指揮戲其婦不從事覺法司當以强姦子婦死刑公駁之曰養子非所生而姦且未成比於內亂有間矣覆議得減死從流莒州有屯卒奪民田爲其所訟得罪於按察司卒讐之而無以逞夜盜民家驢以歸民搜索得之卒反以民爲誣賴摘送於千戶孫恭所千戶與卒爲親民被禁拗至死法司坐千戶以因公徒罪公曰殺以止殺千戶得生則死者銜冤地下矣遂正其故拗之罪山東人皆爲之快意蘇州衛卒十餘人駕舟運餉泊河西務夜劫客舟其中一人爲事主所殺餘黨懼事覺無以自飾見鄰舟有押解人帶兵仗防囚而

行者因謬指押解人劫商財謂其侶往救而被殺擒告於官皆誣服公覽其牘疑之曰押解人與囚同舟防束之間必有怨惡借使爲盜囚必知之駁令簡問果得其實遂釋押解人而正强盜之罪此皆見於行事之大畧者爾若其立心之剛正勵行之廉介則毅然而不可易永樂間嘗領部檄督事於宣欽諸郡時部官出臨州縣者昧於大體爲有司所忽公往來諸郡守恃京朝舊職於人罕所敬讓見公獨踧踖而加畏間持酒肴致餽欲以微覘公意而繼以貲禮公毅然卻之守退而嘆曰吾守此郡閱貴人多矣淸白自持唯嚴公一人耳今布政使李公昌祺爲禮部郎中

時與公隣居於長安市嘗言公之率家能謹守禮法井井而不紊且言公於祀先之際必求合禮度而誠敬篤致無少怠忽近時士大夫家皆所不及昌祺於人少許可其爲此言蓋心悅而誠服焉公平生究心於禮律之學嘗云禮以崇善律以防非民生日用之間出乎禮則入乎律不可以輕重論先儒於禮書注之詳矣而國朝律令未有注疏亦儒者之欠事因取律令中疑難者講求立法之意著爲律疑解畧一編予嘗得而讀之勸鋟其傳

職官年表序　黄傅

宋志云浙西諸郡江陰自爲道院民治事簡眞樂土也由

蕭梁置郡迄於五代雖四百有餘歲而併廢之日多守是邦者名氏政績史傳漫不可攷今自皇朝以前有可著則間出之太平興國以來取題名壁記及長老所傳者以次而書所缺無幾矣今按宋志於五代以前綱羅散軼僅得郡守縣令十有二人附之廨舍之篇而已至其本朝則知軍教授路分有題名而年不列簽判知縣知錄而下有年表而歲號不完兵馬將官之流年表題名俱缺弗錄元及國朝志者草草賀老隔牆見影輒書數行顏氏望空聽聲遂起特筆或突出數人於祠廟之後或間見一二於宮室之間或昭揭學職而同堂共案之寮友影響不聞或忽荒

月爵秩之莫辨尙何足以憑藉持循而稽古傳信哉故尋訪求民間得牆東爛稿梧溪斷編沿螺遺文學尹脫簡以及諸史雜志老釋碑版等類燒燭深更窮蒐遂討於蕭齊之世得令一人有唐之世得令一人丞簿各二人尉四人有宋之世得知軍知縣縣尉各二人簽判五人縣丞七人主簿教授各三人學諭一人無名職官四人將官十人有元之世得安撫使副使路總管同知錄事教授各一人萬戶府達魯花赤萬戶各三人副萬戶四人千戶一人州達魯花赤四人州尹十四人同知六人判官七人知事八人提控案牘陰陽學正各二人教授十七人山長司獄巡檢守禦將官各一人國朝知州三人州佐學官各一人將官九人經歷一人知縣二十四人縣丞五十五人主簿訓導各三十一人典史二十八人教諭二十一人雜屬之官一百六十五人總四百九十有二人焉於是唐以上則比其次類約以矩檢宋一代則完其刓漏合其迋舛元及國朝則鈎抉滅沒收召泮渙族聚而曹分之皆倣古史氏編年而爲之表仍具事本末別爲拾遺補亡蒐討編次出處附其左方備後之君子考焉

送梅士俊還任武昌序　　張　銜

士有養晦于求志之日而能器使于行義之時此固才具而用周者能之否則未之能也吾邦梅君士俊少遊邑庠卒業於太學其漸濡而涵養之者有素矣謁選天卿得補湖藩武昌之經歷既而監司重臣稔其才能殆非一幕職可盡也用委攝事於屬縣若黃梅孝感諸邑靡不以清愼莅之閱歷三載政修人集上悅下信蓋前之所養者於此始得少表見焉然亦未足以展其驥足也既而奏績於京師書旣稱將促裝還任鄉大夫士不忍其遽別相率治酒送之都門外且各有詩以華是行僉命某宜序諸首余惟人之所以幼而學者正欲壯而有所事於行也士俊平居

韜斂濯磨不表表以求襮白於人而惟求其質勝爲務雖時人知弗知弗恤焉及其守一職一職以修攝一邑一邑以治庶幾所謂才具而用周者稍使袮君所求乎外者重而所以務其實者輕曰我達治體我熟刑名我悉民隱噫吾目中固見其人矣然或抑而不揚或一試而輒廢若是者何哉由舍其所重而務其所輕故也用是則士俊所養固不大爲得計也耶

湯廷尉家藏集序　王愼中

愼中昔備員禮部祠曹主事最後稍遷吏部司封郎中祠曹職主大臣祭葬褒謚之典而封司職議贈䘏之恩大臣

以天年終者則有司以訃其妻子自陳乞祈恩者爲多事下二部二曹職之故凡死者之功狀名行愼中因而與聞而論之祭與葬載在制令有品級等差凡訃至者各以其階得之至於謚以易其名贈以榮其終廕以錄其後三者則不可以易得吏部禮部尚書推覈死者勳賢名績表表可告於上者然後請之又請而輒報能者又十二三此其大致也自愼中叨歷二曹前後僅六年耳而四方大臣訃至者不下數十人噫何其多也中閒勳賢名績赫然著於世爲國寵重不獨以其官尊顯者蓋十數人焉愼中每與僚長貳道之卽掩泣長嘆也蓋所謂大臣者皆其踐歷之久積累之深以成其名樹其業致位尊顯可謂偉然一時之盛而究然以死是可嘆也況夫所謂勳賢名績赫然著者或小用而終屯或逃職而自引或難合而易退其去而老於家也縉紳咸倚以爲重幸其未死而冀其復收主上好賢求舊將且聲召而起之以其理與化而乃一朝忽然其可悲悼豈一人生死之閒耶嗚呼若故大理卿沂樂湯公者非所謂勳賢名績赫然著者耶公之操行修潔純懿足以敘其後昆亦有以稱之而不爲浮直以一眚被廢妻子傍徨不敢以聞於朝非惟不得其不可易得者而祭與葬之合於制令者亦不蒙秋毫之恩是不爲尤可嘆耶公

之位不滿其德用未究其所長平刑部之獄一不當主上不勝愼刑好生之仁以爲失職怒而黜之固非有大過得罪於上也當時與公同以獄事被譴大臣不下十數人主上仁聖慈明惜老成棄瑕過蓋十數人者已錄用其一二無所疑滯然則公之終始固已暴於上心亦且薦將召而起之者而今不幸死也豈非命耶公之孫世賢集公所爲詩文若干卷將梓以藏於家愼中受而讀之因謂世賢曰夫公之赫然著者固不待文而存也然公肆其生平之餘力以發於聲律文字之間又深原有懼而極其思則斯集也世將寶而傳之豈特可藏之家而已哉惟公之存不假

於文故愼中序公之集亦不詳於文而戚戚於人之云亡庶後之有志之士欲論世尙賢者於斯言有攷焉且以致予之所感云爾

鴻泥堂集序　　都穆

江陰文字在宋有葛文康公勝仲與其子侍郎常之及邱忠定公宗卿元初則有陸文圭子方後子方又有王原吉氏張希尹氏孫大雅氏皆以述作擅名一時文康忠定僅見其文之一二常之有韻語陽秋予嘗序之子方有牆東類稿今歸祕府張氏滯南集嘗一見錄本然邑人鮮有藏者惟原吉大雅之集與韻語陽秋並行於世數君子之沒

寥寥百有餘年乃今而得一人焉曰薛君堯卿爲文古奧簡質如商彝周鼎雜然並陳蒼綠眩目不俟摩挲知非今世之物其清健嚴密又如修仙道人僻處深山餐霞飮泉而塵濁之不能涸也蓋君少嘗業進士迴易書詩三經屢試有司不利幡然棄去一意古學每有所作日鍛月鍊弗工弗已其爲人沈靜寡欲而性嗜山水常徧遊吳越以至齊魯燕趙之墟尋幽弔古搜奇抉怪惟用資以爲文其坐稠人廣座衆方高談宏辯較短爭長君獨袖手默然若無能者及其操觚搖毫篇章一出如予前之所評則人未嘗不驚且服以爲江陰之有人置之孫王之間殆未可優劣論也夫天下之事勢無兩全使君早獲一第入固榮之未必有文若是然則君之困抑蹇連終身不遇天固將以昌其文覩世之炫赫一時而名隨身沒者果孰得而孰失哉君諱章憲堯卿其字也沒年六十三子布卓甲皆勤學好文以君所著鴻泥堂稿鋟木以傳卓來請予序予交君久相知爲深遂不辭而書之

戒菴漫筆序　　王穉登

利城蓋有李先生云先生名詡字原德有道君子也號戒菴老人名所著書曰漫筆漫筆者不以品列不以類分不以甲乙次第爲先後隨事輒紀隨紀輒書故云漫其書浩

汗縱橫闔闢變幻鴻纖幽顯靡所不有不獨成一家之言且也該衆作之奧此之爲書沈沈者哉蓋不博古者不曙千秋不通今者不鏡當代不語大險而不廣不語細疎而亡當不明經不窮列聖淵源不閱史不識古今治亂不譚詞賦風雅道衰不探名理精微統絕不該覽不淹通不蒐羅不闊肆不論俗不知萬姓之隱不述怪不窺六合之外不詠諧不玩世不神仙不逍遙不表忠貞人倫不顯不載兒俠檮杌逝藏故皇農羲昊以博古廟謨野乘以通今四方上下以語大男女居室以語細詩書禮樂以明經累朝歷國以閱史雕龍纂組而談詞賦道德性命而探名理邱

墳汲冢晉卜農圃而該覽天人王霸猶娶鬼夾而蒐羅街
談市諺風土歲時而語俗牛鬼蛇神豕立石言而述怪射
覆滑稽談言微中而詠諧服食沖舉驂鸞馭鶴而神僊岐
日秋霜糜軀碎骨而表忠貞隱慝禁行惡貫幽明而載兇
俠斯非所謂可喜可愕可憤可悲嬉笑怒罵皆成文章者
耶足以代董狐之筆應所忠之求矣馬遷採七十二家言
而成史記異時天子開石渠虎觀詔諸儒撰一代正史是
編豈能舍旃先生少游郡學試必高等七應都試悉報罷
晚入南雍一謁選人卽棄去舊知府要津者絕不交通或
欲式廬亦避匿有司往往勸駕稽類稱主臣而已踐更租

庸先期而辦曰我甯往役不往見也歷年八十八始卒故
自名老人嗟乎奈何不獲齒於國老庶老之列裡制而酳
投几與杖以賚休明至理乃終老田閒孜孜而沒此非有
司之過與屬余序者諸孫如一昔名鶚翀今以字行亦有
文能繩祖武者也

澄江詩選序　許學夷

澄江古無詩人宋閒有題詠而非所專業逮元繆君實始
以名家嗣後作者競起至我國朝而彬彬不絕然原吉次
知華伯北郭先生刻集僅見一二藻仲寶之子僭若容諸
公但有鈔本余友邱念先幼耽斯道志希往哲慨其愈久
而散佚也意欲捐金盡梓而力不逮因取君實以下三十
七家選爲一帙名曰澄江詩選刻既有成又以宋元諸公
所遺并續得若干人復選一帙名曰澄江詩選後集余既
爲之損益詮次卽小有點竄亦不辭焉竊嘗與念先論詩
選者其要有三一曰識非識則蒼素混淆淄澠莫辨無以
決千古之是非二曰斷非斷則名實相疑貴賤奪志無以
定一代之取捨三曰公非公則愛惡由衷黜陟無當無以
息一時之聚訟念先相視而笑莫逆於心遂屏跡幽軒不
通造請殫精竭力歷五六年所於是以古證今不眩於俗
而是非始決以剪折疑不惑於眾而取捨方定以虛應物

不囿於私而聚訟乃息至若諸公謂有偏而格有降念先
則因其所長就其所造而兼采之蓋各具一家言亦猶唐
詩之有品彙也閒爲諸家評定繆君實七言律絕句調雖
晚唐而氣實勝之王原吉全集類多蹇澀然古詩入選者
款曲懇至歌行軼蕩不羣律詩所採十一風格獨邁北郭
先生樂府多出張王而律詩常學子美孫次知五言古實
近東坡七言律絕氣韻滔厚不必深工張藻仲古詩語多
警絕歌行頗見才思而律則始振唐音使天假之年未有
涯涘卞華伯全集不無應酬然七言古人選者圓轉超逸
體類歌行七言律工者在晚唐宋人之間顏寶之豔歌學

溫飛卿七言律聲韻俊朗大振唐音李德紹七言律入選者可十數篇華藻流利中晚佳境薛莌卿大多變體五七言古豪縱時近退之七言短古獨爲婉麗朱子儋徐若容七言律絕本於宋人徐入選者雖少然別有奇趣徐子擴古體每傷冗雜律詩去唐雖遠而所選則唐人餘韻湯新之徐子寅七言律亦出於宋而入選者機圓語便足成一家曹毅之七言律薛應登五言律所采不多皆唐人正派曹聲俊而薛語融張補之歌行倣高適李頎盤山西湖更爲矯逸陳思贊七言律渾厚雄麗多近少陵沈子羽七言古足繼餘響七言律入選者間成唐調陳仲約諸體師心

獨創而入選者可備一門五言絕更爲高古姚本修五言律格韻直逼景龍惜所傳不多沙應鵬七言律絕入選者調新語麗實近晚唐黃吉甫諸體才氣蒼莽以風格勝曹子進五言古學選體而語不純中數篇頗佳沈文叔五言古選體亦長惜不能全唐體短篇音韻清婉季與登不欲範古貴自己出故七言律入選者調雖晚唐頗多心得鄧徵甫短歌甚工五七言律皆出中唐而七言聲氣實優史汝器任元甫律詩入選者多晚唐佳致史五言較任爲工黃志學七言律絕數篇獨出新思而全集則失之疏張邦粹七言律早歲頗擅才情晚年太傷率易李讓甫律詩五

言實類大歷而七言已近開成然全集足觀莊孔章黯歌略似錦囊七言律入選者乃見思致周伯英五七言律並學晚唐六言可爲絕唱沈飛霞七言律入選者語多織麗其餘學皮陸而愈僻高晉卿七言律時出巧思而全集則失之稚張我先律詩入選者高華清逸相半而七言爲長後選者姑容另述大抵先輩以質勝故蒼骨自高而古體常優後進以文勝故秀色爭麗而律體獨擅先輩才力寬洪不事修飾卽不無玷缺而有傑作可觀後進資性明敏更假琢磨雖較多完善而無大篇可取蓋亦理勢之自然耳先是淡泉王公將彙集諸家之詩窮搜博訪歷十餘年

所約成數帙公既歿燼於回祿至是念先繼起復肆意蒐獵鴻公名士殆無有遺其他所得或不如王公之博而因人采擇功實過之惜乎中郎一倡海內同聲佻佻公子卽晚近之語已爲陳言又烏知有先輩典型耶又或疑念先以後進綴拔輒欲提衡先輩雖采擇詳審恐不能懾服後人是大不然國家以經義取士而詩歌黜爲末習故經義在朝而詩歌在野公車之文非縉紳先生不能品程一代詩歌韻語雖草莽之士亦得而平準焉何則業有所獨專而識有所獨至也念先學力既邃藻鑑復精又能虛己咨詢不遺下劣卽余之淺鄙亦得以寸長自效然則念先此

編將復何疑若謂某宜錄某不宜錄某宜多某宜損請以其詩質之抑又何疑詩云謀夫孔多是用不集念先能自信不必信人倘終不能閉讒慝之口余敢以身任其咎

藏說小萃序　陳繼儒

藏說小萃者江陰李貫之所集本鄉說部凡七家如湯大理之公餘日錄張司訓之宦游記聞張學士之水南翰記朱太學之存餘堂詩話徐山人之暖姝繇筆汴遊錄唐貢士之延州筆記而其祖戒菴老人漫筆皆附焉貫之刻既成輕舟五百里問序於余余惟海內聚書之家百不得一即有之非卷帙浩大則多收宋刻以角墨楮之精好而已

其實皆耳目所恒習也書之難難在說部余猶記吾鄉陸學士儼山何待郎柘湖徐明府長谷張懸蓀王屋皆富於著述而又好藏稗官小說與吳門文沈周祝數先生往來每相見首問近得何書各出笥祕互相傳寫丹鉛塗乙矻矻不去手其架上芸裹緗襲幾及萬籤率類是而經史子集不得與焉經史子集譬諸粱肉讀者習爲故常而天廚禁臠異方雜俎咀之使人有旁出之味則說部是也第小說所載其中多觸而少諱子孫之賢者扃錮不敢行而不肖者嗒然如坐雲霧中不解祖父撰述爲何語間有詣門而求之彼且狡獪掩匿詫以什襲之藏遂以千金之享轉展一二傳而皆已化爲鼠壤蠹夾中物或轉授溢下婦裓翦襪材甚則付酒家如靈武告身僅博一醉耳李貫之有道士也孝友忠信沈深讀書獨能收合先輩之遺編補殘訂訛不惜餘力頓使延陵諸君子之風流標格亡之子孫而傳之君手其亦有功於一鄉之文獻矣當今好古者若不見嘉則遂山三館四庫之藏而訪書之使如漢之謁者唐之各道御史皆無專命則搜求隱籍不得不屬之二三宏覽博物君子貫之非其人哉貫之祖戒菴老人好著書垂九十不少衰而貫之又能善繩祖武正如談遷世爲史官向歆較讐天祿虞世南顏師古繼爲祕書令其宏覽博

物代有本原非世之羔飾獺祭者可同日論也若使做貫之例推而廣之鄭夾漈所謂因代而求因人而求因地而求者其法盡在乎是它日異書輻輳四面出使臣且將藉手焉奚獨爲延陵一鄉之文獻而已乎

從野堂存稿序　方岳貢

予讀漢史至劉子政使所親上書言宏恭石顯等爲恭顯所覺下吏雜考未嘗不三歎也武宗時郎李獻吉爲大司徒劾閹瑾章獻吉幾殆賴其友以免嗟乎士君子出身犯難以與權奸爭一旦之命者類皆弗勝而同心與議之人亦必支蔓鍛鍊盡敵而止彼固以必如是而後莫我難也

今觀西谿先生更有異焉甲乙之際蓋難言之矣夫竊柄於內背人嚮道於外海內汲汲不知所措應山一擘事雖無成而天下正義有所歸矣先生與應山友善疏稿與聞是誠有之附逆者謂此疏事出於先生而先生之禍以烈大獄一起歎首陽而齊李杜固其所也特怪悲顯劉瑾皆身借叢祠口銜天憲其愆言事之臣何啻貿首哉而子政僅除名獻吉亦奪職耳先生事稍異於二子而遇禍獨酷此何故耶蓋子政雖以宗屬被知遇然少典尙方鑄作有誣誕之譏後以經術起家耳獻吉獄獄著節先朝而世不免以文士目之故其事易解且也逆瑾之禍閹人與人主

合而外庭攻之急故薦紳多被其難此如疾風暴雨之傷物也逆賢之禍小人與君子爲讐而借閹之威激閹之怒以快其所欲如持斧斤者引繩而批根莫能逃矣先生清心疾惡遇事風生君宗之望久繫人倫卽無草奏之疑詎能免耶逆賢卽無所致恨於先生而詔附之徒能使先生一日不入黃門北寺耶世傳逆賢之焰未張也福清意欲彌縫之使不爲我害而先生以大義責福清甚力其後應山疏出福清意不以爲然知時勢不可爲遂引疾去夫老成謀國之苦心固將爲擾龍蛇而豢虎兕者然是時黨議已成內外膠固卽使從容端揆作李長沙豈所望於名德耶夫惟聖人達權其次則守義如先生所持又曷可少哉今主上握乾符整地紐首哀死節之臣郵贈先生如禮惟易名稍需耳天定之期又十年矣曩時拜節甫而鋤領厨者相繼殛死或荷戈窮荒蒙首草野不得自比於人而先生之遺文在人間者至比於采薇之歌沈淵之作所以激揚淸風者蓋萬世而未已也禍慘於劉李名亦過之孰謂善不可爲哉某先生楚闈所取士也生缺鄭宏訟罪之書沒無景毅自免之義追仰芳躅實愧古人因讀先生之文而潸然序之如此而且以易名之典望之諸名賢之主張淸議者

兵鑑自序

李寄

兵非聖人所尙也聖人有時不得已而用之用之者非矜智鬬力以爭勝於天下用之正所以止之也黃帝非涿鹿之戰則蚩尤之亂不息湯武非鳴條牧野之師則桀紂之暴不除三代而下不得聖人之心因而不得聖人之法遂有殺人盈城殺人盈野之事聖人之法何如黃帝作指南車而大霧不能迷武王不愆於五步七步五伐七伐而如林之士倒戈有法則操必勝之術而天下蒙其福無則居必敗之地而天下受其禍此兵鑑之所由集也準之春秋以定其邪正本之通鑑以識其後先采之二十一史以備

其得失窮及稗官雜記以羅其鉅細凡可以準古而鑑後者無乎不載焉嗚呼豈得已哉悍夫戾卒妄執兵權以勇鬭爲能以殺戮爲事肝腦塗地勳業無聞得是而熟復之不待孫吳之書韓白之術而已恢恢乎游刃有餘矣豈非兵家之金鑑常勝之左券哉

李忠毅公年譜序　國朝魏禧

天啟中逆閹擅國日月晦蝕天地易位正人賢斥誅死最著者楊左周繆以下二十餘人江陰李忠毅公其一也公諱應昇字仲達年二十四中萬歷丙辰進士謁選得南康推官既爲御史敢直言時逆閹恣橫公屢疏糾之削籍歸

里復追逮詔獄身被毒刑以死天下痛之公死四十七年禧客毘陵公子遜之出公年譜見示凡命之序禧受而卒讀氣結塡膺涕下不能止則又竊自覆發以爲日月晦蝕天地易位之時尚有人如是禧讀國史自建文遜國至逆閹之禍又身所歷甲申以還凡數大故天下忠臣義士殺身成仁者不可勝計莫不烈烈然上爲日星下爲河嶽竊嘗私論人之賢不肖當觀其大節大節既立其餘不足復較然不深究其生平則賢與尤賢無以見有當死生患難不奪其所守而事功無可稱或節與功並著立身居心不無遺議者蓋人之純雜偏全稟於性成於學問不可得而強是以論人者必先大節而其不徒以節見者爲尤賢今觀公年譜歷官所至清疆仁明爲諸生時師事吳霞舟先生所相與摩厲皆聖賢仁義之指然則公卽幸不爲忠臣已足爲名臣又使布衣坎壈終其身而公之爲賢者亡疑也孔子曰國有道不變塞焉國無道至死不變孟子曰君子所性雖大行不加焉雖窮居不損焉蓋必如是而後可以爲君子也已方公被逮時道出毘陵留霞舟先生家賦詩論學二日然後去而先生後公二十五年伏節自焚於東海嗚呼豈偶然哉

江陰詩粹序　何爾彬

詩之爲道也欣戚本乎情性風氣應乎山川向披覽輿圖知澄江山水甲於南國意必有沈雄博大發爲詩歌者應數百年之風氣及余承之玆土式延陵之舊里弔春申之故墟見君山諸峯嵯峨巀嶭大江浩浩奔流者吼慨然想見古之豪傑壬寅秋仲章陳夏朱諸子輯成江陰詩粹問序於余閒從簿書之暇一展讀之如見數百年之名公鉅卿焉如見數百年之貞臣烈婦焉如見數百年之幽人獨行焉如見數百年之奇材劒俠緇流羽衣焉如見數百年之嘻笑怒駡悲歌慷慨焉所云沈雄博大應山川之風氣者其在玆乎昔延陵季子之觀樂也於韶有觀止之嘆以

其依永和聲一臻乎粹爾今澄江先哲之詩具在異日太史採風及此貢諸
朝廷比律呂而協宮商安在不共簫韶九成儀鳳皇舞百獸哉名之曰粹信不誣云雖然莫爲之前雖美勿彰莫爲之後雖盛勿傳俾先哲遺言與江山共其綿永者諸子表章之力正不僅元之輯杜王之註蘇功在一人已也是爲序

送荆默庵學博歸丹陽序　曹禾

黯然魂消者別而已矣至哉江文通之善狀別也別良友黯然者爲合志同方之人別嚴師黯然者爲執經問難之士別良吏黯然者爲沐浴膏澤歌詠勤苦之民若夫別仁

人孝子則合境中之秀者樸者旄者倪者而同一黯然黯然於心有不容不宣之言者此予送荆學博歸序所由作也默庵名子邁世爲丹陽望族早歲能文受知學使者張公能鱗食餼有年既壯以明經對策於廷康熙丁巳冬謁選得江鐸因母太夫人春秋高捧檄之日喜懼交併太夫人爲明宗伯吳公中行女孫剛直有祖風呼默庵曰吾尚善飯且有汝兩兄在諸孫繞膝奚俟汝爲況澄江去此百里餘耳何難頻通音問以苜蓿爲甘旨乎能爲江庠師者卽能爲吾子毋忝乃職固所願也默庵對曰敢不敬承母命戊午春先生辭母灑涕之官至則修祀典葺宮牆卻苞

苴別賢否學政一新士心大悅先生又設校士法月課歲會行之既久遴其中文行優長者得若干人鏤其文顏曰江上文聲以勵多士如吳子永福高子璜朱子延錫耿子勳皆後先獲雋焉先生又捐淸俸修講堂壬戌春延錫山名儒錢子肅潤講學其中都督劉公選勝設皐比於巫二府牛公樞邑令沈君淸世屏泮聽講先生率多士以從寒暑無閒是歲中秋先生復偕僚友陳君寅亮大會吾郡諸儒講貫經史圜橋而觀聽者以百數計講畢開筵玩月賦詩倡和制臺于公成龍聞之嘆爲空谷足音下其法通行郡縣學使者趙公崙欣然喜曰鹿洞鵞湖之盛於茲復見

矣爰撰序文勒石君山以垂不朽此先生不忘母訓振興文教之大畧也戊午秋邑令何君且純以入籍稽查先生護篆匝月簡訟緩征民樂其便庚申春署府趙公森奉檄賑飢先生爲之設法令男女殊廠少壯異籌分土著與流民別病夫與孕婦紳士司穀耆老司薪府胥司簿籍輿隸效奔走營卒任扞衛宿火而炊未明而給日昃而止疾有醫歿有殯條理秩然纖悉具備凡百晝夜不遑安處活江邑飢民數萬而賑事乃竣辛酉冬制臺阿公席熙中丞慕公天顏知先生廉且能咸具疏以聞此先生不忘母訓小試撫字之一班也計先生宦予邑者前後五載士慶得嚴

師民慶得艮吏吾輩慶得艮友又共爲先生慶得賢母云明歲甲子爲太夫人大耋吾輩方擬躋堂稱觥詎意惟夏之初太夫人訃音突至先生匆遽而返邑人咸往送之士黯然於嚴師民黯然於艮吏吾輩又黯然於艮友之忽別也更見先生瘁毁之容皇皇若不欲生者皆稱嘆爲仁人孝子而哀感彌甚文通氏所謂黯然魂消者當不是過矣予方以備員史職未遑奔唁聞先生歸遂賦詩三章以贈之詩曰先生歸矣閉門讀禮講堂闃然孰爲從倚唯餘清風噓我弟子先生歸矣刈其先疇農以易仕禾黍油油江民疾苦誰咨誰諏爲之燠休先生歸矣羊角扶搖鵬程萬

里牛刀小試自江庠始是用作歌以詒多士時康熙歲次癸亥秋七月

讀史大畧自序　沙張白

士生斯世欲闡明聖賢義藴上以堯舜君民下以嘉惠後學舍經術治術莫爲功矣顧以訓詁釋經以空談論治不若取二十一史中古人已行之事鑿鑿焉詳其義利公私之辨成敗得失之分可以敷陳法戒開拓心胸且論史而經在其中也白少有史癖讀史之暇往往掩卷深思以已意論列之初無意於成書也自開闢以迨元末久而積之遂成讀史大畧六十卷未嘗蹈襲前人一字獨抒心得與致堂胡氏靜軒周氏兩先生互相觸發者居多凡其中人品之賢奸心術之邪正聖學異端之迴別王道霸功之懸殊以至事爲千古之疑案（如桑林身禱太王翦商之類）古人有不能自白之隱衷（如司馬遷先黃老而後六經王旦不諫天書之類）莫不以意逆志曲爲辨雪頗能發千秋未發之祕其尤大者發明陳承祚身爲晉臣因晉受魏禪不得已帝魏黜蜀之苦心欲改三國史爲蜀漢書發明司馬溫公歐公廬陵朱紫陽身爲宋臣不得已仍宋太祖諱居正梁唐晉漢周舊史之謬欲改五代史爲南唐書謂二史正而後百代有全史也亡兒晉耆有小抄子史畧一卷絕筆西漢不忍埋沒附之帙中蓋竭四

十餘年之精力而後告竣雖芻蕘末議不足當金匱石室之藏然可爲聖君賢相論道之資可爲學士大夫稽古之助於經術治術皆不無小補云

澄江講堂序　趙崙

澄江本暨陽之地北枕君山西控大江誠瀕江保障也是地屬在毗陵郡縣實多文獻山川人物未可悉數紀其先賢講學者如東林書院城西龜山先生闡程氏之奥紹興端平而後踵其學者不乏其人理學至今稱頌弗衰彬彬乎誠講學盛事已余講學澄江衛文畢訪舜山之故蹟慕延陵之高風時事不同風教固無殊焉余職在立教

而重慕乎理義竊思學校者禮義相先之地也秉鐸者正其心而後可教以五經敦其本而後可及乎諸子習鄉飲齒退讓以明禮也習射觀德序賢以不侮也文能敦詩説禮型仁講讓選造而升之武能節比於禮容比於樂折衝而禦之道在廣勵學宮者爲之倡始焉蓋儒本司徒之官兵屬司教之職道參合一今聞學宮荊子子邁陳子寅亮立講堂設射圃因其舊而新是圖而又聘請錢子肅潤開絳帳可謂無曠厥職郡丞牛子樞邑令沈子清世又贊襄相與有成類非俗吏之所能爲也又聞吾鄉文伯劉六將軍輕裘緩帶每升堂而觀釋菜鼓篋之業抑以仁義爲干

櫓耶余不禁欣然喜自兹由一邑而倡各屬而鼓導江南將見絃歌之聲徧及於遐邇余異日再至君山登斯堂也攷虎觀之同異覩璺國之揖讓彬彬爾雅正心敦本彷彿濂洛關閩之風文獻庶幾無媿焉廣文或告余曰自堂構聿新之後少長咸集講習歷寒炎不輟登斯堂者咸集禮而慕義身通六藝者弟子自兹益進倘始之終之無怠無荒庶不負余廣勵風教之意也多士勉乎哉

徐霞客遊記序　奚又溥

霞客徐先生記遊十卷蓋古今一大奇著作也其筆意似子厚其叙事類龍門故其狀山也峯巒起伏隱躍毫端其狀水也源流曲折軒騰紙上其記遐陬僻壤則計里分疆瞭如指掌其記空谷窮巖則奇蹤勝蹟燦若列星凡在編者無不搜奇抉怪吐韻標新自成一家言人之讀之雖越數千里之遠而知夫山之所以高川之所以大與夫怪木奇材瘴風暍暑之所侵蝕淫霖狂颶之所摧濡蛇虎盜賊之所脅伺野泊郵羈傖父山鬼之所揶揄而激觸凡自吳而楚而兩越而黔而滇一切水陸中可驚可訝者先生以身歷之後人以心會之無不豁然於耳目間也不誠自古及今未有之奇書也哉是非先生之人之奇不能有此遊之奇而非先生之遊之奇亦不能成此書之奇也惜先生

歸未幾即捐館舍是書未經謄寫時有會明季翁者設教先生家見而奇之恐原稿久而失傳爲之分其卷次訂其前後手錄成帙遂郁然大觀不意鼎革時原稿遭兵燹謄本又缺幾有玉毀珠沈之慨而先生姬妾李氏出嫁所生介立李翁痛遺文殘缺訪得於義興之故家塗抹刪改非復廬山面目翁從日影中照出原本一一錄之雖其間不無少缺然不啻已毀之玉復出崑山既沈之珠又還合浦得以一顯其奇者固亦不幸中之大幸矣予生也晚不獲追隨杖履探奇歷險然讀先生之書庶幾竊擬宗少文之臥遊焉壬午冬從先生之曾孫觀霞游乃得縱觀其富袖

歸手錄五越月始告竣嗟乎記之失而復得缺而復全不至終歸湮沒者殆如金之鍛鍊於冶而愈耀其精神松柏之摧折於霜雪而虬結盤鬱益奇以固也蓋有天焉不可强矣以先生之人之書之奇固非羇愁著書者比也而析奇闡祕爲天地間鴻寶然設不爲久遠計能保無鼠齧蟲蠹而終歸散軼耶世有同志見而愛之願弗以自私壽之梨棗予將拭目望之

錄徐霞客遊記序　楊名時

己丑仲夏將赴淮浦舟中無事展閱外舅南刪先生所鈔徐霞客遊記抵寓後既終卷念其平生勝概竭蹶歷數萬

里衝風雨觸寒暑者垂三十年其所自記遊蹟計日按程鑿鑿有稽文詞繁委要爲道所親歷不失質實詳密之體而形容物態摹繪情景時復雅麗自賞足移人情既可自怡悅復堪供持贈者也因手錄而存之凡兩閱月而畢曰是殆負邁俗不羈之志狂而不知取裁者與觀其意趣所寄往往出入於釋老仙佛亦性質之近使然而其爲人之奇偉豪宕於斯槩見未可沒也古之研心於天文地理之學以成名者冥搜闚奧曠覽幽遐每出於蹤跡瑰異之士自非有好奇之癖亦孰肯蹈絕險赴窮荒敝精力以爲之哉若其足以裨助見聞正於學者不無補也今觀國風二雅所陳禹貢職方所紀以及地理河渠諸志皆詳山川風土以爲農田水利施政立教因時制宜之具其間蟲魚草木之產兼資多識聖教不廢玆非其足相發明證佐者與切而言之深山大澤流峙終古皆天地法象示人之至教本生人所應窮歷特以手足之力有限百年之期若瞬勢弗能親至而目見得斯書也苟力所可至境所適逢固可展卷披對按所已經者以爲程而所未能至者亦可以心知其槩如涉其境焉昔夫子亟稱原泉曾氏風雩詠歸蓋造物與遊所以涵泳天機陶寫胸次案頭置此如朝夕晤名山水於几席間詎非仁智養心之善物耶抑尤有足以

警心者霞客之遊也升降於危崖絕壑搜探於蛇龍窟宅亘古人跡未到之區不惜捐軀命多方竭慮以赴之期於必造其域必窮其奧而後止學者之於道也若覃思鼓勇亦如霞客之於山水則亦何深之不窮何遠之不屆且人焉而安曾無犯難輕生之虞味焉而腴非有飢渴疲憊之困其爲高深美富奚啻於洞壑泉石之奇岱華江河之大哉有志者可以觀此而興矣余既喜其書之不爲無益且以其足爲入道徵也爰爲之序以自勖焉

楊氏全書序　盧文弨

根之盛者枝必蕃源之深者流必廣人之爲言也莫不本

於心心者言之根源也人得天所賦之理有完有虧其研究事物之理亦有明有暗故其發而爲言也有厚有薄有通有滯若其一無疵漏一無偏倚是唯聖人爲然高弟弟子如子張子夏之倫已不能無過與不及之失後世儒者亦或能因文見道而醇與駁每互陳焉若晦菴朱子其醇者爲獨多矣世有知言者衆古今作者之文而差等之其高下亦豈難辨哉吾於江陰楊文定公之文而歎其實理之充乎中也其一生不嗜雜學所朝夕玩味而推闡之者唯是四子書及五經周程張朱之書耳安溪李文貞公其學粹然一出於正公之座主也時以所業質正爲抒其所

獨得於古大儒之說覺其有未合者亦不肯輕徇也顧文貞獨是公言如開流以納泉而無所不滙合爲一也是公於學問之道勤勤如此既而歷封疆經困辱亦無一日廢學其鑴畱於滇也恬然若將終身焉有從之講學者輒爲剖析疑義標舉要旨而詳語之未嘗厭倦也是則公之邃於學而益擴其本然之明也若夫得天之厚自異凡人然吾亦安能識其分數之何似但熟察夫公之事上接下尊師信友親疏厚薄之閒一一皆眞意之旁礴鬱積所流注流子所謂至誠而不動者未之有公實以之故卒能以功名始終天下莫不以公爲正人此其戰兢惕厲以漸不失乎所受之正理者灼然可信矣公所撰著視朱子爲約而其醇殆足以相匹蓋其平生本末未嘗沾沾欲以文自見而言爲心聲其本盛矣其源深矣道德政事具見於斯使百世之下頑夫廉懦夫有立志者非文曷由以見公哉

試畯堂集序　　王芑孫

倚嶠於今天下交遊莫余久故自爲諸生取科第登朝出入中外三十年凡其出處大畧下逮家人孅府以若性情意趣之所存知之莫余悉則於序倚嶠詩莫余宜及是甘肅布政使同年嚴君匡山裒取其生平古今體詩若干卷刻以行世爲之序曰倚嶠以其先大父非池府君爲吳

縣學官生於吾蘇州故以爲名少通敏承先公東田之學博覽强記操紙筆數千言不自休南昌彭文勤公視學試蘇州得余夸異之及試江陰得倚嶠童子中大驚又用以夸余蓋丞成若此其爲人剛中有守介特無所倚不隨形勢爲燥濕居恒混混處俗不見厓岸過所不可雖百賁育不能回其意既登詞館猶以貧授書自給出無車馬非斷造請在翰林有名未嘗一得衡文之任爲御史敢言蹈徵悔不自知久之出守衞輝守郡者相沿皆默視上官意指不自出可否其於州縣委曲將迎先意承志或有甚於上官君獨時時齮齕抵几無鉅細一手操之大要歸於忠

厚而質事求是不苟依違以是動輒多忤見謂難近然君
故精潔無可吹求尤善折獄他守所疑難君至立剖其間
上官有清正者卒倚重君卒薦擢以獲
召對君既入對
賜一級遷擢有日矣念太夫人在鄉引疾遽歸歸三年滑縣事起
河以北騷然人始服君前此之治又以見推頌云余與君
偕受知
高宗朝京居相鄰比以詩相贈答其後君所涉歷所作益多感物
造端情辭婉約吐納風流不類其為人讀者將有訝如宋
廣平之賦梅花韓昌黎之詠銀燭合敘夫廣平昌黎竟欲

為如是之鐵心石腸哉風會相激勢使之然而蒙謂之鐵
心石腸彼其中固自有悱惻乎與世俱深未易喻諸人者
故余序僑嶠詩特表著其詩之所不載庶後有知言君子
論其世因以想見其人焉

助賑錄序　　陳希敬

希敬令澄江之三年癸巳歲中稔既罷質秋冬之間淫雨
大至禾盡壞既履勘得實且以狀聞之大府顧冬災非例
也大中丞侯官林公得狀惻然曰是不可以格於例而不
之請遂飛章入
告得賑緩如例蓋曠典也會學使少司空閩中廖公按部還希
敬迎謁馬前首詢被水狀且曰宜有以卹之希敬退而下
其議於邑丞常君恩等檢邑中故事設法勸捐柬紳士理
而董之少司空公首捐廉倡焉太守新城汪公繼之希敬
亦出俸緡以佐其役邑人士罔不踴躍從事量力捐貲自
千緡至數千緡者有差閱三月蕆事捐錢八萬緡有奇隨
時賑給而江民賴以不饑江南號富饒地財賦甲天下邇
來或比歲不登民力亦少匱乏矣矧江陰一小邑山圩埒
蕩縱橫萬餘頃耳民多土著棉而織禾而耕舍此無他生
計其地東南依山多高原西北瀕江多窪壤他時過旱潦
二者或偏歉獨去年之冬禾垂刈而變數旬無見晹稼礴

無所施鬱蒸紅腐高下一律先是秋多大風禾棉當花時
固已壞矣是故名曰偏災而困憊倍他日夫以蕞爾之區
承積歉之後舉農桑專業之民而當此高下並困之災中
戶以下亦僅自完耳乃捐令一下解囊指囷趨之如流水
一邑之內捐錢至若干萬可不謂勇於義者歟即成周之
世睦婣任卹奚以加焉雖然自非諸大府奏緩倡捐於上
何以能山鳴谷應奔走恐後如此其神捷也亦非諸紳士
善體諸大府廑念民瘼之意指揮經畫克殫心力於下何
以能百弊剔除萬民安堵如此其周詳而妥協也希敬官
斯土養斯民雖夙夜焦思拮据不遑且兢兢焉以不克盡

分是恩未能免咎逸攻云勞事既竣例錙捐賬錄以爲徵信爲書顚末於簡端云

江上詩鈔序　李聯琇

嘗登君山而攬江海之勝南戒煙濤雲木奇恣雄蕩之氣橫集於胸臆閒已而鼓枻中流望鵝鼻以上諸峰蒼莽勃窣懷延陵而弔春申慨然想見古之豪傑其鬱爲人文應巖瀆之秀遠者不及知即宋元以來數百年瑰偉之士必有不能盡彰於時而槁項老死并其文章亦棄擲埋沒於蓬蒿糞土者所望於網羅散軼蒐無往不然而暨陽名區爲尤甚故蒐人遺集功等於葬人暴骸況余以文爲職而

三年視學於斯也夫視學之使今曰學政周禮大司樂有治建學政之云爲今官名所自昉其時之所謂學政者如樂德樂語樂舞皆是而其職則今之國子師故掌國之成均而鄭注以爲樂官之長參之王制太師陳詩觀民風釋者亦以爲樂官之長是太師即太司樂無疑而周禮曰掌樂王制則曰陳詩非二之也詩古之樂章也昔季札觀樂自周召以至曹鄶風俗美惡一歌詩而皆會焉使其論鄉邦之什更當何如惜吳歌不奏於魯致千古無真評耳近數百年裒暨陽之詩者明有許邱二山人澄江詩選

國初有陳菊人江陰詩粹志載其序余未見其書今顧生季慈踵益之爲江上詩鈔凡百七十卷萬六千篇均考證作者蹟略以示闡幽表微之意而采輯務備無諸選家譽此詆彼專取所嗜之嫌故典雅沖澹豪俊瓌縟幽婉奇險之辭隨所宜而各適其位余借誦久之如躡千尋之巔而猿鶴與飛也如淩萬頃之波而黿鼉與泳也如宮商抗墜抑揚循聲高下同其休宜其和感人心而成文也嗟乎采風吾職也扃多士而試之所得僅制舉文字一日之長其閎修於家者著述率不肯自售或訪求一二而遺八九況數百年名章俊語能盡供一盼乎余故深嘉顧生於是鈔之得見有幸慰焉而因慨然於古今之殊使四方者無陳詩

觀風之實與禮之所謂太師即大司樂者異已

暨陽曹氏僅存鈔序　何栻

一門有集蔚然蘭玉之編五色成文粲矣芝泥之印徧信吉光片羽足冠奇珍奚須陟鼇百番始矜壯采若曹氏之僅存鈔者固吾邑詩人之軌範也單詞隻義猶存先正之典型剩馥殘膏尚許後人之沾丐誠以晉楹績學經笥貽謀世嬗雕龍家承繡虎江郎筆底時吐新花謝傅階前諧栽寶樹東坡奇氣發始於制科北海雄才取資於文選谷音要眇猶是河汾逸老之遺郢曲半騷轉爲楚國先賢之倡雖山林鍾鼎各殊仕隱之蹤而金石絲簧並叶宮商之

奚月旦振於鄉黨風雅擴其附册於是幸其存而惜其佚也蔗畦先生與從弟恭懿公自相師友並擅詞章投贄家言表章世德盥薇維誦獲覩鄉先生藻耀之餘投梓流傳益徵都人士薰漸之素一唱三歎如聞清廟之遺音疊韻雙聲巳抉隱侯之祕旨竊喜一斑窺豹因之貲八斗之才更占七葉垂貂即此握十華之券

記

君山浮遠堂記　　宋　仲并

紹興二十五年正月江陰趙侯習大至郡踰月矣以書走旁邑告常所往來者曰竊之奉命來試郡父兄朋舊苟有以告我無憚道路余發書喜甚即日陽羨具舟陪諸客謁麾下侯爲陳醮豆道平生驩且條畫所以爲郡語灑灑可聽蓋事無細大斬斬皆有綱紀後二日請辭曰余無以告侯矣不敢以久溷館人侯掩耳不余聽也翌日又辭益相挽留如初然熟視色辭若有所懷未吐也因謂曰豈有以命我耶笑曰然哉蕞爾邑介於數大郡之間甌沚井閭與

凡貢輸之入不能當他郡之十二三唯獨山背江風物殊勝他郡或無有也嘗試與子蹟君山而望焉行郡城而北幾里許至君山相與登絕頂又謂余曰郡奉朝廷卹民之命凡土木之工病苦閭里者一毫不忍爲邇者撤浮屠氏之廢廬雜其材付主寺事者使新斯堂於山之巔闢戶而南峯巒起伏東西聯亘嵐煙煥翠蕩漾几席侯曰此未爲偉觀也乃凭欄而北淮甸海舶十百相銜長江接天不可涯涘觀者爲之改容眩目焉且江自京口而東距海爲不遠地浸傾下又東二百里而後至此江流益潔洄演迆無甚怒極湍之勢每風平浪止淵渟鑒靜晴碧湛然而一堂

之上西望京口東屬於海豈有以目力爲限際蓋愈望而愈無窮也客有誦東坡江遠欲浮天之詩者侯曰是可以名吾堂矣謂余其遂記之嗟乎江山之勝非名人達士煥飾表見之亦不能自勝也樵夫牧叟生長游處其間不知江山之爲江山也僧廬道院往往占江山之形勝而其徒知江山爲江山者幾何人騷人墨客與覊旅憔悴之士間能攜節躡屐把酒賦詩取適俄頃亦何能發江山之勝槩使聞者願來而至者忘歸乎郡侯縣大夫力固足以辦此然汩沒文墨間知江山之爲勝者又幾人能從容了公家事知江山之不害爲吏者益可數也至於新棟宇壯觀極

一時登覽之雄以暇日從賓客徜徉酣詠其間當於前遊勝流中求爾異時斯山之顛黃茅白葦樵者之所裴回而敗屋一二椽過者惆悵焉不敢少跧立其下今侯到郡未幾不勸民力不索公帑之藏使千古江山之勝自我煥發是可書也將移是而施諸有大於爲郡者則夫易卑陋苟簡之習爲高明偉傑之觀皆當如斯堂矣侯天枝之秀蚤歲以儒學登進士第嘗賜對便殿擢丞奉常已而出佐三近郡有能聲行光顯矣

新建貢院記　葛鄰

江陰自僞唐陞建軍額皇宋因之遂爲浙西望郡賓興之歲士之試於有司者幾千人試無其所則寓於迎福僧舍僧舍不能容邦人至率私錢增創廊廡卑陋褊迫試者病焉淳熙庚子四明樓侯自樞密院編修官來守是邦卽欲卜爽塏之地而新之會歲饑弗果明年洊饑又不果又明年大熟治成政定可以爲也而侯秩滿當更自恒情姑幸脫去豈復爲士子經遠計哉侯曰其可諉勞以累後人於是相城東北隅得地負倚庥帽峯而秦望君山拱揖於其前遂以其年八月庚申經始而十月甲子落成門廡堂室庖湢備具各七十楹顯敞宏麗翬飛雲矗鄰嘗謂科舉之法鄉舉里選之遺意也公卿之子弟國之秀民不由是以

進則人不以爲貴故天下共趨之今之州郡知竭土木於游觀之所而試士之廬則指爲迂緩而不屑經意至於取具臨時風雨不庇所以待士者輕亦何以責士之自重哉江陰本毗陵一邑貢士之額九人媢嫉者或以爲過紹興乙卯歲混試毗陵而江陰預貢者乃十二人拔其尤而爲舉首者亦江陰人也蓋得江山之助故其人秀而多文有淮楚之風故其人愿而循理今遂爲多士之地院既成而侯去始知侯之德不可忘也侯名鍔字巨山以經術決科以儒雅飾吏孳孳愛人能加惠學者是可書也已

尉司新建弓手寨記　袁燮

江陰軍置兩尉蓋控扼之地不得不然東尉既省事併而專其責邇重弓兵常置二百人視旁邑爲多養之亦加厚所以銷奸宄安良善爲江壖之保障也始予得尉茲邑或曰阻江而盜多予甚憂之既至而攷弓兵之籍多闕不補詢武藝之教亦復久廢乃多方招募營葺射亭譏閱習法而至者常先後不齊察其故則遠者居數里外稍近者二三里而家於尉曹之旁者纔數人予喟然歎曰此曹之設本以備不虞爾聳焉而居猶懼弗及散而不聚如緩急何欲擇便地爲營役大用艱莫圖其端乃請於常平使者羅公求頃歲備錢之未給者千七百餘緡與夫在官之田爲

之基公忻然從之田散而不屬以易私田廣三十畝鄰於閱習之場爽塏寬平卜云其吉鳩工庀材考極相方矣會御史吳公力言弓兵利害宜拘之營以革散處之弊上施行之太守侯公奉命惟謹乃輟郡計錢以緡米以石者二百木三百章以佐其費羅公行部至而觀焉復給錢三十萬以竟其役蓋經始於丁未之仲春而告具於是年之季冬凡爲屋百七十六間而棲神有宇宿甲有房勸功有亭凡授屋人處其一有功者加半或倍之董役而有勞者三之未有室者兩人同之於是向之散處於外者合而爲一等級相承上下有列而又穿渠瀦水足以備災甃石爲梁無病於涉里中好義數家復以地假我乃剪榛莽闢通途而營壘備矣凡役之興謀之而無阻爲難謀之無阻而又有助焉尤其難也是役也諸所興爲悉倣軍營制度而瓦木竹葦之直皆豫給之事克有濟而於民無擾得非沮之者微而助焉者衆歟然尤有懼焉蓋自古業無細鉅其能傳諸久遠者皆作者經營於前而繼者維持於後也予鄙人也罷精憊思而不敢告勞以備不虞始盡吾心焉若夫因其緒業加之潤色使居其中者常聚而不散閱其風者畏憚而不敢發得無望於後人茲予所以爲之記也

冰玉堂記　　高似孫

晉江韋氏令襄邑律己頌曰乃冰其淸乃玉其白瑕標瑩渠凜凜若對江陰宰林君釆之以表今堂勵志也夫有山川斯有人物有人物斯有正事脈絡貫通如出一機軸江陰介乎濤渚之間蘆荻被水雁鶩所容神魚樓蜃出沒變怪漁榔琛船縹渺煙雨霽雪之趣李成郭熙復生莫克殫寫以邑輔郡嶷然一都而林君以才智風猷裁制而施行之飢者盡飽病者盡甦濟有新梁囚有淨榻已足以偃服若吏與民矣又化榛莽作丹青滌穢陋爲芳楚風亭月榭釣渚弋林各得其宜處處詩酒主人既甚得意客又皆趣而忘歸一聆咳談如與樂衞游一舉豆觴如與鮑壺接塵

不敢扇衣寒且香吁敢問清乎濁乎秫斯堂者孰不嚮且仙乎環壁左右則徵君呂公墨帖也和靖林先生句圖也豈不清之又清歟東坡贊歎和靖以爲吳儂生長湖山曲呼吸湖光飲山綠不論世外隱君子傭奴販婦皆冰玉嗚呼感人格物之機其妙出於影響之捷則頑夫廉懦夫有立志其有動於衷之清者當如何哉吾甚恨不能游君堂飲君酒姑述君志以答君請

鄉飲酒記　蔣汝通

鄉飲酒禮成周盛時靡歲不舉由漢及唐間見方策暨陽古季子國僅行於紹興間禮廢樂缺迨今百年往往視爲

迂闊而念不到此也郡侯史椎院獨之篤意舉行遺辭喻指命鄉之耆秀參訂異同潤色綿蕝修廢典而新之吾黨胥悅翕然鄉風曾不及月咸熟於事乃以紹定壬辰春日釋菜於泮宮蒇禮於貢闈凡仕隱爵齒之尊鄉曲貢舉之彥國學京庠之隸籍堂校月評之裴聲與夫名胄故家之動與德寓公時貴之子若弟文武僚屬共事觀禮各盡敬恭是日也冠帶班列豆籩有楚主賓之揖遜踰再歌笙之升間以三濟濟蹌蹌雍容和樂獻酬交錯情文粲然撤席序登爵樂無筭純音縟禮皆疇昔耳目之所未接禮義之心油然以生賢侯有功於名教多矣敬紀其略使來者有考焉

江陰三義記　元　史自守

延陵君子裔吳重字士宏宋侍郎博古七世孫也張士誠竊據江東時江陰朱左丞名定者僞吳黨也嘗借檝於吳重言弗與定銜之誓滅其族越數日統兵至繖墩馬墅村圍焚重居時重妾張氏負其八歲兒吳遠竊出兵戈煙焰中藏之白蛇港蘆洲復念其嫡與次兒在冀萬一可救以出乃復歸而死賊手於是吳氏無噍類獨蘆中孤在耳比旦有顧老漁者見孤在蘆洲急攜匿漁舠爲子易敝衣棹出江從他港至雲亭河邂逅其姑壻陳子章正驚問吳重

遭變而皇皇訪其後也老漁見子章意誠切乃告以孤并美服金珠帽還之子章即以贈老漁辭不受鼓枻去子章挈孤還至所居迎福寺前改姓名爲己子育之成人贅蔣員外士昂家遠既長德子章甚因自字世銘生五子謂陳氏之恩不可忘吳氏之宗不可滅命長子宗仁復吳姓而宗禮宗義宗智宗信皆陳姓以示報焉至正丁酉明太祖命江陰侯吳良討滅朱定褒制所云水寨擒朱定之功尤爲超卓者是也定之不義而滅門報復不遠重守義之正而不貲盜檝殆知天命有歸耶宜其一綫僅延百六十年來陳吳皆蕃衍也黄常謂妾似杵臼漁似程嬰子章義兼

嬰曰得之矣世銘不忘本抑亦可風也歟

汗竹巢記　張端

巢吾廬也汗竹吾書也合書與廬故名汗竹之巢或疑而問曰子以書爲巢而居乎以廬爲巢而有其書乎以爾書構爾之巢乎以爾巢容爾之書乎予答曰皆可也以廬爲巢而居則以吾巢容吾書矣以書爲巢而居則以吾書構吾巢矣然則何爲皆可吁若知茅茨而圭竇者非吾廬乎簡而編韋而貫者非吾書乎書寓乎廬之中廬包乎書之外曰爲廬爲巢而有其書可也曰以吾巢容吾書可也此固不待智者而知矣然吾於書非闕焉而止也闕聖人之

牆而求其門登聖人之堂而造其奧仁義以積其基禮智以闢其牖戶渴將飲乎德淵飢將咪乎道腴居焉息焉出焉入焉以事育吾父母妻子貧富貴賤將終身而勿舍是則曰以書爲巢而居可也曰以吾書構吾巢可也故廬可無也書不可無也廬而無也則風雨不蔽風雨不蔽則傷其軀而已書而無也則道不明道不明則至失其心而忘其身然則廬非吾巢而汗竹誠吾巢矣此豈若所易知哉客退因筆之以紀吾巢

縣署小記六首　明　黃傅

達觀樓

樓凡三間周遭闌檻八面皆牕闥四遶蒼莽窮望無際東窺海虞西盼晉陵北枕君山南挹由里而太平之塔卓然正中與君山賓主相直如引繩訔以公事之暇憑闌凝眺隱几沈思見雲來鳥逝草榮木枯與人物馳擾市聲喧闐或沙際獨漁雨外耦耕山梁樵謳平蕪牧笛紫陌蹄輪青樓簫鼓長衢狗馬高冢麒麟燈火入家砧聲院落雪晴月黑鄰雞野犬一切可喜可愕可悲可怨憤懣譸噱幽憂寂歷千情萬態攬而付之百年之光陰都如亂絲投火淬雪入湯翕欻消滅無復痕響昔之崢嶸磈礧塊然天地之間者始不知其從何而來後又不知其從何而去賈生所謂

鑪工銅炭者豈眞是耶若然則於世人之所汲汲汹汹者可以少任之矣遂命曰達觀樓

省吾軒

樓下兩端爲密室皮架版籍庋儆其中北面東庭爲小坐之所臨庭爲步廊不置門壁疏達明照豁如也障其南榮以爲軒軒前累壁倂墍爲高牆牆下亦爲墻砌種蘭八九莖砌前對列五石甃二甃蓮數十本每退自公時至此軒反手掩戶面牆獨居事物既遣志慮清明客氣不擾天理全露反觀內省旦晝所爲何者爲國何者爲民何者爲家何者爲身有喜有怒其公其私有賞有刑其當其否作何

事功應何經義接何人物見何賢才心所存主理欲何如口所論說畢竟是否省之又省面背汗赤遂命曰省吾軒

澄心池

池約三畝中涵兩坻紫迴旋繞渟瀠演漾緣池四周間種桃柳錯以芙蓉茭蒲蒙茸菱荷點綴水花舒香野禽狎泳天光樹影湛碧澄鮮簿書獄訟之餘神情憒瞀胸中如積塵百斛便往池上拂石危坐注目漣漪遊神碧落如炎五斗黍時則毛骨清涼臟腑澄澈恍然自失以爲身在瑤天銀漢之上吸雲液而遡冷風忘其在塵世簿書筐篋之間也遂命曰澄心池

寄傲臺

臺在渟瀠之心架橋而渡累石甃甓爲之廣一丈八尺長二丈六尺高七尺上有苑柳陰垂半畝橋東荷芰架覆池土與柳交蔭柳下設石墩四五坐墩畔倚綸竿有鈎無餌臺北端爲石磴入池澡濯磴前澄水爲小方田甃以編篛泛荷花數百頭平時奔走塵土中覺堆阜生胸臆閒懷抱蘊蠖無處吐洩則一往臺上把釣弄水招呼魚鳥狎弄風花以寫散之或鄉有親客則亦引置園池舉鼎蒸上然火沸湯設餌出魚投鼎作羹酒五七行豪氣橫發則鋪席而臥仰視雲霄把竿擊節楚聲高歌既又曲肱旁睨臨水開花倒影交映神爽飛動直欲吞海嶠而投江瀆奴卒晉楚而負劍隨光也未幾堂吏抱牘趣起視事一時浩興頓就韜卷遂命曰寄傲臺

富春洲

繇東橋至臺復倚臺爲西橋至洲洲方一畝四面際水水畔亦種桃及芙蓉洲心雜樹杏李櫻桃梨梅各數十株春朝明媚時群花爛開則岸幘獨往直入深叢徙倚徘徊樹幼土腴花盛而繁積密堆疊不露柯條紅花赫赫照面如炙平生苦貧紈綺絶交竹牀木榻素無帷帳一旦得此豈啻金谷結綺而又雍容順適顯受無慚蓋天畀之至富也

遂命曰富春洲

鎮躁園

園東西九十步南北六十六步種盧菔芋魁韭薤瓜瓠莧陸茄芥各一二畦北牆之陰養竹數百个蕭疎蓋地突於是日出而作了公家事視門無延候則退遊此園翫弄諸勝惟日戀戀永懷欠缺心有餘愛景不充欲願言擀調覆恐迷遝京雜無書雲山有夢憺乎頹乎委順任化遂總而命之曰鎮躁園

梧溪書院記　張袞

邑大江之東黄山蜿蜒橫亘數里曲折而北則雞頭灣在

焉崖石多奇狀㟳莽蒙茸彌世伏匿過者不問乎表兄方君嘗督樵山中望見異之亟援蘿而上鑿巉巖薙藂翳披豁發朗得勝槩焉名曰二島四面樹桃以千數合而名之曰小桃源云登二島望大江風濤檣烏舉獻左右而孤山壁立江中如冠峩玉君日游泳其中出則登邱隴坐斷岸弔古蹟而悲歌客從游者日益衆君又以茲山故名席帽元人梧溪王逢嘗讀書其處號席帽山人紘祠之跡冠爲之蔵君日與好事者議祠之累歲不果嘉靖癸巳李大夫元陽來領縣事雅尚邱壑搜羅俊逸得君議建堂五楹簷牙翬飛突臨江湍背負崇岡松林迤邐而結山廊廡亭臺

次第是舉二島加於舊矣乎攷逢處士也史不特見至正間瀋陽周伯琦序梧溪集中稱逢以文學操行名世當時險籍逢以一言定亡命降惡少幾萬人又㸃錫人鋒鏑之殘骨合而冢焉蓋有恩於茲土者不僅獨善其身云爾也是故表延陵之墓則雄節著矣望峴山之碑則容淚潸矣慕潁陽孤竹之標尙則饕餮懾矣方君之表梧溪李大夫之善助以風邑人其意不出諸此乎方君名謨別號艸窗公讀書萬卷晚游太學不願仕實有寵於茲山并肇之以刻諸巖石

落落齋記

國朝　魏禧

江陰李忠毅公有賢子曰膚公嘗刻公文行於世題曰落落齋集蓋公所自名其讀書之室以見志者也齋屋三楹潔樸無華前堺方二丈立石數笏雜植臘梅杜鵑數株自公爲諸生讀書於此迨以御史抗疏忤璫罷職歸田復稍加葺治今公集中載有改築詩一首可按已未幾即被逮詔獄以死時膚公方九齡奉遺命厝楄柎齋中夫公之神靈安此久矣攷公生平於世多落落難合自諸生歷官御史皆然不獨劾璫一事小人於世毀方求合遂至無所不至孔子進以禮退以義伊尹非義一介不取與伯夷望望然去之狂之嘐嘐狷之踽踽涼涼孟氏之囂囂皆是志也

世之工鄉愿苟且偷容動以柳下惠之油油爲口實獨不思三公不易其介爲士師三黜非落落其孰爲之乎生晚不獲見公幸因膚公請敘公年譜今又同吳霞舟先生之季子公及訪膚公赤岸得信宿公齋肅然如臨神明焉古之名賢見其遺器敗屐所偶一經過觴詠之地猶爲之徘徊戀慕慨然於九原之可作況交其子而起處其讀書棲魂魄之地孟子曰頑夫廉懦夫有立志其無愈於聞風之興也歟膚公當國變即焚筆硯絕意功名性疎懶不治事而獨好學以詩文自娛入其齋書帙縱橫凝塵滿席膚公方上下今纍著書論世余以膚公之爲子洵無愧於斯齋

者於是復因其請爲之記

聽鸝軒記　薛　舉

乾坤翻覆閱六稔重見膚公燈下故人恍如夢寐相泣也已而相慰勞乃示聽鸝軒詩貞心勁氣蔚爲鴻辭既勉酬以下里膚公屬予爲此軒記予辭以游履未及殊難爲生無已君口臚之予手載之予膚公曰此中風物語焉弗詳且藥欄蘚石人間常玩何煩繪組抑茲軒之得名重可哀矣憙廟丙寅先忠毅將從龍比游地下檻車戚賦曰寄與兒曹焚筆硯好將犂犢聽黃鸝用以名軒𢥞牆見之耳予乃愾然盱望歎古今名區勝蹟奇麗天成泂心駭目者固

不待人以有傳容有孤嶼平蕪短亭荒囿風氣淒黯澂然無奇或爲大勳耆德之故居高人勝士所棲遯或僑才巨筆嗟歎詠歌或孽子孤臣忠魂浩氣所欲歔而歎嘯其風聲氣槩赫然峙嵩華瀚海之上後賢行役羇旅跋履其間移情動色有黃陵古廟佛貍祠下之思木落歲晏登山送歸之想然則地以人傳固巨靈海若藏避而拜下風者哉峴山以叔子傳午橋以中立傳平泉以文饒傳平山堂以永叔傳獨樂園以君實傳天祐耆英逍遙容與此忠毅闕陷當年膚公侯諸異日者茲軒之在今日姑勿與爭時可也若乃汨羅水以平傳大窘以武傳北闕以寬饒傳殿檻以雲傳土室以覆傳風霜憯額雲物愁凝開忠毅之先者也又若柴桑里以淵明傳浣花溪以子美傳濤閦閣以元鎮傳全眞遠害不嬰戾氛開膚公之先者也茲軒合二者而有之則雖太液芙蓉龍池柳色不得而加茆棘三楹寒鴉數點不得而損安取贊華鉅麗與金谷輞川爭勝哉膚公屬記不言風物之詳有以也比歲戈鋋橫地春燕巢林求雙柑斗酒聽枝頭好鳥不恒得或花薰風煖聲遞畫樓思賢懷古悅鬪西壠畔大鳥翔集昔人拜蜀相祠隔葉黃鸝見諸篇詠況孤忠淚墨熒漬汗青乎儻許摳衣軒際好音睍睆尚有典刑是亦中郎之虎賁也

江陰孝烈祠記　何　栻

荊門萬壑記明妃生長之村華嶽三峰訪玉女梳妝之石惟若華之秀出斯竹素之流傳固無與於人倫亦何裨於陰教況乎小姑立廟實徵覡祝之誣妬婦留祠益重靈飛之辱曷若作忠作孝蘄猶爲百世之師成佛成神籩豆有千秋之例比節於淸風嶺下風過猶香分光於明月祠中月來同照孝烈夫人薛氏邑之東橫街人予室也以嘉慶壬申正月二十六日生至咸豐丙辰七月二十四日殉難於江西建昌府之新城女品芙壽芙宛芙姪彥猗皆殉難婦谷張氏子二元婢青環家人謝方陳才練煌並及於難

寓中自幕友以至官役死者三十餘人事跡見孝烈傳嗚呼避秦有路不問桃源撻楚無兵虎支蘭錡鮑姑終隱未傳螢火之丸魏女將仙自託龍泉之劍艱貞蒙難因公憤遂致私讎禮法治家雖小人亦知大義生男願女果爲門上之楣與古爲新請視道旁之石江西大吏以事

聞奉

旨建昌府知府何栻之妻薛氏及其三女均著該部照例旌表並准於殉難地方及原籍立祠建坊其隨同殉難之僕婦並著一併照例附祀欽此監生何彥猶亦蒙

恩優邺金泥紫檢史臣載筆而書玉瓚黃流縣宰攝衣而拜祥符

麟鳳地靈足媲於四靈香薦牲牢天爵更尊於五爵稽羣神於祀典總由大節之完稱獨行於女宗即是長生之訣予既爲立祠新城復擇地於江陰爰爲之記

雜著

澄江懶漁說　明　高啟

暨陽之江有隱君子常漁其上朝不終夕不厭汎景逐波漫漫以嬉人見其不事其業因命曰懶漁衆漁每得魚而返集於浦溆之間炊鮮漉清飲唱爲樂視彼獨楞然則相與笑之且譏之曰夫農不勤則饑商不勤則匱百工不勤則無以成其器今我皆自力爾獨於逸我皆率常爾獨用荒不勞爾躬不勗爾志則何以厚爾利乎懶漁曰吾終日漁而子以爲未嘗漁惑哉詩書吾漁之具也羣聖人之學吾漁之地也義理之潛道德之腴吾漁之所得也吾漁視

子亦大矣何名爲懶乎衆漁慚而退高子聞之曰此善漁也世之習常務得而不大人之事者其衆漁之徒哉

劉氏三子字說　王守仁

劉毅齋之子三人當毅齋之始入學也其孟生名之曰甫學始舉於鄉也其仲生名之曰甫登始從政也其季生名之曰甫政毅齋將冠其三子而問序於予予曰君子之學也以成其性學而不至於成性不可以爲學字甫學曰子成要其終也學成而登庸登者必以漸故登高必自卑字甫登曰子漸戒其驟也登庸則漸以從政矣政者正也未有己不正而能正人者字甫政曰子正反其本也毅齋起

拜曰乾也既受教豈獨以訓吾子

祭吳團長文　錢錞

鶴洲主人憫吳團長之死也而弔之嗚呼予以千人拒賊之來千人走而予獨後汝以百人追賊之往百人免而汝獨死噫予幸而汝不幸耶哀汝所以傷予也汝死矣予哀而弔之彼未死矣不知前之走而免者與夫聞風而避者其愧死乎否也一勸一懲風紀攸係汝其有知信予心而領之

鶴洲錢公行狀　薛甲

公諱錞字鳴叔別號鶴洲其先湖州之吉安人七世祖喜

興事我太祖高皇帝有戰功授職千戶調遼府左衛嘉靖十八年改調顯陵衛護獻皇帝陵寢祖諱康父諱最生公公生而岐嶷稍長知讀書補庠生己酉中湖廣鄉試庚戌登進士第觀政於通政司壬子歲來知江陰縣事江陰瀕江邑也上接留都下通兩浙天下有事勢所必爭公始至釐輯庶務未遑燮席聞浙中倭寇猖獗朝議添設總督重臣公度彼中備嚴賊必北上亟完城郭之未完者明年賊果犯蘇松時承平日久民不習戰應敵者以吾邑之兵爲最而邑之精銳復殲於太倉人情大駭公召募補葺城守僅完又明年四月賊至公遣兵逆之於斜橋三戰不利退營定山賊覘知城中有備不敢近大掠而去歲值旱饑邑中之盜亦起公百方撫字擒其渠魁寘諸法而解散其餘黨村鎮以安是歲之冬倭寇據柘林今年春復至三丈浦急趨吾邑之青暘鎮掠商賈之資欲還舟而三丈浦之巨舟已爲大參任公所焚遂南趨無錫攻城不入還趨江陰公禦之於石幢矢盡繼以瓦石公身被一箭賊遁出江而去公度賊志未滿必將復來預營於華墅待之賊果至官兵斬首九級相距不得進遂大合常熟之寇三千餘人從江路分半寇靖江其半入蔡港登陸而來時公方率邑中之兵從兵憲王公援靖江不虞賊之至也得報亟還甫入

城而賊已至大橋明日攻城不克退營於蔡涇閘距城九里爲久駐計每日分黨四掠煙火接天鄉民入城避寇者日近萬人公痛憤欲決戰而我兵不滿四百人合狼兵與鎮江之兵僅滿千人遂率之出城搏戰先是狼兵縱肆公懲以法銜公至是遇賊先遁餘衆望風亦遁公獨與親兵五十餘人奮然迎戰俄而草間伏起刺公公身被數刃遂遇害從公者二十餘人皆死死之時雷雨晦冥不辨咫尺賊持公首懸之營其夕募諜者得之始克完殮城中居民聞變慟哭家戶設主事聞朝廷贈官光祿少卿蔭一子立祠於縣歲祀之公愛民之仁出於天性不忍纖芥有傷自

癸丑用兵至是凡三歲而民不知有軍興之擾小民見事之集而亦不知費之所自出也自奉清苦儉約旬日不茹葷憤民被寇難時或不食食輒歎咤推案曰張睢陽亦人也家人勸之自愛叱之曰有怕死忠臣乎夏季應支俸獨已俸不支曰民傷如此何以俸爲潛以印印其裏衣恐郊原莫辨也蓋公痛民之深志在必死矣公政事精練如老吏其編徭與水利捕獲之法具有條貫公之編徭也酌量貧富不泥成法雖甚富不使困如庫役之類亦有貼其次富之家一役重則餘役皆輕故公所編徭人以爲便其論水利也曰江陰濱江爲邑仰給江潮故水利有官導河有

夫比他縣爲詳而開濬之事累歲不講潮沙壅淤歲厚盈尺今通潮之港皆爲平壤矣旱則潮不入澇則潮不出小民如之何不餓以死也吾欲均諸港以次而濬之約五年一徧工鉅者動官錢工小者使得利人自爲之庶其有濟乎遂開青暘河并餘港數條以爲式是年果有秋餘未濬者所入不及也其論捕獲也曰捕盜不如弭盜斜橋包港之多盜非民性則然勢使然也此地西去縣治九十里東去太倉州治二百餘里民有負販之利而闊遠官府莫爲禁制其爲盜固宜今若割江陰無錫常熟三界之地別立一縣使有管束則盜自弭矣因條五利上之公與無錫王

尹先後履任王尹量無錫之田甚利於民公聞之曰吾邑亦猶是也富民子孫產盡而戶不知除豪猾里書飛詭而官不知檢戶已絕矣而黃冊之田每會一增誰其增之他如佃民之移易邱畝攙爲已業皆弊也吾欲爲之彼其先我矣做前任黃公傅鉤距之法村鎮無賴爲民害者廉得其名以漸除之一縣稱爲神明初政頗傷嚴切逾年而更之以寬或盡日不笞一人至府必訪荆川唐君君勸之讀伊洛諸書亦雅善予每自謂根器未利於道未有聞有當道者以飛語作色於公公不能堪立仆當道者大驚予貽書以三自反事質之公大愧悔謂予曰此後雖唾而不敢

復爲此矣其服義如此公資性穎悟而剛果直截使加之問學濟以寬和遲以歲月其進尚未可量然即今所自成其卓然特立之操所以挽頹風振名教者亦既遠矣公尚未有子其夫人蔣氏宗室光澤王之甥女先公死事之四月歸侍公母太夫人周氏於堂六月十一日生一子而公以是月十三日遇害嗚呼仁者必有後天道其有知也夫女一人許字翰林某官之子公生於某年卒於某年享年三十有一卒之三月其二弟銖鋕來迎公喪并輯公家世與其行實請狀於予將以告於太史氏而乞銘焉予不敏何足以狀公顧邑人愛公之情不容已也謹爲之狀

溯江紀源

徐宏祖

江河爲南北二經流以其特達於海也而余邑正當大江入海之衝邑以江名亦以江之勢至此而大且盡也生長其地者望洋擊楫知其大不知其遠溯流窮源知其遠者亦以爲發源岷山而已余幼考紀籍見大河自積石入中國溯其源者前有博望之乘槎後有都實之佩金虎符其言不一皆云在崑崙之北計其地去岷山西北萬餘里何江源短而河源長也豈河之大更倍於江乎迨踰淮涉汴而後睹河流如帶其闊不及江三之一豈江之大其所入之水不及於河乎迨北歷三秦南極五嶺西出石門金沙而後知中國入河之水爲省五（陝西山西河南山東南直隸）入江之水爲省十一（西北自陝西四川河南湖廣南直西南自雲南貴州廣西廣東福建浙江）計其吐納江既倍於河其大固宜也按其發源河自崑崙之北江亦自崑崙之南其遠亦同也發於北者曰星宿海（佛經謂之徙多河）北流經積石始東折入甯夏爲河套又南曲爲龍門大河而與渭合發於南者曰犁牛石（佛經謂之殑伽河）南流經石門關始東折而入麗江爲金沙江又北曲爲敘州大江與岷山之江合余按岷江經成都至敘不及千里金沙江經麗江雲南烏蒙至敘共二千餘里捨遠而宗近豈其源獨與河異乎非也河源屢經尋討故始得其遠江源從無問津故

僅宗其近其實岷之入江與渭之入河皆中國之支流而岷江爲舟楫所通金沙江盤折蠻獠谿峒間水陸俱莫能溯既不悉其孰遠孰近第見禹貢岷山導江之文遂以江源歸之而不知禹之導乃其爲害於中國之始非其濫觴發脈之始也導河自積石而河源不始於積石導江自岷山而江源亦不出於岷山岷流入江而未始爲江源正如渭流入河而未始爲河源也不第此也岷流之南又有大渡河西自吐蕃經黎雅與岷江合在金沙江西北其源亦長於岷而不及金沙故推江源者必當以金沙爲首不第此也宋儒謂中國三大龍而南龍之脈亦自岷山瀕大江南岸而下東度城陵湖口而抵金陵此亦不審大渡金沙之界斷其中也不第此也并不審城陵磯湖口縣爲洞庭鄱陽二巨浸入江之口洞庭之西源自沅發於貴州之谷芒關南源自湘發於粵西之瓷山龍廟鄱陽之南源自贛發於粵東之溯頭平遠東源自信豐發於閩之漁梁山浙之仙霞南嶺是南龍盤曲去江之南且三千里而謂南龍瀕江乎不第此也不審龍脈所以不辨江源今詳三龍大勢北龍夾河之北南龍抱江之南而中龍中界之特短北龍亦祇南向半支入中國惟南龍磅礴半宇內而其脈亦發於崑崙與金沙江相持南下經石門麗江（東金沙西瀾滄二水夾之）

環滇池之南由普定度貴竺都黎南界以趨五嶺龍遶江亦遶脈長源亦長此江之所以大於河也不第此也南龍自五嶺東趨閩之漁梁南散爲閩省之鼓山東分爲浙之台蕩正脈北轉爲小箬嶺（閩浙界）度草坪驛（江浙界）峙爲浙嶺（徽浙界）黃山（徽寧界）而東抵叢山關（績溪建平界）東分爲天目武陵正脈北度東壩而峙爲句曲於是迴龍西結金陵餘脈東趨余邑是余邑不特爲大江盡處亦南龍盡處也龍與江同發於崑崙同盡於余邑屹爲江海鎖鑰以奠金陵擁護留都千載不拔之基以此豈若大河下流昔曲而北趨碣石今徙而南奪淮泗漫無鎖鑰耶然則江之大於河者不第其源之共遠亦以其龍之交會矣故不探江源不知其大於河不與河相提而論不知其源之遠談經流者先南而次北可也

明江陰縣典史閻公死守孤城狀　國朝　黃　晞

有明宏光元年乙酉夏五月南都失守薙髮令下閏六月一日江邑士民歃血死守凡八十有一日城陷城守主將原任典史閻公死之公諱應元字麗亨北直隸通州人其先浙紹興人也四世祖爲錦衣校尉家通州父國材母王氏公起家刀筆吏初任京倉大使再任而尉茲邑爲崇禎十四年辛巳七月公雖浮沈一尉風裁稟然壬午四月鹽盜百餘艘張幟僞號順風揚帆闖入內江大尹李公令晳兼攝靖事適在江外賊瞯虛犯境乘潮登陸巫簿望風畏縮男女奔竄塞路公單騎大呼苟男子從我殺賊保爾室家且馳且呼鄉勇千人蟻集頓手無寸鐵公遽率千人馳往竹行告曰事急矣賊登陸矣假衆千竿價取諸我於是千人者布列江岸矛若林立士若牆立公往來馳射一矢斃一賊連斃數賊賊失氣遁去撫軍狀聞以欽依都司任本邑詰捕事縣尉張黃蓋擁大纛前驅負弩淸道而後行自公始乙酉三月僅循資遷廣東英德縣主簿毋病未行北兵南渡南行不可北歸不聽公素有功德於百姓百姓

愛戴公於是奉父母挈妻子寄居邑東偏砂山之麓閏六月辛巳朔諸生許用等懸高皇帝御容於明倫堂誓衆拒敵鄉民揭竿爲兵裂裳爲旗鳴金召衆頃刻四十萬奉新任縣尉陳公明選首倡大義七月癸丑陳公亟使十六人縋城夜出請公主盟先是紳衿百姓擬合詞敦請把總顧元泌百計阻之至是覺元泌有異志共誅元泌迎公丁巳鄉兵五千餘人擐甲帶刀護公至城下衆議留之公曰鄉兵輟耕褁糧而來勢不得留又烏合之衆什伍散亂留亦無益厚給酒食聽去獨與王進忠等家丁四十人入城公之入城也首發原任兵憲徐公世蔭留公化龍所造火攻

器具爲用向本屬公督造故分劑輕重施用緩急無不曲盡其妙次傳檄巨室勸諭輸助不以白鏹爲率泉貨百物一切得估值充數國子上舍程璧首捐三萬五千金爲倡於是闔城中有火藥三百甕鉛丸彈子千石大礮百位鳥機千張錢千萬貫帛絮布萬端酤千釀粟萬鍾芻藁千萬車鹽萬觔銅鐵器萬枚牛千蹄羊銑千雙乾魚千石鮑千鈞蔬千畦豆千斛然苦乏矢公命月黑之夕束藁爲人被軍士服人持一竿竿挑一燈植立雉堞上士卒伏垣內大譟敵望見矢如雨注獲强矢無算又苦乏油燭公命健兒取椎車納城中給以藏豆千斛膏火自是不絕公又能自

製火銃火箭火毬諸器不時縋人城下取敵刀矢鉛彈雲梯革帳黃粱乾魚諸物於是擊殺捍禦之具飲饌犒勞之需無一不備公乃大料居民盡知其多少城若干保保若干戶戶丁壯幾人老弱幾人婦女幾人單丁寡婦悉書在冊每旦人給米鹽薪菜若干每晚戶給油燭若干四城堞燈若干各給油燭若干井井鑿鑿纖毫不亂於是奸宄竊發之徒無所藏其蹤影官民同仇共飽併心合力以城守爲務始與在事諸君約分城而守武舉黃公畧守東門把總汪某守南門陳公守西門公自守北門而公與陳公仍總督四門晝夜巡歷陳公寬厚長者每巡視勞苦撫慰至

於流涕未嘗輕加呵叱公號令明肅威克厥愛凡偷安假寐摴蒲不法者鞭背貫耳示衆有差衆股栗不敢犯然戰士勞苦困頓手自注湯酌酒遇害者立治棺衾公肅冠服拜跪酬奠哭而斂之接見敢死士未嘗稱名必呼爲弟兄遇一事必詢於衆曰我弟兄誰任此事有一人號於路曰我往殺賊無短刀公腰間所佩刀直三十金親解爲佩之曰此刀善能殺賊敬贈子其與士卒同甘苦樂生死多此類非專以威嚴服衆者逆鎮劉良佐據坐弔橋約城上放弓釋矢而語公立與相見良佐曰弘光已走江南無主識時務者何不早降公曰閻應元大明一典史尚知忠臣不

事二君將軍胙土分茅國家重鎮上不能削平寇亂恢復中原下不能保障江淮阻絕來騎何面目率衆藉敵見吾義士民乎良佐慚退具勒既破松江濟師來攻面縛二降將城下長跪勸降陳說利害涕泗交頤公叱曰朝廷大將束手受縛尚不速死報國二人再拜泣去或曰敵詐飾二人誑我實非降將云敵見公屹不可動進攻益急丙寅礮聲徹夜城垣五處崩裂公命用鐵葉裹門板貫以鐵繩代之又用空棺實土障其垂壞者又用絮衾百領漬水覆城以禦火攻丁卯鐵丸著公左股猶手握弓矢連斃數人丁丑礮擊北城角裂公右臂受傷左手握刀又格殺數人戊

寅攻北城公命人納大石塊一枚頃刻山積甃石城一重於內敵知不可破徙攻南城一晝夜費火藥萬五千觔敵將六人奮勇先登接踵而上者無數皆鎖鐵甲胄刀斧所及錚錚有聲鋒口盡缺卒出奇殲之八月辛巳周祥針子李芳金滿四人縋城燒營敵衆睡夢中被火驚竄無不毛焦肉爛者戊子公再命納石甃南內城高於舊城三尺辛卯公又命甃北城壬辰公給民間中秋賞月錢百姓攜具登陴分曹快飲箏笛簫鼓環城徹夜不休諸生許用製樂府五更曲使善謳者撫節歌吟忼慨淒切至丙申乃罷戊戌敵師老講和乞斬四城首事各一人以報命即日罷兵

還師公曰需斬予首奈何殺百姓叱之去已亥貝勒四十餘騎繞君山青龍巷左相視地形作指畫布置狀公城上望見礮弩齊發踉蹌蹂踐貝勒僅以身免是夜大雨如注礮聲曉夜不絕震驚二百里庚子旦公卜日中不利心動果至日中衆見紅光一縷從土橋直射城內城遂陷先是敵礮擊城我衆伏避垣內礮聲絕周麾而登敵覺之遂從煙焰霧雨中蜂擁突上出我不意衆遂不支公在祥符寺聞變率死士千人上馬格殺奪門西走閉不得出勒馬東獨巷戰者八殺傷無算當是時士民視死如歸各得其所殆無生者填街塞巷無非敵騎縱橫公度不能脫躬身投

水水不濡頂而逆鎮劉良佐自言與公有舊令軍中必生致公公竟於前湖水底被縛良佐蹲踞乾明佛殿見公躍起兩手拍公肩而哭公曰何哭事已至此止一死耳貝勒在縣署急索公公見之挺立不屈左右槍刺公脛血涌而仆日暮擁至棲霞菴菴僧夜聞大呼速砍我不絕口心知是公夜半寂然無聲遂遇害是役也公親發礮矢手刃格殺不下七十餘戰身亦被傷者再彼中自言攻江陰前後發兵二十四萬城下死者六萬七千有奇巷戰死者七千有奇名王騎將不與焉而公亦城亡與亡矣十信菴唯心上人音果嘗在重圍中與公曉夜共事語予曰閻公天性

純孝人也每夜巡歷四城訖返憩菴中輒手一編反覆再四讀罷擗踊號呼自恨不孝蓋公聞母訃念父老故云嗟乎為臣忠戰陣勇豈知公自恨不孝者乃所以為孝也哉予因問公所讀何書果曰具在請授予為公善藏之予啟視則和衆乘城畧一編跋云以此備後之為將者用豈不謚善想公篝燈夜誦會心得意漫書是語未可知也予又聞城中人言公嘗遣人乞援某郡王王溫語慰勞具酒食饗使僅以空文塞責又乞援湖山間手書空返擁兵不發海艘數百有意來援偵敵勢大留三日竟揚帆去公以孤城死守悲已音果又為予言城陷公既被縛有一將跽菴

中十数滿人擁公至公知擁已者眞滿人不解漢語旁睨果謂曰救兵今日至矣至矣蓋至死不忘恢復如此嗚呼此南霽雲所以血指也公雖有志不遂然以彈丸小邑阻過大敵蔽遮半壁綏錢塘南下之師扦閩廣新造之國功不在張許二公下公軀幹豐碩雙眉卓豎兩目細而長面面色蒼黑微有髭生於萬歷三十九年丁未殉節於宏光元年乙酉年三十有九子男二人士望氏望女一適江陰陸祚昌祚昌之父振先為公營葬父母於曹民部玑所贈定山之原又將乞不朽撰述彰公之烈屬狀於予往時援公言論風采實未嘗敢以綵濫目公然亦豈遂知公補天

杜奠地維樹立一至是哉萬死投荒隱忍苟活跡公還求面赤背汗安敢以不文為辭謹狀如右

書黃昭事　管天祚

逆瑾方橫士大夫出身犯難者甚多江陰得三人焉曰史良佐貢安甫黃昭蓋與蔣欽連章以攻逆閹者也欽首事草疏時鬼為之嚎卒不怵欽既被害與欽同坐者十三人昭與安甫良佐與焉何幸也瑾既手滑殄斥善類臨平日之不附己者五十餘人公然榜之朝堂指為奸黨詠錮不用而吾江三人如眉目之朋朋列其間焉又何幸也熹宗時魏璫肆毒江邑之東鄉李忠毅繆文貞以擊奄受禍天下之士指二公為高岡之鳳而彼三人者傳而不顯不獲同類而並稱是可慨也前朝奄禍之烈烈於漢唐苟非明義理置利害九死不悔孰敢犯其命而後先相炳生死一揆褫奸人之魄使不至於天傾地陷者五君之力多也邑有君子則草木改觀士之生於江陰者不有餘榮也歟安甫之後為今砂山貢氏史之後無聞焉黃故宅在楊舍城即今惠先生庶康之居也其屋二三易主以至於惠榱桷非舊矣相傳其堂猶黃先生之廳事予適館於惠已五年每徘徊其廳輒思此公與史貢二君編名擠疏之時也甲寅十二月二十八日雨阻於陳氏丙夜偶與陳子稚修論

及憪前賢之湮沒概後起之寡傳因率述以書其事焉黃字仲賓官吏部陳子云

書貢安甫事　管天祚

予紀黃吏部昭忠節大事既率述貢御史安甫史御史良佐以三公皆江陰人也及讀貢氏傳承錄復悉安甫以直言受禍始末按安甫字克仁別號學靜與父斌同舉宏治乙卯京闈而安甫尋以進士起家長垣令有政績超拜南臺御史時壽甯侯張鶴齡怙寵安甫抗章劾之壽甯銜切骨賴孝宗聖明弗罪武廟嗣位逆瑾柄事八豎弄枋兵部尚書劉大夏以請老放歸安甫特疏請留繼而宰相劉健

謝遷相率引去安甫約同臺拜疏疏留其手瑾怒其侵
己矯詔逮言者發鎮撫司榜掠備毒安甫意氣自若旋收
錦衣獄廷杖三十發編戶自是安甫之直聲震天下瑾誅
詔還言者官安甫謝不起復以臺省薦强起山東按察使
僉事不三月引疾歸副都御史伍文定薦可大用亦不就
也其高致如此安甫既沒以公論列祀鄉賢繆文貞公昌
期爲之傳生有伍公之知沒有繆公之論先生其不死矣
哉

鄉賢說　陳芝英

鄉有賢則祀之非賢不祀也江邑祀鄉賢者前有延陵季

子後有李忠毅繆文貞兩公而其賢也著矣而其祀也確
矣故謂江邑之崇祀無訛無濫或觀於此而得之也先是
宋蔣待制邵明孫司業作俱在祀典宏治中知縣黄傅攷
論黜焉蔣以徽宗朝進瑞烏頌故孫以答性難說微偏故
論者謂以兩先生之賢而一眚之不容如此則蘋蘩藻
之馨香洵非無德而能幾此也今世無黄侯耳有黄侯其
存焉者寡矣此歐陽郡公別有先賢祠之捌而以爲牛驥
同槽祀之適以黷之也

都城議建江陰試館醵貲啟　何栻

啟者常州屬邑八六有會館江陰則缺非緣鄉達之因循
卽槩宦成之落莫鐵基有待絲構維艱二百有餘年矣遂
使浮雲南北流水東西鴻漸不必于逵烏止未知誰屋六
街散寓揭來車馬之煩九市離居咫尺況斗牛之遠嚌
不盼梓材之立萃跂樾蔭之偕袜錚犄黄行李之餘結丹
艭塗莢之想然而五羊未緝徒見雪而思裴六鷁能飛且
因風而斂鷁覆質阻爲山之勇折枝仰超海之難不聞寓
木之垂援仍誘皇恭之寡和眼前突兀千間之廣廈猶虛
指上莊嚴七級之浮圖安著迄於今日責在何人盍亦紓
魚响之勤而繹鹿鳴之義乎以吾邑之薦鄉書通朝籍捧
符郡國珥筆台庭彈冠結綬而升綴行鵷鷺搢珽垂紳而

立接武夔龍匪惟帷蓋之相望抑亦鍾彝之互映今之視
昔又可量耶幸當鼎盛於勳名焉得樂桓於捌造行而宜
之謂義當其可之謂時有開必先方興未艾贊斯勝舉與
有榮施已特是趙瑟秦箏之韻容獨柱之能均吳綾蜀錦
之章詎單絲之所練故知衆擎則易舉交荷則堪勝積禾
以充囷而庾呼克諾逆竹以成筏而亥渡胥登藉非黄犍
紛兜青鳬迸落脊液旁流於貲藏資糈仰給於瑤光安望
虹構以軒雲遂用鳩工而筮日是則功資椒輔猶百節之
待四枝道敏蕭盧掛三年而成一葉庀材勸力將微邪許
之歌觸侶斂諧先叶嚶于之唱遙抱金銀之氣近相土木

之功知必有實獲我心徧爲爾德者矣且夫弓三拓地密邇燕臺尺五去天毘連杜曲含殊逆旅於以修桑梓之恭館儷翅材於以效楩枏之貢譬之栒梁築壘鵲鴿趨吉以翺游梧閣營巢鸑鷟歸昌而棲泊詎可以綯茅織蔽圭蓽穿方區蠻觸於蝸頭局嬰蜺於鹿耳哉是必方隅區冶踉位亭平久長貽覆露之規完美繕零星之具或囂塵無染結癭嬰近市之廬或曠宅堪移穿廣信臨江之徑宜亟闢之深邃以峻抽箕踰備之防容高蓋之回旋以修大酌旅徵之會突黔席暖謀其適庶往焉不啻新豐塗乾材勁料其宜俾來者可仍舊貫斯則拱手安居之佚要在仔肩分

任之勞無八柱之扶而連甍何畸無五銖之蓄而適市何讐廢尺木而轢三門持寸膠而澄九曲其於事也庸有濟乎是以吾黨醵金結言經始他山攻玉翹望圖成踊躍出手之寒正賴同心之利旣乏五丁之力山惟漸漸而開藉飛六甲之符水以源源而導植候風之書俔徐竢扶搖支承露之修莖潛通滲漉冀吾仁里際彼義田咸推枌社之情特壯蓉城之色鳳一毛而奚吝狐千腋而彌珍裁金將之編餘剸璧田之稅羨一杯分潤未須捲起銀河七寶爭暉直可裝成玉宇紅英朱板同爲種樹之賢僚白飯靑芻遠軼浣花之高誼將見雙梟節鼓五馬遊槽裴裝偕計吏之行緜蕝赴諸生之召軺扃贏蓋蘇子之十上書短衣曼纓莊生之三説劍雲追東野從游有同好之朋霜淬南榮問道有偕來之衆臚不嚌銜就飽因熱爲炊當客來不速之交極賓至如歸之樂三千里征夫解轡並紀親情五百尊羅漢同堂恆持功德爰溼竿牘共翊權輿介鯉腹以通忱湊褱蹄而襄事四鄉留遺庶其計日來同一氾呼航意必聞風立應從此燈傳無盡莫非假借之光繭製同功並是纏緜之緒託四驄而引唱竊愧雕蟲開道之勛徠五雉以盤工敬俟燕雀落成之賀

募建蔣莊忠節祠啟　　承頡雲

瀏兩粵之凶徒竊三吳之要郡偵瀆圖於建業遂薦食於蘭陵近睇君山烽煙繚繞遙瞻惠麓風月淒淸建西粵之義旗團丁特起扼東流之悍賊練甲聿興斬木揭竿春申浦首先倡義披肝瀝膽季子邦獨矢孤忠卽茲粵寇之猖狂誰似蓉江之悲慘牛衣對泣都人士痛棄身家馬革裹尸大丈夫輕生溝瀆盡下竄始庚申之歲暨奏功值甲子之年凡幾日之臨戎殉義不可勝書卽當時之遇賊捐軀尤難悉數也則如吾邑長壽鎭之蔣莊者梧塍之北砂嶺之南（莊在祝塘北砂山南）地闊數頃水遶四圍渾同摩詰之居輞川墅偏饒風景雅合淵明之記武陵溪別有洞天故附近居

民咸欣豹隱卽巽方雖友亦願鶯遷莊中多四方避難者一葦可杭奚必龍舟競渡莊中以小船出入中央宛在儼然雉堞森嚴莊四面多以門板箔籠等物堆起以禦火器宛似土城共廬而處幷食而炊懷同仇敵愾之心力能縛虎協稱戈比干之衆目無全牛庚申五月杪有流賊十餘人至莊前莊中備鳥鎗打死賊目二人扞禦有方家務兼營軍務守望相助農夫競効武夫小島類田橫之據險恃臨江孤軍師韓信之奇功成背水莊中火器兵器皆備更有壯士千餘人以爲進可戰退可守一時失策以致後來焚殺殆盡鳩居雖陋構巢聊借一枝燕息暫棲繞樹僅殊三帀孰意紅巾蟻集赤幟鴟張聯雪恥之羣賊如蜂擁肆不馴之性車豈螳當前在莊前失去賊目二人賊懷憤恨故率領大股來撲必欲盡殺乃止騎重

重兮雲霧合火燄燄兮雷電轟刀鎗鳴兮生死決豺狼衆兮神魂驚或遭離火之傷焦頭爛額或被蒙泉之厄匿跡銷聲當時被火燒水淹死者亦無數斷臂絕裾敢曰小人有母含哺受槊詎云童子無知時有小兒牽住母膝賊持刀將臂斬斷又有孩兒在母懷中哺乳亦被殺嗚呼晉鄙軍遥救援莫及包胥淚斷呼籲誰聞可憐紅粉青娥盡抱泉臺之痛蒼顔黃髮均銜地府之冤六月初六日賊率五六千人渡水環攻莊中尚有壯士千餘人拒戰悉爲賊覺所有婦女老幼不下三千人賊因殺不勝殺盡驅入室一炬焚之若敖之餒誰恤蓼六之祀忽諸此所以脊念故區未有不痛一旦之淪亡灑千秋之血淚者也今者雲霓慰望衽席同安庇我

后之神靈攙槍疾掃沐

聖恩之優渥忠藎褒嘉凡有効忠死義者莫不由實條題請予姓呈名馨香克享夫春秋禮崇殷祀

綸綍特頒於海甸祠建昭忠惟我蔣莊土焦瓦礫骨暴屍流同是盡忠之義未膺

旌表之榮苦雨淒風青燐怨集啼霜嘯月碧血冤鳴莊畔細雨冷風之夜常聞鬼哭更有鬼火無數最憐禾黍故宮耕耘有耦昔年碎尸折骨之區今已有人在上耕種無知之氓可恨可痛可歎枌榆舊社鬱蔞無人爰乃謹集同人卜宅莊中建祠一所里居姓氏一一詳明庶幾克昭義憤以慰忠魂無如獨力難持一木焉能支太廈惟冀同心好義

集腋自可以成裘嗟乎人去莊空含冤誰訴天長地久飲恨無窮握管歔欷敢寓言於片紙傾囊樂助是所望於羣公

江陰縣志卷之二十六終

江陰縣志卷之二十七

藝文三

賦

大江賦　明 薛章憲

渺大江之西來浩百川之東走蝘蜓蜿蜒蛟虬蚴虯源發於峨眉滙會於岷首沃遙天兮欲浮劃大地兮若剖夾右碣兮趨溟渤揚左蠡兮灌澤藪始生於一終成於九三峽倒兮呂梁懸百川灌兮泰山洒突兀鴐空兮巨靈贔屭鏗訇觸石兮長鯨哮吼三百其名三千其支起於濫觴入於漏巵如諸侯會同不愆於儀如萬馬奔軼不失其馳過九

河兮傲海若冠四瀆兮侶馮夷西至下雋東爲中江轉地軸拍天杠汩混沌壓鴻龐醲爲陂池怒爲濤瀧隨月盈縮鎮日琤淙瀾漫澎湃震撼擊撞鐵騎喤喤金鼓摐摐意恣睢而益驕氣偃蹇而未降嶷爾吾土截然居中式遏其流獨當其衝高墉屹兮如雲長隄偃兮如虹旣擁其前而掎其足亦扼其吭而搗其胸我有餘守敵莫能攻於是解甲迺遷投戈雍容然後洪舸艅艎巨艦艨艟轉輸繹絡貿遷通融駕萬斛兮南北僎五兩兮西東往來隨風倏忽轉雷長年謳歌黃頭搖抃日五彩兮鎔金月一色兮如練南控甌閩西通淮甸百貨坌集千艘魚貫故大家樂業民安居操奇贏以懋遷擅沃饒而當爲市三倍而利近畝一鍾而羨餘貨川通以將封貨山積以儲胥陸處棟宇水行舳艫燕中唐兮陳趙舞棹中流兮發吳歈寧有美人湛然淸嘯仰視飛鳥俯玩遊魚臨淸流以徜徉淩倒影而踟躕慨宇宙之寥廓悵日月之居諸乃歌曰川之渟瀜思復吾本然之明川之淨虛思去吾舊染之污如曾點言志曰浴乎沂如子在川上曰逝者如斯夫苟徒知玩物而適情又何異乎淘河與雍渠

淩波閣賦并引　薛章憲

方君孔章有平步煙霄之志而久未遂乃作飛觀於大

江之濱黃山之麓命之曰淩波閣以舒嘯寄傲云浮休野人爲之賦曰

大江西來直下五千里繚百折而不迴洶湧奔騰而入海兮轟萬壑之驚雷馮夷海若掀舞噴薄鎮日夕而揮霍狂瀾瀠洄巨浪喧豗屹雪山之崔巍爰有飛觀憑崖架壑棟孤騫簷牙高啄寇平仲構無地之樓臺邵堯夫揭空中之樓閣霧雨溟濛兮蜃蛤噓氣而成雲波濤舂撃兮蜥蜴銜冰而吐雹於是目駭膽掉心動股栗晨光熹微如遊龍伯之宮爽氣卒凜怳入鮫人之室若乃朝日出兮躍金夕月吐兮浮玉霜橫空以垂練風吹漪而縐縠萬象隨感而

自生四時隨在而各足若使江條變而爲春酒兮與君雨舉醆而相屬

義城賦并引　國朝　徐遵湯

夫義利之辨微矣哉乃生死之關則其大關也若必繩以可以死可以無死其不胥汨於利者幾希江陰古名利城乙酉之變困守者百餘日效死者萬餘人其品不齊其歸則一即未能成仁庶幾取義矣因擬改名義城而爲之賦其辭曰

嗟此孤城枕於江皋潮回寂寞山共蕭條積骸成邱喋血盈濠日星慘澹而宵昏霜霰陰零而晝漂羌𢹂愁於郊扃

祇閉目塞耳以自逃當元枵之應躔茲用適夫曠野悵人事之已非訊親串其逾寡聯荒墟以迴車寨枯樹而維馬恍異域之蒼涼淚泫泫其傾瀉爾其龍蛇鬬牛馬風乾坤改步江海飄蓬殺氣塡兮崖谷暗烽火震兮山岳紅掣電礮其迅入造雲梯而仰攻天吳觸鋭而振首海若春波而盪胸時則一夫挺哼四野竿揭急買首之豐樹同舟之敵出主入奴弱肉强食爰使市井煙空衣冠獸匿排難絶聊城之書請援虛秦庭之泣嗟此孤城草木爲兵赤符誰授白馬誰盟惟是探丸擊制之流屠狗賣漿之丁裂棟柱以結柵扣釜鐵以鳴鉦亦復勢雄負嵎險恃憑城五夜守陴十旬抗衡坐愁月而弦歌不輟對慘淡而燈火逾明詎知一髮千鈞之重誰識泰山鴻毛之輕乃若閻尉和民突圍冒刃戚史徇忠闔門赴燄亦有夫未亡兮婦懼辱而從井父被執兮子抱頭而延頸兄弟爭死而麻衣朋友誓江而痛飲徭胥曳妻子而魂銷江潮俠妓擲琵琶而血濺紅粉其名不傳其事難泯豈雄介之硜硜覺虹光之熲熲其諸士民玉石誰分望門無止繫組有羣百工賤器械俱盡諸儒與典籍同焚野燐雜大陵之臭國殤陪冥漠之君任剖肝而斷脛猶戟手而露齦殷孽周頑任人所云雖然田横之客皆稱義士眾庶惡生匹夫有志嗟此孤城本延陵禮

讓之遺得淮楚激揚之氣趁江濤而千里不迴倚天塹而一絲若繫縱結纓之傷勇勝趨局之誇智以萬死之幽魂博千秋之隻字庶徵往而俟來願移利以爲義

試落葉賦　李芝昌

爾其涼蛩報秋棲鵶嚮露楓霞伫丹葭霜積紫羌一葉兮先零漸滿階兮無數歐陽聽秋夜之聲少陵憶春天之樹想幽林以停車指夕陽而問渡何颼颼兮嘆風遊蕭城兮徧路此朱鄴所以傳唐代之篇夢陽因之有禁中之賦也當夫春光旖旎春意句留碧葉紛其鬱鬱綠雲湛其油油迄九夏兮木林更千章兮蔭稠羃一天之晻靄倚三徑以

爽猶莫不望濃陰而思憩欣芳序之未秋秋風庭院秋雨階除涼聲颯爾野色斑如草衰而蟀催卬柳老而蟲肆昔十里亭皋之路半牀開府之居夏清響於瑽砌拓明光於綺疏竹鴝之斜陽欲漏梧堂之夜月應虛則有敞雲窗排塵几楸局閒評瑤琴徐理客來而蠟屐聲乾人靜而苔鑪煙起正冷序兮驚心訝清商兮彈指徑未荒松籬仍固枳看吹薺之辭條類枯萍之颭水雖年華之未衰已荏苒其若此又有攜榼山北扶筇水濱苔磴露淅煙塘雪新詩記校書之候拈思題句之人見飄颻之不定疑宛轉兮相親撲蕉衫而黏袖襯莎岸以鋪茵亦復低徊墜彭振觸前塵

書柿問慈恩之寺尋桃迷漁父之津時則涼生池館韻寫巖阿星漢如洗洞庭始波村依烏桕屋補青蘿和松子之黃落雜蓼花之紅拖鸕音隔兮安在蟬翼翳兮幾何添薪而槐龍自古卷箔而柘蠶已過固延秋之興逸孰與大嬉春而樂多也是惟

上林景霽

禁籞煙含收良材於竹箭儲偉幹於楩楠計百年則棟梁足用貫四時則柯葉能堪所由驗棟適而

德沛頌桐豫而

恩覃

御試擬魏丁儀勵志賦　季芝昌

伊志士之修尚鬱儒林之根柢窮祓飾於典文心耕耨於義禮羌建安之逆時樹鄴下之旌棨橫馬槊以雄宙構衛臺而飛陛才槃槃於龍樓華韡韡其朱邸矧俊髦之英英秉脊裾之濟濟非孟晉而迫羣胡悱發而憤啟求紫業之自邇殆浮華之可洗惟斯道之醇粹引吾黨以酌斟鑒寡和於郢曲哂輟彈於牙琴彼吳蜀之異域雖瑜亮之同岑感南皮之游躅追北場之聯吟公幹振其茂彩仲宣鏘其雅音被偉長之奇服抗孔璋之高襟剛元瑜之書記亦類府之璆琳懿應氏之競爽實汝南之雙琛故連輿而接席

敢同術而殊心緬先哲之矩型垂前代之藻績崔慰志以抒情馮顯志而呈態班幽通以緜邈張思元而慷慨允予懷之機杼撥柔翰爲鉤未文徽徽以蜚英思翼翼以惇誨雖鯫生之匪才慕鴻筆而思配譬璠璵之在攻冀千莫之就淬循遺篆之鋪闡豈未知夫進退紛四序其代謝勤綴學而靡荒屏恭博之嬉戲卻絲竹之清狂窮六經之奧窔披百氏之縹緗歎季緒之薄譎猶掎摭乎文章羨德祖之明悟又闇鮮之必彰儻遐享乎假寵懼相承以虛僨亮厥志之不篤繼槃悅其曷臧何時俗之玩愒曾莫懍於中藏繹簡編以抄慮偉功名之可居有齒牙而作相或誹韻而

舉漁果銘勳於景鐘奚攸精於詩書弭節元武之苑遡纓清漳之渠陋幼安之穿榻卑子魚之荷鋤孰一龍而能共疇百鳥而不如鶚執策以前路往託乘於後車將覩光而利用得雅抱之所於綜惕厲於寸心乃寓言於不律羞采采之春華望離離之秋實願蘭佩而蕙纕戒虎文而羊質地三分以畫疆才一石而同室入敦歡於壎箎出覽輝於紳韠幸獲廁於羣彦詎甘蹈於暇逸景遼子之知非規宣聖之恐失勉弗怠於修能庶自底於邃密

詩

行經季子祠　陳　張正見

延陵高讓遠傳芳世祀移地絕遺金路松悲掛劒枝野藤侵沸井山雨濕苔碑別有觀風處樂奏無人知

九日宴江陰　唐　杜審言

蟋蟀歸期晚茱萸節候新降霜青女月送酒白衣人高興要長壽卑栖隔近臣新沙即此地舊俗坐為鄰

哀節婦薄氏詞　并序　李　華

武康尉薄自牧嘗謂余曰僕有賢女適江陰尉鄒待徵亦良士僕先老矣鄒氏孤立時無古人誰復知之余常

記其言及江左之亂待徵解印竄匿其妻為盜所驅將辱之妻密以待徵官告託村嫗尋待徵付焉而後就死嗚呼自喪亂以來士女以貞烈蹈者眾矣余不盡知薄氏者與其父遊聞其聲義動江南又焉得不賦為作哀節婦詞

昔歲脩盜並起橫行海浙江陰萬戶化為凝血無石不焚無玉不折峩峩薄媛炯然名節自牧之子鄒徵之妻玉德蘭姿女之英兮鄒也避禍伏於榛莽婉如之貲執為囚虜俯伺泥沙極望無覩出授官之告託垂白之姥姥感夫人委達鄒君兵解求尸在於江濱哀風起為連波痛氣結為

孤雲鳧雁爲之哀鳴日月爲之蒙昏端標移景而恆直勁芳貫霜而猶存知子莫若父誠哉長者之言自牧謂予曰僕有賢女

送王汝宰江陰　包何

郡北乘流去花開竟日行海魚朝滿市江鳥夜喧城止酒非關病援琴不在聲應緣五斗米數日滯淵明

新安送陸澧歸江陰　劉長卿

新安路人來去早潮復晚潮明月知何處潮水無情亦解歸自憐長在新安住

送陸澧倉曹西上

長安此去欲何依先達誰當薦陸機日下鳳翔雙闕迥雪

中人去二陵稀舟從故里難移棹家在寒塘獨掩扉臨水自傷淪落久贈君空有淚沾衣

送韓司直路出延陵　郎士元

遊吳還適越來往任風波復送王孫去其如春草何岸明殘雪在潮滿夕陽多季子留遺廟停舟試一過

定山詩　薛逢

十里松蘿映碧苔一川晴色鏡中開遥岡上外翻經處片片香雲出院來

仲夏江陰官舍寄裴明府　李嘉祐

萬室邊江次孤城對海安朝霞晴作雨濕氣晚生寒苔色

侵衣桁湖痕上井欄題詩招茂宰思爾欲辭官

自常州還江陰道中作

處處空籬落江村不忍看無人花色慘多雨鳥聲寒黃霸初臨郡陶潛未罷官乘春務征伐誰肯問凋殘

送張惟真少府之江陰　李中

相送煙河畔酒闌登小舟離京梅雨歇到邑早蟬秋俗必期匡濟詩誰互唱酬晚涼諸吏散海月入虛樓

送江陰霍明府之任　方干

遥遥去舸新侵郭茫茫蘋樹列巢灘鶴鄉多釣浦人虹分陽羨雨浪隔廣陵春知竟三年秩琴書外是貧

寄魏璞　皮日休

文籍先生不肯官絮巾沖雪把漁竿一堆方冊爲侯印三級幽巖是將壇醉少最因吟月冷瘦多偏爲臥雲寒兔皮衾煖篷舟穩欲共誰遊七里灘

前題　陸龜蒙

經苑方成鑿沼開何人林下肯尋來若非宗測圖山后即是韓康賣藥迴溪籟自吟朱鷺曲沙雲還作白鷗媒惟應地主公田熟時送君家麴糵材

送王判官之江陰軍幕　宋　梅堯臣

往時初渡江頗愛江南美誰知坐臥間思及煙波裏絮逐

鯆魚鼕鼓添蒓線紫君行語風物到日應相似

送江陰簽判晁太祝

去無珠履爲上賓進船中浦憶春申江口插秧鵓鴣雨緑
網得魚雲母鱗青天折桂香未滅紫豉煮蒓甘更新平時
況可樂風月吴風信美聊前陳

送王郎中知江陰

持觴齊漢青綾被去看吴都白馬潮疊鼓渡江寒浪伏鳴
鐃入境野雲飄魚穿楊柳誇鮮膾人采芙蓉學細腰家有
三槐爲太守弟兄誰似李文饒

求守江陰未得酬朱昌叔憶江陰見及之作　王安石

黄田港北水如天萬里風檣看賈船海外珠犀長入市人
間魚蟹不論錢高亭笑語如昨日末路塵沙非少年强乞
一官終未得祇君同病肯相憐

寄朱昌叔

清江浸浸繞城流尙憶城邊繫小舟射虎未能隨李廣割
雞空欲戲言游雲埋塞路驚塵合霜入森風滿鬢愁此日
君書苦難得漫多鴻雁起南洲

思王逢原

百年相望濟時功歲路何知向此窮鷹隼奮飛凰羽短騏

驎埋没馬羣空中郎舊業無兒付康子高才有婦同想見
江南原上墓樹枝零落紙錢風

遊壽聖寺　王令

寥蕭枝上風蜩螿以秋告黯黤道旁樹緑陰涼可冒況承
積陰餘急雨蕩晴昊初涼逞新威宿暑懲舊躁漫漫出門
路蹀蹀可誰造江聲洶西奔海遠劇東到中門可行望洗
滌去塵抱況於林臯間古屋架晴燥巘蟲稍斂收軒戸可
淹傚惜乎予得遊不可攜所好踟躕仁歸步風竹冷相勞

久寓悟空剎臨行書此　蔡襄

岑寂精廬切半空古原高下稻花中道趺披素新秋衲花
亭雕紅細雨宮孤鶴唳迷千樹月斷蟬吟繞一樓風心縻
尺組遙相謝歸馬南蹄疾似蓬

冬夕宿演教院　葛密

槭槭嚴風夕煙寒蕙炷清燈生花衰蟲雨作雪時聲旅夢
回殘角吟懷繞廢城寂然羣動息吾亦世紛平

芙蓉湖　胡宿

小湖香蘂戰芙蓉碧葉田田擁釣篷風氣欲飛山隔岸秋
光不定水摇空翩翻雪鳥爭投浦潑剌霜鱗對擲風正是
滄浪濯纓日一竿多謝紫溪翁

宿江陰廣福寺　陳鈞

我非山中人暫借山中宿靈風散微陰片月出喬木蕙帳棲夕香古井汲寒淥名緇多夙契延坐同茗粥況與靜者俱善信久已熟清辭儷陶謝元談斡身毒所愧形跡拘無由繼高躅鐘聲殷江皐露氣藹林麓良週愜素懷徘徊至天旭

題定山梵放軒　胡珵

道人避世氛山腰著祇園千夫斲青冥豁達窗戶搴鬼神開施設儼護龍象筵法鼓空中鳴龍卧層崖巔幽靈駭今昔異事樵夫傳眷茲水雲侶精賞託妙緣努力辦己事追篤佛祖肩憑高發鐘磬梵音落諸天況時解禪縛迢遥倚

層軒放意萬物外目送孤鴻翩

熙春園　楊蟠

桃源未識恐微茫每坐青林慣日長魚鳥自同千里樂風煙漫逐一城香竹間月色來深院花引春情過短牆入世定知何處好且勸詩酒惜年光

澄江亭

萬里松州對海門蒼亭縹渺出飛塵東浮不礙三江下西轉無聲百谷賓月靜秋紋收白穀天橫暮色變黃銀風流小謝千年外解詠消愁更有人

朝宗門

百尺樓高四望中雲深一雁度長空人開砧杵催寒事郊外笙簫逐土風天帶江山元自好地流河漢忽相通丹心直北看飛雪往往隨花入帝宮

題定山寺法遠上人壁　賀鑄

支郎風味喜相親乘興來尋雪後春夾徑竹陰疑礙馬隔江山色似招人豈無暇日容高卧如有閒田願卜鄰預約東城二三子歲時相過莫辭頻

書懷呈江陰軍　裴若訥

男兒憂道不憂貧匣有焦桐篋有文卻訪姑蘇臺下隱滿船明月一溪雲

紫蓴江上是吾家一葉扁舟一釣車何必陶公種魚法雨汀煙渚盡生涯

浮遠堂　楊端叔

萬松相摩天籟作一塵不留心鏡空毋庸寶炤照牛渚已見浮漚吹龍宮零丁沙洲抗水勢砦戾塔鈴語天風買胡惜錢不自惜費花乃繞澎湃中

虎跑泉　張彥卿

乳泉發穴漏巖根亂石成池漸始分鴻漸當時高品第虎跑今日信傳聞山僧勺供疑甘露野史烹茶勝白雲應是靈源遲出地不然須冠季卿文

白龍洞　袁默

開元年中關輔旱蹤岳神祠禱幾徧少監馮生能畫龍明皇命試新池殿落筆蜿蜒勢未已素鬣冰鱗濕如洗池波洶湧雷電驚雲氣之門白龍起吾觀馮豈作霖人畫龍能雨疑有神深山大澤多窟穴不應杳眇不似眞澄江接海連空白泓深嘗是神龍宅螭虬狡獪非其倫河伯江妃敢驅役霜鎖煙關晝不開時傾膏雨蘇民災一鑪香火動誠意風馬雲車天際來吾聞澤國多水患淮甸地乾多苦旱願均神力遍四方無令水旱常相半

石女冢

君不見湘江不流湘水清悲風愁雨能無情靈妃寶瑟聲未絕九疑雲鎖蒼梧深又不見霸陵路入新豐道顧念邯鄲意悽惱夫人鼓瑟君爲歌北山爲椁吾將老古來死者不勝計歷歷道旁猶可記人言梁女好鼓琴琴心未許人知音高山流水聲已虛想像當時足幽思九原可作誰與歸秋風蕭蕭草淒淒邱墟之下多狐狸

秦望山

海上仙山與凡絕迢迢弱水不可涉鷙膺蜂準豈不知長生不死心未滅雄伯關中亦一時并吞六國猶指揮自矜功德愚黔黎驅山塞海疑有之吾聞盧生言辟惡眞人至又聞徐市言蓬萊藥可致願捕巨魚連弩射史遷記此不及彼古老相傳恐眞是謳峨一夜失推兒我耳山從蜀道來嗟乎六丁汝狂斐匪屍爲役長城鬼

浮遠堂　孫覿

月墮山城曉沙寒水國秋雲根拔地起冰柱蹴天浮紫翠分鬣嶺靑紅雜蜃樓舟船通萬里城郭數三州刺史馮熊黃仙翁控鯉遊八龍追後騎五馬駐前騶露鳥迎門鵲風旟壓海牛地偏餘勝踐山好對冥搜雨爲催詩至雲因度曲留歡呼傾百罰跌宕散千憂顚倒靑霞帔淋漓紫綺裘誰鑱峴山石千載記風流

夏港僧舍　魏了翁

迅商呼不來午汗如翻漿道人空萬緣邂逅贊公房虛室千世界圓滿一鉢藏碧雲護兜率白日燿普光蕭蕭廬葦中著此淸淨坊鑑師從西來一喝登慈航嘻乎舉慧刃斫斷煩惱韁邀我供煮餅心地陡淸涼官焙破蒼璧桃笙漲寒江從師問究竟室西照殘陽

君山　石祖文

遠邇朝宗勢拱辰名高豈特爲春申孤峯雖阜無多地一水偎凡隔幾塵稽服三千誰念楚山河百二漫誇秦雲煙勝槩無今古俯仰休悲迹已陳

君山浮遠堂　王呈瑞

萬室東南裊炊煙落照黃山腰園埜洞沙尾判江長好景
終然遠浮雲轉已亡幾多如湛輩今古一淒涼

浮遠堂　方萬里

淮淛平分一水間開林陡見八溟寬江山曾識三千客風
月重歸十二欄天迥不知身世窄境潙翻覺骨毛寒楚帆
切莫貪程急潮水未平行路難

遊白龍山　蔣靜

駐馬白龍潭拂石青松下雲從潭底生風向松枝灑風雲
了無心聊隨白龍化勿謂雲風擾中含閒暇者

假萬翠光亭

君山堆翠出危尖練水浮光照短簷夜鶴曉猿同冷淡胡
牀麈尾獨安恬雲來晝棟休遮眼月到澄潭任透簾還似
棄官陶靖節北窗高臥怕誰嫌

題昆山

四十年前掉臂游寺庭荒落易悲秋重來氣象渾非昔滿
院松杉翠欲流方外故人惟白骨壁間陳跡獨銀鈎青春
祇道堪行樂獨倚僧窗萬斛愁

洗心亭睡起偶題

黃粱未熟酒猶醲一夢南柯事已空水綠山青無限好今
來古往不知窮龍吟竹笛秋江面雪糝蘆花夜月中清景
阿誰偏占得白頭波上釣魚翁

舟行江陰道中　張彥實

雨後侵篙一尺渾敗蒲衰柳亂塡門夢開斷角送餘響起
看新潮到舊痕處處魚鹽成市井家家畲筍長兒孫更傳
下詔寬民力斗米三錢何足論

題耿氏溫清堂　上官均

遠山終日自清輝縹渺喬林野氣微秋菊已開陶令徑春
風好舞老萊衣溪頭釣艇資閒興松下歸禽伴息機吟倚
醉登堪自慰不須悵望白雲飛

前題　滿中行

密牖疎櫺次第施卻寒清暑兩相宜惟知堂上雙親樂不
覺人間四序移美酒先春和氣滿茂林亭午綠陰垂閒居
就養如君少無負南陔孝子詩

道成墩　葛勝仲

翛翛一羽翁奇骨兩目方乃以貧自樂餐霞辟穀腸甚世
人莫識結茅居僻荒一墩僅十畝培塿萃彼巔表峯作南
屏秦望横北牆隱此不記年悟仙號青暘翩然仙道成眇
墩神遠翔指墩名道成人以許仙揚豈無緱山人吹笙雲
錦裳令威去千年歸來賦歌章青暘得仙去千古傳此鄉

訛而爲柳跖吳魯路渺茫柳爲横行盜安肯城此旁吾爲
正斯繆百世流餘芳

九日游君山　呂天策

路分支徑入蘆花繚繞江身覓酒家晚日樓臺金突兀映
山鷗鷺玉横斜解衣狗竇呼光逸落帽龍山想孟嘉欲趁
老漁風一葉直窮天漢問乘槎

洗心堂　曹詡

淸光秀發水雲鄉不見騷人意未降風壓柳梢低酒舍月
移松影上僧窗山泉漲起潮三尺野老釣歸魚一雙更待
練光斜襯日坐看金斗熨秋江

松風亭

亭前山影漾江流亭外雲霞礙舉頭俯石下聽松上籟隔
鄉遥認水邊舟四簷爽送沙汀雨一徑煙籠寺竹秋此曲
此聲應未變抱琴期與故人游

白龍寺祈雨　徐綱

萬木梢頭見塔尖道人於此卜幽潛深林六月風敲竹古
寺三更月入簷天旱蛟龍藏窟宅水枯魚鱉露鬚髯我來
赤日祈甘雨臥聽蕭蕭瀉屋簷

山亭　錢厚

又踏君山路來驅陌上塵江仍舊時而我是去年人愛戀
松聲古休催柳色新片雲銜落日梅與月爭春

别葛德裕主簿　王庭珪

官冷身閑簿領稀時從物外赴襟期憑君少綴青絲鞋爲
我聊傾碧玉卮野寺石泉秋煮茗松窗雪屋夜論詩懸知
别後東風近先寄寒梅第一枝

送邱宗卿帥蜀　楊廷秀

人似隆中漢臥龍韻如江左晉諸公四川全國牙旗底萬
里長江羽扇中玉壘頓淸開宿霧雪山增重起秋風近來
廊廟多西帥出相誰言只在東

從板橋買舟上靑暘　戴昺

御馬板橋西扁舟逆上溪水鑱巖骨斷煙截樹頭齊野鴨
驚人起村雞上樹啼老農頭雪白猶自把鉏犁

江濱曉步　戴復古

津頭曉步落潮痕行盡蘆根到柳根雁影參差半江月雞
聲咿喔數家村求魚看下連筒釣乞火聽敲隔舍門料得
錦城無此景欲將圖畫寄王孫

江村晚眺

江頭落日照平沙潮退漁舠閣岸斜白鳥一雙臨水立見
人驚起入蘆花

憂勞　陳剛中

暨陽古澤中今歲仍大水舟行民居中一浪四十里農夫
相對泣父子飢欲死酷吏亦何心誅求殊未已豈緊渴膏
血直欲剝膚髓哀此無告民有生皆赤子天災自流行助
虐亦何理我愧才術疎陸陸佐小邑孰視不能救有淚空
自灑皇心念下民惻怛形詔旨王言既諄復象魏幾黃紙
要須盡蠲除仰稱德意美人微言或棄歸休從此始

遊君山　魏資先

海角天高月滿山新亭淸淚灑斕斑春風吹斷興亡夢潮
落潮生小石灣

送邱宗卿博士出守嘉禾　呂祖謙

檇李園西門道里去天咫訟庭人摩肩客館舟銜尾凉燠
變須臾風俗殊駭視心平理自見周道本如砥堂下萬休
戚堂上一笑頃是心苟不存對面越與秦豚魚尚可孚況
此能言民君看津頭柳葉葉皆相親稽首撥疾抵几解衣徐
採雞古來多快士氣吞兩輪朱旛背高沒人迎筆風摧枯
自許豈不豪歲晏終何如

季子廟　曹確

人間不記吳王事江上今存季子宮壞壁亂飄靑蘚雨破
簷時蕩白榆風衣冠何處埋春草雞酒長年任野翁下馬
一香思舊德浮名應與碧雲空

集君山　吳竽

生平豪氣老難降南北中分欸此江多病能消山屐幾淸
游幸尼使旌雙天連遠水碧千里雲護夕陽紅半窗繾綣
主人留客意船頭昏鼓又逢逢

浮遠堂　吳漢英

天險東南限此江支分暨水北爲陽孤山不動與潮怒客
艇飛來說路長檻外煙雲如出沒坐中頃刻變炎涼裴回
頓覺塵纓絆一曲滄浪詠月光

雜詩五首　元　陸文奎

貞女不自媒蛾眉爲誰描春風吹年華閉戶綠芳草靈修

不我顧攬鏡紅顏稿焉得北堂萱聊用寬憂抱又擢靑蠅
譏善使黑白倒遂令親者疏我欲畀有昊
東坡譏舉子有類候蟲鳴退之譏詩人謂作蒼蠅聲制策
直而核聯何新且淸自作復自譏持論終未平無人解此
意起我懷古情
蛙從井底語豹在管中見若遇大方家一笑直自獻俳槃
意已驚抱藝力殊倦因知巧者拙頗覺狂狡狷玉以德保
瑕珉以多故賤
火雲吐赤日旱勢千里濶古人救荒術食貨知本末家家
算口賦殆類僧持鉢激水活埤枯植木蔭道暍諸公善努

力赤子正饑渴
棄兒啼莫問瘦妻臥路旁公廩已告匱私戶猶多藏嗟哉
守錢奴竊盜勢且猖莫保千金軀汝富安得長鉄炭不及
炊寶玦空自將獨有黃巾寇不入鄭公鄉高賢古所貴澆
俗今可傷

題萬戶府瑞麥圖

河中之野木連理文人作頌何所美經湖之水並雙蓮史
臣記異不足誇木葉飢來豈堪食並花蓮觀空有色由來
上瑞是豐年芙蓉池外麥連天一莖三穗攢秀穎好事軍
中萬口傳閱武堂成政多暇刀劍不如牛犢價老農啾飯

樂昇平奇祥異產從天下香餌先收夏隴雲雪匙可卜秋
田稼絶憐西蜀杜參謀因饑空懷當世憂崆峒麥熟無人
穫且問王師休未休

栽桑

細聽鄰婦低眉說年年育蠶苦無葉出郭執筐入市買一
稱百錢猶未愜更兼春風上窗寒忍見蠶饑頭戢戢買絲
織絹輸官外空借鄰機閑一月阿姑卒歲無襦袴小兒露
骭風吹裂今時縣官清且明課民務本令必行擔桑頳肩
荷鋤去青青布種環郊城明年家養一百箔巷陌繅車棟
花落滿籠新絲白雪香聽賓蠶官鼓聲樂

庚子七月書事

今年低窪水生魚去年高亢旱拆龜陰陽似厲天公事廟
堂可是無臯夔勸分納粟令如火老稚依然鵠形餓嗟汝
命薄獨可憐窮宮巨室無凶年

立冬

旱久何當雨秋深漸入冬黃花猶帶露紅葉已隨風邊思
吹寒角村歌相晚舂籬門日高臥衰懶愧無功

夏港道中

微煖背曝日輕寒面受風人行官路側鵲起野田中細草
陳根綠疏林病葉紅故人雲水隔來往愧衰翁

浮遠堂陸誼齋按察同賦

曉渚風移畫舫輕秋原日射繡衣明自撥玉塵看山色孺
屏繁弦聽水聲季子高風喬木古舂申往事暮潮平塔鈴

自語無人會飲散江雲護月生

雪江獨釣

極浦寒雲壓雁低石磯老叟手如龜茫茫沙上銀千頃梟
梟風前玉一絲鷺失蘆花驚月早魚吹柳絮上冰遲故人
物色嫌相認縱有羊裘不敢披

天慶觀丹樓

丹樓獨倚對青山山色依稀十二鬟曉氣浮迷江樹碧秋

雲低護石苔斑仙人長嘯凌風遠羽士吹笙帶雨閒安得
置身蕭爽地捲簾時待鶴飛還

天壽觀載夢舟

中流一葉下寰瀛偃息猶便鶴夢清渾沌未分龍伯國江
山長繞化人城帆開細雨迷春蝶棹拂涼波動石鯨回首
天池三萬里臥遊何惜片時程

梅花　繆鑑

鐵石槎枒玉粒姿詩中圖畫畫中詩半稜山色初晴後一
截溪煙欲瞑時流水帶雲棲瘦影小窗和月上橫枝老來
自覺吟情拙莫遣孤山處士知

題悟空寺

不到招提二十霜眼明還識舊靈光雲餐已供伊蒲塞風
鐸猶傳晉戾岡新寺金湯龍化遠舊家王謝燕飛忙行人
指點晉扉地十里春風土尚香

遊小石灣　俞遠

前年遊小石小石之下江悠悠今年遊小石江水只似前
年流江流日夜流不息石根水齧成沙礫主家銀瓶三尺
高長向江邊宴賓客江邊雲木藏華構主人不歸春鎖畫
開門掃地借鋪筵舞影出關鶯雛雛一春天氣今日佳城
中千人萬人來步障飄紅香散霧撲面不去飛塵埃移樽

更就江流飲酒光五色沙如錦懸　欲落未落處挽客更
坐毛髮凜青天能掛東海門颶風　來天晝昏白波如山
潑山鼻坐恐此地為江吞金支翠旗光閃灑冉冉靈脩騎
白馬我欲招之招不來大鯨噓虹射遙岸此景向來良不
偉丈夫跌絶婦女愁手中橫竹孤鳳叫日腳迸落蘆燕洲
眼空高興不可遏割肉大啖湯沃雪風休月出浪復止小
娃强歌聲不悅我言小石天下無眾客相顧皆胡盧說東
洛談西湖我請謝客客莫誣西湖白鶴去不返東洛看花
生已晚

天壽觀清隱軒

讀罷黃庭內景篇道人風度亦翩翩山中呼酒喚明月天
上賜衣生紫煙啼過宮鶯春幾度飛歸遼鶴世千年向求
書牓詞林客可怪逢仙不學仙

澄江八景詩

蓉城曉烟

落月昏昏城樹白山煙一帶接閭居天高樓鼓晴先覺江
近篝香潤不除刁斗營前看洗馬轆轤井上聚穿魚蓬萊
有約蒲帆重欲問麻姑借羽車

巫門夜雨

巫子門前沙擁波泊舟黑夜雨滂沱龍呼匣劍辭人去鳥

作飛車送兒過翳爀頻昏鈔細字看天末旦起狂歌玉闕
何處頭如雪明月長竿還挂裘

海門貧日

天在海門東復東星移河落日曈曨三聲雞唱齊州白五
色鸞翔弱水紅舟楫盡登揚子岸衣冠應滿大空宮寸心
老我傾葵藿扣舷狂歌兩鬢蓬

孤山釣月

大江卷石是孤山山下漁人戴蒻冠花發廣陵忘捩柁水
吞雲夢好持竿珠光電轉龍堂畫玉雪空飛兔白寒一曲
菱歌歌遜止馮夷按節鼓狂瀾

石灣春霽

春日少晴晴即風石灣今日好春融已憐野水添杯綠更
有雜花開樹紅錦帳移厨人簇簇銀鞍並妓馬瓏瓏璧壺
錯按伊州弄句落鷗波浩蕩中

揚子秋濤

大江日日潮流地八月飛濤天半來高蹴一門危立海散
馳千道殷奔雷烏鷲斷磧都相失鯨挂橫山不及回奇語
北來能賦客江南奇觀遜登臺

沙嶼晚渡

吳山望斷楚山蒼江北江南一葦杭野屋半開人慘澹征
車相次馬元黃羽竿風急同鳴鴉魚符燈微隔樹桑指顧
揚州莫惆悵燕姬樓上勸飛觴

淮甸晴眺

廣陵南盡是長川山隔川流不隔煙一騎看花來闕下千
帆轉粟上天邊鷗波雁磧芻蕘合豚穽雞塒井絡懸我住
孤城愁偪仄定來釣弋過殘年

過蔡涇閘　邱元鎮

客行涇口上危橋北望城闉十里遙港汊不容三尺水舟
航全藉兩番潮蠶苗半起桑迷眼雉彀深藏麥到腰暮宿
前村楊柳渡買魚沽酒慰蕭條

我生吟　許恕

我生本不羈只合棲巖幽不與木石俱還同鹿豕遊失身
落塵網羲娥逝不留飛鳥忽入籠縱鱗初中鉤願借東南
風決絶西江流倒解蒼生懸一洗諸公羞生能耕吾土死
能歸舊邱遂令漂泊蹤慰此遲暮秋

小石灣

晴沙展芳席春山駐遊騎飛雲度鳥背驚濤觸鵝鼻遊觀
山水佳近愛花木麗風塵一失所行樂猶夢寐

禮敬寺

攀崖度峭壁緣澗入幽徑山堂絶宏敞金碧相輝映石泉

醸香雪松風翳清磬煩慮庶可袪聊復此游泳

長亭柳

長亭柳長亭春色濃如酒柔條細葉亂風煙年年盡屬離人手汴水河隄空復春朝元宮闕已成塵何似長亭綰離別嘗送東西南北人我家揚子江頭住憶捲疎簾看飛絮幾時折贈北郭生歸臥君山最佳處

邊塘樹

邊塘樹從來生在邊塘路千船萬船百尺牽潮去潮來幾朝暮樹身截如刀鋸痕半身刻鏤半身存生成亦蒙雨露澤枝葉叢茂煩深根可憐托身不得地銷盡淩雲浩然氣

深林自有棟梁材廢質宜為人所棄

告天子

告天子爾何微麥秀風暄高下飛餘音嫋嫋入雲去飛向天閽如有訴天閽蕩蕩虛且高言之諄諄徒爾勞多少臺臣如柱石緘口全身保衣食

蕭寺早行

張家宅前蕭寺橋侵晨發船江霧消村雞三唱屋角樹柔櫓數聲沙際潮此時飛上海底日錦雲滿江光蕩搖水聲𣵀𣵀繞灘轉霜氣烈烈隨風飄人生各各有所役豈水有漁山有樵干戈正集沙塞戰環佩己退天門朝嗟予久作

江海客往來自歎鄉關遥石田茅屋倘可遂白日醉眠吹短簫

故國吟

水郭春雷後能無故國思河豚槃玉乳江鱭膾銀絲鬧市燒燈夜晴灣立馬時歸心驚半百已辦草堂貲

求稻種

百年多難寄殊方江草江花滿意芳避地不知茅屋小到家應念石田荒東吳秋後思蓴切南國春來浸種忙野老倘分紅稻粒黄雲應繞杜陵莊

木棉歌　熊礀谷

秋陽收盡枝頭露烘綻青𦲷翻白絮田婦攜筐採得歸渾家指作機中布大兒來覓襦小兒來覓袴半擬償私債半擬輸官府竹籠旋著活火熏䌷蟲母子走紛紛尺鐵碾出瑤空雪一弓彈破秋江雲中虛外泛搓成索晝夜踏車聲落落車聲才冷催上機知作誰人身上衣小女背面臨風泣憶曾隨母隴中拾

分題送李仲常江陰知事三首　陳樵

暨陽湖

白浪浮天雪作堆舊將俗客洗塵埃月從水底沈鈎去船似鷗邊泛葉來野屋有籬編白荻漁磯無席藉蒼苔功曹

吟苦多詩渴擬借平湖作酒杯

釣臺

憶昔元璜上釣鈎鷹揚曾起佐姬周臺高人在空中立雲靜天從水面浮石裂猶疑千古雪風吹不斷一絲秋改成蓮幕多清暇他日停驂此地遊

翠光亭

亭前練水細如縈亭上君山玉作屏林斷才通吳月白雁飛不盡楚天青苺苔著雨長黏石翡翠迎風欲墮鞾怪得步兵迷望眼詩成正值酒初醒

揚子舟中望鵞鼻山時聞黔南消息　王逢

山環芙容城私怪鵞鼻狀奔濤鎖長溝大石槊相抗勢雄千軍壘氣奪萬鍾藏草樹春不蕃苺苔滑難傍剛風過靈雨復值桃花漲彼瞑鷗鷺盤乘陰龍魚王飄鼓一聲開擬之臍增壯謝安晉元臣豈踢江海量養生方頗逆其敢遂疎放黔陽百粵地黃霧吹虎韔再覩神秀姿不止西北向焞焞蒼精出閃閃白月漾三叫馮夷宮吾奚獨惆悵

三貞篇寄納麟哈剌參政幕下僚友

梧西女陳氏顏色絕勝王阿耶燈窗下古傳常嘗讀義須嫁官人麻枲心所足兵麈忽東指烽火受平陸魚蠏道顛連雞狗同迫逐猰㺄哆其口反噬几上肉母子泣相誓甘死不汝辱脊輝黯門楣慘日照鬼錄皇天實監臨家廟爲慘淒陳氏母曹宋直講確之七世孫女　聚婦惠婦吳俱里人亦在難自判受命獨臂血濺賊衽賊歎爲斂縮嗟嗟白刃間偉節驚耳目荒野雲雪暮緬想會深竹水流風悲鳴星逝萬羽鏃回首陷沒地何限委溝瀆大參行當來卹典具備牘前湖百世祀詔何烈女明粧儼車服從以雙素鸞配享嗁敢類孤篷任漂轉餘齒寄草木倡茲三貞篇庶用矯浮俗

義俗行

世降道淪喪盛事罕見之我歌義俗行斬取國士知俗孫生夏浦俗號徐大師勇敢重意氣赤手可獵虎張忠郭解流任俠不計貲孫願出門下效死誓不移盜尋寇馬淵魚肉平蒸黎元戎壁營壁大姓深溝池壯哉張父子分卒脫項兒父擒子死難家不得斂屍孫間切齒恨恨死不同時夜郎操斧刀猶身析落籬徑入牛宮內斧斷張縶維手殺盜六人力挽開道歸妻拏拜堂下金幣謝所私上公酬巾裳欲以好爵縻幡然掉臂辭還山弄摩尼方今國步艱中外羅猾𤞤銅虎韔懸綬鐵馬誰寨旗嗟爾匹夫孫足張三軍威何不食君祿爲君靖淮夷收名曾仲連千載爲等期天秋黃葉脫日暮元雲馳歌詩飾鼓吹用壯吾熊羆

避亂絢山謁子方先生陸公墓

我稻冷水灣缺月照微服昇非度癸偏事類避同谷松深
間無煙狐兔紛竄伏嶐然四尺土卷卷在東麓問是先生
墳感慨迴慟哭洵書失歐陽贊對多焉宿許韓兩耆舊許益之韓明善時論推鼎足憶過先人廬白駒駐修竹周情與孔思
小子幸私淑天回晨星稀世亂烽火燭心焉采芳藻中宵
不盈掬太元屬桓譚九歌繼宋玉抱膝獨長眠披榛忍南
逐

遊鯉山

鄉山三十三遊鯉貿郊南巍然獨高大秀拚東諸嵐土剛
蓄炎精厓仄削劍鐔我嘗挹飛翠遙在滄江潭波濤與伏

興雲霧相吐含恍然穆王駕八駿左右驂又如琴高仙腳
踏朝蔚藍久思更徽號新音遂幽探太白賦九華後來成
美談狂歌繼其武林澗兇愧慚春風綠瑤草秋霜紅石楠
行將修月斤爲鑿避世龍蛟能正格鬭鯤化誰其堪

義鄧

吾鄉有鄧添千里負主骨晨夜竄草間宛轉皆虜窟胼胝
苦何辭性命閒一髮日車昏盤礴虹氣或抱月魂氣相銜
搪烏獸亦猶狨經過百戰地青春暗消歇深幸主有靈全
生及城闕主母悲喜集流淚心激越主妾事他人空庭自
花發主昔爲龍蛇公論不可沒但感衣食恩疏戚均賞罰
在家爲義奴在軍爲義卒庶幾衛土烏尚愧舉蛇獨淒淒
薦霜露哲哲上參伐不見叅辨陽悲風動天鉞

席帽山辭

席帽山兮岩亭山之人兮朝飢鉏經日月往來兮雲下上
俯萬物兮塵冥冥塵冥冥兮江介黑彼山人兮衣苧白帶
杜衡兮咀松柏心周流兮影斯息出無節兮入無時猿烏
胥樂兮樵牧我知學術修兮行者稿死嫉瑟兮予焉悲

故將軍歌幷序

故將軍歌哀上萬戶蒙古氏丑厮侯也侯字靜如以世
勳佩三珠金虎符官昭勇大將軍鎮江陰謙恪尚義人

悅服之至正十一年淮西亂督軍九江取道安慶時湖
廣威順王在道王聞侯頓兵即帳下以退守地廬弱强
侯爲張飲之會宣讓王遣使諭旨曰安慶控淮江要衝
命侯就鎮前後出師凡二十九捷十二年冬十一月寇
悉眾水陸並進侯連破之翌日復大破輕舟追後中流
矢卒是月二十九日也二王哭之哀給白銀五十兩賻
其葬先是逢與宴侯第時海內無事嘗詶侯曰太歲在
辰侯當保障一方戰勝恐後不利盍慎諸侯荅曰大丈
夫戮力王室死無憾也侯事親孝征剿寇衛海漕咸有
功云

將軍督乘青驄驥蒼龍金虎雙輝光揚旌伐鼓靖閩徼山
鬼逆潛黃茅岡長鯨喊呀欲東噬以身扞海民樂康十年
楊柳隙環堵一夜首蓿空沙場淮江蕭條咽流水殺氣妖
氛亘彭蠡提兵假道古舒州親王遮留勞玉趾王言三邊
賊蟊蟻將軍不止我其死月氏髑髏酒數升諾重泰華輕
邱陵儲胥孤懸使雜守睥睨危急期先發萑蒲獵獵開金
翅篁竹深深攢鐵菱長驅大捷二十九生俘千人梟爲首
獰獰健兒駿奔走電掣雷訇若神授東南瘡痍合未蘇終
焉性命豺狼有仲冬炎風動地吹太陽血赤芒星垂將軍
百射百中之弓撥矢鉤天爾爲黃蕉丹荔芳菲菲保障千

里今誰祠霜繁雪稠侯我思

連環歌 并序

連環歌爲杜先生夫婦而作也先生諱友開字暘父世
居江陰之君山教授數十年貧束脩自奉妻吳辟纑以
助之天歷間災荒學徒散去先生竟餓死初吳昆弟屢
勸斫邱木粥墓地可少延性命先生在寢懲中堅持不
可繼欲挈吳歸吳曰夫既盡孝妾獨不以義自處乎遂
相枕藉而卒逢懼歲遠而事泯也故序而歌之曰

白玉雙連環瘞在春中山山前夫婦義同死心與連環鎮
相似日月合照無欠虧天地相依共終始天地日月非環

无環兮環兮冰雪寒

趙氏雙珠辭

遊鯉山石高孱顏遊鯉溪水清洞潾中有峩峩青結鬟詒
如春雲不可攀壬辰仲冬寇蜂起乳臭將軍先披靡氏人
頗連社稷圮我固當爲貞白鬼後來謂乙未年小妹復被驅亦
葬魚腹全其軀山高水清幾千載虹月夜貫雙驪珠夜深
鮫宮屏機杼風吹草寒髑髏語何由生長江沱間及見王
睢鼓衣羽頤回堯天行化日女子有家男有室地下甘心
燈似漆

蔡筆妻 并序

筆予里人也乙未亂挈妻依同郡朱判官璠居吳中筆
病卒貧無以斂朱爲具棺衾且思所以卹養其妻其妻
覺泣謝曰良人筆生以藝游搢紳間詩書禮義之教妾
亦與聞之矣妾以未亡存有累於鄉長者在長者義妾
其於義何朱加慰之夜漏半吳縊哀遂自經筆死所朱
合葬焉

良人賣筆芙蓉市交接無非大夫士詩書禮義言熟聞冰
霜松柏操奚云亂餘良人死君託倫紀見君尤不忍願君
葬妾良人塋夢中雙報筆如椽

壬辰冬十一月避亂綺山僧邸文中貢原東二教授

雲掩金戈日風生鐵馬塵亂離誰事主貧賤獨爲民雞犬
人煙絶蹤跡木石鄰喜聞同含語天已厭荆榛

儉德堂懷寄二首 并引

完哲清卿江陰上萬戸贈都元帥丑厮公之弟泰州不
守以材諝擢萬戸累遷福建參政亂後歸養吳中

喪亂無全室歸吳有大參五湖孤枕月百粤萬山嵐故國
龍移鼎高堂雪滿簪雕籠綵毛鳳默默夢閩南

買住昂霄以江陰副萬戸累遷中政院判官福建憲僉
會亂遂航海歸隱以孝聞

郡邑更新署江山識故侯寸心天北角百指斗南陬月殿

金猊曉霜鞀白鷺秋書來悟前夢甘脆爲親謀

送郡萬戸尹靜如巡海漕

元勳世冑濟時才金虎三珠燭上台鵲起野田旗影豎馬
穿官柳佩聲來伏波銅柱諸蠻讋下瀨樓船萬弩開饋餉
漕通酬饗暇巫門山築雅歌臺

奉陪貢泰甫侍郎翟仲直州尹邱文中教授遊君山
貢有詩屬逢和

港入黄田似野濠山橫鶖鼻淨江濤珠光夜冷三千履金
背晴浮第一鼇太守政聲南斗遍侍郎辭氣五雲高吳帆
楚鳥來無際愧屬吾儕肆酒豪

書西廈時洪武丙寅沿海築城

牀頭鴟臥久空金壁上蝸行尚有琴孺子成名狂阮籍霸
才無主老陳琳虹霓氣貫登萊市蝙蝠聲飛顧陸林環海
煙沙翻萬舖迎村霜月抱孤衾

題烈女廟 并序

女何江陰人少有容操五季時避亂前湖舟中賊持兵
犯之何泣曰吾身墮汝手肯從吾禱之於天於父母乎
賊由是少懈何乃起立且拜且祈乘間竟投水死後里
父夢見何曰吾當血食此地何湖爲田則廟貌祀我既
而果然今廟在蛙溪非南郡志所載畧異遂蓋得先大

母所傳云

遺廟湖陰四百年斑斑江竹映嬋娟魚龍水落菰蒲外雞
犬村成麋柘邊不待清名垂女史尚存貞魄降神弦君王
社稷今焉在伏臘粢盛自儼然帷箔夜涼臨月榻佩環晨
響起雲軿湘靈鼓瑟虞風盛蔡媛聞笳漢鼎遷嗟彼生還
羞故國何如死節報皇天明妝靚服黄塵裏垂爲傷時涕
泗漣

江邊竹枝詞

游鯉客山高刺雲天門山小僅稱君插江鶖鼻移沙脉愁
殺浪擁黄瞰墳

亂石呀豁大小灣石中無玉作連環楚江風浪吳煙雨翠
鎖修眉八字山
馬沙十八里江程潮落潮生船送迎南來士氣漸吳習北
下農謳變楚聲
社酒吹香新燕飛遊人裙幄占灣磯如刀江鱭白盈尺不
獨河豚天下稀
南北兩江朝暮潮郎心不動妾心摇馬沙少箇天燈塔啃
雨烏風看作標
巫子鷲湍天下聞商人望拜小龍君茹蘆草染榴紅紙好
翦淩波十幅裙

君山登覽　　貢師泰
孤嶂臨滄海千山擁大江遠帆歸市獨高塔倒波雙鷗鷺
爭洲潋蛟龍怒石矼壯遊心未已飛雨灑船窗
晝橋垂柳傍官濠夾岸青山湧雪濤楚相邸墟遺石馬梵
王宮殿壓金鼇天迷鴻雁江流闊風撼魚龍海氣高此日
登臨無限意古今消盡幾英豪

沙上　　朱無
四望無邊際中浮一片沙人家居釣艇官賦種蘆花渚綠
紅蒿短江青白鳥斜垂流欲東去萬里寄生涯

題澄江櫂歌　　郝仲義
半山昔拜少陵像謂公詩與元氣作後五百歲無繼者元
氣茫茫散不收我朝詩派因中州氣節首推劉靜修宋季
陋習茲一洒天運亦復詩家流揚過馬范虞揭歐金華黄
用雖與儔亂來風雅久衰落嘗向澄江開櫂謳澄江席帽
同羊求風塵之表從天遊伊和君山老父笛不換華頂仙
人舟有時拏節鶩陽侯百怪莫敢窺十洲鯨波可蹈惜沈
劍豁嶠欲蹋思連鈎澄江浪高江月浮江神迎櫂風颸颸
雲機上割天孫錦底用枯槎横斗牛放歌濯足銀河秋洄
沿不爲澄江誰道澄江淨如練我視澄江直一漚此日
相遭東海頭東海纖塵生我眸醉擊珊瑚碎遂礫笑黍鮫

珠輕博毁俗淫世靡吾所羞孤鳳默默羣鳥啾夏舷一抑
海能小祖楫載誓天何尤澄江櫂歌歌未休凝碧簪絃非
所厭君詩匪予得稱好附言請視今汪周

江上聞笛　　薩都剌
江上何人吹玉笛水冷沙寒龍夜泣鮫人水底織冰綃灑
淚成珠明月高銀河淡淡月茫茫雁奴打更沙潋旁更深
繡被夜寒重明月梅花滿地霜

過光孝寺
秋日西題翠壁層出山聊近在山僧肩輿又上沙頭渡隔
水人家兩岸燈

秋懷　張端

半生旅邸愁聽雨七夕樓頭偶見星竹樹蒼蒼思故國江山歷歷話新亭誰家素練敲明月獨我絺衣步廣庭佳向錦城心未樂自緣垂老歎飄零

江南春　倪瓚

汀洲夜雨生蘆筍日出曈曨簾幙靜驚禽蹴破杏花煙陌上東風吹鬢影遠江搖曙劍光冷轆轤水咽青苔井落花飛燕觸衣巾沈香火微縈綠塵春風顛春雨急清淚熒熒江水濕落花辭枝悔何及絲桐哀鳴亂朱碧嗟我胡為去鄉邑相如家徒四壁立柳花入水化綠萍風波浩蕩心怔

營

居竹軒

翠竹如雲江水春結茅依竹住江濱階前迸筍從侵徑雨後垂陰欲覆鄰映葉黃鸝還共語傍人白鶴自能馴遙知靜者忘聲色滿屋清風未覺貧

張藻仲雷飲草堂因賦

為愛城居似野居女蘿緣徑水循除博山雲篆銷中酒庭竹風翻樹上書已覺新涼生筆硯也知遠興到鱸魚秋來白羽非無用攬轡澄清志不殊

江陰吳士明花園　馬治

松風微動涼生座竹雨初收青近人日日憑軒斟春酒不知朝市馬蹄塵

虛亭面面鏡玲瓏庭下遊魚白間紅久坐不知香霧濕竹闌干外藕花風

寄王梧溪　張昱

仙舟曾記過南塘鳴鳥高梧日正長蝴蝶重來春夢覺牡丹欲盡燕泥忙當時賓客知何在此日音書或漫忘猶有白頭王粲在獨將詞賦動江鄉

吳將軍鎮守江陰　明　劉基

將軍少年才絕倫丈八蛇矛弓六鈞銀鞍駿馬馳絕電出

入戰陣如有神千年鼻祖西河守文治武功無不有堂堂魏國一長城虎視秦人投東首儀中兵書幾萬言上溯呂叟窺軒轅運籌決勝帷幄內將軍勇略真其孫將軍知謀天所啟源泉淵淵海無底三軍側目避威風矯矯難兄更難弟晉國元戎偃與毛漢家二耿同英豪今者將軍又儼美鷹陵不覺蒼山高憶隨真主過江左身披重甲黃金鎖援矛陷陣無勍敵引滿射生須沒簇躍如雙龍出海雲撇若兩鶻穿鵰羣一呼萬馬皆辟易一鼓四野開積氛揮戈自是迴日手戰勝論功獨居後要令聲名繼大樹肯使煙塵驚細柳江陰地連吳會長熊羆當道狐狸藏府城粉堞

靜節角平田白水安耕桑皇天無私德是與以德保民人
孰禦棟梁楹桷要相扶勉爲蒼生慰延佇

里巫行　高啟

里人有病不飲藥神君一來疫鬼卻走迎老巫夜降神白
羊赤鯉縱橫陳兒女殷勤案前拜家貧無殺神勿怪老巫
擊鼓舞且歌紙錢索索陰風多巫言汝壽當止此神念汝
虔賒汝死送神上馬巫出門家人登屋啼招魂

春申君廟

封吳開巨壤相楚服强鄰名重三公子謀疎一婦人畫梓
留古像珠履絕遺塵簫鼓時迎祭還憐舊邑民

江陰老人謠　汪廣洋

江陰城中頭白翁面皺脊曲雙耳聾手扶竹杖官道側向
人欲語捫心胸自言往昔承平日老夫城中家富實一從
浙右干戈興官稅差科日繁劇大兒從軍行小兒應夫役
幸有老夫存連年避兵革戎兵既退海寇來江陰城中生
綠苔人心反覆七變易殺人何異誅蒿萊去年自逐吳總
兵與民爲主民獲生官軍不擾民樂耕大開濠塹堅築城
老夫縱老何足惜願與聖朝歌太平

琴月堂　莫士安

花裏琴堂清晝長桐絲發指鳴秋商心澄慮淨公事簡拂
絃轉調頻更張蓮花滴水泛壺箭刻漏遲遲坐忘倦冰輪
碾月上天東金粟吹香滿深院美人手勢高復低絃聲彈
作烏夜啼須臾流響換音節丹鳳肯逐孤鸞棲湘波畫熊
玉鈎小卷舒不隔光皎皎兔擣元霜雲動擠蟾浴銀河彩
顛倒夜涼零露沾裳衣自憐曲終知者稀武城絃歌世應
少單父政治疇能希於戲武城單父兩奇絕莫惜對此江
陰堂上月

溪上偶興　張宣

丹峰血染霜前樹回首千山萬山暮水亭隱映隔江村茅
屋幾家山下住長風吹落松際雲笑倚青天數歸鷺漁歌

樵唱總堪聽秋色茫茫不知處

染絲行

吳蠶吐絲白於銀染絲上機顏色新往來拋梭不停手及
時花樣隨他人以色媚人人見喜不惜蘭房勞玉指莎雞
弔月鳴夜鳴杼軸咿啞淚如水明日彤庭促功賞輸官不
得虧銖兩績麻成布自可衣染絲莫上寒女機

哀李士龍將軍辭

盤槊烏龍敵將擒解鞍白馬矢瘢侵江山漫灑新亭淚天
地空懸郎墨心仰藥自甘酬萬死砍頭誰許購千金錦沙
泉上新封樹落日蕭蕭起暮雲

琳西玉血書華嚴經報母

上人苦行滅根塵曾是華嚴會上人指血蘸成功德水新恩難報去來身天香圍繞神龍護金色鮮明字畫勻疵野拔提無一語始終經教總非眞

陪周伯溫左丞春游次韻

官河流水又春波流盡興亡事幾多忍見義熙書甲子已聞聖德頌元和數莖白髮何須染一寸丹心未肯磨零落館娃宮畔月當年曾照美人歌

馬沙口號

疲驢馱醉過西沙港口歸來喚踏車望斷江城雲樹近寺

樓東畔是吾家

吳將軍鎮守江陰　陶安

二百年前說兩吳中興功業滿邊隅弟兄今復爲良將英勇俱能敵萬夫怒斥鯨鯢并巨海平驅士馬獵姑蘇無心宴樂軍中肅要挈山河入版圖

邱氏故園　孫作

魏公大府司農居園出東廂百步餘兩朝文獻子孫盛萬卷詩書兵火俱舊聞長老爲言此昔時相府今存幾獨此僻在滄江濆似有神靈相其氏茫茫天運不可推太息平泉草木非毀者大官三四葉近者勑命猶相輝兩閣何事

苦變革松檜蟻鑽唯菜麥冰薤水閘鴟伺魚苟敗稻田牛負軛我慚不至鶩十年歲月輪雲心惘然亭子當江望出里兒時憶上假山巔嶙峋怪石森相向珊瑚柯長海柏連臥草同歸一長歎靈璧何年到日邊金莖此際承天上東家新亭花滿園寸田尺地百金買看花一月人爭傳世間萬事無不爾鏤石鐫金安足恃荆州不出二百年桃源那得三千歲文章事業差可遺宇宙高名終古垂隆中草廬蜀主到揚雄舊宅西人知田荒室空紛感激操鍰再過空四壁祇有南陽白帝城薄夫起敬尊故迹長歌自作還自吟美酒得錢須爲斟有懷莫挂度外事留眼坐看梅天霖

天壽觀竹鶴軒　饒元德

當時仙人愛邱壑曠種琅玕招白鶴縞衣夜映月華明翠葆朝凝雲氣薄琅玕可種鶴可招青天歌罷鳴鸞簫卻慕燒香清隱士絕似吹笙王子喬王喬清隱不易得二仙已去無消息白鶴飛銜丹鼎煙繞屋篔簹蘶秋碧我今來作江陰令每羨幽軒出高迥幾迴彈罷紫瓊琴風散天香虛室靜

踏車謠　張屈

高田水低田水田田積水車不起去年因水民薄收今年多水朝廷憂岸圩自是農夫事工程賴有官催修東家婦

西家婦喚郎去劚荒邱土車滿昨日畝外平斷勝急待新泥補踏車正忙兒又啼抱兒踏車力不齊車踏不齊車振軸軸轉橫牙婦傷足婦忘怨嗟撫兒哭水深未易乾恐郎受笞辱願天早晴祛雨陰入夏無苦旱至秋無苦霖上寬天子憂民心吾農飽煖長謳吟

送別何竹鶴　陳耘

莫歎南歸道路長攜家此去入仙鄉行隨流水尋花徑開向青山卜草堂自有雲林成隱逸儘教兒女樂耕桑知君得此恩非淺惜別何須淚兩行

贈包司訓時解職歸文林　賀子徵

暫喜公庭事不關看山偶共白雲閒好風卷雨溪頭過明月隨人馬上還驛舍自憐長送使山林誰似早休官文林詩伯推包氏辭疾歸來鬢未斑

賀趙孝子旌表　蔡泉

砂阜孕奇璞秀出芙蓉青泉深自龍卧林靜元猿鳴偉哉趙孝子山水鍾奇英祖父昔避亂身殞家亦傾時方居襁褓萬死潛孤形艱危脫虎口家冢惟有兩嫠依姒氏姑保抱誰能成恩深教仍立繼絕根復萌時平返故里田廬欣再營居安心轉惕母氏嗟罔迎眇祀望南北東西邈難遇精誠貫金石一念徹杳冥音傳思殊亂指嚙神亦驚孤衷日皦皦片影雲悍悍履經羣巘疾聲泛洪濤輕彼蒼竟垂憫默俾之四明一朝忽相遇離思如春冰繰衣照吳越白髮返家庭熙熙復嘷嘷此樂孰與幷陽春浩無涘寸草仰微倩穎竅奉彼適羲馭馳莫停霜萱委晨砌風木悲秋聲攀慕劇號籲廬寐瞻儀型孝行世所重幾人能力行黃泉已埋骨青史常標名天恩錫旌表里閈生光榮寥寥朱康叔千古堪同稱作詩告來世俚語非無徵

賑饑詩　周忱

蒲蒲匹馬過江干滿目饑民不可看十里路埋千百冢一家人哭兩三般犬銜骸骨形將朽鴉啄骷髏血未乾寄語

當朝諸宰輔鐵人聞著也心酸

艱難百姓實堪悲大小人民總受飢五日不燒三日火十家常閉九家籬隻鷄止換三升穀斗米能求八歲兒更有兩般堪歎處地無芳草樹無皮

遺廖大理三首　顧琳

幽懷怒如擣翛欲飛蒼旻冥冥望無極浩蕩風披雲之子在萬里哀鳴九天聞羣鳥散濈濈眾翼迴紛紛當塗總翕忽失路空悲欣以我耿耿憂知君日殷勤所恨爲力弱恥從駑馬羣何時一振衣聊以樂我員

孤雁歸南國翩翩起高翔引頸忽不見涕泗沾我裳哭水

深萬丈欲濟川無梁我欲從之游改轍登高堂徘徊衢路側仰見日月光氣清天宇高心寂塵累空木落山獻體波縮沙留蹤明滅固有時容色如飄風欲行似違俗欲止非令終爲詩寫幽尙抱恨恆忡忡

何竹鶴山水　卞榮

袁州太守何其賢鳥中之鳳人中仙眼空四海胸雲夢懸車早賦歸來篇鋤雲自種三徑竹養鶴只買二頃田明窗淨几拂縑素興至落筆生雲煙雜花幽草各嫵麗蒼藤古木相鉤連雲門若耶在纖末咫尺弱水蓬壺天吾鄉風流

徐孺子太守下榻三年前青絲玉壺送春酒碧桃花底開瓊筵醉傾墨汁如流泉幻出斜川及輞川分明孺子卜築處牽蘿補茅三四椽左圖右史看不厭光風霽月心悠然逍遙莊叟室虛白澹泊揚雄草太元遯子買鄰乏百萬所蓄舊物惟靑氈屑輿數許造竹所江空歲宴相周旋

遯菴　顧瑄

生不願釣位沽名竊天祿狗苟蠅營事追逐又不願粟陳貫朽饒餘貲狠貪虎噬窮刀錐但願有田可耕廬可居有山可樵溪可漁一壺坐酌花下酒一編靜閱窗前書任敎蛇豕自吞啖不管烏兎爭馳驅是非回首兩無競方寸灑然涵太虛人生如蜉蝣天地眞遽廬百年寄寓在瞬息何乃僕僕勞奔趨豈不見郿塢黃金等灰土到頭莫救燃臍苦又不見金谷名園安在哉悲風落日生蒿萊繁華草頭露富貴空中雲咸陽黃犬歎應晚華亭鶴唳難再聞誰似林泉獨能久寵辱不驚成皓首靑門曾隱種瓜人商嶺能藏采芝叟鹿門亦有龐德公至今淸節垂無窮南州更聞徐孺子遺名萬世稱高士箕山不改色桐江有餘淸江山風月曠已久只今盡屬黃初平黃初平在何處小山叢桂秋正香萬里天風獨歸去

郊行即事　黃傅

枯茅三四椽黃土一兩堵中有白髮翁累累織麻屨將謂營朝夕乃以輸官府昨日設公燕高堂陳鼎俎食前方數丈吹笙擊鐘鼓里胥叩我門咆哮怒如虎賣屨典春衣出銀二錢五我問長太息垂頭不能語去去趣歸來村村省編戶

公事駐奉先庵

曲籬幽徑野塘濱有此僧廬絕纖塵庭柳分陰靑動壁牖花含笑媚窺人牛羊出沒東西巷雞犬相聞南北鄰隨俗耕桑隨分足那知不是葛天民

題方草窗江灣小桃源　湯沐

誰將小鄗擬桃源箇裏分明隔世喧花謝花開還甲子潮生潮落自朝昏幽亭結縛無多處老我來遊已二番地主多情成久戀東山莫作謝公墩

秋日寫懷

黄菊年來頗寄思青山於我久相期孤燈對酒不成醉遠道逢秋更覺悲祇恐病侵垂老日不妨貧過未官時沅湘欲趁東歸棹竹杖芒鞋任所之

贈楊升庵　黄昭

昔在長安日相逢各少年雲隨香案吏風送玉堂仙漢檻星辰動秦臺日月懸疎狂仍故我春興滿南天

病起赴部逆瑾啖以美除要賂不得矯制免官　夏從壽

蕩蕩淸時放逸民從容畎畝自由身風淸月白原無禁水釣山耕別有春獨幸老樗今可免敢如尺蠖更求伸平生一日三公意且得登堂拜老親

送黄小江僉事還廣州　湛若水

弱齡塵外志點也與爲徒微尙夙所敦俛仰一紀餘傷哉力不競淪落在泥塗中夜起興歎攬衣步前除咎已有餘裕尤人尙疑虞行年四十九將與伯玉俱知非在今始言爲知者攄

挽徐孟義　貢安甫

簫鼓元宵滿市城朝來忽報薤歌聲竹窗秋月何人讀藥畹春雲有子耕枕上鹿蕉今日夢酒中山水舊時情梅花亂落江天杳愁聽西風獨雁鳴

江陰寓舍漫興　徐淮

窗前數株柏㦸㦸古衣冠對客無媚容鐵面霜雪寒海榴不自持隔牆素人看如何路旁子眞意傾柔曼

山鳥集庭樹顧我留好音迂疎脫機巧微物知此心呼童具杯盤自聽還自斟酒盞忽飛去悵望煙雲深

沿溪探芳杜香氣襲我衣貪得不知厭覓踏明月歸空堂

燒短燭餘情付淸徽幽罷發長歎此意識者稀

讀書茅簷下古道照我顔掩卷思古人邈焉不可攀當夕屢廢寢當晝屢廢餐浮辭炫俗易實理躬行難

寒士多局促我顔獨軒昂甘爲珠玉折羞作瓦礫藏落落青松軀凜凜寒雪腸百年天地間俯仰有耿光

迂疎畏炎暑散髮修竹林綠色潞病目淸風滌煩襟好詩節間題濁酒葉底斟古賢不可起勝會難重尋

修圩歌　姚文灝

修圩莫修外留得草根在草積土自堅不怕風浪喧

修圩只修内培得脚跟大脚大岸自高不怕東風潮

教爾築岸膝築得堅如城莫作浮土堆轉眼都傾頹
教爾分小圩圩小水易除廢田苦不多救得千家禾

吳農開河謠

遠堆新土纔稀窄蘆露黃泥始罷休兩岸馬槽斜見底中間水線直通頭

開壩歌

開河容易壩難通我有良方不費工壩裏掘潭寬似壩御疏餘土入其中

歸興　方謨

渡水試褰裳看山索吟屐初景正晴和小逕貼新碧

二節　文徵明

雲白江青水映霞夕陽欄檻見天涯亂帆西面浮空下君鳥東來抱郭斜萬頃胸中雲夢澤一痕掌上海安沙扁舟便擬尋眞去春淺桃源未有花

蘭陵舟中與湯右卿話別右卿大理公嗣也

邂逅蘭陵話日斜追思京國困風沙扁舟又是三年別尊酒空驚兩鬢華敢以虛名傾暱輩曾從諸父說通家秋來何事匆匆去孤負重陽菊有花

養鄉兵行　沈翰卿

胡爲去歲招廣兵往回崎嶇萬里程羽書在案金在橐遝勞五馬揚雙旌十月方臨東海畔祇與倭奴一交戰偶然乘隙一小勝厚加犒賞煩州縣其如日本兵最强諸島截業在海洋結連獠獠并內寇爲患中國殊難當招兵本爲滅倭賊誅勦數年猶未得山東鎗手已逃潰廣兵望爾能宣力日隨參將聽指揮住劄在我江之滸受圍已是經旬日衆論宜乎一出師縋下南城纔咫尺海螺一聲驚失色蒼黃分道各東西昏夜來歸如避賊白金數錠一卒賞可憐盡是民膏脂危如倒懸不能救豢養此輩將何施精兵土兵皆土著更有鄉兵能截殺髑髏手斬血淋漓縣令受之報臺察軍前尤喜得生擒勝捷佳音日復聞各兵猶勇

皆併力首級頻提送我軍前有七顆今十級幕府榜文懸賞格論功已讓南陽子路有人行無虎跡廣兵半入倭黨中存者勿能成戰功淹留漸覺年光換坐食常令帑藏空有粟一斛縮一疋散與鄉兵感尤切可保鄉兵無陷失免使天地日流血

輓大理湯公沂樂

不負皋陶直中宵見法星淸霜照肝膽白日犯雷霆廊廟懷殊寵江皋養暮齡漢文終有道無賦弔湘靈

哭邑侯錢鶴洲先生二首

墮地郎星六月寒空憐儒將氣桓桓財間猶自懸金印天

上那逢降玉棺三館史編濡筆待百年臣節效公難城隅
翼翼罘新廟老稚相攜淚不乾
己有封章達九天行須衈典賁重泉長江落木浮歸鳥故
國寒花泣杜鵑慈母更添新白髮靈幃惟設舊青氈重收
正氣還光嶽張許何須論後先

欲二阜　　陳泉謨

策杖攀蘿徑尋幽過草亭片帆衝雪浪獨鶴下雲汀水落
石全出詩成酒半醒憑欄時極目天外一峯青

陝州道中懷劉應谷年丈

一揮新領下中州匹馬雨關思轉悠正憶省闈同日宴獨

教書劒異鄉遊天連紫塞風塵迴地帶黃河日夜流南北
浮蹤那可定朔雲煙樹總離愁

題何廷濟所藏竹鶴老人畫卷　　徐經

袁州太守人中龍千秋御氣遊鴻濛飄然滄海不復返尚
留遺跡藏崆峒素綃咫尺恍瑤圃萬壑雲霧生虛空懸想
當時下筆處十日解衣盤礴中盡超三昧了無事婆娑九
十稱仙翁流傳數世永弗替神物呵護傳無窮

夜泊長壽橋　　李宗

寥落羈棲客裏情隔溪漁火照深更僧歸古寺鐘初動人
在孤舟月自明野徑雪晴梅有信海天霜冷雁無聲荅城

咫尺家園近且對篷窗酒漫傾

敔山雙林庵山有女仙蹟　　徐尚德

金鐙斂微光敧枕睡方熟夢遊仙女臺風濤滿雲谷手把
蒼精龍身騎雪色鹿煙開石壁青袖拂松梢綠仙姬杳無
蹤曉鐘迴夢速

莫城耕者得石箭鏃示予蓋千年物也此處乃南唐
蕭將莫邪戰死之地舊聞紅光射空人謂莫城劍
氣今即物有徵賦詩傷弔

南唐霸氣斂江東蕭將誰知有莫公金鏃射殘猶鍊石丹
心歷盡化成虹麒麟何給千年閣狐兔曾穿半畝宮自昔

英雄只如此可堪揮淚弔孤忠

送劉克柔戶部　　殷雲霄

三月寒如此海濱春到遲無因芳草別況是落花時南國
征徭急中原鼓角悲今朝詎離恨歸思繞天涯

寄題高舒唯君山別業　　李夢陽

一山背城起萬古號爲君秀攬江心月輝吞海面雲金陵
通地脈玉港發人文談爾投簪客中年臥紫雰
李札墳邊業春申邑後山一江平展鏡兩港曲成環不雨
雲煙擁長春草木斑隱君樓萬丈倘許世人攀

秋夕懷江陰曹穀之　　何景明

百卉飄零盡孤鴻何處歸高樓橫笛篴萬戶搗寒衣南國
江湖遠佳人尺素稀獨愁誰與晤明月鑒重幃

懷古二首　曹宏

郭璞並江冊故宅庾冰窮巷有恍碑詞源共繞江聲轉談
柄空隨玉樹埋景物漸催山色暮風流眞與古人違憑君
莫放尊中酥一洗清秋萬古哀
延陵墓繞大江回孔氏親題十字碑蝌蚪眞疑三代近麒
麟應控百蠻來春秋筆在光千古伏臘時聞奠一杯欲識
大賢名不沒濤聲相續古今催

精衛詞　沈神頤溺海死妻錢氏年十九守節　薛章憲

海水日夜咬豈畏雙翅折山石日夜銜豈畏孤吻裂石頭
嶢嶢水活活羽鍛眼枯嘗流血但願高山石化爲平衍疇
但願滄海水化爲清淺流山高水流有盡頭妾心未遂未
擬休

石堰塘觀漁

石堰瀰瀰浩千頃縹渺三山螺髻並居人聚落江湖迴出
沒煙波弄漁艇黃蘆雪色覆屋廬青山當門畫不如鳴榔
鼓枻行打魚盡日來往無閒居平生踏浪如踏土中流一
葉從掀舞得魚湘之錡及釜生事只知採網罟倚岸斗入
生盤渦腳扣兩舷唱漁歌斜風細雨濕綠蓑獨宿船頭舞

傞傞

嘉遯山居

枳籬茆屋並山椒入郭都無十里遙拂石閒攜桃竹簟臨
流仍傍木蘭橈雲開樓閣晴遊乘月下瀟湘拾蹊無擺卜
幽棲定僑札超然肥遯絕紛囂

虎跑泉　沈周

定山有古寺廢址垂千秋昔人去云遠虎跑泉尚流緬懷
宋先哲結亭泉上頭有美稚川孫甚復追前修時來聽泉
鳴戛擊鏘琳璆下瞰一泓碧心境同悠悠返本當還源樂
哉在斯邱天地猶傳舍日月無停輈願言亭不壞永鎮茲

山陬

寄贈許渥沙　唐順之

雨過草木好夜來池館清露蛬疑獨影風樹答書聲似瓠
甘無用爲甄歷有名且師河上叟亦使慮縈縈

補衣　朱承爵

敝衣衣我十年餘蠹食成行學篆書每爲擁吟冒野寺幾
因沽酒典村墟衝寒出郭籠雙袖冒雪看山曳後裾試倩
山妻聊補綴牛衣雖好恐難如

君山晚渡　冷宗元

落日黃山浦輕帆綠樹斜江浮漁火岸城俯馬馱沙拂兩

禾千畝篭煙竹幾家海天長嘯處吟興浩無涯

曉霽　吳惟嶽

夜來鳴雨淨蒿萊雲日晶晶爽氣來齋閣平臨山岫敞旌花半繞竹牀開心閒欲著齊民論政暇頻登望海臺秋水鱸魚時得買一官眞可隱微才

江上感懷　任瓌

去年走馬燕山道今日驅兵江海涯三尺龍泉書萬卷丈夫何處不爲家

放船中道轉狂風雪浪排山一點蓬宴寢先生明日死安危不在海濤中

季子墓　李元陽

何事春申國能存季子墳孤巒蒙弱柳虛閣入流雲天地徐君劍江山魯聖文千年吾酹酒藉草坐斜曛

餞同年薛畏齋　羅洪先

送君不忍別酌酒暫爲歡塞馬誰論失江鱸亦可餐買田多種秫養竹自裁冠倘遇南來雁因風托素翰

澄江草堂夏景昭索賦　湯允勣

芙蓉城北大江邊矮縛秋風竹數椽脫紫人忘軒冕累息機新慕白鷗緣淸詞激響佳人齒故態高齊處士肩目斷海天三萬里一聲蘆捲木蘭船

前題　聶大年

愛汝澄江草堂部旁人錯認浣花莊門前小徑通花鳴柳外春陰壓釣航醉眼看山烏帽側行厨臨水白魚長鳧鷗鸂鶒淨相對碧樹無風也自涼

三月八日登君山　張袞

燕麥青青雉子飛偶來江閣覽春暉花洲曲曲通深塢松殿層層出翠微嵐氣半籠黃鶴嶺海潮初浸白鷗磯山中日有看花伴信是閒身願不違

、錢侯遇害馬卒楊成銜之同殉　薛甲

更知原不解勇烈見楊成有役聊從主無求肯殉生英靈

回赤日風雨慘長汀千古誰知爾丹青爲紀銘

倭寇薄城被傷而死者百二十餘人買地西城葬之因弔以詩

衆生生亦死爾死死猶生斜日照陽道秋風薤里情蓋棺時草草掩骼我惺惺知爾餘英氣椒漿酹九京

時事

脊鄉趙公擁若雲導河銀兩只空留年年編牘徵收苦開濬何曾動一文

官在有額稍官稅水利何人問水曹潮水一潮沙一篠至今沙比水痕高

飲李運江清機園　劉光濟

最愛名園勝幽深隔市塵穿林過佛寺問渡上漁船曲徑花間路行廚竹裏煙桃源何處是相望赤城邊

遊顧山寺 山屬江陰金匱常熟三縣名三界山

井邑連三界招提控上方山臨平野濶路繞澗流長樹古含靈氣樓虛接混茫來遊春色晚花雨散空廊

憂南中　陳禮文

黑船城下泊紅旗城上顫船上賊作樂城上官搖扇不敢發一矢焉敢出城戰任賊掠船滿順風帆片片帆遠始開城揚兵耀組練飛報已驅賊堂上大開宴

賑饑行

萬家無煙麥未熟太守念民思賑穀移文給下二千石一縣有鄉三百六里胥報名入城市扶杖隨趨束飢腹縣官事多未點名今宵且向階頭宿天明乞食人未有日出開倉吏催走人多穀少給一斗上階吏胥更索酒老婦村邊望何久逝見歸來若空手翻身入門掩淚泣徐聽翁呼借鄰曰傾甕莫恨曰不盈我猶得歸米入口請看城中廣福寺寺前多少飢民死

定山寺　姚康敬

古寺不知何代𠜴我今重見道場開一潭秋水毒龍臥十里長松野鶴來花落自尋方丈室月明還上眾香臺遺公一去應難見細讀殘碑剔古苔

九日黔江官署雨中思故鄉菊　薛如洛

黔江漢漢已深秋薄宦聊因五斗留俯首醉聽嚴武令傷心閒賦杜陵愁幾回欲濕尋花屐無那空登對月樓何處籬邊堪脫帽相期終買季鷹舟

詠史感事　黃道

游魚潛重淵飛鳥鳴高樹物處固不同各適性所嗜叔世多貪夫勢利乃深恣豈無高潔者洗耳上古世去古未云遠蓋有季札氏千乘一羽輕掛劍心可識觀樂識至理結

好盡奇士翱翔上國間豈問王僚事先有大聖人遺碑表十字我生延陵鄉感此隕清淚傷弓且高飛驚伵亦深逝安敢踵餘躅偶爾同意氣

春日友人邀登君山

君山嵳峩半倚天乘春臨眺山之巔東風悠悠亂帆沒海燕飛入蘼蕪煙王孫開宴向江渚招攜江畔同心侶愳觴睥睨靑天低世上浮名何足語曾聞昔日春申君賓朋珠履日滿門百萬貔貅此山駐雄名英氣孰可倫一朝流血棘門上惟見此山今獨存楚水流聲尙嗚咽哭啼誰復招游魂吁嗟俠骨今黃土何如我輩酬金尊狂歌起舞與君

樂吾徒酒人殊不惡長頸登山醉不醒肯向風塵悲寂寞

遊歸雲洞桃花澗

秋暑初消玉宇寒登臨尊酒足盤桓石疑虎豹巖前踞松作虬龍澗底蟠落日射波迷海色長風吹雨過江干喜逢地主陳遵在投轄堪留信宿歡

鄉社　曹驂

春風依舊一青氈社鼓神歌又長年芳草碧梧盤馬路泠雲淒雨賽錫天山櫻成果行堪摘溪女留魚射得錢處處桑麻春酒熟石郎廟下起楓煙

江曉　沈奎

積雪迷遠汀山光半吞吐飛虹飲長江先收夜來雨輕颺素帆朝曦入村塢山水足娛人扁舟羨漁父

贈邑明府胡爾潛　王祿登

河陽縣裏借詞臣文采葳蕤自七閩馬首殘碑題季札松間濁酒興春申濤聲賦就稱才子麥穗歌成徧野人原是玉皇香案吏折腰非久在風塵

頌任兵使

任公瘦骨氣蕭蕭亂後彫弓御在腰銅柱未曾標馬援玉門早已入班超孤身去國心應折蠱盜經時氣轉驕聞道壘綬重奉詔佩刀騎馬答清朝

送吳中丞之金陵

建業青山是帝都暫勞開府握軍符花間朱鷺鐃歌曲江上黃龍水陣圖玉節中丞新盪寇樓船諸將舊平吳不知燕子磯前地容得陳琳草檄無

胡爾潛招同馮開之登君山

暮色蒼黃滿碧窗平沙漠漠鳥雙雙奇峯幻出雲臨檻遠黛浮來樹隔江馬走史公聊玩世牛刀仙吏善爲邦雄圖欲起春申問何處松根酹玉釭

雪湖新漲行　季科

一夜江皋梅雨足七尺湖波鴨頭綠曉擕鳩策向藤蘿殘

滴濕衣穿六曲長煙窈窕度湖隄雲水蒼茫一望迷四面白埋塘岸濶半腰青漲雪峰低妙高樓臺何縹渺赤霞幻出蓬萊島水晶簾影浸菱花一聲青螺望中小清涼好結瀟湘遊瀟湘九夏疑新秋沙棠之舟木蘭楫朱絲翠管浮中流是時荷花香尚淺芷蘭未茁蘆芽短浴鷺眠鷗了不驚采蓮隔浦歌聲遠尋聲撥棹過重灣溪外藏溪山復山北溪樹接南溪秀山上雲連山下開秀樹開雲行處有五侯不換綸竿叟十年塵土夢中過此日扁舟落吾手扁舟只合住陳蕪繫得桑田作具區滄浪不用一錢買底事山陰乞鏡湖

夏日過黃橋

淺沛蘆花出蔡涇石梁潮長木蘭輕一番涼雨釣絲亂何處晚風漁笛清雲外水莊剛十里渡頭烽火欲初更榜人不唖算程到自唱楚歌搖月明

七夕閒菴粱使君招游黃山新港

禹疏遙接大江東秋淨長河貫白虹煙樹萬家揚子渡雲帆千片廣陵風珠犀漸作津頭市樓觀將成海上宮賈客鮫人紛出沒不知誰是濟川功

改葺山園二首

點蒼攢翠抹芙蓉三十年來晝始工雲裏架梁拳勢接石

邊穿竇水聲通樓開佛國諸天淨秋老霜林萬樹紅好向上頭凝望眼扶桑只在海門東

不葺清機向廿年採囊羞乏買山錢懸崖破屋藤蘿補斷岸危橋斫竹編谷口蠶隨秋水沒松梢直與白雲連從今點綴都除卻漸覺幽居近自然

織蒲扇歌　鄒欽文

桃花雨餘蒲葉長江風獵獵春渚香渚邊小艇絕輕快競翦綠雲繞村賣村莊女郎巧思多織成花樣勝越羅湘波一片凝寒碧應手微風動瑤席綵絲雙纈細柄枝題作鴛鴦寄所思

遊顧山寺

野寺藏深木疎鐘落翠微烏窺齋鉢下花傍講筵飛古壁題留偈閑牀坐息機生平慕元度垂老說皈依

張陽湖孝廉招遊天藝石屋

老大徒爲汗漫游家山應笑未探幽峯盤紫翠千重出江入空濛萬里流石竇何年開鬼斧桃花二月引漁舟今來好共煙霞臥咫尺仙蹤亦易求

過顧山寺次韻　史鎰

醉策青藜杖因過水寺西石苔春雨滑澗樹暮雲低磬斷僧初定花深客欲迷閒行忘近遠隨處聽鶯啼

送鄭鴻臚宏載使嶺南便道歸省　于慎行

新柳依依日半曛王孫雨擲下氤氳龍江色映題橋字彩筆寒生諭蜀文驛路諸侯爭負弩陽關一闋怨離羣斑衣進罷金莖露采得風謠好獻君

秋季君山閱武威賦　張繼孟

爲愛君山問所因人言曾此住春申霞飛橫野開嵐嶂地引長江盪海濱幾處蒙茸紅葉樹一聲欸乃碧雲津倚闌俯視川原小不覺飄然遠世塵

題薛夏瀞歸來亭　居節

絳帳懶傳經歸來隱一亭晴潮通藥畹疎樹帶春星徑有

新栖鴉蘐餘暉照螢君山秋雨後浮動四檐青

夜過百丈湖　　姜從周

澹月寒雲合西風短鬢翻扁舟回白蕩小雨送黄昏宿雁鞏驚樽歸鴉獨認村微茫見漁火隱約到柴門

過鄭園有感　　張純臣

歌舞名園徧綠蕪層樓猶彷紫霄孤昔爲謝傅圍棊墅今作黄公貰酒壚松慘夜烏聲斷續池悲春柳色凋枯懸知自古多興廢金谷平泉總浪圖

黄志普園居葺成

名高叔度總能文蕪草爲園興不羣近起房櫳俱映竹尊

栽松桂正連雲花深卻辨仙源入地迴還疑谷口分落日一樽池上酌歌來白雪當南薫

君山望孤山　　鄧汝楫

巨浸兼天一粟留吐吞潮汐溯中流平沙煙樹三江鎖絶壁雲巒片玉浮渡口亂帆移曙色海門輕霧散春愁不知世上風波險祇有鷗羣與釣舟

題許伯清維摩室　　宦　進

詩習陶韋帖有顔怕沾煩惱借參禪法華妙義經還注金粟如來影亦傳一炷夜香慈嶺月半瓯春茗雪山泉齋頭不息琉璃火且讀吾儒未了篇

題曹烈女卷　　周　俊

曹家有女年十七一片貞心如鐵石字夫未嫁夫忽亡吞聲哭泣摧肝腸孀姑垂白北堂上即死誰能爲姑養誓將堅節挽頽風剖破如花滿鏡容養姑百年遂夫願地下隨姑見夫面青山莪莪家不孤一雙比翼飛鴛鴦嫦娥爲惜冰心苦分得清光照今古讀書食祿稱丈夫朝秦暮晉胡爲乎

秋夜登君山潮音閣

潮音高閣翠微間石磴殘陽客共攀沙溆煙生浮落木海門雲淨見孤山亂帆歸浦燈千點雙鶴巢松月一彎滿地

白雲堪醉臥清樽良夜竟忘還

周文襄公祠　　沈　鶖

祕書增秩盛名高秉鉞東南識俊髦疏鑿川途通國運浚分溝澮節農勞北來春淺櫻花潤南下秋深白鳥號父老只今猶賽社采蘋祠畔落江皐

題道成墩

十尋蒼翠蓋松楸欲訪飛鳧問去留棲鶴白餘花颭月斬蛟空憶劒横秋微薰道氣非凡骨解得仙班最上頭此地有人傷寂寞種桃千樹作丹邱

江署感懷　　駱駿曾

春雲初傍舞衣斑轉怪風塵損壯顏懶性自嫌歸去晚忙
官偏向病中閒山問此日餘初服海上何時問大還劍氣
未須勞物色占星知已聚奎關

辛巳冬以清丈祇役阡陌間晚止香山寺感而賦此　胡士溢

忽漫登山興轉長半山雲木鬱蒼蒼花開紅者春猶齲雪
放寒梅晚更香御詠殿臺餘蔓草可堪阡陌對斜陽披閱
未媛禪門席總爲分憂到處忙

君山放歌　鄒敬

客有畫山贈我者畫出君山江之野訶我狂歌似楚人慷

慨爲問春申君此山舊是君封邑山色猶疑君在日楚客
登臨憶楚山丹青畫出請君看我笑不言心自語世事何
勞更僕數昔我飄零臥空谷一朝天子開黃屋十年淪落
老江干白首空嗟行路難百歲如今已强半五十無聞吾
豈歎由來富貴水東流貽謀何必定封侯笑君祕計託紅
粉竊國無成身已刎三千珠履安在哉草華寥落祇空壘
只今黃山與黃水冒君之名亦應悔願將此山與君分山
上我題詩山下君埋墳滄桑與日有升沈我詩君竹總灰
塵千秋萬歲後誰辨我與君

獨坐江陰署中

謝豹羽殘情甚遲蘋風入戶幕垂垂香生銅博門啼鳥酒
盡金尊花落枝晴雨難同人意變馬牛空負主恩知吏情
自覺纓冠懶惟有瀛洲與夢期

雜興

一壺香送枝頭春忙裏青山客裏身來爲看山山是主好
催花鳥歎遊人
竹裏桃花開滿枝牆頭春草鼓青絲高田流水低田滿正
是莊家二月時

訪張邦粹滄洲社諸子同集　何白

十年重歎故人扉且就桐陰一解衣酒貰杜橋雲液細魚

烹申港雪腴肥國中屬和新知滿江上看山舊侶稀醉向
北窗堪信宿何煩習客賦無歸

五日鄒仲輿使君招飲君山

茂宰登臨復在茲還高懷古一題詩樵蘇不禁春中葉蘋
藻惟羞季子祠帆外天垂吳岫小鏡中鳥去楚江遲昌陽
九節猶堪泛續命何煩繫五絲

追輓邑侯鶴洲錢公　王之鼎

當年仗節死江皋耿耿精忠貫斗杓報國獨憐肝膽碎嬰
城無奈犬羊驕魂迷故國三湘雨怒激巫門八月潮灑淚
何瞻遺廟在丹青剝落樹蕭蕭

烈女祠

廟倚荒城獨對湖至今清節映冰壺時人莫認雲鬟女千載鬚眉烈丈夫

贈邱念先時梓澄江詩選　許學夷

延陵觀樂開土風作者紛紛難具數下從勝國歷王朝倏見文章散林莽遺編草草二十四荅石老人差可覩元繆鑑號荅石遺稿二十四篇名故壘集墻東零落復何求元陸文圭墻東類稿多散失賸有梧溪氣蒼古元王逢有梧溪集百年文質誰當備一代彬彬實吾祖予八世從祖恕有北郭集浮休奇變擬元和力挽昌黎追步武許[illegible]號浮休有鴻泥堂集中間搢紳亦不乏矯矯孫張自爲伍孫作有滄螺集張宣有青暘集蘭堂更有不羈才搖筆千言忽傾吐卞榮有蘭堂集邱生崛起雄且豪淋漓片楮翻波濤驊騮獨齊千里足秋鷹特出霜崖高長干數載泛蹤跡酒徒詞客同遊遨風塵就辯心知己但思痛飲歌離騷歸來卜築開荒徑竹樹溪流相掩映一龕聊借半禪名花落鶯啼方出定殘編滿案時刪述盡捐浮華歸雅正江鄉文獻待君傳千古風騷此其盛慚予廿載探詩源世人抵掌爭笑喧已知他日當覆瓿且將什襲藏林閣陽春有調歌偏苦下里翻能混舉譽試從今日訪知音盡棄黃鐘鳴瓦釜

弔邑侯鶴洲錢公

陰風捲地黃雲昏鯨鯢沸江江水渾千林膏血清野草旌頭夜夜懸空村孤城迴側安可守纍纍老稚來趨奔我侯揮涕仰天泣煙燄萬室驚心魂公不忍倭寇焚戮之慘遂決意出戰提戈躍馬開郭門島夷出沒如雲屯披兵千百散榛莽蕭蕭匹馬旋荒墩公戰死琵琶墩須臾賊喊齊揮霍萬刃攢飛矢交落忠魂閃閃化雷霆噴雨呼風晝相薄公戰死時雷電風雨大作我侯愛民民痛侯湯湯血淚成川流殺身報國總無愧雎陽萬姓究魂愁六十年來事多別父老傷心忍能說淒涼古廟滿蓬蒿豚柵雞棲相對列君不見治中張公有廟君山陽頹基亦復升牛羊誰能配作雙忠廟勁節清風萬古揚君山有同知張公祠今廢先輩嘗議欲移錢公廟配之

遊石灣　章台鉉

灣灣絕壁盡空嵌仄磴難安一酒卮捉月欲呼供奉飲驚人恨乏謝公詩漫誇濟勝還輸健擬賦遊仙亦未遲遠望三山都在眼肯教塵骨苦支離

澄江雜詠　尹嘉賓

延陵墓上金鈎樹結子殷勤爲酒徒墓在申浦其樹相傳爲春秋時物結子如鈎可以醒酒十字碑傳夫子跡誰云歷聘不遊吳

前湖何氏七娘子駡賊不污殉節死湖面鴛鴦不敢遊湖中蓮花無並頭

城中古刹誰最古迎福寺作唐初年殿梁中斷嵯奇絕何
寫經筆開冰蓮
芙蓉城與朝霞麗蘋藻風生遶渚香詩何獨傳李孫祠術
頁惟祀趙麟陽
文襄撫吳廿四載吾鄉水利最心勞兩閘輸開鐵掃帚河
工不費一絲毫
烈烈神君錢鶴洲親提驕卒出城頭城完身死應無恨化
碧常含草木愁

君山雜詠

杏花瀟瀟柳絲絲晝掬春江聽雨時潮捲鶴洲江色紫沙

鷗睡著不曾知
河豚雪後春還淺刀鱭風來水已波擕酒江邊吹笛坐那
山今月出雲多

昆山讀書圖爲夏茂卿題 黄其昌

昆山把酒和陶詩千載柴桑是爾師敢道柴桑輸一著出
山何似在山時

送錢用父令江陰 湯顯祖

新抛浮玉共朝參章服飄身百尋堪一騎到江乘夜色雙
旌迎路擁朝嵐時非季子空摹碣客過春申肯能談最好
鄉關連震澤令山煙雨正東南

贈袁晞我中丞 陳三綱

一從投劾出閩關萬里冥鴻不可攀白简幾曾飛北闕蒼
生遙望起東山豐函夜燭雙龍氣海國峰孤百折顏當事
憑誰匡世難長城須詔舊臣還

同楊子懋登君山 李西白

出郭重探路自分署殘枝上葉先聞半空帆影高翻日兩
岸江潮細疊雲晚樹有聲歸倦鳥古碑無字冷斜曛微酣
倚石呼黄歇何事青山獨屬君

過郁元禎君山北園 陳繼儒

性不近城市移居就北山及肩新種樹濯足傍疏灣釣月

漁爲伴借書僧送還秫田耕漸熟莫放酒瓢閒

閱許伯清所輯倭變時事有感 趙繹熙

幾多廟貌似桐鄉未必遺思去後長沒世不忘慈父母荒
庭頹宇寄烝嘗錢公錞
力捍孤城氣獨雄一時忠勇讓曹公功成纔識奇男子出
沒風塵下吏中曹公廷慧
投戈鼠竄亦編氓何自甘心獨殺身不有野人修野史誰
知厮役是忠臣楊成陳裕

人檻 繆昌期

嘗讀膺滂傳潸然涕不禁而今車檻裏始悟夙根深一死

無餘事三朝未報心南枝應北指視我質國陰

示兒

諸兒初了了長大竟無成往事渾如夢遺經累後生覆巢奚有卵刈草豈留萌幸得收吾骨還須隱姓名

寄繆釆星　李應昇

士當貧賤時俯仰願易足一溪可垂綸環堵數竿竹負郭百畝田妻子飽饘粥良朋挈壺過消月枕書讀及其志已盈望奢天地促恥言忠厚名喜逐澆漓俗回視昔年人邈若山與谷嗟哉止足難古道不可復

赴逮

已作冥鴻計誰知是僇民雷霆驚下土風雨泣孤臣憂患思賢聖艱難累老親生還何敢望解網頌皇仁

聖聽方虛己愚衷敢瀝丹悲無一字補空復數行彈臣罪應難赦君恩本自寬淒淒楊柳色誰爲問南冠

劉伶巷　陳函煇

有酒聊相頌知君恥獨醒回車經古巷荷鍤弔沈冥死豈人埋得言猶婦可聽二豪堪一吷蜾蠃與螟蛉

杜康橋

酒人千載上姓字此中留不賴君遺教其誰可解憂公田饒秫國吏隱有糟邱寂寂荒江外浮生聊與謀

陟綺山品普利泉　毛　晉

嘗行綺山下今陟綺山巔西風吹我衣江天横秋煙躡彼虎礪石蔓草苦纏綿昔日貔貅士誰拜君王前嵯峨不改色旁有樵夫眠樵夫導前路告我普利泉爰出亂石中盈盈復涓涓野花不知名載路各爲妍采采盈一掬使我心怡然

題小香山梅花堂詩和雷門兄韻　徐宏祖

予兄雷門結廬種梅於小香山山以吳妃採香名也堂顏爲坡仙筆坡仙愛梅花以名堂予兄借坡筆以酬梅堂後削石爲壁刓石爲池而石爲軒門隱崖端則前香

浮動風生波面則泛玉參差堂前憑空攬翠岫樹江雲羅列獻奇帆影聲前墟煙鏡裏陰晴之態互殊晨夕之觀迥別予來時倏雨倏晴予兄課僕移竹前村乘月種之中夜寒甚各擁褥浮白而觀觴政錯聲互相磊落孤山嶺裏羅浮夢中未見此豪致也予與兄同有山癖行吟之餘忘其蕪鄙敬列如左以當蛙鼓云

結廬當遂岑愛此山境寂履開明月光幻作流霞壁壁上疊梅花壁下飛香雪冷然小有天洵矣眾香國香留妃子名花瀰名賢筆名以還山靈筆以表山骨幽人外物緣今古妙胸合造化已在手香色俱陳迹相對兩忘言寒光淩

太乙

賦得孤雲獨往還贈徐霞客　黄道周

笠澤無停棹杖頭不繫雲帆隨風意致山與夢氤氲古洞扃幽戶殘匡倒薜蘿每逢巢鳥話蘿月想繽紛何處不仙嶠長游已大還猿魚新換徑虎豹久迷關天縱幾人逸生扶半世間楞伽言語外別寄與誰删

雨窗夜坐　周之望

子夜孤燈坐寂寥晴風吹雨欲終宵傷心未了三生夢撫掌徒懸四壁瓢楚漢殘編空戰壘江山遺譜只漁樵早知燕市千金骨不换陶家五柳腰

登君山

一髻青螺一岫雲應須劈破與平分當年楚水流何處那得吳山尚屬君

顧山山茶歌　黄毓祺

顧山寺裏山茶樹種之何年不記數或云此樹昭明遺故老相傳豈無據在昔盛時花滿樓上下屈錯枝相樛上枝重重覆詩蓋下枝落落蟠蒼虬既云昭明手所種千秋萬歲嘗來遊野夫平日好奇古探奇訪古樓上頭樓頭先有昭明過再拜向我請我歌我今扶病倘來此病筆其奈山茶何欲憶武侯廟前柏柯如青銅節如石古來材大難爲用杜陵見之重歎息更憶吾祖古杏詩雷燒雨蝕猶嵯奇入火不爇水不濡樹木乃與至人俱吁嗟山茶亦如此孫枝不共本枝死昭明昭明爾有知鬼守神呵供役使不然空有顧山山茶名吾不得而見之矣

江上九子歌

岷峨嶓冢大如斗瀉出長江濁如酒其下乃是媽夷居天吳九首形嵯奇枯魚悲泣老蠶笑蛟人亂舞龍子飛白石何磊磊幻出君山一卷耳中有一男子自稱黄介子天荒地老無人識落魄蹉跎心不死有弟有弟同心期名毓礽字錫余伯氏吹塤兮仲氏吹篪白日相對兮忽不怡拔劍起舞長

吁嗞吁嗞亦何爲戚彼嚶鳴詩嚶鳴求友心孔亟友生友生不可得十五得袁三名一騂字季閏袁三東偏士不見貴從紛後塵道旁誰識袁公子憶嘻濁世乃有此二十得徐郎名晴進字元修徐郎慷慨烈士腸烈士肝膽鐵一片安能逐彼白衣黄狗須臾而洒酣向我及此晋頭髮上指顔色變又有少年美之字草草相逢兩相許憶昔四明有客字季眞嘗呼白也謫仙人周郎名有士字克九亦嘗歎我不復世中人十千斗酒不厭頻定交周郎未云久復得鄭家一小友名之望字諒武酒不多入屑言不多出口筆落風雨相呵驟天生才難如此哉豈同几骨肉飛走郭先生善戲謔名維清字明卿四十友正平

北海大不惡貢六郎名臨敷字數五容止清且揚何郎傅粉荀令香傀俄酒態如嵇康繆生佯狂世所笑名昇素字太質粗服亂頭無不妙喚酒氣以長呼面青天而大叫我輩豈是山澤癯我輩豈是高陽徒或笑或哭或歌舞一斗英雄血欲吐男兒有身七尺強誓將區區報明主爾來天子坐深宮廟算豈不資股肱丞相兢兢伴食一何苦諸曹紛紛彈射一何怒嗚呼萬里長安在天上杞人憂天天無恙一曲狂歌江水頭大江湯湯日夜流

村寓

顧影真成踏雪鴻蕭然指爪任西東由來此世皆羈旅豈

獨今朝是寓公細雨角巾思有道薄田秫米愧無功栖遲幸勿譏時事兩耳曾經一喝聾

村寓用啼兒韻

無情草色為誰萋淪落歸來一短藜春水自流茅舍外夕陽猶在石橋西早衰有質同蒲柳晉學無心付棗梨奇語兒曹休似我五更風雨聽雞啼

細柳新蒲色共萋閉門危坐敢扶藜可憐多病人偏老一似窮風日易西餓口未忘雲澤米枯腸空記鄭州梨星稀月白飛三匝烏鵲無枝也自啼

甲申紀事

白水朝來應赤符攀龍附鳳盡魁梧傳聞舊輔收東郡想像遺民拜鼎湖羣盜淹畱參刀冷前鋒辛苦漢軍孤時來裂土誇身手精銳摧堅定有無料鎮將之怯賊時南潰也四起黃雲暗戍樓憑南北望淚交流積屍原野飢烏集失主沙場病馬愁牟李當年如異國石尤今日正同舟細思喪亂因公等珍重金陵古帝州指馬左諸臣之搆難速亡也

乙酉紀事

五更吹角夜吹笳無復秦淮舊酒家小雪今朝仍李實嚴霜昨夜尚荷花漁陽世事唐天寶江左人心晉永嘉太息乾坤皆反覆敢云吾道故龍蛇

次友人韻

悠然物外久聲銷舟子徒煩舉手招明月空潭真似鏡長松小閣舊名蕭庵僧解打禾山鼓座客能吹赤壁簫况有西疇堪寄傲我來剛及麥齊腰

冬至日口占

日行南至轉無聊滿眼香從甚處消囚服自知慙管仲紙錢誰為祭墓陶愁隨弱線偏增長淚滴寒灰亦動搖萬死孤臣空有夢雁書不到御床遙

友人為予治木口占博笑

七尺昂藏亦幻形頭顱不敢負朝廷鳶烏應怪丹心苦螻

蛾何嫌碧血腥豈必達摩留隻履底須普化振空鈴桐棺
三寸人間世寒食荒郊草自青
望君山二首思親也　徐時進
春風猶記舞衣斑暫借圖書白晝閒最是酒醒人靜後夢
魂無夜不君山
杜鵑何處血流殷細逐溪聲斷續間雙袖數行游子淚好
憑流水到君山
臨難題壁　戚勳
血洒危亡地心安烈燄餘朝來牆上日應見數行書
弔黃子辟　於壽格

澄江多遺民黃君乃其一狂是我輩狂詩文更無匹窮是
千古窮鉗首加桔桎漆燈不照形麻衣不掩膝流先朝露
傾冥漠理難測徘徊白楊根秋風響淅瀝
夏日村居　徐遵湯
山莊無結構獨樹正當門插柳為田界編蘆記水痕數家
常共井一姓自名村不識官何物安知野老尊
輓同社陳貝生刎次其絕筆韻
霜颸欲下樹知秋白馬青山負壯遊人在閻浮誰久住天
於慧業每先收金刀斷石山俱痛玉斧刪枝月自愁象罔
明珠何處失鮫人有淚血長流

此身吟
此身早已付滄桑火井平分雪漈涼鴎浪欲飛俱碧血鳩
巢未毀郎靈光人纏竹素三生障天怒薇歌一老狂難到
百年猶過客總將傀儡弄彭殤
漫園雜詠　曹玑
紅蓼風微動白萍溪邊猶少一茅亭平生愛酒腸難冷盡
日看山眼自青乍向月中彈鐵撥懶於燈下讀黃庭滑城
若有能歌者擊筑高吟和爾聽
題舅氏徐仲昭借香室
盤谷當年笑語深隔鄰爽玉締同心買山未必成高士借

樹何須到上林四壁有琴疏影動中街問笛暗香侵離披
盡向南枝發為與幽人抱膝吟
久雪初霽登君山　曹玘
著屐來登似泛槎春暉雖淺亦韶華風帆破浪翻成雪野
草連雲半是花河北弄兵酣虎帳兩淮銷骨勝龍沙日橫
千里悲何極貰酒先消一壺又
杜康墓
蘆荻蕭蕭古渡風冷煙微雨下輕鴻清流萬斛甘如醴只
在先生一枕中
兩岸清山壓樹低墓門疏雨草淒淒關情只有橫橋柳一

過春風綠滿溪

定山山居　張印頂

幽居自岑寂茅屋權爲扉山定人誰定雲停我亦停卷書容我老樽酒笑人醒莫問滄桑事吟懷入杳冥

甲辰元旦

椒花獻頌亦諛言何似梅花發自然安靜求爲泥塑佛康强卽是地行仙虎皮踞坐惟談易麈尾横揮盡解禪所願頂門舒一目莫教鵠白混烏元

烏龍潭

消受煙波與月明一春詩夢水俱淸花開花落去來蝶柳

暗柳明朝暮鶯牧馬人歸夕陽影報鐘僧打過潭聲莫愁覓渡無蘭槳桃葉東風久斷情

來時梅雪正霏霏纔見紅肥又綠肥柳陌柱鋪春後絮雜垣俱著夏初衣鷗唯空闊無他戀燕亦炎涼别處飛猶幸杜鵑聲未喚王孫雖倦不思歸

定山山居　黄覺

曲徑危橋小結村梅花成列竹生孫祇嫌地僻無書借還恨詩成少客論安得湖山時促席不妨風雨夜開尊今年港水如河闊但得扁舟直到門

江陰縣志卷之二十七終

江陰縣志卷之二十八

藝文四

詩

送張山人應鼎還江陰　國朝　顧炎武

舊京秋色轉霏微目送毘陵一雁飛笑我畏人能久客嗟君懷土便思歸風高海氣龍王廟水落江聲燕子磯卉布家鄉多已作此行須換芰荷衣

贈紹公（卽傾貲募金贖子心歸之紹元僧也）　黄晞

紹公匡廬三十年天風吹來揚子灘牆壁瓦礫君家禪衆頭楞嚴已不覯蓮花冰雪俱未似憨山古曲泠泠彈嗟予

久欲辭塵緣孤雲野鶴爲交歡有時相對冷竹坐一杯濃茗三更寒與君赤脚踏松影風輕子落摧琅玕悲歌痛飲君不嫌喉間吐出槎枒肝飢鶚攫取覆巢子束手就縛空哀歎鯨魚跋浪黄河翻燕山迢遞何巑岏君時慷慨向我言十步九折非艱難一瓢一衲如一葉伴爾水宿偕風餐執手盟言在吾耳能中哀鳥毛衣殘淸和回首曾幾時江南水落楓林丹昨宵星走丹陽道幽扃笑語聊相寬二三同志偶儻人留連誓欲開邯鄲崎嶇歷盡生死棄我心古井無波瀾雲堂容我飽香飯閉門細嚼冬菹酸北風怒號不到耳戶外朔雲空漫漫與君擁絮且高臥靜聽華鯨吼

夜闌

登君山　王士禎

楚相何年邑淒涼此獨經棘門存宿草浮遠祇空亭半壁收吳楚荒江入杳冥卻思洞庭上七十二峯青

青暘橋

門對青暘橋家近芙蓉湖與郎不相見爲郎歌拔蒲

黛色連天際蒼蒼秦望山東巡殊不返留恨此山間

白舫煙中樹青山水上樓澄江風物好殘臘只如秋

修竹被晴川淪漪映空曲日夕雪初消人家在寒綠

登君山　陳維崧

清秋萬登路漫漫極目層霄望裏寒拍岸波濤終浩淼登樓吳楚在闌干多情蔓草荒今古無意江風冷珮環更憶昔年曾戰伐孤城明月與君看

登江舟次　王掞

灣頭淺淺露平沙一曲清溪雜野花溪外青山山下樹樹中茅屋是人家

贈李膚公　吳偉業

先德傳家歷苦辛汗青零落賸閒身雲山笑傲容遺叟松菊招尋見故人猶有田園供伏臘豈無書卷樹沈淪只看五月開尊宴撥剌江魚入饌新

暨陽　魏允枏

烽火遙天接大荒高城憑眺晚蒼蒼薜蘿乍長新官舍燐火宵明古戰場秋雨遠來江氣白夕陽斜墮海雲黃二吳事業殘碑在矯首雲臺思渺茫

澄江感賦　王昊

百里征帆客路塵江城燈火識遺民連山荒冢飛殘雨背郭寒流截亂燐七十城猶新部曲三千客已舊春申興亡今昔無窮恨獨立蒼茫一水濱

故人過訪　楊履泰

空齋苦岑寂忽至麤豪友不飾賓主文相見惟握手偶然

論時事掩耳即疾走再欲談古今云舌不在口問君來何之爲言索旨酒不買屠門肉乃鬻雨中韭剖開牀頭春痛飲盡一斗快洽平生歡秉燭竟忘久慷慨發高歌命子還擊缶言念總角時黃童成白叟人無百年期朝榮而夕朽行樂須及時富貴亦烏有緬懷荷鍤人此趣君知否

雨後秋山晚眺

晚色樹搖秋江城雨乍收斷虹懸海嶠落日下汀洲荻響沈沙雁煙橫失浪鷗扁舟垂釣者新月掛綸鉤

春草

嫩碧柔香遠更濃春來無處不蒙茸六朝舊恨斜陽裏南

浦新愁細雨中近水欲迷歌扇綠隔花偏襯舞裙紅平川十里人歸晚無數牛羊一笛風

夏日閒居

樹綠陰濃覆草萊況逢雨後長莓苔相忘游泳觀魚樂不著炎涼喜燕來但令羲皇眠一臥無須河朔縱千杯斜陽欲墜清風至斷續蟬聲送暮槐

九日有阻登高漫興

雨過晴嵐秋氣深可堪佳節廢登臨雲山好負他時約尊酒難虛此日心樓寂仲宣愁獨倚菊逕元亮醉空吟倚誰爲我冠重整不禁西風兩鬢侵

懷管月衣先生遠赴貴陽幕　夏世名

客星遥指極南頭逆水征帆溯上流草檄正當忠武幕懷人先過仲宣樓離樽未把惭知己幽夢徒勞憶遠遊彼此不堪俱老大心旌搖曳兩悠悠

遊馬鞍山　薛元敏

帆外一峯秀秋風晚更宜螺勻千個翠玉立五稜奇劚石分天巧探泉及地維夕陽松意僻歸路不妨歧

贈花山隱者　徐裒

幽居寂寂掩荆扉座繞煙雲碧四圍石淺懶分泉脈細山深喜種藥苗肥煮茶自埽松楸葉野服還穿薜荔衣長笑五陵裘馬客不如君穩坐苔磯

聽鸝軒　李遜之

世態滄桑總莫看幽居容得一身安既焚筆硯惟存我但課詩書勝作官謝事初聞秋雁語閑心直共浪花觀悟來萬事皆如蠟何必黄冠避俗難

江村秋思　陳芝英

驅隙流光喚奈何閒居潘鬢已婆娑江田夜雨菰蒲長澤國秋風稻蟹多未了塵根終是夢纔看平陸又沈波悲來尙覺雄心在自和滄浪白石歌

荒塗橫睇欲何之仍向琴書結舊知燕處危巢原自樂烏

當繞樹惜無枝高原縱獵風偏勁急水操舟棹獨遲萬感不勝中夜集潘郎已是二毛時

登登聲是築瓜場三兩人家帶夕陽烏下湖田知稻熟風來漁浦雜菱香荷鋤人比歸雲靜行路心如落葉忙我羨爲農饒飯穩行歌願欲住江鄉

招隱詩

滄桑此日正增愁懶向江湖下釣鉤世事已聞同塞馬人情只合聽呼牛秋風涼月林間嘯春雨寒花檻外浮半枕黑甜知較穩好飛清夢過瀛洲

聞河諸爲邑侯何使君賦

江邊溝港兩番潮城裏潮如城外高一自廿公疏濬後狹
蘆平長暨陽橋
江城白浪漸連天從此無人歎石田昨夜桃花新水漲嘔
啞撐過木蘭船
冬到來看十八鄉肩挑背負上倉糧如今一棹乘潮進人
運爭如水運強
料得清官徹底貧今朝那得導河銀紙錢月俸都捐盡邀
典青衫贈告身

答陳江村　　章耿光

曾何濟勝學尋山偶與吳雲結往還日鑄茶頭茶未熟剡

溪舟裏月同閒歸時荷葉方端午去日燈花未上元歲月
浪憑芒屐擲著書慚爾掩松關

麥葉歌 并序　　沙張白

孝烈婦龔氏龔能女江陰人十七嫁劉玉玉孤貧龔竭
力佐養事姑以孝聞未幾姑亡傾家買棺以葬未幾玉
亡無棺里人假義欲棺之蓋利婦色也婦力辭知不免
乃寄所生三歲兒六歲女於母家夜積麥藁自焚死質
明發燼雙骸宛然弟龔賡衙貽而合葬之墓在順涇河
北識者謂死兵死織死水皆可死火最慘婦乃忍爲至
慘者欲并焚夫尸也前邑令元陽李公碑其墓曰烈婦

龔氏麟陽趙公上其事於銀臺以貧賤弗獲旌事在成
化甲辰西郊王君兒時識墓處懼久而遂湮表其墓於
二百年後徵詩弔焉

麥藁麥藁爾何烈燬骸貞骸施金鐵從來忠孝與節義蟠
結八荒綴六合假令天下無斯人燭龍偃死鼇足折龔能
有女顏如花十七嫁向繩樞家生來不識脂粉面身懸鶉
結鬢堆鴉相夫孝養竭力十指勤劬覓衣食藜藿年年
隴畔挑杼機夜夜窗前織一朝姑死家無贏買棺斂姑家
已傾貧極可憐病又至阿夫早晚隨姑行牀頭喚夫夫不
語牀下呱呱兩兒女摧心獨痛鬼神知中夜彷徨淚如雨

里人假義欲棺郎棺價無償身可當吁嗟一棺値幾許遂
令烈魄歸黃粱生離死別兩惻惻夫尸暴臥子索食殉死
何人哺阿兒顧兒何策埋夫骨斷腸百計復千思母氏家
堪寄此兒臨行飽喂阿兒乳明日飢寒誰得知麥藁潛移
環室佈危妝正襟傍尸坐午夜轟然一炬焚質明兩骨同
牀仆哀哉貧極不能棺夫婦同將一缶安順涇河北瑣枝
壓六月江濤過墓寒我聞神仙有尸解烈燄中間任瀟灑
元陽李君麟陽趙短碑再表貞姬兆百年狐兎竄蒿萊壘
壘沒向荒邱道烏頭棹楔丹堊新處處旌他閥閱閭未聞
將相公卿第夫死御愁妻嫁人麥藁麥藁漫於邑遺詩百

篇成一集大言觸物金石開小言通幽鬼神泣朝館不入
貧賤門詩歌不談富貴塲我歌麥蘖感爾情傳與將來細
討論

郡志告成有感

巢傾安顧卵豹死尚留皮慷慨追良友從容憶我師恨無
丁廙米敢怨魏收私何限滄桑感低回只此時

聞笳

可惜淸宵月笳聲間角聲四郊增舊壘百戰賸孤城得歲
堪防敵占天未厭兵何窮身世感七尺一書生

大旱祝塘觀社

豈爲尋春至平原一望蕪忍飢民賽社敲骨吏催租瑣尾
黎侯賦艱難鄭俠圖此時誇上瑞市有醉人無

登君山

絃千山頂雀呼風杼軸空哀大小東膺賸臥薪前史斐殘
山賸水夕陽中金消王氣謀何拙鐵鎖長江技已窮江左
夷吾誰得似新亭遙拜始興公

答大育頭陀

秋水蒼蒼白露寒檀車淪落老河干逃名未必天猶忌出
世何愁山不寬馮道六朝工販國張良五世憶臣韓他年
遂欲成高隱莫著羊裘把釣竿

城南度夏

遊蹤莫定漫着車借得城南水竹居烈女湖邊迴萬雉酒
仙祠畔繞雙魚風能戰暑喧松徑月解窺人瞰草廬此外
生涯無一事唐人詩句晉人書

懷李山人介立

同憶滄江老布衣萬松深處掩柴扉人間甲子當春換天
上星辰向曉稀燕筍滿林村釀薄河豚出水蕨拳肥可能
寄我相思字候雁於今正北飛

盼家書

盼盼家書半載無傳聞旱魃冦三吳故人原上多靑草豪

客堂前變綠蕪萬里秋飇鷹欲出一輪朝旭鵲頻呼鱸魚
豈便關歸興劇愛煙霞范蠡湖

甲子除夕和西山張公

霜鬢鬅鬙未肯眠一爐新火范公泉雞窗氣暖春如海鳴
鼎香浮夜似年劍號干邪應秘匣琴彈山水不須絃長生
豈恃神仙術漫把丹砂問偓佺

閱晉兒所作史論

豪氣空教蓋九州渥洼奄逝黯然休賦成幸不逢黃祖書
就誰能薦禹周萬事憶來惟有悔百年過半只生愁江湖
夙有漁樵約敢把盟言負白鷗

懷老友許介桓怪其無一詩寄我也

爲問箕山老逸民全耽詩酒不知貧身依磐石漁爲事家榜寒汀雁作鄰定有苦吟消永晝那無一字慰征人歸來朧爾滄洲侶白髮相看意氣新

同吳岱觀諸子弔杜康墓

弔古城南正麥秋方池清淺當松楸雙魚繚繞環高士萬雉崔巍擁醉侯荷鍤劉伶欣共臥短歌魏武借忘憂德鄰更喜來新侶招得忠魂傍首邱

雲亭過黃仔薪

雲亭山下屢經過爲有高人掩薜蘿佳處便成獅子窟前

身或是老禪和新詩自笑歸來少老態生憎別後多舊日橋中曾有約相攜一局爛樵柯

偶成　劉雁居

一卷殘書一榻風蕭蕭竹影是牆東囊中有何才非鬼字裏逢仙願作蟲刺繡十年飢季女躬耕半畝老龐公何當衆獮軒渠笑向我頻呼失馬翁

大橋道中　陸次雲

行部樵田裏褰帷望遠山謀橋橫曲港微徑入香灣地僻風猶古形勢意自閒精廬還一憩清磬出松關

由里山同紅慈上人小步　李寄

棋罷溪行萬慮空得閒心與遠公同幽蘭非草先存綠短葉如楓待臘紅曝背不妨松裏日煮茶自有竹邊風出山便是風塵客別夢還應戀此中

杜康墓　朱衣

孤墳三尺草離離一水迴環似酒卮世事滄桑知幾變先生猶在未醒時

感懷　徐禎

眼前身世幾滄桑往事何須問彼蒼寶鏡去時空臉匣青錢用盡拌無囊難將詩價償書債且破愁城作醉鄉素志半生猶未遂肯教雙鬢惹秋霜

夏夜

簟有微涼酒半醒篝燈欲滅影猶青不知細雨疏簾外何處飛來一點螢

靚山僧舍　高慎中

精舍清幽倚翠微半岑雲氣護禪扉松林風度山間語薜荔霜凝屋掛衣小雪僧歸農事早午齋客到貝音稀最憐壁立軒窗後蝙蝠乘秋百丈飛

九日集君山　曹禾

春申舊壤足相於秋色佳哉老眼舒片影隨陽銜稻雁亂蓬收港落潮漁清歌欲補鶯簧好遊櫨紛看水繪如天半

無風齊脫帽生憎華髮白無餘

送友人還金陵

屑瑟秋風送客裝蕭條村落更神傷滿天欲雪尊虛酒昨夜初寒雁叫霜馬足遠衝黃葉路吟聲徐入白鷗鄉江南景物關情甚烟雨秦淮夢裏長

自寶蒼菴同健上人過雙林菴　朱廷鋐

徑轉如無盡山行豈厭深過橋纔一里訪寺得雙林雲濟往來跡潭空今古心不逢僧指點勝地杳難尋

贈周了翁

高談垂老興偏餘瘦有精神鶴不如好古頻求逢世備傳

家自有活人書曾同看弈過蕭寺時爲鈔方叩竹廬聞道別來身更健花間往返不乘車

登君山　洪周祿

水國蕭涼六月秋籃輿力疾仲宣樓金焦雙影天邊落蓬島三山海上浮弱水有枝聊當拂片雲無繫漫於舟白蘋紅蓼霜荷老搔首乾坤一點鷗

贈劉文伯總戎　陳安

蓉城北面障狂瀾列杖如霜草木寒今日山村花柳發不知征馬駐江干

一聲短角出江隈千片旌旗拂浪來日落沙寒帆欲下鼓音遙送海潮迴

露下寒郊夜氣清溶溶月色萬家明暮鐘敲罷譙門掩靜聽城樓報五更

絳節南來海霧收江濤從此復安流但存去日烽煙地徧植桑麻慶有秋

蘇墅村居　陶孚尹

曉起開關噪樹鴉就閒聊作陌頭行紅飄山館花初綻綠點平蕪雨正晴十畝敢同嚴壑隱一溪聊結鷺鷗盟東坡田舍還無恙買犢何妨事耦耕

澄江竹枝詞

長江如帶繞城隈四野青屏錦作堆千載延陵陵谷變居人猶說讓王碑

柳岸煙汀釣艇疎河豚風暖燕來初倘方盡御揚州貢賤殺江頭子鱭魚

花開阡陌槿籬斜姹紫嫣紅入望賒爭說古澄花事足洛陽三月不須誇

稻落風高墜葉黃木棉如雪滿江鄉原頭多少攜筐女不愛猗猗陌上桑

橫河東去接古溝使曉行人抱布綢珍重寸縑休浪擲寒山砧手數更籌

編蒲不似治絲難巧製團團比素紈一縷花紋新樣好桃
笙氷簟等閒看

贈蘖菴禪師 并引　　沈永令

師於明天啟間筮仕吳令晉吏垣崇禎間建言廷杖詔
獄滄桑後遂爲僧康熙乙卯駐錫江城距作垣令時閱
五十寒暑矣永令以昔年童子受知門下感賦是詩

浮生閱盡幾滄桑獨臥寒雲擁竹牀百鍊身猶餘鐵石萬
言字尚挾風霜列朝文獻徵遺史一代天龍護法王士女
爭來瞻瑞相使君故是宰河陽

同王聖謙張時升徐息溟遊鵝鼻峯　　劉　芳

曠達見高情知交託平素相與陟危峯奇觀敦夙慕我心
殊自喜早行莫遲誤呼童不及庖出門自發付茶鐺手可
提鑪炭裹以布瀠洄江水清品嘗忘日暮嚴壑恣探討狂
笑蛟龍怖煙樹碧沈沈亂鴉飛遠渡別去訂後期計日梅
花吐過我復尋歡春風滿園圃

茅菴

卜築剛五畝茅茨構一椽青疏澆石乳午爨雜松煙果熟
宜無稅山深境即仙悠然絶塵想種竹攪雲眠

題崑崙山樵傳後 并序　　徐　恪

崑崙山樵李介立江陰人母周氏夢容徐先生之姿而
娠而出及生不歸族遂自託耳老云少負奇才不經師
授郡守祖星岳試邑弟子拔第一李自成陷京師徒步
走晉都上平賊十策不報後星岳官關中官湖襄乃眷
之遊西登太華經秦隴走雍岐南下湘漢過鄱陽汎浙
江歸寓隱游鯉山僧舍齋以遭世革命不欲仕自號曰
崑崙山樵素無妻不畜僕婢自炊給食坐誦經史宴如
也貧不得書聞人有書輒往借或卷帙繁重身自揹負
往來山中性狷直不苟諧俗癯形危坐稜稜如厓上石
賓朋相過酬酢禮貌恭甚指陳經書風雲生坐上意少
慢即拂衣去以故人憚其嚴未嘗不服其清操也學無

所不窺尤長於史著歷代兵鑒一百二十卷該貫精博
他所論述甚富皆不愧一家言云歿祔葬游鯉山母家
旁邑孝子陳其忠爲歲時上墓遺書皆藏其家

清江下海門大石矗千丈南有叢桂坊下隱猶溪椽山人
春歸臥手把青藜杖蹉跎中興策惆悵凌雲想空山號鵂
鶹寒室走夔罔著書高等身揮談笑抵掌雪深袁安臥病
習莊生養衣冠陷泥塗崩角稽厥顙空同崑崙巔長嘯爲
神往浮雲太華巔流水浙江樂遺派灑雙冢乾坤盡迴恭

葬六娘子辭

六娘子罵賊斫死死如歸血骨野草屍葬魚腹江寒月黑

飄零旗鄉閭上其事有司不報翁媼傳說百年如一時有
明正德年流賊竄江滸倉皇虓虎紛然吞突人民流離堂
堂勳臣裔江國吳女華氏妻先後宛若同見囚羈六娘子
見賊自毀殘其姿勸食皆不食推衣皆不衣倚牆而坐哭
復罵不噤賊手汗巾恭軍中多紅顏或來相勸規追斥無
所撓勸者齎吞而涕洟黠賊兒且狡扃閉一室冀或有轉
中心移青天沈沈白日曀陰風夜製江神祠朝來白刃那
復顧嚼齒伸脰須臾期六娘子輕塵弱草胡不委蛇就甘
美強自媚悅持容儀不然靦腆苟活偭巢蔑完卵破鏡重
圓時有之溧陽公主挾賊坐中郎弱息悲胡兒丈夫臨危

或有甚於此而況婉孌巾幗乃遂烈烈捐生爲一日慷慨
千秋典彝金枝翠蕊光閃爍方連突厥心猶夾嗚呼六娘
子死者不愧生者宜何師

蕭天子墓

臺城老公聲荷荷捨身不救一身餓土囊血漉簡文君骨
肉復蒼遊魂流曹瞞作儞賊子但後來羅護運築壙日猶
乳臭當昨立宮猛將軍勒兵入江州甲馬功無雙外臺夜
送江陰王江流東下沈波黑北望神州西建業狐葬狐揹
續李卿坐買陵樹還吞聲同泰寺前秋草死麗華井上啼
烏鬼空餘野火照孤墳至今人說蕭天子

贈江上何霜崖明府　秦松齡

春申浦上可花明泥飲齊傳茂宰名西晉家聲標石柱東
吳文教屬江城映簾秔稻侵簷滿繞郭魚龍臥不驚愧我
未成循吏傳扁舟蝦菜幾含情

登城詠古　王序賓

樓臺高下入秋清林木蕭蕭葉有聲回首西風幾興廢夕
陽古寺是梁城
吳時風景使郊原終古青山對郭門艦浦蕭條陳部廢寒
鴉數點集孤村
子城仍是舊時垣雉堞參差鎖暮雲惆悵九原不可作劉

伶墳對杜康墳
遙填颯颯響寒蘆覿面雙峰近可呼獨自歸雲趕外立一
鉤新月照簡湖

君山夜坐　張元昇

長嘯空山靜蕭條夜色幽月明橫野闊江勢挾天流清磬
三更寺寒風萬木秋宵分人未寐銀漢落峯頭

雨後君山感懷

縹微天半俯滄溟今古登臨悵未平雨歇乾坤生暝色風
高瀛海長濤聲荒城戎馬孤鴻動落日山川一雁鳴最是
可憐黃歇墓冷煙衰草亦關情

踏春

輕羅團扇趁春風此日佳遊士女同楊柳江村茅店綠桃花山郭酒旗紅鶯聲野豎笙歌外馬跡斜陽翠靄中卻望秋千何處戲赤闌橋畔粉牆東

露坐即事

香消夜永漏聲停幽徑蒼苔白露零酒盡空江飛落月簾虛古木挂疎星朱絃細撥清宵曲團扇輕搖隔幔螢醉後朗吟招隱賦十年蹤跡恨飄萍

田家

矮屋低籬面遠汀春深場圃草青青嘗邀鄰舍乘漁艇自

寫山歌貼紙屏幸免到門題鳳字閑翻敗篋相牛經東田耕罷歸來晚獨醉花前不易醒

雨後登邑城

高城極目晚迢遞野色蒼蒼雨氣消青草亂煙黃欲暮夕陽流水杜康橋山連北固千重樹江抱孤城萬里潮莫向女牆頻眺望漫天飛絮正飄蕭

追憶鄉先哲周硯農李介立黃子舞沙定峯四先生暨家肩庵大育兩叔祖各賦一首

寂寞江天淚欲垂哲人一逝失追隨相如賦就稱詞客摩詰名高豈畫師淮海亂餘身似夢乾坤老去鬢成絲只今

遺句猶藏篋落日傷心未忍披

白髮飄蕭慷慨存深山一劍倚黃昏百年儒雅空悲老萬首詩言孰共論李燮縱能全嗣續（李固遭黨禍其徒王成負其幼子燮逃江湖及禍平乃還鄉先生雖冒姓李而實霞客後人）林逋終歎失兒孫（先生終身不娶）可憐荒冢當斜日只有青蠅弔汝魂

天下文章已久燕（天下文章先生家堂額也）尚推風雅冠三吳江山麗藻生花筆骨格高寒老釣徒空憶少陵詩思健劇憐伯道夢魂孤皇天未肯延儒術獨使同儕淚暗枯

幾春天末聽鶯聲銀髮歸來兩鬢生才藻談能揮列宿文章力可撼長城中郎望重憐王粲北海才高識禰衡（子極承推

典）惆悵虎賁無處覓一聲此日淚空橫

布袍高坐氣何揚霞舉軒軒動夕陽張旭醉顛稱草聖杜陵窮老擅詩狂百年野鶴餘清影一夢春雲隔故鄉（公客死靖江）擬賦大招投海上亂煙寒水正茫茫

一曲清琴天地老悲歌燕市意難消狂來詩句驚千古亂後文章壓六朝花外衲縫紅葉冷嶺頭杖倚白雲遙（公坐事後嘗著一衲抱琴攜杖隨意行山水間）秋江斜日荒城晚悵望風流總寂寥

雪阻法雲菴

窮冬慘澹冽風酸野寺蕭條古佛殘度臘僧眠三日雪題詩人坐一樓寒荒江雲木疑花亂永巷山河帶絮看卻怪

遠公嚴酒戒不教陶令把杯寬

冬日遊澄江鵝鼻嘴　吳士玉

懸崖峭兀臨江東亂石騰擲江水中我來正值寒日落欲落不落江波紅初從城北覓細路板橋危度攀枯松君山懸落路遠近笑指絕境吾能窮迢迢江渚迴雲嶋遂歸虎豹登虬龍前躡孤根最險絕繞腳三面洪濤吞江豚出沒戲在右長空浩浩驅天風仰天長嘯俯瞰水濱渤萬頃吞於胸是時金光閃江面輪囷怪影搖沖融遠帆幾點帶暝色去鳥滅蘢餘空濛江月促我躡歸徑滿山霜氣迷行蹤

采香逕　汪鶴齡

我踏香山峯上有采香逕采采馬蹄香寂寞為誰贈美人今不來雲林靜疎磬

贈祝明侯　湯右曾

踏遍江南大小山堂開浮遠此躋攀時時采藥雲中去日日看棊洞口還笑我幾莖生白髮羨君七十有朱顏乃非不是人間物珍重青囊莫等閒

行部沙洲　葉紹芳

川原渺無際極望碧嶙嶙阡陌風猶古桑麻俗自淳天桃爭繞舍弱柳自依津父老牽帷問無嫌絮語頻

文選樓　吳永福

文采江東未寂寥遺墟重過感蕭蕭角巾錦帶人千古蔓草寒煙話六朝枯榦至今留裂皺高樓猶憶訪紅橋湘東萬卷空灰燼憑弔無端首重搔

春日遊砂山　孫允升

乘興尋春春漸長悠然隨步出江鄉鶴翔天畔雲為蓋鹿臥林間石作牀已有好山堪蠟屐何須曲水始流觴野梅處處應爭放歸路微聞有暗香

砂山修禊　趙耀

宛轉春山曲磴幽籃輿十里喚林鳩蘭亭勝事聯今雨南浦清文憶舊遊芳草翠添晴水碧暖梅香共薄雲流多情

殘照留人住乘興還須到上頭

夏城望三山　王時霖

水口渺渺亂鴉飛獨倚輕舠望翠微近水綠蘿藏客店傍巖紅樹護僧扉採香往事疎煙冷泛宅人歸舊徑非向晚澄湖煙靄淨三山依約對斜暉

蟠龍山望江

天矯蟠龍入畫圖青林紅樹兩模糊晚來岸幘江天望幾點雲帆濟欲無

二俠祠　徐德求

吹角城頭海氣寒古祠下馬拜衣冠君王卜祚剛三百伯

仲論勳有二難鹿走秦原驅脫勃鯨居漢獄失彭韓延陵
門外松楸盤翳麥茫茫夕照殘

白雲菴　吳繼鼎

山中雨歇興初乘石磴迢遞杖瘦藤清供煮花堪代膾閒
吟分月不懸燈關防葉底餘雙鶴貧踞峯頭伴一僧倘擬
誅茅同託跡煩招黃綺白雲層

古涇花圃　吳倬㮾

盤遊幾日留龍砂輕寒漠漠遲歸槎古涇花圃富春事主
人邀我觀奇葩昨朝北墅看未足凌晨再訪東阡花石橋
流水路幽僻綠畦小徑尋斜斜樵縱茅屋自映帶風光彷

彿桃源家嫣紅姹紫紛到眼蝶衣褪粉蜂鬧衙氤氳花氣
撲襟袖恍疑優鉢飛金沙疊臺洛下那足數金鈴錦障爭
豪奢十千買醆我何有芳菲坐對成咨嗟興來折取代持
贈照耀俗眼塗人誇歸來泥飲當酒具撾鼓好付花奴撾

利城訪王百穀故居

名士何年宅停車問路歧江山成昨夢風雅憶當時廢壘
椽空沒寒汀柳自垂吳閶吟坫在一種草離離

夏日宿飛錫菴

精舍依山麓軒窗四面涼客來疏雨歇溪淨晚荷香幽篁
容酣臥新泉試乍嘗一鉤纖月上長嘯得清狂

過月城橋

淡雲深霧鼎初昏短棹飄然破浪痕廢壘倚尋煙際樹平
橋還傍水邊村漁人待月爭懸網估客提壺獨叩門可怪
鄰舟誰按笛一聲子夜易銷魂

夜宿楊舍　於式

疲馬南沙路秋原草樹凋人歸煙市雨風響海門潮吹角
嚴城暮聞鐘古寺遙倦牀眠未得雙鬢感蕭騷

晚登砂山　胡文炳

春山翠欲滴曉起入雲峯露濕松杉冷煙開島嶼空幽禽
聞喚侶古寺遠聞鐘欲聽空王法高流未易逢

登香山　胡文燦

古柏參天合空山澹夕曛冷風吟落葉獨鶴引歸雲香逕
寒花落飛泉曲澗分村墟何處是樵唱隔煙聞

慈雲寺　吳乾

頹垣金碧認微茫一樹冬青野草黃下馬欲尋何代寺斷
碑零落臥斜陽

村居　繆民垣

岸幘林塘野籟生鵓鳩聲裏喚春耕春中浦上潮初長季
子祠邊雨正晴七畝未成巖壑隱一溪閒結鷺鷗盟年來
壯志銷磨盡耐可扶犁聽曉鶯

丁墅道中　王家棟
極目滄江上蕭蕭瑟色寒遠洲殘雪在野渚暮雲漫旅食
悲秋雁叫棲憶老槃行吟歸路黑何處不發端

杜康宅　徐時化
廢渚何年宅餘香發杜衡由來千石釀應匹五侯鯖清濁
分賢聖酣酒別性情汙樽懷太古千載尚留名

段山　丁繼鴻
淼淼江天外中流滙碧岑斷崖行轍少孤嶼夕陽沈水氣
連昏旦濤聲自古今不知混茫裏畛域更誰尋

暨陽懷古　殷譽慶

此地句吳戰壘開尚餘重鎮楚江隈城邊斥堠連天遠海
上魚龍捲浪來黃歇冢荒迷蔓草延陵碑古蝕蒼苔西風
入夜鳴哀角幷和砧聲徹曉催

秋夜與周南村作　間詩
澤國荒涼水接天黃花寥落更誰憐長飢每歎陶元亮蹈
海空懷魯仲連鴻雁關山飛暮雨芙蓉池沼冷秋煙夜窗
客到多相感共向清樽一悵然

大雨　楊名亡
孟夏黑雲壓如磐平地倏忽成波瀾庭前青草嬌稱甚一
日兩日齊闌干春殘尚餘芍藥蕊無奈草何草中死蝦蟇

聒耳聲正喧拙鳩逐婦何時已爽士憂麥飯相對多苦顏
不得置身天帝閒手把大帚長萬丈一埽黑雲歸故山

旅興
東風未許逐良遊杜宇聲聲喚別愁三十日來江左客一
千回倚海陵樓已拚花落無春分擬遣鄉思到醉休極目
暮雲歸岫處笑余飄泊欲何求

新秋
燕門三度感秋風又值秋聲上井桐人住難爲過夏子無
愁端似信天翁百年人恥尋常老一卷書爭尺寸功卻笑
東坡老居士近來錢盡但留筒

學書學劍兩無成敢冀人間浪得名醜婦自知宜免妒文
人何事定相輕雀窺餘粒逡巡下蟬擁高枝自在鳴兀坐
渾忘身與世一鑪茶火煮閒情

紀賑詩　蔡澍
朝行暨城東暮宿暨城西車殆馬亦煩去去將何之爲言
捧檄來賑我蒸民飢自余來澄江三載罹瘠疢辰巳遭潦
霖原隰成塗泥今歲大旱乾收穫艱糠秕嗷嗷徧哀鴻玉
食與桂炊監門繪圖入荷此
恩綸垂江鄉十萬戶普賑良難施所貴杜盲濫庶以全黔
黎單車走四郊按籍登門稽孤村迄小集詎憚兩足胝風

沙障面目雨雪侵膚肌胥役走且僵喘息難自支串竣隨
散給粟谷紛而歧米固重粒黍銀亦權莫齊長官撫厰半
災民走如飛老翁扶杖來稚子牽衣啼呼兒吏罪弟抱子
還攜妻踰蹦及偏使連袂譁階墀呼吏計口授莫敎須臾
遝聚橐滿負戴筐筥交提攜豐年等糞壤凶歲成珠璣歡
欣返迷門滿餐勝肉糜豈知官長勞督給迄無時亭午不
暇食宵眠何嗟吝再賑復三賑務及來年期民得數日飽
官已半載疲側聞窮巷間寡婦涕漣洳自言賑不及里保
營其私乃知博濟難堯舜猶病茲中夜起長歎滿目愧牧
司安得太倉粟大賚無孑遺

開河謠

朝截流築排車桔槔軋軋歌聲譁築岸水朝下滂荷鍤攜
畚走相向丁男輓泥下河心丁婦盛餉殷河上里胥督率
不敢遲指揮來去東復西上高下低紛若驚夾岸縱觀人
如蟻鳴鑼一聲語聲沸前隊喧傳官且至我語眾工爾莫
驚開河不禪官長事前年雨潦水不洩去歲赤旱河無滴
泥沙壅滯蓄洩艱一際水旱苦罹厄田疇蕪廢無麥禾不
異枯魚過河泣從來人事代天工前若倦勤後無及方今
農隙力儘饒深疏廣浚休辭勞主伯亞旅互淬礪合耦協
助無相撓俄頃事集厥功奏江流活活河滔滔平渠滿川
貧灌溉西成黍稷盈四郊一勞永逸洵美矣煩我董責空
喧呶我本為客爾為主康功田功我無與官如傳舍行幾
時不能挈河更東去眾聆予言咸感激勸者彌衙惰者策
一鋤兩鋤交手下千擔百擔無停歇行歌勸唱歡樂行經
始予來戒勿亟我觀情形大悅怡江俗好義公何急須年
興作亦孔勞利民還當用民力江鄉溪港難悉數疏瀹務
盡罔淳淤譬猶人身具百骸血脈貫通靡有阻揚州土壤
本塗泥敎稼先從治水務自今以往歲其有吹笙擊鼓陳
豳詩

憩雙林精舍

火雲騰騰日亭午大地炎蒸如覆釜爍石流金未足奇烈
烈川原等焦土誰家水閣泛茶瓜手弄輕紈白揮暑嗟予
行步涉遠郊嘔啞籃輿逐平楚驕陽杲杲奈赴宜欲避炎
威鎮無所吏人彳亍走且僵撲面黃塵汗揮雨山田犖确
龜坼開桔槔執桐三農苦淙淙水碓快機心抱甕終輸丈
人古莽蒼行盡見精廬崔嵬山容狀如敵攀蘿捫葛度遙
岑路轉岑迴聞粥鼓數聲清磬出招提一徑松杉轉寒沍
入門風景大蕭涼碑字雙林紛可數王林講席幾回遷傳
鉢何人流法乳解衣磅礴蕩煩襟拂檻松風沁人腑茶鐺
還問趙州禪碌碌塵鞅渺何許徙倚坐待夕陽斜滿院風

錡有相語

秋日君山觀閱武

江城車馬如雲屯連營列騎羅層城將軍呆北坐武帳紅
旗半捲開轅門秋高草枯氣始肅下令大閱張三軍先期
尺素走相召邀我壁上觀陳兵緊予文士不解武兒獵心
喜頻怦怦衙興侵曉出北郭西風颯颯吹衣襟是時遙空
隃燈景嵐光澹蕩融朝暾林麓葉摧萬態出長天秋水吞
無痕張帷列幕坐磅礴偏碑左右威儀陳高纛建牙威山
岳五色揚旆羅繽紛一聲吹角繡旗颭淵淵伐鼓旋鳴鉦
初觀決拾布正鵠貫徹七札睨殊能鐵騎搓縱絕塵走箭

起鶻落馳寒星火攻列隊大舉燧旛礮聲伴雷霆刀牌
突出撥籐甲跳盪不異猿猱輕須臾合隊大演陣五花八
門交輪囷端倪動靜渺難測目眩但見搖霓旌散如風雨
整以暇班部肅然譁無聲策勳飲至呼勞酒僊僊屢舞齊
歡欣疏眉生啖氣何壯將軍有酒與如澠堂上鐃吹大合
樂雅歌投壺陳罍觥車容似此良不俗車攻吉日歌周京
安不忘危古所訓扞衛無愧干城膺油油三爵意黛上酒
酣耳熱仍懸陵長揚羽獵給筆札上林子虛研高文上馬
殺賊下草檄吾曹意氣當凌雲一言寄謝有大長毛錐碌
碌羞書生

社日西城樓晚眺

獨愛西城路江山一望收登臨當暇日霽爽入新秋空翠
遙岑落蒼煙遠嶼浮劇憐官況冷紗帽對閒鷗
雉堞看新搆高樓上切雲地形千嶂合天塹一江分樹色
連陂暗漁歌隔浦聞坐聽吹角起林杪又斜曛

訪王梧溪故宅

詩人棲遯處遺蹟至今傳雅操希巢父高風溯魯連古苔
封斷壁飛鳥下平川日夕滄江闊蒼茫起暮煙

遊香山

採香遺事邈終古號香灣石磴俛幽壑寒梅又小山人行

空翠裏僧住碧雲間放眼長天外滄江繞白灣
屈曲下山路泉聲一道斜平橋依古徑夾澗倚桃花嶺色
連巫峽溪山走白沙何時聽飛瀑谷口更停車

周文襄公祠

尚書開府日江左被恩時白水成陂堰青暘聳故祠野蔬
溪父薦斷碣後人思瞻拜斜陽裏靈風颭畫旗

宿九蓮精舍

一徑尋蘭若行行入翠微青松生暮色白日閟禪扉燈火
虛廊闃鐘魚晚課稀此間塵俗絕悄息漢陰機

二侯祠

東南半壁倚長城衛霍真看此復生馬樂功名同伯仲龍
飛勳業紀旂旗臨濠故里曾垂戟滄海餘威倘拔兵一死
荒祠無限意壞垣風雨陣雲平

馬家湖閘視隄工再謁周公祠

芙湖瀰漫水爲鄉蜿蜒垂隄慎決防丙夜爭呼朝下坂丁
男難辨宿舂糧綢繆澤國憂難釋躑躅河干瘁敢忘歸路
遺祠還展拜中丞前烈頌開疆

書舍

斗室纔容膝蕭閑祗自娛莫言爲吏俗公退坐攤書
鍵戶如山靜鑪香取次添幻當公事罷微雨下垂簾

桂室

小築臨西籞味同蝸舍冷三秋風露時幽花散清影
何來金粟花植此皆遊石客至澹無言已入芝蘭室

過劉伶巷得三絕句

不飲徒爲耳晉師杜仲宵斷碑池水畏應笑世人醒
昔人方清言參軍自作達澄江非建威何年此荷鍤
曲巷對平橋委宛南城路酒醉月明時精靈自相語

頌春即事

一夜東風漾暖煙陌頭初見柴暄妍河陽縣裏須芳信應
許江梅獨占先

簇彩攢花翠羽張靈旗畫鼓賽句芒東皇此日傳消息轉
眼風光接豔陽
隊子魚龍百戲陳昇平風物見來新行春橋畔帷車過竹
馬兒童有幾人
畫棟晴雲向野開紅英綠酒共徘徊芙蓉城外春如海誰
識先從此地來

季子祠　李鳳翔

放棹春中浦來瞻季子祠落霞明遠渚夕日閃靈旗社稷
看遺冢風雷護斷碑延陵弓劍地芳躅至今垂

蘇墅　蘇濆

流水斜陽外村墟杳靄間何年遺片石終古愛眉山陽羨
田空沒蘭陵宅易還耦耕吾所樂風雅自相關

文選樓　王企堂

昭明太子搆幽居爲慕前徽訪古墟顧眺樓臺還是舊大
梁寶樹已非初江天浮遠東鄰海山月臨高夜照書仁孝
性成思向學輪扶大雅有誰如

詠懷　許倓

頭童齒豁竟成翁重憶當年事事空董相下帷徒挾策班
生投筆未臨戎飄零劍佩秋風老蕭瑟家園暮雨濛愁絕
那堪兼永夜擣人心曲是寒蛩

次韻答薛蘽仙　包彬

帶水難同李郭舟烏鵲枝畔總何留新詩似錦憐緘恨春
夢如雲半結愁馬蹄焦毛斷紫陌鶴盤瘦影叫滄洲天空
地闊容疏放祇有吾曹氣味投

送黃雯中學博　虞鳴球

鱣堂飛舄入京華京口風雲繞去車千頃汪波瞻玉宇六
年時雨潤金沙宏才應列鵷鴻侶教澤還留桃李花一歲
九遷何足異會看紅綬爛晴霞
五經名宿腹便便坐卻春風已數年論古且憑人載酒飲
和未覺客無氈鄭虔名向當時播伏勝經從去後傳報最

楓宸應得意除書頻向
九重宣
已向雲霄振羽翰典型留得後來看簪花璀璨珊瑚架道
味馨香苜蓿盤安定先生矜式久吳興弟子別離難回思
絳帳邊承日花竹扶疏映講壇
無雙特上薦賢書枳棘原非鸞鳳居展爲斯民周部屆祇
勤執事迴
巡輿行看棠葉蔽風轉共惜槐陰夜月虛唱罷驪駒征旆
發五雲深處望攻琚

客中遇閏重陽　車書

登高幾市月今日又重陽破帽不堪落霜花應更黃白衣
虛送酒異客倍懷鄉寂寞兼風雨那禁秋夜長

送慎庵師之鹽城學博任　沈濤

奉手將分袂心旌逐去帆宦情知已淡水味覺還鹹古堞
疏黃葉寒江隔遠岑此行誰問字征雁待封緘

君山

出郭登山望茫茫百感生壯猷今古杳遊眺水天平已棄
三千客猶當十萬兵有懷誰可訴落日大江橫

癸巳元旦　貢震

旭日曈曨上草廬老夫七十履端初風波已遠驚魂定霜

雪潛侵壯志虛傍舍溪山容屐杖到門賓客雜樵漁稱觥
祝報渾閒事任運逍遙樂有餘

登君山　顧學誠

山勢西來杳遐高一望通遠沙橫水暗晴日射潮紅雲出
平穿樹帆開側趁風王孫遺碣在春草碧成叢

蘗菴禪師精舍

聞說孤臣曾此依稜稜風骨古來稀昏朝抗疏霜凝簡故
國傷心涕滿衣混跡但求人莫識披緇當與世相違只今
精舍松筠茂勁節如公亦庶幾

春日郊居　王學琦

田家幾日晴江上有鷗聲對酒野花落閉門春草生溪流
清復淺村徑曲還平不用買山隱吾茲老釣耕

夢中得句云兒童知禮讓父老重衣冠言風俗之美
也醒續成之

薄俗今何似淳風世所難兒童知禮讓父老重衣冠耕鑿
惟同井催科不用官皇華應載筆西待使臣看

王韓起見過　沈德潛

落魄潛江皋三年一布袍長貧真到骨衆論尚吹毛摧抑
名偏盛艱難志愈高撫時還慟哭賈誼是吾曹

贈張時昇

身立窮通外家居圖書開潮回疑蝕岸雲動欲移山穴竝
槖佟鑿門如栗里關因思塵世裏只有此人閒

翁霽堂枉過草堂

風竹蕭蕭晝掩門久無節屐印苔痕忽傳江上青彩客來
訪溪南黃葉村千里相思勞仲悌一人知己感虞翻文章
自是吾生事試與高賢對榻論

寄王韓起

河橋把袂燕飛初又值新林萬木疏往日聲華應更好比
來眠食竟何如白雲古寺聽宣講黃葉閑門想著書臘盡
江頭冰欲解故人正好遺雙魚

蓑衣　翁照

記得寒江外曾披上釣舟煙波雙鬢老風雨一身秋藏往
偏相稱垂竿亦自幽嚴陵如愛此應不著羊裘

三十三山草堂落成示及門諸子

三十三山裏歸來始卜居亭因修史築田亦帶經鋤有志
希君質無心獻子虛門生諳老懶常昇我籃輿

歸里

殊方小住又經年歸見家山一莞然楊柳曉風臨岸宅桃
花春水到門船妻開酒甕香侵鼻童負詩囊重壓肩鄰老
相過俱好在桑麻重與話尊前

雨後君山野步

一縷初暉潑眼明獨行江路喜新晴水當臘去青浮岸山
到春來綠進城楚相祠荃汀草合吳娘船過浪花平故鄉
風景殊佳絕底事終年愛遠征

送翁霽堂之錢塘　杭世駿

君才敵百夫有作儼雅頌大江盤文胸崔蔡見伯仲條條
美東南讓為天府貢挑衣不肯住泉石足吟諷一別渺天
涯關河倏四載征車再入雒賈生偶相從吾鄉君舊遊飽
看南湖荷相送復歸去來我夾山夢

前題　周長發

元喻標格擅風華綠水池頭白帢斜一日百面頁作手十
年三賦早名家來隨碣石風前雁去索孤山雪後花可耐
淩兢衣褐冷玉河分手隔天涯

前題　夏之蓉

人居雲海古黃山亭上松風散客顏安世書傳三篋內太
沖賦著十年閒劍鐔欲試方鳴匣藥裹爲鄰恰閉關賸有
風華眞絕代須屣未許一躋攀

懷沈補蘿　袁枚

我愛沈補蘿巍然松柏蒼手摩盤古頂髮帶麻姑霜道身
元氣上淳世等秕糠畫筆爭顧陸書法追鍾王時扶綠玉

杖來飲花間觴手訓摩銅狄宮入說上皇竹石爲君古杯
盤爲君涼但須聞談笑何必問滄桑天若憐吾曹爲君駐
頹光

沈補蘿謙齋印譜歌

謙齋印譜古所稀譜成命我一歌之我作才語非阿私爲
古混沌鑿其眉先生古貌清且奇鎖頤折額毛鬅鬙束揭
西摩靡不爲佉盧沮誦笑且窺穆王所刻宣王垂周秦彝
鬲商尊罍三代六鳥鸞與龜速猥躚庛爾雅詞以井爲闌
鑿作池以指甝肚窮孜孜先將六體探其微後以萬本驅
其疵書石鋼手成泰碑一刀初落追李斯二刀再入掃張
芝三刀四刀萬馬馳太阿斬斷珊瑚枝神龍摩翻千熊羆
翩翩鴻鵠行且飛芃芃黍稷紛離披縱者欲懸橫者低肥
或如瓠瘦如敧唐印如筋宋印絲惟公兼之孰與媲我聞
竟陵王所疑刻符摹印無分歧梵金非之作繫辭部居別
白窮銖錙今之私印古所治龜頭左顧孔愉嗟太宇外向
伏波悲昔人於此爭毫釐三倉爰歷書無涯皇皇炎漢嚴
其儀尉律太史攤𥫗比九千籀試公卿兒曹嚇老姦何所
知猶懸鵠帳中嬉惜哉先生不遇時無人薦之軒與羲
刻劃金石追龍威泰山琅琊空巍巍所遂公卿多穿窬新
羅國人來又遲立本呼作老畫師厨空笑殺長康癡鍋勒

使者非所司凌雲閣上誰相思熒熒白髮江之湄嚴家餓
隸苦欲飢愧我說文讀若迷斷碑爛鼎堆堦墀口稱艾艾
呼期期見公之譜涎滿頤捧出銅玉光離離索公一字酒
一卮仲春塡篆花作媒願公壽考永不遺

題沈補蘿蘭亭卷子　并序

補蘿與王虛舟裘魯淸交最狎沈王故工楷法五十二
歲時各臨蘭亭一本互角精能畫者作流觴曲水貌三
人於其中亡何魯淸死又數年虛舟死補蘿每哭一人
則跋數語於卷尾乾隆十六年十一月補蘿來白下出
圖命題余生晚不獲見裘王兩先生而其時補蘿之宦

建德余又將赴長安感三友之多情逆兩人之將捌磨黯愴然不能自已

先生垂老淚星星行篋常攜感舊銘一代交情存筆墨三人顏色付丹青酒杯白社秋來憶玉笛山陽雨後聽五十二年鴻爪在昭陵風雪滿蘭亭

浮生難挹舊靈光風義羊求事渺茫兩晉書亡王內史六朝人賸沈東陽金仙次第辭西漢宮女伊誰說上皇惆悵鍾期來海畔斷琴彈落一天霜

衰草殘雲逐歲新梅花何忍住紅塵黃粱入夢剛三鼓白首同歸又二人再拜未消寒食恨九原應記永和春酒壚

近日蒼涼甚不望河山也愴神

冬郎江上未生時醉殺微之與牧之名士散場君太老繁華到眼我偏遲事如流水都陳迹人是相知易別離珍重斜陽行色晚石頭城下望歸期

翁霽堂三十三山草堂圖

四海才名六十春青鞋布襪軟紅塵平生事事謙沖甚只有青山不讓人

香山溶水影迢迢綠樹橫陳葉未凋半畝草堂江上好不關門住等春潮

試罷彤廷戶不開談經重為伏生才一時猿鶴驚相顧花外蒲輪今又來

自丹陽放舟赴江陰道中作　蔣士銓

放舟呂蒙城言入毘陵道寒流響衣帶詰屈爲循徵谷刀箏摩肩往復驚絕叫枯林織欹岸歸戶冠曲隩前津指甄山一一莽鴉導

贈翁霽堂徵君　錢大昕

緯蕭抱犢自家風鳶膭仍看邇紫宮東國人倫推郭泰西京儒術數申公江湖載酒風流在耆舊論文意氣同擬向君山來問字相從躡遍碧玲瓏

彈花曲　包照

攀枝花（棉花古名攀枝花）光映室終歲勤劬幾曾逸佳人捲袖擎木弓千杵萬杵聲逢逢豈有幽愁不能理么弦撥出宮商徵楊花撲面不沾泥殘雲堆中叫竹雞荆僮束韓寒雲片紡車日夕抽冰綫姿意君情磁引鐵寒窗獨織絲絲血製就征衣貼君體淚痕漸透休輕洗

紡紗行

吉貝多鈴歲收好機婦家家理妝早明星灼爍坐紡車架時驚起雞聲譁銀絲抽出白於雪惟恐布成粗布劣入市易棉銖兩多咽咽笑語顏色和債戶糧差氣如虎賤售且紓一時苦老弱依然聚短簷一身尺布不曾添

璜塘鎮上卽事　徐方高

蕭然一水石橋橫，市小稀聞雞犬聲。近覽並無喬木古，遙瞻惟見野煙平。艱難編戶漁商業，狼藉豐年醉飽情。送客河干心惻愴，居夷浮海歎吾生。

農家　陳瑛

農家敦樸風，但解數雞豕。短褐被我躬，不必紈與綺。糲食充我腹，不必甘與旨。榆莢春雨滋，穲稏秋風起。宜麥亦宜稻，高廩登億秭。水旱古蛙聲，五行陋志史。中古書契垂，頗爲作僞始。椎魯耕鑿民，渾沌質未死。賽社歡紛榆，爭春賤桃李。負薪而行歌，翁子吾所鄙。

舟行夜坐

春殘岸柳風，秋入江村夕。披衣上柁樓，對景時不懌。舫鐙耀昏黃，流螢照深碧。孤鴻天際來，惆悵遠行客。歷歷河之湄，行行江之澨。目斷故鄉人，耳聽故鄉語。棲息與晨征，囂囂竟無侶。兀坐一沈吟，三更荒戍鼓。水宿掩孤篷，蟬語送朱夏。風動樹先秋，月臨江不夜。毋爲險句吟，恐受魚龍訝。極目望蘭陵，依微見吾舍。

月夜登望江樓

曠蕩浮寒闊，凌虛泚畫闌。天靑澄月兔，江白靜風鳥。入夜景方寂，攝節興不孤。石瀨吾欲發，沙路只盤紆。

同居賢書夜坐

四野浩風露，道然長道心。溪澄收眾籟，月滿出疎林。觀化形同釋，忘機居不侵。淸宵餘逸韻，如聽穎師琴。

呈蕭月舫遊戎

馬鞍山色俯滄浪，望重台階八葉長。曾執虎幡司禁籞，旋持玉節鎮金湯。胡牀嘯傲樓頭月，緩帶風流峴首羊。羨殺能文兼好武，知公門巷本靑楊。

雅歌投壺俗自淸，暨州城畔駐霓旌。恩推小校樹風暘，禮接名流倒屣迎。詎止六朝欽大樹，卽看五字擬長城。雖嵩舊有登龍願，習詔從中御李誠。

送繆澳瞻之襄利州牧任

班聯玉筍早知名，臧否人呼一葉淸。天語褒嘉緱氏最，欒竟遷擢郗侯迎。白雲晴嶺神燈影，綠褧秋江畫舫聲。到處煙霞供蠟鉢，細緗編問擁舊儒生。歸首春迴嗷鷹廿，細帷枉駕使君驂。節鑽兩部招河溯津，堠雙旌指日南。深院文楸簾外聽，長城高唱集中探。他年報績徵宣室，垂問蒼生已素諳。

安遇　趙曦明

降冬有微陽，盛夏有伏陰。陰陽終定位，益驗天地心。所以古君子，惟用德自箴。失意不敢悲，得志不敢淫。

一日不盡分此日爲虛生一事不盡分此事爲無成順逆
常變中努力得安行我生自有定寵辱何所驚
望江樓次壁間韻
江勢滔滔遠登樓望欲窮帆移晴槳外山繞遐村中孤塔
凌空水雙門東海風練光浮落日人映晚霞紅
酌酒與儲玉琴　居紳
當筵那復問悲歡念爾茫茫感百端風雨十年家鐵甕雲
山一夕話銅官誰憐冷鍛稽康竈我愧虛彈貢禹冠今夜
蓉城好明月醉中猶得坐團圞
都門春日憶韓園朱梅　朱澥

東風不挽餘寒住
御溝冰泮淸流注開園絕少五出花御憶家山古時樹孤
根如鐵堅不頹天水碧色妝莓苔三花兩花足太息已閱
五百餘歲來東閣載酒坐花下亂石荒池舊翠樹席地常
過芳草春凌波更度芙蓉夏雪花飛蕊燕山青大千春氣
先
帝城鰥魚負冰凍猶活好鳥拂羽暖更鳴長安市上種花
叟百種非時無不有土窨眞成羯鼓催瓦盆剛惜雙蕾剖
孤山處士白板扉月明滿地橫一枝窗前忽到那可得何
處長笛臨風吹

題黃氏雙孝行略
秋雲壓窗烏夜啼燈前顧影孤兒悲中宵展卷一再讀淚
漬行墨如綆縻人生孝思本天性與世空慚士夫行壁立
行儲兩可憐宗門衍德相輝映美哉賢嗣揚厥芳採風庶
克徵文章孝子何心望及此惟孝生孝理有常名公鉅卿
愛縷述沛國孤兒忍誠筆我有悲懷不可言邙山風雨秋
蕭瑟
晚歸鶴莊道上
遠目荒村外歸心落照邊翠鴉盤古堞一塔破遙天烏桕
沿隄雪丹楓隔浦煙秋光無限好何計買林泉

孔千秋惠印章
此事已寥落故人猶討論丹書來遠道寶氣入荒村搏手
龍螭古傳家蝌蚪尊金章空斗大吾喜爛銅存
輓車質齋先生
茗火爐香啟百函蟠胸古味一生酣臨摹尙憶中興頌筆
記空餘老學庵北面有書教李翊西州無路哭羊曇欒棚
依舊春風度乘興迢誰更繫驂
蒜山謝事歸有以蜀事垂問者追次少陵諸將五首
韻答之
天外愁雲劍外山雞頭牛首儆重關窮秋鴻雁道飛後滿

地豺狠轉瞬開經卷發丁隨處有羽書勞午幾時閑西征
晉雨三年闕不見紅旗舞
聖顔
秦通商雜楚方城驅入夔巫豎旆旌發難驚傳紅粉帥摧
鋒愁說綠旗兵干戈不任生偏惜壁壘年關野未清將不
能軍何有卒中原無事久承平
淒涼斥堠不傳烽破屋危樓嶺萬重過處我曾憂遠戍霎
時寇果肆西封饑癰自致瘡痍潰縱虎非徒犬豕供可痛
三川焚掠盡莫從焦土問耕農
羣醜紛紜姓氏標蜂屯蟻聚幾曾消封章風燧頭日劫

火仍看暗淡寥黃紙屢煩天老筆翠翎
恩重
御房貂軍儲更費司農計肯但雍容賦早朝
楚氛甚惡問何來蜀道誠難古所哀重望嚴公收滴博還
思吳漢蕩雲臺嘉魚已爛烹羹手郫酒休添飲血杯露布
有人磨盾作不妨林下老樗材

澄江使院答陸靑來　曹仁虎

小邑猶傳楚相居空江半壁控南徐論文喜稅塵中駕談
藝閒繙篋裏書冰泮曲池芳草長雪晴官閣早梅疎拔憐
三十三峰好日日開簾對碧虛

重題二黃孝子傳兼簡全五　徐桐

清溪曲曲繞瑣墉屏德相輝孝友鄉風雪廬中霜草短桑
麻林下紫荆長曾栽樂府歸烏有再讀南陔為補亡盛夏
款門勞遠顧細談往事淚沾裳

中秋　曹復

枚叔江濤句坡公水調頭中秋一片月今古幾人愁我欲
乘槎去高吟最上樓不勝淸興發玉宇澹悠悠

雙林巷

疎鐘白雲裏隱隱見雙林一徑流泉急到門煙霧深幽花
參妙諦古樹證初心坐久山光暝虛堂起梵音

草堂閒詠

煙雨茅齋別有春忽將塵事寫心神閒親魚鳥為佳客浪
認溪山作主人入骨曉風偏送冷到門殘月不嫌貧白雲
長鎖桃源路未見漁郎肯問津

黠虎行　徐辰

猛虎與騶虞形質可混淆南山白額貫狡黠假稱仁獸來
春郊邑中父老爭置酒咸謂騶虞尙仁獸雍熙盛世始見
之今得來遊民福壽騶虞與人久馴擾忽然肆虐張牙爪
踞地一嘯生風雷百獸聞之盡顛倒初猶攫狐兔繼乃搏
人民邑中父老號且哭咸謂騶虞何不仁望風走匿遠同

顧乃知騶虞是猛虎

黃山

崩崖突兀瞰飛流有客攜壺到上頭風勁角傳孤堞晚月明潮湧大江秋當年誰惜朱炎去此地空因黃歇留我醉長吟踞鷲巖青楓白露不勝愁

食河豚

河豚雪後網來遲菜甲蘆芽正及時幾喜一尊開北海怒看雙乳出西施箸分象齒徐徐舉風軟楊花細細吹不信肥甘中有毒濡毫擬續聖俞詩

過李小尹庸山草堂

庸山青繞短籬斜叢棘幽篁亂暮鴉不是書聲能引客停車何處認君家

題閻典史祠　　趙　翼

傳芭伐鼓刲羊豕前代孤臣今代祀不讐枯骨國法寬不忘忠魂民意美是時王師下金陵大江以南望風迎小朝廷已被俘去爲誰保此彈丸城國亡援絕獨孤守作計雖謬心則貞姓名已入點鬼簿滿城皆鬼作鬼兵以鬼易人一當十人則怕死鬼怕生梯衝環攻百道禦積屍高與雉堞平縛芻爲人夜取箭縋柵出卒霧斫營軍久絕糧鑿鼠掘土不解甲蟣蝨生相持八十有一日一日中有千輪贏君山礮聲沸江水鐵騎平明滿街市短兵巷戰血尺深袒臂一呼仆者起力盡俱甘駢首戮至今白骨填荊杞嗚呼明季雖多殉節臣乙酉之變殊少人將帥降旛早豎壁公卿款表先趨塵闔門主謝獻城亟盛名巢由拜路頻何哉節烈奇男子乃出區區一典史

楊舍城北登望海樓

暨陽城北皆洪流向是江尾已海頭何人好事欲窮覽傍涯築起凌霄樓我來拾級快登望六十里沙爲外障障外即是滄波涵果然一豁心目曠曾披載籍徵典故陰火陽

冰莫名狀橫爲摩竭豎難陀鼓鬣揚鬐動千丈幻影樓臺蜃市觀寶光珠貝龍宮藏方壺員嶠仙往來奇肱飛車不黏浪書生薄相那過之健筆韓蘇杜摩盪是時卓午懸曦輪潮氣上逼白日昏不知是天是水還是雲但覺混茫一色無區分偶然萬斛舟如豎一點滓入寥廓微茫痕欲籠罷槃渺何際江湖比作蹄涔細中原水皆地所包至此始信水包地不識此水又用何物包六合以外真難議斷聞近日萑苻萌連綜結隊分縱橫劫財賈舶略無忌漸恐登岸殘村氓安得三千水犀弩鯨鯢戮盡常澄清

華墅

近遊百里覽郊原柔櫓來過華墅村山勢不高猶翠色江
流雖近少潮痕朽株葉借藤牽蔓傾岸泥絲樹絡根東去
相傳多古蹟暨陽城控海爲門

暨陽望海

決眥眞教目力窮憑高一覽大瀛東五更紅湧扶桑日萬
里青排舶趠風勢絶中休無過鳥氣能横跨只垂虹正當
海不揚波世何物萑苻敢逞雄

秦望山 張士誠駐兵處戰敗後明吳良等遂拔江陰城

秦望山高好駐兵淮張曾此瞰江城亂離未定嗁烏止盜
賊皆思逐鹿爭赤伏符終歸漢主白駒埸枉鬬岡京士誠僭號
大周祇餘不肯生降處猶似田横氣未平

寫懷　李穎

縱酒狂吟幾十年甘心披褐老林泉青氈久坐能驅盜紫
石常磨勝買田富尙懶求何論貴人猶難做况天仙生平
自問無他愧但好虛名未盡捐

晚泊白蕩圩　吳鴻璧

遥指吳門樹颭檣去杳冥天高盤鸛鶴沙暖聚鳧鷖野水
涵空碧秋山挾雨青歸心正無賴漁唱隔前汀

韓園探梅次崑田韻

名園斜枕錫城東陰匝花開宛轉通一隖寒煙疎竹外萬
山晴雪夕陽中高樓祇許横長笛好夢偏宜逐曉風莫訝
瑶京三十六此身先在蕊珠宮

漫興

十畝桑陰退灌園高情蕭淡薄華軒閑評花史消長晝細
翦松毛覆斷垣白眼漫言同阮籍赤鬚曾不似劉琨黃金
用盡空羞澀肯學兒曹倚市門

郊居

老樹千章水一渠繞欄花竹稱幽居恐妨肺病常辭酒最
薄時名懶著書過雨麥畦春放犢嫩晴瓜圃晚揹鋤莫教
埽破苔紋碧門外原無長者車

壬寅秋風潮述事　周晉

白露猲秋節陰晴忽變更黑風吹地轉飛雨挾潮生亂葉
千林影遥空萬騎聲捲來憑水檻湧洶勢難平
城東滄波小東趨力尙遒翠沈高堰草黄泛濁河流歎欲
羣山響蒼茫一氣浮此時江海上風浪極天愁
幾日衝飆惡今朝霽景長木棉飛絮白穲稏罷雲黄水落
沙痕淺秋蒸桂粟香依然好風日農務未全荒

春日同友人自黄山廟帽峰遊石灣至鵞鼻北登君
山望江樓　孫㷆

黄鳥喚春江上還載酒共踏城東山披雲過山麓笑指雨

石灣石灣何嵯岈猿鳥巢穴平其間上有古藤老樹糾縈
繞下有奔湍激浪喧迴環我來臨眺復何有怪石蟠拏劇
奇醜顛風捲江江欲翻狂波撼山山欲走須臾風定崖谷
涼江如浮練凝清光苔石雜坐共舉觴獨鶴遠翥江天長
一抹晚霞明未斂澄波倒映紅於染西北蒼茫杳靄中隱
約金焦煙雨點興酣覓句酒未醒振衣欲舞風泠泠崖陰
或逢豺虎跡水氣忽帶蛟龍腥下臨無地深不測前對君
山浮如拭穿花拂柳野徑通仰望江樓更躋陟醉倚危欄
亦壯哉砥濤萬里晴光開濤聲澎湃向東注山勢嶙峋從
西來斜陽濟映沙頭樹極目遙空煙水暮曾聞滄海有蓬
萊我欲揚帆從此去

遊普同塔

石塔突兀松雲遮比邱老去埋煙霞四空中藏萬鎖骨一
穴度滅千毗耶是身曾飛赤舍利彼舌定放青蓮花普濟
同入德無量詩成稽首山之崖

周孝子士瑝詩　史有光

少慕事親傷心陟岵長慕事親謀生服賈解一入通父母我
遠父母誰有父母誰無父母解二隨親渡江囊空斷炊我飢
猶可親飢殺我解三粲粲白金靡靡青草爲親事大拾遺非
小解四父疾籲天一身何有母病澣衣三年匪久解五雖有半
子可當一子他是女子我是男子解六歲時備物必誠必潔
白楊蕭森杜鵑啼血解七無父何怙無母何恃卓哉孝子父
母不死解八

盛節婦詩　徐民望妻庠生由勉母

重夫恩妾敢生重夫祀妾敢死夫死妾何依妾死兒何恃
兒能讀書妾辟纑空房夜夜聞啼烏聞啼烏淚如雨朝來
對兒述夫志夢裏見夫說兒苦力持門戶三十春兒婚既
已畢兒名亦已成卒見婦拜夫墓白日下高天恭妾心諶
矣夫心安相逢含笑黃泉路嗚呼相逢含笑黃泉路

杜康墳

杜康墳下春水流杜康墳前春草稠客來過此皆歎息一
犂雨足驅耕牛御勝金輿和石馬落花無主飛鴛瓦楚澤
誰爲獨醒人伯倫自是知心者君不見君山北障芙蓉城
春中墓與江潮平當時珠履今安在醉客猶傳千載名

禱雨

羲馳輪箕揚塵邨邨巷口來迎神白髮叟赤腳走家家門
前齊插柳搔首叩天公天公何夢夢朝爲稻秫夕成蒿蓬
民間有田不得種官府正稅將誰供鳴金鐃打瓦鼓小巫
執羽大巫舞巫言日中當降雨

新橋叟

新橋老叟七十七白髮蓬鬆面黧黑一兒已死孫早孤出外萍飄覓衣食伶仃孤苦迫衰年活計惟存半畝田去年種瓜收倍利今年種瓜瓜脫蒂火雲覆地如鑪烘訛言上天降赤龍此翁擔水新橋畔曲背辛勤手澆灌黃塵撲面惡熱侵力盡心憂魂倏斷噫嘘欷此翁可憐不惜命半畝瓜田竟身殉

君山懷古

芙蓉城北大江頭削出孤峯踞上流春草未忘珠履恨寒潮猶訴棘門愁風帆岸柳啼烏集戍阜平蕪牧馬遊聞說仙人遺舊蹟蝗蝻曾畫岳陽樓用陳惟敬事

松風亭想白雲邊浮遠堂尋夕照前故冢蒼涼埋朽骨遺碑磨滅臥荒煙封吳莫問三千客相楚空悲二十年凝水殘山今復在遊人魂斷子規天

九日登鳳凰山　蔣杏書

數聲早雁度寒空憶著登高藉短筇霽日長天千里碧平原老樹幾村紅一尊獨謀澆愁酒半嶺誰同落帽風信步歸來襟袖冷孤懷轉寄浩歌中

感賦　祝純嘏

木葉凋殘老樹顛霜禽飛去又飛還澄波我愧盈千頃曠度人誰說萬間縱有癡腸能拜石敢憑孤掌獨移山捫心恰少全牛力握管聊窺豹一斑

感中書懷

敗壁留題血未乾合門赴義古今難當時一炬心俱赤非後追思贈亦寒危素貪生眞老耄文山殉國本高官開來散步荒園裏蔓草淒風淚暗彈

雙藤枕爲烈婦黃朱氏賦并序　王蘇

烈婦江陰竹郁朱氏女璜塘黃紹南繼室也歸黃四月而寡適母家以送夏節物至見雙藤枕悲曰枕雖成對人已無雙焉用此爲既成喪遂投門前溪水死

妾家厉陵朱君家江夏黃新春爲君婦百日成孤凰憶妾

嫁君時繡枕雙鴛鴦何期君早逝孤枕淚千行堦亡翁未知猶送夏時裝冰綃爲我衣霧縠爲我裳剛欒畫紈扇添女乘鸞翔滑膩雙藤枕橫安滿君牀君昔悲遺挂妾今泣空房枕雙人已隻撫物心焉傷妾家住竹村君家住篁塘門前清溪水斑竹抽新篁妾身赴溪流未亡永不亡枯藤作鐵枕死後更生香

文選樓懷古

顧山春來翠欲流鳳光飛上文選樓樓中帝子正年少右拍洪厓左浮邱芙蓉江畔芙蓉落拋將蛩扇恐投奩不道書成赴玉樓望思臺上哀啾作須臾白馬翦陽來玉女窗

扉長碧苔建業乍悲書寄爪湘東旋歎軸揚灰周人不到
高樓下滄桑閱盡留佳話紅樹相傳說六朝青山依舊臨
三界我向江干訪故居當年几席已成虛山茶花放春何
限腸斷蕭郎舊讀書

迎春謠

紙糊罌畫老穀觫一牛腹中孕百犢乘輿擁扇夾道看胡
作乞兒午作官俗飾乞兒爲春官一聲颭栗一聲鼓牛與句芒出
官府芒神袖裏帶春風世人不識調元功卻道性情多敖
拗暖著重裘寒脫帽

河豚歌

南來快事烹河豚春江始暖春潮渾形如科斗通卦氣東
風一扇來海門涵淹卵育厭鹹鹺隊伍敵敵心暗蟒漁人
持竿擊其首膨脝仰臥聲哼哼拗怒十二猶未息已誡庖
艋登盆不饕不饜狀異鷩能歎能欲勇若賁南人爰膾
有成法鮐背可相腹可捫分肌擘理復洗髓刮膜掞血兼
禁鯢中廚蟟釜響未絶掃壓拭竈桑火燉蘆芽甫茁柳未
絮燕來新筍來山村藷蔗醅漿沁甘冷橄欖壓汁清溫靡
登盤饋客列几席百花苦露江陰酒名盈芳罇老饕下箸皆有
噴食罷關脣俱和溫縱談小說莫盡信安得餘氣四日存
坡公品味值一死食此殊勝逢章悼後時并笑聖俞何暗

毒雖與諫院論几物生食恐爲患此魚失飪尤崩奔乙腸
務去禮經誡卵亦非食古語敦屏棄馬肝維食肉頗類通
脫非迴蒐我言腸胃匪有異異味要賴盛氣吞食之懷疑
必壅滯甲兵十萬胸中屯骨鯁能從鱏魚宅孟德善啖野
葛根忠奸雖殊氣則一先不可勝生乃尊牛酒亦能死子
美耳食目論發處禪前宵甫雪恐將隱東方喜見懸朝暾
清明信後蟲入腹乘春日日宜饕飧刀魚尚鮮鱠殘出煎
煞調和速殷督卅年遠客愛鄉味聊假醉飽安詩魂便誇
福似范少伯西施乳滑無留痕春榮供奉屑爲小嘗與水
族重加恩

祈雨謠

家家齊頭插楊柳富人芒屩沿街走出門拈香茶漱口鼻
塞眼紅餘宿酒居門半啟肉不懸半盆中藏生蕻眉米店
閉戶虛紅鮮未問升斗先數錢昨朝前日增且千農夫踏
車足盡腫守候早潮夜登隴安得後種先熟種縣官張繖
乘肩輿禱雨歸去比樂輸

捉船行

隸人乘輿輿壓肩手持官符呼捉船大船賣放小船住丈
夫叩頭婦數錢銅錢瑣碎不足陌袖出黑索相拘攣捉來
灘頭鎖日坐十船日給共一千官奴縣吏醉且飽舵工水

手垂飢涎餘羹之士不滿百河干焉用帆檣迎磨刀洗鎗買弓箭馬裝鞍韉衣裝綿裝成猶復待信宿始得金鼓旗旗全舟人久需敢仰喙夜夜寒抱蘆花眠客舟望風不入港雙觽搖破空江煙鄉人藏堅苦無術盡乘筏縱沈諸淵銜波有艇何翩翩呼之不懼溯且沿初登鄉舉謁學使阜隸手捉何敢然隸言書生不曉事賊謀已度黃河壩捉船載兵豈得拒否即官立筶長年書生不語榜人泣行李散亂舟楫捐孝廉船到尚如此行旅那許行通川爾欲行舟安且便杖頭錢向船頭懸

秋旱志概

秋來卉木尚扶疎猶憶驕陽九夏初繹雨傳人朝折柳分風為我疊翻書檐牙煙霧藏飛鼠石齒苔深覆坐魚畏茲離長仍易度轉因新爽惜居諸

稻秀初齊白露橫霜華竟夕壓香秔未白露而先霜法官羅織蜘蛛網貧女機絲絡緯聲不分踏車兼旦暮揮疑淘井過清明井水皆涸家家淘井扁舟一葉門前繫縱少風波未可行河乾不通舟楫

積齡才盡似江淹何苦青蠅集筆尖蕉當美人心不展蜂為檳越日常甜水中畫字真空夯井底看星豈吉占頗怪連朝秋後熱未能博得雨廉纖

餅師修月一輪秋聯袂誰為踏月遊螳臂有時徒取怒螭脇無地可容愁相逢椽媼頻增歎奇語魚鱗莫叩頭我已久拋安質斧木樨香發肯句酉

芙蓉江龍舟辭

水上浮萍到處歸黃梅時節插秧天稻康心性難馴擾日看江頭競渡船

樹頂霏微少女風遮天一抹曉霞濃行雲行雨分朝暮疑是瑤姬欲跨龍

貴主還鄉赤鳳來涇陽陳破送輕雷龍公龍女俱行樂不見傳書柳秀才

旌旗影裏雜笙簫擊楫鳴鐃趁晚潮新月初生蓮界闊解

元橋外五雲橋

千枝燈繞火城圍藉地翻波落水眠應是四公重報使夜開珠藏看樓船

舊曲崑腔葉譜翻康王新派四絃繁分明廿九年前夢水調歌頭閒十番

讀騷還盡掌中杯眼底猶多屈宋才一樹石榴紅兩岸好花何必及春開

興盡歸來細雨飄殘妝半面不勝嬌一船兩槳輕於葉繫向新栽柳樹腰

輓王倚嶠太守　陂烺

卅載京華溯舊遊仲宣才望共登樓（子與儕嶠曾同師先師劉竹軒少司農瓛寓）論交江左聯同里（子舊籍江陰）獻賦津門看上頭傲骨只知書可樂高情眞覺世無儔可憐永訣春明路回首從前淚暗流（子自蘭州回京遂與永訣）

早擅三長稱史官平生心跡戀高寒文星不道皇華使謫院空高擲豸冠白簡趨朝猶縕藉朱幡到郡亦艱難祇今逝水傷淇澳空見猗猗竹數竿（儕嶠出守衛輝）

乞病悤悤去衛輝年來身世覺全非愁中賦媚青山老夢裏交遊白髮稀（時舊同社汪浣雲侍御黃小迂廣文皆下世）傳世文章心血在還家兄弟詠歌違那堪重踏東華土魂斷悲兒化鶴歸

忍死時言待巨卿悔予遲到已難生命因藥誤忙中誤（誤服桂附以致不起）身在招提幻後輕（時寓僧寺）手付一編增哽咽（病中以手編詩稾泣付予）神遊三島最清明臨終縱得通宵話不是聯牀誦讀聲

校試畯堂詩竣有感

竟似泱泱奏大風眉山前軌後崆峒長才只合資官老健筆應教藝苑空衛水萬家歌頌裏瀛洲千古夢魂中思君有淚垂如綆一卷摩挲讀未終

曾泛江湖訪戴船武昌煙月暮春天（乙亥春作儕嶠新題予於武昌臬署）襟漢上如新雨吹笛樓頭似散仙鷓鴣有聲傷逝水（時大兒在正夫）梧桐垂淚到離筵（未兩月予聞訃蘭州儕嶠別去）蘭州一去恩恩返竟了長安未了緣

君心如兒讀君詩落月梁間夢不疑只有長抄能痛哭何妨鬻畫有微詞驚人萬丈論光燄刻楮三年費苦思（書成烏焉是多開雕選潘）怕聽高山流水曲伯牙此日弔鍾期

風塵鞅掌九經春重作長安乞米人顧影自憐如我拙言詩終覺與君親倚槐欲訪南柯夢彈鋏思垂獨繭綸地下難從問奇字元文空對倍傷神

徐爾正先生秋原尋弟圖爲鑪峯同年題

符焌宣

憶昔披此圖與君俱激昂迄今踰十載身歷摧肝腸賤子復何言展卷重傍徨微雲渺天末原草生虛涼伊君之先人至行感彼蒼弟失能復得毋嘗能生光不知關與山孤意搜遐荒菽水幸有託遂轉無餘糧重繭歷東魯旋蟻迴南鄉蒙者一書生脫踊假路旁逢人哽哭語問答心刺鉞歧征呼我弟露宿呼我孃四塞來悲風天近星煌煌胡然挾予季躐級登高堂號咷竟復笑遂志忘齊肯君與其子孫率意猶慈長相交在本性憐我神倀倀我亦有伯兄飢驅之四方我亦有老母借仰慚相將伯也絕音耗賤子趨周行豈能尋吾兄亦以謀稻粱秦隴雪霏霏易水流湯湯

七年斷兄昔千里奔母喪嘔血輒不死區區成永傷

題徐爾正先生秋原哭弟圖　路元晉

予爲虞丹爲泣石闕銜碑淚成血淚成血眼尖明大兒慷慨出門行十餘載兄弟歸來時序改上堂拜阿母問客從何來答云兩兒至一笑雙瞳開六兒具雞豚女兒羅酒漿背肉亦撤會仰視天蒼蒼君山何峩峩江水何湯湯山上有貞石江岸生古篁我思鑿石伐竹書其事嗟哉徐君長逝矣千秋孝友誰能紀

春暮　祝百十

春光偏與病相磨佳節清明轉眼過晝裏鶯聲高岸柳鏡

中花色小橋荷詩如亂夢何曾好酒似良朋未許多惆悵西園舊遊與幾時重聽豔陽歌

午日

傾盡蒲觴只濁醪倦來臨眺海門遙春申遺蹟徒然在屈子忠魂不可招山色蒼黃悲故里水聲嗚咽怨前朝歸心幾點英雄淚灑向長流作暮潮

丙午秋懷

蘆荻蕭蕭古渡頭千帆遥共水東流獨酤江上看明月欲倚天涯問舊遊今日豈無牛渚客百年誰上庾公樓平生意氣干霄斗一夜西風鬢影秋

奉懷家二泉叔卸步贈行原韻　祝百五

貧賤難爲別飢寒不自任人誰憐范叔讒投及曾參北阮琴樽遠東山花木深夕陽淮水急嗚咽動歸心

清明後一日作

野馬飛揚疾似梭青氈生業竟如何交情易向貧中見佳節何堪客裏過取醉算無裘可典遣愁端賴鳥能歌逝憐寂寞深閨夜獨對寒燈斂翠蛾

貧居遣興奉長兄筱珊

庭滿荒苔徑滿塵貧來蹤跡更誰親張垂短盡英雄氣夢斷空驚富貴身拚典琴書償酒債擬將香火祭錢神悲君

莫漫憂生計篋有新詩未是貧

書壯烈伯李忠毅公長庚小傳後　金詔

大將報國捐軀亦何恨聖主酬庸而士卒咸奮君不見忠毅公聲名天下震一解公泉州人寄籍臺灣幼負奇氣自命非凡入塾弃筆大書天生我才必有用果然一生得此七字橫胸間二解漲海奔騰通絕域嗟爾蟯蠓敢爲鬼爲蜮天子命公統領之職公拜稽首誓殺此賊三解堂堂出令既嚴且明旗分五色壁壘一新四解既統水師要善火攻火藥火薪載以艨艟連環船子母船不若此船完固所向

無前五解　焚賊巢毙賊薰中有貨物首功者給賞軍民歡
如雷賊不就戮何待哉六解　賊計窮走山東將軍追之疾
如風賊叩頸入兩廣將軍追之密如網七解　朔風烈烈黑
洋水飛沫驚濤澎湃起挺身殺賊不怕死不擒巨憝勢不
止賊船圍在我船裏公復乘船攝其尾大呼縛賊直指顧
閒耳八解　楪面一破衝雲霄大星下墮天門高將軍死矣
兵號咷一手尚執盾一手尚持刀瞪目直視凜然生氣臨
洪濤賊乃迴望魂銷膽喪九解　總制奏
九天
重瞳壓顧心哀憐憐其毅哀其忠不惜破格恩恤爾丹衷

十解　顯爵封授
誥命輝煌專祠祭祀俎豆馨香將弁兵丁感泐不遑十一
解　危坐讀公傳慷慨無悲酸將相成功一時易君臣遇合
千秋難十二解　小醜雖竄脫大戮必鯨封英魂來往怒潮
趨時作金戈鐵馬聲洶洶十三解

感事

跌蹶邊陲特地偏稽誅忽撼楚哭天舳艫已報橫江截烽
火還驚累月連轉餉八州勞走檄籌兵萬里待開疆東南
財賦由來重誰使萑苻遽蔓延
莽莽三壖我郡鄰驚心怕問劫餘塵豈無忠勇能酬
國多有依違反累身百雉尚堅先棄甲萬羊雖富已傾囷
食毛踐土生成久多少蒼黎望轉鈞

過桃花港　許容

水漬紅映一重重笑倚風前夾岸逢爲語漁人宜早出清
時莫蹈避秦蹤

謁繆文貞公祠　方濶

乾清門頭委鬼坐坤甯宮內茄花墮大事去矣婦寺紛南
牙北牙如水火卓哉東林諸君子丹心報國期一死文貞
挺出尤人豪首疏奸罪二十四先生年少負盛名隆萬制
義稱清眞疏入宮坊削籍去宛徒盛怒猶難平熹宗天啓

之六年此時奄勢薰成天緹騎逮公慷慨去醵錢泣送八
幾千錦衣典獄本不類況遇爾畊雲鶴聲淫刑但求腐鼠
歎不顧人亡邦國瘁悲莫悲兮三木囊痛莫痛兮十指落
誰歟偕之有李公五毒備嘗喪詔獄英魂毅魄死而厲天
漢忽然含白氣今生恨未除大奸誓殺此賊訴先帝吁嗟
乎君不見政府門焚香煮茗綸扉尊又不見黃堂上總憲
終日煨蹄豚不有鬚眉男子如公等明社恐難延中中莊
烈繼統誅宦寺先生憐死加美謚衣冠濟濟拜嶽宮碧血
斑斑映靑史瀾來拜公祠春風吁子規滿腔忠赤鎮難遣
讀者聊當墮淚碑

讀澄江詩選　　程珍

洪濤日湧海門秋勝國歌謠斷簡留誰主芙蓉新月旦分編山水舊風流百年同調憐焦尾終古餘音憶掉頭不少金閨女博士三唐遺稿尙堪搜

君山望江放歌　　祝陛芸

岷山東流萬萬古雷奔電激馮夷舞小小江城砥柱之一山敢爾當喉阻江抱江城流山作江城主江神山神各朌妍一一招人腰腳努我家芙蓉江之邊靑霞慣控鵝眉巓手執仙人飛仙鞭目縱江南南岸天天風過處琉璃明雨歇巫門波不驚松風之亭來水月瞰江之樓吞滄溟但惜

三千珠履去矣不我迎空餘十二銀山朝復暮長驅赤蚪鞭華鯨東眺海虞西瞻揚子眼底金焦培塿爾山爲樽江作酒胸中磊磈消乎否壯哉汪洋此大觀一拳石障千波瀾我欲因之探海闕乘槎萬里長風摶不然乞我荆闗手排山倒海蛟螭走上訴眞宰天叫呼畫作江城潮汐圖

擬杜少陵諸將五首　　王堃

誰令炎徼盜如毛養寇經年轉戰勞穴有狐鳴篝火聚城逢豕突摸金逃參軍帳外空磨盾大將鞾中失置刀好切同仇伸士氣古來兵略寓投醪

粵瘴綿延接楚氛移兵逐賊莫辭勤一呼躍入公孫馬八日飛來少保軍時聞徐少保兵已至湘潭固以撫渠爲上策卽能散衆亦奇勳野人斷渚憂時淚悵望南天泣陣雲

烽煙漠漠洞庭津消息傳來劇駭人豈有普天皆赤子俄然滿地盡黃巾將須謀畧師孫武官要循良借寇恂願以鯨鯢籌善後早催名姓上麒麟

蔓延四省善奔跳遇寇人家一炬焦賣劍或無龔渤海挂弓卻望霍驃姚橫衝不動軍方肅小勝非功將莫驕聖主恩深懸矢報疆臣何限珥豐貂

傳聞上將殄渠魁聞逆首洪秀泉已就擒一路歡聲忭若雷局轉已操全勝局灰銷莫遽復然灰兼施勦撫資驅寄互示恩威

仗吏才借使愁恩齊革面須知湯網本宏開

中市橋觀新柳　　仰振瀛

游日輕陰禁火前拂隄千行綠如煙春風不管詩人老依舊長條似去年

貞女吟　　繆重熙

敬惜松操自昔年忠孝遺錄有貽編彭城家世多奇節懿範于今尙爾然閒啟松筠列畫屏女孫入見歎凋零松貞筠勁寒能耐歷盡寒霜不變靑

己酉夏五自浙北還乞假回里省墓寄故鄉諸友　季芝昌

重隔家山又七年贈言辛樹每心懸分無晝錦還鄉樂
恩許星槎問道便出世誰知雲戀岫憂時怕聽雨如泉時苦
雨多故人攜手應相慰我但臣勞豈曰賢

述感

燒鉛猶在藥鑪前安得輕身廁列仙夜夢虛拋三度月風
災難免四禪天懸車未屆先辭祿擐甲無能合讓賢祇惜
五年琴水濊不曾一泛七條絃
先皇卅載勵憂勤

放錄昭垂即典墳昨歲尊藏成信史羣寮編纂策微勳
朝廷明目歸公道臣子攀髯慟昔聞回首親依樞禁日衰
殘百感淚紛紜
肚皮那肯合時宜烏石山邊兩鬢絲欲使封疆尊漢節敢
方樽俎卻萊夷經冬蒼翠依榕樹過夏鮮新飽荔枝惆悵
九重資整頓至今未有答
恩期
自笑平生入世迂立朝心共片雲孤韓宜人信能辭王唐
介天知不買珠當路公卿竿牘少歸田賓客竹絲無幾年
雖病庸非幸已過歐陽與大蘇

蒲城相業繼韓城尸諫當時隱大名要奠金甌先禦侮郎
提玉尺亦持平三番奏賦懸明鏡一夕而寶酌巨觥如此
文章知已感可憐籍不隸門生
去年蝗旱饑饑臻聞道縕泥可食貧虎旅身家須飽粟鱼
鹽租稅恐編鯩閉居抵掌誠無術獨坐怡心賴是春窗外
幾叢花舊種不須十戶賦中人
清明時節戀松楸輿疾難登百里舟誓墓何心辭剡水還
山無地築菟裘身親拜掃愁將闕足到槃珊笑未休君卓
東頭挙席帽終當歸侍九京游
石階五級聳三門浸說祠堂制度尊游宦關潛荒徑易故

鄉庾信小園存頻年覦望緣烽燧長日經營付子孫莫怪
清貧無厚殖眼前絲粟盡
君恩

石虎歌（李中耆山長留孫學齋前假山也）　沈鍾

山童曉起呼看山何來乳虎踞林關那知數拳磊落留一
笑始憐石不頑我聞獅林擅名勝坐卧行立皆奇顏又聞
古邱傳虎阜金精上騰成仙寶怪質從來幻如許石燕石
鯨尤非慳緊此雄風轉突兀指顧當窗半畝間蘚叢苔卧
生意出皮相亦作文斕斑有時風雨晦冥候瓜牙拏攫聳
潺潺片石共語古人志況乎負戴呈般般呼丈不談米顛

拜照頭好僕生公還君不見北平山下狎猛時故李將軍
弓再彎

江陰縣志卷之二十八終

江陰縣志卷之二十九

忠義總綱

邦之以忠義名也由來久矣順治乙酉以彈丸下邑
抗拒
六師至九死而不悔論者比之洛邑頑民
聖人御宇萬方在宥咸與維新而史臣載筆於疾風勁草
之節采錄而褒揚之式閭封墓之文方之渺矣歲庚
申金陵譬潰驍將死綏狂寇哭圍丹陽以下咸遭蹂
躪邑西首倡民團鳩集鄉民禦賊於未犯之前東南
鄉聞風興起遏賊於已犯之後明知燎原之火未易

撲滅而不顧身家不顧性命并不計成敗合邑之智
愚強弱毅然出此者何哉我
國家厚澤深仁涵濡樂育有以激發其性天耳洎乎民
團渙散踞城賊益無忌憚四出焚掠屠戮之慘薙草
獮禽搜刮之精探囊胠篋而民之纍纍然若喪家狗
者有死之心無生之氣或激烈以捐軀或從容以殉
義丹心碧血賢愚均識綱常玉碎珠沈婦女咸知貞
節三年水火慘酷難言同治紀元
天威震怒疆臣以湘淮勁旅剪滅凶頑江南以次仰平重
覩天日忠魂毅魄莫慰英靈大府設局采訪臚陳事

蹟彙請
旌揚疊邀
恩賚多至十餘萬人然則邦之以忠義名也爲無愧矣無如限於篇幅不能臚列爰標綱領如此至紀
皇仁之優渥累葉邀榮誌姓氏於勿諼千秋肇祀則有忠義錄在志忠義
恩旌總目

團練大臣龐 於咸豐十一年四月奏五月奉準內官紳四十一員士民一千四百八十八名方外七名婦女五百七十口寄籍官紳五員士民三十九名婦女一口 又於同治元年正月奏準內官紳三員婦女四口寄籍士民一名 給

事中王 於同治元年八月奏準內官紳四十一員士民七十八名婦女二十二口寄籍士民一名 巡撫李 會同總督曾 於同治元年十二月奏準內官紳一員士民四名婦女二口 又於二年奏準內士民三百九十二名方外二名婦女一百五十口寄籍士民一名 又於二年十月奏準內官紳二員婦女一口 給事中王 於同治三年四月奏五月奉準內官紳三十九員士民一千一百二十六名方外十三名婦女五百三十四口寄籍官紳一員士民八名 巡撫李 會同總督曾 於同治三年五月奏準內士民一名婦女六口 又於三年六月奏準內士民十四名婦女二口寄籍官紳一員 給事中王 於同治四年二月奏準內官紳五員士民四名婦女八口寄籍官紳九員上民十一名婦女十四口 又於四年四月奏五月奉準內士民一名 總督曾 於同治五年六月奏準內官紳二十二員士民十二名婦女十四口 御史汪 於同治五年八月奏九月奉準內士民十名婦女五口 巡撫李 會同總督曾 於同治五年奏準內士民二十五名婦女三口 又奏準內方外四名婦女六口 又奏準內士民五名 巡撫郭 會同總督曾 於同治六年八月奏準內士民四名婦女二口 又於六年十月奏十一月奉準內士民一名婦女一口 又於六年十一月奏準內士民三名婦女一口 又奏準內官紳十員士民二名 又於七年正月奏二月奉準內官紳六十六員婦女四十八口 又奏準內官紳三員婦女二十二口 巡撫丁 會同總督曾 於七年三月奏四月奉準內婦女三百八十八口寄

籍婦女一口 又於四月奏閏月奉準內士民一千一百三十名方外一名婦女六百六口寄籍士民十一名 又於閏月奏準內士民一千二十九名方外一名婦女六百七口寄籍士民三名婦女二口 又於五月奏六月奉準內士民八十七名婦女三十四口 又於七月奏八月奉準內士民三百七十一名 又奏準內士民六百八十八名方外二名 巡撫丁 會同總督馬 於同治七年十一月奏十二月奉準內士民一名 又於八年二月奏三月奉準內官紳一員 又奏準內官紳三員士民二十六名婦女二口寄籍士民一名 巡撫張 會同總督馬 於同治八年四月奏五月奉準內官紳一員士民二名 總督馬於同治八年六月奏準內紳士二員團丁七名士民十名婦女二十一口 巡撫丁 會同總督馬

於同治八年九月奏十月奉準內士民一千一百三十二名婦女四百十口寄籍士民七名婦女一口　又於八年十一月奏十二月奉準內士民四名婦女一口　又於九年二月奏三月奉準內婦女一百六十五口　又於九年六月奏七月奉準內官紳二十三員士民二百五十名寄籍士民一名　又於九年十月奏閏月奉準內士民一名　順天府府尹　於同治九年十二月奏準內士民一名婦女一口僕婦一口　巡撫張　會同總督曾　於同治十年二月奏三月奉準內士民七百八十八名方外十名婦女八百六口尼一口寄籍士民九名婦女五口　又奏準內士民一千九十八名方外三名婦女五百十二口寄籍士民十二名婦女四口　又於十年四月奏五月奉準內士民一千一百二十七名方外三名婦女五百十七口寄籍士民二名婦女四口　又奏準內士民一千六十一名方外一名婦女六百十二口寄籍士民一名婦女二口　又於十年五月奏六月奉準內士民一千五十九名方外一名婦女六百三十口寄籍士民一名婦女一口　又於十年五月奏七月奉準內士民九百十七名方外三名婦女八百十四口寄籍婦女四口　又於十年七月奏八月奉準內婦女三十一口寄籍婦女一口　又於十年八月奏九月奉準內官紳一員士民十二名　又於十年九月奏十月奉準內官紳一百七員寄籍官紳一員　又於十一年正月奏二月奉準內婦女四口　又於十一年二月奏三月奉準內官紳四員士民一名婦女一千三十二口寄籍婦女一口　又十一年三月奏四月奉準內官紳一員士民五名婦女二口　又於十一年五月奏六月奉準內士民一千七百十六名方外三名寄籍

士民三名　又奏準內士民二名　又於十一年七月奏九月奉準內官紳一員士民一百九十一名婦女一百二十一口　總督何　於同治十一年十月奏準內官紳一員　巡撫張　會同總督何　於同治十一年十月奏十一月奉準內士民七百五十三名方外四名寄籍士民六名　又於十一年十一月奏十二月奉準內士民四百六十四名婦女二百五十六口寄籍士民一名　巡撫恩　會同總督張　於同治十二年正月奏二月奉準內士民二百九十九名婦女六十七口寄籍婦女一口　又於十二年二月奏準內官紳一員士民四名婦女二口　巡撫張　會同總督李　於同治十二年四月奏五月奉準內士民四百二十六名方外一名婦女一百八十三口寄籍士民一名婦女一口　又於十二年六月奏閏月奉準內官紳二十一員士民三百十八名方外一名婦女三百十九口寄籍士民一名婦女一口　順天府府尹　於同治十二年七月奏準內士民一名　巡撫張　會同總督李　於同治十二年十月奏準內士民三百五十二名方外一名婦女二百二十八口寄籍士民二名婦女二口　又於十二年十二月奏十三年正月奉準內官紳二員士民一百六十六名婦女一百七口寄籍士民一名　又於十三年二月奏三月奉準內士民五十六名婦女五十四口寄籍婦女一口　又於十三年四月奏準內官紳一員士民二百六十七名方外一名婦女七十一口寄籍士民一名　又於十三年十一月奏十二月奉準內官紳二十員婦女八百五十八口寄籍婦女十口　巡撫吳　會同總督李　於同治十三年十二月

奏準內官紳十二員士民一千九十九名方外五名婦女一千一百七十一口寄籍士民六名婦女四口又於光緒元年正月奏二月奉準內官紳十員士民一千五百九十四名方外十三名婦女一千一百五十七口寄籍士民十名婦女二口巡撫吳 會同

總督劉 於光緒元年二月奏三月奉準內官紳九員士民一千一百五十五名方外三名婦女一千六百九十七口寄籍士民十四名婦女三口又於元年三月奏四月奉準內官紳九員士民一千五百五十一名方外七名婦女一千八十五口寄籍士民十一名婦女五口又於元年九月奏十月奉準內官紳六員士民一千一百十六名方外四名婦女一千七十四口寄籍士民二名婦女二口巡撫吳 會

同總督沈 於光緒二年二月奏三月奉準內士民一千七十五名方外一名婦女六百三十七口寄籍士民六名婦女九口又於二年三月奏

四月奉準內士民二千名方外三名婦女四百七十六口寄籍士民八名婦女五口又於二年五月奏閏月奉準內士民一千四百五十五名婦女三百十口寄籍士民六名又於三年正月奏二月奉準內官紳二員士民五百二十八名婦女三百十八口寄籍官紳一員士民二名婦女一口有案補遺官紳十六員士民四百九十九名方外三名婦女三百十八口寄籍士民十五名漏案補遺官紳十二員士民一千七百十名方外六名婦女一千五百二十三口寄籍士民六名婦女八口

寇變紀畧 附

江陰古節義邦也有明中葉島夷犯順守土之臣喋血原野而其嚴堅壁待援九死勿悔城卒以完革代時孤忠抗命甘比殷頑一彈丸地擋拄萬狀至於窮蹙而後已江之人豈偷息旦夕者耶我

朝江介清晏民累世不知兵革道光壬寅英艇駛入黃田港徐州戍兵與江人交訌禍且叵測知縣金咸言於鎮將得解猶安堵也後十有九年而有庚申之禍粵逆踞江甯郡邑震動是時大營在丹陽制府駐節常州屏蔽下游恃以無恐江南諸軍欽差大臣向榮統之提督張國樑幫辦軍務迨凶鋒熾甚盛榮殁代者和春咸豐

庚申閏三月己酉大營潰驍將死綏重臣亡命賊騎擣虛東下靡有撓者藩籬既撤遂受長木之摽而江禍亟矣大營屯秣陵關賊勢趨適皖賊南來與江甯窮寇抵死突圍而我軍餽不時給人心渙貳是日大雷雨酷寒一夜之間各營火起遂潰國樑負重傷殁和春走死總督何桂清逃之海上江故有練局既弛矣城中官弁無可倚知縣祥和不理人口武弁海洪阿陶廷芳束手無策四月乙丑朔諸生徐思錯夏勤墉章堤等請於學使者使者仍下之縣別為局募丁壯儲軍火修器械部署甫定而賊已薄城相持四五時許勢不支丁丑城遂陷祥和遁廷芳死賊下洪阿死於道思錯勤墉堤死於局諸生罵賊文解者十餘人巷戰遇害及閤門自盡者不可勝紀語在忠義錄方事之殷也夏港人吳英諸生有文行名鄉舉鄉團英最知名聞郡警鳩西鄉十一鎮之眾皆於

其祖吳季子廟白巾而出擊賊仇非敗之自庚午迄丙子轉戰數日斬馘亡算壬寅追賊至郡城城上人招之以幟英疑不敢進問之土人郡城已於庚午陷矣賊不得逞以游騎數百綴英於天齊廟別調大股間道犯江邑西界常州北臨大江沿江皆有馬路賊陷常郡遂馬路直撲邑西門或曰廣艇導之也英聞城破衣冠自沈死西鄉之團悉潰而江禍烈矣夫江之人素以節義著聞倭亂守城四十餘日乙酉之變守城八十日而狂寇西來朝攻夕陷此何故哉內無提倡而鼓舞之者守臣昏鄙武弁恇怯思鍇勤蟖蜒等既倉卒不可集事英之孤掌亦奚能爲役道西鄉糜爛而東南之團起抗戈特以八十有二日而始散則猶江人氣節之不可泯也東

南若祝塘長涇華墅顧山文林皆有團皆仿西鄉白巾而祝塘王元昌爲之倡元昌孔武有力里中劉悍少年皆與之游元昌遏賊東南獨錫賊北來無禦之者延錫人戶部楊宗濂之屬梁國泰者將之國泰鄞城人傭於宗濂家短軀黑袴人爭效之賊見黑袴隊即御於是近西者隸元昌局於祝塘陸橋近南者隸國泰局於文林河塘橋而東南之團稍振賊既陷城四出焚掠己卯寇長壽庚辰寇祝塘元昌帥四百人擊走賊賊方閉門搜括元昌與其里人孫四喻鬮人各提一頭出眾踴躍大呼賊驚逸斬首數十級鄉人聞元昌勝爭負耒從之知常熟縣周沐潤遣武生徐浩等赴援嚴康保者故水勇也有衆數千皆獷悍至是來會勢益壯癸未賊復寇祝塘邀擊之賊

大披靡棄城遁城遂復團兵入城將守之祠和門局勇至元昌慮有變遂去祥和亦去城空者二十餘日顧英之守也沐潤上復城功授元昌康保都司職沐潤攝府事徵常熟丞施鎮攝縣事駐東鄉五月己酉賊酋黃文金率大隊至城復陷時國泰駐陡山錫賊出掠國泰邀截於此屢戰屢捷元昌駐毘山辛亥賊寇三官鎮敗楊庫兵於大橋又敗之於朱家橋楊庫孔道賊窺伺久矣壬子寇后塍康保敗之周莊奸民導賊出毘山牽掣元昌陰遣悍賊由蕭岐璜塘突犯祝塘幾不守宗濂國泰以二千人自陡山馳援賊眾殲焉兩岸賊幟林立國泰登高而望曰南岸皆疑幟急擊其北賊不戰而退遺衣械遍野宗濂曰此誘我也令取一物者斬眾肅然賊計沮團兵兜勦擒斬四千有奇逸出者諸團截殺無餘毘山賊亦潰賊自是閉關不復出有業繈槅者說元昌乘城潰

以身先元昌信之馳書諸團國泰不可元昌獨以祝塘八往六月甲子薄東門入之將半賊自西出繞左右杜其後先入者盡殪元昌以身免兵勢大挫己巳焚祝塘燬陸橋局旋犯長涇庚午寇華墅又犯張家港壬申復掠陸橋七月戊戌賊至華墅復至陸橋犯長涇顧山陷楊庫踞其城自元昌敗劇戰數不利國泰康保小有斬獲勢已孤康保負創死國泰走常熟死元昌北渡東南之團悉潰江故巖邑必爭之國自宋以來傳烽燧不久即定倭之亂也鄉曼而城全明之亡也城燬而鄉熄迄於今日窮鄉僻鎮悉成煨燼其未燼者被髮伊川三歷寒燠而江禍至此極矣

同治癸亥四月署巡撫李鴻章檄總兵劉銘傳以上海軍至提督黃翼升親統水師壬辰薄楊庫戊戌克之五月丙寅知州李鴻章督諸軍攻克顧山長涇援賊鶴章駐常熟王莊章武營潮侍五逆率黨八九萬圖援江陰自顧山至無錫賊營連亙數十里五月庚申撲楊庫銘傳擊退鴻章令銘傳七營進北漍郭松林吳建瀛黃中元八營進南漍滕嗣武張樹聲周盛波八營進茂市橋翼升水師分應之鶴章列陣顧山是夜乘月刼賊營鼓譟而進賊衆奔潰顧山以西七八十里悉平七月丁巳進薄城下賊首陳坤書并湖武齊區四逆糾黨十餘萬自常來援鶴章檄張樹珊樹聲之令松林衝其背勦破祝塘璜塘賊巢出周莊與樹珊合遂逼城下癸酉我軍合圍困之蹶其城垣蹋者過半八月乙亥朔軍夜縋而登逆酋李愷順焚所居開西門遁城遂復松林督樹珊等七營伏山後銘傳由中路進周盛波盛傳循城出其右擊東南援賊又以四營出城西殺無錫

援賊翼升水師扼江干誘賊出戰賊屑村抵拒松林自山後殺入銘傳樹珊直擣中堅賊大潰沿河石營土壘一律掃蕩翼升又攻克西山賊營各股援賊俱盡乃合圍戊寅鴻章至自福山檄駱國忠署京口副將率所部守之銘傳屯青暘九月丙午擊賊芙蓉圩己酉克焦店東路悉平甲子二月宜興溧陽殘賊衎江東竄丙子奄至南閘逕周莊華墅楊庫犯福山所過焚殺城中復警我軍撲滅次第就戮而居民流離奔走顛踣泥濘中受飢餓冒寒雨道殣相望存者枯槁扴搋無人色或數百錢易米一撮慘酷更倍於前四月丙子郡城復六月乙酉省垣復江南肅清孑遺之民始有生氣云

江陰縣志卷之二十九終

江陰縣志卷之三十

識餘

正史之外有別史雜史著錄家所以不廢者遺文瑣事不能登於正史而又不宜聽其湮沒次而存之亦參考之佐也斯志應載之事分見各類其無可附麗及微涉奇異不敢輕信以示誣者倣別史雜史意愼選前志所載并近所傳聞採訪裒於簡末名曰識餘

閒嘗論之幽獨無遺憾者爲完人纂述無遺憾者爲完書完人固不易完書亦豈易言哉志終而以雜說綴之亦史家之體例也志識餘

楚考烈王封黃歇爲春申君請地江東城故吳墟以爲郡邑考泰伯之墟在無錫春申故城實無錫之墟初不在江陰也黃田申浦黃山君山因春申爲號者錫之山川土田固古封君事也然則江陰之地以爲春中賜履所及則可以爲春中所居則不可

江陰稱芙蓉城相傳卽王子高遇仙人周瑤英故事事涉虛幻既見之蘇東坡詩置弗詳可也

督學署本在宜興明萬歷間移駐江邑割季科清機園爲之署中荷花池卽雪浪湖池邊有屋五楹卽賜間堂也

縣治有鐵貓四二在儀門左右二在月臺左右身埋土中

倕露一爪大如八股閘諸長老云江陰縣治爲舟形故
以此鎮之
御史尙維持知縣杜華築楊舍堡城星八許咨爲作築城
樂詩曰築城樂因增保障無驚愕昔年寇亂無可逃今
魚有水鳥有巢昔年接淅猶自秉今日倉箱皆可寄吁
嗟乎城之高兮尙可量公之德澤垂無疆隍之深兮猶
可測公之功業垂無極古言民意即天心願公子孫世
世兮腰橫金
楊舍爲暨陽古城廢址復築萬歷間沿江有倭警居民夜
聞風起城濠間有呼嘯聲意寇至恐甚於門隙窺之見

火光黎明視之河中成冰山一座亭臺閣檻坡磴樹木
具備躡草履可登其巔居民俱藉以避寇
唐張蘊授江陰令牒云前攝蘇州長洲縣令文林郎前守
洪州督府參軍張蘊牒奉處分宰千里之邑寄百里之
命巽懦則絲棼繩亂用剛則土曠民離苟得適中庶幾
可守前件官窮經任已明吏藩身御札丞制正授常州
江陰縣令表次錄奏仍牒舉者天復三年
洪武三年十一月給發民間部印勘合戶帖首行云江陰
縣提調官下分注知縣錢文德縣丞傅學第二行司吏
糜宗文第三行典史朱貫道宏治間知縣黃傅修志時
於洪武三年任書知縣吳志遠按此三年任乃錢文德
非吳也且錢傅糜朱四姓名無一見者時邑尙未設主
簿黃於典史下注云初名掌史觀此豈掌史之名更在
前耶吏宜列於官之後而帖列吏於典史前豈當時吏
在典史上耶前志俱未明晰今歲久不可考矣
駱駝橋相傳建橋初成或問石匠橋圮何時匠云橋若喻
駱駝過意江南無駱駝言橋決不圮也萬歷間邑人顧
玉川牽駱駝過此橋果即傾
峭岐實蕭崎二字陸道經由里山水道自爲涇河入界荻
葦蕭森路徑崎仄故名順治乙酉大軍攻邑城未下鄉

民保聚村落旗兵往來衝突至鎮界詢土名云蕭崎即
回騎去蓋蕭與消崎與旗同音昔漢高祖欲宿柏人詢
名曰柏人者迫於人也不宿而去亦此意
楊舍堡城東舊有茶亭後闢施茶濟渴李忠毅記之曰經
言施者一燈一縷皆得作佛何以故如一滴水具大海
味是一念緣了無量法非愛非憎不忍故捨此不忍心
佛說慈悲斷絕一切人相我相及多寡相即心即佛無
法可說一縷所引絲絲皆續一燈皆紅光明圓滿如來
衆生等如是觀有何差別我聞楊舍有一居士名曰某
某創此善緣搆亭浚井普濟渴者願廣力微諸大檀越

歡喜佈捨叒建斯閣田若干畝有僧居主凡此閣中瓦
石木屑杯水微塵聚衆慈心普大法雨仲餘張子具爲
予言向此居士鄰屠肆開冤號交作合掌拜語滅度是
人是人悲悔念轉刀落而此居士勸鬩事毋毋食斯食
毋喜亦喜依依母旁宛宛孺子以供母餘廣作佛事予
時聞之贊歎希有人之無良忍於其親何有他人滅離
父母非佛宗旨惟此居士含赤子心發慈憫性俾鼓刀
手立地成佛俾行道人望梅止渴嗟夫斯地斯民或嚚
或黠窮一忍心鼓刀以屠戕禽獸生乃至結習鼓箠如
刀吸生民血析骨易子供彼貪殘是可忍也其孰能記

噫願力無盡冷煖自知法因隨喜業根斯斷請登斯閣
惻然興思瞿然削指則此施者是眞尊師仲餘惕然曰
請以吾子之言告也

南史王敬則傳有劫部逃入暨陽陸主山敬則遣人諭出
之按江陰無陸主山且邑山皆平淺無可藏匿之處此
前史之誣也

甕牖閒評云陰陽家甲戌乙亥山頭火江陰君山頂上有
塔一所乃甲戌日建既而被焚迄今無修建者

王乳泉在定山之陽食物本草云味甘主補五臟六腑榮
養肌骨升陰水以制火熱生津液止肺渴

解崇泉俗名貪泉在貪山幽谷中食物本草云味甘主清
熱止渴抑火除煩解鬱消憤下氣寬膨

羅志云歲丙午張士誠分兵來寇太祖親率兵督戰追至
巫子門急擊之俘獲無算班師入江陰城愛其山水秀
麗欲陞爲府既而周覽四顧謂羣臣曰君山主也而卑
山里客也而高於法不利乃止

巡撫周文襄以江潮入內匯於運河潮闊則沙淤建南北
兩閘分日啟閉又造雙櫓快船尾縛鐵線帚募水手於
潮落時掉船急行沙隨潮去以省歲濬河費知縣錢錞
開棻鎮河見工獨後爭視地經兵燹瓦礫累積遂給工

食加倍棻鎮以南潮勢緩而岸沙漲河身多軟墒分則
均役不以他河例也

邑中水利夏港最大此前代事耳今則黃田港最大而夏
港日淤潮汐所至僅十餘里矣

明季糧長之役多受解糧開河累糧戶苦雜徭加派奸民
更以人命居奇廣東順德進士岑之豹字子文天啟五
年任事刻意綜覈釐除宿弊惜以科場被累論罷

乾隆二十四年江陰縣詳趙元槐報陞平北北東興等沙復
漲草灘一案奉撫部將平北沙合界西半等圩草灘九
百十三畝零撥入育嬰堂書院歸公以四分歸育嬰堂

六分歸書院三十六年本道勘丈改名段山沙丈增四
畝七分八釐零撥育嬰堂戶名田灘三百六十四畝七
分八釐書院戶名田灘五百五十三畝
嘉靖中詔祀聖賢用木主去像易封號改曰先師廟一洗
前代之陋而張袞獨以爲不可且主修邑志列其奏疏
於中猶未免有固執之見也
名宦祠康熙初祀木主僅存三五教諭荆子滋修葺新之
雍正十三年教諭田有伊將祠䕶與門斗劉衡居住諸
生邢炳嚴學誠等具控至乾隆五十二年始行清釐重
建

王充論衡云季子讓國耕於延陵之野嘗夜出遊見道左
遺金有披裘負薪來者呼而語之曰子盍取彼金乎薪
者怒而作色投鐮於地曰何子自視之高而視人之下
也五月披裘採薪豈拾遺金者哉季子問其姓名不告
而去
中興書曰庾希字始彥司空冰長子累遷徐兗二州刺史
希兄弟貴盛桓溫忌之免希官初郭璞筮冰子孫必有
大禍故希避地暨陽及溫誅希弟柔倩聞難逃於海陵
後還京口聚眾事敗爲溫所誅可見數之前定而趨避
終不能免者雖以景純之先知其如之何

宋范宗古爲江陰軍在乾興元年明年天聖元年有東廷
軍治鼓角樓事是宗古知江陰軍斷不在景祐年也表
載景祐三年知軍劉効賢而范文正作記明云景祐三
年以後碑文悉據此文爲證推原其故想范宗古建廟
實在乾興天聖閒而文正立碑補作於景祐年耳
王介甫唐詩百家選乃常熟毛扆所得江陰徐氏藏本計
百有四人有乾道己丑倪仲傳序畧云予自弱冠肄業
江陰曹香溪之門嘗見是書頃有親戚宦南昌者得之
臨川以歸惜其字畫漫滅故鏤板以新其傳云
韻語陽秋云東坡在儋耳時葛延之自江陰擔簦萬里絶

海往見留一月坡誨以作文之法延之以親製龜冠爲
獻坡受之而贈以詩云南海神龜三千歲兆叶朋從生
慶喜智能周物不周身未免人鑽七十二誰能用爾作
小冠岣嶁耳孫創其製今君此去能復來欲慰相思時
整視
清波雜志云宣和閒詔路允迪傅墨卿使高麗介其屬江
陰徐兢倣元豐中王雲所撰雞林志爲高麗圖經稽考
詳備物圖其形事爲其說蓋徐素善丹青者也乾道閒
刊於江陰郡齋
都督張英於宋淳祐閒禦金人有功元王逢題其像云有

威可畏有儀可象以武起家爲國良將弓馬熟嫻韜鈐素習勇冠三軍功高百辟金人喪氣背遁屏跡天生英雄再造宋室諸葛之亞孫武之匹泰山巖巖邦家柱石今北鎮巷都督坊其遺蹟也

紹興十八年王佐榜進士第五甲九十名朱熹第四甲一百六名王訢第一甲七名葛邲時邲之叔立方爲參詳官即今同考官也朱子等俱出其門下

邱壽雋文定長子宋嘉泰三年知武進縣事値奔牛閘壞伐石於黃山修復之閘舊用木歲久輒圮壽雋皆易以石又爲屋覆其上開禧中通判常州崇祀縣學名宦祠

劉師勇山東文安人宋季爲都統元師侵宋南下常州降師勇同王安節克復之朝命姚訔知州事元伯顏使降帥呂文煥復攻破之姚訔死難師勇突圍力戰得脫道經江陰悟空寺射一箭於寺塔頂題詩寺壁始行意氣慷慨匾宋末帝駕於粤帝沈海死師勇遁去江陰城外有一僧長八尺終身未嘗北向坐恆齎一篋及卒開篋視之則師勇官誥也方知其遁跡爲僧云

葉森字仲實遭宋季亂元師下江南將抵邑森偕里人逆元將於陳沙莊將畀以一矢及尺帛符合境賴保全森性穎敏通蒙古字學選爲譯史監運綱船有功授鹽官州判時有海寇森率衆擒其魁十八人歲大饑森義激巨室前後捐糧六千餘石鈔八百餘錠拯活六萬餘人調新喻判官擢上高縣尹

元世祖朝揚州學正李淦劾葉李擢爲江陰路教授以旌其直

王逢父恧之爲元庫使有隱德逢幼從陳漢卿學詩漢卿學於虞集逢得其傳故能與元盛時楊范諸公頡頏並驅至正戊辰逢壽七十自作壙銘云待旌忠孝節義鬼藍寶錄也子掖洪武初任通事轉翰林博士掖子徠以才德薦未授官卒徠子輅宣德中以秀才舉授南康府

照磨卒於官二子曰顔曰孟貧不能歸寄籍星子縣孟爲社學師顔之子龍爲南康郡庠生不墜其家聲云

王逢有寄劉小齋張淸甫吳中州夏師魯鄧毅夫邱宗大詩云鄉里遺賢軫念多薦辭金聘守微痾前途絶望楊宣雀亂水長竄蒹葭戲季子有碑時打字莫王無鬼夜操戈春風東解酩新熟試覺歸舟駛一梭又有送徐桐還蕭嶠詩云世亂同予出時淸先我歸寒燈伯淮被春色老萊衣贈吳惟諒爲朱八行先生後人詩云不屑三家仕員爲八行孫水雲孤米澤烽火棣華園可見元季雖亂而鄉閭人物自在也

沈蒙字伯亨西秦人從陸文圭學江陰亂偕友趙乾宗往依馬沙巨室馬沙又亂寇執蒙索巨室主所在蒙卒不言遂與趙俱遇害

靳利安至正間任江陰尹陞州理問時徵寇入常州無錫江陰東八鄉民多脅從者既而浙東帥觀孫復常州討無錫數名開化兩鄉從逆者欲加兵於邑利安有姪從王逢學逢因說利安以勸帥止殺利安爲言於觀孫民免於難左丞黑黑知之嘉奬利安幷擢用逢逢辭請掩數名開化遺骼有詩云分藩多賢勞不敏忝賓客雖無官守縻亦復與言責二鄉虔劉禍慘甚長平厄先王制

禮經孟春當掩骼僕夫有難色欸投總任策駿駿度圖坡渺渺循藪澤稍稍煙微靑歷歷野四白游魂行草上遺老候道側我豈物役徒茲來出胸臆皇天久垂惻赤子非寇敵鴟鳥何不仁銜啄血更懸因歌戰城南風悲淚狼籍

邵亨貞字復孺嚴州人博學工文精篆隸與王逢交入明爲松江府教授有蛾術文集十六卷天啟間江陰李如一至赤岸田家見屋梁懸故紙一束取視之乃復孺親筆稿也問其人係復孺後裔自松江流寓赤岸後有學菴詩集一卷乃復孺子伯宣所作復孺女嫁張藻仲即宋濂送張宣歸娶詩所云英年歸娶奏金鑾喜得天顏一笑看者也

倪瓚作亡室像詩云幻形夢境是耶非縹渺風鬟雲霧衣一片松間秋月色夜深唯有鶴來歸梅花夜月耿冰魂江竹秋風灑淚痕天外飛鸞惟見影忍教埋玉在荒村後題云君姓蔣氏諱圓明字寂照暨陽人也年二十一歸於我勤儉雍睦鄉里稱其孝敬歲癸巳奉姑挈家避地江渚又一年不事膏沐游心恬淡時年四十有七矣如是者十一年癸卯九月十五日微示疾十八日淸晨翛然而逝甲辰五月二十四日題

廖廣甯泰定進士江西淸江縣人至正末任江陰縣學教授元亡寄居江陰子孫冒舅氏黃姓太僕正色其七世孫也前志俱未載

李鳳字時可元季居馬沙喜結客楊維楨嘗浮江過其家鳳訪之舟中器黃金犀毗相半也及李燕維楨瑪瑙作斝赤玉盤盛脯白玉斗盛漿皆盈尺佐酒歌舞者皆妙麗維楨爲之色動龍鳳中再徵粟助軍皆以萬石應後竟治巨艦浮海去

陳楚良馬馱沙人官南陽巡檢至正末遭亂楚良與女元奴同被執女赴水死楚良抗罵遇害前志列入名宦誤作馬馱沙巡檢今

從靖江採訪更正刪去名宦傳附志於此

許恕號北郭蕃醫部使者薦授澄江書院山長

買住昂霄以江陰副萬戶累遷中政院判官福建憲僉會亂航海歸以孝聞

司大者里中陳氏佃也貧不能出租主將以轉賃他姓有李慶者賂主家兒得之償值輕其什之一司心不平李與所常用力及爲立券者具雞酒飲司隨之李欲却司輒先飲之厄酒司忿恨去對妻語計將焚之妻極口諫曰吾之窮命也奈何仇人不聽夜持火往忽聞內有人娩司竊念吾所仇者李也何故殺其母子遂棄火溝中

歸司以所償錢沽酒遂不乏時更有餘而李日益貧更十年復出佃貧陳氏司還用李計復爲錢比前又損其一司憶爲李所辱具雞酒亦如之李忘前過反怨怒歸積火破盎中夜抵司家司妻方就蓐李猶豫間聞人啟戶聲遺火亟走旦日司得火器驗器底有李字因悟昔我焚彼以產子不欲焚今彼焚我而我妻亦產子而亦不焚此天也持錢五千往謝李飲以酒而語其故更相約爲婚姻厥後兩家皆饒裕元至正間事也

軍人張旺頑狠無賴嘗夜踰城西田父棻被執濡其首於溺池而釋之以故仇恨一夕蓄火瓦罌往燒其家道觀溝時月色微明晝師吳碧山倚床假偶聞步履聲穴窗窺之見張前行而殤鬼數百踵其後頃又聞步履聲復窺之則張回而青衣二人前導焉吳甚驚怪張乃吳所素狎者旦往叩張初不承及詰之術因以前事告且曰我實欲燬其室以快宿憤因念冤冤相報無已遂棄火歸他無所見也吳告以其詳張大感悟即舍俗出家人稱之曰張道人元至正五年事

明史勳臣傳諸將郭英廖永忠陸仲亨周德興王志金朝興楊璟李新胥有下江陰之功獨永義侯桑世傑攻江陰石牌海寇欒瑞挺戟躍馬陷陣死道光八年附祀二

侯祠

明初一野叟其生年月日時與太祖皆同太祖聞而欲殺之召見問何業曰養蜂十三籠資其蜜自給太祖笑曰朕以十三省兆民爲籠蜂乎厚賜遣還

張宣工草書高啟贈詩有昔聞汝祖東吳精醉傳草聖醒而驚女今能飲不滿杓逸氣欲與相崢嶸之句

洪武八年二月以太平府儒學教授胡隆成爲國子監助教胡字大雅江陰人博學能文至正中貢士見楊士奇明政記

永樂中江陰吳衍字彥卿能通譯番書嘗從內監鄭和爲

宗道等宣諭賞賜海外歷西洋過羅瓜哇呂宋琉球日
本天方等三十餘國經十餘年乃還
吳高江陰侯良子嗣爵靖難兵起高守遼東與楊文數以
兵攻永平文皇曰高雖怯行事差密文無謀去高文不
足慮也遣人遺二人書盛譽高極詆文故易其函投二
人所二人得書並以聞逮文君果疑高削爵徙廣西獨
命文守竟敗洪熙元年上見高名曰高往年多行無禮
謫海南陳芝英曰高之才至爲文皇所忌則豈屑屑者
哉吳之失侯以多行無禮故則高之心事尤可白於建
文君矣

王華一世軍籍聽調明靖難兵起代父北禦燕師戰白溝
河陣亡
鄧光遠安南人永樂間因黎季犛之亂率衆內附拜工部
尚書子師晦任九眞知州以言事謫江陰主簿廷議以
推誠順化勑賜善政橋南宅一區馬馱沙田二十一頃
未幾坍沒接壤新沙復漲鄧氏請補額邑侯許達道請
灘履勘返棹中流狂波突撼舟人惶駭失措頃之若有
負之而趨者頓達淺渚蓋治北五堡地也江濱之人名
其地爲使君灘相與傳其事而異之金瑱于孔兼有涉
江紀異碑記在南門駐節亭右東平廟中

靖難時邑東鄉有王某者感事詩曰平地龍蛇起戰爭犇
騰海上陷連城煙生趙衛郊墟赤血染青徐草木腥從
然安同終見殺夷齊因讓永全名小臣一死無餘事厲
鬼還期報聖明
周岐鳳能詩文兼習吏事豪放不羈曾參徐晞幕事不合
去坐事亡命有錢昱投以詩曰琴劍飄零西復東舊遊
詩興幾時同一生作客如張儉四海何人是孔融野寺
鶯花春對酒河橋風雨夜推篷機心盡付東流水惟有
家山在夢中岐鳳得詩大慟後客死秦中
青州府志名宦載楊信民江陰人永樂初令某邑多惠政

時修永樂大典徵天下文學之士信民與焉著有性源
珠璣四卷又青州道題名碑有陳璠號芹山錦衣衞籍
江陰人癸未進士俱見廷史叢談
青陽民葛氏家貧有老母夫婦賣酒以養務蓄利之所
入樵母嗜好一夕有道士酤百錢酒遂借宿焉夜間指
爪聲明早失道士所在牀頭有幅但見爪刻蓬萊仙景
圖深入木理好事者爭萃之惟恐後葛氏家日漸豐拇
登上壽人謂孝感所致王逢有詩云道者深藏玉斧才
能修明月上蓬萊笑隨流水天台去袖裏登州海市來
霧曉雲窗開翠壁異香靈響接瑤臺神遊萬里愁回首

故國蒼涼獨雁哀

正統初有劉士宗者頗讀書尚氣俠郡守莫愚貪酷士宗抱不平奏其不法數事上命大臣質辨於午門外兩人不伏宗伯吳溥以鄉人稍勸解士宗大詬曰汝欲黨庇其家而壞朝廷法耶歷數其過聲振禁闥諸臣以莫爲能吏而士宗言有理奏兩釋之

大司馬徐晞初爲縣兵曹沙張白筆記云江陰令某一日坐堂司鼓者報鼓壞令即發票付匠索鼓書務要字而搆語不屬顧晞曰下語當如何晞應聲曰務要乾木圓腔緊綳密釘中邊異響晴雨同聲令悚然曰君才非常

人也祝允明太倉州學記曰永樂間晞奏言天下武衛無有司可附者得輒立學宮便詔從之

周珪字孟敬出粟助賑周文襄上其事於朝詔旌其門楊士奇題詩待漏院曰五更朝罷月如鈎環珮珊珊出鳳樓借問江南誰好事人人只說顧山周

江彥章宣德間進士令江西星子縣初涖任邑苦流亡戶口彫弊彥章輕徭役緩宿賦課農桑廣積貯剔弊芟奸勞來安集未終任戶口三倍因興學課任九年邑多儒才富庶甲於郡以卓異引見卒於都歸葬星邑人聞之奔喪來里者皆踵墓哀號墓在今桃花鎮六保相傳爲江進士墳碩考郡邑志甲科中皆無此人姑存此以俟考

景泰丙子秋闈邑令朱珩設燕餞諸生酒半朱親酌金巵羅離席立曰諸君此行有自信作解頭者請飲此觴眾相顧莫敢前吳啓獨趨飲之朱喜曰君能踐言吾親至雲陽相迓榜發啓果第一朱益喜日候其歸啓留鎮江無行意朱悟曰吾不可食言於吳君遂自迎之丹陽一時傳爲佳話云

徐經字直夫同年十五舉子之一與吳門唐寅並以才名相引重寅領戊午解經與俱北上吳門都穆惡之蜚語

流聞京師經竟與寅同錮名歸益肆力詩文著賁感集黃傅贈詩曰夏商人物徐直夫周漢以來八世無窮年對坐不見客閉戶反覲恆喪吾四壁芸香時落蠹千倉紅朽食無魚迂余老眼亦空爾公是公非敢厚誣

析津日記云重建三里河橋碑記翰林院修撰江陰周敘撰朱彝尊記謂三里河者都城南隍水之支流創自天順間歲久橋圮正德間重建江陰周敘文以紀之舊志選舉無周敘名

黃傅涖任日掾吏易其少也傅自顧眸當側其帽覩案牘陽若不省者至十日坐廳事吏請正冠傅曰正冠當排

御斷事命吏抱牘雁行進一時判決如流恐中條理吏
民驚以為神東鄉有顏刁郎者為募鄉里邑紳以其祖
喧故常庇之前令輒為骫法傅廉得捕治預誡隸曰顏
某賄盈萬當鞫問若杖下不斃命者汝輩當死至明晨
為請釋者踵至傅使人傳語曰姑杖之耳果以一杖而
斃
黃傅迎燕乙卯科同年十五舉子彩聯云入國朝一百廿
年未有此科之盛總直隸九十七學誰爭吾邑之先送
某貢士廷試聯云十載蓬窗雨黑燈青熊膽苦一朝雲
路柳明花媚馬蹄輕送湯沐令崇德聯云南面專城直

與天王分土治東風匹馬或從野老踏沙行可見賢令
鼓舞育才之意
舊有警夜之詞令役夫振鈴而謳之語意俚陋黃傅為更
之云一更鈴萬戶千門謹掩扃二更鈴月上花梢庭院
明三更鈴萬籟無聲寶字清四更鈴海國天雞次第鳴
五更鈴盥漱衣冠內外興
武宗朝逆瑾傳勅譴責忠良目為奸黨勅中五十三人而
江陰居其三主事黃昭御史貢安甫史良佐也
蔣一龍正德時諸生應直指試作蔡京父子相軋判云周
公相而伯禽封忠輸內外鄭桓卿而鄭武繼職善謂承

故挾篤棐之忱何嫌夾輔慨濟世之美豈厭同朝德乃
下衰恩斯冒濫霍光操廢立之柄進禹司徒安石執變
法之權推雱侍講樹黨一門竊官再世是固昧君臣之
義然猶全父子之恩若石厚之輔州吁石碏以先臣而
見殺懷光之叛唐德李璀以入侍而告謀則義有重於
朝廷恩難兼於骨肉今也蔡京以諂佞得政既非穀詒
蔡攸以權勢超遷尤非武踐乃者位漸肩班忌由心出
邸館自開各納買官之賄客賓分附頓生奪耍之疑震
用事而上九當退於無為京猶戀位乾居尊而六子未
乘乎斡蠱攸敢同升既不識父子去就之機謂宜篤僚

友協恭之節蔡氏均有罪矣宋室亦曰殆哉邑令萬坦
美其才浮白賞之至醉
劉緒號瓠山大司馬光濟父業賈衆一日里少某困於賭
日晡竄身槽房中緒見之使其僕歸曰吾今晚款一客
可多具殽來僕既行乃謂里少出曰子誠良家子一為
吾僕見將終敗爾身今敢置一尊勸子改行殽至乃與
歡飲臨別贈以二金里少慚謝請徙業為屠沽卒以成
家然緒性方嚴人有怨之者夜繫病夫於其門而思以
詰朝圖命四更時里少經其門見之潛負屍疾趨挂花
山枯樹比明失屍所在其人計窮而止

劉應谷光濟爲大司馬趙小峯與洽爲所屬主事一日同
鄉衆飲相詣趙詣而僨劉曰若今倔强異日大堂參謁
亦敢倔强否趙怒曰吾可終身不仕竟升與去劉歎息
引咎次日親詣小峯寓再三請見趙岡不出劉婉曲達
意終身不存纖芥嫌大臣謙而能容小臣介而不詔兩
人俱古道可風也

湯沐公餘日錄云予仕武義時適奉部檄旌表節婦朱氏
先期召婦入邑蓋鄉民徐信妻年二十三寡其子文敏
己年六十矣用彩亭二一置金縷一置文牘題彩聯云
喜閏鼓吹喧通市羞殺琵琶過別船一云食茶敢謂嘗

年苦唉蔗方知此日甘一云地無塵土沾荊布天有恩
波滌柏舟以竹兜坐婦導迎徧城市許婦女縱觀仍倩
儒官送至其家蓋奉宣德意固臣職之大端表勵風俗
尤親民之首務聊竭此心而已

夏港徐翁其鄰烹河豚予竟夜不熟貲之則傷人棄之則
折閱翁出千錢盡買而埋之不數年長子沾次子與沐
皆登第

梅國光嘉靖辛酉科中式已列名於榜矣有江甯縣應役
人劾覬而黈監試官疑而詰之隨汰國光名蓋其時國
光父立中以江甯縣主簿爲供給官役人急欲走開故
也國光上主司詩曰早歲虛名冠士流五千葉鎖一時
收自期已是龍門客豈料還居江國秋泣玉何年方定
價遺珠在海向誰投無緣識得荊州面豈羨榮封萬戶
侯至隆慶庚午復中式

嘉靖間倭犯太倉任兵使環檄江陰兵三百堵禦方進史
家浜倭斷浮梁我兵李梓一作綽俞謹王忠劉誠葛復張
四俞奉田誠楊繼賢趙紀子八十餘名皆戰死後任楷
兵江上其子遣人候問公作書并詩遺之詩見藝文

老儒薛尊諸生沈受益皆讀書有氣節錢侯歿後倭復圍
城士大夫作書欲請兵上臺無敢往者尊慨然請往撫

院受益請往按院晝伏夜行間關得請援至而圍解設
太平燕尊首坐受益次之

孫阿佛市中少年也嘉靖間倭作木衙裹牛革攻北城將
破孫乘醉登城呼曰倭賊何在舉三百觔大石擲下碎
木衙打一倭足反出背上 曹嶽子偕同作三十餘人
列濠外倭至邸渡水逝西殿後倭追及反兵刺倭殺之

楊朝相年十七與倭戰於城南被害其兄朝卿亦歿
於倭難 陸朝郭泰主簿曹廷恭親兵也禦倭九里河
倭渡水至朝泰立高岸覘先渡者櫓格之墮河倭衆擁
刀繼進斷臂并落朝一指負痛大呼奮躍格殺數倭盡

逝　葛生賣卜人父子被倭擄於營倭火藥藏葛衲覆
子而代市藥復請同製陰習其法乘夜竊藥與子縋入
城因是城兵知以銃彈擊賊　可者張關竄入倭營倭
狎不疑乃潛取其銃彈入城一日踞堞覘倭中飛彈死
松江推官吳時來奉檄至江陰練兵適他郡解倭首七級
至吳憤然作色抽刀呼酒破首取腦立吞數甌曰吾爲
錢鶴洲雪恥矣
趙文毅諫張居正奪情事廷杖歸沈懋學有詩送之云莫
厭清時見逐臣主恩深處五湖春煙霞耐可丹心老[illegible]
曉鶯看白髮新愧殺虛名成畫虎愁來吾道纖書麟獨

醒未許漁人笑歸去花溪共釣綸
夏正名諸生少有異資多讀書落筆輒驚自負忽得顛癎
科跳狂走臥不擇地時學使歲試教官已爲注病籍正
名走至宜興試所作詩祭儒巾於院門去其詩云殷勤
交付破頭巾嬾向金門再獻身草履莽投山寺月木瓶
朝吸洞庭雲生涯雪嶺兼梅嶺蹤跡山盟共水盟野鶴
本來無住著逃儒非是爲逃秦自是遂顛不可療然爲
人推命卜易多奇驗頗資以自給
袁一驥宅在長涇鎮北三里其父禹臣書四本堂額之謂
讀書起家之本循理保家之本勤儉治家之本和順齊

家之本
尹嘉賓負高才歲考時列四等次年授徒無錫顧文端稔
其名令人索制藝觀之尹初不欲不得已書前四等文
與之文端激賞其中四行曰異日必冠南闈不知卽有
司所塗抹之四行因而置四等者也明年尹果登解成
進士
萬歷間有縫糉者蒙茸蓬首衣不蔽體獨身寄廣福寺廡
下問其姓曰顧問其名曰無或憐其貧稍給之卻不受
爲人縫糉或多予之以示惠取及本值而止見不義富
貴者輒肩皮羅唾而疾過

顧大愚字玉川眉稜峯起鬚長尺餘衣冠好爲奇異時或
楮衣捉玉麈尾乘騎駝入市隨虎鹿各一駝背挂葫蘆
藥甕古瓶瓶插非時鮮花少得異人術日行五百里一
食數升數日不食亦不飢
李玉仁本農家子粗知書慕節俠鄰有少年聘妻貧不得
娶妻父母惜其貧以女與武人爲妾玉仁謂少年曰子
盍訟之曰彼挾權勢訟必不直玉仁怒然自忖力不勝
武人乃僞爲輿徒日伺候其門久之聞其妻若妾欲詣
廟進香玉仁厚遺其徒與之謀旦日其妾登輿竟舁歸
少年家武人訟於官玉仁亦弁怒官鞫少年先聘狀不

直武人以女歸少年邑人咸多李之義
貢隆教字敷五江上九子之一崇禎初無錫友人陳鼎茂爲豪僕毒毆隆教奮身往救被毆死鼎茂幸脫率五邑諸生哭呈學使者爲隆教復讐沈志徐時進傳貢隆教有同室之難集同社聲義卽此事也
徐仲昭遵湯工古文辭困於場屋以明經應銓司李少與相國周延儒同筆硯抵京角巾葛衣往謁周不卽出使人問曰以謁選至耶以遊覽至耶徐愕然問謁選當如何周又使人傳語曰謁選當易刺以揭易便服以公服行庭參禮拜堦下徐率然應曰吾以遊覽來非求仕也

周出見交拜執賓主禮仲昭遂束裝歸隱
劉沂居城南閒行九里河口見道旁遺一小箱坐而守之俄一人引靑衣倉皇至叩之卽失物者箱中黃白等物一一不爽盡還之求姓名不對
賣餅叟年九十餘甚嬰鑠日賣一筐於市卽沽酒醉君山巔唱大江東去北望嗚咽生五男十二孫及曾元多人皆業餅見流氛漸逼命長孫遷錫邑後叟聞金陵破沈江死子孫俱殲於乙酉之難
黃憲字子貞貌寢能文乙酉春書楹聯於廳事云按劍豈忘仇九世拂纓無奈髮三千難作蕊以不肯薙髮閤門死蓋聯語先見其兆矣
徐趨之客有李玉奇者以獵爲業重趨爲人願捐軀命隨之事敗戮於宜興之長橋抗聲詬觀者曰吾視死如歸無所恨也觀者皆憐而敬之所畜獵犬一行必相隨至是見玉奇被戮哀號跳躍以舌舐其血血盡跳橋下水中死
嚴齊范字子雲齊程字子鶴皆有儁才乙酉之變齊范奉其父出城避難而留齊程守時齊程未冠請其父冠而後別父問故曰城苟不保豈可不冠服以見先人地下乎城破力戰不勝投池水死

黃鳴岡善騎射常橐鞬出山左聞山上嚆矢聲卽彎弓發一矢與飛鏃相觸墮地暴客咸畏之往來商賈恃以無恐有盜僞客裝雜商隊中行鳴岡不覺一日行近賊巢賊騎銜之鳴岡欲發矢忽一客突前奪其弧倉皇被縛置空室中將殺之有一少婦謂曰君得無江陰黃某乎誠豪士曷爲被縛鳴岡曰若亦爲所掠者耶能釋我當出汝於阱女抽刀斷縛鳴岡挾其室中利刃弓矢挈女行見廐一騎甚良遂並坐其上疾馳得脫女泣曰吾父官兵曹今春移眷過此全家被刦戮死吾所以不卽死者欲一見嚴親鳴岡走千里送女歸其父厚遺之不受

追江陰城破聞鳴岡製藥弩百步中人城破被繫北去帥以奇技將用之遁還

乙酉死事未經旌表者　朱隆禨字慎初家素豐兄弟友愛難作隆禨勸兄率姪遠避而已獨守城破死事平覓屍不得遂以血衣葬　王永光字元彩本姓夏捆書衙身與二子戰死文昌巷口年三十八妻李氏女二婢四投井死僕古元死曹家池內　胡志學字熙雲隨張國維禦賊於安慶及城中起義詣黃蜚乞師不應奔常熟嚴栻處越五日城破栻復起師於宜興志學率舟師接戰於河口力鬬死年三十七　耿鳴雷字元聲庠生少

負氣節城破兵脅之瞋目叱咤一門俱死　陳廷獻字售之城破以短矛接戰文廟泮池外中矢死妻投井死子女俱被殺以上已祔三公祠　黃永茂字進卿諸生毓祺從子同鄉勇擣敵營恃鋭深入死之　黃正鶴諸生城將破令妻媳投井然後自投後發其屍色如生　馮鋏字無咎諸生子廷用亦諸生父子助城守皆死　武進韓氏僕金泉爲江陰皂隸城破自經死　不知姓名皂隸戰甚力城破盡殺其妻女提刀出遇兵殺六人遂自刎猶提刀不仆　葛輔弼父子泗港人率鄉勇五百赴援至三官鎮戰盡殲以上見水心齋筆記　高錫伯諸生抱親屍死池中旬日如生　黃楚翹字弼明赴水死　諸生周其陳枚卜曹信臣布衣黃鉫雲戚磐俱死　黃鳳岐大小數十戰城陷力竭死時有立城上頭中鉛彈而僵立不仆者又有胸背被礮洞穿直立而死者　典史王朝用白綸死　都司沈三陞義鄉五安麻子等十四人從徐趨攻城不克而死以上見成仁譜　馬遇伯利城諸生申甫聞變同妻金氏赴水死　曹有章字斐卿庠生城破悲號欲絕滿壁書大明二字絕食五日死　袁一駒一義一鸐一鸞一鴻一鵠皆中丞一驥族屬一義尤爲衆所推服南都立奉檄以都司衛守京口歸而城圍偕諸弟糾集鄉勇

赴援至三官鎮遇兵死戰俱歿於陣一騏子大來在圍中城陷日死　王之蕃與其子元得同死以上採訪

邑中詩社明嘉靖間大雅堂詩會有劉光濟沈奎季科陳體文花周鄧欽文黃道諸人此外無考萬歷間滄洲社有許學夷莊孔章周俊徐益張驥能張純臣黃繼元鄧汝舟高階張嘉孺姜泰吳元良沈鶩陳震周郁文宣進周從文陳康黃汝宗李可教袁爾振邱維賢升穉隆修女史張玉貞等二十四人

朝順治間芳園雅集有章耿光陳芝英陳廷策周駿聲薛日宣諸人此外亦無考康熙間從野堂詩會有朱廷鋐

盛樹康吳永福周榮起黃安雅徐章趙鳴鑾韓袞陳玖
劉爾鼎黃子聲陳心濟趙霖沾高顯生朱月川等一十
五人
陳廷策字揮獻究心易理鼎革後遯跡山野李介立贈詩
有出里山前隱君子手易一編七十矣又有他年乘減
求遺賢采入簡編成信史等語
徐世隆字爾紳道署掾順治初有富室以沙民抗租誣告
其反者巡撫檄道原緝宗勦之世隆叩頭請緩須臾審
虛實原曰莨民告密羽書督促此何事而敢云緩世隆
涕泣爭益力原爲動容沙民千餘持香陳訴原遽出廉

得果無反狀歎曰昨非徐世隆幾誤矣順治十六年海
氛猶未靖有千餘船溯流而上破京口圍金陵旁犯溧
陽句容巡撫駐兵常州時江陰兵僅城守百餘合兵備
標不滿千兵使胡寶以單弱爲憂謀以家室歸世隆進
曰公爲一方保障苟一動搖則民駭兵散大患立至今
兵卒月糧已踰四月未發有怨望心不如疾發之再預
給以二三月糧則兵心可固更料民兵上城具糗糒以
餉之使列守以張勢則民心亦可定胡曰善即日發糧
列戍士氣倍奮頃之海船銜尾而上胡欲發礮擊之世
隆復進曰彼所以不攻江陰藐茲小邑耳今遽發礮以

激其怒所中者纔一二船而彼迴舟上岸直齏粉矣不
若多列旗幟以張聲威彼望而畏之我得以徐爲之備
胡又曰善從之海船遙望列戍數里軍容甚盛不敢傍
岸驛騷兵民安堵悉世隆力也
太倉陸世儀初來江上執贄稱弟子者二十餘人有邢衡
者積學躬行年已八十見陸論學酬答及思辨錄二書
願師之陸不敢當作邢長者說贈之答其刺猶自稱晚
生而邢卒執弟子禮時邢長陸二十餘歲一時傳以爲
奇
奚又溥字天如敦行好學表章元明前輩遺文纂輯成帙

張元昇贈以詩曰寂寞荒江水石灘西風門巷欲啼烏
新霜紅葉美人暮舊鬼清文老手扶落日小山深院冷
淡煙喬木破窗孤可憐一代空遺墨藉爾風流尚未枯
書院山長題名自沈濤始濤之前有錢甫潤字礎日無錫
人教諭掬于道請主講席江上友聲序其所作也
乾隆七年十一月奸民鳳朝選潛至俞金聲家將其妻陳
氏挖傷兩目并腿頰里鄰奔救解縣將訊係圖姦不成
遂行兇縣將朝選禁擬十二月初二日獄卒報朝選忽
仆地自殞衆快其遭天譴氏鄉曲婦人能守身於強暴
凌逼之時亦可嘉矣

江邑鄉民有喪合村巷男婦坐食其家無少資助與貲又借喪車轝重棺罩等件勒索僱錢不論貧富閭閻多致鬻產稱貸因而破家者華墅人孫元等出貲作喪車里中公用不取僱值又有製棺上幕供親友借用者俱得古人哀有喪之意良法可通行邑中也

舊傳邑人有題昭君圖詩云驪山舉火因褒姒蜀道蒙塵爲太眞能使明妃嫁胡地畫工應是漢忠臣語意奇卓惜逸其姓名

乾隆三十三年秋旱成災西鄉農人相率鬨縣堂學使彔福甫下車撫慰饑民衆即解散越日巡撫彰保統兵至

欲痛剿之景與議不合集胥差問有能七日資摺至京者衆推杜元裕徐大本即發銀百兩令速辦裝二更上道果六日零十時抵都摺既上而彰保摺始至以民亂聞景則以民饑告先是學使爲曹秀先

上召問秀先具以災對蓋秋旱時秀先曾兩次祈禱卒無雨故也遂定讞置首事民沈天益吉爾法等於法餘悉宥

姚文僖督學時念邑殉乙酉之義特書忠義之邦四大字諸生何春煦於君山梅花書院中構仰止堂摹勒書壁

芮孝子名逵舉旌德人隨父之定奇江邑長壽里之定販參往來關左爲盜所劫落魄不得歸遂舉附海艘往覓父中流舟覆抱浮梗以免至登萊遂陸行書父名形貌於版背負之且行且泣歷訪數千里及三載直抵遼東天苦寒之定方煨馬糞坐土炕中見逵舉訝甚詢所自來相抱而哭哀感行路遂扶親歸年已八十矣

李遜之承忠毅公世澤家有藏書甲於通邑日得月樓陳其難素以學古稱積書數十年詘於力不能多備近時葉廷甲富於典籍構靜觀樓庋書五萬餘卷名臣遺老述作未刊行者多梓而傳之

鄧添元至正人其主死於邊添於兵間負骨歸葬王逢有義僕詩

顧山周宗苑與同時富戶七十人奉明祖旨俱令陷於梅子洲洲外環以戰艦約視植赤幟於江岸則俱斬首迨七日望見黄幟飄颻而出得蒙赦宥淩餓死者已二十餘人矣周僕馬關備乾糗潛伏於帥舟之柁以入於洲夜與宗苑搿水食之帥偵知怒命擒至旁有一弁跪曰某前時出獵至其家實良民也帥霽威遂獲免焉編管宗苑於廣西潯州義男周關代戍

康隆諸生李森枝僕森枝早亡妾周氏生子甫三歲隆從周攜孤避難蘆叢中兒啼周恐爲兵所覺棄之隆曰主止此子棄之是絕主祀也抱匿他處七晝夜得免

王猪兒十餘歲時母挈賣尤姓尤富室乏嗣族多擬之尤年八十五而納妾祁氏舉一子燕親族出予見客或以不類譏之尤慍遽跣左足命猪兒出予左足示之父子皆駢拇譏者慚而退燕四歲猪兒告曰禍始此矣盍營三窟乎尤韙之泣託以保孤猪兒泣諾遂質保姆攜幼子遠匿會稽山購田宅以居別取他人兒冒爲祁氏子未幾尤死族人紛起爭奪計殺他人兒逐祁氏并速訟逮猪兒搒掠瀕死後駢拇子長猪兒挈之訟於官械獄者二十餘人盡復故產

王阿金故倡也董西來納爲室憚其父嚴置諸祝塘別墅爲兵所執汙之不可詈不絕兵怳其姿弗忍殺乘閒投河死董出其屍貌如生藁葬顧家莊田中

諸生趙某家有老嫗乙酉八月二十日夜風雨泣謂主人曰城將破死期至矣盍早爲計指趙幼子曰此三歲兒吾能保之以延趙氏一脈於是趙夫婦同三男二女闔門自焚嫗負其子出伏城隍廟空棺中凡七日夜事定乃出嫗藏炒麵數升於衣間兒故得活兒後娶婦生男七人祇事嫗九十六歲卒

李家婢名杏芳性端謹主母愛之主母子二長三歲次二歲而主死明年主母病篤語婢曰奈何主人早逝幸吾在可以撫二孤今若此旦夕休矣汝能撫之四年使長者七歲次者六歲可以操七箸汝然後嫁則吾受汝賜婢泣曰第自愛脫不幸婢當以死奉二孤數日主母死婢爲之斂且葬卹撫二孤家僅有田五畝勤力耕作暇則織紝辟績居恆坐必端立必正不苟言李族感且敬之樂爲之助以是孤得成立孤年弱冠或諷之嫁不從又數年爲二孤娶婦或又諷之曰吾年垂四十以色事人則衰矣吾將終老於是卒不嫁

翠梅陸寡婦陳氏婢也陳性卞急翠與夫稍失其意輒批頰焉其夫儆訓翠曰若安事此煢煢者而日在泥中耶

翠不聽其夫竟去而他有室翠獨居日傭澣衣拮据養陳陳好整潔翠爲之纖澣楚楚已間衣袽敝不蔽肘翠且老陳嚴遇之者不改垂四十年陳歿斂葬皆翠料理不三年翠亦卒翠嘗泣語人曰自主母歿後吾力不能澣衣矣

晉庾冰卜宅暨陽後捨爲祥符寺康熙五十年間有行腳僧住焉於寺前鑿井得一石圓如鼓腰有縫眾抉開石中心有窪藏一銀合啟之得一碧珠如龍眼大光采溢目眾欲攫取僧急收之或疑是蜃珠以磨紙上字頭應手而滅後僧與珠不知所適

與僧道松草書心經本在廣福寺後歸郡城關帝廟釋音
可詩云心經一卷幾掀翻羅漢重書在壁間忽被晉陵
人借去不知何日送還山嘉慶初重修廣福寺仍摹刻
於後殿
十方庵有貫休羅漢十八軸皆絹本水墨畫澁漫斷爛每
經裝池其象皆瘦削露骨軸或二三尊或四五尊四旁
景物怪異樹石奇古彷彿吳道子之雄變奇譎也
僧曇素宋嘉祐中於廣福寺地藏殿後壁畫梁武帝老張
僧繇寫寶志公變相筆力遒健神彩欲活
僧象微宋嘉祐中於廣福寺法堂楣間畫水一派甚工人

號象微水
元時光孝寺祠無言所藏畫龍甚奇何敬仲博士題云道
人畫龍龍絕奇何處人間曾見之上京清暑朝初退太
液池邊看雨時
褚龍泉顧山鱖魚埣人幼習道術嘗遊姑蘇於元妙觀得
奇書數卷山是術益精乾隆初大旱楊令設壇祈雨衆
請登壇伏禱良久下壇曰雨至矣時都司亦在帮以借
行未幾大雨獨二人衣不沾溼都司給以馬鐙一滴縋
輟耕錄載瘞鶴銘華陽眞逸譔上皇山樵書末有丹陽仙
尉江陰眞宰等字石刻在焦山下相傳爲王右軍筆歐
陽公以爲類顏魯公惟雲林子黃長睿以華陽隱居爲
陶宏景最爲得之究不知作銘者爲江陰何許人
石往山下崖壁入水最深處有方石狀如碑碣上鐫心經
一卷遊者候潮落往讀之甫及半而潮至矣未知刻於
何代蓋亦好奇者之所爲也
顧山周氏先世藏王逸少眞蹟七十六字後有趙清獻公
抃蘇子容等跋帖云二謝書云卽以七日大斂冥冥永
畢不獲臨見痛恨深至也無復已已武妹修載在道終
始永絕道婦等一旦哀窮並不可居處言此悲切倍劇
常情諸不能自任未遂而緣撫念何已不具羲之頓首

字畫亦無殘缺周氏子孫欲求售攜以問價於文衡山
衡山曰此希世之寶也每一字當得黃金一兩其後三
十一跋每跋當得白金一兩後周典於金閶富家止得
米一百二十斛
隋太平公史萬歲墓在泰望山藍崎院西半里許明孫作
有夏日過藍崎院詩
廣福寺殿前有古柏二株相傳爲唐代所植明人黃毓祺
詩云何年古殿柏森森指出西來一片心不信無情能
說法阿誰悟得雪巖欽
邱文定公宅在章橋有牡丹二本歲各開百花手植筆竹

二十年圖二尺許今莫詳其處
元妙觀舊傳鐘磬二物鐘一面有淡編鐘三字一面有太清宮三字皆陽文小篆磬碧玉邊上一頭有大晟二字一頭有太簇二字皆陰文古篆按唐天寶間爲太清宮祀老子宋太宗大晟殿元豐七年造玉磬調淡編鐘者如漢之制非漢鑄也大晟是祀太宗廟太簇是磬應此律皆宋物也
輟耕錄云宋理宗內府所藏蘭亭一百一十七刻內壬集一十四刻江陰邱氏居其二焉後有跋識淳熙戊申二月五日邱壽雋書下有一圓書篆曰陽邱氏

朱彝尊紀云宋江陰軍乾明院碑載五百羅漢名號明工部郎中高道素鏤板附釋藏之後按佛書諸俱那與其徒八百眾居震旦國五百居天台三百居雁蕩今廣福寺泛海殿原碑雖在其下截字多缺宜見高藏所刻重勒分明俾古碑復完焉
恭帝德祐間王伯熊所撰父錄參從事礦志嘉靖十五年邑大街虹橋溝東居民鑊地得之其文云先君氏王諱建大字直方曾祖德奉議郎累贈中奉大夫祖甯中奉大夫直徽猷閣司農少卿父燾朝散大夫通判泰州軍事先君淯祐己酉以百篇預鄉薦奏補將仕郎監支鹽倉授安東錄參以疾歸買廬虹橋巷歲餘卒葬綺山之原不肖孤伯熊敘大梗概識諸墓承議郎知江陰縣事高純厚填諱
梁友直集云江陰王庫使家藏黃筌雀哺雛卷有劉後村詩跋嘗聞右院畫率有名義是三雀者殆取詩禮春秋傳三爵之義歟贊曰觀雀哺雛可以知仁仁於禽知於雀之身雀知有子子知有母飢焉思哺食在母口嗟彼雀矣以鞠以育矧伊人矣孰無天屬幼資其親長養其親天屬至親勗哉世人
江陰侯吳良有賜刀一口上有金錯龍鳳文其銘曰百鍊

金鋼殺氣難當將軍佩此威鎮四方其後人貨於顧山周氏爲常熟楊五川儀得去
沈翰卿有由里山宋妃墓詩云重見山僧頭盡白一抔荒土記前朝麒麟草沒春無迹蘭麝香微骨已銷世上有人傳玉柙山深何處望雞翹殘花滿地鵑聲切寂寞芳魂不可招今墓不知所在
徐恪玉帶草堂詩集
興國寺西房有楊忠愍公獄中所書墨蹟絕句一章詳見閩忠烈父名國才母王氏墓在定山爲營葬者忠烈婿陸祚昌之父名見岑字振先者也乙酉之變

大兵臨城八十餘日及城破薙髮者不戮從東門出者不禁
而公家屬安然無所株連我
朝如天之仁豈三代以下所可及哉
澄江八景舊爲蓉城曉煙巫門夜雨海門賓日孤山釣月石灣春霽揚子秋濤沙嶼晚渡淮甸晴眺元人俞遠有詩膾炙人口乾隆初知縣蔡澍刪去海門賓日孤山釣月沙嶼晚渡淮甸晴眺易以鵞鼻積雪奎閣層雲前湖漾月盤石流泉名流亦多詠之
雍正間黄田港漁人沈網江底忽重不可舉呼其伴共出之得五鼎其質鐵兩耳四足高尺有二寸長一尺闊七

寸其文爲雲雷卦象飛廉饕餮狀旁有釘列如榆莢錢底有字非篆非隸或辨爲漢壽亭侯關字人竊去其二存者在港口天妃宮
萬歷甲寅花涇口海夜嘯平明漲出一沙約六七里上有磚甃街街上堆古錢數萬居民爭拾以歸驗其文悉宋崇甯通寶錢也
邑有倭警迎春日止開東門出入餘三門俱閉以防變也臨晚城外人蜂擁入城門壅塞踏死四十七人老者少者俱立時斃壯者或扶回死或遲延二三日死爲一時異變云

綏寇紀畧云崇禎十六年江南自京口至江陰無錫曉起或以黑圈記其門或釜底畫梅一枝一夜殆遍
邑民多製紙礮有陳姓者父子三人治藥碾火忽發廬舍俱焚三骸迸裂爲禍甚慘
雍正十年七月十七日江潮泛溢傷田廬人畜先是月餘有鳥大如鸜鵒毛羽盡黑飛鳴樹間如呼阿瘖然聲急而悲水患至遂絶跡
黄志物產木之屬冬青可放蠟視樹上礧塊密綴如繁梅之蕊者是爲蟲窠夏日小滿取而閣皮枝椏間蟲則散布帀樹既而所帀處生白毛日漸厚積立秋處暑之候

剝取而煮之冷則蠟凝水面謂之白蠟既取蠟枝上起痱如小兒痘疹寖以漸大至明年二三月連枝翦落之蓋痱爲蟲窠矣蠟質堅和黄蠟雜油爲燭清亮久照鑄相燭者或以澆燭範則外凝中融風不能爍其利甚溥惜士人不善用之
顧山有紅豆樹作花無定色占年者驗紅花主旱白花主水花開一面卽應一方之水旱
邑產惟木棉布爲最夥然織婦工多利少收其價值不足以償勤苦惟樹桑治蠶繅絲吊之利可抵耕耘或能講習其業與布帛兼資以爲水旱凶荒之備則人事之修可

補天行之缺邑濒江正古所云下隰宜桑者桑既不足則蠶無所飼因棄不育遇歲木棉不收紡車空懸是在有以開其利之源矣

雍正七年夏章卿鎮如來橋陳子廷之織子某在枯楝樹梼邊拾得鮮蕈一筐下午煮和麵食一家五口日落時俱斃鄰里發視樹根有赤蛇數十盤穴其中方知蕈爲蛇氣所結也

萬歴末有商舟浮江來艤黄田港舟人死槀葬城北舟人故畜一犬繞墓悲嚎逐之不去商舟解維犬伺臥墓下寒暑不暫離居人哀之咸給其食且爲草窩以庇焉

博潴里某畜一犬對宇居者時與之食後某死婦即嫁對宇居者犬遂絶不入其門與之食亦不食竟悲嚎餓死徐遵湯作烈犬行紀其事

黄志云舊志列女諸條各有陳述禮義矢心誓節之詞今悉不取蓋其秉彝之懿天質之美自有執法不渝篤蹈烈矩者非必盡嫺詩書善辭命也卓卓一節儘足以照映來世君子有取取此而已何用是贅疣蛇足爲哉

嘉靖丁未知縣趙錦修縣志聘學士張衮同諸生林文煥徐鳴玉劉珪蔣龍吳允五人設局延陵書院林欲削黄志中三節婦諸人雖心非之而林執之堅竟削去是夜月色皎然其步院門外林與徐見三婦跪訴神前驚顧三人三人俱無所見林即得疾五日卒

張衮評黄志云多取而寡要搜奇而眩實君子思見其初焉蓋不足於黄志也不知黄公每事必從風俗人心起見至於言重詞複而不能自已此中苦心衮固未能窺見也

趙志凡例云人物舊有分類今統言之何也全盡人理無忝所生赫然爲世名臣爲儒正宗其上也下是而以一節名者通謂之賢也觀於其傳而其大小偏全見矣

沙張白叢談云吾邑志書莫善於黄志識既高遠筆復古

勁其後方謨續之續所當續足矣乃爲張水南改壞至崇禎時馮令君再修之而穢濁不可問矣康熙年沈令君聘予修縣志予以他故未赴盧郡君聘修府志不得已赴焉其中多不可問者故志宜續不宜修也

南澗河深潭中鄉人相傳有神物於月下見光從水際出與月相映射又或如琉璃屏浮漾水而乘風行倏忽數里咸豐六年河竭見潭居民汲水見有一巨蚌衆欲取之水極冷不可耐縛以索殼忽開索皆寸斷復謀繫而曳之口噴寒水人皆股戰衆懼乃止

江陰縣志卷之三十終

後記

無錫是中國吴文化的發祥地。七千多年悠久歷史與文明，造就了『梁溪明秀之區，衣冠禮樂甲于江左』的城市人文傳統和深厚的歷史文化底藴。數千年來，文脉綿延，永世流芳。邵寶在《錫山遺響》序中曾經這樣描述：『錫之爲邑，在三吴間。山水清麗豐曠，生其地者，多沉雅秀整，以文名家，代不乏人，詩文之一也。』文化已經成爲這座城市最本色的氣質。爲傳承吴地文明，建設文化名城，進一步彰顯無錫城市内在精神特質，經過幾年的精心策劃，旨在全面整理地方文化典籍的《無錫文庫》編纂出版工作于二〇一〇年全面啓動，二〇一一年起陸續與讀者見面了。

無錫的城市文化曾經爲中華文化寶庫作出過巨大貢獻。顧愷之、倪瓚、王紱、鄒一桂、賀天健、徐悲鴻、錢松嵒、吴冠中，如松秀群嶺，在中國繪畫史上擁有很高的地位；華秋蘋、楊蔭瀏、劉天華、華彦鈞（阿炳），乃韵動天籟，對中國音樂發展發揮了重要作用；李紳、蔣防、尤袤、蔣捷、陳維崧、顧貞觀、嚴繩孫、周濟、劉半農，皆胸懷錦綉，在中國文學史上可謂各領風騷；計六奇、顧祖禹、顧棟高、秦蕙田、嵇璜、錢基博、錢穆、錢鍾書、錢海岳，可稱堂奥廣庭，學造淵源，在中國學術史上卓然大家；顧憲成、高攀龍之東林，唐文治之『國專』，徐霞客之游記，徐壽、華蘅芳之『格致之學』，陳翰笙、錢俊瑞、孫冶方、薛暮橋之經濟學，都堪稱中華文化史上的一座座高峰，至今閃耀着炫目的光芒。

深厚的歷史文化底蘊激發了無錫城市的文化自覺。市委、市政府滿懷對鄉土誠摯之情、對文化敬畏之感，以義不容辭的責任擔當，致力於文化强市建設，以科學的理念和方式對歷史文化遺産作全方位的觀照、深層次的發掘、系統性的保護，匯四海之智，舉全市之力，共襄文化建設盛舉。二〇〇六年十二月，無錫市成功申報國家歷史文化名城，標志着新一輪文化意識的覺醒，并迅速轉化爲文化自覺的實踐。近年來，我市全面啓動惠山、清名橋、小婁巷、榮巷、蕩口等五個歷史文化街區和十個古村落保護修復工程，『護其貌，顯其顔，鑄其魂，揚其韵』；鴻山遺址成功保護的經驗被國家文物局譽爲大遺址保護『無錫模式』，并被授予首批國家考古大遺址公園，闔閭城遺址考古發現則確立了歷史上無錫曾作爲吴王闔閭都城的地位；建成開放六十餘座博物館、名人故居和紀念館；對無錫的非物質文化遺産予以重點保護；每年春天舉辦的中國（無錫）吴文化節、中國文化遺産保護論壇成爲文化亮點，享譽海内外。這些舉措遵循規律，探索文化建設體制和機制的創新，形成了寶貴的『無錫經驗』，得到海内外學者、專家的一致肯定。

在注重保護歷史文化遺存的過程中，發掘、整理無錫歷史文獻著作，展示和弘揚無錫城市的思想精神世界，自然而然成爲大家關注的重點。二〇〇六年，市委宣傳部組織無錫文史專家、學者編撰的十七册三百萬字的《無錫文化叢書》正式出版，引起强烈反響，出版後供不應求，在二〇〇八年再版加印。《無錫文化叢書》集中反映了無錫城市文化精華，展示了無錫城市文化特質，彰顯了無錫歷史文化的厚重，同時也告訴人們，文化精神的傳遞是文化繁榮發展的重要内涵，一旦擦去歲月蒙塵，優秀的歷史文化就會轉化成爲取之不盡的精神財富。

爲了進一步彰顯城市歷史文化底藴，二〇〇七年，市委、市政府將全面系統整理無錫文化典籍擺上工作議事日程，明確提出編纂《無錫文庫》。由于無錫歷史文化底藴深厚，卷帙浩繁，内容豐富，編纂工作千頭萬緒，要想整理出一部簡明扼要而又内容翔實、主旨鮮明而又文質彬彬的文獻集成，難度遠大于預想。爲此，我們先後成立了《無錫文庫》工作委員會和編輯委員會，加强對編纂出版工作的組織領導與統籌協調，在尊重歷史、尊重規律、尊重科學、尊重專家的基礎上，積極推進文庫編纂工作。編輯委員會經過反復論證，明確原則，綱舉目張，有條不紊地開展工作。充分憑借地方文史專家的優勢，充分發揮高校人文學院、研究機構的作用，充分依靠出版機構的專業經驗，并邀請國内外著名文史專家指導、把關，形成了文庫編纂的工作合力。

在編輯過程中，我們力求使《無錫文庫》成爲經得起歷史考驗的鄉邦文獻集成。全面規劃又保持開放結構。面對豐富的歷史文化積澱，没有規劃就不可能形成清晰的編纂思路。在前期編纂工作中，編輯委員會經過二十餘次的論證會和專題研討會，形成并確定了《無錫文庫》總書目，明確了收録範圍和内容主體，立足無錫市區，兼顧江陰、宜興，主要體現無錫本土内容，突出人文科學，適當兼顧其他門類。據此，《無錫文庫》收録圖書五百五十餘種，分爲五輯：第一輯『官修舊志』，收編無錫地方志（含江陰、宜興）；第二輯『地方史料專著』，收編反映無錫地方史料的專著與筆記；第三輯『年譜家乘』，收編無錫（含江陰、宜興）地方名人年譜和望族的家譜；第四輯『無錫文存』，收編歷史上無錫作家詩文和專著的精華；第五輯『近現代名家名著存目』，編撰無錫近現代名家名著的書目提要。爲使文庫具有更大的開放度和包容量，《無錫文庫》注重整體設計，在框架分類上既注意整合，又突出重點，考慮到文庫的涵蓋面和系統性；在書目選擇上既注重經典性，又强調代表性，兼顧到圖書本身質量和作者特點；在出版方式上既總體規劃、循序推進，又采取較爲靈活的方式，成熟一批出版一批，不編序號，爲今後增補書目預留空間。

尊重歷史又反映時代特色。《無錫文庫》注重歷史性與時代性相結合，以嶄新的學術角度和現代學科理念對城市歷史文化進行整理和弘揚。編纂工作充分體現對歷史傳統的尊重，儘可能減少評述性成分，杜絶截割、改篡、增删圖書内容，對節選本衹采取作者的自選本。與此同時，以現代學術視野來看待傳統史料，增加收録有價值的歷史資料和文獻，如對民國時期的一些稿本、期刊、會刊、紀念册也予以應有的關注，收入了部分重要的民間史料。

保持原貌又便于讀者查閲。《無錫文庫》除第五輯外，全部采用原版影印方式，力争選擇最優版本作底本，保持文獻著作的歷史面目。爲了便于閲讀、查證、使用、研究，每一輯均撰寫編輯説明，每種書撰寫提要，并編撰《文庫》書目索引。通過這樣的方式，使《無錫文庫》兼具工具書檢索的作用，增强文化典籍整理的實用功能。

如期完成又精益求精。《無錫文庫》作爲一項重大文化工程，編纂工作面廣量大，必須集中力量，一鼓作氣。我們明確，從編纂工作全面啓動開始，花三年時間完成《無錫文庫》出版工作。《無錫文庫》總書目形成後，五輯的書目編纂工作同時開展、整體推進。我們要求，《無錫文庫》編纂出版工作要强化精品意識，力求思想精深、内容精彩、選編精當、學風精良、裝幀精美。文庫編纂出版的每個環節都反復論證推敲，確保經得起歷史檢驗。

《無錫文庫》的編纂出版工作，得到了鳳凰出版傳媒集團的大力支持，鳳凰出版社在版本選擇、編輯出版方面做了細緻的工作；由于《無錫文庫》收録的資料有三分之二散落在全國各圖書館中，中國國家圖書館、上海圖書館、南京圖書館等一批國内知名圖書館爲此提供了積極的幫助；應邀擔任《無錫文庫》學術顧問的專家，都是無錫籍的文化名人和國内一流的古籍研究專家，他們有的不顧年事已高，有的不顧自身工作繁忙，爲《無錫文庫》的編纂工作付出辛勤勞動；《無錫文庫》工作委員會和編輯委員會成員以及編務人員在文庫編纂出版過程中做了大量的工作。在此，謹向他們表示崇高的敬意和由衷的謝忱！

由於《無錫文庫》收録内容涉及範圍廣、時間跨度長，部分書目已經散佚，可利用資料受到限制，加之編輯委員會水平有限，《無錫文庫》的編纂工作難免會有一些疏漏和錯誤，不當之處敬請讀者指正。

王立人

二〇一一年一月